Über die Herausgeber

Heiner Keupp, Jahrgang 1943, Studium der Psychologie, Soziologie und Pädagogik an den Universitäten Frankfurt, Erlangen und München, seit 1978 Hochschullehrer für Sozial- und Gemeindepsychologie an der Universität München. Arbeitsschwerpunkte: Gemeindepsychologie, psychosoziale Versorgung in Forschung und Praxis, soziale Netzwerke, postmoderne Identität, Gesundheitsförderung, bürgerschaftliches Engagement und Kommunitarismus. Letzte Buchveröffentlichungen: Zugänge zum Subjekt, Frankfurt/M. 1993. Psychologisches Handeln in der Risikogesellschaft, München 1994. Der Mensch als soziales Wesen, München 1995. Identitätsarbeit heute (Hg. mit Renate Höfer), Frankfurt/M. 1997. Ermutigung zum aufrechten Gang, Tübingen 1997. Eine Gesellschaft von Ichlingen? Zum bürgerschaftlichen Engagement von Heranwachsenden, München 2000. Identitätskonstruktionen. Das Patchwork der Identitäten in der Postmoderne (Mithg.), Reinbek 1999.

Klaus Weber, Jahrgang 1960, Erzieher und Diplompsychologe, seit 1997 Hochschullehrer für Klinische Psychologie und Sozialpsychologie an der Fachhochschule Frankfurt/Main (Sozialarbeit) und seit 1997 Gastprofessur für Psychologie an der Universität Innsbruck. Arbeitsschwerpunkte: Sozialpsychologie psychischer Störungen, Subjekttheorien, Psychologiegeschichte, Rassismus und Neofaschismus. Mitherausgeber der sozialwissenschaftlichen Rezensionszeitschrift «Psychologische Revue». Buchveröffentlichungen: Unterstellte Subjekte. Der Beitrag der deutschen Psychologie zur Faschisierung des Subjekts (Hg.), Hamburg 1998. Psychologische Grundbegriffe. Ein Handbuch (Mithg.), Reinbek 1998. Führerscheinentzug. Alkohol, Punkte, Drogen. Ratgeber zur verkehrspsychologischen Begutachtung, Frankfurt/M. 2000. Rechte Männer, Rassismus, Neofaschismus und Gewerkschaften (2001).

Die Herausgeber bedanken sich ausdrücklich bei Mirjam Schopp, Universität München. Mit zuverlässiger Arbeit und außergewöhnlicher Kooperation hat sie wesentlichen Anteil am Zustandekommen des vorliegenden Grundkurses.

Heiner Keupp
Klaus Weber (Hg.)

Psychologie

Ein Grundkurs

rowohlts enzyklopädie
im Rowohlt Taschenbuch Verlag

rowohlts enzyklopädie
Herausgegeben von Burghard König

Originalausgabe
Veröffentlicht im Rowohlt Taschenbuch Verlag GmbH,
Reinbek bei Hamburg, Oktober 2001

Umschlaggestaltung Jens Kreitmeyer
Satz Minion und Syntax PostScript PageMaker;
Pinkuin Satz und Datentechnik, Berlin
Druck und Bindung Clausen & Bosse, Leck
Printed in Germany
ISBN 3 499 55640 5

Die Schreibweise entspricht den Regeln
der neuen Rechtschreibung.

Inhalt

3 Psychologisches Handwerkszeug

Anhang

Heiner Keupp und *Klaus Weber*

Einleitung

Ein Grundkurs soll nach einer ersten Orientierung aufzeigen, wie man sich im Gelände einer Disziplin oder eines Berufsfeldes zurechtfinden kann. Die Psychologie als verhältnismäßig junge Disziplin und Profession hat es da schwerer als traditionsreiche Wissenschaften wie die Philosophie oder die Jurisprudenz, deren zentrale Fächersystematiken sehr alt sind und im Wesentlichen nur durch Differenzierungsprozesse zu ihrer heutigen Gestalt weiterentwickelt wurden. Ein entsprechender «Grundkurs» wird hier auf bewährtes Kartenwerk zurückgreifen können.

Die Psychologie hat sich mit einem Diplomstudiengang in Deutschland vor genau 60 Jahren akademisch etablieren können, und zwar im Jahr 1941. Mitten im Zweiten Weltkrieg wird eine Diplomprüfungsordnung für das Fach Psychologie im Schnellverfahren eingeführt. Und diese Ordnung hat sich trotz aller Reformbemühungen in ihren Grundzügen bis heute gehalten. Für mehrere Generationen von Psychologen stellte sie auch eine Art Landkarte dar, die es erlaubte, einen allgemeinen Fahrplan durch das Studium aufzustellen: Bis zum Vordiplom mussten Allgemeine Psychologie (später mit I und II noch einmal aufgeteilt), Entwicklungspsychologie, Charakterkunde (später hieß sie dann Persönlichkeits- oder Differenzielle Psychologie), Statistik bzw. Methodenlehre und biologische Grundlagen der Psychologie studiert und in der Vordiplomsprüfung entsprechend Wissensbestände nachgewiesen werden. Bezüge zur späteren beruflichen Arbeit gab es keine. Die kamen dann im Hauptstudium in dosierter Form zum Zuge.

Diese Ordnung ist von Anfang an von einer Paradoxie bestimmt, die immer wieder Anlass für Unzufriedenheit und Reformforderungen war. Sie hat dem Grundstudium einen Fächerkatalog zugeordnet, der die erste Halbzeit des Studiums für die meisten Studierenden zu einer harten Probe werden ließ: Sie müssen sich über vier Semester hinweg mit abstrakten Fragen und Theorien und vor allem mit einer Fülle von Exerzitien in statistischen und methodischen Problemlösungen abrackern, obwohl doch die Mehrheit der Studierenden auf eine praktisch-psychologische Tätigkeit vorbereitet werden möchte. Die Hoffnung auf eine zweite Halbzeit des Studiums, die genau das dann endlich anbietet, ist für viele Studierende die einzige Quelle für ihre Bleibemotivation.

Als 1941 die Diplomprüfungsordnung von Oswald Kroh und seinen Vorstandskollegen in der Deutschen Gesellschaft für Psychologie entworfen und dem Reichsministerium für Wissenschaft, Erziehung und Volksbildung vorgelegt wurde, sollten vor allem Wehrmachtspsychologen ausgebildet werden, von denen man sich eine effektive Auswahl von Soldaten für das Krieg führende Deutschland erwartete. Die führenden Repräsentanten der deutschen Hochschulpsychologie waren dem nationalsozialistischen Deutschland treu ergeben, und man wollte tüchtige Psychologen liefern. Aber tüchtige Psychologen sollten eben ein wissenschaftlich-methodisches Rüstzeug erhalten. Gerade im Bereich der Psychodiagnostik, auf den sich die eignungspsychologischen Anfragen der Wehrmacht vor allem richteten, konnte man die wissenschaftlichen Standards gegenüber den psychologischen «Scharlatanen», die sich als Konkurrenten zur wissenschaftlichen Psychologie tummelten, besonders gut demonstrieren. Die Anwendung der Psychologie sollte nicht aus einem naiven Alltagsbewusstsein abgeleitet werden, sondern sie sollte das Gütesiegel wissenschaftlicher Beweiskraft auf ihrer Seite haben. Vor allem in der Vernaturwissenschaftlichung der Psychologie, die es seit Herbart, Fechner oder Wundt längst gab, ist dieses Gütesiegel gesehen worden. Nach der Niederlage des faschistischen Deutschlands, in das die deutsche Psychologie mit ihrer Rassenpsychologie, ihren Charakterkunden oder der Ganzheitspsychologie ideologisch tief eingewurzelt war, hat nicht zuletzt die weitere Vernaturwissenschaftlichung einen Rettungsanker für die ganze Disziplin abgegeben. Speziell durch die Orientierung an der angloamerikanischen Psychologie sollten hier die letzten «braunen Flecken» entfernt und die Zugehörigkeit zu einer neuen wissenschaftlichen Dominanzkultur garantiert werden.

Der Sonderweg der «deutschen Psychologie» konnte damit als beendet und «bewältigt» gelten. Der Königsweg der Psychologie war nun eine immer breiter werdende Autobahn über den Kontinent psychologischer Fragen hinweg, auf der nur noch Verkehrsregeln galten, die man sich auf dem fremden Planeten der Naturwissenschaften abgeguckt hatte, obwohl sie dort schon gar nicht mehr unumstritten galten. So hat sich ein «Mainstream» in der Psychologie herausgebildet, der für die Selbstreflexion der Menschen und für die Bewältigung berufspraktischer Aufgaben kaum Wissen und Inspiration liefert. Kenneth J. Gergen, ein führender US-amerikanischer Kritiker dieses dogmatisierten Hauptstroms der Psychologie, bezeichnet sie treffend als «Oldstream-Psychologie». Sie erweist sich als ein ausgetrockneter Kontinent, auf dem zwar routiniert Ausbildung, Forschung und Karriereförderung ablaufen, aber auf dem das Alltagsleben der Menschen und seine existenziellen, ökonomischen und ökologischen Rahmungen kaum Resonanz finden. Gergen spricht von einer «intellektuellen und kulturellen Verarmung». Für diese Wüste wollten wir keinen Grundkurs anbieten.

Wenn man heute an einer deutschen Universität Psychologie studiert, dann muss man zwar einerseits durch dieses Wüstengelände, aber das gelingt den meisten nur, weil sie entweder ihre ursprünglichen Vorstellungen von dem, was sie später einmal als Psychologen tun wollen, nie ganz aufgegeben haben (sie wollen z. B. Psychoanalytiker werden, und diesen Antrieb kann ihnen niemand nehmen), oder weil es für sie auch Oasen gibt, von denen sich allerdings einige als Fata Morgana herausstellen. In manchen berufsbegleitenden Fort- und Weiterbildungen bekommen viele Psychologen endlich das, was sie brauchen können, aber nicht selten ist dann auch schon ein endgültiger Schnitt zur akademischen Psychologie vollzogen. Deren subjektbezogenes Reflexionsdefizit wird in der Unterwerfung unter esoterische Heilsbotschaften überkompensiert. Die Enttäuschung, die die vorherrschende akademische Psychologie vielen ihrer Ausbildungskandidaten zumutet, treibt sie in die Arme derer, die ihre Alternativen außerhalb wissenschaftlicher Diskurse angesiedelt haben. Eine Esoterik spielt der anderen in die Hände.

Bei aller Dominanz der «Mainstream-Psychologie» gelingt es ihr dennoch nicht, das Bild der Psychologie in den Alltagswelten und in den Köpfen derjenigen zu dominieren, die sich auf den Weg machen, Psychologen werden zu wollen. Kommt es bei Festen und Feierlichkeiten unter den anwesenden Gästen zur Frage nach der Berufsausübung, so haben diejenigen, die sich als Psychologen «outen», mit folgenden beiden Standardsituationen zu rechnen: Entweder wird ihnen unterstellt, sie hätten das Studium der Psychologie deswegen aufgenommen, weil sie ihre eigenen Lebensprobleme nicht zu bewältigen imstande seien, oder man fragt sie danach, ob sie denn wirklich in der Lage seien, psychisch Verborgenes bei anderen Menschen aufzudecken und damit deren Leben in völlig andere Bahnen zu lenken. Geht die erste Vermutung von dem Bild aus, Psychologen seien psychisch geschädigte und ohnmächtige Personen, die quasi aus Gründen der «Selbstreparatur» Psychologie betreiben würden, so arbeitet die zweite Vermutung mit der Vorstellung, Psychologen seien mit übermenschlichen Fähigkeiten ausgestattet, und ihr Handwerkszeug befähige sie gleich Göttern dazu, Lebenspläne anderer zu verwirklichen bzw. zu zerstören.

Diese große Spannbreite in der alltagssprachlichen Zuschreibung von Kompetenzen und Inkompetenzen, die Psychologen auszeichnen sollen, findet sich nicht selten auch in der Selbstbeschreibung von Studentinnen und Studenten zu Beginn ihres Psychologiestudiums. Ihnen geht es in erster Linie darum, «den Menschen besser zu verstehen», «anderen zu helfen» und «eigene Probleme besser in den Griff zu kriegen». Schon nach kurzer Zeit wird ihnen im Grundstudium der Psychologie deutlich, dass computertechnische, mathematische und messtechnische Kenntnisse gefordert werden, um ein objektives und messbares Verhalten von Menschen darzustellen, und dass ihre Wünsche, den Beweggründen und Motiven menschlichen Handelns in sozialen Situationen nachzuspüren, als unwissenschaftlich bezeichnet werden. Nach den Mühen des Grundstudiums, das sich vor allem durch experimentalpsychologisch ausgerichtete Untersuchungsanordnungen und statistisches Gundlagenwissen auszeichnet, erhoffen sich die Psychologiestudenten durch das Hauptstudium und seine spezialisierten Fächer, dasjenige über den Menschen und seine psychische Verfasstheit zu erfahren, das bisher vernachlässigt wurde.

In der Bundesrepublik existiert zwar eine für alle psychologischen Institute verbindliche Rahmen-Studienordnung, in der sowohl der Fächerkanon des Hauptstudiums als auch die Ausrichtung auf die zukünftige Berufspraxis geregelt sind; nichtsdestotrotz kann man feststellen, dass eine fächer- und praxisfeldübergreifende Grundlage einer einheitlichen Psychologie nicht mehr vorhanden ist. Vielmehr ist zu beobachten, dass die Zerrissenheit dessen, was man als Psychologie zu kennen glaubt, sowohl inhaltlich als auch institutionell voranschreitet. Während neurophysiologisch orientierte Psychologen beabsichtigen, menschliches Leben auf biophysiologische Prozesse zu reduzieren, und versuchen, soziales Verhalten erneut zu biologisieren, arbeiten psychoanalytisch oder sozialkonstruktivistisch orientierte Kollegen an Theorien, die den Versuch unternehmen, die kommunikativen und diskursiven Konstruktionsleistungen von Subjekten in gesellschaftlichen Verhältnissen als Grundlage menschlichen Seins abzubilden. Während psychologische Grundlagenforscher theoretisch daran arbeiten, Kognitions- und Emotionsprozesse kybernetisch und hochkomplex mit menschlichen Handlungen in Beziehung zu setzen, bieten praxisorientierte Kollegen an Fachhochschulen Fächer wie «Kommunikationspsychologie» oder «Rehabilitationspsychologie» an, die unberührt von jeder Forschung marktgängige und an Erfordernisse der Wirtschaft angepasste Studieninhalte vermitteln. Während Psychologen, die im Rahmen der psychosozialen Versorgung von Klienten tätig sind (Therapie, Beratung, Selbsthilfebereich etc.), die Auswirkungen der sozialökonomischen Ungleichheit auf das psychische Leiden ihrer Klienten thematisieren und differenzierte Vorschläge zu einer Erneuerung der psychosozialen Versorgungslandschaft machen, bieten ihre Fachkollegen in den Bereichen Klinische und Sozialpsychologie Seminare, Vorlesungen und Fachliteratur an, deren Inhalte sich seit 25 Jahren nicht verändert haben. Skandalös an der aktuellen, zerrissenen und widersprüchlichen Verfasstheit der Wissenschaft Psychologie ist nicht nur, dass die historischen Entwicklungen der Disziplin Psychologie sowie die gesellschaftlichen Anforderungen an das Fach undiskutiert bleiben und kein produktiver Streit über die Zukunft psychologischen Wissens geführt wird; skandalös ist vor allem, dass diese Entwicklungen auf dem Rücken von Studenten und Nachwuchswissenschaftlern ausgetragen werden, die nicht selten trotz vielfältiger theoretischer und praktischer Fähigkeiten Studium und Forschung psychologischer Wissenschaft aufgeben.

Die zunehmende Fragmentierung der Psychologie wird gegenwärtig fast nur noch formal durch eine Diplomprüfungsordnung zusammengehalten. Einzelne Teile des disziplinären Projekts haben auch schon längst diesen Rahmen verlassen und sich in lukrativen neuen Feldern (etwa der «cognitive science», der «Verhaltensmedizin» oder der «medizinischen Psychologie») positioniert. Der endgültige Abschied von dem 60 Jahre bestehenden Diplom könnte schneller kommen, als es viele Fachvertreter gegenwärtig wahrhaben wollen. Der wachsende Druck in Richtung einer Internationalisierung von Studiengängen stellt Diplomordnungen in allen Fächern zur Disposition. Bachelorstudiengänge sollen eine eher berufsorientierte Studieneingangsphase sichern, und darauf werden unterschiedliche Mastersspezialisierungen aufgebaut. Gegenwärtig zeichnet sich eine klare Tendenz ab, dass diese Richtung auch an der Psychologie nicht vorbeigehen wird. Wenn das aber eintritt, dann wird sich das Profil der Psychologie pluralisieren und diversifizieren. Das kann auch eine wichtige Chance für das Fach sein.

Genau in einer solchen Phase einen «Grundkurs» vorzulegen, kann nur bedeuten, einerseits ein realistisches Bild der Möglichkeiten und Grenzen der Psychologie als Wissenschaft und Profession zu geben, nicht nur im kritischen Habitus gegenüber der «Mainstream»-Psychologie zu verharren und schließlich sichtbar zu machen, dass es lebendige und tragfähige Alternativen gibt. Der «Grundkurs Psychologie» versucht nun, das vielfältige und weite Feld psychologischer Theorie und Praxis in seiner Widersprüchlichkeit darzustellen und gleichzeitig einen Überblick über aktuelle Entwicklungen zu geben. Studierende im Hauptstudium können den Band nutzen, um sich einerseits mit dem für die relevanten Prüfungen notwendigen Wissen auszustatten. Gleichzeitig bietet der «Grundkurs» aber – und damit unterscheidet er sich von allen anderen Lehr- und Handbüchern psychologischer Wissenschaft – einen historisch-kritischen Blick auf den jeweiligen Gegenstand des Fachs und unternimmt den Versuch, dasjenige am Fach Psychologie in den Mittelpunkt zu rücken, was einzig ihre Existenz im Feld der Wissenschaften rechtfertigt: den reflektierten und handelnden Menschen als soziales und gesellschaftliches Wesen.

Mit der Formulierung der Einleitung ist das «Richtfest» eines Buchs erreicht, und obwohl sie im Buch ganz vorn steht, gibt sie doch Gelegenheit, auf das Ganze zurückzublicken. Und es ist der Punkt erreicht, an dem man Rückschau halten kann. Wenn wir zurückblicken, dann sehen wir nicht nur eine wichtige positive Kooperationserfahrung für uns beide als Herausgeber, sondern auch die Bereitschaft der vielen Kolleginnen und Kollegen, die mit ihren kompetenten Artikeln zur Substanz dieses Buchs beigetragen haben. Ihnen allen wollen wir herzlich danken. Wir haben auch erlebt, dass sich noch längst nicht alle von den Sekundärtugenden Pünktlichkeit und Verlässlichkeit verabschiedet haben. Ein besonderer Dank gilt Mirjam Schopp, die den Entstehungsprozess dieses Buchs von Anfang an begleitet hat und uns einen großen Teil der redaktionellen «Knochenarbeit» abgenommen hat. Und schließlich ist Dr. Burghard König zu nennen. Ohne ihn ist kein Buch in «rowohlts enzyklopädie» denkbar. Im Entstehungsprozess dieses Buches hat er uns immer wieder ermutigt und kritisch begleitet. Das haben wir schon deshalb sehr zu schätzen gewusst, weil der Verlag sich in stürmischen Wassern des Büchermarkts bewegt und dabei auch seinen langjährigen Mitarbeitern einiges zugemutet hat.

1 Theoretische Perspektiven

Irmingard Staeuble

1.1 Psychologie als Disziplin und Profession aus wissenschaftshistorischer Sicht

In diesem Beitrag soll dargestellt werden, welche Einsichten psychologiegeschichtliche Forschung zur Frage der Entstehung eines eigenen Wissensbereichs des «Psychologischen» anbietet, was die moderne Konzeption des «Psychologischen» mit westlicher Kultur und ihren individualistischen Überzeugungen zu tun hat, wie die Herausbildung der Psychologie als Disziplin verlaufen ist und mit welchen Angeboten Psychologie gesellschaftliche Anerkennung und eine zahlungsfähige Nachfrage erreicht hat. Im Wandel der sozialen Wirklichkeit der Psychologie hat die soziale Zusammensetzung der wissenschaftlichen Gemeinschaft der Psychologen eine wichtige Rolle gespielt, denn Frauen und Angehörige vieler kultureller Minderheiten, z. B. Afroamerikaner(innen), bringen aufgrund ihrer eigenen sozialen Erfahrung andere Perspektiven und Fragestellungen in die Wissenschaft. Abschließend geht es um die Probleme, die der weltweite Export der euro-amerikanischen Psychologie aufwirft, und um die Chancen für eine produktive Umarbeitung von Psychologie in nichtwestlichen und westlichen Gesellschaften.

Diese Auswahl historischer Aspekte folgt der Überzeugung, dass moderne Psychologie wie jede Einzelwissenschaft besser verständlich wird, wenn sie nicht als Ansammlung von Theorien gesehen wird, sondern als institutionalisierter Prozess sozialen Handelns vieler Wissenschaftler. Wissenschaftliches Handeln basiert auf sozialen Erfahrungen und kulturellen Überzeugungen und erfolgt in konkreten Zusammenhängen mit gesellschaftlichen Entwicklungen, politischen Instanzen und technologischen Möglichkeiten. Unter Historiker(inne)n ist für dieses Verständnis die Kurzformel «Wissenschaftsgeschichte im sozialen Kontext» oder «Sozialgeschichte der Wissenschaft» üblich geworden. Weil aber nicht nur für psychologische Forschung und Praxis, sondern auch für psychologiehistorische Arbeit gilt, dass ihre Fragestellungen mit sozialen Erfahrungen und kulturellen Orientierungen zusammenhängen, beginne ich mit einigen Erläuterungen zur Herausbildung des skizzierten Verständnisses von Psychologiegeschichtsschreibung.

1 Was ist sozial kontextualisierte Psychologiegeschichte?

Wer eine Geschichte der Psychologie schreibt, geht von einem Vorverständnis von Psychologie aus, denn sie soll ja der Gegenstand der Geschichte sein. Ist Psychologie eine Kreation berühmter Forscherpersönlichkeiten, oder ist sie die Summe aller Überlegungen und Erklärungsversuche über das Psychologische (z. B. Seelenleben, Bewusstsein, Verhalten und Handeln)? Zeigt sie eine innere Logik von Problemen und Lösungen, oder ist sie einfach ein heterogenes Ensemble von Wissen, Praktiken und Techniken? Kann sie als Produkt der sozialen Forschungspraxis lokaler Wissenschaftlergruppen erklärt werden, oder ist diese Forschungspraxis selbst noch aus weiteren Zusammenhängen von Wissenschaftsverständnis, Gesellschaft und Technologie zu erklären? Je nach Vorverständnis lassen sich person- oder theoriezentrierte Geschichten, Problemgeschichten oder sozial kontextualisierte Disziplin- und Professionsgeschichten konstruieren (vgl. Petzold 1985). Von Geschichtsschreibung als Konstruktion zu reden meint, dass kein(e) Historiker(in) einfach berichten kann, wie alles wirklich gewesen ist. Immer muss eine Auswahl getroffen, muss gewichtet und müssen Zusammenhänge hergestellt werden. Nach welchen Kriterien das geschieht, ist eine Frage von Blickwinkeln, Interessen und Zielsetzungen der Historiker(innen), die mit darüber entscheiden, was Leser(innen) erwarten können.

Sozial kontextualisierte historische und soziologische Wissenschaftsforschung entstand nach vereinzelten früheren Studien in der Tradition Marx'scher Analyse in den 1960er Jahren im Zusammenhang mit Debatten um die gesellschaftliche Relevanz der Wissenschaft (vgl. Weingart 1972). Das Verständnis der Sozialwissenschaften wurde scharf verhandelt im «Positivismusstreit» zwischen kritischen Gesellschaftstheoretikern und Vertretern des Neopositivismus: Kann sich Soziologie (Sozialwissenschaft) mit Erklärungen funktionaler Zusammenhänge innerhalb der Industriegesellschaft begnügen, oder müsste es um die spätkapitalistische Gesellschaft selbst und die Funktion der Sozialwissenschaften in ihr gehen (vgl. Adorno et al. 1969)? In der Psychologie stellten kritische Studierende daher auch die Frage, wieweit Probleme der Individuen von den sozialen Lebensverhältnissen der kapitalistischen Gesellschaft produziert und reproduziert werden und welche Funktion da eine Psychologie hat, für die «Gesellschaft» ein Fremdwort ist. Aus diesen Debatten entstand neben Versuchen einer Neubegründung kritischer Psychologien auch die Idee einer Wissenschaftsgeschichte als Kritik: Wenn es aufzuzeigen gelang, wie und warum Psychologie so offensichtlich betriebsblind den Interessen «der Herrschenden» diente, wie Loren Baritz (1960) es für die Sozialwissenschaften aufgezeigt hatte, dann ließen sich, so dachten wir, Notwendigkeit und Möglichkeiten ihrer emanzipatorischen Umgestaltung ermitteln. Erste kritische Studien zur Geschichte der Psychologie konzentrierten sich denn auch auf die angewandten Bereiche der Verhaltenskontrolle und Industriepsychologie: Wie kam es, dass die erkenntnisleitenden Interessen der Psychologie vorrangig aus der Perspektive der Disziplinierung und des *human engineering*, fast nie aber aus der Perspektive der Förderung von Kritikfähigkeit und Solidarität formuliert waren (vgl. Staeuble 1972; Maikowski, Mattes & Rott 1976)?

Ein Forum und Korrektiv für kritische Psychologiegeschichtsforschung boten die Kongresse von *Cheiron: International Society for the History of the Behavioral and Social Sciences* und ihrer 1982 gegründeten europäischen Tochtergesellschaft (1998 umbenannt in *European Society for the History of the Human Sciences, ESHHS*). Von ideologiekritisch angedeuteten Zusammenhängen zwischen «wirklicher» Subjektivität, kapitalistischer Gesellschaft und Psychologie richtete sich der historische Blick schärfer auf Fragen nach der Forschungspraxis sowie den Handlungsstrategien und -möglichkeiten der wissenschaftlichen Akteure, auf die soziale Erfahrungsbasis von Erkenntnisinteressen, auf Machtstrategien und Einflussspielräume in wissenschaftlichen Institutionen. Das «Psychologische», so wurde mit der Zeit deutlich, ist so wenig ein naturgegebener Bereich wie «das Soziale». Die Wirklichkeit und Wirkung der Psychologie verdankt sich vielmehr Prozessen der sozialen Konstruktion der Disziplin wie ihres Gegenstands (vgl. Danziger 1990).

Um Einsichten in den Wandel der sozialen Wirklichkeit der Psychologie bemüht, analysieren Psychologiehistoriker(innen) die Fragestellungen und Forschungspraktiken der Akteure an konkreten Orten, die sozialen Kontexte wie die Wirkungen ihres Tuns. Mit Studien über Zusammenhänge zwischen Machtverhältnissen, Subjektivität und Psychologie, über vergessene Figuren und alternative Konzeptionen von Psychologie wollen sie zur kritischen Reflexion auf die Historizität der Disziplin und ihres Gegenstands anregen.

2 Die Herausbildung eines «psychologischen» Wissensbereichs

Die Frage, wie Menschen ihre Umwelt wahrnehmen und erkennen können, warum sie unterschiedliche Fähigkeiten haben und warum sie sich manchmal merkwürdig verhalten, hat schon die antiken Philosophen beschäftigt. Aber erst im Prozess der Herausbildung der modernen bürgerlichen Gesellschaft entstand ein eigener Wissensbereich des «Psychologischen» im Sinn der Vorstellung, dass Individuen, als in sich organisierte autonome Personen, die Grundeinheiten sind, aus denen sich Gesellschaft zusammensetzt. Kulturhistoriker suchen zuweilen schon in der antiken Polis nach Anfängen des Individualismus, doch den für unser modernes Verständnis maßgeblichen Durchbruch sehen sie in den italienischen Stadtstaaten der Renaissance und im Protestantismus. Mit dem Renaissance-Ideal der Selbstverwirklichung der Persönlichkeit, die Genuss an ihrem Wirken und an sich selbst findet, wurde Selbsterkenntnis interessant, es entstanden erste Autobiographien, die dann im 18. Jahrhundert zum verbreiteten Genre individueller Entwicklungsgeschichte wurden. Der Protestantismus führte zur Kultivierung von methodischer Selbstbefragung und Selbsterforschung, aber auch Neuerungen in der katholischen Beichtpraxis, vor allem die Intensivierung der Selbsterforschung mit Einführung der Generalbeichte im 16. Jahrhundert, förderten die systematische Reflexion auf die eigene Lebensführung. Die Herausbildung von Subjektivität und Selbstreflexion kann in ebendiesen Praktiken der methodischen Selbsterforschung gesucht werden (vgl. Hahn 1982).

Die Vorstellung vom Individuum als Grundeinheit der Gesellschaft entstand aus dem sozialhistorischen Prozess der Transformation der feudalständischen zur bürgerlich-kapitalistischen Gesellschaft, d. h. von der vorwiegend agrarischen Produktion in lokalen «Hauswirtschaften» zu expandierendem Handel und Industrie, vom feudalen Netzwerk der Abhängigkeiten in der sozialen Hierarchie zum «frei» geborenen Individuum. Die bürgerliche Gesellschaft versteht sich als Gesellschaft freier und vor dem Gesetz gleicher Bürger. Die Deklaration der Menschen- und Bürgerrechte in der Französischen Revolution artikulierte dieses Verständnis und präzisierte die Freiheit dahin gehend, dass sie ihre Grenzen an der Freiheit der anderen hat. Im Gesetz als Ausdruck des allgemeinen Willens sind die Grenzen verankert und werden vom Gewaltmonopol des Staates geschützt. Für Theoretiker, die im 18. Jahrhundert über die neue politische, ökonomische und moralische Ordnung nachdachten, konzentrierte sich die Erfahrung sozialen Wandels in den Errungenschaften der bürgerlichen Revolutionen und den Anfängen der Industrialisierung. Sie suchten systematisch zu ergründen, wie die ökonomische Ordnung funktioniert und wie noch eine soziale Bindung möglich ist zwischen den frei ihre Interessen verfolgenden Individuen, was die bürgerliche Gesellschaft («civil society») weltgeschichtlich bedeutet und wie man sich die Entwicklungsgeschichte menschlicher Fähigkeiten, Bedürfnisse und Sozialbeziehungen aus dem Wandel von materiellen Systemen der Lebenssicherung vorstellen kann.

Damals wurde eine Wissenschaft vom Menschen (science de l'homme; moral science) anvisiert, die analog zur Newton'schen Physik die physische und moralische «Natur» des Menschen, ihre männliche und weibliche Ausprägung und ihre historische Entwicklung aus dem Wandel gesellschaftlicher Lebensformen erklären sollte (vgl. Smith 1995). Im Prozess der Neuformulierung der *conditio humana* zeichnen sich auch schon Spezialisierungen ab, die aus dem Blickwinkel der späteren Humanwissenschaften wie deren «Ursprünge» erscheinen und deshalb von Historikern kontrovers unter der Frage von Kontinuität oder Diskontinuität diskutiert werden (vgl. Fox, Porter & Wokler 1995). Ideengeschichtliche Kontinuitätskonstruktionen, so wird dabei deutlich, übersehen wichtige Veränderungen in der sozialen Zusammensetzung der Erkenntnisproduzenten, ihren Erkenntnisinteressen sowie den institutionellen Bedingungen von Erkenntnisproduktion.

Im Übergang zu bürgerlichen Verhältnissen wurde die subjektive Dimension gesellschaftlicher Veränderungen aus unterschiedlichen sozialen Perspektiven thematisiert, die nicht alle in die moderne Psychologie und Sozialwissenschaft eingehen werden. Das sei am Beispiel von Erkenntnisprojekten mit einem ausgeprägt empirisch-psychologischen Akzent kurz illustriert. Im ausgehenden 18. Jahrhundert wollte Carl Philipp Moritz mit einem *Magazin für Erfahrungsseelenkunde* (1783–1793) eine empirische Psychologie begründen mit dem Ziel der Prävention des «moralischen Schadens» an der Gesellschaft, der sich individuell als Leiden und gesellschaftlich als Asozialität und Kriminalität ausdrückt. Zu diesem Projekt sollten interessierte «Gelehrte und Ungelehrte» möglichst viele Selbstbeobachtungen und Lebensgeschichten von sozialen Abweichlern, Erfahrungsberichte von Selbsterziehung und von Rückfällen liefern, und Autoren wie aktiv interessierte Leser sollten aus diesem Material eine Theorie entwickeln. Obwohl die Theoriebildung letztlich scheiterte, machen die zehn Bände des *Magazins* vorstellbar, wie aus einer sozial reflektierten Konzeptualisierung von Subjektivität eine lebensnahe «psychosoziale» Psychologie hätte werden können. Zeitlich parallel wurde in einem anderen Projekt der objektivierende Blick auf gesellschaftlich erforderliche Fähigkeiten erprobt. In der *Allgemeine(n) Revision des gesamten Schul- und Erziehungswesens* (1785–1791) übersetzten die zu einer «Gesellschaft praktischer Erzieher» zusammengeschlossenen Philanthropen die Frage der Herstellung bürgerlicher Verhältnisse in Deutschland in eine pädagogisch-psychologische Frage. Mit Blick auf die florierende Industrie in England, als deren Personifikationen risikofreudige Unternehmer und emsige Arbeiter wahrgenommen wurden, wollten sie Erziehung und Ausbildung theoretisch und praktisch auf rationelle Lebensführung, Selbstdisziplin und Selbsttätigkeit ausrichten, wobei als oberstes Prinzip die Ökonomie von Kraft und Zeit galt. Die beginnende Industrialisierung führte dann im 19. Jahrhundert zur Artikulation der sozialen Erfahrung der Industriearbeiter, deren Erkenntnisinteresse im Prozess der Organisierung zur Arbeiterbewegung auf Fragen nach Protestfähigkeit und Solidarität gerichtet waren (vgl. Vester 1970).

Je nachdem, ob Historiker(innen) die Konstellationen sozialer Erkenntnisperspektiven in dieser Geschichte marxistisch im Kontext der Herausbildung der gesellschaftlichen Individualitätsformen von Bürgern und Lohnarbeitern konzeptualisieren oder poststrukturalistisch im Kontext der Herausbildung der Wissenssysteme einer Disziplinarmacht, ergibt sich eine unterschiedliche Akzentuierung wissenschaftlicher Erkenntnispolitik. Jaeger und Staeuble (1978) haben betont, dass die doppelte bürgerliche Erkenntnisperspektive – als selbstreflexive und objektivierende – in die moderne Psychologie eingehen wird, wo sie etwa im Nebeneinander von Psychoanalyse und Psychotechnik wiederkehrt, während die selbstreflexive Erkenntnisperspektive der Arbeiterbewegung weder in die sich etablierende Psychologie noch in andere Sozialwissenschaften eingehen wird. Aus poststrukturalistischer Sicht hingegen kommt das Erkenntnisinteresse der Arbeiterbewegung gar nicht in den Blick. Vielmehr geht es nur um das auf die Produktion disziplinierter, produktiver und kalkulierbarer Subjekte gerichtete Erkenntnisinteresse, das sich als dominant erwiesen hat.

Industrialisierung, Urbanisierung und institutionelle Entwicklungen im 19. Jahrhundert veränderten grundlegend die Bedingungen wissenschaftlicher Erkenntnisproduktion. Um die Mitte des Jahrhunderts wurden die spezialisierten Forschungswissenschaften Physiologie und Chemie zum Vorbild, Philosophie, die noch für Hegel die Wirklichkeit in Gedanken gefasst war, trat ihre Wirklichkeitsbereiche (Realphilosophie) an die sich spezialisierenden Wissenschaften ab. Nicht mehr die Struktur und Dynamik der bürgerlichen Gesellschaft selbst, das große Thema der Sozialphilosophie und Sozialkritik des 18. und 19. Jahrhunderts, ist Thema der modernen Sozialwissenschaften; vielmehr geht es um regelhafte Zusammenhänge zwischen den Phänomenen einzelner gesellschaftlicher Funktionsbereiche, wobei Gesellschaft als quasi-naturhaftes Umfeld unbestimmt bleibt. Die Herausbildung der modernen Psychologie zentriert sich entsprechend um das sozial dekontextualisierte Individuum.

3 Anfänge institutionalisierter psychologischer Forschung

Moderne Psychologie beansprucht ein Monopol in Sachen psychologischer Erkenntnis. Wie aber konnte sie dahin kommen, wie ist es überhaupt gelungen, systematische psychologische Forschung an den Universitäten zu institutionalisieren und eine Identität für die Disziplin zu entwerfen? Ursprungsmythen, wonach legendäre «Gründerväter» wie Wilhelm Wundt oder William James eine wissenschaftliche Psychologie erfanden, erklären hier wenig. Die Institutionalisierung einer Disziplin ist ein komplexer Prozess, in dem die interessierten Akteure maßgebliche Instanzen an den Universitäten und in der Öffentlichkeit von der Wichtigkeit ihres Unternehmens überzeugen müssen. Welche Rolle da das Universitätssystem eines Landes und gesellschaftliche Erwartungen an die Wissenschaft zu einer gegebenen Zeit spielen, hat Danziger (1979) anhand eines Vergleichs der Institutionalisierung der Psychologie in Deutschland und den USA gezeigt.

An wen konnten sich die Interessenten für psychologische Forschung wenden, mit welchen Versprechen konnten sie ihren Adressaten imponieren, und welche Institutionalisierungsformen entstehen daraus? In Deutschland wie in den USA expandierte nach 1870 das Universitätssystem, aber diese Expansion erfolgte in Deutschland schon innerhalb der von Humboldt begründeten Fakultätsstruktur, während in den USA solche Strukturen erst in der Expansionswelle geschaffen wurden. Wer in Deutschland psychologische Forschung ausbreiten wollte, sah sich vor der Situation, dass psychologische Fragen als Teil der Philosophie galten. Es galt also zum einen, die Philosophen davon zu überzeugen, dass sie von der Einrichtung psychologischer Forschung an ihren Instituten einen Vorteil haben. Dazu boten sich besonders Versprechen auf neue Forschungseinsichten zu erkenntnistheoretischen Fragen an. Zum andern bestimmten Kultusminister über die Berufung von Professoren. Sie also mussten vom Wert psychologischer Forschung für relevante Gruppen von Studierenden überzeugt werden. Beides gelang in Grenzen, sodass bis zum Ersten Weltkrieg eine Reihe psychologischer «Laboratorien» und «Institute» als Einrichtungen an philosophischen Seminaren entstanden, die vor allem künftige Gymnasiallehrer ausbildeten. Psychologie wurde gelehrt von Professoren für Philosophie oder Pädagogik mit einer Zusatzberechtigung für psychologische Forschung. Die Identität der deutschen Psychologie blieb noch lange an die Philosophie gebunden.

In den USA hingegen erfolgte der Gründungsboom von modernen Universitäten in Reaktion auf die Probleme rapider Industrialisierung und Urbanisierung. Industriewichtige Migrantenströme aus Europa, zunehmend aus Süd- und Osteuropa, ließen in urbanen Zentren wie Chicago soziale Desintegration und Konflikte sichtbar werden. Dies viel debattierte Thema schuf eine öffentliche Nachfrage nach wissenschaftlicher Anleitung zu sozialer Kontrolle und Integration. Da für die Gründung und Ausstattung neuer Universitäten mit Industriellen und Politikern besetzte kuratoriale Gremien zuständig waren, konnten Versprechen auf die wissenschaftliche Lösung sozialer Probleme am ehesten mit Unterstützung rechnen. Psychologen in spe versprachen denn auch, dass experimentelle psychologische Forschung die grundlegenden Gesetze allen menschlichen Handelns und Verhaltens liefern könne (vgl. Leary 1987; Brown 1992). Der Erfolg blieb nicht aus, und es entstanden zahlreiche selbständige psychologische Institute. Die Identität der neuen Psychologie in den USA war die einer selbständigen Einzeldisziplin mit naturwissenschaftlichem Selbstverständnis. Ihr Ziel, die Erklärung, Voraussage und Kontrolle menschlichen Verhaltens, unterschied sich vom Ziel der deutschen Psychologie, der Klärung von Grundfragen menschlichen Bewusstseins. Mit dem Zielverständnis wird auch das Erkenntnisinteresse einer Wissenschaft formuliert, das sich als Schnittpunkt von sozialen Interessen und kognitiven Konstruktionen verstehen lässt (Habermas 1968). Erkenntnisinteressen definieren nicht nur die Probleme einer Disziplin, sie bestimmen auch die Art ihrer Lösung. So dominierte in der humantechnologisch orientierten Psychologie der USA das Experimentieren als Lösungsweg, während in Deutschland wie in anderen Ländern Europas eine Spannung zwischen naturwissenschaftlich-technologischer und geisteswissenschaftlich-hermeneutischer Orientierung erhalten blieb.

Mit der institutionellen Expansion ging auch die Gründung landesweiter wissenschaftlicher Gesellschaften einher, 1892 in den USA der *American Psychological Association (APA)*, 1904 in Deutschland der «Gesellschaft für experimentelle Psychologie» (1929 in Deutsche Gesellschaft für Psychologie umbenannt). Die Produzent(inn)en psychologischer Erkenntnis bzw. ihre gewählten Vertreter(innen) nehmen über diese Organisationen Einfluss auf die Gestaltung, Ausbreitung und öffentliche Repräsentation des Fachs. Sie legen die Standards und Regeln psychologischer Forschung fest und bestimmen, was zur wissenschaftlichen Psychologie gehört und was nicht, was wichtig und was marginal ist. Auf regelmäßig stattfindenden Kongressen wird der Forschungs- und Erkenntnisstand des Fachs präsentiert. Das Wachstum der wissenschaftlichen Gesellschaften gilt auch als Indikator der Erfolgsgeschichte der Disziplin. So hatte die APA im Gründungsjahr 1892 etwa 30 eingeschriebene Mitglieder, 1992 waren es 75 000.

4 Soziale Kontexte der Professionalisierung moderner Psychologie

Als Expertengruppe beanspruchen Psychologen und Psychologinnen ein Monopol in Sachen «psychologischer Erkenntnis» und Praxis, gegenüber anderen Expertengruppen wie gegenüber Laien. Sosehr in der Anfangszeit der Expertenstatus selbst unter nahen Kollegen umstritten war (vgl. Brock 1991), er wurde mit der Zeit formalisiert. Die Kontinuität psychologischen Expertentums wird hergestellt durch einen systematisch aufgebauten Studiengang und einen zertifizierten Abschluss, dem oft noch geregelte und normierte praktische Zusatzausbildungen folgen. Um ihren Anspruch als Experten geltend machen zu können, mussten Psychologen aber erst erreichen, dass für ihr Wissen und Können gesellschaftliche Nachfrage entstand und dass ihr Tun auch als Wissenschaft anerkannt wurde. Für diesen Zusammenhang von Wissenschaft und Praxis hat sich der Begriff der *Professionalisierung* als brauchbar erwiesen, der die Verwissenschaftlichung, Institutionalisierung und die Herausbildung von Spezialisten- bzw. Expertenrollen in bestimmten gesellschaftlichen Funktionsbereichen umfasst.

Die markanten Professionalisierungsschübe der Psychologie zeigen Ähnlichkeiten in Europa und den USA. Bis Mitte des 20. Jahrhunderts haben vor allem Intelligenzmessung und Fähigkeitsdiagnostik zur gesellschaftlichen Anerkennung und Nachfrage nach psychologischem Expertentum geführt. Seit den späten 1960er Jahren kam dazu als weites Feld die Professionalisierung der Klinischen Psychologie (vgl. Hörmann & Nestmann 1985). Es ist nicht übertrieben, den Weltkriegen eine große Rolle bei der Professionalisierung der Psychologie zuzuschreiben (vgl. Geuter 1985). Im Ersten Weltkrieg wurden in den USA Millionen Rekruten mit Hilfe schnell entwickelter Intelligenztests für die Zuweisung zu verschiedenen Aufgabenfeldern sortiert, in Deutschland kam massenhaft «psychotechnische» Eignungsdiagnostik bei der Auswahl für spezielle technische Aufgaben zum Einsatz, von Kraftfahrern und Panzerfahrern bis zu Funkern und Schallmessern.

Auf die «praktische Bewährung» im Krieg beriefen sich Psychologen nachher erfolgreich beim Bemühen um die Ausdehnung ihrer Disziplin. In den USA interessierten sich Unternehmer, Schulmanager wie Immigrationsbehörden für die Möglichkeiten der Intelligenzdiagnostik. In Deutschland führte die Rationalisierung der Wirtschaft bis Mitte der 1920er Jahre zur Einrichtung von ca. 250 psychotechnischen Prüfstellen, aber auch in anderen Ländern Europas expandierte die Psychotechnik. An den staatlichen und privaten Prüfstellen (u. a. bei der Reichspost, der Reichsanstalt für Arbeitsvermittlung und reichsweit bei der Eisenbahn; nach Anfängen bei AEG, Loewe und Zeiss in 110 Industriebetrieben) wurden aber nur selten psychologisch ausgebildete Leute fest angestellt. Lediglich die Reichswehr, der durch den Versailler Vertrag jede Zusammenarbeit mit den Universitäten untersagt war, richtete ab 1925 öffentlich-rechtliche Planstellen für Psychologen ein. Der entscheidende Professionalisierungsschub der deutschen Psychologie erfolgte, wie Ulfried Geuter (1984) detailliert ermittelt hat, im Zusammenhang mit der nationalsozialistischen Wehrmacht. Die Zahl der dort beschäftigten Psychologen stieg von 33 im Jahr der Machtergreifung auf ca. 450 auf dem Höhepunkt von 1942. Die militärpsychologische Eignungsdiagnostik wirkte auch auf die Universitäten zurück, indem sie in Forschung und Theoriebildung diagnostiknahe Bereiche wie Ausdruckspsychologie und Charakterkunde stärkte. Die Karriere von Philipp Lersch kann als exemplarisch für diese Rückwirkung gelten (vgl. Weber 1993). In Zusammenarbeit von Wehrmachts- und Universitätspsychologen entstand die erste Diplomprüfungsordnung (DPO), die 1941 in Kraft trat.

Die große Rolle der Intelligenz- und Eignungsdiagnostik bei der Professionalisierung der Psychologie in USA und Europa legt die Frage nahe, worin hier das gesellschaftliche Interesse lag. Wie sich die Interessen der Experten und der Öffentlichkeit treffen konnten, zeigt Danziger (vgl. 1990, S. 55–56) am Beispiel von Francis Galton: Auf der International Health Exhibition in London 1884 trat Galton mit einem Anthropometrischen

Labor auf, in dem Besucher gegen Gebühr ihre «geistigen Fähigkeiten» (von Sinneswahrnehmung bis Urteilsfähigkeit) testen lassen konnten. Galton war interessiert an einer möglichst breiten Datenbasis zur Feststellung, wie geistige Fähigkeiten in der Bevölkerung verteilt sind; die 9000 zum Test bereiten Ausstellungsbesucher aber, so darf angenommen werden, wollten ihre geistigen Fähigkeiten wissenschaftlich messen lassen, weil sie überzeugt waren, dass ihre sozialen Chancen in einer Leistungs- und Konkurrenzgesellschaft von diesen Fähigkeiten abhängen. In der Tradition Galtons wurde in den USA Intelligenz zur (pseudo-)biologischen Gegebenheit, kontrovers waren nur die Methoden ihrer Messung. Als ein in Frankreich von Alfred Binet 1904 entwickelter Test zur Voraussage schulischer Leistung in die USA importiert wurde, fand er als erster «Intelligenztest» schnell praktische Verwendung im Zusammenhang mit eugenischen und immigrationspolitischen Maßnahmen (vgl. Chorover 1982, Kap. 3 und 4; Samelson 1978). Im Sinne des Erfinders war dies nicht, denn die Konzeption von Binets im Auftrag des Erziehungsministeriums entwickeltem Test basierte auf einer ganz anderen Konzeption, aber Galtons Intelligenzkonzept setzte sich weitgehend gegen Alternativen durch (Andersen 1994). In der Einschätzung der Intelligenztests, des Hauptprodukts US-amerikanischer Psychologie, als Legitimationsinstrumente ökonomisch-sozialer Ungleichheit stimmen kritische Historiker überein (vgl. Grünwald 1987; Danziger 1990; Andersen 1994). Mit Michel Foucault lässt sich in den psychologischen Testinstrumentarien auch das Disziplinierungsprinzip moderner Gesellschaft erkennen, das im Hierarchisieren, Kalkulierbar- und Regierbarmachen von Populationen besteht.

In der Nachkriegszeit wurde mit der Professionalisierung der Klinischen Psychologie der psychologische Beitrag zur Disziplinierung erweitert um ein Ensemble von Wissen, Praktiken und Techniken der therapeutischen und beratenden Intervention, die sich unter dem Aspekt des Managements von Subjektivität und der Expertenanleitung zur Selbstwerdung und Selbststeuerung analysieren lassen (vgl. Rose 1989, 1991). Seither haben psychologische Vorstellungen, Praktiken und Techniken nicht nur in alle sozialen Institutionen Eingang gefunden, in denen individuelles Verhalten zum Problem werden kann – in Schulen und Unternehmen, beim Sozialarbeiter oder vor Gericht –, auch die Individuen selbst fragen nach Rat und Anleitung, gehen zum Therapeuten oder zur Beratungsstelle, rufen Krisentelefone an oder holen sich psychologische Ratgeberbücher. Psychologie hat also nicht nur ihre Basis im Individualismus, der Ideologie der bürgerlichen Gesellschaft, sie trägt auch zur weiteren Individualisierung bei.

5 Vom sozialen Wandel der «scientific community»

Welche Fragen in einer Wissenschaft gestellt werden, welche erkenntnisleitenden Interessen dominieren, hängt weitgehend von der sozialen Erfahrungsbasis der Forschenden ab. Zwar trifft jede neue wissenschaftliche Generation auf ein bereits formiertes Selbstverständnis der Disziplin, das angehende Wissenschaftler in die anerkannten und aussichtsreichen Forschungsbereiche leitet, aber aus historischer Perspektive zeigt sich, dass diese Bereiche wie ihre Fragestellungen auch dem Wandel unterliegen. Das herkömmliche Verständnis von wissenschaftlichem Fortschritt dank verbesserter Forschungsmethoden macht allenfalls die konservativen Tendenzen der Disziplinentwicklung verständlich, nicht aber Veränderungen der Reichweite dessen, was sich «die Wirklichkeit der Psychologen» nennen lässt. Als eine «enge Welt» mit vorwiegend administrativer Praxisorientierung hat Kurt Danziger (1990) die US-amerikanische Psychologie der ersten Hälfte des 20. Jahrhunderts charakterisiert. Diese «enge Welt» hat viel zu tun mit der sozialen Erfahrungsbasis der psychologischen Erkenntnisproduzenten. Ein Indikator für soziale Erfahrung, Wirklichkeitsbild und Problemsicht einer Disziplin ist die soziale Zusammensetzung der scientific community. Im ersten Drittel des 20. Jahrhunderts dominierten in der US-amerikanischen Psychologengesellschaft (APA) weiße Männer der protestantischen urbanen oberen Mittelschichten; die weibliche Minderheit wies dieselben sozialen Merkmale auf (vgl. Furumoto 1987). Eine merkliche Veränderung erfolgte, nicht nur in der Psychologie, mit der Massenemigration von Wissenschaftlern aus dem faschistischen Europa. Die soziale Erfahrung emigrierter jüdischer Psychologen und Sozialwissenschaftler trug, wie Franz Samelson (1978) vermutet, zu einer Sensibilisierung für Probleme sozialer Vorurteile bei, die zu einem auffallenden thematischen Wandel von der Intelligenzforschung über «objektive» «rassische» Unterschiede in den 1920er Jahren zur Erforschung der subjektiven Vorurteile sozialer Gruppen geführt hat. Umgekehrt spiegeln sich auch gesellschaftliche Ausgrenzungen an den Universitäten und in der sozialen Zusammensetzung von scientific communities. Obwohl erste Afroamerikaner wie Kenneth Clark schon in den 1930er Jahren ein Psychologiestudium absolviert hatten, waren bis 1966 unter den 3700 Promovenden aus 18 Psychologie-Departments nur acht Afroamerikaner. Auf dem Höhepunkt der Bürgerrechtsbewegung wurde 1968 die *Association of Black Psychologists* gegründet. In den USA und in Europa haben Feministinnen, Afroamerikaner(innen) und Migrant(inn)en aus den ehemaligen Kolonien in den letzten Jahrzehnten aus ihrer unterschiedlichen sozialen Erfahrung «mit anderer Stimme» (Gilligan) dazu beigetragen, dass auch andere Fragen und Probleme in der Psychologie artikuliert werden. Der Weg von der empirischen Untersuchung von Geschlechts- und «Rassen»unterschieden zur Analyse der sozialen Konstruktion der Geschlechter und schließlich zur Besinnung auf Strategien des «othering» und «racializing» folgt keiner wissenschaftsimmanenten Entwicklungsdynamik von Rationalitätserweiterung, die Sensibilisierung für andere Erfahrungen und Denkweisen ist vielmehr Resultat des sozialen Wandels der scientific community der Psychologie.

6 Psychologie als weltweiter Exportartikel

Moderne Psychologie ist ein euroamerikanisches Produkt, insofern sie auf der Ideologie des Individualismus basiert, praktische Beiträge zum Kalkulierbarmachen von Individuen und zur Regulation des Selbst liefert und nach den Mustern und Standards spezialistischen Expertentums in modernen Industriegesellschaften funktioniert. Und doch wurde diese Psychologie von Europa, Nordamerika und Australien aus weltweit exportiert, nach Lateinamerika und Nahost, zu den Philippinen und in die Karibik, nach Ghana und Korea. Im Kontext von Kolonialismus und Neokolonialismus wurden fast alle Länder der Welt mit importierter Psychologie konfrontiert. Als Ensemble von Wissen, Praktiken und Techniken scheint Psychologie sich wie die Ingenieurwissenschaft bestens zum Export zu eignen; human engineering war einst ihr wirkungsvoller Slogan. Aber ihr Erfolg beim human engineering in westlichen Gesellschaften basiert auf einer spezifischen kulturellen Vorstellung von der Person, die in der kulturellen Tradition des westlichen Individualismus verankert ist. In nichtwestlichen Gesellschaften haben Kulturanthropolog(inn)en ganz andere Personvorstellungen ermittelt. Clifford Geertz kommentiert das Phänomen pointiert:

> «Die abendländische Vorstellung von der Person als einem fest umrissenen, einzigartigen, mehr oder weniger integrierten motivationalen und kognitiven Universum, einem dynamischen Zentrum des Bewußtseins, Fühlens, Urteilens und Handelns, das als unterscheidbares Ganzes organisiert ist und sich sowohl von anderen solchen Ganzheiten als auch von einem sozialen und natürlichen Hintergrund abhebt, erweist sich, wie richtig sie uns auch scheinen mag, im Kontext der anderen Weltkulturen als eine recht sonderbare Idee» (Geertz 1987, S. 294).

Lässt sich psychologische Technologie ohne diese «sonderbare Idee» exportieren? Welche Probleme entstehen, wenn die «Technologie und Ideologie» der modernen Psychologie auf ideologische Traditionen des Hinduismus, Taoismus oder Konfuzianismus, des sufitischen oder schiitischen Islam treffen (vgl. Blowers & Turtle 1987)? Unter Psychologen, die wissenschaftlich oder praktisch in Ländern der «Dritten Welt» arbeiten, werden mittlerweile vielfache Schwierigkeiten mit dem Nebeneinander der importierten westlichen Psychologie und einheimischen kulturellen Personvorstellungen («indigenen Psychologien») diskutiert. Uchoi Kim und John Berry (1993) haben Erfahrungsberichte und kritische Analysen aus vielen Ländern herausgegeben. Da wird aus Indien und Iran, Sambia und anderen afrikanischen Ländern beklagt, dass der psychologische Import selbst für spezifische Modernisierungsprobleme der Länder sich als wenig hilfreich erwiesen hat. Vielerorts sind daher Indigenisierungsbewegungen entstanden, die statt des importierten Fertigprodukts die Entwicklung einer stärker an den psychosozialen Problemen der einheimischen Bevölkerungsmehrheit orientierten Psychologie fordern. Indigenisierung meint nicht die Rückkehr zu lokalen Denktraditionen, sondern die lokale Ermittlung des Verständnisses, das Menschen von sich und ihrer Welt haben, sowie seiner kulturellen, sozialen und politischen Kontexte, mit der Perspektive neuer Synthesen von moderner Psychologie mit einheimischen Vorstellungen.

Versuche, aus indigenen Psychologien und westlicher Psychologie produktive neue Synthesen zu entwickeln, treffen aber auf erhebliche Hindernisse, die nur im Kontext neokolonialer Tendenzen analysierbar sind. Als im Zuge der Auflösung der ehemaligen Kolonialreiche zwischen 1945 und 1965 schon etwa 150 neue Staaten entstanden, wurden sie als «Entwicklungsländer» Gegenstand von Modernisierungsforschung. Als Maßstab ihrer Modernisierungsfähigkeit galten die aus der europäischen Modernisierung abstrahierten Messgrößen des wirtschaftlichen Wachstums, der sozialen Mobilität und politischen Stabilität. Ins Psychologische übersetzt, wurde auch «individuelle Modernisierung» (vgl. Inkeles & Smith 1974; Inkeles 1983) gemessen, und zwar am Grad industrieller Disziplin, Leistungsorientierung und individualistischer Einstellung. Für Regierungen in der «Dritten Welt», die an der Entwicklungshilfe beteiligt werden wollten, waren solche Untersuchungen ebenso interessant wie für westliche Investoren in Entwicklungsländern, die sich der Unterschiede der Fähigkeiten, Intelligenzen und Einstellungen personalpolitisch bedienen wollten. Beim Ausbau der Universitäten in der «Dritten Welt» konnten nur solche nach westlichem Vorbild mit westlicher Unterstützung rechnen. Als etwa an Universitäten in Ländern Ost-, West- und Zentralafrikas Psychologie an eigenen Departments institutionalisiert wurde, geschah das mit personeller und finanzieller Unterstützung durch die britische und französische Regierung sowie durch die Ford- und Carnegiestiftungen. Um 1990 gab es 14 Psychologie-Departments in zehn afrikanischen Ländern, davon fünf allein in Nigeria, sowie praktische Arbeitsmöglichkeiten für pädagogische Psychologen und Industriepsychologen in Nigeria, Sambia und Simbabwe. Hauptarbeitgeber waren bislang Erziehungsministerien und Testinstitutionen, daneben einige staatliche und private Kliniken (vgl. Durojaiye 1993). Zur einseitigen Abhängigkeit von westlichen Prestige-Universitäten, die in Indien, dem Iran und afrikanischen Ländern beklagt wird, weil sie eine Zusammenarbeit von Ländern der Dritten Welt untereinander erschwert, kam die Kontrolle der Ausbildungsstandards durch die Psychologengesellschaften der unterstützenden Länder. Die British Psychological Association etwa kontrollierte noch in den 1980er Jahren die Lehrenden an der University of South Pacific, Fiji, jährlich durch externe Prüfer (vgl. Blowers & Turtle 1987).

7 Könnte Psychologie auch anders aussehen?

Bewusst sind in den vorangehenden Abschnitten die harten Einsichten historischer Forschung in die Psychologie als Disziplin und Profession betont worden, denn sie zeigen zum einen, wie nötig sozial und kulturell reflektierte Neuorientierungen sind; zum andern machen sie deutlich, gegen welchen «mainstream» sich Alternativen bewähren müssen. Kritische Psychologiehistoriker(innen) verstehen sich gern als das «Gewissen» der Disziplin, wenn sie die Historizität der Disziplin wie ihres Gegenstands demonstrieren, die sozialen Konstruktionen von Wissen aufzeigen, um die scheinbare Sicherheit eines pseudo-naturalistischen Gegenstandsverständnisses zu entkrusten und den Horizont für neue Fragestellungen zu öffnen (vgl. Danziger 1994; Rose 1996; Staeuble 1996b; Gergen 1999). Aber sie wissen auch um die Fragilität von alternativen Versuchen, die von den Anfängen der Psychologie bis zu jüngsten Erfahrungen mit emanzipatorischer Wissenschaft zeugen (vgl. Staeuble 1990, 1996a). Gegenwärtig fehlt es weder in westlichen Ländern noch in der «Dritten Welt» an Herausforderungen zum Überdenken der Psychologie (vgl. Smith, Harré & Van Langenhove 1995; Staeuble 1992, 1999; Kim & Berry 1993). Ihr universalistischer Erkenntnisanspruch wird am schärfsten vom sozialen Konstruktionismus in Frage gestellt (vgl. Danziger 1997). Vorschläge, wie der kulturellen Vielfalt von Subjektivitäten in konkreten sozialen Kontexten Rechnung getragen werden könnte, wie Andro- und Eurozentrismus umgearbeitet werden müssten, nehmen Kontur an (u. v. a. vgl. Harding 1994; Nicolson 1995; Stigler, Shweder & Herdt 1990; Shweder & Sullivan 1993; Shweder 1998). Der Blick in manche Verlagsprogramme sollte dennoch nicht dazu verleiten, die vorgeschlagenen Alternativen schon für die neue Wirklichkeit der Psychologie zu halten. Ob die kritisch-selbstreflexive Wende in der Psychologie anhält, ob alternative Vorschläge produktiv weiterentwickelt oder marginalisiert werden, wird nicht zuletzt davon abhängen, was eine jüngere Generation an sozialer Erfahrung und Engagement in die «scientific community» einbringt.

Literatur

Adorno, T. W., Albert, H., Dahrendorf, R., Habermas, J., Pilot, H. & Popper, K. R. (1969). Der Positivismusstreit in der deutschen Soziologie. Neuwied.

Andersen, M. L. (1994). The Many and Varied Social Constructions of Intelligence. In: T. R. Sarbin & J. I. Kitsuse (Eds.), Constructing the Social, S. 119–138. London.

Baritz, L. (1960). The Servants of Power. A History of the Use of Social Science in American Industry. Middletown, Conn.

Blowers, G. H. & Turtle, A. (Eds.) (1987). Psychology Moving East: The Status of Western Psychology in Asia and Oceania. Sydney.

Brock, A. (1991). Was macht den psychologischen Expertenstatus aus? Eine Auseinandersetzung zwischen Wundt und Stumpf. Psychologie und Geschichte 2, S. 109–114.

Brown, R. H. (1992). Poetics, politics and professionalism in the rise of American psychology. History of the Human Sciences 5 (1), S. 47–62.

Chorover, S. L. (1982). Die Zurichtung des Menschen: Von der Verhaltenssteuerung durch die Wissenschaften. Frankfurt.

Danziger, K. (1979). Social Origins of Modern Psychology. In: A. R. Buss (Ed.), Psychology in Social Context, S. 27–45. New York.

Danziger, K. (1990). Constructing the Subject. Historical Origins of Psychological Research. Cambridge.

Danziger, K. (1994). Does the History of Psychology have a future? Theory & Psychology 4 (4), S. 467–484.

Danziger, K. (1997b). Essay Review: The Varieties of Social Construction, Theory & Psychology 7 (3), S. 399–416.

Durojaiye, M. O. A. (1993). Indigenous Psychology in Africa: The Search for meaning. In: U. Kim & J. W. Berry (Eds.), Indigenous Psychologies: Research and Experience in Cultural Context, S. 211–220. London.

Fox, C., Porter, R. & Wokler, R. (1995). Inventing Human Science: Eighteenth Century Domains. Berkeley.

Furumoto, L. (1987). On the margins: Women and the professionalization of psychology in the United States 1890–1940. In: M. G. Ash & W. R. Woodward (Eds.), Psychology in Twentieth Century Thought and Society, S. 93–113. Cambridge.
Geertz, C. (1987). Dichte Beschreibung. Beiträge zum Verstehen kultureller Systeme. Frankfurt/M.
Gergen, K. (1999). An Invitation to Social Construction. London.
Geuter, U. (1985). Polemos panton pater – Militär und Psychologie im Deutschen Reich 1914–1945. In: M. G. Ash & U. Geuter (Hg.), Geschichte der deutschen Psychologie im 20. Jahrhundert, S. 146–171. Opladen.
Geuter, U. (1984). Die Professionalisierung der deutschen Psychologie im Nationalsozialismus. Frankfurt/M.
Graumann, C. F. & Gergen, K. J. (Eds.) (1996). Historical Dimensions of Psychological Discourse. Cambridge.
Grünwald, H. (1987). Die Diagnose individueller geistiger Unterschiede. In: H. Lück et al., Sozialgeschichte der Psychologie, S. 41–50. Opladen.
Habermas, J. (1968). Erkenntnis und Interesse. Frankfurt/M.
Hahn, A. (1982). Zur Soziologie der Beichte und andrer Formen institutionalisierter Bekenntnisse: Selbstthematisierung und Zivilisationsprozeß. Kölner Zeitschrift für Soziologie und Sozialpsychologie 24, S. 408–434.
Harding, S. (1994). Das Geschlecht des Wissens. Frankfurt/M.
Hörmann, G. & Nestmann, F. (1985). Die Professionalisierung der Klinischen Psychologie und die Entwicklung neuer Berufsfelder in Beratung, Sozialarbeit und Therapie. In: M. G. Ash & U. Geuter (Hg.), Geschichte der deutschen Psychologie im 20. Jahrhundert, S. 252–285. Opladen.
Inkeles, A. (1983). Exploring Individual Modernity. New York.
Inkeles, A. & Smith, D. H. (1974). Becoming Modern: Individual Change in Six Developing Countries. Cambridge.
Jaeger, S. & Staeuble, I. (1978). Die gesellschaftliche Genese der Psychologie. Frankfurt/M.
Kim, U. & Berry, J. W. (Eds.) (1993). Indigenous Psychologies: Research and Experience in Cultural Context. London.
Leary, D. (1987). Telling Likely Stories: The Rhetoric of the New Psychology 1880–1920. Journal of the History of the Behavioral Sciences 23, S. 315–331.
Lück, H. E. et al. (1987). Sozialgeschichte der Psychologie. Opladen.
Maikowski, R., Mattes, P. & Rott, G. (1976). Psychologie und ihre Praxis. Materialien zur Geschichte und Funktion einer Einzelwissenschaft in der Bundesrepublik. Frankfurt/M.
Nicolson, P. (1995). Feminism and Psychology. In: J. A. Smith, R. Harré & L. Van Langenhove (Eds.), Rethinking Psychology, S. 122–142. London.
Petzold, M. (1985). Modelle und Herangehensweisen in der Psychologiegeschichtsschreibung. Psychologische Rundschau 36, S. 135–142.
Rose, N. (1989). Governing the Soul: The Shaping of the Private Self. London.
Rose, N. (1991). Experts of the Soul. Psychologie und Geschichte 3 (1/2), S. 91–99.

Rose, N. (1996). Power and subjectivity: Critical history and psychology. In: Graumann, C. F. & Gergen, K. J. (Eds.), Historical Dimensions of Psychological Discourse. Cambridge.
Samelson, F. (1978). From «Race Psychology» to «Studies in Prejudice»: Some observations on the thematic reversal in social psychology. Journal of the History of the Behavioral Sciences 14, S. 265–278.
Shweder, R. A. (Ed.) (1998). Welcome to Middle Age! (And Other Cultural Fictions). Chicago.
Shweder, R. A. & Sullivan, M. A. (1993). Cultural Psychology: Who Needs it? Annual Review of Psychology 44, S. 497–523.
Smith, R. (1989). Does the History of Psychology have a Subject? History of the Human Sciences 1, S. 147–178.
Smith, R. (1995). The Language of Human Nature. In: C. Fox, R. Porter & R. Wokler (Eds.), Inventing Human Science: Eighteenth-Century Domains, S. 88–111. Berkeley.
Sonntag, M. & Jüttemann, G. (Hg.) (1993). Individuum und Geschichte. Beiträge zur Diskussion um eine «Historische Psychologie». Heidelberg.
Sonntag, M. (Hg.) (1990). Von der Machbarkeit des Psychischen. Texte zur historischen Psychologie 2. Pfaffenweiler.
Staeuble, I. (1972). Politischer Ursprung und politische Funktionen der pragmatischen Sozialpsychologie. In: H. Nolte & I. Staeuble, Zur Kritik der Sozialpsychologie, S. 7–65. München.
Staeuble, I. (1990). Könnte Psychologie auch anders aussehen? Zur historischen Rekonstruktion von Alternativen. In: Lück & Miller (Hg.), Theorien und Methoden psychologiegeschichtlicher Forschung, S. 33–42. Göttingen.
Staeuble, I. (1992). Wir und die anderen: Ethnopsychologische Konstruktionen im Wandel. Psychologie und Geschichte 4, S. 140–157.
Staeuble, I. (1996a). Emancipation – a failed project? Remarks on the discourse of radical critique. In: C. F. Graumann & K. J. Gergen (Eds.), Historical Dimensions of Psychological Discourse. Cambridge.
Staeuble, I. (1996b). Historische und kulturelle Psychologie: Zeitigt kritische Wissenschaftsgeschichte Wirkungen? In: H. Gundlach (Hg.), Untersuchungen zur Geschichte der Psychologie und Psychotechnik, S. 321–338. München.
Staeuble, I. (1999). Theorizing cultural selves and human agency in a postcolonial world. In: W. Maiers et al. (Eds.), Challenges to Theoretical Psychology, S. 312–321. York, Ont.
Stigler, J. W., Shweder, R. A. & Herdt, G. (Eds.) (1990). Cultural Psychology. Essays on Comparative Human Development. Cambridge.
Vester, M. (1970). Die Entstehung des Proletariats als Lernprozeß. Frankfurt/M.
Weber, K. (1993). Vom Aufbau des Herrenmenschen: Philipp Lersch, eine Karriere als Militärpsychologe und Charakterologe. Pfaffenweiler.
Weingart, P. (Hg.) (1972). Wissenschaftssoziologie 1: Wissenschaftliche Entwicklung als sozialer Prozeß. Frankfurt/M.

Weiterführende Literatur

Ash, M. G. & Geuter, U. (Hg.) (1985). Geschichte der deutschen Psychologie im 20. Jahrhundert. Opladen.
Herman, E. (1996). The Romance of American Psychology. Political Culture in the Age of Experts. Berkeley.
Richards, G. (1997). ‹Race›, Racism and Psychology: Towards a reflexive history. London.
Smith, J. A., Harré, R. & Van Langenhove, L. (Eds.) (1995). Rethinking Psychology. London.
Smith, R. (1997). The Fontana History of the Human Sciences. London.
Sonntag, M. (1999). «Das Verborgene des Herzens»: Zur Geschichte der Individualität. Reinbek.

Heiner Keupp

1.2 Das Subjekt als Konstrukteur seiner selbst und seiner Welt

1 Kennt die Psychologie das Subjekt?

Die Zulassung zum Studium der Psychologie erfolgt seit einigen Jahren ausschließlich über die ZVS (die zentrale Verteilungsstelle für Studienplätze). Im Jahre 2000 durften die bundesdeutschen Hochschulen erstmals einen Teil der Studienbewerber selbst aussuchen. In den Aufnahmegesprächen wollten wir wissen, was sich die eingeladenen Bewerber unter Psychologie vorstellen. Auch wollten wir wissen, wie sie einem Laienpublikum erklären würden, wovon die Psychologie handelt.

Welche Antworten geben wir Menschen in unserem Umfeld, wenn sie wissen wollen, wovon denn die Psychologie als Wissenschaft handelt? Wer kennt nicht die Verlegenheit, wenn man seinen Eltern oder Freunden erklären soll, was man denn da studiert, wenn man sich für das Fach Psychologie entschieden hat. Die Verlegenheit resultiert nicht zuletzt aus der Tatsache, dass unsere Antworten gelegentlich ziemlich trivial wirken können: Wir beschäftigen uns mit «dem Menschen», «dem Individuum», «der Person», der «Identität» oder gar «dem Subjekt». Die Antworten wirken deshalb oft so harm- und hilflos, weil wir genau wissen, dass diese Begriffe im Alltagsdiskurs alle mehr oder weniger geläufig sind und sich deshalb jeder auch als Experte für die Sache betrachtet. Wenn wir eine Standarddefinition von Psychologie nutzen, dass es bei diesem Fach um das «Erleben und Verhalten» von Menschen gehe, bekommt die Antwort auch nicht gerade den Appeal eines wissenschaftlichen Unternehmens oder einer seriösen beruflichen Perspektive. Als mein Sohn gefragt wurde, ob er denn auch Psychologie studieren wolle, gab er die kurz angebundene Antwort: «Das bisschen, was man in diesem Fach lernen kann, weiß doch jeder!»

Die Studienplatzbewerber ließen es in aller Regel nicht bei simplen Gemeinplätzen bewenden. Sie begründeten die Psychologie vor allem über Helfermotive und -notwendigkeiten: Psychologie würde Menschen mit persönlichen Problemen oder Krankheiten helfen. Und weil Psychologie effektiv helfen will, muss sie wissen, was in den Menschen abläuft. Mit dieser Hilfskonstruktion aus dem therapeutischen Diskurs ist es offensichtlich leichter, der Entscheidung für die Psychologie eine respektable Begründung zu geben. Meinen eher grundlagenwissenschaftlich orientierten Kollegen hat es sehr enttäuscht, dass wir keinen Studienbewerber dabei hatten, der sich für die Erforschung allgemeiner Gesetzmäßigkeiten psychischer Prozesse wie Motivation, Kognition oder Lernen interessierte. Aber auch bei ihm kommen Begriffe wie «Subjekt» oder «der Mensch» kaum vor. Es geht zwar um individuelle Lern- oder Wahrnehmungs*prozesse*, um das *Verhalten* von Individuen oder um deren Emotionen. Ist es zu trivial, über Subjekte zu reden, oder hat die Psychologie gar keinen Begriff vom Subjekt? In einer kontroversen Diskussion um die Psychologie und ihr Selbstverständnis formulierte ein renommierter Kollege aus der Allgemeinen Psychologie: Die Psychologie braucht kein Subjekt, sie beschäftigt sich mit Gesetzmäßigkeiten menschlichen Verhaltens.

Einer meiner Psychologielehrer war Albert Görres, bei dem ich Grundbegriffe der Psychoanalyse gelernt habe, der sein Leben lang die Auseinandersetzung mit der Religion betrieben und sich immer wieder mit dem Spannungsverhältnis von Christentum und Psychologie beschäftigt hat.

Ich erinnerte mich an einen Buchtitel von ihm, der etwa lauten sollte: «Kennt die Psychologie den Menschen?» Meine Internetrecherche ergab, dass Görres ein Buch hinterlassen hat mit dem Titel «Kennt die Religion den Menschen?». Diese erinnernde Fehlleistung ist nicht zufällig. Eine Frage drängt sich mir immer wieder auf: «Kennt die Psychologie den Menschen?» Man könnte sie in die Domäne der philosophischen oder anthropologischen Grundlagen der Psychologie platzieren, aber auch die hat in den meisten Psychologiedepartments schon längst keine Heimat mehr. Insofern ist es doch notwendig, sie wieder in die Psychologie selbst zurückzuholen und sich über deren implizite oder explizite Menschenbilder Gedanken zu machen.

Allen psychologischen Theorien und Aussagen liegen Menschenbildannahmen zugrunde, doch sie werden selten thematisiert und reflektiert. Wenn im Jargon der heutigen Psychologie Begriffe wie «Speicher» oder «Informationsverarbeitungssystem» verwendet werden, dann wird die menschliche Psyche in Computermetaphern gefasst. Die Verwendung von Metaphern kann erkenntnisfördernd sein, aber die Metapher darf nicht wie «die Sache» selbst behandelt werden, sonst wird sie zum Mythos. Metaphern sind vorläufige Annäherungen an ein Feld, das noch unerschlossen ist, aber diese Vorläufigkeit des Zugangs muss im Bewusstsein bleiben. Sigmund Freud hat vor 100 Jahren vom «psychischen Apparat», von «Abwehrmechanismen» oder von «libidinösen Energien» gesprochen. Auch das sind Metaphern, gedankliche Hilfskonstruktionen, die durchaus ihren heuristischen Wert hatten. Aber sie können ihren mechanisch-materialistischen Hintergrund nicht verleugnen, und dieser ist mit spezifischen Subjektvorstellungen verbunden, die benannt werden müssen.

Ein erster Blick auf die Psychologie zeigt also ein charakteristisches Vermeidungsverhalten, sich mit den zentralen begrifflichen Grundlagen des Fachs auseinander zu setzen. Einerseits gibt es die Konkurrenz zum Alltagsdiskurs, in dem unreflektiert Begriffe wie Mensch, Individuum, Person oder Identität verwendet werden. Andererseits machen die Fachwissenschaftler zunehmend einen großen Bogen um die philosophisch-anthropologischen Basisprämissen der Psychologie, und umso weniger sie sich dieser Auseinandersetzung stellen, desto unreflektierter liefern sie sich ungeprüften Menschenbildannahmen aus.

2 Begriffliche Klärungen

Die einfachen Begriffe im alltagssprachlichen Gebrauch erweisen sich bei genauerer Analyse als höchst voraussetzungsvoll und komplex. Wer wüsste nicht sofort, was gemeint ist, wenn vom «Individuum» die Rede ist: eine einzelne Person in ihrer von anderen Personen unterscheidbaren Verknüpfung spezifischer Merkmale. Vom lateinischen Wortstamm her soll mit dem Individuumsbegriff etwas «Unteilbares» erfasst sein. In der griechischen und mittelalterlichen Philosophie ist er für das Atom verwendet werden, also für eine nicht weiter aufspaltbare Grundeinheit der Welt. Aber wie inzwischen die Spaltbarkeit des Atoms möglich ist, so ist auch die Vorstellung, das Individuum sei etwas Letztes und nicht mehr Hintergehbares, längst dekonstruiert.

Theodor Litt sieht im Zusammenhang mit dem Individuumsbegriff die «Gefahr vielfacher Begriffsverwirrung» (1926, S. 163). Das hat zum einen damit zu tun, dass er ungenügend von solchen Begriffen wie «Individualität», «Individualismus», «Individuation» oder «Individualisierung» abgegrenzt ist, die ihn ja alle im Wortstamm aufbewahren. Hinzu kommen andere Begriffe wie «Subjekt» oder «Identität», die im gleichen Bedeutungsfeld für sich Sinn beanspruchen. Alle diese Begriffe thematisieren den einzelnen Menschen unter je spezifischer Perspektive:

- *Individualität* bezieht sich auf die jeweilige Besonderheit einer Person. Der Mensch wird als Einzelwesen in seiner einmaligen Existenz und mit unverwechselbaren Merkmalen wahrgenommen. Für Müller-Freienfels (1923, S. 9) ist das Individuum der «physisch-psychische ‹Träger› der Individualität», in der sich die naturale Ausstattung des Menschen mit kulturell-historischen Einflüssen so spezifisch verknüpft, dass von einer «individuellen Färbung» gesprochen werde könne.
- *Individuation* formuliert eine normative Vorstellung für die Herausbildung einer je eigenen Besonderheit: Gewinnung einer eigen- und selbständigen Persönlichkeit. In der Individualpsychologie eines C. G. Jung und esoterischen Psychologien wird darunter die allmähliche innere Entdeckung, Erarbeitung und Annahme des «wahren Selbst» verstanden. Erst dadurch würde persönliche Autonomie erlangt werden.
- *Individualismus* drückt ebenfalls eine starke Wertung aus. In den Diskursen über die Rechte der Gemeinschaft gegenüber den Individualinteressen wird vom Individualismus den individuellen Rechten und Interessen Priorität eingeräumt. In aller Regel wird er deshalb in einer Verwandtschaft zum Egoismus gesehen und negativ konnotiert.
- *Individualisierung* ist am präzisesten als soziologische Kategorie im Rah-

men von Modernisierungstheorien bestimmt worden (vgl. Schroer 2000) und bezeichnet in aller Regel einen Prozess, «in dem die Abhängigkeit des Individuums von seiner unmittelbaren Umgebung» abnimmt (van der Loo & van Reijen 1992, S. 161). Traditionelle Lebensformen mit hohen Normierungsleistungen für individuelles Handeln verlieren in diesem Prozess an Bedeutung für die individuelle Lebensführung, und das einzelne Subjekt muss sich im Rahmen seiner gesellschaftlichen Ressourcen eine eigene Lebensform erarbeiten.

- Der Begriff *Subjekt* setzt die einzelne Person in eine Relation zur sozialen Wirklichkeit und sieht diese als aktive Instanz der Erkenntnis und Praxis, die zielgerichtet auf die natürliche und soziale Umwelt einwirkt. Der Subjektbegriff transportiert also auch eine spezifisch normative Vorstellung von der Person: Sie setzt sich in ein gestaltendes Verhältnis zu seiner Welt und ist nur passives Produkt seiner natürlichen und gesellschaftlichen Lebensbedingungen.
- *Identität* kann als innere Selbstthematierung des Subjekts verstanden werden, das sich Antworten auf folgende Fragen zu geben versucht: «Wer bin ich? Was will ich, was kann ich sein? Wo ist mein Platz in der Gesellschaft?» (Bauman 1995, S. 54).

In der Identitätsforschung wird am deutlichsten, wie bereits die Kategorie Individuum einen Rahmen aufspannt, in dem die Gesellschaft notwendigerweise bereits enthalten ist. Selbst die traditionsreichen Annahmen über das «innerste Wesen» des Individuums sind gesellschaftliche Konstruktionen und Produktionen. Das ist deshalb zu betonen, weil große Teile der Psychologie, der Zentraldisziplin des Individuums, in einem naturalistischen Missverständnis noch immer von der Annahme bestimmt sind, sie könnten Aussagen über das Individuum formulieren, die ahistorisch und universell gültig sind. Das ist nur für die biologisch-naturhaften Basisprozesse psychischer Funktionen möglich (z. B. über die physiologisch-anatomischen Bedingungen der Wahrnehmung), nicht aber für die qualitativ-inhaltlichen Dimensionen des Psychischen (z. B. ist Wahrnehmen immer soziales Wahrnehmen, also sinnliche Erkenntnis im Rahmen der soziokulturell geprägten Wahrnehmungskategorien).

J. F. Herbart (1824/25), einer der Gründer der modernen Psychologie, hatte in aller Klarheit die Unsinnigkeit dieser Position benannt: «Der Mensch ist Nichts außer der Gesellschaft. Den völlig Einzelnen kennen wir gar nicht» (Werke VI, S. 20). Am eingängigsten hat Karl Marx in seiner 6. These über Feuerbach die Fiktion eines ungesellschaftlichen abstrakten Individuums benannt: «Aber das menschliche Wesen ist kein dem einzelnen Individuum innewohnendes Abstraktum. In seiner Wirklichkeit ist es das ensemble der gesellschaftlichen Verhältnisse» (1845, zitiert nach MEW, Bd. 3, S. 6). Eine solche Sicht hat sich längst noch nicht durchgesetzt. Vor allem Norbert Elias hat sich an vielen Stellen seines Werkes gegen die in den Sozialwissenschaften generell und vor allem in der Psychologie verbreitete Konzeption des Menschen als *homo clausus* gewandt. In diesem Modell wird zunächst das Individuum als ein von der Gesellschaft getrenntes gedacht, also als in sich eingeschlossener Mensch, der danach aber doch zu dieser Gesellschaft in Beziehung gesetzt wird. Dafür werden dann vage Konzepte wie «Wechselwirkung», «Beeinflussung» oder «soziale Faktoren» etc. bemüht. Die getrennt gedachten Größen werden nachträglich zusammenmontiert. Elias hat diese Konstruktion immer wieder kritisch kommentiert: «Das durch derartige Sprach- und Denkkonventionen heraufbeschworene Bild ist das einer hohen Mauer um ein einzelnes Individuum herum, von der herab geheimnisvolle Zwerge – die ‹Umwelteinflüsse› – kleine Gummibälle nach dem Betreffenden werfen, die bei ihm ‹Eindrücke› hinterlassen» (1972, S. 19). Elias selbst und eine Reihe von anderen Autoren zeigen, dass nicht nur die jeweiligen Vorstellungen vom Individuum einem historischen Konstruktionsprozess unterliegen, sondern das Hervortreten eines eigenständigen Individuums auf gesellschaftliche Herstellungsprozesse zurückgeführt werden muss.

3 Die «Geburt» des modernen Individuums

Schon in den Sozialphilosophien von Platon und Aristoteles ist das Verhältnis von Gesellschaft und Individuum höchst unterschiedlich gedacht worden. Die «platonische» und die «aristotelische» Sichtweise der Zuordnung von Individuum und Gesellschaft, die später als Gegensatzpaar von «soziozentriertem» und «individuozentriertem Ansatz» bezeichnet werden, durchziehen die lange Vorgeschichte der Sozialwissenschaften. Der platonische oder soziozentrierte Ansatz geht von der Prämisse aus, dass der einzelne Mensch nur dann zu einem sozialen Wesen werden kann, wenn er von gesellschaftlichen Prägeinstanzen dazu erzogen wird. Für den aristotelischen oder individuozentrierten Ansatz ist das Individuum von Natur aus auf Gesellschaft hin angelegt. Er bringt die Befähigung zum Zusammenleben von Natur aus mit, kann Beziehungen zu anderen Menschen eingehen, und auf dieser Voraussetzung aufbauend, können sich soziale Mikro- und Makrogebilde (von der Familie, über Sippen, Stämme bis zum Staat) entwickeln.

Mit dem Christentum haben sich die sozialphilosophischen Grundfragen der griechischen Klassik deutlich zugespitzt, denn es hat den Menschen in den Mittelpunkt gerückt und so entscheidend zu einem individuozentrierten Welt- und Menschenbild beigetragen: «Für die griechischen Philosophen war der Mensch im großen und ganzen ein Wesen unter anderen im Kosmos; zwar durchaus ein hochstehendes Wesen, aber trotzdem ohne ausgesprochene Sonderstellung. Es gibt Steine und Erde, Pflanzen und Tiere, Menschen und Götter – alles innerhalb desselben abgegrenzten Universums. Im Christentum verhält es sich anders: Gott ist eine Person, die jenseits dieser Welt existiert, und die Welt – mit Steinen, Pflanzen, Tieren und Menschen – ist von Gott geschaffen, damit *der Mensch* erlöst werden kann. Das Universum ist sekundär im Verhältnis zum Menschen und zu Gott. Die gesamte Schöpfung dreht sich um die Erlösungswanderung des Menschen auf der Erde. (...) Der Mensch ist unendlich viel wertvoller als jedes andere Geschöpf» (Skirbekk & Gilje 1993, S. 193 f.). Die volle Entfaltung des individualisierenden Potenzials des Christentums hat sich dann erst in der protestantischen Reformation vollzogen, die sich an der Epochenschwelle zur Moderne vollzog. Das Individuum tritt voll in die Geschichte ein und definiert sich zunehmend als selbstbewusster Produzent und Herrscher gesellschaftlicher Ordnung. Die oben formulierten Fragen nach dem Verhältnis von Individuum und Gesellschaft treten mit der Herausformung der Moderne ins Zentrum der Aufmerksamkeit.

Das Ende des Mittelalters und die mit der Renaissance anbrechende Neuzeit sind durch eine paradigmatische Wende bezeichnet: Der Mensch wird als Subjekt zum Angelpunkt. In der sich etablierenden Moderne oder – in einer anderen Tradition benannt – in der entstehenden «bürgerlichen Gesellschaft erhält die Thematisierung von Subjektivität eine dauerhaft privilegierte Stellung. Im Prozeß der Auflösung hierarchisch-ständisch festgelegter Lebenstätigkeit und traditions- und autoritätsverbürgter Normen und Werte mussten scheinbar atomisierte Individuen ihre Stellung zur und in der Welt neu überdenken» (Staeuble 1984, S. 11). Das Individuum erkennt sich als handelndes und begreifendes Zentrum der Welt, das nicht mehr bereit ist, sich von einer äußeren Instanz definitiv sagen zu lassen, «was die Welt im Innersten zusammenhält». Letzte Instanz von Wahrheit werden jetzt Zweifel und Gewissheit des Individuums. Nur die Erkenntnisse, die die eigene Vernunft verifizieren kann, können Sicherheit und Orientierung in der Welt garantieren. Alle Lebensmaximen, die sich auf traditionelle Autoritäten und Gewohnheiten berufen, werden prinzipiell angezweifelt. Die gemeinschaftliche Übereinkunft, die der vernunftgesteuerten Nachprüfung durch den Einzelnen nicht standhält, verliert jede Legitimation.

Diese aus einem naturhaft gedachten Kosmos heraustretenden Individuen sind nicht mehr selbstverständlich miteinander verbunden, nicht mehr Teil einer Ordnung, die jedem Einzelnen seinen Platz zuwies und damit zugleich die Relation der Individuen zueinander bestimmte. Der sich jetzt individuierende Einzelne muss die Beziehungen zu den anderen Individuen regeln. Kein göttlicher Heilsplan kann mehr das geordnete Zusammenleben garantieren, es muss in vertraglicher Form ausgehandelt und vereinbart werden. Im Verhältnis zur bis dahin gültigen sozialen Ordnung stellen solche neuen Grundüberzeugungen ein revolutionäres Potenzial dar. Das sich in ihnen neu konstitutierende bürgerliche Subjekt bricht prinzipiell mit den bisherigen Autoritäten (vor allem Kirche und Feudalherrschaft) und sucht sich seine neue Ordnung. In diesem Umwälzungsprozess ist auch der Ursprung der neuzeitlichen Psychologie zu sehen. Sie speist sich aus dem Bedürfnis der Bürger, «sich selbst zu suchen», sich nicht heteronom, also fremdbestimmt zu definieren, sondern autonom zu finden. Nicht mehr die kategoriale Zugehörigkeit zu einem besonderen Kollektiv, Stand oder «Wir» sollte dem Individuum die Antwort vorgeben dürfen, wer es denn sei. «Individuen sind freizusetzen von all den Bezügen und Abhängigkeiten, die sie früher bestimmt haben. Individuen, die sich als sich selbstbestimmende, autonome Souveräne, für sich selbst verantwortliche Verfasser ihrer eigenen Lebenswerke verstanden, wurden die zentralen Akteure auf der sozialen Bühne» (Sampson 1989, S. 915). Die «Freisetzung» aus den feudalen Formen des Fremdbesitzes ist Voraussetzung für die neue Besitzordnung: «Es (das Subjekt, H. K.) ist wesenhaft der Eigentümer seiner eigenen Person oder seiner eigenen Fähigkeiten, für die es nichts der Gesellschaft schuldet. Das Individuum wurde weder als ein sittliches Ganzes noch als ein Teil einer größeren gesellschaftlichen Ganzheit aufgefasst, sondern als Eigentümer seiner selbst. Die Beziehung zum Besitzen, die für immer mehr Menschen die fundamental wichtige Beziehung geworden war, welche ihre konkrete Freiheit und ihre konkrete Chance, all ihre Möglichkeiten zu entfalten, bestimmte, wurde in die Natur des Individuums zurückinterpretiert» (Macpherson 1967, S. 15).

Das moderne Individuum ist aber nicht nur eine «Kopfgeburt», eine neue Interpretationsfolie für einen substanziell wenig veränderten Zustand der Individuen. Wie Max Weber und vor allem Norbert Elias aufgezeigt haben, benötigte die entstehende bürgerliche Ordnung spezifische Sozialcharaktere, die sich vor allem durch eine tiefe Identifikation mit Arbeit und durch eine verinnerlichte Selbstkontrolle auszeichneten. In den Individuen wurden eigene Motivbündel kulturell verankert, die zu einem «Wollen des Gesollten» führten. Verallgemeinernd kann man sagen, das Individuum erhält durch die jeweiligen gesellschaftlichen Verhältnisse eine innere «Zurichtung», die in seinen persönlichen Habitus eingeht und nicht nur einfach ein Mantel ist, der je nach Gelegenheit übergestreift, aber dann auch wieder abgelegt werden kann.

4 Identität: die kulturell codierte Selbstaneignung des Individuums

Das Konstrukt Identität verweist auf das menschliche Grundbedürfnis nach Anerkennung und Zugehörigkeit, das gerade deshalb sich immer wieder bemerkbar macht, weil es ontologisch in der *conditio humana* nicht abgesichert ist. Es soll dem anthropologisch als «Mängelwesen» bestimmbaren Subjekt eine Selbstverortung ermöglichen, liefert eine individuelle Sinnbestimmung, soll den individuellen Bedürfnissen sozial akzeptable Formen der Befriedigung eröffnen. Identität bildet ein selbstreflexives Scharnier zwischen der inneren und der äußeren Welt. Genau in dieser Funktion wird der Doppelcharakter von Identität sichtbar: Sie soll einerseits das unverwechselbar Individuelle, aber auch das sozial Akzeptable darstellbar machen. Insofern stellt sie immer eine Kompromissbildung zwischen «Eigensinn» und Anpassung dar.

Identität im psychologischen Sinn ist die Frage nach den Bedingungen der Möglichkeit für eine lebensgeschichtliche und situationsübergreifende Gleichheit in der Wahrnehmung der eigenen Person und für eine innere Einheitlichkeit trotz äußerer Wandlungen. Dieses Problem der Gleichheit in der Verschiedenheit beherrscht auch die aktuellen Identitätstheorien. Für Erik H. Erikson, der den durchsetzungsfähigsten Versuch einer psychologischen Identitätstheorie unternommen hat, besteht «das Kernproblem der Identität in der Fähigkeit des Ichs, angesichts des wechselnden Schicksals Gleichheit und Kontinuität aufrechtzuerhalten» (1964, S. 87). An anderer Stelle definiert er Identität als ein Grundgefühl: «Das Gefühl der Ich-Identität ist (…) das angesammelte Vertrauen darauf, daß der Einheitlichkeit und Kontinuität, die man in den Augen anderer hat, eine Fähigkeit entspricht, eine innere Einheitlichkeit und Kontinuität (also das Ich im Sinne der Psychologie) aufrechtzuerhalten» (1966, S. 107).

Identität wird von Erikson also als ein Konstrukt entworfen, mit dem das subjektive Vertrauen in die eigene Kompetenz zur Wahrung von Kontinuität und Kohärenz formuliert wird. Dieses «Identitätsgefühl» (vgl. Bohleber 1997) oder dieser «sense of identity» (Greenwood 1994) ist die Basis für die Beantwortung der Frage «Wer bin ich?», die in einfachster Form das Identitätsthema formuliert. So simpel diese Frage klingen mag, sie eröffnet darüber hinaus komplexe Fragen der inneren Strukturbildung der Person.

Die Konzeption von Erikson ist in den 1980er Jahren teilweise heftig kritisiert worden. Die Kritik bezog sich vor allem auf seine Vorstellung eines kontinuierlichen Stufenmodells, dessen adäquates Durchlaufen bis zur Adoleszenz eine Identitätsplattform für das weitere Erwachsenenleben sichern würde. Das Subjekt hätte dann einen stabilen Kern ausgebildet, ein «inneres Kapital» (Erikson 1966, S. 107) akkumuliert, das ihm eine erfolgreiche Lebensbewältigung sichern würde. Thematisiert wurde auch die Erikson'sche Unterstellung, als würde eine problemlose Synchronisation von innerer und äußerer Welt gelingen. Die Leiden, der Schmerz und die Unterwerfung, die mit diesem Einpassungsprozess gerade auch dann, wenn er gesellschaftlich als gelungen gilt, verbunden sind, werden nicht aufgezeigt.

Das Konzept von Erikson ist offensichtlich unauflöslich mit dem Projekt der Moderne verbunden. Es überträgt auf die Identitätsthematik ein modernes Ordnungsmodell regelhaft-linearer Entwicklungsverläufe. Es unterstellt eine gesellschaftliche Kontinuität und Berechenbarkeit, in die sich die subjektive Selbstfindung verlässlich einbinden kann. Gesellschaftliche Prozesse, die mit Begriffen wie Individualisierung, Pluralisierung, Globalisierung angesprochen sind, haben das Selbstverständnis der klassischen Moderne grundlegend in Frage gestellt. Der dafür stehende Diskurs der Postmoderne hat auch die Identitätstheorie erreicht (vgl. Keupp, Ahbe, Gmür et al. 1999). In ihm wird ein radikaler Bruch mit allen Vorstellungen von der Möglichkeit einer stabilen und gesicherten Identität vollzogen. Es wird unterstellt, «daß jede gesicherte oder essentialistische Konzeption der Identität, die seit der Aufklärung den Kern oder das Wesen unseres Seins zu definieren und zu begründen hatte, der Vergangenheit angehört» (Hall 1994, S. 181).

In der Dekonstruktion grundlegender Koordinaten modernen Selbstverständnisses sind vor allem Vorstellungen von Einheit, Kontinuität, Kohärenz, Entwicklungslogik oder Fortschritt zertrümmert worden. Begriffe wie Kontingenz, Diskontinuität, Fragmentierung, Bruch, Zerstreuung, Reflexivität oder Übergänge sollen zentrale Merkmale der Welterfahrung thematisieren. Identitätsbildung unter diesen gesellschaftlichen Signaturen wird von ihnen durch und durch bestimmt. Identität wird deshalb auch nicht mehr als Entstehung eines inneren Kerns thematisiert, sondern als ein Prozessgeschehen beständiger «alltäglicher Identitätsarbeit», als permanente Passungsarbeit zwischen inneren und äußeren Welten. Die Vorstellung von Identität als einer fortschreitenden und abschließbaren Kapitalbildung wird zunehmend abgelöst durch die Idee, dass es bei Identität um einen «‹Projektentwurf› des eigenen Lebens» (Fend 1991, S. 21) geht oder um die Abfolge von Projekten, wahrscheinlich sogar um die gleichzeitige Verfolgung unterschiedlicher und teilweise widersprüchlicher Projekte.

Bei seinem Versuch, das Wesen der Psychose zu erfassen, hat der weise gewordene Psychiater Manfred Bleuler eine passende Formulierung für die Passungsaufgaben von Identitätsarbeit gefunden: «Es geht im Leben darum, daß wir die verschiedenen, oft sich widersprechenden inneren Strebungen harmonisieren, so daß wir ihrer Widersprüchlichkeit zum Trotz ein Ich, eine ganze Persönlichkeit werden und bleiben. Gleichzeitig haben wir uns damit auseinanderzusetzen, daß unsere äußeren Lebensverhältnisse nie den inneren Bedürfnissen voll entsprechen, daß wir uns an Umwelt und Realität anzupassen haben» (1987, S. 18). Die Psychose ist für Bleuler ein Zeichen dafür, dass ein Subjekt vor der Anforderung kapituliert hat, «die Harmonisierung seiner inneren Welt und seine Anpassung an die äußere Welt zu schaffen» (S. 18 f.). Sich selbst zu erschaffen bedarf eines Rahmens gesellschaftlicher Anerkennung. Auch die provokanten Überschreitungen von etablierten Normen, die Minderheiten durch ihre Abweichung von Normalitätsvorstellungen zwangsläufig oder durch eine entschiedene Identitätspolitik bewusst vornehmen, bedürfen zumindest der sozialen Anerkennung in einer sich wechselseitig ermutigenden Subkultur (vgl. Moscovici 1979). Ohne diese soziale Bestätigung und Ermutigung fehlt die kommunikative Basis für die Konstruktionen der Selbstbilder, und genau das ist die Erfahrung von Menschen mit Psychosen: Ihre inneren Welten und die in ihnen verankerten Vorstellungen von der eigenen Person können durch andere Personen kaum mehr nachvollzogen werden. Das Kriterium der «Nicht-Einfühlbarkeit» hat deshalb auch Karl Jaspers zur Grundlage seiner Psychosendefinition gemacht.

Menschen sind durch ihre natürliche Grundausstattung nicht fest in ihrer Welt verortet. Diese Verortung muss gesellschaftlich geschaffen werden. Das ist die eigentliche kulturelle Aufgabe und Leistung der Menschengattung. Diese Verortung ist nie vollständig gesichert, und diese Grundtatsache menschlicher Existenz wird in der Philosophie und der Anthropologie in Formulierungen wie «existenzielle Heimatlosigkeit» oder der «ontologischen Bodenlosigkeit» zum Ausdruck gebracht. Kulturelle Systeme in der Gestalt von scheinbar unverrückbaren Selbstverständlichkeiten des Alltags vermögen vorübergehend das Gefühl zu erzeugen, als seien die alltäglichen Basiserfahrungen ein gesicherter Bestand der individuellen Lebensbewältigung. Gerade in gesellschaftlichen Umbruchserfahrungen zeigt sich, wie zerbrechlich dieser Bestand ist und wie sehr er von seiner individuellen Reproduktion abhängt. Die «Heimat» oder der «Boden», auf denen die individuelle Existenz aufruht, setzen immer auch die «Beheimatung» oder die «Verwurzelung» voraus. In diesen «Leistungen» erweist sich das Subjekt als Schöpfer seiner Welt, aber es ist immer zugleich Geschöpf dieser Welt. Die Kultur ist eben nicht nur der Inbegriff Stabilität sichernder Leitlinien und Werte, sondern sie übt zivilisatorische Zwänge auf das Individuum aus, das sich ein gewisses Maß an Sicherheit und Zugehörigkeit durch Konformität verschafft oder durch den Verzicht von «Glück» und «Freiheit», wie es Freud (1930) in seinem Buch «Das Unbehagen in der Kultur» radikal herausgearbeitet hat. Die individuelle Verortung in kollektiven Normalitätsmodellen hat Erich Fromm mit «Sozialcharakter» bezeichnet. Er sieht die Funktion des Sozialcharakters darin, «die seelischen Kräfte der Mitglieder der Gesellschaft so zu beeinflussen, daß ihr Verhalten in der Gesellschaft nicht eine bewußte Entscheidung ist, ob sie den gesellschaftlichen Regeln folgen wollen oder nicht, vielmehr eine Haltung, *die sie wünschen läßt, so zu handeln, wie sie zu handeln haben,* und sie zugleich Befriedigung darin finden läßt, den Erfordernissen der jeweiligen Gesellschaft gemäß zu handeln. Anders gesagt, die Funktion des Sozialcharakters besteht darin, *die menschlichen Energien innerhalb einer gegebenen Gesellschaft so zu formen und zu kanalisieren, daß sie das kontinuierliche Funktionieren eben dieser Gesellschaft verbürgen*». Wenn man diese Überlegungen ernst nimmt, dann ist das Subjekt in seiner Doppelbestimmtheit als Konstrukteur seiner Selbst-Welt-Beziehung *und* als Produkt seiner gesellschaftlichen Erfahrung zu begreifen.

5 Das Subjekt konstruiert sich selbst – aber unter spezifischen Voraussetzungen!

Immer wieder habe ich mich mit meinen Formulierungen in dem Begriffsnetz des «Konstruierens» bewegt. Der «soziale Konstruktivismus» hat auch die Psychologie erreicht (Gergen 1999) und deren Subjektmodell aus den Fesseln eines naiven Realismus befreit: Der soziale Konstruktivismus betont den symbolischen und realen Herstellungsprozess sozialer Zuordnungen und «dekonstruiert» dadurch die Vorstellung, das Subjekt sei in einer unbefragten naturalen Beziehung zur umgebenden Welt und man müsste dann nur allgemeine Gesetzmäßigkeiten psychischer Abläufe aufstellen und überprüfen. Im Gefolge dieser Dekonstruktion wird ein Subjektverständnis möglich, das dem Individuum einen aktiv-gestaltenden Status (zurück-)gibt. Allerdings wird diese Position nicht selten zu einem naiven Idealismus, so als ob es ganz beliebig wäre, wie sich Subjekte konstruieren. Die konstruktive Kritik an dieser Position nimmt dem Subjekt nicht die prinzipielle Möglichkeit, sich nach eigenen Vorstellungen zu seiner Welt symbolisch in Beziehung zu setzen, aber sie fragt nach realen gesellschaftlichen Lebensbedingungen der Subjekte, die in den Selbstkonstruktionen aufgenommen und verarbeitet werden, also darin enthalten sind (vgl. Parker 1998; Nightingale & Cromby 1999).

Dieser kritische Konstruktivismus könnte sich bei den Klassikern des Marxismus gute theoretische Unterstützung holen. Schon der junge Karl Marx hat in den «Ökonomisch-philosophischen Manuskripten» (1844) in seinen anthropologisch ansetzenden Überlegungen, einem Vergleich von Tieren und Menschen, den Menschen als symbolisierungsfähigen Konstrukteur beschrieben: «Das Tier ist unmittelbar eins mit seiner Lebenstätigkeit. Es unterscheidet sich nicht von ihr. Er ist sie. Der Mensch macht seine Lebenstätigkeit selbst zum Gegenstand seines Wollens und seines Bewußtseins. Er hat bewußte Lebenstätigkeit. Es ist nicht eine Bestimmtheit, mit der er unmittelbar zusammenfließt. Die bewußte Lebenstätigkeit unterscheidet den Menschen unmittelbar von der tierischen Lebenstätigkeit» (MEW, Ergänzungsband 1, S. 516). Bedeutend später wiederholt Marx diesen Gedanken im ersten Band des «Kapitals», wo er den berühmten Vergleich zwischen der Biene und dem Architekten anstellt. Die Biene baut ihre Honigwaben auf vollkommenere Art und Weise als der beste Architekt. Aber der Architekt ist der Biene darin überlegen, dass er den Plan dessen, was er bauen will, im Kopf hat, bevor er an die Arbeit geht. Das heißt, in der Sprache der Psychologie ausgedrückt, die Tätigkeit der Biene ist instinktiv und die Arbeit des Architekten bewusst: «Eine Spinne verrichtet Operationen, die denen des Webers ähneln, und eine Biene beschämt durch den Bau ihrer Wachszellen manchen menschlichen Baumeister. Was aber von vornherein den schlechtesten Baumeister vor der besten Biene auszeichnet, ist, dass er die Zelle in seinem Kopf gebaut hat, bevor er sie in Wachs baut. Am Ende des Arbeitsprozesses kommt ein Resultat heraus, das beim Beginn desselben schon in der Vorstellung des Arbeiters, also ideell vorhanden war» (MEW 23, S. 193).

In ihrem gemeinsamen Werk «Die deutsche Ideologie» (1845/46) haben Karl Marx und Friedrich Engels das Subjekt als Produzent seiner gesellschaftlichen Wirklichkeit gesehen, der Mensch «macht Geschichte», aber nicht ohne spezifische Voraussetzungen: In der Geschichte findet sich «auf jeder Stufe ein materielles Resultat, eine Summe von Produktivkräften, ein historisches geschaffenes Verhältnis zur Natur und der Individuen zueinander (vor), die jeder Generation von ihrer Vorgängerin überliefert wird, eine Masse von Produktivkräften, Kapitalien und Umständen, die zwar einerseits von der neuen Generation modifiziert wird, ihr aber auch andererseits ihre eigenen Lebensbedingungen vorschreibt und ihr eine bestimmte Entwicklung, einen speziellen Charakter gibt – und daß also die Umstände ebenso sehr die Menschen, wie die Menschen die Umstände machen» (MEW, Band 3, S. 38).

Friedrich Engels sagt vierzig Jahre später: «Wir machen unsere Geschichte selbst, aber erstens unter bestimmten Voraussetzungen und Bedingungen. Darunter sind die ökonomischen die schließlich entscheidenden. Aber auch die politischen usw., ja selbst die in den Köpfen der Menschen spukende Tradition, spielen eine Rolle, wenn auch nicht die entscheidende. (...) Zweitens aber macht sich die Geschichte so, daß das Endresultat stets aus den Konflikten vieler Einzelwillen hervorgeht, wovon jeder wieder durch eine Menge besonderer Lebensbedingungen zu dem gemacht wird, was er ist; es sind also unzählige einander durchkreuzende Kräfte, eine unendliche Gruppe von Kräfteparallelogrammen, daraus eine Resultante – das geschichtliche Ergebnis – hervorgehet, die selbst wieder als das Produkt einer, als Ganzes, bewußtlos und willenlos wirkenden Macht angesehen werden kann» (Engels an Joseph Bloch, 21. September 1890, in: MEW, Band 37, S. 463).

Das Subjekt als «sozialer Konstrukteur» und «Baumeister» verfügt nicht über beliebige Ressourcen, nicht über alle denkbaren Baumaterialien. Ihr/sein Zugang zu materiellen, sozialen, kulturellen Kapitalien im Sinne von Bourdieu (1983), die man durchaus noch durch «psychische Kapitalien» erweitern könnte, bestimmt den Rahmen und die Bedingungen ihrer/seiner konstruktiven Möglichkeiten.

Im Anschluss an die Ideologietheorie von Louis Althusser könnte man formulieren, soziale Konstruktionen stellen «das imaginäre Verhältnis der Individuen zu ihren wirklichen Existenzbedingungen dar» (1973, S. 147). Die alltäglichen Diskurse, jene «Systeme sprachlicher Äußerungen, die ein Objekt konstruieren» (Parker 1990, S. 191), schlagen diese Brücke, die das Subjekt als «imaginäres Verhältnis» zu seinen «wirklichen Existenzbedingungen» herstellt. Und unter dieser Fragestellung können sie Gegenstand empirischer Sozialwissenschaft werden. Die diskursanalytische englische Sozialpsychologie – repräsentiert in kontroverser Pluralität durch Michael Billig (1991), Erica Burman und Ian Parker (1993) und Erica Burman mit einem Team (1996), Rom Harré und Peter Stearns (1995), Ian Parker (1992; 1998), Jonathan Potter (1996) und zusammen mit Margaret Wetherell (1987), Derek Edwards (1997) und zusammen mit Jonathan Potter (1996) – hat hier viel versprechende Ansätze entwickelt. Ihr zentraler Ansatzpunkt ist in der Desynchronisation von subjektiver und gesellschaftlicher Ebene zu sehen. Das zerfallende Lebensgehäuse der Moderne, das Ideologien Vorschub geleistet hat, als gäbe es für die Integration des zu sozialisierenden Subjekts eine «natürliche Passform», zeigt auf, in welcher Weise sich Subjekte durch ihre subjektiven Konstruktionen jeweils ihr Lebensgehäuse selbst bauen müssen. Natürlich spielen dabei kulturelle Muster und Identifikationsobjekte eine erhebliche Rolle.

Zu dem «Stoff», aus dem dieses imaginäre Verhältnis gestaltet wird, hat uns vor allem die psychoanalytische Sozialpsychologie Zugänge ermöglicht, insbesondere in ihrer Tradition, die gesellschaftliche Produktion von Unbewusstem zu untersuchen (hier sind auch die ersten hoffnungsvollen Ansätze einer Verknüpfung von postmoderner Subjektkritik und Psychoanalyse von Bedeutung (z. B. Finlay 1989; Frosh 1989; 1991a, b).

Ein besonders traditionsreicher und tragfähiger Beitrag zu einem sozialwissenschaftlich gehaltvollen Konstruktivismus kommt vom Symbolischen Interaktionismus, der in George Herbert Mead und Herbert Blumer Klassiker aufbieten kann, denen ein reflexives Subjektverständnis entscheidende Anregungen verdankt.

Die drei von Blumer (1973) formulierten Axiome des Symbolischen Interaktionismus, die zugleich Begründungsaxiome für jeden Konstruktivismus darstellen:

1. Menschen handeln Dingen gegenüber aufgrund der Bedeutung, die diese Dinge für sie haben.
2. Diese Bedeutung entsteht in einem Interaktionsprozess.
3. Die Bedeutung ist historisch wandelbar.

Die Tradition des Symbolischen Interaktionismus hat eine Fülle von psychologisch relevanten Studien hervorgebracht, die zeigen, wie Menschen sich selber in Auseinandersetzung und Aushandlungsprozessen mit gesellschaftlichen Erwartungen definieren. Gerade wenn es um Menschen geht, die durch ihre körperliche, sexuelle und psychische Differenz gegenüber gesellschaftlichen Normalitätserwartungen auffallen, lassen sich soziale

Definitionsprozesse in ihrer Auswirkung auf deren eigensinnige Identitätskonstruktionen aufzeigen (vgl. Sarbin & Kitsuse 1994; Gubrium & Holstein 2001; Holstein & Gubrium 2000). Der Nachweis, dass die Differenzmerkmale erst in ihren gesellschaftlichen Etikettierungsformen zur gesellschaftlichen Wirklichkeit werden, schafft auch die Basis für die Dekonstruktion von alltäglichen und professionellen Definitionen. Vor allem die gängigen psychopathologischen Attributionen sind seit den 1970er Jahren überzeugend dekonstruiert worden (zuletzt Parker et al. 1995; Fee 2000). Bevorzugte Felder dekonstruktiver Arbeit sind das Geschlechterverhältnis, das eine produktive feministische Psychologie bearbeitet hat (vgl. Wilkinson 1996), und der Rassismus (vgl. Hall 1994).

Zusammenfassung

- Der Mensch ist nicht biologisch in der Welt verortet, sondern muss sich selbst beheimaten.
- Der Mensch als symbolisierungsfähiges und -abhängiges Wesen.
- Der symbolisierungsfähige Mensch ist kein monologisches, sondern ein interaktives Subjekt.
- Der Mensch als Konstrukteur von sich und seiner Welt – aber auch als Konstrukt seiner Welt.
- Der Mensch als Subjekt ist ein «Unterworfener».
- Der Mensch als «Unterworfener» ist zugleich der Schöpfer seiner selbst.

6 Schlussgedanke: das Subjekt zwischen Souveränitätsansprüchen und Unterwerfung

Die Subjektkategorien transportieren in ambivalenter Weise Selbstverständnis und Ideologie, Anspruch und Wirklichkeit des neuzeitlichen Individuums. Sie setzen einerseits die einzelne Person in eine Relation zur sozialen Wirklichkeit und sehen diese als aktive Instanz der Erkenntnis und Praxis, die zielgerichtet auf die natürliche und soziale Umwelt einwirkt. Der Subjektbegriff transportiert also auch eine spezifisch normative Vorstellung von der Person: Sie setzt sich in ein gestaltendes Verhältnis zu seiner Welt und ist nur passives Produkt seiner natürlichen und gesellschaftlichen Lebensbedingungen. Andererseits drückt der Subjektbegriff schon vom Wortstamm her das Scheitern des absoluten Souveränitätsanspruchs aus: Das Subjekt ist das sich «unterwerfende» Individuum, das sich in eine immer schon gegebene und machtstrukturierte Welt einzugliedern hat und dies notwendigerweise als Einschränkung seiner Selbstwirksamkeit erlebt. Dieses Subjekt ist noch nicht einmal «Herr im eigenen Haus», eine Erkenntnis, die man als spezifische Kränkung moderner Selbstansprüchlichkeit bezeichnen kann, die wir der Psychoanalyse zu verdanken haben. Insofern ist das Wissen um die reduzierte, begrenzte oder preisgegebene Souveränität im Subjektdiskurs immer schon als Subtext enthalten.

Die Bühnen der Neuzeit werden durch die Inszenierungen des seiner selbst bewussten Individuums beherrscht, und die entstehende Psychologie steht im Bann dieses Individuums. Dies kann natürlich nicht verwundern, denn sie ist ja die Wissenschaft vom Individuum. Aber sie wird diese Wissenschaft in einem spezifischen Sinn und lässt mögliche Alternativen ungenutzt. Sie hat die selbstreflexiven Ursprungsmotive aus dem Auge verloren. Am Ende des 18. Jahrhunderts hatte etwa Karl Philipp Moritz (1756–1793) mit seinem autobiographisch-psychologischen Roman «Anton Reiser» und mit seinem Journal «Magazin zur Erfahrungsseelenkunde» die psychischen Problemlagen des sich in einer neuen gesellschaftlichen Ordnung suchenden bürgerlichen Individuums ins Zentrum gerückt: Diese Werke stellen Sammlungen authentischer Lebens- und Erfahrungsberichte sozialer Außenseiter dar, sie knüpften vor allem an der Lebenssituation jener Menschen an, die aus niederen Ständen in die bürgerliche Intelligenz aufsteigen, kein gesichertes Auskommen erwarten können und für die es ein schmerzlicher Prozess war, die sich neu entwickelnde Individualitätsform zu leben. Die Auflösung der festgefügten ständischen Ordnung schuf ungeheure neue Chancen auf eine selbstbestimmte Lebensform für Schichten, für die das in der Vergangenheit undenkbar war, aber das Herausgerissensein aus allen traditionellen Bindungen schuf auch leidvolle Situationen der Desorientierung, der Erfahrung, Spielball nicht berechenbarer Zufälligkeiten zu sein, und eines Sturzes ins Bodenlose, der durch kein soziales Netz aufgefangen wurde. Moritz versucht diese psychischen Grunderfahrungen, «das Leiden an der Gesellschaft mit der Unordnung in der Gesellschaft zu erklären», und diese Einsicht «führt ihn, da eine gesellschaftliche Alternative in rückwärtsgewandter Perspektive nicht mehr überzeugt, eine Überwindung der gerade erst entstehenden bürgerlichen Gesellschaft noch nicht denkbar ist, zur Konzeption einer Immunisierung des Individuums gegen das Leiden, einer Strategie des Überlebens, bis sich mehr Handlungsmöglichkeiten eröffnen» (Jaeger & Staeuble 1978, S. 72).

Diese Art von Psychologie, die sich als Medium der Selbsterfahrung und Selbstreflexion in einer Zeitperiode begriff und anbot, in der alte Normalitäten objektiv dekonstruiert waren und die neuen sich noch nicht stabil etablieren konnten, hat den Hauptstrom der sich entwickelnden Wissenschaft Psychologie links liegen gelassen.

Die Psychologie ist von ihren disziplinären Anfängen her ein Unternehmen der reflexiven Selbstverständigung der Subjekte, bezogen auf epochale Veränderungen, bezogen auf den krisenhaften Verlust bislang leitender Sinnkonstrukte und Leitseilen jeweils möglicher oder geforderter Lebensführung. Warum sollte sie sich gerade dieser Aufgabe in einer Zeit verweigern, in der die existenzielle oder ontologische Bodenlosigkeit geradezu nach einem reflexiven Modus der Selbstvergewisserung dieser unaufhebbaren Bodenlosigkeit verlangt?

Literatur

Althusser, L. (1973). Marxismus und Ideologie. Berlin.

Bauman, Z. (1995). Identität bedeutet immer: noch nicht. Psychologie heute 22 (8), S. 7–23.

Bauman, Z. (2001). The individualized society. Cambridge.

Billig, M. (1991). Ideologies and opinions. London.

Bleuler, M. (1987). Schizophrenie als besondere Entwicklung. In: K. Dörner (Hg.), Neue Praxis braucht neue Theorie. Ökologische und andere Denkansätze für gemeindepsychiatrisches Handeln, S. 18–25. Gütersloh.

Blumer, H. (1973). Der methodologische Standort des Symbolischen Interaktionismus. In: Arbeitsgruppe Bielefelder Soziologen (Hg.), Alltagswissen, Interaktion und gesellschaftliche Wirklichkeit, S. 80–146. Reinbek.

Bohleber, W. (1997). Zur Bedeutung der neueren Säuglingsforschung für die psychoanalytische Theorie der Identität. In: H.Keupp & R. Höfer (Hg.), Identitätsarbeit heute, S. 93–119. Frankfurt/M.

Bourdieu, P. (1983). Ökonomisches Kapital, kulturelles Kapital, soziales Kapital. In: R. Kreckel (Hg.), Soziale Ungleichheit, S. 183–198. Göttingen.

Burman, E. & Parker, I. (Eds.) (1993). Discourse analytic research. Repertoires and readings of texts in action. London.

Burman, E., Aitken, G., Alldred, P. et al. (1996). Psychology discourse practice: From regulation to resistance. London.

Edwards, D. (1997). Discourse and cognition. London.

Elias, N. (1972). Soziologie und Psychiatrie. In: H.-U. Wehler (Hg.), Soziologie und Psychoanalyse, S. 11–41. Stuttgart.

Erikson, E. H. (1964). Einsicht und Verantwortung. Stuttgart.

Erikson, E. H. (1966). Identität und Lebenszyklus. Frankfurt/M.

Fee, D. (Ed.) (2000). Pathology and the postmodern. Mental illness as discourse and experience. London.

Fend, H. (1991). Vom Kind zum Jugendlichen. Der Übergang und seine Risiken. Bern.

Finlay, M. (1989). Post-modernising psychoanalysis/psychoanalysing postmodernity. Free Associations 16, S. 43–80.
Freud, S. (1930). Das Unbehagen in der Kultur. Wien.
Fromm, E. (1967). Der moderne Mensch und seine Zukunft. Frankfurt/M.
Frosh, S. (1989). Melting into air: Psychoanalysis and social relations. Free Associations 16, S. 7–30.
Frosh, S. (1991a). Psychoanalysis, psychosis, and postmodernism. Human Relations 44, S. 93–104.
Frosh, S. (1991b). Identity crisis. Modernity, psychoanalysis and the self. London.
Gergen, K. J. (1999). An invitation to social construction. London.
Greenwood, J. D. (1994). Realism, identity and emotion. Reclaiming *social* psychology. London.
Gubrium, J. F. & Holstein, J. A. (Eds.) (2001). Institutional selves. Troubled identities in a postmodern world. New York/Oxford.
Hall, S. (1994). Rassismus und kulturelle Identität. Hamburg.
Harré, R. & Stearns, P. (Ed.) (1995). Discursive psychology in practice. London.
Herbart, J. F. (1883–1892). Sämtliche Werke. 13 Bände. Hg. von G. Harstenstein. Hamburg.
Holstein, J. A. & Gubrium, J. F. (2000). The self we live by. Narrative identity in a postmodern world. New York/Oxford.
Jaeger, S. & Staeuble, I. (1978). Die gesellschaftliche Genese der Psychologie. Frankfurt/M.
Keupp, H., Ahbe, T., Gmür, W., Höfer, R., Kraus, W., Mitzscherlich, B. & Straus, F. (1999). Identitätskonstruktionen. Das Patchwork der Identitäten in der Spätmoderne. Reinbek.
Litt, T. (1926). Erlebnis und Standpunkt. In: F. Oppenheimer & G. Salomon (Hg.), Individuum und Gesellschaft, S. 162–172. Karlsruhe.
Loo, H. v. d. & Reijen, W. v. (1992). Modernisierung. Projekt und Paradox. München.
Macpherson, C. B. (1967). Die politische Theorie des Besitzindividualismus. Frankfurt/M.
Marx, K. & Engels, F. (1969 ff.). Marx-Engels-Werke (MEW). Berlin.
Moscovici, S. (1979). Sozialer Wandel durch Minderheiten. München.
Müller-Freienfels, R. (1923). Philosophie der Individualität. Leipzig.
Nightingale, D. J. & Cromby, J. (Eds.) (1999). Social constructionist psychology. A critical analysis of theory and practice. Buckingham.
Parker, I. (1990). Discourse: definitions and contradictions. Philosophical Psychology 3, S. 189–204.
Parker, I. (1992). Discourse dynamics. Critical analysis for social and individual psychology. London.
Parker, I. (Ed.) (1998). Social constructionism, discourse and realism. London.
Parker, I., Georgaca, E., Harper, D., McLaughlin, T. & Stowell-Smith, M. (1995). Deconstructing psychopathology. London.

Potter, J. (1996). Representing reality. Discourse, rhetoric and social construction. London.
Potter, J. & Wetherell, M. (1987). Discourse and social psychology. London.
Sampson, E. E. (1989). The challenge of social change for psychology. Globalization and psychology's theory of the person. American Psychologist 44, S. 914–921.
Sarbin, T. R. & Kitsuse, J. I. (1994). Constructing the social. London.
Schroer, M. (2000). Das Individuum der Gesellschaft. Synchrone und diachrone Theorieperspektiven. Frankfurt/M.
Skirbekk, G. & Gilje, N. (1993). Geschichte der Philosophie. Eine Einführung in die europäische Philosophiegeschichte. 2 Bde. Frankfurt/M.
Staeuble, I. (1984). Entstehen der Psychologie als Wissenschaft. In: H. E. Lück, R. Miller & W. Rechtien (Hg.), Geschichte der Psychologie. Ein Handbuch in Schlüsselbegriffen, S. 10–16. München.
Wilkinson, S. (Ed.) (1996). Feminist social psychologies. International perspectives. Buckingham.

Tamara Musfeld

1.3 Gender

1 Zeitgemäßes oder Anachronismus?

Zum Thema dieses Beitrags ließen sich zwei sehr gegensätzliche Fragen stellen: Warum heißt der Titel nicht «Frauenforschung in der Psychologie» oder «feministische Psychologie», sondern fragt scheinbar neutral nach «Gender»? Ist diese Veränderung der Themenstellung lediglich dem

Zeitgeist geschuldet, oder gibt es tatsächlich eine weitreichendere theoretische Begründung dafür, die Frage nach der Bedeutung des Geschlechts neu zu konzeptualisieren?

Andererseits könnte man einwenden, dass es heute überholt ist, in einem aktuellen Überblick der Psychologie die Frage nach dem Geschlecht zu stellen. Leben wir nicht in einer Zeit, in der Gleichberechtigung so selbstverständlich geworden ist, dass eine herausgehobene Thematisierung dieses Bereichs wie das Aufwärmen vergangener Fragen erscheint? Mit der Debatte um die Konstruiertheit der Kategorie Geschlecht könnte es überflüssig geworden sein, diese Kategorie mit einem neuerlichen Beitrag zu reproduzieren?

In einer Lehrveranstaltung für HauptstudiumsstudentInnen zum Thema «Weibliche Identitätsbildung» wird in der ersten Sitzung von einigen Teilnehmerinnen gegen den Titel und den damit verbundenen Inhalt opponiert. Sie wollen schon an dem Seminar teilnehmen, aber sie halten die Beschäftigung mit der Frage, wie aus einem Teil der Menschen Frauen werden, für kontraproduktiv, da wir damit nur alte Bilder reproduzieren würden. Da man aber nun wisse, dass Geschlechtskategorien an sich auch nur soziale Konstruktionen seien, halten sie es für sinnvoller, sich neuen Konstruktionsmöglichkeiten zuzuwenden. Auf die Frage, ob dazu nicht die Kenntnis der derzeit existierenden Konstruktionsprozesse wichtig und sinnvoll sei, kann kein Konsens hergestellt werden. Die Dozentin reagiert zunehmend übellaunig und verweist etwas polemisch darauf, dass der bloße Wille, sich nicht mehr in die Kategorien von Mann und Frau pressen zu lassen, in der sozialen Realität wenig helfen würde. Seltsamerweise könnten die meisten anderen Menschen in der Regel, auch ohne die Bereitschaft der Betroffenen, eine der beiden Identitäten zu übernehmen, von sich aus eine Zuordnung treffen. Gerade wenn es um Selbstbehauptung, Beruf, Macht und Karriere gehe, werde man je nach Zuordnung von außen sehr unterschiedlich behandelt.
Es kommt zu keiner Einigung, die drei jungen Frauen verlassen das Seminar, während sich der Rest etwas verunsichert der Analyse bestehender psychologischer Prozesse im Verlauf von Identitätsentwicklung zuwendet.

Diese kurze Sequenz verdeutlicht den Generationensprung und -konflikt im Bereich von Frauen- und Geschlechterforschung. Es geht darum, wie die Vermittlung von Individualität und Gesellschaftlichkeit im Feld der Gender-Problematik erfasst werden kann und ob es ein Nebeneinander unterschiedlicher Zugänge geben kann, die sich bereichernd aufeinander beziehen.

2 Was beinhaltet der Gender-Ansatz?

Die Verwendung des Begriffs «Gender» bedeutet durchaus eine Veränderung in der Perspektive der Geschlechterforschung. Einerseits haftet dem deutschen Begriff «Geschlecht» immer noch etwas eher Festes, quasi Biologisches an. Die Differenzierung in «sex» und «gender» wurde von Robert Stoller eingeführt, um die Unterscheidung in ein körperlich-biologisches Geschlecht (sex) und die Geschlechtsidentität, die das sozial geformte Geschlecht (gender) bezeichnet, zu verdeutlichen.

In der neuen Gender-Perspektive geht es aber um mehr: Neben der ursprünglichen Frauenforschung, die von den unterschiedlichen Strängen der Männerforschung ergänzt wurde, soll nun eine eigene Forschung zur Frage von Gender als Strukturkategorie (vgl. Beer 1990; Knapp 2000) entwickelt werden.

Im Gender-Ansatz, wie er mittlerweile auch institutionalisiert an verschiedenen Universitäten gelehrt wird, werden Perspektiven aus den Einzelwissenschaften sowie einzelne Fragestellungen innerhalb der jeweiligen Fachwissenschaften miteinander verbunden (vgl. von Braun 2000). Dies führt zu einer Meta-Reflexion nicht nur der jeweils bestehenden Geschlechterverhältnisse, sondern auch der Herstellung und Konstruktion der dazu notwendigen Begriffe einschließlich der Analysekategorie selbst sowie zur kritischen Betrachtung nach der Ordnung von Wissenssystemen und sozialen Praktiken.

«Geschlechterforschung/Gender-Studien fragen nach der Bedeutung des Geschlechts für Kultur, Gesellschaft und Wissenschaften. Sie setzen keinen festen Begriff von Geschlecht voraus, sondern untersuchen, wie sich ein solcher Begriff in den verschiedenen Zusammenhängen jeweils herstellt bzw. wie er hergestellt wird, welche Bedeutung ihm beigemessen wird und welche Auswirkungen er auf die Verteilung der politischen Macht, die sozialen Strukturen und die Produktion von Wissen, Kultur und Kunst hat» (v. Braun & Stephan 2000, S. 9).

An der Nahtstelle zwischen feministischer Forschung und der diskursanalytischen und dekonstruktivistischen Perspektive der Gender-Forschung verortet sich der im Beispiel beschriebene Generationenkonflikt: Ältere Feministinnen haben die Sorge, dass die patriarchatskritische Position der Frauenforschung verloren geht und reale Unterschiede in der gesellschaftlichen Stellung der Geschlechter aus den Augen geraten. Jüngere Feministinnen wiederum legen mehr Wert auf eine Reflexion der Kategorie Geschlecht und deren einengende, ordnende und damit auch zurichtende Anteile und betonen die Differenzen auch unter Frauen (vgl. Knapp 2000).

Problematisch wird dies erst, wenn die gesellschaftliche Bedeutung der Ordnungskategorie Geschlecht nicht mehr erkannt wird. Die Langlebigkeit gesellschaftlicher Zweigeschlechtlichkeit gründet sich ja auf konkrete Funktionen in der Organisation von Generativität und Reproduktion. Sie hat Wirkungen nicht nur in den konkreten Lebenspraxen sowie Denk- und Handlungsmustern der Menschen, sondern bildet auch die Grundstruktur der symbolischen Ordnung der Gesellschaft und wirkt auf diese Weise im Unbewussten der Gesellschaft (vgl. Erdheim 1984) sowie auf unbewusste Prozesse der einzelnen Männer und Frauen.

Diese Generationenbewegung spiegelt einen Konflikt wider, der auch entwicklungspsychologisch immer mehr ins Zentrum der Aufmerksamkeit gelangt, wenn es um die Differenzierung von Müttern und Töchtern geht (vgl. Halberstadt-Freud 1987; Bell 1991), um die Entwicklung von Loslösung und Autonomie. Dürfen die Töchter einen eigenen Weg gehen, ohne die Mütter völlig entthronen zu müssen, und lassen die Mütter den Töchtern eine eigene Geschichte, ohne als strafendes Über-Ich aufzutreten?

3 Von der Frauen- zur Geschlechterforschung

Interessant ist auch heute noch, sich den Beginn von Frauenbewegung und Frauenforschung vor Augen zu führen: Auch innerhalb der radikalen politischen Bewegung der 1968er Generation, die sich als Ziel die Revolutionierung gesellschaftlicher und privater Verhältnisse setzte, blieben die Frauen das «andere Geschlecht» (vgl. Beauvoir 1968). Männer machten wichtige Pläne, während Frauen für das Wohl von Männern und Kindern zuständig waren. Mit der «sexuellen Revolution» kam auch noch der Anspruch auf sexuelle Verfügbarkeit hinzu. Der Widerstand der Frauen wurde also nicht nur in der Auseinandersetzung mit den traditionellen Verhältnissen initiiert, sondern mit dem Erkennen, dass sich auch bei massiven gesellschaftlichen Umbrüchen an der Rolle der Frau und an ihren gesellschaftlich zugewiesenen Aufgaben wenig änderte. Deutlich wurde und wird dies auch heute noch, wenn die Zuständigkeit für Kinder und die damit einhergehenden zunehmenden Ansprüche an reproduktive Aufgaben auftauchen.

In der entstehenden Frauenforschung ging es in erster Linie darum, geschlechtsneutral formulierte Tat- und Wissensbestände zu re-analysieren mit der Frage, ob es sich tatsächlich um universelle Gesetzmäßigkeiten handelte oder ob dabei Erkenntnisse, die aus einer männlichen Perspektive und anhand männlicher Lebenswelten gewonnen wurden, ungeprüft als allgemein menschliche Phänomene auf beide Geschlechter übertragen wurden. Die Unterschiedlichkeit der zwei, in unserer Gesellschaft selbstverständlich von einander differenzierten Geschlechter herauszuarbeiten und dabei den Ort und das Erleben von Frauen zunächst einmal zu beschreiben, war der erste Impuls der Frauenforschung.

Basis für die unterschiedlichen Positionen, die Männer und Frauen innerhalb der Gesellschaft einnehmen, mit all den Auswirkungen auf Wahrnehmung, Denken und Fühlen ist die auch heute noch existierende gesellschaftliche Arbeitsteilung, in der Männer für die öffentlichen Produktionen und Dienstleistungen, Frauen dagegen für den Bereich privater Reproduktion zuständig sind. Selbst da, wo diese Unterteilung aufgehoben ist oder wo Frauen sowohl gesellschaftlich als auch privat arbeiten, repräsentieren die Geschlechter innerhalb der symbolischen Ordnung, die unsere Bewusstseinsprozesse und unsere Interpretationsmuster strukturiert, ungebrochen die alten Zuständigkeiten: Wer kann sich schon vorstellen, Hausarbeit mit Mann-Sein gleichzusetzen? Noch undenkbarer ist die Vorstellung, dass Männer mit der Tätigkeit des «Mutterns» (vgl. Chodorow 1986) identifiziert werden, also damit, auf verbindliche Weise die versorgende Arbeit einer «Mutter» in der Kindererziehung zu übernehmen. Es sind die Frauen, die mit ihrer «doppelten Vergesellschaftung» (Becker-Schmidt 1995, S. 222) hinter ihrem eigenen Rücken für Modernisierungsimpulse in der sonst immer noch hierarchisch gegliederten Geschlechterordnung sorgen (Impulse zu Teilzeitarbeit, Hin- und Herbewegungen zwischen Familie und Beruf, aber auch zwischen Berufsorientierungen, postmoderne Formen von Patchwork-Identität).

Die ursprüngliche Opferperspektive in der Frauenforschung, die in erster Linie die Gewalt der Verhältnisse betrachtet hatte, besitzt neben dem kämpferischen auch ein machtstabilisierendes Moment. Frauen als Opfer der Verhältnisse zu sehen brachte einerseits Entlastung, förderte auch wichtiges, bislang ausgeblendetes Wissen über das Leben und Erleben von Frauen zutage, führte aber dazu, sie in einer marginalisierten und bedauernswerten Position zu fixieren. Der Kampf gegen die Übermacht des Patriarchats drohte zu schnell zum Appell zu werden und damit die Rollen von Dominanz und Abhängigkeit zu reproduzieren. Es entstand die Frage nach der aktiven Position von Frauen im Verhältnis der Geschlechter, in Gesellschaft und Politik. Frauen sind nicht die besseren Menschen, und der Wunsch, etwas bewirken zu wollen, verlangt, die eigene Handlungsseite, die eigene Aggression bewusster wahrzunehmen (vgl. Musfeld 1997). Etwa parallel zu der neuen Perspektive der Mittäterschaft oder auch Täterschaft von Frauen an der Reproduktion der bestehenden Verhältnisse entstand eine kritische Männerforschung, die untersuchte, wie Männer in die patriarchalen Stukturen eingebunden werden, wie sie sich aktiv verwickeln, welche Gewinne und welche Verluste sie dabei zu verbuchen haben. Wichtig war auch, die Machtverhältnisse unter Männern herauszuarbeiten, das Connell (vgl. 1995) als System hegemonialer Männlichkeit bezeichnet.

Innerhalb dieser Diskussion geht der Gleichheitsansatz davon aus, dass die beiden Geschlechter als gleich anzusehen sind und dass lediglich die unterschiedlichen sozialisatorischen Erfahrungen und die Einbindung in die kulturelle und symbolische Struktur der jeweiligen Gesellschaft die unterschiedlichen Geschlechter erzeugt. Hier kann leicht übersehen werden, dass die Unterschiede, wenn sie auch erst sozialisatorisch hergestellt werden, dennoch verkörpert werden, also in den Leib geschrieben sind und sich dabei an die morphologischen Unterschiede und die Stellung in der Generativität anlehnen.

Der differenztheoretische Ansatz geht allein aufgrund des biologischen Geschlechts und der damit zusammenhängenden unterschiedlichen Stellung in der generativen Reproduktion von einer genuinen Differenz zwischen Männern und Frauen aus. Diese bildet die Grundlage für die Ausgestaltung der Geschlechterdifferenz und unterliegt kulturellen Schwankungen sowie historischen Veränderungen. Hier ist nicht die Differenz an sich das Problem, sondern die je konkrete Ausgestaltung und die gesellschaftliche Bewertung dessen, was als männlich oder als weiblich verstanden wird.

Die Gefahr ist, das «soziale Wesen» der Frauen quasi als Grundeigenschaft anzusehen und fast mythologisch zu überhöhen bzw. die bestehende Geschlechtersegregation und die daraus entstehenden kulturellen Zuweisungen zu naturalisieren.

4 Dekonstruktion der Kategorie «Geschlecht»

In den letzten Jahren dominiert die Frage um die gesellschaftliche Konstruktion der Zweigeschlechtlichkeit, deren Zentrum die Herstellung einer normativen Heterosexualität ist. Diese Debatte entsteht in den westlichen Industrienationen zu einer Zeit, in der die Frage der Generativität sich von der Sexualität und der Biologie überhaupt löst: Zunehmend mehr Frauen entscheiden sich gegen ein Kind (30 % des Jahrgangs der heute 34-Jährigen, siehe Süddeutsche Zeitung vom 5. 7. 2000), Familienformen des Zusammenlebens lösen sich von der biologischen Elternschaft, und die Diskussion um die reproduktiven Technologien tritt immer stärker in den Vordergrund.

In der Unterteilung der Geschlechtskategorie in «sex» und «gender» wird auch die Natur der biologischen Grundlage der geschlechtlichen Zuordnung in Frage gestellt. Unterschiede zwischen Männern und Frauen werden in vielen Fällen als weniger gravierend angesehen als die Differenzen innerhalb der jeweiligen Geschlechter (vgl. Butler 1991). Das gesellschaftliche Konstrukt von Zweigeschlechtlichkeit und Heterosexualität wird dekonstruiert; statt an einzelnen Punkten Gleichberechtigung durchzusetzen, wird das ganze Denksystem in Frage gestellt. In der Dekonstruktionsdebatte ist die prominenteste Vertreterin Judith Butler, die angelehnt an Foucault, Derrida und Lacan zu zeigen versucht, wie auch unser Verständnis des biologischen Körpers, des «sex», lediglich ein kultureller Konstruktionsprozess ist. Ihre Darstellungen haben in Deutschland sowohl große Begeisterung als auch herbe Kritik ausgelöst.

Die Resonanz gruppiert sich dabei wieder entlang des Generationenkonflikts innerhalb der Gender-Forschung; im Zentrum steht die Frage nach sinnlicher Erfahrung, nach Leiblichkeit und konkreten körperbezogenen Prozessen. Da Butler sich wesentlich auf Sprachtheorien bezieht, löst sich in ihren Dekonstruktionsversuchen alles in Diskurs und Zeichen auf; vergessen werden dabei allzu leicht konkrete, materielle und körperlich getragene Handlungspraxen (vgl. dazu Maihofer 1995).

5 Gender in der Psychologie – eine Wissenschaftskritik aus der Genderperspektive

Es stellt sich die Frage, wie viele der aus den philosophischen, soziologischen, feministischen und anderen fachwissenschaftlichen Diskursen entwickelten Perspektiven in die konkrete Realität der Psychologie aufgenommen worden sind.

Geht man von dem System der symbolischen Repräsentanz der Zweigeschlechtlichkeit aus, mit dem sich alle Menschen auseinander setzen und in das sie sich vergesellschaften müssen, so kann es eigentlich keinen thematischen Bereich innerhalb der Psychologie geben, in dem die Gender-Kategorie nicht wirksam werden würde.

Jeder Bereich und auch jede Fragestellung innerhalb der Psychologie wird von der zweigeschlechtlichen und heterosexuellen Ordnung erfasst. Dies gilt gleichermaßen, ob man vom differenztheoretischen Ansatz ausgeht, der Gleichheit der Geschlechter unterstellt, oder annimmt, dass die Geschlechtszuordnung insgesamt eine soziale Konstruktion ist. Wie wir gesehen haben, ist diese Diskussion auch innerhalb des Feminismus und der Philosophie nicht entschieden, und die Frage, wie das Verhältnis von Natur und Kultur zu fassen sei, wird auf immer wieder neu gestellt.

Angefangen bei der Allgemeinen Psychologie bis hin zur Klinischen Psychologie müsste also einerseits jedes Phänomen auf seine geschlechtsspezifische Differenzierung betrachtet, müssten andererseits die impliziten Wertungen einer patriarchalen und androzentrischen Sichtweise dekonstruiert werden. Wahrnehmungsprozesse, emotionale Bewertungen des Wahrgenommenen, einfache und komplexe kognitive Prozesse etc. haben selbstverständlich unterschiedliche Ausprägungen und Bedeutungen in der Konstruktion von geschlechtlicher Identität. Man denke nur an die implizite Wertung von Emotionalität und Kognition sowie an ihre Zuweisung an die Geschlechter: Männer denken, Frauen fühlen (vgl. auch Schmerl 1989, S. 13). Wenn Männer fühlen, dann Aggression, während Frauen für Scham und Angst zuständig sind (ebd.; Henschel 1993). Andererseits sind Vorstellungen und Begriffe selbst in diesem System der Zweigeschlechtlichkeit konstruiert worden und beinhalten in sich bereits jene inhaltliche Orientierung, die untersucht werden soll. Beispiele dafür wären die Vorstellung von Autonomie als Entwicklungsziel, wobei die inhaltliche Bestimmung von Autonomie an der männlichen Entwicklung orientiert ist, oder wenn Moralentwicklung untersucht und ein Stufenmodell entwickelt wird, das sich in erster Linie an der Entwicklung und am Denken von Jungen ausrichtet.

In den Sozialwissenschaften und in den fortschrittlichen kritischen Bereichen der Psychologie ist es heute üblich, die Erkenntnisse immer im Licht der jeweiligen konkreten Situation sowohl der Entstehung wie der Untersuchung zu betrachten, also den kontextuellen Zusammenhang und die jeweilige Perspektive zu berücksichtigen, und sich dabei von der Trias – Klasse, Geschlecht und Rasse – als Analysekategorie leiten zu lassen. Demgegenüber versteht sich die Mainstreampsychologie als eine nomothetische Wissenschaft, in der es möglich ist, mit Hilfe von experimentellen Anordnungen und streng kontrollierten empirischen Erhebungen objektivierbare, quasi naturgesetzliche Prinzipien «der Psyche» und «des Verhaltens» herauszufinden. Das Wesen des Menschen wird dabei im Kern als statisch angesehen, historische und kulturelle Veränderungen sind in diesem Paradigma nicht mitgedacht, und die gewonnenen Erkenntnissse werden jenseits des Kontextes, in dem sie gewonnen wurden, als Fakten naturalisiert.

Die Kategorie Geschlecht, wenn sie überhaupt berücksichtigt wird, wird lediglich als eine weitere zu untersuchende Variable in einer sonst konstanten Psyche betrachtet, um Kontrastierungen in einer Untersuchungsgruppe herauszuarbeiten. So können lediglich die Unterschiede, die den Geschlechtern zugeschrieben werden, herausgefunden werden – z. B. Männer sind autonom, Frauen ängstlich und gebunden –, ohne die Zuschreibungen und die Konstitutionsbedingungen für die vorgefundenen Phänomene zu hinterfragen. Es fehlt ein Verständnis dafür, dass die Psyche selbst sich erst in diesem beschriebenen System von Zweigeschlechtlichkeit entwickelt, also nicht neutral ist, sondern ihre besonderen Ausprägungen bereits eine geschlechtsspezifische Ausformung durchlaufen haben.

Daher gilt es, das Wissenschaftssystem auf seine androzentrische Ausrichtung hin zu untersuchen: Wer sind die Wissenschaftler, die die maßgeblichen Begriffe und Theorien prägen? Inwieweit werden die Einflüsse eines männlichen Blicks reflektiert?

Geschlechtsidentitäten werden bis in die Identifizierung und Bedeutung des biologischen Geschlechts hinein diskursiv hergestellt, und diese Diskurse setzen sich zusammen aus gesellschaftlichen Strukturen, wirkmächtigen sozialen Praxen, einer symbolischen Ordnung mit den dazugehörigen Normen und Mythen, einem entsprechenden geschlechtlich bestimmten Habitus (Bourdieu) sowie den dazu entwickelten psychischen Strukturen wie Bindungsmuster, emotionale Erlebnisfähigkeit, Denkformen etc. Auch Forscher und Forscherinnen *sind* dieses Geschlecht geworden und können sich nicht willkürlich davon losmachen. Es wird im Forschungsprozess einfach eine unhintergehbare Bedingung ausgeblendet, wenn diese Tatsache negiert wird. Christiane Schmerl verdeutlicht, wie auch ganz direkt Frauen von der Hochschule und damit dem Mainstream Wissenschaft fern gehalten werden (1989, S. 17). Bei der Untersuchung eines gängigen Psychologielehrbuchs zeigt sie auf, dass auf drei von 700 Seiten frauenspezifische Themen berücksichtigt werden. Eine Durchsicht der neuesten Auflage von 1999 zeigt, dass sich der Umfang nur unwesentlich erhöht hat, von einer allgemeinen oder grundsätzlichen Berücksichtigung der Gender-Perspektive kann nicht die Rede sein, obwohl in den USA seit 1973 innerhalb der American Association of Psychology (APA) eine eigene Arbeitsgruppe «Psychology of Women» existiert, die 1989 die elftstärkste Arbeitsgruppe von 40 war.

In Deutschland sieht die Situation im Ganzen schlechter als in den USA aus, weil innerhalb der Mainstreampsychologie die Institutionalisierung von Frauen-, Männer- oder Gender-Forschung nahezu fehlt. Wesentliche

Erkenntnisse gehen von Entwicklungen außerhalb der Hochschulen aus, von kritischen Praktikerinnen oder von Wissenschaftlerinnen und manchmal auch Wissenschaftlern angrenzender Disziplinen wie Soziologie, Kultur- und Literaturwissenschaft oder Religionswissenschaft.

6 Gender in der Realität der Psychologie

Vor allen Dingen in der Sozialisationsforschung finden sich jenseits der Mainstreampsychologie eine Reihe von interessanten Erkenntnissen, vermutlich weil sie sich an der Schnittstelle zwischen Psychologie, Soziologie und Psychoanalyse befindet. Darüber hinaus behandelt Sozialisation zentral den Entstehungsprozess von Männlichkeiten und Weiblichkeiten – es handelt sich also um ein Themengebiet, dem sich die Frauenforschung und die feministische Psychoanalyse explizit und konzentriert zuwandte.

Die Dynamik des Geschlechterverhältnisses bildet dabei die lebenslange Grundlage für die eigene Entwicklung (vgl. Bilden 1991). Dieser Prozess des «doing gender» mit seiner Reproduktion geschlechtlicher Identität, aber auch der Möglichkeit zur Verschiebung, zur Performance und zur Parodie (Butler) und damit zur Aufhebung der heterosexuellen und bipolaren Ordnung bildet den Kern der heutigen Sozialisationsforschung. Als zentrale erkenntnisleitende Theorie gilt hier die Psychoanalyse in ihren feministischen Ausprägungen, die wesentliche Paradigmen zum Verständnis der unbewussten Fixierung des Geschlechterverhältnisses liefert (vgl. Chodorow 1986; Benjamin 1990, 1993; Mertens 1992, 1994).

Gudrun Axeli Knapp formuliert die zentralen Fragestellungen für die Vermittlung von Geschlechterverhältnis und -verhalten folgendermaßen: «Wie sind Phänomene der Geschlechtersegregation zu erklären, in welcher Verbindung stehen Geschlechtertrennung, hierarchische Verhältnisse zwischen den Genus-Gruppen und spezifische Vorstellungen von Geschlechterdifferenz? Wie gehen kulturelle Deutungen und Codierungen von ‹Weiblichkeit› und ‹Männlichkeit› ein in Erfahrungen und Wahrnehmungen, in (Selbst-)Kategorisierungen und Interaktionen von Frauen und Männern, wie werden sie zu konstitutiven Momenten sozialer Strukturierung und Hierarchisierung? Wie funktionieren die Mikropolitiken stereotyper Unterscheidung? Was treibt sie an?» (Knapp 1995, S. 163f.).

Die Autorin verweist auf die derzeit relevanten Analyserichtungen in der Sozialpsychologie: die Diskursanalyse, die auf einzelwissenschaftlichem Gebiet die sprachliche Konstitution von Geschlecht und Geschlechterdifferenz untersucht und ihr Augenmerk dabei auf die «rhetorischen Strategien und die Ressourcen» (ebd., S. 168) legt, die zur Selbstkonstruktion und zur Herstellung von Sinn eingesetzt werden. Die andere Analysemethode untersucht die interaktive und permanente Herstellung des Geschlechts – das doing gender – als Prozess sozialer Strukturierung. Sie ist an die Ethnomethodologie und den Symbolischen Interaktionismus angelehnt (ebd. 1995, S. 166).

7 Aggression und Selbstbehauptung in der weiblichen Entwicklung

Diese Konstruktionsprozesse laufen nicht bewusst ab und beziehen sich immer auf das bestehende Symbolsystem und vorhandene Strukturen von Macht, Hierarchie und Arbeitsteilung; daher sind sie auch von zahlreichen Widersprüchen und Inkohärenzen geprägt. Da aus den vielfältigen Untersuchungsbereichen hier nur wenige genannt werden können, bezieht sich dieser Beitrag ausschließlich auf einen Themenbereich, der in den letzten Jahren zunehmend Bedeutung gewinnt und in dessen Zentrum es um Aggression, Macht und Moral geht: Wie beschränken sich Frauen in diesem System von Macht und Hierarchie, wie gehen sie mit ihren Impulsen zu Selbstbehauptung und Durchsetzung um, wie und wann beginnen sie, ihre Wünsche nach Einmischung, nach Selbstentfaltung aktiv zu beschneiden?

Interessante Ergebnisse liegen zu den Fragen nach den Unterschieden im Aggressionsverhalten und in den gewählten aggressiven Ausdrucksformen, aber auch zur Bewertung eigener aggressiver Gefühle vor (vgl. Henschel 1993; Campbell 1995). Aggression wird von Frauen häufig mit Zerstörung und gefährlichem Verlust von Selbstkontrolle gleichgesetzt, während sie Männern eher als ein durchaus legitimes Mittel zur Durchsetzung erscheint, das instrumentell eingesetzt werden kann. Zentral ist die Frage, welche Bedeutung diese Besetzung von Aggression für die weibliche Entwicklung von Autonomie und Selbstbehauptung im Kontext regulär auftretender interpersoneller und innerpsychischer Konfliktlagen hat (vgl. Lerner 1993; Musfeld 1997). Die Stigmatisierung und Selbstabwertung von aggressiven, eigenwilligen Impulsen führt in der Adoleszenz zu vielfältigen «Störungen», die Mädchen und Frauen daran hindern, sich aktiv dem gesellschaftlichen Leben, der Kultur, dem Beruf, aber auch ihrem eigenen Körper zuzuwenden.

Gilligan beschreibt die «unsichtbare Wand», die beim Übergang von der Kindheit zur Frau lebhafte Mädchen an der Auseinandersetzung hindert. Die Selbstverortung als Frau, die in die Kultur aufbricht und sich nicht auf die Familie festlegen lassen will, wird von innen und außen erschwert. Hagemann-White (1992) konkretisiert dies für die schwierige Frage der Berufswahl: Auch heute noch wählen Mädchen in erster Linie Frauenberufe, selbst wenn sie eigentlich andere Interessen haben.

Frau sein ist keine ideelle Wahl, das Geschlecht wird aktiv verkörpert und findet seinen Ausdruck in leiblichen Praxen und Erlebnisweisen; daher kommt dem Körper und seiner sexuellen Positionierung in der Adoleszenz eine wichtige Bedeutung zu. Als symbolischer Ort wird er auch in der neuen Gender-Forschung hart umkämpft. Als konkreter gelebter Leib werden uns kulturelle Codes in und auf den Leib geschrieben – Hirschauer spricht von «verkörperten Routinen» –, die jede Körperäußerung wie Bewegungsmuster und Körperhaltungen bis hin zu den Situationen, in denen gelacht und wie gelacht wird, erfasst.

In der Adoleszenz ist eine der wichtigsten Fragen, ob und wie es möglich ist, den eigenen Körper lustvoll zu besetzen, zu erfahren und zu erkunden. Aktiv und selbstbewusst auf der eigenen Lust zu bestehen ist eine Voraussetzung, um sich auch eigenwillig in die Welt zu begeben. «Erst der männliche Blick macht attraktiv», schreibt Flaake (1998), und der Boom an geschlechtsspezifisch differierenden Körperidealen und Körpermoden, die mit Hilfe von Körperschmuck, Piercing, Fitness und plastischer Chirurgie erzwungen werden sollen, verweist auf den Zwangscharakter dieses Blicks.

Sehr spät wurden die Bedeutung von Menarche und Menstruation (vgl. Waldeck 1988, 1988a), der Ausformung weiblicher Sexualität und Autoerotik (vgl. Flaake 1992; Waldeck 1992) als wichtige Themen für die Konstituierung weiblicher Lust und Identität auch breiter thematisiert.

Behandelt werden auch die Konflikte, die sich aus der scheinbaren Unvereinbarkeit von Bindungs- und Autonomiewünschen für Frauen ergeben: Immer noch zuständig für Familie und Reproduktion, festgelegt auf eine repressive Sexualität, sollen und wollen sie doch aktiv an der Gestaltung der Welt teilnehmen.

Exemplarisch für die «Verkörperung» dieses Problems können die Essstörungen wie Anorexie und Bulimie genannt werden, die, um die Frage weiblicher Identität kreisend, Ausdruck sind für den Versuch der Anpassung sowie der aggressiven Abwehr von idealen Entwürfen gelingender Weiblichkeit. Die schier unvereinbaren Ansprüche an Frau-Sein werden hier ebenso «inszeniert» wie die Wut, die diese Festlegung und das Fehlen von mütterlichem Vorbild und väterlicher Unterstützung auslösen.

8 Polarisierung von Bindung und Autonomie als Grundkonzept des Geschlechterverhältnisses

Viele der einzelwissenschaftlichen Ergebnisse im Feld von Emotionalität, Denkmustern, Kommunikation und Sozialverhalten weisen eine ähnliche Grundstruktur auf: Frauen bewegen sich mehr in sozialen Bindungen, agieren bezogener und beziehen selbst in ihren Denkbewegungen stärker kontextuelle Bedingungen ein. Es sind diese «sozialen Eigenschaften», die mittlerweile Frauen auch für die Wirtschaft und gehobene Positionen interessant machen: Immer mehr wird die Fähigkeit zur Integration und Kooperation, zu kommunikativer Kompetenz und zur Berücksichtigung von unterschiedlichen Partialinteressen gefragt. Diese Qualitäten werden derzeit als «weiblicher Führungsstil» gehandelt, was allerdings nicht bedeutet, dass tatsächlich vorwiegend Frauen auf Chefpositionen eingesetzt werden, sondern nur, dass der Wert als «weiblich» konnotierter Verhaltensweisen nach und nach erkannt wird und auch Männer mit Hilfe von Coaching und Kommunikationsseminaren darin fit gemacht werden sollen.

Die Frage ist, wie und wo diese soziale Bezogenheit entsteht. Eine wichtige Erklärung liefert hierfür Nancy Chodorows Konzeption der Tradierung des «Mutterns». Sie geht von der gesellschaftlichen Arbeitsteilung aus, die den Frauen das «Muttern» überlässt, und führt dies mit der psychoanalytischen Theorie der Individuation und der Entwicklung von Objektbeziehungen zusammen. Frauen und Mütter sind die ersten Liebesobjekte von kleinen Kindern beiderlei Geschlechts. Aber während für die Mädchen die Mutter sowohl erstes erotisches Liebes- und Identifikationsobjekt für den eigenen Weiblichkeitsentwurf ist, müssen die Jungen in einer patriarchalen Gesellschaft von der frühen Identifikation mit der Mutter ablassen, um sich ganz in die männliche Identifikation zu begeben (vgl. dazu auch Becker-Schmidt 1995). Nach Chodorow baut sich Männlichkeit durch Abgrenzung gegen Frauen und Abwertung der eigenen weiblichen Identifikationen auf, um die Erfahrung des Getrenntseins von der Mutter und die gleichzeitige kränkende und ängstigende Erkenntnis, dass man nicht so werden kann wie sie, zu verarbeiten. Dies führt zu einer starren Orientierung auf männliche Identitätsangebote von Bemächtigung, Autonomie und Abgegrenztheit. Das Mädchen hingegen verbleibt in der Liebe und Identifikation mit der Mutter und hat eher damit zu kämpfen, für sich selbst einen eigenen realen und psychischen Raum zu erobern, weil ihm die zeitweilige aggressive Abgrenzung verboten wird (vgl. Musfeld 1997) und weil die Väter in der Regel nicht als Identifikationsobjekte zur Verfügung stehen. So entsteht ein weibliches Muster von ungetrennter Bezogenheit und ein männliches von unbezogener Getrenntheit.

Jessica Benjamin hat auf diesem Entwurf aufbauend dargelegt, wie durch die Fixierung von Frauen auf die mütterliche Versorgungsposition und die Abwesenheit der Väter es immer wieder zu einer Konstitution eines Vaters der Autonomie und einer Mutter der Bindung kommt. Der Prozess von Selbst-Sein und Anerkennung, den jeder Mensch in der Loslösungsphase durchlaufen muss, bleibt, schematisch betrachtet, für beide Geschlechter unbefriedigend, aber mit sehr unterschiedlichen Konsequenzen für den jeweiligen gesellschaftlich relevanten Einfluss:

Der Junge nimmt die Frau/Mutter nicht als anzuerkennendes Subjekt wahr und verharrt in der Position, sie als zum eigenen Selbst gehörendes Objekt zu fixieren, ohne in eine reale Interaktion mit ihr als Alter Ego einzutreten. Hier bleibt die Beziehung unbewusst durch die Phantasie von Macht und Unterwerfung bestimmt. Im Zusammenhang mit den realen Machtverhältnissen ensteht so eine Kontinuität von Herrschaftssicherung.

Das Mädchen wiederum bleibt häufig in einer gebundenen Position, und statt des Aufbaus von Anerkennung mit den darin enthaltenen Forderungen und Grenzen idealisiert sie den männlichen Ort, da er Freiheit und Autonomie verspricht.

Wenngleich dieses Muster in der hier dargestellten idealtypischen Ausformulierung zu einseitig ist, und es zu wenig die Brüche und Widersprüche in den individuellen Biographien berücksichtigt, zeigt sich doch Folgendes: Die reale und emotionale Abwesenheit der Väter im eigentlichen Erziehungsprozess bei einer gleichzeitigen Überpräsenz von Frauen und Müttern bietet den nachwachsenden Generationen immer wieder das Material, aus dem eine überholte Geschlechterdifferenz mit ihren realen Begrenzungen und symbolischen Zuschreibungen von Hierarchie, Macht und Unterwerfung erzeugt wird. Da dieser Prozess sehr früh beginnt, unbewusst abläuft und auf Idealisierung, Abwehr von Kränkungs- und Verletzungserfahrungen und der frühen Verarbeitung von Triebkonflikten aufbaut, ist er bewusst nur sehr schwer zu verändern. Hier werden Objektbeziehungsmuster aufgebaut, die unser Selbst strukturieren und die unseren Zugang zur Welt gestalten, und es wird immer wieder die Polarisierung der Geschlechter in uns selbst erzeugt.

Auf der Suche nach möglichst vielfältigen optionalen Möglichkeiten der Entwicklung, nach dem Recht auf Bindung und Autonomie für beide Geschlechter, ist die Erforschung der Geschlechterdifferenz in konkreten Fragen, aber auch die Untersuchung des gesamten Geschlechterverhältnisses in seinen Konstitutionsbedingungen auch heute noch aktuell.

Literatur

Beauvoir, S. de (1968). Das andere Geschlecht. Sitte und Sexus der Frau. Reinbek.

Becker-Schmidt, R. (1995). Von Jungen, die keine Mädchen und von Mädchen, die gerne Jungen sein wollen. In: R. Becker-Schmidt & G.-A. Knapp. Das Geschlechterverhältnis als Gegenstand der Sozialwissenschaften, S. 220–246. Frankfurt/M.

Becker-Schmidt, R. & Knapp, G.-A. (1995). Das Geschlechterverhältnis als Gegenstand der Sozialwissenschaften. Frankfurt/M.

Beer, U. (1990). Geschlecht, Struktur, Geschichte. Soziale Konstruierung des Geschlechterverhältnisses. Frankfurt/M./New York.

Bell, K. (1991). Aspekte weiblicher Entwicklung. Forum der Psychoanalyse 7, S. 111–126.

Benjamin, J. (1990). Die Fesseln der Liebe. Psychoanalyse. Feminismus und das Problem der Macht. Basel/ Frankfurt/M.

Benjamin, J. (1993). Phantasie und Geschlecht. Basel/Frankfurt/M.

Bilden, H. (1991). Geschlechtsspezifische Sozialisation. In: K. Hurrelmann & D. Ulich, Sozialisationsforschung. Weinheim/Basel.

Braun, Ch. v. (2000). Gender, Geschlecht und Geschichte. In: Ch. v. Braun & I. Stephan (Hg.), Gender Studien. Eine Einführung, S. 16–57. Stuttgart.

Braun, Ch. v. & Stephan, I. (Hg.) (2000). Gender Studien. Stuttgart.

Butler, J. (1991). Das Unbehagen der Geschlechter. Frankfurt/M.

Butler, J. (1995). Körper von Gewicht. Die diskursiven Grenzen des Geschlechts. Frankfurt/M.

Campbell, A. (1995). Zornige Frauen, wütende Männer. Frankfurt/M.

Chodorow, N. (1986). Das Erbe der Mütter. Psychoanalyse und Soziologie der Geschlechter. München.

Conell, R. W. (1995). Der gemachte Mann. Opladen.

Duden, B. (1993). Die Frau ohne Unterleib. Zu Judith Butlers Entkörperung. Ein Zeitdokument. Feministische Studien 11, S. 24–33.

Elias, N. (1976). Der Prozeß der Zivilisation: Soziogenetische und psychogenetische Untersuchungen. Bd. 1 & 2. Frankfurt/M.

Erdheim, M. (1988). Die gesellschaftliche Produktion von Unbewußtheit. Frankfurt/M.

Erdheim, M. (1987). Mann und Frau – Kultur und Familie. In: K. Brede et al., Befreiung zum Widerstand. Aufsätze zu Feminismus, Psychoanalyse und Politik, S. 65–73. Frankfurt/M.

Fast, I. (1991). Von der Einheit zur Differenz. Psychoanalyse der Geschlechtsidentität. Berlin.

Flaake, K. (1992). Ein Körper für sich allein. Sexuelle Entwicklung und körperliche Weiblichkeit in der Mutter-Tochter-Beziehung. Psyche 46, S. 642–652.

Flaake, K. (1998). Zur Sozialisation junger Frauen. Weinheim.

Flaake, K. & King, V. (Hg.) (1992). Weibliche Adoleszenz. Frankfurt/M.

Flaake, K. (2000). Psychoanalyse. In: Ch. v. Braun & I. Stephan (Hg.), Gender Studien. Eine Einführung, S. 169–179. Stuttgart.

Foucault, M. (1983). Sexualität und Wahrheit. Der Wille zum Wissen. Frankfurt/M.
Gilligan, C. (1984). Die andere Stimme. Lebenskonflikte und Moral der Frau. München.
Gilligan, C. (1992). Auf der Suche nach der «verlorenen Stimme» in der weiblichen Adoleszenz – Shakespeares Schwestern unterrichten. In: K. Flaake & V. King, Weibliche Adoleszenz. Zur Sozialisation junger Frauen, S. 40–63. Frankfurt/M.
Haase, H. (1992). Die Preisgabe: Überlegungen zur Bedeutung der Menstruation in der Mutter-Tochter-Beziehung. In: K. Flaake & V. King, Weibliche Adoleszenz. Zur Sozialisation junger Frauen, S. 166–185. Frankfurt/M.
Hagemann-White, C. (1992). Berufsfindung und Lebensperspektive in der weiblichen Adoleszenz. In: K. Flaake & V. King, Weibliche Adoleszenz. Zur Sozialisation junger Frauen, S. 64–83. Frankfurt/M.
Halberstadt-Freud, H. C. (1987). Die symbiotische Illusion in der Mutter-Tochter-Beziehung. In: Psychoanalytisches Seminar Zürich: Bei Lichte betrachtet wird es finster. Frauensichten, S. 139–166. Frankfurt/M.
Haug, F. (1988). Frauen – Opfer oder Täter? Argument Studienhefte 46. Berlin.
Henschel, A. (1993). Geschlechtsspezifische Sozialisation. Zur Bedeutung von Angst und Aggression in der Entwicklung der Geschlechtsidentität. Mainz.
Knapp, G.-A. (1995). Das Geschlechterverhältnis als Gegenstand der Sozialwissenschaften. Frankfurt/M.
Knapp, G.-A. (2000). Feministische Theorien zur Einführung. Hamburg.
Krebs, B. (1994). Oh, mein Papa ... Eßstörungen und die Idealisierung des Männlichen. Psychosozial 17 (55), S. 83–93.
Lerner, H. E. (1980). Elterliche Fehlbenennung der weiblichen Genitalien als Faktor bei der Erzeugung von «Penisneid» und Lernhemmungen. Psyche 34, S. 1092–1104.
Lerner, H. G. (1993). Das mißdeutete Geschlecht. Falsche Bilder der Weiblichkeit in Psychoanalyse und Therapie. Frankfurt/M.
Lindemann, G. (1992). Das soziale Geschlecht unter der Haut. In: Mitteilungen aus der kulturwissenschaftlichen Forschung 31. Geschlechterverhältnisse, Sexualität, S. 68–82.
Lindemann, G. (1993). Der Körper und der Feminismus. Judith Butlers Begriff des «leiblichen Stils» bleibt unzureichend. Frankfurter Rundschau vom 15. 6. 1993, S. 10.
Maihofer (1995). Geschlecht als Existenzweise. Frankfurt/M.
Mertens, W. (1992). Entwicklung der Psychosexualität und der Geschlechtsidentität. Bd. 1: Geburt bis 4. Lebensjahr. Stuttgart.
Mertens, W. (1994). Entwicklung der Psychosexualität und der Geschlechtsidentität. Bd. 2: Kindheit und Adoleszenz. Stuttgart.
Musfeld, T. (1997). Im Schatten der Weiblichkeit. Über die Fesselung weiblicher Kraft und Potenz durch das Tabu der Aggression. Tübingen.
Nunner-Winkler, G. (Hg.) (1995). Weibliche Moral. Die Kontroverse um eine geschlechtsspezifische Ethik. München.
Schmauch, U. (1987). Anatomie und Schicksal. Zur Psychoanalyse der frühen Geschlechtersozialisation. Frankfurt/M.

Schmerl, Christiane (1989). Die Frau im Mond: Weit entfernt, doch klar sichtbar – feministische Psychologie in der BRD. In: Psychologie & Gesellschaftskritik 13 (1/2), S. 5–27.

Stephan, I. (2000). Gender, Geschlecht und Theorie. In: Ch. v. Braun & I. Stephan, Gender Studien. Eine Einführung, S. 58–96. Stuttgart.

Thürmer-Rohr, Ch. (1989). Mittäterschaft und Entdeckungslust. Feministische Essays. Berlin.

Waldeck, R. (1988). Der rote Fleck im dunklen Kontinent. Teil I: Das Tabu der Menstruation. Zeitschrift f. Sexualforschung 1, S. 189–205.

Waldeck, R. (1988a). Der rote Fleck im Kontinent. Teil II: Die Verletzung der Frau. Zeitschrift f. Sexualforschung 1, S. 337–350.

Waldeck, R. (1992). Die Frau ohne Hände. Über Sexualität und Selbständigkeit. In: K. Flaake & V. King, Weibliche Adoleszenz. Zur Sozialisation junger Frauen, S. 186–198, Frankfurt/M.

Walter, W. (2000). Gender, Geschlecht und Männerforschung. In: Ch. v. Braun & I. Stephan (Hg.), Gender Studien. Eine Einführung, S. 97–116. Stuttgart.

Zimbardo, P. G. & Gerrig, R. J. (1999). Psychologie. 7. neu übers. u. bearb. Aufl. Berlin/Heidelberg.

Reiner Seidel

1.4 Methodisches Denken in der Psychologie

1 Psychologie als Zweistromland

Seit mindestens 100 Jahren gibt es Kritik an der Psychologie: Sie verfehle in ihrer Laborforschung die menschliche Wirklichkeit, liefere nur Trivialitäten und bleibe weit hinter der Alltagserfahrung des gesunden Menschenverstands zurück. Im gleichen Sinn besteht eine Diskrepanz zwischen den Erwartungen, die außerhalb der Psychologie an sie herangetragen werden, und dem, was sie als akademische Disziplin tatsächlich tut. So sind auch Anfängerstudenten in aller Regel überrascht oder enttäuscht: Ihr Interesse an der Psychologie wurde geweckt durch therapeutische, etwa psychoanalytische Literatur, sie wollen die Probleme der Menschen verstehen, und nun wird ihnen eröffnet, dass der Weg dahin über Experiment, Statistik usw. verlaufe, also naturwissenschaftlicher Art sei.

Ein Begleitphänomen der erwähnten Diskrepanzen sind die seit 100 Jahren unweigerlich wiederkehrenden Diagnosen, wonach die Psychologie sich in der Krise befände und reformiert werden müsse (vgl. Schorr 1994). Die Dauer und Kontinuität dieser «Krisen»-Situation legt nahe, dass es sich hier nicht um ein peripheres Problem handelt (etwa Einseitigkeit einer bestimmten Theorie), sondern um ein Problem grundsätzlicher Art, das sich nur in einer historischen Betrachtung verstehen lässt.

Psychologie ist die Wissenschaft vom Menschen als Einzelnem, von seinem Denken, Erleben, Fühlen, Handeln, Reagieren usw. oder kurz: Wissenschaft vom Individuum (wobei der Begriff Individuum vorerst im vorwissenschaftlichen, alltagssprachlichen Sinn gemeint ist). Psychologische Ideen und Einzeltheorien gibt es in unserem Kulturkreis seit der Antike. Psychologie als ein Wissensbereich mit eigenen methodischen Kriterien und eigener Programmatik ist eine Erscheinung der Neuzeit.

Die Neuzeit, die das Mittelalter ablöst, beginnt ab dem 15./16. Jahrhundert mit der starken Entwicklung der Produktivkräfte, mit der Ausweitung des Handels und des Geldverkehrs, der Entwicklung der Naturwissenschaft und einem ersten Aufschwung der Technik, den Entdeckungen der Seefahrer, der Entwicklung selbständiger Städte und anderen Faktoren; ökonomisch, politisch und gesellschaftlich resultieren diese Umwälzungen in der Ablösung der feudalen Adelsgesellschaft durch die bürgerliche Ständegesellschaft. Im Bereich des Denkens ist der Übergang zur Neuzeit vor allem durch die Etablierung des Vernunftdenkens gekennzeichnet: Die Gewissheit des Wissens findet der Mensch in sich selbst, nicht mehr in Gott; der Mensch wird als Sub-jekt, d. h. als das allem Zugrundeliegende, gesehen. Diese neue Position des Menschen sowie der mit dem Übergang zu einer neuen Gesellschaftsstruktur verbundene Verlust und Neuaufbau von Identitäten bilden das Motiv einer Wissenschaft vom Individuum.

In dem skizzierten historischen Prozess spielt die Naturwissenschaft eine hervorragende Rolle. Die neue unterschied sich von aller früheren Naturbetrachtung: Erstmals wurde die Natur völlig getrennt von jeglichem Geistigen gesehen – man denke etwa an Descartes' strikte Trennung von res extensa und res cogitans. Alle frühere Erklärung natürlicher Vorgänge erfolgte nach dem Muster der menschlichen Handlung: Jegliches Geschehen galt als verursacht durch eine zielbewusst handelnde Subjektivität, seien es Geister, Götter, Ideen oder der eine Gott. Die neue Naturwissenschaft postulierte, dass mittels des methodengeleiteten Denkens (Descartes) die Natur durch Maß und Zahl, rein aus sich selbst heraus erklärt (und letztlich: beherrscht) werden kann. Sie beruhte in diesem Sinn also auf einer Ent-Subjektivierung der Natur (vgl. Dux 2000).

Aufgrund der fundamentalen historischen Rolle der Naturwissenschaft war es für die Menschen des 17. Jahrhunderts selbstverständlich, dass auch die Psychologie Naturwissenschaft sein müsse. Das neue Bild vom Menschen sollte also dadurch gewonnen werden, dass man an ihn so herangeht wie an die Natur, etwa die irdischen oder die Himmelskörper: Durch objektivierte, messende Beobachtung sollen feste, gesetzhafte Zusammenhänge ermittelt werden. Die erste Wissenschaft vom Individuum in diesem Geist war die englische empiristische Assoziationspsychologie (s. u.).

Das neue, aufklärerische Bürgertum sah also den Menschen in der neuen Rolle des Erkenntnissubjekts und Herrschers über die Natur. In diesem Sinn wird die Sonderstellung des Menschen in der Natur betont: Die Philosophen und Wissenschaftler der Aufklärung werden nicht müde, den Unterschied des Menschen als sich selbst reflektierendes Vernunftwesen gegenüber dem Tier hervorzuheben. Es konnte nicht ausbleiben, dass auch diese Seite des neuen Selbstverständnisses des Menschen sich in der psychologischen Wissenschaft niederschlug. In nachhaltiger Weise geschieht dies, allerdings mit einer zeitlichen Verzögerung, in der Romantik.

Damit tut sich für die Psychologie ein grundlegender Widerspruch auf, der bezeichnenderweise von der Frage der *Methode* ausgeht: Einerseits soll der Mensch mittels der Errungenschaft der naturwissenschaftlichen Methodik, also als *Objekt*, wie andere Naturgegenstände auch, untersucht werden; andererseits will er sich als Subjekt sehen, das grundsätzlich über der Natur steht. Dieser Widerspruch bestimmt die gesamte Entwicklung der psychologischen Theorien bis heute, und er ist auch der letzte Grund ihrer fortwährenden Krisenhaftigkeit.

Der genannte Widerspruch äußert sich darin, dass die psychologischen Theorien im Großen und Ganzen in zwei sich deutlich unterscheidenden oder gegensätzlichen «Strömen» verliefen. Die Theorien des einen Stroms sind gekennzeichnet durch ihre Bindung an die naturwissenschaftliche Methodik, sie betrachten den Menschen vom Außenstandpunkt oder, wie man auch sagen kann, in der Dritten Person. Die Theorien des anderen Stroms nehmen prinzipiell den Innenstandpunkt ein, die Perspektive der Ersten Person; ihr methodischer Ansatz ist phänomenologisch, hermeneutisch oder historisch und kann übergreifend als «verstehend» bezeichnet werden. Um die beiden Ströme mehr inhaltlich zu charakterisieren, werde ich sie kurz als «naturalistisch» (Husserl) versus «subjektorientiert» ansprechen.

Die Feststellung eines Schismas zweier Psychologien entspricht freilich nicht der herkömmlichen Psychologie-Geschichtsschreibung. Seitdem – spätestens mit der Herrschaft des Behaviorismus – die naturwissenschaftliche Psychologie den Mainstream bildete, spricht man allgemein von «der» Psychologie und setzt diese mit der experimentellen oder naturwissenschaftlichen Psychologie gleich, was zugleich bedeutet, dass man den subjektorientierten Ansätzen die Wissenschaftlichkeit bestreitet. In diesem Sinn feiert die Psychologie-Geschichtsschreibung auch durchgehend die Gründung des ersten psychologischen Laboratoriums durch Wilhelm Wundt 1879 als die Geburtsstunde «der» Psychologie. Die subjektorientierten Theorien erscheinen dagegen, soweit sie überhaupt Erwähnung finden, als mehr oder minder punktuell und nebenherlaufend. Ich möchte hier dagegen herausstellen, dass der subjektorientierte Gegenstrom keineswegs nur aus punktuellen Kritiken des Hauptstroms besteht, sondern in seinen Verzweigungen jeweils eigene gedankliche Linien bildet und bis heute eine zusammenhängende Entwicklung aufweist so wie der naturwissenschaftliche Strom.

Die Wahrnehmung des subjektorientierten psychologischen Stroms wird freilich erschwert, da er – aufgrund der Dominanz der naturalistischen Psychologie – nicht wie diese im Hoheitsgebiet der akademischen Psychologie fließt, sondern weitgehend auf andere Gebiete auswich. So findet man z. B. große Teile der phänomenologischen Psychologie im Fachgebiet Philosophie und die grundlegenden sozialpsychologischen Ansätze von G. H. Mead oder A. Schütz in der Soziologie (wogegen die experimentelle Sozialpsychologie fraglos als Psychologie gilt). Aber auch in Gebieten wie Ethnologie, Medizin, Literaturwissenschaft und anderen Kultur- oder Geisteswissenschaften finden sich wesentliche Theorien zum Individuum. Die Betrachtung des subjektorientierten Theorienstroms erfordert also eine Überwindung des engen Disziplinen-Denkens.

2 Konstitution der Psychologie als Wissenschaft

Die (neuzeitliche) Psychologie artikuliert sich zuerst im Zusammenhang mit der ersten bürgerlichen Revolution, im England des späten 17. Jahrhunderts. Als ihr Begründer kann der Philosoph, Wissenschaftler und Politiker John Locke gelten. Der Schlachtruf «Weder Ideen noch Prinzipien sind angeboren», mit dem er sein zur Zeit der Revolution 1689 erschienenes Hauptwerk beginnt, richtet sich gegen die Adelsherrschaft. Diese Losung beinhaltet die von einer demokratischen Grundhaltung getragene Auffassung, dass die Seele bei der Geburt des Menschen eine *Tabula rasa* sei, in die sich durch die sinnliche Erfahrung der äußeren Objekte die *Ideen* abdrücken. Was der Einzelne wird, ist also nicht durch Geburtsrechte und Erbe bedingt, sondern durch die Erfahrungen, die wiederum in gesetzmäßiger Weise auf den Menschen einwirken und – insbesondere durch die Erziehung – beeinflussbar sind. Als neues ethisches Prinzip führt Locke das Streben nach Glück oder Lust ein. Auf dieser Grundlage entsteht die Gesellschafts- und Wirtschaftstheorie des *Utilitarismus*, der in knappster Form besagt, dass, wenn jeder Einzelne (vernunftgesteuert) nach dem eigenen Nutzen strebt, zugleich auch das Glück der Gesellschaft insgesamt erreicht werden kann.

In diesem Locke'schen Rahmen entwickelt sich über 200 Jahre hinweg die englische «Assoziationspsychologie». Die Bezeichnung bringt zum Ausdruck, dass als die allgemeine Kraft, die den Zusammenhang der Elemente, der Ideen, bewirkt, die Assoziation angesehen wird. Wie sehr die englische Assoziationspsychologie in das naturwisssenschaftliche Denken eingebunden ist, zeigt sich in der Strukturgleichheit dreier zentraler Theorien dieser Zeit: Die Physik erklärt das Zusammenwirken der Körper als Elemente durch die einheitliche Kraft der mechanischen Anziehung; die utilitaristische Gesellschafts- und Wirtschaftstheorie erklärt die elementaren wirtschaftlichen Vorgänge durch die Kraft des Nutzens, und die Psychologie erklärt die Seele als ein Aggregat von Elementen, den «Ideen» oder Vorstellungen, deren Zusammenwirken durch die Kraft der Assoziation bewirkt wird.

Mit der Ausdifferenzierung der Naturwissenschaften im 18. Jahrhundert – für die Psychologie sind besonders die Fortschritte der Physiologie wichtig – geht eine Einstellung zur differenzierteren und detaillierteren, quasi mehr «mikroskopischen» Betrachtung der Dinge einher. In der Psychologie ist es der deutsche kantianische Philosoph Johann Friedrich Herbart (1824/25), der die «mikroskopische Einstellung» einführt. Herbart geht inhaltlich von den Prinzipien des Assoziationismus aus, löst diese aber vom gesellschaftstheoretischen Kontext des Utilitarismus, um sie als Mechanismen des Seelenlebens für sich zu betrachten. Er baut eine «Statik» und «Mechanik» der Vorstellungen auf, die auf *mathematischen* Modellen beruht. Obwohl sein Begriff von Empirie sich auf die innere Erfahrung beschränkt, also (getreu der Kant'schen Ethik, wonach der Mensch den Menschen nicht als Mittel benutzen darf) noch nicht das Experiment einbezieht, nimmt Herbart doch zentrale Begriffe der späteren Psychologie wie das Konzept einer (wirklich quantifizierten, also messbaren) Stärke von Assoziationen, die Begriffe der Bewusstseinsschwelle, der Verdrängung, des Unbewussten und anderes vorweg. Mit Herbarts «mikroskopischer» Psychologie (und bereits zu seinen Lebzeiten) beginnt die Kritik am mangelnden Wirklichkeitsbezug der Psychologie.

Soweit war die Psychologie nur in ihrer theoretischen Grundkonzeption Naturwissenschaft. Der Schritt zur wirklich empirischen, d. h. experimentierenden, messenden und exakt beobachtenden Naturwissenschaft wird durch die *Psychophysik* getan. Diesen Durchbruch erreichte G. Fechner 1860, indem er das von dem deutschen Physiologen H. Weber gefundene Gesetz – der einen eben merklichen Zuwachs bewirkende Reiz ist nicht eine Konstante, sondern ist dem jeweiligen Bezugsreiz proportional – auf mathematischem Weg in ein echtes *Maß* für die Empfindung umwandelte. Mit der sich so ergebenden Maßformel: $E = C \times \log_n(R)$ (E: Empfindung, R: Reiz, C: Konstante aus der empirischen Unterschiedsschwelle) war die erste Funktionsbeziehung formuliert, die strukturell den klassischen Gesetzen der Physik entsprach, womit auch zum ersten Mal psychische Phänomene wirklich gemessen wurden.

Auf der Basis weiterer Fortschritte in der sinnespsychologischen Forschung konnte dann Wundt in den 1870er Jahren das erste explizite, Inhalt und Methode skizzierende Programm einer naturwissenschaftlichen Psychologie vorlegen (man findet es komprimiert in Wundts «Grundriß der Psychologie» 1896, in 15 Auflagen erschienen bis 1922). Wundts Konzeption des Bewusstseins ist elementaristisch wie das der englischen Assoziationspsychologie. Die psychischen Elemente, Empfindungen und «einfachen Gefühle» können und müssen (ihrer Flüchtigkeit wegen) experimentell untersucht werden. In der Tat bilden etwa die Wahrnehmung von Farben, Formen, Tönen und die physiologischen Korrelate von Gefühlen wie Spannungsempfindung usw. den eigentlichen Inhalt dessen, was in Wundts Laboratorium und von anderen gleichgesinnten Forschern untersucht wurde.

Die «höheren» Erscheinungen des Seelenlebens, etwa Denkvorgänge, sprachliche Äußerungen, komplexe ästhetische Urteile oder Willens- oder Gefühlsvorgänge usw., sind dagegen nach Wundt, wegen der Vielzahl der in ihnen zusammenwirkenden Faktoren, nicht dem Experiment zugänglich. Gleichwohl sind sie untersuchbar: Wenn sie massenhaft auftreten und zusammenwirken, erreichen sie eine gewisse Stabilität und schlagen sich in den gesellschaftlichen Erscheinungen wie Sprache und kulturellen Produkten nieder. Durch die Betrachtung der gesellschaftlichen Erzeugnisse – Wundt fasst sie zusammen nach Sprache, Mythos und Sitte – lassen sich Rückschlüsse über die psychischen Prozesse ziehen, die zu ihrer Bildung geführt haben. Dieses Forschungsgebiet ordnete Wundt der seinerzeit bestehenden *Völkerpsychologie* zu.

Die Psychologie nach Wundt sollte also aus zwei (gleich wichtigen) Teilen bestehen: einem experimentellen Teil (dem er den Namen «physiologische Psychologie» gab) und einer Analyse der gesellschaftlich-historischen Kulturerzeugnisse, ebenjener «Völkerpsychologie». Die nachfolgende Psychologie griff allerdings nur den experimentellen Teil auf, während die Völkerpsychologie Wundts nur wenig beachtet, wenn nicht ignoriert wurde. Heute liest man immer wieder, Wundt habe mit seiner Völkerpsychologie die naturwissenschaftliche Methodik durch ein geisteswissenschaftliches Herangehen ergänzen wollen. Nichts dergleichen trifft zu: Die Völkerpsychologie war nicht weniger als strenge Naturwissenschaft gedacht wie die experimentelle Psychologie; der Unterschied liegt nur darin, dass die Völkerpsychologie auf der zweiten naturwissenschaftlichen Methode neben dem Experiment, der kontrollierten objektiven Beobachtung, basieren sollte, ähnlich wie z. B. die Mineralogie oder die Anatomie. Mit den Ideen des zu Wundts Zeiten aktuellen Historismus und der Hermeneutik hat Wundts positivistische Geschichtsauffassung nichts zu tun.

Wir haben bis jetzt den geradlinigen Weg des aufklärerischen psychologischen Denkens verfolgt, das ungebrochen an der Vernunft und dem ökonomischen und naturwissenschaftlichen Fortschritt orientiert ist. Die mit dem Übergang zu der neuen Gesellschaftsform und Produktionsweise verbundenen sozialen Umwälzungen führten zu einer Gegenbewegung zur vernunftfixierten oder mechanistischen Weltsicht, die sich – zeitlich mit der industriellen Revolution (ca. 1770–1830) einhergehend – in der Romantik äußert. Die Romantik ist von einem neuen Lebensgefühl getragen, das durch Innerlichkeit und Empfindsamkeit, eine Wertschätzung der Privatheit, ein besonderes Verhältnis des Menschen zur Natur und anderes mehr gekennzeichnet ist (vgl. Taylor 1989/1996). Psychologisch wichtig ist vor allem die erweiterte Bedeutung des Begriffs der Individualität. Während die individuelle Besonderheit des Einzelnen für die Aufklärung, etwa bei Kant, dem Allgemeinen untergeordnet galt und im Prinzip gattungsspezifisch gemeint war, wird im romantischen Denken und Leben zunehmend die Eigenart, Originalität, Einmaligkeit des Individuums hervorgehoben und als Anspruch geltend gemacht.

Die romantische Wissenschaft allgemein, z. B. vertreten durch Goethe und Herder, stellt der mechanistischen und vernunftzentrierten Aufklärung eine Erkenntnisauffassung gegenüber, die durch Historizität und

Entwicklung, Ganzheitlichkeit und Sinnlichkeit gekennzeichnet ist. So versucht J. W. v. Goethe in seinen naturwissenschaftlichen Arbeiten die Natur als Ganzes, aus ihrer Entwicklung heraus und in ihren sinnlich-ästhetischen Qualitäten zu erfassen.

Dies ist der Kontext, in dem der subjektorientierte psychologische Gedanken- und Theorienstrom beginnt. Den theoretischen Geistern ist klar, dass die Wissenschaft vom einzelnen Menschen neu beginnen und bei der gelebten Erfahrung der Individuen ansetzen muss. Parallel zur Kultur der (zur Veröffentlichung gedachten) Tagebücher und Briefwechsel bilden sich «Magazine», in denen interessierte Personen ihre eigenen inneren Erfahrungen, das eigene Leben und Leiden und ihre psychologischen Einsichten zur Veröffentlichung bringen konnten. Am bekanntesten wurde das von Karl Philipp Moritz begründete «Magazin der Erfahrungsseelenkunde» (1783–1793). Im Unterschied zu der künstlerischen Ambition der Autobiographien, Briefwechsel usw. sollte dieses Magazin systematisch Materialien zusammentragen, auf denen die psychologische Wissenschaft aufgebaut werden sollte.

Das Hauptinteresse der romantischen Psychologie galt der individuellen Persönlichkeit und ihrer Entwicklung, was auch ein verstärktes Interesse an Geisteskrankheiten, Leidenschaft und Wahnsinn einschloss. Die Geisteskrankheiten werden nicht mehr primär als Fehlen von Vernunft, sondern als Resultat der (eventuell missglückten) Entwicklung gesehen. Der einflussreichste Philosoph der Romantik, Friedrich Schelling, sieht den Wahnsinn als das schöpferische Moment der Vernunft an. Das Interesse an der Person kommt deutlich in dem typisch romantischen Werk des Theologen Johann Caspar Lavater zur Physiognomik (1755–1778) zum Ausdruck.

Die eben skizzierte Entwicklung setzt sich im späteren 19. Jahrhundert in den Strömungen der «Lebensphilosophie» fort, die dem mechanistischen Zeitgeist das Leben als eigenständiges, nicht weiter reduzierbares Prinzip entgegenhalten.

Der französische Hauptrepräsentant der Lebensphilosophie, Henri Bergson, exponiert (vgl. 1889) ein von der bisherigen Psychologie radikal verschiedenes Bild des Bewusstseins und des Psychischen. Das Medium des Bewusstseins als etwas nicht Ausgedehntes und nicht Räumliches ist die Dauer (durée, im Unterschied zur physikalischen Zeit), ein kontinuierliches Fließen qualitativ verschiedener, nicht klar gegeneinander abgegrenzter Erlebnisse. Der Lebensstrom ist ein reines Nacheinander, einmalig und unwiederholbar. Zähl- und Messbarkeit setzen dagegen den Raum, das Medium der Materie, voraus. In expliziter Opposition zur Psychophysik Fechners stellt Bergson die Annahme einer Messbarkeit von Bewusstseinsphänomenen als Täuschung dar.

Die etwa zeitgleiche Psychologie, die der Amerikaner William James entwickelt, liest sich wie eine konkrete Ausführung der eher theoretisch-argumentativen Theorie von Bergson. In seinen «Principles of Psychology» von 1890 liefert er eine Fülle lebendiger Beschreibungen des «Bewusstseinsstroms» mit den Phänomenen der Aufmerksamkeit, Gedächtnis, Emotion, Selbst usw. Die Methode der Psychologie ist für James der Blick nach innen: die Introspektion.

In übergreifender, allgemeinster und methodisch ungemein skrupulöser Form versucht um die Jahrhundertwende der deutsche Philosoph E. Husserl mit seiner Phänomenologie die Erkenntnis neu zu begründen. Das Bewusstsein ist unmittelbar, nicht erst vermittelt durch Reflexionen wie bei Descartes oder Locke, bei «den Sachen selbst». Husserls Phänomenologie beinhaltet in ihrer deskriptiven Form selbst eine introspektive Psychologie, war aber ansonsten primär auf eine Neuorientierung des wissenschaftlichen Denkens überhaupt ausgerichtet.

Direkter auf die Geisteswissenschaften und die Psychologie bezogen war das im Wesentlichen zu Husserl kongeniale Werk von Wilhelm Dilthey. In der Tradition des deutschen Historismus und der Hermeneutik stehend, geht Dilthey von einem Wesensunterschied zwischen der Natur und der geistigen Welt aus: «Die Tatbestände der Gesellschaft sind uns von innen verständlich (…) Die Natur ist uns stumm (…) Die Natur ist uns fremd. Denn sie ist uns nur ein Außen, kein Inneres. Die Gesellschaft ist unsere Welt» (1883/1957, S. 36). Die Psychologie muss daher vom *Erleben* ausgehen, muss den Innenstandpunkt einnehmen. Naturwissenschaftlich, von außen, lassen sich immer nur Hypothesen aufstellen, wirkliche Gewissheit über Seelisches kann nur durch das Erleben selbst gewährleistet werden. «Die Natur erklären wir, das Seelenleben verstehen wir» (1894/1957, S. 144). Dilthey fordert also für die Psychologie – wie für die Geisteswissenschaften überhaupt – eine eigene Zugangsweise, eine aus der Natur des Seelischen begründete Methodik.

Auf dieser Basis stellt Dilthey 1894, direkt als Alternative zur naturwissenschaftlichen Psychologie, das Programm einer «beschreibenden und zergliedernden Psychologie» auf. Ihre Aufgabe ist es, den «inneren Strukturzusammenhang» des Erlebens zu beschreiben, die Regelmäßigkeiten psychischer Abläufe zu erkennen, das Typische herauszuheben usw. Das zentrale Problem der Psychologie ist nach Dilthey der «Kern des Selbst», das ist das Verhältnis zwischen Erkenntnis und den Motiven, die Frage also, von welchen Kräften das Leben getrieben wird.

Als weiterer, um die Jahrhundertwende beginnender, programmatischer psychologischer Ansatz ist die Psychoanalyse Freuds zu nennen. Gerade unter dem methodischen Aspekt (naturwissenschaftlich versus subjektorientiert) erscheint sie allerdings zwiespältig. Freud verstand sich zutiefst als Naturwissenschaftler, und seine Theorie des seelischen Apparats und der Entwicklungsverläufe operiert in der Tat mit quasiphysikalischen Kräften wie Triebenergie, Hemmung, Verdrängung usw., die in Kausalitätsbeziehungen aufeinander wirken. In mehrfacher Hinsicht entspricht Freuds Psychoanalyse aber dem subjektorientierten Denken. Zum einen geht Freud davon aus, dass der Mensch nicht das rationale Vernunftwesen der Aufklärung ist, sondern durch die eher dunkle Seite des Triebgeschehens bestimmt wird. Zum andern geht Freuds Theorie gerade von der *subjektiven Bedeutung* des Triebgeschehens aus; insbesondere ist die Freud'sche Psychoanalyse als Praxis, als Therapie, ein interpretierendes, hermeneutisches Verfahren. Sie wird – wie ich meine zu Recht – von den meisten Autoren (vgl. z. B. Habermas 1968) als subjektorientierte Theorie gesehen.

Ein erstes Resümee: Auf einer sehr abstrakten Ebene sind in der neuzeitlichen Geistesentwicklung zwei Haltungen oder Einstellungen zur Welt und zum Leben zu unterscheiden. Da ist zum einen die Grundhaltung der Aufklärung, die in der Vernunft den Angelpunkt und die Richtschnur der Erkenntnis und Lebensgestaltung sieht, und auf der anderen Seite die in Romantik und Lebensphilosophie zum Ausdruck kommende Betonung von Subjektivität, Sinnlichkeit und nicht auf Mechanik reduzierbaren Lebensprinzipien.

In den beiden Geisteshaltungen bildeten sich prinzipiell verschiedene Grundauffassungen von Psychologie heraus. Auf der einen Seite wird postuliert, dass die naturwissenschaftlich-rationale Erkenntnisweise und Methodik generell gelte und mithin auch auf den Gegenstand Individuum angewendet werden müsse. Die andere Seite geht von einer höheren oder andersartigen Qualität des Subjektiven aus, die eine spezifische, phänomenologische oder hermeneutisch-historische Zugangsweise erfordere. In beiden psychologischen Entwicklungen hatten sich Ende des 19. Jahrhunderts methodenreflektierte, explizite Forschungsprogramme und -praxen artikuliert. Als paradigmatisch kann man für den naturalistischen Strom das Programm von Wundt, für den subjektorientierten Strom das Programm von Dilthey ansehen.

3 Hauptlinien des naturalistischen Stroms

Fechners Botschaft: Das Psychische ist messbar! wird in einer durchgängigen Linie in die Tat umgesetzt. Wundt hatte der experimentellen und messenden Psychologie enge Grenzen gezogen. Den ersten bedeutenden Schritt, diese Grenzen zu überschreiten, tat 1885 Hermann Ebbinghaus mit seinen Untersuchungen zum Gedächtnis. Ebbinghaus lernte unter sorgfältigen methodischen Bedingungen standardisiertes verbales Material – die berühmten sinnlosen Silben – auswendig und prüfte anschließend den Umfang des Behaltens bzw. Vergessens mit Maßen, die aus dem Lernaufwand abgeleitet waren. Auf diese Weise kam er zu verschiedenen funktionalen Gesetzesaussagen wie die Abhängigkeit des Behaltens von der Zeit. Inhaltlich waren Ebbinghaus' Ergebnisse sicher nicht überraschend. Was die Zeitgenossen elektrisierte, war, dass Ebbinghaus das Tor zur totalen Ausweitung der Messbarkeit von psychischen Phänomenen aufgestoßen hatte: Er hatte zum einen gezeigt, dass man psychische Phänomene einer Messung zugänglich machen kann, ohne – wie es vordem primär der Fall war – auf physikalische Reize oder physiologische Variablen zu rekurrieren, zum anderen, dass psychologische Experimente rein auf Verhaltensdaten basieren konnten, wogegen die bisherigen Experimente – wenn auch nur geringfügig – verbale Äußerungen der Versuchspersonen über ihre Empfindungen einschlossen.

Dem Schritt von Ebbinghaus folgten bald weitere Eroberungen. Noch zu Wundts Zeiten entwickelte der Engländer Galton, ausgehend von Darwins Evolutionstheorie, Methoden zur Erfassung der Variation von Eigenschaften, was dann über J. M. Cattell und Binet zu den Intelligenztests führte. In diesem Strang wurden die Methoden der *Statistik* von der Psychologie übernommen und weiterentwickelt. Ende der 1920er Jahre ging L. Thurstone auf neue Weise an die Psychophysik heran, um das Prinzip des Messens psychischer Phänomene zu universalisieren und so die Psychologie umfassend als «quantitative Rational Science» zu etablieren. Neben der Verbesserung der klassischen Psychophysik durch mathematisch-statistische Methodik führte Thurstone vor allem ein neues Prinzip ein, um quantitative Daten zu erhalten: die direkte Schätzung, d. h., die Versuchspersonen werden gebeten, direkt quantitative Werte für Empfindungen, Wertungen, Haltungen oder was auch immer anzugeben. Heute ist es gang und gäbe, Urteile aller Art zum Beispiel auf einer Skala von 1 bis 7 einschätzen zu lassen und daraus Messwerte von Intervallskalen-Niveau zu extrahieren. Damit ist die Methodik des Quantifizierens von Erleben und Verhalten totalisiert.

Die paradigmatische Hauptachse der naturalistischen Psychologie im 20. Jahrhundert ist die Entwicklungslinie Behaviorismus – Kognitivismus. Zu ihrem Verständnis ist eine kurze Betrachtung der Entwicklung des Verhältnisses von Gesellschaft und Naturwissenschaft erforderlich. Die technoide Färbung des Behaviorismus ergab sich als historische Konsequenz der naturwissenschaftlichen Orientierung der Psychologie. Die neuzeitliche Naturwissenschaft war in der Intention ihrer Gründer von Anfang an auf die praktische Beherrschung der Natur ausgerichtet, aufgrund deren die Menschen glücklich sollten zusammenleben können. Anfangs trat die Naturwissenschaft den Menschen primär als theoretisches Mittel des Weltverständnisses ins Bewusstsein. Mit der industriellen Revolution wirkten sich zunehmend die Früchte des naturwissenschaftlichen Begreifens der Welt in Form von Produkten für den Alltag aus, etwa indem maschinell gefertigte Produkte wie Kleidung massenhaft verfügbar wurden, sowie durch die aufkommenden Fortbewegungsmittel. Seit dem Beginn des 20. Jahrhunderts dringt die Technik nicht nur in Form fertiger Konsumgüter, sondern auch als nützliche Apparate oder Maschinen ins Alltagsleben (vgl. Giedion 1948/1982) und damit tief in das Denken der Menschen ein. Es hat daher eine gewisse Konsequenz, wenn die von der Naturwissenschaft ausgehende Psychologie sich mehr und mehr an der Technik orientiert.

Der Behaviorismus erwuchs unmittelbar aus der Tierpsychologie und der Orientierung des «Funktionalismus» (Angell 1907) – beides Ausflüsse der Evolutionstheorie. Der Lerntheoretiker E. L. Thorndike hatte die Ansicht vertreten, man benötige zum Verständnis des tierischen Lernens keinerlei Annahmen über deren mentale Prozesse. Wenige Jahre später radikalisierte John B. Watson diesen Gedanken weiter zu der methodologischen Forderung, dass die Psychologie – auch die des Menschen – keine auf das Bewusstsein bezogenen Begriffe benutzen dürfe und somit rein auf beobachtbarem Verhalten aufgebaut werden müsse. Watson stellte modellhaft vor, wie aus den angeborenen Reflexen mittels Konditionierung – Watson verwendete das Modell des Pawlow'schen bedingten Reflexes – durch Substitution von Reizen oder von Reaktionen sich beliebig komplexes Verhalten, einschließlich der Sprache, erklären bzw. erzeugen lasse.

Offensichtlich bleibt der Behaviorismus der bisherigen Grundstruktur der naturalistischen Theorien, der Assoziation von Elementen, treu, nur dass die Elemente vorher in geistigen Gebilden («Ideen», Empfindungen, Vorstellungen usw.) bestanden und nun in Reiz und Reaktion.

Diese Wendung zum äußeren Verhalten ist nicht nur erkenntnistheoretisch motiviert, sondern führt auch die Intention der früheren englischen, im utilitaristischen gesellschaftlichen Rahmen eingebetteten Assoziationspsychologie fort: Analog zur Locke'schen Devise «no innate ideas» gehen auch die Behavioristen davon aus, dass im Prinzip jeder alles werden kann. Es kommt nur darauf an, dass im Leben – insbesondere in der Erziehung – die richtigen Reiz-Reaktionsverbindungen gestiftet und befestigt werden.

Mit ihrer Reiz-Reaktionsverkettung bei völliger Ausschaltung aller mentalen Begrifflichkeit heben die Behavioristen den mechanistischen Charakter hervor, der schon dem Grundmodell von Locke anhaftet, und geben dem Psychischen mehr als je zuvor einen apparativen Charakter und dem Psychologen die Rolle eines Ingenieurs. So zeigt Watson in einem populären Erziehungsbuch den Eltern, wie sie je einzelne Verhaltensweisen ihrer Kinder durch die Applikation geeigneter Konditionierungen hervorbringen oder auslöschen können. Am deutlichsten tritt der Bezug zu einer technisch durchrationalisierten Welt bei dem letzten der bedeutenden Behavioristen, B. F. Skinner, in seinem utopischen Gesellschaftsroman «Futurum II» hervor. Skinner skizziert hier eine Welt, in der die Menschen «rational», d. h. aufgrund der psychologischen Erkenntnisse der Konditionierungsvorgänge, ihr Verhalten regeln und zu einem befriedigenden Zusammenleben finden.

Psychologie wird im Behaviorismus letztlich zu einer Ingenieurswissenschaft; die umgangssprachliche Ironisierung des Psychologen als «Seelenklempner» hat von daher ihre Berechtigung. Trotz seines partiellen Ausgangs von der Darwin'schen Evolutionstheorie und der vornehmlichen Beschäftigung von und mit Tieren ist der Behaviorismus keine biologisch orientierte Theorie. Wer sich für Tiere interessiert, wird sie, wie die Ethologie, primär in ihrer Anpassung an ihre natürlichen Lebensbedingungen untersuchen; die Behavioristen haben dagegen das tierische Verhalten in experimentellen Anordnungen so zurechtgestutzt, wie es dem Aufbau einer strikt mechanistischen Verhaltenstheorie dienlich war.

Nach dem Zweiten Weltkrieg vollzieht sich ein paradigmatischer Wechsel im naturalistisch-technischen Hauptstrom, für den sich der Begriff «Kognitive Wende» eingebürgert hat. Vergleicht man die neue «Kognitive Psychologie» mit dem subjektorientierten Theorienstrom, so sieht man sofort, dass sie nichts mit dem Blick nach innen, mit Autonomie des Individuums oder dergleichen zu tun hat. Bezüge auf das subjektive Erleben oder die Introspektion werden nach wie vor als unwissenschaftlich abgelehnt. Die Wendung zur Kognition besagt vielmehr, dass man in der Theoriebildung mentale Vorgänge als Konstrukte zulässt und sich sogar vorwiegend auf solche (hypothetischen) kognitiven Prozesse bezieht. Woher diese Wendung rührt und was sie im Kern bedeutet, erschließt sich wieder aus einer genaueren historischen Betrachtung.

Den Anfang und Kerngedanken bildet die in den 1940er Jahren aufgekommene und namentlich von N. Wiener ausformulierte und so genannte *Kybernetik*, die Lehre von den Steuer- und Regelungsvorgängen (wie z. B. dem über Rückkopplung funktionierenden Regelkreis, den heute jeder kennt). Ihre weitreichende und geradezu elektrisierende Wirkung verdankt sie wohl weniger den in der Kybernetik dargelegten technischen Erkenntnissen als vielmehr der *Verbindung von Technik und Biologie* (den Menschen eingeschlossen), sodass technische Erkenntnisse auf Lebewesen anwendbar erschienen und umgekehrt biologische Vorgänge für technische Anwendungen fruchtbar gemacht werden konnten.

Die hier relevanten technischen Entwicklungen, die mit der Kybernetik einhergingen, waren zunächst die Nachrichtentechnik (Telekommunikation) und bald darauf der Computer. Die technische Vollendung der kybernetischen Prinzipien ist der *Computer* als eine Maschine, die – im Unterschied zu allen anderen Maschinen – keine materiellen Dinge umformt, sondern eben Information. Denken, Rechnen, Steuern, Verändern – alles beinhaltet letztlich eine Veränderung von Information. Insbesondere der Computer und der Mensch – wie überhaupt der Organismus – werden zu «informationsverarbeitenden Systemen». Psychologie wird wesentlich zur Wissenschaft des «information processing». Damit schien nun das Mittel vorhanden zu sein, um jegliches psychische Geschehen als «Programm», also als Ergebnis von Berechnung (im weiten Sinn als Veränderung von Symbolen) aufzufassen (vgl. Miller, Galanter & Pribram 1960).

Von hier aus wird klar, warum der Zweite Weltkrieg einen paradigmatischen Einschnitt in der Psychologie bewirkte: weil er in einem gewaltigen technologischen Schub u. a. Nachrichtentechnik und elektronische Datenverarbeitung voranbrachte. In der Tat erfolgte die Weiterentwicklung der neuen Psychologie in engem Zusammenhang mit der Technik der «Künstlichen Intelligenz». Die Bezeichnung des neuen Paradigmas als «Kognitive Psychologie» verdeckt die technische Komponente; eine Bezeichnung wie «Computistische Psychologie» wäre treffender – wenigstens sollte man das Neue dieser Psychologie durch die Kennzeichnung «Kognitiv*ismus*» hervorheben.

Nach dem Gesagten lässt sich auch der Unterschied des Kognitivismus vom vorhergehenden Behaviorismus herausheben. Das technische Pendant des Reiz-Reaktionsmechanismus ist der schlichte elektrische Schalter. Die simple Schaltmechanik wird im Kognitivismus ersetzt durch das ungleich mächtigere Konzept des *Programms*, d. h. des Begriffs des *Algorithmus.* Das Grundmodell des Behaviorismus

REIZ	black box (hypothet. Variable)	REAKTION

wird ersetzt durch das allgemeinere und effektivere Modell

INPUT	Programm	OUTPUT

Der Sprung vom Behaviorismus zum Kognitivismus ist also korrelativ zum Übergang von einer vergleichsweise simplen Technik (elektrische Schaltung) zur hochkomplexen und prinzipiell unbegrenzt erweiterbaren elektronischen Technologie.

In diesem durch das kybernetische Prinzip einer Verbindung von biologischen und technischen Vorgängen gegebenen Rahmen entwickelte sich die kognitivistische Psychologie seit den 1950er Jahren in zwei Bahnen, die sich mehr aufs Biologische oder mehr aufs Technische beziehen. Die eine orientiert sich an der Arbeitsweise des Gehirns (parallele Informationsverarbeitung, neuronale Modelle, Konnektionismus), die andere am logischen Aufbau des (traditionellen) Computers (sequenziell-hierarchische Symbolverarbeitung). Im Verlauf der Entwicklung des Kognitivismus haben beide Formen abwechselnd die Führung übernommen – gegenwärtig (seit Mitte der 1980er Jahre) scheint das Interesse mehr bei der konnektionistischen Linie zu liegen.

Mit dem Behaviorismus war die Führung im naturalistischen Theorienstrom von Europa auf Amerika übergegangen. In Europa entwickelte sich eine erste Blüte des *strukturalistischen* Denkens. Allgemein postuliert die strukturalistische Auffassung eines Gegenstandsbereichs, dass dieser vom jeweiligen *Ganzen* her begriffen werden muss, wobei nicht die Teile selbst, sondern ihr *Verhältnis* zueinander die Eigenschaften oder Verhaltensweisen des Gegenstands ausmachen. Die ersten systematisch entwickelten strukturalistischen Theorien sind die Sprachtheorie von F. de Saussure (ab dem ersten 1900er Jahrzehnt) und die Gestaltpsychologie.

Der Grundgedanke der «Gestalt» als der gedanklichen Basis des Wissens wurde (im Zusammenhang mit Kunst und Ästhetik) von dem österreichischen Philosophen Chr. v. Ehrenfels (1890; vgl. Fitzeck & Salber 1996) vorgeschlagen, wonach die *Gestalt* die Kriterien der Übersummativität (das

Ganze ist mehr als die Summe seiner Teile) und der Transponierbarkeit (wie etwa bei einer Melodie) erfüllt – wobei die Ehrenfels-Kriterien im Grunde nichts anderes als eine bestimmte Fassung des strukturalistischen Prinzips sind.

Etwa zeitgleich mit Saussure, jedoch ohne Bezug auf Sprache, entwickelt M. Wertheimer an Phänomenen der Wahrnehmung und des Denkens eine experimentell fundierte Gestaltpsychologie, die (als «Berliner Schule») zur einflussreichsten strukturalistischen Psychologie wurde. In ihrer Opposition zum Elementarismus der assoziationistischen Theorien und in ihrer Akzeptierung der Phänomenalität (der Einfluss Husserls ist offenkundig) nimmt die Gestaltpsychologie Momente des Subjektiven mit auf. Die Berliner Schule der Gestaltpsychologie ordnete sich insgesamt aber, namentlich durch ihren weiteren Hauptvertreter Wolfgang Köhler, klar dem naturwissenschaftlichen, genauer: physikalisch orientierten Modell zu. Köhler (1920) vertrat die These, dass das Gestaltprinzip eine Erscheinung der Materie sei und sich über das Gehirn auf das Bewusstsein übertrage (Isomorphie von Hirnstrukturen und den Phänomenen). Im Unterschied zu den assoziationistischen Theorien orientiert sich die Gestaltpsychologie nicht mehr an der klassischen Physik, sondern an der neuen, revolutionierten Physik der Thermodynamik, was sich bereits an der Sprache der Gestaltpsychologie zeigt, die von der Ganzheit des «Feldes», dem Prozess der «Dynamik», vom Streben nach «Gleichgewicht», der Lösung von «Spannungen» usw. handelt.

Zeitlich später als die Gestaltpsychologie und im französischen Sprachraum entstand die «genetische Epistemologie» von Jean Piaget. Piaget geht es um die Strukturen der Erkenntnis, wie sie im Prinzip von Kant als kategoriale Bedingungen aller rationalen Erkenntnis formuliert wurden. Während Kant Kategorien wie Substanz oder Kausalität als gegeben hinnahm (a priori), versucht Piaget zu zeigen, dass die Erkenntnisbedingungen in der ontogenetischen (und historischen) Entwicklung *entstehen*. Nach Piaget bildet sich die Erkenntnisfähigkeit sozusagen vom biologischen Nullpunkt (Säugling) in vier Stufen von der sensomotorischen Aktivität bis zu den höchsten Formen des formalen Denkens. Der Entwicklungsprozess ist Anpassung an die Umwelt auf der Basis der Handlungen, wobei sich der Organismus auf den jeweiligen Stufen auf ein Gleichgewicht – ein Gleichgewicht primär der Handlungen (Operationen) und erst sekundär ein Gleichgewicht in den Objekten der Erkenntnis – hinbewegt.

Piaget untersucht den Menschen auf *organismischem* Niveau. Anders als Assoziationstheorie und Gestaltpsychologie orientiert sich seine Theorie nicht mehr an der Physik, sondern an der Biologie und entspricht dem

Geist der Kybernetik, die er inhaltlich vorwegnimmt. Piagets Theorie ist ausdrücklich naturwissenschaftlich orientiert. Gleichwohl ist sie von großer Relevanz für die Auffassung des Menschen als Subjekt, da sie fundamental eine Entwicklungstheorie darstellt, die im Prinzip auch auf die historische Entwicklung ausgreift.

4 Hauptlinien des subjektorientierten Stroms

Wenden wir uns nun dem Verlauf des subjektorientierten Theorienstroms zu, wobei die Weiterentwicklung der Psychoanalyse der Kürze halber ausgespart wird. Zunächst die Entwicklung zwischen den beiden Weltkriegen. Im näheren Horizont des Dilthey'schen Programms entwickelten sich mehrere Ansätze, wobei man auch von «geisteswissenschaftlicher» (Spranger) oder «verstehender» (Jaspers) Psychologie sprach. Im Zentrum dieser Psychologien steht die Persönlichkeit. Von besonderer Prägung und weitreichendem Einfluss, insbesondere auf die Jugendbewegung nach dem Ersten Weltkrieg, war die Lehre von Ludwig Klages. Er verstand sich als Anwalt der Psychologie Friedrich Nietzsches und brachte die Gebiete einer «Charakterkunde» und «Ausdruckspsychologie» zum Blühen. Klages' Leitbegriff ist die «Lebensfülle», die sich beispielsweise in der Handschrift und anderen Ausdrucksformen als «Formniveau» darstellt.

Die wichtigste Weiterentwicklung der Husserl'schen Phänomenologie bestand in einer Überwindung ihrer Fixierung auf das individuelle Bewusstsein. In Bezug auf das allgemeine philosophische Denken geschah dies am wirkungsvollsten durch M. Heidegger, in Bezug auf die Sozialwissenschaft durch M. Weber und vor allem A. Schütz. Heidegger (Sein und Zeit, 1927) charakterisiert die Existenzweise des Menschen (Dasein) ontologisch als In-der-Welt-Sein, im Gegensatz zum bloßen «Vorhandensein» der Objekte. Subjektivität ist wesentlich ein Sich-Verhalten-Zu. Die konsequenteste Umsetzung von Heideggers Gedanken in Psychologie hat wohl L. Binswanger (Hauptwerk «Grundformen und Erkenntnis menschlichen Daseins» 1942) versucht. Die Geschehnisse des menschlichen Lebens sind als bestimmte Daseinsweisen oder Vollzug des Daseins zu sehen; betrachtet man sie naturhaft-objektiv, so hat man die Seele schon aus dem Blick verloren. So sieht Binswanger – um hier ein anschauliches Beispiel zu wählen – die Geisteskrankheit als «Unordnung in der Seinsverfassung des Daseins» (1957, S. 12). Schizophrenie etwa ist das Auseinanderbrechen oder die Inkonsequenz der natürlichen Erfahrung.

Charakteristischerweise kritisieren Theoretiker der zuletzt genannten

Richtungen die Freud'sche Psychoanalyse, insbesondere deren naturalistische Sicht auf den Menschen, die sich u. a. in einem verdinglichten Begriff des Unbewussten äußere. Binswanger etwa moniert an Freud, dass er den Menschen auf ein Triebwesen und auf die Daseinsform des Seinmüssens (Heideggers «Geworfenheit») reduziere (ebd., S. 137 f.).

Ebenfalls in der Linie Husserl – Heidegger wurde eine weitere «Leerstelle» der phänomenologischen Psychologie angegangen: die Naturseite des Menschen, seine Körperlichkeit. Oberflächlich betrachtet scheint die Thematik des Leib-Seele-Verhältnisses in die Zuständigkeit der naturalistischen Psychologie zu fallen. Erst M. Merleau-Ponty hat (seit den 1940er Jahren) des Näheren aufgewiesen, was die Heidegger'sche Position, wonach das Dasein kein im Sinne eines Objekts *Vorhandenes*, sondern ein Bezogensein auf die Welt ist, für das Verhältnis des Menschen zur Körperlichkeit bedeutet. Die naturalistische Psychologie kann zwar den Körper als objektive Voraussetzung unseres materiellen Daseins untersuchen, sie sieht aber gerade nicht, was der Körper (der darum unterscheidungshalber als *Leib* bezeichnet wird) *für uns*, d. h. als erlebte und unser Bewusstsein konstituierende Wirklichkeit ist. Während ich mich z. B. von allen anderen Objekten trennen und sie aus unterschiedlichen Perspektiven betrachten kann, gilt dies nicht von meinem eigenen Körper: Ich *bin* dieser Leib selbst.

Ausgehend von Bergson, Husserl und Weber entwickelte Alfred Schütz seit den 1930er Jahren eine phänomenologische Grundlegung der Sozialwissenschaft. Schütz versucht die Konstitution des Bewusstseins in dem Punkt zu ergänzen, den Husserl offen gelassen hatte: die Erfahrung des anderen Menschen (s. Schütz 1932/1974). Er fragt zuerst nach der Konstitution von Sinn überhaupt im zeitlichen Bewusstsein, um dann zum Fremdverstehen überzugehen. Jeder Begriff von «Welt» beinhaltet einen Sinn von «Jedermann» oder dem «Anderen». Den Weisen nachgehend, wie wir Alter Ego erleben (z. B. nach Intimität, Intensität oder Erlebnisnähe), entwirft Schütz grundlegende Strukturen der (erlebten) Sozialwelt: soziale Umwelt (die Begegnungen hier und jetzt), Mitwelt (soziale Beziehungen über die Präsenz des Anderen hinaus) und Vorwelt (das Soziale in der Vergangenheit, Geschichte) und schließlich das übergreifende Konzept der Lebenswelt (vgl. Schütz & Luckmann 1975).

Die Sozialphänomenologie von Schütz ist ein eklatantes Beispiel der Disziplinen-Problematik, die anfangs angesprochen worden ist. Schützens zentrale Frage ist zweifellos die nach dem Erleben des Individuums, mithin genuin psychologisch oder, wenn man so will: sozialpsychologisch. Dass Schütz, der sich selbst – aus welchen Gründen auch immer – der Soziologie zuordnete, in der Psychologie die längste Zeit ignoriert wurde, hat seinen Grund nicht darin, dass er keine Psychologie betrieben hätte, sondern dass die akademische Psychologie den Verstehensansatz als unwissenschaftlich diskreditierte.

Von einer anderen Grundlage, vor allem dem amerikanischen Pragmatismus (W. James, J. Dewey), aus bestimmte eine Generation früher G. H. Mead das Bewusstsein als sozial konstituiert. Für Mead entstehen Geist, Identität, Bewusstsein usw. überhaupt erst in der durch Sprache (im weitesten Sinn, beginnend bei der Geste) vermittelten Kommunikation und Interaktion der Menschen. Eine sprachliche Äußerung oder eine signifikante Geste verstehen impliziert, die Haltung des Anderen mir selbst gegenüber einzunehmen. Denken etwa ist ein nach innen verlegtes Gespräch. Bewusstsein ist für Mead sozusagen nicht im Kopf des Einzelnen allein, sondern stets bei der Gesellschaft.

Es kann irritieren, dass Mead seine ohne Zweifel subjektorientierte Lehre als «behavioristisch» tituliert; heute wäre es adäquater, stattdessen «pragmatistisch» zu sagen. Tatsächlich will Mead – im Gegensatz zu William James – Subjektivität unter Vermeidung der Introspektion charakterisieren, kritisiert anderseits den Behaviorismus von Watson, gerade weil dieser das Bewusstsein ignoriert. Meads Ansatz ist so gesehen zwiespältig. Dennoch gehört der auf Mead aufbauende «symbolische Interaktionismus» zu den heute aktuellen subjektorientierten Theorien.

Kommen wir nun zu den Entwicklungen im subjektbezogenen Theorienstrom nach dem Zweiten Weltkrieg. Zuerst die Weiterführungen der traditionellen phänomenologischen und hermeneutischen Ansätze unter dem Stichwort «Qualitative Methoden» (vgl. Flick et al. 2000). Es geht hier um die konkrete methodische Umsetzung der Prinzipien subjektorientierter Ansätze, beispielsweise Methoden des Interviews, der teilnehmenden Beobachtung, der Interpretation von Gesprächen, Diskursanalyse usw. Das Etikett «Qualitative Methoden» oder «Qualitative Forschung» erscheint merkwürdig und ist irreführend. Weder ist Naturwissenschaft rein quantitativ, noch muss eine Subjektwissenschaft auf quantitative Daten verzichten, wie schon Dilthey angemerkt hatte. Irreführend ist die nichts sagende Etikettierung hermeneutischer, historischer oder phänomenologischer Ansätze als «Qualitative Methodik», weil es gerade ein Spezifikum der naturwissenschaftlichen Psychologie ist, eine allgemeine Methodik dem Inhalt vorzuordnen, wogegen subjektorientierte Ansätze ihre Methodik vom spezifischen Inhalt, ebenden Wesenseigenschaften des Menschen, ableiten.

Was nun die inhaltlichen Neuentwicklungen angeht, so sind die allgemeinsten Einflussgrößen einerseits die oppositionellen politischen Bewegungen der 1960er und 1970er Jahre (Vietnamkrieg-Protest, Arbeiter- und Studentenbewegung, Feminismus, Reformbewegung in der Psychiatrie), andererseits der zunehmende Einfluss poststrukturalistischen Denkens, das in die so genannten postmodernen Strömungen mündet. Während die frühere Psychologie gesellschaftliche Verhältnisse wie Klassenzugehörigkeit und Geschlecht wenn überhaupt, dann nur als periphere Faktoren einbezog, so wurde von den kritischen Kräften erstmals postuliert, dass die gesellschaftlichen und Machtverhältnisse als umfassende Determinanten der Lebensentwicklung aufzufassen und an den Anfang psychologischer Theoriebildung zu stellen seien. Den hieraus erwachsenen Ansätzen ist die Zielrichtung einer Emanzipation des Einzelnen durch Veränderung der gesellschaftlichen Verhältnisse gemeinsam: Machtergreifung der Arbeiterklasse, Gleichstellung der Frau, Befreiung der Geisteskranken.

Im Großen und Ganzen sind diese emanzipatorischen Ansätze, was die psychologische Theorie im engeren Sinn betrifft, durch die globalen Ausgangspunkte Psychoanalyse und Marxismus bestimmt. Die von der Psychoanalyse ausgehenden Bestrebungen konnten sich auf frühere Ansätze einer Verbindung von Psychoanalyse und Marxismus (sowohl aus dem nachrevolutionären Russland wie der deutschen Arbeiterbewegung) beziehen und verfolgten die Absicht, die bestehende psychoanalytische Lehre zu modifizieren, um sie zum Wohle der Unterdrückten einzusetzen (zum Beispiel «Kritische Theorie des Subjekts», etwa Lorenzer 1972).

Die vom Marxismus ausgehenden Bestrebungen sahen sich dagegen vor der Aufgabe, die Psychologie auf gänzlich neuem Fundament aufzubauen. Die einflussreichste und am systematischsten vorangetriebene Theorie war wohl die am Berliner Psychologischen Institut unter Klaus Holzkamp entwickelte «Kritische Psychologie». Dieser Ansatz griff insbesondere auf die «Kulturhistorische Schule» zurück (A. Lurija, L. Wygotski und A. Leontjew), die in den späten 1920er Jahren in der Sowjetunion entstanden war und u. a. die Entwicklung des Individuums als *Aneignung* der gesellschaftlich-historisch geschaffenen Kultur ansieht. Holzkamp geht von der anthropologischen These aus, dass die Spezifik des Menschen gegenüber der übrigen Natur darin besteht, dass der Mensch (als Gattung) seine Lebensverhältnisse selbst produziert und im historischen Prozess weiterentwickelt. Dass die gesellschaftlich erzeugten Produkte privat angeeignet werden – der Grundwiderspruch des Kapitalismus nach Marx –, schlägt sich auf der individuellen Ebene in der zentralen Kategorie der «Handlungsfähigkeit» nieder, die sich als «restriktive» (Hinnehmen der gegebenen Verhältnisse) oder als verallgemeinerte Ausrichtung des Handelns (tendenzielle Überwindung der entwicklungsbehindernden gesellschaftlichen Bedingungen) ausbildet. Nach dem Zusammenbruch des real existierenden Sozialismus steht die Kritische Psychologie vor der Aufgabe, ihre Gesellschaftsutopie und ihre Position innerhalb der anderen Ansätze des subjektwissenschaftlichen Stroms neu zu bestimmen.

Gegenüber den genannten Tendenzen der 1960er und 1970er Jahre nimmt sich die ebenfalls in dieser Zeit in Amerika entstandene «Humanistische Psychologie» (vgl. Bühler & Allen 1972) durchaus affirmativ zu den bestehenden gesellschaftlichen Verhältnissen aus. Sie versteht sich als «dritte Kraft» zwischen Psychoanalyse und Behaviorismus, deren Fehler oder Einseitigkeiten (besser gesagt: deren unbequeme Implikationen) sie überwinden will. Grundsätzlich versteht die Humanistische Psychologie Subjektivität als einen Individualismus der «Selbstverwirklichung». Die Theoriearbeit der Humanistischen Psychologie reduziert sich, soweit ich sehe, auf eine eklektizistische Assimilation geeignet erscheinender (und leicht verdaulicher) Gedanken verschiedener Provenienz. Es erscheint daher auch nicht verwunderlich, wenn ihre Vertreter gelegentlich in einen platten Positivismus zurückfallen, etwa wenn die Schule der «klient-zentrierten Gesprächspsychotherapie» von C. Rogers Eigenschaften wie Echtheit (Authentizität) oder emotionale Wärme des Therapeuten durch Übereinstimmung der Ratings einiger Beobachter der Therapiesitzungen definiert und als Kausalfaktoren des Therapieerfolgs auszuweisen versucht.

Die Einflüsse des postmodernen Denkens auf die Wissenschaft vom Individuum (für eine erste Übersicht vgl. Harré & Stearns 1995) sind im doppelten Sinn unübersehbar, wie es bereits für eine ihrer entscheidenden Wurzeln, das Denken Friedrich Nietzsches, gilt. Man kann fragen, ob es angesichts der Radikalität, mit der die Postmoderne die allerersten Fundamente der neuzeitlichen Weltsicht angreift, sinnvoll ist, sie einem «subjektorientierten» Strom oder überhaupt irgendeinem Strom zuzuordnen, da sie doch gerade das Verschwinden oder den Zerfall des Subjekts diagnostiziert und so etwas wie geschichtliche Kontinuität als Fiktion darstellt. Mit den subjektorientierten Ansätzen, von denen bisher die Rede war, stimmen die Postmodernen aber mindestens in der Ablehnung eines allgemeinen wissenschaftstheoretischen und methodologischen Kanons überein, wie er in der naturwissenschaftlichen Psychologie herrscht. In diesem Sinn hat die von P. Feyerabend in seinem Buch «Against method» (1975) propagierte Devise «anything goes!» offensichtlich gerade in den Sozialwissenschaften Resonanz gefunden.

Die postmodernen Tendenzen gehen auch mit einer gewissen Befreiung vom Disziplinenzwang einher, die für eine vollständige Rezeption der psychologischen Theorien wichtig ist. Der Preis der Freiheit von Methoden- und Disziplinendiktaten ist eine – sicher auch produktive – Unübersichtlichkeit, die dadurch erhöht wird, dass die akademische Psychologie sich weiterhin schwer tut, ihre Ohren für die neuen Stimmen zu öffnen.

Eine Folge der genannten methodischen und disziplinären Liberalität ist die generell kritische oder oppositionelle Attitüde der neuen Ansätze zum naturalistischen Mainstream. So wird in den letzten zehn Jahren verschiedentlich zu einer «critical psychology» angesetzt (so gibt es z. B. ein «Center for Critical Psychology» an der University of Western Sydney).

In der eben angedeuteten Situation einer allgemeinen Unübersichtlichkeit sind verschiedentlich neue Etappen im sozialwissenschaftlichen Denken ausgerufen worden, man spricht von der «narrativen Wende», vom Übergang zur Diskursivität oder vom «cultural turn». J. Bruner (u. a. 1990), ehemals Mitbegründer des Kognitivismus, hat gar die «zweite Revolution» der Psychologie ausgerufen. So anregend die Schwungkraft der Neuerer ist, die Tragweite der diversen Ansätze wird man erst in größerer zeitlicher Distanz beurteilen können.

Von den neuen Tendenzen, sofern sie allgemeine methodische Fragen betreffen, scheint mir besonders die Richtung des *Sozialen Konstruktionismus* (vgl. Gergen 1985) relativ greifbare Gestalt angenommen zu haben. Der soziale Konstruktivismus greift unter anderem auf die Sozialphänomenologie (s. o.) und die empirische sozialpsychologische Forschung zurück. Der Ansatz besagt nicht einfach, dass kulturelle, politische und andere gesellschaftliche Determinanten psychischer Strukturen und Phänomene eingehender betrachtet werden, sondern schärfer: dass die Phänomene oder Verhaltensweisen der Individuen gesellschaftliche Konstruktionen sind. Das heißt z. B.: Die Bedeutung eines Begriffs liegt nicht fix und fertig in einem mentalen Lexikon bereit, um im Gespräch einfach hervorgeholt zu werden, sondern stellt sich im Diskurs überhaupt erst her, sie wird von Fall zu Fall «ausgehandelt». Die methodische und inhaltliche Kernfrage des Sozialkonstruktionismus lautet meines Erachtens, inwieweit der Prozess der sozialen Konstruktion doch subjektiver Bedingungen und Strukturen bedarf, die die Individuen mitbringen müssen, damit das soziale Geschehen überhaupt stattfinden kann (vgl. Seiler 1994).

5 Auf ewig getrennt?

Es wurde deutlich, dass die Wissenschaft vom einzelnen Menschen zwei grundlegend unterschiedlichen methodischen Ausgangspunkten entsprang und sich in zwei große Ströme erweitert hat, in denen sie bis heute fließt. Die eine Quelle geht von der Einsicht aus, dass der Mensch ein Stück Natur ist, die andere ist von dem Bewusstsein getragen, dass dem Menschen Reflexivität, Sinnbezogenheit, Sprache und andere Eigenschaften eigen sind, die über das Natur-Sein hinausgehen. Dieses Schisma ist unbefriedigend, und es hat bis heute eine ganze Reihe von Versuchen gegeben, es zu überwinden.

Eine durchaus berechtigte Reaktion ist die Frage: Warum nicht beides? Warum nicht *eine* Psychologie mit zwei Abteilungen: eine naturwissenschaftliche, die experimentell arbeitet, und eine kulturwissenschaftliche Abteilung, die historisch-hermeneutisch vorgeht oder dergleichen? Auch diese Lösungsidee ist geäußert worden (z. B. in dem Versuch, Psychoanalyse und Behaviorismus zu verbinden). Jedoch: Die bloße Und-Verbindung kann nicht darüber hinwegtäuschen, dass die beiden Ansätze sich mehr oder minder *widersprechen*.

Freilich kann man das Problem nach der Devise «anything goes» abschieben und sich an einer wachsenden Zahl Abertausender Blumen erfreuen. Doch jeder, der ernsthaft nach der Selbsterkenntnis des Menschen strebt, wird dies für unbefriedigend halten.

Von den zahlreichen Versuchen zu einer einheitlichen Psychologie zu gelangen, sei nur die bekannte Krisen-Schrift von K. Bühler (1927) erwähnt. Bühler, der Behaviorismus, geisteswissenschaftliche Psychologie und Gestaltpsychologie in einem vermittelnden Ansatz miteinander verbinden will, hat insofern den meines Erachtens einzig möglichen Weg beschritten, als er die verschiedenen Theorien seiner Zeit *in einem eigenständigen Rahmenansatz* zu integrieren versucht (anstatt nur je einzelne Verbindungslinien zu suchen). Dieser Ansatz ist seine Sprachtheorie, deren Eckpfeiler ein oft zitiertes Dreieck von Erleben, Verhalten und Gebilden (Objektivationen) ist.

Bühlers Idee greift jedoch zu kurz, da er die fundamentale Bedeutung der Entwicklung nicht erkennt. Das Problem aller statisch-zuständlichen Analysen – das gilt auch für die verschiedenen Schichtungsmodelle – ist es, das Zueinander der Schichten zu bestimmen. Man nehme etwa die Physiologie des Hörens als unterste Ebene oder Schicht und dann die orientierende auditive Wahrnehmung als die nächste und schließlich das Erleben von Musik als oberste Schicht. Dann lässt sich nur durch *Entwick-*

*lungs*analyse wirklich klären, was die jeweils höhere Schicht zur vorangegangenen hinzubringt – eine statisch-analytische «Differenz»bildung ist dagegen nicht möglich, weil man dazu eine vollständige Kenntnis aller relevanten Funktionen der Schichten benötigte.

Allgemein kann alles Gewordene nur durch Rekonstruktion seiner Entwicklung voll begriffen werden. Der einzelne Mensch ist durch drei Entwicklungen eigener Art geworden: Zum einen ist er als Gattung in der Evolution aus der Natur (dem Tierreich) entstanden. Zweitens hat er seine Lebenswelt, ebenfalls auf Gattungsebene, in einem historischen Prozess entwickelt, und schließlich muss jedes Individuum sich in die historisch vorfindlichen Gegebenheiten, die Kultur, hineinentwickeln (Ontogenese). Das Verhältnis der biologischen Naturgrundlage zum Denken und Erleben der geistigen und kulturellen Gehalte muss über Evolutionstheorie, Geschichte und Ontogenese bestimmt werden – und in diesem umfassenden Rahmenprogramm würde sich zugleich das Verhältnis der Theorien der beiden Ströme klären.

Glücklicherweise gibt es in der neueren Psychologie in allen drei Bereichen substanzielle Ansätze. Für die Evolutionspsychologie sei exemplarisch der Ansatz von M. Donald (1991) genannt, der die Herausbildung der geistigen Konstitution und Kultur als Übergang von einer «episodischen» zu einer «mimetischen», dann zu einer (bereits sprachlichen) «mythischen» und schließlich zur «theoretischen» (repräsentationalen) Kultur des rezenten Menschen beschreibt.

Die Idee einer Geschichte der Verfasstheit des einzelnen Menschen, mithin einer historischen Psychologie, wurde u. a. von der erwähnten Kulturhistorischen Schule ins Auge gefasst, aber erst seit den 1980er Jahren stärker und interdisziplinär aufgegriffen und konkret bearbeitet (vgl. Jüttemann 1995).

Die ontogenetische Entwicklung dürfte das am weitesten gediehene Gebiet sein. Das Verhältnis der Ontogenese zur Phylogenese und zur Geschichte ist jedoch fast eine Leerstelle.

Literatur

Angell, J. R. (1907). The Province of Functional Psychology. Psychological Review 14, S. 61–91.

Bergson, H. (1889/1994). Zeit und Freiheit. Hamburg.

Binswanger, L. (1957). Schizophrenie. Pfullingen.

Bruner, J. (1990). Acts of Meaning. Cambridge, Mass.

Bühler, C. & Allen, M. (1972/1974). Einführung in die humanistische Psychologie. Stuttgart.
Bühler, K. (1927/1978). Die Krise der Psychologie. Stuttgart.
Dilthey, W. (1883/1957). Einleitung in die Geisteswissenschaften. Gesammelte Schriften. Stuttgart.
Dilthey, W. (1894/1957). Ideen über eine beschreibende und zergliedernde Psychologie. Gesammelte Schriften, Bd. V, S. 139–240. Stuttgart.
Donald, M. (1991). Origins of the Modern Mind. Cambridge, Mass.
Dux, G. (2000). Historisch-genetische Theorie der Kultur. Weilerswist.
Feyerabend, P. (1975). Wider den Methodenzwang. Frankfurt/M.
Fitzeck, H. & Salber, W. (1996). Gestaltpsychologie. Darmstadt.
Flick, U., v. Kardorff, E. & Steinke, I. (Hg.) (2000). Qualitative Forschung. Reinbek.
Gergen, K. (1985). The Social Constructionist Movement in Modern Psychology. American Psychologist 40, S. 266–275.
Giedion, S. (1948/1982). Die Herrschaft der Mechanisierung. Frankfurt/M.
Habermas, J. (1968). Erkenntnis und Interesse. Frankfurt/M.
Harré, R. & Stearns, P. (1995). Discursive Psychology in Practice. London.
Jüttemann, G. (Hg.) (1995). Wegbereiter der Psychologie. Weinheim.
Köhler, W. (1920). Die physischen Gestalten in Ruhe und im stationären Zustand. Braunschweig.
Lorenzer, A. (1972). Zur Begründung einer materialistischen Sozialisationstheorie. Frankfurt/M.
Miller, G. A., Galanter, E. & Pribram, K. (1960/1973). Strategien des Handelns. Stuttgart.
Schorr, A. (Hg.) (1994). Die Psychologie und die Methodenfrage. Göttingen.
Schütz, A. (1932/1974). Der sinnhafte Aufbau der sozialen Welt. Frankfurt/M.
Schütz, A. & Luckmann, T. (1975). Strukturen der Lebenswelt. Neuwied.
Seiler, T. B. (1994). Sind Begriffe nur zum Reden da? In: R. Wille & M. Zickwolff, Begriffliche Wissensverarbeitung (S. 89–115). Mannheim.
Taylor, C. (1989/1996). Quellen des Selbst. Frankfurt am Main.

2 Theoretische Grundlagen der Psychologie

Klaus Weber

2.1 Klinische Psychologie

1 Definition und Geschichte
2 Klinische Psychologie als Ordnungsstifterin
3 Kulturelle Vorurteile klinischer Diagnostik: das Beispiel Bulimie
4 Alternative Konzepte Klinischer Psychologie – Selbstbestimmung und Empowerment in der klinisch-psychologischen Arbeit an einem Fallbeispiel
5 Selbstsorge und Lebenskunst
6 Ausblick: Allgemeine Psychotherapie für einen neuen Menschentyp?

1 Definition und Geschichte

In den gängigen Lehrbüchern Klinischer Psychologie sollten sich sowohl Erklärungen für die Entstehung dieser psychologischen Teildisziplin als auch Definitionen ihres Gegenstands finden lassen. So ist bei Reinecker (1998), dem wichtigsten Werk der deutschsprachigen akademischen Klinischen Psychologie, dann auch die Rede davon, dass «im Mittelpunkt des Lehrbuchs … einzelne Patienten mit ihren unterschiedlichen Problemen» (S. VI) stehen würden; auf die Frage nach der Entwicklung der Disziplin und damit zusammenhängend auch nach der Entstehung ihrer Inhalte und ihrer Abgrenzung zur Allgemeinen Psychologie bzw. zur Psychiatrie ist im gesamten Buch keine Antwort zu finden. Dagegen bieten die aus dem Amerikanischen übersetzten Standardwerke von Comer (1995) und Davison und Neale (1998) sowohl Definitionen von Klinischer Psychologie als auch historische Einleitungen zum Entstehen dieses Spezialgebiets an. Womit sich Klinische Psychologie nach Meinung der amerikanischen Psychologen beschäftigen soll, drückt sich bereits in den jeweiligen Buchtiteln aus: Beide heißen im amerikanischen Original «Abnormal Psychology» und beschäftigen sich mit abweichendem, «befremdlichem Verhalten» (ebd., S. 5) bzw. mit «gestörtem Verhalten» (Comer 1995, S. 1). Da es aber nach übereinstimmender Meinung aller Autoren historisch unterschiedliche Abweichungsformen und Normalitätsstandards gegeben hat und gibt, orientiert man sich am besten danach, «was hier und heute als normal gilt» (ebd., S. 3), «was die Vorstellungen einer Gesellschaft über das, was angemessen und üblich ist, verletzt» (ebd., S. 4), was vom statistischen Mittelwert abweicht (Davison & Neale 1998, S. 7), was Normen verletzt oder anderen als «unerwartetes Verhalten» (ebd., S. 9) erscheint.

Im Mittelpunkt der Suche Klinischer Psychologie nach ihrem wissenschaftlichen Gegenstand steht also das «abweichende» Verhalten von Menschen. Die Gründe und Motive dieser Menschen, sich so zu verhalten, wie sie es tun, werden dagegen als «subjektiver Faktor» (ebd., S. 24) aus der Erforschung der Verhaltensursachen ausgeschlossen, weil die Subjektivität eines Menschen als unwissenschaftlich gilt. Wie es dazu kam, dass eine Wissenschaft, die vorgibt, sich mit den Besonderheiten von Subjekten zu beschäftigen, genau diese Besonderheiten aus ihrem Methoden- und Forschungskanon ausgrenzt, kann nur durch das Studium der Geschichte Klinischer Psychologie erklärt werden. Während die deutschen Autoren darüber keine Auskunft geben, ist in den amerikanischen Lehrbüchern als Einleitung jeweils ein geschichtlicher Abriss zu finden, der sich damit beschäftigt, wie durch die Jahrhunderte hindurch psychisch kranke Menschen als Wahnsinnige, Irre, Dämonen, Hexen und Teufel von staatlichen Institutionen ins Visier genommen wurden. Über die Folgen der Zeit allerdings, in der sich der Blick auf den psychisch und körperlich kranken Menschen radikal veränderte und in der die Grundlage für die heutige Klinische Psychologie gelegt wurde, wird nichts gesagt: Das so genannte Zeitalter der *Aufklärung*, in dem der wissenschaftliche Zugang zum und in den Körper und Geist der Menschen zur herrschenden Auffassung wird, wird beschwiegen.

Wenn die italienische Medizinerin Basaglia darüber spricht, dass seit der ersten Hälfte des 19. Jahrhunderts die Erklärung einer psychischen oder somatischen Krankheit nur dann als wahr und authentisch wahrgenommen wird, «wenn sie objektiv, verifizierbar und definierbar ist» (1985, S. 19), dann setzte diese Objektivität und Definierbarkeit einer «Störung» die Existenz eines Klassifikationssystems außerhalb des «gestörten» Menschen voraus. Dieses löst die Erkrankung des einzelnen Individuums von seiner Biographie und seinem Leben ab und betrachtet sie als Ereignis ohne jeglichen Zusammenhang. Es ist «von der Welt, deren Teil das erkrankte Individuum ja ist, getrennt und kann also unter Gesichtspunkten natürlichen Verfalls oder natürlicher Störung ‹behandelt› werden» (ebd., S. 10). Die Trennung der Lebensgeschichten von den Störungen und Krankheiten führt letztlich dazu, dass die Experten über das Wissen verfügen, welches die Krankheiten bezeichnen kann, und über die Therapien, die die Erkrankungen ausschalten und zerstören sollen. Dass die einzelnen Subjekte als reflektierte, aktiv handelnde und leidende Menschen bei der Erkennung und Behandlung ihrer Erkrankungen und Störungen keine Rolle mehr spielen, soll an einem Beispiel aus Reineckers Lehrbuch ausgeführt werden. Dort heißt es: «Die Klassifikation psychischer Störungen kommt durchaus den Menschen zugute. Gäbe es z. B. nicht die Klassifikation in endogene und exogene Psychosen (körperlich begründbare Psychosen), würde man sicherlich nicht hinsichtlich der Therapie dieser psychischen Krankheiten differenzieren, würde man also exogene Psychosen wie endogene Psychosen möglicherweise nur mit Neuroleptika und ergänzenden psychosozialen Maßnahmen behandeln, anstatt die körperlichen Ursachen der exogenen Psychosen zu bekämpfen» (Reinecker 1998, S. 4). Die Vorstellung, eine Psychose zu therapieren, ohne den Menschen, der an ihr leidet oder sie als subjektiv begründete und damit sinnvolle Verhaltensweise ausprägt, in die Therapie mit einzubeziehen, ist in der Klinischen Psychologie gang und gäbe. Am deutlichsten ist diese Ausklammerung des leidenden Menschen aus seinem Krankheitszusammenhang in der neuropsychologisch fundierten Klinischen Psychologie zu erkennen, die mit ihrem Krankheitsverständnis eine weitere therapeutische Schneise für die pharmazeutische «Heilung» psychischer Krankheiten schlägt (vgl. Auckenthaler 1995; Lehmann 1995). Doch nicht nur der «gestörte» Mensch ist in Lehre, Forschung und therapeutischem Setting Klinischer Psychologie abwesend. Mit ihm verschwinden auch die gesellschaftlichen Rahmenbedingungen, die doch – wie wir aus den historischen Rückblicken der Lehrbücher erfahren haben – entscheidend dazu beitragen, ob und wie jemand als «Störer» gesehen wird.

2 Klinische Psychologie als Ordnungsstifterin

Es scheint ein Dilemma der Klinischen Psychologie zu sein, dass sie sich historisch und aktuell zwar mit den Störungen der Menschen beschäftigt, darüber aber vergisst oder vielmehr vergessen muss, im Sinne welcher gesellschaftlichen Ordnung sie diese Störungen bewältigen, behandeln, verändern und letztlich bekämpfen soll und will. Das kann am *Störungsbegriff*, als maschineller Metapher, selbst liegen. Er löste die Rede von

ler Anpassung oder schulischer Leistungsfähigkeit, wie sie beispielsweise auf Achse 5 des DSM-IV auftauchen, wird deutlich, dass diese auf eine Ordnung zielen, die aufrechterhalten werden soll, und auf eine Normalität des Subjekts, die dieser Ordnung zugrunde liegen soll. Eine sanfte Kritik dieses Sachverhalts ist selbst bei Davison und Neale zu finden: «Der Kliniker bestimmt, was für den Patienten angemessen ist und wie sein Verhalten sich mit einer Durchschnittsperson vergleichen läßt. Solche Beurteilungen geben Raum für kulturelle Vorurteile, die sich einschleichen können, und auch für die persönlichen Vorstellungen des Therapeuten, was eine Durchschnittsperson in einem speziellen Lebensstadium oder in bestimmten Situationen tun sollte» (1998, S. 79). So sanftmütig diese Kritik ist, so falsch ist sie; orientiert sie sich doch weiterhin an der Ausklammerung von Subjektivität aus dem diagnostischen und therapeutischen Prozess. Zugleich stellt sie die Grundlagen der eigenen Profession in Frage. Aufgabe und Gegenstand der klinischen Mainstream-Psychologie ist genau das, was hier kritisiert wird: der Vergleich des Verhaltens einzelner Individuen mit dem gesellschaftlichen Durchschnittsverhalten.

Würden die Subjekte und ihre Biographien ernst genommen, dann müssten die persönlichen Vorstellungen der Professionellen gerade nicht aus den diagnostischen und beraterischen Prozessen ausgegliedert werden, sondern im Gegenteil deren Bestandteil sein. Es ginge in solchen subjektorientierten Denkweisen nicht darum, die klinische Situation von den Verzerrungen und subjektiven Vorstellungen zu reinigen, sondern zu erkennen, dass die «klinische» Situation an sich bereits ein kulturelles Produkt ist. Die Verbindung von klinischer Diagnostik einer subjektiven Störung mit dem Konstrukt sozialer Anpassung ist Teil des gesellschaftlichen Prozesses der letzten 300 Jahre und damit selbst kultureller Prozess. Würden die Kliniker sich diesen Sachverhalt vor Augen führen, könnten sie erkennen, dass die ausufernde Suche nach dem Wesen des Menschen und seinen Störungen mittels sauberer und unbeeinflusster diagnostischer Instrumentarien zwar immer mehr Ergebnisse hervorbringt, den sich verändernden Menschen dahinter jedoch zum Verschwinden bringt: «Wenn es das Versprechen der Humanwissenschaften war, uns den Menschen zu entdecken, so haben sie es gewiß nicht gehalten; es handelte sich dabei eher um eine allgemeine kulturelle Erfahrung, nämlich die Konstitution einer neuen Subjektivität, vermittelt durch eine Operation, die das menschliche Subjekt auf ein Erkenntnisobjekt reduziert» (Foucault 1996, S. 85). Diese wissenschaftlich konstruierte Subjektvorstellung bezieht sich, da die Forschungs- und Diagnosemethoden diesen Rahmen vorgeben, auf einen, wie es bei Davison und Neale hieß, «durchschnittlichen Zeitgenossen», also den Mittelwerts-Mann, der sich über die Abweichungen davon definiert. «Die Norm gilt für alle Varianten eines Kontinuums, das sie selbst anlegt und ausdifferenziert. Man kann aus ihm nicht herausfallen, auch die größte Abweichung ist nur eine Entfernung von Mittelwerten des gleichen Kontinuums und immer schon Strategien der Wiederannäherung ausgesetzt» (Sonntag 1998, S. 23). Das Ziel Klinischer Psychologie muss deshalb letztlich darin bestehen, «Abweichungen zu korrigieren und die Funktionstüchtigkeit des Individuums zu maximieren, indem man es mit einem technischen, also manipulierbaren Modell gleichsetzt, das in ein wissenschaftlich kontrollierbares und modifizierbares Milieu eingebunden ist» (Castel et al. 1982, S. 331). Dieser Sachverhalt basiert auf der Annahme, die abgewichenen, ausgeschlossenen und sich selbst ausschließenden Subjekte über gewisse Eingliederungspraktiken in die Gesellschaft, vor allem aber in die Produktionssphäre, zu integrieren. Die Klinische Psychologie und die Psychotherapien waren und sind für diese Eingliederungspolitik hilfreiche psychosoziale Instanzen. Dass diese Eingliederung in die herrschende Ordnung allerdings damit verbunden ist, die Gründe der individuellen psychischen Erkrankungen theoretisch und therapeutisch ebenso zu ignorieren wie die erkrankten Menschen, die diesen Gründen über ihren Körper und ihre Psyche Ausdruck verleihen, hängt damit zusammen, dass sowohl die Klinik als auch die gesellschaftliche Ordnung nach derselben Logik funktionieren:

> «Von unserer Gesellschaft läßt sich schwerlich sagen, daß in ihr die Menschen das Leben zusammen leben. Die sie kennzeichnende Fragmentierung (rigide Trennung von Theorie und Praxis, von öffentlich und privat, von Gut und Böse, gesund und krank, normal und abnormal) ist hervorgegangen aus einer historischen Entwicklung, auf der die Verabsolutierung der Gegensätze beruht: der Teilung der Arbeit und der Teilung in Klassen. (...) Es ist diese Strukturlogik, die die Organisationsform unserer Gesellschaft prägt; die jedes Phänomen spaltet, so daß es sich niemals in seiner Ganzheit mitteilt; die die Erlebnisse zerstückelt und sie mit positiven oder negativen Vorzeichen, mit dem Siegel der Normalität oder der Abweichung versieht» (Basaglia 1985, S. 67/68).

3 Kulturelle Vorurteile klinischer Diagnostik: das Beispiel Bulimie

Wenn das, was bei Davison und Neale als «kulturelles Vorurteil» bezeichnet wird, nicht mehr als negative diagnostische Kategorie, sondern als eine notwendige Voraussetzung einer den Subjekten und ihrer Lebenswirklichkeit entsprechenden Denkweise eingestanden wird, öffnet sich für die psychosozialen Prozesse von Beratung, Therapie und Sorge ein neues Feld von Erkenntnissen. Zu diesen kulturellen Vorurteilen gehören so entscheidende Dinge wie die Zugehörigkeit zur sozialen Schicht oder Klasse, die Geschlechtsidentität und die Tatsache, dass wir Teil einer Kultur, einer Nation und einer Gesellschaft sind, die wir uns jeweils nicht selbst ausgesucht haben. Aus diesen verschiedenen Bereichen sei nur einer, die Kategorie Geschlecht, herausgenommen, um daran zu erkunden, wie sich die Integration dieser «Vorurteile» in ein Konzept von psychosozialer Diagnostik und Beratung betten lässt, das jenseits von DSM-IV und anderen kategorialen Konzepten den Subjekten gerecht wird.

Seit mehr als 25 Jahren gibt es innerhalb der Psychologie ein Spektrum feministischer Kritikerinnen, die nicht nur beklagen, dass Frauen in den Grundannahmen, dem Methodenkanon, den Fragestellungen und Themen der Psychologie kaum vorkommen (vgl. Schmerl 1997). Ihr Ziel ist es zugleich, «daß Psychologie als Wissenschaft, als kulturelle Produktion, die Mensch-Sein, psychische Gesundheit und psychische Störungen (mit) definiert und ihre Behandlung (mit) bestimmt, auf Dauer so transformiert wird, daß sie nicht mehr der subtilen Unterdrückung und Unterordnung der Frauen dient» (Bilden 1993, S. 157). Eine Folge der Ignoranz der männlichen Psychologen gegenüber diesen von Helga Bilden thematisierten Zielen ist beispielsweise die Tatsache, dass ein Leiden, das «in epidemischem Ausmaß» (ebd., S. 160) auftritt und in aller Regel bei jungen Frauen zu finden ist, erst spät in die psychologische Fachliteratur einging und in der BRD erst seit Mitte der 1980er Jahre thematisiert wurde: die Bulimie oder Ess-Brech-Sucht. Sucht man dieses Stichwort in den Lehrbüchern der Klinischen Psychologie, so könnte man annehmen, es unter der Überschrift «geschlechtsspezifische Störungen» zu finden, da es ja vor allem um ein Verhalten geht, das junge Frauen zeigen. Bei Davison und Neale ist Bulimie unter «Entwicklungsstörungen der Lebensspanne» im Unterkapitel «Essstörungen» zu finden, bei Cromer und Reinecker ebenfalls im jeweiligen Kapitel über «Essstörungen». Wir erfahren über diese Klassifikation von Bulimie als «Essstörung» zweierlei: Zum einen handelt es sich nach Ansicht der männlichen Autoren nicht explizit um eine Lebensproblematik, die mit der geschlechtsspezifischen Sozialisation von Mädchen und jungen Frauen zusammenhängt, zum anderen wird der Fokus der Diagnose und der Therapie darauf gelegt, dass das «Essverhalten» der «Gestörten» wieder normal werde. Im deutschen Lehrbuch spricht der Autor deshalb von einem Ernährungsmanagement, das zur «Wiederherstellung einer normalen ernährungsphysiologischen Verfassung» (Laessle 1998, S. 428) führen soll. Obwohl durch – vor allem – feministische Literatur inzwischen hinlänglich bekannt ist, dass das «Auftreten von Eßstörungen bei Frauen und Mädchen fast immer mit einer ausgeprägten Identitäts- und Selbstwertproblematik zusammenhängt» (Beyer 1998, S. 146), wird in den Lehrbüchern die Ursache der Ess-Brech-Sucht in die Persönlichkeitsstruktur eines «Menschen» verlagert: «Die Theoretiker vertreten heute meist einen multidimensionalen Risikoansatz, eine Sichtweise, nach der mehrere Schlüsselfaktoren einer Person ein Risiko für Essstörungen auferlegen» (Comer 1995, S. 442). Abgesehen wird in dieser Theoriesprache von realen Lebenszusammenhängen und -problemen junger Mädchen; sie erscheinen als passive Opfer von Faktoren, an denen sie nichts ändern können, die aber zugleich auf ihnen lasten wie ein Fluch. Im zweieinhalb Seiten langen Text von Davison und Neale ist lediglich ein einziges Mal erwähnt, dass das «Bild der typischen Bulimie-Kranken (...) wahrscheinlich eine junge Frau von Mitte zwanzig» (Davison & Neale 1998, S. 520) ist; ansonsten ist der Text in männlicher Form abgefasst. Da bei der epidemiologischen und diagnostischen Darstellung die Frage nach dem Geschlecht bzw. der Geschlechtsidentität keine Rolle spielt, bleiben auch die Angebote von Hilfe und Beratung im diffusen Bereich allgemeiner verhaltenstherapeutischer Settings, welche die Kategorie «Geschlecht» bewusst ausklammern. So ist bei Davison und Neale zu lesen: «Neuere kontrollierte Untersuchungen lassen vermuten, dass kognitiv verhaltensorientierte Therapien bei der Veränderung der negativen Überzeugungen hinsichtlich der Körpervorstellung und des Gewichts wertvoll sein können. Wilson et al. fanden heraus, dass der Nutzen der kognitiven Verhaltenstherapie durch die Hinzufügung der Reaktionsprävention (d.h., der Bulimiker wird den verbotenen Lebensmitteln ausgesetzt und daran gehindert zu erbrechen, nachdem er sie gegessen hat) deutlich verbessert wird» (ebd., S. 522). Versteht man unter einer Essstörung lediglich ein persönliches Verhalten, das falsch, defizitär, ungesund oder sozial unangepasst ist, dann werden alle noch so ausgefeilten Behandlungsversuche nicht zum Ziel führen. Versteht man das psychische Leiden der Klientinnen aber in einem gesellschaftlichen Kontext, der sowohl die soziale als auch die geschlechtsspezifische Lage berücksichtigt, ergibt sich ein anderes Bild der «Störung» als in der herrschenden Sichtweise und eine andere Möglichkeit, mit ihr umzugehen. In einem solchen Konzept kann Bulimie als «scheiternder, letztlich selbstschädigender Bewältigungsversuch von Frauen angesichts von Konflikten und Belastungen im weiblichen Lebenszusammenhang» (Bilden 1993, S. 163) gesehen werden. Dieser Blick auf – in diesem Fall – weibliche Subjekte setzt allerdings voraus, die je biographisch erworbenen und aktuell wirkenden «Störungszusammenhänge» als Lebensweltausschnitte zu sehen, denen die Einzelnen nicht unterworfen sind, sondern zu denen sie sich aktiv verhalten können. Da die Klinische Psychologie die Individuen als Objekte im Rahmen eines diagnostischen und therapeutischen Settings verortet, «worin die wirklichen Handlungen und Erfahrungen der Subjekte nicht mehr vorkommen» (Holzkamp 1996, S. 27), ist sie schon aufgrund dieser «Standardanordnung» nicht in der Lage, die Bewältigung und Bearbeitung einer leidvollen Situation als «aktive Integrations- und Konstruktionsleistung des Subjekts» (Holzkamp 1995, S. 828) zu begreifen.

Sosehr ein alternativer Ansatz zur Bewältigung psychischen Leids die konkreten Subjekte in den Mittelpunkt stellen müsste, so sehr könnte er noch dem Störungsmodell der Klinischen Psychologie verhaftet bleiben: Leiden und Störung wird dort stets im Kontext von Scheitern, Versagen und Selbstzerstörung gesehen, und es werden Auswege aus diesem verhängnisvollen Zusammenhang gesucht. Wie kommt es, dass alles, was Menschen tun oder lassen, was sie hindert oder fördert, was sie erleiden oder dulden, in der Sprache von Schwäche, Defizit und Mangel ausgedrückt wird? Das Defizitmodell, das dem Störungsgedanken ebenso zugrunde liegt wie der Psychologie, die diese Störungen des Subjekts erforschen und beseitigen will, ist zwingende Voraussetzung aller Humanwissenschaften. Seit dem von Foucault festgestellten «epistemologischen Bruch in den empirischen Wissenschaften» (Magiros 1995, S. 37) um die Wende vom 18. zum 19. Jahrhundert ist der Mensch auf der Suche nach sich selbst als Erkenntnisobjekt: «Der moderne Mensch versucht (...) ständig, die Quelle seiner Endlichkeit, seiner Determinationen und seines Unvermögens zu der Quelle seiner Souveränität umzufunktionieren» (ebd., S. 52). Kurz gesagt: Die Erforschung des Menschen, seines Leibes und seiner Psyche, soll ihm dazu dienen, Krankheiten und Störungen zu beseitigen, um letztlich unsterblich zu werden. Da aber alle Menschen sterben, muss die Suche nach dem Kranken, Störenden, Mangelhaften und Defizitären umso intensiver betrieben werden. Diese Suche hält die moderne Medizin und die Klinische Psychologie am Leben und macht sie zu Wissenschaften mit besonderem Wert: «Sie müßten den Weg zur Wahrheit aller Wahrheit, zur idealen Menschheit bilden, denn sie sind dabei, die höchste ‹Form› der Endlichkeit, den Tod, als Grenze verschwinden zu lassen und die Souveränität über den Tod immer weiter auszubauen, indem sie das Leben mit seiner Hilfe erkennen, ‹verbessern›, heilen können» (ebd., S. 59). Defizit und Störung, Mangel und Leiden sind also die Grundkonstanten der Humanwissenschaften, ohne diese Konstanten wären moderne Medizin und Psychologie nicht in ihrer real existierenden Form denkbar. Darin verschwunden ist das Wissen darum, dass psychisches Leiden auch als abweichendes Handeln begriffen werden kann, als «eine Reaktion auf die Vergesellschaftungsmodi, die die Hinnahme strukturell reduzierter Lebenschancen als die Norm erreichbarer Persönlichkeitsentfaltung in Form von Normalitätsmodellen behaupten. Die Verweigerung gegenüber diesen Normalitätsmodellen kann ein Ausdruck von Widerstand und Hoffnung sein, daß sich aus einem Leben mehr machen läßt als das, was in den Konformitätserwartungen vorgegeben wird» (Keupp 1986, S. 445).

4 Alternative Konzepte Klinischer Psychologie – Selbstbestimmung und Empowerment in der klinisch-psychologischen Arbeit an einem Fallbeispiel

Der störende oder gestörte Mensch ist, wie geziegt, in dem Augenblick, in dem sich die Wissenschaften vom Menschen seiner annehmen, ins Fadenkreuz von Normalität und Funktionalität gestellt. Seine Leiden, Beschwerden, sein Fühlen und Denken, sein Arbeiten und Lieben werden in fremdbestimmte Kategorien eingeordnet, sein Leben und seine Geschichten werden zerstückelt, klassifiziert und einer Behandlung unterzogen. Aber kann es Möglichkeiten geben, dass die oder der Einzelne seine Störungen oder sein Gestörtsein in einer anderen Form lebt? Diese Frage beinhaltet letztlich diejenige danach, ob die Menschen in der heutigen Gesellschaft eine Möglichkeit finden können, allein und gemeinsam mit anderen für sich zu sorgen, sich ihrer selbst anzunehmen, ohne sofort die Verantwortung für alles Gelingen oder alles Scheitern auf sich nehmen zu müssen (vgl. Gleiss 1975). Es geht also um die Befreiung von jeder Art von Fremdbestimmung, deren andere Seite – die Selbstbestimmung – eine kaum bekannte Größe und damit eine riskante Lebensform darstellt. Wie eine klinisch-psychologische professionelle Arbeit den Individuen hilfreich zur Seite stehen kann – wenn diese ihr Leben nicht mehr so im Griff haben, es allein ohne schwere Probleme führen zu können –, soll ein Fallbeispiel zeigen, in dem der psychologische Berater versucht, ohne die gängige Diagnostik als «Hilfsmittel» gemeinsam mit dem Klienten einen Weg aus dessen akuter Krise zu finden.

Im Januar 1999 taucht an meinem Arbeitsplatz (einem sozialpsychiatrischen Dienst) ein junger Mann von 30 Jahren auf. Er ist blass und wirkt verstört, zögernd und kraftlos gibt er mir die Hand zur Begrüßung und setzt sich. Er erpsychischer «Krankheit» ab und wird seit Beginn der 1990er Jahre im neuen ICD-10, der «Internationalen Klassifikation psychischer Störungen» (Dilling et al. 1991), anstatt jener verwendet. «Die Störung bzw. Wiederherstellung einer *individuellen* Funktion ist das eine wesentliche Moment des Störungsbegriffs. Die individuelle Maschine soll aber nicht nur nicht gestört sein, sie soll auch möglichst wenig stören. Das zweite zugrunde liegende Moment ist also die Störung einer *gesellschaftlichen* Ordnung bzw. ihre Sicherung oder Wiederherstellung. Der Störungsbegriff ist daher nicht einfach nur eine Maschinenmetapher; er zentriert sich um das normative Paar individuelle Funktion/gesellschaftliche Ordnung und deren Aufrechterhaltung» (Sonntag 1998, S. 25). Dass dieses «normative Paar», wie Michael Sonntag es nennt, von der Klinischen Psychologie selbst nicht gesehen werden kann, liegt in ihrer Entstehung im 19. Jahrhundert begründet. In seinem Buch «Psychologie und Geisteskrankheit» (1968) skizziert Michel Foucault, wo die fragwürdige Grenze verläuft, die sich zwischen Psychiatrie und Psychologie ergab und verbreiterte und woraus später die Klinische Psychologie entstand. Konstituierte sich die Psychiatrie als Wissenschaft im 18. und 19. Jahrhundert als Ort der Ausgrenzung des Unvernünftigen, Anomalen und Wahnsinnigen auf der einen Seite und die Psychologie als vorerst wissenschaftlicher Ort zur Erkundung des «normalen» Menschen auf der anderen Seite, so blieb das ordnungspolitisch relevante Feld zwischen diesen Orten unbesetzt und wird später und bis heute als Klinische Psychologie bezeichnet. Dass «abseits von den sauberen akademischen Scheidungen der Klinischen Psychologie Abgrenzungen (…) eher schwer» (Sonntag 1998, S. 23) fallen, liegt aber nicht nur in der historischen Lückenfüllerrolle der Klinischen Psychologie begründet, sondern – damit verbunden – in der Schwierigkeit, ein eigenständiges methodisches Instrumentarium der Diagnostik gegen die Medizin und die grundlagenorientierte Psychologie auszubilden. Verwendet wird in der Regel das «Diagnostische und Statistische Manual Psychischer Störungen» (DSM-IV 1996) der American Psychiatrist Association in seiner jeweils modernsten Form; insofern greift die Klinische Psychologie auf ein bewährtes Klassifikationssystem der Psychiatrie zurück. Dieses Manual ordnet persönliche und psychosoziale Daten der Individuen auf verschiedenen Achsen an, um der «Mehrdimensionalität psychischer Störungen» (Reinecker 1993, S. 386) gerecht zu werden. Diese Mehrdimensionalität bedeutet für die Klienten, dass sie mehr Daten als jemals zuvor über sich selbst, ihre Beziehungen zu anderen, ihre Biographie und ihre Lebenswelt preiszugeben haben. Das Ziel dieser Preisgabe und der Verwendungszweck der Daten bleiben ihnen jedoch verborgen. Bei Fragen nach sozia-

zählt mir von seiner Arbeit als Maurer, in der er Schwierigkeiten habe. Nach seiner Berufswahl gefragt, meinte er, das sei so gekommen, weil sein Onkel eine Baufirma gekannt habe. Auf die Frage, ob er sich erinnern könne, wann er eine Entscheidung ganz für sich allein getroffen habe, fiel ihm kein Beispiel ein. Vielmehr erzählte er mir daraufhin von seinen jüngeren Zwillingsschwestern, die während seines vierten Lebensjahrs zur Welt gekommen seien. Seitdem könne er sich an nichts mehr erinnern, was von besonderer Bedeutung sei. Fünf Tage später, während meines Telefondienstes, ruft der Klient an. Er müsse am selben Tag noch kommen, es sei etwas Schreckliches passiert, etwas sei gestern geschehen, und er wolle sich etwas antun. Zwei Stunden später sitzt er vor mir, alkoholisiert und schwitzend. Er habe mir beim letzten Mal nicht die Wahrheit gesagt, er habe eigentlich ein riesiges Problem, das er verschwiegen habe. Er habe im Juni letzten Jahres eine Prostituierte kennen gelernt, in die er sich verliebt habe. Im Laufe von drei Monaten habe er seine Ersparnisse von 80 000 DM sowie 20 000 DM, die er sich von seiner Mutter ausgeliehen habe, an die Prostituierte verschenkt. Jetzt, da er kaum mehr Geld habe, habe diese weniger Interesse an ihm, und er sei deswegen gestern bei ihr gewesen und habe sie bedroht. Er sei betrunken gewesen und habe eine Fußballtasche dabeigehabt, in der ein großes Messer gewesen sei. Sie habe ihn aus dem Auto geworfen und wolle nichts mehr von ihm wissen. Seine Sorge sei nun, dass er alles falsch gemacht habe, und ich solle ihm helfen zu lernen, dass er so anständig werde, dass die Prostituierte wieder etwas von ihm wolle. Er habe sich gestern zwar auch männlich und gut gefühlt, aber das sei nicht wichtig, weil man ja sehe, was dabei rauskommt. Er sei abhängig von der Prostituierten, er wolle diese Abhängigkeit nicht mehr, und deshalb solle ich ihm helfen, einen normalen, freundschaftlichen Kontakt zu ihr herzustellen.

Normalerweise würde ein Klinischer Psychologe nun beginnen, die Störungen und Defizite dieses jungen Manns zu erkunden, um mit ihm die entsprechende Therapie zu entwickeln. Versteht man psychologisches Handeln aber als Unterstützungsleistung für Individuen, denkend, reflektierend und handelnd ihren eigenen Weg aus einer kritischen Lebenssituation herausfinden zu können, so wird die klinische Diagnose unwichtig im Verhältnis zu den Begründungen, die der Klient für seine scheinbar abweichenden Handlungen ins Feld führt. Selbstbestimmung und Selbstsorge könnten für diesen Klienten bedeuten, das Problem, mit dem er in der Beratungsstelle erscheint, als Ergebnis seines bisherigen Lebens zu sehen, ohne dass der Psychologe die Kategorien von Krankheit, Behinderung oder Defizit in den Mittelpunkt stellen müsste.

Im Rahmen einer gemeinde- und sozialpsychiatrisch ausgerichteten Klinischen Psychologie ist das *Empowerment-Konzept* ein wichtiges Instrumentarium der an den leidenden Subjekten interessierten Beratung und Therapie. Dabei geht es darum, dass leidenden Menschen nicht länger von Psychologen erklärt wird, woran sie leiden und wie das zu ändern sei, sondern dass sie selbst zu den Experten und Expertinnen ihrer Biographien und damit ihrer Probleme gemacht werden. «Der Focus liegt nicht länger auf den Defiziten von Personen oder Umständen, die geheilt oder verhindert werden sollten» (Stark 1998, S. 220). Es geht vielmehr darum, die «Stärken der Menschen zu entdecken und zu entwickeln und ihre Möglichkeiten zu fördern, ihr eigenes Leben und ihre Situation in der sozialen Umwelt zu bestimmen und zu kontrollieren». Die professionellen Helfer haben dabei die Aufgabe, einen offenen Prozess mit den Klienten zu schaffen, in dem diese die Möglichkeit erkennen können, dass ihre Welt «gestaltbar und kommunizierbar» (ebd., S. 227) ist. Eine der Strategien im Empowerment-Konzept liegt in der Zurücknahme der professionellen Aktivitäten: «Ich glaube, dass wir Professionellen im psychosozialen Bereich schon viel zuviel gemacht haben. Wir sollten uns im ‹Machbaren› zurückhalten und vielmehr genau überlegen, was wir unterstützen und anstoßen wollen und mit welchem Einsatz» (ebd., S. 229). Wenn Klinische Psychologen also den betroffenen Menschen die Macht über die Bewältigung ihrer Lebensprobleme zurückgeben wollen, so müssen sie in der Beziehung zu diesen sich selbst entmächtigen. Das heißt nicht, dass man Selbstentmächtigung mit Entsolidarisierung gleichsetzen sollte im Sinne von «Ich gebe die Position der Macht ab und damit auch das Interesse an dem anderen Menschen» (vgl. Osterkamp 1996, S. 35). Selbstentmächtigung ist vielmehr zu verstehen als eine Strategie der Offenbarung des Machtverhältnisses. Der Psychologe sieht sich in der Rolle des Professionellen nicht als Inhaber des «Monopols des kompetenten Spezialisten» (Castel 1980, S. 96), sondern als unterstützender Begleiter auf den Wegen, auf denen sich die oder der Kranke begleiten lassen will.

Der junge Mann, ich nenne ihn Herr K., kommt in meine Beratungsstelle und bittet um Hilfe. Er will sein Leben umgestalten, sodass es ihm möglich werde, seine Abhängigkeit zu einer Frau, in die er sich verliebt hat, in Form von Unabhängigkeit, von Freundschaft zu leben. Ich als Berater glaube zu wissen, dass dieser Wunsch völlig widersprüchlich und unmöglich zu erreichen ist, und entwickle unbewusst die Strategie, Herrn K. Schritt für Schritt sein Leiden durch diese Abhängigkeit spüren zu lassen, indem ich ihm verdeutliche, wie wenig er von der Prostituierten für seine (auch finanziellen) Leistungen bekommt. Herr K. erzählte sehr bald, dass er mit der Prostituierten zwar Sex habe, aber bisher lediglich durch eigene Masturbation zum Höhepunkt gekommen sei. Dies bestätigte mich in meiner Vorstellung, er werde finanziell und persönlich ausgebeutet, und dagegen müsse der Gerechtigkeit halber etwas getan werden. Die sexuellen Vorlieben von Herrn K. betrachte ich als Teil seines Lebens, dessen Einordnung in Kriterien wie «normal» oder «pervers» mir keinen Sinn machen würde.

Der psychologische Berater ist genau in die Fallen der Klinischen Psychologie getappt, die ihm seine Ausbildung nahe legte. Herr K. soll von ihm in die Ordnung einer gerechten Welt eingeführt werden, und alle vernünftigen und logischen Erklärungen scheinen auf der Seite des Beraters zu sein. Doch welche Moral ist es, die der Psychologe seinem Klienten überstülpen will? Welche Vorstellung von Gerechtigkeit zeigt sich in seinem Bemühen? Für den Klienten bedeutet es eben nicht Unrecht, wenn die Prostituierte sein Geld nimmt; er hat es ihr doch geschenkt für das in seinem Leben einmalige Erlebnis, Zuneigung bekommen und gespürt zu haben. Aus der Sicht des Psychologen sollen die Sorgen und Anstrengungen des Klienten nicht seine eigenen Bedürfnisse, Wünsche oder Hoffnungen zum Ziel haben, sondern vor allem der Wiedergutmachung des vom Psychologen angenommenen psychischen Schadens durch die Prostituierte dienen. Unter dieser Vorgabe musste die beraterische Tätigkeit scheitern, weil sie weder die Person des Klienten noch die des Beraters in den Mittelpunkt stellte, sondern das Erreichen gerechter – für den Klienten und seine subjektive Lebenslage aber unbedeutender – Ziele.

In einer Fallsupervision nach fünf Stunden Beratung mit Herrn K. schilderte ich den bisherigen Verlauf. Relativ schnell wurde deutlich, dass meine Idee der Gerechtigkeit zu folgender Situation führte: Ich stellte die moralische Integrität der Prostituierten mit allen möglichen Tricks in Frage, zeichnete Widersprüche zwischen dem auf, was sie versprochen und gehalten hatte, griff sie an. Ich nahm also den Platz ein, den ich mir für Herrn K. wünschte. Herr K. aber ergriff stellvertretend für die Prostituierte Partei, er verteidigte ihr Vorgehen, erklärte die Widersprüche mit der klaren Trennung zwischen beruflicher Klugheit und Raffinesse der «Hure», wie er sie nannte, und ihrer Privatheit, in der sie sicher ganz anders sei. Die Folge dieser jeweiligen «Stellvertreterpolitik» war, dass jeder von uns den Platz eines anderen einnahm und wir selbst in der Beratungssituation nicht mehr anwesend waren.

5 Selbstsorge und Lebenskunst

Foucault versteht unter «Selbstsorge» keineswegs das, was heute so modisch unter dem Stichwort «Selbsterkenntnis» oder «Selbstentdeckung» firmiert, wo es darum geht, «das eigene wahre Selbst zu entdecken, es von dem zu scheiden, was es verdunkeln oder entfremden könnte, und seine Wahrheit zu entziffern dank psychologischer oder psychoanalytischer Wissenschaft, die in der Lage sein soll, einem zu sagen, was ein wahres Selbst sei» (Foucault 1994, S. 283). Selbstsorge ist vielmehr eine anstrengende und aufmerksame Beschäftigung mit dem eigenen Leben, der eigenen Existenz: «Es ginge darum, sein Leben zum Gegenstand einer Art von Wissen (...), einer Kunst zu machen» (ebd.). Inspiriert durch die Begriffe der Selbstsorge und Lebenskunst versucht der psychologische Berater, sich um *seinen* Platz in der Beratungssituation zu kümmern. Foucaults Gedanke der «Sorge um sich» (1986) beinhaltet außerdem einen technischen Vorschlag, wie die Subjekte sich selbst besser bestimmen und regieren lernen könnten. In der Antike bestand eine Technik des Selbst darin, ein Notizheft zu führen, das dazu diente, sich ein Bild seiner selbst zu machen, indem man alles notierte, was von Belang war: Man trug darin «Zitate, Stücke von Arbeiten, Beispiele und Handlungen ein, deren Zeuge man gewesen war oder über die man Berichte gelesen hatte, Gedanken oder Überlegungen, die man gehört hatte oder die einem in den Sinn gekommen waren» (Foucault 1994, S. 285). Diesen Hinweis kann man als Möglichkeit verstehen, das eigene Leben zu strukturieren und ihm somit Bedeutung zu verleihen. Beratungsstunden können beispielsweise für Klienten, die selten oder nie über ihr Leben erzählen, den Platz der Notizhefte einnehmen. Dort können sie all das mitteilen, was ansonsten als nebensächlich, unwichtig und falsch oder auch als wichtig und gut in ihrem Leben erscheint.

> Herr K. hatte zu mir neben der Prostituierten den einzigen regelmäßigen Kontakt. Wie er selbst sagte, konnte er sich seit Jahrzehnten an nichts mehr erinnern, das von besonderer Bedeutung für ihn sei. In den folgenden Stunden erzählte er mir von seiner Kindheit, seiner Schulzeit und seinem Arbeitsleben. Aber auch ganz alltägliche Dinge wie Fernsehen und die notwendigen Besorgungseinkäufe waren Themen des Gespräches. Ich achtete darauf, möglichst wenig zu fragen, erklärte dem Klienten aber auch, dass mich seine Geschichten und Erzählungen interessierten, weil ich lediglich diese «Mosaiksteinchen» seines Lebens hätte, um ihn zu verstehen. Ich selbst achtete auf die Einhaltung meiner Rolle als Berater und Zuhörer. Nach einem Vierteljahr war Herr K. in der Lage, seine Geschichte mit der Prostituierten in einem Bedeutungs- und Beziehungszusammenhang zu sehen,

ohne sein Verhalten als falsch oder schlecht einordnen zu müssen. Vor kurzem hat er sich (nachdem er die finanziellen Belange an einen Betreuer delegiert hatte) entschieden, den Kontakt zu der Prostituierten abzubrechen. Seitdem nimmt er an einer Gruppe junger Erwachsener in der Beratungsstelle teil.

Grundlage einer klinisch-psychologischen Arbeit, wie im Fallbeispiel beschrieben, ist eine professionelle Haltung, die sich der Frage nach den eigenen Bedürfnissen und Problemen ebenso widmet wie den Macht- und Ohnmachtverhältnissen im Rahmen einer Beratung oder Therapie. Im Verhältnis einer Machtbeziehung, die der Psychologe und ein Klient eingehen, bedeutet der Gedanke der Selbstbestimmung und des Empowerments für die Professionellen nichts anderes, als sich einzugestehen, dass man, wie Foucault es ausdrückt, auf «desinteressierte Weise» (1985, S. 38) seine Klienten lieben kann. Das Desinteresse bezieht sich dabei auf das, was man «professionelle Distanz» nennt, die Zuneigung auf *den* Teil der Klienten und ihrer Geschichten, der uns als Professionelle nicht ungerührt lässt. Professionelle Selbstsorge bedeutet, die eigenen Grenzen zu kennen, Privat- und Arbeitsleben auseinander halten zu können und die Position dessen einzunehmen, der Techniken des Wissens über die eigene Person vermittelt, weil die Klienten diese benötigen und kennen lernen wollen.

Herr K. könnte, das hat er mir versichert, in der Not ein Haus bauen, sich ein Dach über dem Kopf zimmern, wenn er die nötigen Materialien dazu hätte. Viele würden ihn wegen dieser Kunst sicher loben und bewundern. Herr K. konnte sich in der Not ein Dach über dem Kopf organisieren, indem er arbeitete, um Geld für die Miete und andere Dinge seines Lebens zu haben. Er konnte 30 Jahre alt werden. Er schaffte es, viele Jahre davon ohne Zuneigung und Liebe zu leben. Kaum einer hat ihn dafür bewundert und von einer Kunst gesprochen, die gelobt werden müsste.

6 Ausblick: Allgemeine Psychotherapie für einen neuen Menschentyp?

In den psychologischen Standes- und Fachverbänden – vom konservativen Professorenverband der «Deutschen Gesellschaft für Psychologie» bis hin zur liberalen und nicht selten auch fachkritischen «Deutschen Gesellschaft für Verhaltenstherapie» – ist das Konzept einer «Allgemeinen Psychotherapie» von Klaus Grawe als praxisrelevanter Teil Klinischer Psychologie unumstritten. «Wir meinen eine Allgemeine Psychotherapie auf einer *völlig neuen*, in sich konsistenten theoretischen Grundlage, die geeignet ist, die gesicherten Fakten bezüglich der Wirkung der erprobten therapeutischen Vorgehensweisen zu integrieren (Hervorhebung K. W.)» (zit. n. Köthke et al. 1999, S. 62). Historisch betrachtet ist dieser Glaube an eine integrative und völlig neuartige Psychotherapie keine Besonderheit. Der Theologe und Psychologe Werner Köthke weist darauf hin, dass bereits 1936 am «Deutschen Institut für psychologische Forschung und Psychotherapie», das von einem Verwandten Hermann Górings geleitet wurde, die verschiedenen therapeutischen Richtungen unter dem Motto einer einheitlichen «deutschen Seelenheilkunde» gesammelt werden sollten (ebd., S. 63). Das Konzept einer «Allgemeinen Psychotherapie» auf wissenschaftlicher Grundlage passt in die momentan stattfindenden Diskussionen und die damit zusammenhängenden Praktiken einer Qualitätssicherung (QS) im Bereich der psychosozialen Versorgung. Grundlage dieser im Rahmen von Einsparungsmaßnahmen und Personalreduzierung propagierten Qualitätssicherung ist ein Qualitätsbegriff, der sich auf die DIN-Norm 55350 bezieht. Qualität ist dort beschrieben als «Beschaffenheit einer Einheit bezüglich ihrer Eignung zur Erfüllung gegebener Erfordernisse» (Decker 1998, S. 94). Dass Qualitätssicherung «mehr ist als eine Modeerscheinung» (Grawe 1998, S. 9), darauf weist Grawe in seinem Geleitwort zu einem Buch über «Qualitätssicherung in der psychosozialen Versorgung» hin. Worauf er nicht hinweist, ist der Zusammenhang, in dem die Qualitätssicherungsdebatte Gewicht bekommen hat, und sind die verschiedenen Interessen, die im Rahmen dieser Debatte und der inzwischen fast durchgehend stattfindenden Umstrukturierungen, Veränderungen und Einsparungen im psychosozialen Bereich zum Ausdruck kommen. Die Ursachen für diese Umstrukturierungen werden von Grawe ebenso wenig benannt wie die Folgen für Klienten und Beschäftigte im Bereich psychosozialer Versorgung. Und so stumm die ökonomisch-sozialen Verhältnisse in Grawes Geleitwort erscheinen, so beredt und ideologisch gibt er deren Zwang zum bedenkenlosen Mitmachen als «Anforderung» aus, mit der wir uns auseinander setzen müssen. «Qualitätskontrolle ist immanenter Bestandteil der Professionalisierung der Psychotherapie» (ebd.), und sie ist «unaufhaltsam». Darunter verstanden wird eine klinisch-psychologische Tätigkeit, die alles unter dem Aspekt der Effizienz und Wirksamkeit sieht. Wirksam ist eine «Behandlung» nach Grawe dann, wenn die Verhältnisse, in denen die Einzelnen krank werden, von diesen durch die «allgemeine Psychotherapie» als unveränderbar anerkannt werden und versuchen, sich damit zu arrangieren: «Der Patient kann (…) Bewältigungserfahrungen machen, die eine aufrechterhaltende

Bedingung seiner Störung, wie etwa ein bestimmtes Vermeidungsverhalten, abschwächen. Oder er kann sich (...) über einen wichtigen Zusammenhang klar werden, was dazu führt, dass er bestimmte Ereignisse oder Situationen anders bewertet. Als Folge davon erlebt er diese Situation anders und verhält sich darin anders, was wiederum zu einer Besserung (...) führen kann» (Grawe 1999, S. 189/90).

Wieso die Verhältnisse dazu führen, dass die einen krank werden, während andere sich stabil halten können, wie der Zusammenhang von individuellem Leid und gesellschaftlichen Verhältnissen gedacht werden kann, diese Frage ist immer wieder neu zu stellen und zu beantworten. Sie war mehr als zwei Jahrzehnte lang eine entscheidende Frage im Rahmen der Psychiatriereform und der Veränderung der Versorgungslandschaft für psychisch Kranke und Leidende. In Grawes neuem Konzept finden wir – was diese Frage betrifft – noch nicht einmal den Ansatz einer Antwort. In seinem Modell ist der Klinische Psychologe reduziert auf einen theoretisch fundierten technokratisch-männlichen Therapeuten und Dienstleister, der nichts anderes zu tun hat, als eine Störung effizient zu beheben. Seine scheinbar vernunft- und wissenschaftsorientierte Herangehensweise an die Probleme des Klienten entspricht der Vorstellung, die moderne kapitalistische Gesellschaften von funktionierenden Subjekten haben: Von Bedeutung ist weder ihre Biographie noch ihre Herkunft, Erfahrungen und Erlebnisse der Vergangenheit spielen ebenso wenig eine Rolle wie aktuelles Wünschen und Begehren – ganz zu schweigen von Utopien und Hoffnungen, die sich in die Zukunft richten. All diese Merkmale und Eigenschaften, die den Menschen zum Menschen machen, die seine einzigartige Bedeutung und damit auch den Zusammenhang zwischen seinem Welterleben und seinem Leiden begründen, werden in Grawes «Allgemeiner Psychotherapie» und in den Lehrbüchern der Klinischen Psychologie negiert. Sie sind nicht funktional für den neuen Menschentyp, der sich dem immer schnelleren und reibungsloseren Ablauf der Welt anpassen soll.

Literatur

Auckenthaler, A. (1995). Was bleibt von der Klinischen Psychologie? Medikalisierungsprozesse und ihre Folgen. Journal für Psychologie 3, S. 63–70.

Basaglia, F. O. (1985). Gesundheit, Krankheit. Das Elend der Medizin. Frankfurt/M.

Beyer, K. (1998). Eßstörungen. In: S. Grubitzsch & K. Weber (Hg.), Psychologische Grundbegriffe. Ein Handbuch, S. 145–147. Reinbek.

Bilden, H. (1993). Feministische Perspektiven in der Sozialpsychologie am Beispiel der Bulimie. In: H. Keupp (Hg.), Zugänge zum Subjekt. Perspektiven einer reflexiven Sozialpsychologie, S. 147–185. Frankfurt/M.

Castel, R. (1980). Vom Widerspruch der Psychiatrie. In: F. Basaglia & F. Basaglia-Ongaro (Hg.), Befriedungsverbrechen. Über die Dienstbarkeit der Intellektuellen. S. 81–96. Frankfurt/M.

Castel, F., Castel, R. & Lovell, A. (1982). Psychiatrisierung des Alltags. Produktion und Vermarktung der Psychowaren in den USA. Frankfurt/M.

Comer, R. J. (1995). Klinische Psychologie. Heidelberg.

Davison, G. C. & Neale, J. M. (1998). Klinische Psychologie. Weinheim.

Decker, O. (1998). Psychotherapie nach Norm? Überlegungen zum Thema Qualitätssicherung. Texte aus dem Colloquium Psychoanalyse 2, S. 94–104. Berlin.

Dilling, H., Mombour, W. & Schmidt, M. H. (Hg.) (1991). Internationale Klassifikation psychischer Störungen: ICD-10. Bern.

DSM IV (1996). Diagnostisches und Statistisches Manual psychischer Störungen. Göttingen.

Foucault, M. (1968). Psychologie und Geisteskrankheit. Frankfurt/M.

Foucault, M. (1984). Von der Freundschaft als Lebensweise. Michel Foucault im Gespräch. Berlin.

Foucault, M. (1985). Freiheit und Selbstsorge. Interview 1984 und Vorlesung 1982. Frankfurt/M.

Foucault, M. (1986). Die Sorge um sich. Sexualität und Wahrheit 3. Frankfurt/M.

Foucault, M. (1994). Interview mit Michel Foucault. In: H. L. Dreyfus & P. Rabinow (Hg.), Michel Foucault. Jenseits von Strukturalismus und Hermeneutik, S. 265–292. Weinheim.

Foucault, M. (1996). Der Mensch ist ein Erfahrungstier. Gespräch mit Ducio Trombadori. Frankfurt/M.

Gleiss, I. (1975). Der konservative Gehalt der Anti-Psychiatrie. Das Argument 89, S. 31–51.

Grawe, K. (1998). Geleitwort. In: A.-R. Laireiter & H. Vogel (Hg.), Qualitätssicherung in der Psychotherapie und psychosozialen Versorgung. Tübingen.

Grawe, K. (1999). Wie kann Psychotherapie noch wirksamer werden? In: Verhaltenstherapie & psychosoziale Praxis 2, S. 185–199. Tübingen.

Holzkamp, K. (1995). Alltägliche Lebensführung als subjektwissenschaftliches Grundkonzept. Das Argument 212, S. 817–846.

Holzkamp, K. (1996). Manuskripte zum Arbeitsprojekt «Lebensführung». Forum Kritische Psychologie 36, S. 7–112. Berlin.

Keupp, H. (1986). Normalität und Abweichung. In: G. Rexilius & S. Grubitzsch (Hg.), Psychologie. Theorien. Methoden. Arbeitsfelder. Ein Grundkurs, S. 424–452. Reinbek.

Köthke, W., Rückert, H.-W. & Sinram, J. (1999). Psychotherapie? Psychoszene auf dem Prüfstand. Göttingen.

Laessle, R. G. (1998). Eßstörungen. In: H. Reinecker (Hg.), Lehrbuch der Klinischen Psychologie. Modelle psychischer Störungen, S. 417–444. Göttingen.

Lehmann, P. (1995). Ohne Psychiatrie verschieden sein können? Moderne Psychiatrie-Entwicklung. Störfaktor. Zeitschrift kritischer Psychologinnen und Psychologen 32, S. 33–44. Wien.
Magiros, A. (1995). Foucaults Beitrag zur Rassismustheorie. Hamburg.
Möller, H.-J. (1998). Probleme der psychiatrischen Klassifikation und Diagnostik. In: H. Reinecker (Hg.), Lehrbuch der Klinischen Psychologie. Modelle psychischer Störungen, S. 2–24. Göttingen.
Osterkamp, U. (1996). Rassismus als Selbstentmächtigung. Texte aus dem Arbeitszusammenhang des Projektes Rassismus/Diskriminierung. Hamburg.
Reinecker, H. (1993). Klinische Psychologie. In: A. Schorr (Hg.), Handbuch der Angewandten Psychologie. Die Angewandte Psychologie in Schlüsselbegriffen. S. 385–393. Bonn.
Reinecker, H. (Hg.) (1998). Lehrbuch der Klinischen Psychologie. Modelle psychischer Störungen. Göttingen.
Schmerl, Ch. (1997). Geschlechterbild im Wissenschaftsspiel: Genutzte Chancen versus verlorene Selbstachtung. Psychologie & Gesellschaftskritik 83/84, S. 77–86. Frankfurt/Main.
Sonntag, M. (1998). Klinische Psychologie zwischen Theorie und Praxis. In: G. Hörmann & W. Körner (Hg.), Klinische Psychologie. Ein kritisches Handbuch, S. 15–38. Eschborn.
Stark, W. (1998). Prävention und Empowerment. In: G. Hörmann & W. Körner (Hg.), Klinische Psychologie. Ein kritisches Handbuch, S. 213–232. Eschborn.
Weber, K. (1997). Kulturelle Differenz und Geschlecht als Dimensionen sozialpsychiatrischer Arbeit. Sozialpsychiatrische Informationen 2, S. 21–28.

Weiterführende Literatur

Castel, F., Castel, R. & Lovell, A. (1982). Psychiatrisierung des Alltags. Frankfurt/M.
Dreier, O. (1990). Psychische Erkrankungen aus der Sicht der «Kritischen Psychologie». In: A. Thom & E. Wulff (Hg.), Psychiatrie im Wandel. Erfahrungen und Perspektiven in Ost und West, S. 55–75. Bonn.
Fellner, M. (1997). Zum Krankheitsbegriff der Psychopathologie. Psychologie & Gesellschaftskritik 81, S. 5–21. Frankfurt/M.
Heinze, M. & Priebe, S. (Hg.) (1996). Störenfried «Subjektivität». Subjektivität und Objektivität als Begriffe psychiatrischen Denkens. Würzburg.
Hörmann, G. & Körner, W. (1998). Klinische Psychologie. Ein kritisches Handbuch. Eschborn.

Gisela Mohr und *Eva Bamberg*

2.2 Arbeits- und Organisationspsychologie

1 Einleitung

Warum ist die Kassiererin nicht freundlicher? Warum dauert es so lange, bis das Essen serviert wird, und wieso bekomme ich Hühnersuppe statt des bestellten Hühnerfrikassees? Warum komme ich bei einem Arzt gleich dran und muss beim anderen immer warten? Wieso sind fast alle Sekretariatskräfte Frauen und die meisten Chefs Männer? Wieso ist ein Fitnessstudio gähnend leer, das andere überfüllt? Warum sind in großen europäischen Konzernen Fremdsprachenkenntnisse für die Karriere wichtig, wenngleich ein früherer Kanzler es ohne Französischkenntnisse bis ganz nach oben geschafft hat? Warum fallen Flugzeuge vom Himmel und sinken Fähren im Meer? Worauf sollten wir achten, um sicher ans (Urlaubs-)Ziel zu kommen?

Wir sind tagtäglich mit unzähligen Fragen konfrontiert, mit denen sich die Arbeits- und Organisationspsychologie (A & O) beschäftigt. Gleichzeitig gilt: Die A & O ist ein Anwendungsgebiet, von dem die meisten Menschen nur vage Vorstellungen haben. Studienanfängerinnen geht es da nicht anders. Sie wählen zumeist Psychologie, weil sie klinisch-therapeutisch oder allenfalls im pädagogischen Bereich tätig sein möchten. A & O wird mit hartem Geschäft, mit Technik und mit Maschinen in Verbindung gebracht; mit Psychologie hat das erst mal wenig zu tun, allenfalls Eignungsdiagnostik könnte eine Rolle spielen …

Von daher verwundert es nicht, wenn die Mehrzahl der Studierenden vorwiegend an einer klinisch-therapeutischen Ausbildung Interesse zeigt (vgl. Bausch 1999) und Vertreter der Wirtschaft für genuin psychologische Sachverhalte – wie Begleitung von betrieblichen Umstrukturierungsprozessen, Schulung von Mitarbeitern in Präsentations- und Verkaufstechniken oder Arbeitsplatzgestaltung zur Verbesserung der Sicherheit und des Gesundheitsschutzes – noch immer Betriebswirte oder Ingenieure als geeignete Ansprechpartner benennen (vgl. Pietrzak 1997).

Dass die A & O für viele dieser Alltagsfragen und Probleme Lösungshinweise bieten kann, ja sogar Basiswissen für manche grundsätzliche Veränderung in der Arbeitswelt mit erarbeitet hat, ist in der Regel nicht bekannt.

2 Zielsetzung der Arbeits- und Organisationspsychologie

Am 23. 9. 1999 verglühten 125 Millionen Dollar in der Atmosphäre des Mars. Am 12. April 1999 kamen fünf Menschen ums Leben, als die Schwebebahn in Wuppertal in die Wupper stürzte. Was hat das alles mit A & O zu tun? Arbeits- und Organisationspsychologinnen und -psychologen sind mit der Frage befasst: Wie kann die Arbeitswelt weiter verbessert werden? Oder im Falle katastrophaler Ereignisse: Wie konnte das geschehen? Oder besser: Wie können Betriebe, wie kann Arbeit so gestaltet werden, dass solche Dinge gar nicht erst geschehen? Die Marssonde verglühte im All, weil verschiedene beteiligte Forscherteams mit unterschiedlichen Maßeinheiten arbeiteten: Während das NASA-Team in Kalifornien die Schubkraft mit dem metrischen System berechnete, arbeiteten die Ingenieure in Colorado beim Bau mit den angelsächsischen Messeinheiten. Die Schwebebahn stürzte ab, weil von den nächtlichen Reparaturarbeiten zwei zentnerschwere Metallplatten auf den Gleisen liegen geblieben waren.

Bei der Analyse solcher Geschehnisse werden eine Vielzahl von Arbeitsfeldern der Arbeits- und Organisationspsychologie berührt: Organisation des Arbeitsablaufs, Kooperation und Kommunikation, Gestaltung vollständiger, ganzheitlicher Aufgaben (s. u.), die Unterscheidung von Einzel- und Gruppenaufgaben, Erkenntnisse über Ermüdung, Aufmerksamkeitsleistungen, Fehler, Qualitätsmanagement usw. Aber nicht nur die Verhinderung oder Prävention von negativen Folgen, auch die Gestaltung positiver Entwicklungsmöglichkeiten gehört zum Aufgabenbereich der A & O.

Ein halbes Jahr auf Weltreise bei fast vollem Gehalt? Nachmittags den Sohn von der Schule abholen, statt ihm nur noch «gute Nacht» sagen zu können? Nur einmal die Woche ins Büro trotz Vollzeitstelle? Oder das Büro statt in der nächsten Metropole im nächsten Ort oder gar im eigenen Heim, endlich befreit von der nutzlosen Zeit im morgendlichen Stau?

Die neuen Kommunikationstechnologien sind die Grundlage für bereits existierende Modelle flexibler Arbeits(zeit-)gestaltung verschiedener Unternehmen. Sie bieten Entwicklungschancen, aber auch Gefahren für alle Beteiligten. Psychologische Prozesse sind deshalb besonders zu berücksichtigen. Dazu gehören z. B. die Angst der Vorgesetzten vor Informations- und Kontrollverlust, vermutete zusätzliche Planungs- und Koordinationsanforderungen, die Angst der Beschäftigten vor Planungsunsicherheiten und Differenzen beim Nachweis der Arbeitszeit, die Gefahr, dass Erwerbsarbeit grenzenlos und allgegenwärtig wird und die Regeneration nicht mehr gelingt. Ohne die Einbeziehung dieser Themen werden solche Modelle kaum positive Seiten für Arbeitnehmerinnen und Arbeitnehmer entfalten können.

Auftrag der A & O ist es, die Arbeitswelt zu verbessern – und dies betrifft Arbeitende in verschiedenen Positionen: Personen, die in Heim- oder Eigenarbeit arbeiten, Beschäftigte (in der Regel als Mitarbeiter bezeichnet), Führungskräfte und Geschäftsleitung, in deren Auftrag A & O-Psychologen in der Regel arbeiten. Dabei gilt es, die Chancen zukünftiger Veränderungen der Arbeitswelt für alle Beteiligtengruppen zu erkennen und zu optimieren.

3 Die Zukunft der Arbeitswelt: Flexibilisierung von Zeit, Ort und Inhalt

Flexibilisierung ist der zentrale Begriff, der auch unsere zukünftige Arbeitswelt beschreiben wird. Flexibilisierung kann sich dabei auf die Veränderung des Arbeitsortes, der Arbeitszeit und des Arbeitsinhaltes beziehen.

Für die Beschäftigten wird die Notwendigkeit, sich ständig mit neuen veränderten *Arbeitsinhalten* auseinander zu setzen, weiter zunehmen – sei es, dass sie zur verbleibenden Belegschaft eines Betriebes gehören, sei es, dass sie zu denjenigen gehören, die vor der Notwendigkeit stehen, sich neue Arbeitstätigkeiten suchen zu müssen. Arbeitsinhalte verändern sich, wenn *neue Technologien* im Betrieb verwendet werden oder die *Organisation der Arbeit* verändert wird.

Neue Formen der *Arbeitsorganisation* werden häufig im Zusammenhang mit Qualitätsentwicklung diskutiert: Das flexible Aufgreifen der Wünsche von Kunden, die kurzfristige Bearbeitung von Aufträgen, die Reduktion von Lagerhaltung, die Einsparung von Arbeitskräften einschließlich der mittleren und unteren Führungsebene im Rahmen des so genannten Lean Management sind mit vielfachen Veränderungen der Arbeitsorganisation verbunden.

Hinsichtlich der Informations- und Kommunikations*technologien* bzw. der Computertechnologie – obwohl nun auch schon seit ca. 30 Jahren aktuell – stehen wir erst am Anfang einer vollständigen Umwälzung in allen Bereichen der Wirtschaft und Verwaltung. Die Entwicklung des «e-commerce» in Form des Bestellservices per E-Mail oder des Tele-Bankings zeigen beispielhaft, welche Veränderungen der Arbeitsaufgaben auf uns zukommen. Vor allem im Dienstleistungsbereich ist mit neuen Arbeitsplätzen zu rechnen. Zum Teil, etwa bei Call-Centern oder Hotlines, stehen diese in Verbindung mit Informations- und Kommunikationstechniken. Die Dienstleistung ist derjenige Bereich mit den unterschiedlichsten *Arbeitszeit*modellen: Eine Vielzahl von Dienstleistungen kann erst dann erbracht werden, wenn andere mit ihren Arbeiten fertig sind oder noch nicht begonnen haben – z. B. Reinigungs- und Instandsetzungsarbeiten. Andere werden in Wohlstandsgesellschaften ständig angeboten: durchgehend besetzte ärztliche Nothilfe, Feuerwachen, Polizeidienststellen, Krankenhäuser, Vergnügungsangebote, Einkaufsmöglichkeiten, Hotels und Gaststättenbetriebe. Es ist ein Charakteristikum so genannter Emotionsarbeit, dass sie sich zeitlich kaum begrenzen lässt.

Durch das Interesse der Unternehmen, Arbeitskräfte nur dann zu bezahlen, wenn sie auch tatsächlich zum Einsatz kommen, ergeben sich neben so genannten Stammbelegschaften zunehmend zeitlich begrenzte Teilzeitarbeitsverhältnisse.

*Zeit*grenzen lösen sich aber auch auf, weil Konzerne international – über die Zeitgrenzen hinweg – agieren. Auch hier sind die neuen Formen der Kommunikationstechnologien eine wesentliche Grundlage. Nur so ist es z. B. möglich, dass die Reservierung eines Autos für verschiedene europäische Länder in einem Land zentral geregelt wird, da über Computer gesteuert alle Buchungen in Sekundenschnelle an die Zentrale übermittelt werden können.

Die technische Ausstattung eines früher Tische und Schränke füllenden Sekretariats hat heutzutage Platz in einer Aktentasche (PC, Drucker, Kopierer, Fax, Telefon). Die Tendenz zur Miniaturisierung und die Möglichkeit, Informationen ohne Zeitverlust an fast jeden Ort zu übermitteln, hebt die *Ortsgebundenheit* auf. Betriebe fördern die Einrichtung von Büros zu Hause und virtueller Büros, da dies Kosten für zentrale Büroeinrichtungen spart. Langfristig ist es möglich, dass viele Tätigkeiten zu beliebigen Zeiten und an beliebigen Orten durchgeführt werden. Die Auflösung der Ortsgebundenheit und der zeitlichen Fixierung wird zu einem neuen Verhältnis von Arbeit und Freizeit führen, aber auch zu inhaltlich neuen Aufgaben, denn die «Internationalisierung» eines Unternehmens muss letztendlich von den Mitarbeiterinnen und Mitarbeitern in ihrer Arbeitstätigkeit vollzogen werden.

Um die positiven Seiten dieser Veränderungen für Beschäftigte und Betriebe optimal nutzen zu können, ist es erforderlich, Kenntnisse über Risiken und Chancen zu erwerben. Die arbeits- und organisationspsychologische Forschung der letzten knapp hundert Jahre hat hierzu einige grundsätzliche Herangehensweisen, Überlegungen und Erkenntnisse entwickelt, die im Folgenden vorgestellt werden.

4 Die Bedeutung von Arbeitsteilung und Arbeitsbedingungen

Von zentraler Bedeutung ist die Arbeitsteilung in der Gesellschaft. Diese zeigt sich in der Aufteilung der gesellschaftlich notwendigen Arbeit in *Erwerbsarbeit, Hausarbeit* und *ehrenamtliche Arbeit.* Auch innerhalb dieser Bereiche, im Betrieb, im Haushalt und beim Ehrenamt, ist die Arbeitsteilung ein zentraler Faktor. Ein wesentlicher Aspekt dabei ist die *geschlechtsspezifische Arbeitsteilung* und, insbesondere bei der Erwerbsarbeit, die *Trennung von Hand- und Kopfarbeit.* Die Arbeitsteilung ist nicht nur mit unterschiedlichen Macht-, Besitz- und Eigentumsverhältnissen verbunden; sie hat darüber hinaus wesentliche Wirkung auf Arbeitsaufgaben und Arbeitstätigkeit, also darauf, wie gearbeitet wird. Um sich Arbeitsaufgaben und Arbeitstätigkeit von unterschiedlichen Berufsgruppen, etwa einer Montagearbeiterin, Lehrerin, Verkäuferin, Ärztin oder Sachbearbeiterin, zu verdeutlichen oder sie miteinander zu vergleichen, ist es erforderlich, sich mit zentralen Kategorien zur Beschreibung der Arbeitstätigkeit auseinander zu setzen. Dazu gehören Qualifikationsanforderungen, Handlungsspielraum, soziale Beziehungen, Arbeitsintensität, Sicherheit, technologische Entwicklung sowie die Rahmenbedingungen der Arbeit.

Inwieweit für die Ausübung der Tätigkeit Fähigkeiten und Kompetenzen erforderlich sind, inwieweit diese weiterentwickelt werden können oder verkümmern, ist von den *Qualifikationsanforderungen* abhängig. Bestehen in einem Extremfall kaum Anforderungen an menschliche Fähigkeiten, dann sind die Arbeitenden unterfordert; in einem anderen Extremfall bestehen zu hohe (oder einseitige) Anforderungen, die nicht erfüllt werden können.

Inwieweit die Ausübung der Arbeitstätigkeit, d. h. die Ziele und die Wege der Zielerreichung, durch die Arbeitenden kontrolliert und beeinflusst werden kann, ist eine Frage des *Handlungsspielraums.* Im einen Extrem ist jeder einzelne Schritt vorgegeben; im anderen Extrem können die Arbeitenden über Arbeitsziel, Arbeitsprodukt und Arbeitsergebnis selbst entscheiden. Inwieweit die Möglichkeit besteht, bei der Arbeit mit anderen Kolleginnen und Kundinnen zu kommunizieren, inwieweit Hilfe und Unterstützung durch andere gegeben wird und inwieweit Kooperation möglich und erforderlich ist, ist eine Frage der *sozialen Beziehungen* am Arbeitsplatz. Soziale Isolation – z. B. bei manchen Überwachungstätigkeiten – ist ein Extrem dieser Dimension, soziale Überflutung durch viele und ständig wechselnde Kunden oder Klienten ein anderes.

Das erforderliche Arbeitstempo bestimmt die *Arbeitsintensität.* Im eher seltenen Extrem dehnt sich der Tag – es ist nichts zu tun. Im anderen Extrem besteht sehr hoher Zeitdruck – es muss in den Pausen durchgearbeitet werden, Überstunden sind erforderlich.

Inwieweit die Arbeitsaufgabe und ihre Bedingungen bekannt und durchschaubar sind, inwieweit Ziele klar und Prognosen über zukünftige Entwicklungen möglich sind, ist eine Frage der *Sicherheit.* Extreme Unsicherheit kann durch die unterschiedlichsten Bedingungen gegeben sein: durch unvorhersehbare Ereignisse (etwa Störfälle in Atomkraftwerken), durch unklare Ziele (soll der Kunde gut beraten werden oder soll die Verkaufsrate hoch sein?) oder durch drohende Erwerbslosigkeit. Arbeitsaufgabe und Arbeitstätigkeit und damit auch die Arbeitsinhalte werden durch *technologische Entwicklungen* am Arbeitsplatz beeinflusst.

Ferner sind *die Rahmenbedingungen* der Arbeit wesentlich: Dazu gehören neben den klassischen Umgebungsbedingungen (Lärm, Staub, Hitze usw.) auch Entgelt- und Belohnungssysteme sowie die Gestaltung der Arbeitszeit.

Mit der Arbeit sind nicht nur Status, Einkommen und Macht verbunden; die Arbeitsbedingungen beeinflussen nicht nur die Arbeitsleistung der Arbeitenden. Die Arbeit hat darüber hinaus Wirkung auf *Persönlichkeitsentwicklung, Gesundheit und Freizeit*, in erster Linie der Arbeitenden selbst, aber auch auf ihre Familienangehörigen, die weit über das Arbeitsleben hinausgeht: Im Rahmen der vorberuflichen Sozialisation werden Kindern Arbeitstugenden vermittelt, eignen sich Heranwachsende Haltungen und Kompetenzen an, die im späteren Erwerbsleben erforderlich, manchmal auch hinderlich sind. Auch das Leben nach der Erwerbsarbeit, der so genannte Ruhestand, bleibt nicht unbeeinflusst von den jahrzehntelang erlebten Arbeitsanforderungen und Arbeitsbedingungen.

5 Psychologische Konzepte zum Verständnis der Arbeitswelt

Die Arbeits- und Organisationspsychologie verfügt über eine Vielzahl von theoretischen Ansätzen. Zum Teil ergänzen sich diese Konzepte, zum Teil widersprechen sie sich. Die Suche nach dem «roten Faden» fällt schwer. In vielen Lehrbüchern oder Überblickswerken erfolgt eine Systematisierung, indem auf unterschiedliche Ebenen – Individuum, Gruppe, Organisation – und auf unterschiedliche Problembereiche – z. B. Bedeutung der Arbeit, Personalentwicklung, Entscheidung in Organisationen – verwiesen wird. Im Folgenden soll dargestellt werden, inwieweit arbeitspsychologisches Wissen als Grundlage praktischen Handelns verfügbar ist. Dies kann hier nur exemplarisch erfolgen. Wir beschränken uns auf Konzepte der Handlungsregulationstheorie – zum einen, da Arbeitshandeln eine zentrale Kategorie der Arbeits- und Organisationspsychologie ist, zum anderen, da hierzu in den letzten Jahren eine beispielhafte Theorieentwicklung zu verzeichnen ist.

Arbeitshandeln: Merkmale und Interventionsansätze

In der Psychologie wurde eine Reihe von Ansätzen entwickelt, die die Regulation von Handlung zum Gegenstand haben. Dazu gehören z. B. Konzepte, die die Bedeutung von Handlungsintentionen betonen, Konzepte zur Zielbildung oder Ansätze, die bei der Handlungssteuerung die Regulation von Motivation und Emotion einbeziehen (vgl. Boekaerts, Ointrich & Zeidner 2000). In der Arbeitspsychologie spielt die so genannte Handlungs(regulations)theorie eine besondere Rolle (vgl. Hacker 1998; Volpert 1987). Sie beschäftigt sich vor allem mit der kognitiven Steuerung von individuellem Arbeitshandeln bei vorgegebenen Zielen. Verschiedene handlungstheoretische Modelle stimmen in der Beschreibung der Grundstruktur menschlichen Handelns überein. Diese besteht aus Zielbildungs-, Planungs-, Ausführungs- und Rückkoppelungsprozessen. Es wird davon ausgegangen, dass Handeln hierarchisch organisiert ist. Übergeordnete Einheiten lassen sich in untergeordnete Einheiten gliedern; alle entsprechen der genannten Grundstruktur. So sind übergeordneten Zielen Teilziele zuzuordnen, die sich wiederum in Unterziele gliedern lassen. Jede

Handlung ist damit in übergeordnete Handlungszusammenhänge eingebettet.

Eine Handlungsplanung besteht darin, dass übergeordneten Zielen Teilziele und Unterziele zugeordnet werden. Da nicht alle Handlungsbedingungen bekannt sind, wird kein detailliert ausgearbeiteter Plan erstellt; dies wäre ineffizient. Effiziente Handlungsorganisation zeichnet sich dadurch aus, dass Ziele der oberen Ebene beibehalten werden, Teilziele oder Unterziele – und damit die konkrete Ausführung – aber variabel den jeweiligen Bedingungen angepasst werden (stabil-flexible Handlungsplanung).

Untersuchungen in unterschiedlichen Kontexten – im Studium, bei Unternehmensgründung oder bei der Lösung komplexer Aufgaben im Labor – zeigen, dass Planungsprozesse wesentlich für *effektives Handeln* sind. Planung erfolgt dabei handlungsvorbereitend und handlungsbegleitend, häufig unvollständig. Planung bezieht sich auf die kognitive Durchdringung einer Arbeitsaufgabe, auf die Regulierung von Emotionen (z. B. Interesse an der Aufgabe entwickeln) und auf Strategien der Selbstmotivation. Neben der Planung ist die Zielorientierung, d. h. die Frage, wie hartnäckig Ziele verfolgt werden, wesentlich für die Effektivität einer Handlung. Optimal scheint dabei ein mittleres Ausmaß an Zielorientierung und Planung zu sein, wenn diese sich lediglich auf zentrale Bedingungen und Prozesse bezieht.

Wesentlich für die Handlungsregulation ist das Wissen über Handlungsabläufe, Handlungsbedingungen und Handlungsfolgen (Operative Abbildsysteme, Aktionsprogramme im Sinne von Hacker 1998). Da Handlungen unterschiedlich komplex sein können, werden verschiedene Ebenen der Handlungsregulation unterschieden; auf der untersten Ebene (sensumotorische Ebene) geht es um die – in der Regel nicht bewusste – Ausführung von Handlungen, auf der obersten Ebene um die Erschließung neuer Handlungsbereiche. In diesem Zusammenhang ist die Unterscheidung zwischen einer vollständigen und einer unvollständigen, partialisierten Handlung bedeutsam. Handlungen können in Bezug auf zwei Aspekte vollständig sein: einerseits in ihrer hierarchischen Struktur, andererseits sequenziell, d. h. bezüglich der Abfolge und Vollständigkeit verschiedener Handlungsschritte. Sequenziell *vollständig* sind Handlungen dann, wenn sie den gesamten Handlungszyklus (u. a. Zielbildung, Planung, Ausführung, Kontrolle) enthalten. Sehr häufig ist dies nicht der Fall. Beschäftigte im Betrieb erhalten nur die Planungs- und Ausführungsaufgaben oder sogar nur die Ausführungsaufgaben. Die Zielbildung oder auch die Kontrolle über die Art der Ausführung bleibt anderen überlassen. Die so genannte Endkontrollabteilung in vielen Produktionsbetrieben ist Zeugnis einer solchen Arbeitsteilung.

Eine *hierarchisch unvollständige* oder *partialisierte* Handlung liegt dann vor, wenn die oberen Regulationsebenen kaum von Bedeutung sind. Selbst wenn eine Handlung sequenziell vollständig ist, d. h. Planung, Vorbereitung, Organisation, Durchführung und Endkontrolle in der Hand einer Person liegen, kann dennoch eine hierarchisch unvollständige oder partialisierte Handlung vorliegen. Wenn für sämtliche Teilschritte dieser Sequenz genaue Vorgaben gemacht werden bis hin zur Anweisung, was zu unternehmen ist, um eine Aufgabe richtig vorzuplanen, dann impliziert dies, dass die gedankliche Durchdringung der Arbeitsaufgabe nicht mehr erforderlich ist. Je nachdem, welche Regulationsebene dies betrifft, ist die Partialisierung mehr oder weniger ausgeprägt. Manche Formen z. B. der Fließbandarbeit oder einfache Dateneingabe bedeuten, dass die Handlungen vorwiegend durch die unterste Regulationsebene gesteuert sind, also hochautomatisiert ablaufen, ohne Einschaltung von Denkprozessen.

Aus den genannten Überlegungen ergeben sich eine Reihe von Schlussfolgerungen für Analyse und Interventionsmethoden. Beispiele fasst der folgende Kasten zusammen.

Handlungsregulationstheorie – Schlussfolgerungen für Analyse und Intervention

Für Wohlbefinden, Gesundheit und Persönlichkeitsentwicklung förderliche Arbeitsbedingungen zeichnen sich dadurch aus, dass vollständige Handlungen ermöglicht werden und dass komplexe Regulationsanforderungen bestehen, die für die Arbeitenden Lern- und Entwicklungsmöglichkeiten bieten.
Bei unvollständigen oder partialisierten Handlungen, wenn Planungs- und Kontrolltätigkeiten nicht erforderlich sind, wenn lediglich auf unterer Ebene reguliert wird, verkümmern Fähigkeiten und Kompetenzen. Wenn die Entwicklung von Zielen und Teilzielen nicht durch den Arbeitenden erfolgt, werden das Interesse an der Arbeit und die Arbeitsmotivation reduziert. *Belastungen* ergeben sich nach diesem Konzept durch Beeinträchtigungen der Handlungsregulation, etwa dann, wenn Ziele übergeordneten Werten widersprechen, wenn Unklarheit über Ziele besteht, wenn Bedingungen bestehen, die eine Zielerreichung erschweren (vgl. Semmer 1991).
Für Interventionsmethoden ergibt sich daraus die Konsequenz, dass der wesentliche Ansatzpunkt bei Gestaltungsmaßnahmen die Arbeitsaufgabe ist. Anzustreben ist eine vollständige Arbeitsaufgabe, die Planungs-, Zielbildungs- und Kontrolltätigkeiten erfordert sowie Feedback über Arbeitsablauf und

Arbeitsergebnis ermöglicht. Interventionsmethoden auf der Grundlage der Handlungsregulationstheorie richten sich damit in erster Linie – aber nicht ausschließlich – auf die Gestaltung der Arbeitsaufgabe (vgl. Parker & Wall 1998; Ulich 1998). Darüber hinaus sind, etwa im Rahmen von Weiterbildungsmaßnahmen, Supervision oder Beratung, bei den Arbeitenden Voraussetzungen zu schaffen, um den Anforderungen einer vollständigen Arbeitsaufgabe und hoher Regulationsanforderungen nachkommen zu können. Stressmanagementseminare oder Programme zur betrieblichen Suchtprävention und betrieblichen Gesundheitsförderung sind hier einzuordnen (Bamberg, Ducki & Metz 1998).

Mit den Analyseinstrumenten der Arbeits- und Organisationspsychologie, die auf der Handlungsregulationstheorie basieren, können Planungserfordernisse und Regulationshindernisse bei der Arbeitstätigkeit erfasst werden; damit sind Hinweise auf die Persönlichkeitsförderlichkeit von Arbeitsbedingungen und auf Belastungen bei der Arbeitstätigkeit möglich (vgl. Dunckel 1999).

Die bisherigen Überlegungen bezogen sich auf individuelles Handeln. Im Kontext der Arbeitstätigkeit ist Handeln in sozialen Bezügen von besonderer Bedeutung, denn häufig wird eine Leistung mit anderen – mit Kolleginnen oder Vorgesetzten und für andere – etwa für die Familie, für Patienten, Klienten oder Kunden – erbracht.

In jüngerer Zeit wurde eine Reihe von – vor allem sozialpsychologischen – Konzepten entwickelt, die sich mit Gruppenprozessen sowie mit den Voraussetzungen, Bedingungen und Folgen von Arbeitshandeln in Gruppen beschäftigen, etwa zu Gruppenkohäsion, zu «prosocial behavior» oder «organizational citizenship behavior». Letztere bezeichnet für die Organisation dienliche Verhaltensweisen, die jedoch nicht direkt von ihr gefordert werden. Diese Konzepte greifen jedoch insofern zu kurz, als kaum ein Bezug zu objektiven Aufgabenmerkmalen oder Tätigkeitsstrukturen hergestellt wird, obwohl diese die Kooperation in einer Gruppe bestimmen. Weber (1997) setzt dem das Konzept der kollektiven Handlungsregulation (KHR) entgegen. Wesentliche Elemente der KHR sind die Erzeugung eines gemeinsamen Plans, die Verschränkung kommunizierter und nicht-kommunizierter Entscheidungsprozesse und der wechselseitige Austausch und Aufbau gemeinsamen Wissens und Lernens. Wichtig für das kollektive Handeln bei Gruppenarbeit ist die so genannte Kernaufgabe, die unterschiedlich komplex sein kann. Mit steigendem Niveau der kollektiven Regulationserfordernisse steigen die gemeinsame Aufgabenorientierung und die Bereitschaft zur kooperativen Zusammenarbeit. Auf diesem Hintergrund entwickelt Weber ein Instrument zur

Analyse von Gruppenarbeit, das als Grundlage für Gestaltungsvorschläge dienen kann.

Haus- und Familienarbeit, als ein weiteres Beispiel von Arbeit in sozialen Bezügen, wurde in der Arbeitswissenschaft in der Vergangenheit weitgehend ausgeklammert. Damit blieb ungeklärt, wie diese zu analysieren und zu gestalten ist und ob die Bewertungskriterien der Arbeit im betrieblichen Kontext auch auf Haus- und Familienarbeit übertragen werden können. Das Verfahren zur Analyse von Arbeit im Haushalt (AVAH-Verfahren; Resch 1999) ermöglicht die Kennzeichnung psychologischer Merkmale dieser Tätigkeiten, die Kennzeichnung von Betreuungsarbeit und von sozialen Bezügen der Hausarbeit. Damit ist ein Forschungswerkzeug geschaffen für die auch schon früher immer mal wieder problematisierte, aber nie ernsthaft untersuchte Wechselwirkung von bezahlter und unbezahlter Arbeit bzw. dem Thema der so genannten Mehrfachbelastung durch Erwerbsarbeit und Familienarbeit. Es handelt sich hier um ein Thema, das im Laufe der nächsten Jahrzehnte seine traditionelle Frauenspezifik vielleicht doch einmal verlieren wird.

Überlegungen zum Handeln im organisationalen Kontext und damit die Frage, welche Bedingungen dazu führen, dass sich Personen für oder gegen Organisationsziele engagieren und welche Faktoren Aktivierungsprozesse zur Durchsetzung individueller oder kollektiver Interessen begünstigen, wurden von Greif (1983) angestellt.

Abhängig Beschäftigte haben demnach ein grundlegendes Interesse an einer langfristigen Sicherung der eigenen Arbeitskraft (Reproduktionsinteresse) und damit die Bereitschaft, sich individuell oder kollektiv gegen deren Verschleiß zur Wehr zu setzen. Um ihre Reproduktionsinteressen durchzusetzen, entwickeln sie Leistungs- und Fairnessnormen sowie Verhaltensregeln.

Arbeitsgruppen belohnen im Allgemeinen diejenigen Mitglieder, die sich entsprechend den Normen und Regeln verhalten, während diejenigen, die sich nicht entsprechend verhalten, bestraft werden. Demnach sind Leistungsanstrengungen in Organisationen davon abhängig, inwieweit angestrebte Ziele erreicht werden können, dies mit positiven Konsequenzen verbunden ist und inwieweit hohe Leistungsanreize und geringe alternative Anreize bestehen. Aktivierungsprozesse, also etwa Widerstand in Organisationen, entstehen dagegen durch kollektiv benachteiligte Reproduktionsinteressen, d. h. durch Situationen, in denen ganze Gruppen, Schichten oder Klassen benachteiligt werden.

Viele organisationspsychologische Konzepte gehen davon aus, dass in Kenntnis wesentlicher Informationen rational Entscheidungen getroffen werden, die von den Organisationsmitgliedern geteilt und entsprechend der Struktur und Arbeitsteilung in der Organisation umgesetzt werden.

Wer sich längere Zeit mit Prozessen in Organisationen auseinander gesetzt hat, stellt dies jedoch in Frage. Die alltägliche Beobachtung zeigt, dass Handeln in oder von Organisationen nicht nur zweckrational an den Zielen der Organisation ausgerichtet abläuft. Individuelle Interessen oder die Interessen einzelner Gruppen spielen eine bedeutsame Rolle. Entscheidungen in Organisationen erscheinen dadurch oft zufällig und irrational, abhängig von den jeweiligen Entscheidungsgelegenheiten oder von den aktuellen Akteuren. Dies verweist auf die Bedeutung «mikropolitischer» Prozesse (vgl. Neuberger 1995): Einzelne oder Koalitionen versuchen in Organisationen durch «Alltagspolitik im Kleinen» ihre Interessen durchzusetzen. Die Berücksichtigung von Reproduktionsinteressen dürfte bei der Erklärung von solchen mikropolitischen Prozessen eine wesentliche Rolle spielen.

Möglichkeiten und Grenzen arbeitspsychologischer Konzepte

Als ein zentrales Konzept der Arbeits- und Organisationspsychologie wurde im vorangegangenen Abschnitt die Handlungsregulationstheorie dargestellt. Damit ist eine der wenigen «Schulen» angesprochen, die in der Forschung und Praxis der Arbeits- und Organisationspsychologie verbreitet ist. Von «Schulen» sprechen wir in der Wissenschaft dann, wenn eine Gruppe von Wissenschaftlerinnen und Wissenschaftlern über längere Zeit hinweg kontinuierlich von weitgehend übereinstimmenden theoretischen Grundlagen und methodologischen Konzepten ausgeht.

Der Nachteil des Arbeitens im Kontext einer Schule ist die Gefahr, vieles auszuklammern und sich gegenüber Veränderungen und Innovationen abzuschirmen. Die Übergänge vom innovativen Vertreter zum Kritiker und Außenseiter sind nicht immer leicht zu erkennen.

Vorteil der Einbindung in eine Schule ist, dass ein bestimmtes Thema oder ein Problembereich von unterschiedlichen Personen in ähnlicher Weise bearbeitet wird. Dies erleichtert z. B. die Integration vorhandenen Wissens oder bereits entwickelter Verfahren in die eigene Arbeit. Auch sind die eigenen Ergebnisse aus Forschung und Praxis leichter mit denen anderer vergleichbar. Unterschiede und Verallgemeinerungen sind besser zu erkennen, die beteiligten Wissenschaftlerinnen und Praktiker sprechen eine «gemeinsame Sprache». Praktische Beispiele für den Vorteil der Handlungsregulationstheorie als Schule sind etwa, dass auf dieser Grundlage eine Vielzahl von Instrumenten entwickelt wurde, um menschliches

Arbeitshandeln zu beschreiben. Auch theoretische Weiterentwicklungen liegen inzwischen vor: z. B. zu hochkomplexen geistigen Tätigkeiten, zum Handeln im sozialen Kontext, insbesondere die Gruppenarbeit oder die Arbeit in der Familie. Auch zum Handeln in Organisationen wurde auf einige wichtige Entwicklungsarbeiten verwiesen.

«Schulen» helfen zudem, bei praktischen Problemen die richtigen Fragen zu stellen. An dem im zweiten Abschnitt aufgeführten Beispiel der Marssonde lassen sich aus einer handlungstheoretischen Perspektive z. B. die folgenden Fragen ableiten: Wie lässt sich der wechselseitige Bezug von Handlungen unterschiedlicher Akteure – hier: des Entwicklungsteams und der Konstrukteure, Mitglieder verschiedener Organisationen – beschreiben? Was sind die Merkmale der aufgabenbezogenen Interaktion und Kooperation? Welche Einflussfaktoren auf das Handeln der verschiedenen Arbeitsgruppen spielen eine Rolle? Sind die Aufgaben so gestaltet, die Arbeit so organisiert, dass vollständige Aufgaben vorliegen, Qualitätsarbeit bis zum «Endprodukt» gesichert ist?

Die Bewährungsprobe der in der Arbeits- und Organisationspsychologie bedeutsamen handlungstheoretischen Schule steht bevor. Es wird zu prüfen sein, ob sie geeignet ist, die wesentlichen Charakteristika von Handlungen unter sich rapide verändernden, oft langfristig kaum zu durchschauenden Bedingungen zu beschreiben, und ob auf dieser Grundlage Veränderungen der Arbeitswelt (vgl. Abschnitt 3) analysiert und gestaltet werden können. Des Weiteren ist zu prüfen, ob diese Modelle den vielfachen Aufgabenbereichen der sich entwickelnden Dienstleistungen gerecht werden. Bei vielen Dienstleistungen ist die Beeinflussung von Emotionen ein wesentlicher Aufgabenbestandteil. Gerade die Emotionen sind in handlungstheoretischen Konzepten bislang eher von untergeordneter Bedeutung.

Schulen, wie etwa die der Handlungsregulationstheorie, sind ein notwendiger Bestandteil einer angewandten Wissenschaft. Doch ohne die Fülle von einzelnen Konzepten, die zum Teil unverbunden sind und die häufig unvereinbar scheinen, kommt eine angewandte Wissenschaft nicht aus. Und sie benötigt noch mehr: den Blick über den Tellerrand.

6 Arbeits- und Organisationspsychologie im Kontext anderer Fachdisziplinen

Die beständige Notwendigkeit der Qualifikationsentwicklung erfordert Kenntnisse und Erfahrungen aus dem Bereich der Pädagogischen Psychologie. Forschungsbefunde zur beruflichen Sozialisation können im Gegenzug die Erkenntnisse der Pädagogischen Psychologie bereichern.

Erkenntnisse über die Auswirkungen der Arbeit auf Gesundheit bzw. Krankheit und Privatleben wiederum stellen eine Bereicherung der Klinischen Psychologie und Gesundheitspsychologie dar, da die Entstehung bzw. Entwicklung von psychischen Krankheiten, Wohlbefinden und Kommunikationsformen in der Familie auch unter Berücksichtigung der Bedingungen der Arbeitswelt betrachtet werden können. Die Klinische Psychologie und Gesundheitspsychologie wiederum erbringen Beiträge zu betrieblichen Themen wie Suchtprävention im Betrieb und Stressmanagement.

Die Auseinandersetzung mit der sozialen Einbindung im Betrieb, mit Aspekten der Führung und der Arbeit in Gruppen berührt die sozialpsychologische Forschung. Deren Grundlagen helfen bei der Entwicklung von Interventionskonzepten im Betrieb. Die arbeitspsychologische Praxis wiederum bietet Untersuchungsmöglichkeiten sozialer Prozesse außerhalb der in der Sozialpsychologie dominierenden Laborforschung.

Grundlagenkonzepte der Psychologie wie Wahrnehmung, Denken, Handeln und Emotionen werden in der Modellbildung für die arbeits- und organisationspsychologische Forschung und Praxis aufgegriffen und bestimmen auch hier das praktische Handeln, z. B. bei der Gestaltung von Benutzeroberflächen oder Bedienelementen nach wahrnehmungspsychologischen Erkenntnissen.

Die Forschungsmethoden, auf die die Arbeits- und Organisationspsychologie zurückgreift, stammen aus dem allgemeinen Fundus der Psychologie: Beobachtung, Interview, standardisierte Erhebungen und quantitative Datenanalyse, offene und qualitative Datenerhebung und Auswertung, repräsentative Studien und Einzelfallbeobachtung, Testentwicklung gemäß klassischer Testtheorie, Evaluationsdesigns usw. (vgl. Bungard, Holling & Schultz-Gambard 1996). Die größtenteils auf angewandte Fragestellungen ausgerichtete Forschung unterscheidet sich aber insofern von den zumeist laborexperimentell gestalteten Bedingungen der Grundlagenforschung, als deren ideale Untersuchungsbedingungen für die Arbeits- und Organisationspsychologie aufgrund von spezifischen Anforderungen in Organisationen nur zum Teil realisierbar sind. Zu den besonderen Gegebenheiten im betrieblichen Kontext gehören z. B. die Koordinationserfordernisse von Untersuchungszeit und Arbeitszeit, Datenschutzanforderungen (die z. B. eine Zuordnung der Aussagen von Mitgliedern einer Arbeitsgruppe zu einer bestimmten Führungskraft erschweren können), geringer Einfluss auf die Zusammenstellung der Stichprobe und die Unangemessenheit eines experimentellen Designs im betrieblichen Kontext usw. Dies impliziert, dass in diesem Bereich der angewandten Forschung die in der Psychologie verbreiteten und in der Regel wenig hinterfragten Forschungsmethoden überdacht werden müssen. Der notwendige kreative Umgang mit Forschungsmethoden in der angewandten Forschung erfordert besonders viel Methodenkompetenz, da selten auf Standardlösungen zurückgegriffen werden kann.

Mehrere Argumente sprechen dafür, dass solche Methodenkompetenz nicht nur das Werkzeug für die Forschung ist, sondern auch ein wichtiges Rüstzeug für die Praxis darstellt. Nur mit methodischer Kompetenz kann die Weiterentwicklung des Faches eingeschätzt werden, angesichts der Regale füllenden psychologischen Ratgeberliteratur die Spreu vom Weizen getrennt werden und Ansatzpunkte und Wirksamkeit des eigenen Handelns beurteilt werden. Nur mit methodischer Kompetenz kann somit zur Weiterentwicklung des Faches beigetragen werden. Ferner ist zu erwarten, dass bei zunehmendem Kostendruck oder Kostenbewusstsein in den Betrieben vermehrt Wirksamkeitsnachweise für Interventionsmaßnahmen verlangt werden. Jeder Praktiker ist also gut beraten, seine Interventionen sorgfältig begründet zu haben und evaluieren zu können (oder zumindest zu wissen, wie sie durch andere evaluiert werden können).

Instrumente zur Analyse der Arbeitstätigkeiten unter verschiedenen Gesichtspunkten, diagnostische Instrumente der Personalauswahl u. a. wurden inzwischen in vielfältiger Weise entwickelt. Neben dem Rückgriff auf die allgemeine Methodenentwicklung in der Psychologie ist also die Kenntnis des spezifischen Fundus der Arbeits- und Organisationspsychologie unerlässlich. Im Hinblick auf die praktischen Interventionsmöglichkeiten ist die Lage ähnlich: Einerseits hat die A & O einige spezifische Interventionskonzepte entwickelt, z. B. Konzepte der Gestaltung vollständiger Arbeitsaufgaben. Andererseits sind in der Praxis Anleihen aus den psychologischen Nachbardisziplinen hilfreich. So greifen beispielsweise Ansätze des Coachings – der Einzelberatung einer Führungskraft – auf Supervisionskonzepte der Pädagogischen Psychologie und der systemischen familientherapeutischen Arbeit zurück.

Jedoch bestehen nicht nur Berührungspunkte mit den Nachbardisziplinen innerhalb der Psychologie. Auch fächerübergreifend ergeben sich in Forschung und Praxis gemeinsame Arbeitsfelder, insbesondere mit der Betriebswirtschaft, mit den Ingenieurwissenschaften, (Arbeits-)Medizin, Arbeitswissenschaften, Gesundheitswissenschaften inklusive Rehabilitation und mit den Rechtswissenschaften: Die Tätigkeit des Psychologen im Betrieb ist eingebunden in arbeitsrechtliche Regelungen. Betriebswirtschaftler weisen häufig Spezialisierungen im Bereich der Personalführung auf oder sind für das Controlling zuständig. Ingenieurwissenschaftler gestalten die «hardware» im Betrieb, d. h. die Maschinen. Die Gestaltung der Maschinen wiederum enthält wesentliche Vorgaben, wie die Arbeit im Betrieb organisiert wird. Im Extremfall kann das Resultat der ingenieurwissenschaftlichen Tätigkeit der völlig isolierte Einzelarbeitsplatz oder die befriedigende soziale Interaktion sein. Möglichst frühzeitige Kooperation schon bei der technologischen Gestaltung zwischen Arbeits- und Organisationspsychologie und Ingenieurwissenschaften kann demzufolge als eine präventive Interventionschance gesehen werden.

Wie neuere Untersuchungen zeigen, kennen Vertreter der Wirtschaft die spezifischen Kompetenzen der Psychologinnen und Psychologen nur unzureichend (vgl. Schmidt 2000). Wenn es gelingt, diese Informationslücke zu schließen, ist eine anhaltend positive Arbeitsmarktperspektive für künftige Arbeits- und Organisationspsychologinnen und -psychologen zu erwarten. Künftige Arbeits- und Organisationspsychologinnen und -psychologen sind also gut beraten, sich mit diesen Nachbardisziplinen auseinander zu setzen, um ihr Fachwissen diesen Berufsgruppen gegenüber überzeugend darzustellen und mit den Nachbardisziplinen in Dialog treten zu können.

7 Die Arbeits- und Organisationspsychologie im Spannungsfeld verschiedener Interessengruppen

Weiter oben wurde dargestellt, dass es Aufgabe der A & O sei, Schädigungen für Menschen und Einrichtungen zu verhindern und auf Verbesserungen in der Arbeitswelt hinzuwirken, um damit Gesundheit und Wohlbefinden der Beschäftigten zu schützen und zu fördern. Gesundheit und Wohlbefinden – so zeigt die arbeitspsychologische Stressforschung – ist nicht nur durch die Vermeidung von Stressoren zu erreichen. Dazu ist mehr notwendig: die Schaffung von positiven Arbeitsbedingungen, die Entwicklungsmöglichkeiten bieten (vgl. Bamberg et al. 1998).

Sowohl universitäre Forschung als auch betriebliche Praxis verlangt nach finanzieller Grundlage. Getreu der alten Weisheit «Wes Brot ich ess, des Lied ich sing!» fragt sich, welchen Stellenwert die o. g. Zielvorgabe der Schaffung von entwicklungsförderlichen Arbeitsbedingungen hat. Handelt es sich dabei um Wunsch oder Wirklichkeit, um Utopie oder Handlungsziel? Massenerwerbslosigkeit ist in unserer Gesellschaft zur Selbstverständlichkeit geworden. Zu den wesentlichen Charakteristika betrieblicher Bedingungen gehört permanenter Personalabbau durch Rationalisierung und Verlagerung von Produktionsstätten. In Betrieben und Verwaltungen wird über zunehmenden Leistungsdruck berichtet. Themen wie Burn-out und Mobbing sind populär wie nie zuvor. Die Handlungslogik der Geschäftsleitung eines Betriebes ist an Gewinnmaximierung und damit an der maximalen Nutzung der Arbeitskraft ausgerichtet. Wer definiert die Zielvorgabe, den Arbeitsauftrag der Arbeits- und Organisationspsychologie in Forschung und Praxis?

Anders als in der Medizin gibt es für die Psychologinnen und Psychologen keinen hippokratischen Eid, der dazu verpflichtet, das Leben des Einzelnen über alle anderen Interessen zu stellen. Arbeits- und Organisationspsychologie verfügt aber über einen ausreichenden Wissensfundus, um förderliche und beeinträchtigende betriebliche Bedingungen zu untersuchen. Sie kann damit auch erkennen, welche Formen der Nutzung der «Humanressource Mensch» durch den Betrieb im Widerspruch zu menschlichen Entwicklungspotenzialen stehen.

Die Orientierung des eigenen professionellen Handelns an den Entwicklungspotenzialen der Individuen ist im betrieblichen Kontext keine leichte Aufgabe. Die negativen Folgen von kurzfristigem Kosten-Nutzen-Denken und die damit häufig verbundene unangemessene Nutzung der «Humanressource Mensch» zeigt sich oft erst nach längerer Zeit und möglicherweise gar nicht im betrieblichen Kontext. Beispielsweise können familiäre Spannungen aufgrund überlanger oder nicht vorhersehbarer Arbeitszeiten oder krankheitsbedingte Frühverrentung aufgrund beständiger Überforderungen eines einzelnen Arbeitnehmers für den Betrieb einen nur unwesentlichen «Kostenfaktor» darstellen, für den Betroffenen aber lebensbestimmend sein.

Die Arbeit ist so zu gestalten, dass menschliche Entwicklungspotenziale gefördert werden, um damit der «Humanressource Mensch» gerecht zu werden. Dies setzt neben der Umsetzung fundierten psychologischen Wissens voraus, dass Psychologinnen und Psychologen die Möglichkeiten und Grenzen des Handelns erkennen und diese dem Arbeitgeber gegebenenfalls vermitteln. Dies erfordert eine regelmäßige Selbstreflexion des Handelns, die moralische Integrität des Einzelnen, einen ständigen Austausch mit Fachkollegen und eine permanente Auseinandersetzung mit allen beteiligten Gruppen.

Literatur

Bamberg, E., Ducki, A. & Metz, A.-M. (1998). Betriebliche Gesundheitsförderung. Handbuch arbeits- und organisationspsychologischer Grundlagen und Methoden. Göttingen.

Bausch, M. (1999). Psychologinnen und Psychologen. Arbeitsmarktinformationsstelle: Bonn.

Boekaerts, M., Ointrich, P. R. & Zeidner, M. (2000). Handbook of self-regulation. New York.

Bungard, W., Holling, H. & Schultz-Gambard, J. (1996). Methoden der Arbeits- und Organisationspsychologie. Weinheim.

Dunckel, H. (Hg.) (1999). Handbuch psychologischer Arbeitsanalyseverfahren. Stuttgart.

Greif, S. (1983). Konzepte der Organisationspsychologie. Bern.

Hacker, W. (1998). Allgemeine Arbeitspsychologie. Psychische Regulation von Arbeitstätigkeiten. Bern.

Neuberger, O. (1995). Mikropolitik. Stuttgart.

Parker, S. & Wall, T. (1998). Job and work design. London.

Pietrzak, M. (1997). Psychologie für die Wirtschaft – Eine Imageanalyse. Das Image von Psychologen aus der Sicht österreichischer Unternehmer. Unveröffentlichte Diplomarbeit. Universitätsbibliothek Wien.

Resch, M. (1999). Arbeitsanalyse im Haushalt. Erhebung und Bewertung von Tätigkeiten außerhalb der Erwerbsarbeit mit dem AVAH-Verfahren. Zürich.

Schmidt, O. (2000). Kundenorientierung und Kundenzufriedenheit der Arbeits- und Organisationspsychologie. Unveröffentlichte Diplomarbeit am Fachbereich Psychologie der Universität Osnabrück.

Semmer, N. (1991). Stressbezogene Tätigkeitsanalyse. Weinheim.

Ulich, E. (1998). Arbeitspsychologie. Stuttgart.

Volpert, W. (1987). Psychische Regulation von Arbeitstätigkeiten. In: J. Rutenfranz & U. Kleinbeck (Hg.), Arbeitspsychologie. Enzyklopädie der Psychologie, S. 1–42, Göttingen.

Weber, W. (1997). Analyse von Gruppenarbeit. Kollektive Handlungsregulation in soziotechnischen Systemen. Bern.

Josef Held

2.3 Pädagogische Psychologie

1 Das Selbstverständnis im Wandel

Zu allen Zeiten haben sich Menschen über psychologische Fragen im Erziehungsgeschehen Gedanken gemacht. Noch am Anfang des 20. Jahrhunderts waren Psychologie und Pädagogik an deutschen Universitäten in einem Institut vereinigt. In vielen Ländern ist das heute noch so. Erst durch die institutionelle Trennung der Psychologie von der Pädagogik entstand die Notwendigkeit zu einer eigenen Disziplin Pädagogische Psychologie. In diesem Sinn kann sie potenziell eine Brücke zwischen Psychologie und Pädagogik bilden, faktisch stellt sie eine «Grenzprovinz» (vgl. Weidenmann et al. 1986, S. 3) zwischen den beiden Fächern dar. In den psychologischen Instituten gibt es heute – in Deutschland – meist eine Abteilung für Pädagogische Psychologie, da diese das dritte Anwendungsfach in der Diplomausbildung darstellt; aber auch in den pädagogischen Instituten gibt es Abteilungen für Pädagogische Psychologie, die sich um die Ausbildung von Sozialpädagogen, Erwachsenenbildnern und Lehrern bemühen. Je nach ihrer Nähe zur Pädagogik oder zur Psychologie unterscheidet sich ihr Selbstverständnis (vgl. Hofmann & Ommerborn 1998). Die heutige Vielgestaltigkeit der Pädagogischen Psychologie und ihres Selbstverständnisses hat sicher hierin eine ihrer Wurzeln.

Nicht nur die Entwicklung der Institutionen, sondern auch die *Entwicklung der Praxisfelder* beeinflusste das Selbstverständnis der Pädagogischen Psychologie. Zu Beginn des Fachs – also an der Wende vom 19. zum 20. Jahrhundert – stellten Schule und Familie die Aufgaben. Da – im deutschsprachigen Raum – schulisches Lernen als Teil der Erziehung galt, war Pädagogische Psychologie am Anfang mit Erziehungspsychologie weitgehend identisch. In den 1960er Jahren rückte die Reform der Schule ins

Zentrum der Aufmerksamkeit. Die Schulen erhielten eine zentrale Aufgabe für die Entwicklung und Reproduktion der Gesellschaft. Lehren und Lernen sollten effektiviert werden, Erziehung trat in den Hintergrund. Das Hauptwerk der 1960er Jahre zur Pädagogischen Psychologie spiegelt dieses neue Verständnis wider; in jedem Kapitel steht das schulische Lehren und Lernen im Mittelpunkt (vgl. Weinert 1967).

In den 1970er Jahren differenzierten sich die sozialpädagogischen Berufsfelder und die Erwachsenenbildung aus; entsprechende Ausbildungsgänge wurden auch an den Universitäten geschaffen, neue Berufe und gesellschaftliche Aufgaben entstanden. Dem trug die Pädagogische Psychologie insofern Rechnung, als sie ihr Aufgabenfeld auszuweiten versuchte. Das Feld der Pädagogischen Psychologie wird nun weiter definiert, nämlich als «pädagogische Situationen», und so versuchte sie sich neuen Praxisfeldern und Aufgaben vorsichtig zu öffnen. So unterscheidet das Hauptlehrbuch der frühen 1980er Jahre (vgl. Weidenmann et al. 1986) einen «Kernbereich» und «Randbereiche» der Pädagogischen Psychologie (ebd., S. 7). In den Randbereichen kommen die neuen Aufgaben zur Geltung, wie Medienpsychologie, Gemeindepsychologie oder Organisationspsychologie (vgl. Perleth & Ziegler 1999). Jedes Problem, das die Schlagzeilen füllt und mit Erziehungsfragen in Zusammenhang gebracht werden kann, wird nun tendenziell zu einer Aufgabe der Pädagogischen Psychologie, sei es der sexuelle Missbrauch, die Gewalt in der Schule oder die Leistungsängstlichkeit (vgl. Rost 1998).

Diese Ausweitung des Aufgabenkatalogs und damit die Ausweitung des Selbstverständnisses des Fachs stellt jedoch nur eine Entwicklungslinie dar.

Es gibt auch eine dominante Gegentendenz, nämlich die starke Einengung der Aufgabenstellung. Diese Tendenz, die vor allem von der akademischen Psychologie ausgeht, versucht, sich an das amerikanische Selbstverständnis der Educational Psychology anzunähern, und setzt sie mit der Pädagogischen Psychologie gleich. Die Educational Psychology war aber von Anfang an eine reine Schulpsychologie (vgl. Berliner & Calfee 1996; Gage & Berliner 1996). Eine scheinbare Ausweitung über die Schule hinaus wird in den letzten Jahren durch die Umbenennung der Educational Psychology in «Instructional Psychology» versucht. Dies bedeutet jedoch eine zusätzliche Einengung des ohnehin schon auf Lehren und Lernen reduzierten Verständnisses (vgl. Mietzel 1998). Nur noch das «Lehren» gilt demnach als Aufgabe der Pädagogischen Psychologie. Die starke Orientierung des Mainstreams der Pädagogischen Psychologie an Amerika und ihre Dominanz gegenüber der an der Pädagogik und ihren Arbeitsfeldern orientierten Pädagogischen Psychologie verringert zunehmend die Vielfalt des Fachs. So konstatiert Rolf Oerter schon 1987: «Obwohl im deutschsprachigen Raum Pädagogische Psychologie und educational psychology niemals gleichbedeutend waren, läßt sich nicht leugnen, daß auch bei uns der Schwerpunkt der Forschung und praktischen Anwendung im Bereich der Instruktionspsychologie zu suchen ist» (Oerter 1987, S. 1). Das amerikanische Lehrbuch von Gage und Berliner gilt seit über 20 Jahren auch in Deutschland als Standardwerk. Das erste Kapitel trägt den Titel «Pädagogische Psychologie für den Lehrer», und von diesem verengten Selbstverständnis weicht das Werk auch in der fünften Auflage 1996 nicht ab.

2 Pädagogische Psychologie als Psychologie für Pädagogen?

Die Geschichte der Pädagogischen Psychologie wird gern in Stufen des wissenschaftlichen Fortschritts eingeteilt. Am Anfang der Entwicklung steht dabei meist «die bloße Übertragung psychologischer Erkenntnisse auf pädagogische Probleme» (Weinert 1967, S. 17). Dies gilt als überholter früher Entwicklungsstand. Jedoch, «nichts liegt näher als der Versuch, einen unter der Anwendungsperspektive verkürzten Lehrgang der Psychologie für die Unterrichtung des Lehrers (und anderer Pädagogen, J. H.) als Pädagogische Psychologie zu verstehen» (Ewert 1979, S. 16). Sieht man sich neuere Lehrbücher an, dann bemerkt man, dass die Pädagogische Psychologie auch heute noch dieser Versuchung erliegt (vgl. Keller 1994). Die Charakterisierung von Ewert gilt offenbar immer noch: «Der unbefangene Leser solcher Texte fühlt sich unversehens in eine psychologische Hitparade versetzt, bei der Evergreens aus allen Sparten der Psychologie vorgestellt werden» (1979, S. 17).

Was dabei herauskommt, wenn man Ergebnisse und Theorien aus beliebigen anderen psychologischen Disziplinen auf pädagogische Situationen einfach anwendet, soll an einem Ausschnitt aus einem neueren Lehrbuch beispielhaft analysiert werden. Solche Beispiele finden sich übrigens in diesem Lehrbuch im Vergleich zu anderen sogar noch vergleichsweise selten:

> «Der Lehrer, den beim Verlassen der Klasse eine Apfelsine am Hinterkopf trifft, wird darauf mit einer Ablaufänderung seiner zielorganisierten Aktivität reagieren. Sofern dieses Ereignis nicht der erwartete Regelfall ist, wird man zunächst Anzeichen von Überraschung, gekoppelt mit einer Orientierungsreaktion (Paw-

low, 1953) beobachten können (schnelles Umdrehen mit reflextypischem Gesichtsausdruck, Schadenskontrolle mit Griff an den Hinterkopf). Wie es dann weitergeht, hängt entscheidend davon ab, wie der Lehrer die Situation auffaßt. Sieht er beim Umdrehen in hämisch lachende Kindergesichter, wird er Absicht unterstellen und mit Ärger, Wut, evtl. mit Angst reagieren. (...) Ob Ärger, Mitleid oder etwas anderes aufkommt, hängt von detaillierteren Interpretationen der Situation durch den Lehrer ab und kann im zeitlichen Verlauf auch wechseln. – Emotionen hängen in diesem Beispiel davon ab, wie eine Situation aufgefaßt wird. Sie sind also den kognitiven Prozessen der Situationsauffassung nachgeordnet. Andererseits gibt es genügend Belege dafür, daß ein einmal hervorgerufener emotionaler Zustand nachfolgende Kognitionen beeinflußt» (Zajonc, in: Weidenmann et al. 1986, S. 345 f.).

Dieser Versuch, mit psychologischen Versatzstücken eine pädagogische Situation erklären zu wollen, entbehrt nicht einer gewissen Komik. Und obwohl sich der Autor bemüht, psychologisches Wissen präzise auf ein pädagogisches Beispiel anzuwenden, kann er doch die Aktion und die Reaktion in dem pädagogischen Feld nicht wirklich erklären, und er sagt auch kaum etwas Wesentliches über «Emotion und Stress bei Lehrern» – so die Kapitelüberschrift – aus, das über allgemein bekannte Banalitäten hinausginge. Der Fall wird nur in psychologische Sprache übersetzt und so zugerichtet, dass die psychologischen Theorien anwendbar werden. Genau darin liegt aber das komische Moment.

Warum können allgemeine psychologische Erkenntnisse auf pädagogische Situationen nicht einfach angewendet werden? Die oft propagierte Aufteilung in Grundlagenforschung und angewandte Forschung legt doch eine solche Anwendung nahe, wozu dient denn die Grundlagenforschung, wenn sie sich nicht auf konkrete Situationen anwenden lässt, könnte man fragen.

Pädagogische Psychologie wird heute oft als eine angewandte Wissenschaft verstanden. Das impliziert aber, dass sie auf die Grundlagen und allgemeinen Erkenntnisse der Psychologie zurückgreift. Die Problematik der Anwendung auf konkrete Situationen wird selten reflektiert, wenn von Pädagogischer Psychologie als angewandter Wissenschaft gesprochen wird. «Erst in jüngster Zeit wurde intensiver darüber nachgedacht, was Angewandte Psychologie sein könnte und ob es überhaupt eine Anwendung von Psychologie in einem unreflektierten Wortsinne gibt» (Carl Graf Hoyos 1999, S. 25).

Nun könnte man daraus folgern, dass man die Ergebnisse und Theorien der Psychologie nicht direkt auf pädagogische Situationen und Probleme übertragen kann, dass deshalb empirisch-psychologische Forschung im pädagogischen Feld selbst nötig sei, bei der wiederum auf die psychologischen Theorien Bezug genommen werden kann. So wird heute auch im Allgemeinen argumentiert. Es scheint aber fraglich, ob bei einer Untersuchung der obigen beispielhaften pädagogischen Situation etwas wesentlich anderes heraus käme als das, was bei direkter Anwendung von psychologischen Theorien oben beschrieben wurde. Auch bei dieser angewandten Forschung ginge es – entsprechend dem in der Psychologie vorherrschenden experimentellen Paradigma – um die empirische Prüfung vorgängig aufgestellter Theorien, die so allgemein und formal sein müssen, dass sie dem Anspruch an allgemein gültige Gesetzmäßigkeiten halbwegs entsprechen. Das Werfen der Apfelsine kann aber mit solchen Theorien kaum erklärt werden, da aus ihnen die konkreten Kontextbedingungen bis hin zu den gesellschaftlichen Voraussetzungen eliminiert sind. Ebenso fehlt in dem Forschungsparadigma die historisch zeitliche Dimension. Die Vorgeschichte des Lehrers mit seiner Klasse sowie die Zurichtung von Schülern und Lehrern in der Schule sind aus den Theorien ebenfalls entfernt. Übrig bleiben dann nur Theorien der aufgeführten Art, deren Überprüfung eventuell genauso komisch wirkt wie die obige Anwendung psychologischen Grundwissens auf ein konkretes Beispiel. Es nützt demnach nicht viel, wenn die Theorien in dem Feld empirisch geprüft werden, in dem man sie anwenden will, wenn diese Theorien dekontextualisiert sind, d. h. vom konkreten institutionellen und sozialen Kontext abstrahieren.

Daraus lässt sich folgern, dass das experimentell-quantitative Paradigma der Psychologie der Komplexität pädagogischer Situationen kaum gerecht werden kann. Deshalb würden sich Forschungsmethoden aus dem qualitativen Paradigma meist besser eignen.

Das Beispiel mit der Apfelsine legt zusätzlich nahe, dass die Erforschung pädagogischer Situationen interdisziplinär erfolgen müsste, da die Bedeutung des Angriffs auf den Lehrer sowie seine emotionalen Hintergründe und Folgen allein mit psychologischen Theorien nicht hinreichend erfasst werden können. Ähnlich stellt sich das für fast alle Probleme im pädagogischen Feld dar. In einer Situation, in der z. B. die Gewalt in der Schule problematisiert wird, erhält der Wurf der Apfelsine auf jeden Fall eine zusätzliche soziologische Dimension.

Vor diesem Hintergrund stellt sich das Theorie-Praxis-Problem sehr umfassend dar. Es besteht insgesamt aus drei Komplexen. Zum einen liegt das Problem in der Theorie, d. h. in der Wissenschaft selbst, zum anderen in der Praxis und zum dritten in der Vermittlung zwischen beiden. Auf der

Seite der Wissenschaft beginnt das Theorie-Praxis-Problem schon bei den allgemeinen theoretischen Grundlagen. Sie können den Blick auf die Wirklichkeit verstellen oder unangemessen einschränken. Auch die auf den konkreten Gegenstand bezogenen Theorien können – wie dargestellt – den Gegenstand verfehlen. Zusätzlich spielt die empirische Forschungsmethodik eine Rolle, die den Zugang zur empirischen Wirklichkeit strukturiert und eventuell vereinseitigt. Die Praxis wiederum kann so organisiert und orientiert sein, dass sie wissenschaftliche Ergebnisse für sich nicht nutzen kann, und schließlich können Wissenschaft und Praxis so weit voneinander getrennt sein, dass sie den gegenseitigen Nutzen von gemeinsamen Prozessen nicht mehr erkennen können.

Fundierte Auseinandersetzungen mit dem Theorie-Praxis-Verhältnis sind in der Pädagogischen Psychologie selten. In dem Lehrbuch von Weidenmann u. a. (1986, S. 48–72) wird darauf allerdings ausführlich eingegangen. Eine Lösung sehen die Autoren Andreas Krapp und Alfred Heiland darin, dass sich die Pädagogische Psychologie weder als verkürzte Allgemeinpsychologie für Praktiker noch als Anwendung ausgewählter psychologischer Theorien und Befunde auf Probleme der pädagogischen Praxis versteht, sondern als «Theorie pädagogischer Praxis» (S. 53). Sie sehen das Theorie-Praxis-Verhältnis nicht mehr als ein deduktives, d. h. als Übertragung von Wissen auf die Praxis. Die Pädagogische Psychologie «geht statt dessen *induktiv* vor und beginnt mit der Formulierung praktischer Probleme, definiert auf dieser Grundlage Forschungsfragen und versucht, diese zu beantworten» (S. 53). Die maßgeblichen praktischen Probleme sollten dabei in Auseinandersetzung mit den Praktikern bestimmt werden. Dies scheint ein möglicher Weg zu einem handlungsrelevanten Wissen. Allerdings können sich die Autoren dieses Wissen nur als «technologisches» Wissen vorstellen, das zur Effektivierung zweckrationalen Handelns eingesetzt wird.

3 Pädagogische Psychologie als Pädagogik für Psychologen?

Die Pädagogische Psychologie etablierte sich vor zehn Jahren in der Psychologie als Studienfach (vgl. Bromme 1998). Da die psychologischen Dienste in den Schulen seit Jahren rückläufig sind und sich in der Erziehungsberatung die Klinische Psychologie etabliert hat, sucht sie neue Berufsfelder und versucht in diesem Zusammenhang vor allem eine «Psychologie der Informationsgesellschaft» zu werden. Eine Psychologie der Vermittlung von Information scheint heute in vielen praktischen Zusammenhängen relevant. Die computergestützte bzw. multimediale Instruktion bzw. Informationsvermittlung hat neue Perspektiven eröffnet. Aus diesem Verständnis wird die starke Hinwendung zur amerikanischen «Instructional Psychology» verständlich. Instruktion, Lernen und Diagnostik bilden den Kernbestand dieser Instruktionspsychologie. Im Wesentlichen geht es darum, wie durch Instruktion Lernprozesse optimal gesteuert werden können. In der Enzyklopädie der Psychologie schlägt sich das im Titel des einschlägigen Bandes nieder: «Psychologie des Lernens und der Instruktion» (Weinert 1996).

Um deutlich zu machen, wie aus diesem verkürzten Verständnis von Pädagogischer Psychologie eine «Pädagogik für Psychologen» werden kann, wird zuerst auf das theoretische Grundmodell und die Forschungsmethodik der Instruktionspsychologie eingegangen, um dann die Folgen für die pädagogische Praxis zu reflektieren.

Lehren und Lernen stehen im Zentrum der Instruktionspsychologie. Lernen wird dabei verkürzt auf das Erwerben von Wissen. Während sich der frühere Behaviorismus auf das Erlernen von Fertigkeiten und von äußerem Verhalten konzentrierte, steht nach der kognitiven Wende in der Psychologie der Erwerb des Wissens im Mittelpunkt. Die behavioristischen Lerntheorien sind nicht generell aufgegeben, sondern auf das Erlernen von Verhalten beschränkt worden. Für das Erlernen von kognitiven Fertigkeiten und Wissen, mit denen sich die Instruktionspsychologie befasst, werden kognitionspsychologische Theorien herangezogen. Ihnen ist gemeinsam, dass sie sich am Modell des Computers orientieren, um kognitive Prozesse des Lernens theoretisch zu modellieren. Das wird an der Computermetaphorik ihrer Theoriesprache deutlich. Lernen gilt als «Informationsverarbeitung» zwischen «Input und Output», Informationen werden «abgelegt» in verschiedenen «Speichern» usw. Untersucht wird vor allem, wie Instruktionen wirken, ob und unter welchen inneren und äußeren Bedingungen sie zu dem vom Lehrenden gewünschten Ergebnis führen. Von Franz E. Weinert werden die neuen Schwerpunkte im Vorwort zum Enzyklopädieband «Psychologie des Lernens und der Instruktion» so zusammengefasst: «Inhaltlich gesehen geht es in diesem Band also um die Gesetzmäßigkeiten des menschlichen Lernens, seine internen wie externen Bedingungen, die Möglichkeiten und Grenzen seiner Optimierbarkeit durch Instruktion sowie um die Diagnose, Vermeidung bzw. Überwindung von Lernschwierigkeiten und um die Nutzung besonderer Lernchancen bei überdurchschnittlich leistungsfähigen Menschen» (1996, S. VII). Die «Gesetzmäßigkeiten» werden heute bevorzugt durch Computersimulationen erforscht, die «internen und externen Bedingungen» sowie die «Optimierbarkeit der Instruktion» werden bevorzugt in Laborexperimenten ermittelt, und für die Diagnose werden vor allem Tests herangezogen. Dass heute nicht mehr Benachteiligte und ihre Förderung im Mittelpunkt des Interesses stehen, wie noch in den 1960er Jahren, zeigt der Hinweis auf die «überdurchschnittlich leistungsfähigen Menschen», mit denen auf die in der Instruktionspsychologie sehr beliebte Hochbegabungsforschung verwiesen wird (vgl. dazu kritisch Holzkamp 1997, S. 54–72).

Diese Schwerpunktsetzung in der Pädagogischen Psychologie blendet soziale, institutionelle, gesellschaftliche und adressatenspezifische Voraussetzungen ebenso aus wie Besonderheiten der Inhalte, um die es beim Lernen geht. «Wenn in diesem Zusammenhang von Lernen und Instruktion gesprochen wird, so geschieht dies unabhängig davon, ob der Wissens- und Kenntniserwerb unter schulischen oder außerschulischen Bedingungen erfolgt, um welches Inhaltsgebiet es sich handelt und auch unabhängig davon, ob es sich bei den Lernenden um Kinder, Jugendliche oder Erwachsene handelt» (Weinert 1996, S. VII).

Das theoretische Grundmodell stellt also – zusammengefasst – das Lehren, reduziert auf die Einwirkung durch Instruktion, in den Mittelpunkt. Durch die Optimierung der Instruktion sollen die erwünschten Lernergebnisse gefördert werden, ohne dass man sich wesentlich um die Lebensumstände und die Subjekthaftigkeit der Lerner kümmert. Begründet wird diese Beschränkung auf die Instruktion und ihre Folgen damit, dass die Versuchsanordnungen zu aufwendig werden, wenn neben dem «Treatment» auch noch das «Setting» und «Stichprobeneffekte» einbezogen würden (Oerter 1987, S. 8).

Die experimentelle Anordnung der Instruktionsforschung muss methodisch zwischen unabhängigen und abhängigen Variablen unterscheiden, wenn sie Effekte, d. h. Kausalzusammenhänge, messen will. Die Instruktion gehört zu den unabhängigen Variablen, die abhängigen Variablen stellen überwiegend Aspekte des Lerners dar. Die Einwirkung durch Lehren führt zu Auswirkungen beim Lerner. Das stellt das Grundmodell dar, auch wenn die Informationsverarbeitung des Lerners noch so komplex modelliert wird.

Kommen wir auf die irritierende Ausgangsfrage dieses Kapitels zurück, ob die Pädagogische Psychologie eine Pädagogik für Psychologen darstellt. Man kann das beschriebene Grundmodell der Instruktionspsychologie in Verbindung mit ihrer Standardversuchsanordnung als eine Form von Pädagogik betrachten. Es handelt sich dabei allerdings um eine sehr einfache Einwirkungspädagogik bzw. um ein sehr einfaches didaktisches Modell, das weit hinter die Entwicklung der Pädagogik zurückfällt. Man könnte dagegen einwenden, dass es sich doch nur um die Erforschung der Beziehung zwischen Instruktion und Lernen handelt und keineswegs um eine praktische Pädagogik. Es besteht jedoch die Gefahr, dass in der Praxis Lernsituationen nach diesem manipulativen Grundmodell konstruiert werden, dass dadurch die Instruktionspsychologie zur Pädagogik für Psychologen wird. «Als Anwendungswissenschaft bemüht sich die Instruktionspsychologie um eine verbindende Wissenschaft (linking science) zwischen Psychologie und unterrichtlicher Praxis (Glaser 1982). Sie versteht sich dabei weitgehend als Technologie (...). Für viele ist das Ideal einer Begriffsbestimmung der Pädagogischen Psychologie daher, sie als *Technologie* pädagogischer Prozesse zu verstehen» (Oerter 1987, S. 7).

4 Pädagogische Psychologie im Widerspruch

Das einseitige Grundmodell der Instruktionspsychologie, das den Subjektcharakter des Lerners ausklammert, blieb nicht unwidersprochen. Schon 1987 führte dazu Rolf Oerter aus: «Das Prinzip der Herbeiführung kontrollierter Effekte durch Manipulation externer Variablen, die auf eine Personvariable einwirken, hat den Blick für ein Phänomen verstellt, dem sich gerade Pädagogische Psychologie gegenüber sieht. Der Educandus ist im pädagogischen Bezug nämlich zugleich Objekt und Subjekt» (1987, S. 20). Wird die Subjekthaftigkeit ausgeschaltet, findet kein Lernen statt. Lernen muss immer in der ersten Person vollzogen werden (vgl. Holzkamp 1993). Nun ist es bekannt, dass in unseren Lerninstitutionen, in vorderster Linie die Schule, der Lerner als Objekt von Belehrung betrachtet wird bzw. zum Objekt gemacht wird. Im eigenen Interesse wehren sich die Lernenden aber dagegen, was bis zur aktiven oder passiven Lernverweigerung führen kann. Dieses Phänomen ist Lehrern gut bekannt, in der Pädagogischen Psychologie gibt es dazu bisher nur wenig Forschung (vgl. Held 1993).

Der Widerspruch zwischen Fremdbestimmung und Selbstbestimmung wird oft dadurch aufzulösen versucht, dass man das «selbstgesteuerte Lernen» als ein eigenes Lernmodell neben dem instruktionsbestimmten, «fremdgesteuerten» behandelt oder beide in ein «integratives Rahmenmodell» einzupassen versucht (Schiefele & Pekrun 1996, S. 249–279).

Ein zweiter Versuch, den Widerspruch zu lösen, besteht darin, im experimentellen Setting selbst die Bedingungen der Selbststeuerung zu erforschen. Das läuft auf die paradoxe Intention hinaus, die Steuerung der Selbststeuerung zu beeinflussen.

Ein drittes probates Mittel, um den Widerspruch zwischen Fremd- und

Selbstbestimmung *scheinbar* aufzulösen, besteht darin, in der Programmatik die Selbstbestimmung zu beschwören, in der konkreten Forschung aber das Bedingungsmodell des Experiments zu exekutieren. So beschwören Weidenmann u. a. im Einführungskapitel ihres Lehrbuchs (1986) zuerst das Konzept des «proaktiven» Lerners, der in Eigenverantwortlichkeit und Transaktion mit der Umwelt seine Interessen aktiv verfolgt (S. 10 ff.), um dann einige Seiten weiter die Bereitstellung «technologischen Wissens» für das Lehren als zentrale Aufgabe der Pädagogischen Psychologie zu betonen (ebd., S. 17).

Eine vierte scheinbare Lösung für die Dialektik des pädagogischen Bezugs wird darin gesehen, dass man die Pädagogische Psychologie auf der Objektseite positioniert und die Entwicklungspsychologie auf der Subjektseite. Das eine Fach betrachtet den Educandus als Objekt der Veränderungsbemühungen, das andere als Subjekt seiner Entwicklung. Gleichzeitig versucht man beide Fächer miteinander zu verknüpfen. So werden z. B. in letzter Zeit von der Deutschen Gesellschaft für Psychologie die Kongresse der Pädagogischen Psychologie und der Entwicklungspsychologie zusammengelegt. Der Subjektaspekt soll durch die Entwicklungspsychologie abgedeckt werden. In der Enzyklopädie der Psychologie gibt es im Themenbereich Pädagogische Psychologie einen eigenen Band zu «Erziehung und Sozialisation» (Schneewind 1994), in dem die Überschneidungsbereiche beider Disziplinen behandelt werden bzw. vielfältige Anleihen in der Entwicklungspsychologie gemacht werden. Die Vermischung von pädagogisch-psychologischen und entwicklungspsychologischen Ansätzen führt aber nur zu einem Konglomerat, dessen innerer Zusammenhang unklar bleibt.

Neben diesen schwierigen Versuchen, im Rahmen der Instruktionspsychologie Subjekt- und Objektbezug zu versöhnen, entstand aus der Kritik am Mainstream der Pädagogischen Psychologie eine andere Lernforschung, sozusagen als Antithese zur Instruktionspsychologie. Als umfassenden Gegenentwurf legte Klaus Holzkamp (1993) eine «subjektwissenschaftliche Grundlegung» der Lernpsychologie vor. Hier wird der Lernende in den Mittelpunkt gestellt, Lernen wird «aus der Perspektive des Subjekts» entwickelt (vgl. Held 2000). Der Lernende gilt als das Subjekt des Lernens, dem sich die Instruktion unterzuordnen hat. Schon das Wort «Instruktion» ergibt in diesem Lernansatz keinen Sinn mehr, da der Lernende den Lerngegenstand selbst ausgliedert und für seinen Lernprozess eigene Lernstrategien entwickelt hat. Bei der Unterstützung dieses Lernprozesses kann das Lehren nur solche Hilfen geben, die den Subjektcharakter des Lernens nicht in Frage stellen.

Neben dem subjektwissenschaftlichen Ansatz gab es noch andere Gegenbewegungen zur Instruktionspsychologie. Die neue wissenschaftstheoretische Richtung des «Konstruktivismus» kritisiert das Kausalitätsmodell in der Pädagogik und Psychologie grundsätzlich. Im «radikalen Konstruktivismus» geht man sogar davon aus, dass Kognitionen nicht gezielt beeinflussbar sind, da sie primär von den Subjekten auf der Basis ihrer *inneren* Wirklichkeit konstruiert werden. Das lässt sich kaum mit der Instruktionspsychologie vereinbaren. Der Konstruktivismus stößt auch in der Pädagogischen Psychologie auf zunehmendes Interesse (vgl. Gerstenmaier & Mandl 1995). Das Gleiche gilt für handlungstheoretische Lernansätze, die wieder neue Aktualität erhalten haben (vgl. Dietrich 1984; Greif & Kurtz 1996; Neber et al. 1978; Edelmann 1993, S. 425).

Die Subjektvergessenheit der Instruktionspsychologie hat eine ihrer Wurzeln in dem quantitativ experimentellen Ansatz. Als methodische Gegenbewegung beginnt sich eine qualitativ orientierte Psychologie zu etablieren. Qualitative Methoden haben es nicht leicht im dominierenden quantitativ-statistischen Paradigma. Sie haben in der Pädagogischen Psychologie noch keineswegs «einen festen Platz erhalten» (Oerter 1987, S. 12). In fast allen Stellenausschreibungen der Pädagogischen Psychologie der letzten Jahre werden vom wissenschaftlichen Nachwuchs umfangreiche statistische Qualifikationen gefordert; Fähigkeiten in qualitativen Methoden werden kaum verlangt.

Neben der Subjektvergessenheit kann man der Instruktionspsychologie auch eine «Gesellschaftsvergessenheit» vorwerfen, die ebenfalls mit der experimentellen Grundorientierung zusammenhängt. Alle pädagogischen Situationen sind durch die jeweilige gesellschaftliche Situation geprägt. Auch Lehren und Lernen beziehen sich in Inhalt und Form auf gesellschaftliche Voraussetzungen. In «Zeiten der Ungewissheit» können z. B. neue Lernanforderungen und Lernformen entstehen (vgl. Huber & Roth 1999). Wenn die Pädagogische Psychologie in einer breiteren Perspektive mithelfen will, pädagogische Situationen sowie ihre Voraussetzungen und Folgen aufzuklären, muss sie den Kontext des Lehrens und Lernens untersuchen und sich auf einen interdisziplinären Dialog einlassen. Nur so könnte sie sich an gesellschaftlich wichtigen Fragen und Diskursen angemessen beteiligen.

5 Eine Disziplin zwischen Pädagogik und Psychologie

Die Pädagogische Psychologie lässt sich nicht auf Instruktionspsychologie reduzieren, auch wenn die Entwicklung in der Psychologie heute in diese Richtung weist. Es gibt in der Pädagogischen Psychologie insgesamt eine große Vielfalt an Richtungen, Themenbereichen und Forschungsansätzen, auch wenn sich diese Vielfalt vor allem außerhalb des Mainstreams, mehr an den Rändern manifestiert. Gerade in dieser Vielfalt dürfte die wesentliche Chance der Pädagogischen Psychologie für die Zukunft liegen. Die große Vielfalt kommt vor allem dadurch zustande, dass das Fach sowohl in der Pädagogik als auch in der Psychologie institutionalisiert ist. Diese unterschiedliche Nähe zur jeweils anderen Disziplin schafft eine fruchtbare Spannung. Deshalb liegt die Chance mehr in der Heterogenität des Fachs als in ihrer Homogenisierung.

Die Chance wird dann verspielt, wenn sich die Vereinheitlichungstendenz und die Dominanz einer Richtung durchsetzen. Durch Ausgrenzung von einzelnen Richtungen, entweder mit dem Argument, sie gehörten nicht zur Pädagogischen Psychologie, oder mit dem Mittel des Ignorierens, wie es z. B. gegenüber psychoanalytischen und subjektwissenschaftlichen Ansätzen üblich ist, kann man zwar das Profil des Fachs kurzfristig stärken, nicht aber seine Qualität. Auch die rigide Abgrenzung des Fachs von allen Nachbardisziplinen schadet der Pädagogischen Psychologie langfristig.

Stattdessen sollte man sich auf die *Brückenfunktion* des Fachs zwischen Pädagogik und Psychologie besinnen. In Austausch und Vermittlung zwischen Pädagogik und Psychologie, nicht in Abschottung, liegt die Chance.

Wie ließe sich diese Vermittlung fruchtbar machen? Dazu die folgenden thesenartigen Anregungen:

Das *Theorie-Praxis-Problem* lässt sich nicht lösen durch Aufteilung in Grundlagenwissenschaft und angewandte Wissenschaft. Die Pädagogische Psychologie hat durch ihre Zwischenposition potenziell einen direkten Bezug auf pädagogische Praxisfelder. Sie kann die Probleme in der Praxis zum Ausgangspunkt ihrer Forschung machen und erhält dadurch eine größere Nähe und Offenheit zur Praxis. Wenn sie sich direkt darauf einlässt, kann sie mit ihren eigenen Mitteln, d. h. mit der psychologischen Fragestellung, einen Beitrag für die Verbesserung der Praxis leisten; allerdings nur im Austausch mit den auch daran beteiligten Nachbarwissenschaften. Schule – um ein Beispiel zu nennen – besteht nicht nur aus Instruktion, sondern stellt eine Institution und Organisationseinheit mit eigenen Gesetzmäßigkeiten dar. Die Handlungs- und Denkformen in diesem Feld sowie die psychischen Kosten und Folgen der Institution stellen eine genuine Aufgabe für die Pädagogische Psychologie dar. Ihr wesentlicher Bezugspunkt sind dabei die Betroffenen, also in der Schule Lehrer *und* Schüler.

Empirische Forschungsmethoden gibt es in der Pädagogik und der Psychologie, aber mit unterschiedlichem Schwerpunkt. Während in der Psychologie quantitative Methoden dominieren, breiten sich in der Pädagogik qualitative Methoden aus. Eine methodische Vereinseitigung ist in beiden Fächern unübersehbar. Gerade für die Pädagogische Psychologie besteht die Möglichkeit, beide Methodenarten daraufhin zu befragen, für welche Gegenstände und Problemlagen sie angemessen sind und wie sie eventuell in einem methodischen Design verbunden werden können. Die Diskussion darüber befindet sich erst am Anfang. Die Pädagogische Psychologie könnte ihre einseitige methodische Bindung an den quantitativ experimentellen Ansatz der Psychologie dadurch auflockern, dass sie verstärkt mit qualitativen Methoden experimentiert. Hier lässt sich aus der Pädagogik viel lernen. Die Verbindung von qualitativen und quantitativen Methoden in einem eingreifenden Forschungsprozess stellt eine wesentliche Perspektive für die Pädagogische Psychologie dar.

Eine *Ausweitung der Forschungsfelder* stellt eine weitere Aufgabe für die Zukunft dar. Das meint nicht die übliche Abstraktion von konkreten Inhalten, die eine Übertragbarkeit der Ergebnisse auf beliebige Inhaltsbereiche vorgaukelt. Stattdessen sollten Bereiche jenseits von Instruktion, Testdiagnostik und Hochbegabungsforschung angegangen werden. So gibt es bisher in der Pädagogischen Psychologie kaum eine international vergleichende Forschung. Auch die medienpsychologische Forschung in einem weiten Verständnis, das sich nicht auf Instruktionsmedien beschränkt, liegt im Argen. Außerdem beteiligt sie sich kaum an der Forschung zu spezifischen Zielgruppen, z. B. an der Kinder- und Jugendforschung. Die Jugendforschung stellt ein interdisziplinäres Feld dar, zu dem die Pädagogische Psychologie Wesentliches beitragen könnte (vgl. Held 1994). Dies lässt sich auf die Subjektseite des Erziehungs- und Bildungsprozesses ausweiten. Wie die in pädagogische Situationen Involvierten ihre Situation erleben und wie sie mit den Problemen umgehen, sollte zu einer wichtigen Forschungsaufgabe der Pädagogischen Psychologie werden. Dadurch könnte sie ihrer Verantwortung in der Öffentlichkeit besser gerecht werden.

Die *Ausweitung der Praxisfelder* über die Schule hinaus wurde vor allem in den letzten Jahren begonnen. Das drückt sich z. B. in der Enzyklopädie in dem Band «Psychologie der Erwachsenenbildung» (Weinert 1997) aus. Immer wieder gab es jedoch Gegenbewegungen, etwa Einengung auf das Feld der Schule. In manchen pädagogischen Feldern ist die Pädagogische Psychologie noch kaum vertreten – so bei der internationalen Begegnung bzw. dem internationalen Austausch, aber auch in der Hochschuldidaktik. Pädagogische Situationen gibt es nicht nur in der Schule und in der Erwachsenenbildung. Die weiten Felder der Familienerziehung, der Heimerziehung, der Erziehung in Freizeitzentren, wie z. B. den Jugendhäusern, sowie in Verbänden und Vereinen werden bisher in der Pädagogischen Psychologie kaum thematisiert, obwohl auch dort psychologische Aspekte eine große Rolle spielen.

Es bleibt zu hoffen, dass die Zukunft der Pädagogischen Psychologie erst begonnen hat und sie nicht durch Einengung und Abschottung verspielt wird.

Literatur

Berliner, D. C. & Calfee, R. C. (Eds.) (1996). Handbook of educational psychology. New York.

Bromme, R. (1998). Pädagogische Psychologie als anwendungsorientiertes Fach in der Hauptdiplomausbildung: Eine (auch kontroverse) Zwischenbilanz. Psychologische Rundschau 49, S. 89–90.

Dietrich, G. (1984). Pädagogische Psychologie. Eine Einführung auf handlungstheoretischer Grundlage. Bad Heilbrunn.

Edelmann, W. (1993). Lernpsychologie. Eine Einführung. Weinheim.

Ewert, O. (1979). Zum Selbstverständnis der Pädagogischen Psychologie im Wandel ihrer Geschichte. In: J. Brandtstädter, G. Reinert & K. A. Schneewind (Hg.). Pädagogische Psychologie: Probleme und Perspektiven, S. 15–29. Stuttgart.

Gage, N. L. & Berliner, D. C. (1996). Pädagogische Psychologie, 5. Aufl. Weinheim.

Gerstenmaier, J. & Mandl, H. (1995). Wissenserwerb unter konstruktivistischer Perspektive. Zeitschrift für Pädagogik 41 (6), S. 867–888.

Glaser, R. (1982). Instructional psychology: Past, present, and future. American Psychologist 37, S. 292–305.

Greif, S. & Kurtz, H.-J. (Hg.) (1996). Handbuch selbstorganisiertes Lernen. Göttingen.

Held, J. (1993). Lernverweigerung aus Sicht der Psychologie. In: K. Kunert (Hg.), Schule im Kreuzfeuer, S. 58–77. Hohengehren.

Held, J. (1994). Praxisorientierte Jugendforschung. Theoretische Grundlagen, methodische Ansätze, exemplarische Projekte. Hamburg.

Held, J. (2000). Lernen aus der Perspektive des «Subjekts». Der Lernbegriff bei Klaus Holzkamp. In: E. H. Funke & Th. Rihm (Hg.), Subjektsein in der Schule? Eine pädagogische Auseinandersetzung mit dem Lernbegriff Klaus Holzkamps, S. 82–105. Bad Heilbrunn.

Hofmann, K. & Ommerborn, R. (1998). Das Auge der Pädagogik. Zum Selbstverständnis der Pädagogischen Psychologie als Wissenschaft. Pfaffenweiler.

Holzkamp, K. (1993). Lernen. Subjektwissenschaftliche Grundlegung. Frankfurt/M.

Holzkamp, K. (1997). «Hochbegabung» – Wissenschaftlich verantwortbares Konzept oder Alltagsvorstellung? In: Ders. Schriften I, S. 54–72. Hamburg.

Huber, G. L. & Roth, J. H. W. (1999). Finden oder suchen? Lehren und Lernen in Zeiten der Ungewißheit. Schwangau.

Keller, G. (1994). Pädagogische Psychologie griffbereit. Ein schulpraktisches Handbuch. Donauwörth.

Mayring, Ph. (2000). Einführung in die Pädagogische Psychologie. Theoretische Grundlagen und fallanalytisches Arbeitsbuch. Stuttgart.

Mietzel, G. (1998). Pädagogische Psychologie des Lernens und Lehrens. Göttingen.

Neber, H., Wagner, A. C. & Einsiedler, W. (Hg.) (1978). Selbstgesteuertes Lernen. Psychologische und pädagogische Aspekte eines handlungsorientierten Lernens. Weinheim/Basel.

Nolting, H.-P. & Paulus, P. (1992). Pädagogische Psychologie. Stuttgart.

Oerter, R. (1987). Pädagogische Psychologie im Wandel: Rückblick und Neuorientierung. Zeitschrift für Pädagogische Psychologie 1 (1), S. 1–28.

Perleth, Ch. & Ziegler, A. (Hg.) (1999). Pädagogische Psychologie. Grundlagen und Anwendungsfelder. Bern.

Rost, D. H. (Hg.) (1998). Handwörterbuch Pädagogische Psychologie. Weinheim.

Schiefele, U. & Pekrun, R. (1996). Psychologische Modelle des fremdgesteuerten und selbstgesteuerten Lernens. In: F. E. Weinert (Hg.), Psychologie des Lernens und der Instruktion. Enzyklopädie der Psychologie. Themenbereich D – Praxisgebiete. Serie I. Pädagogische Psychologie, Bd. 2. Göttingen.

Schneewind, K. A. (Hg.) (1994). Psychologie der Erziehung und Sozialisation. Enzyklopädie der Psychologie. Themenbereich D – Praxisgebiete. Serie I. Pädagogische Psychologie, Bd. 1. Göttingen.

Weidenmann, B., Krapp, A., Hofer, M., Huber, G. L. & Mandl, H. (Hg.) (1986). Pädagogische Psychologie. Ein Lehrbuch. München/Weinheim.

Weinert, F. (Hg.) (1967). Pädagogische Psychologie. Köln/Berlin.

Weinert, F. E. (Hg.) (1996). Psychologie des Lernens und der Instruktion. Enzyklopädie der Psychologie. Themenbereich D – Praxisgebiete. Serie I. Pädagogische Psychologie, Bd. 2. Göttingen.

Weinert, F. E. (Hg.) (1997). Psychologie der Erwachsenenbildung. Enzyklopädie der Psychologie. Themenbereich D – Praxisgebiete. Serie I. Pädagogische Psychologie, Bd. 4. Göttingen.

Willi Geser

2.4 Angewandte Sozialpsychologie

1 Einleitung

Die Angewandte Sozialpsychologie ist keine klar umrissene Disziplin, weder in Bezug auf ihren Inhalt noch hinsichtlich ihrer institutionellen Verankerung. Es können grob gesprochen zwei Perspektiven unterschieden werden: Zum einen versteht man darunter die Anwendung von Grundlagenwissen auf konkrete Anwendungsprobleme, zum anderen die sozialpsychologische Analyse gesellschaftlich relevanter Themen- und Problembereiche.

Die erstgenannte Perspektive ist an der problematischen Vorstellung einer Trennung von Sozialpsychologie als reiner Grundlagenwissenschaft und Sozialpsychologie als angewandter Wissenschaft orientiert. Ziel der Grundlagenwissenschaft ist die Entwicklung von empirischen Theorien und die Entdeckung von allgemeinen Gesetzen, die relativ unabhängig von konkreten Handlungsbezügen und historischen sowie soziokulturellen Bedingungen gelten (vgl. Hoyos, Frey & Stahlberg 1988). Häufig wird angenommen, dass die Grundlagenwissenschaft zunächst reine Erkenntnisinteressen verfolge und daher wertfrei sei. Viele Analysen (vgl. Harré & Gillett 1994; Bruner 1990) zeigen jedoch, dass psychische Funktionen und Prozesse im Allgemeinen und sozialpsychologische im Besonderen nicht unabhängig von ihrer Einbettung in einen historischen und soziokulturellen Kontext betrachtet werden können. Es besteht somit die Gefahr, Artefakte zu produzieren, die letztlich ohne Realitätsbezug und ohne Relevanz bleiben. So scheint es beispielsweise wenig sinnvoll, die «reine Kommunikation» oder die «reine Interaktion» untersuchen und theoretisch erfassen zu wollen. Diese Sachverhalte existieren nur in einem konkreten sozialen Kontext, von dem nicht abstrahiert werden kann, da er ein Bestandteil dieser Phänomene ist.

Die Dichotomisierung zwischen Grundlagenwissenschaft und angewandter Psychologie ist aufs engste verknüpft mit einer wissenschaftstheoretischen Position, die sich noch immer am naturwissenschaftlichen Erkenntnisideal und an der entsprechenden szientistischen Methodologie orientiert. Wenn davon ausgegangen wird, dass das Handeln des Menschen durch allgemeine Gesetzmäßigkeiten determiniert ist und nicht Bedeutungszuschreibungen und -konstruktionen durch das Subjekt das Handeln leiten, dann sind Laborexperimente die Methode der Wahl. Abgesehen von den fragwürdigen Prämissen hat dieses Vorgehen eine Reihe problematischer Konsequenzen, die auch die praktische Relevanz der Ergebnisse empfindlich treffen. So führen die so genannte methodische Exaktheit und die Orientierung an der Hypothesendeduktion zu immer eingeschränkteren Forschungsfragen.

Metatheoretische Perspektiven als Heuristiken für Forschung und Praxis werden kaum als notwendig erachtet. Wo tiefer gehende Analysen für überflüssig erklärt werden, wird Theorie-Eklektizismus zum impliziten Programm – eine Situation, die zu einer Unzahl an Theorien führt. Das zur Verfügung stehende Wissen hat oft nur sehr eingeschränkten Erklärungswert, da Theorien schon bei niedrigen Prozentsätzen an aufgeklärter Varianz als bestätigt gelten. Somit entsteht der Eindruck, dass die Orientierung am Modell der reinen Wissenschaft auf elegante Weise vielfach zu irrelevanten Ergebnissen führt. Selbstverständlich kommt dieses Problem besonders dort zum Vorschein, wo das so genannte Grundlagenwissen auf die Lösung konkreter Probleme angewendet werden soll.

Auf die wissenschaftstheoretischen Probleme dieser Perspektive kann hier nicht näher eingegangen werden, es soll nur darauf hingewiesen werden, dass die Strukturgleichheitsthese (Popper), d. h. die Annahme einer logischen Identität von Erklären, Prognose und praktischer Umsetzung wissenschaftlicher Erkenntnis, sich als unhaltbar erwiesen hat (vgl. Breuer 1991). Anwendungsbezogene Aussagen ergeben sich nicht auf dem Weg deduktiver Ableitungen, sondern sind das Ergebnis kreativer und pragmatischer Transformationen (vgl. Witte 1991).

Damit soll nicht gesagt werden, dass sozialpsychologische Grundlagenforschung grundsätzlich verzichtbar ist, sondern dass diese nicht am Anfang stehen sollte. Empirische Analysen und Theorienentwicklung sollten zunächst kontextbezogen und gegenstandsangemessen erfolgen (vgl. Glaser & Strauss 1998) und in diesem Sinn anwendungsorientiert sein. Selbstverständlich kann dieses Vorgehen nicht theoriefrei sein, sondern nur im Rahmen diverser paradigmatischer Prämissen und des bestehenden Wissens erfolgen. Es kommt aber darauf an, dass die sozialpsychologische

Analyse nicht mit der Deduktion von Hypothesen aus diesem Vorwissen beginnt, denn es geht zunächst nicht darum, Theorien zu bestätigen, sondern daraus, Phänomene zu verstehen und zu rekonstruieren. Auf diesen gegenstandsangemessenen Analysen sollten dann theoretische Reflexionen, die zu allgemeineren Theorien führen, aufbauen.

Bei der zweiten der oben genannten Perspektiven geht es nicht um die Anwendung allgemeiner Theorien aus der Grundlagenforschung, sondern um die eigenständige Analyse konkreter gesellschaftlich relevanter Themen- und Problembereiche. Das geschieht in zwei unterschiedlichen Zusammenhängen:

1. Im Rahmen der herkömmlichen Anwendungsfächer. Dies ist nahe liegend, denn es ist kein Feld der Angewandten Psychologie vorstellbar, in dem nicht soziale Prozesse eine zentrale Rolle spielen würden. Ob in der Klinischen oder Pädagogischen Psychologie, der Arbeits- und Organisationspsychologie, der Geronto-, Rechts-, Umwelt-, Sport-, Thanato- etc. -psychologie, soziale Interaktionen und Prozesse sind in jedem dieser Bereiche grundlegend (vgl. Semin & Fiedler 1996).

2. Im Rahmen inhaltlich umgrenzter Themenbereiche wie Gewalt, Armut, Subkulturen, Devianz, Globalisierung, Migration, soziale Bewegungen u. v. m. In diesem Rahmen gewinnt die Angewandte Sozialpsychologie das klarste Profil und erscheint am ehesten als eigenständiges Fach, auch wenn die Analyse dieser Problembereiche nur interdisziplinär erfolgen kann.

Im Folgenden soll diese Art Angewandter Sozialpsychologie anhand zweier Beispiele kurz skizziert werden. Die Beispiele sind so gewählt, dass die gesellschaftliche Relevanz der Themen und die Unterschiedlichkeit der theoretischen Ansätze deutlich werden.

2 Beispiel: Fremdenfeindlichkeit/Rechtsradikalismus

Die Vielfalt sozialpsychologischer Konzepte, die in der langen sozialpsychologischen Tradition der Rassismusforschung generiert wurde, zeigt nicht nur die Komplexität dieses Problembereichs, sondern es spiegeln sich darin auch sehr unterschiedliche psychologische Paradigmen wider.

Ein originär sozialpsychologisches Konzept ist die Einstellungsforschung. Einstellungen sind Meinungen über Einstellungsobjekte, die mit Emotionen verbunden sind und die als im Individuum vorhandene mentale Repräsentationen verstanden werden. Das Einstellungskonzept hat deskriptive und prognostische Funktionen; es wird nämlich versucht, diverse Populationen hinsichtlich ihrer Einstellungen zu beschreiben und aus den Einstellungen das Verhalten vorherzusagen. Der Erfolg der Einstellungsforschung ist allerdings bescheiden: Die Beschreibungen sind zu grob, die Prognosen zu schwach und relevante Einsichten in die Entstehungsbedingungen rassistischer Einstellungen rar. Dies wirft die Frage auf, ob die theoretischen Grundlagen des Einstellungskonzepts, z. B. die Orientierung am Modell der Informationsverarbeitung und an der Vorstellung mentaler Repräsentationen, überhaupt angemessen sind. Die Diskurspsychologie (vgl. Harré & Gillett 1994) versucht, diese Modellvorstellungen zu überwinden. Soziales Wissen wird nicht mehr in den Köpfen Einzelner vermutet, sondern als Teil sprachlicher Diskurse betrachtet. Soziales Wissen entwickelt sich durch die Zugehörigkeit zu sozialen Gruppen, ist sozial konstruiert (vgl. Gergen 1999) und folgt gesellschaftlichen Interessen. Private und öffentliche Diskurse sind untrennbar miteinander verbunden. In der traditionellen Einstellungsforschung wird weitgehend übersehen, dass diverse Positionierungen eine wichtige Funktion in der privaten und öffentlichen Kommunikation haben.

Diskurspsychologische Analysen zeigen, dass es in rassistischen Äußerungen nicht um die bloße Wiedergabe mentaler Repräsentationen geht, sondern dass diese rhetorische Strategien mit argumentativem Charakter enthalten, die an öffentliche Debatten anschließen und mit einer Vielzahl ökonomischer und politischer Themen verbunden sind. Die logischen Brüche, Fragmentierungen und Realitätsverzerrrungen sind nicht auf Fehler der Informationsverarbeitung zurückzuführen, sondern lassen sich als Ideologien verstehen (vgl. Wetherell 1996). In medialen Diskursen (vgl. Jäger 1997) findet die Selektion der diskriminierten Minderheit statt und zirkulieren diverse Begründungen für diese Diskriminierungen. In privaten und halböffentlichen Diskursen werden diese sozialen Repräsentationen zu sinnstiftenden Konstruktionen für den Einzelnen (vgl. Frindte et al. 1994). Der rassistische Diskurs ist ein Diskurs der Differenz und des Ausschlusses, der auf die Trennung zwischen Eigen- und Fremdgruppe abzielt und so wichtige Funktionen in der Identitätskonstruktion von Einzelnen und Gruppen erfüllt und den Ausschluss «Fremder» von kulturellen und symbolischen Ressourcen legitimiert (vgl. Hall 1989).

Ein anderer typischer sozialpsychologischer Zugang ergibt sich aus der Gruppenpsychologie (vgl. Frindte 1997). Rassistische Einstellungen müssen auch als Gruppenphänomen verstanden werden. Was die Prozesse in den Gruppen betrifft, sind beispielsweise die Konformitäts- (vgl. Avermaet 1996) und die Gehorsamsforschung (vgl. Milgram 1974) von Relevanz. Wichtige Beiträge zum Verständnis intergruppaler Prozesse stammen von

Tajfel. Die von ihm entwickelte Reizklassifikationstheorie besagt, dass Menschen dazu neigen, die Unterschiede innerhalb einer Gruppe zu unterschätzen und jene zwischen verschiedenen Gruppen zu überschätzen. Schon die nach völlig willkürlichen Kriterien vorgenommene Aufteilung einer Menge von Personen in verschiedene Gruppen führt zu diskriminierendem Verhalten zwischen den Gruppen. Sobald Personen zwischen Eigen- und Fremdgruppe unterscheiden, wird die eigene Gruppe bevorzugt und besser bewertet. Die Theorie der sozialen Identität wiederum bezieht sich darauf, dass Gruppenzugehörigkeit für unsere Selbstdefinition wichtig ist und dass wir mit Hilfe sozialer Vergleichsprozesse nach einer möglichst positiven sozialen Identität streben. Um dies zu erreichen, vergleichen wir zwischen Eigen- und Fremdgruppen und neigen dazu, die Fremdgruppe vergleichsweise schlechter zu bewerten, was zur Entwicklung von Vorurteilen und Stereotypen führt. Nicht unerwähnt bleiben soll der Ansatz von Sherif, da er in gängigen populären Erklärungen wiederkehrt: Vorurteile sind das Produkt eines realen Konflikts um begrenzte Ressourcen. Sherif stellte bei der Analyse von Jugendgruppen fest, dass Konkurrenz um knappe Ressourcen zur Ausbildung von Vorurteilen und Feindseligkeiten führt.

An der Rassismusforschung lässt sich erkennen, dass die sozialpsychologische Analyse nicht bei individuellen oder gruppenspezifischen Faktoren stehen bleiben darf, sondern im gleichen Maß makrosoziale Faktoren einbeziehen muss. Was die Entwicklung des Rechtsextremismus in den letzten Jahren in Deutschland betrifft, sind mehrere konkurrierende Erklärungsansätze diskutiert worden, von denen hier zwei, die Desintegrations- und die Dominanzhypothese, erwähnt werden sollen:

Die Desintegrationsthese besagt, dass es infolge der Individualisierung (vgl. Beck 1986), die sich durch die Globalisierung und die deutsche Wiedervereinigung verstärkt, zur Auflösung normativer Vorgaben, zur Erosion traditioneller Sozialmilieus und zu tief greifenden Veränderungen der Existenzbedingungen gekommen ist. Der Rückgriff auf rechtsextreme Ideologien und gruppenspezifische Identitätsangebote, die als kulturelle Gelegenheitsstrukturen gegeben sind, wird als Möglichkeit gesehen, mit diesen existenziellen Verunsicherungen umzugehen (vgl. Heitmeyer et al. 1992, 1995).

Die Vertreter der Dominanzhypothese (vgl. Rommelspacher 1992, 1997) gehen davon aus, dass sich rechtsextreme Denk- und Handlungsmuster nicht am Rande der Gesellschaft, sondern in deren Mitte entwickeln. Mehrere Studien zeigen, dass Jugendliche, die zu rechtsextremer Gewalt neigen, weder besonders orientierungslos noch verunsichert oder problembelastet sind. Das Streben nach Überlegenheit sowie die Orientierung an Leistung und Status sind stark ausgeprägt. Das führt zur These, dass in rechtsradikalem Handeln gesellschaftliche Vorstellungen von Macht und Dominanz, Aufstiegs- und Leistungsideologien sowie patriarchale Kultur als extremer Hegemonialanspruch zum Ausdruck kommen.

Keiner dieser Ansätze kann ausreichend erklären, warum es gerade bei bestimmten Menschen zu autoritärem oder rechtsradikalem Denken und Handeln kommt. Ein Weg zur Klärung dieses Problems könnte über die tiefenhermeneutische Analyse relevanter biographischer Erfahrungen von Individuen führen. Relevant scheinen mir die formenden Interaktions- und Beziehungserfahrungen, die familialen Wirklichkeitskonstruktionen und Lebensformen, die explizite und implizite Wert- und Emotionssozialisation sowie die Verarbeitung von Differenz- und Ambivalenzerfahrungen.

3 Beispiel: computervermittelte Kommunikation

Die psychologische Beschäftigung mit computervermittelter Kommunikation (= CvK) soll hier als Beispiel dafür dienen, wie die Analysen der Angewandten Sozialpsychologie auf die theoretische Psychologie zurückwirken können. Das Internet ist wohl das differenzierteste Informations- und Kommunikationsmedium, das zu tief greifenden Veränderungen unserer Gesellschaft führt, deren Umfang erst erahnt werden kann. CvK ist textbasiert, kann synchron und asynchron erfolgen, sie ist gleichzeitig global und lokal. Obwohl die Kommunikationspartner physisch isoliert sind, entsteht oft intensive Nähe zwischen ihnen (vgl. Frindte & Kohler 1999). Im Zusammenhang mit CvK ergeben sich eine Reihe neuer Forschungsfragen, die weit über eine bloße Analyse des Nutzerverhaltens und dessen Auswirkungen hinausgehen.

In medientheoretischen Analysen wird bezweifelt, dass Sprache und Kommunikation medienunabhängig sind. Daraus ergeben sich nicht nur eine Reihe erkenntnistheoretischer Probleme, sondern es geht auch darum, die zentralen Fragen der Ontologie neu zu stellen. Was die Psychologie betrifft, erhebt sich die Frage, ob eine Weiterentwicklung der Psychologie nicht darin bestünde, über die linguistische Wende hinaus auch eine medienkritische Wende (vgl. Krämer 1998) zu vollziehen; denn es scheint nicht mehr auszureichen, psychische Phänomene lediglich als sprach- und diskurssituiert zu betrachten. Psychische Phänomene müssen auch in ihrer Medienabhängigkeit analysiert werden.

Die theoretische Diskussion wird zu einem großen Teil von der Frage nach den Unterschieden zwischen textbasierter CvK und Face-to-Face-Kommunikation (FtFK) beherrscht. Es wird davon ausgegangen, dass CvK durch eine Einschränkung der so genannten Kommunikationskanäle, z. B. durch das Fehlen nonverbaler Signale, gekennzeichnet ist. Die daraus folgenden Konsequenzen werden in den einzelnen theoretischen Ansätzen sehr unterschiedlich eingeschätzt. Das Kanalreduktionsmodell (vgl. Winterhoff-Spurk & Vitouch 1989) geht davon aus, dass diese Einschränkung auf subjektiver Ebene zu verringerter sozialer Präsenz der Kommunikanten, zu Kommunikationsdefiziten, Entsinnlichung, Entemotionalisierung, Entkontextualisierung etc. führt. Die Vertreter des Filtermodells (vgl. Kiesler, Siegel & McGuire 1984) nehmen an, dass dadurch eine Orientierung an üblichen sozialen Kategorien und am sozialen Hintergrund der Interaktionspartner nicht möglich ist, was zu enthemmenden Effekten führt und wodurch sich sowohl Offenheit, Freundlichkeit, Anteilnahme etc. als auch negative soziale Emotionen verstärken. Der Theorie der sozialen Informationsverarbeitung (vgl. Walther 1992) zufolge existieren keine medial bedingten Einschränkungen. Vielmehr wird angenommen, dass die fehlenden Informationen auf andere Weise zum Ausdruck kommen. Die Nutzer entwickeln neue soziale Fertigkeiten der Textproduktion und -interpretation, Gefühle und Selbstpräsentationen werden auf neue Weise ausgedrückt. In eine ähnliche Richtung weist das Simulationsmodell. So nimmt z. B. Turkle (1995) an, dass das Internet Möglichkeitsräume eröffnet, in denen mit Identitätskonstruktionen experimentiert werden kann. Weder die Annahme, dass Internet-Nutzer passive Opfer sind, noch die Vorstellung, dass dieses Medium beliebig umfunktioniert werden kann, ist angemessen.

Empirische Belege lassen sich für alle diese Ansätze finden, was teilweise mit der Heterogenität der Dienste und deren Multifunktionalität zu tun hat. Kiesler und Sproull (1992) vergleichen Gruppen, die in ihrer Arbeit computervermittelt kommunizieren, mit solchen, die face-to-face zusammenarbeiten, und stellten fest, dass CvK sachlicher, aufgabenorientierter, weniger emotional und egalitärer ist als in Gruppen, die face-to-face zusammenarbeiteten. Virtuelle Teamarbeit wird oft als defizitär erlebt. Die erhöhten Partizipationschancen verlängern die Problemlösedauer und führen zu risikoreicheren Entscheidungen.

Analysiert man die Interaktionen z. B. in Chats und diversen Newsgroups, so stellt man fest, dass es dort sehr schnell zu Selbstenthüllungen kommt. Es entwickeln sich heftige Diskussionen und leidenschaftliche Gefühle. Viele Nutzer behaupten, dass sie mehr über ihre Kommunikationspartner wissen als über Menschen, mit denen sie täglich kommunizieren. Die Annahme, dass häufige Netzkontakte zu Vereinsamung führen, kann empirisch nicht nachgewiesen werden (vgl. Döring 1996). Exzessive Netznutzung kann allerdings zu schwerwiegenden sozialen Konflikten z. B. mit Angehörigen führen. Netzbeziehungen können je nach Nutzerpersönlichkeit, Netzerfahrungen etc. sehr unterschiedliche Funktionen und Effekte haben: Sie können eskapistischer Natur sein, das heißt, sie bleiben von übrigen sozialen Bezügen isoliert, kompensatorisch, das heißt, Netzkontakte dienen dazu, Beziehungsdefizite auszugleichen, oder supplementär, das heißt, sie ergänzen das Beziehungsspektrum und sind ein eigenständiger Teil des sozialen Netzwerks (vgl. Döring 1999).

Im Folgenden soll kurz auf zwei Themen, die von grundsätzlichem theoretischem Interesse sind, eingegangen werden:

1. Die Problematik des Vergleichs zwischen CvK und FtFK: Die oben dargestellten Ansätze zur CvK orientieren sich am Vergleich zwischen CvK und FtFK, wobei die FtFK als die eigentliche Form ganzheitlicher, unmittelbarer und idealer Kommunikation gesehen wird. Dies ist in mehrfacher Hinsicht problematisch. Zum einen kann die CvK als eine genuine soziale Kommunikationsform betrachtet werden, was sich auch in der neuartigen oraliteralen Sprachform ausdrückt. CvK ist ja nicht deshalb für viele so attraktiv, weil sie FtFK imitiert, sondern weil sie anders ist als andere Kommunikationsformen, weil sie andere, je eigene Handlungs- und Erfahrungsmöglichkeiten bietet. Zum anderen stellt sich die Frage, inwiefern FtFK tatsächlich ganzheitliche und unmittelbare Kommunikation ist, denn auch FtFK ist kein Naturphänomen, sondern ist kulturell vermittelt und ebenfalls Restriktionen unterworfen. Wie oft müssen wir schmerzlich feststellen, dass es keine reine Unmittelbarkeit zwischen Menschen gibt, auch dort nicht, wo wir am stärksten versuchen, unsere Diskurswelt zu überwinden: in der Sexualität. Auch darf m. E. die nonverbale Kommunikation nicht idealisiert und als die eigentlich authentische Kommunikation betrachtet und ihre Funktion überschätzt werden.

2. Die Auswirkungen der medialen Umgebung auf das Identitätserleben: Die medientheoretische Diskussion hat Konsequenzen für unser Verständnis der Identitätsproblematik. Es stellt sich die Frage, welche Auswirkungen die mediale Umgebung auf das Identitätserleben hat. Kommt es zu einer Virtualisierung der Identität, die dazu führt, dass Fiktives nicht mehr von Realem zu unterscheiden ist? Hier sind die Ergebnisse der neueren psychologischen Diskussion zum Identitätsproblem weiterführend. Diese hat bei vielen zu einer Abkehr von der Idee eines wahren Selbst geführt (vgl. Gergen 1996) und zur Annahme, dass die Identität des Men-

schen immer wieder neu kontextabhängig konstruiert wird. Generell sind die traditionellen Wahrheits- und Wirklichkeitskonzepte fragwürdig geworden. Von dieser Position ausgehend ist anzunehmen, dass das Problem der Grenze zwischen Fiktivem und Tatsächlichem im virtuellen Raum nicht prinzipiell anders ist als im so genannten realen Leben. Die neuen Möglichkeiten der Selbstpräsentation und die Zugehörigkeit zu virtuellen Gruppen erweitern lediglich den Möglichkeitsraum für Selbstkonstruktionen und -positionierung, wenn auch unter neuen medialen Vorzeichen. Ob man sich dieser Auffassung anschließen kann, hängt entscheidend davon ab, wie die fehlende Körperlichkeit eingeschätzt wird. Auch wenn man kein essenzialistisches Körper- und Geschlechtskonzept vertritt, so ist wohl anzuerkennen, dass sich gerade der Körper der diskursiven Konstruktion immer auch widersetzt.

4 Angewandte Sozialpsychologie als praktische Arbeit

Im Folgenden eine Bemerkung zu einem weiteren Aspekt der Angewandten Sozialpsychologie, der praktischen Arbeit in den Anwendungsfeldern. Was oben zum Verhältnis zwischen Theorie und Anwendung gesagt wurde, gilt ebenso für die konkrete Anwendung. Auch konkrete Interventionen sind nicht durch deduktive Ableitungen aus Theorien zu gewinnen. Sollen Menschen nicht zu Anwendungsfällen allgemeiner Theorien oder zu Objekten praktischer Experimente gemacht werden, so ist das Tun des Psychologen als kommunikatives Handeln zu konzipieren, das die Basis im Alltagsverstehen hat und in dem wissenschaftliche Erkenntnisse lediglich Verstehenshilfen sind. Theoretische Reflexionen sind auch hier dem Verstehen des Konkreten nachgeordnet.

5 Zusammenfassung

Zum Abschluss soll die hier vertretene Konzeption von Angewandter Sozialpsychologie noch einmal kurz zusammengefasst werden:

- Die angewandte Psychologie geht der Grundlagenforschung bzw. theoretischen Psychologie voraus.
- Sozialpsychologische Analysen müssen gesellschaftliche Relevanz haben und sind potenziell ideologiekritisch.
- Sozialpsychologische Analysen sind nicht auf die Mikroebene zu be-

schränken, sondern müssen sich auch auf die Meso- und Makroebene beziehen.

- Psychische Phänomene sind diskurssituiert und möglicherweise medienabhängig. Diskurse sind in der Regel historisch konstituiert und bestehen aus einer Verschränkung von Privatem und Öffentlichem.

Literatur

Avermaet, E. (1996). Sozialer Einfluß in Kleingruppen. In: W. Stroebe, M. Hewstone & G. M. Stephenson (Hg.), Sozialpsychologie, S. 503–544. Berlin.

Beck, U. (1986). Risikogesellschaft. Auf dem Weg in eine andere Moderne. Frankfurt/M.

Breuer, F. (1991). Wissenschaftstheorie für Psychologen. Münster.

Bruner, J. (1990). Acts of Meaning. Cambridge.

Döring, N. (1996). Führen Computernetze in die Vereinsamung? Gruppendynamik 27 (3), S. 289–307.

Döring, N. (1999). Sozialpsychologie des Internet. Göttingen.

Frindte, W. (1998). Rechtsextreme Gewalt – sozialpsychologische Erklärungen und Befunde. In: H. W. Bierhoff & U. Wagner (Hg.), Aggression und Gewalt, S. 165–205. Stuttgart.

Frindte, W., Funke, F., Jabs, K., Neumann, K. & Stock, S. (1994). Soziale Konstruktionen der Fremdenfeindlichkeit und des Rechtsextremismus. In: A. Thomas (Hg.), Psychologie und multikulturelle Gesellschaft, S. 129–140. Göttingen.

Frindte, W. & Kohler, Th. (1999). Kommunikation im Internet. Frankfurt/M.

Gergen, K. J. (1996). Das übersättigte Selbst. Identitätsprobleme im heutigen Leben. Heidelberg.

Gergen, K. J. (1999). An Invitation to Social Construction. London.

Glaser, B. G. & Strauss, A. (1998). Grounded Theory. Göttingen.

Hall, S. (1989). Rassismus als ideologischer Diskurs. Das Argument 178, S. 913–921.

Harré, R. & Gillett, G. (1994). The Discursive Mind. London.

Heitmeyer, W. & Olk, Th. (Hg.) (1992). Die Bielefelder Rechtsextremismus-Studie. Weinheim/München.

Heitmeyer, W., Collmann, B., Conrads, J., Matuschek, I., Kraul, D., Kuehnel, W., Moeller, R. & Ulbrich-Hermann, M. (1995). Gewalt. Schattenseiten der Individualisierung bei Jugendlichen aus unterschiedlichen Milieus. Weinheim.

Hoyos, C., Frey, D. & Stahlberg, D. (1988). Angewandte Psychologie: Zur Eingrenzung und Beschreibung einer psychologischen Disziplin. In: D. Frey, C. Hoyos & D. Stahlberg (Hg.), Angewandte Psychologie, S. 21–35. München.

Jäger, S. (1997). Zur Konstruktion rassistisch verstrickter Subjekte. In: P. Mecheril & Th. Teo (Hg.), Psychologie und Rassismus, S. 132–152. Reinbek.

Kiesler, S., Siegel, J. & McGuire, T. W. (1984). Social Psychological Aspects of Computer-Mediated Communication. American Psychologist 39, S. 1123–1134.

Kiesler, S. & Sproull, L. (1992). Group Decision Making and Communication Technology. Organizational Behavior and Human Decision Processes 52, S. 96–123.
Krämer, S. (1998). Von der sprachkritischen zur medienkritischen Wende? In: http://userpage.fu-berlin.de/~sybkram/medium/inhalt.html.
Milgram, St. (1974). Obedience to Authority: an experimental view. New York.
Rommelspacher, B. (1992). Rechtsextremismus und Dominanzkultur. In: A. Foitzik et al. (Hg.) «... ein Herrenvolk von Untertanen», S. 81–95. Duisburg.
Rommelspacher, B. (1997). Psychologische Erklärungsmuster zum Rassismus. In: P. Mecheril & Th. Teo (Hg.), Psychologie und Rassismus. Reinbek.
Semin, G. R. & Fiedler, K. (1996). Applied social psychology. London.
Turkle, S. (1995). Life on the Screen: Identity in the Age of the Internet. New York.
Walther, J. B. (1992). Interpersonal Effects in Computer-Mediated Interaction: A Relational Perspective. Communication Research 19, S. 52–90.
Wetherell, M. (1996). Group conflict and the social psychology of racism. In: M. Wetherell (Ed.), Identities, groups and social issues. London.
Winterhoff-Spurk, P. & Vitouch, P. (1989). Mediale Individualkommunikation. In: J. Groebel & P. Winterhoff-Spurk (Hg.). Empirische Medienpsychologie, S. 247–257. Weinheim.
Witte, E. (1991). Die Idee der Anwendbarkeit und die Theorie der Erkenntnisinteressen. In: E. Witte (Hg.), Angewandte Sozialpsychologie: Das Verhältnis von Theorie und Praxis, Beiträge des 5. Hamburger Symposions zur Methodologie der Sozialpsychologie, S. 41–58. Braunschweig.

Bernd Röhrle

2.5 Gemeindepsychologie

Die Ziele, das Selbstverständnis von Gemeindepsychologie, ihre Aufgaben und Grundlagen sind nicht begreifbar ohne die historischen und gesellschafts- bzw. sozialpolitischen Hintergründe ihrer Entstehungsgeschichte. Sie begründen präventive und gesundheitsförderliche Handlungsprinzipien in einer fast ausschließlich kurativ ausgerichteten psychosozialen Landschaft. Zugleich ist die Gemeindepsychologie bis zu einem gewissen Grad eine Art von Gegenprogramm zu einer Psychologie, die sich einer wertfreien Wissenschaft vom Erleben und Verhalten des Individuums verschrieben hat. Dieses Gegenprogramm der Gemeindepsychologie kommt vor allem dadurch zum Ausdruck, dass nicht allein das Individuelle, sondern im Zusammenhang mit parteinehmenden, an der Entstehung von Gesundheit orientierten Grundhaltungen immer der Bezug zu unterschiedlichen Kontexten und gesellschaftlich bedeutsamen Anlässen gesucht wird.

1 Gemeindepsychologie: Geschichte und Hintergrund

Anfang der 1960er Jahre wurden Psychologen in den USA aufgefordert, sich an der Reform der psychosozialen Versorgung zu beteiligen. Im Vordergrund der Reformbemühungen stand der Aufbau eines gemeindenahen Versorgungssystems, das Problemlagen in ihren unmittelbaren sozialökologischen und gesellschaftspolitischen Entstehungszusammenhängen erfassen und bekämpfen wollte. Bemühungen dieser Art waren die Reaktion auf eine durch Bürgerrechtsbewegungen und Armut gebeutelte Gesellschaft, die sich zugleich auf dem Weg einer umfassenden Modernisierung befand. Diese suchte allgemein den Anschluss an internationale Entwicklungen, die nicht nur einen technologischen, sondern auch eine Art sozial-technologischen Wettstreit begründeten. Zugleich basierte diese Modernisierung auf der Erkenntnis, dass auch ökonomische Zwänge zu einer kostenminimierten psychosozialen Versorgung führen mussten, um so einer wachsenden Nachfrage auf dem Arbeitsmarkt nachkommen zu können. Im gleichen Zug sollten Maßnahmen getroffen werden, welche den durch massive soziale Ungleichheit bedrohten sozialen Frieden sichern helfen sollten.

Die Gründe, warum gerade die Psychologie sich mit ihren überaus individualistischen Konzepten bei einer solchen Aufgabenstellung beteiligen sollte, hatten damit zu tun, dass sie dafür bekannt war, auch mit transindividuell bedeutsamen Konzepten und Erfahrungen aufwarten zu können (ökologische Psychologie, Gruppendynamik, Minderung von Vorurteilen, Organisationsentwicklung, Veränderung von Ernährungsgewohnheiten u. a. m.). Dies sind Hintergründe, an die sich die in der Bundesrepublik allenfalls real existierende Angewandte Sozialpsychologie nur noch mit Mühen erinnert.

Wenngleich die Erwartungen an die Psychologie mit den angedeuteten Aufgabenstellungen zweifellos überhöht waren, so haben sie doch dazu geführt, dass eine Vielzahl nützlicher Konzepte und Programme entwickelt wurden, und zwar im Kontext einer Psychologie, die sich fortan als Gemeindepsychologie bezeichnete. Dabei handelt es sich jedoch um kein in sich geschlossenes Gebilde. Vielmehr haben wir wenigstens zwei verschiedene Arten des Selbstverständnisses von Gemeindepsychologie zu unterscheiden: Als *Teildisziplin* der Psychologie ist sie in den USA und in vielen europäischen Ländern zum festen Bestandteil der wissenschaftlichen Gemeinde geworden. Sie verfügt u. a. über die hierfür notwendigen Organe, wie die Division 27 der American Association of Psychology oder der Society for Community Action and Research (www.apa.org/divisions/div27). Auch die üblichen Periodika bestärken die Existenz dieser Teildisziplin (z. B. American Journal of Community Psychology, Journal of Community Psychology, Journal of Community Psychology and Applied Social Psychology). Eine Vielzahl von Büchern und Übersichtsarbeiten dokumentiert den paradigmatischen Kern der Gemeindepsychologie (z. B. Duffy & Wong 1999; Mrazek & Haggerty 1994; Orford 1992; Rappaport 1977; Scileppi, Torres & Tedd 1999).

Eine zweite Form der Gemeindepsychologie versteht sich mehr als *Orientierung* mit bestimmten Grundhaltungen, die auch außerhalb der wissenschaftlichen Gemeinde Einfluss auf fachliche und politische Belange ausüben möchte. Als solche ist sie in der Bundesrepublik Deutschland eher vertreten, obgleich sie auch nur über minimale Organisationsformen verfügt (Gesellschaft für Gemeindepsychologische Forschung und Praxis [www.ggfp.de]; Rundbrief Gemeindepsychologie). Einige Übersichtsarbeiten zeigen auf, dass auch im deutschsprachigen Raum an eine gewisse Tradition angeknüpft werden kann (Böhm, Faltermaier, Flick & Krause 1992; Keupp 1995; Röhrle 1992, 1999; Röhrle & Sommer 1999; Sommer & Ernst 1977).

Gemeindepsychologie als Orientierung will neue wissenschaftliche, praktische und politische Perspektiven eröffnen (vgl. Keupp 1978). Der Abschied von einer einseitig experimentell ausgerichteten und vornehmlich nomothetischen Wissenschaft ist ebenso vorgesehen wie eine starke interdisziplinäre Sicht. Sie soll vor dem reduktionistischen und stigmatisierenden Blick auf das zu behandelnde Individuum schützen und zugleich einem technizistischen und überprofessionalisierten Handeln vorbeugen. Dafür sollen lebensweltliche Kontexte in den Mittelpunkt rücken. Unter Berücksichtigung ökologischer bzw. gesellschaftlicher Hintergründe möchte man den Weg zu neuen theoretischen und auch methodischen Gefilden nicht nur innerhalb der Psychologie suchen. Mit dieser Grundhaltung ausgestattet sollen soziale Bewegungen und reformerische Kräfte unterstützt werden. Im Zusammenhang mit einer expliziten Parteinahme und Orientierung an allgemeinen Menschenrechten will man sich gegen soziale Ungerechtigkeiten wenden und sich an der Pflege kultureller Nischen für Minderheiten beteiligen (vgl. Keupp 1995). Transnationale Organisationsformen versuchen unabhängig von der Frage, welche Art der Gemeindepsychologie jeweils länderspezifisch vertreten ist, zumindest europaweit gemeindepsychologisch Interessierte zusammenzubringen (European Community Psychology Network: http://userpage.fu-berlin.de/≈cpbergol).

2 Gemeindepsychologie: ein Begriff ohne Gegenstand?

Im englischsprachigen Bereich ist die Bedeutung des Begriffs «Gemeindepsychologie» *(Community Psychology)* stark mit den kulturellen Traditionen einer durch Armut und religiöse Verfolgung belasteten Auswanderungsgesellschaft verknüpft. Sie war gewohnt, sich ihr soziales Leben im Zusammenhalt von Notgemeinschaften zu gestalten. Obgleich auch in der Gemeindepsychologie religiöse Gemeinschaften eine Rolle spielen, ist der Gegenstand der Gemeindepsychologie nur in einem entfernten Sinn etwa mit dem Begriff der Kirchengemeinde in Zusammenhang zu bringen. Auch die verwaltungstechnische Bedeutung des Kommunalen steht nicht unbedingt im Vordergrund, wenngleich das Interesse an überschaubaren ökologischen Gebilden in der Gemeindepsychologie groß ist. Am ehesten hat der Begriff noch mit der direkten Übersetzung von «Community» zu tun und kann so etwa an den Begriff der Gemeinschaft im Sinne von Tönnies anknüpfen, der diese Art des Sozialen den formalen Strukturen des Gesellschaftlichen gegenübergestellt hat. Aber auch diese begriffliche Kennzeichnung ist noch unzureichend. Vielmehr geht es gemeindepsychologischen Zugängen im Rahmen einer allgemeinen sozial-ökologischen Orientierung darum, sowohl subjektiv als auch objektiv bedeutsame soziokulturelle und physikalische Umweltbestände in den Mittelpunkt zu rücken. Der Einzelne sowie soziale Einheiten (Gruppen, Netzwerke) treten darin als Akteure einer mehr oder weniger zu beeinflussenden Welt auf. Erleben und Handeln in einer so gefassten Umwelt sind von den Stärken und Schwächen der sich darin Bewegenden gleichermaßen mitbestimmt wie von den Grenzen, Hindernissen, Mängeln und Ressourcen dieser Umwelt.

Konzepte Theorien zu	**Individuum**	**Umwelt**	**Konzepte** Theorien zu
↓			↓
• Sense of Community • Problemlösen • Soziale Fertigkeiten • Stressverarbeitung • Kontrolle • Attribution • Efficacy • Gesundheitsverhalten • u. a. m.	• Kompetenzen • Bedürfnisse • Defizite	• Ressourcen • Mängel • Noxen	• Ökologische Metapher • Soziales Klima • Soziales Netzwerk • Behavior Setting • Ökologische Sozialisation • Ökologische Handlungstheorie • u. a. m.

Konzepte und Gegenstandsbereich der Gemeindepsychologie

3 Vielerlei Umwelten

Die sozial-ökologische Orientierung der Gemeindepsychologie fasst eine breite Palette von Teilkonzepten. Dazu gehören insbesondere der Sense of Community, die ökologische Metapher Kellys, das Konzept der sozialen Klimata, Bronfenbrenners ökologische Sozialisationstheorie und das Konzept der Behavior Settings. Kennzeichnend ist für diese Begrifflichkeiten, dass sie allenfalls in der Umweltpsychologie zum festen Bestandteil wurden und kaum Platz in einer sich für minimale situative Reize interessierenden Mainstreampsychologie fanden. Dabei ist darauf hinzuweisen, dass sich auch die Umweltpsychologie zumindest in Teilen als ein Korrektiv zur Mainstreampsychologie versteht und deshalb auch der Gemeindepsychologie relativ nahe steht (vgl. Röhrle 1990).

Die vielleicht am stärksten den Gegenstand der Gemeindepsychologie bestimmende Begrifflichkeit ist der *Sense of Community*. Dies gilt zumindest für den subjektiven Teil ihres Gegenstandsbereichs (vgl. Stitzel, Michel & Röhrle 1999). Damit ist die vom Einzelnen wahrgenommene soziale, politische und kulturelle Umwelt gemeint, die man auch als Heimat bezeichnen könnte. Der Sense of Community ist ein Messfühler für den Zustand einer Kommune, einer Nachbarschaft oder auch einer Organisation. Er steht nachweislich in engem Zusammenhang mit dem Wohlbefinden von Menschen, ihren Bewältigungsfertigkeiten und ihrer Partizipationsbereitschaft. Mit dem Konzept des Sense of Community ist der Gegenstandsbereich der Gemeindepsychologie aber keinesfalls erschöpfend umrissen. Neben konkurrierenden Begrifflichkeiten (Zugehörigkeitsgefühl, Gemeinsinn etc.) spielen vor allem noch solche eine Rolle, die sowohl objektive Eigenschaften von Umwelt als auch mittelbare Wirkzusammenhänge fassen (Organisationen, interorganisationelle Verflechtungen, soziale Netzwerke, gesellschaftliche und politische Strukturen des Zugangs zu Ressourcen, soziale Bewegungen u. a. m.). Um solche Umwelten theoretisch rekonstruieren zu können, wurden viele weitere Teilkonzepte genutzt.

Zu erwähnen ist historisch zunächst die *ökologische Metapher* Kellys, welche als allgemeines Rahmenmodell an die biologische Ökologie bzw. die Sozialökologie der Chicagoer Schule anknüpft. Sie ermöglicht komplexe Umweltanalysen und begründet eine ganzheitliche und historizistische Forschungshaltung. Mit dieser Metapher werden u. a. Person-Umwelt-Passungen, die Pflege von Ressourcen und Anpassungsprozesse an kontextuelle Anforderungen analysiert. Genutzt wurde die ökologische Metapher, um soziale Stützsysteme zu rekonstruieren, um kontextuell orientierte Beratungskonzepte zu entwickeln und um das Innenleben von sozialen Systemen wie Schulen oder Kirchen besser zu verstehen.

Das Konzept der *sozialen Klimata* ermöglicht die Analyse und Modifikation von Strukturen und Qualitäten innerhalb von Organisationen (z. B. Schulen, Selbsthilfegruppen). Dabei spielen im Wesentlichen drei Dimensionen eine Rolle: die Qualität der sozialen Beziehungen, die Möglichkeiten der Persönlichkeitsentwicklung und die Möglichkeiten des Systemerhalts bzw. der Systemveränderung. Hinzu kommen können auch Merkmale der physikalischen Umwelt wie Komfort oder die Verknüpfung mit kommunalen Ressourcen.

Die *ökologische Sozialisationstheorie* Bronfenbrenners wurde zum Ausgangspunkt vieler Entwicklungsinterventionen. Diese haben sich zum Ziel gesetzt, auch über kontextuelle Modifikationen, die sozial-emotionale und kognitive Entwicklung insbesondere von Kindern zu fördern. Bei entsprechenden Bemühungen wurden beeindruckende Langzeiterfolge erzielt. Für Bronfenbrenner ist die Entwicklung einzelner Personen in einem verschachtelten Umweltsystem auf unterschiedlichen Ebenen zu untersuchen. Dieses System umfasst ein Makrosystem (z. B. Kultur, Wirtschaft), ein Exosystem (z. B. Schulsystem, soziale Netzwerke), ein Mesosystem (z. B. mittelbar wirksame Kommunikationsmuster von Familien) und ein Mikrosystem (unmittelbare Merkmale der Situation). Dabei ist für die Gemeindepsychologie das auf der Exosystemebene angesiedelte Konzept des sozialen Netzwerks von zentraler Bedeutung. Die Untersuchung von Merkmalen sozialer Netzwerke, als intermediäre Instanzen zwischen Primärgruppen und formellen Gefügen, bestimmt den überwiegenden Teil der gemeindepsychologisch orientierten Studien zu den Bedingungen und Modifikationen des Wohlbefindens und der Gesundheit (vgl. Röhrle 1994; Röhrle, Sommer & Nestmann 1998).

Auch das Konzept des *Behavior Setting* von Barker spielt in der Gemeindepsychologie seit langem eine Rolle, ist aber vielfach in Vergessenheit geraten. Durch aktuelle Entwicklungen könnte es wieder Konjunktur bekommen. Im Kontext weltweiter Programme zur Gesundheitsförderung wird der Begriff des Settings genutzt, um sozialräumliche Arrangements auf ihre Funktionaliät zu überprüfen, sie entsprechend zu modifizieren, um die Folgen von globalen physikalischen und zeitlichen Veränderungen zu dokumentieren und um salutogene Umwelten zu gestalten.

4 Das Individuelle: nie allein und möglichst gesund

Es wäre nun völlig falsch anzunehmen, dass sich die Gemeindepsychologie ausschließlich mit Umweltbeständen befasst. Vielmehr ist der überwiegende Teil der Forschungen eindeutig auf das Individuelle hin orientiert. Dabei spielen aber bestimmte Schwerpunkte in der Wahrnehmung des Individuellen eine zentrale Rolle. Es geht dabei nicht nur darum, das Individuelle in Relation zu der so gekennzeichneten Umwelt zu begreifen, sondern, in der Tradition der kritischen Psychologie, stets als Produkt und als Verursacher seiner Verhältnisse. Diesen ist der Einzelne immer mehr oder weniger ausgesetzt. Er kann sie aber auch beeinflussen, insbesondere im Kontext kollektiver Anstrengungen.

Das Verhältnis von Individuum und Umwelt ist im Rahmen einer gemeindepsychologischen Betrachtungsweise nach dem Prinzip der Passung geprägt. Individuelle *Kompetenzen, Bedürfnisse*, aber auch *Defizite* treffen auf materielle, soziale und kulturelle *Ressourcen*, Kompensationsmöglichkeiten und Anforderungen. Sie begegnen aber auch *Noxen* (Belastungen, Verlusten, Mangelerscheinungen), die sie mehr oder weniger bewältigen können. Dieses Verhältnis wird im Kontext der Gemeindepsychologie in vielfältigen Modellen der Salutogenese oder auch in Vulnerabilitätsmodellen gefasst (vgl. Röhrle 1999). Sie sind die Grundlage für eine wesentliche Eigenschaft gemeindepsychologischen Handelns und begründen die für die Herstellung von *Wohlbefinden* und *Gesundheit* zentralen Leitlinien. Sie heben ab auf die Herstellung und Pflege effizienter Handlungskontrolle, sinnstiftender Handlungsorientierungen (vgl. hierzu den Begriff des Sense of Coherence), gesundheitsförderlichen Verhaltens, des Problemlösens, der Kreativität, altruistischer und anderer Arten des sozialen Verhaltens. Voraussetzungen hierfür sind verschiedene Arten der Kompetenz. Dazu gehören vor allem Entscheidungsfähigkeit, Problemlösefertigkeiten, kreatives bzw. kritisches Denken, kommunikative und interpersonelle Fertigkeiten, systemanalytische Fertigkeiten, die Fähigkeit zur Selbstwahrnehmung und zur Bewältigung von Gefühlen und Stressoren. Eine besondere Rolle spielt bei diesen Kompetenzen der Begriff des *Empowerments*. Er unterstreicht einerseits die Bedeutung individueller Einflussmöglichkeiten, hebt zugleich aber auch auf die Bedeutung kollektiver Kontrollen und Emanzipationsprozesse ab. Zusammen mit den Ressourcen der Umwelt gewährleisten individuelle Schätze, dass bestehende Risiken und Belastungen bewältigbar bleiben.

Im Gegensatz zum kurativen Prinzip will Gemeindepsychologie vorbeugen und Gesundheit fördern. Im Kontext sehr unterschiedlicher Formen der *Prävention und Gesundheitsförderung* wurde eine Vielzahl von Programmen entwickelt, die helfen sollen, unterschiedliche Belastungen und Erkrankungsrisiken zu minimieren oder, insoweit sie nicht umgehbar sind, die Auseinandersetzung mit ihnen zu erleichtern. Entwickelt wurden Programme zur Stressbewältigung unspezifischer und spezifischer Art, wobei zum Teil auch an die besonderen Bedürfnisse bestimmter sozialer Gruppen gedacht wurde (Kinder, allein stehende und ökonomisch benachteiligte Frauen). Besondere Präventionsprogramme helfen kritische Lebensereignisse wie Scheidung oder Arbeitslosigkeit zu bewältigen. Sehr viele Programme wurden im Kontext feministischer sozialer Bewegungen zur Vermeidung sexuellen Missbrauchs entwickelt. Die Schwangerschaftsraten von Jugendlichen wurden mit erheblichem Aufwand gesenkt. Hier wurde an politisch formulierte Absichten von höchster Stelle angeknüpft. In großem Maßstab wurde soziales Kompetenz- und Problemlösetraining für Kinder und Jugendliche als unspezifische Schutzmaßnahme angeboten. Auch störungsspezifische Maßnahmen wurden getroffen, die zur Vermeidung von Depression, Suizid, Ängsten und gesundheitsgefährdenden Verhaltensweisen (z. B. unsicheres Sexualverhalten, Drogenmissbrauch) führen sollten.

Vielfach wurde dabei die Nähe zu den Settings gesucht, die man als Herd bestimmter Noxen, aber auch als Ausgangspunkt für eine breite Dissemination der präventiven Maßnahmen ansieht: z. B. Schulen, Betriebe, Medien oder Stadtteile. Gerade das Interesse an einer breit wirksamen Form gemeindepsychologischen Handelns, aber auch das Wissen um die individuellen Kompetenzen vieler Menschen verpflichtet zum Einbezug von Laienhilfe und Ressourcen sozialer Netzwerke. Hier löst die Gemeindepsychologie ein Versprechen ein, das vor Jahren von zentralen Repräsentationsfiguren der Mainstreampsychologie formuliert wurde: «Giving Psychology away». Damit einhergehend will Gemeindepsychologie sich mit den Kräften von Schlüsselfiguren, Interessengruppen und sozialen Bewegungen verbinden, um sich als parteiliche Instanz für die Interessen der Bürger und dabei insbesondere für die unterprivilegierten Schichten und Minderheiten einsetzen zu können. Auf diesem Hintergrund ist gemeindepsychologisches Handeln zu verstehen, auch wenn von politischem Aktivismus, Politikberatung, Sozialplanung und Maßnahmen des Empowerments die Rede ist. Dies ist zugleich Anlass für die Mainstreampsychologie, den Vorwurf zu erheben, Gemeindepsychologie sei nicht nur einem Omnipotenzwahnsinn und einer Sucht zum Konstruktüberhang verfallen, sondern verstoße auf das gröbste gegen das wissenschaftliche Verdikt der Objektivität.

5 Gemeindepsychologie: forschen und handeln in anderer Weise

Es versteht sich von selbst, dass eine so komplexe Gegenstandsbestimmung, aber auch die genannte partizipative und parteiliche Grundhaltung geradezu zwingend eine pluralistische Methodologie erforderlich machen. Wenngleich selbst Experiment und Feldexperiment auch in der Gemeindepsychologie ihr Zuhause finden, sind qualitative und partizipative Methoden weitere Königswege zur Lösung der sich stellenden Aufgaben in unterschiedlichen Problemfeldern der Gesellschaft. Für analytische Aufgaben haben Ethnographie, Archivanalysen und Methoden der Social-Impact-Forschung genauso ihren Platz wie Ressourcen- und kompetenzepidemiologische Zugänge oder Methoden zur Erhebung sozialer Indikatoren und sozialer Netzwerke. Für Interventionen finden sich alle möglichen bekannten experimentellen Designs, aber auch Methoden der Aktionsforschung. In Sphären objektivistischer Wissenschaftsbetriebe hat eine solche pluralistische Grundhaltung der Gemeindepsychologie einen schweren Stand. In ihrer interdisziplinären Orientierung mag sie sich aber mit einer Vielzahl von Ausrichtungen verbinden, für die qualitative Forschungsmethoden zur Selbstverständlichkeit innerhalb eines flexiblen Methodenfundus werden (vgl. Tolan, Keys, Chertok & Jason 1990).

6 Zukunft der Gemeindepsychologie

In einer sich stark verändernden Welt haben gemeindepsychologische Denkformen die Aufgabe, sich durch Konzepte wie zivile Bürgergesellschaft, neue soziale Verantwortung u. a. m. mit den Anforderungen auseinander zu setzen, welche sich sowohl aus der Entwicklung neuer sozialer Lebensformen als auch aus der Komplexität einer vom Medieneinfluss durchdrungenen Gesellschaft und aus den Folgen der immer knapper werdenden Arbeit ergeben. Die Aufgabe hierfür entsteht allein aus der Tatsache, dass zumindest die bundesdeutsche Psychologie diesen Entwicklungen nach wie vor ratlos, ja sogar ignorant gegenübersteht. Zaghaft sind erste Versuche erkennbar, sich etwa im Kontext gesundheitspsychologischer Fragestellungen mit Themen wie Gewalt an Schulen auseinander zu setzen. Die Geduld gemeindepsychologischer Forschung und Praxis der letzten Jahre mag sich lohnen, wenn Entscheidungsträger angesichts zunehmender Problemfelder die Frage nach der Relevanz einer sich weitgehend ahistorisch verstehenden Disziplin stellen werden. Vielleicht werden die vorgestellten Konzepte und Denkfiguren der Gemeindepsychologie dann den Stellenwert erlangen, den sie seit langem verdienen.

Literatur

Böhm, I., Faltermaier, T., Flick, U. & Krause, M. (Hg.) (1992). Gemeindepsychologisches Handeln: ein Werkstattbuch. Freiburg.

Duffy, K. G. & Wong, F. Y. (1999). Community Psychology. New York.

Keupp, H. (1978). Gemeindepsychologie als Widerstandsanalyse professionellen Selbstverständnisses. In: H. Keupp & M. Zaumseil (Hg.), Die gesellschaftliche Organisierung psychischen Leidens, S. 180–220. Frankfurt/M.

Keupp, H. (1995). Gemeindepsychologische Identitäten: Vergangenheiten und mögliche Zukünfte. In: B. Röhrle & G. Sommer (Hg.), Gemeindepsychologie, S. 5–24. Tübingen.

Mrazek, P. J. & Haggerty, R. J. (Hg.) (1994). Reducing risks for mental disorders. Frontiers for preventive intervention research. Washington, DC.

Orford, J. (1992). Community psychology. New York.

Rappaport, J. (1977). Community psychology: Values, research and action. New York.

Röhrle, B. (1990). Gemeindepsychologie. In: L. Kruse, C.-F. Graumann & E.-D. Lantermann (Hg.), Ökologische Psychologie, S. 87–94. München.

Röhrle, B. (1992). Prävention psychischer Störungen. In: R. Bastine (Hg.), Klinische Psychologie, Bd. 2, S. 89–122. Stuttgart.

Röhrle, B. (1994). Soziale Netzwerke und soziale Unterstützung. Weinheim.

Röhrle, B. (1999). Ein Modell präventiven und gesundheitsförderlichen Handelns. In: B. Röhrle & G. Sommer (Hg.), Prävention und Gesundheitsförderung, S. 53–68. Tübingen.

Röhrle, B. & Sommer, G. (Hg.) (1999). Prävention und Gesundheitsförderung. Tübingen.

Röhrle, B., Sommer, G. & Nestmann, F. (Hg.) (1998). Netzwerkinterventionen. Tübingen.

Scileppi, J. A., Torres, D. R. & Tedd, E. L. (1999). Community Psychology: Common Sense Approach to Mental Health. New York.

Sommer, G. & Ernst, H. (Hg.) (1977). Gemeindepsychologie. München.

Stitzel, A., Michel, A. & Röhrle, B. (1999). «Psychological Sense of Community» – Zur Entwicklung eines deutschsprachigen Meßinstruments. Gemeindepsychologie Rundbrief 5 (1), S. 36–47.

Tolan, P. H., Keys, C., Chertok, F. & Jason, L. (Eds.) (1990). Researching community psychology: Integrating theories and methods. Washington, DC.

Martin Schmidt und *Gabriele Vierzigmann*

2.6 Familienpsychologie

1 Familie im gesellschaftlichen Wandel

Im Zeitalter der Postmoderne ist «die Familie» in der Diskussion. Dies verdeutlichen Indikatoren wie sinkende Heiratsneigung, zunehmende Zahl an nichtehelichen Lebensgemeinschaften, steigende Zahl an Singlehaushalten, sinkende Geburtenzahlen, erhöhte Scheidungsquoten, vermehrte Zahl an allein erziehenden Müttern und Vätern, zunehmende Zahl an Stieffamilien, erhöhte Beteiligung von Frauen an weiterführenden Bildungseinrichtungen und am Erwerbsleben, Abkehr von Pflicht und Gehorsam in den elterlichen Erziehungsvorstellungen bis hin zu Werten wie Selbstverwirklichung, stagnierende finanzielle Entlastung und damit relative ökonomische Deprivation von Familien mit Kindern.

Vor, nach oder neben Ehe und Familie gibt es heute eine Fülle alternativer Formen des Allein- bzw. Zusammenlebens, die sich zunehmender Beliebtheit und wachsender gesellschaftlicher Anerkennung erfreuen. Für den Einzelnen bringt diese Entwicklung individuelle Wahl- und Entscheidungsfreiheit, steigende Orientierungslosigkeit und manchmal beides zugleich mit sich. Frauen, Männer und Kinder müssen sich im Verlauf ihres Lebens mit sehr viel mehr verschiedenen familiären Lebensformen auseinander setzen, als dies früher der Fall war. Dieses Eingebundensein in verschiedene Beziehungswelten und insbesondere die Übergangsphasen zwischen den diversen Familienformen bedingen spezifische Problematiken für Individuen und Familien.

Die individuelle Lebensgestaltung ist eingebettet in gesellschaftliche und soziale Vorgaben durch Rechtsprechung, Bildungssystem, Regelungen in der Arbeitswelt und Leitbilder der Massenmedien. Wie beispielsweise die Veränderungen im Ehe- und Familienrecht zeigen (vgl. Limbach 1988), waren die Forderungen nach Gleichberechtigung und Chancengleichheit von Frauen und Männern auf der Ebene der rechtlichen Norm weitgehend erfolgreich. Die Umsetzung dieser Leitbilder im gesellschaftlichen Alltag scheitert jedoch in der Regel an massiven institutionellen Barrieren (kinderfeindliche Arbeitszeiten, mangelnde Angebote an Kinderbetreuung) bzw. ist nur unter Inkaufnahme zusätzlicher Anstrengungen möglich, die – insbesondere von Frauen – im privaten Bereich geleistet werden müssen. Aus dem Missverhältnis zwischen individuellen Lebensplänen, gesellschaftlichen Leitbildern und sozialer Wirklichkeit ergeben sich Spannungen, Belastungen und Konflikte für das Familienleben.

2 Familienpsychologie als Wissenschaft

Die Familienpsychologie ist eine der Stimmen im interdisziplinären Konzert der Familienwissenschaften, zu dem Pädagogik, Soziologie, Medizin, Ethologie, Demographie, Ökonomie, Geschichts- und Rechtswissenschaft beitragen. Die Familienpsychologie ist eine junge Disziplin der Psychologie (vgl. Schneewind 1991). In ihrer Theorienbildung, der Grundlagen- und Anwendungsforschung befasst sie sich mit dem Verhalten und Erleben von Personen in Beziehung zu ihrer Familie wie auch mit der Lebenspraxis von Familien und dem Leben von und in Familien. Im Schnittpunkt der Familienpsychologie treffen sich Perspektiven und Fragestellungen der traditionellen Grundlagen- und Anwendungsfächer der wissenschaftlichen Psychologie. So fragt die Entwicklungspsychologie danach, wie sich Personen im Kontext der Familie entwickeln oder wie familiäre Glaubenssysteme in Familien von Generation zu Generation weitervermittelt werden. Die Persönlichkeitspsychologie thematisiert Fragen nach intra- und interindividuellen Unterschieden zwischen Personen und versucht, diese Unterschiede mit der Art und Qualität von Familienbeziehungen zu erklären. Die pädagogische Psychologie betrachtet die Familie als Ort und Instanz der Erziehung. Die Sozialpsychologie definiert die Familie als soziale Gruppe und analysiert ihre Kommunikations- und Interaktionsmuster. Die klinische Psychologie, insbesondere die klinische Entwicklungspsychologie, versucht, die Entstehung von Störungen und Dysfunktionen im Kontext der Familie zu beschreiben, zu erklären und Möglichkeiten der Modifikation bereitzustellen.

3 Familienbegriffe

Jeder glaubt zu wissen, was mit «Familie» gemeint ist, aber der Versuch einer genaueren Begriffsbestimmung erweist sich als schwierig. Vielfältige Gesichtspunkte – biologische, ökonomische, subjektive, funktionale, soziologische, psychologische oder durch das jeweilige Rechtssystem bestimmte – werden zur Definition herangezogen.

So definiert beispielsweise der 1994 erschienene «Fünfte Familienbericht der deutschen Bundesregierung» (Bundesministerium für Familie und Senioren 1994, S. 23f.) Familie als «unabhängig von räumlicher und zeitlicher Zusammengehörigkeit als Folge von Generationen, die biologisch, sozial und/oder rechtlich miteinander verbunden sind». Die so gekennzeichnete Konstellation «Vater – Mutter – Kind» wird als konstitutiv für den gesellschaftlich anerkannten Familienbegriff postuliert. Zur Unterstützung dieses Familientyps werden in der Folge rechtliche Regelungen und finanzielle Anspruchsvoraussetzungen formuliert, die für andere familienähnliche Lebensformen, z. B. für homosexuelle Partnerschaften, nicht gelten.

Aus familienpsychologischer Sicht lassen sich Familien als intime Beziehungssysteme definieren und mit den Dimensionen der Abgrenzung, Privatheit, Dauerhaftigkeit und der körperlichen, geistigen und emotionalen Nähe beschreiben (vgl. Schneewind 1999). Familien selbst erschaffen sich «ihren» Begriff von Familie, ihre soziale Wirklichkeit durch Kommunikation und Interaktion ihrer Mitglieder immer wieder neu. Die Familienmitglieder sind – unabhängig von der jeweiligen Form des Zusammenlebens – verbunden durch eine gemeinsame Beziehungsgeschichte. Familien etablieren eine familiäre Alltagspraxis, die Kontinuität und Wandel in der Lebensführung gestattet und das Tradieren und Variieren der Familienthemen und Diskurse toleriert. Es handelt sich dabei nicht um eine einfache, lineare Weitergabe von der älteren Generation zur jüngeren, sondern um einen sich zwischen den Generationen vollziehenden Prozess der gemeinsamen Bedeutungskonstruktion (vgl. Vierzigmann & Kreher 1998). Eine breite mehrgenerationale psychologische Betrachtung von Familien umfasst die Ursprungsfamilien der Partner, das aktuelle Paar- bzw. Familiensystem (die «Kernfamilie») wie auch die Vorstellungen der Mitglieder über die Zukunft der Familie.

4 Familienentwicklung

Familienentwicklung ist eingebettet in den sozialen Wandel und die spezifische Familiengeschichte. Im Sinne des hierarchischen sozialökologischen Mehrebenensystemmodells von Bronfenbrenner (1981) sind intime Beziehungssysteme in Mesosysteme (Nachbarschaft, Peergruppe, Berufsfeld), Exosysteme (gesellschaftliche Institutionen, Fürsorgesystem, Schulsystem) und Makrosysteme (kulturelles System, Tradition, Religion, politisches und ökonomisches System) eingebettet und diesen sich wandelnden Systemeinflüssen direkt oder indirekt ausgesetzt.

Die Entwicklung von Kernfamilien lässt sich in eine Reihe normativer bzw. nicht-normativer Phasen gliedern. Die normativen Phasen können bestimmt werden durch die gesellschaftlichen Vorgaben an die Familienentwicklung und durch biologische Reifungsprozesse (z. B. Übergang von der Familie mit Kleinkindern zur Familie mit schulpflichtigen Kindern;

Ablösung vom Elternhaus und Auszug der Kinder). Als nicht-normative Phasen im Familienlebenszyklus gelten beispielsweise Scheidung, Tod, Arbeitslosigkeit, Krieg, sozialer und technologischer Wandel. Im Prozess der Familienentwicklung sind Familien fortlaufend gefordert, jeweils entwicklungs- und familienspezifische Aufgaben zu bewältigen.

5 Familiäre Sozialisation

Die Erziehung und Sozialisation von Kindern stellt eine wesentliche Entwicklungsaufgabe im Kontext der Familie dar. Die familienpsychologische Grundlagenforschung kennt vier zentrale Muster des Erziehungsverhaltens, die als autoritär, permissiv, vernachlässigend und autoritativ beschrieben werden und jeweils unterschiedliche Auswirkungen auf die Entwicklung von Kindern haben. Besonders kompetenzfördernd ist der autoritative Erziehungsstil, der sich durch klare elterliche Regeln sowie ein hohes Maß an Wärme und entwicklungsangemessener Anregung auszeichnet. Dagegen fördert ein autoritäres Erziehungsverhalten, geprägt durch elterliche Kontrolle ohne ausreichende Anleitung sowie durch das Äußern von Ärger, Kritik und Sarkasmus seitens der Eltern, die Entwicklung von Verhaltensauffälligkeiten bei Kindern. Dies zeigen Forschungsbefunde einer Längsschnittstudie an Familien mit Kleinkindern, in der alle Familienmitglieder vom ersten bis zum dritten Lebensjahr der Kinder fortlaufend untersucht wurden (vgl. Belsky, Woodworth & Crnic 1996). Die problematischen Erziehungsmuster der Eltern erwiesen sich über die Zeit hinweg als umso persistenter, je neurotischer die Persönlichkeit der Eltern, je schwieriger das Temperament des Kindes (schnell wechselnde Stimmungen, starke Reaktivität, Schwierigkeit, sich neuen Situationen anzupassen), je schlechter die Qualität der Ehe und je geringer die soziale Unterstützung von Ehemann und Ehefrau eingestuft wurden, je größer der Stress des Ehemanns an seinem Arbeitsplatz war und je belastender sich dieser innerhalb der Familie ausgewirkt hat.

6 Familientheorien

Theorienbildung ist abhängig vom gegebenen historischen und soziokulturellen Kontext. Die einer Familientheorie zugrunde gelegte Ontologie (von welchen Annahmen gehe ich aus?), Epistemiologie (wie kann ich erkennen?) und Methodologie (was sind meine Methoden, um zu erkennen?) stehen in einem sich wechselseitig bedingenden Verhältnis. Theorien können nicht als wahr bewiesen werden. Innerhalb eines spezifischen theoretischen Rahmens können Hypothesen entwickelt und auf ihren empirischen Gehalt, ihre wissenschaftliche Überzeugungskraft und ihren Nutzen geprüft werden.

Ebenso wenig wie *die* Familie gibt es auch nicht *die* Theorie der Familie. In der Familienforschung angewandte Theorien sind Adaptationen von Theorien aus den Sozialwissenschaften (z. B. Theorie des symbolischen Interaktionismus, Ethnomethodologie, biosoziale Theorien, psychoanalytische Theorien, soziale Lerntheorien, Kommunikations- und Interaktionstheorien, postmoderne Theorien des sozialen Konstruktionismus, narrative Theorien) oder aus den Systemwissenschaften.

Systemtheoretisch können Familien als Systeme betrachtet werden (vgl. Kriz 1998). Ein System (systema = griechisch = das Zusammengesetzte) ist als ein strukturiertes Ganzes aufzufassen, wobei die Eigenschaften des Systems von seinen Teilstrukturen abhängen und bedingt werden (Kausalität von unten). Umgekehrt gilt, dass die Eigenschaften der Teilstrukturen von den Eigenschaften des Gesamtsystems abhängen und bedingt werden (Kausalität von oben). Das Prinzip der zirkulären Kausalität bedeutet, dass Kausalität von unten und Kausalität von oben zusammen gedacht werden. Eigenschaften des Gesamtsystems (z. B. Familie) sind solche, die bei der Beschreibung von Systemteilen oder Teilstrukturen (z. B. Familienmitglieder) nicht vorkommen. Autonomie und Eigendynamik («Eigenzeitlichkeit») können als Eigenschaften der Teilstrukturen, der Grad an emotionaler Verbundenheit der Familienmitglieder, die Anpassungsfähigkeit an neue Entwicklungsaufgaben, Form und Inhalt der Kommunikation im Familiensystem als Eigenschaften des Gesamtsystems gesehen werden. Das Netzwerk der Interaktionen zwischen Teilstrukturen und Gesamtsystem ist das entscheidende Band zwischen dem Ganzen und seinen Teilen. Systemtheorien lenken den Blick auf die Organisation, die Komplexität und die Dynamik von Familiensystemen. Diese Perspektiven können in der Familiendiagnostik und der Familientherapie fruchtbar gemacht werden.

7 Familiendiagnostik

Familiendiagnostik ist eine von wissenschaftlichen Standards geleitete systematische Informationssammlung (vgl. Cierpka 1996). Sie basiert auf der Anwendung von Familientheorien und den sich jeweils daraus ableitenden quantitativ oder qualitativ orientierten Methodologien. In der systemischen Familiendiagnostik werden verschiedene hierarchisch gegliederte Systemebenen unterschieden. So wird die Familie als Teil größerer Systeme, z. B. einer Gemeinde, betrachtet. Innerhalb des Familiensystems wird zwischen der Ebene der Individuen, der Ebene der verschiedenen Subsysteme (Ehepartner-, Eltern-, Eltern-Kind-, Geschwistersubsystem) sowie der Ebene des Systems als Ganzes unterschieden. Die Diagnostik schließt die Beobachtung der aktuellen Familieninteraktionen, die Befragung des Beziehungserlebens der am Interaktionsprozess Beteiligten, die Rekonstruktion der erlebten und gemeinsam geschaffenen Familiengeschichte, die Analyse von zukünftigen Zielvorstellungen ebenso ein wie die Erhebung der materiellen und sozialen Lebenslagen von Familien und ihre subjektive Bedeutung für die einzelnen Familienmitglieder.

In einem längsschnittlich-mehrgenerationalen Ansatz der Familiendiagnostik wird davon ausgegangen, dass in der Kernfamilie beobachtbare Störungen und Konflikte oft schon in den Herkunftsfamilien der Eltern angelegt und vorgeformt sind. Probleme der jeweiligen Kindergeneration werden als Ausdruck und Konsequenz einer generationsübergreifenden Kontinuität von Problemlagen und Bewältigungsversuchen verstanden.

8 Prävention, Beratung, Therapie für Familien

Prävention, Beratung und Therapie sind professionelle Formen der Intervention, die Familien von entsprechenden Institutionen angeboten werden. Sie zielen darauf ab, das Potenzial einzelner Familienmitglieder bzw. der Familie insgesamt zu erweitern, sodass diese Problemlagen und Krisen unterschiedlicher Schweregrade und in unterschiedlichen Lebensphasen und Lebensbereichen bewältigen können.

Familienorientierte Trainingsprogramme versuchen beispielsweise, personale und interpersonale Kompetenzen präventiv zu stärken, um zukünftige Belastungen besser meistern zu können. Zentrale Komponenten dieser psychoedukativen Ansätze sind die Vermittlung und Einübung von Kommunikationsfertigkeiten, die Förderung von Problem- und Konfliktlösungskompetenzen sowie das Erlernen von Fertigkeiten, um sich selbst zu kontrollieren.

Familienberatung umfasst alle sozialen und institutionellen Netzwerke, die der Bewältigung von physischen, psychischen und sozialen Belastungen und Gefährdungen dienen. Sie hat zum Ziel, Ratsuchende darin zu unterstützen, selbständig Lösungen für ihre Probleme zu erarbeiten.

Mit Familientherapien werden behandlungsbedürftige Symptome von Familienmitgliedern oder Störungen der Paar- und Familienbeziehungen im jeweiligen Problemkontext behandelt. Die Vorgehensweisen von Familientherapien orientieren sich an behavioralen, psychoanalytischen, humanistischen, feministischen oder systemtheoretischen Modellvorstellungen (vgl. Schmidt 1994).

In der systemischen Therapie werden biologische, intrapsychische, interpersonelle, familiäre und gesellschaftliche Dimensionen einbezogen. Sie umfasst alle Personen und/oder Institutionen, die an dem Problem beteiligt sind, das zur Beratung oder Therapie ansteht. Probleme werden nicht als Pathologie des Individuums angesehen. Vielmehr werden die Problemdefinitionen im Kontext des jeweiligen familiären, sozialen bzw. soziokulturellen Bezugssystems betrachtet. Zentral ist die Annahme, dass kognitive und kommunikative Konstruktionen von Individuen und Systemen wie auch ihre sprachlich in Geschichten gefassten Erfahrungen die Erzeugung von Problemen beeinflussen. Gesellschaftliche wie familiäre Konstruktionen und Festschreibungen engen Entwicklungsmöglichkeiten ein und lassen oft nur wenige Spielräume. Trotzdem gibt es stets eine Bandbreite an Bedeutungen und Sinngebungen, von denen einige mehr Freiheit und Entwicklung zulassen als andere. Daher ist es ein wesentliches Anliegen systemischer Therapeutinnen und Therapeuten, mit den Klientinnen und Klienten gemeinsam den wechselseitigen Bezug zwischen den vorgestellten Problemen und den systemspezifischen Beziehungs- und Deutungsmustern zu thematisieren, zu veranschaulichen und zu verändern.

Umfassende empirische Analysen belegen sowohl die Wirksamkeit von spezifischen Präventionsprogrammen als auch von Beratung und systemischer Therapie mit Paaren und Familien bei einer Vielzahl von Symptomen und Störungen (vgl. Schiepek 1999).

Literatur

Belsky, J., Woodworth, S. & Crnic, K. (1996). Troubled family interaction during toddlerhood. Development and Psychopathology 8, S. 477–495.

Bronfenbrenner, U. (1981). Die Ökologie der menschlichen Entwicklung. Stuttgart.

Bundesministerium für Familie und Senioren (Hg.) (1994). Familien und Familienpolitik im geeinten Deutschland – Zukunft des Humanvermögens. Fünfter Familienbericht. Bonn.

Cierpka, M. (Hg.) (1996). Handbuch der Familiendiagnostik. Berlin.

Kriz, J. (1998). Systemtheorie. Wien.

Limbach, J. (1988). Die Entwicklung des Familienrechtes seit 1949. In: R. Nave-Herz (Hg.), Wandel und Kontinuität der Familie in der Bundesrepublik, S. 11–35. Stuttgart.
Schiepek, G. (1999). Grundlagen der systemischen Therapie. Göttingen.
Schmidt, M. (1994). Beratung und Therapie im Kontext der Familie. In: K. A. Schneewind (Hg.), Enzyklopädie der Psychologie. Psychologie der Erziehung und Sozialisation. Pädagogische Psychologie, Bd. 1, S. 619–648. Göttingen.
Schneewind, K. A. (1991/1999). Familienpsychologie. Stuttgart.
Vierzigmann, G. & Kreher, S. (1998). Zwischen den Generationen. Berliner Journal für Soziologie, 8 (1), S. 23–37.

Weiterführende Literatur

Boss, G. P., Doherty, W. J., LaRossa, R., Schumm, W. R. & Steinmetz, K. S. (Eds.) (1993). Sourcebook of family theories and methods. A contextual approach. New York.
Cierpka, M. (Hg.) (1996). Handbuch der Familiendiagnostik. Berlin.
Kaslow, F. W. (Ed.) (1996). Handbook of relational diagnosis and dysfunctional family patterns. New York.
Kriz, J. (1998). Systemtheorie. Wien.
Schiepek, G. (1999). Grundlagen der systemischen Therapie. Göttingen.
Schlippe, A. v. & Schweitzer, J. (1996). Lehrbuch der systemischen Familientherapie und Beratung. Göttingen.
Schmidt, M. (1994). Beratung und Therapie im Kontext der Familie. In: K. A. Schneewind (Hg.), Enzyklopädie der Psychologie. Psychologie der Erziehung und Sozialisation. Pädagogische Psychologie, Bd. 1, S. 619–648. Göttingen.
Schmidt, M. (2000). Systemische Paartherapien. In: S. K. D. Sulz (Hg.), Paartherapien. München.
Schneewind, K. A. (1999). Familienpsychologie. Stuttgart.
Schneewind, K. A. (2000) (Hg.). Familienpsychologie im Aufwind. Göttingen.
Schneewind, K. A. & Schmidt, M. 1999. Familiendiagnose im Kontext der klinischen Entwicklungspsychologie. In: R. Oerter, G. Roeper & C. v. Hagen (1999) (Hg.), Handbuch der klinischen Entwicklungspsychologie, S. 270–299. Weinheim.

Claudia Wendel

2.7 Neuropsychologie

Vielfarbige Hirne blinken in Apothekenauslagen, eine Sekte wirbt mit der Hirnkapazität Einsteins, der Hirntod markiert die Grenze zwischen Leben und Tod. Das Fernsehen präsentiert den französischen Polizisten, der durch die Gewalt deutscher Hooligans seiner Sprache beraubt wurde. Die Neurowissenschaften sind präsent im alltäglichen Raum.

Wir glauben, unsere Kreativität entspringe der rechten Gehirnhälfte, und sprechen davon, etwas zu «speichern», wenn wir uns etwas merken wollen. Wir lesen die Bücher von Oliver Sacks und sind beeindruckt von den Skurrilitäten der beschriebenen Personen, werden uns vielleicht zum ersten Mal bewusst über die komplexe Arbeitsweise des Gehirns, indem uns vor Augen geführt wird, was alles nicht «funktionieren» kann: einen Hut als Hut zu identifizieren, bekannte Gesichter wiederzuerkennen, über einen Geschmackssinn zu verfügen, den Wind auf der Haut zu spüren.

Kritikerinnen in der neuropsychologischen Rehabilitation haben tagtäglich mit Menschen zu tun, die nicht mehr diejenigen sind, die sie einmal waren, nachdem ihr Gehirn verletzt wurde: ein Patient, ein Verkehrsexperte, der mir schilderte, wie er beim Skifahren «mit 67 km/h» frontal gegen einen Baum geprallt war; eine Studentin, die nach einem Herzstillstand nicht mehr in der Lage ist, eine einfache Lehre zu machen; Menschen, die in einem therapeutischen Gespräch den vorletzten Satz bereits wieder vergessen haben oder nur den halben Raum wahrnehmen, ohne sich dessen gewahr zu sein. In der Praxis erlebt man Erstaunliches, wie beispielsweise damals, als einer während des Alltagstrainings in der Innenstadt verloren ging und Stunden später freudig gestimmt in einer fremden Reisegruppe auf Stadtrundfahrt wiedergefunden wurde.

Der Forschenden gelingt es, Distanz zum individuellen Leid zu schaffen, andere Fragen zu finden bzw. auf anderen Wegen nach Antworten zu suchen. Es geht um die Publikation der eigenen Arbeit und der meiner Kolleginnen, um den Transport von Ideen und Erfahrung.

Mein Selbstverständnis entspricht weitgehend dem der «kritisch forschenden Praktikerin» (vgl. Eva Jaeggi 1991), die sich engagiert, um die Erfahrungen aus der täglichen Arbeit systematisch zu reflektieren, daraus neue Hypothesen und Konzepte zu erarbeiten, adäquate Fragestellungen zu formulieren, diese dann methodisch zu beantworten und als Wissenschaftlerin zu verwerten. Ich schalte mich mit meinen Forschungsergebnissen in die Scientific Community ein und gebe meine Kenntnisse als Lehrende weiter. Hierbei positioniere ich mich in kritischer Distanz zu den vielen Wissensschaffenden, die auf der Suche nach objektiver Wahrheit eine große Lebensferne in Kauf nehmen.

1 Neuropsychologie – was ist das?

Neuropsychologen und Neuropsychologinnen befassen sich mit der Beziehung zwischen Gehirn und Verhalten. Manche suchen nach dem neuronalen Substrat psychischer Prozesse («experimentelle Neuropsychologie»), andere diagnostizieren und therapieren Menschen mit Verletzungen oder Erkrankungen des Zentralnervensystems («klinische Neuropsychologie»). Manche Neuropsychologen und Neuropsychologinnen versprechen Antworten auf sehr alte, sehr große Fragen («Neurophilosophie»).

Um zu erklären, wie das Gehirn Verhalten «produziert», beschäftigten sich Forscher und Forscherinnen in einer langen Tradition mit jenen Menschen, die sich ab-norm oder einfach sonderbar verhielten. So wurde im 19. Jahrhundert ein für das Sprechen wichtiger Gehirnbereich von dem Chirurgen Paul Broca entdeckt, nachdem er das Gehirn eines toten Patienten untersuchte, der immer nur «Tan» gesagt hatte. In Einzelfallbeschreibungen gingen diese Erkenntnisse um die Welt, bis, angeregt durch die Methoden der experimentellen Psychologie, die *systematische* Suche nach den Auswirkungen von Hirnverletzungen begann: der Beginn der Neuropsychologie als eigenständiger Disziplin. Für Bunge (in Preilowski 1997, S. 23) ist die Neuropsychologie die «zwingend notwendige Verbindung zwischen geistloser Neurowissenschaft und hirnloser Psychologie».

Zuerst beschäftigte man sich mit den so genannten Werkzeugstörungen des Gehirns: Aphasie (nicht sprechen können), Agnosie (nicht erkennen können) und Apraxie (Handlungen nicht ausführen können), später wurden weitere «kognitive Funktionen», so der neue Fachterminus, hinzugenommen: Man untersuchte auch Aufmerksamkeit, Gedächtnis und Lernen. Neben der Auseinandersetzung mit diesen Leistungen bildet das Studium der Auswirkungen spezifischer Veränderungen des Gehirns bei neurologischen Erkrankungen, z. B. bei Morbus Parkinson, einen weiteren Schwerpunkt.

Anfangs wurde Neuropsychologie (als «Tochter der Anatomie») überwiegend von Medizinern und Medizinerinnen praktiziert, und noch heute, obwohl jetzt fest in psychologischer Hand, arbeiten verschiedene Wissenschafts- und Therapiedisziplinen unter dem «Neuropsychologie-Dach» zusammen – ein interdisziplinärer Ort.

In der Neuropsychologie wird geforscht und therapiert bzw. rehabilitiert. Die Beobachtung der verschiedenen Behinderungen hat immer wieder Fragen der Veränderbarkeit bzw. der Wiederherstellbarkeit von Fähigkeiten nach sich gezogen. In diesem Zusammenhang ist auf die Verbindung des Fachs zu den Weltkriegen hinzuweisen. Einerseits resultierten aus den Kriegen des 20. Jahrhunderts viele hirnverletzte Soldaten, die gleichzeitig interessante «Studienobjekte» bildeten, andererseits liegen in der Versorgung dieser «Kriegshirnverletzten» die Wurzeln der heutigen neuropsychologischen Rehabilitation.

Seit circa 30 Jahren ist die Neuropsychologie als eigenständige Disziplin bekannt und anerkannt. Im Laufe dieser drei Jahrzehnte ist das Wissen über die neuronale Basis verschiedener Gehirnfunktionen, etwa über das Gedächtnis, enorm gewachsen; hochkomplexe Prozesse wie die visuelle Wahrnehmung können in Teilen verstanden bzw. ganz neu gedacht werden (vgl. Kolb 1999). Zusammen mit den Nachbardisziplinen in den Neurowissenschaften ist die Neuropsychologie in den vergangenen Jahren rapide gewachsen und gewinnt zunehmend an Einfluss.

Neben den aufsehenerregenden Entdeckungen stehen allerdings eine Menge ungelöster Fragen, hinter populären Erklärungen wie der Dichotomisierung von linker und rechter Gehirnhälfte oder der Rückführung von Geschlechterdifferenzen auf Gehirnstrukturen häufig viel zu einfache Denkmodelle. Auch auf den bunten Hirnbildern, die seit wenigen Jahren als Ergebnis der Untersuchung gesunder und kranker Gehirne «in Aktion» präsentiert werden, fehlen meist die kritischen Erläuterungen. Stattdessen wird gern behauptet, man könne den Menschen jetzt beim Denken zuschauen.

2 Wurzeln der Hirnforschung

Gern werden in neurowissenschaftlichen Vorträgen Bezüge zu den Wurzeln hergestellt. Seht her, damals schon! Seht her, damals wie unwissend! Seht her, damals Descartes, heute Damasio!

Wo haust die Seele, wie entsteht ein Selbst? Die heutigen Fragen an das Gehirn stehen in einer langen Tradition, die bis ins alte Ägypten, bis in die Philosophie der Antike reicht.

Im Zeitraum zwischen 1860 und 1930 wurden «die entscheidenden Weichen für die modernen Wissenschaften vom Gehirn und vom Geist gestellt. Dazu zählen Ereignisse wie die Entdeckung von verschiedenen Sprachzentren im Gehirn; die experimentelle Stimulierung der Hirnrinde; die Durchsetzung der Reflexlehre; die Neuronentheorie, die jedes einzelne Neuron als funktionelle Einheit erklärt; der Aufstieg von Anthropologie, Psychophysik, experimenteller Psychologie, Gestalttheorie und Psychoanalyse; und nicht zuletzt die Ausdehnung bzw. Entstehung klinischer Fächer wie Psychiatrie, Neurologie und Neurochirurgie» (Hagner 1999, S. 12).

Zwei wichtige theoretische Positionen, die auch in aktuellen Debatten noch durchscheinen, wurden im 19. Jahrhundert etabliert: Lokalisationstheorie versus Äquipotenztheorie. Die Lokalisationstheorie geht davon aus, dass bestimmte Verhaltensformen durch je spezielle Gehirnregionen kontrolliert werden und demzufolge eine selektive Zerstörung dieser Region die zugehörige Verhaltensform beeinträchtigt. «Als Gegenposition zur Lokalisationstheorie wurde die Äquipotenztheorie vertreten, die die funktionelle Gleichwertigkeit der Gehirnteile fordert und besagt, daß eine genaue Lokalisation der Funktionen unmöglich ist» (Drühe-Wienholt 1997, S. 79).

Es folgten verschiedene Versuche der Integration beider Theorien, z. B. in der interaktionistischen Theorie von John Hughlings-Jackson, der als Begründer der modernen Neurologie fungiert, doch wird die Auseinandersetzung um Lokalisierbarkeit einfacher und komplexer Prozesse nach wie vor mit großem Engagement geführt.

Die Entwicklung der verschiedenen Theorien sollte nicht als unabhängiger Prozess wissenschaftlichen Fortschreitens betrachtet werden, sondern wird erst verständlich und spannend, wenn sie vor dem Hintergrund gesellschaftspolitischer Zusammenhänge interpretiert wird. Zu verweisen ist an dieser Stelle auf die Lektüre des Buchs «Ecce Cortex», herausgegeben von Michael Hagner (1999). Er resümiert:

> «Tatsächlich sind die anthropologischen Grundsatzfragen von Freiheit und Notwendigkeit, von Primitivität und Zivilisiertheit, von Selbstlenkung des Subjekts und maschinengesteuerter Kreatur in der Moderne immer wieder im Hinblick auf das Gehirn diskutiert worden. Mit dem Aufstieg der Hirnforschung seit dem 19. Jahrhundert ist das Gehirn zu einem Objekt geworden, das zugleich psychologisch und moralisch, kulturell und sozial, ökonomisch und politisch aufgeladen wurde» (S. 8).

Auch heute dient das Gehirn als Projektionsfläche für Wünsche, Ängste und Begrenzungen. Wurden im 19. Jahrhundert die Hirnstrukturen beispielsweise analog der Einteilung der gesellschaftlichen Mächte gedacht, so dient das Gehirn im aktuellen Diskurs vor allem als Netzwerk- bzw. Vernetzungsmetapher – analog unserer komplexen Kommunikationsstruktur. Wo haust die Seele, wie entsteht ein Selbst? Im Grenzgebiet von Neurowissenschaften, Psychologie, Philosophie und Kunst entstand ein spannendes und spannungsreiches Feld: Neue Techniken, Theorien und Darstellungsmöglichkeiten stellen alte Antworten in Frage und fordern zu neuen Antworten heraus. So wurden die Analysen der «Split-brain-Patienten und Patientinnen» in der «philosophischen Debatte um personale Identität und Lokalisierung des Ich herangezogen» (Breidbach 1997, S. 390): Die Beforschung von Menschen, deren Gehirnhälftenhauptverbindung (Corpus callosum) getrennt worden waren, führte zu der Spekulation, der Schädel berge zwei Persönlichkeiten. Eine Neubelebung der Leib/Seele-Diskussion geht auf den Neurologen Antonio R. Damasio (1997) zurück, der Emotionalität als Grundbedingung rationalen Handelns entschlüsselte und dadurch eine lang tradierte Polarisierung zwischen Gefühl und Verstand ins Wanken brachte. Können wir in der Zukunft auf die Philosophie verzichten und uns mit den Fragen zur menschlichen Existenz direkt an Neurowissenschaften und Genforschung wenden? Ja, würde manch eine Vertreterin der Neurophilosophie antworten. Nein, würden andere, wie der Philosoph Gilles Deleuze (vgl. Schmidgen 1999), entgegnen; eine Rückbindung der Philosophie an die Neurologie lehnt er gänzlich ab und besteht darauf, dass die Philosophie ihre eigene Konzeption des Gehirns entwickle, sich das Gehirn sozusagen selbst konstruiert. Auch die Psychologen sollten sich bei der Beschäftigung mit komplexen menschlichen Verhaltensweisen und bei der Untersuchung psychischer Phänomene, so Canguilhem, nicht zu eng an den Ergebnissen der Hirnforschung orientieren (vgl. Schmidgen 1999).

3 Neuropsychologische Forschung mit dem Strom und gegen den Strom

Auf welche Art sichert sich das Fach, das den Zusammenhang zwischen Gehirn und Verhalten erforscht, seine Annahmen, auf welchen Wegen entwickelt es seine Theorien, und welche Fragen erkennt es als interessante Fragen an?

In den Anfängen war die Erkenntnisgewinnung «immer eng verbunden mit der sorgfältigen und detaillierten Beobachtung und Beschreibung ungewöhnlicher Fälle» (Gauggel & Kerkhoff 1997, S. 11). Später wurden die inferenzstatistischen Methoden der experimentellen Psychologie übernommen, Daten wurden mittels standardisierter Tests erhoben, «Grundbaustein der Erkenntnisgewinnung wurde das Experiment».

Während diese wissenschaftstheoretische Position mit ihrer «quantitativen» Methodik in einigen Bereichen der Psychologie nach jahrzehntewährender Auseinandersetzung in ihrer Monopolstellung erschüttert wurde, gilt sie in der neuropsychologischen Forschung immer noch unangefochten als der ideale Weg zum Erkenntnisgewinn – nahezu ungeachtet der Forschungsinhalte.

So werden im Bereich der klinischen Neuropsychologie zur Beforschung sog. Interventionseffekte von der wissenschaftlichen Gemeinde möglichst «objektive» Versuchsdesigns mit möglichst großen Stichproben verlangt, mit dem Ideal der Doppelblindstudie aus der Pharmaforschung als Richtschnur. Vor diesem Hintergrund kann es vorkommen, dass ein Fehlereinfluss diskutiert wird, der dadurch entsteht, dass Mitglieder von Behandlungsgruppe A in der Klinik mit Mitgliedern der Gruppe B sprechen.

Eine Vielzahl von Untersuchungen beschäftigt sich mit alltagsfernen Detailfragen, schließt systematisch die Subjektivität der untersuchten Personen als nicht interessierende Variable aus oder leugnet die Komplexität von Lebenswelten durch die Verengung der Fragen auf Inhalte, die per Messgerät oder per Fragebogen erfassbar scheinen.

So wird beispielsweise versucht, die Erfolgswahrscheinlichkeit beruflicher Wiedereingliederung nach erworbenen Hirnschädigungen aus den prädeterminierten Faktoren Alter, Komalänge und Familienstand zu errechnen. In einer eigenen Untersuchung zu dieser Frage kristallisiert sich heraus, dass beruflicher Wiedereingliederungserfolg aus einer Vielzahl von Einflussgrößen resultiert und sogar nahezu unabhängig vom Ausmaß der neuropsychologischen Beeinträchtigungen ist. Vielmehr scheinen die subjektiv erlebten Belastungen und die Fähigkeit, sich an veränderte Situationen oder Ressourcen zu adaptieren, von hohem prognostischem Aussagewert zu sein, eingebettet in einen soziokulturellen und wirtschaftlichen Kontext (vgl. Wendel et al., im Druck). Solange Suizidalität oder Sprachstörungen als Ausschlusskriterien bei der Stichprobenbildung fungieren, die subjektive Einschätzung der betroffenen Personen als verzerrte Information eingeordnet wird und Lebenssituationen als nicht erfassbar ausgespart werden, bleibt die Relevanz der Forschungsergebnisse für die Praxis gering.

Die Gegenüberstellung von zwei Studien zur Belastung von Frauen, deren Männer eine Schädel-Hirn-Verletzung erlitten haben, bietet eine interessante Vergleichsmöglichkeit unterschiedlicher Zugangsmöglichkeiten.

So ermittelte G. Lämmler (2000) mittels Fragebogenuntersuchungen «zur subjektiven Belastung der Frauen älterer Schlaganfallpatienten», dass 73 Prozent der Frauen auffällige Werte in der Beschwerden-Liste, 64 Prozent in der Angst-Liste und 52 Prozent in der Depressionsskala erzielten. Die destruktive Wirkung des Schlaganfalls auf die nächsten Angehörigen wird damit belegt. Die beforschten Frauen saßen allein im Untersuchungsraum und kreuzten Antworten an – unter anderem bekundeten sie auf diesem Weg ein eher geringes Interesse an Angehörigengesprächsgruppen (Ankreuzen des Interessegrades mittels vierstufiger Skala) –, der Autor wundert sich. Durch die Wahl des Untersuchungsdesigns und die Art der Befragung versperrt er sich quasi selbst den Weg zu handlungsrelevanten Informationen.

Eine andere Art, sich dem gleichen Themenfeld zu nähern, wählte G. Lucius-Hoene in ihrer Interview-Studie (1997). Sie hat die Interviews mittels gegenstandsbezogener Theoriebildung (grounded theory) ausgewertet und beleuchtet in verschiedenen Abschnitten zu den Erzählungen der Ehefrauen beispielsweise «Das Leben mit der Angst», «Erzwungene Zweisamkeit und ständige Verfügbarkeit» oder «Das ‹Dasein› für andere als eigene Stärke». Die Autorin präsentiert differenzierte Einblicke in die Lebenswelt der Ehefrauen. Die Lektüre vermittelt eine umfassende Vorstellung von den «Auswirkungen der Symptome auf den Alltag, den Möglichkeiten und Schwierigkeiten des Berufslebens mit der Behinderung, den familiären Folgen und den Erfahrungen im Umgang mit Ärzten und Ämtern, vom Verhältnis zu anderen Betroffenen und den persönlichen Überzeugungen, wie und warum die Probleme bewältigt – oder eben nicht bewältigt – werden konnten». Von «dysfunktionalem Coping» ist hier – ausnahmsweise einmal – nicht die Rede.

4 Neuropsychologische Rehabilitation

Neuropsychologie als Anwendungsfach ist zum überwiegenden Teil in der Rehabilitation von Menschen mit angeborenen oder erworbenen Hirnschädigungen angesiedelt.

Vergleichbar der Forschungssituation stehen auch die Rehabilitationskonzepte in unterschiedlichen Traditionen, wobei sie sich vor allem auf den drei Achsen restitutiv versus kompensatorisch, additiv versus interdisziplinär und stationär versus ambulant unterscheiden lassen.

So vertrat beispielsweise Friedrich Schmieder, der 1952 in Gailingen die erste deutsche Rehabilitationsklinik für Hirngeschädigte eröffnete, die Auffassung, «daß die Folgen von Hirnschädigungen kausal durch sogenanntes zerebrales Funktionstraining zu therapieren wären» (Preilowski, 2000, S. 19). Die Grenzen der Funktionswiederherstellung sind in diesen, noch immer weit verbreiteten Ansätzen, gleichzeitig die Grenzen der Rehabilitation. Durch die Integration von Elementen, die das Leben mit Behinderung in einer Gemeinschaft fördern, erweitern sich die Handlungsmöglichkeiten der Therapeuten und Therapeutinnen enorm. Dieses Vorgehen bedeutet allerdings, die in der Medizin tradierte Vorstellung des Heilens oder Reparierens von «Defekten» zu enttäuschen und stattdessen in längerfristig angebotenen Therapien ein Leben mit Behinderung anzuleiten und zu begleiten. Spätestens an dieser Stelle entsteht allerdings ein Konflikt mit den Kostenträgern des Gesundheitssystems, die bislang kaum willens sind, das Ausmaß der Erkrankungen und ihre langfristigen sozialen und psychischen Folgen anzuerkennen.

Die Diskussionen um Finanzierung basieren wiederum auf den Definitionen von Krankheit und Gesundheit. Die neue Fassung der Internationalen Klassifikation der Funktionsfähigkeit und Behinderung (ICIDH-2) der WHO (http://www.who.int/icidh) bedeutet hier eine brisante Neuerung, indem durchgängig zwischen behindert sein und behindert *werden* differenziert wird. Was bedeutet folglich Rehabilitation? Die Förderung von Fähigkeit, Aktivität und Partizipation. Werden in einer Gesellschaft behinderte Personen als störend erlebt, werden keine Nischen-Arbeitsplätze erhalten, so misslingt der ehrgeizigste Rehabilitationsversuch. Neue Rehabilitationsmodelle, die milieuorientiert arbeiten und die soziale Wiedereingliederung als zentrales Ziel beinhalten, sind zukunftsweisend (vgl. Fries 1996; Fries & Wendel 2000).

In interdisziplinärer Zusammenarbeit erhalten die Patientinnen und Patienten individuell angepasste Therapien, die im Sinne des Empowerment-Ansatzes eine möglichst selbständige Lebensführung fördern.

5 Praktisches Know-how

An circa 20 deutschen Universitäten können derzeit vertiefte Kenntnisse im Fach Neuropsychologie erworben werden.

Die Berufsfelder für Neuropsychologinnen und Neuropsychologen liegen hauptsächlich in der akutneurologischen Versorgung und in der stationären Rehabilitation. Weitere Betätigungsmöglichkeiten, allerdings in weit geringerem Umfang, finden sich in der ambulanten Versorgung, in Pharmafirmen, in der Toxikologie, in der Forensik, in der Psychiatrie, in Universitäten und in verschiedenen Forschungsinstitutionen (vgl. Preilowski 1997).

Im Laufe der nächsten Jahre und Jahrzehnte werden weitere Betätigungsfelder entstehen (z. B. in der Entwicklung und Anwendung sog. Neuroprothesen oder in der Implementierung neuropsychologischer Expertise im Bildungssektor), somit wird der Bedarf an Neuropsychologinnen und Neuropsychologen stetig wachsen.

Die Arbeitsinhalte hängen stark mit dem jeweiligen Setting zusammen; so liegt der Schwerpunkt neuropsychologischer Tätigkeit in der Akutneurologie im Bereich der Diagnostik und der Entscheidung über weiterführende therapeutische Maßnahmen; in der ambulanten Arbeit steht hingegen die psychosoziale Reintegration im Vordergrund.

In fast allen Tätigkeitsfeldern arbeitet man mit Menschen, die schwer erkrankt und oft dauerhaft behindert sind. Die Arbeit bedeutet Konfrontation mit Schicksalsschlägen, mit Verzweiflung und Tod – dessen sollte man sich bei der Berufsentscheidung klar sein.

Neuropsychologinnen und Neuropsychologen sind in Deutschland im Berufsverband «Gesellschaft für Neuropsychologie (GNP)» organisiert, der 1986 gegründet wurde und mittlerweile ca. 1200 überwiegend klinisch Tätige umfasst. Weitere Informationen können auf der Homepage der Gesellschaft nachgelesen werden (http://www.gnp.de). Die GNP hat Ausbildungsrichtlinien für ein postgraduales Curriculum erstellt, durch das man den Zusatztitel «Klinische Neuropsychologin» erwerben kann (Dauer 3–4 Jahre). Im Rahmen des 1999 in Kraft getretenen Psychotherapeutengesetzes wurde die Neuropsychologie allerdings vorerst nicht als eigenständiges Richtlinienverfahren anerkannt.

Literatur

Breidbach, O. (1997). Die Materialisierung des Ichs. Zur Geschichte der Hirnforschung im 19. und 20. Jahrhundert. Frankfurt/M.

Damasio, A. R. (1997). Descartes' Irrtum. Fühlen, Denken und das menschliche Gehirn. München.

Drühe-Wienholt, C.-M. (1997). Geschichte und Entwicklung der Neuropsychologie. Neurol Rehabil 2, S. 76–81.

Fries, W. (1996). Ambulante und teilstationäre Rehabilitation von Hirnverletzten. München/Bern/Wien/New York.

Fries, W. & Wendel, C. (2000). Ambulante Komplex-Behandlung von hirnverletzten Patienten. München/Bern/Wien/New York.

Gauggel, S. & Kerkhoff, G. (1997). Fallbuch der klinischen Neuropsychologie. Praxis der Neurorehabilitation. Göttingen/Bern/Toronto/Seattle.

Hagner, M. (1999). Gehirnführung. Zur Anatomie der geistigen Funktionen, 1870–1930. In: M. Hagner (Hg.), Ecce Cortex. Beiträge zur Geschichte des modernen Gehirns, S. 177–205. Göttingen.

Hagner, M. (1999). Moderne Gehirne. In: M. Hagner (Hg.), Ecce Cortex. Beiträge zur Geschichte des modernen Gehirns, S. 7–25. Göttingen.

Jaeggi, E. (1991). Der kritisch forschende Praktiker. Psychologie und Gesellschaftskritik 15, S. 31–48.

Kolb, B. (1999). The twentieth century belongs to neuropsychology. Brain Research Bulletin 50, S. 409–410.

Lämmler, G. (2000). Zur subjektiven Belastung der Frauen älterer Schlaganfallpatienten. Zeitschrift für Neuropsychologie 11, S. 107–116.

Lucius-Hoene, G. (1997). Leben mit einem Hirntrauma. Autobiographische Erzählungen von Kriegshirnverletzten und ihren Ehefrauen. Bern/Göttingen/Toronto/Seattle.

Preilowski, B. (1997). Entwicklung der Neuropsychologie in Deutschland aus psychologischer Sicht. Zeitschrift für Neuropsychologie 8, S. 23–28.

Preilowski, B. (2000). In: W. Sturm, M. Herrmann & C. W. Wallesch (Hg.), Lehrbuch der Klinischen Neuropsychologie. Lisse.

Schmidgen, H. (1999). Figuren des Zerebralen in der Philosophie von Gilles Deleuze. In: M. Hagner (Hg.), Ecce Cortex. Beiträge zur Geschichte des modernen Gehirns, S. 317–349. Göttingen.

Wendel, C., Fries, W., Heel, S. & Seiler, S. (im Druck). Berufliche Re-Integration nach erworbener Hirnschädigung. Prädiktoren für Wiedereingliederungserfolg. In: W. Fries & C. Wendel (Hg.), Ambulante Komplex-Behandlung von hirnverletzten Patienten. München/Bern/Wien/New York.

Wolfgang Mertens

2.8 Psychoanalyse

1 Dezentrierung des alles vermögenden Vernunftsubjekts

Im Unterschied zur lange Zeit vorherrschenden behavioristischen Psychologie, die ihre Forschungsperspektive auf ausschließlich beobachtbares Verhalten eingeschränkt oder den Menschen auf den Rezipienten äußerer Stimuli reduziert hatte, beschäftigt sich die Psychoanalyse vor allem mit der inneren Welt des Menschen, mit Vorstellungen, Wünschen, Phantasien und Gefühlen, die sich aufgrund der Wechselwirkung von innerer und äußerer Welt ergeben. Und im Gegensatz zur derzeitigen kognitiven Psychologie schränkt die Psychoanalyse deren Rationalismus ein: Der Primat der Ratio und die Autonomie des Subjekts, vor allem die Überschätzung des Bewusstseins und die Vernachlässigung unbewusster Handlungsgründe gelten ihr als widerlegt. Aber deswegen vertritt sie keinen Irrationalismus oder vernachlässigt gar vernünftiges Denken und Handeln. Im Gegenteil: Die Psychoanalyse ist aus dem Geist der Aufklärung entstanden. Das Kant'sche ‹sapere aude› wird bei Freud zu der Stimme des Intellekts, die nicht ruht, «ehe sie sich Gehör verschafft hat». Aber Freud ist realistischer als Kant, insofern er darum weiß, dass diese Stimme in aller Regel leise ist und sehr rasch auch wieder verstummen kann. So ist die Neigung, das erreichte kulturelle Niveau wieder rückgängig zu machen und sich der Affektkontrolle aufgrund von Wunschdenken partiell zu entledigen und relativ unzivilisierten Emotionen und triebhaften Impulsen freien Lauf zu lassen, z. B. gegenüber dem Fremden oder gegenüber dem nicht konform

Denkenden oder Glaubenden, eine unübersehbare Tendenz im Menschen. Diese regressive, stark dem Lustprinzip verpflichtete Neigung gehört nach Freud zwar zur *conditio humana*, ist aber dennoch abhängig von der Gesellschaft, in der ein Individuum sozialisiert wird. Wenn die Sublimationsleistungen zu drastisch und zu wenig der menschlichen Natur gemäß eingefordert werden, nimmt das Unbehagen an der Kultur zu, und die antrainierte Zivilisiertheit droht unter Belastungen umso rascher zu dekompensieren. Die Aufklärung ist somit eine mühselige und immer wieder von Rückschritten bedrohte Leistung, aber es gibt nach Freud keine Alternative dazu.

Während sich in der modernen Psychologie eher der optimistische, aber auch naive Kant'sche Aufklärungsrationalismus durchgesetzt hat – bis vor kurzem wurden die Kognitionen noch von den Antrieben und Emotionen getrennt behandelt –, betonte die Psychoanalyse von Beginn an das «Andere der Vernunft»: den menschlichen Leib, die Phantasie, das Begehren, die Gefühle (vgl. Böhme & Böhme 1983). Während die Psychologie davon ausgegangen ist, dass dieses Andere der Vernunft, wenn ihm überhaupt Beachtung geschenkt wurde, nur eine marginale Rolle spielt, lässt sich bei Freud keine menschliche Wahrnehmungs- und Denkleistung vorstellen, die nicht biographische Spuren des Leiblichen und Triebhaften trägt. Das alles vermögende Vernunftsubjekt bleibt eher Wunsch oder gar eine grandiose Fiktion, und ein Blick auf die Geschichte des 20. Jahrhunderts lehrt auf schmerzhafte Weise, wie wenig stringent der Zusammenhang zwischen rationalem und moralischem Wissen und Handeln ist.

2 Die Natur lässt sich nicht austreiben

Aus psychoanalytischer Sicht müssen wir lernen, mit unserer Affekt- und Triebnatur umzugehen und sie für eine kulturelle Evolution einzusetzen. Dies ist keine leichte Aufgabe, sondern erfordert eher eine lange und konfliktreiche Enkulturation. Menschen können sich an widrige und schwierige Sozialisationsverhältnisse anpassen, auch wenn dies in unterschiedlichem Ausmaß Beeinträchtigungen hinterlässt. Denn wenn die erfahrenen Traumatisierungen oder die kulturelle Repression zu stark sind, wie in autoritären Gesellschaften, oder die Außensteuerung sehr zunimmt, wie in unserer derzeitigen übererregten und abgehetzten Konsum- und Konkurrenzgesellschaft, wird die menschliche Anpassungsfähigkeit überfordert. Die vergewaltigte Natur lässt sich aber nicht austreiben, sondern kehrt umso mächtiger zurück, allerdings nicht in direkter Form, sondern in

Symptomen, Süchten, neurotischen Charakterzügen und psychosomatischen Erkrankungen. In ihnen findet eine versteckte Befriedigung der ursprünglichen Antriebe und unterdrückten Emotionen statt, zur gleichen Zeit aber auch eine Bestrafung. Symptome und manche charakterlichen Eigenarten sind deshalb zwar ein verzweifelt kreativer, aber doch auch viel Leid für sich und andere bedeutender Kompromiss. Sie stehen einer gelungenen kulturellen Evolution natürlich eher im Weg, vor allem wenn sie massenhaft auftreten. Es ist die Aufgabe der psychoanalytischen Sozialpsychologie und Kulturtheorie, die Auswirkungen eines Übermaßes an Verdrängungen und Traumatisierungen in einer bestimmten Gesellschaft herauszuarbeiten und ihre Konsequenzen für kulturelle Erscheinungen zu studieren. Letztlich ist jede menschliche Handlung ein mehr oder weniger gelungener Kompromiss, die eigene Natur mit den jeweiligen kulturellen Anforderungen in Übereinstimmung zu bringen, persönliches Wohlbefinden mit gesellschaftlicher und ökonomischer Realität zu versöhnen. Menschliche Entwicklung, berufliche und private Entscheidungen, Begabungen und Zielsetzungen werden in der Psychoanalyse unter dem Gesichtspunkt der bestmöglichen Adaption an die Realität studiert. Daraus resultiert eine im unterschiedlichen Ausmaß konflikthafte Identität, die nur unter Einbeziehung der biographischen Eigentümlichkeiten zufrieden stellend verstanden werden kann.

3 Psychoanalyse ist kein Amor Fati

Die psychoanalytische Perspektive studiert den Menschen zwar in seiner lebensgeschichtlichen Entwicklung, aber sie sieht ihn deswegen nicht als determiniert durch sein Schicksal an. Im Gegenteil, es ist ihm aufgegeben, sich mit solchen Handlungen auseinander zu setzen, die ihm und seinen Mitmenschen übermäßiges Leid verursachen. Denn unter dem Druck seiner neurotischen Tendenzen muss er diese immer wieder agieren, d. h. Verhaltensweisen ausführen, bei denen er sich als unfrei und getrieben erlebt. Erst das Erkennen der unbewussten Handlungsgründe und die gefühlsmäßige Durcharbeitung der zugrunde liegenden Konflikte und Traumata gibt ihm – zumindest tendenziell – eine bewusste Verfügungsmacht über seine Handlungen zurück und verschafft ihm auch mehr Autonomie gegenüber solchen gesellschaftlichen Anforderungen, die er zwar als unsinnig erlebt, denen er sich aber bislang nicht entziehen zu können glaubte.

4 Methodologische Überlegungen

Aufgrund des angedeuteten Menschenbildes stellt der psychoanalytische Umgang mit einem Problembereich erhebliche konzeptuelle und diagnostische Anforderungen. Gegenwärtiges Erleben und Handlungen müssen vor dem Hintergrund des bisher erfahrenen Lebenszusammenhangs eines Menschen studiert werden; die biographische Dimension wird nur angemessen erfasst, wenn auch die kulturellen und geschichtlichen Faktoren, in der die Sozialisation des Betreffenden stattgefunden hat, berücksichtigt werden. Und ebenso müssen bei der Anpassung an die gegenwärtige Realität die jeweiligen Gegebenheiten der Lebenswelt einbezogen werden. Die Äußerungen und Erzählungen einer Person sind dabei nur bedingt Indikatoren für das tatsächlich Erlebte, weil sie in unterschiedlichem Ausmaß von Selbsttäuschungen durchzogen sind. Denn das Selbstverständnis eines Menschen geht nicht in seiner rationalen Einschätzung auf, sondern ist auch von unbewussten emotionalen und körperlichen Prozessen bestimmt, die indivuelle Verdrängungen, aber auch gesellschaftliche Ideologien und Herrschaftsdiskurse widerspiegeln.

Es wird deutlich, dass zur Erfassung dieses komplexen Wirkgefüges nicht eine einzelne Methode oder gar allein das Experiment dienlich sein kann. Vielmehr gilt es, bei einem zu erforschenden Problem erst einmal den Phänomenbereich nach den obigen Forschungsperspektiven so differenziert wie nur möglich zu beschreiben. In einem zweiten Schritt kommt neben der teilnehmenden Beobachtung, dem semi- bis unstrukturierten Interview vor allem die Introspektion sowohl des Forschers als auch des Beforschten zum Zuge. Denn die ängstliche Ausklammerung dieser Methode aus der Psychologie des 20. Jahrhunderts hat zu den merkwürdigsten «Gegenstandsbestimmungen» des Menschen geführt, von denen die bekannteste die des fernmeldetechnischen Black-Box-Modells war, bei dem nur noch der In- und Output ausgezählt werden durften. Weil die Introspektion fehlerhaft ist, hat sie der methodologische Behaviorist über Bord geworfen; dabei hat sich die in den ersten 60 bis 70 Jahren des 20. Jahrhunderts vorherrschende Psychologie aber auch eines der ergiebigsten Forschungsinstrumente entledigt, um die die Psychologie von vielen anderen Wissenschaften beneidet wird.

5 «Von uns selbst aber reden wir»

Statt die Methoden der Physik nachzuahmen, setzte die Psychoanalyse dem empiristischen Ideal «Von uns selbst aber schweigen wir», das heißt, wir versuchen die Subjektivität des Forschers als Fehlerquelle radikal zu eliminieren (vgl. Rauschenbach 1996), ein «Von uns selbst aber reden wir» entgegen: Der psychoanalytische Forscher erfasst die in ihm angesprochenen Gefühle und Gedanken introspektiv und setzt sie zu dem von seinem Gegenüber geäußerten Sprachlichen und Nichtsprachlichem in Beziehung. Die psychoanalytische Methodologie bemüht jedoch nicht allein die Methode des Fremdverstehens via Introspektion und stellvertretender Introspektion des Forschers anhand der introspektiven Selbstaussagen der zu beforschenden Person, sondern geht über eine lediglich verstehende Methode noch hinaus. Ihre tiefenhermeneutische Methodologie ist am szenischen Verstehen ausgerichtet. Diese macht vor allem von der introspektiven Erfassung der unbewusst angesonnenen Rollenerwartungen des Gegenübers Gebrauch, die manchmal quer zu dem bewusst intendierten Inhalt der Rede stehen können. Dabei muss auch der analytische Forscher Widerstände überwinden, die aus einer Neigung zum vorschnellen Verstehenwollen, zum Konfliktausgleich oder aus einem Verleugnen dunkler und tragischer Seiten entstehen, die mit dem eigenen Selbstbild nicht vereinbar sind u. a. m. Auch die selbstanalytische Kompetenz bleibt täuschungsanfällig, und das psychoanalytische Verstehen des Fremdseelischen und kultureller Erzeugnisse ist ein langwieriger und mühseliger Prozess. Aber gegenüber dem imperativen Anspruch lediglich experimenteller oder Fragebögen auszählender Methoden einer objektivistischen Psychologie wird hierbei dem zu erforschenden Menschen mehr Einfühlung zuteil. Psychoanalytische Forschung gibt dem Menschen seine Würde zurück, weil sie damit Ernst macht, dass Menschen phantasiebegabte, begehrende, liebende und hassende Wesen sind, die von der Kultur, in der sie aufgewachsen sind, auf vielfältige Weise geformt sind, sich aufgrund von Scham- und Schuldgefühlen zwar über sich selbst täuschen können, aber auch wissen, dass letztlich nur ein wahrhaftiges Leben glücklich machen kann. Nicht nur Aberglauben, Ideologien und falsche Vertröstungen, sondern auch die individuellen und kollektiven Selbsttäuschungen sind deshalb die vorrangigen Forschungsthemen der Psychoanalyse, um hiermit zu einer Emanzipation von immer erneut entstehenden Abhängigkeiten im Zusammenleben von Menschen, Gruppen oder Nationen beitragen zu können.

6 Kritik am Szientismus

Kritiker der Psychoanalyse haben ihr entweder die Unmöglichkeit der Falsifizierung ihrer Hypothesen (Karl Popper) oder die noch nicht ausreichend empirisch positivistische Überprüfung ihrer durchaus explizierbaren Hypothesen vorgeworfen (Adolf Grünbaum). Die zuletzt genannte Einschätzung spiegelt jedoch die Einseitigkeit einer wissenschaftstheoretischen Position wider, deren szientistische Methodologie, wonach alle psychologischen Forschungsthemen mit derselben Methodik wie in den Naturwissenschaften untersucht werden, gerade nicht der erkenntnistheoretischen Position der Psychoanalyse entspricht. Dies schließt aber keineswegs aus, dass vereinzelt Hypothesen auch mit herkömmlichen quantitativen Methoden überprüft, wie in der psychoanalytischen Psychotherapieforschung, oder dass auch Experimente durchgeführt werden können wie in der subliminalen Forschung über Wahrnehmung und Abwehr.

7 Psychoanalytische Therapie ist emanzipatorisch

Wurden bislang die Theorie und die Methoden skizziert, so ist Psychoanalyse im allgemeinen Sprachgebrauch vor allem als therapeutisches Verfahren bekannt geworden. Hierbei geht es vorwiegend darum, die Wahrheit des Einzelnen, seine individuelle, lebensgeschichtlich geprägte Wahrheit, die in unterschiedlichem Ausmaß verschüttet und verborgen sein kann, jenseits aller Normen zur Geltung zu bringen. Wegen ihres Anliegens, biographisches und gesellschaftlich bedingtes psychisches Leiden von Menschen zu lindern, hat man nicht zu Unrecht die Psychoanalyse auch als eine Theorie der Revolution bezeichnet. Indem sie unterdrückte und verkümmerte Erlebnispotenziale eines Menschen zu befreien versucht, die Auswirkungen übermäßiger Schuldgefühle analysiert und zu mehr Autonomie von früh erworbenen Konditionierungen verhilft, aber auch grandiose, egozentrische und unsoziale Einstellungen aufdeckt, die zur Kompensation eines Mangels an Geliebtwordensein entstanden sind, ist sie im besten Sinn eine Psychologie der Befreiung sowohl von eigener Unmündigkeit als auch von äußeren Restriktionen. Der Analytiker nimmt hierbei die Rolle eines Katalysators ein, dessen Funktion nach getaner Arbeit, nach dem «Erinnern, Wiederholen und Durcharbeiten» vom Analysanden verinnerlicht worden ist.

8 Das Aushandeln unbewusster Beziehungen erlaubt keinen unparteiischen Therapeuten

Freud war schon recht bald klar, dass Therapie nicht in moralischer Belehrung, pädagogischer Ermahnung oder im Zurückführen der jetzigen Schwierigkeiten auf früher Erlebtes bestehen kann. Gefühle, Ängste und Phantasien brauchen vielmehr ein mitfühlendes Gegenüber, das in seinem Erleben die pathogenen Erfahrungen aufnimmt und die darin enthaltenen unbewussten Interaktionsszenen entschlüsselt. Spätestens seit diesem Zeitpunkt gilt die Psychoanalyse als die Wissenschaft von den unbewussten Beziehungen, zumeist mit dem Fachausdruck von Übertragung und Gegenübertragung bezeichnet. Und nur die Aufhebung der herkömmlichen objektivierenden Epistemologie ermöglicht das Erfassen der für das Bewusstsein sonst unbewusst bleibenden Bedeutungen im kommunikativen und interaktiven Handeln. Dennoch hat sich eine wichtige Änderung im Laufe der Zeit ergeben: War es für Freud noch in Anlehnung an die naturwissenschaftlich geprägte Methodologie seiner Zeit wichtig, dass der Psychoanalytiker sich als Spiegel für die Übertragung seines Analysanden zwar zur Verfügung stellt, aber dennoch davon wie ein unparteiischer Beobachter unberührt bleibt, wenngleich Freud selbst sich durchaus nicht immer entsprechend dieser lehrbuchmäßigen Forderung verhielt, so sind heutige Psychoanalytiker überzeugt, dass diese Haltung ohnehin undurchführbar ist. Sowohl der Fortschritt erkenntnistheoretischen Reflektierens als auch empirische Untersuchungen haben diesem klassischen Axiom den Boden entzogen: Auf subtile Weise agiert ein Analytiker vor und unabhängig von der Übertragung, und natürlich reagiert er auch als unverwechselbare Person auf die Gesprächsangebote seines Gegenübers; Übertragung und Gegenübertragung sind miteinander verschränkt, und die Reflexion des Einflusses, die ein Therapeut auf seinen Patienten ausübt, wird somit von zentraler Bedeutung. Auch bezüglich des Handelns von Therapeuten sollte man also hinsichtlich der Unterstellung von Rationalität als permanenter Disposition Vorsicht walten lassen und besser davon ausgehen, dass vernünftiges Handeln nur unter dem Einschluss von systematisch reflektiertem Begehren und bewusst gemachten Gefühlen zu haben ist, und dies vielleicht auch immer nur vorübergehend.

9 Beschäftigung mit unbewussten Handlungen bleibt kränkend

Menschen generieren grundsätzlich mehr Bedeutungen, als sie zu verstehen und handhaben wissen. Und weil dies stets aufs Neue eine ärgerliche Tatsache darstellt, ist darin vermutlich der Hauptgrund dafür zu erblicken, dass Psychoanalyse bis zum heutigen Tag immer wieder als unwissenschaftlich oder ineffektiv bezeichnet wird. Menschen sind nicht für sich selbst durchsichtig, können ihre Handlungsweisen nicht lückenlos nach rationalen Motiven erklären, geschweige denn prognostizieren. Die von Freud als narzisstische Kränkung bezeichnete Annullierung des cartesianischen Selbstverständnisses, in dem die bewusste Verfügung über die Intentionalität das einzig Gewisse war, hat deshalb auch ein Jahrhundert nach Freuds Schöpfung der Psychoanalyse immer noch Gültigkeit, und Anhänger der Psychoanalyse können dies immer wieder als Herausforderung begreifen.

Es bleibt auch zu berücksichtigen, dass diejenige Wissenschaft, die sich mit der Psychologie des Menschen beschäftigt, stets verunsichernd bleiben wird, wenn man sich auf sie tiefgründig einlässt (vgl. Devereux 1984). Nur aufgrund eigener Erfahrung und Reflexion können die semantischen Wissensbestände wirklich angeeignet werden und nicht nur kognitive Leerformeln bleiben, die man zur Diagnostik anderer Menschen ge- und manchmal auch missbraucht. Die folgende Episode, die der Neurowissenschaftler Edelman (1995, S. 208 f.) beschreibt, verdeutlicht die Schwierigkeiten der Aneignung und Akzeptanz der Psychoanalyse treffend: In einem Gespräch mit seinem Freund, Jacques Monod, dem Molekularbiologen, in dem dieser behauptete, Freud sei unwissenschaftlich, wenn nicht sogar ein Scharlatan gewesen, hielt der Immunologe und Neurowissenschaftler Gerald Edelman dagegen, dass Freud ein großer intellektueller Wegbereiter gewesen sei. Monod erwiderte ihm darauf, dass er seine Beweggründe vollständig kenne, sich für seine Handlungen voll verantwortlich fühle und dass sie ihm alle bewusst seien. Edelman antwortete: «Jacques, sieh es doch mal so: Alles, was Freud sagte, gilt für mich und nichts davon für dich.» – «Genau, lieber Freund», antwortete Monod.

Literatur

Böhme, H. & Böhme, G. (1983). Das Andere der Vernunft. Zur Entwicklung von Rationalitätsstrukturen am Beispiel Kants. 3. Aufl. 1996. Frankfurt/M.

Devereux, G. (1984). Angst und Methode in den Verhaltenswissenschaften. Frankfurt/M.

Edelman, G. (1995). Göttliche Luft, vernichtendes Feuer. Wie der Geist im Gehirn entsteht. München.
Rauschenbach, B. (1996). Von uns selbst aber sprechen wir. Störenfried Subjektivität als Symptom und Methode unserer Zeit. In: M. Heinze, S. Priebe (Hg.), Störenfried «Subjektivität». Subjektivität und Objektivität als Begriffe psychiatrischen Denkens, S. 15–42. Würzburg.

Thomas Kliche

2.9 Politische Psychologie

1 Fragestellung

Warum unterwerfen Menschen sich Macht und Herrschaft, wirken an Gewalt und Ungerechtigkeit mit – auch durch Mitläufergehorsam, Apathie, Konformismus? Welche Voraussetzungen finden sich, und welche Wirkung hat das bezüglich ihrer Subjektivität? Was tut Unterdrückung den Opfern an, und welche Folgen ergeben sich daraus? Aus welchen Motiven, in welchen Lernprozessen entwickeln Menschen politische Loyalität und gesellschaftliches Engagement und in welchen Formen?

Schließlich: Was können wir daraus für sozialwissenschaftliche Interventionen ableiten, um die Reflexions- und Handlungsfähigkeit der Subjekte gegenüber gesellschaftlichen Zurichtungen und Zwängen zu stärken?

Dies sind zentrale Fragestellungen der Politischen Psychologie. Sie überlagern sich mit denen anderer Disziplinen und werden höchst unterschiedlich beantwortet.

2 Richtungen

Die theoretischen Antwortversuche trennen die wichtigsten Ansätze der Politischen Psychologie (s. Moser 1979):

1. Die Tradition der Kritischen Theorie verbindet historisch-dialektische Gesellschafts- mit Psychoanalyse (Horn 1998; Leithäuser & Volmerg 1988).

2. Die Subjektwissenschaft der Kritischen Psychologie rekonstruiert das Handeln von Menschen aus deren gesellschaftlich vermittelten Erfahrungs- und Interessenhorizonten (Holzkamp 1997).

3. Die nomothetisch-empirische Politische Psychologie sucht mit quantitativen oder experimentellen Designs im Wissenschaftsverständnis des Kritischen Rationalismus Variablen von Kognition, Emotionalität und Verhalten abzubilden (vgl. Elster 1993; Hermann 1986; Stone & Schaffner 1988).

4. Daneben ist eine – häufig medienwirksame – politische Psychopathologie zu beobachten, die klinische Konzepte direkt auf Entscheidungsträger, Gruppen oder Organisationen anwendet (z. B. in Hermann 1986). Materialbasis und Methodik solcher Fern- und Kollektivdiagnosen sind in der Regel methodisch lächerlich, die Analogien zwischen individueller Psyche und gesellschaftlichen Prozessen irrig.

3 Forschungsthemen

In der universitären Psychologie herrscht die dritte oben genannte Richtung vor. Zu den Forschungsthemen gehören hier u. a. (s. die Tagungen der «International Society of Political Psychology» – ISPP – als weltweit größter Organisation für Politische Psychologie: http://ispp.org, und deren Zeitschrift «Political Psychology»): kollektive Identitäten (Ethnizität, Nationalismus), politische Kognitionen (Einstellungen, Gerechtigkeitskonzepte, Überzeugungen, Werte, Wahrnehmungen, Vorurteile), politische Sozialisation und Partizipation (Attributionsstile, Bildungseffekte, autoritäre Persönlichkeit, Wahlverhalten), politische Kommunikation und Führung (Medienwirkungen, kollektives Handeln) und internationale Konflikte (Images, Verhandlung/Vermittlung, Entscheidungsprozesse). Hinzu kommen anwendungsorientierte Forschungen über eingegrenzte politische Beratungsfelder, z. B. Terrorismus, Arbeitslosigkeit, Umweltverhalten, Fremdenfeindlichkeit in der Polizei, Gewalt, Rechtsextremismus.

4 Anwendungserfahrungen und Neutralitätsillusion

Seine Breite verdankt der nomothetische Ansatz den Versprechen von Wertneutralität und sozialtechnisch verfügbaren Interventionen. Indessen, psychologische Forschung impliziert unweigerlich soziale Stellungnahme, mindestens indirekt: Sie definiert zumutbare Kompromisse zwischen Bedürfnissen und sozialer Anpassung, verbreitet Menschenbilder und verankert gesellschaftliche Normalitätsvorstellungen (Link 1996). Einem auf methodische Objektivität eingeschränkten Wissenschaftsverständnis zufolge bleiben diese Stellungnahmen den gewissermassen privaten Wertungen im Entstehungs- und Verwertungskontext überlassen, während der Forschungsprozess sich als «rein» phantasiert. So arbeitet eine Forschungsgruppe Politischer Psychologen beim amerikanischen Verteidigungsministerium Charakterdiagnosen von Politikern in aller Welt aus, z. B. des irakischen oder serbischen Präsidenten, um deren Verhalten in Verhandlungen oder Kriegen einschätzen zu können; die Ergebnisse schmecken jedoch, sofern sie veröffentlicht werden (z. B. auf ISPP-Tagungen), nach Propaganda gegen «Schurkenstaaten» und haben, soweit bekannt, noch keine NATO-Bombe eingespart.

Ein nomothetisches Verständnis von Politischer Psychologie kommt auch durch jüngere Resultate angewandter Psychologie ins Wanken. Die Impulse kommen namentlich aus vier Bereichen:

1. Identitäten sind in der bipolaren Geschlechtscodierung an Normierungen und Asymmetrien gebunden, die Situationsdefinitionen, Verhaltensrepertoires, biographische Erfahrungen und Selbstentwürfe bestimmen (Haug & Hauser 1991). In der Psychologie ist das Gendering mit Händen zu greifen: überwiegend weibliche Studierende, aber umso mehr Männer, je höher wir in den Hierarchien blicken. Ähnlich selegieren und sozialisieren praktisch alle gesellschaftlichen Organisationen (Bücker-Gärtner & Hopf 2000). Ein fachlich-methodologisches Selbstverständnis, das derart eklatante Zusammenhänge übersieht, kleidet die sozialen Setzungen der Karriere- und Geldgeber in den Mantel wissenschaftlicher Objektivität.

2. Sozialtechnische Interventionsversuche, die nur wenige Variablen im Blick haben und deren Sinn- und Interessenbezug entnennen, wirken nicht einmal punktuell nachhaltig, z. B. in Programmen gegen Rechtsextremismus (Dollase, Kliche & Moser 1999).

3. Traumatisierung, ein weltweit epidemisches Problem, wird auch im Alltagsleben immer vordringlicher (Gewalterfahrungen, Mobbing). Sie ist nicht als individuelle «Erkrankung» zu verstehen, denn sie wird durch kol-

lektive, kulturelle Bearbeitungsmuster, vor allem Tabubildungen, intergenerational und mit Symptomverschiebungen reproduziert. Die so entstehenden komplexen Verläufe sind mit quantitativ-nomothetischer Therapiewirkungsforschung kaum zu erfassen, da diese interkulturelle Kontexte missachtet, aus Kostengründen zu kurzfristig angelegt ist, Einzelaspekte statt individueller Verläufe abfragt und die sinnhafte Determination der Symptomatiken, die Interaktion kognitiver, politischer und affektiver Prozesse übersieht (Möller, Morten & Regner 1999).

4. Entwicklungspsychologie und Sozialisationsforschung zeigen die narrativ-diskursive Verfassung von Subjektivität auf (Kraus 1996). Psychische Strukturen können – mindestens teilweise – als Effekt der über sie geführten Diskurse verstanden werden (Edwards & Potter 1992). Psychologie selbst ist ein solcher Diskurs: Sie legitimiert Normen, Kategorisierungen, Identitätskonzepte usf.; das zeigt z. B. ihr Beitrag zur Reproduktion von Rassismen (Teo & Mecheril 1997).

Wie klinische, experimentelle oder quantitative Einzelbefunde durch gesellschaftliche Rahmenbedingungen bestimmt und daher die Ansätze untereinander ergänzungsbedürftig sind, wird deutlich, sobald wir konkrete soziale Probleme betrachten.

5 Politische Kognitionen

Politische Kognitionen folgen nicht den Maßstäben idealer, vollständig informierter Zweckrationalität, sondern eher groben Heuristiken mit wechselhafter bis starker affektiver Ladung (Iyengar & McGuire 1993). Sie spiegeln apathisierende Sozialisationserfahrungen in Familie, Arbeitswelt und Organisationen. Auch die kumulierende Desillusionierung durch Skandale wird in ihnen deutlich. Das Vertrauen in Regierungsinstitutionen ist in Deutschland seit Jahren rückläufig, während sich das in Verwaltungsinstitutionen (Justiz, Polizei) relativ konstant hält: Je größer die Enttäuschung von den politischen Eliten und je geringer der Kontrolloptimismus, der Glaube an eigenen Einfluss und berechenbare Folgen eigenen Engagements, desto ausgeprägter sind externale Attribution und Gleichgültigkeit, und desto sinnloser erscheint der Aufwand für «richtige» politische Urteile. Das Alltagsbewusstsein zielt vielmehr darauf ab, soziale Entfremdung und politische Widersprüche durch reflexartige Techniken auszublenden. Dazu gehören z. B. die Irrealisierung oder das geschichtliche und geographische Wegschieben von Bedrohungen, Verantwortung und Handlungsmöglichkeiten; die Berufung auf ‹realpolitische› Zwänge oder berufliche Rollenwerte («Risikofreude», «Flexibilität»); die Fatalisierung von Ereignissen u. a. m. (Volmerg, Volmerg & Leithäuser 1983). Diese Mechanismen greifen zurück auf familial erlernte und sozialisatorisch (u. a. schulisch) fortgeschriebene Rollen- und Bewältigungsmuster. Durch ihre Tabubildungen mildern sie die Angst vor sozialer Isolierung als Folge von Nonkonformismus und Rissen des Selbstbildes.

6 Fremdenfeindlichkeit und Rassismus

Zur Erklärung von Fremdenfeindlichkeit und Rassismus reichen ökonomische Einbußen und soziale Desintegration nicht aus (Heitmeyer 1992). In familialer Sozialisation ausgebildete autoritäre Persönlichkeitsmuster (Konventionalismus, Schwarz-Weiß-Denken, Unterwerfung unter Stärkere, projektive Aggression gegen «Fremdartiges», Abwehr von Empathie und Phantasie, Machtdenken, Zynismus) unterstützen eher gesetzeskonformes Law-and-Order-Denken (Forschungsstand s. Seipel, Rippl & Kindervater 2000). Der seit etwa 1980 häufiger beobachtete «Neue Sozialisationstyp» weist hingegen narzisstisch bedürftige Charakterzüge auf; er sucht in der Clique und in Gewaltakten die Festigung eines brüchigen Körpergefühls, in der kollektiven Selbstverherrlichung seiner «Rasse» oder «Nation» die Inszenierung von symbiotischen Allmachts- und Größenphantasien (s. König 1998). Bedeutsam sind als gesellschaftlicher Rahmen dabei medial vermittelte Handlungsmodelle und die allgegenwärtigen Leitwerte der «Dominanzkultur» – Stärke und Erfolg als Erweis individuellen Werts (Rommelspacher 1993). Diskriminierung ist daher nur in ihren Alltagspraxen, in durch sozioökonomische Lebenslagen vermittelten Interessen und Weltbildern zu begreifen (Osterkamp 1996).

7 Intergruppenkonflikte

Intergruppenkonflikte (s. Glad 1990, Rieber 1991) gehen mit der Aufwertung der eigenen Gruppe, der Abwertung der Fremdgruppe und einer vereinheitlichenden sozialen Wahrnehmung einher. Das kognitivistische Menschenbild erklärt dies als Neigung zur Vereinfachung von Denk-, Entscheidungs- und Kommunikationsprozessen durch simple Kategorien – das Individuum sei ein «cognitive miser». Solcher Denkersparnis dienen Stereotype, die einen sozialen Akteur auf wenige Merkmale verkürzen und vereinheitlichen. In ihrer Extremform als Feindbilder rechtfertigen sie eigene Aggression, da sie dem Gegenüber alles Unerwünschte zuschreiben, darunter Angriffslust, der «man» zuvorkommen müsse. Psychoanalytische Studien lassen erkennen, woher die Gefühlsintensität von Befeindung rührt: Diese gestattet die Projektion verbotener bzw. ambivalenter Triebregungen auf die «Fremden» sowie die Abfuhr aggressiver Impulse. Befeindung dient daher in Konflikten (z. B. dem Kosovo-Krieg) zur Herstellung innergruppaler Kohärenz, zur Disziplinierung abweichender Minderheiten und zur Bekräftigung sozialer Normen und Werte. All dies wiederum ist nur als medial vermittelte Vergesellschaftung begreifbar (Kempf & Schmidt-Regener 1998). – Auch hier impliziert die konzeptuelle Ebene, für die sich die Politische Psychologie entscheidet, also Wertentscheidungen (was ist etwa von einem sozialen System zu halten, das zur normativen Stabilität der Bombardierung seiner Nachbarn bedarf?).

8 Politische Psychologie im Dilemma

Solche Fragen machen angreifbar. Die verschärften Erfordernisse der Anwendungsnähe decken Illusionen wissenschaftlicher Wertneutralität auf. Politische Psychologie ist deshalb für viele akademisch wie praktisch tätige Psychologen ein unbequemes Etikett. Spezialisierung, also betonte Verwissenschaftlichung als Reaktion auf das Wertneutralitätsproblem, führt andererseits zur Zersplitterung. Kontinuierliche Diskussionen herzustellen ist daneben schwierig, weil Herrschaftswissen aus wichtigen Praxisfeldern nicht offen verhandelt wird. So hat die Politische Psychologie viele Richtungen und interdisziplinäre Überlagerungen, aber keine exklusiven Anwendungs- und Arbeitsfelder. Wer in Parteien, Verbänden, Behörden oder Medien arbeiten will, betreibt dies am besten über einschlägige Praktika. Deshalb besteht stark schwankende Nachfrage, und deren Konjunkturen verstricken die Politische Psychologie leicht in die Legitimationsstrategien politischer Akteure; so legten als Antwort auf anwachsende rechtsextreme Kriminalität um 1993 Bundes- und Landesregierungen, Polizeien und Kommunen öffentlichkeitswirksam einschlägige Projekte zur Erforschung, Prävention sowie Fort- und Weiterbildung auf, deren Finanzierung später – unabhängig von den Ergebnissen und vom Fortbestehen der sozialen Probleme – sanft wieder schubladisiert werden konnte. Ihre lebenswichtige Fragestellung hat die Politische Psychologie bislang bestenfalls punktuell eingelöst.

Literatur

Bücker-Gärtner, C. & Hopf, S. (Hg.) (2000). Arbeit und Gender aus psychologischer Sicht. Zeitschrift für Politische Psychologie 8 (2 & 3). Bonn.

Dollase, R., Kliche, T. & Moser, H. (Hg.) (1999). Politische Psychologie der Fremdenfeindlichkeit. Opfer – Täter – Mittäter. Weinheim.

Edwards, D. & Potter, J. (1992). Discursive Psychology. London.

Elster, J. (1993). Political Psychology. Cambridge.

Glad, B. (Hg.) (1990). Psychological Dimensions of War. London.

Haug, F. & Hauser, K. (Hg.) (1991). Die andere Angst. Hamburg.

Heitmeyer, W., Buhse, H., Liebe-Freund, J., Möller, K., Müller, J., Ritz, H., Siller, G. & Vossen, J. (1992). Die Bielefelder Rechtsextremismus-Studie. Erste Langzeituntersuchung zur politischen Sozialisation männlicher Jugendlicher. Weinheim.

Hermann, M. G. (Ed.) (1986). Political Psychology. Contemporary Problems and Issues. San Francisco.

Holzkamp, K. (1997). Schriften I. Normierung, Ausgrenzung, Widerstand. Hamburg.

Horn, K. (1998). Politische Psychologie. Schriften zur kritischen Theorie des Subjekts (I). Gießen.

Iyengar, S. & Mc Guire, W. J. (Ed.) (1993). Explorations in Political Psychology. Durham.

Kempf, W. & Schmidt-Regener, I. (Hg.) (1998). Krieg, Nationalismus, Rassismus und die Medien. Münster.

König, H.-D. (Hg.) (1998). Sozialpsychologie des Rechtsextremismus. Frankfurt/M.

Kraus, W. (1996). Das erzählte Selbst. Die narrative Konstruktion von Identität in der Spätmoderne. Pfaffenweiler.

Leithäuser, T. & Volmerg, B. (1988). Psychoanalyse in der Sozialforschung. Opladen.

Link, J. (1996). Versuch über den Normalismus. Opladen.

Möller, B., Morten, A. & Regner, F. (Hg.) (1999). Politische Traumatisierung. Zeitschrift für Politische Psychologie 7 (1 & 2). Bonn.

Moser, H. (Hg.) (1979). Politische Psychologie. Weinheim.

Osterkamp, U. (1996). Rassismus als Selbstentmächtigung. Hamburg.

Rieber, R. W. (Ed.) (1991). The Psychology of War and Peace. New York.

Rommelspacher, B. (1993). Männliche Gewalt und gesellschaftliche Dominanz. In: H.-U. Otto & R. Merten (Hg.), Rechtsradikale Gewalt im vereinigten Deutschland (S. 200–210). Opladen.

Seipel, C., Rippl, S. & Kindervater, A. (Hg.) (2000). Autoritarismus. Kontroversen und Ansätze der aktuellen Forschung. Opladen.

Stone, W. F. & Schaffner, P. E. (1988). The Psychology of Politics. New York.

Teo, T. & Mecheril, P. (Hg.) (1997). Psychologie und Rassismus. Reinbek.

Volmerg, B., Volmerg, U. & Leithäuser, T. (1983). Kriegsängste und Sicherheitsbedürfnisse. Zur Sozialpsychologie des Ost-West-Konflikts im Alltag. Frankfurt/M.

Gisela Röper

2.10 Klinische Entwicklungspsychologie

Die Klinische Entwicklungspsychologie ist eine Fächerkombination, deren Geburtsjahr mit 1987 angegeben werden kann. In Rochester fand die erste offizielle Tagung statt, und es wurde eine Fachzeitschrift mit dem Titel *Development and Psychopathology* ins Leben gerufen. Bei jener ersten Tagung benannte Dante Cicchetti (1989), einer der Hauptinitiatoren der neuen Fachrichtung, drei Eckpfeiler für die Anliegen der neuen Disziplin:

1. Entwicklungspsychopathologie ist charakterisiert durch die Bedeutung, die sie der Wechselseitigkeit von normaler und abnormer Entwicklung gibt. Voraussetzung für das Verständnis abnormer Entwicklung ist immer die Kenntnis über Verläufe normaler Entwicklung. Die Untersuchung abweichenden Verhaltens ist immer auch Wissenserweiterung für das Begreifen durchschnittlich zu erwartender Abläufe menschlicher Entwicklung.
2. Klinische Entwicklungspsychologie bezieht sich auf die Perspektive der Lebensspanne und
3. die Überwindung der Kluft zwischen wissenschaftlicher und klinischer Forschung.

Neben der Bezeichnung «Klinische Entwicklungspsychologie» taucht im gleichen Umfeld der Begriff der «Entwicklungspsychopathologie» auf.

Die Klinische Entwicklungspsychologie befasst sich sowohl mit der theoretischen Integration der beiden Einzeldisziplinen, der Klinischen Psychologie und der Entwicklungspsychologie, als auch mit der Anwendung entwicklungspsychologisch fundierter Interventionen. Entwicklungspsychopathologie widmet sich der Erforschung psychischer Störungen, und zwar schwerpunktmäßig aus der Perspektive des Längsschnitts (vgl. Noam 1988a).

In den USA und auch in Deutschland fand die Klinische Entwicklungspsychologie in den 1990er Jahren große Beachtung und zog das Interesse von Wissenschaftlern und Praktikern an, in deren Arbeiten der um die jeweils andere Disziplin erweiterte Blickwinkel Berücksichtigung gefunden hatte.

1 Die Beziehung von Normalität und Pathologie in der Entwicklung

Eine Unterscheidung zwischen Normalität und Pathologie lässt sich nur dann treffen, wenn bestimmte Kriterien festgeschrieben sind, deren Vorhandensein Pathologie und deren Abwesenheit Gesundheit definieren.

Sobald jedoch ein größeres Beobachtungszeitfenster geöffnet wird, zeigt sich die Verquickung unterschiedlicher Entwicklungsstränge ebenso wie diejenige adaptiver und maladaptiver Entwicklungsphasen. Bei der Betrachtung von Einzelfällen können wir Entwicklungsverläufe beobachten, die sehr ungleiche Lebensphasen aufweisen. Einige mögen durch die adäquate Bewältigung von Entwicklungsaufgaben, andere durch Fehlanpassung bzw. vielfältige Auffälligkeiten gekennzeichnet sein.

Unterschiedlich erfolgreiche Entwicklungsphasen können einander abwechseln. Entwicklungsstränge adaptiver und maladaptiver Ausprägung können miteinander verwoben sein: Beispielsweise kommt es zur Ausbildung besonderer Fähigkeiten, mit denen eine Minderbegabung in anderen Bereichen ausgeglichen werden kann. Wenn es um das Herausarbeiten von Gesetzmäßigkeiten geht, also das Aufspüren typischer Entwicklungsverläufe, zeigen Forschungsergebnisse, dass es ganz unterschiedliche Entwicklungspfade gibt, die in ein ähnliches Störungsbild münden können. Dieses Phänomen wird als das Prinzip der *Äquifinalität* bezeichnet. So finden sich etwa in der prämorbiden Entwicklung von Menschen mit Angststörungen oder Depression sehr unterschiedlich belastete Lebensverläufe mit ebenso unterschiedlichen Arten und Schweregraden von Belastungen. Nach dem Prinzip der *Multifinalität* kann andererseits ein und dieselbe Auffälligkeit der Vorläufer von sehr unterschiedlichen Entwicklungsergebnissen sein. Verhaltensauffälligkeit im Kindesalter wie antisoziales Verhalten kann über verschiedene Entwicklungsschritte in normale Anpassung im Erwachsenenalter oder auch in Alkoholismus münden.

Eine besondere Art von Lebensbewältigung, mit der sich Menschen trotz schwieriger belastender Lebensumstände gut entwickeln und die Herausforderungen des Lebens meistern, wird mit dem Begriff der *Resilienz* beschrieben. In der psychologischen Forschung begegnete man dem Phänomen der Resilienz im Kontext von Längsschnittstudien (vgl. Werner &

Smith 1989; 1992; Garmezy 1985; Rutter 1985, 1987). Es tauchte wiederholt eine kleine, aber replizierbare Gruppe von Probanden auf, die keine erkennbare gesundheitliche Störung bzw. psychische Erkrankung entwickelte, obwohl massive, kumulative und chronische Belastungen sie zu persönlichen und sozialen Entwicklungsstörungen prädestiniert hätten. Die Probanden schienen mit einer unspezifischen «Resilienz» ausgestattet zu sein. Rutter (1990) beschrieb Resilienz als eine Fähigkeit, die keine überdauernde Qualität der betreffenden Person bezeichnet, sondern über die Zeit variiert und durch situative Bedingungen beeinflusst wird. Er definierte Resilienz darüber hinaus als den positiven Pol des Phänomens von individuellen Differenzen zwischen Menschen, auf Stress und Missgeschick zu reagieren.

Forschung und Diskussion um das Konstrukt der Resilienz haben zwischenzeitlich zu einer gewissen Klärung und Differenzierung geführt, und eine Reihe von Übereinstimmungen können heute als gegeben angesehen werden. Resilienz lässt sich weder allein durch das Vorhandensein von protektiven Faktoren oder die Abwesenheit von Risikovariablen (bzw. ihrem Verhältnis zueinander) noch durch individuelle Temperamentsunterschiede (vgl. Kagan, Reznick & Snidman 1989) erklären. Der Einfluss von Umweltvariablen wird nicht mehr als protektiver Faktor bewertet, der direkte Auswirkungen auf das Ausmaß von Resilienz zeigt, sondern als Folge von «komplexen Anlage-Umwelt-Interaktionen» (vgl. Lösel & Bliesener 1990).

Im Spannungsfeld zwischen Risikovariablen und Resilienz wird der Prozess der individuellen Adaptation als bedeutsam gesehen (risk mechanisms, protective processes; Rutter 1990). In diesem Kontext werden kritische Lebensereignisse als «Wendepunkte» betrachtet, deren Folgen eine positive oder negative Richtung der folgenden Lebensphase einleiten können.

Ergebnisse aus der Suizidforschung, nach denen ein niedrigeres Ich-Entwicklungsniveau vor Suizidgedanken schützt (vgl. Noam & Borst 1994), fordern die Berücksichtigung einer bisher vernachlässigten Komponente des Konstrukts Resilienz. Das heißt auch, dass Entwicklungsverschleppung und Persönlichkeitseigenheiten – wie das Fehlen von Engagement – als Komponenten von Resilienz diskutiert werden müssen. Es schließt sich die ungeklärte Frage nach der Beziehung zwischen Entwicklung und Resilienz an. Eine Verknüpfung von Resilienz und Entwicklungsmodellen wird von Waters & Sroufe (1983) hergestellt. Sie beschreiben Resilienz als die Fähigkeit, internale und externale Ressourcen erfolgreich zu nutzen, um stufenrelevante (stage-salient) Entwicklungsthemen zu lösen.

2 Die Perspektive der Lebensspanne

Klinische Entwicklungspsychologie sieht Entwicklung, auch wenn ein bestimmtes Zeitfenster – wie die Adoleszenz – im Blickfeld des Forschungsinteresses steht, immer eingebettet in die Perspektive der Lebensspanne. Wenn normale und abnorme Entwicklungswege als Prozesse verstanden werden, die miteinander verwoben oder auch im sequenziellen Wechsel ablaufen können, so ist es offensichtlich, dass die Untersuchung einer herausgegriffenen Entwicklungsphase zu viele wesentliche Aspekte ausklammern würde.

Wie vollzieht sich nun Entwicklung über die Lebensspanne? Wie entscheidet sich, ob ein Mensch den Anforderungen des Lebens in einer – für ihn selbst und seine Umwelt – positiven Weise gerecht wird? «What factors, both endogenous and environmental, determine the ‹choice› of a given pathway? Similarly, what are the factors, that support continuance on a given path, deflection to some other pathway, and/or the particular outcome ‹chosen› from among the array of outcomes for a given path?» (Sroufe 1989, S. 14). Eine Reihe von psychischen Störungen im Jugendalter und deren spezifisches Erscheinungsbild – wie Anorexie, Depression oder Passivität – sind sowohl durch biologische Faktoren wie Geschlechtszugehörigkeit als auch durch Sozialisationsfaktoren bestimmt (vgl. Sroufe & Rutter 1984).

Als dritter und entscheidender Faktor neben Anlage- und Umwelteinflüssen ist die fortschreitende affektiv-kognitive Entwicklung zu nennen. Der Mensch erfährt und gestaltet seine reale Umwelt und befindet sich ständig in einem Prozess aktiver Bedeutungsbildung. Den theoretischen Hintergrund der Betrachtung affektiv-kognitiver Entwicklung stellen Theorien des Konstruktivismus und Stufenmodelle dar. Die Klinische Entwicklungspsychologie interessiert sich für Prozesse der Realitätskonstruktion von Individuen, deren Selbst- und Weltsicht sowie deren Wahrnehmung und Gestaltung ihres sozialen Kontextes.

Die Auffassung von Konstruktivismus, die in die Klinische Entwicklungspsychologie eingebracht wird, stützt sich auf den Sozialkonstruktivismus, dessen Wurzeln im symbolischen Interaktionismus von Mead (1934) zu finden sind (vgl. Oerter & Noam 1999). Der Begriff der Konstruktion beschreibt die Tatsache, dass gleiche Ereignisse sowie soziale Beziehungsgeflechte zu ganz unterschiedlichen subjektiven Interpretationen führen und sich jeweils zu einer einzigartigen persönlichen Lebensphilosophie zusammenfügen.

Die strukturelle Interpretation der Entwicklung von Intelligenz wurde in der Nachfolge von Piaget (1936) auf andere Domänen übertragen wie Moralentwicklung (vgl. Kohlberg 1976), Entwicklung des Selbst (vgl. Kegan 1982), Ich-Entwicklung (vgl. Loevinger 1976), Strukturen der Entwicklung des Menschenbildes (vgl. Oerter et al. 1999) und des Glaubens (vgl. Fowler 1981). Diese neueren Stufenmodelle eröffneten zunehmend Möglichkeiten, sie neben der entwicklungspsychologischen Forschung auch der klinischen Anwendung zuzuführen, insbesondere die Modelle der Entwicklungsstufen des Selbst, wie sie von Kegan (1982) beschrieben wurden. Daneben ist Noams Theorie von Biographie und Transformation (1988b) sowohl für die Konzeptualisierung von Störungsmodellen als auch für die klinische Anwendung nutzbar zu machen.

Menschliche Entwicklung ist in ihrem Prozess der Bedeutungsbildung durch schwankende Veränderungsdichte gekennzeichnet. Es wechseln Phasen, in denen ein klares inneres Weltbild vorherrscht, mit Phasen krisenhaft verlaufender sprunghafter Veränderungen.

Nach Kegan vollzieht sich die Aktivität der Bedeutungsbildung auf der Grundlage zweier menschlicher Strebungen: dem Wunsch dazuzugehören (yearning to belong) und dem Wunsch, unabhängig, einzigartig und unabhängig zu sein (yearning to be different). Wenn eine der beiden Strebungen zum Kern des Selbst- und Weltbildes geworden ist, bestimmen fest umrissene Werte eine klar definierte Lebensphilosophie, die in dieser Lebensphase – vorübergehend – eine gelassene innere Haltung ermöglicht. Solche Zeiten des inneren Gleichgewichts wechseln ab mit Zeiten des inneren Umbruchs, in denen das alte Selbst- und Weltbild aufgegeben werden muss, um dem Prozess der Konstruktion neuer Wert- und Lebensvorstellungen Platz zu machen. Jede neue Entwicklungsstufe eröffnet einen größeren Blickwinkel, der die jeweils vorherige Stufe integrativ einschließt.

Die beiden Pole, der Wunsch dazuzugehören und der Wunsch nach Unabhängigkeit und Einzigartigkeit, stehen einander diametral gegenüber; so muss immer wieder ein zentraler Lebenswunsch aufgegeben werden, um Platz zu schaffen für ein neues Weltbild. Diese Umbruchphasen können durch schrittweise Veränderungen erfolgen oder auch in dramatische Lebenskrisen münden.

Noam weist darauf hin, dass das Modell von Kegan und andere Entwicklungsmodelle wie das von Erikson (1976) fehllaufende Entwicklungen nicht ausreichend erklären. Neben den zu erwartenden Entwicklungskrisen nimmt er eine pathologische Lerngeschichte an. Einschneidende negative Erfahrungen in der Kindheit und im weiteren Verlauf des Lebens wie Traumata oder lang anhaltende ungünstige Umweltbedingungen führen zu besonders rigiden Überzeugungen, die er als Einkapselungen bezeichnet. Im Verlauf des gesamten Lebens können sich belastende bzw. traumatische Erfahrungen zu solchen Einkapselungen formieren. Diese können wegen ihrer besonderen Bedeutung nicht in das sich transformierende Selbst- und Weltbild integriert werden, sie wirken sich als Diskrepanzen im Selbst-System aus. Bei Noams Theorie von Biographie und Transformation steht die systematische Verbindung der biographischen und transformierenden Aktivitäten des Selbst im Mittelpunkt. Gelebte Lebensgeschichte steht im sozialen Kontext und formiert sich im fortlaufenden konstruktivistischen Gestaltungsprozess zu einer Biographie mit ihrem je einzigartigen subjektiven Bedeutungsgehalt. In der fortlaufenden Entwicklung gibt es immer einen höchsten Entwicklungsstand, «the cutting edge», der die Selbst- und Weltsicht fortwährend neu bestimmt: Nicht nur die Gegenwart, auch die Vergangenheit kann neu interpretiert werden.

Die Berücksichtigung von Stufenmodellen in die theoretische Analyse psychopathologischer Prozesse hat eine lebhafte kritische Diskussion zu verschiedenen Aspekten dieser Modelle in Gang gesetzt (vgl. Röper & Noam 1999).

Der Rückgriff auf Entwicklungsmodelle im psychotherapeutischen Kontext wirft eine Reihe von theoretischen und praktischen Fragen auf, z. B. nach dem Zusammenhang zwischen seelischer Gesundheit und Entwicklungsstufe. Hierzu liegen erste Forschungsergebnisse vor, im dritten Teil dieses Beitrags werden Beispiele angeführt.

Bei der Berücksichtigung von Stufenentwicklung in der Psychotherapie stellt sich die Frage, ob die Erreichung einer höheren Stufe – die eine komplexere Selbst- und Weltsicht darstellt – als Therapieziel zu definieren ist und ob es daher die Aufgabe des Therapeuten sein muss, den Patienten zu einer höheren Stufe zu führen.

3 Die Entwicklungsperspektive in der klinischen Anwendung

Das Anliegen, Theorie, Forschung und Anwendung zu verbinden, wurde bereits in einer Reihe von Arbeiten verwirklicht. Zum einen finden sich entwicklungspsychologisch orientierte Forschungsarbeiten mit klinischer Relevanz, zum anderen Therapiekonzepte, die auf entwicklungspsychologischen Modellen fußen. Die Erkenntnisse über Resilienz bei Kindern und Jugendlichen führen zu wesentlichen Anstößen, Konzepte von Gesundheit und Krankheit zu überarbeiten. Sowohl in der Forschung als auch in Prävention und Intervention (Programme zur Unterstützung von Krankheitsbewältigung für Kinder, Jugendliche und Eltern) wird die Entwicklungsperspektive und entwicklungsadäquate Ressourcenstärkung gefordert (vgl. Hurrelmann & Lösel 1990; Seiffge-Krenke 1994; v. Hagen & Noeker 1999; Silbereisen & Schmitt-Rodermund 1999).

Die Untersuchung eines Zusammenhanges zwischen Ich-Entwicklung, Symptomausdruck und Therapieerfolg ist hochrelevant für entwicklungspsychologisch fundierte Präventions- und Interventionsansätze. Noam und seine Mitarbeiter führten hierzu eine Serie von klinischen Studien mit adoleszenten Patienten einer psychiatrischen Einrichtung durch. Während bei jugendlichen Borderline-Patienten Fortschritt auf dem Ich-Entwicklungsniveau mit Symptomverbesserung einherging, stellte sich bei einer Gruppe suizidaler Patienten heraus, dass Jugendliche auf höheren Entwicklungsstufen gegenüber niedrigeren Entwicklungsstufen erhöhte Depressions- und Suizidalitätswerte zeigten. Die Autoren leiten aus ihren Untersuchungsergebnissen unterschiedliche Typen von Suizidalität ab (vgl. Noam & Borst 1994).

Noam (1997) entwickelte für die jeweils relevante «adolescent world» einen Leitfaden, in dem er für fünf Stufen der Selbstkomplexität typische Störungsformen und entsprechende Behandlungshinweise vorlegt. Nach Resch haben psychische Störungen Signalcharakter für aktuelle Anpassungsprobleme. Er beschreibt eine entwicklungsorientierte funktionelle Psychopathologie (vgl. Resch 1999).

Die Berücksichtigung der Entwicklungsperspektive in der Kinderverhaltenstherapie fordern Petermann & Petermann (1999). Kenntnisse der Entwicklungspsychologie bieten hierfür Hinweise auf normative Entwicklungsverläufe, alterstypische Krisen und passagere Problemverhaltensweisen (vgl. Oerter & Montada 1995). Entwicklungspsychopathologische Forschungsergebnisse legen bei einer Identifikation der so genannten frühen Starter Präventionsmaßnahmen oder zumindest eine frühzeitige Intervention nahe. Nach Petermann & Petermann (1999) arbeitet die Kinderverhaltenstherapie heute vorzugsweise im Kontext der Familie und neben der störungsspezifischen Intervention sehr stark ressourcenorientiert. Hier ist die Beachtung des Entwicklungsniveaus des Kindes unverzichtbar.

Die entwicklungspsychologische Perspektive wurde auch in die Verhaltenstherapie für Erwachsene eingebracht. Am Beispiel der Behandlung von Zwangsstörungen zeigt Röper (1998), wie Symptombehandlung, Aufsuchen der symptombezogenen Lerngeschichte und entwicklungsorientierte Stärkung der Ressourcen verknüpft werden. Die natürlichen Herausforderungen der persönlichen Entwicklung werden im Zusammenhang mit und unabhängig von der Symptomatologie betrachtet. Die aktuelle affektiv-kognitive Perspektive wird berücksichtigt. Der kontinuierliche Prozess der Bedeutungsbildung wird unterstützt, meist durch die Bewusstmachung und Verankerung kleiner Schritte, die eine Erweiterung der persönlichen Sicht der Dinge anzeigen. Die Autorin gibt konkrete Hinweise, welche Art der Unterstützung in welcher Übergangskrise (zwischen den Stufen der Bedeutungsbildung) angezeigt ist. Dieser entwicklungspsychologisch fundierte verhaltenstherapeutische Ansatz fußt auf einem Störungsmodell, das als Kern der Zwangsstörung ein chronisches Gefühl mangelnder Sicherheit annimmt.

Das Modell beschreibt einerseits die je aktuelle Problemsituation mit ihren die Störung aufrechterhaltenden Wirkfaktoren, andererseits den Entwicklungsverlauf, der von einer Ansammlung folgenschwerer Erfahrungen im Verlauf der affektiv-kognitiven Entwicklung gekennzeichnet ist. Das «Sicherheitsmodell der Zwangsstörung» ermöglicht handlungsrelevante Schlussfolgerungen für eine Erweiterung bewährter verhaltenstherapeutischer Methoden durch die entwicklungspsychologische Perspektive und entwicklungsstützende Interventionen.

Entwicklungsorientierte Beratung ist nach Brandstädter & Gräser (1999) angezeigt, wenn «ein Ungleichgewicht zwischen situativen Anforderungen und individuellen Handlungsmöglichkeiten» gegeben ist (S. 33), wenn also die persönliche Orientierung blockiert oder beeinträchtigt ist. Im Mittelpunkt der Beratungsarbeit kann sowohl die Evaluation und die Neuordnung von persönlichen Zielen stehen, als auch eine mögliche Umstrukturierung der äußeren Lebensbedingungen, durch die die Erreichung der persönlichen Ziele erfolgversprechend eingebunden werden können. Demnach besteht die aktuelle Problemsituation immer im Schnittpunkt der gelebten Biographie mit den persönlichen Lebenszielen und Identitätsentwürfen.

Entwicklungsorientierte Beratung und Intervention wurde auch für den Lebensabschnitt des Alters konzipiert (vgl. Baltes & Baltes 1990; Zank & Baltes 1999). Altersspezifische Entwicklungsaufgaben sind auch hier zu unterstützen. Gesundheitliche oder mentale Einschränkungen erfordern nach Zank & Baltes Flexibilität in der Auswahl von Zielen, Bereichen und Aktivitäten. Diese Selektionsprozesse sind zu unterstützen. Unter veränderten Bedingungen ist eine Optimierung der Lebensqualität und Kompensation eingetretener Beschränkungen anzusteuern.

In diesem Beitrag wurden drei Eckpfeiler der Fachrichtung der Klinischen Entwicklungspsychologie beschrieben: die duale parallele Sichtweise von normaler und abnormer Entwicklung, die Berücksichtigung der Perspektive der Lebensspanne und Beispiele einer Integration von Forschung und Anwendung. Aus klinisch-entwicklungspsychologischer Forschung dürfen weiterführende Erkenntnisse erwartet werden, die auf vielen Ebenen die psychotherapeutische Praxis bereichern können. Forschungsergebnisse, die an normalen, High-Risk- und psychopathologischen Bevölkerungsgruppen gewonnen wurden, können im Bereich der Prävention, der Therapie und Rehabilitation in eine hochqualifizierte Patientenversorgung einfließen. Die entwicklungspsychologische Perspektive in der psychologischen Psychotherapie kann außerdem für schulenübergreifende Behandlungskonzepte nutzbar gemacht werden.

Literatur

Baltes, P. & Baltes, M. (1990). Psychological perspectives on successful aging: The model of selective optimization with compensation. In: P. Baltes & M. Baltes (Eds.), Successful aging: Perspectives from the behavioral sciences, S. 1–34. New York.

Brandstädter, J. & Gräser, H. (1999). Entwicklungsorientierte Beratung. In: R. Oerter, C. von Hagen, G. Röper & G. Noam, Klinische Entwicklungspsychologie, S. 335–351. Weinheim.

Cicchetti, D. (1989). Developmental psychopathology: some thoughts on its evolution. Development and Psychopathology 1, S. 1–4.

Erikson, E. (1976). Identität und Lebenszyklus. Frankfurt/M.

Fowler, J. (1981). Stages of faith. New York.

Garmezy, N. (1985). Stress-resistant children: The search for protective factors. In: J. Stevenson (Ed.), Recent research in developmental psychopathology, S. 213–233. Oxford.

Hagen, C. v. & Noeker, M. (1999). Entwicklungsergebnis bei chronischer somatischer Erkrankung im Kindes- und Jugendalter: Psychische Störung versus Kompetenzgewinn. In: R. Oerter, C. von Hagen, G. Röper & G. Noam, Klinische Entwicklungspsychologie, S. 654–690. Weinheim.

Hurrelmann, K. & Lösel, F. (1990). Basic issues and problems of health in adolescence. In: K. Hurrelmann & F. Lösel (Eds.), Health hazards in adolescence, S. 1–21. Berlin.

Kagan, J., Reznick J. & Snidman, N. (1989). Issues in the study of temperament. In: G. Kohnstamm, J. Bates & M. Rothbart (Eds.), Temperament in childhood, S. 133–144. New York.

Kegan, R. (1982). The Evolving Self. Problem and process in human development. Dt.: Die Entwicklungsstufen des Selbst: Fortschritte und Krisen im menschlichen Leben. München (1986).

Kohlberg, L. (1976). Moral Stages and Moralization: The cognitive-developmental approach. In: T. Lickona (Ed.), Moral development and behavior. Theory, Research and social issues, S. 31–53. New York.

Lösel, F. & Bliesener, T. (1990). Resilience in adolescence: A study on the generalizability: A study of protective factors. In: K. Hurrelmann & F. Lösel (Eds.), Children at risk: Assessment, longitudinal research, and intervention, S. 186–219. Berlin.

Loevinger, J. (1976). Ego development: Conceptions and theories. San Francisco.

Mead, G. H. (1973, Orig. 1934). Mind, self, and society. From the standpoint of a social behaviorist. Chicago. Dt.: Geist, Identität und Gesellschaft. Frankfurt/M.

Noam, G. (1988a). A constructivist approach to developmental psychopathology. New Directions for Child Development 33, S. 91–121.

Noam, G. (1988b). The theory of biography and transformation: Foundation for clinical-developmental therapy. In: S. Shirk (Ed.), Cognitive development and child psychotherapy, S. 273–317. New York.

Noam, G. (1998). Solving the Ego-Development Mental Health Riddle. In: P. M. Westenberg et al. (Eds.), Personality Development, pp. 271–296. Mahwak, N. J.

Noam, G. & Borst, S. (1994). Developing meaning, loosing meaning, understanding suicidal behavior in the young. In: W. Damon (Ed.), New directions for child development. San Francisco.

Oerter, R. & Montada, L. (Hg.) (1995). Entwicklungspsychologie, 3. vollst. überarb. Aufl. Weinheim.

Oerter, R. & Noam, G. (1999). Der konstruktivistische Ansatz. In: R. Oerter, C. von Hagen, G. Röper & G. Noam, Klinische Entwicklungspsychologie, S. 45–78. Weinheim.

Oerter, R., Agostiani, H., Kim, H. & Wibowo, S. (1996). The concept of Human Nature in East Asia: Ethic and Emic Characteristics. Culture & Psychology 2, S. 9–51.

Petermann, U. & Petermann, F. (1999). Entwicklungspsychopathologische Grundlagen zur Planung einer Kinderverhaltenstherapie. In: R. Oerter, C. von Hagen, G. Röper & G. Noam, Klinische Entwicklungspsychologie, S. 400–420. Weinheim.

Piaget, J. (1936). The origins of intelligence in children. New York (1952). Dt.: Das Erwachen der Intelligenz beim Kinde. Stuttgart (1969).

Resch, F. (1999). Beitrag der klinischen Entwicklungspsychologie zu einem neuen Verständnis von Normalität und Pathologie. In: R. Oerter, C. von Hagen, G. Röper & G. Noam, Klinische Entwicklungspsychologie, S. 606–623. Weinheim.

Röper, G. (1998). Auf der Suche nach Sicherheit – Ein klinisch-entwicklungspsychologisches Modell zur Entstehung und Aufrechterhaltung der Zwangsstörung. Psychotherapie in Psychiatrie, Psychotherapeutischer Medizin und Klinischer Psychologie 2, S. 263–280.

Röper, G. & Noam, G. (1999). Entwicklungsdiagnostik in klinisch-psychologischer Therapie und Forschung. In: R. Oerter, C. von Hagen, G. Röper & G. Noam, Klinische Entwicklungspsychologie, S. 240–270. Weinheim.

Rutter, M. (1979). Protective factors in children's responses to stress and disadvantage. In: M. Kent & J. Rolf (Eds.), Primary prevention in psychopathology: Social competence in children, S. 49–74. Hannover.

Rutter, M. (1985). Resilience in the face of adversity. British Journal of Psychiatry 12, S. 233–260.

Rutter, M. (1987). Psychosocial resilience and protective mechanisms. American Journal of Orthopsychiatry 57, S. 316–331.

Rutter, M. (1990). Psychosocial resilience and protective mechanisms. In: J. Rolf, A. Masten, D. Cicchetti, K. Nuechterlein & S. Weintraub (Eds.), Risk and protective factors in the development of psychopathology, S. 181–214. New York.

Seiffge-Krenke, I. (1994). Gesundheitspsychologie des Jugendalters. Göttingen.

Silbereisen, R. & Schmitt-Rodermund, E. (1999). Prognostische Bedeutung von Unterschieden im Entwicklungstempo während der Pubertät. In: R. Oerter, C. von Hagen, G. Röper & G. Noam, Klinische Entwicklungspsychologie, S. 218–240. Weinheim.

Sroufe, L. (1989). Pathways to adaptation and maladaptation: Psychopathology as developmental deviation. In: D. Cicchetti (Ed.), Rochester Symposium on Developmental Psychopathology, Vol. I: The emergence of a discipline, S. 13–40. Hillsdale.

Sroufe, L. & Rutter, M. (1984). The domain of developmental psychopathology. Child Development 55, S. 17–29.

Waters, E. & Sroufe, L. (1983). Social Competence as a Developmental Construct. Developmental Review 3, S. 79–97.

Werner, E. & Smith, R. (1989, Orig. 1982). Vulnerable but invincible: A longitudinal study of resilient children and youth. New York.

Werner, E. & Smith, R. (1992). Overcoming the odds: High risk children from birth to adulthood. Ithaca, New York.

Zank, S. & Baltes, M. (1999). Entwicklungsorientierte Intervention im Alter. In: R. Oerter, C. von Hagen, G. Röper & G. Noam, Klinische Entwicklungspsychologie, S. 512–522. Weinheim.

Volker Schurig

2.11 Umweltpsychologie

1 Problemgeschichte des Begriffs «Umwelt»
2 Umweltschutz
3 Umweltpsychologie
4 Ursachen der Umweltproblematik

1 Problemgeschichte des Begriffs «Umwelt»

Die Wortkonstruktion *Um-Welt* wurde erstmals von dem Dichter Baggensen 1800 in einem Gedicht eingeführt. Dieser lyrische Umweltbegriff wurde von Campe in einem Sprachlexikon 1811 als poetische Wortbildung erwähnt und später z. B. von J. W. von Goethe 1821 und 1862 von Fröbel verwendet, blieb aber im 19. Jahrhundert zunächst ein auf den künstlerischen und pädagogischen Sprachgebrauch begrenzter, selten gebrauchter Begriff.

Durch das Buch «Umwelt und Innenwelt der Tiere» (1909) des Biologen J. von Uexküll wurde der Begriff «Umwelt» nach 1900 zu einem vielseitig interpretierten wissenschaftlichen Fachterminus in der Tierpsychologie, Ethologie und Ökologie. 1925 gründete von Uexküll ein erstes Institut für Umweltforschung an der Universität Hamburg. In der biologischen Umweltlehre wird zwischen einer (objektiven) *Umgebung* als Außenwelt einer Art und einer (subjektiven) *Umwelt* als Spiegelung der Innenwelt in die Umgebung unterschieden. Die «Umgebung» lässt sich dann weiter differenzieren in die

1. gesamte Umgebung eines Organismus *(«potential environment»)* und
2. die lebensnotwendigen Beziehungen für die Selbst- und Arterhaltung *(operational environment, Minimalumwelt).*

Weitere wichtige ökologische Umwelttermini, die zunehmend auch in den alltäglichen Sprachgebrauch eindringen, sind *Habitat* (Standort, Vorkommen, Wohnort einer Art) für den artspezifischen Lebensraum und der *Biotop* als Umgebung einer Lebensgemeinschaft *(Biozönose).* Verballhornt wird der eigene Lebensraum wie die Wohnung im Jargon dann zum «Habitat» (und zur Bezeichnung von Möbelfachgeschäften), die Kneipe oder Universität, wie auch andere soziale Lebensräume, *das* (nicht mehr richtig: der) «Biotop».

J. von Uexkülls Umweltlehre ergänzte die naturwissenschaftliche Beschreibung der physikalischen und ökologischen Umgebung von Organismen mit der Annahme artspezifischer, eigener tierischer Umwelten. Mehrere biologische Arten können deshalb ökologisch zwar in *einer* Umgebung leben, die sie aber immer nur funktional als *ihre* Umwelt wahrnehmen. Innerhalb der Umwelt einer Tierart wird dann wieder zwischen der *Merkwelt*, die für jede Tierart durch artspezifische Sinnesorgane (z. B. Geruch, Tastsinn) und ihre Reize (speziell Schlüsselreize) erschlossen wird, der *Wirkwelt* als lokomotorischem Aktionsraum in der Umgebung mit verschiedenen Funktionskreisen und einer *Innenwelt* mit Stimmungen und Motivationen unterschieden.

Die tierpsychologische Umweltlehre inspirierte dann die «objektive Verhaltensforschung» (Ethologie, Psychologie), die *Eigenwelt* nicht nur verschiedener biologischer Arten, sondern auch die verschiedenen Eigenwelten verschiedener Individuen dieser Art differenziert in ihren funktionalen Bedeutungen zu erforschen. Baggensen hatte den neu konstruierten Begriff «Um-Welt» für eine persönliche, subjektive Sichtweise einzelner Individuen geprägt, um die Empfindlichkeit und Innerlichkeit des Subjekts in der (objektiven) Welt poetisch beschreiben zu können. «Welt», das war die objektive Umgebung, «Um-Welt» ist etymologisch von Beginn an eine Bezeichnung für die Eigenwelt des Individuums in dieser Umgebung. Verschiedene Menschen empfinden deshalb die *gleiche* physikalische «Umgebung» (z. B. Temperatur, Wetterlage) in Abhängigkeit von ihrer emotionalen Gestimmtheit immer auch als eine individuell durch unterschiedliche Bedürfnisse strukturierte «Umwelt», was diesen Begriff über seinen ökologischen Kernbereich hinaus stets zu einem psychologischen Terminus macht. In seiner Bedeutungsvielfalt und Subjektivität entwickelt sich der Begriff «Umwelt» historisch zunächst als ein Moment der Aufklärung über die Stellung des Menschen in der Welt und spiegelt in der Moderne zunehmend kritisch die Betroffenheit des Menschen über seine Umwelt wider. Die kulturspezifische Sensibilität und Innerlichkeit der Romantik und ihrer Wortbildungen bedingen, dass es in der Weltsprache Englisch kein semantisches Äquivalent gibt: Der deutsche Begriff Umwelt ist in seiner schillernden Bedeutungsvielfalt z. B. als «environment» (Umgebung) unübersetzbar. Meyer-Abich hat später außerdem den anthropomorphen Begriff einer *Mit-Welt* eingeführt, um den personalen Bezug zur belebten und unbelebten Natur zu verdeutlichen und sie dadurch zu schonen und zu schützen. In der Postmoderne kommt es zu einer immer stärkeren sozialen und kulturellen Individualisierung der Umweltbeziehung als personengebundene *Eigenwelt.* Die Umwelt wird als Raum (z. B. als Wohnung) und in der Zeit (z. B. der Freizeit als Eigenzeit) sowie in raumzeitlichen Prozessen (z. B. der Lebensentwurf als eigene Biographie) individuell konstruiert.

Der Aufstieg der Umweltpsychologie nach 1970 ist eine direkte wissenschaftssystematische Folge dieses Denkens und Lebens in (individuellen) Differenzen. Das Subjekt der Romantik mit seinem aufklärerischen Anspruch um 1800, das zunächst nur die eigene Weltsicht poetisch als «Umwelt» artikuliert, erweiterte von Uexküll um 1900 in der Verhaltensforschung als artspezifische *Merk-*, *Wirk-* und *Innenwelt* auch bei Tieren. Ende des 20. Jahrhunderts erfolgt dann der Aufstieg zu einem humanökologischen, psychologischen und gesellschaftspolitischen Schlüsselbegriff der Moderne: Es entstehen die «Umweltwissenschaften». «Umwelt» katalysiert in seiner Bedeutungsvielfalt nun – fast – alles: von der inneren subjektiven Befindlichkeit über lokale Umweltänderung der gewohnten Umgebung bis zur globalen ökologischen Umweltkrise.

2 Umweltschutz

Der gegenwärtige Aufstieg des Umweltbegriffs zu einem Problem- und Leitbegriff beginnt 1970 mit der politisch-ökologischen Wortneubildung «Umweltschutz». Bereits 1969 hatte der Schriftsteller Amery die Ökologie zur «Leitwissenschaft» erhoben. Der Begriff Umwelt wird zu einer Chiffre für die ökologischen Krisenphänomene der Moderne. 1972 erfolgt die Gründung eines «Umweltbundesamtes», das diese Krise verwaltet und Schlimmeres verhindern soll. Zu den Aufgaben des Umweltbundesamts gehört z. B. die Beratung der Bundesregierung in Fragen der Abfallentsorgung, der Luftreinhaltung und des Lärmschutzes. Umweltnutzung (Verkehr, Energieerzeugung), damit aber auch der Schutz der ökologischen Umwelt (genauer: Umgebung), wird zu einem zentralen gesellschaftlichen Konfliktpotenzial zwischen ökonomischen Interessengruppen und Umweltschutzverbänden sowie Bürgerinitiativen. Umweltnormen bei der Hygiene und Müllentsorgung und Grenzwerte der Strahlenbelastung, der Ozon-Werte und Wassergüte sind, über die individualspezifische Empfindlichkeit hinaus, im hohen Maß sozial- und kulturabhängig und werden in verschiedenen Umweltschutzgesetzen (vgl. Bundesnaturschutzgesetz 1976; Störfallverordnung 1980; Abfallgesetz 1986) standardisiert.

Der praktische Umweltschutz umfasst auch Maßnahmen, die geschädigte Umwelt wieder in ein *ökologisches Gleichgewicht* zu bringen, durch das *Vorsorgeprinzip* schädigende Einflüsse zu verhindern und die Naturressourcen ökonomisch *nachhaltig* zu nutzen. Im Gegensatz zu der begrifflichen und theoretischen Unschärfe des Begriffs Umwelt sind die faktischen Veränderungen der *natürlichen* Umwelt («Umgebung») physikalisch messbar (Kohlenstoffdioxid-Werte, Temperaturverschiebungen) und werden durch Verordnungen und Gesetze mit teilweise hohen Strafsanktionen kontrolliert. Die Beliebigkeit des Umweltbegriffs wird durch ein Netz präzisierter Fachtermini («Umweltverträglichkeitsprüfung», «Umweltnorm», «Umweltverbände») sowie neuer Wissenschaftsbezeichnungen («Umweltpsychologie») wieder aufgefangen. Außer der *Umweltpsychologie* sind nach 1970 weitere wichtige Wissenschaftsgebiete entstanden wie das *Umweltrecht* (Bekämpfung der Umweltkriminalität), die

Umweltökonomie auf der Basis einer nachhaltigen Ressourcennutzung und die *Umweltmedizin* mit der Untersuchung umweltbedingter Gesundheitsrisiken und Gesundheitsstörungen (z. B. Zunahme von Allergien, Krebserkrankungen, Stresssyndrome). An den deutschsprachigen Universitäten existieren gegenwärtig zahlreiche Umweltstudiengänge, deren theoretische Rahmenbedingung die «Umweltwissenschaften» bilden. Das eigentliche Steuerzentrum der Umweltproblematik ist aber die *Umweltpolitik* als Bündelung des gesellschaftlichen Umweltbewusstseins.

3 Umweltpsychologie

Seit 1975 werden psychologische Fachkolloquien und Symposien zu Fragen der Umweltpsychologie durchgeführt und erste Forschungsergebnisse publiziert. Schon 1924, lange bevor «Umweltschutz» und «Umweltpsychologie» Themen waren, hatte der Psychologe Hellpach einen Aufsatz mit dem Titel «Psychologie der Umwelt» veröffentlicht. 1976 erscheint ein erstes deutschsprachiges Buch mit dem Titel «Umweltpsychologie», in dem die Herausgeber überrascht feststellten, was sich alles unter diesem neuen Wissenschaftsbegriff subsumieren lässt. Der Arbeitspsychologe Schmale stellte deshalb lapidar fest, dass eigentlich jede Psychologie Umweltpsychologie ist, da Verhalten immer die Auseinandersetzung eines Individuums mit seiner Umwelt ist. Andere Autoren (z. B. Pawlik, Graumann) vertraten dagegen zunächst die Auffassung, dass Umweltpsychologie eine Wissenschaftsbezeichnung für etwas ist, was es gar nicht gibt. In den letzten drei Jahrzehnten hat sich trotz derartiger kritischer Repliken die Zahl der empirischen Themen und Wissenschaftsbezeichnungen vervielfacht. Neben der «ökologischen Psychologie», den bereits seit 1969 nachweisbaren Wissenschaftstermini «environmental psychology» und «ecobehavioral psychology» und der «Öko-Psychologie» gehört Umweltpsychologie zu den gängigen Wissenschaftsbegriffen. Es ist sinnvoll, den Terminus «ökologische Psychologie» für grundsätzliche und allgemeinpsychologische Fragen der Mensch-Umwelt-Interaktion zu verwenden (vgl. Städler 1998) und «Umweltpsychologie» für die psychologisch-praktische Bewältigung von Umweltänderungen und Umweltschäden im menschlichen Verhalten. Die Probleme und Fragestellungen der Umweltpsychologie, die als eine Sammelwissenschaft zu verstehen ist, werden empirisch wieder von zahllosen psychologischen Teilwissenschaften (z. B. Stadtpsychologie, Verkehrspsychologie, Sozial- und Persönlichkeitspsychologie) untersucht. Von besonderer Bedeutung für die Umweltpsychologie ist die *Umweltethik*, da die Konflikte im Umweltschutz auch mit der Veränderung komplexer Wertsysteme verbunden sind. *Vorsorge* (z. B. für die Nachkommen), *Achtung der Natur* oder *nachhaltige* Ressourcennutzung als Schonung oder gar Verzicht klassischer Naturnutzung stellen hohe ethische Anforderungen im praktischen Alltagsverhalten, die in der Umweltpädagogik und Umweltpsychologie als Verhaltensänderung untersucht werden. Für die Gesamtheit aller dieser Teilgebiete einschließlich der Umweltpsychologie hat sich die Systembezeichnung «Umweltwissenschaft» eingebürgert, die an mehreren deutschsprachigen Universitäten (z. B. Oldenburg, ETH Zürich) innerhalb interdisziplinärer Studiengänge belegt werden kann.

Stadtpsychologie

Ein für den Lebensalltag bedeutsamer Forschungsbereich der Umweltpsychologie betrifft die individuelle und gesellschaftliche Wohnkultur sowie die psychosozialen Folgen der Urbanisation. Negativbegriffe wie «Wohnmaschinen» und «urbaner Stress» signalisieren den emotionalen Widerstand gegen die Zerstörung der Landschaft durch die fortschreitende Verstädterung. 1992 lebten in Deutschland 27,5 Millionen Menschen in 83 Großstädten. Gesellschaftspolitisch ist die Entstehung von Bürgerinitiativen in Stadtteilen oder beim Flughafenbau eine psychosoziale Reaktion gegen oder für Umweltveränderungen durch die Urbanisierung. Einerseits werden die privaten Lebens- und Umweltbedingungen immer angenehmer und aufwendiger gestaltet, anderseits existieren diese Wohnumwelten häufig in sozial verödeten Stadtzentren oder zersiedelten «Speckgürteln» als völlig unterschiedlichen Stadttypen, zwischen denen die Bewohner rastlos und zunehmend unzufrieden agieren und ihre Lebenszeit verfahren.

Weltweit existieren gegenwärtig über 100 Millionenstädte. Prototyp ist die «Megalopolis», eine Agglomeration des verstädterten Lebensraums, der im Fall von Tokio und Mexiko City bereits eine Einwohnerzahl von 20 Millionen erreicht hat. Befriedungsstrategien dieser immer unwirtlicher werdenden städtischen Lebensformen mit ihren psychologischen und sozialen Konflikten und der wachsenden Spanne zwischen vorhandener, wirksamer und erlebter individueller Stadtumwelt werden unausweichlich. Innerhalb des privaten Wohnraums, des Hausbaus und im städtischen Lebensraum müssen elementaren psychologischen Umweltbedürfnissen wie der Einhaltung personaler, sozialer und öffentlicher Individualdistanzen (z. B. mit Ruhe- und Sicherheitszonen) durch die Wohnraum- und Regionalplanung Rechnung getragen werden. Auch bestimmte Individuen- und Wohndichten werden subjektiv und kulturell völlig unterschiedlich als Übervölkerung erlebt. Der Mensch belebt seine *künstliche* Stadtumwelt mit zunehmendem Naturverlust sekundär wieder vor allem durch zwei Tierarten: Hunde und Katzen. Besonders die Hundehaltung (Hygieneprobleme durch Hundekot, Haltung von Kampfhunden) wird zunehmend zu einem Problem in der städtischen Umwelt. Hunde sind andererseits ein unentbehrlicher Begleiter und Sozialersatz, mit denen psychosoziale Folgen der Urbanisation wie die zunehmende Einsamkeit gemildert werden können.

«Städte» sind die – artifizielle – Umwelt des Menschen, sein Ersatz-«Habitat», das seit der neolithischen Revolution in immer gigantischeren Ausmaßen konstruiert wird. Ebenso wie er Parklandschaften – phylogenetisch eine Erinnerung an die Herkunft aus afrikanischen Savannenlandschaften – als Ersatz-«Natur» konstruiert, sind Wohnungen Kopien der ersten Höhlen-Wohnstätten des Australopithecus und des Peking-Menschen, die nun als Architektur imitiert werden. Die Sonderstellung des Menschen gegenüber dem Tier beruht umweltpsychologisch darauf, dass er seit der neolithischen Revolution *keine* natürliche Umwelt mehr besitzt. Der Mensch hat deshalb weder ein «Habitat» noch ein «Biotop» als artspezifischen Lebensraum, sondern erfindet und konstruiert ständig neue und immer aufwendigere künstliche Wohnumwelten: Häuser, Dörfer, Städte. Inwieweit prähistorische Hominiden ihre Umwelt als Territorien definierten und das Revier verteidigten, ist umstritten. Zäune, Stadtmauern und Staatsgrenzen zeigen jedenfalls immer noch das Bedürfnis, die verschiedenen psycho-sozialen Umwelten auch optisch erkennbar zu markieren.

Zeiterleben

Die urbane Lebenskultur ändert nicht nur die räumliche, sondern auch die *zeitliche* Dimension menschlicher Umwelt mit neuen Anforderungen an Mobilität, Flexibilität und Dynamik. Die statische Raumstruktur wird in dynamische Prozessabläufe aufgelöst. Die traditionellen Wert- und Zeitmuster verschwinden, da der städtische Zeit- und Erlebnisraum nun 24 Stunden umfasst und keine Jahreszeiten mehr kennt. Flexibilität, Ungebundenheit und Timelag durch übersprungene Zeitzonen führen zu neuen physiologischen und psychologischen Schäden sowie hohen Risiken. Der Arbeitsweg von ca. 30 Millionen Menschen beträgt in Deutschland durchschnittlich 40 Minuten. In dieser Zeitspanne sterben mehr Menschen als während des achtstündigen Arbeitstags. Mobilitätsbereiche sind deshalb immer zugleich auch besondere Risikozonen. Anstelle des natürlichen Rhythmus von Sommer/Winter und Tag/Nacht als natürlichen Zeit- und Umweltkoordinaten tritt ein zeitlos funktionierender, globaler Erlebnisraum, da die benachbarten städtischen Ballungsgebiete im Stundentakt erreicht werden können. Die Folgen dieser Dynamisierung der zeitlichen Umwelt sind wachsende verkehrspsychologische Probleme («Psychologie des Staus»), Konfliktpotenziale zwischen unterschiedlichen Verkehrsteilnehmern (z. B. Fußgängern, Radfahrern und Autofahrern) sowie jährlich ca. 7000 Verkehrstote, aber auch eine wachsende Geruchs- und Lärmbelästigung, da die ständige Bewegung zu einem Steigen des Geräuschpegels führt. Der Betrieb von Flughäfen als Leuchttürmen der Moderne ist gegenwärtig deshalb weniger ein logistisches als ein lärmpsychologisches Problem. Neurotisierte Stadtbewohner klagen in dieser akustischen Reizatmosphäre dann auch schon mal gegen Naturgeräusche wie das Quaken von Fröschen. Die Auflösung natürlicher und kultureller Zeitgrenzen verursacht als Gegenbewegung eine wachsende Bedeutung der individuellen *Eigenzeit.* Die Gleichzeitigkeit städtischer Lebensmuster ist in der Postmoderne deshalb nur eine *scheinbare*, da zwar verschiedene Individuen zeitgleich existieren, sich aber trotzdem in jeweils ganz verschiedenen Prozessabläufen mit unterschiedlichem Tempo befinden. «Zeitmanagement» heißt deshalb eine organisatorische Folge der zeitlichen Dynamisierung moderner Umwelten. Eigenzeiten und Individualisierung, aber auch die Beliebigkeit der Zeitabläufe werden zu Standards der Postmoderne, dem ideologisch-kulturellen Wegbereiter der disziplinären Umweltpsychologie, die sich dann eher um die alltäglichen Details der neuen Zeitprobleme zu kümmern hat.

Freizeit

Ein weiterer Forschungsbereich der Umweltpsychologie mit ständig wachsender wirtschaftlicher und ökologischer Bedeutung ist das Freizeitverhalten. In der Arbeitswelt ist der Mensch durch die ergonomische Optimierung jedes Bewegungsablaufs psychomotorisch ständig unterfordert, da er in seiner Umwelt möglichst wenig oder keine Bewegungen mehr macht. «Schreibtischtätigkeiten» werden nun durch die Trimm-dich-Bewegung kompensiert, in der alle im Arbeitsverhalten reduzierten Bewegungen freiwillig nachgeholt werden. Ein spezielles psychologisches Grundproblem modernen Freizeitverhaltens ist die Langeweile, das mit Hilfe geschulter Animateure als «Entertainment» umgangen werden soll. Durch bestimmte Extremvarianten des Freizeitverhaltens werden schließlich auch allerletzte Naturräume im Wasser (Tauchen), in der Luft (Paragleiten, Fallschirmspringen) und zu Lande besetzt. Im Frühjahr 2000 waren allein 18 Bergtouren mit mehreren hundert Teilnehmern auf dem Weg zum Mount Everest, dessen Besteigungsversuche bisher insgesamt 180 Tote gefordert haben. Für 50 000 Dollar ist mittlerweile für Herrn Jedermann die Besteigung möglich: Der Mount Everest wird zum *Mount Ego* mit tödlichem Risiko. Zeitweise befinden sich im Basislager bis zu tausend Touristen und Bergsteiger, die diese fragile Umwelt durch ihren Müll zerstören. Alpinismus, mit und ohne Sauerstoffmaske, aber immer auf den höchsten, schwierigsten und möglichst noch nicht bestiegenen Berg, ist aber nur eine Variante innerhalb einer massenhaft betriebenen Freizeitimitation der Spaß- und Leistungsgesellschaft. Bizarrer Naturtourismus (z. B. Mountainbike-Touren durch Borneo und Tibet), als «sanft» vermarktet, betreibt systematisch die kommerzielle Erschließung letzter Naturparadiese. Bei teuren Großtiersafaris dient Natur nur noch als *Kulisse* des eigenen Erlebens. Die ungestillte Sehnsucht Tausender Stadtmenschen nach Unberührtheit, Stille und «echter Natur» wird psychologisch zu einem Merkmal des Verlusts der natürlichen Umwelt. Es bleibt die Suche nach «Wildnis» als letztmögliche Erfahrung steinzeitlicher Ursprünglichkeit, betreut und reflektiert von der «Wildnispädagogik» (vgl. Trommer 1992). «Umwelt» ist durch das Freizeitverhalten endgültig zu einem *globalen* Erlebnisraum geworden. Die Umwelt eines Slumbewohners von Bombay, der nur noch von der Verwertung des Mülls lebt, und der Edeltourist, der dies als «event» in seine Stadtbesichtigung einbaut, zeigt die ganze Spannbreite psychologisch, sozial und kulturell verschiedener Umwelten, die zunehmend inkompatibel zusammenstoßen.

4 Ursachen der Umweltproblematik

Um 1800 existierten ca. eine Milliarde Menschen, um 1900 über zwei Milliarden und 2000 sechs Milliarden. Für das Ende des 21. Jahrhunderts wird die menschliche Populationsgröße auf acht bis zehn Milliarden Menschen geschätzt. Die Ursachen der breit gefächerten Umweltproblematik lassen sich deshalb auf *einen* populationsökologischen Faktor zurückführen: die *Überbevölkerung.*

Der Energie- und Naturressourcenverbrauch bringt für einzelne Länder bereits in den nächsten Jahrzehnten unlösbare Probleme, die den Charakter von ökonomischen, ökologischen und letztlich politischen Katastrophen tragen werden, wie das Beispiel Pakistan (2000: 126 Millionen Einwohner, Prognose für 2020: 314 Millionen Einwohner) vermuten lässt.

Die limitierenden Naturressourcen des Populationswachstums in diesem Fall sind bebaubares Land und vor allem Wasser, die beide nicht nur knapp werden, sondern bereits jetzt erschöpft sind (40 Prozent des bebauten Landes werden gegenwärtig immer unfruchtbarer). Die *Simulation* schwindender Naturressourcen bei weiterem Populationswachstum (Industriestaaten haben allerdings durchgängig bereits negative Geburtenzahlen) ist die Grundlage der Umweltprognosen, die durch den Club of Rome gegenwärtig in *mathematischen Modellrechnungen* immer präziser zeitlich terminiert werden können. In dem Maß, wie deutlich wird, dass die Umweltprobleme nicht mehr allein technisch-naturwissenschaftlich zu lösen sind, zeigt sich die überlebensnotwendige schnelle Änderung mentaler Umwelteinstellungen und sozialer Normen. Das zentrale kognitionspsychologische Problem dabei ist, ob eine Korrektur der bisherigen Umweltnutzung bereits *vor* dem Eintreten globaler ökologischer Katastrophen möglich ist oder diese erst praktisch als «Erfahrung» mit entsprechenden Verlusten durchlaufen werden müssen. Eine radikale persönliche und gesellschaftliche Verhaltensänderung gegenüber der bisherigen Übernutzung der Natur ist auch eine Aufgabe der Umweltpsychologie, die Nutzungskonflikte, normative Einstellungen und Verhaltensdispositionen innerhalb eines sich freiwillig oder erzwungenermaßen ändernden Umweltbewusstseins erforscht und damit selbst ein zentraler Steuermechanismus des Umweltverhaltens wird. Umwelt- und Naturschutz sowie die verschiedenen Umweltwissenschaften einschließlich der Umweltpsychologie sind *keine* Modeerscheinungen reicher Industriestaaten, sondern sichern langfristig die menschliche Arterhaltung.

Literatur

Baum, D. (1998). Umweltschutz in der Praxis. Heidelberg/Wien.

Birnbacher, D. (Hg.) (1997). Ökophilosophie. Stuttgart.

Gore, A. (1995). Wege zum Gleichgewicht. Ein Marshallplan für die Erde. Frankfurt/M.

Graumann, C. F. (1978). Ökologische Perspektiven in der Psychologie. Bern.

Heinrich, D. & Hergt, M. (1998). dtv-Atlas Ökologie. München.

Hellpach, W. (1924). Psychologie der Umwelt. In: E. Abderhalden (Hg.), Handbuch der biologischen Arbeitsmethoden 1 (IV) C/III. Berlin.

Holzer, A. & Elferding, W. (2000). Ist es hier schön. Landschaft nach der ökologischen Krise. Wien.

Humboldt-Umweltlexikon (1990). München.

Kaminski, G. (1967). Umweltpsychologie. Stuttgart.

Kaminski, G. (1985). Zehn Jahre Ökopsychologie. In: D. Albert, Bericht des 34. Kongresses der Deutschen Gesellschaft für Psychologie.
Kruse, L. (Hg.) (1990). Umweltpsychologie. Ökologische Psychologie. Ein Handbuch in Schlüsselbegriffen. Weinheim.
Miller, R. (1986). Einführung in die ökologische Psychologie. Opladen.
Remmert, H. (1992). Ökologie. Berlin/Heidelberg.
Schama, S. (1994). Der Traum von der Wildnis. Natur als Imagination. München.
Schurig, V. (1990). Humanökologie. Stellung und Funktion einer neuen Teildisziplin im System der Ökowissenschaften. In: M. Hoebel-Mävers & H. Gärtner (Hg.), Umweltforschung und Umweltbildung im Ballungsraum. Frankfurt/M./Bern/New York/Paris.
Schurig, V. (1994). Um-Welt. Ein Schlüsselbegriff der Postmoderne? Journal für Psychologie 2 (2), S. 62–70.
Städler, T. (1998). Lexikon der Psychologie. Stuttgart.
Trepl, L. (1987). Geschichte der Ökologie. Vom 17. Jahrhundert bis zur Gegenwart. Frankfurt/M.
Trommer, G. (1992). Wildnis, die pädagogische Herausforderung. Weinheim.
Uexküll, J. v. (1909). Umwelt und Innenwelt der Tiere. Berlin.
Valsangiacomo, A. (1998). Die Natur der Ökologie. Anspruch und Grenzen ökologischer Wissenschaften. Zürich.
Wilson, E. O. (1992). Ende der biologischen Vielfalt? Berlin/Heidelberg/New York.

3 Psychologisches Handwerkszeug

Wilhelm Kempf

3.1 Forschungsmethoden – ein Überblick

1 Einleitung
2 Gegenstandsverständnis und Wissensideal der Psychologie
3 Aristotelisches und galileisches Wissensideal
4 Erfahrungswissenschaftliche Erklärungsmodelle
5 Die deduktiv-nomologische Erklärung
6 Die induktiv-statistische Erklärung
7 Das Operationalisierungsproblem
8 Die intentionale Erklärung
9 Die narrative Erklärung
10 Sozialwissenschaftliche Hermeneutik

1 Einleitung

Als sich die Psychologie um die Mitte des 19. Jahrhunderts aus der Philosophie loslöste und sich als eigenständige Erfahrungswissenschaft zu konstituieren begann, waren es vor allem Naturwissenschaftler wie der Physiologe Ernst Heinrich Weber (1795–1878) und der Physiker Gustav Theodor Fechner (1801–1887), die der neuen, jungen Wissenschaft ihre entscheidenden Denkanstöße gaben. Schon hundert Jahre zuvor hatte der englische Philosoph David Hume (1711–1776) die Auffassung vertreten, dass – auch in der Psychologie – nur die Erfahrung zu richtigen Erkenntnissen führen könne, und mit der Einführung experimenteller Methoden in die Psychologie fand dieses erkenntnistheoretische Programm erstmals einen praktischen Niederschlag.

Die Faszination, welche damals – und für weite Teile der Psychologie bis heute – das Vorbild der Naturwissenschaften ausübte, kommt nicht von ungefähr. Sie ist nicht nur der Tatsache geschuldet, dass es eben Naturwissenschaftler waren, die die empirische Psychologie begründeten, sondern besonders der technischen Verwertbarkeit der Naturwissenschaften und dem darauf gegründeten Fortschrittsglauben, der erst mit der Postmoderne am Ende des 20. Jahrhunderts in die Krise geriet. Alles schien machbar – und nun auch die Prognose und Steuerung menschlichen Verhaltens. Vor allem vom amerikanischen Behaviorismus, der Psychologie auf die Wissenschaft vom Verhalten beschränkt sehen wollte (vgl. Morgan 1961, S. 2), wurden die speziellen Methodenprobleme der Psychologie darüber weitgehend vernachlässigt. In Europa dagegen blieb – zumindest teilweise – eine Psychologieauffassung erhalten, die seit der so genannten Kognitiven Wende auch wieder durchaus mainstreamfähig ist und die Hubert Rohracher (1963, S. 102) auf den Punkt gebracht hat, indem er Psychologie als «die Wissenschaft von der subjektiven Welt des Menschen» definierte. Damit hat Rohracher keineswegs einer subjektivistischen Beliebigkeit der Psychologie das Wort geredet, ganz im Gegenteil. Als einem der dezidiertesten Vertreter einer naturwissenschaftlichen Psychologie im deutschen Sprachraum um die Mitte des 20. Jahrhunderts stand es für Rohracher (1963, S. 61) außer Zweifel, dass die psychischen Phänomene «in ihrer Entstehung aufgeklärt und bis in ihre gehirnphysiologischen Grundlagen verfolgt werden» müssen. Für Rohracher bedeutete dies gleichwohl aber nicht, dass man Psychologie auf Gehirnphysiologie reduzieren könne. Er war sich vielmehr des grundlegenden Unterschiedes bewusst, der zwischen dem Forschungsgegenstand der Psychologie und dem der klassischen Naturwissenschaften (Physik, Chemie, Biologie) besteht, und stand damit der Position Kurt Lewins (1931) nahe, der eine gegenstandsangemessene Umsetzung der galileischen Denkweise in der Psychologie gefordert und einer bloßen Nachahmung anderer, bereits weiter entwickelter Naturwissenschaften eine Absage erteilt hatte.

Dieser grundsätzliche Unterschied zwischen der Psychologie und den klassischen Naturwissenschaften besteht darin, dass wir dort Sachverhalte untersuchen, die außerhalb des eigenen Erlebens liegen, die also *objektseitig* definiert sind (vgl. Hoyningen-Huene 1989a, S. 43 ff.). Sie können vom Außenstandpunkt eines neutralen Beobachters her erfasst werden. In der Psychologie trifft dies jedoch nur teilweise zu: z. B. wenn wir die durch einen Sinnesreiz (= Stimulus) ausgelöste elektrische Aktivität von Gehirnzellen untersuchen. In weiten Teilen der Psychologie haben wir es jedoch mit Sachverhalten zu tun, die *subjektseitig* definiert sind und nur vom Innenstandpunkt des erlebenden Subjekts selbst her erfasst werden können. Dies wirft das Problem auf, ob Aussagen über solche Sachverhalte denn überhaupt anhand objektivierbarer Erfahrungen überprüft werden können – oder ob sich die Psychologie von ihrem Anspruch wieder verabschieden muss, eine empirische Wissenschaft zu sein.

2 Gegenstandsverständnis und Wissensideal der Psychologie

Jeder Wissenschaft geht eine Entscheidung darüber voraus, was als wissenswert erachtet wird. Dass diese Entscheidung in der Psychologie nicht gerade einheitlich ausgefallen ist, hängt mit der Komplexität ihres Gegenstandsbereiches zusammen. Psychologie als «Wissenschaft von der subjektiven Welt des Menschen» umfasst ein äußerst breites Wissensgebiet, das nicht nur die Funktionsweise des bewussten Erlebens, sondern auch dessen Ursachen und Konsequenzen umfasst. Damit gehören biogenetische und physiologische Ursachen menschlichen Erlebens und Handelns ebenso zum Gegenstand der Psychologie wie unbewusste Informationsverarbeitungsprozesse und Prozesse der sozialen Konstruktion der Wirklichkeit, das daraus resultierende menschliche Verhalten und Handeln und schließlich auch dessen Objektivationen (etwa Texte oder Kunstwerke – aber auch das weite Feld der Technik), welche die Lebenswelt des Menschen verändern und darüber wiederum eine Rückkoppelung auf das individuelle Erleben und Handeln haben. Entsprechend gliedert sich die Psychologie heute in eine Vielzahl von Teilgebieten, von denen manche einen fließenden Übergang zu Nachbardisziplinen – Biologie, Sozial- und Kulturwissenschaften – haben.

Angesichts dieser Heterogenität der Psychologie ist es keineswegs verwunderlich, dass sie bis heute weder über ein einheitliches Gegenstandsverständnis noch über ein einheitliches Wissensideal verfügt. Das wäre auch gar nicht wünschenswert, da ein solches Verständnis der Psychologie als Einheitswissenschaft die zulässigen Fragestellungen der Psychologie dogmatisch einschränken und den Reichtum an Perspektiven, unter denen die subjektive Welt des Menschen erforscht werden kann, zunichte machen würde.

Unter dem *Gegenstandsverständnis* einer Wissenschaft ist zu verstehen, welche Art von Fragen in einer Wissenschaft als angemessen gelten. Mit dem *Wissensideal* meinen wir, welche Art von Antworten als zufrieden stellend erachtet werden (vgl. Hoyningen-Huene 1989b), und unter dem *Aufgabenverständnis* verstehen wir, welche Art von Praxis das Wissen ermöglichen soll.

Sowohl «angemessen» als auch «zufrieden stellend» sind jedoch zweistellige Prädikatoren: Angemessen ist eine Frage immer nur relativ zu etwas, das selbst außerhalb dieser Frage liegt, und zufrieden stellend ist eine Antwort immer nur relativ zu etwas, das außerhalb der Antwort liegt. Dabei besteht zwischen Gegenstandsverständnis und Wissensideal eine wechselseitige Abhängigkeit: Die Angemessenheit einer wissenschaftlichen Frage lässt sich daran messen, ob sie auf jene Art von Antworten abzielt, die dem jeweiligen Wissensideal entspricht; und ob eine Antwort zufrieden stellend ist, lässt sich daran messen, ob sie die jeweils gestellte Frage zu beantworten vermag. Wollten wir es dabei belassen, so würden wir uns entweder in einem definitorischen Zirkel bewegen, oder wir müssten uns bezüglich des Wissensideals mit dem faktischen Konsens der Fachwissenschaftler zufrieden geben. Letzteres scheidet für die Psychologie aber schon deshalb aus, weil ein solcher Konsens hier de facto nicht existiert.

Ein Ausweg aus diesem Dilemma ergibt sich erst dann, wenn wir das Wissensideal nach den jeweiligen Aufgaben der Wissensbildung ausrichten. So begründet z. B. Hoyningen-Huene (1989b) die Überlegenheit des Wissensideals der neuzeitlichen Naturwissenschaften damit, dass ihre technische Verwertbarkeit in diesem Wissensideal bereits strukturell angelegt ist. Eine szientistische Festlegung jeglicher Wissenschaft auf dieses Wissensideal lässt sich daraus aber erst dann ableiten, wenn man die technische Verwertbarkeit des Wissens als einzig legitime Aufgabe der Wissensbildung festschreibt. Gerade dies aber ist es, was in der Psychologie zur Disposition steht.

Verzichtet man auf eine solche dogmatische Vorentscheidung, dann zeigt sich, dass in der Psychologie nicht nur de facto verschiedene Wissensideale nebeneinander bestehen, sondern auch, dass diese Wissensideale einander fruchtbar ergänzen. Wie sich bei genauerer Untersuchung ihrer (sach-)logischen Struktur erweisen wird, implizieren diese verschiedenen Wissensideale jedoch unterschiedliche methodische Schritte zur Geltungsprüfung von Theorien.

3 Aristotelisches und galileisches Wissensideal

In einem ersten Schritt kann zwischen einem aristotelischen und einem galileischen Wissensideal unterschieden werden. Das *aristotelische Wissensideal* ist das Ideal der beweisenden Wissenschaft nach dem Vorbild der euklidischen Geometrie. Es untersucht die wesentlichen Bestimmungsmerkmale einer bestimmten Klasse von Gegenständen und leistet insofern noch keine Erklärung der fraglichen Phänomene, sondern zielt auf die sachlogische Begründung struktureller Gesetzmäßigkeiten des jeweiligen Gegenstandsbereiches ab, wozu es sich der Mittel der terminologischen Klärung und der logischen Deduktion bedient.

Im Verlauf der neueren Wissenschaftsgeschichte hat sich dabei eine Arbeitsteilung zwischen den so genannten Formalwissenschaften und den

Erfahrungswissenschaften herausgebildet. Insbesondere die Mathematik versteht sich seit Hilbert (1862–1943) nur noch als Wissenschaft von formalen Systemen (oder Kalkülen), die über die empirische Wirklichkeit selbst nichts aussagt. Welche formalen Systeme von den Erfahrungswissenschaften benutzt werden, ist eine Frage der Zweckmäßigkeit. Die Klärung der Grundbegriffe und damit auch der Nachweis, dass der durch sie definierte Gegenstandsbereich ein Modell des jeweiligen Kalküls ist, wird an die Erfahrungswissenschaften selbst und an die Wissenschaftstheorie (Metamathematik, Protophysik usw.) verwiesen.

Obwohl es selbst noch keine Erklärung der fraglichen Phänomene leistet, bildet das aristotelische Wissensideal ein unverzichtbares Fundament jeglicher Erfahrungswissenschaft, ohne das sich noch nicht einmal die Aufgaben der Wissensbildung bestimmen, geschweige denn begründen und schon gar nicht angemessen bearbeiten lassen. Wenn wir z. B. die Aufgaben der (psychologischen) Friedensforschung in der Reduzierung von Gewalt mit gewaltfreien Mitteln (vgl. Galtung 1993) sehen wollen, so müssen wir zuallererst geklärt haben, was wir denn überhaupt mit Gewalt (engl. *violence*, von lat. *violare* = verletzen) meinen. So müssen wir wissen, worin sich die Gewalt etwa von der Aggression (von lat. *aggredior*) unterscheidet, die in der (versuchten) Durchsetzung eigener Handlungen oder Ziele gegen den (tatsächlichen oder vermeintlichen) Willen eines anderen besteht.

Wenngleich wir damit zwar noch nicht erklärt haben, wie Gewalt entsteht, und obwohl wir daher auch noch kein Wissen darüber haben, wie Gewalt reduziert werden kann, haben wir mit der Festschreibung der wesentlichen Bestimmungsmerkmale von Aggression und Gewalt bereits ein Wissen über grundlegende Strukturmerkmale unseres Gegenstandsbereichs gebildet: namentlich, dass Aggression und Gewalt nicht einfach gleichgesetzt werden dürfen. Aggression und Gewalt überschneiden einander nur dort, wo sich die Durchsetzung eigener Ziele gewaltförmiger Mittel bedient. Damit ergibt sich zugleich eine Präzisierung unserer Erklärungsaufgabe: Reduzierung von Gewalt mit gewaltfreien Mitteln bedeutet nicht einfach die Unterdrückung von Aggression, sondern das «Aggressionsproblem» lautet nun, wie die gewaltförmige Eskalation von Konflikten vermieden werden kann.

Das *galileische Wissensideal* ist das Ideal der neuzeitlichen Erfahrungswissenschaften. Zunächst am Vorbild der newtonschen Mechanik orientiert, hat dieses Wissensideal seit den Anfangstagen der wissenschaftlichen Psychologie wesentliche Präzisierungen und Erweiterungen erfahren, die einerseits dem bis heute anhaltenden Diskurs um seine gegenstandsangemessene Umsetzung in den Human- und Sozialwissenschaften, andererseits der Entstehung der Wissenschaftstheorie als einer eigenen Disziplin geschuldet sind.

Im Unterschied zum aristotelischen Wissensideal bietet das galileische eine Erklärung der fraglichen Phänomene an, indem es Relationen zwischen verschiedenen Klassen von Gegenständen (z. B. «Ursache und Wirkung» oder «Ziel und Mittel») untersucht. Dass es in den modernen Erfahrungswissenschaften an die Stelle des aristotelischen Wissensideals getreten ist, bedeutet gleichwohl nicht, dass Letzteres obsolet wäre. Indem sie sich der Logik und Mathematik als Instrument bedienen, bestehen auch die Theorien der Naturwissenschaften nicht nur aus einer zusammenhanglosen Aneinanderreihung von Naturgesetzen, sondern sie enthalten strukturelle Theorieanteile.

4 Erfahrungswissenschaftliche Erklärungsmodelle

Innerhalb des galileischen Wissensideals lassen sich nochmals verschiedene Erklärungsmodelle unterscheiden.

Als Vorbild diente der Psychologie zunächst das *deduktiv-nomologische* Erklärungsmodell, welches die Ursache-Wirkungs-Relation in Form von Naturgesetzen darstellt (vgl. Hempel 1977). Als Beispiel hierfür kann das Weber'sche Gesetz dienen: Die Ursache dafür, dass geringfügige Stimulusunterschiede nicht wahrgenommen werden, wird durch das Weber'sche Gesetz dahin gehend erklärt, dass die Stimulusdifferenz unterhalb der relativen Unterschiedsschwelle liegt (die z. B. beim Auflegen von Gewichten auf den Handrücken 1/3 des Standardreizes beträgt).

Nicht nur in der Psychophysik, sondern auch in anderen Teilgebieten der Psychologie hat man immer wieder versucht, solche allgemein gültigen Gesetzmäßigkeiten zu finden. In dieser streng deterministischen Form ließ sich aber nicht einmal das Weber'sche Gesetz aufrechterhalten. Wie man heute weiß, gilt auch dieses nur im Bereich mittlerer Reizintensitäten und selbst dort nur ungefähr. Empirische Gesetzmäßigkeiten gelten in der Psychologie einfach nicht mit derselben Strenge wie in den «harten» Naturwissenschaften, und das deduktiv-nomologische Erklärungsmodell wurde in der Psychologie inzwischen generell durch das *induktiv-statistische* Erklärungsmodell verdrängt.

Mit dieser Abschwächung des Wissensideals ging zugleich eine Abschwächung des Gegenstandsverständnisses der Psychologie einher. Denn während die deduktiv-nomologische Erklärung auf die Frage nach den Ursachen eines Phänomens antwortet, antwortet die induktiv-statistische

Erklärung nur noch auf die Frage nach den Bedingungen, unter welchen mit ihm mehr oder minder wahrscheinlich zu rechnen ist.

Eine radikale Erweiterung des Gegenstandsverständnisses der Psychologie wird schließlich durch die Frage nach den Gründen impliziert, warum sich jemand so und nicht anders verhält. Denn die Frage nach den je subjektiven Handlungsgründen zielt auf eine intentionale Erklärung, welche nach dem Schema der Ziel-Mittel-Relation zu konstruieren ist und damit einer gänzlich anderen Logik folgt (vgl. von Wright 1974). Im Unterschied zur deduktiv-nomologischen Erklärung und ihrer induktiv-statistischen Abschwächung bewegt sich die intentionale Erklärung nämlich nicht mehr in einem Bedingungsdiskurs, sondern in einem Begründungsdiskurs. Im Schulenstreit zwischen naturwissenschaftlich und sozialwissenschaftlich orientierten Psychologen werden diese beiden Diskursformen mitunter als unversöhnliche Gegensätze einander gegenübergestellt (vgl. Holzkamp 1986). Tatsächlich sind sie jedoch oft miteinander verschränkt.

5 Die deduktiv-nomologische Erklärung

Naturgesetze sind empirische Regeln, die den zu erklärenden Sachverhalt (das Explanandum) als Funktion der so genannten Randbedingungen der jeweiligen Gesetzesaussage darstellen. So ist z. B. im Weber'schen Gesetz die (subjektseitig definierte) Wahrnehmung des Unterschieds zweier Stimuli eine Funktion der (objektseitig definierten) Stimulusdifferenz: Der Unterschied zweier Stimuli wird nur dann wahrgenommen, wenn die Stimulusdifferenz die Unterschiedsschwelle übersteigt.

In der Regel wird man zur Erklärung eines Sachverhalts aber nicht nur eine Gesetzesaussage und eine Randbedingung heranziehen müssen, sondern mehrere Gesetzesaussagen mit entsprechenden Randbedingungen, welche gleichzeitig wirken. Das Zusammenwirken der verschiedenen Gesetze und Randbedingungen kann dann in Form einer mathematischen Funktionsgleichung dargestellt werden. Voraussetzung dafür ist natürlich, dass sowohl das Explanandum als auch die Randbedingungen *gemessen* werden können. Denn nur als numerische Variablen können sie in Form einer mathematischen Funktionsgleichung ausgedrückt werden. Sowohl die Mathematisierung der Wissenschaften als auch die Messung folgen damit einem konkreten praktischen Zweck: Sie dienen dazu, Naturgesetze exakt darzustellen und die gleichzeitige Wirkung mehrerer Naturgesetze beschreiben zu können.

Weder Messung noch Mathematisierung sind damit ein Wert an sich, der die Wissenschaftlichkeit einer Disziplin ausmacht, sondern sie sind praktische Erfordernisse, die sich erst aus einer bestimmten Form der erfahrungswissenschaftlichen Erklärung ergeben: aus der deduktiv-nomologischen und – nach deren Abschwächung – auch aus der induktiv-statistischen Erklärung.

Dasselbe gilt für das psychologische (Prüf-)Experiment, in dem wir die Randbedingungen (als so genannte unabhängige Variable = «Ursachen» bzw. «Bedingungen») variieren und überprüfen, ob die aufgrund der Gesetzesaussage prognostizierte Wirkung (als so genannte abhängige Variable) tatsächlich eintrifft. Auch das Prüfexperiment ist nichts, das die Wissenschaftlichkeit der Psychologie per se ausmacht, sondern ein praktisches Erfordernis, welches aus der logischen Form von Gesetzesaussagen folgt.

Gesetzesaussagen sind universelle empirische Subjunktionen (Wenn-dann- Aussagen), die aufgrund der behaupteten Allgemeingültigkeit (Universalität) niemals definitiv bewiesen werden können, sondern stets Hypothesen (Vermutungen) bleiben. Selbst noch so viele Beispiele, welche die Gesetzesaussage zu bestätigen scheinen, können ihre Richtigkeit nicht garantieren. Schon das nächste Beispiel könnte die Hypothese widerlegen.

Indem Gesetzeshypothesen also nur falsifizierbar, aber nicht verifizierbar sind (vgl. Popper 1976), bleibt im deduktiv-nomologischen Erklärungsmodell letztlich gar keine andere Möglichkeit, als Hypothesen beizubehalten, solange sie nicht falsifiziert sind, und gleichzeitig eine möglichst strenge Hypothesenprüfung vorzunehmen, indem wir im Experiment systematisch die Bedingungen herstellen, unter denen sie sich als falsch erweisen könnten.

Die Aussagekraft des Experiments bezüglich der Geltung der Hypothese (seine interne Validität) steht und fällt dabei mit der Kontrolle möglicher Störvariablen, d. h. damit, dass die Wirkung aller anderen Variablen, die den Ausgang des Experiments sonst noch beeinflussen könnten, ausgeschaltet wird. In der Praxis führt dies zu einer Bevorzugung von Laborexperimenten, die oft auf Kosten der lebensweltlichen Nähe gehen, d. h. Einbußen bezüglich ihrer externen Validität hinnehmen müssen. Auch wenn es Laborexperimente gibt, die, wie das berühmte Milgram-Experiment (vgl. 1974), die Strukturmerkmale der Laborsituation geschickt ausnutzen – gerade um eine realitätshaltige Untersuchungssituation zu konstruieren –, bleibt der Widerspruch zwischen interner und externer Validität des psychologischen Prüfexperimentes im Allgemeinen unauflösbar.

6 Die induktiv-statistische Erklärung

Aus der induktiv-statistischen Abschwächung der deduktiv-nomologischen Erklärung ergeben sich für die Psychologie eine Reihe von methodologischen Konsequenzen, die in der Forschungspraxis oft zugunsten einer bloß schematischen Anwendung gängiger statistischer Methoden vernachlässigt werden.

Die erste dieser Konsequenzen betrifft den Erklärungsbegriff selbst und beruht darauf, dass der Schluss von den Randbedingungen auf das Explanandum nicht mehr logisch zwingend ist. Der zu erklärende Sachverhalt wird durch statistische Gesetzesaussagen lediglich induktiv gestützt, das heißt, er ist bei Annahme der Gesetzesaussage nur (mehr oder minder) plausibel bzw. erwartbar. An die Stelle deterministischer Hypothesen, welche die abhängige Variable (AV) als naturnotwendige Wirkung der unabhängigen Variablen (UV) darstellen, treten im psychologischen Experiment jetzt probabilistische Hypothesen, welche den kontingenten Zusammenhang zwischen UV und AV auf einer Skala zwischen Null (unmögliches Ereignis) und Eins (notwendiges Ereignis) quantifizieren.

Indem psychologische Theorien und Hypothesen nicht mehr unmittelbar als Aussagen über Beobachtungen, sondern als Aussagen über die Wahrscheinlichkeitsverteilung einer wohldefinierten Grundgesamtheit möglicher Beobachtungen formuliert sind, kann auch ihre Bestätigung oder Falsifikation (d. h. der inferenzstatistische Schluss von der Stichprobe auf die Grundgesamtheit) nur noch mit einer gewissen Irrtumswahrscheinlichkeit erfolgen. Da Aussagen über die Wahrscheinlichkeit eines Ereignisses jedoch dessen Zufälligkeit voraussetzen (vgl. Lorenzen 1974), ergibt sich damit zugleich die Frage, an welcher Stelle des Forschungsprozesses der Zufall denn eigentlich ins Spiel kommt. Dies hat praktische Konsequenzen, denn statistische Grundgesamtheit und Personenpopulation sind zwei verschiedene Dinge, die man auseinander halten muss: Erst in Abhängigkeit davon, ob man bei der statistischen Modellbildung von einer Zufallsauswahl oder von einem Zufallsexperiment ausgeht, ergibt sich die Notwendigkeit repräsentativer Personenstichproben – oder auch nicht.

Umgekehrt folgen aus dem Forschungsgegenstand der Psychologie eine Reihe von methodologischen Konsequenzen, die der mathematischen Statistik entscheidende Entwicklungsimpulse gegeben haben. Dazu gehören u. a. die Skalenqualität psychologischer Daten, die in aller Regel nur nominal oder bestenfalls ordinal gemessen werden können, sowie die nicht zu vernachlässigenden interindividuellen Unterschiede zwischen den Probanden, aufgrund deren psychologische Daten keiner homogenen Verteilung entstammen. In krassem Widerspruch zu dem Stellenwert, welchen die Anwendung statistischer Methoden für das Selbstverständnis der Mainstream-Psychologie hat, bleiben die aus diesen Problemlagen heraus entwickelten statistischen Verfahren – nonparametrische Statistik, Loglineares Modell, Latent-Trait- und Latent-Class-Modelle – jedoch bis heute einer Minderheit von Spezialisten vorbehalten, die sich selbst als Methodiker verstehen.

7 Das Operationalisierungsproblem

Empirische Theorienprüfung steht und fällt damit, dass den in der Theorie vorkommenden Termini (Wörter einer Wissenschaftssprache) beobachtbare Sachverhalte zugeordnet werden können. Dies erscheint auf den ersten Blick relativ unproblematisch, wenn in der Theorie selbst nur beobachtungssprachliche Termini vorkommen. Aber selbst dann ist eine Prüfung der Theorie ohne eindeutige Klärung der darin enthaltenen Termini nicht denkbar. Denn solange wir nicht über eine geklärte Wissenschaftssprache verfügen, bleibt unklar, was wir mit unseren Theorien denn überhaupt behaupten; und es bleibt ebenso unklar, welche Erfahrungstatsachen diese Theorien stützen oder welche sie widerlegen.

Innerhalb der psychologischen Wissenschaftssprache können dabei verschiedene Sprachebenen unterschieden werden. So sind in der folgenden, relativ einfachen psychologischen Aussage drei verschiedene Arten von Termini enthalten: «Das Kind ist *unruhig*, weil es sich *unbeachtet wähnt* und *Aufmerksamkeit sucht*.»

Diese verschiedenen Arten von Termini, mit denen wir es in der psychologischen Wissenschaftssprache zu tun haben, erfordern sowohl unterschiedliche Schritte zur Klärung ihrer Bedeutung als auch unterschiedliche Schritte zur Überprüfung der Geltung von Aussagen, die mit ihnen gebildet wurden.

Ob ein Kind ruhig ist oder nicht, kann unmittelbar beobachtet werden; nicht mehr jedoch, dass es Aufmerksamkeit sucht. Und dass es Aufmerksamkeit sucht, weil es sich unbeachtet wähnt, geht erst recht über das hinaus, was der direkten Beobachtung zugänglich ist.

Während «unruhig sein» ein *Beobachtungsprädikator* ist, also der Beobachtungssprache angehört, stellt «sich unbeachtet wähnen» einen *Deutungsprädikator* dar, der der Theoriesprache zuzurechnen ist. Es handelt sich dabei, wie man in der Psychologie auch zu sagen pflegt, um ein theoretisches Konstrukt, das zum beobachtbaren Verhalten nach bestimmten Regeln hinzukonstruiert wird und einen hypothetischen Charakter hat: Dass sich das Kind «unbeachtet wähnt», ist eine Annahme, die vom Außenstandpunkt eines neutralen Beobachters nicht definitiv bewiesen werden kann. «Aufmerksamkeit suchen» wiederum ist ein Handlungsprädikator, der bereits eine theoriehaltige Beschreibung des beobachteten Verhaltens leistet.

Die einfachsten Termini einer Wissenschaftssprache sind dabei die objektseitig definierten Beobachtungstermini, deren einheitlichen Gebrauch man anhand von Beispielen und Gegenbeispielen einüben und mittels so genannter Prädikatorenregeln absichern kann. Der Behaviorismus hat bekanntlich postuliert, ausschließlich mit solchen Termini auskommen zu können. Alles andere wurde als «private events» betrachtet, die einer wissenschaftlichen Behandlung nicht zugänglich seien (vgl. Buss 1961). Um dem Gegenstand der Psychologie gerecht werden zu können, reichen diese Termini, mittels deren wir zwar physikalische Stimulusqualitäten und/oder von außen beobachtbares Verhalten (z. B. «laufen») beschreiben können, jedoch keineswegs aus. Schon die Wahrnehmung eines Lichtreizes als «Blitz» oder die Deutung des beobachteten Verhaltens als «Flucht vor dem Gewitter» beschreibt subjektseitig definierte Sachverhalte, zu deren Darstellung wir Termini verwenden, deren Einübung einer weit komplexeren Einführungssituation bedarf; und schon die Beschreibungstermini der Verhaltensbiologie unterscheiden sich von den Beobachtungstermini der «harten» Naturwissenschaften dadurch, dass sie die Semantik der Stimuli und Verhaltensweisen berücksichtigen (vgl. Bischof 1981) und somit bereits funktional gedeutete Stimuli (z. B. «Lockruf») und Verhaltensweisen (z. B. «Balzgebärde») beschreiben. Es handelt sich dabei also um theoriesprachliche Termini, welche die Sinnhaftigkeit der Verhaltensweisen aufgrund allgemeiner empirischer Verhaltensgesetzmäßigkeiten und durch Aufweis ihrer Funktionalität für die Lebens- und Arterhaltung (Darwin) gleichsam aus einer Außenperspektive zum beobachteten Verhalten hinzukonstruieren.

Dieser grundlegende Unterschied gegenüber dem Gegenstand der «harten» Naturwissenschaften verschärft sich in der Psychologie noch dadurch, dass das Verhalten des Menschen aufgrund seiner hoch ausgebildeten Symbolsprache weit variabler ist als das der Tiere (vgl. Franck 1985). Der Zusammenhang zwischen objektseitig beschriebenen Umweltgegebenheiten und objektseitig beschriebenen Verhaltensweisen ist in weiten Teilen der Psychologie daher viel loser als in der Biologie. Hinzu kommt, dass sich Menschen auch individuelle Ziele setzen können, die im darwinschen Sinne dysfunktional sind (z. B. Bewusstseinserweiterung durch Drogenmissbrauch).

8 Die intentionale Erklärung

Anders als beim funktionalen Verhalten der Tiere wird beim intentionalen Handeln des Menschen die Sinnhaftigkeit des beobachteten Verhaltens gleichsam aus der *Innenperspektive* der Probanden hinzukonstruiert, und zwar nach dem Schema des intentionalen Erklärungsmodells:

N beabsichtigt Z herbeizuführen
N meint, dass H (in der gegebenen Konstellation) *das* geeignete Mittel ist

---

Also macht sich N daran, die Handlung H auszuführen

Zwischen dem intentionalen Erklärungsmodell und dem deduktiv-nomologischen Erklärungsmodell bestehen dabei einige grundlegende Unterschiede (vgl. Kempf 1999).

Während die deduktiv-nomologische Erklärung auf der Behauptung einer universellen *empirischen* Gesetzmäßigkeit beruht, die stets hypothetisch bleibt (selbst wenn sie sich noch so gut bewährt hat), beruht die intentionale Erklärung auf einer sachlogisch begründeten, *strukturellen* Gesetzmäßigkeit, die nicht bloß hypothetisch ist, sondern mit Sicherheit behauptet werden kann. Diese Gesetzmäßigkeit folgt daraus, wie die Mittel-Ziel-Relation konstruiert ist: Ich kann nicht behaupten, dass ich mit einem gegebenen Verhalten ein bestimmtes Ziel verfolge, und gleichzeitig bestreiten, dass ich dieses Ziel erreichen will oder dass ich dieses Verhalten für ein geeignetes Mittel halte. Wenn ich solches dennoch behaupte, dann wird damit nicht der sachlogische Zusammenhang widerlegt, der dem intentionalen Erklärungsmodell zugrunde liegt, sondern lediglich meine Sprachkompetenz.

Während die deduktiv-nomologische Erklärung konkretes Verhalten unter Verweis auf objektseitig gegebene Randbedingungen erklärt, die ebenfalls konkret beobachtbar sind, beruft sich die intentionale Erklärung auf subjektseitig gegebene Randbedingungen (Absichten, Mitteleinschätzung), die von außen her nicht beobachtbar sind und deren Bestehen zwar anhand von Beobachtungen widerlegt, aber nicht definitiv bewiesen werden kann, die also ihrerseits hypothetisch bleiben. Dieser hypothetische Charakter von Aussagen über Sinngehalte folgt daraus, dass die Sinngehalte aus dem beobachtbaren Verhalten erschlossen werden müssen, wobei wir es quasi mit einer Gleichung mit zwei Unbekannten zu tun haben.

Das Überprüfungsproblem verschärft sich noch dadurch, dass Handlungen nicht nur die intendierten Wirkungen haben, sondern oft auch unbeabsichtigte Nebenfolgen. Hinzu kommt, dass Menschen nicht aufgrund der objektiven Beschaffenheit der Dinge in ihrer Umwelt handeln, sondern aufgrund der *Bedeutung*, die diese für sie haben (vgl. Blumer 1973).

Die Erklärung menschlichen Handelns erweist sich somit als ein komplexes Wechselspiel von objektseitig und subjektseitig definierten Aspekten: Die objektseitig definierten Umweltgegebenheiten konstituieren sich zur subjektseitig definierten Situation, indem sie vom Handelnden im Lichte seiner je eigenen Biographie, seiner aktuellen Bedürfnisse, seiner vorangegangenen Handlungen und Erfahrungen usw. interpretiert werden. Die handlungsauslösende Konstellation, d. h. jener Ausschnitt der Situation, der im konkreten Fall handlungsrelevant wird, sowie die Intentionen und Mitteleinschätzungen, die sich daraus ergeben, sind ebenfalls subjektseitig definiert, während das daraus resultierende Verhalten wieder objektseitig definiert ist.

Daraus ergibt sich eine grundlegende Interpretationsoffenheit von Handlungen und Sinngehalten, aufgrund deren eine intentionale Erklärung (außer in artifiziellen Experimenten) nie zwingend sein kann.

Dennoch können intentionale Erklärungen an der Erfahrung scheitern:

1. wenn die Entstehung (Genese) der zur Erklärung des beobachteten Verhaltens unterstellten Sinngehalte nicht von den gegebenen Umweltbedingungen her rekonstruierbar ist (Scheitern der genetischen Argumentation);
2. wenn das aufgrund der Sinngehalte prognostizierte Verhalten nicht eintritt (Scheitern der empirischen Reduktion); und
3. wenn eine auf den unterstellten Sinngehalten basierende Praxis misslingt (Scheitern der pragmatischen Evaluation).

9 Die narrative Erklärung

Aufgrund der Kontextabhängigkeit von Bedeutungen wäre es allerdings ein Missverständnis, wollte man die Genese der Sinngehalte nach dem Ursache-Wirkungsmodell rekonstruieren. Schon die Worte, mit denen wir Einstellungen, Werte und Interessen beschreiben, auf deren Folie sich die Situation konstituiert, in der wir handeln, sind einer terminologischen

Präzisierung nicht in dem Maß zugänglich, wie dies für eine deduktiv-nomologische Erklärung erforderlich wäre. So gibt es keine Terminologie des «Glücks», die kontextfrei definiert, was wir denn unter Glück zu verstehen haben (vgl. Kochinka & Werbik 2000), und mit Worten wie «Rassismus» oder «Gerechtigkeit» steht es nicht anders.

Wenn wir jemanden fragen, was für ihn «Glück» bedeutet, werden nur die wenigsten eine «operationale Definition» geben, wie «Sex and drugs and Rock 'n' Roll» oder «Money for nothing and sex for free». Sie werden eher Geschichten erzählen von Situationen, in denen sie Glück erlebt haben, oder sie werden dieses Glücksgefühl mit Metaphern umschreiben. Was das bedeutet, muss man aus dem Kontext heraus verstehen, und dabei stellt sich dann gegebenenfalls heraus, dass selbst so «coole» Antworten wie die oben zitierten denn doch nicht als operationale Definition gemeint waren, sondern metaphorisch zu verstehen sind.

Die Worte, mit denen wir Einstellungen, Werte und Interessen beschreiben, sind nicht eindeutig, sondern sie haben ein diffuses, an den Rändern offenes Bedeutungsfeld, das vom Außenstandpunkt des Forschers nur mittels hermeneutischer Analyse erhellt werden kann bzw. vom Innenstandpunkt des handelnden Subjekts der Reflexion bedarf. Indem wir in den Sozialwissenschaften ohne solche Worte nicht auskommen, stellen sie als so genannte *Reflexionstermini* dennoch einen unverzichtbaren Bestandteil der psychologischen Wissenschaftssprache dar.

Zudem ist auch die Erklärungsaufgabe, der wir uns hier gegenübersehen, eine gänzlich andere und gleicht in ihrer Struktur jener Art von Erklärungen, welche wir geben, indem wir eine Geschichte erzählen, und die Danto (1974) zum so genannten narrativen Erklärungsmodell ausgearbeitet hat.

Wenn wir danach fragen, warum jemand unter den objektseitig gegebenen Bedingungen zu bestimmten Sinngehalten (und entsprechenden Handlungen) gekommen ist – z. B., warum er nach so vielen Ehejahren wieder allein leben wollte (oder warum er seine Frau verlassen hat) –, dann fragen wir damit nach einer Präzisierung des Explanandums. Dabei ist nicht irgendein Sachverhalt zu explizieren, sondern eine Veränderung (etwa: «Du warst doch immer so ein Familienmensch, und jetzt willst du allein leben?») bzw. eine Transformation, welche die objektseitig gegebenen Bedingungen in die jeweiligen Sinngehalte und Handlungen übersetzt (etwa: «In deiner Ehe hast du hast doch alles gehabt, was man sich wünschen kann, und jetzt willst du das alles aufgeben?»).

Das Explanandum besteht also in der Diskrepanz zwischen den aus zwei Perspektiven («früher» vs. «jetzt» bzw. «objektseitig» vs. «subjektseitig») bestehenden Sachverhalten, die durch das Explanans miteinander in Beziehung gesetzt werden müssen. Eine solche sinnstiftende Verbindung der beiden perspektivischen Eckpunkte leistet das Erzählen einer Geschichte, indem sie darstellt und damit zugleich erklärt, wie die Veränderung bzw. Transformation stattgefunden hat.

10 Sozialwissenschaftliche Hermeneutik

Anders als die deduktiv-nomologische Erklärung, die auf die Frage nach den Ursachen antwortet, warum ein Sachverhalt eingetreten ist, und anders als die intentionale Erklärung, die auf die Ziele und damit auf das Wozu von Handlungen gerichtet ist, fragt die narrative Erklärung nach dem Verlauf, d. h. danach, wie eine Veränderung bzw. Transformation stattgefunden hat. Auch dabei lassen sich typische Verlaufsformen oder -gesetzmäßigkeiten identifizieren, deren Erforschung jedoch dem Paradigma qualitativer Sozialforschung folgen muss, das an gänzlich andere methodologische Voraussetzungen gebunden ist als etwa die Hypothesenprüfung im so genannten quantitativen Paradigma, das sich an der deduktiv-nomologischen bzw. statistisch-induktiven Erklärung orientiert.

Ausgangspunkt der qualitativen Sozialforschung ist es, dass die subjektive Welt des Menschen als eine sinn- und bedeutungsstrukturierte Wirklichkeit begriffen wird. Die Bedeutungen, die mit dem Denken, Sprechen, Handeln und dessen Objektivationen verbunden sind, lassen sich jedoch nicht distanziert beobachten, sondern das Erkennen sinn- und bedeutungsstrukturierter Wirklichkeiten stützt sich notwendigerweise auf Deutungs- und Interpretationsleistungen und ist daher auf sinnverstehende Methoden angewiesen, bei denen es zudem nicht – oder zumindest nicht primär – darum geht, bestimmte Erfahrungen unter möglichst standardisierten, kontrollierten und reproduzierbaren Bedingungen herzustellen, sondern darum, die ohnedies gemachten lebensweltlichen Erfahrungen, Handlungen und Interaktionen in ihrem Sinnzusammenhang zu verstehen. Diese Orientierung an der Praxis sowie an den Selbst- und Weltverständnissen von Menschen bezeichnen Appelsmeyer und Kochinka (2000, S. 712) als das erfahrungswissenschaftliche Prinzip qualitativer Forschung und weisen zugleich darauf hin, dass dem qualitativen Paradigma auch ein anderer Erfahrungsbegriff zugrunde liegt, der dem ursprünglichen, aristotelischen Sinn des Worts «empeiria» sehr viel näher kommt als der Erfahrungsbegriff des quantitativen Paradigmas, der auf eine methodisch-technisch produzierte Empirie abzielt. Dies hat weitreichende methodologische Konsequenzen.

Im quantitativen Paradigma steht der Bestätigungsgrad empirischer Hypothesen im Vordergrund des methodischen Kontrollinteresses. Insofern kann von einem Primat der Theorie vor der Empirie gesprochen werden: Die Theorie entscheidet darüber, welche Ausschnitte der empirischen Wirklichkeit als relevant erachtet werden. Im qualitativen Paradigma besteht dagegen ein umgekehrter Primat, wie ihn etwa Hoffmann-Riem (1980) im Verzicht auf eine «Hypothesenbildung ex ante» formuliert hat und wie er auch in der von Blumer (1973) getroffenen Unterscheidung zwischen «explorativer» und «inspektiver» Forschung zum Tragen kommt.

Konkret bedeutet dies zunächst, dass den Mitgliedern des Forschungsfeldes, welches untersucht wird, der Expertenstatus bezüglich ihrer eigenen subjektiven Wirklichkeit zuzuerkennen ist (Schütze 1977). Zweitens ergibt sich daraus die Bevorzugung offener Erhebungsinstrumente, bei denen die Forschungssubjekte nicht von vornherein auf bestimmte Antwort- oder Reaktionsmöglichkeiten festgelegt sind, sodass das empirische Material durch die Bedeutungshierarchie der Forschungssubjekte selbst strukturiert und nicht durch eine vom Forscher vorgegebene Struktur verfälscht wird. Drittens ergeben sich daraus ganz andere Untersuchungsmethoden und Techniken, für die z. B. Messung, Mathematisierung und Experiment keine zentrale Rolle spielen; und viertens ist auch die Objektivität der Forschungsergebnisse in der qualitativen Sozialforschung auf anderem Wege zu gewährleisten: nicht durch Distanzierung des Forschers vom Forschungsgegenstand, sondern durch Transzendierung seiner Subjektivität.

Insofern, als diese methodologischen Konsequenzen in einem diametralen Gegensatz zu jenen stehen, die sich im quantitativen Paradigma ergeben, ist der Antagonismus, mit dem die Vertreter der beiden Paradigmen einander oft begegnen, nicht weiter verwunderlich – zumindest so lange nicht, als der Diskurs nur als eine Auseinandersetzung um (scheinbar) konkurrierende Methoden geführt wird. Wenn die Psychologie ihrem Gegenstand gerecht werden will, wird sie aber nicht umhinkommen, das Nebeneinanderbestehen so unterschiedlicher Herangehensweisen an die Erforschung der subjektiven Welt des Menschen nicht als Defizit an Einheitlichkeit ihrer Methodologie zu bekämpfen, sondern als Vielfalt ihrer theoretischen Perspektiven zu begrüßen.

Literatur

Appelsmeyer, H. & Kochinka, A. (2000). Qualitative Methoden. In: J. Straub, W. Kempf & H. Werbik (Hg.), Psychologie. Eine Einführung. Grundlagen, Methoden, Perspektiven. 3. Aufl. München.

Bischof, N. (1981). Aristoteles, Galilei, Kurt Lewin – und die Folgen. In: W. Michaelis (Hg.), Bericht über den 32. Kongreß der Deutschen Gesellschaft für Psychologie in Zürich 1980. Bd. 1. Göttingen.

Blumer, H. (1973). Der methodologische Standpunkt des symbolischen Interaktionismus. In: Arbeitsgruppe Bielefelder Soziologen (Hg.), Alltagswissen, Interaktion und gesellschaftliche Wirklichkeit. Band 1: Symbolischer Interaktionismus und Ethnomethodologie. Reinbek.

Buss, A. H. (1961). The Psychology of Aggression. New York.

Danto, A. C. (1974). Analytische Philosophie der Geschichte. Frankfurt/M.

Franck, D. (1985). Verhaltensbiologie. 2. Aufl. Stuttgart.

Galtung, J. (1993). Friedensforschung als universitäres Studienfach: wie geht es weiter? In: M. Alfs, T. Dominikowski, M. Hiegemann, D. Kinkelbur, D. Nabers & N. Westphal (Hg.), Arbeit am verlorenen Frieden. Münster.

Hempel, C. G. (1977). Aspekte wissenschaftlicher Erklärung. Berlin.

Hoffmann-Riem, Ch. (1980). Die Sozialforschung einer interpretativen Soziologie. Der Datengewinn. Kölner Zeitschrift für Soziologie und Sozialpsychologie 32, S. 339–372.

Holzkamp, K. (1986). Die Verkennung von Handlungsbegründungen als empirische Zusammenhangsannahmen in sozialpsychologischen Theorien. Zeitschrift für Sozialpsychologie 17, S. 216–238.

Hoyningen-Huene, P. (1989a). Die Wissenschaftsphilosophie Thomas S. Kuhns. Rekonstruktion und Grundlagenprobleme. Braunschweig.

Hoyningen-Huene, P. (1989b). Naturbegriff – Wissensideal – Experiment. Warum ist die neuzeitliche Naturwissenschaft technisch verwertbar? Zeitschrift für Wissenschaftsforschung 5, S. 43–55.

Kempf, W. (1999). Zum Verhältnis von Allgemeinem und Konkretem in der subjektwissenschaftlichen Forschung. In: J. Straub & H. Werbik (Hg.), Handlungstheorie. Begriff und Erklärung des Handelns im interdisziplinären Diskurs. Frankfurt/M.

Kochinka, A. & Werbik, H. (2000). Logische Propädeutik und Wissenschaftstheorie. In: J. Straub, W. Kempf & H. Werbik (Hg.), Psychologie. Eine Einführung. Grundlagen, Methoden, Perspektiven. 3. Aufl. München.

Lewin, K. (1931). Der Übergang von der aristotelischen zur galileischen Denkweise in Biologie und Psychologie. Erkenntnis 1, S. 421–466.

Lorenzen, P. (1974). Zur Konstruktion von «Wahrscheinlichkeit». In: ders., Konstruktive Wissenschaftstheorie, S. 209–218. Frankfurt/M.

Milgram, S. (1974). Das Milgram-Experiment. Reinbek.

Morgan, C. T. (1961). Introduction to psychology. New York.

Popper, K. (1976). Logik der Forschung. 6. Aufl. Tübingen.

Rohracher, H. (1963). Einführung in die Psychologie. 8. Aufl. Wien.

Schütze, F. (1977). Die Technik des narrativen Interviews in Interaktionsfeldstudien – dargestellt an einem Projekt zur Erforschung von kommunalen Machtstrukturen. Universität Bielefeld, Fakultät für Soziologie: Arbeitsberichte und Forschungsmaterialien, Nr. 1.

Wright, G. H. v. (1974). Erklären und Verstehen. Franfurt/M.

Weiterführende Literatur

Berger, P. & Luckmann, Th. (1999). Die gesellschaftliche Konstruktion der Wirklichkeit. 16. Aufl. Frankfurt/M.

Carrier, M. & Mittelstraß, J. (1989). Geist Gehirn Verhalten. Das Leib-Seele-Problem und die Philosophie der Psychologie. Berlin.

Flick, U., Kardorff, E. v. & Steinke, I. (Hg.) (2000). Qualitative Forschung. Ein Handbuch. Reinbek.

Heinze, Th. (1987). Qualitative Sozialforschung. Erfahrungen, Probleme und Perspektiven. Opladen.

Kamlah, W. & Lorenzen, P. (1967). Logische Propädeutik. Vorschule des vernünftigen Denkens. Mannheim.

Kempf, W. (in Vorber.): Forschungsmethoden der Psychologie: zwischen naturwissenschaftlichem Experiment und sozialwissenschaftlicher Hermeneutik. Berlin.

Lamnek, S. (1988). Qualitative Sozialforschung. Bd. 1. Methodologie. München.

Lamnek, S. (1989). Qualitative Sozialforschung. Bd. 2. Methoden und Techniken. München.

Lorenzen, P. (1987). Lehrbuch der konstruktiven Wissenschaftstheorie. Mannheim.

Mayring, P. (1996). Lehrbuch qualitativer Forschung. Eine Einführung in qualitatives Denken. 3. Aufl. Weinheim.

Mertens, W. (1975). Sozialpsychologie des Experiments: das Experiment als soziale Interaktion. Hamburg.

Straub, J. (1999). Handlung, Interpretation, Kritik. Grundzüge einer Textwissenschaftlichen Handlungs- und Kulturpsychologie. Berlin.

Straub, J. & Werbik, H. (Hg.) (1999). Handlungstheorie. Begriff und Erklärung des Handelns im interdisziplinären Diskurs. Frankfurt/M.

Wolfgang Kraus

3.1.1 Text

«Am Anfang war das Wort, und das Wort war bei Gott ...» Für die Frage, wie der Sinn in die Welt kommt, waren in der Menschheitsgeschichte über lange Zeiten hinweg die Religionen zuständig. Sie verweisen nicht selten auf einen göttlichen *Text* als Sinngeber für die Menschheit. Diese Sinnquelle ist in der Moderne trübe geworden. In der Spätmoderne sucht der Mensch den Sinn in sich selbst, der Sinn wird zum Eigen-Sinn, den jeder in sich finden und für sich gestalten muss. Sprache bzw. Text ist das Medium, in dem nicht mehr Gott, sondern die Individuen selbst einander von ihren inneren Versuchen der Sinnstiftung berichten können. Sie wird häufig in einen Gegensatz zum Handeln gestellt, in dem wir uns in anderer Weise zeigen. Diese Dichotomien: Sprache versus Handeln, psychische Innenwelt versus soziale Außenwelt, sind in die moderne Psychologie eingewobene Denkmodelle. Ihre universelle Gültigkeit wird indes seit einiger Zeit zunehmend in Frage gestellt. Nach Meinung der Kritiker drückt sich in ihnen ein «most peculiar self» (Sampson 1993) aus: das, gesellschaftshistorisch betrachtet, sehr besondere Konzept eines singulären Selbst, wie es für die westliche Moderne charakteristisch ist.

1 Das Subjekt als Text

«Am Anfang war das Wort ...» Aus der Sicht der aktuellen sozialwissenschaftlichen Theoriediskussion kann das Bibelzitat noch ganz anders gelesen werden, nämlich als Verweis auf Sprache/Text nicht nur als Medium, sondern als *Ort* der Sinnkonstitution, als der Wesensgrund von allem, was unsere Menschenwelt ausmacht. Unter dieser Perspektive wird Text zum Zentralbegriff jedes Nachdenkens über den Menschen. Genau dies ist seit den 1980er Jahren zu beobachten. Der Begriff des Textes ist in der Psychologie bzw. in den Sozialwissenschaften allgemein weit mehr geworden als der Verweis auf Sprache als Transportmittel für Sinn. Diese Wende, die je nach Pointierung als «textual», «linguistic» oder auch «narrative turn» bezeichnet wird, nimmt das Sprechen nicht als bloßen Bericht vom psychischen Innenleben des Menschen, sondern als Ort seiner Konstituierung. Der Mensch als Gestalter berichtet nicht nur mit Sprache, er gestaltet sich und seine Welt mit ihr und in ihr, ja er wird von ihr gestaltet. Und das geschieht nicht singulär, sondern immer in der Bezogenheit auf andere Menschen.

Sprache ist also nicht der bloße Ort der Kontaktaufnahme des singulären Menschen mit seinem Nächsten, vielmehr ist Menschsein nur dialogisch als Sprache und in Sprache zu denken. Und Sprache steht nicht in einem distinkten Gegensatz zum Handeln, Sprache ist Handeln, denn wir «tun Dinge mit Worten» (Austin).

Theoretische Ansätze, die den Text in den Mittelpunkt stellen, konzentrieren sich nicht lediglich auf Sprache und Text als einer Facette des Menschseins, sie stellen vielmehr grundsätzlich die auf den genannten Denkmodellen basierenden Ansätze der Subjektkonstruktion in Frage. Sie kritisieren die Dichotomien von psychischer Innen- und sozialer Außenwelt, von Sprechen und Tun und wenden sich gegen einen verkürzten Identitätsbegriff, der nicht schon in seiner Grundlegung die Alterität, die Beziehung zu anderen beinhaltet. Und sie interpretieren die normative Aufladung des Begriffs der Kohärenz, der Einheit des singulären Selbst in einem bruchlosen Sinnzusammenhang, als ideologische Figur der gesellschaftlichen Moderne, die eine Kostenseite hat. Die besteht darin, dass zum einen die «Polyphonie des Selbst» (Bakhtin) unterdrückt wird. Widersprüche, die sich aus unseren vielfältigen Lebenskontexten und Seinserfahrungen ergeben, werden so verschleiert. Zum anderen basiert eine solche Kohärenzkonstruktion auf der ideologischen Bestätigung von Machtverhältnissen, verbunden mit der Abwertung von Individuen bzw. Gruppen. Sampson (1993) spricht in diesem Zusammenhang vom «serviceable other», vom Anderen, den man benutzt, um sich selber in bruchloser Makellosigkeit zu inszenieren – eine Erkenntnis, die insbesondere der feministischen Forschung zu verdanken ist.

Der Begriff des Textes verweist in der neueren Psychologie also auf weit mehr als eine bloß methodische Orientierung. Wissenschaftstheoretisch ist damit eine Nähe zu konstruktivistischen Positionen verbunden (Harré & Gillett 1994), subjekttheoretisch eine Kritik am Konzept eines singulären Selbst und ideologiekritisch die Aufdeckung von Herrschaftsverhältnissen, die in den Subjekttheorien der Moderne ihre Legitimation erfahren haben (Sampson 1993). Entsprechend spielt die Dialogik menschlichen Seins und seine Alterität, seine Bezogenheit auf den Anderen, als konstitutives Element jedes Nachdenkens über «den» Menschen eine zentrale Rolle, und das unter Einbeziehung der Frage, wie Machtverhältnisse in dieser Bezogenheit einerseits konstituiert, andererseits verschleiert werden.

Theoretische Bezugnahmen gibt es in diesen Ansätzen zur philosophischen Hermeneutik (Ricœur), zum symbolischen Interaktionismus (Berger & Luckmann), zu dekonstruktivistischen Theorien (Derrida) und zur Sprachphilosophie (Wittgenstein, Bakhtin). Die psychologischen Theorien im engeren Sinn haben den Gedanken des Diskurses und des Dialogs als konstitutive Elemente jeder Psychologie im Zentrum (Harré & Gillett

1994; Hermans & Kempen 1993). Hinzu kommt der Aspekt der Narrativität, des Erzählens als Modus menschlicher Sinnkonstruktion (Bruner 1997).

2 Text und Methode

Methodisch gewendet bedeutet ein solcher Ansatz ebenfalls eine Neuorientierung. Nimmt man das mit dem *textual turn* verbundene Wissenschaftsprogramm ernst, dann muss man sich klar machen, dass «meaning making» (Bruner) nicht in einem Individuum passiert, welches dem Wissenschaftler sodann darüber Auskunft gibt, vielmehr wird vor unseren Ohren und Augen in der Interaktion gemeinsam Sinn konstituiert. Die Äußerungen von «Probanden» verweisen nicht auf etwas dahinter Liegendes, Verstecktes, sie sind vielmehr der Ort, an dem Sinnkonstruktion geschieht. Insofern ist das dialogische Geschehen der Ort der Konstituierung eines dialogischen Selbst und daher im Zentrum des Untersuchungsinteresses.

Ein solches Programm, das die Interaktion in ihrer Dialogik, Situationsgebundenheit und sprachlich-textlichen Qualität zum Wesen hat, hat sich vom quantitativen Methodenkanon und den dort formulierten Gütekriterien (z. B. Validität, Reliabilität) weit entfernt. Entsprechend deutlich verabschieden sich die Vertreter einer solchen Ausrichtung von den bisherigen, aus der Naturwissenschaft gespeisten methodischen Orientierungen der Psychologie und erproben Vorgehensweisen, die den einzelnen Text in seiner Besonderheit zu verstehen suchen.

Was ist ein Text?

Auch wenn allgemein der Begriff des Textes auf Schrift oder verschriftlichte Sprache angewendet wird, so ist dies doch nur eine – enge – Variante des Text-Begriffs. Eine erste Erweiterung stellt die Einbeziehung der parasprachlichen Kommunikation (z. B. Lachen, Hüsteln, Schweigen) in die Analyse dar. Dies kann durch Abhören der Aufzeichnung eines Gesprächs oder durch die Anwendung von besonderen Transkriptionsregeln geschehen. Eine nächste Erweiterung ist die Einbeziehung der nichtsprachlichen Kommunikation (Mimik, Gestik, räumliches Verhalten usw.). Sie lässt sich letztlich nur durch Videoaufnahmen gewährleisten. Grundsätzlicher noch wird der Textbegriff durch die Semiologie (de Saussure) und den Dekonstruktivismus (Derrida) geöffnet. Danach ist die menschliche Welt mit viel mehr Zeichensystemen als der Sprache allein gefüllt. Insofern können auch bildliche Darstellungen und Dinge als Zeichen bzw. Zeichensysteme gelesen werden, die in der menschlichen Sinnkonstruktion von Bedeutung sind. Auf welchen Textbegriff man sich verständigt, wird in der Forschungspraxis auch von der jeweiligen Fragestellung abhängen.

Für die Aufgabe, einem konkreten Text methodisch-analytisch beizukommen, sind entsprechend dem jeweiligen theoretischen und methodischen Bezugsrahmen eine ganze Reihe von Vorgehensweisen entwickelt worden. Gemeinsam ist ihnen, dass sie den engen Zusammenhang mit den theoretischen Grundannahmen betonen. Insofern handelt es sich um Methoden, die in einem engen Wechselspiel mit der ihnen zugrunde liegenden theoretischen Orientierung stehen und nicht unabhängig davon angewendet werden können. Auch wenn es eine Vielzahl von Ansätzen dazu gibt, so sind mit den Leitbegriffen der *Diskursanalyse* und der *Narrationsanalyse* doch wesentliche Kernbereiche dieses Methodenspektrums benannt.

3 Diskursanalyse

Die Diskursanalyse fragt, so zwei ihrer Vertreter (Potter & Wetherell 1995), danach, wie Diskurse konstruiert werden, um soziales Handeln zu gestalten. Sie analysiert, wie die Subjekte in ihren Interaktionen Versionen der Welt konstruieren, und daran anschließend, welche Langzeitwirkung als ideologische Praktiken diese Konstruktionen entwickeln. Es geht also über die aktuelle Konstruktion hinaus darum, wie solche Versionen als stabil, real und unabhängig vom Sprecher etabliert werden (z. B. Rassismus). Dazu bezieht sich der Einzelne auf die Diskursressourcen, die in einer Gesellschaft zur Verfügung stehen. Sie sind die Bausteine für die Gestaltung überzeugender oder zumindest rhetorisch haltbarer Weltsichten.

Eng verbunden mit der Betonung der Konstruktion ist der Blick auf den Inhalt eines Diskurses. Er wird betrachtet als der Ort des (Ver-)Handelns. Der Gesprächsinhalt ist also nicht das – immer defizitäre – Protokoll innerer psychischer Prozesse und insofern ein sekundäres Phänomen, sondern der Ort des Geschehens. Die Diskursanalyse betrachtet also den Inhalt als den Ort des Handelns. Sie tut dies, indem sie die rhetorische oder argumentative Organisation von Sprache und Text untersucht. Dieser Fokus rückt auch den Umgang mit ideologischen Dilemmata ins Blickfeld. Die Rhetorikanalyse zeigt auf, wie die Subjekte durch ihre Art und Weise, von ihren Handlungen, Weltsichten, ihrem psychischen Innenleben zu erzählen, mit Widersprüchen umgehen. Der Blick auf die Rhetorik bringt die Forschung in Kontakt mit der Welt als einem Ort sozialer Konflikte und lenkt den Blick auf die Konstruktion von Ideologien und Interessenslagen. Damit sind letztlich auch Fragen der Macht und des Einflusses thematisiert.

Es geht also in der Diskursanalyse zum einen um das, was die Menschen mit Reden und Schreiben tun, ihre *Diskurspraktiken*, zum anderen um die *Ressourcen*, die ihnen dafür zur Verfügung stehen, z. B. Begriffsysteme, narrative Figuren und Genres und interpretative Repertoires innerhalb einer bestimmten sozialen Welt. Forscher, die primär auf die Praktiken blicken, beziehen sich häufig auf Arbeiten zur Konversations- und Rhetorikanalyse, andere, welche die Repertoires analysieren, beziehen sich mehr auf Ansätze der Kulturtheorie und der Sozialtheorie, besonders auf poststrukturalistische Ansätze und ideologiekritische Studien.

In der Durchführung dieses Programms verzichtet die Diskursanalyse auf den klassischen Kanon psychologischer Konzepte (wie Eigenschaften, Motive, Einstellungen). Ihr Antikognitivismus stellt keineswegs eine Weigerung dar, sich mit dem psychischen Leben der Menschen zu befassen: Gedanken, Ideen, Emotionen. Im Gegenteil: Diese Themen sind im Zentrum der Diskursanalyse; das Neue ist vielmehr, dass die Diskursanalyse sich darauf konzentriert, wie diese Themen ausgehandelt werden. So hat die Diskursanalyse etwa die Einstellungstheorien in Frage gestellt, die Einstellungen als etwas Überdauerndes verstehen, und sich stattdessen auf die Produktion evaluativer Darstellungen und ihre Nutzung konzentriert. In einer Kommunikation ist einstellungsbezogenes Sprechen verbunden mit Fragen des Eigeninteresses und der Konstruktion von «richtigen» Versionen und bildet einen Teil eines größeren, ständig sich in Bewegung befindlichen ideologischen Feldes, in dem das Subjekt sowohl eine Position einnimmt als auch auf eine gestellt wird.

Interviews werden in der Diskursanalyse verstanden als eine spezifische Form sozialer Interaktion. Der Interviewer trägt dazu ebenso bei wie der Interviewte. Beide konstruieren Sinnversionen und stützen sich dabei auf eine Vielzahl interpretativer Ressourcen. Das bedeutet in der Konsequenz eine verhältnismäßig aktive Rolle des Interviewers im Sinne eines «problemzentrierten Interviews» (Witzel 2000).

Im Hinblick auf die konkrete Arbeit am Text gibt es in der Diskursanalyse kein kanonisiertes Verfahren, ja bei vielen Protagonisten eine Weigerung, sich auf die Formulierung eines solchen einzulassen. Insofern nähert man sich dem methodischen Vorgehen am besten durch die Rezeption von entsprechenden Arbeiten und der Reflexion der Autoren darüber. Generell lässt sich unterscheiden zwischen den Phasen des Interviews, der Transkription und schließlich der Analyse. Beim letzten Schritt geht es um die Interpretation des konkreten Materials, der Musterbildung bezogen auf einen Text oder auf mehrere Texte und schließlich um die Kontextanalyse, d. h. um die Einbeziehung der sozialen Welt außerhalb des konkret vorliegenden Textes (Wood & Kroger 2000). Für diese Schritte liegen ungeachtet der Weigerung, ja Warnung vor einem kodifizierten Vorgehen eine Reihe von Empfehlungen vor. Die dabei Verwendung findenden Konzepte sollen sensibilisierend, nicht jedoch routinehaft kategorisierend angewendet werden. So kann in einem ersten analytischen Schritt ein Diskurs unter dem Aspekt des Inhalts, der Struktur und des Motivs untersucht werden. Ein zentraler Fokus wird im Übrigen die Positionierung von Sprecher und Zuhörer innerhalb des Diskurses sowie die Behandlung von Handlungsträgerschaft bzw. der aktiven/passiven Rolle in der Diskursgestaltung sein. Auch das Repertoire der auf die klassische Rhetorik aufbauenden Rhetorikanalyse kann gewinnbringend einbezogen werden.

4 Narrationsanalyse

Die Narrationsanalyse hat eine bestimmte Textsorte, die Narrationen, Erzählungen zum Gegenstand. Sie geht davon aus, dass Menschen sich, ihre Identität und ihre Umwelt narrativ, in Geschichten, herstellen und verweist dabei auf die grundlegende Bedeutung der Narration für die Subjektkonstruktion. Dies zeigt sich etwa im Versuch der Begründung einer narrativen Psychologie (Sarbin 1986; Hevern 1997). In der Empirie wird offenkundig, dass nicht jeder Text zwangsläufig ein narrativer ist; Beschreibungen, Aufzählungen, Begründungen sind z. B. keine Narrationen. Auch für den Begriff der Narration gibt es eine Vielzahl von Bestimmungen. Allgemein handelt es sich um eine unterscheidbare Texteinheit mit einem klar erkennbaren Anfang und Ende, die vom sie umgebenden Diskurs unterschieden werden kann (Riessman 1993). Gergen und Gergen (1988) haben eine in der narrativen Psychologie weithin akzeptierte Präzisierung vorgenommen. Danach hat eine «wohlgeformte Narration» in den westlichen Kulturen fünf Merkmale: einen sinnstiftenden Endpunkt, die Einengung auf relevante Ereignisse, die narrative Ordnung der Ereignisse, die Herstellung von Kausalverbindungen und Grenzzeichen, d. h. kommunikative Signale an den Gesprächspartner über das Betreten und Verlassen der Erzählwelt.

Die praktische Durchführung einer Narrationsanalyse setzt einen Text voraus, der wesentlich von Narrationen gekennzeichnet ist. Texte/Interviews, die nur aus Narrationen bestehen, sind selten und dann in der Regel biographisch. Das ist oft, aber nicht immer ein wichtiger Fokus. Um zu narrativen Texten zu kommen, bedarf es einer entsprechenden erzählungsgenerierenden Interviewführung im Sinne eines «narrativen Interviews» (Bohnsack 2000). Im Gegensatz zur Diskursanalyse ist bei der Narrationsanalyse weniger das mikrodialogische Geschehen wichtig, die Abfolge von Frage und Antwort, als vielmehr die Analyse der Erzählung in ihrer integralen Gesamtheit. Narrationen erweisen sich oft als überraschend resistent gegen Unterbrechungen (z. B. durch den Interviewer). Der Erzählfaden wird danach häufig wieder aufgenommen und die Erzählung abgeschlossen, denn die narrative Form übt auf den Sprecher einen gewissen Zwang aus, eine noch unfertige Erzählung zu Ende zu bringen.

Die Ansätze zur Auswertung von Narrationen kann man nach Lieblich, Tuval-Mashiach und Zilber (1998) auf zwei Achsen betrachten. Auf der einen Achse wird zwischen einem ganzheitlichen und einem kategorialen Fokus unterschieden. Die ganzheitliche Perspektive betrachtet die Narration in ihrer Gesamtheit und Teile davon in ihrem Bezug zu dieser Gesamtheit. Die ganzheitliche Perspektive wird eher eingenommen, wenn die Analyse auf eine einzelne Person und ihre Entwicklung bzw. die Entwicklung ihrer Sichtweise zu einer bestimmten Frage abzielt. Die kategoriale Perspektive dagegen ist die der klassischen Inhaltsanalyse. Sie isoliert Wörter, Satzteile, Formulierungen nach kategorialen Gesichtspunkten. Die kategoriale Perspektive wird oft eingenommen, wenn es darum geht, die Erzählungen mehrerer Personen unter einer bestimmten Fragestellung vergleichend und integrierend zu untersuchen.

Die zweite Achse stellt die inhaltliche Betrachtung der formbezogenen gegenüber. Der inhaltsbezogene Fokus betrachtet den expliziten Inhalt einer Geschichte. Er stellt die bekannten orientierenden Fragen: Was geschah wann, wo, wie, warum, mit wem? Ihm geht es darum, was eine Geschichte meint und welche Motive des Erzählers darin deutlich werden. Der formbezogene Blick wiederum stützt sich auf das reiche Instrumentarium der literaturwissenschaftlichen Narrationsforschung. Formbezogene Analysen untersuchen die Struktur einer Erzählung, die Reihung der Ereignisse, die temporale Organisation, den Gebrauch von Erzähl-Genres, die Position des Hauptakteurs in seiner Geschichte, den Erzählstil, den Gebrauch von Metaphern. Der Vorteil der inhaltsbezogenen Analyse ist, dass sie in der Regel relativ leicht durchzuführen ist. Dagegen hat die Formanalyse den Vorteil, dass sie in tiefere Identitätsschichten vorzudringen scheint, da ihr Gebrauch vom Erzähler nicht so bewusst zu steuern ist wie inhaltliche Aussagen. Formbezogene Analysen machen auch aufmerksam auf die erzählerischen Ressourcen, die in einer Gesellschaft verfügbar sind, und sind insofern besonders sensibel für ideologische Konstruktionen bzw. den Umgang damit.

Aus diesen beiden Achsen: Form/Inhalt und ganzheitlicher/kategorialer Blick mit je zwei Polen lässt sich ein Vier-Felder-Schema bilden (vgl. Lieblich, Tuval-Mashiach & Zilber 1998).

Ganzheitlich-inhaltsbezogener Fokus Textteile – z. B. der Beginn – werden betrachtet im Verhältnis zur Gesamtnarration	*Kategorial-inhaltsbezogener Fokus* Inhaltsanalyse: Textteile werden einzelnen Auswertungskategorien zugeordnet
Ganzheitlich-formbezogener Fokus Blickt auf die Geschichte oder Struktur in einer Narration: welches Genre (z. B. Tragödie, Komödie usw.), dramaturgische Gestaltung	*Kategorial-formbezogener Fokus* Stilistische und linguistische Charakteristika von Textteilen werden kategorisiert (z. B. Art der benutzten Metaphern, passive vs. aktive Formulierungen)

Literatur

Bohnsack, R. (2000). Rekonstruktive Sozialforschung. Einführung in Methodologie und Praxis qualitativer Forschung. Opladen.

Bruner, J. (1997). Sinn, Kultur, Ich-Identität. Heidelberg.

Gergen, K. J. & Gergen, M. M. (1988). Narrative and the self as relationship. In: L. Berkowitz (Hg.), Advances in experimental social psychology, S. 17–56. New York.

Harré, R. & Gillett, G. (1994). The Discursive Mind. London

Hermans, H. J. M. & Kempen, H. J. G. (1993). The dialogical self. Meaning as movement. London.

Hevern, V. W. (1997). Narrative psychology: Internet and ressource guide [Online]. Syracuse, NY: Author. Available <http://maple.lemoyne.edu/~hevern/narpsych.html>.

Lieblich, A., Tuval-Mashiach, R. & Zilber, T. (1998). Narrative research: Reading, analysis, and interpretation. Thousand Oaks.

Potter, J. & Wetherell, M. (1995). Discourse analysis. In: J. A. Smith, R. Harré & L. van Langenhove (Hg.), Rethinking methods in psychology, S. 80–92. London.

Riessman, C. K. (1993). Narrative analysis. Newbury Park.

Sampson, E. E. (1993). Celebrating the other. A dialogic account of human nature. Boulder.
Sarbin, T. R. (1986). Narrative psychology. The storied nature of human conduct. New York.
Witzel, A. (2000). Das problemzentrierte Interview. Forum Qualitative Sozialforschung [Online Journal]. Abrufbar über: http://qualitative-research.net/fqs.
Wood, L. A. & Kroger, R. O. (2000). Doing discourse analysis. Methods for studying action in talk and text. London.

Joachim Hohl

3.2.1 Interview

1 Die wissenschaftstheoretischen Voraussetzungen des Interviews als Forschungsmethode

Neben dem Fragebogen ist das Interview die in den Sozialwissenschaften am häufigsten eingesetzte Methode der Datenerhebung. Entsprechend ihrer jeweiligen Orientierung an einem der beiden Paradigmen, auf denen die Sozialwisenschaften beruhen, dem naturwissenschaftlich-nomothetischen und dem kulturwissenschaftlich-hermeneutischen, unterscheiden wir zwei grundsätzlich unterschiedliche Formen des Interviews, eine quantitative und eine qualitative. Da sich die Sozialwissenschaften überwiegend am nomothetischen Paradigma orientieren, findet man in den einschlägigen Methodenlehrbüchern zwar ausführliche Darstellungen zur Methodik des quantitativen (synonym: standardisierten, strukturierten, quantifizierenden) Interviews, die qualitative (synonym: nicht-standardisierte, unstrukturierte) Form des Interviews wird hier jedoch meist recht stiefmütterlich behandelt (s. u.). Aus diesem Grund erfolgt bei der Darstellung eine Konzentration auf das qualitative Interview.

Um die wissenschaftstheoretischen Prämissen zu skizzieren, auf denen das qualitative Interview beruht, soll es von der wissenschaftstheoretischen Position abgesetzt werden, die dem quantitativen Interview zugrunde liegt. Dieses ist stark strukturiert, es besteht aus einem Satz vorgegebener, standardisierter Fragen und lässt sich im Idealfall mittels statistischer Verfahren quantitativ auswerten. Typische Fragen, die hier Verwendung finden, sind etwa Alternativ-Fragen, bei denen zwei oder mehr Möglichkeiten zur Entscheidung vorgegeben werden, oder so genannte Skala-Fragen, bei denen sich der Befragte für eine Häufigkeit (nie – selten – manchmal – häufig) oder einen Ausprägungsgrad (wenig – mittel – viel) entscheiden soll. Die Fragen sind hinsichtlich ihrer Formulierung und ihrer Reihenfolge ebenso standardisiert wie das Verhalten des Interviewers: Abweichungen vom festgelegten, normierten Verhalten in der Interviewsituation werden als Störvariablen betrachtet, die die Objektivität der Ergebnisse in Frage stellen. Das quantitative Interview dient der Überprüfung vorab festgelegter Hypothesen, es steht in der Tradition eines nomothetischen Wissenschaftsideals, das sich an der Logik der Forschung in den Naturwissenschaften orientiert. Diesem gilt Objektivität – verstanden als Unabhängigkeit des Forschungsprozesses vom Subjekt – als höchste Norm; subjektive Einflüsse auf die Ergebnisse stellen dementsprechend Fehlerquellen dar, die es durch methodische Maßnahmen zu eliminieren gilt.

Qualitative Interviewverfahren dagegen basieren auf einem hermeneutischen Wissenschaftsverständnis; dieses betrachtet den Menschen als sinnkonstituierendes Wesen, das seine Lebensentwürfe und seine Situationsdeutungen in sozialen Beziehungen hervorbringt und in fortwährenden sozialen Aushandlungsprozessen verändert. Bedeutungen variieren von Person zu Person: Keineswegs bedeuten «Freiheit», «Glück» oder «Liebe» für jedermann dasselbe. Deswegen darf auch im Interview nicht einfach vorausgesetzt werden, dass Interviewer und Befragter dasselbe meinen, nur weil sie dieselben Begriffe verwenden – dies muss streng genommen in der Befragungssituation erst noch überprüft werden. Eben weil die Bedeutungen der Dinge über unterschiedliche Personen hinweg variieren, wir könnten auch sagen: weil die Menschen verschieden sind, wird beim qualitativen Interview die Objektivität der Datenerhebung nicht darin gesehen, alle Probanden demselben standardisierten Vorgehen zu unterziehen, sondern gerade umgekehrt darin, das Interview flexibel der jeweiligen Situation und der je unterschiedlichen Subjektivität des Befragten anzupassen.

Eine im strengen Sinn hypothesenfreie Forschung ist, wie wir spätestens seit Popper wissen, aus erkenntnistheoretischen Gründen nicht möglich. Zumindest Vermutungen – und seien sie noch so vage – müssen wir über unseren Gegenstand immer schon haben, sonst könnten wir an ihn ja gar keine Fragen stellen. Hinsichtlich des Stellenwerts der vorgängigen erkenntnisleitenden Hypothesen unterscheidet sich jedoch das qualitative vom quantitativen Vorgehen: Das Ziel der qualitativen Interviewverfahren besteht nicht darin, lediglich vorab festgelegte Hypothesen zu überprüfen, sondern darin, zu möglichst neuen, substanziellen Erkenntnissen über den Gegenstand zu gelangen. Deswegen werden wir hier meist offen formulierte Fragen verwenden; diese sollen den Befragten zur Selbstexploration anregen, um so eine umfassende, gehaltvolle Darstellung seiner Gefühle, Einstellungen, Deutungsmuster etc. zu bekommen.

Das qualitative Interview basiert auf der methodologischen Prämisse, dass Äußerungen von Befragten in der Regel umso valider und substanzieller sind, je weniger der Interviewer dem Befragten durch Nachfragen und Strukturierungsversuche seine eigenen Vorstellungen oktroyiert. (Die Gültigkeit dieser Anahme ist natürlich im Einzelfall durchaus bestreitbar: Sehr wohl lassen sich Interviewsituationen vorstellen, in denen ohne strukturierendes Nachfragen nicht nur keine gehaltvollen, sondern überhaupt keine bzw. keine auswertbaren Interviewdaten zustande kommen.) Mit Christel Hopf lässt sich das qualitative Interview zusammenfassend folgendermaßen charakterisieren: Es ist ein «wenig strukturiertes Interview, das, von lockeren Hypothesen angeleitet, der Exploration eines bestimmten, wissenschaftlich wenig erschlossenen Forschungsfeldes dienen soll, und das – zumindest der Intention nach – den Befragten einen breiten Spielraum der Strukturierung und Äußerung subjektiver Deutungen einräumt» (1978, S. 99).

Zusammenfassend einige zentrale Punkte, in denen sich das qualitative vom standardisierten Interview unterscheidet:

1. Das qualitative Interview ist offen für neue, unerwartete Informationen über den Gegenstand. Im Gegensatz dazu erfasst das standardisierte Interview Sachverhalte, die im Wesentlichen schon bekannt sind, und liefert hierzu Häufigkeiten, Merkmalsausprägungen etc.

2. Das qualitative Interview lässt in der Interviewsituation Metakommunikation zu und ermöglicht damit die Klärung von Bedeutungsdivergenzen. Im Gegensatz dazu setzt das quantitative Interview Bedeutungskonvergenzen voraus.

3. Während das quantitative Interview situative und metakommunikative Prozesse als Störvariablen betrachtet, gewinnen diese im qualitativen Interview Datencharakter.

4. Da das qualitative Interview Daten auf verschiedenen Sinnebenen erfasst, können Widersprüche und Ambivalenzen im Bewusstsein der Befragten erfasst werden – mit anderen Worten, das qualitative Interview erlaubt dem Befragten, sich zu widersprechen. Im Gegensatz dazu verlangt das quantitative Interview vom Befragten, sich eindeutig für eine «richtige» Antwort zu entscheiden.

Wie lässt sich nun das Verhältnis der beiden Interviewformen zueinander im Forschungsprozess bestimmen? Die gängige methodologische Antwort hierauf besteht darin, beide Formen unterschiedlichen Stadien des Forschungsprozesses zuzuordnen: Qualitativen Interviews wird hier eine lediglich heuristische Funktion zugesprochen; ihre Aufgabe sei es, quasi im Vorfeld der «eigentlichen» Forschung, Hypothesen über den Gegenstand zunächst einmal zu generieren. Die Überprüfung der so gewonnenen Hypothesen sei dann jedoch mit «harten», quantifizierenden Methoden vorzunehmen.

Diese Auffassung greift zu kurz. Sinnvoller erscheint eine Abgrenzung anhand der jeweiligen Forschungsgegenstände bzw. -fragestellungen: Die Stärken des standardisierten Vefahrens kommen dann zum Tragen, wenn es darum geht, quantitative Aussagen zu treffen und/oder eine große Zahl von Befragten zu erfassen und/oder wenn eine relativ klare, einfache Fragestellung vorliegt und/oder wenn es um einen relativ wenig komplexen Gegenstand geht (Beispiel: die berühmte «Sonntags-Frage»). Die Vorteile des qualitativen Interviews dagegen kommen dort zur Geltung, wo wir uns nicht für Häufigkeiten, sondern für eine inhaltliche Phänomenanalyse interessieren – insbesondere dann, wenn es um die Aufdeckung komplexer Strukturen in Bezug auf hochgradig subjektive, emotional stark besetzte Gegenstände geht, bei denen womöglich widersprüchliche bzw. ambivalente Aussagen zu erwarten sind.

2 Spezielle Formen des qualitativen Interviews

Je nach Anwendungsgebiet bzw. Strukturiertheitsgrad werden in der Literatur eine Reihe von Unterformen des qualitativen Interviews unterschieden.

Das narrative Interview: Bei diesem versucht der Interviewer, den narrativen Fluss des Befragten zu maximieren, indem er sich mit Nachfragen und Strukturierungsangeboten weitestgehend zurückhält. Idealerweise reicht eine einzige Frage zu Beginn des Interviews aus, um die erwünschten Narrationen beim Befragten zu generieren. Anwendung findet das narrative Interview vor allem im Rahmen der «oral history» und der Biographieforschung. Das zentrale methodische Problem stellt bei dieser Form die spätere Vergleichbarkeit verschiedener Interviews dar.

Das fokussierte Interview: Hierbei sollen die Reaktionen eines Probanden auf einen bestimmten Stimulus – etwa ein Foto oder eine Filmsequenz – erfasst werden. Der Interviewer versucht, den Befragten auf die Wirkung dieses Stimulus hin zu explorieren, ihn auch thematisch bei diesem «Fokus» zu halten. Das macht eine relativ aktive, strukturierende Interviewtechnik nötig. Das fokussierte Interview wird vor allem in der Wirkungsforschung angewendet. Sein Hauptproblem liegt darin, dass die notwendige Strukturierung durch den Interviewer den Befragten unter Umständen in seiner Selbstexploration stört, was sich dann negativ auf die Gütekriterien der «Tiefe» und der «Breite» (vgl. Hopf 1978) auswirkt.

Das Tiefeninterview: Dieses entspricht etwa dem klinischen Erstgespräch in der psychotherapeutischen Praxis. Das Tiefeninterview zielt stärker als die anderen Formen des qualitativen Interviews auf die Ermittlung latenter («unbewusster») Sinnstrukturen. Entsprechend ist hier die Fragetechnik stärker theoriegeleitet. Häufig orientiert sie sich am theoretischen Bezugsrahmen der Psychoanalyse. Das methodische Hauptproblem liegt bei dieser Interviewform in der Auswertung, wo es darum geht, die postulierten latenten Sinnstrukturen interpretatorisch evident und damit intersubjektiv nachvollziehbar zu machen.

Ordnet man die verschiedenen Typen des qualitativen Interviews auf einer Linie entsprechend dem Grad ihrer Strukturiertheit an, so würde das narrative Interview den «nondirektiven» Pol markieren; am anderen Ende fände sich das leitfadengestützte, strukturierende Interview vom Typ des «fokussierten» Interviews. Unter forschungspraktischen Aspekten wird man sich mit der gewählten Interviewform meist irgendwo im Mittelfeld bewegen, entsprechend der Maxime: «so viel Narrativität wie möglich, so viel Strukturierung wie nötig».

3 Zur Fragetechnik beim qualitativen Interview

Aus der Logik des qualitativen Interviews ergibt sich für seine Durchführung eine bestimmte Fragetechnik, die in vielen Punkten der des quantitativen Interviews diametral entgegengesetzt ist. So versucht der «qualitative» Interviewer in der Regel, keine «geschlossenen» Fragen zu stellen und keine Antwort-Alternativen vorzugeben (z. B. keine «oder»-Fragen zu stellen); denn diese Fragetypen tendieren dazu, den narrativen Fluss des Befragten eher zu hemmen als zu fördern. Außerdem zwingen sie den Befragten, sich zwischen Alternativen zu entscheiden, die unter Umständen nur die des Befragers sind, und erschweren es ihm so, seine eigene Position zu erkennen und zu formulieren. Vorsicht ist natürlich auch geboten bei Suggestivfragen. Diese sind jedoch nicht grundsätzlich verboten: Wenn die vom Interviewer unterstellte Antwort tatsächlich der Position des Befragten entspricht, können Suggestivfragen förderlich sein für den Rapport, denn der Befragte erlebt, dass der Interviewer ihn tatsächlich versteht.

In der Regel wird man sich zumindest bei den ersten Interviews eines Forschungsprojekts an einem Leitfaden orientieren; dieser hat vor allem die Funktion zu verhindern, dass einzelne Themenbereiche bei der Durchführung des Interviews nicht angesprochen werden; er sorgt somit auch für eine bessere Vergleichbarkeit verschiedener Interviews bei der Auswertung. Gerade bei unsicheren Interviewern besteht jedoch die Gefahr einer «Leitfadenbürokratie» (Hopf), das heißt, der Befrager hält sich zwanghaft an den von ihm geplanten thematischen Ablauf des Interviews, statt dem Befragten auf dessen eigenem thematischem Weg zu folgen. Da unsere Interviewpartner uns jedoch meist nicht den Gefallen tun, ihre Gedanken und Gefühle so zu ordnen, wie wir es uns bei der Konstruktion unserer Leitfäden vorstellen, stört der bürokratische Umgang mit dem Leitfaden den Befragten in seinem narrativen Fluss, es kommt zu Themenbrüchen, die wiederum Informationsverluste und Störungen des Rapports zur Folge haben können.

4 Zur Auswertung qualitativer Interviews

In der Methodenliteratur zum qualitativen Paradigma finden sich verschiedene Auswertungsmodelle, etwa das der «Grounded Theory» von Glaser & Strauss (vgl. Strauss & Corbin 1996). (Mittlerweile sind auch schon computergestützte Auswertungsprogramme auf dem Markt.) Diese Modelle zerlegen den Auswertungsprozess in einzelne Phasen oder Stufen und definieren ein bestimmtes Procedere der Codierung, der Kategorienbildung etc. Sie stellen den Versuch dar, dem zunächst ja völlig offenen Prozess der Auswertung qualitativ gewonnener Daten eine verbindliche Struktur zu geben, um so die Gefahr subjektiv-willkürlicher Interpretationen zu reduzieren.

Dies ist jedoch immer nur bis zu einem gewissen Grad möglich: Prozesse des Sinnverstehens und der Sinndeutung lassen sich zwar prozedural organisieren, nicht jedoch durch Verfahrensregeln ersetzen – mit anderen Worten: Irgendwann müssen wir uns entscheiden, wie wir bestimmte Aussagen verstehen wollen und welche Schlüsse wir daraus zu ziehen haben. Letztlich gibt es nur einen Weg, der hier drohenden Gefahr der subjektiven Beliebigkeit zu begegnen und damit den nahe liegenden Einwand zu entkräften, es würden bei der Auswertung nur die Ostereier wiedergefunden, die beim Interviewen zuvor versteckt worden seien: die vergleichende Interpretation und Diskussion derselben Daten durch (möglichst) unabhängige Forscher (Kreuzinterpretation). Das werden in der Praxis zunächst die Mitglieder der eigenen Forschungsgruppe sein; besser wäre es natürlich, darüber hinaus zu gehen und Mitglieder anderer Forschungsgruppen einzubeziehen.

In den letzten Jahren werden immer häufiger auch externe Supervisoren hinzugezogen. Solche Verfahren der Kontrolle von Subjektivität durch Subjektivität sind bei bestimmten Professionen immer schon Teil des beruflichen Handelns, etwa das ärztliche Konsilium oder die psychotherapeutische Fallkonferenz. Sie basieren auf der begründeten Hoffnung, dass wir nicht alle unseren «blinden Fleck» an derselben Stelle haben. Wie schon in der vorausgehenden Phase des qualitativen Forschungsprozesses, bei der Interviewdurchführung, geht es also auch in der Phase der Datenauswertung nicht darum, Subjektivität zu eliminieren, sondern sie in kontrollierter Form zuzulassen und zu nutzen. Darüber hinaus besteht natürlich immer die Möglichkeit der Methoden-Triangulation («Vermessung»), d. h. des Einsatzes verschiedener Methoden zur Erfassung desselben Sachverhalts; auch dieses Verfahren basiert auf der Annahme, dass die einzelnen Methoden ihren blinden Fleck an je unterschiedlichen Stellen haben, sodass ihre Nachteile sich nicht addieren, sondern kompensieren.

5 Strukturelle Probleme

1. Die Situation des Interviewers ist durch einen prinzipiell unaufhebbaren Rollenkonflikt gekennzeichnet: Er soll einerseits möglichst neutral Daten erheben, er muss andererseits um die Herstellung und Aufrechterhaltung einer motivierenden sozialen Beziehung zum Befragten bemüht sein. Jeder Versuch, dieses Dilemma in Richtung auf einen der beiden Pole hin aufzulösen, gefährdet die Datenerhebung. Daraus folgt die Notwendigkeit einer fundierten Interviewerausbildung.

2. Jedes Interview stellt eine soziale Situation dar, deren Charakter als dyadische Interaktion zweier Akteure prinzipiell nicht aufhebbar ist; des-

wegen sind Daten, die in einer solchen Situation erhoben werden, nie nur Produkt des Befragten, sondern streng genommen Produkt der Trias aus Befragtem, Befrager und Situation. Das qualitative Interview zieht die Konsequenz aus dieser Tatsache, indem es die Persönlichkeit des Befragers und den situativen Kontext nicht methodisch zu eliminieren versucht, sondern in die Auswertung einbezieht.

3. Aufgrund der Logik des qualitativen Interviews wird die Interviewauswertung zu einem hochkomplexen Teil des gesamten Forschungsprozesses, der aufgrund seiner nicht hintergehbaren Subjektivität anfällig ist für Fehlinterpretationen. Eine prozedurale Strukturierung des Auswertungsprozesses ist hilfreich, kann aber die Kontrolle von Subjektivät durch Subjektivität nicht ersetzen.

4. Das qualitative Interview teilt das Grundproblem aller Befragungsverfahren: Es liefert grundsätzlich nur verbale Daten, d. h. Aussagen über die subjektiven Sichtweisen bzw. die innere Realität der Befragten. Aussagen über die «objektive» Realität, also z. B. über das reale Verhalten des Befragten, sind damit per definitionem nicht möglich. Wo solche Schlüsse dennoch gezogen werden, müssen sie durch zusätzliche Daten – etwa aus Verhaltensbeobachtungen – abgesichert werden.

5. Das qualitative Interview weist typische Zielkonflikte auf wie etwa den Konflikt zwischen Narrativität und Vergleichbarkeit, zwischen Narrativität und Ökonomie, zwischen Spezifizität und Extensität (d. h. Tiefe und Breite). Diese Konflikte sind strukturell bedingt, das heißt, sie lassen sich nicht auflösen, sondern lediglich situativ handhaben.

6 Schlussbemerkung

Das qualitative Interview stellt hohe Anforderungen an die Qualifikation des Interviewers. Seine Ergebnisse stehen und fallen mit der Fähigkeit des Befragers, sich auf den Befragten einzustellen und seine Interviewtechnik flexibel den jeweiligen subjektiven und situativen Bedingungen anzupassen. Methodische Regeln der Interviewdurchführung, der Fragetechnik etc. können daher immer nur ceteris paribus gelten, sie sind nicht mehr als Faustregeln, die unter bestimmten Bedingungen auch einmal außer Kraft gesetzt werden müssen. Gutes qualitatives Interviewen erfordert ein hohes Maß an sozialer Kompetenz, an Empathie, Selbstreflexibilität, Ambiguitätstoleranz etc. Und dies wiederum macht eine gründliche Interviewerausbildung nötig, denn: Das eigentliche Erhebungsinstrument beim qualitativen Interview ist der Interviewer selbst.

Literatur

Hopf, C. (1978). Die Pseudo-Exploration – Überlegungen zur Technik qualitativer Interviews in der Sozialforschung. Zeitschrift für Soziologie 7, S. 97–115.
Strauss, A. & Corbin, J. (1996). Grounded Theory: Grundlagen Qualitativer Sozialforschung. Weinheim.

Weiterführende Literatur

Flick, U. (1995). Qualitative Forschung. Theorie, Methoden, Anwendung in Psychologie und Sozialwissenschaften. Reinbek.
Lamnek, S. (1988). Qualitative Sozialforschung 1: Methodologie. München.
Lamnek, S. (1989). Qualitative Sozialforschung 2: Methoden und Techniken. München.
Strauss, A. (1991). Grundlagen qualitativer Sozialforschung. München.

Josef Held

3.1.3 Einzelfallmethode

In der psychologischen Praxis steht die Arbeit mit dem einzelnen Fall im Mittelpunkt, in der psychologischen Forschung blieb die Einzelfallanalyse jedoch auf Randbereiche beschränkt. Eine Ausnahme bildet die Psychoanalyse. Sigmund Freud hat seine Forschung in der therapeutischen Praxis mit einzelnen Fällen betrieben, von denen z. B. der Fall Dora oder der des kleinen Hans berühmt wurden. Auch in der europäischen Entwicklungspsychologie spielte die Fallanalyse zu Beginn des 20. Jahrhunderts noch eine Rolle, so zum Beispiel in den Wiener Forschungen von Charlotte Bühler und Hildegard Hetzer (vgl. Bühler 1991), bis diese qualitative Entwicklungspsychologie von der quantitativen Testpsychologie abgelöst wurde. In Amerika haben die «Case Studies» seit der Chicago School in den 1930er Jahren eine Tradition. Sie stehen hier im Zusammenhang mit der sozialen Arbeit. Die Studie von William Footh Whyte zur «Street Corner Society» junger italienischer Einwanderer aus den 1940er Jahren erscheint auch heute noch vorbildlich (vgl. Whyte 1996). Am Beginn der experimentellen Psychologie war der Siegeszug statistischer Quantifizierung noch nicht absehbar. Es gab Anfang des 20. Jahrhunderts in Deutschland (Würzburger Schule), in der frühen Sowjetunion (Vygotskij) und in den USA eine Reihe von Versuchen, experimentelle Psychologie auf Einzelfallanalysen zu gründen. In den USA hat damals der aus der Berliner Gestaltpsychologie kommende Kurt Lewin eine schlüssige wissenschaftstheoretische Begründung für die experimentelle Arbeit mit Einzelfällen entwickelt. Er arbeitete mit «Beispielen als individuellen Fällen in ihrer ganzen Konkretion». Sein Credo von 1929 war: «Gerade die Idee der durchgängigen und strengen Gesetzlichkeit erlaubt es, aufgrund eines einzigen individuellen Falles – sofern dieser ein *reiner* Fall ist – eine Theorie, d. h. die Annahme eines bestimmten Gesetzes, zu widerlegen oder zu bestätigen» (1983, S. 356). Aber schon damals wandte sich die experimentelle Psychologie der Statistik zu und damit vom Einzelfall ab. «Die an den Einzelfall sich nicht heranwagende, bloß statistische Behandlung», der Kurt Lewin noch keine Chance als experimentelles Paradigma gegeben hatte (ebd., S. 356), setzte sich in der Psychologie durch.

Die Einzelfallmethode folgt heute im allgemeinen dem qualitativen Paradigma. Ihr kommt «im quantitativen Forschungsprozeß kaum Bedeutung zu» (Lamnek 1989, S. 8), auch wenn es in der Psychologie Beispiele quantitativer Untersuchungen, d. h. experimenteller Versuchsanordnungen mit N = 1 gibt (vgl. Brähler & Adler 1996; Julius et al. 2000, Petermann & Hehl 1979). Die akademische Psychologie kann sich offenbar die Einzelfallmethode nur als statistische Zeitreihenanalyse zur individuellen Veränderungsmessung vorstellen. «In der heutigen Psychologie sieht man den ‹Einzelfall› vielfach im engen Zusammenhang mit bestimmten, individuumbezogenen experimentellen bzw. statistischen Methoden (…), meist im Hinblick auf therapeutische Maßnahmen; ‹Einzelfallforschung› ist dann gleichbedeutend mit derartigen Vorgehensweisen» (Plaum 1992, S. 2). Damit wird das enge Verständnis der Fallanalyse kritisch angesprochen.

Das Laborexperiment als dominierendes Paradigma in der Psychologie schließt die Geschichte des Individuums sowie den lebensweltlichen und gesellschaftlichen Kontext weitgehend aus. Ohne diese ist aber eine praxisrelevante Einzelfallanalyse kaum vorstellbar.

Derzeit scheint das Interesse an der qualitativen Einzelfallmethode etwas zuzunehmen, auch neue methodische Einführungen sind erschienen (vgl. Kern 1997; Stake 1995).

1 Das Konkrete als wissenschaftlicher Ausgangspunkt

Die Besonderheiten von konkreten Menschen sind ohne den Lebenskontext, auf den die Menschen intentional bezogen sind, kaum angemessen zu erfassen. Dieser ist wiederum Teil der gesellschaftlichen Struktur. Beide verändern sich in der Zeit, das heißt, sie haben ebenso eine Geschichte wie die einzelnen Menschen selbst. Zur Rekonstruktion menschlicher Besonderheiten (einschließlich psychischer Störungen) kann davon nicht abstrahiert werden. Ein interdisziplinärer Zugang ist deshalb für die Einzelfallanalyse notwendig.

Die Fallanalyse – wie wir sie verstehen – geht über das Psychische des Einzelmenschen hinaus. «Unter einem ‹Fall› wird hier eine autonome Handlungseinheit verstanden, die eine Geschichte hat. Das kann ein Krankenhaus sein, eine Familie, eine Person, aber darunter fallen auch Sozialzusammenhänge, die Anselm Strauss ‹soziale Welten› nennt» (Bruno Hildenbrand im Vorwort zu A. L. Strauss 1991, S. 12). Wichtig ist, dass es sich um eine strukturierte Handlungseinheit handelt mit identifizierbaren Grenzen. Ein Beispiel ist die «fallrekonstruktive Familienforschung» (vgl. Hildenbrand 1999). Auch wenn nur eine einzelne Person zum Gegenstand der Einzelfallanalyse gemacht wird, muss die soziale Lebenswelt – als ‹erweiterter sozialer Fall› – in die Analyse einbezogen werden. Das hat methodische Konsequenzen, wie im Weiteren deutlich werden wird.

Einzelfallanalyse heißt, dass der Fall in seiner Eigenlogik rekonstruiert wird und dass das die Theoriebildung anleitet. «Die Einzelfallstudie ist demnach keine besondere Technik. Sie ist vielmehr eine bestimmte Art, das Forschungsmaterial so zu ordnen, daß der einheitliche Charakter des untersuchten sozialen Gegenstandes erhalten bleibt» (Goode & Hatt 1972).

Natürlich kann man sich auf die *Beschreibung* von Einzelfällen beschränken. Es gibt heute hervorragende filmische Falldokumentationen z. B. zu psychischen Störungen wie dem Autismus oder der Depression oder zu Entwicklungsproblemen. In der Jugendforschung spielen Porträtfilme eine große Rolle (vgl. Held & Spona 1999); in der bekannten Shell-Jugendstudie haben Jugendporträts einen wichtigen Stellenwert (vgl. Deutsche Shell 2000). Interessant sind auch Sozialanalysen mit der Einzelfallmethode, wie sie die französische Forschungsgruppe um Pierre Bourdieu (1992) zu prekären Lebenslagen durchführte. Solche Falldarstellungen haben den Vorteil, dass die Betroffenen selbst zu Wort kommen und nicht nur *über sie* geforscht wird. Falldarstellungen sind an sich schon für die Praxis wichtig, selbst dann, wenn sie keine *wissenschaftliche* Verallgemeinerung anstreben.

Will man wissenschaftlich verallgemeinern, so muss das Problem der Verallgemeinerbarkeit vom Einzelfall aus, d. h. die Gewinnung von allgemeinen Aussagen, die nachprüfbar gewonnen werden, gelöst werden. Dies ist für die Verwissenschaftlichung der Einzelfallmethode entscheidend. Erst dadurch wird sie zu einer wissenschaftlichen Methode, die in der Psychologie eine wichtige Rolle spielen kann.

2 Die Einzelfallforschung als wissenschaftliche Methode

Wie geht die experimentelle Forschung bei der Erkenntnisgewinnung vor, und warum sind ihre wissenschaftlichen Methoden nicht auf die Fallanalyse anwendbar?

1. Ausgangspunkt ist im experimentellen Paradigma immer eine *standardisierte Situation*. Dies kann eine experimentelle Anordnung im Labor oder im Feld sein oder auch ein standardisierter Fragebogen, der immer gleich durchgeführt wird. Dies sichert die Objektivität im Sinne der Wiederholbarkeit. Jede Versuchsperson (VP) ist damit den gleichen Bedingungen ausgesetzt. Der Einfluss des Versuchsleiters (VL) wird minimiert, er steht als Beobachter außerhalb des Untersuchungsfeldes. Damit soll gewährleistet werden, dass die Ergebnisse nicht durch unkontrollierte subjektive Besonderheiten des Versuchsleiters beeinflusst werden. Bei qualitativen Interviews liegt es nahe, diese Vorgehensweise zur Sicherung der Objektivität zu übernehmen, und vielfach wird das auch versucht, indem der Interviewer Anweisung erhält, sich möglichst neutral, unauffällig und standardisiert zu verhalten. Ausgefeilte Interviewleitfäden sollen zusätzlich den standardisierten Ablauf gewährleisten. Bei Fallanalysen sind solche methodischen Vorkehrungen geradezu paradox. Die Standardisierung schränkt die Beobachtungs- und Erkenntnismöglichkeiten radikal ein. Der Forscher lässt sich hier nicht auf den Fall ein, er gibt ihm keinen Raum, um sich authentisch in der ihm angemessenen Form zu äußern. Die Beobachtung erfolgt immer nur aus einer Perspektive, während in der qualitativen Forschung Mehrperspektivität z. B. durch «Triangulation» der Methoden (vgl. Flick 1992) angestrebt wird. Die Beziehung zwischen Interviewer und Interviewten ist für die Fallanalyse sehr wichtig, da sie die Chance bietet, sich in persönlicher Weise zu öffnen. Dazu müssen sich die Interviewpartner nicht schon jahrelang kennen. Die Rolle des interessierten Forschers, der nicht in die Lebenswelt des Befragten verstrickt ist, bietet eine gute Voraussetzung für eine temporäre Vertrauensbeziehung. Beispielsweise sagte bei einem Interview zum Thema «Gewalt und Frauen»

eine junge Frau anschließend ganz betroffen und aufgewühlt zur Interviewerin, «darüber habe ich vorher noch nie mit jemandem gesprochen». Es kommt also in dieser fallbezogenen Forschung darauf an, dass die beteiligten Personen sich als Subjekte erleben und die Betroffenen die Forschungssituation für sich nutzen, um sich z. B. über etwas klarer zu werden. Angestrebt wird dabei, dass aus dem Forschungsobjekt ein Subjekt, d. h. ein(e) Mitforscher(in) wird.

2. Im experimentellen Paradigma ist Forschung eine *punktuelle Aktion und kein praktischer Prozess* mit der Versuchsperson (VP). Durch die Forschung soll keine persönliche Beziehung zwischen Versuchsleiter (VL) und VP entstehen. Der VL lernt die VP nicht wirklich kennen, und wenn, dann darf das für die Forschung keine Rolle spielen. Dieses Verfahren ist sehr ökonomisch und verspricht schnelle Ergebnisse bei minimalem sozialem Aufwand zu liefern. Die Einzelfallmethode bietet gerade wegen des intensiven Kontakts und des längeren gemeinsamen Prozesses besondere Erkenntnismöglichkeiten. Forschung wird hier nicht von Praxis getrennt, sondern verbindet sich oft mit ihr. Die Einzelfallmethode bietet sich deshalb auch für Praktiker an, die mit Klienten zusammenarbeiten und ihre Arbeit durch Forschung verbessern und qualifizieren wollen. Es gibt z. B. Lehrer, die auf diese Weise forschend tätig sind und ihre Erfahrungen mit Schülern für andere zugänglich machen (vgl. Grotz 1999). Auch in der sozialen Arbeit mit Jugendlichen finden sich Beispiele von methodisch durchgeführten Fallanalysen (vgl. Kappeler u. a. 1977). Natürlich reichen dabei Zufallsbeobachtungen nicht aus, erforderlich ist ein methodisch systematisches Vorgehen. Die Anleitungen für teilnehmende Beobachtung (vgl. Flick 1995) und zur ethnographischen Beobachtung (vgl. Schütze 1994) sind dafür nützliche methodische Mittel.

3. Im quantitativen Paradigma der experimentellen Psychologie wird die *Wirklichkeit in Variablen zerlegt*, um sie messbar zu machen. Unterschieden wird zwischen unabhängigen Variablen (UV) und abhängigen Variablen (AV). Damit wurde ein Bedingungsmodell geschaffen, für das Ursache-Wirkungsrelationen zwischen definierten Einheiten gelten. Die akademische Psychologie wurde deshalb kritisch als «Variablenpsychologie» apostrophiert (Holzkamp 1983, S. 523 ff.). Die Fallanalyse hat es mit einer komplexen Wirklichkeit zu tun, aus der keine einzelnen Variablen herausgelöst werden können. Deshalb ist es hier nicht möglich, Zusammenhänge zwischen Variablen festzustellen und abzusichern. Hinzu kommt, dass der Fall, d. h. die jeweilige Handlungseinheit, immer als intentional gesteuert betrachtet wird und abhängiges Reagieren auf unabhängige Bedingungen kein geeignetes Modell für diese Forschung dar-

stellt. Menschen schaffen ihre Bedingungen und ihre Situationen auch selbst, und sie haben ihre Gründe dafür. Genau das steht bei der Fallanalyse im Mittelpunkt.

4. Die experimentelle Psychologie strebt mit ihrer Forschung allgemein gültige Gesetzesaussagen an, die möglichst unabhängig von Zeit und Raum gelten sollen. Damit wird der *konkrete Kontext, in dem Handeln stattfindet, ignoriert*. Das ist bei Fallanalysen nicht möglich. Sie gehen von konkreten Problemlagen und konkreten Akteuren aus, die in einem lebensweltlichen und gesellschaftlichen Raum handeln. Der lebensweltliche Kontext ist mit den gesellschaftlichen Strukturen, d. h. den gesellschaftlichen Bedingungen und Bedeutungen vermittelt. Diese Vermittlung zwischen Lebenswelt und gesellschaftlicher Struktur besteht einerseits unabhängig von den Subjekten und kann deshalb auch von ihnen unabhängig analysiert werden; andererseits wird die Welt von den Subjekten interpretiert und bildet so den Hintergrund für die subjektiven Gründe des Handelns. Aspekte des «objektiven» und des «subjektiven» Weltbezugs werden in der Fallanalyse zur Erklärung des subjektiven Handelns herangezogen. Deshalb kann davon bei der Fallanalyse nicht abstrahiert werden.

5. In der experimentellen Psychologie besteht eine *deduktive Beziehung zwischen Theorie und Empirie*. Die empirische Forschung dient hier dazu, Theorien zu bestätigen oder zu widerlegen; die Theorie besteht also schon, wenn die empirische Forschung beginnt. Bei der Fallanalyse ist das üblicherweise nicht so. Der Forscher, die Forscherin sollte sich zwar bis zum Beginn der Forschung möglichst gut theoretisch qualifiziert haben, um überhaupt etwas Relevantes wahrnehmen und verarbeiten zu können, sein/ihr Ziel ist es jedoch, erst aus der Forschung heraus zu einer angemessenen Theoriebildung zu gelangen. Die Fallanalyse soll also zu einer theoretischen Konzeptualisierung verhelfen. Daraus wurde von quantitativen Methodikern der Schluss gezogen, dass man – sozusagen im Vorfeld der eigentlichen Forschung – ruhig Fallanalysen zur Theoriebildung durchführen kann, dass die *Überprüfung* aber dann nach ihrem Modell erfolgen muss. Dies kann jedoch so nicht funktionieren, da sich die Theorien der Fallanalyse wegen ihrer konkreten Form für die quantitative Überprüfung kaum eignen.

3 Die Vorgehensweise bei der Fallanalyse

Für die Forschung mit konkreten Fällen wurden verschiedene Vorgehensweisen vorgeschlagen. Es kann hier nicht die einzig richtige dargestellt werden, weil sich im qualitativen Paradigma der Fallanalyse die Methode nach dem Gegenstand richten muss, und der ist jeweils verschieden. Es soll jedoch eine Vorgehensweise skizziert werden, die von vielen so oder so ähnlich praktiziert wird und sich an der Methode der «Grounded Theory» von Glaser und Strauss (1991) orientiert. Sie hat sich in verschiedenen Feldern bewährt.

Wenn ein bestimmtes Forschungsthema gefunden ist, empfiehlt es sich im Allgemeinen, die Forschung nicht auf einen einzigen Fall zu beschränken, sondern mit *mehreren Einzelfällen* zu arbeiten. Die Auswahl der Fälle erfolgt sukzessiv, das heißt, nachdem der erste Fall bearbeitet ist, wird überlegt, welche anderen Fälle zur Ergänzung sinnvoll einbezogen werden können. Diese Vorgehensweise nannte Strauss «theoretical sampling». Die Forschung arbeitet meist mit mehreren qualitativen Methoden, z. B. mit offenen Interviews und teilnehmender Beobachtung. Eine genaue Protokollierung bzw. Dokumentation ist für die weitere Auswertung unabdingbar. In den darauf folgenden Auswertungsschritten wird für jeden Fall die zentrale Achse, die zentrale Thematik gesucht und dann für jeden Fall eine kurze Beschreibung erstellt. Diese Phase wird reduktive Auswertung genannt. Anschließend werden die Fälle miteinander verglichen und miteinander kontrastiert. Diese Phase ist auf dem Weg zur Typenbildung entscheidend (vgl. Kelle & Kluge 1998). Für die Bildung von Typen werden die Fälle gruppiert und daraus dann die Typen konstruiert. Es handelt sich dabei nicht um Personentypen, sondern um typische Konstellationen, d. h. um eine Verbindung von Kontext und Personen. Diese typischen Konstellationen sind der Ausgangspunkt für die eigentliche Theoriebildung. Dabei wird versucht, die Vermittlung zwischen Kontext und Person(en) theoretisch zu fassen.

In der Psychologie liegt es nahe, sich bei der Einzelfallanalyse auf psychische Besonderheiten einer Person zu beschränken. Hier droht die Gefahr, dass daraus Personentypen konstruiert werden, denen eventuell sogar gemeinsame physiologische Merkmale zugesprochen werden. Solche Typologien als Einteilung von Menschen nach ihren Merkmalen gab es in der Geschichte der Psychologie immer wieder. Berühmt geworden sind die frühen Konstitutionstypen von Kretschmer, aber auch die Einteilung in Introvertierte und Extravertierte z. B. von Eysenck. Susann Kluge liefert dafür viele Beispiele (1999). Versuche, Menschentypen zu konstruieren, die dann vermessen werden, bilden sehr leicht die Voraussetzung für Selektion und nutzen den Betroffenen kaum etwas – ganz im Gegenteil. Das qualitative Paradigma der Fallanalyse schützt vor solchen Abwegen nur bedingt.

4 Verallgemeinerung vom Einzelfall aus

Das Individuelle und Besondere des Einzelfalls muss nicht im Gegensatz zum Ziel der Wissenschaft stehen, Erkenntnisse über Allgemeines und Allgemeingültiges zu gewinnen. Der Weg vom besonderen Einzelnen zur allgemeinen wissenschaftlichen Aussage und zur Theorie ist aber immer noch umstritten (vgl. Fatke 1997). Die qualitative Sozialforschung hat dieses Problem in letzter Zeit intensiv aufgegriffen (vgl. Kluge 1999; Kelle & Kluge 1998).

Im quantitativen Paradigma erfolgt die Verallgemeinerung und damit die wissenschaftliche Erkenntnisgewinnung durch den induktiven statistischen Schluss von der Stichprobe auf die Population. Das ist nur möglich, wenn die Stichprobe eine Zufallsauswahl aus der Population darstellt, also für die Population repräsentativ ist. Es handelt sich also um eine Häufigkeitsverallgemeinerung. Diese lässt sich nicht auf die qualitative Einzelfallmethode anwenden, und zwar auch dann nicht, wenn mehrere Fälle in die Untersuchung einbezogen werden. Eine Zufallsauswahl empfiehlt sich hier nicht; sie ergibt bei wenigen Fällen keinen Sinn. Auf wissenschaftliche Verallgemeinerung kann aber nicht verzichtet werden, wenn man Wissen schaffen will.

Wie ist eine wissenschaftliche Verallgemeinerung vom Einzelfall aus ohne Häufigkeitsverallgemeinerung möglich? Von einem konkreten Einzelfall kann nicht auf alle Fälle, sondern nur – wie Kurt Lewin schon 1929 feststellte – «auf alle gleichartigen Fälle» (1983, S. 287) verallgemeinert werden. Lewin sah einen engen Zusammenhang zwischen Gesetz und Typus: «Das Gesetz ist eine Aussage über einen Typus» (1983, S. 290), der die gleichartigen Fälle zusammenfasst. Bei der Einzelfallmethode kann demnach über die Typusbildung verallgemeinert werden. Ein Fall enthält eine *typische Grundsituation* menschlicher Handlungsmöglichkeiten. Die Möglichkeiten, die ein einzelner Fall realisiert, können aufzeigen, *dass* diese Möglichkeiten bestehen und *unter welchen Voraussetzungen* – gesellschaftliche, soziale und individuelle – sie bestehen. «Typisch» heißt hier, dass in der Besonderheit einer konkreten situationsbezogenen Handlung das Allgemeine – das Gesetzmäßige im Sinne von Lewin – enthalten ist. Das Einzelne verweist auf eine Grundsituation, die nicht beliebig, sondern gesellschaftlich gesetzt ist. Um etwas als «typisch» bezeichnen zu können, braucht man eine Theorie, die erklärt, warum etwas typisch oder charakteristisch ist, warum in Situationen einer bestimmten Art so und nicht anders gehandelt wird.

Schon in den frühen 1980er Jahren hat die Kritische Psychologie diese

Art der Verallgemeinerung herausgearbeitet (vgl. Holzkamp 1983, Kap. 9). Sie betonte einerseits die wichtige Rolle der Theorie für die Verallgemeinerung vom Einzelfall auf Fälle dieser Art; andererseits wies sie darauf hin, dass die Betroffenen selbst auch an der Verallgemeinerung beteiligt werden sollten. Im Einzelfall, der verallgemeinert, d. h. an dem das Allgemeine herausgearbeitet wurde, können sich andere mit ihrer ähnlichen Handlungsproblematik wiedererkennen, und indem sie sich unter diesen Fall subsumieren, sie also einräumen, dass das auch für sie zutrifft, belegen sie, was an dem Einzelfall verallgemeinert werden kann. Dies hat für die Forschung *und* die Praxis eine wichtige Bedeutung. Durch das praktische Lernen am Fall werden für mich Handlungsmöglichkeiten erfahrbar. Deshalb nannte Klaus Holzkamp dies «Möglichkeitsverallgemeinerung» (1983, S. 545 ff.).

Heute wird die wichtige Rolle der Kontrastierung und des Vergleichs von Fällen zur Konstruktion von verallgemeinerten Typen betont (vgl. Kelle & Kluge 1998). Dies hat Ähnlichkeit mit der geschilderten kritisch psychologischen Position, nur dass im Ansatz der Kritischen Psychologie die Fälle *sich selbst* vergleichen und kontrastieren und damit zur Validierung zusätzlich beitragen.

5 Praxisrelevanz von Fallanalysen

Die Verallgemeinerung durch Typisierung ist in der Fallanalyse kein Selbstzweck. Diese Art von Forschung hat vielmehr eine hohe Relevanz für die Praxis. In der Praxis hat man es mit konkreten Fällen zu tun, und aus den Fallanalysen kann man unmittelbar etwas für die praktische Arbeit lernen. Die typisierten Fälle haben dabei eine Beispielfunktion, aber keine idealisierte Vorbildfunktion. Bisher gibt es für die Fallbesprechungen, die in vielen Praxisfeldern die Regel darstellen, kaum wissenschaftliche Bezugspunkte, da die qualitative Einzelfallmethode bisher nur eine Randerscheinung des psychologischen Wissenschaftsbetriebs darstellt.

Ergebnisse von Fallanalysen können ein wichtiges Hilfsmittel für die Experten darstellen, aber auch für die Betroffenen selbst. In Selbsthilfegruppen wird z. B. versucht, aus Falldarstellungen zu lernen. Zusätzlich können Einzelmethoden der Fallanalyse, wie die ethnographische Haltung der Phänomenoffenheit und der verfremdenden Perspektive, zur Verbesserung der professionellen Praxis adaptiert werden (vgl. Breit 1991; Schütze 1994).

Der Wert der Einzelfallanalyse wurde in der Praxis längst erkannt, und auf vielfältige Weise wird in der Praxis damit gearbeitet. Umso betrüblicher, dass die akademische Psychologie einen anderen Weg eingeschlagen hat. «Eine variablenisolierende Psychologie mag unter dem Gesichtspunkt anwendungsferner Forschungsinteressen zu brauchbaren Ergebnissen führen, in der Praxis sind diese jedoch nur sehr bedingt zu verwerten» (Plaum 1992, S. 5).

Literatur

Alemann, H. v. & Ortlieb, P. (1975). Die Einzelfallstudie. In: J. v. Koolwijk & M. Wieken-Mayser (Hg.), Techniken der empirischen Sozialforschung, Bd. 2, S. 157–177. München.

Bourdieu, P. (1992). Verstehen. In: P. Bourdieu (Hg.), Das Elend der Welt, S. 779–802. Frankfurt/M.

Brähler, E. & Adler, C. (Hg.) (1996). Quantitative Einzelfallanalysen und qualitative Verfahren. Gießen.

Breit, G. (1991). Mit den Augen des anderen sehen – Eine neue Methode zur Fallanalyse. Schwalbach/Ts.

Bühler, Ch. (1991). Das Seelenleben des Jugendlichen (1. Aufl. 1921). Stuttgart.

Deutsche Shell (Hg.) (2000). Jugend 2000. Bd. 2. Opladen.

Fatke, R. (1997). Das Allgemeine und das Besondere in pädagogischen Fallgeschichten. In: K. Binneberg (Hg.), Pädagogische Fallstudien. Frankfurt/M.

Flick, U. (1992). Entzauberung der Intuition. Triangulation von Methoden und Datenquellen als Strategie der Geltungsbegründung und Absicherung von Interpretationen. In: J. Hoffmeyer-Zlotnik (Hg.), Analyse qualitativer Daten, S. 11–55. Opladen.

Flick, U. (1995). Qualitative Forschung. Theorie, Methoden, Anwendung in Psychologie und Sozialwissenschaften. Reinbek.

Goode, W. J. & Hatt, P. K. (1972). Die Einzelfallstudie. In: R. König (Hg.), Beobachtung und Experiment in der Sozialforschung, S. 299–313. Köln.

Grotz, U. (1999). Liebe Klasse 9c. Erfahrungen mit Schülerinnen und Schülern. Hohengehren.

Held, J. & Spona, A. (1999). Jugend zwischen Ausgrenzung und Integration. Ergebnisse eines internationalen Projekts. Hamburg.

Hildenbrand, B. (1999). Fallrekonstruktive Familienforschung. Opladen.

Holzkamp, K. (1983). Grundlegung der Psychologie. Frankfurt/M.

Julius, H., Schlosser, R. W. & Goetze, H. (2000). Kontrollierte Einzelfallstudien. Eine Alternative für sonderpädagogische und klinische Forschung. Göttingen.

Kappeler, M., Holzkamp, K. & Osterkamp, U. (1977). Psychologische Therapie und politisches Handeln. Frankfurt/M.

Kelle, U. & Kluge, S. (1998). Vom Einzelfall zum Typus. Fallvergleich und Fallkon-

trastierung in der qualitativen Sozialforschung (Qualitative Sozialforschung, Bd. 4). Opladen.
Kern, H. (1997). Einzelfallforschung. Eine Einführung für Studierende und Praktiker. Weinheim.
Kluge, S. (1999). Empirisch begründete Typenbildung. Zur Konstruktion von Typen und Typologien in der qualitativen Sozialforschung. Opladen.
Lamnek, S. (1989). Qualitative Sozialforschung. Bd. 2, Methoden und Techniken. München.
Lewin, K. (1981). Gesetz und Experiment in der Psychologie. In: C.-F. Graumann (Hg.), Kurt-Lewin-Werkausgabe, Bd. 1, S. 279–321.
Lewin, K. (1983). Wissenschaftslehre. In: C.-F. Graumann (Hg.), Kurt-Lewin-Werkausgabe, Bd. 2, S. 319–473.
Petermann, F. & Hehl, F.-J. (Hg.) (1979). Einzelfallanalyse. München.
Plaum, E. (1992). Psychologische Einzelfallarbeit. Einführendes Lehrbuch zu den Voraussetzungen einer problemorientierten Praxistätigkeit. Stuttgart.
Rüppell, M. (1979). Einzelfallanalyse und Subjekt. In: F. Petermann & F.-J. Hehl (Hg.), Einzelfallanalyse. München.
Schütze, F. (1994). Ethnographie und sozialwissenschaftliche Methoden der Feldforschung. Eine mögliche methodische Orientierung in der Ausbildung und Praxis der sozialen Arbeit? In: N. Groddeck & M. Schumann (Hg.), Modernisierung sozialer Arbeit durch Methodenentwicklung und -rezeption, S. 189–297. Freiburg.
Stake, R. E. (1995). The Art of Case Study Research. London.
Strauss, A. L. (1991). Grundlagen qualitativer Sozialforschung. München.
Whyte, W. F. (1996). Die Street Corner Society. Die Sozialstruktur eines Italienerviertels. Berlin/New York.

Gabriele Rosenthal

3.1.4 Biographieforschung

1 Standortbestimmung und theoretische Vorannahmen

Die Biographieforschung, die mit niedergeschriebenen oder in Interviews erzählten Lebensgeschichten arbeitet, ist in den Sozial- und Humanwissenschaften längst nicht mehr nur eine Methode unter anderen. Sie hat sich insbesondere in der Soziologie (vgl. Fischer-Rosenthal 1991; Fuchs-Heinritz 1998) und in den Erziehungswissenschaften (vgl. Krüger & Marotzki 1999) mittlerweile als Teildisziplin mit allgemeintheoretischem Anspruch etabliert. Auch in den Geschichtswissenschaften hat die Oral History, deren Vertreter biographische Interviews als weitere Quelle für ihre Analyse historischer Epochen nutzen und meist auch mit narrativ-interpretativen Methoden arbeiten (vgl. v. Plato 1998; Sieder 1999), zunehmend an Bedeutung gewonnen.

Dagegen fehlt es der Biographieforschung in der Psychologie – insbesondere in der deutschen akademischen Psychologie – noch weitgehend an Anerkennung. Dies geht auf den positivistischen Mainstream der Psychologie zurück, der sich weit mehr an den Naturwissenschaften als an den Traditionen verstehender und hermeneutischer Ansätze orientiert. So ist es auch nicht erstaunlich, dass die Diskussion um biographische Methoden in der Psychologie häufig noch mit dem Anspruch auf Repräsentativität und numerische Verallgemeinbarkeit, die auf der Häufigkeit des Auftretens eines Phänomens beruht, geführt wird. Dies manifestiert sich vor allem bei der Auswertung von zunächst noch offen oder halbstandardisiert erhobenen «Daten», bei denen – z. B. von Hans Thomae – eine Verknüpfung qualitativer und quantitativer Verfahren als Ziel der Verallgemeinerung angestrebt wird. Thomae (1991, S. 522) integrierte bereits Mitte der 1950er Jahre biographische Daten in seine Analysen und reagierte damit zu Recht auf ein Defizit an lebenslauforientierten Konzepten. Andererseits disqualifiziert er aufgrund seiner quantitativen Grundorientierung die interpretative Biographieforschung als «essayistisch» und «neudeutsch».

In der *interpretativen Biographieforschung* strebt man keine numerischen, sondern theoretische Verallgemeinerungen an. Gefordert wird hier die Verallgemeinerung am Einzelfall, und es wird von daher sowohl mit offenen Erhebungs- als auch mit hermeneutischen Auswertungsmethoden gearbeitet. In der Soziologie vollzog sich bereits Anfang der 1980er Jahre eine Trennung zwischen der mit quantitativen Methoden arbeitenden *Lebensverlaufsforschung* und einer qualitative Methoden einsetzenden *Biographieforschung*. Während sich die Lebensverlaufsforschung mit den «faktischen» Ereignissen im Lebenslauf beschäftigt, fragt die Biographieforschung nach den Sinnsetzungsakten und den biographischen Konstruktionen der Autobiographinnen und Autobiographen (im Folgenden Biographen) selbst. Es wird nicht gezielt nach vorab definierten Lebensereignissen gefragt, sondern vielmehr danach, welche Erlebnisse für die Befragten selbst biographisch relevant sind, wie sie diese Erlebnisse damals und heute deuten und wie sie ihr Leben in einen Sinnzusammenhang, in ein Konstrukt, das wir Biographie nennen, stellen. Biographieforscherinnen dieser Richtung verwenden biographische Methoden schon längst nicht mehr nur gelegentlich bei bestimmten Fragestellungen, wie dies in den Anfängen der Biographieforschung der Fall war. Aufgrund theoretischer Annahmen formulieren sie vielmehr ihre empirischen Fragestellungen biographisch.

Eine dieser Annahmen lautet: Um soziale oder psychische Phänomene verstehen zu können, müssen wir ihre Genese, und dies heißt auch die sequenzielle Gestalt der biographischen Erlebnisse, rekonstruieren. Mit anderen Worten: Um ein gegenwärtiges Phänomen wie ein niedriges Selbstbewusstsein, Probleme in der Ausbildung, neonazistische Strömungen in einer Gesellschaft oder das Leiden an Ängsten verstehen und erklären zu können, benötigen wir Einblick in die Geschichte der Personen, in ihre Biographien. Dies bedeutet: Wir fragen danach, welche Erfahrungen den uns interessierenden Phänomenen in welcher Abfolge vorausgingen und welche diesen folgten.

Die zweite, für interpretativ arbeitende Sozialforscher generell geltende Annahme ist: Um das Handeln von Menschen zu verstehen, ist es notwendig, die Perspektive der Handelnden kennen zu lernen. Wir müssen erfahren, welche Bedeutungen sie selbst ihren Handlungen geben und in welchen Sinnzusammenhang sie ihre Erlebnisse stellen. Diese in der Soziologie von Max Weber und später von Alfred Schütz noch differenzierter formulierte Prämisse gilt auch für eine verstehende Psychologie. Zunächst, bevor aus den empirischen Rekonstruktionen theoretische Verallgemeinerungen gezogen werden, benötigen die psychologische, die soziologische oder auch die historische Biographieforschung keine unterschiedlichen Methoden zur Erhebung und Auswertung von Lebensgeschichten. Mittels der erzählten Lebensgeschichte wird es vielmehr möglich, dass wir Sozial- und Humanwissenschaftlerinnen das Wechselverhältnis zwischen Individuum und Gesellschaft sowie die gegenwärtige Relevanz historischer Vergangenheiten nicht aus den Augen verlieren. Die individuelle Geschichte eines Menschen und die kollektive Geschichte, die subjektiven und die gesellschaftlichen Wirklichkeiten, durchdringen sich immer wechselseitig. Die Lebensgeschichte ist sowohl in ihrer Entwicklung als auch im gegenwärtigen deutenden Rückblick der Biographen immer beides: individuelles wie auch soziales Produkt.

2 Geschichte der Biographieforschung

Der Beginn der akademisch verankerten Biographieforschung verlief in der Psychologie und der Soziologie zeitlich ungefähr parallel, d. h. in den 1920er Jahren. In der Psychologie ist vor den biographischen Forschungen an den Universitäten zunächst die Psychoanalyse zu nennen. Nicht nur, dass das psychoanalytische Gespräch ein biographisches Verfahren darstellt; darüber hinaus hat bereits Sigmund Freud mit seinen Interpretationen biographischer Quellen von und über historische Persönlichkeiten (wie Moses oder auch Leonardo da Vinci) lebensgeschichtliche Analysen vorgelegt. Diese Arbeiten haben jedoch nicht so sehr den gesamten Lebenslauf im Blick, sondern messen biographisch relevanten Erlebnissen in der Kindheit und Jugend entscheidende Bedeutung bei (vgl. Erikson 1966).

Einen Höhepunkt erreichte die biographische akademische Forschung in den 1920er und 30er Jahren im Umkreis von Charlotte und Karl Bühler am Psychologischen Institut der Universität Wien. Basierend auf den empirischen Studien zu Kindheit und Jugend forderte Charlotte Bühler (1933) in ihrem bekannten Werk «Der menschliche Lebenslauf als psychologisches Problem» die Analyse einzelner Handlungen im Gesamtrahmen der Lebensphase und vor allem eine Ausweitung der Entwicklungspsychologie auf die gesamte Lebensspanne. Sie schreibt: «Vielmehr erschien mir unbedingt erforderlich, aus dem Ganzen und vor allem vom Ende des menschlichen Lebenslaufs her zu erfassen, was Menschen eigentlich letztlich im Leben wollen, wie ihre Ziele bis zu diesem letzten gestaffelt sind» (S. VII).

Als Beginn der soziologischen Biographieforschung wird die Migrationsstudie «The Polish Peasant in Europe and America» von William Isaac Thomas und Florian Znaniecki (1918–1920) an der University of Chicago angesehen. Neben Dokumentenanalysen zum Migrationsprozess enthält das voluminöse Werk nur eine – auf Bestellung der Autoren geschriebene – Biographie eines polnischen Migranten. Es ist weniger die konkrete biographische Analyse, die diese Arbeit so einflussreich für die weitere interpretative Soziologie und Biographieforschung werden ließ, sondern es sind vielmehr die allgemeinen methodologischen Ausführungen der beiden Autoren. Dazu gehört vor allem die Forderung, dass «die Sozialwissenschaft nicht an der Oberfläche des sozialen Prozesses bleiben (soll), wo sie nach Meinung einiger Schulen schwimmen soll, sondern (sie) muß die wirklichen menschlichen Erfahrungen und Einstellungen erreichen» (1958, II, S. 1834 f.; zitiert nach Fuchs 1984, S. 99 f.).

Inspiriert durch diese Studie blühte in den 1920er Jahren in Chicago am dortigen soziologischen Department durch die Initiative von Ernest W. Burgess und Robert E. Park die biographische Methode auf. Motiviert von der Einsicht in die Notwendigkeit des «getting inside of the actor's perspective» erkannte man nun die Vorteile der biographischen Fallstudie zur Erfassung subjektiver Perspektiven von Mitgliedern unterschiedlicher Milieus.

Ab den 1970er Jahren hat in der Soziologie eine zunehmende Rückbesinnung auf die Arbeiten der Chicago School eingesetzt. Dies führte zu einem regelrechten Boom der interpretativen Biographieforschung – vor allem in der deutschsprachigen, aber auch der internationalen Soziologie. Der erste Sammelband zur Biographieforschung wurde 1978 von Martin Kohli herausgegeben; 1984 folgte ein weiterer (Kohli & Robert 1984). Kohli trug mit seinen programmatischen und empirischen Schriften wesentlich zur Institutionalisierung der Biographieforschung in der deutschen Soziologie bei (vgl. Kohli 1985, sowie Fischer & Kohli 1987). Bis heute expandiert diese Forschungsrichtung in den unterschiedlichen Fachdisziplinen. Erzählte Lebensgeschichten sind in der Soziologie Ausgangsmaterial für die Rekonstruktion sozialer Milieus und sozialen Handelns in seiner Entstehungsgeschichte. Einige Forschungsbeispiele seien an dieser Stelle genannt: Es liegen Arbeiten zu berufsbiographischen Verläufen (Alheit & Dausien 1985; Brose 1986), Studien zu Migrationsverläufen (Apitzsch 1999), zu Krankheit und Biographie (Fischer 1986; Hanses 1996; Hildenbrand 1983; Riemann 1988), zu Religion und Biographie (Wohlrab-Sahr 1995), zu Biographie und Geschlecht (Dausien 1996) und schließlich zur biographischen Bedeutung des Nationalsozialismus (Bude 1987; Rosenthal 1997) vor.

Auch die Psychologie entdeckt in den letzten Jahren das Biographiekonzept neu, bisher allerdings unter geringer Rezeption der soziologischen Biographieforschung. In der Bundesrepublik sind insbesondere die Arbeiten von Gerd Jüttemann zu nennen, der zusammen mit Hans Thomae zwei Sammelbände herausgab (1987; 1998). Jüttemann (1998) fordert mit seinem Konzept der komparativen Kasuistik, psychologische Phänomene in ihrer Entwicklung zu untersuchen und sie in ihrem Entstehungs- und Verursachungszusammenhang zu verstehen und zu erklären. Auf internationaler Ebene haben die Arbeiten von Jerome Bruner (1990), George C. Rosenwald und Richard L. Ochberg (1992) – um nur einige zu nennen – zu einer Rückbesinnung auf eine verstehende Psychologie und vor allem zu einer mit narrativen Methoden arbeitenden Biographieforschung geführt. Die amerikanische Psychologin Ruthellen Josselson und die israelische Psychologin Amia Lieblich geben seit 1993 das Jahrbuch «The narrative study of lives» heraus, das Arbeiten der narrativen biographischen Forschung in der akademischen Psychologie vorstellt. Zu den wenigen Vertretern in Deutschland gehören Jürgen Straub (1993) und Wolfgang Kraus (1996).

3 Zu den Methoden der interpretativen Biographieforschung

Die Konstruktion der Erzählaufforderung

Die offenste Form der Aufforderung zur Lebenserzählung, die jede Themenbeschränkung vermeidet, lautet etwa so:
«Ich möchte Sie bitten, mir Ihre (Familien- und Ihre) Lebensgeschichte zu erzählen, all die Erlebnisse, die Ihnen einfallen. Sie können sich dazu so viel Zeit nehmen, wie Sie möchten. Ich werde Sie erst einmal nicht unterbrechen, mir nur einige Notizen machen und später noch darauf zurückkommen.»
Die geschlossenere Form, die auf einen Lebensbereich oder eine Lebensphase beschränkt ist, lautet ungefähr so:
«Wir sind am Leben von Menschen interessiert, die ... (unter Ängsten leiden oder Probleme in der Schule hatten). Vielleicht fangen Sie einmal an zu erzählen, als Sie ... (zum ersten Mal unter Ängsten litten oder in die Schule kamen), und erzählen bis in die Gegenwart ... (bis zum Ende Ihrer Schulzeit).»
Eine Form dazwischen:
«Wir interessieren uns für die Lebensgeschichte von Menschen, die unter Ängsten leiden (Probleme in der Schule hatten). Wir möchten Sie bitten, uns Ihre Lebensgeschichte zu erzählen, also nicht nur von Ihren Ängsten (Ihrer Schulzeit) zu berichten, sondern über all die Erlebnisse in Ihrem Leben (auch aus der Zeit davor und der Zeit danach), die Ihnen heute einfallen.»

Die Phasen des biographisch-narrativen Interviews:

1. Phase
Die Erzählaufforderung
Die autonom gestaltete Haupterzählung oder biographische Selbstpräsentation
2. Phase
Erzählgenerierende Nachfragen:
a) anhand der in Phase 1 notierten Stichpunkte
b) externe Nachfragen
Interviewabschluss

Das biographisch-narrative Interview

Um eine Lebensgeschichte oder auch einzelne Lebensbereiche und -phasen rekonstruieren zu können, werden meist biographisch-narrative Interviews geführt. Fritz Schütze (1976; 1983) stellte diese Interviewform sowie eine textanalytische Auswertung erzählter Lebensgeschichten bereits in den 1970er Jahren vor. Das Verfahren des «narrativen Interviews» wurde seither, insbesondere was die Erweiterung der Nachfragetechniken betrifft (vgl. Rosenthal 1995, S. 186–207), weiterentwickelt.

Beim narrativen Interview werden die Interviewpartner zunächst zur ausführlichen Erzählung ihrer Lebensgeschichte oder Phasen und Bereichen ihres Lebens aufgefordert (zur Erzählaufforderung siehe Kasten). Die auf diese Erzählaufforderung folgende Haupterzählung wird nicht durch Detaillierungsfragen unterbrochen. Erst in der zweiten Phase des Gesprächs werden erzählgenerierende Nachfragen gestellt (zur Technik des Nachfragens vgl. Fischer-Rosenthal & Rosenthal 1997, S. 417 f.). Dadurch, dass die Gesprächspartnerinnen zunächst zu einer längeren Erzählung von eigenerlebten Ereignissen motiviert werden, können Erinnerungsprozesse unterstützt werden, die Biographen können entlang ihrer Relevanzen erzählen, und es wird deutlich, in welchen Sinnzusammenhang sie ihre Erlebnisse einbetten. Über Kognitionen, Gefühle oder Motive erfahren wir nicht losgelöst von der Handlungsgeschichte, sondern sie sind eingebettet in die Erzählungen biographischer Erlebnisse. Erzählungen eigenerlebter Erfahrungen haben im Unterschied zu Argumentationen und Beschreibungen zudem den Vorteil, dass sie dem konkreten Handeln und damit auch dem Erleben in der Vergangenheit der erzählten Situationen näher stehen. Argumentationen hingegen, die wir leicht mit Fragen wie «Weshalb haben Sie …?» oder «Warum entschieden Sie sich zu …?» evozieren könnten, werden stärker aus der Gegenwartsperspektive und unter dem Gesichtspunkt sozialer Erwünschtheit formuliert. Während wir beim Erzählen von Erlebnissen eher mit unseren Erinnerungen als mit den Zuhörern interagieren, richten sich unsere Erklärungen über Erlebtes stärker an die Gesprächspartner.

Biographische Fallrekonstruktionen

Neben der von Fritz Schütze (1983) vorgestellten Textanalyse haben sich in den letzten Jahren etliche Modifikationen bzw. Verbindungen mit anderen interpretativen Verfahren, insbesondere mit der strukturalen Hermeneutik von Ulrich Oevermann (1979), etabliert (vgl. Hildenbrand 1991;

Wohlrab-Sahr 1992). Mit einer solchen Verbindung arbeitet auch die Autorin sowie Wolfram Fischer-Rosenthal (vgl. Rosenthal 1995, S. 186–226; Fischer-Rosenthal & Rosenthal 1997; Fischer-Rosenthal 1996).

Gemeinsam ist den verschiedenen Verfahren ihr rekonstruktives und sequenzielles Vorgehen. Mit «rekonstruktiv» ist gemeint, dass nicht, wie etwa bei der Inhaltsanalyse, mit vorab definierten Kategorien an den Text herangegangen wird, sondern dass vielmehr die Bedeutung einzelner Passagen aus dem Gesamtzusammenhang des Interviews erschlossen wird. Unter «sequenziell» verstehen wir ein Vorgehen, bei dem die zeitliche Struktur sowohl von *erlebter* als auch von *erzählter* Lebensgeschichte analysiert wird. Es wird nicht nur gefragt, wie sich die einzelnen biographischen Erfahrungen aufgeschichtet haben, sondern auch, in welcher Reihenfolge die Biographen sie in ihrer Lebenserzählung präsentieren. In dem von der Autorin vorgestellten Verfahren (vgl. Rosenthal 1995) ist es dabei entscheidend, zwischen erzählter und erlebter Lebensgeschichte zu differenzieren und in getrennten Analyseschritten der biographischen Bedeutung in der Vergangenheit und der Bedeutung der Selbstpräsentation in der Gegenwart nachzugehen. Beginnt z. B. eine Biographin ihre Lebenserzählung mit einer ausführlichen Geschichte über einen Bombenangriff im Jahre 1943, den sie als zwölfjähriges Mädchen erlebte, fragen wir nicht nur, welche biographische Bedeutung dieses Erlebnis für das Kind hatte. Wir fragen uns auch, weshalb die Biographin mit dieser Erzählung beginnt, welche Funktion diese Geschichte für ihre biographische Selbstdarstellung hat bzw. mit welchem Image sie sich präsentiert. Bei diesem Beispiel könnten wir der Frage nachgehen, ob sich die Biographin mit dem Image «Ich hatte eine leidvolle Kindheit» oder vielleicht etwa mit dem Image «Ich bin Opfer des Zweiten Weltkrieges» präsentieren will. Doch erst die sequenzielle Analyse der gesamten biographischen Selbstpräsentation kann uns darüber Aufschluss geben.

Die Entscheidung für eine Biographieforschung, die mit interpretativen Methoden arbeitet, bedeutet also auch, sich andere als die in der Methodenausbildung gängigen Verfahren anzueignen und sich nicht nur auf sein intuitives Gespür zu verlassen. Andernfalls wäre der Essayismusvorwurf berechtigt.

Literatur

Alheit, P. & Dausien, B. (1985). Arbeitsleben. Frankfurt/M./New York.
Apitzsch, U. (Hg.) (1999). Migration und Traditionsbildung. Opladen.
Brose, H.-G. (Hg.) (1986). Berufsbiographien im Wandel. Opladen.

Bruner, J. (1990). Acts of Meaning. Cambridge.
Bude, H. (1987). Deutsche Karrieren. Lebenskonstruktionen sozialer Aufsteiger der Flakhelfer-Generation. Frankfurt/M.
Bühler, C. (1933). Der menschliche Lebenslauf als psychologisches Problem. Leipzig.
Dausien, B. (1996). Biographie und Geschlecht. Zur biographischen Konstruktion sozialer Wirklichkeit in Frauenlebensgeschichten. Bremen.
Erikson, E. (1966). Identität und Lebenszyklus. Frankfurt/M.
Fischer, W. (1986). Alltagszeit und Lebenszeit in Lebensgeschichten von chronisch Kranken. In: K. Hurrelmann (Hg.), Lebenslage, Lebensalter, Lebenszeit, S. 157–171. Weinheim/Basel.
Fischer, W. & Kohli, M. (1987). Biographieforschung. In: W. Voges (Hg.), Methoden der Biographie- und Lebenslaufforschung, S. 25–49. Opladen.
Fischer-Rosenthal, W. (1991). Biographische Methoden in der Soziologie. In: U. Flick, E. v. Kardorff, H. Keupp, L. v. Rosenstiel & St. Wolff (Hg.), Handbuch Qualitative Sozialforschung, S. 253–256. München.
Fischer-Rosenthal, W. (1996). Strukturale Analyse biographischer Texte. In: E. Brähler & C. Adler (Hg.), Quantitative Einzelfallanalysen und qualitative Verfahren, S. 147–208. Gießen.
Fischer-Rosenthal, W. & Rosenthal, G. (1997). Narrationsanalyse biographischer Selbstpräsentationen. In: R. Hitzler & A. Honer (Hg.), Sozialwissenschaftliche Hermeneutik, S. 133–164. Opladen.
Fuchs, W. (1984). Biographische Forschung. Opladen.
Fuchs-Heinritz, W. (1998). Soziologische Biographieforschung: Überblick und Verhältnis zur Allgemeinen Soziologie. In: G. Jüttemann & H. Thomae (Hg.) (1998), Biographische Methoden in den Humanwissenschaften, S. 3–23. Weinheim.
Hanses, A. (1996). Epilepsie als biographische Konstruktion. Eine Analyse von Erkrankungs- und Gesundungsprozessen anfallserkranker Menschen anhand erzählter Lebensgeschichten. Bremen.
Hildenbrand, B. (1983). Alltag und Krankheit – Ethnographie einer Familie. Stuttgart.
Hildenbrand, B. (1991). Fallrekonstruktive Forschung. In: U. Flick, E. v. Kardorff, H. Keupp, L. v. Rosenstiel & St. Wolff (Hg.). Handbuch für Qualitative Sozialforschung, S. 256–259. München.
Josselson, R. & Lieblich, A. (Eds.) (1993–1999). The narrative study of lives. Vol. 1–6. Thousand Oaks.
Jüttemann, G. (1998). Genetische Psychologie und Komparative Kasuistik. In: G. Jüttemann & H. Thomae (Hg.), S. 111–131.
Jüttemann, G. & Thomae, H. (Hg.) (1987). Biographie und Psychologie. Berlin/ Heidelberg/ New York.
Jüttemann, G. & Thomae, H. (Hg.) (1998). Biographische Methoden in den Humanwissenschaften. Weinheim.
Kohli, M. (Hg.) (1978). Soziologie des Lebenslaufs. Darmstadt/Neuwied.
Kohli, M. (1985). Die Institutionalisierung des Lebenslaufs. Historische Befunde

und theoretische Argumente. Kölner Zeitschrift für Soziologie und Sozialpsychologie 37, S. 1–29.
Kohli, M. & Robert, G. (Hg.) (1984). Biographie und soziale Wirklichkeit. Stuttgart.
Kraus, W. (1996). Das erzählte Selbst. Die narrative Konstruktion von Identität in der Spätmoderne. Pfaffenweiler.
Krüger, H. H. & Marotzki, W. (Hg.) (1999). Handbuch Biographieforschung. Opladen.
Oevermann, U. et al. (1979). Die Methodologie einer objektiven Hermeneutik und ihre allgemeine forschungslogische Bedeutung in den Sozialwissenschaften. In: H.-G. Soeffner (Hg.), Interpretative Verfahren in den Sozial- und Textwissenschaften, S. 352–434. Stuttgart.
Plato, A. v. (1998). Erfahrungsgeschichte – von der Etablierung der Oral History. In: G. Jüttemann & H. Thomae (Hg.), S. 60–74.
Riemann, G. (1988). Das Fremdwerden der eigenen Biographie. München.
Rosenthal, G. (1995). Erlebte und erzählte Lebensgeschichte. Frankfurt/M.
Rosenthal, G. (Hg.) (1997). Der Holocaust im Leben von drei Generationen. Familien von Überlebenden der Shoah und von Nazi-Tätern. Gießen.
Rosenwald, G. C. & Ochberg, R. L. (Eds.) (1992). Storied lives: The cultural politics of self-understandings. New Haven, CT.
Schütze, F. (1976). Zur Hervorlockung und Analyse von Erzählungen thematisch relevanter Geschichten im Rahmen soziologischer Feldforschung. In: Arbeitsgruppe Bielefelder Soziologen, Kommunikative Sozialforschung, S. 159–260. München.
Schütze, F. (1983). Biographieforschung und narratives Interview. Neue Praxis 3, S. 283–293.
Sieder, R. (1999). Brüchiges Leben. Biographien in sozialen Systemen. Wien.
Straub, J. (1993). Zeit, Erzählung, Interpretation. Zur Konstruktion und Analyse von Erzähltexten in der narrativen Biographieforschung. In: H. Röckelein (Hg.), Möglichkeiten und Grenzen der psychohistorischen Biographieforschung, S. 143–183. Tübingen.
Thomae, H. (1991). Biographische Methoden in der Psychologie. In: U. Flick, E. v. Kardorff, H. Keupp, L. v. Rosenstiel & St. Wolff (Hg.) (1991), Handbuch Qualitative Sozialforschung, S. 249–253. München.
Thomas, W. I. & Znaniecki, F. (1958). The Polish Peasant in Europe and America. 2 Bde. New York (Neuausgabe der 2. Auflage von 1928, zuerst 1918–1920).
Wohlrab-Sahr, M. (1992). Biographische Unsicherheit. Formen weiblicher Identität in der «reflexiven Moderne»: Das Beispiel der Zeitarbeiterinnen. Opladen.
Wohlrab-Sahr, M. (Hg.) (1995). Biographie und Religion. Frankfurt/M.

Weiterführende Literatur

Fischer, W. & Kohli, M. (1987). Biographieforschung. In: W. Voges (Hg.), Methoden der Biographie- und Lebenslaufforschung, S. 25–49. Opladen.
Fischer-Rosenthal, W. (1991). Biographische Methoden in der Soziologie. In: U. Flick, E. v. Kardorff, H. Keupp, L. v. Rosenstiel & St. Wolff (Hg.) (1991). Handbuch Qualitative Sozialforschung, S. 253–256. München.

Fuchs, W. (1984). Biographische Forschung. Opladen.
Jüttemann, G. & Thomae, H. (Hg.) (1998). Biographische Methoden in den Humanwissenschaften. Weinheim.
Rosenthal, G. (1995). Erlebte und erzählte Lebensgeschichte. Frankfurt/M.

Florian Straus

3.2 Netzwerkanalyse

1 Wohin man blickt: Netzwerke

Wer heute durch die Welt der Wörter surft – gleich, ob er sich mit Tageszeitungen beschäftigt oder sich in fachwissenschaftlichen Gefilden tummelt –, findet die Netzwerkmetapher stets aufs Neue. Ob angesichts der Spardebatte der öffentlichen Hand beklagt wird, dass das soziale Netz zu zerreißen drohe, ob die globale Verflechtung der Aktienwelt und die Ohnmacht nationaler Politik beklagt wird, das Internet in seiner gesellschaftsverändernden Qualität mal euphorisch bejubelt oder skeptisch bewertet wird oder Sozialwissenschaftler unsere Gesellschaft bereits als Netzwerkgesellschaft sehen, immer wider stößt man auf die Verwendung des Netzwerkbegriffs. Nun kennt man das Phänomen, wenn Begriffe «kaugummiartig» auf alles ausgedehnt werden. Der spezifische Erkenntnisgewinn wird mit jeder Verwendung weniger, die Diffusität dessen, was der/die jeweilige Autor/in mit dem Begriff eigentlich sagen will, größer. Doch mir scheint dies beim Netzwerkbegriff nur der halbe Teil der Wahrheit. Der andere Teil besteht darin, dass immer öfter erkannt wird, wie netzförmig viele der unsere Welt prägenden Systeme tatsächlich sind, und immer mehr Autoren versuchen, den Netzwerkbegriff für sich theoretisch wie methodisch nutzbar zu machen. Ein wenig radikal formuliert: Früher dachte man, die Erde sei eine Scheibe, dann eine Kugel, heute scheint sie zum Netz(-werk) zu werden. Haben wir es gar mit einer zweiten kopernikanischen Revolution zu tun? Namhafte Forscher wie Castells deuten dies an. Haben sie Recht, dann entwickelt sich unser Zusammenleben in seinen sozialen wie auch technischen Bezügen zu einer vielfach verflochtenen informationstechnologischen Gesellschaft, deren Strukturen adäquat nur noch als Netzwerke verstanden werden können.

Netzwerkanalysen sind der Versuch, Netzwerke in ihren Strukturen und Funktionen zu verstehen und zu erklären. Die folgenden Kapitel nähern sich diesen Analyseschritten zwar über unterschiedliche Zugänge und verdeutlichen dennoch – aufgrund der breiten, viele Disziplinen umfassenden Verwendung des Begriffs kaum verwunderlich – nur einen Ausschnitt aus dem Spektrum netzwerkbezogener Analysen.

2 Der historische Zugang – Entwicklungspfade der Netzwerkanalyse

Wer in einer netzwerkorientierten Perspektive denkt, öffnet seinen Blick für die Gesamtheit der sozialen Beziehungen eines Menschen. Und er beschäftigt sich mit den Relationen zwischen verschiedenen Beziehungen in seinem Netzwerk. In der Entstehung dieser Perspektive und der Entwicklung einer eigenen Forschungs- und Anwendungstradition «Netzwerkanalyse» lassen sich drei Etappen unterscheiden:

- eine erste Phase von Pionieren, die den Netzwerkbegriff «erfunden», konzeptionell angedacht und methodisch in ersten Varianten entwickelt haben.
- eine zweite Phase, in der sich die Netzwerkanalyse etabliert und zu zwei unterschiedlichen Anwendungsformen ausdifferenziert hat. Diese Phase hält heute noch an
- und befindet sich möglicherweise bereits in einem Übergang zu einer dritten Phase. In dieser wird der Netzwerkbegriff radikalisiert und universalisiert.

Eine Perspektive bekommt einen Begriff – Vorläufer der Netzwerkforschung (1900–1960)

Für viele beginnt die eigentliche Geschichte der Netzwerkanalyse in den frühen 1950er Jahren mit den Studien von J. Barnes (1954) und E. Bott

(1971). Mit den Arbeiten der Manchester-Gruppe der Anthropologen, zu der beide gehörten, hat die Netzwerkanalyse eine wenn auch nicht kontinuierliche, so doch unaufhaltsame Entwicklung in den unterschiedlichsten Disziplinen erfahren.

Versteht man unter der Geburtsstunde jedoch nicht den Beginn einer mehr oder minder fortlaufenden Erfolgsgeschichte, so gibt es weitere Vorläufer, die teils metaphorisch (beispielsweise Radcliffe-Brown 1940), teils aber auch konzeptionell und methodisch sich mit Netzwerken bereits vor den Tagen von Barnes und Bott beschäftigt haben. Zwei der wichtigsten sind Jakob L. Moreno und Georg Simmel. Moreno hatte bereits 20 Jahre vor Barnes seine Idee und Methode der Soziometrie entwickelt. Er versuchte, Beziehungsgefüge von Menschen über statistische Verfahren messbar sowie über optische Verfahren visualisierbar und letztlich damit transparenter zu machen (vgl. Moreno 1954). Georg Simmel wiederum, einer der Gründungsväter der Soziologie, hatte noch einmal 26 Jahre vor Moreno zahlreiche Überlegungen zu einer Analyse sozialer Beziehungen unternommen (vgl. 1992). Auch wenn Simmel den Begriff des Netzwerks nur peripher benützt, so ist er, wie Hollstein (1999) erst kürzlich zeigen konnte, der implizite Gründungsvater einer strukturellen Netzwerkperspektive. Simmel, Moreno, Bott und Barnes ist gemeinsam, dass sie in ihren Überlegungen den Netzwerkbegriff nicht nur explizit benutzt haben, sondern ihm auch eine erste konzeptionelle oder/und methodische Gestalt gegeben haben.

Die Netzwerkanalyse etabliert sich – Klassiker der Netzwerkforschung (1960/70–2000)

Bis zum Durchbruch der Netzwerkanalyse als eigenständigem Forschungsprogramm dauert es nach Botts Veröffentlichung nochmals eine weitere Dekade. Allgemein wird dieser nächste Meilenstein der Netzwerkgeschichte (vgl. Scott 1991, S. 33) gegen Ende der 1960er und Anfang der 1970er Jahre angesiedelt. Bis dahin hatten zwar aus der Manchester-Gruppe vor allem Barnes (1972) und Mitchell die Netzwerkperspektive weiterentwickelt. Ihnen ging es dabei um die Erfassung der persönlichen, durch direkte Kontakte geprägten Lebenswelt von Individuen, und sie hatten unter Nutzung der Graphentheorie ein Instrumentarium zur Beschreibung von Netzwerken entwickelt. Aber dieses hatte eine begrenzte Reichweite. Erst mit der Blockmodellanalyse entwickelten White et al. ein Verfahren, das in der Lage war, Daten über relativ große Netzwerke zu verarbeiten. Hinzu kommt der theoretische Anspruch, den White formulierte, wonach die Netzwerkanalyse nicht eines von mehreren Verfahren der Analyse sei, sondern «the only way to construct a theory of social structure» (1976, S. 732 f.). Dieser Weg, der letztlich aus einer Formalisierung der Soziologie zu einer mathematischen Theorie bestand, wurde dann von dem Mainstream der aktuellen Netzwerkanalyse, der «social network analysis», in Teilen übernommen. Ende der 1970er Jahre gelang es, diese bis heute bestehende Forschungsrichtung institutionell abzusichern und international zu etablieren (vgl. dazu Diaz-Bone 1997, S. 20 ff.; Jansen 1999, S. 42 f.).

Interdisziplinäre Ausweitung und Entstehung von zwei «Welten» der Netzwerkanalyse

Mit der zunehmenden Anwendung der Netzwerkanalyse haben sich auch unterschiedliche Formen und Forschungsstrategien herauskristallisiert. Für ihre Unterscheidung hilfreich ist das von Burt vorgeschlagene 6-Felder-Schema:

	Akteuraggregation		
	Einzelner Akteur	Mehrere Akteure, die eine Subgruppe bilden	Viele Akteure als ein strukturiertes System
Relational	Ego-zentriertes Netzwerk als ausgedehnt und/oder multiplex	Primärgruppe als eine Clique im Netzwerk: ein Set von Akteuren, die durch kohäsive Beziehungen verbunden sind	Struktur des Gesamtnetzwerks als dicht und/oder transitiv
Positional	Inhaber einer Netzwerkposition als zentral und/oder mit Prestige versehen (prestigious)	«status/role-set» als eine Netzwerkposition: ein Set von strukturell äquivalenten Akteuren	Struktur des Gesamtnetzwerks als eine Stratifikation von «status/role-sets»

Abb. 1: Sechs Formen der Netzwerkanalyse (Burt 1980, S. 80)

Jedes dieser Felder markiert einen typischen Zugang im Rahmen einer Netzwerkanalyse. Eine zweite Unterscheidung betrifft die forschungsmethodische Herangehensweise.

Eine Richtung, die stark mit der «social network analysis» verbunden ist, arbeitet mit formalen, mathematisch geprägten Modellen und auf der Basis quantitativer Netzwerkanalysen. Sie wird im Weiteren als *formale Netzwerkanalyse* bezeichnet. Diese stellt eine spezielle soziologische Theorie und Methode dar und beruht auf allgemeinen Theoremen der mathematischen Graphen- und Gruppentheorie. Ihr Credo besteht aus einer «Geometrie sozialer Beziehungen bzw. Vermessung sozialer Netzwerke» (Keupp 1987, S. 24 f.). Ihr gegenüber steht eine *multiperspektivische Netzwerkforschung*, die in einer Vielzahl von Wissenschaften Fuß gefasst hat und mit einem breiten methodischen Zugang soziale Beziehungen nicht als einfache Variable operationalisiert, sondern stets als relationales eigenständiges System begreift und in unzählige mehr oder minder komplexe Fragestellungen einbringt. Sie teilt die formale Rigorosität und Abstraktheit der formalen Netzwerkanalyse nicht, um den Preis, dass sich ihre Ansätze und Studien kaum einem bestimmten Vorgehen zuordnen lassen.

Diese beiden «Welten» haben bislang nur partielle Schnittstellen. Der als «Klassiker» für die Netzwerkanalyse bis heute zentrale Autor Barry Wellman symbolisiert jedoch, dass diese unterschiedlichen Strategien sich nicht diametral und unversöhnlich gegenüberstehen müssen. Gerade in der von ihm jüngst durchgeführten Netville-Studie (vgl. Hampton & Wellman 1999) zeigt er erneut einen guten Weg für einen fast eklektizistischen Umgang mit den methodischen Prämissen der formalen Netzwerkanalyse.

Rezeption des Netzwerkkonzepts in der Psychologie

Betrachtet man die Rezeption des Netzwerkkonzepts in der Psychologie, so fällt auf, dass sie keine eigene Gestalt gewonnen hat. Sie schwankte, wie Röhrle (1994) kritisiert, zwischen einer bloßen Verwendung der Begrifflichkeit bis hin zur extrem individualisierten Übernahme der ursprünglich soziologischen und sozialanthropologischen Konzepte. Dies hatte zur Folge, dass in vielen Untersuchungen nur ausgewählte Merkmale sozialer Netzwerke (v. a. das der sozialen Unterstützung) herangezogen werden. Röhrle sieht dabei eine naive Psychologisierung bis hin zur extremeren Variante, in der soziale Unterstützung unmittelbar mit einer Disposition gleichgesetzt wird.

Netzwerkanalyse als Methode der psychosozialen Praxis

Die beschriebenen drei Etappen der Netzwerkanalyse haben sich weitgehend mit der Entwicklung einer Forschungsperspektive beschäftigt. Die Netzwerkanalyse hatte jedoch fast immer auch praktische Seiten, das heißt, sie wurde auch als Verfahren für den psychosozialen Alltag gesehen und für diagnostische und interventorische Zwecke weiterentwickelt.

3 Der konzeptionell-inhaltliche Zugang – ausgewählte Ergebnisse der Netzwerkforschung

Worum geht es? – Einige begriffliche Annäherungen

In einer klassischen Definition werden soziale Netzwerke «als spezifische Mengen von Verbindungen zwischen sozialen Akteuren» beschrieben (Mitchell 1969, S. 2). Wie die Netzwerkmetapher deutlich macht, geht es dabei um die Zahl der Knoten (Akteure) und die Quantität und Qualität der Verbindungen zwischen den Knoten. Soziale Netzwerke bezeichnen dabei die spezifischen Webmuster alltäglicher sozialer Beziehungen (vgl. Keupp & Röhrle 1987, S. 7).

Die *Netzwerkperspektive* bemüht sich um einen ganzheitlichen Blick. So geht es der Netzwerkforschung nicht um den Zusammenhang von Einzelvariablen, sondern um die systematische «Darstellung der Muster (Strukturen) sozialer Netzwerke und ihrer Dynamik sowie um ihre Funktion für soziale Integration innerhalb definierter Sozialgebilde wie für den Einzelnen» (v. Kardorff 1989, S. 35). Auch in der psychosozialen Praxis reicht es nicht mehr aus (beispielsweise mittels eines Genogramms), die Herkunftsfamilie zu verstehen, sondern auch hier geht es darum, das Geflecht der gesamten Beziehungen einer Person zu erkennen und für interventorische Maßnahmen vorzubereiten.

Versucht man Netzwerke zu beschreiben, ist es hilfreich, zunächst auf einer *klassifikatorischen Ebene* zu unterscheiden zwischen primären Netzwerken (Freunde, Verwandte, Nachbarn usw.) und sekundären Netzwerken. Dazu gehören als eher geringgradig organisierte Formen u. a. Selbsthilfe-, Nachbarschafts- und Freizeitgruppen. Eher höhergradig organisiert sind nicht-professionelle sekundäre Netzwerke (wie Vereine und Vereinigungen). Trojan et al. (1987, S. 304) unterscheiden davon nochmals tertiäre Netzwerke des gemeinnützigen «dritten» Sektors (beispielsweise Wohlfahrtsverbände) und des marktwirtschaftlichen Sektors (Vernetzungen von Ärzten und anderen Heilberufen usw.).

Um zu verstehen, wie Netzwerkanalysen soziale Beziehungen zu erfassen versuchen, ist es noch notwendig, zwischen strukturellen wie auch funktionalen Aspekten eines Netzwerks zu unterscheiden. *Strukturelle Aspekte* betonen beispielsweise die Größe (Anzahl der Personen), die Häufigkeit des Kontakts, die Dichte (das Maß gegenseitiger Kenntnis der Personen), die Multiplexität (wie viele Rollen jemand in einem Netzwerk einnimmt) und andere Maßeinheiten. *Funktionale Aspekte* zielen darauf ab, die Funktionen und Leistungen der Netzwerke zu verstehen. Dabei haben, wie man beispielsweise bei Diewald (1991) nachlesen kann, Netzwerke eine Vielzahl von Funktionen und Leistungen (materielle, soziale, emotionale Unterstützung, Vermittlung von Geselligkeit und Anerkennung usw.).

Welche Ergebnisse haben Netzwerkanalysen gebracht?

Die mittlerweile kaum noch zu zählenden Studien, vor allem aus der multiperspektivischen Richtung, machen es schwer, einen Überblick zum Forschungsstand zu geben. Deshalb ist die folgende Auswahl sowohl der Themen als auch der zitierten Arbeiten zwar nicht beliebig, aber letztlich nur ein (kleiner) Ausschnitt.

- Ein zentrales Thema der Netzwerkforschung sind seit vielen Jahren *die Folgen der Modernisierung für die soziale Integration*. Es gibt mittlerweile viele Studien und Übersichtsarbeiten (vgl. Wellman 1999; Keupp 1997), die sich mit der skeptischen Sichtweise von Tönnies Wirth und anderen auseinander setzen, nach der die fortschreitende Urbanisierung überwiegend einen negativen Einfluss auf Gemeinschaften ausübt.

  Zwar lässt sich zeigen, dass Menschen heute nicht (mehr) in traditional dichte, eng gebundene Gemeinschaften eingebunden sind. Sie bewegen sich vielfach in dünnen, weitmaschigen Netzwerken mit starkem Wechsel. Die These von der verlorenen Gemeinschaft lässt sich jedoch nicht halten. So zeigt der Vergleich von Städtern und Nicht-Städtern, dass urbane Lebensformen nicht, wie häufig unterstellt, aus sich heraus isolationsfördernd sind. «Im Gegenteil, Bewohner großer Städte haben im Durchschnitt vielfältigere Kontakte zu Freunden, Arbeitskollegen oder anderen Angehörigen von Subkulturen oder Vereinen» (Keupp 1998, S. 285). Gemeinschaften sind also nicht im Verschwinden begriffen, wohl aber im Fluss: Es gibt viele multiple soziale Arenen, und die Menschen nutzen diese auch. Damit ist nicht gesagt, dass die Bezüge heute eher zufällig sind. Nach wie vor gilt das Sprichwort «Gleich und Gleich gesellt sich gern». Verändert hat sich freilich die geforderte Eigenaktivität. Nur wer eine aktive Beziehungsarbeit leistet, kann die vielfachen Funktionen von Netzwerken auch in Anspruch nehmen. Jeder wird so zum «Baumeister seines eigenen sozialen Netzes».

- Einen weiteren Schwerpunkt bilden *Untersuchungen zur Rolle und Funktion sozialer Unterstützung.* Auch hier zeigt sich, dass der Urbanisierungsprozess nicht zu einer Erosion alltäglicher informeller Hilfeleistungen führt.

Nach wie vor werden vielfältige Hilfeleistungen durch die engere Familie, Freunde, Nachbarn oder Arbeitskollegen erbracht (vgl. Grunow et al. 1983), wenngleich sich die Wege durch die größeren Entfernungen verändert haben. Mit den Selbsthilfegruppen sind sogar neue solidarische, wechselseitige Unterstützungspotenziale hinzugekommen. Die in sozialen Netzwerken geleistete soziale Unterstützung hat für das Wohlbefinden von Menschen eine entscheidende Bedeutung. Dies gilt auch für die Bewältigung von Stress, die Funktionstüchtigkeit des Immunsystems oder die Entstehung von bestimmten Stimmungszuständen wie beispielsweise Depressivität (vgl. Röhrle 1994, S. 71 ff.). Allerdings erweist die genauere Analyse, dass sich hinter dem Begriff sozialer Unterstützung ein heterogen definiertes Metakonstrukt (vgl. Röhrle 1994, S. 290) verbirgt, dessen Einfluss, wie Metaanalysen (vgl. Leppin & Schwarzer 1990; Röhrle 1994) zeigen, nicht überbewertet werden darf.

- Schließlich gibt es eine zunehmende Zahl von *Analysen zum Einfluss computergestützer Formen der Kommunikation (= CMC)*, wie sie vor allem, aber nicht nur das Internet bereitstellt. Während die einen die CMC analog zur Urbanisierung und Industrialisierung als weiteren Baustein der Erosion von Gemeinschaft ansehen (Motto: «Lost in Cyberspace»), sehen andere in den virtuellen Gemeinschaften ein Beispiel einer Idealform demokratischer, herrschaftsfreier Kommunikation, die alte Beschränkungen (durch Rasse, Geschlecht, Glaube, Geographie) überwindet (Motto: «Brave New Net World»).

Die Gruppe um Wellman kommt aufgrund eigener und anderer Arbeiten zu einem wenig besorgniserregenden Zwischenergebnis (vgl. Wellman & Hampton 1999). Danach fördert die CMC die Fähigkeit, sich mit vielen Milieus zu verbinden, während es die Einbeziehung in ein einziges Milieu abschwächt. Sie vermindert die Kontrolle eines Milieus und den Beitrag eines einzigen Milieus zum Wohlergehen einer Person. Die CMC begünstigt grenzüberschreitende Verbindungen und fördert die Wahlmöglichkeiten bei gleichzeitiger Abnahme jener Mitgliedschaften, die das unmittelbare Zugehörigkeitsgefühl unterstützen. Sie reduziert die Identifizierung und den Druck der Zugehörigkeit zu einer Gruppe, während sie die Kontingenz, Globalisierung und Unsicherheit der Teilnahme in sozialen Netzwerken erhöht.

Die Vielzahl der Arbeiten bedingt auch, dass die Netzwerkanalyse sich nicht auf ein theoretisches Grundkonzept berufen kann. Dies ist einerseits zu beklagen (vgl. Schenk 1984; Keupp 1987, S. 11; Röhrle 1994, S. 68 f. u. S. 288), andererseits erscheint mir der Versuch, eine «Gesamttheorie» zu formulieren bei einem eher formalen Begriff, der für so viele Inhaltsbereiche eine Rahmenstruktur abgibt, aussichtslos. Nicht übersehen darf man ferner, dass es für spezifische Netzwerkbezüge durchaus theoretisch interessante Ansätze gibt (als Überblick dazu Diaz-Bone 1997; Straus 2001a).

4 Der methodische Zugang – Netzwerke analysieren (und gestalten)

Wenn die These stimmt, dass unsere Welt zunehmend netzförmiger wird, stellt sich immer dringender die Frage, wie man Netzwerke adäquat analysieren kann. Deshalb gilt die Aufmerksamkeit im Folgenden einmal dem forschungsbezogenen Zugang – hier werden verschiedene quantitative wie auch qualitative Verfahren kurz beschrieben –, zum anderen der Arbeit der psychosozialen Praxis – hier geht es um unterschiedliche Methoden und Ansätze psychosozialer Netzwerkarbeit.

Quantitative Forschungsverfahren

Die meisten Untersuchungen der formalen Netzwerkanalyse (vgl. Jansen 1999, S. 63; Diaz-Bone 1997, S. 52) gehen so vor, dass sie die Akteure zu ihren Beziehungen befragen oder/und über verschiedene Erhebungsformen relationale Merkmale (wie Mitgliedschaft an einer Gruppe/Gremium, Teilnahme an bestimmten Ereignissen, Handelsströme usw.) erheben. Geht es beispielsweise um die Erhebung egozentrierter Netzwerke, werden unterschiedliche Namensgeneratoren verwandt. So hat Wellman (1993) in seiner berühmten stadtsoziologischen Analyse von East York/Toronto nach Personen außerhalb des Haushalts gefragt, denen sich der Befragte sehr nahe fühlt. Fischer (1982) hat, in der auch für den deutschen Allbus relevant gewordenen Form, zehn spezifische Namensgeneratoren verwendet (beispielsweise «Wer hat in den letzten drei Monaten bei Arbeiten in und am Haus geholfen? Mit wem bespricht der Befragte persönliche Dinge?»). Anschließend werden zu den über die jeweiligen Namensgeneratoren ermittelten Personen verschiedene Informationen eingeholt

(Kontakthäufigkeit, Art der Rollenbeziehung, soziodemographische Ähnlichkeiten usw.).

In vielen multiperspektivischen Untersuchungen sozialer Netzwerke werden Instrumente verwendet, mit denen bestimmte Leistungen/Qualitäten gemessen werden. Weitaus am häufigsten geht es dabei um die Qualität der sozialen Unterstützung (zur Übersicht Laireiter 1993). Andere Verfahren kümmern sich um den Gemeinsinn bzw. das Gefühl sozialer Integration, wie beispielsweise der Sense of Community (vgl. Stitzel et al. 1999).

Seit einigen Jahren wichtiger geworden ist die Visualisierung von Netzwerken (vgl. Freemann 2000). Insbesondere die Möglichkeiten des PC und des Internets haben hier neue Welten der Darstellung und Kommunikation ermöglicht. Beispiele aus dem Bereich der formalen Netzwerkanalyse können auch im Internet besichtigt werden.

Qualitative Forschungsverfahren

Während die Tradition der quantitativen Netzwerkanalyse inzwischen viele Beispiele kennt und bereits zu mehreren Übersichtsdarstellungen (vgl. u. a. Scott 1991; Jansen 1999) geführt hat, fehlt ein Äquivalent auf qualitativer Seite. Dies ist einerseits verwunderlich, da in der Geschichte der Netzwerkanalyse mit Elisabeth Bott bereits relativ früh ein klassisch qualitativer Ansatz einen prominenten Stellenwert hatte. Andererseits verliefen wichtige Etappen der Etablierung des Netzwerkkonzepts nicht nur parallel zur Dominanz der quantitativen Methodenherrschaft. Sie waren zudem von einer starken Formalisierung und Mathematisierung des Netzwerkkonzepts begleitet.

Seit einigen Jahren gibt es eine Reihe von Vorschlägen, wie Netzwerke im Rahmen eines qualitativen Interviews sinnvoll erhebbar sind. Diese Verfahren setzen in der Regel an der Erfahrung an, dass der klassisch qualitative Weg, soziale Beziehungen über das Interview erkennbar zu machen, weder für den/die Interviewer/in noch für den Interviewten Netzwerke befriedigend sichtbar und reflektierbar macht. Um dieses Defizit zu beseitigen, werden inzwischen verschiedene Formen der Visualisierung hinzugezogen. Im Mittelpunkt der Visualisierung stehen dabei drei Fragen:

- Will man das Netzwerk als egozentriertes Netzwerk erheben?
- Wie viele unterstützende Vorgaben bekommen der/die Interviewte bei der Darstellung seines/ihres Netzwerks?
- Will man das gesamte Netzwerk oder nur einen Teil des Netzwerks erheben?

Die meisten der bislang durchgeführten Untersuchungen bevorzugen das egozentrierte Netzwerk. Es ist das Netzwerk, das aus der Sicht der befragten Person sich in dessen Biographie entwickelt hat. In aller Regel wird das aktuelle Netzwerk erhoben. Als Methode wird zumeist das Verfahren der konzentrischen Kreise (zu methodischen Überlegungen vgl. Straus 2001b) gewählt.

Gemeinsam ist all diesen Beispielen und Vorgehensweisen, dass der/die Interviewte in eine Netzwerkkarte all jene Personen (Institutionen) einzeichnen soll, die ihm/ihr in seinen/ihren verschiedenen lebensweltlichen Kontexten wichtig sind. Lebensweltliche Kontexte können der Arbeits-/Schulbereich sein, der familiale Kontext, Freunde und Bekannte in organisierten und nicht organisierten Bereichen, Nachbarn etc. Die folgenden Beispiele von Netzwerkkarten verdeutlichen dies.

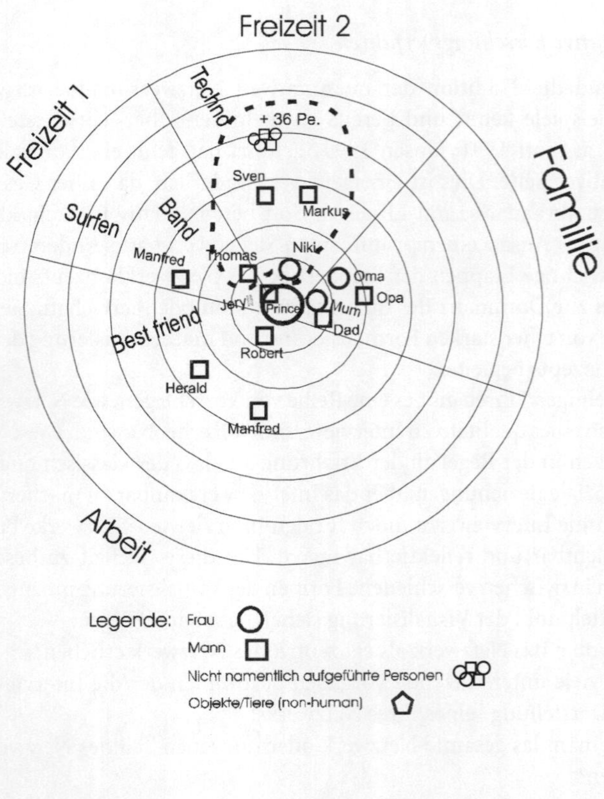

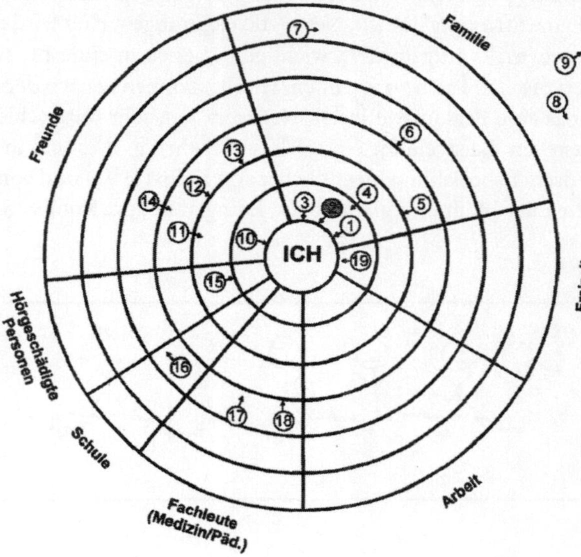

NETZWERKKARTE „FRAU WOLFF“		
BEREICH	**NR.**	**PERSONEN**
Familie	1	Hanna (Tochter, 7 J)
	2	Tom (Sohn, 12 J, gehörlos)
	3	Ehemann
	4	Oma (Mutter von Ehemann)
	5	Nichte
	6	Oma (Mutter)
	7	Patin (von Tom)
	8	Schwägerin
	9	Bruder (kein Kontakt)
Freunde	10	Lena (beste Freundin)
	11	Alexandra
	12	Susanne
	13	Sylvia - Josephine - Harald (lang befreundete Familie aus Nachbarschaft)
	14	Ina
Hörgeschädigte Personen	15	Familie (aus Heimatort)
Schule	16	Herr Neuber (Klassenlehrer von Tom)
Fachleute (Medizin/Päd.)	17	Frau Jonathan (Psychologin / Pädaudiolog. Beratungstelle)
	18	Schwester Margret (Betreuung in Schule)
Freizeit	19	Gabi
Arbeit	-	ohne Personen, aber Entspannungsfaktor

Abb. 2: Beispiele von Netzwerkkarten (links das Netzwerk eines 21-jährigen jungen Erwachsenen aus der Studie von Keupp et al. 1999, oben das Netzwerk einer Mutter eines gehörlosen Sohnes aus Hintermair et al. 2000, S. 190)

Eine Alternative zu Netzwerkkarten sind, sowohl was die Vorgaben als auch die Egozentrierung betrifft, Netzwerkzeichnungen. Hier wird der/die Betroffene ebenfalls aufgefordert, wichtige Personen in einer für sein/ihr Netzwerk typischen Form zu zeichnen. Hierbei können je nach dem inneren Bild, das eine Person von ihrem Netzwerk hat, sehr unterschiedliche Bilder entstehen. Beispiele für ein solches Vorgehen gibt es u. a. in Bezug auf Freundschaftsbeziehung Jugendlicher von Kolip (1993) und von Netzwerken schwuler Männer (vgl. Reisbeck, Edinger, Keupp, Knoll & Schmitt 1995).

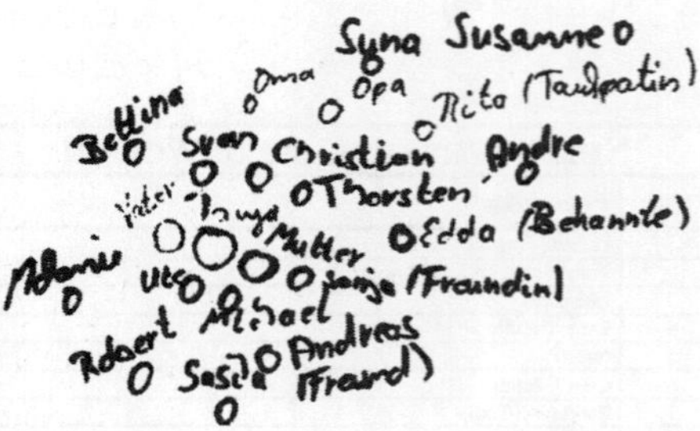

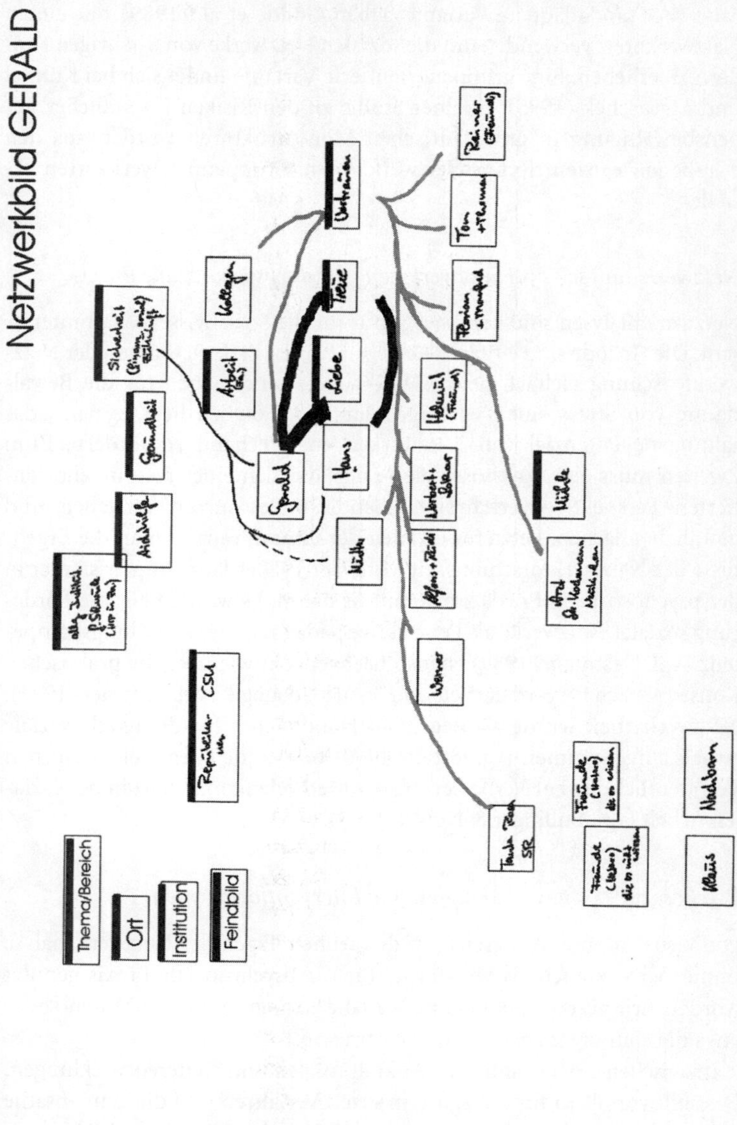

Abb. 3: Netzwerkbilder (links Zeichnungen von Freundschaftsnetzwerken aus Kolip 1993, oben das Netzwerk eines schwulen Mannes aus dem ländlichen Raum aus den Studien von Reisbeck et al. 1995)

Eine eher kindadäquate Variante haben Gödde et al. (1989) mit einem Netzwerkbrett verwendet, um die sozialen Netzwerke von 6-jährigen Kindern zu erheben. Eine gruppenorientierte Variante findet sich bei Kühnel und Matuschek (1995). In einer Studie zu den Risiken jugendlicher Lebensbewältigung in großstädtischen Monostrukturen wurden aus den erhobenen egozentrierten Netzwerkkarten Gruppennetzwerkkarten erstellt.

Netzwerkanalysen als Handwerkszeug für die psychosoziale Praxis

Netzwerkanalysen sind keineswegs nur für die Sozialwissenschaft interessant. Die Gründe sind einfach. Sie liegen einmal in dem, was von der Netzwerkforschung vielfach belegt wurde: Netzwerke haben für die Bewältigung von Stress einen wichtigen Einfluss. Folglich liegt es nahe, das salutogene Potenzial von Netzwerken entsprechend zu fördern. Zum Zweiten muss eine psychosoziale Praxis, die sich einer ressourcenorientierten Perspektive verschreibt, ebendiese Ressourcen verstehen und handhaben lernen. Letzteres ist auch der Grund, warum man die Ergebnisse der Netzwerkforschung seit Mitte der 1980er Jahre immer stärker in der psychosozialen Praxis zur Kenntnis nahm. Es wurde über die Förderung sozialer Netzwerke als Perspektive pädagogischer Handlungskompetenz (vgl. Nestmann 1989) ebenso nachgedacht wie über die praktischen Konsequenzen für Sozialarbeit und Sozialpädagogik (vgl. Lammers 1992). Netzwerkarbeit wurde als Begriff in Handbücher für die psychosoziale Arbeit aufgenommen (vgl. Straus 1990) bzw. zum Thema einer eigenen Veröffentlichung zur Verbesserung der Methodenkompetenz in der sozialen Arbeit (vgl. Bullinger & Nowak 1998).

Psychosoziale Netzwerkanalysen und Interventionsformen

Die Visualisierung ist bereits seit den frühen Tagen der Netzwerkanalyse immer wieder auch als Hilfsmittel für die psychosoziale Praxis genutzt worden. Erinnert sei hier nochmals an die Soziogramme von Moreno oder etwa die «familiy maps» von Carol Attneave.

Inzwischen gibt es zahlreiche Anknüpfungen und Weiterentwicklungen. Dies gilt vor allem für die egozentrierten Verfahren und die gemeinsame Rekonstruktion des Klientennetzwerks durch den Klienten mit Hilfe des jeweiligen professionellen Helfers. Dafür und für die Rekonstruktion durch den Berater als Unterstützung seiner Verlaufsdokumentation und als diagnostisches Hilfsmittel gibt es mit EGONET-P (vgl. Straus 2001c) ein gemeindepsychologisch fundiertes Instrumentarium, das an die Tradition egozentrierter Netzwerkkarten anknüpft und diese für die psychosoziale Praxis fruchtbar macht. Ähnliche Formen von Netzwerkkarten werden seit Jahren auch von schwedischen und norwegischen Sozialarbeitern/-arbeiterinnen (vgl. zum Überblick Bullinger & Nowak 1998) verwendet. Weitere Varianten sind Netzwerkbretter und bestimmte ergänzende Checklisten (zur Anamnese sozialer Netzwerke). Noch eher selten sind praxisbezogene netzwerkorientierte Verfahren zur Analyse der Verflechtung bzw. inneren Struktur von Organisation. Je stärker auch solche Einrichtungen eine netzförmige Gestalt annehmen, desto häufiger werden entsprechende Analyseverfahren benötigt werden (vgl. Boskamp 1999).

Die Netzwerkarbeit erschöpft sich aber nicht im Einsatz von Netzwerkkarten, -zeichnungen und -brettern als Diagnose- und Reflexionsinstrumente. Es gibt eine Reihe von Konzepten zur Umsetzung der Netzwerkidee in konkrete Interventionsstrategien, beispielsweise

- das von Moreno entwickelte Verfahren des Psychodramas.
- als therapeutische Methode die von Speck & Attneave (1983) und Rueveni (1979) entwickelte Netzwerktherapie (vgl. Klefbeck 1998) sowie als sozialarbeiterisches Pendant die Netzwerkkonferenz (vgl. Fryand 1994; Feineis 1998, S. 131 f.). Eine weitere Variation stellt das für den sozialpsychiatrischen Bereich von Raisch (1998) mit entwickelte Verfahren der Netzwerkmoderation dar.
- als ein spezifisches Verfahren zur fallbezogenen Vernetzung von Helfern und Klienten/innen die Methode der Helferkonferenzen (vgl. Kensy 1984; Straus 1990); ein netzwerkorientiertes Verfahren für Fallsupervisionen und -beratung in der sozialen Arbeit findet sich in Straus & Höfer (1998).
- als verhaltenstherapeutisch orientiertes Gruppenprogramm bei Einsamkeit jenes, das Möhrlein, Roth und Röhrle 1998 entwickelt haben.
- gibt es auch Verfahren zur Stärkung der Unterstützungssysteme alter Menschen, die von Biegel, Shore und Gordon (1984) zu 7 Typen der Netzwerkintervention zusammengefasst wurden.

Röhrle, Sommer & Nestmann (1998) haben für den deutschsprachigen Raum in einem Sammelband den bisher besten Überblick zu praxisorientierten Netzwerkmethoden zusammengestellt. Sie kommen dabei zu dem Schluss, dass im Unterschied zum angloamerikanischen Raum in der BRD eine vergleichbare Praxis des «networking» und des «support marshalling» noch weitgehend fehlt.

Soziale Netzwerkarbeit

Der einleitend erwähnte ressourcenorientierte Fokus, der viele Einrichtungen, Konzepte und Handlungspraxen heute prägt, gibt der sozialen Netzwerkarbeit einen zentralen Stellenwert. Im Spektrum psychologischer und sozialarbeiterischer Methoden ist sie dabei weniger methodische Konkurrenz als vielmehr eine zu vielen Methoden quer liegende Grundhaltung. Diese soll im Folgenden über zehn praktische Ansatzpunkte bzw. Bezüge konkretisiert werden.

- *Netzwerkarbeit bedeutet Netzwerkorientierung und Netzwerkanalyse.* Mit dem von Tolsdorf (1976) geprägten Begriff der Netzwerkorientierung ist die grundsätzliche Bereitschaft des Individuums gemeint, auf soziale Ressourcen zurückzugreifen. Dies bedeutet im ersten Schritt die in Netzwerken liegenden Ressourcen überhaupt verstehen, d. h. lesen zu können. Viele der bisher üblichen Verfahren, wie etwa das Genogramm oder/und die Familienkarten der systemischen Familientherapie, reichen hier nicht aus. Die oben dargestellten Verfahren der Netzwerkkarten (-zeichnungen, ...) bieten ein reichhaltiges Repertoire an Möglichkeiten, nicht nur die Kernfamilie, sondern das gesamte Netzwerk in die Analyse einzubeziehen.
- *Netzwerkarbeit zielt darauf ab, vorhandene Netzwerke zu stärken (network coaching/network intervention).* Vorhandene Netzwerke enthalten oft Ressourcen, die nicht oder nur teilweise genutzt sind. Ein wichtiger Aspekt praktischer Netzwerkarbeit ist es deshalb, vorhandene Netzwerke dort, wo es sinnvoll und möglich ist, zu stärken. Ein anderer ist es, die Stärken bzw. positiven Beziehungen deutlicher zu machen. Eine bedeutende Funktion haben hier oft auch jene Personen, die im ersten Moment weniger wichtig erscheinen (vgl. auch Lenz 2000). Gerade sie können wichtige neue Funktionen übernehmen. Zur praktischen Netzwerkarbeit gehört es deshalb, ihnen Beachtung zu schenken und allgemein mit den Klienten an ihrem sozialen Verhalten, an Kompetenzen zur Aushandlung und an Formen des Hilfesuchverhaltens usw. zu arbeiten.
- *Netzwerkarbeit schafft auch neue Netzwerke (network construction).* Praxisbezogene Netzwerkarbeit versucht dort, wo vorhandene Netzwerke nicht ausreichen, wo sie Defizite haben, zusätzliche neue Netzwerke zu schaffen (Kontakte zu knüpfen, neue Bekannte/Freunde, Interessensbetroffene usw. zu finden). Auch hier kann die Netzwerkarbeit sich vielfältiger Formen bedienen (Strategien lokaler Vernetzung, gemeinwesenorientierte Strategien, Initiierung von Selbsthilfegruppen). Eine besondere

Herausforderung ist die Suche nach neuen Gelegenheitsstrukturen. Dies ist immer dann notwendig, wenn die klassischen und oft mittelschichtdominierten Orte nicht geeignet sind.

- *Netzwerkarbeit hilft mit, fragwürdige Netzwerkstrukturen aufzulösen.* Wie schon erwähnt, können Netzwerkstrukturen auch negative Auswirkungen haben. Statt Informationen zu geben, halten sie diese zurück oder intrigieren mit gezielten (Falsch-)Informationen; statt Liebe und Anerkennung zu geben, vermitteln sie Kälte und Geringschätzung, und statt Räume, Optionen im Handeln zu ermöglichen, schränken sie durch allerlei Varianten des Drucks und der moralischen Kontrolle Freiräume eher ein. Aufgabe der Netzwerkarbeit muss es von daher auch sein, den Klienten zu helfen, aus solchen Strukturen auszusteigen, sich von Netzwerkpersonen und -teilen zu verabschieden («Trennungsarbeit»). Damit verbunden ist oft ein radikaler Umbau eines Netzes.
- *Netzwerkarbeit prüft und modifiziert Vernetzungen im professionellen Helfernetzwerk.* Vor allem Multiproblemfamilien haben oft nicht nur eine langjährige Helferbiographie, sondern beschäftigen häufig auch aktuell eine Heerschar an Professionellen. Aufgabe eines Beraters kann es sein zu prüfen, welche dieser Helferbeziehungen sinnvoll und stützend, welche überflüssig und womöglich auch, welche eher kontraindiziert sind. Am Ende der Betreuung können zudem Multiproblemfamilien oft noch nicht in die völlige Autonomie entlassen werden, sondern sind weiter auf gezielte professionelle Unterstützung angewiesen. Diese sinnvoll zu arrangieren und gemeinsam mit der Familie (beispielsweise über Helferkonferenzen) zu organisieren ist ebenfalls Teil praktischer Netzwerkarbeit.
- *Netzwerkarbeit bedeutet meist auch soziale Identitätsarbeit.* Eine intensive und vertraute Beziehung, wie sie in vielen Helferkontakten gelingt, bedeutet für den/die Klienten/Klientin fast immer auch, dass er/sie in dieser Zeit mit besonderer Aufmerksamkeit bedacht wird und er/sie zu seinem/ihrem Tun viel Rückmeldung und auch Anerkennung erfährt. Der/die professionelle Helfer/-in wird zudem oft als Modell erfahren, wie man in Interaktionen anderen Mut macht und in ihren Fähigkeiten anerkennt. Dieser Teil der Netzwerkarbeit ist eine wesentliche Voraussetzung, um das oftmals geschwächte Selbstvertrauen und -bewusstsein der Klienten wieder zu stärken, um Ansatzpunkte für das Gefühl eigenen, nicht völlig fremdbestimmten Handelns zu setzen. Wichtig bleibt aber immer der Grundsatz jeglicher Netzwerkarbeit, dass diese Dimension (Anerkennung, Aufmerksamkeit, ...) nicht nur in der Zweierbezie-

hung gesehen und verändert, sondern für das gesamte Netzwerk reflektiert und wenn möglich auch gesteuert wird.

- *Netzwerkarbeit ist immer auch Ablösearbeit.* Dieser Punkt ist besonders wichtig, weil Netzwerkarbeit im Ablöseprozess der Klientel vom jeweiligen Helfersystem einen wichtigen Stellenwert einnimmt und weil es immer noch vergleichsweise wenig Aufmerksamkeit für diese Abschlussphase gibt. So gehört es zur professionellen Unterstützung der Ablösephase, die Rollen und Funktionen, die man als Helfer/-in einnahm, wieder an die Klientel und an deren Netzwerkstrukturen zurückzugeben. Das Denken und Arbeiten in Netzwerkstrukturen hilft hier, sich sowohl der eigenen Funktionen und Rollen im Netz der Klienten/Klientinnen klarer zu werden, als auch nach Formen zu suchen, um im Netzwerk der Klienten/Klientinnen alternative Möglichkeiten der Unterstützung gemeinsam mit den Klienten/Klientinnen zu finden (beispielhaft erläutert in Straus & Höfer 1998).

Diese sieben konkreten Handlungsschritte werden umrahmt von drei weiteren Grundsätzen, die zudem auch einige der wichtigen Anschlussmöglichkeiten der hier vorgeschlagenen Netzwerkperspektive andeuten sollen.

- *Netzwerkarbeit fördert Empowermentprozesse.* Netzwerkarbeit wird stets von dem Grundsatz geleitet, dass hier nicht jemand anstelle des Klienten/der Klientin handelt und Netzwerkressourcen stärkt, sondern dass dies nur dann eine Chance hat zu funktionieren, wenn es die betreffende Person selbst tut. Netzwerkarbeit ist damit genuin *Empowerment*, die den Versuch beschreibt, Menschen zu helfen, in ihrer Selbstbefähigung ihr Leben nach eigenen Zielen in den Griff zu bekommen und sie dabei nicht als isolierte Einzelwesen zu begreifen.
- *Netzwerkarbeit ist gemeinwesenorientiert* und vom Grundsatz her auch *Gemeinwesenarbeit*: zum einen, weil sie am unmittelbaren Lebensumfeld der Klienten ansetzt und sich damit in aller Regel auf ein konkretes Gemeinwesen bezieht. Und zum Zweiten, weil das konkrete soziale Engagement vor Ort nicht selten zur Folge hat, dass man gemeinsam mit Betroffenen direkt oder indirekt auch an veränderten (Infra-) Strukturen arbeitet. Die Palette geht vom Aufbau von Nachbarschaftsstrukturen, Initiierung von Selbsthilfestrukturen über die Stärkung bürgerschaftlichen Engagements, verbesserter zielgruppenbezogener Partizipationsmöglichkeiten bis hin zur Durchsetzung notwendiger Infrastruktureinrichtungen.
- *Netzwerkarbeit ist integrative psychosoziale Arbeit.* Wie an einigen Stellen bereits angeklungen, nimmt die Netzwerkarbeit vielfältige Formen und

Konzepte auf, die aus ganz unterschiedlichen Traditionen sozialpädagogischer, therapeutischer und auch sozialpsychologischer Provenienz stammen. Netzwerkarbeit geht es nicht um Abgrenzung, sondern um Integration; Fragen der Originalität bleiben nachgeordnet.

Ergänzungen zu dieser Konkretisierung der Grundhaltung und Wege sozialer Netzwerkarbeit finden sich in Röhrle et al. (1998, S. 25 ff.), Bullinger und Nowak (1998, S. 171 ff.) sowie Lenz (2000).

5 Zur Zukunft der Netzwerkanalyse(n)

Wohin geht die Reise? Wird der inflationäre Gebrauch des Netzwerkbegriffs sich fortsetzen? Oder ist die Netzwerkmetapher möglicherweise doch nur eine Modeerscheinung? Welche neuen interessanten Verwendungsformen zeichnen sich ab?

Zukunftsperspektive 1: die Radikalisierung der Netzwerkanalyse – Netzwerke als Metapher der Komplexitätsreduktion und des gesellschaftlichen Umbruchs

Diese Perspektive findet sich in neueren, zunächst eher außerhalb der beiden Welten der Netzwerkanalyse angesiedelten Konzepten. Netzwerke werden hier nicht mehr vorrangig als eine auf das soziale Beziehungsleben gerichtete Beschreibungskategorie verwendet, sondern als zentraler analytischer Begriff der Gesellschaftsanalyse.

Die Hauptthese in Castells' «Rise of the Network Society» (1996) lautet, dass die dominanten Funktionen und Prozesse im Informationszeitalter zunehmend um Netzwerke organisiert sind. Beispiele solcher Netzwerke finden sich neben dem bekannten Internet auch

- im ökonomischen Bereich, denkt man an die Zusammenschlüsse von Firmen zu Netzwerken oder auch an das Zusammenspiel der weltweiten Börsenmärkte im übergeordneten Netzwerk der globalen Finanzflüsse;
- im politischen Bereich, denkt man an die nationalen Räte von Ministern und europäischen Kommissaren der EU. Andere Beispiele sind die UNO, die Nato usw.;
- im kulturell-medialen Bereich, wenn man sich das Zusammenspiel von Fernsehsendern, Produktionsfirmen ansieht, die im globalen Netzwerk der neuen Medien die kulturelle Ausdrucksweise und die Meinungen im Informationszeitalter prägen.

In Castells' Analysen wird dreierlei deutlich. Es geht bei diesen Netzwerken erstens um einen kommunikativen Austausch von Personen und Institutionen. Gegenstände, Räume und andere nichtmenschliche Lebewesen sind insofern einbezogen, als sie an einem kommunikativen Akt beteiligt sind. Der kommunikative Austausch beinhaltet zweitens einen bestimmten Kommunikationscode, der auch die Werte oder Leistungsziele enthält, die das Netzwerk zusammenbindet. Und bei diesen Netzwerken handelt es sich drittens um offene Strukturen, die in der Lage sind, ohne Grenzen zu expandieren, das heißt, «sie können neue Knoten so lange integrieren, solange diese im Netzwerk kommunizieren können und so lange, wie sie den gleichen Kommunikationscode teilen» (Castells 1996, S. 471).

Die Analysen der Actor-Network Theory (ANT) machen deutlich, was wir aus dem Alltag kennen und was dieser Theorieansatz auf den Punkt zu bringen versucht. Alles hängt mit allem irgendwie zusammen. «Der winzigste Aidsvirus bringt uns vom Geschlecht zum Unbewußten, von dort nach Afrika, zu Zellkulturen, zur DNS, nach San Francisco. Aber Analytiker, Denker, Journalisten und Entscheidungsträger zerschneiden das feine Netz, das der Virus zeichnet. Übrig bleiben nur säuberlich getrennte Schubladen: Wissenschaft, Ökonomie, soziale Vorstellungen, vermischte Nachrichten, Mitleid, Sex (...)» (Latour 1998, S. 9). Die ANT hat sich zur Aufgabe gemacht, ebendiese Querbezüge zu thematisieren und konsequent die ausgetretenen (Begriffs- und Denk-)Wege zu verlassen. Ihr eigenwilliger Weg führt sie bei der Analyse unserer Netzwerke zur Entdeckung hybrider Quasi-Objekte. Bei diesen handelt es sich weder um Dinge noch um Subjekte, sondern um «innige Verschmelzungen, in denen sich die Spuren der beiden Komponenten Natur und Gesellschaft vermischen» (ebd., S. 71). Der Netzwerkbegriff ist für die ANT Symbol und Programm zugleich. Ihr Ziel, die unverbundenen, d. h. genauer gesagt die künstlich zerschnittenen Fäden wieder zusammenzuspannen, wird durch das Netzwerk perfekt abgebildet.

Beide Ansätze betonen die Relevanz eines erweiterten Netzwerkbegriffs. Noch gibt es einige methodische und begriffliche Schwierigkeiten. Hält man dies jedoch für typische Anfangsprobleme einer neuen Perspektive, dann wird der netzwerkorientierte Blick unausweichlich zu einer zentralen gesellschaftswissenschaftlichen (und wie Latour ergänzen würde: auch naturwissenschaftlichen) Erkenntniskategorie. Mit ihr wird immer deutlicher erkennbar, wie rasant in der Phase der gesellschaftlichen Veränderungen Ende des 20. und zu Beginn des 21. Jahrhunderts netzwerkartige Strukturen zunehmen.

Zukunftsperspektive 2: die Entzauberung des Netzwerks als Metapher für Synergie und alternative Prozesse

Fast seit Beginn begleitet die Netzwerkidee ein besonderer Zauber. Sie gilt als Hoffnungsträger für die stärkere Durchsetzung von sozialer Unterstützung, von mehr Gemeinschaftlichkeit und Menschlichkeit sowie für von Kreativität, Gleichberechtigung und nicht entfremdeter Arbeit geprägte Formen der Zusammenarbeit. Nimmt man als Beispiel die alternative Szene in der Bundesrepublik, so finden sich in den 1980er und 1990er Jahren zuhauf Zusammenschlüsse, die aus den oben genannten Gründen den Netzwerkbegriff in ihren Namen aufnehmen. Auch heute gibt es ähnlich motivierte Beispiele, wenn es um gemeinsame Verantwortung und gemeinsames Handeln für unsere Welt geht:

Ein Beispiel von vielen ist das «Global Challenge Network». Dieses versteht sich als Netz von Gruppen und Personen, die bei der Lösung der drängenden, menschheitsbedrohenden Probleme, den globalen Herausforderungen unserer Zeit Zusammenarbeit wollen, so definiert der Gründer von GCN, der Physiker Hans-Peter Dürr, den Sinn und Zweck dieser Organisation (Widekind & Canzler 1991, S. 138). Ähnliches will auch die Gesellschaft für Zukunftsgestaltung «Netzwerk Zukunft». Ausgehend von der Erkenntnis «Netzwerke entstehen nicht einfach, sondern müssen wachsen» geht es dieser Organisation darum, Anlaufstelle, Drehscheibe und Vermittler von Themen der Zukunftsgestaltung zu sein. Der Begriff Netzwerk wurde nicht zufällig gewählt. «Es sollte nach außen dokumentiert werden, daß keine neue schwerfällige Organisationsform angestrebt wird, sondern ein buntes Netz ganz verschiedener Ansichten, Denkweisen und Meinungen» (Burmeister 1991, S. 143).

Auch im psychosozialen Bereich hat der Vernetzungsbegriff einen positiven Gehalt. «Kooperations- und Vernetzungsstrategien sind geradezu Hoffnungsträger ersten Ranges» (Dahme & Wohlfahrt 2000, S. 319). Man erwartet, sowohl Versorgungsstrukturen im Interesse der Klienten zu verbessern, Synergiepotenziale durch Zusammenarbeit verschiedenster Einrichtungen steigern zu können, als auch Organisationen und Versorgungssysteme effizienter zu gestalten. Mit einer «Politik der Netzwerkbildung» über Gesetze (beispielsweise SGB VII, § 78), staatliche Programme und institutionelle Handlungspraxen wurden neue kooperative Steuerungspraxen in den verschiedensten sozialen Bereichen etabliert (vgl. auch v. Kardorff 1998). Zudem gelten Netzwerke als ein Instrument von Selbstorganisation, mit dem sich unentdeckte Hilfs- und Unterstützungspotenziale in einer Gesellschaft organisieren können. Ihr Markenzeichen sind dabei nicht hierarchische und freiwillige Formen von Zusammenschlüssen, die nicht auf Marktmechanismen beruhen. Betrachtet man diese Entwicklung in ihrer Gesamtheit unter einer kritischen Perspektive, so finden sich viele Idealisierungen. Dies betrifft beispielsweise die langjährige Tabuisierung der professionalisierten Basis der Selbsthilfe, aber auch die Gegenüberstellung von Netz und Markt. Schon wird gefragt, ob Netzwerke nicht nur für mangelnde Steuerungsfähigkeit von Staat und Verwaltung stehen, sondern Netzwerke auch quasi im Schatten der Hierarchie Effizienz- und Kostenprobleme lösen sollen (vgl. Dahme & Wohlfahrt 2000, S. 327). Auch wenn hier meines Erachtens zu vorschnell diagnostiziert wird, dass der Netzwerkbegriff eindimensional zur Rationalisierungsmetapher geschrumpft sei, so wird doch andererseits immer deutlicher, dass Netzwerke eben kein Wundermittel zur Verbesserung der Welt sind. Gerade die Markierung vieler Zusammenschlüsse und Arbeitsformen im wirtschaftlichen Sektor zeigt, dass Netzwerke keineswegs Bollwerke gegen Marktmechanismen sind, sondern sehr wohl auch marktförmig funktionieren. Dem korrespondiert, dass in der Netzwerkforschung der Pathogenität sozialer Netzwerke früher wie heute zu wenig Aufmerksamkeit geschenkt wird (vgl. Röhrle 1994, S. 52 ff.). Perspektivisch gedacht werden diese Ergebnisse, die auf die nicht unterstützende bzw. marktförmige Seite von Netzwerken verweisen und zu einer allmählichen Entzauberung des normativen Gehalts der Netzwerkidee führen. Ob man es will oder nicht – Netzwerke werden «entwertet» oder, wie Castells zutreffend schreibt: «Networks, as social *forms*, are value-free or neutral. They can equally kill or kiss: nothing personal» (2000, S. 16).

Fasst man beide Zukunftsperspektiven zusammen, lautet ihr Credo: Netzwerkanalysen stehen erst am Anfang. Ihr Erklärungsumfang und die Häufigkeit ihrer Anwendung werden sich ausweiten, wenngleich die vielfältigen Hoffnungen, die mit diesem Konzept und Analyseverfahren verbunden sind (auch die der Komplexitätsreduktion), sich nicht in allen Punkten erfüllen lassen. Vor allem wird die normativ positive Idee «Netzwerk» durch die Ausweitung des Netzwerkbegriffs eher relativiert als gestärkt.

Literatur

Barnes, J. (1954). Class committees in a Norwegian island parish. Human Relations 7, S. 39–58.

Barnes, J. A. (1972). Social networks. Module of Anthropology, Module 26, S. 1–29.

Biegel, D. E., Shore, B. K. & Gordon, E. (1984). Building Support Networks for the Elderly – Theory and Application. Beverly Hills.

Boskamp, P. (1999). Das Konzept des Sozialen Netzwerkes – Anwendungsmöglichkeiten im Kontext von Führen und Leiten in Organisationen. In: P. Boskamp & R. Knapp (Hg.), Führung und Leitung in sozialen Organisationen, S. 161–192. Neuwied.

Bott, E. (1971). Family and Social Network. Roles, Norms, and External Relationships in Ordinary Urban Families. New York.
Bullinger, H. & Nowak, J. (1998). Soziale Netzwerkarbeit – eine Einführung. Freiburg.
Burmeister, K. (1991). Gesellschaft für Zukunftsgestaltung – Netzwerk Zukunft e. V. – Optionen für die Zukunft. In: K. Burmeister, W. Canzler & R. Kreibich (Hg.), Netzwerke. Vernetzungen und Zukunftsgestaltung, S. 143–145. Weinheim/Basel.
Burt, R. S. (1980). Models of network structure. Annual Review of Sociology 6, S. 79–141.
Burt, R. S. (1982). Toward a structural theory of action. New York.
Castells, M. (1996). The Rise of the Network Society. Oxford.
Castells, M. (2000). Materials for an exploratory theory of the network society. British Journal of Sociology 51 (1), S. 5–24.
Dahme, H. J. & Wohlfahrt, N. (2000). Auf dem Weg zu einer neuen Ordnungsstruktur im Sozial- und Gesundheitssektor. Zur politischen Inszenierung von Wettbewerb und Vernetzung. Neue Praxis 4, S. 317–334. Neuwied.
Diaz-Bone, R. (1997). Ego-zentrierte Netzwerkanalyse und familiale Beziehungssysteme. Deutscher Universitätsverlag.
Diewald, M. (1991). Soziale Beziehungen: Verlust oder Liberalisierung? Soziale Unterstützung in informalen Netzwerken. Berlin.
Feineis, B. (1998). Soziale Netzwerkarbeit mit Drogenabhängigen. In: B. Röhrle, G. Sommer & F. Nestmann (Hg.), Netzwerkinterventionen, S. 119–138. Tübingen.
Fischer, C. (1982). To dwell among friends. Chicago.
Freeman, L. C. (2000). Visualizing Social Networks, Journal of Social Structure, www.library.cmu.edu:7850\JoSS, Carnegie Mellon, 1 (1), S. 1–30.
Fryand, L. (1994). Sosialt Nettverk. Teori og Praksis. Pano.
Gödde, M., Engfer, A. & Gavranidou, M. (1989). Familiäre und außerfamiliäre Beziehungen: Die sozialen Netzwerke 6jähriger Kinder. Ergebnisse aus einer empirischen Untersuchung. Tagungsbeitrag.
Grunow, D., Breitkopf, H. & Grunow-Lutter, V. (1983). Gesundheitsselbsthilfe im Alltag. Stuttgart.
Hampton, K. & Wellman, B. (1999). Netville On-line and Off-line – Observing and Surveying a Wired Suburb, American Behavioral Scientist 43 (3), S. 475–492.
Hintermair, M., Lehmann-Tremmel, G. Meiser, S. (2000). Wie Eltern stark werden. Soziale Unterstützung von Eltern hörgeschädigter Kinder. Eine empirische Bestandsaufnahme. Hamburg.
Hollstein, B. (1999). Veränderung informeller sozialer Beziehungen nach der Verwitwung. Strukturelle und individuelle Grenzen sozialer Integration. München.
Jansen, D. (1999). Einführung in die Netzwerkanalyse. Grundlagen, Methoden, Anwendungen. Opladen.
Kardorff, E. v. (1989). Soziale Netzwerke. Sozialpolitik und Krise der Vergesellschaftung. In: E. v. Kardorff, W. Stark, R. Rohner & P. Wiedemann (Hg.), Zwischen Netzwerk und Lebenswelt – Soziale Unterstützung im Wandel, S. 27–60. München.

Kardorff, E. v. (1998). Kooperation, Koordination und Vernetzung. Anmerkungen zur Schnittstellenproblematik in der psychosozialen Versorgung. In: B. Röhrle, G. Sommer & F. Nestmann (Hg.), Netzwerkintervention, S. 203–222. Tübingen.

Kensy, B. (1984). Netzwerk-orientierte Beratungsmethoden bei gewaltbelasteten Familien. In: W. Buchholz & F. Straus (Hg.), Die Netzwerkperspektive in der Praxis der Familienarbeit. München.

Keupp, H. (1987). Soziale Netzwerke – eine Metapher des gesellschaftlichen Umbruchs? In: H. Keupp & B. Röhrle (Hg.), Soziale Netzwerke, S. 11–53. Frankfurt/M.

Keupp, H. (1997). Die Suche nach Gemeinschaft zwischen Stammesdenken und kommunitärer Individualität. In: W. Heitmeyer, Was hält die Gesellschaft zusammen. BRD: Auf dem Weg von der Konsensgesellschaft zur Konfliktgesellschaft, Bd. 2, S. 279–312. Frankfurt/M.

Keupp, H. (1998). Chancen des Umbruchs – das soziale Kapital Deutschlands. In: B. Röhrle, G. Sommer & F. Nestmann (Hg.), Netzwerkintervention, S. 279–296. Tübingen.

Keupp, H., Ahbe, Th., Gmür, W., Höfer, R., Mitzscherlich, B., Kraus, W. & Straus, F. (1999). Identitätskonstruktionen. Das Patchwork der Identitäten in der Spätmoderne. Hamburg.

Keupp, H. & Röhrle, B. (Hg.) (1987). Soziale Netzwerke. Frankfurt/M.

Klefbeck, J. (1998). Netzwerktherapie – eine Behandlungsmethode in Krisen. In: B. Röhrle, G. Sommer & F. Nestmann (Hg.), Netzwerkintervention, S. 139–152. Tübingen.

Kolip, P. (1993). Freundschaften im Jugendalter. Der Beitrag sozialer Netzwerke zur Problembewältigung. München.

Kühnel, W. & Matuschek, I. (1995). Gruppenprozesse und Devianz. Risiken jugendlicher Lebensbewältigung in großstädtischen Monostrukturen. München.

Laireiter, A. (1993). Soziales Netzwerk und soziale Unterstützung: Konzepte, Methoden, Befunde. Bern.

Lammers, K. (1992). Das Konzept des sozialen Netzwerkes. Überlegungen zur theoretischen und praktischen Relevanz des Netzwerkmodells in der Sozialarbeit und Sozialpädagogik. Neue Praxis 2, S. 117–130.

Latour, B. (1998). Wir sind nie modern gewesen. Versuche einer symmetrischen Anthropologie. Frankfurt/M.

Lenz, A. (2000). Förderung sozialer Ressourcen – eine gemeindepsychologische Perspektive. Gruppendynamik 31 (3), S. 277–302.

Leppin, A. & Schwarzer, R. (1990). Social support and physical health: An updated meta-analysis. In: R. Schmidt, L. Schwenk, P. Mezger, K. Weinman & S. Maes (Hg.), Health psychology: Theoretical and applied aspects. London.

Mitchell, J. C. (1969). The concept and use of social networks. In: ders. (Hg.), Social networks in urban situations. Analysis of personal relationships in Central African towns, S. 1–50. Manchester.

Möhrlein, H., Roth, A. & Röhrle, B. (1998). Netzwerkorientierte Interventionen bei

Einsamkeit. In: B. Röhrle, G. Sommer & F. Nestmann (Hg.), Netzwerkintervention, S. 99–118. Tübingen.
Moreno, J. L. (1954). Die Grundlagen der Soziometrie. Opladen.
Nestmann, F. (1989). Förderung sozialer Netzwerke – eine Perspektive pädagogischer Handlungskompetenz. Neue Praxis 2, S. 107–123.
Radcliffe-Brown, A. R. (1940). On social structure. Journal of the Royal Anthropological Society of Great Britain and Ireland 70, S. 1–12.
Raisch, M. (1998). Netzwerkmoderation in der Sozialpsychiatrie – Interventionen im Spannungsfeld zwischen Familie und Betreuungsnetzwerk. In: B. Röhrle, G. Sommer & F. Nestmann (Hg.), Netzwerkintervention, S. 153–168. Tübingen.
Reisbeck, G., Edinger, M., Keupp, H., Knoll, C. & Schmitt, R. (1995). AIDS in the life of a rural gay population. In: D. Friedrich & W. Heckmann, Aids in Europe – The Behavioural Aspect, S. 171–176. Berlin.
Röhrle, B. (1994). Soziale Netzwerke und soziale Unterstützung. Weinheim
Röhrle, B., Sommer, G. & Nestmann, F. (Hg.) (1998). Netzwerkintervention (Bd. 2. Fortschritte der Gemeindepsychologie und Gesundheitsförderung). Tübingen.
Rueveni, U. (1979). Networking families in crisis. Intervention strategies with families and social networks. New York.
Schenk, M. (1984). Soziale Netzwerke und Kommunikation. Tübingen.
Scott, J. (1991). Social network analysis. A handbook. London.
Simmel, G. (1992). Soziologie. Untersuchungen über die Formen der Vergesellschaftung. Bd. 11 der Gesamtausgabe. In: O. Rammstedt (Hg.), Frankfurt/M.
Speck, R. & Attneave, C. (1983). Die Familie im Netz sozialer Beziehungen. Freiburg.
Stitzel, A., Michel, A. & Röhrle, B. (1999). «Psychological Sense of Community» – Zur Entwicklung eines deutschsprachigen Meßinstruments. Rundbrief Gemeindepsychologie. GGFP 5(1), S. 36–47.
Straus, F. (1990). Netzwerkarbeit. Die Netzwerkperspektive in der Praxis. In: M. Textor (Hg.), Hilfen für Familien. Ein Handbuch für psychosoziale Berufe, S. 496–520. Frankfurt/M.
Straus F. (2001a). Netzwerkanalysen. Gemeindepsychologische Perspektiven und Methoden für Forschung und Praxis.
Straus, F. (2001b). EGONET-QF – Manual zur Durchführung egozentrierter Netzwerkanalysen in der qualitativen Forschung. München.
Straus, F. (2001c). EGONET-P – Manual zur Durchführung von Netzwerkanalysen mit Klienten und Organisationen. München.
Straus, F. & Höfer, R. (1998). Die Netzwerkperspektive in der Praxis. In: B. Röhrle, G. Sommer & F. Nestmann (Hg.), Netzwerkintervention, S. 77–95. Tübingen.
Tolsdorf, C. C. (1976). Social networks, support and coping: An exploration study. Family Process 15, S. 407–417.
Trojan, A., Hildebrandt, H., Faltis, M. & Deneke, C. (1987). Selbsthilfe, Netzwerkforschung und Gesundheitsförderung. Grundlagen «gemeindebezogener» Netzwerkförderung als Präventionsstrategie. In: H. Keupp & B. Röhrle (Hg.), Soziale Netzwerke, S. 294–317. Frankfurt/M.

Wellman, B. (1993). An egocentric network tale. Social Networks 15, S. 423–436.
Wellman, B. (1999). The Network Community. In: B. Wellman, Networks in the global village, S. 1–48. Colorado/Oxford.
Wellman, B. & Berkowitz, S. (1988). Social structures: A network approach. Cambridge.
Wellman, B. & Hampton, K. (1999). Living Networked in a Wired World. Contemporary Sociology 28 (6).
White, H. C., Scott, A. & Breiger, R. (1976). Social structures from multiple networks. In: Blockmodels and roles and positions. American Journal of Sociology 81, S. 730–780.
Widekind, J. v. & Canzler, W. (1991). Global Challenges Network – Menschen und Wissen vernetzen. In: K. Burmeister, W. Canzler & R. Kreibich (Hg.), Netzwerke. Vernetzungen und Zukunftsgestaltung, S. 138–142. Weinheim/Basel.

Ernst Plaum

3.3 Diagnostische Methoden

1 Psychologische Diagnostik im Überblick
2 Diagnostik im Rahmen einer «Einheit des diagnostisch-therapeutischen Prozesses»
3 Diagnostik in der «nicht durchschaubaren Situation» und die «Messung» «latenter Dimensionen»
4 Was ist eine «gute» Psychodiagnostik?

1 Psychologische Diagnostik im Überblick

Bei jeder Art von Diagnostik, nicht nur in der Psychologie, geht es um die genauere (systematische) Bestimmung eines gegenwärtig zugänglichen unklaren Sachverhalts durch eine zusammenfassende Darstellung von Einzelinformationen anhand wissenschaftlicher (oder technischer) Kriterien (vgl. Plaum 1992, S. 130). Hierfür erforderliche Methoden dienen somit zunächst der Gewinnung von Informationen, die Grundlagen einer «Diagnose» bilden, wobei sich diese als eine solche Zusammenfassung oder auch eine Art «Kurzcharakterisierung» des nunmehr zu verdeutlichenden Sachverhaltes darstellt. Es ist weiterhin eine methodische Frage, auf welchem Wege die gewonnenen Einzelinformationen zu einem derartigen Gesamturteil zusammengefügt werden.

Letztlich betrifft Psychologische Diagnostik – oder auch Psychodiagnostik (als gleichbedeutender Begriff) – die Informationsgewinnung in der Psychologie. Bei einem erweiterten Verständnis dieser Bezeichnung könnte man darunter auch jedwede Sammlung von Daten für die Forschung fassen. Im Allgemeinen wird Psychodiagnostik jedoch als eine Informationsgewinnung mit praxisorientierten Zielsetzungen verstanden, d. h. eine solche, die auf Entscheidungen bezüglich konkreter «Fälle» bezogen ist, sei es im Sinne einer Gruppenuntersuchung oder bei der Diagnostik einzelner Individuen.

Die Gewinnung von Informationen zu Personen (oder Personengruppen) erfolgt ständig durch jede/jeden von uns im Alltag. Das bedeutet, dass die hierbei gebräuchlichen Methoden nicht von vornherein ausgeschaltet werden müssten, wenn es um eine wissenschaftlich fundierte Datensammlung geht. Es ist nicht einzusehen, weshalb im täglichen Leben mehr oder weniger erfolgreiche Methoden, um Wesentliches über andere Personen in Erfahrung zu bringen, im Rahmen einer fachspezifischen Psychodiagnostik keinerlei Bedeutung haben sollten (vgl. Plaum 1996a). Wir registrieren die äußere Erscheinung unserer Mitmenschen, beobachten ihr Verhalten sowohl insgesamt als auch einzelne Aspekte desselben, etwa Mimik, Gestik, Körperbewegungen, sprachliches und soziales Kontaktverhalten, und ziehen daraus unsere Schlüsse. In diesen Zusammenhang gehören auch sog. Verhaltensspuren; so lassen beispielsweise schwarze Haare im Badezimmer eines blonden Mannes gewisse Vermutungen bezüglich seiner ebenfalls blonden Partnerin zu, die mit ihm zusammen wohnt. Produktionen wie die Handschrift, selbst verfasste Briefe, Geschichten, Gedichte, Zeichnungen oder gar ein Tagebuch, aber ebenso Werkstücke, z. B. ein selbst gezimmerter Schreibtisch, können einiges über ihre Urheber aussagen.

Entscheidend im Hinblick auf die diagnostische Brauchbarkeit ist allerdings, inwieweit all diese Informationsquellen verlässliche, zutreffende Schlüsse erlauben. Früher sind Forschungsarbeiten zu diesen diversen Gegebenheiten durchgeführt worden, mit insgesamt nicht allzu ermutigenden Resultaten. Dies hat dazu geführt, dass entsprechende wissenschaftliche Untersuchungen, etwa zur sog. Ausdruckspsychologie (hauptsächlich Mimik und Gestik betreffend, auch die Handschriftendeutung kann man hinzurechnen), heute kaum noch durchgeführt werden. Interessante Forschungsresultate, die angesprochenen Bereiche betreffend, sind denn auch nach wie vor in dem ansonsten völlig veralteten Büchlein von Rohracher (vgl. 1961) zur «Charakterkunde» (eine antiquierte Bezeichnung der Persönlichkeitspsychologie) zu finden.

Es gibt jedoch Ausnahmen von der generellen Tendenz, alltagsnahen Verfahren der Informationsgewinnung wenig Beachtung zu schenken. Nach wie vor spielen Beobachtungen zu bestimmten Aspekten des Verhaltens eine gewisse Rolle. Als grundlegendes Problem einer jeden Verhaltensbeobachtung werden Fehler angeführt, die sowohl bei der Registrierung der einschlägigen Gegebenheiten als auch bei deren Beurteilung auftreten (vgl. Faßnacht 1995). Am bekanntesten ist der sog. Halo- oder Hof-Effekt. Damit wird die Tatsache bezeichnet, dass Urteile über die Ausprägung bestimmter Eigenschaften eines Menschen durch das reale oder nur vermutete Vorhandensein weiterer Personmerkmale beeinflusst werden. Obwohl es dabei meist um differenziertere Zusammenhänge geht, vermag ein extremes Beispiel das Grundsätzliche zu verdeutlichen: Wer meint, die im Volksmund verbreitete Vergesellschaftung der Eigenschaften «dick, dumm, faul und gefräßig» sei real gegeben, könnte aufgrund relativ umfangreicher Körperformen (die leicht festzustellen sind) fälschlich auf eine geringe intellektuelle Ausstattung («dumm») schließen.

Da vor allem die Beobachtung und Beurteilung komplexen Verhaltens erhebliche Probleme mit sich bringt (etwa auch begrenzte Aufmerksamkeitskapazitäten der Beobachter betreffend), hat man sich zum einen auf Verhaltensausschnitte (z. B. Fünfminuten-Stichproben) beschränkt, zum anderen nur bestimmte Aspekte, etwa das Sozialverhalten, anvisiert. So existieren zu diesem ausgeklügelte Codierungs- und Auswertungssysteme, die sich beispielsweise darauf beziehen, wer innerhalb einer Gruppe wie oft wen nach wem anspricht (vgl. Jankowski 1981).

Dennoch sollte die Entwicklung weniger alltagsnaher diagnostischer Verfahren – hier wären hauptsächlich die verschiedenartigen Testmethoden zu nennen – bessere Möglichkeiten der Informationsgewinnung eröffnen. Bevor jedoch auf diese fachspezifischen diagnostischen Instrumente eingegangen wird, ist ein alltagsnahes Vorgehen zur Informationsgewinnung anzuführen, nämlich Gespräche, Interviews bzw. Befragungen, die sich größter Beliebtheit erfreuen und heute vielfach als alleinige Methoden der Diagnostik gelten. Als Begründung wird häufig angegeben, dass die beste Quelle für Informationen zu einer bestimmten Person diese selbst sei, zumal der Mensch als sprachbegabtes Wesen über sich Auskunft geben könne. Vor dieser naiven Ansicht kann kaum genügend gewarnt werden. Es dürfte schon aus dem Alltag geläufig sein, dass Menschen in Gesprächen keineswegs immer die Wahrheit sagen, sei es bewusst oder unbewusst. Außerdem sind, wie man aus entsprechenden Forschungsergebnissen weiß, mit dem Fragenstellen und -beantworten nicht unerhebliche kognitive Anforderungen verbunden, deren Bewältigung keineswegs von vornherein vorauszusetzen ist (vgl. Keßler 1999). Dies gilt auch – sogar eher in verstärktem Maß – für die zahlreichen Fragebogentests (vgl. Biedermann & Plaum 1999), auf die noch gesondert eingegangen wird. Selbst bei so harmlos erscheinenden Fragen wie die nach dem Freizeitverhalten oder dem Beruf des Vaters darf man nicht ohne weiteres wahrheitsgemäße Antworten erwarten (vgl. Plaum 1981); der Verfasser dieses Beitrags hat eine ältere Dame kennen gelernt, die nicht nur durch unzutreffende Angaben zu ihrem Geburtsjahr erheblich jünger erscheinen wollte, sondern ein falsches Geburtsdatum auch noch vorsorglich, zusammen mit ihrem Namen, auf dem für ihren verstorbenen Ehemann gesetzten Grabstein einmeißeln ließ.

Letzteres darf gewiss als Extremfall gelten; dies ändert aber nichts an der gebotenen Skepsis gegenüber Angaben, die man in Gesprächen erhält. Als Gegenargument wird häufig angeführt, dass es zumindest in besonderen Situationen für einen Informanten entwürdigend wäre, an seiner Ehrlichkeit zu zweifeln. Dies sei besonders dann unangebracht, wenn der Gesprächspartner unter einem Leidensdruck steht und von daher ein Interesse an wahrheitsgemäßen Äußerungen über sich selbst hat, was vor allem bei Psychotherapien vorausgesetzt werden müsse. Auch diese Meinung ist als naiv zu bezeichnen; so gibt es beispielsweise den Begriff «Hello-goodbye-Effekt» in der Therapieforschung, der besagt, dass sich Klientinnen/Klienten vor einer Behandlung oder am Beginn derselben eher als psychisch beeinträchtigt schildern (um in den Genuss der Psychotherapie zu kommen), am Ende der Interventionen dagegen – nicht unbedingt in Übereinstimmung mit der Realität – angeben, es gehe ihnen nun wesentlich besser (vgl. Bergin & Lambert 1978).

2 Diagnostik im Rahmen einer «Einheit des diagnostisch-therapeutischen Prozesses»

Psychotherapeutinnen/-therapeuten haben häufig ein besonderes Verhältnis zur Diagnostik, das gekennzeichnet ist durch deren weitgehende Abwertung (vgl. Plaum 1993). Dieses Spezialgebiet der Psychologie dient – wie oben erwähnt – allgemein der Informationsgewinnung, im Einzelfall so gut wie immer mit dem Ziel, zu einer bestmöglichen Entscheidung im Hinblick auf zu ergreifende Maßnahmen zu kommen. Das Spektrum derartiger Interventionsvorschläge ist recht breit. Da kann aus der fachpsychologischen Perspektive z. B. eine bestimmte Berufs- oder Schullaufbahn empfohlen werden, es mag angemessen erscheinen, ein Mitglied einer Familie aus dieser zu entfernen (etwa bei sexuellem Missbrauch), einen Kur-, Internats- oder Heimaufenthalt anzustreben, pädagogische oder seelsorgerliche Betreuung als sinnvoll zu erachten, ärztliche Behandlung einzuleiten; in manchen Fällen mögen spezielle Trainingsprogramme festgestellte kognitive Defizite verringern, neben weiteren prinzipiell möglichen Maßnahmen kann man auch an bestimmte Psychotherapieformen denken. Diese stellen nur Interventionsansätze unter anderen dar, und es ist selbst beim Vorliegen psychischer Störungen keineswegs grundsätzlich und in jedem Fall irgendeine Art von Psychotherapie indiziert, geschweige denn eine spezifische Form derselben.

Auch in der Klinischen Psychologie – d. h. dem Zweig unserer Wissenschaft, die psychische Beeinträchtigungen zum Gegenstand hat – sollte also Diagnostik Informationen darüber zur Verfügung stellen, welche Maßnahmen im Einzelfall (oder bei einer Gruppe) am ehesten Erfolg versprechen. Gerade hierin sehen jedoch zahlreiche Psychotherapeutinnen/-therapeuten keinen Sinn. Sie sind vielmehr so sehr von der Omnipotenz der von ihnen erlernten und durch sie angewandten Behandlungsmethoden überzeugt, dass für sie gar nichts anderes in Frage kommt, bzw. trauen sich selbst zu, ohne weitere Hilfsmittel beurteilen zu können, ob ihre eigenen Therapiemethoden indiziert erscheinen oder nicht. Womöglich möchten sie dann noch darüber entscheiden, welche Interventionen, die sie selbst nicht durchführen (können), als Alternativen zu empfehlen wären (vgl. Plaum 1993).

Damit begeben sich diese Fachkräfte bedenklich in die Nähe von Vorstellungen, die bei Laien verbreitet sind, nämlich dass es Psychologinnen/Psychologen gegeben sei, durch eine Art «Röntgenblick» jedes menschliche Gegenüber sofort zu «durchschauen» oder aber zumindest in einem «Schnellschussverfahren» rasch das Wesentliche der Person zu erkennen. Leider kommen manche Kolleginnen/Kollegen tatsächlich einem derartigen Stereotyp durch solche schnellen Urteile entgegen; dadurch erscheinen sie Laien als besonders qualifizierte Fachleute, während das genaue Gegenteil der Fall ist.

Seriösere Therapeutinnen/Therapeuten lehnen allerdings eine differenziertere Diagnostik keineswegs ab, beschränken diese jedoch auf die Informationsgewinnung im Rahmen der von ihnen angewandten Interventionen und sprechen dann von der «Einheit des diagnostisch-therapeutischen Prozesses». Dies trifft hauptsächlich, aber nicht ausschließlich, auf Vertreter(innen) der Verhaltenstherapie zu, einer Behandlungsform, die zumindest ursprünglich am «objektiv» registrierbaren Verhalten orientiert war und das «subjektive» Erleben als weniger wichtig, wenn nicht gar unerheblich erachtete. Mit der Festlegung auf die genannte «Einheit des diagnostisch-therapeutischen Prozesses» ist eine folgenschwere Entscheidung getroffen worden: Diagnostik bezieht sich nunmehr, entgegen dem herkömmlichen Verständnis, nicht mehr auf Fragen der Indikation von Interventionen; die Eigenständigkeit des diagnostischen Prozesses wurde aufgegeben. Es dürfte unmittelbar einleuchtend sein, dass diesem Verständnis von Diagnostik außerhalb bereits in die Wege geleiteter psychotherapeutischer Maßnahmen kein rechter Sinn abzugewinnen ist.

Seltsamerweise befürworten und praktizieren aber nunmehr Klinische Psychologinnen/Psychologen, vor allem wiederum verhaltenstherapeutisch ausgerichtete, häufig eine fachfremde, nämlich eine in der Medizin, genauer der Psychiatrie, gebräuchliche Diagnostik (vgl. Wittchen 1996). Dies erscheint deshalb paradox, weil gerade Verhaltenstherapeutinnen/-therapeuten die «Einheit des diagnostisch-therapeutischen Prozesses» beschworen haben, die gängigen psychiatrischen Kategorisierungen diese Einheit aber zumindest nicht voraussetzen oder zur Folge haben müssen. Eine weitere Pointe liegt bei dieser «psychiatrischen Wende» psychologisch-klinischer Diagnostik darin, dass ausgerechnet vonseiten der Verhaltenstherapie psychiatrische Klassifikationen ursprünglich eine besonders herbe (nicht immer sachliche) Kritik erfahren haben. Es wird aber nun behauptet, die neuesten diagnostischen Systeme der Psychiatrie – die «Internationale Klassifikation psychischer Störungen» (10. Fassung, ICD-10) sowie das «Diagnostische und statistische Manual psychischer Störungen» in seiner vierten Fassung (DSM-IV) – hätten so viel von neueren klinisch-psychologischen Ansätzen übernommen, dass sich auch Psychologinnen/Psychologen damit identifizieren könnten (vgl. Plaum 2000). Es würde an dieser Stelle zu weit führen, wollte man die gut fundierte Kritik, die sowohl von psychiatrischer als auch psychologischer Seite an diesen diagnostischen Klassifikationssystemen geübt worden ist, ausführlich darstellen (vgl. Gross, Huber & Saß 1998; Plaum 1998, 2000). Psychologinnen/Psychologen sollten dieser Art fachfremder Diagnostik mit kritischer Distanz begegnen.

Für manche Anhänger(innen) des Konzepts der «Einheit des diagnostisch-therapeutischen Prozesses» besteht nun die Hoffnung, dass man aufgrund der Kategorisierungen anhand der genannten Klassifizierungssysteme ein standardisiertes Interventionsprogramm empfehlen könnte; beim Vorliegen bestimmter Symptome käme somit eine «vorgefertigte Behandlungsschablone» zur Anwendung, die am ehesten Erfolg zu versprechen scheint (vgl. Wittchen 1996; Plaum 2000). Eine derartige Indikation von Maßnahmen wird als «differenziell» bezeichnet, wodurch der irreführende Eindruck entstehen mag, es handele sich dabei um ein individuenbezogenes Vorgehen. Gerade dies trifft aber nicht zu. Es ist offensichtlich, dass hierdurch die Vorstellung einer «Einheit des diagnostisch-therapeutischen Prozesses» gefördert werden kann insofern, als mittels dieser psychiatrischen Diagnosesysteme gewonnene Klassifikationen sozusagen automatisch bestimmte festgelegte Therapien zur Folge haben müssten. Ein derart mechanistisches, lediglich auf Symptome bezogenes Verständnis von Interventionen geht jedoch an der komplexen Realität des Einzelfalls vorbei (vgl. Plaum 1992).

3 Diagnostik in der «nicht durchschaubaren Situation» und die «Messung» «latenter Dimensionen»

«Projektive» Techniken

Die Leserin/der Leser wird nunmehr darauf warten zu erfahren, wie sich der Verfasser denn nun eine empfehlenswerte Diagnostik vorstellt. Dies ist jedoch nicht so leicht und schnell darzustellen. Wir können uns aber der Beantwortung einer entsprechenden Frage durch die Betrachtung einer bestimmten Richtung psychodiagnostischen Vorgehens nähern, die von manchen Therapeutinnen/Therapeuten tiefenpsychologischer Schulen vertreten wird. Innerhalb solcher Rahmenkonzeptionen sind spezifische Methoden entwickelt worden, die als Hilfsmittel im Zusammenhang mit Interventionen Anwendung finden. Gemeint sind hier sog. projektive Techniken, wobei – grob gesprochen und ein wenig unexakt formuliert – psychische Inhalte, vor allem unbewusste oder solche, die man ungern preisgeben möchte, anhand bestimmter Materialien wie Spielsachen, Bilder oder auch Kleckse, die an sich nichts Konkreteres darstellen, sozusagen «von innen nach draußen projiziert» werden (vgl. Schaipp & Plaum 2000). Sollen die Probanden (= Pbn) z. B. zu vorgegebenen Fotos Geschichten erfinden, so besteht die diagnostische Intention darin, dass in diesen Erzählungen vielleicht unbewusste Inhalte, individuelle Problembereiche, auftauchen.

Tiefenpsychologen verwenden gelegentlich solche «projektiven» Methoden, um konkrete Anstöße zu erhalten, welche die Therapie voranbringen können. Dies geschieht zwar durchaus noch im Sinne einer «Einheit des diagnostisch-therapeutischen Prozesses», stellt aber bereits ein Vorgehen dar, das andere Therapeutinnen/Therapeuten ablehnen, weil sie die Auffassung vertreten, bei einer gut verlaufenden Therapie würden die Klientinnen/Klienten alle relevanten Inhalte von selbst ansprechen, und zwar dann, wenn die persönliche Entwicklung so weit fortgeschritten ist, dass sich dies auf zwanglose Weise ermöglichen ließe; eine forcierte Konfrontation mit diagnostischen Befunden, zu einem früheren Zeitpunkt, könne eher schaden als hilfreich sein. Hierzu wäre zunächst zu sagen, dass es sich dabei wohl um eine ungeprüfte Annahme handelt, denn offenbar wird in der Therapie ja gerade das vermieden, was angeblich schädlich ist. Erfahrungen von *Diagnostikern* bestätigen jedenfalls solche Befürchtungen nicht (vgl. Plaum 1992, 1996a). In fast allen Fällen wird vielmehr eine sensible, vorsichtige Aufklärung über wichtige diagnostische Befunde dankbar angenommen. Diese gehen schließlich auf Äußerungen der Pbn selbst zurück, und gute Diagnostiker(innen) vermeiden spekulative Interpretationen, im Gegensatz zu manchen Therapeutinnen/Therapeuten. Auch die Vorstellung, die Vorgabe zahlreicher Testverfahren sei eine Zumutung für die Klientinnen/Klienten, entspricht nicht der Realität und stellt offenbar eine Projektion der Abneigung therapeutisch tätiger Kolleginnen/Kollegen gegenüber Tests dar (vgl. Plaum 1992). Es ist im Gegenteil fast immer so, dass eine ausführliche Diagnostik den Pbn die angenehme Überzeugung vermittelt, nun bemühe sich endlich jemand, ohne Zeitdruck, intensiv darum, die gegebene Problemsituation so gut wie möglich zu erfassen und zu verstehen, um optimal helfen zu können. Im Übrigen sollten diagnostisch arbeitende Psychologinnen/Psychologen mindestens ebenso viel Feingefühl besitzen wie Therapeutinnen/Therapeuten; eine Überforderung der Klientinnen/Klienten durch Tests dürfte von daher kein Thema sein (vgl. Plaum 1996a).

Man darf aber nicht verschweigen, dass «projektive» Verfahren berufsethische Probleme mit sich bringen, geht es dabei doch um Bemühungen, mittels diagnostischer Instrumente Klientinnen/Klienten etwas zu «entlocken», worüber sie vermutlich ohne den Einsatz solcher Methoden momentan (noch) nicht sprechen würden (vgl. Plaum 1992). Um dies zu erreichen, versucht man, eine «nicht durchschaubare Situation» herzustellen, das heißt, die Pbn wissen dabei nicht so genau, was man mit diesen Methoden herausfinden möchte. Hierzu soll eine sehr vage, wenn nicht gar irreführende Instruktion beitragen. (Inwieweit es im Einzelfall tatsächlich gelingt, eine solche Nichtdurchschaubarkeit zu erreichen, ist eine andere Frage.) Den hierdurch auftretenden berufsethischen Problemen kann man begegnen (vgl. Schaipp & Plaum 1995); entsprechende Möglichkeiten sollen aber an dieser Stelle nicht behandelt werden.

Die Bezeichnung «projektiv» führte und führt zu Missverständnissen, denn sie verleitet zu der Annahme, dass die so benannten Instrumente auf einen bestimmten psychoanalytischen Abwehrmechanismus (die «Projektion») hinzielen, was dann selbst Psychologinnen/Psychologen veranlasst, diesen diagnostischen Verfahren insgesamt eine tiefenpsychologische Fundierung zuzuschreiben; dies trifft jedoch nur für einen Teil derart bezeichneter Methoden zu (vgl. Plaum 1996b). Heute stehen zahlreiche «projektive» Verfahren zur Verfügung. Die so bezeichneten Methoden stellen eine recht heterogene Gruppe dar, deren einzige Gemeinsamkeit eigentlich nur darin besteht, dass ihre Erfinder eine «nicht durchschaubare» diagnostische Situation herstellen wollten (vgl. Plaum 1996a).

Wie dem auch sei, diese Techniken können jedenfalls sehr hilfreich sein und entscheidende Informationen erbringen, die ansonsten nicht zu gewinnen wären. Anstelle langatmiger Ausführungen hierzu mag ein instruktives Beispiel genügen, um das Grundsätzliche zu verdeutlichen:

Bei einer Mittvierzigerin bestand eine gynäkologische Symptomatik ohne organischen Befund. Die in einem solchen Fall nahe liegende Hypothese einer sexuellen bzw. Ehe-Problematik konnte zunächst nicht bestätigt werden. In ausführlichen Gesprächen versicherte die Pb, eine sehr harmonische Ehe mit einem liebevollen Partner zu führen. Schließlich wurde die «Wunschprobe» nach Wilde durchgeführt; dabei sollen sich die Klientinnen/Klienten vorstellen, eine nichtmenschliche Existenzform annehmen zu müssen. Vorgegeben sind 50 Begriffe, und zu jedem derselben ist anzugeben, ob man das, was damit bezeichnet wird, sein möchte oder nicht, mit einer entsprechenden Begründung. Die Klientin äußerte hierbei, ein «Piratenschiff» sein zu wollen, weil man dabei «allerhand Abenteuer erleben» könne – für eine Frau ihres Alters, zudem in einer harmonischen Ehesituation, eine recht ungewöhnliche Reaktion. Dies war ein erster, allerdings sehr vager Hinweis darauf, dass die Partnerbeziehung doch nicht als besonders glücklich erlebt wurde. Aufgrund weiterer, daraufhin erhobener diagnostischer Resultate und einer gezielten Befragung im Zusammenhang mit denselben stellte sich dann die eheliche bzw. familiäre Situation in der Tat als harmonisch dar, doch dies war nur «die halbe Wahrheit»: Die Probandin (Pb) erlebte ebendiese permanente Harmonie als langweilig und anödend; sie hatte sich bereits eine berufliche Nebentätigkeit außer Haus gesucht und sogar Überlegungen dahin gehend angestellt, eventuell ihre Familie zu verlassen. Auch in sexueller Hinsicht fand sie die liebevolle Weichheit des Ehemanns unbefriedigend; aufregende Abenteuer mit Piraten hätten ihren gar nicht einmal so geheimen Wünschen wohl eher entsprochen. Bei einem sehr positiv verlaufenden Abschlussgespräch mit dem Ehemann am Ende des diagnostischen Prozesses gestand der Partner denn auch: «Ich bin nun mal kein aufregender Liebhaber.» – Ohne die Reaktion der Pb auf das «Piratenschiff», d. h. aber ohne die Anwendung «projektiver» Verfahren, wäre in diesem Fall die zugrunde liegende Problematik vermutlich unerkannt geblieben.

Darf man also sagen, dass diese Instrumente zu einer «guten» Diagnostik führen? Bevor diese Frage beantwortet wird, ist auf die massive Kritik einzugehen, wonach die Anwendung sog. projektiver Techniken gerade eine besonders *schlechte* Diagnostik darstellt. Nun, abgesehen von der kurz angedeuteten berufsethischen Problematik lassen sich für diese Auffassung gute Gründe anführen (vgl. Schaipp & Plaum 1995, 2000):

Zum einen sind Reaktionen der Pbn auf die Anforderungen bei «projektiven» Techniken zumeist nicht eindeutig und bedürfen einer Interpretation, wobei – da objektive Anhaltspunkte hierfür fehlen – subjektive Auffassungen der Diagnostiker(innen) kaum völlig auszuschalten sind. Da diese Instrumente häufig (keineswegs immer!) einen tiefenpsychologischen Hintergrund haben und auch (aber nicht ausschließlich!) von Anhängern dieser psychologischen Richtung angewendet werden, besteht bei theoretisch anders ausgerichteten Kolleginnen/Kollegen die sicher nicht unberechtigte Befürchtung, dass die Ergebnisse «projektiver» Verfahren vielfach recht einseitige und spekulative «Deutungen» erfahren. Solange man diese lediglich als anderweitig zu bestätigende *Hypothesen* betrachtet, ist dagegen sicher nicht allzu viel einzuwenden.

Nun sind aber Anhänger dieser diagnostischen Methoden in ihren Interpretationen darüber weit hinausgegangen, indem sie etwa glaubten, mittels dieser Instrumente nicht nur Hypothesen zu gewinnen, sondern auch gesicherte Aussagen bezüglich verschiedener Persönlichkeitsmerkmale, «Eigenschaften» wie etwa Ängstlichkeit, Aggressivität oder gar die Intelligenz, wobei man sich zum Teil keineswegs mit qualitativen Hinweisen zufrieden gab, sondern auch Aussagen über quantitative Ausprägungen riskierte. Solche Ansprüche an «projektive Techniken» konnten zumeist bei einschlägigen Untersuchungen nicht bestätigt werden. Diese diagnostischen Instrumente erlauben eben keine «Messungen» von Persönlichkeitsvariablen, die zu zahlenmäßigen Angaben führen würden, so wie dies beispielsweise beim Messen der Länge eines Tischs in cm möglich ist.

Leistungstests und Fragebogenverfahren

Nun gibt es aber psychologische Methoden, denen eine Mess- bzw. Testtheorie zugrunde liegt und die derartige Quantifizierungen psychischer

Gegebenheiten ermöglichen sollen (vgl. Plaum 1996a). Wie man sich dies vorzustellen hat, kann im Rahmen des vorliegenden Beitrags nur angedeutet werden. Es ist hier nicht der Ort, um die grundsätzliche Problematik von «Messungen» in der Psychologie zu diskutieren. Ein Vorgehen, welches auf einer mathematischen Testtheorie beruht und das Quantifizierungen in Analogie zu physikalischen Messwerten erlauben soll, wird «Psychometrie» genannt. Sämtliche als «projektiv» bezeichneten diagnostischen Verfahren sind für psychometrisch orientierte Testtheoretiker kaum diskutabel, weil sie deren Gütekriterien (siehe unten) im günstigsten Fall nur sehr bedingt entsprechen. In der Testtheorie wird davon ausgegangen, dass es psychische Merkmale im Sinne von Eigenschaften gibt, die idealerweise stabil, d. h. situationsüberdauernd sein sollten. Falls Letzteres gegeben wäre, müssten wiederholte Testungen mit einem einschlägigen diagnostischen Instrument – von gewissen «zufälligen» Messfehlern abgesehen – zu gleichen Ergebnissen führen. Dies betrifft das Gütekriterium «Zuverlässigkeit», in der Fachsprache meist «Reliabilität» genannt.

Reliable Testresultate sind natürlich nur dann zu erwarten, wenn sich die mittels eines diagnostischen Instruments gewonnenen Werte «objektiv» feststellen lassen, d. h. subjektive Momente bezüglich der Interpretation – wie sie bei «projektiven» Techniken in der Regel gegeben sind – entfallen. Wenn solches zutrifft, ist das testtheoretische Kriterium (Auswertungs-)Objektivität vorhanden. Dies erreicht man – etwa bei einem Intelligenztest –, indem einzelne Testaufgaben vorgegeben werden, welche die zu untersuchende Person (in der Diagnostik Proband/Probandin genannt, abgekürzt Pb) lösen soll. Angenommen, wir hätten Mathematikaufgaben und/oder Analogiebildungen (z. B. Baum verhält sich zu Wald wie Gras zu …), so gibt es dazu eindeutige Lösungen, die – falls die Pbn sie bringen – jeweils mit einem «Plus» zu kennzeichnen sind. Hier ist für Auswerter kein subjektiver Deutungsspielraum gegeben. Solche Tests werden als «objektiv» bezeichnet.

Es dürfte klar sein, dass dies zunächst nur für so genannte Leistungsverfahren gilt, d. h. diagnostische Methoden, bei denen die einzelnen Aufgaben (in der Fachsprache «Items» genannt) in eindeutiger Weise nach diesem «Plus-Minus-Schema» (gelöst – nicht gelöst) auswertbar sind. Da hierbei Quantifizierungen möglich erscheinen – durch das Zusammenzählen gelöster Items –, hat man dieses Vorgehen auch auf andere psychische Bereiche übertragen, die nicht dem Gebiet der Leistungen zugehören. Das geschah bei den heute auch von Fachleuten unmöglich zu überblickenden, sehr zahlreichen Fragebogentests. Sie beruhen auf der Annahme, dass die Pbn zu allen möglichen psychischen Aspekten ihrer

Person Auskünfte geben können und möchten (diese Voraussetzung ist aber oben bereits kritisiert worden).

Geht man von einer solchen Grundlage aus, dann lassen sich zu nahezu beliebigen Inhalten Fragen bzw. Feststellungen formulieren, welche die Pbn so beantworten sollen, dass ebenfalls Auswertungen nach dem Plus-Minus-Schema möglich sind. So mögen etwa einzelne Items eines Interessenfragebogens wie folgt aussehen: «Ich halte mich lieber auf dem Sportplatz als in einer Bibliothek auf.» Wenn nun nach solchen Feststellungen zwei Antwort-Alternativen angekreuzt werden können, z. B. ja – nein, stimmt – stimmt nicht, trifft zu – trifft nicht zu oder richtig – falsch, dann lassen sich hier ebenfalls die «richtigen», d. h. Zustimmung signalisierenden Markierungen («ja», «stimmt» ...) zusammenzählen, und man hat so einen quantitativen Testwert gewonnen. Natürlich ist dies nur dann sinnvoll, wenn die auf diese Weise zusammengefassten Antworten der einzelnen Items ein bestimmtes Merkmal erfassen sollen; bei dem eben angeführten Beispiel wäre dies das Interesse an sportlichen Aktivitäten. Gebräuchliche Interessentests umfassen noch andere Gebiete, wie Technik, Literatur, bildende Kunst oder die Gastronomie. Selbstverständlich müssen die zu jedem dieser Bereiche gehörenden Items gesondert zusammengezählt werden; man spricht dann von den einzelnen «Skalen» (z. B. der Skala «sportliche Interessen»). Es gibt auch Fragebogentests, die gleichzeitig recht unterschiedliche Aspekte erfassen sollen wie Depressivität, Aggressivität, Nervosität, «maskuline» Einstellung oder Geselligkeit. Dabei spricht man oft von «Persönlichkeits-Inventaren» (mit den entsprechenden «Skalen», z. B. «Aggressivität»).

Während also solche Fragebogentests ebenso objektiv *auswertbar* sind wie Leistungsverfahren (Intelligenz-, Gedächtnis-, Konzentrations-, Rechtschreibtests und dergleichen), gibt es einen entscheidenden Unterschied zwischen diesen beiden Methodengruppen: Bei Fragebogenresultaten fehlen objektive Anhaltspunkte bezüglich der «Richtigkeit» der Pbn-Antworten. Man kann als Diagnostiker(in) eben nicht beurteilen, ob die Aussagen der getesteten Personen tatsächlich der Realität entsprechen. Nehmen wir den Extremfall eines Aggressionsfragebogens (bzw. einer Aggressionsskala), mit dem ein Jugendlicher untersucht wird, der gern andere zusammenschlägt, so ist nicht ohne weiteres anzunehmen, dass er entsprechende Items (beispielsweise «Manchmal regen mich andere Menschen so auf, dass ich am liebsten zuschlagen möchte. Stimmt – stimmt nicht») wahrheitsgemäß beantwortet.

Die Ergebnisse von Fragebogenverfahren können generell von den Pbn manipuliert werden. Am bekanntesten ist die Tendenz, sich so darzustellen, dass ein guter Eindruck entsteht; in der Fachsprache spricht man in diesem Zusammenhang von «sozialer Erwünschtheit». Auch mit anderen Verfälschungstendenzen muss man rechnen, etwa solchen recht subtiler Art, wenn z. B. ein Pb bei einer Untersuchung bezüglich der Eignung für eine bestimmte Position in der Arbeitswelt Fragebogenantworten aufgrund von Vorstellungen ausrichtet, die nach seiner Meinung dem angestrebten Beruf entsprechen. Deshalb werden Fragebogenverfahren bei Eignungsprüfungen nur selten eingesetzt. Ein wenig reflektiertes Antwortverhalten bestünde beispielsweise in oberflächlichem oder willkürlichem Ankreuzen vorgegebener Antwortalternativen, am Ende gar «nach Zufall». Es dürfte unschwer zu erkennen sein, dass so genannte Persönlichkeitsfragebogen insofern *«subjektive»* Verfahren sind, als die «Richtigkeit» der Ergebnisse bzw. deren «Objektivität» nicht nachprüfbar ist und die Pbn nur das angeben, was sie in der konkreten Untersuchungssituation über sich aussagen möchten und/oder können (vgl. Plaum 1992, 1996a).

Psychometrische «Messungen»

Die mathematischen Grundlagen unterschiedlicher testtheoretischer Ansätze werden hier nicht behandelt (vgl. hierzu einführend Wottawa 1980). Auch die Schritte von der Anzahl der «Richtig»-Antworten bis zu brauchbaren «Messwerten» lassen sich an dieser Stelle nur andeutungsweise darlegen.

Noch vor jeder Anwendung einer Test-Vorform müsste gesichert sein, dass die Gesamtheit der Items derselben möglichst genau das erfasst, was «gemessen» werden soll. Dies betrifft das wichtigste Gütekriterium (neben der Objektivität und der Reliabilität), die Gültigkeit oder Validität. So sollten beispielsweise die Items eines Angstfragebogens ausschließlich Informationen zum gesamten Spektrum der Ängstlichkeit liefern. Da Diagnostiker bekanntlich Angst nicht unmittelbar, etwa so ähnlich wie die Länge eines Tischs, messen können – man verwendet daher für solche Personmerkmale auch die Bezeichnung «latente Dimensionen» –, muss man festlegen, welche so genannte Operationen (Verhaltensweisen, Prozeduren) als Indikatoren der zu erfassenden Persönlichkeitsvariablen (z. B. Ängstlichkeit) gelten sollen. Dies ist alles andere als einfach zu bewerkstelligen und keineswegs immer frei von Willkür. So dürfte ein Test der allgemeinen Intelligenz (was immer das, genauer betrachtet, sein mag) keine Items enthalten, deren Lösungen von anderen Variablen wie Leistungsmotivation oder Kreativität abhängig sind; ein solches diagnostisches Instrument müsste auch sämtliche Begabungskomponenten in einer den Alltagsanforderungen entsprechenden Kombination (!) enthalten. Dessen ungeachtet lässt sich ein Intelligenztestresultat generell nur dann sinnvoll interpretieren, wenn sichergestellt ist, dass der Pb optimal um gute Leistungen bemüht war. Man sieht, dass noch so gut durchdachte «Operationalisierungen» von Testvariablen keine Garantie für ein realitätsgerechtes «Messen» derselben darstellen. Dieses Dilemma hat dazu geführt, dass die Operationalisierungen kurzerhand zur Definition der anvisierten Merkmale herangezogen worden sind und beispielsweise Intelligenz als das bezeichnet wurde, was der Intelligenztest «misst».

Gibt man sich mit den jeweils vorgenommenen Operationalisierungen zufrieden, dann kann der so konstruierte Test vorgegeben werden, zunächst grundsätzlich einer möglichst großen, für die zu untersuchende Population repräsentativen Stichprobe. Das Auszählen der Anzahl der «Richtig»- (oder «Falsch»-)Antworten für jedes Individuum ergibt dessen Test-«Rohwert», und es ist möglich, über die gesamte Stichprobe hinweg eine Häufigkeitsverteilung dieser «Rohwerte» zu gewinnen. Man kann dann feststellen, welcher derselben von 50 Prozent der Stichprobe erreicht wird, und kommt so zu einem «mittleren» Testwert. Natürlich lassen sich auch Werte bestimmen, die anderen Prozentsätzen entsprechen. Auf diese Weise gewinnt man sog. Prozentränge, die einfache «Messungen» der Ausprägung des zu untersuchenden Personmerkmals darstellen. Es ist dann z. B. möglich zu sagen, dass der Pb X einen «Prozentrang» (= PR) 35 erreicht hat, das heißt, 35 Prozent der Stichprobe erzielten einen niedrigeren Testwert, 65 Prozent einen höheren. Die Wertespanne, die zwischen den Prozenträngen 25 und 75 liegt, lässt sich als Streuungsmaß definieren; je mehr unterschiedliche Rohwerte also dazwischenliegen, desto größer ist die Streuung in der Stichprobe. Angenommen, wir hätten als «mittleren» Rohwert 25 (entsprechend dem PR 50) erhalten (25 «Richtig»-Antworten würden demnach eine Art Mittelwert darstellen) und als Streuungsmaß – wie soeben definiert – den Wert 10 (das heißt, dem PR 25 entsprächen 15 «Richtig»-Antworten, dem PR 75 35), dann könnten Rohwerte zwischen 15 und 35 einem «mittleren Normalbereich» zugeordnet werden, Werte darunter oder darüber lägen außerhalb desselben.

Es wäre also möglich, den Wert 10 (die Spanne zwischen den PR 25 und 75) als so etwas wie eine Maßeinheit zu betrachten und das Testergebnis eines Pb in Abständen vom «mittleren» Wert anzugeben. Da dieser eben «in der Mitte» zwischen den PR 25 und 75 liegt, würde es sich eher anbieten, diese Wertespanne (10) zu halbieren, um zu einer sinnvollen Maßeinheit zu kommen. Ein Pb mit dem Rohwert 20 läge dann eine solche Einheit unter dem «mittleren» Wert und damit im unteren Normbereich; eine

Person, die 14 Rohpunkte erzielt hätte, wäre mit mehr als zwei Maßeinheiten unter dem Wert mit dem PR 50 und somit bereits unterhalb des «Durchschnitts». Es ist offensichtlich, dass man, um den Abstand vom «mittleren» Wert zu kennzeichnen, hier auch einfach nur das Vielfache der Zahl 5 angeben könnte, nämlich 1 (bei dem Wert 20 oder 30) bzw. 2 (bei den Werten 15 und 35); selbstverständlich ließen sich auch nicht ganzzahlige Werte, unter Zuhilfenahme der entsprechenden Dezimalstellen, angeben (etwa 0,80 oder 2,60). Würde nun der «mittlere» Testwert willkürlich gleich null gesetzt, so wäre eine neue Werteskala gewonnen; Abstände unterhalb von null bekämen ein negatives Vorzeichen, solche größer null ein positives. Eine solche Transformation hätte den großen Vorteil, dass sich nach einer derartigen Umrechnung die Ergebnisse verschiedener Testverfahren mit zahlenmäßig unterschiedlichen Rohwerten untereinander vergleichen ließen, da in jedem Fall im Prinzip die gleiche Werteskala Verwendung fände.

Die eben geschilderte Prozedur dient dem prinzipiellen Verständnis psychometrischen Vorgehens. Tatsächlich werden in der Psychometrie «Messwerte» zwar auf ähnliche Weise, aber zumeist ein wenig anders gewonnen. Unter der Annahme einer Gauß'schen Normalverteilung der erzielten Test-Rohwerte lässt sich nämlich ein derselben angemessenes anderes Streuungsmaß finden, welches dann als Skaleneinheit dienen kann: Die auf dieser Basis gewonnene so genannte Standardnormalverteilung mit entsprechenden «Standard-Testwerten» führt zu gleichen Abständen derselben, symmetrisch zueinander, oberhalb und unterhalb des arithmetischen Mittels der Werteverteilung, sowie zu eleganteren Möglichkeiten, Berechnungen mit den quantitativen Testresultaten durchzuführen. Es ist allerdings keineswegs selbstverständlich, anzunehmen, dass psychologische Variablen – wie die Intelligenz – in der Gesamtbevölkerung der Gauß'schen Normalverteilung folgen würden (zum elementaren Verständnis der bisher dargestellten testtheoretischen Überlegungen vgl. Plaum 1996a).

Solche Standard-Testwerte können z. B. der Berechnung der üblichen Korrelationen dienen. Korrelationskoeffizienten sagen etwas über den Zusammenhang zweier Merkmale aus; sie variieren zwischen den Werten + 1,00 und – 1,00. Eine perfekte positive Korrelation (+ 1,00) – die als Grenzfall fast nie erreicht wird – würde, am Beispiel der Variablen Mathematik- und Deutschnote dargestellt, bedeuten, dass die Zensuren beider Fächer bei der untersuchten Stichprobe von Schülern völlig übereinstimmen: Wer im Fach Mathematik eine «Eins» erhält, bekäme die gleiche Note auch im Deutschen, einer «Zwei» des einen Fachs entspräche die gleiche Zensur im anderen und so fort. Bei der perfekt negativen Korrelation (– 1,00) hätte man jeweils die entgegengesetzten Schulnoten, bei einer «Eins» im einen Fach eine «Fünf» bzw. «Sechs» im anderen usw. Eine fehlende Korrelation (Koeffizient 0,00) würde einen zufälligen, real nicht erkennbaren Zusammenhang bedeuten, das heißt, bei jeder Zensur in dem einen Schulfach könnten mit gleicher Wahrscheinlichkeit (beim gleichen Schüler) alle anderen Noten vorkommen.

Korrelationen sind sehr nützlich, um die Gütekriterien der sog. «klassischen» Testtheorie zahlenmäßig zu fassen. Die Objektivität kann über die Korrelationen zwischen Testwerten «operationalisiert» werden, die von verschiedenen Auswertern stammen; ein Maß der Reliabilität ergibt sich aufgrund der Korrelationen von Testresultaten des gleichen diagnostischen Instruments, die – bei den gleichen Personen – zu verschiedenen Zeitpunkten erzielt werden. Auch Hinweise zur Validität versucht man – als Bestätigungen der vorgenommenen Operationalisierungen – über Korrelationen zu gewinnen, obgleich dies nicht leicht zu bewerkstelligen ist. Wenn beispielsweise Intelligenztest-Standardwerte relativ hoch (etwa zu 0,50) mit den Abiturnoten korrelieren, so lassen sich Erstere (bei anderen Pbn) zur Vorhersage der Letzteren verwenden; der so gefundene Zusammenhang lässt plausibel erscheinen, dass der Test tatsächlich so etwas wie Intelligenz erfasst. Sicher kann man sich dabei aber durchaus nicht sein, denn weder die Höhe der Korrelation noch die keineswegs nur von intellektuellen Faktoren abhängenden Abiturnoten lassen eine solche Annahme zwingend erscheinen.

4 Was ist eine «gute» Psychodiagnostik?

Spätestens an dieser Stelle sollte der Leserin/dem Leser zweierlei klar geworden sein: Erstens ist Diagnostik keineswegs nur im klinischen (psychopathologischen bzw. psychiatrischen oder psychotherapeutischen) Bereich wichtig – entgegen den Vorstellungen von der ausschließlichen Bedeutung psychiatrischer Klassifikationssysteme sowie einer «Einheit des diagnostisch-therapeutischen Prozesses». Wesentliche Anwendungsgebiete sind vielmehr auch die pädagogische bzw. Schul-Psychologie und Eignungsuntersuchungen (vor allem mittels diverser Leistungstests) in der Arbeitswelt. Was Letztere betrifft, so stellt die Behauptung, wonach Psychodiagnostik in erster Linie kapitalistischem Profitstreben dienen sollte, allerdings ebenfalls nicht die volle Wahrheit dar; schon eher trifft es zu, dass diese psychologische Spezialdisziplin aufgrund vorhandener Auslesebedürfnisse in den beiden Weltkriegen sowohl in Europa als auch in den USA wichtige Impulse erhalten hat (vgl. Minton 1997; Lösel 1999).

Zum Zweiten dürfte inzwischen deutlich geworden sein, dass es auch in der Psychodiagnostik unterschiedliche «Schulrichtungen» gibt. Die Beantwortung der Frage, wie denn nun eine «gute» Diagnostik gestaltet sein müsse, fällt daher keineswegs leicht. Selbst zur psychometrischen Testtheorie existieren unterschiedliche Auffassungen: Bei der sog. «klassischen» Konzeption kam es einfach nur auf die Häufigkeiten der «Richtig»-Antworten an. Vor allem bei Leistungstests ist es aber offensichtlich nicht gleichgültig, ob ein Pb überwiegend schwer zu lösende Aufgaben richtig bearbeitet hat oder die gleiche Anzahl eher leicht zu bewältigender Items. Unter anderem deshalb wurde vor einiger Zeit eine neuere Testtheorie entwickelt (deren bekannteste Version ist das sog. Rasch-Modell), die differenziertere Aussagen zu «latenten Dimensionen» der Persönlichkeit ermöglichen soll (vgl. Wottawa 1980). Dieser Ansatz ist jedoch nicht unumstritten; vor allem hat man seine Realitätsferne kritisiert (vgl. Plaum 1992, 1996a).

Offensichtlich sind sowohl «projektive» Techniken als auch psychometrische Tests unter jeweils unterschiedlichen Gesichtspunkten viel versprechend (vgl. Plaum 1992, 1996a). Die letztgenannten Instrumente haben ihre Brauchbarkeit in zahlreichen empirischen Untersuchungen unter Beweis gestellt; daher wird Psychodiagnostik an deutschen Hochschulen höchst einseitig weitgehend nur unter psychometrischen Aspekten gelehrt. Allerdings stehen den genannten Vorzügen der verschiedenen Konzeptionen jeweils unterschiedliche Nachteile gegenüber: Psychometrische Verfahren (einschließlich der Leistungstests) sind leicht verfälschbar; die «projektiven» Techniken liefern – ohne zusätzliche Informationen durch die Pbn – keine eindeutigen Ergebnisse und verführen zu subjektiven Deutungen der Diagnostiker(innen). Abgesehen davon, dass Versuche unternommen worden sind, diesen Nachteilen zu begegnen (etwa durch wenig glückliche Bemühungen, eigene Items zu erfinden, welche die Tendenz, sozial erwünscht zu antworten, kontrollieren sollten, oder Nachfragen bei «projektiven» Verfahren; vgl. Lösel 1999; Schaipp & Plaum 1995, 2000), läge es nahe, davon auszugehen, dass beide Gruppen diagnostischer Instrumente einander bezüglich ihrer Stärken und Schwächen recht gut ergänzen können. Puristischen Methodikern auf der einen oder anderen Seite ist eine solche Vorstellung ein Gräuel, doch aufgrund eines übergeordneten metatheoretischen Standpunkts bzw. einer methodologischen Metaperspektive ist keineswegs einzusehen, was daran unseriös sein sollte. Man gewinnt vielmehr von daher einen wünschenswerten multimethodalen Zugang, der im günstigen Fall übereinstimmende und daher besonders verlässliche Ergebnisse zu erbringen vermag (vgl. Plaum 1992).

In diesem Zusammenhang wäre der Vollständigkeit halber zu erwähnen, dass es Ansätze gibt, die nicht durchschaubare Situation (wie bei den «projektiven» Verfahren) mit psychometrischen Exaktheitsansprüchen zu verknüpfen. Dem entsprechen die sog. objektiven Tests nach Cattell oder Eysenck. Diesen diagnostischen Instrumenten kommt derzeit in der Diagnostik aber nur eine sehr geringe Bedeutung zu; außerdem sind sie nicht unumstritten (vgl. Lösel 1999).

Psychometrische Verfahren werden nicht nur bei einzelnen Individuen, sondern auch mit Erfolg bei Gruppenuntersuchungen eingesetzt, da Vorgabe und Auswertung unter (zeit-)ökonomischen Gesichtspunkten sinnvoll erscheinen, aber auch generell im Leistungsbereich. Zahlreiche dieser Methoden kann man heute computergestützt anwenden. «Projektive» Techniken sollten nur bei Einzeluntersuchungen eingesetzt werden, zumal sich hier die Möglichkeit ergibt, weitere Hinweise der Pbn bezüglich ihrer nicht eindeutigen Äußerungen zu erhalten. Diese diagnostischen Verfahren sind zeitaufwendiger und setzen behutsames Vorgehen sowie weitgehende fachliche Qualifikationen voraus.

Viel diskutiert wurde im Fach Psychodiagnostik die Frage der «Urteilsbildung», das heißt, wie man aufgrund aller vorliegenden Informationen zu einer wissenschaftlich fundierten abschließenden Diagnose kommen kann (vgl. Plaum 1992, 1996a), wobei diese selbstverständlich zumeist nicht in einer Klassifikation (etwa im Sinne von ICD-10 oder DSM-IV) bestehen sollte, sondern auch ein umfassendes, differenziertes «Persönlichkeitsbild» eines Individuums bieten mag. Bei Gruppenuntersuchungen im Bereich der Eignungsdiagnostik in der Wirtschaft kann man sich in der Regel einige Fehlentscheidungen leisten (fälschliche Beurteilung von Pbn als ungeeignet für die zur Disposition stehende Berufstätigkeit oder Akzeptieren tatsächlich Ungeeigneter), falls die Durchführung diagnostischer Untersuchungen dennoch insgesamt einen Gewinn gegenüber anderweitiger Auslese von Bewerberinnen/Bewerbern verspricht. Die gründliche und verantwortungsvolle Diagnostik von Einzelfällen erfordert jedoch eine wesentlich größere Sorgfalt, um Irrtümer zu vermeiden. Da hilft es dann nicht weiter, beispielsweise einen Test heranzuziehen, der zu 0,50 mit dem vorherzusagenden Kriterium (etwa Schulerfolg) korreliert, und von einer hierdurch vorgegebenen Wahrscheinlichkeit auszugehen, um eine Entscheidung (z. B. bezüglich der Schullaufbahn) zu treffen – schon allein deshalb, weil der durch diesen Koeffizienten beschriebene Zusammenhang von Testresultat und Kriterium keineswegs so eng ist, dass zahlreiche Fehlurteile zu vermeiden wären. In fast schon klassisch zu nennenden Beiträgen hat Grubitzsch (vgl. Grubitzsch & Rexilius 1978; Grubitzsch 1991, 1998) an einer stupide vorgehenden Psychometrie Kritik geübt. Verantwortbare Einzelfalldiagnostik arbeitet grundsätzlich mit zahlreichen Verfahren zur Informationsgewinnung wegen der dadurch zu gewinnenden Mehrfachbelege, aber auch um die für die Interpretation diagnostischer Daten erforderlichen ganzheitlichen Beziehungen und «Vernetzungen» abzuklären (vgl. Plaum 1992, 1996a).

Das erwähnte multimethodale Vorgehen bietet die Möglichkeit, aufgrund zahlreicher Hinweise, die in die gleiche Richtung weisen – d. h. nach dem so genannten Konvergenzprinzip –, zu gesicherten Urteilen zu kommen. Wenn für sich genommen wenig aussagekräftige, aber gleichsinnige Informationen sozusagen gebündelt werden, dann steigt die Sicherheit einer entsprechenden Diagnose, so wie viele dünne Drähte zu einem reißfesten Strang gebunden werden können. Dieses Konvergenzprinzip findet auch anderweitig, beispielsweise in Medizin und Jurisprudenz, Anwendung. Wesentlich schwieriger wird jedoch eine Entscheidung, wenn keine übereinstimmenden (konvergenten), sondern widersprüchlich erscheinende («divergente») Hinweise vorliegen. Dann kommt es darauf an, übergeordnete Gesichtspunkte («Metaperspektiven») zu finden, die – etwa im Sinne eines «dialektischen» Vorgehens – scheinbare Widersprüche aufzulösen vermögen (vgl. Plaum 1996a). So kann es sein, dass ein Pb sich in einem Persönlichkeitsfragebogen als wenig aggressiv darstellt, bei «projektiven» Techniken aber verstärkt eine Aggressionsthematik erkennen lässt. Denkbar wäre in einem solchen Fall, dass der Fragebogen sozial erwünschte Reaktionen widerspiegelt, die «projektiven» Verfahren jedoch tatsächlich vorhandene aggressive Impulse offenbaren. Zwei einander widersprechende Intelligenztestresultate mögen aus der Metaperspektive motivationaler Aspekte zu erklären sein, wenn beispielsweise der Pb bei einem zweiten Intelligenztest aufgrund des durchgeführten ersten bereits von solchen Aufgaben derart «gesättigt» war, dass ihm die Lust fehlte, sich erneut maximal anzustrengen.

Eine «gute» Diagnostik sollte entsprechend dem multimethodalen «Konvergenz-Divergenz-Prinzip» – wie soeben geschildert – erfolgen. Zumindest Einzelfalluntersuchungen dürften nicht unter Zeitdruck stattfinden und müssten hinreichend umfangreich sein sowie aufgrund einer ganzheitlichen Orientierung dem Individuum in seiner jeweiligen Lebenslage – der «Person in der Situation» als hochkomplexe Einheit – gerecht werden. Dem Verfasser des vorliegenden Beitrags ist es immer unverständlich gewesen, wie man sich anheischig machen kann, das vielleicht komplizierteste System des gesamten Kosmos – nämlich ebendiese Person in ihrer konkreten Situation – in kurzer Zeit, mittels weniger Hilfsmittel, bezüglich welcher Fragestellungen auch immer, angemessen beurteilen zu wollen. Derart kurzschlüssige Vorgehensweisen in der Diagnostik dürften mit der Menschenwürde der zu untersuchenden Individuen kaum vereinbar sein.

Literatur

Bergin, A. E. & Lambert, M. J. (1978). The evaluation of therapeutic outcomes. In: S. L. Garfield & A. E. Bergin (Eds.), Handbook of psychotherapy and behavior change: an empirical analysis (2nd ed.), S. 139–189. New York.

Biedermann, Th. & Plaum, E. (1999). Aggressive Jugendliche. Wiesbaden.

Faßnacht, G. (1995). Systematische Verhaltensbeobachtung (2. Aufl.). München.

Gross, G., Huber, G. & Saß, H. (Hg.) (1998). Moderne psychiatrische Klassifikationssysteme. Stuttgart.

Grubitzsch, S. (1991). Testtheorie – Testpraxis. Reinbek.

Grubitzsch, S. (Hg.) (1998). Psychodiagnostik. Pfaffenweiler.

Grubitzsch, S. & Rexilius, G. (1978). Testtheorie – Testpraxis. Reinbek.

Jankowski, P. (1981). Aufgaben der Psychodiagnostik in Erziehungs- und Familienberatung. In: E.-G. Wehner (Hg.), Psychodiagnostik in Theorie und Praxis, S. 28–54. Frankfurt/M.

Keßler, B. H. (1999). Daten aus dem Interview. In: R. S. Jäger & F. Petermann (Hg.), Psychologische Diagnostik (4. Aufl.), S. 429–439. Weinheim.

Lösel, F. (1999). Persönlichkeitsdaten (Tests). In: R. S. Jäger & F. Petermann (Hg.), Psychologische Diagnostik (4. Aufl.), S. 362–380. Weinheim.

Minton, H. J. (1997). Lewis M. Terman: architect for a psychologically stratified society. In: W. G. Bringmann, H. E. Lück, R. Miller & Ch. E. Early (Eds.), A pictorial history of psychology, S. 329–336. Chicago/Berlin.

Plaum, E. (1981). Methodische Probleme einer Diagnostik auf interaktionstheoretischer Basis. Psychologie und Praxis 25, S. 91–98.

Plaum, E. (1992). Psychologische Einzelfallarbeit. Stuttgart.

Plaum, E. (1993). Einzelfalldiagnostik in der Klinischen Psychologie. In: F. Baumgärtel & F.-W. Wilker (Hg.), Klinische Psychologie im Spiegel ihrer Praxis, S. 13–27. Bonn.

Plaum, E. (1996a). Einführung in die Psychodiagnostik. Darmstadt.

Plaum, E. (1996b). Zum gegenwärtigen Stand der Psychodiagnostik. Journal für Psychologie 4 (4), S. 3–17.

Plaum, E. (1998). Moderne Klassifikationssysteme aus der Sicht der Persönlichkeitspsychologie. In: G. Gross, G. Huber & H. Saß (Hg.), Moderne psychiatrische Klassifikationssysteme, S. 212–219. Stuttgart.

Plaum, E. (2000). DSM-IV und ICD-10 als Grundlagen psychologisch-klinischer

Diagnostik? Zur «psychiatrischen Wende» eines eigenständigen Zweiges der angewandten Psychologie. Zeitschrift für Differentielle und Diagnostische Psychologie 21 (2), S. 152–165.
Rohracher, H. (1961). Kleine Charakterkunde (9. Aufl.). Wien.
Schaipp, Ch. & Plaum, E. (1995). «Projektive Techniken»: Unseriöse «Tests» oder wertvolle qualitative Methoden? Bonn.
Schaipp, Ch. & Plaum, E. (2000). Sogenannte projektive Techniken: Verfahren zwischen Psychometrie, Hermeneutik und qualitativer Heuristik. Journal für Psychologie 8 (1), S. 29–44.
Wittchen, H.-U. (1996). Die Zukunft der Klinischen Psychologie – zwischen Glanz und Erosion. In: W. Bungard u. a., Perspektiven der Psychologie. Eine Standortbestimmung, S. 145–167. Weinheim.
Wottawa, H. (1980). Grundriß der Testtheorie. München.

Weiterführende Literatur

Amelang, M. & Bartussek, D. (1997). Differentielle Psychologie und Persönlichkeitsforschung (4. Aufl.). Stuttgart.
Jäger, R. S. & Petermann, F. (Hg.) (1999). Psychologische Diagnostik (4. Aufl.). Weinheim.
Wehner, E.-G. (1981). Psychodiagnostik in Theorie und Praxis. Frankfurt/M.

Klaus Weber

3.4 Interventionsmethoden

1 Begriffsklärung

Die Praxis von Psychologen besteht nicht zuletzt darin, professionell in das Leben anderer Menschen einzugreifen – sei es, weil diese denken, der Psychologe könne sie mit seinen «Ratschlägen» vor «falschen Verhaltensweisen» oder psychischem Leiden bewahren; sei es, weil sie glauben, mit einer psychotherapeutischen Behandlung könnten Probleme des eigenen

Lebens gelöst werden. *Intervention* nennt man diese in das Leben ihrer Klienten eingreifenden Handlungen der Psychologen erst relativ spät: «Der Begriff Intervention taucht zu Beginn der 80er Jahre in den Lehrbüchern der Klinischen Psychologie auf. (…) Die Sprachregelung der Rahmenprüfungsordnung für Psychologie korrespondiert mit dieser Entwicklung in der Einführung eines neuen Methodenfachs ‹Diagnostik und Intervention›» (Gottwald 1998, S. 258). Gottwald kritisiert, dass damit ein Begriff in die psychologische Fachsprache eingeführt wurde, der «ursprünglich im Militärischen, Diplomatischen und Politischen zu Hause war: Intervention – der mehr oder weniger deutlich als Gewaltakt erkennbare Eingriff, ein ‹Dazwischentreten› mit klarer Zielsetzung aus eigenen Interessen» (ebd.). Allerdings übersieht diese Kritik, dass der Begriff sowohl im Militärischen als auch im Psychologischen eine Funktion erfüllt, die denjenigen, die ihn verwenden, sehr zustatten kommt: Intervenieren heißt, von einem Außenstandpunkt in Zusammenhänge einzugreifen, an denen man scheinbar nicht beteiligt ist und deren Entstehung und Vorhandensein mit der Position derer, die eingreifen, nichts zu tun haben. Insofern neutralisiert und objektiviert die Redeweise von psychologischer Intervention die in das Leben von Menschen ein- und übergreifenden Aktionen und Handlungsweisen, indem sie die Frage nach der ethisch-moralischen Basis solcher Handlungen ins Technische und Wissenschaftliche verschiebt (vgl. Geib 1987). Abgesehen wird bei psychologischen «Interventionen» meist von den realen Lebenslagen und Biographien der Klienten, aber auch davon, welche Wünsche, Bedürfnisse und Hoffnungen für diese bedeutsam sind. Im Mittelpunkt psychologischen Intervenierens steht vielmehr ein vor einem Eingriff diagnostiziertes Verhalten eines Klienten bzw. dessen Symptomatik, die der Norm angepasst werden soll. Als Beispiel mag folgendes Zitat aus einem Lehrbuch klinischer Entwicklungspsychologie dienen: «Unter Intervention wird ein geplanter Versuch verstanden, etwas oder jemanden zu verändern. Sie kann auf verschiedenen Ebenen ansetzen, bei einem Individuum oder bei einer Gruppe von Menschen, bei spezifischen Umweltbereichen oder einem gesamten System. (…) Interventionen setzen voraus, dass es normative Vorstellungen über Entwicklungsverläufe und somit Bestimmungen der Abweichungen von dieser Norm und damit Interventionsbedarf gibt» (Zank & Baltes 1999, S. 513). Das Individuum ist in dieser Psychologie *Objekt* von psychologischen Diagnosen und Interventionen. Bedarf für eine Intervention wird durch die Abweichung eines Menschen von der Norm erzeugt und nicht etwa durch das Leiden eines Menschen an den Normen. Die je eigene Problematik oder gar die lebensgeschichtlichen Begründungen für die Notwendigkeit, psychologischen Rat in Anspruch nehmen zu wollen, wird in diesem die Subjekte objektivierenden Denken ausgeblendet. Dieses Denken ist aber Folge einer der gesamten Psychologie – ob in Theorie oder in praxisbezogenen Forschungsfeldern – zugrunde liegenden Konzeption der Erklärung menschlichen Handelns in Ursache-Wirkungs-Zusammenhängen. Diese werden experimentell erkundet und als Folie zur Erklärung jedweder menschlicher Tätigkeit benutzt. Dabei wird lediglich nach den *Bedingungen* subjektiver Lebensäußerungen gefragt und nicht danach, wie die Subjekte Ereignisse und Situationen erfahren und wie sie in solchen – gesellschaftlich vermittelten – Situationen handeln können bzw. sich ohnmächtig und handlungsunfähig fühlen. Die aus der Grundkonzeption der Mainstream-Psychologie sich ergebenden Eingriffe in das Leben der Subjekte bleiben somit einem Bedingtheitsdiskurs verhaftet, der seit der Etablierung des Behaviorismus lediglich verfeinert, aber nie verändert wurde. Psychologisches Handeln wird dabei als *intervenierende Variable* gedacht, die von außen an die Subjekte herangetragen wird und deren Leben verändert. Die Probleme und Widersprüche, die sich *aus* dieser psychologischen Konzeption für das Handeln von Psychologen ergeben, können *mit* ihr aus zwei Gründen nicht geklärt werden: Zum einen werden psychologisch Tätige nicht als handelnde Subjekte gedacht, sondern lediglich als «Wirkfaktoren» in einem beraterischen bzw. therapeutischen Setting betrachtet (vgl. Grawe et al. 1999); zum anderen hat die auf dem Bedingtheitsdiskurs bestehende Mainstreampsychologie ein Vokabular entwickelt, in dem «die wirklichen Handlungen und Erfahrungen der Subjekte nicht mehr vorkommen» (Holzkamp 1996, S. 27). Psychologie in diesem Sinn hat «zu den anstehenden psychosozialen Problemkomplexen entweder keine oder höchst abstrakt-allgemeine Aussagen anzubieten» (Keupp 1996, S. 452) und lässt deshalb die Praktiker im Stich. Notwendig wäre deshalb eine psychologische Praxistheorie, die sich theoretisch mit den Methoden, Personen und Situationen psychologischer Tätigkeit befasst, ohne zu leugnen, dass psychologische Intervention immer in widersprüchlichen gesellschaftlichen Verhältnissen verortet ist (vgl. Weber 1998a).

2 Macht und Ohnmacht

Intervention durch Psychologen findet immer in einem Verhältnis von Macht und Ohnmacht statt. Hörmann und Zygowski (1998, S. 94 f.) zeigen am Beispiel der Therapeut-Klient-Beziehung, dass die Machtproblematik in fast allen Therapieschulen einseitig thematisiert wird: «Macht und das ihr zugeordnete Mittel der Manipulation erscheinen in der klinisch-psychologischen Literatur in der Regel als moralisch-psychologisches Problem bzw. als nützliches therapeutisches Medium» (ebd., S. 101). Erst durch die Diskussion des Empowermentansatzes und einer damit einhergehenden Überlegung zur *Entmächtigung* der professionell Tätigen werden Machtverhältnisse in beraterischen und therapeutischen Beziehungen neuerdings wieder zum Thema gemacht. Allerdings macht eine Diskussion über die *Ermächtigung* von Klienten bei gleichzeitiger Zurückhaltung der Therapeuten/Berater nur dann Sinn, wenn die strukturell und gesellschaftlich zugrunde liegenden und damit wirksamen Machtverhältnisse nicht ausgeklammert bleiben. So wäre zu fragen, ob und inwieweit psychologische Dienstleistungen sich frei machen können von ihrem gesellschaftlichen Zweck, die Klienten wieder *funktionsfähig* machen zu sollen. Hörmann zeigt diese Problematik am Beispiel der Kinder- und Jugendhilfe auf: «Bestand die angebotene Intervention des Jugendamts früher bei Mißhandlung, Verwahrlosung oder Vernachlässigung des Kindes in der Heimeinweisung, soll heute die pädagogische oder therapeutische Hilfe einspringen» (1998, S. 264). Weiterhin wäre zu überprüfen, ob und wie in den therapeutischen Schulen Zielvorgaben und Methoden von Interventionen konzipiert sind und ob darin die Lebenskontexte und die Bedürfnisse der Klienten anerkannt werden. Schließlich wäre zu erforschen, inwieweit das Entstehen eines «Psychotherapie-Markts» mit verschiedenen, gegenseitig konkurrierenden Therapie-Angeboten dazu führt, dass die Notwendigkeit des Geldverdienens von Therapeuten sich auf die Anzahl der Therapiestunden auswirkt – unabhängig vom Bedarf der Klientel. Gisela Ulmann äußert die Sorge, aus rein ökonomischen Gründen könne es dazu kommen, «daß äußerliche Reproduktionsbedingungen von Interventeuren (Zeit und Kosten der Arbeit) den Interventionsprozeß determinieren, statt sich aus den Problemen des Ratsuchenden und entsprechenden Problemlösungs(versuchen) zu ergeben» (1990, S. 71). Doch auch wenn die Probleme der Klienten in den Mittelpunkt gestellt werden, ist die Macht der Experten keineswegs gebrochen. Geib (1987) geht vielmehr davon aus, dass allein das Vorhandensein einer Therapeut-Klient-Beziehung auf unausgesprochenen Machtverhältnissen basiert, welche die Psychologen am liebsten verschweigen. Bei der Problematik der Machtverhältnisse im Interventionsprozess geht es also nicht darum, diese zu verändern, sondern sie als Grundlage psychologischer Tätigkeit anzuerkennen und den Klienten zu offenbaren (vgl. Weber 1998b, S. 25).

Anfang der 1970er Jahre gab es – unter anderem angestoßen durch die

Veröffentlichung von Hofstätters Buch «Gruppendynamik – Kritik der Massenpsychologie» (1957) und die Popularisierung humanistisch-psychologischer Theorien – einen Gruppendynamik-Boom. Die Gruppe wurde dabei im Gegensatz zur Einzelfallarbeit (bzw. -therapie) als Ort betrachtet, an dem die Menschen sich in demokratische Kooperation und Solidarität einüben könnten, um somit die entfremdeten gesellschaftlichen Verhältnisse besser verändern zu können (vgl. Heintel 1975). Diese Sichtweise, nach der Abläufe in Gruppenveranstaltungen «als eigentlich politisches Verhalten» (Ohm 1975, S. 516) interpretiert werden und Gruppenarbeit per se emanzipatorisch und gesellschaftsverändernd wirken würde, wurde vonseiten kritischer Psychologen heftig bestritten. Vielmehr wurde Gruppendynamik als Ausweg kritisiert, in dem die Mittelschichtsbürger versuchen, die im Kapitalismus entstehende «Fassadenhaftigkeit der Sozialbeziehungen» (Ohm 1975, S. 96) über ihre Erlebnisse in Gruppen auszugleichen und als «wahre» und «echte», «nichtentfremdete» Lebensweisen zu verkaufen.

3 Subjekt und Objekt

Interventionen als von Psychologen beabsichtigte und von Klienten gewollte oder geduldete Eingriffe in ihr Leben setzen meist voraus, dass die Klienten ihr Leben als leidvoll erfahren. Sie entwickeln in ihren Lebensverhältnissen und mit ihren sozialen und kulturellen Kompetenzen Handlungsschritte, deren Begründungen oft nur aus der je eigenen Sicht, nicht aber aus dem Blickwinkel des Intervenierenden als «sinnvoll» erscheinen. Will psychologische Tätigkeit den Einzelnen Hilfestellung und Rat geben, so ist aus einer subjektwissenschaftlichen Perspektive zweierlei zu beachten: Erstens muss psychologische Tätigkeit (als Interventionsmethode) «sinnvollerweise darauf gerichtet sein, den Klienten erweiterte subjektive Möglichkeiten zu erschließen» (Dreier 1987, S. 66), und zweitens «muß die Erfassung und Wahrnehmung von Interessen und Bedürfnissen der Klienten ein zentrales Anliegen» (ebd.) psychologischer Praxis sein. Diese beiden Grundvoraussetzungen eines klientenbezogenen Vorgehens stehen damit in völligem Widerspruch zum Menschenbild der Mainstreampsychologie. Aber auch psychoanalytisch oder humanistisch geprägte Therapie- und Interventionstheorien beziehen sich nicht in erster Linie auf die Lebenswelten und sozial-individuellen Verhältnisse der Klienten, sondern auf theoretisch vorgegebene Denk- und Deutungsmuster, in die dann die jeweils berichteten Erfahrungen eingepasst werden. Ob es sich dabei um den psychoanalytisch unabdingbaren Rekurs auf die Kindheit als Ort und Zeitraum einer ersten Schädigung handelt oder um das Bild vom guten Kern in jedem Menschen, das die humanistisch orientierte Psychologie prägt: Beide verzichten zugunsten ihrer theoretischen Vorannahmen auf eine subjektbezogene Erklärung und Bearbeitung konkreter Konfliktsituationen der Klienten, um gemeinsam mit diesen die Überwindung behindernder Lebenssituationen zu ermöglichen (vgl. Aumann 1999). Eine solche Orientierung am Klienten als Subjekt seines Lebens und seiner Lebensführung geht einher mit einem radikal auf diesen bezogenen Menschenbild. Ole Dreier schildert diese Position aus der Perspektive des Klienten: «Die Klärung und Vertretung meiner prinzipiell gleichberechtigten subjektiven Perspektive, meiner Interessen und Gründe in bezug auf ein Problem (…) ist deshalb notwendige Grundlage einer Therapie auf dem Subjektstandpunkt» (Dreier 1990, S. 66). Nur aus dem Wissen und dem Kennen der Lebenszusammenhänge des Klienten heraus ist es für Psychologen, die das Subjekt in den Mittelpunkt ihrer Arbeit stellen, möglich zu intervenieren. Schließlich soll die psychologische Intervention ihre Wirkung gerade in den Lebenszusammenhängen der Klienten beweisen.

4 Vereigenschaftung

Individuelle Verantwortung für mein Leiden zu übernehmen und die Suche nach einem Ausweg daraus zu beginnen, kann zweierlei heißen: Zum einen kann es bedeuten, mir mit Hilfe anderer über die Behinderungen und Einschränkungen, die ich erlebe, und über Möglichkeiten ihrer Überwindung klar zu werden. Eine realistische Einschätzung «von Bewältigungsmöglichkeiten (…) sollte aufzeigen, wo gesellschaftliche Fremdbestimmung, Enteignung von Alltagskompetenzen, die Zerstörung menschlicher Gestaltungsräume und die wachsenden ökologischen Risiken durch individuelle Bewältigungsstrategien letztlich nicht überwunden werden können und gesellschaftliche Strukturreformen erforderlich sind» (Keupp 1990, S. 87). Aus Keupps Zitat wird deutlich, dass Bewältigung und Überwindung konfliktreicher und belastender Lebenssituationen für die Einzelnen möglich ist; dass es aber auch sinnvoll ist, die Grenzen des eigenen Handelns zu kennen. Wenn wir nun betrachten, auf welche Art und Weise psychologische Diagnostik über Menschen spricht, so werden einerseits die von Keupp genannten und skandalisierten gesellschaftlichen und sozialen Rahmenbedingungen individueller Lebensverhältnisse vollkommen ignoriert; andrerseits wird durch die Etikettierung und Kategorisierung subjektiver Handlungsweisen dem Einzelnen die volle Verantwortung für sein Leiden aufgebürdet. So wird etwa aus der komplexen Lebenssituation eines Schülers «Hans», der aus vielerlei Gründen nicht in der Lage ist, in der Schule aufzupassen, und der seine Hausaufgaben nur selten macht, ein «konzentrationsunfähiger» und «lernunwilliger» Schüler Hans. Diese *Vereigenschaftung* eines komplexen Begründungszusammenhangs, die jeglicher Intervention zugrunde liegt, hat mehrere Funktionen: Sie reduziert eine widersprüchliche und vielfältige Lebens-Anordnung auf wenige, scheinbar klare Verhaltenseigenschaften desjenigen, der beraten/therapiert werden soll. Diese Reduktion gewährleistet zudem die Zuständigkeit eines Psychologen, dessen Aufgabe ja gerade die Änderung menschlichen Verhaltens ist. Daraus ergibt sich, dass «am Schüler Hans gearbeitet» werden muss, damit dieser sich verändert und nicht etwa die Ursachen, die seiner Problematik zugrunde liegen. Von den Hintergründen seiner Lebensproblematik (den gesellschaftlichen Bedingungen, die beispielsweise die ökonomische und soziale Lage seiner Familie bestimmen) wird dabei abgesehen – sie gehen in das Vokabular einer solchen verdinglichenden Beschreibung nicht ein. Die Folgen, die sich aus solchem Vereigenschaftungsdenken für den Klienten wie für den Psychologen ergeben, beschreibt Ulmann folgendermaßen: «Im Psychoslang hat zwar jede defizitäre Eigenschaft eine ziemlich eindeutige Alternative, die – je nach Norm – in ihrer Mäßigung oder in ihrem Gegenteil besteht (der dominante Mensch soll weniger dominant werden, der unselbständige Mensch selbständig), aber es gibt in der Realität schlicht keinen Maßstab, mit dem diese behaupteten Quantitäten meßbar sind» (1989, S. 122). Die möglichst präzise Beschreibung von Eigenschaften hilft also dem Klienten wenig. Es «geht ja nicht darum, das Problem möglichst passend zu benennen, sondern herauszufinden, warum es bislang nicht lösbar ist. Es geht darum herauszufinden, welche Intentionen der Ratsuchende hat, welche Gründe er hat, diese so und nicht anders zu verfolgen, inwiefern das, was er tut, für ihn funktional ist – wie seine Lebensbedingungen sind, welche Bedeutung sie für ihn haben, inwiefern er versucht, unter seinen Lebensbedingungen zurechtzukommen oder diese (mit) zu gestalten» (ebd., S. 126).

5 Ausblick

Psychologische Interventionsmethoden werden in allen Lehrbüchern als logische Folge vorhergehender diagnostischer Urteile erläutert: *Wenn* dieses Verhalten störend ist oder als störend empfunden wird, *dann* muss jenes Mittel bzw. jene Methode helfen, die Störung zu beheben. Die Lebenswirklichkeit derjenigen, die solche Interventionen «erleiden», spielt in diesem Wenn-dann-Zusammenhang keine Rolle. Kompetentes und professionelles Eingreifen in das widersprüchliche Leben aktiv handelnder und zu Reflexion fähiger Menschen benötigt deshalb subjektwissenschaftliche Begriffe und Theorien, die sowohl den Klienten als auch den handelnden Psychologen gerecht werden. Solche Begriffe und Theorien wären mit den Lebens- bzw. Berufspraktiken der Klienten und der Psychologen zu verknüpfen. Ihre Entwicklung ist Zukunftsaufgabe einer reflexiven und kritischen Psychologie. Einer Psychologie, die jedoch für das wirkliche Leben der Menschen weder Vokabular noch Handwerkszeug zur Verfügung hat, wird es gehen wie dem Arzt Ricarda, der von einem niedergedrückten Menschen aufgesucht wird:

> An einem Abend im November des Jahres 1840 betrat ein ausgezehrter, schwarzgekleideter Mann die Ordination des Doktor Ricarda. Der Arzt musterte den Besucher forschend, die hohe Stirn, das blasse Gesicht, die schmalen Lippen.
> «Sind Sie krank, Monsieur?»
> «Ja, Herr Doktor. Ich glaube, ich muß sterben.»
> «Und was fehlt Ihnen?»
> «Ich bin schwermütig. Ich leide und weiß nicht warum. Ich quäle mich, das Herz tut mir weh. Ich fürchte mich vor den Menschen und vor mir selbst. Und ich kann nicht schlafen.»
> «Daran stirbt man nicht. Ich weiß eine gute Arznei für Sie.»
> «Welche wäre das?»
> «Eine Arznei, die Sie von alldem heilt. Gehen Sie ins Theater und schauen Sie sich Deburau an!»
> Der blasse Mann verneigte sich und sagte traurig:
> «Ich bin Deburau, Doktor.»
> (Kozík 1991, S. 5)

Literatur

Aumann, G. (1999). Funktionen biografischer Deutungen von Konfliktsituationen in der psychosozialen Praxis. Forum Kritische Psychologie 41, S. 81–90.

Dreier, O. (1987). Klienteninteressen in der Psychotherapie. Forum Kritische Psychologie 20, S. 66–83.

Dreier, O. (1990). Psychische Erkrankungen aus der Sicht der «Kritischen Psychologie». In: A. Thom & E. Wulff (Hg.), Psychiatrie im Wandel. Erfahrungen und Perspektiven in Ost und West, S. 55–75. Bonn.

Geib, N. (1987). Intervenieren? Zur Machtproblematik in Beratung und Therapie. Psychologie & Gesellschaftskritik 42/43, S. 5–20.

Gottwald, P. (1998). Intervention. In: S. Grubitzsch & K. Weber (Hg.), Psychologische Grundbegriffe. Ein Handbuch, S. 258–260. Reinbek.

Grawe, K., Regli, D., Smith, E. & Dick, A. (1999). Wirkfaktorenanalyse – ein Spektroskop für die Psychotherapie. Verhaltenstherapie & psychosoziale Praxis 2, S. 201–225.

Heintel, P. (1975). Zum Wissenschaftsbegriff der Gruppendynamik. Das Argument 91 (Kritische Psychologie I), S. 494–515.

Hofstätter, P. R. (1957). Gruppendynamik. Kritik der Massenpsychologie. Hamburg.

Holzkamp, K. (1996). Manuskripte zum Arbeitsprojekt «Lebensführung». Forum Kritische Psychologie 36, S. 7–112.

Hörmann, G. (1998). Verhaltensstörungen im frühen Lebensalter. In: ders. & W. Körner (Hg.), Klinische Psychologie. Ein kritisches Handbuch, S. 259–279. Eschborn.

Hörmann, G. & Zygowski, H. (1998). Therapeut-Klient-Beziehung. In: G. Hörmann & W. Körner (Hg.), Klinische Psychologie. Ein kritisches Handbuch, S. 89–106. Eschborn.

Keupp, H. (1990). Psychosoziale Probleme aus sozialwissenschaftlicher Perspektive. In: A. Thom & E. Wulff (Hg.), Psychiatrie im Wandel. Erfahrungen und Perspektiven in Ost und West, S. 76–95. Bonn.

Keupp, H. (1996). Psychologie. In: D. Kreft & I. Mielenz (Hg.), Wörterbuch Soziale Arbeit, S. 452–457. Weinheim/Basel.

Kozík, F. (1991). Der größte der Pierrots. Frankfurt/M.

Ohm, Ch. (1975). Ziellosigkeit als Lernziel der Gruppendynamik. Das Argument 78 (Argumente für eine soziale Medizin IV), S. 94–122.

Ohm, Ch. (1975). Anmerkungen zu Heintel. In: Das Argument 91 (Kritische Psychologie I), S. 516–520.

Ulmann, G. (1989). Gedanken beim Lesen von Praxisberichten. Menschen in Schubladen sperren zwecks Bearbeitung? Forum Kritische Psychologie 24, S. 111–132.

Ulmann, G. (1990). Psychologische Intervention: was lange währt, wird endlich gut? Forum Kritische Psychologie 26, S. 54–76.

Weber, K. (1998a). Theorie und Praxis in der Psychologie. In: S. Grubitzsch & ders. (Hg.), Psychologische Grundbegriffe. Ein Handbuch, S. 637–641. Reinbek.

Weber, K. (1998b). Kulturelle Differenz und Geschlecht als Dimensionen sozialpsychiatrischer Arbeit. Sozialpsychiatrische Informationen, S. 21–28.

Zank, S. & Baltes, M. M. (1999). Entwicklungsorientierte Intervention im Alter. In: R. Oerter, C. von Hagen, G. Röper & G. Noam (Hg.), Klinische Entwicklungspsychologie. Ein Lehrbuch, S. 512–521. Weinheim.

Irene Kühnlein

3.4.1 Psychotherapie

Psychotherapie ist – allgemein formuliert – die übergeordnete Bezeichnung für alle Formen der gezielten Beeinflussung von psychischen und psychosomatischen Beeinträchtigungen mit psychologischen Mitteln. Historisch gesehen handelt es sich um ein relativ junges Verfahren, das sich seit seinen Anfängen vor etwa hundert Jahren zu einem vielfältigen, aber auch unübersichtlichen Feld konkurrierender Erklärungs- und Behandlungsmodelle entwickelt hat. Zu der weiten Verbreitung und Akzeptanz von Psychotherapie haben die gesellschaftlichen Veränderungen des 20. Jahrhunderts wesentlich beigetragen: Zum einen überlässt der Bedeutungsverlust der (christlichen) Kirchen dem Einzelnen die Beantwortung von Fragen der Sinnstiftung und der ethisch-moralischen Orientierung. Zum anderen verlieren durch die Individualisierungsprozesse moderner Industriegesellschaften tradierte Lebensmuster und Verhaltensnormen ihre handlungsleitende Gültigkeit. Der Einzelne ist mehr als früher darauf verwiesen, sich selbst mit den eigenen Möglichkeiten und Bedürfnissen zum Ausgangspunkt seiner Lebensplanung zu machen. Der Übergang in eine sich schnell verändernde wissenszentrierte und globalisierte Gesellschaftsordnung erfordert Eigenständigkeit und Flexibilität des Individuums in einem nie zuvor gekannten Ausmaß.

Vor diesem Hintergrund wird Psychotherapie wegen ihrer Thematisierung des Selbst und der individuellen Anteile an einer Störung des Lebensvollzugs als ein Mittel der Wahl innerhalb der Moderne bezeichnet, wenn es um individuelles Leiden bzw. um die Bewältigung persönlicher Krisen geht. In den vergangenen Jahrzehnten ist nicht nur die Zahl der praktizierenden Psychotherapeuten, sondern auch die Zahl der therapeutischen Verfahren unterschiedlichster Herkunft und Qualität sprunghaft angestiegen. Die Behandlung von psychischen Störungen und Lebenskrisen, aber auch Bewusstseinserweiterung und Selbsterfahrung wurden Teil eines «Psycho-Markts». Es wuchsen die Zweifel, welches der Therapieangebote fundiert sei und bei welchem es sich letztlich um Scharlatanerie, esoterische bzw. quasi-religiöse Glaubensangebote oder gar nur um bezahlte Freundschaftsdienste handele. Angesichts eines unübersichtlichen «Psycho-Dschungels» von rund 500 so genannten Therapieverfahren stand in den vergangenen Jahrzehnten die wissenschaftliche Überprüfung der Wirksamkeit der unterschiedlichen Ansätze und die gesetzliche Regelung eines qualifizierten Berufsstandes in Deutschland im Vordergrund der Bemühungen.

1 Das Theorie-Praxis-Verhältnis

Die meistverbreiteten psychotherapeutischen Verfahren berufen sich auf zwei differierende Theoriegebäude. Beide wurden ständig weiterentwickelt und haben zu vielfältigen Verfahren und Methoden geführt. Die Geschichte der daraus resultierenden Therapieschulen ist von wechselseitiger Konkurrenz und Abgrenzung geprägt, die sich nicht nur auf die unterschiedlichen Erklärungsmodelle für psychische Störungen, sondern auch auf die therapeutischen Maßnahmen, die Dauer und Intensität der Behandlung und die Zielbestimmungen bezieht.

Die historisch ältere ist die von dem Mediziner Sigmund Freud entwickelte psychodynamische Theorie, die mit vielen Weiterentwicklungen die Grundlage für alle Formen der Psychoanalyse und der tiefenpsychologischen Psychotherapie bildet. Diese Theorie basiert auf der Annahme, dass die psychische Entwicklung in der Auseinandersetzung des Individuums mit seiner Umwelt verläuft, wobei insbesondere die ersten Lebensjahre von herausragender Bedeutung sind. Die von Freud ursprünglich postulierte Triebtheorie und die Festlegung auf vorgegebene Entwicklungsphasen wurden inzwischen relativiert. Werden Konflikte und traumatisierende Erlebnisse nicht bewältigt, sondern ungelöst verinnerlicht, dann können sie zu einem späteren Zeitpunkt psychische Störungen verursachen. Im Zentrum der Theorie steht, dass es sich dabei überwiegend um unbewusste Vorgänge handelt, die durch deren Übertragung auf den Therapeuten und Bearbeitung innerhalb der Therapie aufgespürt, wieder erlebt, als solche verstanden und dadurch neu bewältigt werden können. Die therapeutische Beziehung ist deshalb von herausragender Bedeutung. Ziel der Behandlung ist eine größere Einsicht des Klienten in seine Konflikte. Die Bewältigung aktueller Probleme ist dagegen von untergeordneter Bedeutung, da sie als Symptom, aber nicht als Ursache der Störung verstanden werden.

Die zweite Gruppe ist die der lerntheoretisch fundierten Verfahren, die in den vergangenen 20 Jahren systematisch um Erkenntnisse der Entwicklungs- und Kommunikationspsychologie, insbesondere der Kognitionspsychologie (Kognitive Verhaltenstherapie) erweitert wurden. Die klassische Verhaltenstherapie trat in den 1950er Jahren mit einem strikt experimentellen Wissenschaftsanspruch an. Postuliert wurde, dass als Grundlage einer überprüfbaren Intervention lediglich die objektiv messbaren Phänomene, nämlich das Verhalten einer Person, relevant seien. Die nicht beobachtbaren Gedanken und Gefühle (Modell der Black Box) würden sich selbstverständlich mit verändern, könnten aber nicht gezielt beeinflusst werden. Psychische Störungen werden als Folge von Lernprozessen verstanden, die nicht an eine bestimmte Lebensspanne gebunden sind. Sie basieren, ebenso wie die therapeutischen Verfahren, auf allgemein gültigen Lerngesetzen. Im Vordergrund der Behandlung standen Methoden des Erlernens und Verlernens von inadäquaten Verhaltensweisen und Programme der Verhaltensänderung mit festgelegten Abläufen und Zielen.

Mit der «kognitiven Wende» Ende der 1970er Jahre geriet der Einfluss subjektiver Wahrnehmungen, Motivationen und Bewertungen auf das Erleben und Handeln von Personen stärker in den Blickwinkel der Störungserklärungen und der therapeutischen Verfahren.

Trotz dieser Abgrenzungen «verschwimmen» die oben dargestellten Differenzen in der Praxis: Psychotherapeuten verhalten sich keineswegs grundsätzlich schulenkonform, und dies desto weniger, je länger sie praktisch tätig sind. Die meisten haben mehr als eine Therapieausbildung und kombinieren dementsprechend unterschiedliche Verfahren. Zudem zeichnet sich professionelles psychotherapeutisches Handeln durch eine Reihe von methodenübergreifenden Gemeinsamkeiten, den so genannten unspezifischen Wirkfaktoren, aus. Dies sind insbesondere die Charakteristika des therapeutischen Settings (Rollenverteilung innerhalb eines institutionalisierten Rahmens, zeitliche Struktur etc.) und persönliche Merkmale von Therapeuten und Klienten (z. B. die Fähigkeit, eine vertrauensvolle Beziehung herzustellen).

Jüngere Vorschläge zu einer schulenübergreifenden Konzeption von Psychotherapie basieren auf der Erkenntnis, dass jede Psychotherapie in unterschiedlichem Ausmaß auf das Erleben und Handeln, die Erkenntnis und die Problemlösung abzielt. Grawe (1998) weist auf vier empirisch nachgewiesene, prinzipielle therapeutische Wirkprinzipien hin, nämlich (a) die Ressourcenaktivierung, d.h. die Stärkung der Fähigkeiten der Klienten, (b) die Problemaktualisierung, d. h. die reale Erfahrung der Problematik innerhalb des therapeutischen Settings, nicht nur das abstrakte Gespräch über die Problematik, (c) die aktive Hilfe zur Problembewältigung und (d) die Vermittlung eines besseren Selbstverständnisses und der motivationalen Aspekte des eigenen Handelns (Klärungsperspektive). Solche Überlegungen könnten zukünftig die bestehende Konkurrenz zwischen den Therapieschulen reduzieren und zu einem übergreifenden Konzept von Psychotherapie führen.

2 Die wissenschaftstheoretische Basis

Die theoretische Basis aller wissenschaftlich fundierten Psychotherapieformen geht auf interdisziplinäres Grundlagenwissen aus der Psychologie, der Medizin, der Anthropologie und den Sozialwissenschaften zurück. Damit bewegt sie sich – quer zu den oben dargestellten Therapieschulen – im Spannungsfeld widerstreitender Wissenschaftsparadigmen: dem naturwissenschaftlichen und dem geisteswissenschaftlichen, deren unterschiedliche Basisannahmen wie folgt idealtypisch skizziert werden können:

Das naturwissenschaftliche Modell von Psychotherapie

Das naturwissenschaftliche Paradigma legt der Psychotherapie ein medizinisches Behandlungsmodell zugrunde, wie es in unserer Kultur traditionell fest verankert ist. Dabei wird davon ausgegangen, dass Experten theoretisch fundierte und wissenschaftlich überprüfte Verfahren anwenden. Als behandlungsbedürftig werden manifeste Symptome dann bezeichnet, wenn sie signifikante Abweichungen von einem Normalzustand darstellen, die als Folge von ‹psychosozialen Läsionen› oder Traumata entstanden sind. Behandelt wird eine diagnostizierbare Erkrankung, die durch eine Pathogenese kausal erklärt werden kann. Ziel der Behandlung ist die Heilung einer Krankheit bzw. deren Bewältigung. Es besteht ein hierarchisches Experten-Laien-Verhältnis. Aufgabe der Patienten ist es, die Anweisungen des Therapeuten genau zu befolgen. ‹Gesunde› Anteile einer Person sowie deren Alltagswissen sind von untergeordneter Bedeutung. Insofern ist für den Heilungsprozess nicht die Gesamtperson, sondern letztlich nur die diagnostizierte Erkrankung wichtig. Psychotherapie wird dabei einem Medikament gleichgesetzt, dessen Effekt in einer Dosis-Wirkungs-Relation gemessen werden kann. Die jüngsten Forderungen nach standardisierten störungsspezifischen Therapiemanualen zur besseren Vergleichbarkeit der Behandlungen und deren Effektivität entsprechen dieser wissenschaftlichen Haltung.

Ein sozialkonstruktivistisches Modell von Psychotherapie

Das geisteswissenschaftliche Paradigma basiert auf Theorien, die die psychosoziale Entwicklung als Ergebnis der kontinuierlichen Interaktion zwischen dem Individuum und seiner Umwelt konzipieren. Dabei entstehen innere Organisationsstrukturen, die sich lebenslang ausdifferenzieren. Bei der Integration neuer Informationen und Erfahrungen werden diese an die bestehenden Schemata angepasst und dabei verändert (Assimilation). Sofern dies nicht möglich ist, erweitern sich die bereits vorhandenen Strukturen (Akkommodation). Insofern basieren alle Formen der Entwicklung und des Lernens, die Wahrnehmungen von Umwelt und deren Bewertung ebenso wie die Gefühle und Handlungen jedes Menschen auf einem subjektiven Konstruktionsprozess der «Wirklichkeit».

Psychische Störungen werden als Folge von relevanten inneren oder äußeren Phänomenen verstanden, die von den Betroffenen nicht in ihre bestehenden Schemata integriert werden können. Dies führt zu Irritation und Verunsicherung, begleitet von negativen Emotionen, und es entsteht das Gefühl einer Krise. Sofern diese Deutungs- und Handlungsunsicherheit über einen längeren Zeitraum anhält, wird sie von den Betroffenen als signifikante Störung interpretiert und öffnet dadurch den Weg zu Experten.

Auch Psychotherapie ist ein Interaktionsprozess, bei dem neues (emotionales wie kognitives) Erfahrungs-, Erklärungs- und Handlungswissen bezüglich der eigenen Person und der sozialen Umwelt vermittelt wird. Sie erfolgt, wie jede andere Form der Wissensvermittlung, gemäß den Prozessen von Assimilation und Akkommodation: Therapeuten passen die Theorien der akademischen Psychologie an die Erfordernisse ihres praktischen Handelns an, Klienten integrieren die Erfahrungen aus der Therapie in ihre bestehenden Schemata und verändern diese dabei. Psychotherapie wird dadurch zu einem komplexen Prozess der kommunikativen Problemlösung, dessen konkreter Ablauf nicht vorab festgelegt werden kann. Allgemeines Ziel ist die Erweiterung der Deutungs-, Wahrnehmungs- und Handlungsschemata zur Reduktion von Störungen und Entwicklungshindernissen ebenso wie zur Stärkung von Ressourcen und Potenzialen. Dies rückt eine salutogenetische (gesundheitsbezogene) Perspektive an die Stelle der pathogenetischen (störungsbezogenen) Sichtweise des medizinischen Krankheitsmodells.

Vor diesem Hintergrund besteht die zentrale Aufgabe einer Psychotherapie darin, Identitätsentwicklungen zu ermöglichen, die den Balanceakt zwischen den Chancen und den Risiken der Individualisierung innerhalb moderner Gesellschaften erleichtern, indem sie die Bedeutungshorizonte zur Erklärung der eigenen biographischen Entwicklung erweitert und eigenständige Lern- und Gestaltungsmöglichkeiten eröffnet.

3 Die Erforschung der Wirkung von Psychotherapie

Nach einer etwa 40-jährigen Geschichte der Psychotherapieforschung ist unbestritten, dass zumindest die klassischen Psychotherapieverfahren trotz ihrer sehr unterschiedlichen Erklärungsmodelle wirksam sind (vgl. Grawe et al. 1994). Alle diesem Befund zugrunde liegenden statistischen Effektivitätsmessungen basieren auf dem naturwissenschaftlich fundierten Dosis-Wirkungs-Modell:

Zur Bestimmung der therapeutischen «Dosis» werden Gruppen gebildet, die über die Schulenzugehörigkeit der Therapeuten definiert sind. Dabei wird – trotz gegenteiliger Befunde – vorausgesetzt, dass Therapeuten derselben Therapierichtung auch im Wesentlichen homogen vorgehen. Die Gruppenbildung aufseiten der Klienten wird anhand von psychiatrischen Diagnosen vorgenommen, wobei unterstellt wird, dass diese zur umfassenden Kennzeichnung einer Person ausreichen. Die Wirkung wird durch vorab festgelegte Parameter (wie Besserung der Störung, Qualität der zwischenmenschlichen Beziehungen, Medikamentenkonsum, Anzahl der Krankheitstage, Wiederaufnahme von Psychotherapie usw.) anhand von Therapeuteneinschätzungen und – weitaus seltener – von Klientenaussagen überprüft. Weitgehend vernachlässigt werden Interaktionsprozesse zwischen den konkreten beteiligten Personen und mit der sozialen Umwelt, die sich auf den Therapieverlauf *und* das Ergebnis auswirken können, ohne direkt therapeutisch beeinflussbar zu sein (beispielsweise die Ablehnung der Therapie durch den Partner oder der Verlust eines stabilisierenden Arbeitsplatzes).

Der Erfolg der therapeutischen Intervention wird durch Methoden der experimentellen Forschung erfasst, wie sie nicht nur die Naturwissenschaften, sondern auch weite Teile der akademischen Psychologie vertreten. Deren Basisannahmen (wie direkte Kausalität von Ursache und Wirkung oder Objektivierbarkeit psychischer Vorgänge) und statistische Gütekriterien haben höchste Priorität, da es um ein möglichst genaues Abbild einer objektiven Wirklichkeit geht: Die Therapieeffekte werden als direkt abhängige Variable dieser therapeutischen «Dosis» gemessen und durch gruppenstatistische Verfahren abgesichert. Erwartet wird der Nachweis, dass die spezifische Behandlung mindestens so gut wirkt wie bereits zugelassene Verfahren und im Vergleich zu medikamentöser Behandlung und Placebo überlegen ist.

Zwar wird von anerkannten Psychotherapieforschern bezweifelt, ob das Medikamentenmodell überhaupt zur Erfassung des psychotherapeutischen Geschehens angemessen sei. Diese grundlegenden Einwände werden jedoch bislang nur zögernd berücksichtigt.

Aus einer interpretativ-sozialwissenschaftlichen Fundierung der Psychotherapie folgt, dass Psychotherapeuten nicht nur als Anwender von Theorien und Klienten nicht nur unter Störungsgesichtspunkten betrachtet werden können. Für die Gestaltung des Therapieprozesses ist deshalb von besonderer Bedeutung, dass die Klienten in der Lage sind, Sinn- und Erfahrungszusammenhänge neu wahrzunehmen und diese in ihre lebensgeschichtlich gewachsenen Schemata integrieren zu können. Das Verständnis für die eigene biographische Entwicklung und die erweiterte Handlungsfähigkeit ermöglichen die Förderung der Hilfe zur Selbsthilfe von «mündigen Patienten». Schulenspezifische Therapiemethoden und psychiatrische Diagnosen haben eine untergeordnete Bedeutung gegenüber den persönlichen Merkmalen der Therapeuten und Klienten. Für die Forschung sind deshalb die Charakteristika der therapeutischen Interaktion und die subjektiven Schematisierungen von Therapeuten und Klienten von besonderer Bedeutung. Die entsprechenden Effekte können anhand von qualitativen Einzelfallstudien und Prozessanalysen nachgewiesen werden.

4 Zum aktuellen Stand der Psychotherapie in Deutschland

Mit der Kostenübernahme durch die gesetzlichen Krankenkassen in Deutschland Mitte der 1960er Jahre wurde der Zugang zur Psychotherapie für eine breite Bevölkerungsschicht eröffnet. Die Akzeptanz zeigt sich in der deutlich gestiegenen Zahl niedergelassener Psychotherapeuten in freier Praxis. Das nach einer über 20-jährigen Planungsphase zum 1. 1. 1999 realisierte Psychotherapeutengesetz stellt einen weiteren Schritt zur gesellschaftlichen Anerkennung von Psychotherapie dar. Durch die Schaffung zweier neuer Berufstitel, des psychologischen Psychotherapeuten bzw. Kinder- und Jugendlichenpsychotherapeuten, wurden erstmals nicht-ärztliche Berufsgruppen zur Ausübung von Heilkunde zugelassen. Voraussetzung dazu ist die Approbation, die sich auf eine mehrjährige Ausbildung in einem staatlich anerkannten privaten Institut nach dem Abschluss eines Psychologiestudiums (oder auch eines Pädagogikstudiums bei Kinder- und Jugendlichenpsychotherapeuten) gründet.

Was die Chance einer Aufwertung psychotherapeutischen Vorgehens gehabt hätte, entpuppt sich in der Praxis als Stärkung des medizinischen Modells, was erhebliche negative Folgen nach sich zieht, beispielsweise:

- Die Anwendung eines eng gefassten naturwissenschaftlich-experimentellen Effektivitätsmodells ermöglichte die Zulassung von lediglich drei Therapieverfahren (Psychoanalyse, tiefenpsychologische Verfahren und Verhaltenstherapie). Dass damit weltweit anerkannte Verfahren wie die Gesprächstherapie oder die systemische Therapie ausgeschlossen wurden, geht weit über die Zielsetzung des Gesetzes hinaus und führt langfristig zu einer inadäquaten Einengung des therapeutischen Angebots.
- Durch die Integration in die kassenärztliche Vereinigung wurden die Strukturen des ambulanten medizinischen Behandlungssystems auf Psychotherapie in «freier Praxis» übertragen: Behandlungsbedürftig (und deshalb abrechnungsfähig) ist ein definierter Patient, dessen Störung durch eine psychiatrische Diagnose bestimmt wird. Wichtige Bezugspersonen können nur partiell in die Therapie einbezogen werden.
- Die in der Kassenärztlichen Vereinigung dominierende Ärzteschaft steht Psychotherapie unverändert kritisch bis ablehnend gegenüber. Das Behandlungspotenzial von Psychotherapie wird deshalb bei weitem nicht ausgeschöpft. So werden Menschen mit psychosomatischen Störungen im Durchschnitt noch sieben Jahre lang erfolglos medizinisch behandelt, bis sie in eine Psychotherapie überwiesen werden.
- Viele Leistungen eines niedergelassenen Psychotherapeuten (wie Vor- und Nachbereitung der Sitzungen, telefonische Sprechzeiten, Verwaltung, Weiterbildung und Supervision etc.) können nicht abgerechnet werden. Angesichts deutlicher Absenkungen des Stundenhonorars werden derzeit die Überlebenschancen psychotherapeutischer Praxen vielfach diskutiert, obwohl die Nachfrage nach Psychotherapie unvermindert hoch ist: Selbst in Großstädten ist die Suche nach einem Therapieplatz äußerst langwierig.

Zu befürchten ist, dass Psychotherapie – ebenso wie die akademische Psychologie – mit anhaltender Dominanz des naturwissenschaftlichen Paradigmas an Qualität und damit an Effektivität einbüßt. Zukünftig sollte deshalb vor allem die Öffnung der Wissenschaftler gegenüber geistes- und sozialwissenschaftlichen Modellen und der kontinuierliche Austausch zwischen den Therapieschulen, zwischen Theoretikern und Praktikern sowie zwischen Forschern, Therapeuten und Klienten gezielt verstärkt werden.

Weiterführende Literatur

Grawe, K. (1998). Psychologische Therapie. Göttingen.
Grawe, K., Donati, R. & Bernauer, F. (1994). Psychotherapie im Wandel. Von der Konfession zur Profession. Göttingen.
Hermer, M. (Hg.) (2000). Psychotherapeutische Perspektiven am Beginn des 21. Jahrhunderts. Tübingen.
Kraiker, C. & Peter, B. (1998). Psychotherapieführer. München.
Kühnlein, I. & Mutz, G. (1996). Psychotherapie als Transformationsprozeß. Opladen.
Senf, W. & Broda, M. (Hg.) (2000). Praxis der Psychotherapie. Stuttgart.

Ruth Großmaß

3.4.2 Psychosoziale Beratung

Geht man von den uns heute bekannten Beratungsangeboten aus, dann scheint es etwas ganz Selbstverständlich-Alltägliches zu sein, dass Beratungsmöglichkeiten zur Verfügung stehen. Man könnte durchaus auf die Idee kommen, Beratung habe es schon immer gegeben – vielleicht nicht in der uns heute bekannten institutionellen Form. Doch in mehr informeller Weise, mehr oder weniger in die Abläufe des Alltagslebens integriert, gehört Beratung zum gesellschaftlichen Leben. In gewisser Weise stimmt diese Annahme: Dass Menschen sich unterschiedlich gut mit den Umständen des Lebens auskennen, dass es Kommunikationsformen gibt, in denen die, die sich nicht so gut auskennen, sich bei denen, die lebenserfahrener sind, «Rat holen» – diese Art von Beratung ist sicher auch in anderen Gesellschaften als der ausdifferenzierten Gesellschaft der Moderne üblich gewesen. Konzepte für professionelle psychosoziale Beratung gehen daher häufig von einer kommunikativen Grundform von Beratung aus (vgl. Nestmann 1988a, S. 101; Redlich 1997, S. 155), die nicht nur in professioneller Beratung vorkommt, sondern auch lebensweltlich als «Alltagsberatung» stattfindet, etwa in dem, was der Besuch beim Frisör neben dem Haarschnitt an Lebenshilfe und emotionaler Unterstützung leistet, oder die Gespräche eines Taxifahrers mit seinem deprimierten, vielleicht auch angetrunkenen späten Fahrgast (vgl. Nestmann 1988b). Aus solchen lebensweltlichen «Beratungs»-Formen lassen sich wichtige Erfolgskriterien für professionelle Beratung ableiten: Alltagsnähe, Freiwilligkeit und der Verzicht auf das Label «krank» kennzeichnen gelungene Beratungsprozesse jeglicher Art. Der Entstehungsgeschichte von psychosozialer Beratung und ihrer gesellschaftlichen Funktion ist so jedoch nicht auf die Spur zu kommen. Ist die Entwicklung professioneller psychosozialer Beratung doch eng mit der Ausdifferenzierung der westlichen Gesellschaften in funktionale Bereiche verbunden, die gerade nicht von tragfähigen naturwüchsigen Lebenswelten gekennzeichnet sind.

1 Die Entstehung von Beratung

Beratung als ein institutionelles Orientierungsangebot, dessen Nutzung auf Freiwilligkeit beruht, in dem das Individuum nicht für krank erklärt wird und das ihm hinsichtlich der Konsequenzen für die eigene Lebenspraxis freie Hand lässt – Beratung in diesem Sinn ist eine gesellschaftliche Innovation des 20. Jahrhunderts und stellt eine Antwort auf typische Probleme der Moderne dar. Erst wenn Menschen sowohl hinsichtlich ihrer sozialen Stellung als auch hinsichtlich ihrer Werte und persönlichen Entwicklungsmöglichkeiten nicht mehr sozial fest eingebunden sind, sondern individuelle Optionen und Lebensperspektiven entwickeln, erst wenn Eingriffe in die persönliche Lebensführung von staatlicher Seite legitimierungsbedürftig geworden sind, erst wenn Irritationen hinsichtlich sozialer Verhaltensmöglichkeiten bei zahlreichen Personen auftreten und dennoch als individuell erlebt werden – erst dann gibt es für professionelle Beratung überhaupt gesellschaftlichen Bedarf und gesellschaftliche Verwendungsmöglichkeiten. Diese Voraussetzungen sind in den westlichen Ländern mit dem Beginn des 20. Jahrhunderts gegeben; und so entstehen in den 1920er Jahren in den USA und im westlichen Europa erste Beratungsangebote bezogen auf Berufsfindung, Gesundheitspflege und intime Bereiche wie die individuelle Sexualhygiene.

Hintergrund für diese Entwicklung sind Veränderungen der Lebensbedingungen, die es den Einzelnen unmöglich machen, weiterhin nach tradierten Werten zu entscheiden: das Aufkommen neuer Berufe im ingenieurwissenschaftlichen und kaufmännischen Bereich; neue Anforderungen an Erziehung, wie sie sich in den Diskussionen um die Reformpädagogik widerspiegeln und in der erstmals als eigenständig sichtbar werdenden Jugendkultur zum Ausdruck kommen, tragen hierzu genauso bei wie Veränderungen in der Relation der Geschlechter und eine neue Auseinandersetzung um Geburtenregulierung und Abtreibung. Die Beratungsangebote, die als Antwort auf die sich hieraus ergebenden Irritationen entstehen, bemühen sich, Orientierungshilfen zu geben und individuelle Lösungen zu ermöglichen. In diesem Bemühen verstehen sie sich als Bündnispartner «moderner» und aus den Zwängen der Tradition «befreiter» Lebensformen. Schaut man auf die Arbeitsform dieser ersten Einrichtungen, dann lässt sich feststellen, dass sie bereits viel mit dem gemeinsam haben, was auch Beratungseinrichtungen heute kennzeichnet: Sie wollen gesellschaftliche Veränderungen in verträglicher Form an die Individuen herantragen; sie werden von «fortschrittlichen» politischen Kräften (Vertretern der neuen Ingenieur-Berufe, Reformpädagogen/-pädagoginnen, Sexualreformer/-innen, Politikerinnen der ersten Frauenbewegung etc.) initiiert und zunächst auch getragen; und sie bieten einen aus dem Alltagsleben ausgegrenzten Kommunikationsraum, in dem quasiöffentlich, aber dennoch geschützt über «heikle» Themen so gesprochen werden kann, dass sich daraus für diejenigen, die Beratung in Anspruch nehmen, neue Perspektiven oder Optionen ergeben – sei es in Bezug auf die Frage der Berufsausbildung der eigenen Kinder, sei es hinsichtlich möglicher ethischer Konflikte bei der Anwendung mechanischer Verhütungsmethoden, sei es bei den Paarkonflikten einer modernen «Kameradschaftsehe», in der auch die Frau als Individuum mit beruflichen und intellektuellen Potenzialen und Wünschen vorkommt.

In einem Punkt jedoch unterscheiden sich die Beratungsinitiativen dieser ersten Phase deutlich von den uns heute selbstverständlichen Formen psychosozialer Beratung: Sie sind zwar in dem Sinn psychosozial, dass sie die Effekte des Sozialen im Psychischen zum Thema machen. Was jedoch ihre Kommunikationsformen angeht, so sind sie noch nicht im eigentlichen Sinn psychologisch. Nicht um die Beeinflussung der Psyche mit psychologischen Methoden geht es bei diesen Beratungen, sondern um Information und Aufklärung: Die den modernen Alltag hemmenden Reste traditioneller, klassengebundener Lebensführung sollen im Gespräch dadurch aufgelöst werden, dass medizinisches und pädagogisches Wissen sowie Informationen über die sich wandelnde Berufswelt zur Verfügung gestellt werden.

Diese erste Phase der Entstehung von Beratung ist relativ kurz, sie umfasst circa zehn Jahre, führt zu ersten fest etablierten Beratungsformen (bei Berufsberatung und Familienberatung) und wird dann durch den Zweiten Weltkrieg zumindest in Europa unterbrochen; in Deutschland hat die faschistische Vertreibung jüdischer Mediziner und Sozialreformer aus dem Gesundheitswesen und die Indienstnahme einiger Sexualberatungsstellen für Steuerungsmaßnahmen der «Rassenhygiene» bereits Mitte der 1930er Jahre zum Ende dieser ersten Phase von Beratungsinitiativen geführt.

Nach dem Zweiten Weltkrieg knüpfen die Familien- und Erziehungsberatungseinrichtungen der Kirchen und Wohlfahrtsverbände sowie die Mütterberatungen der Gesundheitsämter an die unterbrochenen Impulse der 1920er Jahre an, allerdings eher mit restaurativer Zielsetzung: Die durch Krieg und Wiederaufbauphase chaotisch gewordenen Familien- und Lebensverhältnisse sollen durch Rat und Tat dieser Beratungsangebote wieder in ein geordnetes, die Gesundheit und Erziehung der Kinder sicherstellendes Alltagsleben überführt werden.

Erst die sozialpolitische Umbruchphase der 1960er und 70er Jahre mit ihren veränderten Vorstellungen von Erziehungsverantwortung, Selbstentfaltung und individuellen Lebensformen führt zu einem breiten Ausbau von Beratungsmöglichkeiten (Drogenberatung, Bildungsberatung, Studienberatung, §218-Beratung, Frauenberatung u. a. m. entstehen in dieser Zeit) und verwandelt psychosoziale Beratung in eine im engeren Sinn psychologische Dienstleistung. Drei Faktoren tragen zur Psychologisierung von Beratung bei:

- Die neuen, in den Vereinigten Staaten entwickelten psychotherapeutischen Methoden (Verhaltenstherapie, Gesprächspsychotherapie, Gestalttherapie, Psychodrama und Bioenergetik) ermöglichen kürzere Behandlungszeiten und sind deshalb auch in breiteren psychosozialen Arbeitskontexten einzusetzen.
- In der Mittelschicht wächst die Bereitschaft, Selbsterfahrung und persönliche Veränderung zuzulassen.
- Durch die Bildungsexpansion steht im Vergleich zu den ersten Nachkriegsjahren eine relativ große Zahl akademisch ausgebildeter Psychologen und Pädagogen zur Verfügung.

Im Reformklima der 1970er Jahre wird das Bereitstellen von Beratungsangeboten zudem zu einer Interventionsform der Sozialpolitik, und es entwickelt sich in der Folge ein differenziertes und diversifiziertes Spektrum von Beratungseinrichtungen. Gerade weil Beratung auch zu einem Instrument der Sozialpolitik avancierte – um soziale Missstände abzumildern, werden Drogen- und Bildungsberatungsstellen geschaffen; um Gruppierungen von sozialen Bewegungen zu befrieden, werden deren Beratungseinrichtungen teilfinanziert –, entstehen Beratungseinrichtungen in sehr unterschiedlicher Trägerschaft, mit sehr unterschiedlich sicheren

Etats und sehr unterschiedlichen Klientelen. Die Arbeitsweise und die Strukturen dieser unterschiedlichen Beratungsstellen allerdings sind durchaus vergleichbar. Was also macht psychosoziale Beratung als dieses Gemeinsame in den unterschiedlichen Praxisformen aus?

2 Definition, oder was macht psychosoziale Beratung aus?

Anders als Beratung im kommerziellen Feld (Kauf- oder Anlageberatung sowie Verbraucherberatung) beschäftigen sich psychosoziale Beratungseinrichtungen mit Fragen und Themen, die ins Intim-Persönliche reichen und die man in der Regel nicht mit Fremden bzw. im öffentlichen Raum verhandelt. Alle psychosozialen Beratungsangebote müssen daher ihr Angebot öffentlich sichtbar und zugänglich gestalten und dabei zugleich Räume eröffnen, die Vertraulichkeit gewährleisten und den oder die Rat-Suchende ermutigen, sich mit persönlichen, manchmal intimen Schwierigkeiten dem Gespräch mit einem professionellen Berater oder einer Beraterin zu öffnen. Um diese Aufgabe zu lösen, entwickeln Beratungseinrichtungen eine spezifische Form der Kommunikation (vgl. Großmaß 2000, S. 83–116): Sie wechseln zwischen sehr großer Offenheit einerseits (etwa bei der Beschreibung ihres Angebotes) und sehr großer Präzision und über die Alltagskommunikation hinausgehender Deutlichkeit andererseits (etwa in einem Einzelgespräch, wenn auch die schmerzlichen und unangenehmen bzw. schambesetzten Anteile eines Konflikts herausgearbeitet werden sollen). Damit dies gelingen kann, müssen auch der Zugang und die Räumlichkeiten offen gestaltet werden. Hier greifen auch heutige Beratungseinrichtungen auf die Methoden der 1920er Jahre zurück: Sie stellen einen «öffentlichen» Beratungsraum her mit Informations- und Selbstaufklärungsmaterialien zu den Themenbereichen, auf die sich ihr Angebot bezieht – je nach Aufgabenstellung und gewünschter Klientel kann es sich dabei um Infotheken, Spielgruppen, Teestuben bzw. Cafés oder Vortragsveranstaltungen handeln. Man kann einfach hereinschauen, ohne weitere Verbindlichkeiten einzugehen. In diesem öffentlichen Bereich wird durch Aushänge oder mündliche Mitteilungen auf weitere, individuell zugeschnittene Beratungsmöglichkeiten verwiesen. Dabei kann es sich um spezielle Sprechstunden zu Einzelproblemen, um individuelle Beratungsgespräche, um Selbsterfahrungs- oder Therapiegruppen, um Trainingskurse zur Verhaltensmodifikation oder zum Erlernen von Entspannungstechniken handeln; es werden Einladungen ausgesprochen, Tipps gegeben, Kontakte geknüpft, und es wird mit dem Procedere der Einrichtung vertraut gemacht.

Kommt ein persönliches Beratungsgespräch (dann im nicht-öffentlichen Bereich der Einrichtung) zustande, geht es zunächst einmal darum, das Anliegen des oder der «Rat-Suchenden» zu verstehen und abzuklären, inwieweit die Beratungsstelle Unterstützung bieten kann, in welchem zeitlichen Umfang und in welcher Arbeitsform der Beratungsprozess vor sich geht. Ein solches Gespräch erfordert von professioneller Seite sowohl Sachkunde hinsichtlich des angesprochenen Themenbereichs als auch Kenntnisse über die Lebenswelt der Klientel sowie psychologische Schulung hinsichtlich einer personenbezogenen, den Gesprächspartner fördernden Gesprächsführung. Heute bringen die Mitarbeiter und Mitarbeiterinnen einer psychosozialen Beratungseinrichtung meist neben einem sozialwissenschaftlichen Studium (mit beratungsrelevantem Schwerpunkt) und Basiskompetenzen in klientenzentrierter Gesprächsführung auch eine psychotherapeutische Ausbildung in die Arbeit ein. Es gibt allerdings keine spezielle psychotherapeutische Richtung, die besonders für Beratungsprozesse geeignet wäre; kein psychotherapeutisches Instrumentarium lässt sich in der Beratungsarbeit «rein» anwenden. Der psychotherapeutische Background dient im Beratungsalltag vielmehr dazu, besser über Gefühle kommunizieren zu können, eine Vorstellung von menschlichem Wachstum und psychischer Veränderung zu entwickeln sowie über das psychologische Know-how zur Begleitung von Krisen zu verfügen. Das Spektrum der heute faktisch im Praxisfeld Beratung vertretenen psychotherapeutischen Richtungen ist ähnlich breit wie in der Psychotherapie selbst – es reicht von Psychoanalyse und Individualpsychologie über Verhaltenstherapie und Gesprächspsychotherapie bis zu gestalttherapeutischen und systemischen Verfahren. Wegen dieser Nähe zu psychotherapeutischen Verfahren begleitet die fachliche Diskussion über psychosoziale Beratung seit den 1970er Jahre die Frage nach der Abgrenzung von der Psychotherapie. Drei Abgrenzungskriterien haben sich dabei in all den verschiedenen Phasen der Diskussion als stabil erwiesen:

- Beratung geht anders als Psychotherapie nicht vom Krankheitskonzept aus, sondern behandelt die Schwierigkeiten ihrer Klientel als belastende Konflikte, die in spezifischen Lebenssituationen und -phasen auftreten können (vgl. Thiersch 1997).
- Beratung hat es daher nicht mit Symptomen und Krankheitsbewältigung, sondern mit Krisen und Krisenbewältigung zu tun (vgl. Schrödter 1997, S. 73 f.).
- Beratung akzentuiert nicht Defizite und Bedürftigkeit, sondern setzt auf Entwicklungsmöglichkeiten und Ressourcenförderung (vgl. Keupp 1993; Nestmann 1997a).

Ordnet man diese Abgrenzungsmerkmale in die bereits beschriebenen Aspekte psychosozialer Beratung ein, dann lässt sich eine Definition von Beratung angeben: Psychosoziale Beratung ist ein räumlich gebundenes offenes Orientierungsangebot zur Klärung individueller Probleme, die aus sozialen Anforderungen entstehen und den persönlichen, intimen Bereich der Personen betreffen und irritieren. Beratung beruht auf der Freiwilligkeit ihrer Inanspruchnahme und stellt individuelle Krisen und deren Bewältigung ins Zentrum. Arbeitsmittel sind unterschiedliche Ebenen der Kommunikation, von der Information über Sachverhalte über die Bereitstellung von pragmatischen Tipps bis zu Selbstmodifikationsangeboten und psychotherapeutischen Interventionen. Je nach Standort und sozialpolitischem Auftrag einer einzelnen Einrichtung konkretisiert sich Beratung thematisch und hinsichtlich einer bestimmten Klientel. So entstehen Beratungsangebote um bestimmte gesellschaftlich relevante bzw. problematisch gewordene Themenbereiche herum (wie Erziehungshilfe, Bildungsprozesse, Drogenproblematik oder Geschlechterhierarchie). Diese Beratungsangebote sind auf ein Geschlecht, eine bestimmte Altersgruppe, soziale Schicht oder Subkultur zugeschnitten. Beratung ist, weil sie ein offenes Angebot bereitstellt, auf öffentliche Finanzierung angewiesen. Die organisatorische Einbindung von Beratungseinrichtungen und die Absicherung ihrer Finanzierung sind sehr unterschiedlich; manche Beratungseinrichtungen werden direkt über die Kommunen oder Länder finanziert, einige vermittelt über die Trägerschaft der Wohlfahrtsverbände, einige werden von Trägervereinen organisiert, die öffentliche Zuschüsse immer wieder neu beantragen müssen. Die sich u. a. aus diesen Bedingungen ergebende Differenzierung und Diversifikation von Beratung führt auch regional zu unterschiedlichen Beratungsspektren.

3 Einsatzfelder psychosozialer Beratung

Als die etabliertesten Einsatzfelder für psychosoziale Beratung können heute die Erziehungsberatung und die Sexualberatung gelten, die bereits in den Initiativen der 1920er Jahre Vorläufer haben und in der psychosozialen Versorgung der BRD seit den 1950er Jahren einen festen Platz besitzen.

Aufgabe der Erziehungsberatung ist es, bei Defiziten und Konflikten im familiären Lebensbereich Unterstützung anzubieten. Ihr Themenspektrum reicht heute von Entwicklungsstörungen im Kleinkindalter über Eltern-Kind-Konflikte und Eheprobleme, Schulversagen, Scheidungsfolgen,

Gewalt in Familien bis zu Adoleszenzkrisen. Die angewandten Methoden umfassen Information über soziale Hilfen, Einzelgespräche, Spielgruppen, Müttergruppen, Paargespräche sowie in vielen Einrichtungen systemische Familientherapie. Erziehungsberatung findet in der Regel in multiprofessionellen Teams (vorwiegend Sozialpädagoginnen, Pädagoginnen und Psychologinnen) statt.

Die Sexualberatung – auch dieses Feld psychosozialer Beratung ist bereits in den 1920er Jahren entstanden – ist von Beginn an sehr deutlich von den Debatten und Kämpfen um die Eingriffsrechte (des Staates, der Medizin, der Frauen selbst) in die körperlichen Reproduktionsvorgänge bestimmt gewesen. Zwischen Aufklärung (über Sexualpraktiken, sexuelle Neigungen, Verhütung und Abtreibung), Sexualhygiene, Information über Reproduktionstechnologie und «Schwangerschaftskonfliktberatung» changierend, ist Sexualberatung heute vor allem mit den Unterstützungsangeboten der Einrichtungen von Pro Familia identisch. Sexualaufklärung, medizinisch-psychologische Betreuung bei Sexualstörungen, Schwangerschaftsvorbereitung, Stillgruppen, Aids-Prophylaxe, Bearbeitung von Paarkonflikten – dies alles gehört zu ihrem Arbeitsfeld. Im Zentrum der öffentlichen und politischen Wahrnehmung dieses Arbeitsfeldes von Beratung steht jedoch nach wie vor die Abtreibungsberatung, die durch die gesetzlich vorgeschriebene Beratungspflicht in die Nähe von Zwangsberatung gerückt ist.

Seit Ende der 1970er, Anfang der 80er Jahre ist auch die Drogenberatung ein ausgebautes professionelles Angebot psychosozialer Beratung. Neben zahlreichen prophylaktischen Tätigkeiten (Aufklärungskampagnen in Schulen, Beratung kommunaler Gremien u. a.) gehört die Betreuung eines offenen Bereichs (Tee- oder Kaffeestube), die Einzelberatung Drogenabhängiger und die Ausarbeitung individueller Möglichkeiten von Entzug und Therapie zum Tätigkeitsbereich dieser Einrichtungen. An manchen Orten sind die Beratungseinrichtungen der Drogenhilfe eng mit anderen sozialarbeiterischen Arbeitsformen verknüpft (Streetwork; Fixerstuben). Obwohl auch im Bereich Drogenberatung Pädagogen und Psychologen tätig sind, ist dieses Praxisfeld doch vorwiegend ein Berufsfeld von Sozialarbeitern.

Ursprünglich umfassend als «Bildungsberatung» konzipiert (vgl. Mollenhauer 1965), erhält die Beratung von Schülern und Studenten im Zuge des Ausbaus des Bildungswesens Anfang der 1970er Jahre auch in der Praxis einen bedeutenden Stellenwert. Schulpsychologische Dienste führen Beratungsangebote ein, Beratung wird zur Funktionsaufgabe von Lehrern, an größeren Gesamtschulen werden Sozialarbeiter mit Beratungsaufgaben eingestellt und Studienberatung wird qua Gesetz Aufgabe der Universitäten. Nicht alle Beratungsdienste, die in dieser Phase der Bildungsexpansion geschaffen worden sind, können sich etablieren, und nur bei einem Teil dieser Beratungsformen handelt es sich wirklich um psychosoziale Beratung. An den Universitäten allerdings konnte sich psychosoziale Beratung fest etablieren, und so gibt es heute an den meisten Hochschulen eine Beratungsstelle für Studierende, die sich in ihrem Angebot auf den Lebensraum Hochschule bezieht und auf die Leistungsprobleme, psychosozialen Konflikte und Entscheidungsanforderungen der jungen Erwachsenen, die eine akademische Ausbildung durchlaufen, spezialisiert ist (vgl. Großmaß 2000, S. 69–77). In der Hochschulberatung arbeiten multiprofessionelle Teams, in denen neben Psychologen, Soziologen und Pädagogen auch Absolventen anderer (für die jeweilige Universität zentraler) Wissenschaftsrichtungen vertreten sind.

Die sozialen Bewegungen der 1970er und 80er Jahre haben nicht nur die sozialen und kulturellen Institutionen verändert, sondern auch die Unterstützungs- und Orientierungsbedürfnisse neuer sozialer Gruppen sichtbar gemacht sowie entsprechende psychosoziale Beratungsangebote geschaffen. Es entstanden Angebote zur Gesundheitsberatung, psychosoziale Stadtteilberatungen, Frauenberatungs- und Therapiezentren, Beratungseinrichtungen von Selbsthilfeorganisationen wie «Wildwasser e. V.» oder der Aids-Hilfe – Einrichtungen, die bis heute um eine halbwegs sichere Finanzierung kämpfen.

Insgesamt bleibt festzuhalten: Das Spektrum der Einrichtungen im Praxisfeld psychosoziale Beratung ist nicht durch einen festen Themenkanon festgelegt, sondern es verändert und differenziert sich im Veränderungs- und Ausdifferenzierungsprozess der Gesellschaft. Heute sind schon wieder neue Beratungsangebote in der Diskussion – debattiert wird über die Notwendigkeit interkultureller Beratung; experimentiert wird mit psychosozialen Beratungsangeboten in den Fan-Projekten im Umfeld des professionellen Fußballs.

4 Diskussionsstand und Perspektiven

Anders als in der amerikanischen Entwicklung (vgl. Nestmann 1997b), in der es innerhalb der Psychologie eine kontinuierliche Diskussion über die Interventionsform Beratung gegeben hat, ist Beratung innerhalb der deutschen Psychologie nie ein Thema von großer Bedeutung gewesen. Die fachliche Diskussion über Beratung war hier interdisziplinär, unter Beteiligung von Autorinnen und Autoren aus Sozialpädagogik, Pädagogik und Psychologie. Sie hat den Entwicklungsphasen von Beratung entsprechend zwei Phasen intensiver Auseinandersetzung erlebt, die erste in den 1970er Jahren, als Beratung in allen Praxisbereichen psychosozialer Arbeit expandierte, und eine zweite, die mit Beginn der 1990er Jahre angestoßen wurde. In der ersten Phase der theoretischen Auseinandersetzung ging es zunächst um die Herleitung von Beratung aus Praktiken des Alltagslebens (Alltagsberatung, Lebensweltnähe), um die Abgrenzung von der Psychotherapie (nicht Heilung von Krankheit, sondern Krisenbewältigung als Beratungsaufgabe) sowie um die Begründung unterschiedlicher Einsatzfelder von Beratung. Die zweite Phase der fachlichen Auseinandersetzung bezieht sich – sie ist noch nicht abgeschlossen – auf drei Ebenen: die Integration neuerer Konzepte (Empowerment, Ressourcenorientierung, systemischer Blick auf individuelle Probleme) in die Beratungsarbeit; die Einbeziehung der Erfahrungen feministischer und multikultureller Projekte in die Debatte (Gender-Perspektive, Migrationseffekte); und – hierdurch angestoßen – die erneute Reflexion von Beratung als (in ihren Methoden) differenzierte, in unterschiedlichen Praxisbereichen diversifizierte und in ihren grundlegenden Konzepten und Zielen dennoch einheitliche psychosoziale Interventionsform (vgl. Nestmann 1997c; Großmaß 2000).

Durch das im Januar 1999 in Kraft getretene Psychotherapeuten-Gesetz bekommt diese Diskussion noch einmal eine neue Dimension und neue Brisanz. Denn durch dieses Gesetz wird Psychotherapie sowohl berufsständisch (nur Ärzte und Diplom-Psychologen werden zur Ausbildung zugelassen) als auch durch geregelte Ausbildungsstandards (Approbation) wie inhaltlich (Psychotherapie als Heilberuf) von «anderen Formen der psychologischen Hilfe» abgegrenzt. Damit bekommt auch psychosoziale Beratung einen eindeutigen Stellenwert (= psychologische Hilfe außerhalb des medizinischen Systems) und zugleich eine neue Attraktivität für nicht-approbierte Psychologen sowie für Angehörige der nicht zur Approbation zugelassenen Berufsgruppen. Eine fortschreitende Professionalisierung psychosozialer Beratung erhält so eine neue Dringlichkeit; und neben der Entwicklung eigenständiger Ausbildungsmöglichkeiten für psychosoziale Beraterinnen und Berater erfordert weitergehende Professionalisierung auch die Etablierung von Begleitforschung für die beraterische Praxis.

Literatur

Großmaß, R. (2000). Psychische Krisen und sozialer Raum. Eine Sozialphänomenologie psychosozialer Beratung. Tübingen.
Keupp, H. (1993). Die (Wieder-)Geburt von Handlungskompetenz. Empowerment in der psychosozialen Praxis. Verhaltenstherapie und psychosoziale Praxis 25, S. 365–381.
Mollenhauer, K. (1965). Führung und Beratung in pädagogischer Sicht. Heidelberg.
Nestmann, F. (1988a). Beratung. In: G. Hörmann & F. Nestmann (Hg.), Handbuch der psychosozialen Intervention, S. 101–113. Opladen.
Nestmann, F. (1988b). Die alltäglichen Helfer. Theorien sozialer Unterstützung und eine Untersuchung alltäglicher Helfer aus vier Dienstleistungsbereichen. Berlin.
Nestmann, F. (1997a). Beratung als Ressourcenförderung. In: F. Nestmann (Hg.), Beratung. Bausteine für eine interdisziplinäre Wissenschaft und Praxis, S. 15–38. Tübingen.
Nestmann, F. (1997b). Big Sister is Inviting You. Counseling and Counseling Psychology. In: F. Nestmann (Hg.), Beratung. Bausteine für eine interdisziplinäre Wissenschaft und Praxis, S. 161–177. Tübingen.
Nestmann, F. (1997c). Beratung als eigenständige Profession. In: Zentrale Studentenberatung der Universität Bielefeld (Hg.), Arbeitsfeld «Studentenberatung» – zum professionellen Umgang mit individuellen Bedürfnissen (Tagungsbericht), S. 10–22. Bielefeld.
Redlich, A. (1997). Psychologische Beratung ist mehr als verkürzte Therapie. In: F. Nestmann (Hg.), Beratung. Bausteine für eine interdisziplinäre Wissenschaft und Praxis, S. 151–160. Tübingen.
Schrödter, W. (1997). Zum Konzept von Beratung. In: F. Nestmann (Hg.), Beratung. Bausteine für eine interdisziplinäre Wissenschaft und Praxis, S. 71–90. Tübingen.
Thiersch, H. (1997). Soziale Beratung. In: F. Nestmann (Hg.), Beratung. Bausteine für eine interdisziplinäre Wissenschaft und Praxis, S. 99–110. Tübingen.

Weiterführende Literatur

Beck, M., Brückner, G. & Thiel, H.-U. (Hg.) (1991). Psychosoziale Beratung. Klient/inn/en – Helfer/inn/en – Institutionen. Tübingen.
Brunner, E. J. & Schönig, W. (Hg.) (1990). Theorie und Praxis von Beratung. Pädagogische und psychologische Konzepte. Freiburg.
Castro Varela, M., Schulze, S., Vogelmann, S. & Weiss, A. (Hg.) (1998). Suchbewegungen. Interkulturelle Beratung und Therapie. Tübingen.
Engel, F. & Nestmann, F. (1995). Beratung: Lebenswelt, Netzwerk und Institutionen. In: H. H. Krüger & T. Rauschenbach (Hg.), Einführung in die Arbeitsfelder der Erziehungswissenschaft, S. 177–188. Opladen.
Gelso, C. J. & Fretz, B. R. (1992). Counseling Psychology. Fort Worth.
Nestmann, F. (Hg.) (1997). Beratung. Bausteine für eine interdisziplinäre Wissenschaft und Praxis. Tübingen.
Pearson, R. E. (1996). Beratung und soziale Netzwerke. Lern- und Praxisanleitung zur Förderung sozialer Unterstützung. Weinheim.

Ernst von Kardorff

3.4.3 Rehabilitation

1 Rehabilitation und Behinderung

Unter der Überschrift *Rehabilitation* werden alle Bemühungen zusammengefasst, die sich darauf richten, Menschen, die von Geburt an, aufgrund von Unfällen, als Ergebnis chronischer Krankheit oder altersbedingt in verschiedenen Bereichen des Lebens beeinträchtigt und deshalb phasenweise oder dauerhaft auf Assistenz, Förderung, Therapie und Begleitung angewiesen sind, möglichst auf Dauer in Arbeit und Beruf einzugliedern und die Teilhabe am gesellschaftlichen Leben zu sichern (SGB IX; BMA 2001). Unabhängig von der Ursache der Behinderung («Finalitätsprinzip») hat jede der hier angesprochenen Personen ein Recht auf Hilfe, um die Behinderung abzuwenden, zu beseitigen, zu bessern, ihre Verschlimmerung zu verhüten oder ihre Folgen zu mildern und ihr einen ihren Fähigkeiten und Neigungen entsprechenden Platz in der Gemeinschaft, insbesondere im Arbeitsleben, zu sichern (vgl. SGB I, § 10). Mit dieser allgemeinen, auf die Gewährung von Hilfen und die Definition von Leistungsansprüchen gerichteten Bestimmung von Rehabilitation reagiert das Sozialrecht auf die Heterogenität der Zielgruppen. Betroffene und ihre Familien benötigen jeweils ganz unterschiedliche medizinische, psychologische, berufsfördernde, sozial- und sonderpädagogische *(special education)* Maßnahmen sowie finanzielle Hilfen, damit ihren besonderen behinderungsbedingten Erfordernissen und Bedürfnissen *(special needs)* in verschiedenen Lebensbereichen, in unterschiedlichen biographischen Situationen, familiären Konstellationen und sozialen Lebenslagen bei der (Wieder-)Eingliederung in die Gesellschaft entsprochen werden kann (BAR 1994 und 1999). Die folgende Übersicht kann dies verdeutlichen:

Nimmt man nur die Gruppe der anerkannten *Schwerbehinderten*, dann sind ca. 8 % der Wohnbevölkerung (ca. 6,4 Mio. Personen) behindert. Etwa 75 % davon sind älter als 55 Jahre und ca. 3,8 % unter 25 Jahre alt. 83,3 % der Behinderungen sind Folgen und Begleiterscheinungen chronischer Krankheiten (Herz- und Kreislauferkrankungen sowie Krankheiten anderer innerer Organe, Krebserkrankungen, Erkrankungen der Wirbelsäule und des Rumpfes, psychische Erkrankungen), bei ca. 4,5 % handelt es sich um angeborene oder perinatale Behinderungen. Ca. 4,2 % der Schüler/-innen im Pflichtschulalter besuchen eine Sonderschule. Davon sind ca. 55 % als lernbehindert, ca. 13 % als geistig behindert, ca. 8 % als sprachbehindert und ca. 5 % als verhaltensgestört diagnostiziert, 5 % sind blind oder sehbehindert, 2 % gehörlos oder schwerhörig, und 2 % sind chronisch krank, 4 % fallen unter die Rubrik «Sonstige» (vgl. BMA: Vierter Behindertenbericht der Bundesregierung 1997; Pfäfflin & Wolff 1998). Diese auf der engen administrativen Definition von Schwerbehinderung beruhenden Daten erfassen aber nur einen Teil der insgesamt rehabilitationsbedürftigen und der von einer Behinderung bedrohten Menschen.

2 Theoretische und konzeptionelle Perspektiven der Rehabilitation

Außerhalb des Sozialrechts gibt es *keinen* übergreifenden, einheitlichen und verbindlichen Begriff von «Behinderung» oder eine allgemeine und transdisziplinär anerkannte Theorie der Behinderung – auch wenn verdienstvolle fachlich-disziplinäre Versuche hierzu nicht fehlen (z. B. aus systemtheoretischer Sicht: Speck 1998; aus marxistisch-subjektwissenschaftlicher Sicht: vgl. Jantzen 1987/1990; für die Sonderpädagogik allgemein: Bleidick & Hagemeister 1998). Daher wird im Folgenden von Behinderungen im Plural und von Rehabilitationsbedarfen gesprochen.

Eine *strukturelle* Gemeinsamkeit in den gesellschaftlichen, disziplinspezifischen, politisch-sozialrechtlichen und von Menschen mit Behinderung selbst formulierten Begriffsverständnissen liegt in ihrem Wesen als *soziale Konstruktionen*. Damit wird die Realität einer Schädigung oder Funktionseinschränkung nicht geleugnet; vielmehr wird, vergleichbar der aus der Frauenforschung bekannten Differenzierung zwischen «Sex» und «Gender», auf den doppelten Charakter von Behinderung als objektivierbare Beeinträchtigung und als normierende soziale Kategorie verwiesen. In diesem Spannungsbogen wird das Verhältnis von Normalität(serwartungen) zu der mit «Behinderung» bezeichneten Abweichung von leistungsbezogenen, körperlichen, wahrnehmungs- und erlebensbedingten, verhaltensmäßigen und ästhetischen Normen gesellschaftlich folgenreich festgeschrieben (vgl. Barton 1996; Cloerkes 1997; Waldschmidt 1998).

In der Gesellschaft ist Behinderung überwiegend negativ stigmatisiert (vgl. Tröster 1990). Besonders mit Blick auf schwere angeborene Behinderungen gilt dies überwiegend sowohl historisch (vgl. Müller 1996) als auch interkulturell (vgl. Neubert & Cloerkes 1987). Behinderte sind trotz der Grundgesetzergänzung von 1994 («Niemand darf wegen seiner Behinderung benachteiligt werden», GG, Art. 3, § 3, Satz 2) nach wie vor erheblichen Benachteiligungen ausgesetzt, vor allem beim Zugang auf den Arbeitsmarkt, beim Wohnen, in der Mobilität (behindernde Umweltbedingungen in Verkehr, Architektur und mangelnde Assistenzangebote) sowie im Leistungsrecht, und hier besonders bei der nur über die «Eingliederungshilfe» des BSHG dürftig abgesicherten sozialen Integration (vgl. Arnade et al. 1997). Hinzu kommen die durch Gesetze, historische Aufklärung (z. B. über die Euthanasiemorde während der NS-Zeit) und positive Berichterstattung in den Medien nur bedingt beeinflussbaren, immer noch negativen oder von Überfürsorglichkeit und (Selbst-)Mitleid geprägten Einstellungen sowie die vielfältigen kleinen alltäglichen – aufgrund mangelnder Information und/oder Gedankenlosigkeit – gegenüber Menschen mit Behinderungen gezeigten kränkenden und diskriminierenden Verhaltensweisen. Die Akzeptanz von Menschen mit Behinderungen und damit auch ein normalisiertes Annehmen ihres trotz Förderung unaufhebbaren Andersseins als «Differenz» und nicht als Mangel – z. B. an Kommunikationsfähigkeit, Schönheit, Flexibilität und vor allem an Leistung – erweist sich, insbesondere in einer von Leistungsdenken und der Verdrängung von Krankheit, Gebrechen und Leiden geprägten Gesellschaft, als mühevoller Weg. Dies gilt trotz engagierter advokatorischer Verbandsarbeit, trotz Selbsthilfe- und Angehörigengruppen oder öffentlichkeitswirksamer Aktivitäten von Behindertenorganisationen und -initiativen (vgl. auch die Beiträge in Zwierlein 1996).

Gemeinsame *inhaltliche* Merkmale von Behinderungszuschreibungen sind z. B. die Gleichsetzung von Behinderung mit Defiziten, die Unterstellung mangelnder Lebensqualität, die Übertragung einzelner behinderungsspezifischer Merkmale auf die gesamte Person(engruppe) («Behinderte») und die Zuweisung eines gesellschaftlichen Sonderstatus, der oft mit diskriminierender Überfürsorglichkeit und Bevormundung, mit gesellschaftlichem Ausschluss (z. B. von sozialer Teilhabe) und/oder Einschließung (z. B. in besonderen Einrichtungen) sowie mit institutionenabhängiger Lebenslage verbunden ist. Dies steht einer gemeindebezogenen Integration unter den Vorzeichen von *Normalisierung*(sprinzip) (vgl.

Thimm 1984), möglichst weitgehender *Selbständigkeit* und *Selbstbestimmung* sowie dem Anspruch der Betroffenen auf Würde entgegen.

In *fachlicher* Hinsicht erweist sich die revidierte Fassung des so genannten Krankheitsfolgenmodells (ICIDH-2), der International Classification of Impairments, Disabilities, and Handicaps (vgl. Matthesius et al. 1995) der Weltgesundheitsorganisation (vgl. WHO 1997; Schuntermann 1997) als weiterführende Perspektive. Sie bildet ein geeignetes operationales Konzept zur Beschreibung und Analyse von *Rehabilitationsbedarfen* und daraus ableitbaren Handlungsperspektiven zur Förderung und Assistenz sowie zur Gestaltung von Organisationsaufbau und -abläufen in der Rehabilitation (vgl. v. Kardorff 1999). In seinem Ansatz vermeidet dieses Rahmenkonzept Diskriminierung, überwindet defizitorientierte Perspektiven, berücksichtigt Wechselwirkungen zwischen biologischen, seelischen und geistigen Vorgängen einerseits, sozialer Integration andererseits und erweist sich schließlich als anschlussfähig für die Rehabilitation unterschiedlicher Formen von Behinderung/chronischer Krankheit und verschiedene disziplinäre Perspektiven in der Rehabilitation. Das Modell geht von vier sich wechselseitig beeinflussenden Ebenen aus, auf denen die *Integrität* einer Person im eigenen Erleben und Streben sowie in Bezug auf Anforderungen im Alltag und Beruf beeinträchtigt werden kann:

- *Körperliche Integrität:* Hier geht es um medizinisch beschreibbare Schädigungen physischer Strukturen und die Beeinträchtigung von Funktionen des Stoffwechsels, von Organen und Gliedmaßen zur Bestimmung medizinischer, physiotherapeutischer, pädagogischer usw. Maßnahmen und technischer Hilfen.
- *Seelische Integrität:* Hier geht es um Beeinträchtigungen des Wahrnehmens, Erlebens, Denkens und Fühlens sowie des Selbstbilds und der Identität des rehabilitationsbedürftigen Menschen als Folge oder mögliche Ursache der Beeinträchtigungen auf den anderen Integritätsebenen.
- *Integrität von Aktivitäten und Leistungen:* Hier geht es um Beeinträchtigungen bei alltäglichen Verrichtungen, wie Selbstversorgung und Mobilität, sowie – zentral – um Einschränkungen der beruflichen Leistungsfähigkeit (z. B. Konzentration, Durchhaltevermögen, Belastbarkeit).
- *Soziale Integrität:* Hier geht es einerseits um die Beeinträchtigung von Partizipationsmöglichkeiten am gesellschaftlichen Leben, z. B. aufgrund eingeschränkter sozialer und kommunikativer Kompetenz; andererseits geht es um Behinderungen seitens der Gesellschaft wie fehlende Behindertengerechtigkeit im öffentlichen Raum und Zugangsbarrieren auf dem Arbeitsmarkt, Stigmatisierung oder soziale Ausgrenzung.

In diesem Ansatz wird auch anerkannt, dass rehabilitationsbedürftige Menschen Kompetenzen und Ressourcen besitzen und nicht über ihre Behinderung definiert werden können. Mit der Einbeziehung von «Kontextfaktoren» (z. B. soziale Lage, Arbeitsplatzangebot, behindertengerechte Wohnmöglichkeiten, soziale Einbindung, Vorhandensein von Hilfsangeboten) reagiert die ICIDH-2 darauf, dass Rehabilitationsbedürftigkeit nur im Verhältnis zum gesellschaftlichen Umfeld und nicht allein individuell verstanden werden kann. Mit der Betonung der seelischen Integrität werden *subjektive Sicht* und *Lebensqualität* rehabilitationsbedürftiger Menschen zum Thema. Mit der Betonung der *Partizipation* werden gesellschaftliche Barrieren für Integration sowie bürgerrechtliche Ansprüche der Betroffenen thematisiert.

3 Rehabilitationspsychologie

Rehabilitationspsychologie hat sich in Deutschland seit etwa 20 Jahren zu einer eigenständigen psychologischen Teildisziplin entwickelt (vgl. Koch, Lucius-Hoene & Stegie 1988), in der DDR bis zur Wende in enger Verbindung zur Medizin. Neben Diagnostik und Förderung, besonders in den Bereichen Frühförderung und berufliche Leistungsdiagnostik, gewinnen heute folgende Themen an Bedeutung (vgl. Bengel & Wunsch 1997):

- *Belastungen* und *Krankheits-/Behinderungsbewältigung im zeitlichen Verlauf* (vgl. Brüderl 1988; Tesch-Römer, Salewski & Schwarz 1997; Muthny 1997). Hier dominieren vor allem drei Konzepte: das im Anschluss an Lazarus (vgl. Lazarus & Folkman 1984) ausdifferenzierte und um Aspekte der partnerschaftlichen und familiären Bewältigung erweiterte *Coping-Konzept*, das an Rotter (1966) anschließende Konzept der *Kontrollüberzeugung* und Ansätze zur Verarbeitung *kritischer Lebensereignisse* (vgl. Filipp 1995).
- *Einstellungen* gegenüber Behinderten und *Strategien der Entstigmatisierung* (vgl. Cloerkes 1997; Tröster 1990).
- *Selbstbild und Entwicklung von Identität* im Leben mit chronischer Krankheit und Behinderung.
- *Lebensqualität und Wohlbefinden.* Behinderung und chronische Krankheit bedeuten nicht notwendigerweise Einschränkung von Lebensfreude oder -qualität. Vielmehr gelingt es vielen Betroffenen erfolgreich, eigene Wege des Lebens mit Behinderung zu gehen; die Forschung entwickelt hier Messinstrumente auf der Basis subjektiver Einschätzungen Betroffener.

- *Subjektive Theorien von Krankheit und Behinderung.* Aus der Einsicht, dass Rehabilitation nur unter Berücksichtigung der Sichtweisen von Rehabilitanden gelingen kann, rücken die «Laientheorien» über Krankheit, Gesundheit und Behinderung in den Fokus der Rehabilitationspsychologie (vgl. Flick 1998). Daraus folgt, die Erfahrungen und Kompetenzen der Rehabilitanden im Umgang mit ihren Beeinträchtigungen ernst zu nehmen und sie als Experten ihrer Lebenssituation aktiv in die Rehabilitation einzubeziehen (vgl. Beiträge in Zwierlein 1996).
- *Therapieverlaufsforschung* und *Qualitätssicherung* (vgl. z. B. Müller-Fahrnow 1996).
- *Rehabilitationsmotivation* und *«Compliance»*.
- *Hilfesuchverhalten und Inanspruchnahme* von Rehabilitationsleistungen.
- *Gesundheitsbildung und -förderung* (vgl. Blättner 1997) als Aufgabe der Sekundärprävention sowie Hilfen zur Lebensführung und Lebensstiländerung, die oft unter dem Schlagwort «psychoedukative Verfahren» oder «Patientenschulung» (vgl. z. B. Klug-Redman 1996) enggeführt werden.
- Konzepte zur Förderung der *beruflichen Integration* (vgl. Montada & Niehaus 1997).
- *Selbsthilfe, Angehörigenarbeit* und *Empowerment* (vgl. Trojan & Stumm 1992; Stark 1996).

Der Rehabilitationspsychologie in Deutschland fehlt bislang ein integrativer und sozialwissenschaftlich fundierter Bezugsrahmen. Vorherrschend sind trotz neuerer gesundheitspsychologischer (vgl. Hurrelmann 1991; Faltermaier 1994) und vereinzelter aus der Soziologie (vgl. Corbin & Strauss 1993) importierter qualitativer Ansätze (vgl. v. Kardorff 2000) Studien in der Tradition einer Variablen isolierenden und vorwiegend (quasi-)experimentellen Methodik (vgl. z. B. Petermann & Waldmann 1996). Dort werden meist sehr eng gefasste bereichsspezifische Hypothesen überprüft und spezielle, überwiegend defizitorientierte diagnostische Verfahren entwickelt. Notwendig wäre dagegen die Entwicklung eines *theoretischen Bezugsrahmens* zur Einbettung und Verortung spezieller Fragestellungen und Ergebnisse, der sich durch folgende Elemente auszeichnet: einen *lebenswelt- und lebensweisenorientierten* Ansatz, eine *subjektzentrierte* und auf *Empowerment* der Rehabilitanden gerichtete Perspektive, ein Verständnis, das Rehabilitation in der *gesamten Lebensspanne* zum Gegenstand hat (vgl. Mühlum & Oppl 1992), eine *systemische Sichtweise*, die rehabilitationsbedürftige Menschen im öko-sozialen Kontext (vgl. Speck 1998) thematisiert sowie Rehabilitation und Förderung im Kontext des

Systems der Rehabilitation betrachtet (vgl. Schott 1996) und Qualitätssicherung nicht auf betriebswirtschaftliche Parameter reduziert (vgl. Speck 1999).

4 Aufgabenbereiche und Praxisfelder von Psychologen in der Rehabilitation

Bengel (1997) unterscheidet *patientenbezogene* (Diagnostik, Förderung, Therapie, Beratung, Selbsthilfe- und Angehörigenarbeit, Gesundheitsbildung und -förderung), *organisationsbezogene* (Teamentwicklung, Rehabilitationsplanung und Case-Management, Kooperation und Koordination von Angeboten, Qualitätssicherung und Fortbildung) und *forschungsbezogene* Tätigkeiten (Evaluation, Therapieverlaufs- und Wirksamkeitsstudien, Entwicklung und Anwendung neuer Verfahren).

Wichtige Praxisfelder für Rehabilitationspsychologen finden sich:

- im Bereich der Frühförderung, z. B. Sozialpädiatrische Zentren, Kinderkliniken und Frühförderstellen;
- im Bereich der medizinischen Rehabilitation, z. B. Rehabilitationskliniken, onkologische und neurologische Abteilungen an Akutkliniken, geriatrische und psychiatrische Fachkrankenhäuser, psychosomatische und Suchtfachkliniken sowie ambulante Rehabilitationszentren;
- im Bereich der beruflichen Rehabilitation, z. B. Werkstätten für Behinderte, Berufsbildungs- und Berufsförderungswerke, Integrationsfirmen, Behindertenberatung am Arbeitsamt, begleitende Dienste der Hauptfürsorgestellen;
- im Bereich der sozialen Integration, z. B. betreute Wohnformen für Behinderte, Projekte der außerschulischen Rehabilitation und Dienste zur Integrationsförderung.

5 Ausbildung und Weiterqualifizierung

Ein eigenes Studium der *Rehabilitationspsychologie* existiert derzeit nicht; gleichwohl können im Studium rehabilitationspsychologische und -pädagogische Schwerpunkte gesetzt werden:

Am Institut für Rehabilitationswissenschaften der Humboldt-Universität zu Berlin gibt es einen neunsemestrigen Studiengang zum *Diplom-Rehabilitationspädagogen.* Studierende der Psychologie finden an den Universitäten Regensburg, Bielefeld, Freiburg und Konstanz eigene Abteilungen für Rehabilitationspsychologie. An einer Reihe weiterer psychologischer Institute gibt es rehabilitationswissenschaftliche Angebote und Forschungsgruppen, zum Teil in eigenen Zentren wie in Bremen, zum Teil an Abteilungen für medizinische Psychologie wie in Hamburg, Sozialmedizin wie in Lübeck oder Verhaltensmedizin wie in Tübingen (vgl. auch Koch & Bengel 2000). Übergreifende Fragestellungen werden in den von den Rentenversicherungsträgern und dem Bundesministerium für Wissenschaft und Forschung geförderten rehabilitationswissenschaftlichen Forschungsverbünden bearbeitet.

Rehabilitation ist Teamarbeit (Wöhrl 1988). Sie ist *multiprofessionell* und *interdisziplinär* angelegt, wenn auch in der Praxis häufig von Ärzten und medizinischem «Blick» dominiert, obgleich die Mehrzahl rehabilitativer Leistungen von nicht-ärztlichen Fachkräften (Psychologen, Pädagogen, Ergo-, Physio-, Musik-, Arbeitstherapeuten usw.) erbracht wird. In der Praxis kommt Psychologen in der Rehabilitation eine Brückenfunktion zu, vorausgesetzt, es gelingt ihnen, Verbindungen zu den für die Rehabilitation zentralen Bereichen wie Verhaltensmedizin, Psychotherapie, klinische Sozialarbeit, Gesundheitsförderung und -bildung, berufliche Förderung und Trainingsmaßnahmen, sonder- und heilpädagogische Förderung, Reha-Sport usw. herzustellen, die unterschiedlichen Berufsgruppen miteinander ins Gespräch zu bringen und die beteiligten Institutionen an den Schnittstellen des zersplitterten Rehabilitationssystems fallbezogen zu koordinieren.

Literatur

Arnade, S. et al. (Hg.) (1997). Die Gesellschaft der Behinderer. Reinbek.

BAR, Bundesarbeitsgemeinschaft für Rehabilitation (1994). Rehabilitation Behinderter. Köln.

BAR, Bundesarbeitsgemeinschaft für Rehabilitation (1999). BAR-Positionspapier zur Weiterentwicklung der medizinischen, beruflichen und sozialen Rehabilitation. Die Rehabilitation 38, S. 38–43.

Barton, L. (Hg.) (1996). Disability and Society. Emerging Issues and Insights. London/New York.

Bengel, J. (1997). Aufgaben der Rehabilitationspsychologie in Versorgung und Forschung. In: R. Weitkunat, J. Haisch & M. Kessler (Hg.), Public Health und Gesundheitspsychologie, S. 358–365. Bern.

Bengel, J. & Wunsch, A. (1997). Psychologische Behandlung und Hilfen für Behinderte. In: L. v. Rosenstiel, M. Hockel & H. Molt (Hg.), Handbuch der angewandten Psychologie. Landsberg.

Blättner, B. (1997). Paradigmenwechsel: von der Gesundheitsaufklärung und -erziehung zur Gesundheitsbildung und -förderung. In: R. Weitkunat, J. Haisch & M. Kessler (Hg.), Public Health und Gesundheitspsychologie, S.119–125. Bern.

Bleidick, U. & Hagemeister, U. (1998). Allgemeine Theorie der Behindertenpädagogik. Stuttgart.

BMA-Bundesministerium für Arbeit und Sozialordnung (Hg.) (1997). Vierter Bericht der Bundesregierung über die Lage der Behinderten und die Entwicklung der Rehabilitation. BT-Drucksache 13/9514. Bonn.

BMA (Hg.) (2001). Sozialgesetzbuch IX. Rehabilitation und Teilhabe behinderter Menschen. Bonn.

Brack, U. (1986). Frühdiagnostik und Frühtherapie. München.

Brüderl, L. (Hg.) (1988). Theorien und Methoden der Bewältigungsforschung. München.

Cloerkes, G. (1997). Soziologie der Behinderten. Heidelberg.

Corbin, J. & Strauss, A. (1993). Weiterleben lernen. Chronisch Kranke in der Familie. München.

Faltermaier, T. (1994). Gesundheitsbewußtsein und Gesundheitshandeln. Über den Umgang mit Gesundheit im Alltag. Weinheim.

Filipp, S.-H. (1995). Kritische Lebensereignisse. Weinheim.

Flick, U. (Hg.)(1998). Wann fühlen wir uns gesund? München.

Hurrelmann, K. (1991). Sozialisation und Gesundheit. München.

Jantzen, W. (1987/1990). Allgemeine Behindertenpädagogik. Bd. 1 & 2. Weinheim.

Kardorff, E. v. (1999). Rehabilitation im Alter. In: B. Jansen et al. (Hg.), Soziale Gerontologie, S. 579–603. Weinheim.

Kardorff, E. v. (2000). Qualitative Forschung in den Rehabilitationswissenschaften. In: U. Koch & J. Bengel (Hg.), Handbuch Rehabilitationswissenschaften, S. 409–428. Berlin/ New York.

Klotter, C. (Hg.). Prävention im Gesundheitswesen. Göttingen.

Klug-Redman, B. (1996). Patientenschulung und -beratung. Wiesbaden.

Koch, U. & Bengel, J. (2000). Definition und Selbstverständnis der Rehabilitationswissenschaften. In: U. Koch & J. Bengel (Hg.), Handbuch Rehabilitationswissenschaften. Berlin/N.Y. (im Erscheinen).

Koch, U., Lucius-Hoene, G. & Stegie, R. (Hg.) (1988). Handbuch der Rehabilitationspsychologie. Berlin.

Lazarus, R. S. & Folkman, S. (1984). Stress, appraisal and coping. New York.

Matthesius, R. G., Jochheim, K.-A., Barolin, G. S. & Heinz, C. (Hg.) (1995). Die ICIDH – Internationale Klassifikation der Schädigungen, Fähigkeitsstörungen und Beeinträchtigungen. Berlin/Wiesbaden.

Montada, L. & Niehaus, F.(Hg.) (1997). Behinderte auf dem Arbeitsmarkt. Frankfurt/M.

Mühlum, A. & Oppl, H. (Hg.) (1992). Handbuch der Rehabilitation. Neuwied.

Müller, K. E. (1996). Der Krüppel. Ethnologia passionis humanae. München.

Müller-Fahrnow, W. (Hg.) (1996). Medizinische Rehabilitation. Versorgungsstrukturen, Bedarf und Qualitätssicherung. München.

Muthny, F. A. (1997). Verarbeitungsprozesse bei körperlicher Krankheit. In: R. Weitkunat, J. Haisch & M. Kessler (Hg.), Public Health und Gesundheitspsychologie, S. 338–357, Bern.

Neubert, D. & Cloerkes, G. (1987). Behinderung und Behinderte in verschiedenen Kulturen: eine vergleichende Analyse ethnologischer Studien. Heidelberg.

Petermann, F. & Waldmann, H. C. (1996). Methoden der Rehabilitationsforschung. Zeitschrift für klinische Psychologie, Psychopathologie und Psychotherapie 44, S. 305–338.

Pfäfflin, M. & Wolf, P. (1998). Behinderte. In: F. W. Schwartz, B. Badura, R. Leidl, H. H. Raspe & J. Siegrist (Hg.), Das Public Health Buch, S. 525–536. München.

Rotter, J. B. (1966). Generalized expectancies for internal versus external control of reinforcement. Psychological Monographs 80, S. 1–28.

Schott, T. et al. (Hg.) (1996). Neue Wege in der Rehabilitation. München.

Schuntermann. F. (1997). Die revidierte Fassung der Internationalen Klassifikation der Impairments, Disabilities and Handicaps (ICIDH-2). Was ist neu? In: Deutsche Rentenversicherung 9 (19), S. 529–542.

Speck, O. (1998). System Heilpädagogik. 4. Aufl. München/Basel.

Speck, O. (1999). Die Ökonomisierung sozialer Qualität. München/Basel.

Stark, W. (Hg.) (1989). Lebensweltbezogene Prävention und Gesundheitsförderung. Freiburg.

Stark, W. (1996). Empowerment. Ein neues Handlungskonzept für die psychosoziale Praxis. Freiburg.

Tesch-Römer, C., Salewski, C. & Schwarz, G. (Hg.) (1997). Psychologie der Bewältigung. Weinheim.

Thimm, W. (1984). Das Normalisierungsprinzip. Eine Einführung. Marburg.

Trojan, A. & Stumm, B. (Hg.) (1992). Gesundheit fördern statt kontrollieren. Frankfurt/M.

Tröster, H. (1990). Einstellungen und Verhalten gegenüber Behinderten. Bern.

Waldschmidt, A. (1998). Flexible Normalisierung oder stabile Ausgrenzung: Veränderungen im Verhältnis von Behinderung und Normalität. In: Soziale Probleme 9, S. 3–25.

Weitkunat, R., Haisch, J. & Kessler, M. (Hg.) (1997). Public Health und Gesundheitspsychologie. Bern.

WHO (Hg.) (1997). Internationale Klassifikation der Schäden, Aktivitäten und Partizipation. Ein Handbuch der Dimensionen von gesundheitlicher Integrität und Behinderung. Genf (dt. Ausgabe Frankfurt/M.).

Wöhrl, H. G. (1988). Berufsgruppen in der Rehabilitation. In: U. Koch, G. Lucius-Hoene & R. Stegie (Hg.), Handbuch der Rehabilitationspsychologie, S. 212–249. Berlin.

Zwierlein, E. (Hg.) (1996). Handbuch Ausgrenzung und Integration. Neuwied.

Michael Pieper

3.4.4 Mediation

Zwischenmenschliche Konflikte können auf verschiedene Weisen und mit unterschiedlichen Ergebnissen ausgetragen und gelöst bzw. beendet werden. So versuchen die Beteiligten etwa unter Einsatz eigener Machtmittel, einen Streit für sich zu entscheiden. Andere Wege der Konfliktbearbeitung eröffnen die formalisierten Verfahren, die sich mit der Institutionalisierung des Rechts entwickelt haben. Neben diesen beiden Wegen der Konfliktregulierung stellt die Streitbeilegung durch Vermittlung Dritter «eine geradezu archetypische Konfliktlösungsform» dar (Mähler & Mähler 1995a, S. 15). Sie wird nicht nur im Alltag von vielen Menschen spontan und oft erfolgreich praktiziert, sondern war oder ist darüber hinaus weltweit in nicht wenigen Gesellschaften kulturell verankert und formell geregelt – so im antiken Griechenland, im Vorderen Orient und Nordafrika, in afrikanischen Stammeskulturen, in China, Japan, Hawaii und anderswo. Als Vermittler fungier(t)en zumeist allgemein anerkannte Autoritätspersonen (z. B. Dorfälteste). Mediation gehört zu diesen Formen einvernehmlicher Konfliktregelung mit Hilfe von Vermittlern. Das Verfahren wurde in Deutschland erst in den vergangenen zwei Jahrzehnten allmählich bekannt. Maßgeblichen Einfluss hatten dabei Erfahrungen, die zuvor in den USA gesammelt worden waren.

1 Anfänge der Mediation in den USA und gegenwärtiger Entwicklungsstand in Deutschland

Ein kurzer Blick auf die Anfänge und die relativ breite und rasche Akzeptanz von Mediation in den USA seit dem Ende der 1960er Jahre lässt erkennen, weshalb gerade dort und daraufhin auch in anderen postmodernen Gesellschaften Konfliktbearbeitung mit Hilfe von Vermittlung (wieder)entdeckt wurde. Hier wie auch anderswo zeigte sich, dass das Rechtssystem und seine hochformalisierten Verfahren der Konfliktregelung mit dem fundamentalen Wandel der kulturellen, ökonomischen, politischen und technologischen Rahmenbedingungen sowie den entsprechenden Veränderungen in Anschauungen, Einstellungen und Verhalten von Individuen und Gruppen nicht Schritt gehalten hatten. Nicht nur waren die Gerichte etwa durch rasant anwachsende Scheidungszahlen überlastet. Erkennbar stieg auch die Unzufriedenheit mit den Ergebnissen der lange dauernden und kostspieligen Verfahren. Die gefundenen Lösungen erschienen allenfalls kurzfristig für die siegreiche Partei akzeptabel, während sie längerfristig neuen Streit und damit beiden Seiten Nachteile brachten. In Verbindung mit emanzipatorischen Zielen verschiedener «neuer» sozialer Bewegungen der 1960er/70er Jahre (z. B. Kampf um Bürgerrechte und Gleichstellung von Minderheiten) wuchs in den USA das Interesse an alternativen Formen der Konfliktregelung selbst zu einer sozialen Bewegung heran, der so genannten ADR-(*a*lternative *d*ispute *r*esolution-)Bewegung (vgl. Breidenbach 1995, S. 11 ff.). Bereits ab Mitte der 1970er Jahre entstanden mit öffentlicher Unterstützung in vielen Kommunen «Neighbourhood Justice Centers», in denen ehrenamtliche Mediatoren Vermittlung bei Konflikten in der Nachbarschaft anboten (community mediation). Andere Anwendungsgebiete kamen hinzu: Bei Konflikten zwischen jugendlichen Straftätern und ihren Opfern – in Deutschland später als Täter-Opfer-Ausgleich bezeichnet – oder zwischen solchen Jugendlichen und ihren Eltern diente Mediation nicht nur zur Entwicklung gemeinsam akzeptierter Lösungen, sondern auch zu Entkriminalisierung und Prävention. Wachsender Gewaltbereitschaft an Schulen suchte man in einigen US-Staaten seit Beginn der 1980er Jahre mit Mediation und Erziehung zur Konfliktfähigkeit zu begegnen; dabei wurden auch Schüler als peer mediators eingesetzt (vgl. Davenport 1995).

Neben der Mediation bei Trennung und Scheidung, die sich in den USA schnell verbreitete und inzwischen in vielen Bundesstaaten gesetzlich verankert ist, konnte sich diese Form der Konfliktbearbeitung auch im Bereich der öffentlichen Verwaltung etablieren: Für Auseinandersetzungen um Standortfragen, um Planung und Genehmigung umweltrelevanter öffentlicher und/oder industrieller Bauvorhaben, an denen meist mehr als zwei Konfliktparteien beteiligt sind, entwickelte sich die so genannte Umweltmediation. Viele Firmen geben heute etwa bei Konflikten in oder zwischen Unternehmen schon aus Kostengründen der Mediation den Vorzug gegenüber gerichtlichen Verfahren. Auch bei der Beilegung internationaler Konflikte – z. B. beim Camp-David-Abkommen zwischen Israel und Ägypten – ist Mediation mehrfach erfolgreich praktiziert worden (vgl. Ropers 1995).

In Deutschland begann die Entwicklung von Mediation auf dem Hintergrund vergleichbarer gesellschaftlicher Veränderungstendenzen, wie dies bei der ADR-Bewegung in den USA der Fall gewesen war; sie wurde zuerst zur Bearbeitung von Umwelt- und Scheidungskonflikten, später beim Täter-Opfer-Ausgleich eingesetzt. In den letzten Jahren zeigt sich ein zunehmendes Interesse an Mediation bei Nachbarschafts-, Wirtschafts- und Schulkonflikten. Angesichts der ethnisch-kulturellen Vielfalt insbesondere in den Großstädten gewinnt auch interkulturelle Mediation an Bedeutung. Die von der 1992 gegründeten «Bundesarbeitsgemeinschaft für Familien-Mediation» (BAFM) entwickelten Standards für Praxis, Mediatorenausbildung und Anerkennung von Ausbildungsinstituten werden inzwischen auch auf andere Anwendungsfelder der Mediation übertragen. Neuerdings bieten auch einige Fachhochschulen und Universitäten Weiterbildungsstudiengänge in Mediation an.

2 Grundannahmen und Prinzipien der Mediation

Grundlegend für die Mediation ist die im Alltag oft bestätigte Annahme, dass Menschen eher dazu bereit sind, ihre Konflikte zu beenden als sie fortzusetzen, wenn sie dafür Chancen sehen. Auch die von Morton Deutsch (1976) formulierte Einsicht, dass Konflikte unter bestimmten Bedingungen zu konstruktiven, für die Beteiligten akzeptablen oder gar vorteilhaften Ergebnissen führen können, war für die Entwicklung der Methode von großer Bedeutung. Mediation stellt ein ergebnisorientiertes Verfahren dar, bei dem die Konfliktparteien selbst, unterstützt von einem neutralen Vermittler, praktikable Lösungen entwickeln, die einen für beide Seiten möglichst vorteilhaften und fairen Ausgleich ihrer Interessen darstellen. Sie selbst verabreden, was zukünftig zwischen ihnen gelten soll. Dies macht Mediation insbesondere für Situationen und Verhältnisse geeignet, bei denen die Beteiligten nach Ende des aktuellen Konflikts weiterhin interagieren wollen oder müssen. «Mediation … ist kein Gegnermodell, das auf den Ausschluß des Gegners aus ist, sondern das den Gegensatz komplementär sieht und als die andere Seite des Ganzen einschließt» (Duss-von Werdt 1995, S. 248) – weshalb es sinnvoll ist, den Begriff «Konfliktparteien», der dem juristischen Denken entstammt, aufzugeben und stattdessen von «Konfliktpartnern» zu sprechen.

Mediation kann nicht erzwungen werden; nur bei freier Zustimmung der Konfliktpartner zum Verfahren können sie autonome und selbstverantwortete Entscheidungen treffen. Im Sinne dieser Eigenverantwortung wird der Mediator die Beteiligten darin unterstützen, sich selbst die erforderlichen Informationen zu beschaffen. Dies gilt insbesondere bei Konfliktsituationen, für deren Bewältigung rechtliche Regelungen vorgegeben sind – z. B. bei einer Scheidung und deren Folgen, bei Erbstreitigkeiten, bei Auseinandersetzungen in und zwischen Unternehmen oder mit öffentlichen Verwaltungen, beim Täter-Opfer-Ausgleich. Der Mediator selbst hat hinsichtlich der Konfliktlösung keinerlei Entscheidungsbefugnis; somit bleiben die Kontrahenten handelnde Subjekte und «Problemeigentümer». Die Vereinbarung von Vertraulichkeit schafft einen Schutzraum, in dem die Beteiligten offen miteinander reden können. Neutralität des Mediators ist nicht nur als Haltung gefordert, sondern die Konfliktpartner müssen davon überzeugt sein, dass sie vom Mediator als Personen wertgeschätzt, unterstützt und in ihren Auffassungen und Interessen gleichermaßen gesehen werden. Seine Allparteilichkeit bzw. «anteilnehmende» Neutralität schafft eine Gesprächsatmosphäre, in der die Konfliktpartner riskieren können, die Meinung des Anderen gelten zu lassen; sie selbst fördern damit ein Klima, in dem Lösungen gefunden werden können. Damit beim angestrebten Interessenausgleich keine einseitigen Benachteiligungen entstehen, muss der Mediator vorhandene Ungleichgewichte sorgsam beachten und thematisieren, um so weit wie möglich eine Machtbalance zu erreichen. Trotz der geforderten Neutralität erwachsen dem Mediator aus seiner fachlichen und persönlichen Kompetenz erhebliche Machtressourcen und faktische Einflussmöglichkeiten, und auch die Struktur des Mediations-Settings trägt zu seiner starken Stellung bei (vgl. dazu Breidenbach 1995, S. 143 ff.).

Die hier dargestellten Essentials der Mediation sind erkennbar europäisch-westlichen Denk- und Wertvorstellungen verpflichtet. Diese Kulturgebundenheit wird insbesondere dann mitzubedenken sein, wenn unter den an einer Mediation Beteiligten kulturelle Differenzen bestehen (vgl. Kruk 1997, S. 12 f.; ausführlicher Ropers 1995, S. 69 ff.).

3 Zum theoretischen Hintergrund von Mediation

Mediation ist im Kontext postmodernen sozialen Wandels («Individualisierung») entstanden bzw. wiederentdeckt worden, sowohl als Ausdrucksform sich verändernder menschlicher Bedürfnisse, Interessen und Bewusstseinslagen als auch als Reaktion darauf. Waren anfangs wissenschaftliche Diskurse weniger wichtig, ist Mediation inzwischen längst zum Forschungsgegenstand geworden; so entwickeln z. B. Folger & Jones (1994) einen konzeptuellen Rahmen, um Mediation in einer kommunikationstheoretischen Perspektive zu verstehen.

In Ausbildung und Praxis der Mediation werden Elemente aus der Konfliktforschung, aus Kommunikationstheorien, aus systemischen und anderen psychotherapeutischen und beraterischen Verfahren und Methoden herangezogen und genutzt (vgl. Proksch 2000). Jedoch ist nicht zu leugnen, dass «eine solche eklektische und wenig systematische Orientierung ... keine gute Voraussetzung für ein fundiertes Verständnis der Art, Entstehung und Prognose von Konflikten oder von den Zielsetzungen, Bedingungen und Begründungen der Intervention (ist)» (Bastine 2000, S. 40). Eine systematische theoretische Grundlegung ist für Evaluation und Qualitätssicherung in der Mediation sowie für ihre weitere Professionalisierung erstrebenswert und nützlich. Auch unter dem Aspekt der Interdisziplinarität der Mediation, die zu den besonderen Stärken dieses Verfahrens gehört, muss das Theoriedefizit überwunden werden, damit es gelingt, für die Angehörigen psychosozialer und juristischer Berufe «eine einheitliche Perspektive für den Gegenstand ‹Mediation› zu entwickeln» (ebd., S. 41).

4 Abgrenzung der Mediation von Psychotherapie/Beratung und gerichtlichem Verfahren

Mediation ist nicht nur wegen des beruflichen Hintergrunds vieler Mediatoren von Verfahren der Beratung und Psychotherapie vielfältig beeinflusst und bereichert worden. Es bestehen manche Ähnlichkeiten hinsichtlich des Settings und der angewandten Interventionstechniken bzw. Gesprächsmethoden. Anders sind jedoch Perspektive, Zielrichtung und Aufgabenstellung der Mediation: Im Mittelpunkt steht nicht die Rekonstruktion der Konfliktgeschichte oder das Aufdecken und Verstehen gegenwärtiger Streitmuster und der eigenen Anteile daran, um Störungen zu überwinden und Wachstum oder Heilung zu ermöglichen. Angestrebt werden vielmehr «äußere» Ergebnisse in Form selbstgesetzter Regelungen und Vereinbarungen darüber, wie die Konfliktpartner in Zukunft, nach Beendigung des aktuellen Konflikts, miteinander umgehen wollen. Mit ihrer grundsätzlichen Zukunftsorientierung will Mediation die Bedeutung der vorangegangenen Konfliktgeschichte nicht leugnen, ihr aber keine besondere Aufmerksamkeit schenken. Im Übrigen führt das Zulassen von Gefühlen und das gegenseitige Respektieren von Bedürfnissen und Interessen nicht selten zur Klärung von Verstrickungen und Konfliktursachen und kann heilende Wirkungen entfalten – wenn auch dies nicht das primäre Ziel von Mediation ist. Manche Mediationskonzepte favorisieren allerdings eine «transformative» Mediation mit quasi-therapeutischer Zielsetzung (vgl. Kruk 1997, S. 13 f.).

In der Mediation bleiben die Konfliktpartner von Anfang bis Ende selbst die Akteure, die autonom und eigenverantwortlich die Themen und Probleme bestimmen, über die verhandelt und für die eine Lösung gesucht wird. Demgegenüber finden beim gerichtlichen Verfahren in verschiedener Hinsicht «Delegationen» statt: Die Auseinandersetzung wird auf Anwälte übertragen, die Entscheidung bleibt dem Richter vorbehalten. Mit der Übersetzung des Konflikts in rechtliche Kategorien geht für die Beteiligten manches verloren, das ihrem subjektiven Gerechtigkeitsempfinden als unverzichtbar erscheinen mag. Der in der Mediation von ihnen selbst erarbeitete faire Interessenausgleich hingegen wird dies explizit berücksichtigen und führt oft gerade deshalb zu tragfähigeren Lösungen.

5 Setting und Ablauf der Mediation

Mediation braucht das direkte Gespräch zwischen den Konfliktpartnern und dem Mediator. Während bei einer Scheidungsmediation durchgehend beide Partner anwesend sind (dazu in bestimmten Phasen des Prozesses gegebenenfalls und unter Berücksichtigung ihres Alters auch die Kinder), finden bei anderen Anwendungsgebieten der Mediation auch vertrauliche Einzelgespräche des Mediators mit den Konfliktpartnern statt; dies ist z. B. in der Wirtschaftsmediation ebenso üblich wie bei der Bearbeitung von Konflikten zwischen Eltern und heranwachsenden Kindern (vgl. Umbreit & Kruk 1997, S. 104). Die Zusammenarbeit von zwei Mediatoren (Co-Mediation) kann im Bereich der Familienmediation insbesondere dann sinnvoll sein, wenn sie beide Geschlechter repräsentieren und/oder sowohl einer psychosozialen als auch einer juristischen Profession angehören.

Der Ablauf der Mediation folgt einer klaren Prozess-Struktur, die je nach Anwendungsgebiet variieren kann. Exemplarisch wird im Weiteren der «idealtypische» Verlauf einer Trennungs-/Scheidungsmediation in fünf Phasen vorgestellt.

1. Zu Beginn gilt es, den Konfliktpartnern eine klare Vorstellung von Mediation zu vermitteln. Prinzipien, Ziele und Inhalte des Verfahrens werden ebenso benannt wie seine Chancen und Risiken gegenüber einer justiziellen Konfliktbearbeitung. Die Konfliktpartner lernen die Aufgabe des Mediators zu verstehen, der nicht für die Inhalte der Auseinandersetzung und des Ergebnisses, sondern für den zwischen ihnen in Gang kommenden Prozess verantwortlich ist. Sie sollen wissen, welche Aufgaben und Verantwortlichkeiten auf sie selbst zukommen. Falls Kosten entstehen, ist auch zu klären, wer sie übernimmt oder wie sie aufgeteilt werden. Der Mediator verabredet mit den Konfliktpartnern Vertraulichkeit und vereinbart mit ihnen einige Grundregeln für die Gespräche (z. B. respektvolle Sprache; sich ausreden lassen; sich gegenseitig zuhören). Es ist nicht ungewöhnlich, einen schriftlichen Mediationsvertrag über die wichtigsten gemeinsam vereinbarten Regeln und Rahmenbedingungen der Mediation abzuschließen. Die Streitenden machen damit bereits die Erfahrung, dass es ihnen möglich ist, sich trotz ihres Konflikts über etwas zu verständigen. Mit seinem eigenen Verhalten (genaues Zuhören und Nachfragen; Eingehen auf Fragen und Unklarheiten) und wertschätzender Haltung gegenüber beiden Konfliktpartnern zeigt der Mediator den Streitenden modellhaft, wie im Rahmen der Mediation miteinander umgegangen werden kann, und bestimmt damit das zukünftige Gesprächsklima. Der Mediator muss sich zudem darüber klar werden, ob die Konfliktpartner zur Mediation hinreichend motiviert und geeignet sind. Fehlende Freiwilligkeit oder Mangel an Bereitschaft, für sich selbst Verantwortung zu übernehmen, können Gründe sein, von Mediation abzuraten.

2. Im nächsten Schritt stellt jede Seite die von ihr für strittig bzw. regelungsbedürftig gehaltenen Fragen bzw. Themenbereiche zusammen. Zu klären ist, bei welchen Themen bereits Einigkeit besteht und wo die Konfliktpartner gegensätzliche Standpunkte («Positionen») einnehmen. Die Positionen bringen zum Ausdruck, wie jede Seite sich die für sie günstigste Lösung vorstellt; in ihnen mischen sich zumeist sachliche und persönliche Aspekte, weshalb die Kontrahenten ein Nachgeben zumeist als Schwäche («Gesichtsverlust») verstehen.

3. In der dritten Phase werden mögliche Lösungen des Konfliktes erarbeitet. Der Mediator hilft beiden Konfliktpartnern, gegenseitig Verständnis für ihre unterschiedlichen, emotional oft hochbesetzten Positionen zu

entwickeln. Dazu muss die Ebene des Positionskampfes um Sieg und Niederlage verlassen und nach den zugrunde liegenden Interessen und Bedürfnissen der Kontrahenten gefragt werden (vgl. Fisher et al. 1998). Auf dieser tieferen Ebene eröffnen sich im geschützten Rahmen der Mediation neue Möglichkeiten: die Sicht des Anderen kann zumindest verstanden werden, Ähnlichkeiten oder sogar Übereinstimmungen kommen in den Blick, fortbestehende Differenzen werden benannt und respektiert. Im Sinne der Konfliktlösung geschieht damit die entscheidende Veränderung: Wenn es nicht mehr darum geht, Positionen durch Einsatz von Machtmitteln durchzusetzen, sondern sich an beiderseitigen Interessen auszurichten, kann sich die destruktive Eskalation in einen sich selbst verstärkenden Prozess des Kooperierens verwandeln. Indem die Konfliktpartner ihre Interessen und Bedürfnisse verstehen und respektieren, wachsen die Chancen für «Kooperationsgewinn» (Breidenbach 1995, S.140) und fairen Ausgleich. Im Verlauf dieser Mediationsphase wird der Mediator die Konfliktpartner zudem fragen, welche Kriterien bzw. Wertmaßstäbe eine zukünftige Lösung aus ihrer Sicht unbedingt berücksichtigen soll. Einigen sind vielleicht die Bedürfnisse ihrer Kinder besonders wichtig; anderen geht es vor allem um das subjektive Gefühl von Fairness und Gerechtigkeit oder um ökonomische Gesichtspunkte (z. B. Kostenbegrenzung). In Konfliktfeldern, für die es gesetzliche Regelungen gibt, müssen diese den Konfliktpartnern im Sinne des o. g. Prinzips der Informiertheit bekannt sein. In autonomer Verantwortung können sie jedoch «eigene» Lösungen entwickeln, die sich – sofern sie nicht sittenwidrig sind – auch vom geltenden Recht unabhängig machen können. Dabei versteht sich Mediation nicht als «Alternative zum Recht», sondern als «in das Recht eingebetteten rechtsschöpferischen Vorgang des Verhandelns und Gestaltens», bei dem «nicht das Gesetz, sondern der interessengeleitete Gestaltungswille der Parteien die richtungsweisende Leitlinie» darstellt (Mähler & Mähler 1995b, S. 53). In diesem Stadium der Konfliktlösung gilt es, möglichst viele Ressourcen zu erschließen, die zum Entwickeln von allseits vorteilhaften Optionen und Lösungsalternativen beitragen können. Angeregt durch entsprechendes Fragen des Mediators zeigen die Konfliktpartner hier nicht selten eine Kreativität, die sie zuvor für unmöglich gehalten hätten. Für viele Streitpunkte finden sich dabei gemeinsame Lösungen – für andere nicht; auch diese müssen klar benannt werden.

4. Im Weiteren wird daran gearbeitet, aus der zuvor entworfenen Vielfalt von Lösungsoptionen eine Einigung zu erzielen. Im bisherigen Mediationsprozess haben die Konfliktpartner erlebt, vom Mediator in gleicher Weise akzeptiert, gehört und respektiert zu werden. Auch wenn sie eine

Gegenposition nicht teilen können, haben sie vielleicht verstanden, warum sie für den Kontrahenten so bedeutsam ist. Diese gemeinsamen Erfahrungen befähigen die Konfliktpartner, die destruktive Eskalationsdynamik zu verlassen. So werden sie versuchen, sich auf eine für sie faire und praktikable Lösung zu einigen, die ihre Interessen so weit wie möglich berücksichtigt. Auch jetzt muss der Mediator darauf achten, dass keiner der Konfliktpartner nur um der Einigung willen wesentliche eigene Interessen zurückstellt.

5. Abschließend werden die erzielten Ergebnisse in einer schriftlichen Vereinbarung (Memorandum) zusammengefasst und – wie es z. B. bei einer Scheidung, aber auch in vielen anderen Anwendungsgebieten der Mediation erforderlich ist – in eine juristische Sprache übersetzt. Bei allen Konflikten, für deren Regelung rechtliche Bestimmungen existieren, sollen die Konfliktpartner die erzielte Einigung durch parteiliche Anwälte überprüfen lassen, damit sie wichtige Rechtspositionen nicht vorschnell oder unbeabsichtigt aufgeben.

6 Zur Evaluation von Familienmediation

Amerikanische Evaluationsstudien zu verschiedenen Feldern der Familienmediation (Trennung/Scheidung; Konflikte zwischen Eltern und Jugendlichen) bewerten das Verfahren übereinstimmend als sehr erfolgreich: Sie belegen, dass die meisten Mediationen zu schriftlichenVereinbarungen führen; die Zufriedenheit der Beteiligten mit dem Verfahren ist hoch; entgegen feministischer Kritik sind Frauen nicht benachteiligt (vgl. Marx 1999, S. 40 ff.; Umbreit & Kruk 1997, S. 101 ff.). Zu den wenigen Forschungen aus dem deutschsprachigen Raum gehört eine Evaluationsstudie zur Trennungs-/Scheidungsmediation in Baden-Württemberg (Bastine 1999). Die amerikanischen Ergebnisse konnten hier weitgehend bestätigt werden. Zugleich zeigte sich, dass im Untersuchungsgebiet und wohl in Deutschland insgesamt die Zugangsmöglichkeiten Betroffener zur Mediation verbessert werden sollten. Darüber hinaus gab es Hinweise darauf, dass Mediation bei den Konfliktpartnern Veränderungen («transformative Prozesse») einzuleiten vermag, die über das formell Vereinbarte weit hinausgehen.

Literatur

Bastine, R. (1999). Heidelberger Evaluation der Familienmediation. Kon:sens 2, S. 287–290.

Bastine, R. (2000). Qualitätssicherung und Qualitätsmanagement in der Mediation – ein Beitrag aus sozialwissenschaftlicher Sicht. Zeitschrift für Konfliktmanagement 3, S. 37–41.

Breidenbach, S. (1995). Mediation. Struktur, Chancen und Risiken von Vermittlung im Konflikt. Köln.

Davenport, N. Z. (1995). Das Erlernen des friedlichen Konfliktmanagements: Erziehung zur Mediation und Mediation in der Erziehung. Ein Bericht aus den USA. In: J. Duss-von Werdt, G. Mähler & H.-G. Mähler (Hg.) (1995), Mediation – Die andere Scheidung. Ein interdisziplinärer Überblick, S. 215–230. Stuttgart.

Deutsch, M. (1976). Konfliktregelung. Konstruktive und destruktive Prozesse. München.

Duss-von Werdt, J. (1995). Bilder von Menschen und Beziehungen in der Mediation. In: J. Duss-von Werdt, G. Mähler & H.-G. Mähler (Hg.) (1995), Mediation – Die andere Scheidung. Ein interdisziplinärer Überblick, S. 233–251. Stuttgart.

Duss-von Werdt, J., Mähler, G. & Mähler, H.-G. (Hg.) (1995). Mediation – Die andere Scheidung. Ein interdisziplinärer Überblick. Stuttgart.

Fisher, R., Ury, W. & Patton, B. (1998). Das Harvard-Konzept. 17. Aufl. Frankfurt/M./New York.

Folger, J. P. & Jones, T. S. (Hg.) (1994). New Directions in Mediation. Communication Research and Perspectives. Thousand Oaks/London/New Delhi.

Kruk, E. (1997). Mediation and Conflict Resolution in Social Work and the Human Services: Issues, Debates, and Trends. In: ders. (Hg.), Mediation and Conflict Resolution in Social Work and the Human Services, S. 1–17. Chicago.

Mähler, H.-G. & Mähler, G. (1995a). Zur Geburt einer neuen Streitkultur bei Trennung und Scheidung. In: J. Duss-von Werdt, G. Mähler & H.-G. Mähler (Hg.) (1995), Mediation – Die andere Scheidung. Ein interdisziplinärer Überblick, S. 13–23. Stuttgart.

Mähler, H.-G. & Mähler, G. (1995b). Zur Rolle des Rechts und der Rechtsanwälte. In: J. Duss-von Werdt, G. Mähler & H.-G. Mähler (Hg.) (1995), Mediation – Die andere Scheidung. Ein interdisziplinärer Überblick, S. 53–64. Stuttgart.

Marx, A. (1999). Mediation und Sozialarbeit. Konflikte kooperativ lösen. Frankfurt/M.

Proksch, R. (2000). Curriculum einer Mediationsausbildung. Lehrbrief 5: Theoretische Grundlagen der Mediation. Zeitschrift für Konfliktmanagement 3, S. 28–34.

Ropers, N. (1995). Friedliche Einmischung. Strukturen, Prozesse und Strategien zur konstruktiven Bearbeitung ethnopolitischer Konflikte. Berlin.

Umbreit, M. S. & Kruk, E. (1997). Parents and Children. Parent-Child Mediation. In: Edward Kruk (Hg.)(1997a), Mediation and Conflict Resolution in Social Work and the Human Services, S. 97–115. Chicago.

Reinhard Tausch

3.4.5 Hilfreiche Gespräche im Alltag und in der Psychotherapie

1 Gespräche mit Mitmenschen: die Hauptbewältigungsform bei Belastungen
2 Gesprächsverhalten und Wirkungsprozesse
3 Zusammenfassung der Befunde zur Art hilfreicher Gespräche und Folgerungen
4 Die Klientzentrierte Gesprächspsychotherapie von Carl Rogers
5 Die Wirksamkeit der Gesprächspsychotherapie
6 Das Grundverhalten der Psychotherapeuten im Gespräch
7 Zukünftige Entwicklung der Gesprächspsychotherapie

Bei Wahrnehmungsexperimenten am Ende meines Psychologiestudiums fragten mich des Öfteren Untersuchungspersonen: «Sie sind doch Psychologe, können Sie mir nicht bei meinen Schwierigkeiten helfen?» «Kann ich zu einem persönlichen Gespräch zu Ihnen kommen?» Das war einer der Anlässe, mich der Gesprächspsychotherapie in Praxis und Forschung zuzuwenden. In den 1990er Jahren hatte ich zusammen mit Diplomanden im Rahmen der Stressforschung Hunderte von Menschen befragt, wie sie schwere Stressbelastungen bewältigt hätten. Das völlig Unerwartete: Gespräche mit verständnisvollen Mitmenschen wurden überwiegend an erster Stelle bei der Bewältigung von schweren Belastungen genannt. Von Psychologie und Klinischer Psychologie waren derartige hilfreiche Gespräche im Alltag bis dato kaum beachtet worden.

1 Gespräche mit Mitmenschen: die Hauptbewältigungsform bei Belastungen

In unseren Untersuchungen handelte es sich sämtlich um schriftliche Befragungen: Wie hatten die Untersuchungspersonen schwere/sehr schwere Belastungen und Krisen bewältigt? Hierzu machten sie ihre Angaben in freier Form. Gespräche als mögliche Bewältigungsform wurden von uns weder angeführt noch zum Ankreuzen vorgegeben. Einige Ergebnisse (vgl. Tausch 1997):

- *Trennung vom Partner*, n = 98 Untersuchungspersonen
  «Was hat Ihnen bei dieser Krise geholfen?» (Noch mit Partner zusammenlebend)
  73 % (1. Stelle Häufigkeit): Gespräche mit Freunden und Bekannten.
  «Was war hilfreich bei der Bewältigung der Belastung?» (Nach der Trennung)
  77 % (1. Stelle Häufigkeit): Gespräche mit Freunden und Bekannten.
- *Sorgenvolles Grübeln (intensive gedankliche Weiterbeschäftigung)*, n = 61 Untersuchungspersonen
  (Korrelation mit Depressivität .58, mit Lebensunzufriedenheit .60)
  «Was förderte sorgenvolles Grübeln?»
  30 % (1. Stelle Häufigkeit): «Wenn ich mit niemandem reden kann, wenn ich allein bin.»
  «Umstände, die das sorgenvolle Grübeln vermindern?»
  31 % (1. Stelle Häufigkeit): Miteinander sprechen, verstanden/akzeptiert werden.
- *Bewältigung schwerer existenzieller Lebenskrisen*, n = 102
  «Was half Ihnen, diese Krise durchzustehen?» «Gab es Hilfsquellen?»
  63 % (5. Stelle Häufigkeit): Gespräche waren hilfreich bei der Bewältigung.
  Frauen: 67 % Bewältigung durch Gespräche (3. Stelle Häufigkeit)
  Männer: 45 % Bewältigung durch Gespräche (10. Stelle Häufigkeit). Ähnliches bei anderen Untersuchungen.
- *Bewältigung von schweren belastenden Schuldgefühlen*, n = 80
  «Wenn Sie das Gefühl haben, schuldig zu sein: Wie gehen Sie damit um? Was tun Sie, dass es leichter wird oder vergeht? Was empfinden Sie dann als hilfreich?»
  46 % (1. Stelle Häufigkeit): Gespräche mit anderen.
  «Welchen Rat können Sie anderen Menschen im Umgang mit Schuldgefühlen geben?»
  47 % (1. Stelle): Gespräche mit dritten Personen.
- *Schweres belastendes Gewissenserlebnis und Gewissenskonflikt*, n = 70
  «Was haben Sie getan/nicht getan, um zu einer Lösung/Klärung der Gewissensbelastung zu kommen?»
  28 % (1. Stelle Häufigkeit): Mit anderen gesprochen.
- *Alltagsstress: Umgang mit schwierig zu klärenden oder scheinbar unlösbaren Problemen*, n = 56
  59 %: Gespräch über Problem mit verständnisvollem Mitmenschen war hilfreich.
- *Belastungen von Angehörigen/Helfenden bei Begleitung Sterbender:*
  85 %: Gespräche mit anderen waren hilfreich.
- *Sinnerfahrungen sowie seelischer Halt*, n = 221 (Ankreuzverfahren unter 34 Items)
  93 %: Gespräche mit vertrauensvollen Mitmenschen waren Sinn gebend im Alltag.
  91 %: Gespräche mit vertrauensvollen Menschen gaben seelischen Halt.

Es existieren weitere Untersuchungen über die Minderung von seelischen Belastungen durch Gespräche:

- In einer Gallup-Befragung in USA 1986 wurde die Frage gestellt: «Was taten Sie, um Ihre Depressivität zu vermindern?» 77 % (1. Stelle) antworteten: mehr Zeit allein für ein Hobby, Fernsehen, lesen, Musik hören. 2. Stelle, 68 %: Ich suche Freunde, um mit ihnen zu sprechen (nach Thayer 1996, S. 114).
- Bei deutlichem Ärger in Familiensituationen wurden Gespräche mit Dritten als am wirksamsten von den Untersuchungspersonen angegeben. Jedoch wurde dies von vielen nur selten praktiziert (Weber 1994).
- Der amerikanische Psychologe Thayer (1996) ermittelte, wie Personen sich verhielten, um schlechte Stimmung, Nervosität, Spannungen, Ängstlichkeit zu vermindern. An 1. Stelle, von 54 % genannt: jemanden anrufen, mit jemandem sprechen oder mit jemandem zusammen sein.
- Martens, Schröder und Tausch (2000) befragten 109 Personen schriftlich: «Wenn Sie Angst haben, was tun Sie/was taten Sie?» 38 % (1. Stelle): «Mit einer vertrauten Person darüber reden, telefonieren.»

Das Fazit dieser Befunde: Bei schweren seelischen Belastungen/Krisen sind Gespräche mit Freunden, Bekannten und anderen (mit Familienmitgliedern weniger) *die* hilfreiche Bewältigungsform. Seltsamerweise gibt es in den Standardbüchern der Klinischen Psychologie keine Hinweise auf hilfreiche Gespräche im Alltag. Es existieren jedoch Untersuchungen über den so genannten sozialen Support. Personen mit körperlichen oder seelischen Erkrankungen erfuhren eine wesentliche Erleichterung, wenn sie mit einem hilfsbereiten Ehepartner oder Familienangehörigen zusammenlebten oder gute Freunde hatten. Jedoch: «Unser Wissen ist noch zu rudimentär hinsichtlich der Wege, wie sozialer Support vor sich geht» (Lazarus & Folkman 1984, S. 250). Ferner wird in der Psychologie angenommen, dass nur langjährig akademisch ausgebildete Personen, also insbesondere Psychotherapeuten, bei Belastungen in Gesprächen förderlich sein könnten.

2 Gesprächsverhalten und Wirkungsprozesse

Wie sprechen Menschen, die von belasteten Personen in Gesprächen als förderlich erfahren wurden? Angesichts des unterschiedlichen Alters der Personen, ihrer sehr unterschiedlichen schweren Belastungen, der Unterschiede der helfenden Personen, der Anzahl der Gespräche (einmalig, mehrmalig) u. a. erwartete ich eine kaum zu ordnende Vielfalt. Es ergaben sich jedoch gesetzmäßige Verhaltensmuster bei helfenden Personen im Gespräch mit Belasteten. – In der ersten Untersuchung (Kijek 1997) machten 100 Personen Angaben zu freien Fragen hinsichtlich eines hilfreichen Gesprächs, als sie sehr belastet waren. Anschließend charakterisierten sie ihre Wahrnehmungen und Erfahrungen durch Ankreuzen von Merkmalen. Das Gleiche taten sie später für ein beeinträchtigendes Gespräch.

***Tabelle I:* Verhaltensmerkmale von hilfreichen Personen in Alltagsgesprächen**

100 Personen; Prozentsatz der Bejahung

	Hilfreiche Gespräche	Beeinträchtigende Gespräche
• sprach auf sehr warmherzige Art mit mir	84 %	*12 %*
respektierte mich als Person	92 %	*36 %*
nahm mich ernst	96 %	*24 %*
war kühl und distanziert	4 %	*48 %*
war passiv und bemühte sich nicht genug	0 %	*56 %*
• verstand, was ich fühlte und dachte	92 %	*8 %*
fühlte mit mir mit	96 %	*24 %*
• nahm mich mit allen guten und schlechten Seiten an	100 %	*24 %*
war nicht beleidigt, als ich seinen Vorschlag nicht gut fand	80 %	*40 %*
• äußerte Kritik an meinem Verhalten und Gefühlen	16 %	*64 %*
• bestimmte stark Art und Verlauf des Gespräches	12 %	*60 %*
redete zu viel	4 %	*56 %*
• gab mir nicht die Informationen, die ich brauchte	12 %	*76 %*
gab mir keine Ratschläge	12 %	*36 %*
zeigte mir keine neuen Sichtweisen auf	4 %	*76 %*
beruhigte mich nicht	8 %	*88 %*

Tabelle II: Erfahrungen, Empfindungen von Belasteten in Alltagsgesprächen

100 Personen; Prozentsatz der Bejahung

	Hilfreiche Gespräche	Beeinträchtigende Gespräche
• ich spürte ein starkes ehrliches Interesse meines Gesprächspartners	96 %	*24 %*
• ich fühlte mich als Person mit all meinen Eigenheiten und Schwächen nicht geachtet	0 %	*64 %*
• ich fühlte mich tief von meinem Gesprächspartner verstanden	84 %	*4 %*
• ich fühlte mich entspannter	84 %	*4 %*
• ich fühlte mich weniger zuversichtlich	0 %	*60 %*
ich bin innerlich unruhiger geworden	4 %	*64 %*
• ich sah klarer als vorher	72 %	*8 %*
ich sah manche Schwierigkeiten in einem anderen Licht	64 %	*16 %*

Eine weitere Untersuchung (vgl. Schorr 1997) führten wir durch, um die Ergebnisse der ersten Untersuchung zu überprüfen. Bei dieser Untersuchung wählten wir ein etwas anderes Vorgehen, teilweise auch andere Merkmale. Zu Beginn beantworteten die 62 Untersuchungspersonen allgemeine Fragen, z. B. führten 61 % sehr häufig/häufig Gespräche in seelisch schwierigen Situationen. Das hilfreiche Gespräch, das anschließend genau eingeschätzt wurde, war von sehr unterschiedlicher Dauer: bei 48 % kurz bis sehr kurz, bei 52 % lang bis sehr lang. Die seelischen Schwierigkeiten hatten bei 64 % lang bis sehr lang bestanden, bei 36 % kurz bis sehr kurz. Die folgenden Abbildungen zeigen einige Befunde:

Er/sie	**JA**	**ja**	**nein**	**NEIN**
• achtete und respektierte mich	•			
war zugewandt und offen	•			
hörte aufmerksam zu	•			
• verstand, was ich auszudrücken suchte	•			
war einfühlsam	•			
nahm mich voll an	•			
• wie er/sie sprach, wirkte es auf mich beruhigend,		•		
ich hatte den Eindruck, er/sie konnte mein Leid aushalten		•		
• half mir, das Problem auch von anderen Gesichtspunkten zu sehen		•		
gab mir Anregungen		•		
sagte mir offen und ehrlich seine/ihre Meinung		•		
• gab Tipps und Informationen			•	
beurteilte vieles von seinem Standpunkt aus			•	
gab Ratschläge			•	
gab mir Anweisungen			•	
lenkte das Gespräch			•	

Abb. 1: Verhaltensmerkmale hilfreicher Personen in Alltagsgesprächen, Einschätzungen von 62 belasteten Personen

«Wie fühlten Sie sich während des Gespräches?»	stimmt genau	stimmt eher	neutral	stimmt nicht	stimmt gar nicht
• hatte das Gefühl, der Gesprächspartner achtete mich	•				
fühlte mich ernst genommen	•				
fühlte mich angenommen					
• fühlte mich entspannter		•			
fühlte mich aufgehoben		•			
wurde zunehmend ruhiger		•			
fühlte mich allein gelassen				•	

«Wie fühlten Sie sich während des Gespräches?»	stimmt genau	stimmt eher	neutral	stimmt nicht	stimmt gar nicht
• sah zunehmend klarer		•			
• hatte das Gefühl, Gesprächspartner/-in übernahm deutlich die Führung des Gespräches				•	

Abb. 2: Erfahrungen belasteter Personen in hilfreichen Alltagsgesprächen, n = 62 Personen

3 Zusammenfassung der Befunde zur Art hilfreicher Gespräche und Folgerungen

Personen, die hilfreiche Gespräche mit Belasteten führen, zeigen ein ähnliches Muster von Gesprächsmerkmalen. Vielleicht ist dieses Muster Menschen teilweise mitgegeben, wie z. B. das Verhalten von Müttern gegenüber Kleinstkindern, und aktiviert sich aufgrund des Mitempfindens und der Einfühlung. Dieses hilfreiche Gesprächsmuster löst psychotherapeutische Erfahrungen/Empfindungen bei den Belasteten aus. Es besteht ein enger Zusammenhang zwischen förderlichen Sprachmerkmalen und förderlichen Empfindungen/Erfahrungen, trotz großer Verschiedenheit der helfenden Personen, der Belasteten, des Inhalts, der Dauer und Situation der Gespräche. Ebenso gibt es einen engen Zusammenhang zwischen ungünstigen Verhaltensmerkmalen der Helfenden und beeinträchtigenden Erfahrungen/Empfindungen bei Belasteten. Das Muster förderlicher Gesprächsmerkmale bei Helfenden hat starke Ähnlichkeit mit den wesentlichen Haltungen der Psychotherapeuten in der Gesprächspsychotherapie von Carl Rogers; ebenso sind die Empfindungen/Erfahrungen der Belasteten denen von Klienten in der Gesprächspsychotherapie weitgehend ähnlich. Und: Dieses förderliche Merkmalsmuster bei hilfreichen Gesprächen im Alltag findet statt bei der Hauptbewältigungsform von seelischen Belastungen von Menschen im Alltag.

Wir können annehmen, dass etliche Menschen ohne eine spezielle akademische Ausbildung über die Fähigkeit verfügen, mit bekannten oder befreundeten Personen therapeutische Gespräche zu führen. Deshalb erscheint es sinnvoll, die Öffentlichkeit auf hilfreiche Gespräche mit Freunden, Bekannten und anderen als günstige Bewältigungsform bei seelischen Belastungen hinzuweisen. Wir können annehmen, dass in Selbsthilfegruppen, bei der Telefonseelsorge und anderen Gelegenheiten manche Laien förderliche psychotherapeutische Gespräche mit anderen Menschen führen können. Unsere Befunde machen andere Untersuchungen verständlicher, bei denen Laienpersonen sich bei beeinträchtigten Patientengruppen als wirksam erwiesen. Strupp beispielsweise (vgl. Patterson 1986, S. 553) wählte fachfremde Professoren aus, die bei Studierenden als «freundlich und nett» galten. Diese erzielten in Einzelpsychotherapie mit Patienten (Depression u.a.) ähnliche Verminderungen seelisch-körperlicher Beeinträchtigungen wie erfahrene professionelle Psychotherapeuten mit der Zufallsauswahl aus der gleichen Gruppe von Patienten. Diese Gleichheit der Änderungen bestand auch ein Jahr nach Abschluss der Psychotherapie.

4 Die Klientzentrierte Gesprächspsychotherapie von Carl Rogers

Gesprächspsychotherapie ist eine wissenschaftlich anerkannte psychologische Therapie bei seelischen Beeinträchtigungen. Sie wurde begründet von Carl Rogers (1902–1987). Charakteristisch für seine Gesprächspsychotherapie (= klientzentrierte Psychotherapie) ist: Bestimmte Haltungen des Psychotherapeuten sind entscheidende Wirkfaktoren. Sie lösen im Gespräch beim Patienten/Klienten förderliche Erfahrungen und seelisch-körperliche Vorgänge aus. Das Gespräch ist überwiegend im gegenwärtigen Erleben und Erfahrungen des Klienten zentriert. Aussagen über Vorgänge und Wirksamkeit der Gesprächspsychotherapie erfolgen aufgrund empirischer Erforschung des Psychotherapeut-Klient-Verhaltens. Gesprächspsychotherapie (Einzel- und Gruppentherapie) erwies sich in vielen empirischen Untersuchungen in den USA und in Europa als wirksam.

Gesprächspsychotherapie wird an psychologischen Instituten sowie Fachhochschulen für Sozialwissenschaften gelehrt. Sie kommt zum Einsatz als Einzel- und Gruppentherapie in der psychotherapeutischen Behandlung beeinträchtigter Personen in psychologischen, medizinischen und psychiatrischen Praxen sowie Reha-Kliniken. Klientzentrierte Gesprächsführung ist im psychosozialen Bereich verbreitet, so in Beratungsstellen, Telefonseelsorge, Sterbebegleitung u. a.

Die klientzentrierte Gesprächspsychotherapie hat ferner förderliche Ansätze der Verbesserung zwischenmenschlicher Beziehungen außerhalb der Psychotherapie aufgezeigt, so eine angemessenere sprachliche Kommunikation im Alltag (vgl. Schulz von Thun 1994), förderlichere Beziehungen und Konfliktregelungen in Familien (vgl. Gordon 1972), Verbesserung des Erziehungs- und Unterrichtsverhaltens von Lehrern/Eltern (vgl. Tausch & Tausch 1998). Ferner zeigte Langer (2000), dass das personzentrierte Gespräch gut einsetzbar in der psychologischen Forschung ist, für den Kenntnisgewinn über die seelische Erlebniswelt von Menschen sowie zum Gewinn neuer Hypothesen mit anschließender empirischer Überprüfung.

5 Die Wirksamkeit der Gesprächspsychotherapie

Bei Meta-Analysen international vorhandener empirischer Psychotherapie-Untersuchungen, in denen die Effekte bei den Psychotherapiepatienten mit denen von Kontroll-Warte-Patienten verglichen wurden, ergab sich: Die Gesprächspsychotherapie ist nach der Verhaltenstherapie die am besten wissenschaftlich erforschte Psychotherapieform (vgl. Grawe et al. 1993, S. 741 ff.). In Deutschland wurden empirische Untersuchungen vor allem am Psychologischen Institut der Universität Hamburg durchgeführt. Die Änderungen der Klienten wurden mit psychologischen Tests vor und nach der Therapie erfasst und mit den Teständerungen von Warte-Klienten verglichen. Die Gesprächspsychotherapie (Einzel- und Gruppentherapie) erstreckte sich insbesondere auf Personen mit Depressivität, Angstbeeinträchtigungen, Neurotizismus und psychosomatischen Beschwerden, ferner auf so genannte Belastungsstörungen, Patienten mit Krebserkrankungen, Arbeitslose, männliche Strafgefangene, alte Menschen über 70 Jahre und Lehrer mit seelischen Belastungen (vgl. Tausch & Tausch 1990). Im Folgenden gebe ich die Zusammenfassung einer empirischen Untersuchung zur Gesprächspsychotherapie in Gruppen wieder:

Auswirkungen und Prozesse personzentrierter Gruppenpsychotherapie bei 164 Klienten einer Psychotherapeutischen Beratungsstelle

164 Klienten mit deutlichen sog. psychoneurotischen Beeinträchtigungen (Durchschnittsalter 33) nahmen an einer 2½-tägigen zentrierten Gruppenpsychotherapie mit Nachtreffen teil, pro Gruppe ca. 10 Klienten und je 2 Psychotherapeuten. Insgesamt wurden 18 Gruppen mit zusammen 16 sehr qualifizierten personzentrierten Psychotherapeuten durchgeführt. Vor den Gruppengesprächen, 4 Wochen sowie 6 Monate danach fanden psychodia-

gnostische Untersuchungen statt. 45 Klienten warteten 8 Wochen ohne Psychotherapie.
Einige Ergebnisse: 4 Wochen nach der Gruppenpsychotherapie waren 23 % der Klienten «deutlich gebessert» (Warteklienten 5 %), weitere 62 % «gebessert» (13 %), 7 % «unverändert» (73 %) und 8 % «verschlechtert» (9 %). Die Änderungen erfolgten in individuell verschiedenartigen Beeinträchtigungen sowie in Tests, z. B. Selbstkonzept. 63 % der Klienten waren deutlich zufrieden mit der Gruppenpsychotherapie, 26 % zum Teil zufrieden, 11 % unzufrieden. 94 % sahen die Gespräche als wichtig und hilfreich an. Bei der Testuntersuchung 6 Monate nach der Psychotherapie ergab sich eine deutliche Zunahme der Besserungen. Die Änderungen der Klienten hingen deutlich zusammen mit den von *Carl Rogers* als notwendig und hinreichend angenommenen drei Qualitäten der Helfer.

6 Das Grundverhalten der Psychotherapeuten im Gespräch

Das therapeutische Grundverhalten ist charakterisiert durch die von Rogers begründeten Haltungen: ein hohes Ausmaß an genauem und einfühlendem Verstehen, Achtung sowie Aufrichtigkeit des Therapeuten.

Die Verhaltensweisen im Einzelnen:

1. *Genaues Verstehen der Erlebniswelt des Klienten:* Der Psychotherapeut hört dem Klienten zu. Er ist intensiv bemüht, die vom Klienten geäußerten Gefühle und die damit zusammenhängenden Bedeutungen, Wahrnehmungen und Gedanken zu verstehen, gleichsam von der Innenseite des Klienten her. So ist der Psychotherapeut fortlaufend im bewussten Erleben des Klienten zentriert. Das Wesentliche dessen, was der Therapeut verstanden hat, äußert er in konkreter und klarer Form dem Klienten gegenüber, ohne Bewertung und Beurteilung. Er begleitet den Klienten in seiner Erlebniswelt, in die von ihm geäußerte, meist belastende Gefühlswelt und die damit zusammenhängenden Gedanken und Vorstellungen. Der Fokus des Wahrnehmens, Denkens und Vorstellens liegt im geäußerten Erleben des Klienten. Das Wesentliche davon hält er dem Klienten in seinen Äußerungen entgegen, ohne selbst die Emotionen zu empfinden, die der Klient verspürt.

2. *Achtung und Respekt:* Der Therapeut achtet/respektiert den Klienten sowie sein jeweiliges Erleben und Fühlen. Er ist hilfsbereit und zugewandt; ferner ist er bemüht, die Erlebniswelt des Klienten so zu verstehen, wie der Klient sie erlebt, um ihm dadurch bei der Änderung seines Erlebens zu helfen.

3. *Aufrichtigkeit:* Einfühlendes Verstehen sowie Sorge und Respekt sind

kein Routineverhalten. Der Therapeut achtet den Patienten. Vorhanden ist eine Übereinstimmung seines Sprechens, Denkens, Fühlens und Handelns. Er verbirgt sich nicht hinter einer Fassade. Wenn es für den Klienten hilfreich ist, öffnet sich der Therapeut selbst mit seinem Erleben.

4. *Kein Dirigieren:* Der Therapeut übt keine Macht aus. Es erfolgen keine Entscheidungen des Therapeuten für den Klienten, keine Interpretationen, keine Aufforderungen zum Bericht von Träumen u. a. Trotzdem schreitet das Gespräch zentriert in wesentlichen Erfahrungen des Klienten fort. Das wird dadurch bedingt, dass der Therapeut fortwährend die bedeutungsvollen Wahrnehmungen und Gefühle in den Äußerungen des Klienten zu verstehen sucht und ihm gegenüber äußert.

7 Zukünftige Entwicklung der Gesprächspsychotherapie

Gesprächspsychotherapie ist bei hoher Qualifikation der Psychotherapeuten bei verschiedenen seelischen Beeinträchtigungen wirksam. Bei Beeinträchtigungen wie Depressionen, Angstzuständen mit Verhaltensstörungen, jahrelang gelernten ungünstigen Bewältigungsformen, Suchtverhalten u. a. ist Gesprächspsychotherapie allein meist nicht hinreichend. Hier sind Formen der Verhaltenstherapie, der medikamentösen Therapie sowie der Stressverminderung wirksam. In einer sich anbahnenden multimodalen, schulübergreifenden allgemeinen Psychotherapie hat die Gesprächspsychotherapie ihren Platz. Sie wird im ersten Drittel einer Psychotherapie im Vordergrund stehen, während anschließend Verhaltenstherapie und Stressverminderung überwiegen. Allerdings sind die klientzentrierten Haltungen auch hier wesentlich für die Wirkung einer Therapie. Bei der psychiatrisch-medikamentösen Behandlung schwerer seelischer Störungen ist Gesprächspsychotherapie eine hilfreiche Unterstützung; sie ermöglicht Patienten eine sinnvolle Einordnung des Geschehens und seelischen Halt.

Literatur

Gordon, T. (1972). Familienkonferenz. Hamburg.

Grawe, K., Donati, R. & Bernauer, F. (1993). Psychotherapie im Wandel. Göttingen.

Kijek, A. (1997). Mitmenschliche Gespräche bei Krisen und Belastungen. Universität Hamburg.

Langer, I. (2000). Das persönliche Gespräch als Weg in der psychologischen Forschung. Köln.

Lazarus, R. & Folkman, S. (1984). Stress, Appraisal and Coping. New York.
Patterson, C. (1986). Theories of Counseling and Psychotherapy. New York.
Rogers, C. (1942): Counseling and Psychotherapy, Boston. Dt. (1972): Die nicht-direktive Beratung. München.
Rogers, C. (1951): Client-centered Therapy. Boston. Dt. (1983): Die klientenzentrierte Gesprächspsychotherapie. 4. Aufl. Frankfurt/M.
Rogers, C. (1970). Carl Rogers on encounter groups. New York. Dt. (1974): Encounter Gruppen. München.
Rogers, C. & Dymond, R. (Eds.) (1954). Psychotherapy and personality change. Chicago.
Schorr, S. (1997). Die Verminderung seelischer Belastung durch Gespräche mit verständnisvollen Mitmenschen. Eine empirische Untersuchung. Diplomarbeit, Fachbereich Psychologie. Univ. Hamburg.
Schulz von Thun, F. (1994). Miteinander reden. Reinbek.
Tausch, R. & Tausch, A. (1990). Gesprächspsychotherapie, 9. Aufl. Göttingen.
Tausch, R. & Tausch, A. (1998). Erziehungspsychologie, 11. Aufl. Göttingen.
Tausch, R. (1997): Hilfreiche Gespräche im Alltag: Untersuchungen zu einer wesentlichen Coping-Form bei seelischen Schwierigkeiten. In: H. Mandl (Hg.), Bericht des 40. Kongresses der Deutschen Gesellschaft für Psychologie, S. 393–399. Göttingen.
Thayer, R. (1996). The origin of everyday moods. New York.
Weber, H. (1994). Ärger: Psychologie einer alltäglichen Emotion. Weinheim.

Claus Reis

3.5 Evaluation/Evaluationsforschung

1 Begriffsbestimmung

Der Begriff Evaluation wird in der sozialwissenschaftlichen Literatur und Praxis uneinheitlich verwendet. Unterscheiden noch Wottawa und Thierau (1990) zwischen Evaluation als Bewertung eines Produkts, Prozesses, Projekts oder Programms auch ohne Anwendung wissenschaftlicher Verfahren von «Evaluationsforschung» als Forschungsansatz, der bei der Urteilsbildung auf Methoden der empirischen Sozialforschung zurückgreift, so wird diese Differenzierung in der neueren Literatur meist fallen gelassen (vgl. Grohmann 1997). Weit gefasst kann unter Evaluation die Beurteilung (sozial)pädagogischer oder psychologischer Praxis und sozial-, gesundheits- oder bildungspolitischer Programme oder Einzelprojekte auf der Basis systematischer Informationssammlung und wissenschaftlich orientierter Analyse verstanden werden.

2 Geschichte

Einen ersten Boom erlebten Verfahren der Evaluation (damals ausschließlich Evaluationsforschung) Mitte der 1960er Jahre in den USA, als sie bei den meisten sozialpolitischen Reformprogrammen der Regierungen von Kennedy und Johnson angewendet wurden. Die Effektivität von Maßnahmen zur Bekämpfung von Armut, Verbesserung gesundheitlicher und psychosozialer Versorgung, Schaffung größerer Chancengleichheit im Bildungsbereich sollten unter Zuhilfenahme sozialwissenschaftlicher Methoden nachgewiesen werden. Seitdem bildet Evaluation ein wesentliches Element aller staatlichen und auch der meisten kommunalen Programme. In der Geschichte der US-amerikanischen Evaluation lassen sich drei Phasen unterscheiden, die einen zentralen Methodenstreit chronologisch abbilden (vgl. auch Beywl 1988, Grohmann 1997):

1. Die Phase der objektivistischen Modelle (1965–1975): Campbell und Scriven übertragen die Methodologie medizinischer und psychologischer Experimente auf die Evaluation von Effekten politischer Programme: Neben Experimentalgruppen werden Kontrollgruppen gebildet, gemessene Unterschiede sollen «objektiv» Auskunft über die Wirksamkeit von Programmen geben (vgl. Scriven 1972). Das Ideal ist das einer wertfreien Evaluation.

2. Die Phase der kritischen Reaktion (1975–1982): Im Gegensatz hierzu wird die Kontextabhängigkeit der Evaluation und damit deren prozessualer Charakter betont: Der Glaube an die Möglichkeit «objektiver» Bewertung wird zugunsten eher konstruktivistischer Konzepte fallen gelassen. Aufgabe der Evaluation ist hier, die Interessen aller Beteiligten festzustellen und den direkten diskursiven Austausch mit den vor Ort Betroffenen zu pflegen (responsive Evaluation) (vgl. Stake 1972; Beywl 1988).

3. Phase der Synthese (nach 1982): Die Gegensätze zwischen eher «ob-

jektivistischen» und teilweise konstruktivistischen Positionen werden zugunsten eines pragmatischen Zugangs zu überwinden versucht. Trotz der «Objektivität» sichernden Distanz zu Interessen und Bedürfnissen der Akteure vor Ort wird der Kontext in die Evaluation einbezogen und zu einem Element der Bewertung. Hierzu werden wissenschaftliche Methoden, u. a. die des Experiments und Quasi-Experiments, eingesetzt (vgl. Rossi, Freeman & Hofmann 1988).

In Deutschland entwickelt sich Evaluationsforschung zunächst parallel zu entsprechenden Reformvorhaben im Rahmen der Bewertung bildungspolitischer Programme. Das Abflauen des Reformimpetus führt zu einem Rückgang von Evaluationen in diesem Bereich. Wesentliche Impulse zur Weiterentwicklung der Evaluation in Deutschland gehen seither einerseits von der Evaluation psychosozialer und sozialpädagogischer Praxis (vgl. Grohmann 1997), andererseits von der Evaluation arbeitsmarktpolitischer Programme aus.

Seit Mitte der 1990er Jahre erlebt Evaluation sowohl als wissenschaftliche Evaluation wie als «Selbstevaluation» einen Boom im Zuge der Diskussion um Verwaltungsmodernisierung und Qualitätsmanagement. Vor allem Maja Heiner hat in mehreren von ihr herausgegebenen Sammelbänden zur Weiterentwicklung systematischer Methoden der Selbstevaluation und zu einer kritischen Reflexion der Probleme von Evaluation im Feld der Sozialarbeit und Sozialpädagogik beigetragen (1988, 1992, 1998).

3 Formen

Die zentrale Kontroverse in der Geschichte der Evaluation dreht sich um die Frage, welche Rolle den Evaluatoren im Prozess der Evaluation zukommt. Das «objektivistische Modell» geht von einer weitgehenden Abstinenz des Forschers von der zu evaluierenden Praxis aus. Er soll unter Zuhilfenahme wissenschaftlicher Methoden (z. B. der des Experiments) Programmeffekte beurteilen und die Entscheidung über Konsequenzen seinen Auftraggebern überlassen. Das «kritische Modell» betont demgegenüber, dass jedes Vorhaben, das evaluiert werden soll, von unterschiedlichen Beteiligtengruppen unterschiedlich gesehen und bewertet wird und dadurch erst seine konkrete Gestalt erhält. Jeder Versuch der Evaluation, einen Gegenstand wissenschaftlich zu «isolieren» und getrennt von seinem Kontext zu bewerten, sei deshalb bereits im Ansatz zum Scheitern verurteilt. Vielmehr komme es darauf an, den zu evaluierenden Gegenstand aus unterschiedlichen Perspektiven zu beleuchten, Ergebnisse den Beteiligten zur Verfügung zu stellen und damit auf die Praxis, die evaluiert werden soll, Einfluss zu nehmen.

Diese Debatte, die Parallelen zur sozialwissenschaftlichen Diskussion um «Aktionsforschung» aufweist (vgl. Moser 1977), führte zur Ausbildung unterschiedlicher Formen von Evaluation, die sich nach mehreren Kriterien unterscheiden lassen: z. B. danach (1), ob Eingriffe in die Praxis vorgesehen sind oder nicht (formative vs. summative Evaluation), (2) wer die Evaluation durchführt (Selbst- vs. Fremdevaluation), oder (3), in welcher Phase der Programmimplementation die Evaluation ansetzt (Kontext-, Prozess- und Produktevaluation).

1. Die Unterscheidung zwischen formativer und summativer Evaluation greift die oben skizzierte Kontroverse auf (vgl. Beywl 1988). Eine «summative Evaluation» bewertet ein Programm nach dessen Ablauf mit Hilfe überwiegend quantitativer Verfahren der empirischen Sozialforschung und interessiert sich vorrangig für die Implikationen des Programms im Hinblick auf Öffentlichkeit, Politik und Verwaltung. Die Beteiligten bleiben in der Rolle der Datenbeschaffer. Dagegen versucht eine «formative Evaluation», die Beteiligten als «Mitarbeiter» in den Prozess der Evaluation einzubeziehen, orientiert sich vorrangig an der Klärung von Zielen und Problemen der Programmdurchführung und schaltet sich auf diese Weise aktiv in die Gestaltung des Programms ein.

2. Von Selbstevaluation wird gesprochen, wenn die für ein Programm oder Projekt Verantwortlichen ihre eigene Praxis unter Verwendung systematisierender Verfahren bewerten. Selbstevaluation ist somit ein Instrument methodisch angeleiteter und gestützter Selbstreflexion (vgl. v. Spiegel 1993). Im Gegensatz dazu bezeichnet der Begriff Fremdevaluation alle auf wissenschaftliche Verfahren gestützten Formen der Bewertung dieser Praxis durch Außenstehende.

3. Analog zu den Phasen der Implementation eines Programms oder Projekts können Etappen der Evaluation unterschieden werden (CIPP-Modell von Stufflebeam; vgl. Beywl 1988). Die «Kontextevaluation» identifiziert Interessenlagen, Bedürfnisse und Probleme und beschreibt somit die Ausgangslage. Die «Inputevaluation» analysiert das Konzept, die geplanten Vorhaben und Lösungsansätze in Bezug auf Relevanz, Durchführbarkeit und Wirtschaftlichkeit des Programms oder Projekts. Die «Prozessevaluation» betrachtet und begleitet den Prozess der Durchführung und versucht den Programmverlauf zu kontrollieren, um rechtzeitig Hinweise auf unerwartete Hindernisse zu geben. Die «Produktevaluation» setzt die Ergebnisse in Bezug zu den Zielen, dem Kontext, Input und Prozess und

bewertet somit den Erfolg eines Programms oder Projekts im Hinblick auf vorab definierte oder im Lauf der Durchführung entwickelte Kriterien.

4 Methoden

Da Evaluation die Beurteilung von Programmen, Projekten und «alltäglicher Praxis» auf der Grundlage sozialwissenschaftlicher Methoden betreibt, kann potenziell auf das gesamte Repertoire der empirischen Sozialforschung zurückgegriffen werden. Allerdings gibt es je nach der Evaluationsform unterschiedliche «Wahlverwandtschaften».

Je ausgeprägter das Bestreben der Evaluatoren ist, mit «harten Daten» zu arbeiten, desto stärker dürfte die Präferenz für quantitative Forschungsmethoden wie standardisierte Befragungen und die statistische Auswertung von Dokumentationssystemen sein (1). Demgegenüber neigen diskursiv ausgerichtete Evaluatoren eher dazu, qualitative Methoden wie leitfadengestützte Interviews oder Gruppendiskussionen einzusetzen, da diese es eher als quantitative Methoden erlauben, Sinnzusammenhänge bei den Beteiligten zu rekonstruieren (2). Im selben Maß, wie die neueren Evaluationskonzepte eine Synthese «objektivistischer» und «kritischer» Traditionen versuchen, überwinden sie auch die Gräben zwischen qualitativen und quantitativen Forschungsmethoden zugunsten eines eher pragmatischen Zugangs, der sich je nach der zu evaluierenden Fragestellung der geeigneten Methode versichert (3).

1. In vielen Bereichen sozialpädagogischer und psychosozialer Praxis wird mit PC-gestützten Dokumentationsmethoden gearbeitet, um Einzelfälle zu erfassen. Die hierbei gewonnenen Daten können nicht nur in aggregierter Form für die Geschäftsstatistik genutzt werden (z. B. über die Anzahl der Ratsuchenden, deren Alter, Geschlecht, Beratungsanlass u. Ä.), sondern bilden auch – natürlich in geeigneter Weise anonymisiert – die Grundlage für die Analyse von Fallverläufen. So kann z. B. die zeitdynamische Erfassung von «Beratungsfällen» darüber Auskunft geben, welche Themen jeweils bearbeitet wurden, welche Ziele vereinbart und ob die Ziele erreicht wurden. Standardisierte Befragungen werden häufig dann eingesetzt, wenn es darum geht, eine größere Anzahl von Personen (z. B. Nutzer von Einrichtungen) über ihre Zufriedenheit/Unzufriedenheit mit bestimmten Angeboten zu befragen. Auch bei Verbleibsuntersuchungen (z. B. bei ehemaligen Teilnehmerinnen und Teilnehmern von Beschäftigungsprogrammen) sind quantitativ ausgerichtete Befragungen häufig die Methode der Wahl. Der Vorteil quantitativer Methoden besteht darin, dass

die Ergebnisse in einer Form vorliegen, die es erlaubt, sie problemlos mit statistischen Verfahren weiterzuverarbeiten. Da mittlerweile für die Auswertung quantitativer Daten recht einfach auch auf komplexe Statistikprogramme zurückgegriffen werden kann, können für die Evaluation auch komplexere Anwendungen wie Regressionsanalysen eingesetzt werden (für die Evaluation von Arbeitsmarktpolitik vgl. Schmid, Mosley, Hilbert & Schütz 1999). Der Nachteil standardisierter Befragungen ist seit geraumer Zeit bekannt: Es muss grundsätzlich angenommen werden, dass die Fragen von den Interviewpartnern so verstanden werden, wie sie gestellt wurden, und die Antworten eindeutig zuzuordnen und zu quantifizieren sind. Trifft diese Unterstellung nicht zu, sind standardisierte Befragungen nur bedingt aussagekräftig. Außerdem ist grundsätzlich darauf zu achten, dass durch die Form der Fragestellung nicht Informationen «verschenkt» werden (z. B. durch Suggestivfragen, die zwar die Meinung des Interviewers bestätigen, aber keine informativen Antworten hervorbringen). Der «Königsweg» für Wirkungsanalysen als wichtiges Element von Evaluationen sind Experimente bzw. Quasi-Experimente. Dabei wird eine in ein Programm oder Projekt einbezogene Experimentalgruppe mit einer Kontrollgruppe verglichen, deren Mitglieder nicht einbezogen wurden. Abgesehen von dieser zentralen Differenz müssen beide Gruppen vergleichbar sein, d. h. dieselben demographischen Merkmale bzw. dieselbe Vorgeschichte aufweisen. Das Setting entstammt der medizinischen Forschung, in der die Wirksamkeit von Medikamenten dadurch getestet wird, dass die Kontrollgruppe ein Placebo erhält. Damit sollen «Selbstheilungen» durch die Suggestivwirkung der Medikamenteneinnahme ausgeschlossen und «echte» Effekte gemessen werden. In der Evaluation von Arbeitsmarktpolitik spielt diese Versuchsanordnung immer dann eine Rolle, wenn etwa Bruttoeffekte von Maßnahmen (z. B. Anzahl der Teilnehmer von Umschulungen, die nach Maßnahmenende in den Arbeitsmarkt integriert werden) von Nettoeffekten unterschieden werden sollen (Anzahl erfolgreicher Teilnehmer abzüglich der Zahl derjenigen, die unter ansonsten gleichen Voraussetzungen auch ohne Umschulung in den Arbeitsmarkt integriert worden wären). Experimente und Quasi-Experimente sind im Bereich psychosozialer Arbeit nur unter sehr eingeschränkten Bedingungen möglich.

2. Gerade im Bereich psychosozialer Praxis setzt Evaluation auf der Mikroebene an, interessieren Veränderungen in den Einstellungen und Sinnstrukturen von Einzelpersonen. Diese sind nur bedingt mit quantitativen Methoden zu erheben (vgl. bereits Berger 1972). Fortschritte in der Methodologie und erhebliche Systematisierungsleistungen haben dazu

beigetragen, dass qualitative Methoden mittlerweile recht breit auch für evaluative Vorhaben eingesetzt werden. Immer dann, wenn Sinnzusammenhänge aufgeklärt werden sollen, die dem Evaluator nicht von vornherein geläufig sind, ist der Einsatz qualitativer Forschungsmethoden sinnvoll. Zu denken ist dabei insbesondere an Instrumente, die wie das leitfadengestützte Interview in der Auswertung weniger aufwendig sind; aber auch narrative Interviews können, wie F. Schütze und H. Glinka mehrfach eindrucksvoll nachgewiesen haben, für die Evaluation sozialarbeiterischer Praxis genutzt werden (vgl. Schefold et al. 1998). Für die Evaluation von Handlungsprozessen in der sozialen Arbeit sind Beobachtungsverfahren und Gesprächsanalysen wertvolle methodische Hilfsmittel. So können z. B. Beratungsgespräche, die aufgezeichnet und transkribiert werden, nicht nur von Experten im Hinblick auf «typische» Sequenzmuster analysiert werden (vgl. MASQT 2000), sondern auch die Grundlage für die Selbstreflexion der Beraterinnen und Berater bilden und somit eine Selbstevaluation einleiten.

3. Die Diskussion um die «richtige» Evaluationsmethodologie spiegelt die jahrzehntelange Auseinandersetzung zwischen den Anhängerinnen und Anhängern quantitativer bzw. qualitativer Forschungsmethoden wieder. Dieser Streit scheint überwunden, denn in der Praxis finden sich immer häufiger Forschungsberichte und Evaluationsstudien, die einen Methodenmix pflegen und beide methodischen Zugänge je nach Fragestellung kombinieren.

5 Probleme der Evaluation

Die meisten Ansätze der Evaluation sozialpädagogischer oder psychologischer Praxis fokussieren auf einzelne der in Abschnitt 3 genannten Etappen. In Psychologie und Sozialarbeit sind dabei vor allem Konzepte der Wirkungsforschung von Relevanz, die die «Wirkung» unterschiedlicher therapeutischer oder beraterischer Methoden mit wissenschaftlichen Verfahren zu erfassen und zu bewerten versuchen (vgl. Fischer & Klein 1997). In letzter Zeit wird aber verstärkt auch die «Alltagspraxis» von Sozialarbeitern, Sozialpädagogen und Psychologen mit Mitteln der Evaluation zu durchleuchten versucht. Hier stellen sich einige grundsätzliche Probleme, die für die Evaluation psychosozialer Praxis verallgemeinerbar sind:

So beinhaltet der in der Geschichte der Evaluation als «Königsweg» der Wirkungsanalyse beschrittene Vergleich zwischen Experimentalgruppe und Vergleichsgruppe einen «Dreischritt» (vgl. Rossi, Freeman & Hofmann 1988), der für die meisten Anwendungsbereiche kaum realisierbar sein dürfte: Zunächst muss eine Annahme über Kausalzusammenhänge getroffen werden, die durch die zu evaluierende Maßnahme beeinflusst werden sollen (z. B.: «Das pädagogische Klima in der Schule benachteiligt Schüler, die Schwierigkeiten haben, das Verhältnis von eigenem Durchsetzungsvermögen und Rücksichtnahme auf andere auszubalancieren»). Dann wird eine Interventionshypothese aufgestellt, die sich direkt auf die Maßnahme bezieht (z. B.: «Gruppenangebote für Schüler im Rahmen der Schulsozialarbeit verbessern die individuellen Möglichkeiten, das Verhältnis von eigenem Durchsetzungsvermögen und Rücksichtnahme auf andere auszubalancieren»). Wenn beide Hypothesen richtig sind, sollte die gewünschte Wirkung eintreten, die in einer «Aktionshypothese» formuliert werden kann (z. B. «Der Schulerfolg der benachteiligten Schüler verbessert sich»). Über die Kausalhypothese wird versucht, die Abläufe in der Realität vor der Intervention zu erfassen, die Interventionshypothese gibt die direkten Effekte der getroffenen Maßnahmen wieder, die Aktionshypothese die beabsichtigten Wirkungen. Nur wenn alle drei Hypothesen zutreffen, ist eine beobachtete positive Wirkung (z. B.: der Schulerfolg verbessert sich) tatsächlich auf die Intervention zurückzuführen. Allerdings hat es die Evaluation psychosozialer Praxis mit einem komplexen Feld sozialer Beziehungen zu tun, in dem Wirkungszusammenhänge häufig nicht hinreichend erforscht sind (Unklarheit über die Kausalhypothese). Damit eine Wirkungsanalyse durchgeführt werden kann, müsste eine entsprechende Theorie des Gegenstandes vorliegen, d. h. grundlagentheoretische Vorarbeiten zur Logik der Handlungsformen, deren Wirkung evaluiert werden soll (zur Beratung vgl. MASQT 2000). Erst auf dieser Basis wären dann wissenschaftlich stimmige Wirkungsanalysen durchführbar. Solange dieses Ideal nicht erreicht ist, sind Aussagen auf der Ebene plausibler Wirkungsketten möglich – besser als nichts, man sollte sich aber vor Überinterpretationen hüten.

Die Evaluation psychosozialer Praxis erfolgt nicht unter Laborbedingungen, sondern unter natürlichen Kontextbedingungen im Feld, sodass eine methodisch korrekte Zusammenstellung von Kontrollgruppen kaum möglich ist. Zudem stellt sich nicht selten das ethische oder auch rechtliche Problem, Personen einer Kontrollgruppe zuzuordnen und damit von einer für sie möglicherweise positiven Behandlung auszuschließen (vgl. Rossi, Freeman & Hofmann 1988).

Während bei der Evaluation sozial-, gesundheits- oder bildungspolitischer Programme meist noch davon ausgegangen werden kann, dass vorab Ziele und Evaluationskriterien definiert sind (wenn auch manchmal zu global), trifft dies für die Evaluation laufender Praxis oder auch einzelner Projekte meist nicht zu. Dann ist es Aufgabe der Evaluation, zur Bestimmung von Zielen und Kriterien beizutragen, was eine Intervention in die Praxis beinhaltet und somit nur im Rahmen formativer Evaluation möglich ist.

Im Zuge der Einführung von Methoden des Qualitätsmanagements bzw. Instrumenten der «Neuen Steuerung» muss sich auch psychosoziale Praxis der Anforderung stellen, in ihren Abläufen und Wirkungen transparent zu sein. Dies führt zurzeit zu einem Boom an Evaluationsvorhaben und verstärkt die oben genannte Vielfalt an Verfahren und Instrumenten, führt aber nicht unbedingt zu einer Klärung methodologischer Probleme. Insofern ist es zu begrüßen, dass jetzt die vom «Joint Committee on Standards for Educational Evaluation» aufgestellten Evaluationsstandards in deutscher Übersetzung vorliegen, die zu einer qualitativen Weiterentwicklung der Evaluationspraxis in Deutschland genutzt werden können: Nützlichkeitsstandards dienen der Orientierung der Evaluation an den Informationsbedürfnissen der Nutzer und sollen u. a. sicherstellen, dass die Interessen und Bedürfnisse aller Beteiligten berücksichtigt werden; Durchführbarkeitsstandards zielen auf eine möglichst realistische, gut durchdachte und kostenbewusste Evaluation. Korrektheitsstandards sollen eine rechtlich und ethisch korrekte Durchführung der Evaluation sicherstellen; Genauigkeitsstandards dienen der Übertragung der Gütekriterien sozialwissenschaftlicher Forschung auf die Evaluation (vgl. Joint Committee 1999).

Literatur

Berger, H. (1972). Untersuchungsmethode und soziale Wirklichkeit. Frankfurt/M.

Beywl, W. (1988). Zur Weiterentwicklung der Evaluationsmethodologie. Frankfurt/M.

Fischer, G. & Klein, B. (1997). Psychotherapieforschung. In: K. D. Hildemann & P. Potthoff (Hg.), Psychotherapie – Quo vadis? Göttingen/Bern/Toronto/Seattle.

Grohmann, R. (1997). Das Problem der Evaluation in der Sozialpädagogik. Frankfurt/M.

Heiner, M. (Hg.) (1988). Selbstevaluation in der Sozialen Arbeit – Fallbeispiele zur Dokumentation und Reflexion beruflichen Handelns. Freiburg.

Heiner, M. (Hg.) (1992). Selbstevaluation als Qualifizierung in der sozialen Arbeit – Fallstudien aus der Praxis. Freiburg.

Heiner, M. (Hg.) (1998). Experimentierende Evaluation. Weinheim.

Joint Committee on Standards for Educational Evaluation (Hg.) (1999). Handbuch der Evaluationsstandards. Opladen.

Ministerium für Arbeit, Soziales, Qualifikation und Technologie des Landes NRW (MASQT) (2000). Modellprojekt Sozialbüros. Endbericht der wissenschaftlichen Begleitung. Düsseldorf.
Moser, H. (1977). Aktionsforschung als kritische Theorie der Sozialwissenschaften. München.
Rossi, P. H., Freeman, H. E. & Hofmann, G. (1988). Programm-Evaluation – Einführung in die Methoden angewandter Sozialforschung. Stuttgart.
Schefold, W., Glinka, H.-J., Neuberger, C. & Tilemann, F. (1998). Hilfeplanverfahren und Elternbeteiligung. Frankfurt/M.
Schmid, G., Mosley, H., Hilbert, Ch. & Schütz, H. (1999). Zur Effektivität aktiver Arbeitsmarktpolitik. Erfahrungen aus einer integrierten Wirkungs- und Implementationsstudie. In: Mitteilungen aus der Arbeitsmarkt- und Berufsforschung 4 (32), S. 547–564.
Schmid, G., Schömann, K. & Schütz, H. (1997). Evaluierung der Arbeitsmarktpolitik. Ein analytischer Bezugsrahmen am Beispiel des arbeitsmarktpolitischen Rahmenprogramms in Berlin. Discussion Paper FS I, S. 97–204. Wissenschaftszentrum Berlin.
Scriven, M. (1972). Die Methodologie der Evaluation. In: Ch. Wulf (Hg.), Evaluation. Beschreibung und Bewertung von Unterricht, Curricula und Schulversuchen. München.
Spiegel, H. v. (1993). Aus Erfahrung lernen. Qualifizierung durch Selbstevaluation. Münster.
Stake, R. E. (1972). Verschiedene Aspekte pädagogischer Evaluation. In: Ch. Wulf (Hg.), Evaluation. Beschreibung und Bewertung von Unterricht, Curricula und Schulversuchen. München.
Wottawa, H. & Thierau, H. (1990). Lehrbuch Evaluation. Bern/Stuttgart/Toronto.

4 Psychologie im Gespräch mit ...

Teresa Orozco

4.1 Philosophie

1 Einleitung

Im Unterschied zu den Einzelwissenschaften lassen sich Gegenstand und Forschungsmethodik der Philosophie nur schwer bestimmen. Als Sachwalterin des Allgemeinen ist die Philosophie ein geschichtlich gewordenes Forum oder Feld für gedankliche Auseinandersetzungen, sodass sich ihre Bedeutung, Funktion und inhaltliche Ausgestaltung nur in Beziehung zu ihren historischen Bedingungen und den sich wandelnden gesellschaftlichen und politischen Interessenkonstellationen verstehen lässt. Selbst die Idee einer ewigen und unveränderlichen Philosophie (philosophia perennis) ist mit einem spezifischen theologischen Hintergrund verbunden und insofern historisch. Dementsprechend gibt es so viele Definitionen von Philosophie, wie es philosophische Schulen und – umfassender noch – wie es Philosophen und Philosophinnen gab und gibt.

In der Alltagssprache ist heute häufig von der «Philosophie» etwa eines Unternehmens oder einer Fußballmannschaft die Rede; hier bezeichnet das Wort ein bestimmtes Selbstverständnis, ein Ensemble von Überzeugungen, und wird im Sinne eines Leistungskriteriums verwendet. Wir hören auch zuweilen, dass jemand die Dinge «philosophisch nimmt», womit gemeint ist, dass er oder sie Konflikte geduldig erträgt; hier klingt die stoische Auffassung von der richtigen Lebensführung nach.

Die akademische Philosophie im strengen Sinn hat kein Fach- oder Lehrbuchwissen samt adäquater sachlicher Einteilung ausgebildet. Die Gliederung des Feldes erfolgt zum einen *epochenorientiert*, und zwar unter Rückgriff auf die gängigen chronologischen Unterteilungen europäischer Historiographie, wobei zugleich an einem Kanon von Werken festgehalten wird, denen das Prädikat «philosophisch» zugesprochen wurde. Die geläufige Epocheneinteilung unterscheidet antike Philosophie, hellenistisch-römische Philosophie, mittelalterliche Philosophie, Philosophie der Renaissance, Frühe Neuzeit, Philosophie der Aufklärung, Deutscher Idealismus und Philosophie des 19. und 20. Jahrhunderts, worunter in der Regel die Entwicklung der Philosophie von G. W. F. Hegel bis Ludwig Wittgenstein verstanden wird. Hinsichtlich der letzten Phase bleibt festzuhalten, dass die Philosophie sich bis zum Tode Hegels als Systemphilosophie begreift, d. h. als eine Gesamtwissenschaft, die die Summe allen Wissens und der Wissenschaften repräsentiert (vgl. Schnädelbach 1983). Dieser Anspruch gerät jedoch durch die Verselbständigung bzw. Neuentstehung von Einzelwissenschaften (Physik, Mathematik, Biologie, Pädagogik, Psychologie, Soziologie, Anthropologie u. a.) im Zuge der kapitalistischen Modernisierung zunehmend in eine Krise, die letztlich zu einer Aufspaltung in Natur- und Geisteswissenschaften führt. Weil die Philosophie bis zum Beginn des 19. Jahrhunderts die Summe allen Wissens verkörpert hat, gehört sie zur Vorgeschichte aller Wissenschaften. Im Fall der Psychologie finden wir in der westlichen Tradition schon bei den Vorsokratikern, bei Platon, Aristoteles und den Sophisten eine Reihe von Themen wie die Leib-Seele-Problematik, das Mensch-Natur-Verhältnis, ein breites Spektrum an erkenntnistheoretischen Fragen und von Lebensführungskonzepten, die sich zunächst als genuin philosophische Auseinandersetzungen konstituieren und später dann als psychologische weiterentwickeln. In diesem Sinn kann Philosophiegeschichte gewissermaßen als Archäologie der Psychologie aufgefasst werden. Um die Genese dieser Problemstellungen zu begreifen, ist das Studium der Philosophien in ihren historischen Kontexten unabdingbar. Ein Beispiel, das die engen Verbindungen zwischen philosophischem und psychologischem Feld zeigt, ist der Psychologismus-Streit im 19. Jahrhundert, an dem sich die Hauptströmungen der Philosophie in Deutschland (Dilthey-Schule, Neokantianismus, Phänomenologie) beteiligen. In dieser Auseinandersetzung standen sich (und stehen sich noch heute) zwei Ansätze gegenüber: eine mehr an empirischen und naturwissenschaftlichen und positivistischen Verfahren orientierte «erklärende» Psychologie/Philosophie und eine an geisteswissenschaftlichen Methoden orientierte «verstehende» Psychologie/Philosophie.

Das Resultat dieser historischen Entwicklung war die ökonomische und gesellschaftliche Aufwertung des naturwissenschaftlichen und technischen Wissens, die nicht zuletzt durch entsprechende Bildungsreformen während der Weimarer Republik ihren Ausdruck fand und in denen die Geisteswissenschaftler eine Gefährdung ihrer Vorrangstellung erkannten (vgl. Ringer 1983). Der mit dieser Transformation einhergehende Statusverlust der Philosophie bildet den Hintergrund für maßgebliche philosophische Entwürfe der ersten Hälfte des 20. Jahrhunderts, die auf eine Erneuerung der Philosophie zielen, indem sie sie als «strenge Wissenschaft» zu etablieren versuchen – etwa die phänomenologische Schule von Edmund Husserl in Deutschland, der wissenschaftstheoretisch ausgerichtete Neopositivismus des Wiener Kreises, die Sprachphilosophie Ludwig Wittgensteins – oder sie in Rückbesinnung auf ihre griechischen Ursprünge neu zu fundieren anstreben; epochemachend hierfür war die Existenzphilosophie Martin Heideggers. Gegenwärtig begegnen wir den Ausläufern dieser Problematik in den internationalen Debatten zwischen phänomenologischen, hermeneutischen, sprachanalytischen, diskursanalytischen und dekonstruktivistischen Ansätzen.

Neben der epochenorientierten gibt es die *problemorientierte* Einteilung der Philosophie, die die Grundthemen der philosophischen Epochen und Strömungen und ihre Verbindungen untereinander systematisch zu erfassen sucht; solche Grundthemen sind z. B. Wahrheit, Gott, Natur, Mensch, Welt, Seele, Vernunft, politisches Gemeinwesen, das Gute, das Schöne. Charakteristisch für die systematischen Gliederungen des philosophischen Feldes ist, dass sie entweder *ideengeschichtlich* sind, d. h. innerhalb des philosophischen Diskurses bzw. im Kanon der Klassiker der Philosophie die Entwicklung bestimmter Themen dokumentieren und gedankliche Kontinuitäten oder Brüche feststellen, oder dass sie *philosophietheoretisch* vorgehen, d. h. die umfassenden Bedingungen untersuchen, die solche Diskurse ermöglicht haben. Die Empfehlungen für die Lektüre der Bücher der Propheten des jüdischen Philosophen Baruch Spinoza können als wegweisend für diese zweite Variante genommen werden: Spinoza betont in seinem «Tractatus Theologicus-Politicus», dass es nicht ausreiche, «das Leben, die Sitten und die Interessen des Verfassers der einzelnen Bücher, wer er gewesen ist, bei welcher Gelegenheit, zu welcher Zeit, für wen und schließlich in welcher Sprache er geschrieben hat» zu erforschen, sondern auch das Schicksal eines Buchs zu untersuchen sei, nämlich «wie man es zuerst erhalten hat und in wessen Hände es gekommen ist, ferner wie viele Lesarten es davon gibt und durch welche Männer es unter die heiligen Schriften aufgenommen wurde, und auf welche Weise all die Bücher, die wir heute die heiligen nennen, zu einem Ganzen (lt. corpus) vereinigt worden sind» (1989, S. 239). Ein in diesem Sinn philosophietheoretischer

Zugang lässt sich am Beispiel der Lesarten antiker Philosophien in der deutschen Tradition verdeutlichen. Für ein Studium der Philosophie erweist es sich als außerordentlich produktiv, den autoritativen Charakter philosophischen Wissens, der ihm von Beginn an eigen ist, mit einer reflektierenden und forschenden Lektürepraxis zu konfrontieren.

2 Das griechische Paradigma und seine Lesarten

Die Bezugnahme auf die griechische Antike, ihre Begriffe, Problemstellungen und Lösungsvorschläge, finden wir nicht nur in der Philosophie, sondern auch in der Literatur, der Psychoanalyse, der Kunst, ebenso in den Naturwissenschaften und nicht zuletzt in den «neuen Medien». Doch im Unterschied zu deren rezipierendem Rückbezug ist das Selbstverständnis der Philosophie wie auch des Philosophenhabitus essenziell durch die Antike geprägt, insofern ihre Ursprünge und Wurzeln im alten Griechenland verortet werden. Diese traditionelle Auffassung von der griechischen Antike als der «Wiege der Philosophie» legt freilich eine Perspektive auf das Fach fest, in der ältere und zumal außereuropäische Denkschulen aus dem Blick geraten. Auch das herkömmliche Verständnis von Philosophie als «Liebe zur Weisheit» und vom Philosophen als dem «Freund der Weisheit», das sich aus den altgriechischen Termini «philosophía» bzw. «philósophos» herleitet, enthält eine Reihe von unbenannten Voraussetzungen, die mit der symbolischen Ordnung antiker Herrschaft zusammenhängen: «Weisheit» (sophía) wurde bei Platon und Aristoteles als eine Form zweckfreier Betrachtung, als theoretisches Wissen (theoría) verstanden, die nur auf der Grundlage eines Lebens in Muße (skolè) möglich war und durch eine spezifische Disziplin erworben werden konnte; insofern bildet das Philosophieren den Gegensatz zur zweckgebundenen hervorbringenden, nützlichen Arbeit, die vornehmlich von Sklaven geleistet wurde oder als «Fremdarbeit» galt. Die Abhängigkeit von Tätigkeiten, die mit der Produktion und Reproduktion des Lebens verbunden waren, wurde aus einem patriarchalen Blickwinkel als eine defizitäre Existenzweise erachtet, und entsprechend waren «Nützlichkeit» und «Brauchbarkeit» im Sinne von Bedürftigkeit negativ konnotiert (vgl. Haug 1993, S. 177 f.). Die freien Bürger waren nicht müßig, weil sie nicht arbeiteten, sondern weil sie von nichts und niemandem abhängig waren. Muße setzte also materiellen Reichtum voraus, der auf Großgrundbesitz wie auch auf der Herrschaft über Frauen, Kinder und Sklaven und somit auf seltenen Privilegien beruhte (vgl. Veyne 1988). Aristoteles hat in seiner «Metaphysik» die

«Erste Philosophie» ein Wissen über «die ersten Prinzipien und Ursachen» genannt, das um keines äußeren Nutzen und Bedürfnisses willen anzustreben sei: «Wie zum Beispiel der Mensch frei heißt, der um seiner selbst und nicht um eines andern willen da ist, so auch dieses Wissen als allein unter allen freies» (Met. I.2.982b, S. 25–28). Die Analogie zwischen dem epistemologischen Status der Philosophie und dem politischen Status des freien und autarken Bürgers ist unübersehbar. Der Einfluss der diesem Selbstverständnis zugrunde liegenden Hierarchie ist heute noch aktuell und keineswegs marginal: Sie findet ihren Niederschlag in den Artikulationen von Geschlechterverhältnissen, in den Bewertungen von geistigem und körperlichem Vermögen, in den diversen Theorien über die Einteilung der Seelenkräfte sowie in den entsprechenden Tugendlehren, und sie bestimmt die politischen Auffassungen. Bei Platon etwa entspricht die Rangordnung der Seelenvermögen Vernunft, Mut und Begierde der Einteilung der Gesellschaft in Philosophenstand, Kriegerstand und Handwerkerstand. Ebenso verknüpft sich mit Aristoteles' Verklärung der philosophischen *vita contemplativa* zur höchsten Lebensform des Menschen eine Hierarchisierung menschlicher Tätigkeiten, insofern damit die *vita activa* und deren Tugenden Gerechtigkeit, Tapferkeit und Mäßigung als Herrschaftspraxen des Krieges und der Politik untergeordnet erscheinen und ihnen das Prädikat «weise» abgeht (vgl. Nikomachische Ethik, X. Buch, 1177 a–b). Auch der von Platon und Aristoteles vertretene Gegensatz zwischen den bloß auf sinnlicher Wahrnehmung beruhenden Meinungen der Vielen (dóxai) und dem wissenschaftlich-spekulativen Denken (epistéme), das dem Philosophen vorbehalten ist, trägt die Spuren der herrschenden gesellschaftlichen Hierarchien. Die Analyse der Genese und Wirkungsgeschichte der antiken Rangordnungen, wie Pierre Bourdieu (1997) sie vornimmt, entdeckt darin das «scholastische Dispositiv» und holt dessen verdrängte Voraussetzungen ans Licht. Sie zeigt, wie der abgehobene Blick des «reinen» Geistes bei der inhaltlichen Auseinandersetzung mit Wahrheit, Wissen, dem guten Leben und der idealen Staatsform in erster Linie zu verheerenden Verzerrungen der Wirklichkeit führt.

Problematisch an den modernen Lesarten antiker Philosophie ist, dass Grundbegriffe wie Seele, Wissen, Mensch, Bürger, Tugend, Denken, Gemeinschaft etc. nicht zuletzt durch Aktualisierungsleistungen der Übersetzer und der Interpreten einen hohen Grad an Allgemeinheit erhalten und so auch moderne Leser und Leserinnen als unmittelbare Adressaten konstituieren. Der historische Abgrund, der unsere Gegenwart von der Antike trennt und der durch eine eher ethnologische Methodik zu erhellen wäre, wird so zum Verschwinden gebracht. Ein Beispiel dafür ist Joachim Ritters

Interpretation der politischen Philosophie des Aristoteles, bei der Kategorien der Nachkriegsgeschichte appliziert werden, bis die antike Polis zur «bürgerlichen Gesellschaft» (1977, S. 101) mutiert. Die Fragwürdigkeit solcher hermeneutischen Lektüren wird in Ritters abschließendem Urteil offenbar: «Die Geschichte ist über die griechische Stadt hinweggegangen, aber die klassische Theorie hat das Wissen um ihre Substanz bewahrt. Weil ihre Substanz die Natur des Menschen als Menschen ist, darum werden in diesem Wissen Maßstäbe überliefert, die dann für alle Staaten und Gesellschaften gelten» (ebd. 1977, S. 105).

Erst eine philologische und sozialgeschichtliche Rekonstruktion der antiken Philosophie kommt dem antiuniversalistischen und herrschaftlichen Charakter ihres Menschenbildes und der klaren Ausgrenzung von Nicht-Bürgern (d. h. Frauen, Kinder, Sklaven und Fremde) näher und verhindert identifikatorische Lektüren, die auf einem imaginären Einschluss bzw. bloß scheinbar selbstverständlicher Teilhabe basieren. Eine solche Rekonstruktionsarbeit ermöglicht eine solidere wissenschaftliche Grundlage, indem sie die Antworten der klassischen Philosophen auf die Probleme bezieht, die sich antiken Gesellschaften stellten, und so deren Verallgemeinerbarkeit zu überprüfen erlaubt.

Die politisch-philosophische Funktion, die aktualisierende Interpretationen erfüllen, erschließt sich auch aus dem historischen Kontext der Zeit der Interpreten. Wenn etwa Hans-Georg Gadamer in seiner Platon-Interpretation von 1934 den Stand der Wächter des Staates – den Platon in seinem imaginären Staat als einen elitären Stand zwischen dem Stand der Philosophen und dem untersten Stand der Handwerker ansiedelt – «als den eigentlichen Stand des Menschen» (1934, S. 19) deklariert, so liegt darin nicht nur eine problematische anthropologische Verallgemeinerung; erkennbar ist darüber hinaus seine Anpassungsleistung an die Platon-Interpretation der NS-Zeit, die sich durch eine Aufwertung des Kriegerstandes auszeichnete (vgl. Orozco 1994). Eine solche Lesart als lediglich philologischen Missbrauch zu sehen hieße, die Frage nach ihrer historisch-gesellschaftlichen Wirksamkeit – die sie unabhängig von ihrer philologischen Richtigkeit entfaltet – unerforscht zu lassen. Erst eine kontextspezifische Erforschung ermöglicht es, die politisch-hermeneutischen Standpunkte der philosophischen Diskurse zu profilieren und bestimmen zu können, aufgrund welcher Interessenlage sich bestimmte Interpretationen zu einer bestimmten Zeit durchsetzen.

Durch ihren zeitlichen Abstand wird die Antike zum idealen Austragungsort aktueller historisch-gesellschaftlicher Debatten, die zugleich das Selbstverständnis der Philosophie reflektieren. So kämpft Theodor W.

Adorno in seinen «Vorlesungen zur Philosophischen Terminologie» (1962/1963) für eine Relektüre von Epikurs lustorientierter Philosophie, die fälschlicherweise als «hedonistisch verfallen» gelte, und fordert auf zu prüfen, wie und bis zu welchem Grad sie durch «das christliche und damit das neuere Denken unter der Suggestion des Siegers in der antiken Philosophie, nämlich der Platonisch-Aristotelischen Tradition» (Adorno 1989, S. 210), verketzert wurde. Adorno würdigt Epikur und seine Lehre als einen Vorläufer Freuds und dessen Theorie des Lustprinzips. Er führt dennoch kritisch die Antinomien von Epikurs handlungsabstinentem Spruch «Lebe als Verborgener» vor Augen, vom Standpunkt einer Philosophie aus, die an der Veränderung der Welt interessiert ist: «Wenn aber der Gedanke an das verborgene Leben, also des prinzipiellen Verzichts auf jeden praktischen Eingriff in gegebene Verhältnisse konsequent durchgeführt wird, dann bleibt die Welt, die diesem Lustprinzip die Erfüllung versagt (...), unverändert» (ebd.).

Im Arsenal der griechischen Philosophie lässt sich reichlich Material zur Legitimation von politischen Macht, zu gesellschaftlichen Krisen und zur Lebensführung von Herrschaftssubjekten finden, die als originäre und «ursprüngliche» Schöpfungen ausgelegt werden können. Hierin mag das Geheimnis ihrer hegemonialen Stellung begründet liegen. Auch das genealogische Projekt des Kritikers der Ursprungsphilosophie, Michel Foucault (1986), der die Wurzeln für eine «Ästhetik der Existenz» in der Antike zu finden sucht, zehrt noch von dieser symbolischen Macht, obgleich er sich dabei ähnlich wie Sigmund Freud auf Quellen stützt, die in Konkurrenz zur Philosophie stehen: die antike Tragödie und Komödie oder die damalige Ratgeberliteratur. Nicht zuletzt Freuds Lektüre der antiken Tragödie macht die entscheidenden philosophischen Ausblendungen kenntlich und zeigt, wie problematisch die gängige Reduktion der Vielschichtigkeit und Komplexität der antiken Welt auf griechische Philosophie ist. Aus dem griechischen Paradigma haben sich jedoch auch theoretische Ansätze entwickelt, die sich nicht ausschließlich mit ihm erklären lassen, sondern sich mehr noch durch den Bruch und die Überwindung von antiken Denkformen auszeichnen; das belegt u. a. die Geschichte der Kosmologie, Mathematik, Physik und Erkenntnistheorie der Neuzeit.

3 Philosophie der Gegenwart und Psychologie

In allen ihren Epochen berührt Philosophie Thematiken, in die psychologische Fragestellungen eingelassen sind, vor allem im Hinblick auf Subjektkonstruktionen. Im Folgenden sollen an ausgewählten philosophischen Schulen des 20. Jahrhunderts einige für die Psychologie relevante Aspekte aufgezeigt werden. Der historische Zusammenhang und die Verbindung von Philosophie und Politik sind hier keineswegs marginal. Bei der philosophischen Historiographie fällt auf, dass die Geschichte der Philosophie in Deutschland vom Ende des Kaiserreichs über den Ersten Weltkrieg und während des Nationalsozialismus als politisch abstinent beschrieben wird (Martens & Schnädelbach 1998, S. 13). Die psychologischen Fragestellungen, die in den Texten von Philosophen aus dieser Zeit vorliegen, sind kaum erforscht, obgleich gerade am Vorgang der Professionalisierung der Psychologie während des Kriegsfaschismus sich Philosophen wie Philipp Lersch und Felix Krueger u. a. beteiligen (vgl. Weber 1993, 1998; Geuter 1984). Die neuere Geschichtsschreibung im Fall der Philosophie im NS belegt (vgl. Haug 1989; Laugstien 1990; Leaman 1993; Korotin 1994), dass sie nicht das Produkt einer «Randgruppe» (Martens & Schnädelbach, ebd.) war oder von Philosophen betrieben wurde, die «ihre politischen Aktivitäten ganz unvermittelt neben ihren philosophischen Arbeiten herlaufen ließen» (ebd.), sondern wir finden eine ganze Reihe von bedeutenden Philosophen (Heinrich Rickert, Eduard Spranger, Oskar Becker, Bruno Bauch, Martin Heidegger, Arnold Gehlen, Hans-Georg Gadamer, Erich Rothacker, Heinz Heimsoeth, Hans Heyse, Hans Lipps u. a.), die nach den politischen «Säuberungen» an den Universitäten, die viele ihrer Kollegen ins Exil trieben, den akademischen Kanon der philosophischen Klassik und die traditionellen philosophischen Mittel bedient haben, um den NS in seinen verschiedenen Phasen zu legitimieren; und sie waren auch (bis auf wenige Ausnahmen) diejenigen, die die Anfänge der westdeutschen Philosophie geprägt haben.

Um die Philosophie nach 1945 zu beschreiben, bietet sich Helmut Fahrenbachs (1975) Unterscheidung von traditions-, praxis- und wissenschaftsorientierter Philosophie an. Auf der Seite der ungebrochenen Tradition steht die hermeneutische Textinterpretation der Heidegger-Schule; auf der Seite der praxisorientierten Philosophie der Existenzialismus Sartre'scher Prägung und die Kritische Theorie, die westlichen Marxismus und Psychoanalyse vereint; erst in den 1960er Jahren fand eine wissenschaftstheoretische Orientierung durch den Einzug der analytischen Philosophie und eine stärkere Rezeption des Pragmatismus im akademischen Bereich statt (vgl. Plümacher 1996, S. 208 f.). Diese Schulen bilden die (zumeist methodologische) Referenz für eine Reihe von weiteren Schulbildungen in der Psychologie. So finden wir etwa die an Heidegger angelehnte Daseinsanalyse von Ludwig Binswanger, eine phänomenologische

Psychologie (an Heidegger, Sartre und Merleau-Ponty orientiert), die Kritische Psychologie von Klaus Holzkamp (die sich zuerst an die Frankfurter Schule anschloss), den Freudomarxismus, die szientifische Verhaltensanalyse (die in die Nähe zur Phänomenologie Sartres und zur Philosophie des späten Wittgenstein gebracht wird) und sprachanalytische Ansätze wie den des Psychoanalytikers Alfred Lorenzer.

Das Nachkriegsparadigma des Re-Imports von Schulen, die in die Emigration gezwungen worden waren – wie die Kritische Theorie, deren Vertreter nach ihrer Rückkehr «lange Zeit krasse Außenseiter im Kreis ihrer Kollegen» (Martens & Schnädelbach 1998, S. 13) blieben, oder die angelsächsisch-österreichische analytische Philosophie –, ist heute unumstritten (vgl. Frank 1992). Gegenwärtig besteht jedoch das Phänomen eines stillschweigenden und stetigen Re-Imports, diesmal der Produkte einer neoliberalen Privatisierung der akademischen Bildung in den USA. Das philosophische Feld ist dominiert von den Auseinandersetzungen, die in den Philosophy-Departments prestigeträchtiger Universitäten der USA stattfinden. Hier finden sich Hermeneutiker verschiedener Provenienz (der Schulen um Hans-Georg Gadamer, Paul Ricœur, Jürgen Habermas, Charles Taylor und Richard Rorty), sprachanalytische Philosophen (Donald Davidson, Thomas Nagel, John Searle), Neopragmatisten (um Hilary Putnam, Robert Brandom und Richard Rorty), die Schule der Dekonstruktion um Derrida und des interdisziplinären Neomarxismus (um Immanuel Wallerstein, Toni Negri, Fredric Jameson).

Die neoliberale Globalisierung hat die so genannte kontinentale und angelsächsische Philosophie auf dem Boden der USA vereint, und von dort gehen die neuen Paradigmen aus, an denen sich Intellektuelle, Wissenschaftler und Philosophen des Rests der Welt kritisch oder affirmativ abarbeiten, ein Umstand, den die thematischen Trends der internationalen Philosophie-Kongresse bestätigen. Die Implikationen dieser Ansätze für die Psychologie können hier nicht eigens ausgeführt werden, herausragend sind jedoch die Debatten um Identität, um (multikulturalistische) Anerkennung, um Liberalismus und Kommunitarismus, deren Fokus neuerdings die Arbeit an der Neu-Definition von Gleichheit und Gerechtigkeit bildet. In Deutschland wird diese Debatte neuerdings mit soziobiologistischen Argumenten geführt, um eine anti-egalitaristische Position zu formieren (vgl. Kersting 2000; Krebs 2000), die sich jedoch als nicht konsensfähig erweist (vgl. Brunkhorst 2000).

4 Philosophiekritik und die Sinnfrage

Da Philosophie sich als Forum und Medium für antagonistische und umkämpfte Standpunkte entwickelt hat, finden wir in ihrer Geschichte auch die Tradition der Philosophiekritik, die sie wie ein Schatten begleitet. Die Sophisten, die skeptischen Schulen, Montaigne, Pascal, Schopenhauer, Marx, Nietzsche, Gramsci, Adorno, Horkheimer, Wittgenstein und neuerdings feministische Philosophinnen wie Sandra Harding, Donna Haraway, Luce Irigaray u. a. haben Bausteine für eine Kritik der Institutionen, des philosophischen Diskurses und seiner ausgrenzenden Praxen zusammengetragen (vgl. Lettow 1999). Gemeinsam ist diesen Ansätzen die Kritik der Frage nach dem Sinn, die die Philosophie als Nachfolgerin der Theologie als eine ihrer Grundfragen reklamiert und in den kantischen Fragen (Was kann ich wissen? Was soll ich tun? Was darf ich hoffen?) ihre moderne Gestalt angenommen hat. Wittgensteins Notiz im «Tractatus logico-philosophicus» bringt es auf den Punkt: «Die Lösung des Problems des Lebens merkt man am Verschwinden dieses Problems. (Ist dies nicht der Grund, warum Menschen, denen der Sinn des Lebens nach langem Zweifeln klar wurde, warum diese dann nicht sagen konnten, worin dieser Sinn bestand)» (1971, 6.521, S. 114). Adornos Diktum «Leben, das Sinn hätte, fragte nicht danach; vor der Frage flüchtete es» (Adorno 1989, S. 369) gehört auch in diese kritische Tradition, die Aufklärung und Infragestellung der Sinnkonstruktionen der Philosophie praktiziert. Und dennoch artikulieren die kantischen Fragen ernste alltägliche Orientierungsbedürfnisse vieler Menschen, angesichts oft existenzgefährdender Entwicklungen, deren Lösung die Philosophie zu geben verspricht. Exemplarisch für eine weiterführende Perspektive, die die Frage nach dem Sinn in den konkreten Verhältnissen, in denen Menschen ihr Leben gestalten, verortet, ist Gramscis «Philosophie der Praxis». Gramsci bricht mit dem scholastischen Dispositiv, weil er die Frage nach dem Sinn nicht an die Generalkompetenz einer Wissenschaft des Allgemeinen delegiert, sondern davon ausgeht, dass «alle Menschen ‹Philosophen› sind» (1997, § 12, S. 1375) und dass alle Menschen Elemente einer spontanen Philosophie besitzen, die sich durch «sedimentierte Gruppenerfahrungen» im Alltagsverstand bilden. Diese Elemente, die als zusammenhanglose Zugehörigkeit zu diversen Kollektiven wahrgenommen werden, sind im Alltagsverstand inkohärent, es finden sich in ihm, so Gramsci, «Elemente des Höhlenmenschen und Prinzipien der modernsten und fortgeschrittensten Wissenschaft, Vorurteile aller vergangenen, lokal bornierten geschichtlichen Phasen und Intuitionen einer künftigen Philosophie, wie sie einem weltweit vereinigten Menschengeschlecht zu eigen sein wird» (ebd., S. 1376). Erst wenn die Individuen diese eigenen Weltauffassungen bewusst und kritisch ausarbeiten, schaffen sie eine Kohärenz, die sowohl ihr Weltverhältnis als auch ihr Selbstverhältnis umfasst. Die Philosophie einer Zeit ist daher für Gramsci die theoretische und praktische Orientierung einer Zeit, die allein durch die Philosophie der Praxis und die in ihr enthaltene Reflexion zu einer handlungsermächtigenden Kohärenz geführt werden kann. Im Zuge der gegenwärtigen Umbrüche in den Produktionsverhältnissen und in den Lebensformen, die eine radikale Privatisierung und Individualisierung von Erfahrung aufweisen, eröffnet Gramscis Ausgangspunkt einer fragilen, heterogen zusammengesetzten und fragmentierten Persönlichkeit Perspektiven für Handlungsfähigkeit. Dies setzt jedoch voraus, über den Gebrauchswert einer nicht entfremdeten Kohärenz und ihren Maßstab zu reflektieren, auch wenn die Bedingungen, eine solche zu erlangen, entschwinden oder gar zerstört werden. Gramscis Kritik des Alltagsverstandes als Fundament seiner «Philosophie der Praxis» zielt auf praktische Veränderung von entfremdeten Verhältnissen und auf die Hervorbringung einer neuen Kultur. In seiner «Einleitung ins Studium der Philosophie» erklärt er, dass diese neue Kultur nicht auf individuelle Entdeckungen aus sei, sondern danach trachte, «bereits entdeckte Wahrheiten kritisch zu verbreiten, sie sozusagen zu ‹vergesellschaften› und sie dadurch Basis vitaler Handlungen, Element der Koordination und der intellektuellen und moralischen Ordnung werden zu lassen» (1997, S. 1377). Zu den «Entdeckungen» feministischer Philosophie zählt die Dechiffrierung patriarchaler Hegemonie, die sowohl für die asymmetrischen Dualismenbildungen als auch für den androzentrischen Standpunkt des Allgemeinen konstitutiv ist: «Nicht, daß die männliche Tradition des Denkens für das eigene Geschlecht alles Positive reklamiert und der zur Gegenpartei erklärten Weiblichkeit alles Negative zuzuordnen bestrebt ist, hat im Bereich der Theorie zur nahezu hoffnungslosen Benachteiligung des weiblichen Geschlechts geführt, sondern die Tatsache, daß sich das männliche Prinzip durch die Gleichsetzung von Mann und Mensch der direkten Opposition mit dem Weiblichen entzieht, sich durch die Anmaßung der Überordnung über die Geschlechtlichkeit immunisiert und gleichzeitig von diesem unangreifbaren Standpunkt aus das Weibliche richtet – das ist es, was den männlichen Machtanspruch historisch so ungemein stabil gemacht hat» (Klinger 1986, S. 6). Zu konstatieren bleibt, dass die Allmachtsphantasien des philosophischen Imaginären durch die gegenwärtige kapitalistische Ermächtigung von Biowissenschaften, Nanotechnologie und Robotik, die die bestehenden Paradigmen von Menschen, Welt und Natur nachhaltig verändern bzw. zerstören, auf dem

Prüfstand stehen. Die aktuellen Bemühungen, Philosophie als Wissenschaftstheorie oder angewandte Ethik an die Bedingungen der marktwirtschaftlichen Verhältnisse anzupassen, scheinen ihr eine lange Zukunft zu sichern. Es ist jedoch offen, ob es gelingen wird, ihre Vermittlungskompetenzen dahin gehend zu transformieren und auszubauen, dass sie zur Zirkulation und Vernetzung von wissenschafts- und gesellschaftskritischen Diskursen beitragen wird. Dies wäre die Voraussetzung für kollektive Handlungsfähigkeit mit Blick auf eine solidarische Weltgesellschaft.

Literatur

Adorno, Th. (1989). Philosophische Terminologie, Bd. 2. Frankfurt/M.

Aristoteles (1982). Metaphysik. Erster Halbband: Bücher I (A)–VI (E) (Hg. v. H. Seidl). Hamburg.

Aristoteles (1989). Nikomachische Ethik. Stuttgart.

Bourdieu, P. (1997). Meditations pascaliens. Paris.

Brunkhorst, H. (2000). Neid, Neid, Neid! Wolfgang Kerstings Ressentiment gegen die Gleichheit. In: Die Zeit vom 5. 10. 2000.

Fahrenbach, H. (1975). Zur Problemlage der Philosophie. Eine systematische Orientierung. Frankfurt/M.

Foucault, M. (1986). Der Gebrauch der Lüste. Frankfurt/M.

Frank, M. (1992). Vom Nutzen der analytischen Philosophie. In: Merkur. Deutsche Zeitschrift für europäisches Denken 518. S. 415–425.

Gadamer, H.-G. (1934). Platon und die Dichter. Frankfurt/M. Ferner in: ders., Griechische Philosophie II. Gesammelte Werke, Bd. 5. S. 187–211. Tübingen.

Geuter, U. (1984): Die Professionalisierung der deutschen Psychologie im Nationalsozialismus. Frankfurt/M.

Gramsci. A. (1997). Gefängnishefte, Bd. 6. Philosophie der Praxis 10 & 11 (Hg. v. W. F. Haug). Hamburg.

Haug, W. F. (1989). Deutsche Philosophen 1933. Hamburg.

Haug, W. F. (1993). Fragen zur Frage «Was ist Philosophie?» In: W. F. Haug, Elemente einer Theorie des Ideologischen. Hamburg.

Kersting, W. (2000). Theorien der sozialen Gerechtigkeit. Stuttgart.

Klinger, C. (1986). Das Bild der Frau in der Philosophie und die Reflexion von Frauen auf die Philosophie. In: K. v. Hausen & H. Nowotny, Wie männlich ist die Wissenschaft? Frankfurt/M.

Korotin, I. (Hg.) (1994): «Die besten Geister der Nation». Philosophie im Nationalsozialismus. Wien.

Koyré, A. (1969): Von der geschlossenen Welt zum unendlichen Universum. Frankfurt/M.

Krebs, A. (2000). Gleichheit oder Gerechtigkeit. Texte der neuen Egalitarismuskritik (Hg. v. A. Krebs). Frankfurt/M.

Laugstien, T. (1990). Philosophieverhältnisse im Deutschen Faschismus. Hamburg.
Leaman, G. (1993). Heidegger im Kontext. Gesamtüberblick zum NS-Engagement der Universitätsphilosophen. Hamburg.
Lettow, S. (1999). Feministische Kritik in der Philosophie. Widerspruch. Münchner Zeitschrift für Philosophie 34, S. 10–26.
Martens, E. & Schnädelbach, H. (1998). Zur gegenwärtigen Lage der Philosophie. In: E. Martens und H. Schnädelbach (Hg.), Philosophie. Ein Grundkurs, Bd. 1, S. 12–35. Hamburg.
Orozco, T. (1994): Die Platon-Rezeption in Deutschland um 1933. In: Ilse Korotin (Hg.), «Die besten Geister der Nation». Philosophie im Nationalsozialismus. Wien.
Plümacher, M. (1996): Philosophie nach 1945 in der Bundesrepublik Deutschland. Hamburg.
Ringer, F. K. (1983). Die Gelehrten. Der Niedergang der deutschen Mandarine 1890–1993. Stuttgart.
Ritter, J. (1977). Metaphysik und Politik. Studien zu Aristoteles und Hegel. Frankfurt/M.
Schnädelbach, H. (1983). Philosophie in Deutschland 1831–1933. Frankfurt/M.
Spinoza, B. de (1989). Tractatus Theologico-Politicus (Hg. v. G. Gawlick & F. Niewöhner), Bd. 1. Darmstadt.
Veyne, P. (1988). Kannten die Griechen die Demokratie? In: Ch. Meier & P. Veyne, Kannten die Griechen die Demokratie? (Hg. v. Ulrich Raulff). Berlin.
Weber, K. (1993). Vom Aufbau des Herrenmenschen. Philipp Lersch – Eine Karriere als Militärpsychologe und Charakterologe. Pfaffenweiler.
Weber, K. (1998). Unterstellte Subjekte. Der Beitrag der deutschen Psychologie zur Faschisierung des Subjekts. Hamburg.
Wittgenstein, L. (1971). Tractatus logico-philosophicus. Logisch-philosophische Abhandlung. Frankfurt/M.

Wolfgang Bonß

4.2 Soziologie

1 Vom mangelnden Diskurs zwischen den Disziplinen

Obwohl soziologische und psychologische Analysen in Gegenstandsbereich und Methodik oft nahe beieinander sind, ist der Gesprächsfaden zwischen beiden Disziplinen vergleichsweise dünn. In den einschlägigen Einführungs- und Handbüchern wird das je andere Fach meist gar nicht zum Thema; erst recht fehlt es an einem systematischen Diskurs zur wechselseitigen Ortsbestimmung. Dem entsprechen die wissenschaftsorganisatorischen Verortungen. Im universitären Bereich sind Psychologie und Soziologie oft in verschiedenen Fakultäten organisiert, und die jeweiligen «scientific communities» sind klar getrennt. Dies gilt selbst dann, wenn in ähnliche Richtungen gedacht wird. Auch dann orientieren sich Psychologie und Soziologie nur in Ausnahmefällen aneinander, wobei das interesselose Nebeneinander angesichts der Ausdifferenzierung beider Disziplinen in den letzten Jahrzehnten noch gewachsen zu sein scheint. Dennoch gibt es zumindest in der Ausbildung wechselseitige Anknüpfungspunkte. So haben Studierende der Soziologie meist die Möglichkeit, (Sozial-)Psychologie als Nebenfach zu belegen. Umgekehrt können innerhalb der psychologischen Diplomstudiengänge soziologische Kompetenzen erworben werden; allerdings sind die einschlägigen Angebote geringer und oft spezialisierter.

2 Weber und Durkheim – zwei Varianten der Abgrenzung von Soziologie und Psychologie

Dass hier früher mehr Verbindungslinien bestanden, zeigen die Ausbildungsgänge der Gründergenerationen der deutschsprachigen Soziologie. Jenseits dessen, dass das Studium bei allen stärker philosophisch (und meist auch historisch) akzentuiert war, setzten sich einige (wie Adorno, Elias, Fromm, Gehlen, Horkheimer, König oder Lazarsfeld) bereits im Studium mit psychologischen Fragestellungen auseinander, und es ist kein Zufall, dass sie sich überdurchschnittlich häufig zum Verhältnis von Psychologie und Soziologie geäußert haben. Aber auch bei jenen, die stärker durch Nationalökonomie, Jurisprudenz und Staatswissenschaften geprägt waren (wie Scheler, Schütz, Tönnies, Weber oder v. Wiese), war es üblich, das eigene Fach in Abgrenzung zur Psychologie zu begründen. Denn die Psychologie war weit etablierter und anerkannter, auch wenn ihre disziplinäre Gestalt schon damals umstritten und uneindeutig war.

Typisch für die zweite Gruppe ist Max Weber, der wohl einflussreichste

Gründungsvater der Soziologie im deutschen Sprachraum, der schrieb: «Unter Psychologie versteht heute jeder etwas anderes» (1921, S. 9). Zugleich besteand er darauf, dass die von ihm konzipierte «verstehende Soziologie (...) nicht Teil einer ‹Psychologie›» (1913, S. 102) sei. Zwar beschäftigen sich beide Fächer für ihn mit demselben Gegenstand, nämlich mit handelnden Subjekten. Aber sie beziehen sich auf unterschiedliche Handlungssituationen und arbeiten mit verschiedenen Handlungskonzepten. Nach Weber geht die Soziologie, ähnlich wie die Ökonomie, davon aus, dass die Individuen in modernen Gesellschaften im Prinzip *rational* im Sinne einer «objektiven Richtigkeitsrationalität» (ebd.) agieren. Die Psychologie hingegen kommt für ihn dann zum Zuge, wenn das beobachtete Verhalten *irrational* erscheint, weil beim Handelnden keine subjektive Zweckrationalität erkennbar ist oder Zwecke und Mittel in keinem logischen Zusammenhang stehen.

Auch Émile Durkheim, der Zeitgenosse Webers und gleichsam sein französisches Pendant, sprach sich dagegen aus, «in der Soziologie nur ein Korrolarium der Individualpsychologie» (1898, S. 46) zu sehen. Dies klingt auf den ersten Blick ähnlich, aber wenn Durkheim gegen die «Individualpsychologie» polemisierte, so setzte er andere Akzente. Im Unterschied zu Weber war für ihn nicht das Gegensatzpaar «rational/irrational» ausschlaggebend, sondern er argumentierte gegen eine (atomistische) Psychologie, welche die Spezifik des Sozialen verfehle. Durkheim machte daher eine ganz andere Grenzziehung auf, nämlich die zwischen Individuum und Gesellschaft bzw. genauer: zwischen Individualbewusstsein und Kollektivbewusstsein. Während die Psychologie für die Beschreibung und Erklärung *individueller* Bewusstseinszustände und Intentionen zuständig sei, beschäftige sich die Soziologie mit den hierauf nicht reduzierbaren *kollektiven* Normen, die nach Durkheim als ein dem individuellen Handeln vorgegebener Zwangszusammenhang zu begreifen sind und eine von der Psychologie nicht erfassbare, eigenständige Wirklichkeit darstellen.

Die Ansätze von Durkheim und Weber markieren zwei Varianten im Abgrenzungsdiskurs, die bis heute zentral sind. So kann die Differenz zwischen Psychologie und Soziologie als eine solche des *Gegenstandes* konzipiert werden. In diesem Fall ist, wie bei Durkheim, die Überzeugung vorherrschend, dass es beide Disziplinen mit wechselseitig aufeinander nicht reduzierbaren Problemfeldern zu tun haben (Kollektivbewusstsein vs. Individualbewusstsein, Gesellschaft vs. Individuum, System vs. Subjekt), wobei meist auch davon ausgegangen wird, dass die Differenz im Gegenstand ein jeweils anderes methodisches Vorgehen erfordere. Auf der anderen Seite kann die Differenz als eine solche der *Perspektive* beschrieben werden. Bei dieser mit Weber begründbaren Position wird davon ausgegangen, dass ein und derselbe Gegenstand (Handeln, Individuen, Gruppen etc.) je nach Disziplin unterschiedlich konzeptualisiert und damit jeweils anders in den Blick tritt. So analysiert die Soziologie die Handelnden auf der Grundlage des «Rationalitätsparadigmas» und/oder als partikulare Rollenträger von «Außen» (C. W. Mills). In der Psychologie hingegen, so das verbreitete, wenngleich keineswegs von allen akzeptierte Gegenbild, wird eher mit dem «Irrationalitätsparadigma» gearbeitet, und die Handelnden werden als Subjekte bzw. Persönlichkeiten «von Innen» untersucht.

3 Frühe Vermittlungsversuche – von Horkheimer bis Elias

Es wäre eine Aufgabe für sich, eine Geschichte der gegenstandsbezogenen und perspektivischen Abgrenzungen von Soziologie und Psychologie (einschließlich der ergänzenden Ortsbestimmungen der Sozialpsychologie) zu schreiben. Aber bereits die Arbeiten von Durkheim und Weber machen zweierlei deutlich: zum einen, dass trotz aller Abgrenzungsrhetorik bei der konkreten Untersuchung sozialer Phänomene (sozial-)psychologische Analyseschritte seit jeher eine Rolle spielten. Sie wurden (und werden) genau dann wichtig, wenn es um die Erklärung individueller Handlungen und Entscheidungen geht. Zum anderen, dass die Chancen für eine Verbindung von Soziologie und Psychologie auf der Basis perspektivischer Grenzziehungen offensichtlich höher sind. So konstatierte Weber, ähnlich wie Pareto, dass viele Handlungen in der sozialen Praxis dem Richtmaß der Richtigkeitsrationalität nicht entsprechen, und genau deshalb sei davon auszugehen, dass «bei der soziologischen Erklärung der Irrationalitäten des Handelns (...) die verstehende Psychologie (...) entscheidend wichtige Dienste leisten (kann)» (1921, S. 9).

Dieser Behauptung hätten, wenngleich mit einer anderen Begründung, wohl auch die Mitglieder des Frankfurter Instituts für Sozialforschung zugestimmt, die zehn Jahre später in einer gesellschaftstheoretischen Optik für eine Verbindung von Psychologie und Soziologie plädierten. So wies Horkheimer der «Psychologie des Unbewußten» (1932, S. 135) einen entscheidenden Platz für die Klärung der «Frage nach dem Zusammenhang zwischen dem wirtschaftlichen Leben der Gesellschaft, der psychischen Entwicklung der Individuen und den Veränderungen auf den Kulturgebieten im engeren Sinne» (1931, S. 43) zu. Die Aufgabe der Psychologie sollte es sein, «jene irrationalen, zwangsmäßig die Menschen bestimmenden Mächte» (1932, S. 135) herauszuarbeiten, die dazu führen, dass «das Handeln numerisch bedeutender Schichten nicht durch Erkenntnis, sondern durch eine das Bewußtsein verfälschende Triebmotorik bestimmt ist» (ebd.).

Mit dieser Formulierung knüpfte Horkheimer an Theodor W. Adorno, aber indirekt zugleich an Max Weber an. Wie jener sah auch er in der Psychologie eine Wissenschaft des *Irrationalen*, die angesichts der Irrationalität der Gesellschaft höchst wichtig erschien, wenngleich sie für Horkheimer nur den Status einer an der Aufdeckung von Pathologien orientierten «Hilfswissenschaft» der Gesellschaftstheorie hatte. Etwas anders argumentierte Erich Fromm als der am Institut zuständige Fachvertreter. Für ihn bezog sich die Psychologie zwar auch auf das Unbewusste und Irrationale. Aber er sah sie eher als eine sozialwissenschaftliche Grunddisziplin, die sich keineswegs nur mit Pathologien beschäftigen sollte. So ging Fromm weder davon aus, dass das Unbewusste (zumindest potenziell) vollständig in Bewusstsein transformierbar sei, noch bewertete er, wie Horkheimer und Adorno, das Unbewusste grundsätzlich negativ. Denn ungeachtet aller psychischen Deformierungen waren für ihn im Unbewussten auch emanzipatorische Momente enthalten – eine Akzentsetzung, die sich nicht zuletzt in seiner Fassung und Veränderung der Freud'schen Triebtheorie niederschlug.

Für die empirischen Untersuchungen zu «Autorität und Familie» (IfS 1936) spielten diese Differenzen noch keine Rolle. Als ein zwar bruchstückhafter, aber gleichwohl beeindruckender Versuch einer empirischen Integration von soziologischen und psychologischen Fragestellungen zielten diese Arbeiten darauf ab, den auch in der Arbeiterbewegung beobachtbaren Autoritarismus zu erklären, der nach Auffassung der Kritischen Theorie auf Irrationalitäten verwies und ohne den der Aufstieg des Nationalsozialismus kaum denkbar gewesen wäre. Als Wiederaufnahme und Fortsetzung dieser Analysen können die mehr als ein Jahrzehnt später in den USA durchgeführten «Studies in Prejudice» (Horkheimer & Flowerman 1949/50) angesehen werden. Die (jetzt wesentlich von Adorno beeinflussten) und methodisch weit differenzierteren Untersuchungen bildeten den Ausgangspunkt einer psychologisch-soziologisch akzentuierten Vorurteilsforschung, die ebenfalls (wenngleich mit etwas anderen Akzentsetzungen) mit der Grenzziehung zwischen «rational» und «irrational» operierte und die schon deshalb wichtig ist, weil sie bis heute nachwirkt und durch eine ansonsten höchst seltene, direkte Zusammenarbeit von Soziologen und Psychologen gekennzeichnet war.

Ebenfalls in den 1930er Jahren entstand ein anderer Versuch einer gesellschaftstheoretisch inspirierten Integration von soziologischen und psychologischen Perspektiven, nämlich Norbert Elias' zweibändige Untersuchung «Über den Prozeß der Zivilisation» (Elias 1937). Lange Zeit kaum beachtet, sind Elias' Arbeiten erst in den 1970er Jahren wieder entdeckt worden, und seither wird seine Verbindung von psychologischen und soziologischen Perspektiven als Vorbild und Alternative diskutiert. Nach Elias ist die Entstehung moderner Gesellschaften stets doppelt zu beschreiben, nämlich als Psycho- und als Soziogenese. Während sich die Soziogenese auf die langfristige Entwicklung der gesellschaftlichen Ordnungs-, Macht- und Ungleichheitsstrukturen bezieht, geht es bei der Psychogenese um den mit der Moderne einhergehenden Persönlichkeits- und Verhaltenswandel, wie er sich an der Entstehung von Scham und Peinlichkeit, an der Regulierung der Aggressivität oder an der Änderung der Tischsitten studieren lässt. Ohne die hieran sichtbar werdende Trieb- und Affektmodellierung bei gleichzeitiger Verwandlung von Fremd- in Selbstzwänge, so die Kernthese der Zivilisationstheorie, wäre der Übergang zur Moderne nicht denkbar, wobei die Ausbildung der modernen psychischen Strukturen für Elias, ebenso wie für die Kritische Theorie, den Rekurs auf psychologische Theorieelemente zwingend erforderlich macht.

4 Die Verkehrung der Fronten – Verhaltenstheorie und experimentelle Sozialpsychologie

So unterschiedlich die hier nur anzudeutenden Positionen von Durkheim und Weber oder Horkheimer und Elias auch sein mögen, so treffen sie sich doch in zwei Punkten: Sie betonen einerseits die (keineswegs einheitlich begründete) Eigenständigkeit des Sozialen, andererseits gehen sie davon aus, dass sich die Soziologie bei aller Bedeutsamkeit psychologischer Analysen auf keinen Fall auf Psychologie reduzieren lasse. Genau dies wurde drei Jahrzehnte später massiv in Frage gestellt, und zwar durch die verhaltenstheoretische Soziologie, wie sie in den USA durch George Caspar Homans (1972) und in Deutschland durch Karl-Dieter Opp vertreten wurde. So war für Homans die Psychologie nicht eine von mehreren, sondern *die* Kerndisziplin der Sozialwissenschaften. Opp wiederum stellte die These auf, dass psychologische Hypothesen «soziologische singuläre Ereignisse zutreffender erklären (können) als soziologische Theorien» (1997, S. 19). Allerdings war in beiden Fällen eine ganz bestimmte Psychologie gemeint, die mit den von Weber bis Elias benutzten Konzepten nicht viel zu tun hatte. Psychologie war gleichbedeutend mit behavioristischer Lerntheorie, und diese baute nicht auf Irrationalitäts- und Unbewusstseinsannahmen auf, sondern operierte, im Gegenteil, mit massiven Rationalitätsunterstellungen. Weit härter als unter den Bedingungen der Weber'schen Annahme der «Richtigkeitsrationalität» erscheinen die Handelnden als nutzenmaximierende Subjekte, die Bestrafungen zu vermeiden und Belohnungen zu optimieren versuchen und deren Entscheidungen unabhängig von vorgängigen strukturellen Prägungen begriffen werden.

Man kann darüber streiten, ob diese Konzeption tatsächlich auf eine Substitution der Soziologie durch Psychologie hinausläuft. Denn in mancher Hinsicht zielt das verhaltenstheoretische Programm auch auf eine Abschaffung der Psychologie. Dies zumindest insofern, als die am «Irrationalitätsparadigma» geschulten Konzeptionen des Unbewussten, wie sie für Weber und später für die Kritische Theorie wichtig waren, für die verhaltenstheoretischen Ansätze völlig indiskutabel waren. Als weitergehender Versuch einer Abschaffung der Soziologie kann darüber hinaus die Ableugnung der von Durkheim beschriebenen Welt der normativen Zwangszusammenhänge interpretiert werden, wie sie nicht nur bei Homans und Opp, sondern auch bei manchen Varianten des Rational-Choice-Ansatzes zu beobachten ist.

Allerdings wurde (und wird) dieser antisoziologische Gestus auch in der Psychologie nicht unbedingt geteilt, und vor diesem Hintergrund kam es in der Folgezeit sogar zu einer teilweisen Verkehrung der Fronten. Zumindest ansatzweise lässt sich diese Verkehrung an der experimentellen Sozialpsychologie studieren. Sofern es dieser darum geht, «menschliches Verhalten im sozialen Kontext» (Güttler 1996, S. 4) zu analysieren, beschäftigt sich die experimentelle Sozialpsychologie mit den Einflüssen von «Außen» und damit mit klassisch soziologischen Fragestellungen, die freilich jetzt von Psychologen zum Thema gemacht wurden. Letztere argumentierten zwar kaum noch auf der Basis einer Psychologie des Unbewussten oder triebtheoretischer Überlegungen. Aber im Unterschied zur verhaltenstheoretischen Soziologie wird nicht von einer (in psychologischer Hinsicht aus dem «Innen» zu begründenden) Entscheidungsautonomie der handelnden Subjekte ausgegangen. Die Subjekte erscheinen vielmehr als vorgängig geprägt, und zwar weniger durch das Unbewusste als vielmehr durch den «Einfluß, den die tatsächliche, vorgestellte oder implizierte Gegenwart anderer auf die Gedanken, Gefühle und das Verhalten einer Person hat» (Allport 1968, S. 3).

5 Neuere Entwicklungen

Die Formulierung Allports macht deutlich, dass die experimentelle Sozialpsychologie ursprünglich hochgradig individualistisch ausgerichtet war. Soziale Prägungen wurden nicht auf der Ebene von Normen (Durkheim) oder sozialen Strukturen wahrgenommen, sondern auf der Ebene personaler Beeinflussungen. Seit den 1970er Jahren zeichnet sich freilich eine Soziologisierung insofern ab, als zunehmend die Bedeutung von Gruppenbindungen, institutionellen Kontexten und gesamtgesellschaftlichen Einflüssen zum Thema wird. Jenseits der internen Entwicklungsdynamik der experimentellen Sozialpsychologie (vgl. Güttler 1996, S. 113 ff.) sind dabei speziell für den deutschen Sprachraum mindestens drei Varianten interessant und voneinander abzugrenzen:

1. Inspiriert durch die Forderungen der Studentenbewegung entstanden zum einen «Kritische Psychologie» (Rexilius 1988) und «politische Psychologie» (Moser 1979); hier wurde die Gesellschaftlichkeit des Individuums im Wesentlichen unter Rekurs auf die marxistische Theorie zu explizieren versucht.
2. Als zweite Gruppe sind die an labeling approach und symbolischem Interaktionismus orientierten Analysen zu nennen. Ausgehend von der kritischen Frage nach dem Verhältnis von Normalität und Abweichung wird hier das Gesellschaftliche wie das Individuelle aus Prozessen der Interaktion und Etikettierung erklärt (Goffman 1973; Keupp 1976), und zwar zum Teil auch wieder unter Rückgriff auf eine Psychologie des Unbewussten (Clemenz 1998).
3. Den jüngsten Ansatz bilden schließlich Gemeindepsychologie (Rappaport & Seidman 1994) und Netzwerkforschung, die deshalb wichtig sind, weil sie das Gesellschaftliche jenseits der klassischen Großgruppenforschung zu konzeptualisieren versuchen.

Für alle drei Varianten gilt, dass ihre Entwicklung nicht unbedingt zu einer stärkeren Interaktion von Soziologie und Psychologie geführt hat. Bezogen auf die beteiligten Forscherinnen und Forscher sind die Communities vielmehr nach wie vor getrennt, und die zu beobachtenden Kontakte beruhen weniger auf systematischen Zwängen (oder auch Einsichten), sondern auf individuellen Zufälligkeiten. Ungeachtet dessen zeichnet sich eine strukturelle Annäherung der Fragestellungen und Perspektiven ab. Dies umso mehr, als sich das Aufmerksamkeitsspektrum in Psychologie und Soziologie in den letzten zwei Jahrzehnten gegenläufig und damit komplementär entwickelt hat. Während die Psychologie zunehmend die Eigendynamik sozialer Strukturen betont, hat die Soziologie unter dem

Stichwort der «Individualisierung» die Bedeutung sozialer Strukturierungen jenseits der traditionellen Klassen und Großgruppen entdeckt.

Auf diese Akzentverschiebung am wenigsten reagiert hat sicherlich die Kritische und Politische Psychologie, deren Ansätze erheblich an Bedeutung verloren haben, wenn nicht gar ersatzlos verschwunden sind. Entscheidend hierfür war zweifellos die Krise der marxistischen Theorie in den 1980er Jahren, zumal Kritische und politische Psychologie nicht in der Lage waren, das Problem der Gesellschaftlichkeit angesichts sich verändernder Vergesellschaftungsbedingungen hinreichend veränderungssensibel zu reformulieren.

Hier bieten die beiden anderen Varianten mehr Anknüpfungspunkte. So unterlaufen die an labeling approach und symbolischem Interaktionismus orientierten Analysen den seit Durkheim eingeschliffenen Gegensatz von Individuum und Gesellschaft (bzw. Subjekt und System) und bieten Ansatzpunkte zur konkreten Rekonstruktion jener «Dualität von Handlung und Struktur» (Giddens), wie sie in der soziologischen Diskussion der letzten Jahre immer wieder betont worden ist. Das Gemeindekonzept wiederum kann (trotz mancher nicht ganz unproblematischer Konnotationen) Anregungen geben für die soziologische Debatte über Dimensionen, Umfang und Formen der Vergemeinschaftung («societal community» im Sinne Parsons) jenseits traditioneller Großgruppen. Ähnliches gilt für die psychologische Netzwerk- und social-support-Forschung, die vor allem dann neue Perspektiven eröffnet, wenn man sie in Zusammenhang mit den Debatten um die Entstehung einer «Network Society» (Castells 1996) bringt.

Ungeachtet dieser ausbaufähigen Berührungspunkte sollten aber die systematischen Unterschiede zwischen Psychologie und Soziologie nicht übersehen oder eingeebnet werden, zumal «Interdisziplinarität» sich nur dann sinnvoll entwickeln kann, wenn Einverständnis über die disziplinären Differenzen und Eigenständigkeiten besteht. Auch wenn man Weber zustimmen kann, dass sich Soziologie und Psychologie nicht unbedingt mit verschiedenen Gegenständen beschäftigen, so weisen sie doch perspektivische Differenzen auf und operieren insbesondere mit unterschiedlichen Subjektkonzeptionen, über deren Verhältnis nach wie vor zu wenig diskutiert wird. So lässt sich an der Entwicklung der Rollentheorie und des Konzepts der Inter-Rollenkonflikte zeigen, dass die Soziologie weit länger mit einem weit fragmentierteren Subjektverständnis operiert als die Psychologie. Für diese gilt umgekehrt, dass sie ungeachtet aller Thesen zu «Patchwork-Identität» (Keupp 1999) und «shattered selves» (Glass 1994) an der Annahme eines die verschiedenen Facetten integrierenden

«Subjektkerns» in der Regel festhält, und sei es nur unter normativen Gesichtspunkten.

Ebenso wichtig wie unzureichend geklärt ist ferner die Grenzziehung zwischen «bewusst» und «unbewusst» (bzw. «rational» und «irrational»), die in der perspektivischen Abgrenzung der Disziplinen eine eindeutig vernachlässigte und vielleicht auch verdrängte Rolle spielt. Zwar muss man kein Anhänger der Weber'schen Richtigkeitsrationalität oder der Rationalitätsunterstellungen von Homans sein. Gleichwohl lässt sich kaum bestreiten, dass die Soziologie weit selbstverständlicher von der Unterstellung eines ebenso autonomen wie rational kalkulierenden Handlungssubjekts ausgeht, das in seiner Autonomie allenfalls durch vorgängige kollektive Bindungen von familiären bis hin zu Klassenbindungen beeinträchtigt wird. Allerdings sind diese kollektiven keineswegs identisch mit unbewussten oder irrationalen Bindungen, und genau dies sollte Anlass genug sein für weiterführende, interdisziplinäre Diskussionen. Ob sie entstehen werden, ist offen; dass sie entstehen müssten, ist unbestreitbar.

Literatur

Allport, G. W. (1968). The historical background of modern social psychology. In: G. Lindzey & E. Aronson (Eds.), The handbook of social psychology. Reading, MA.

Castells, M. (1996). The Rise of the Network Society. Oxford/Malden.

Clemenz, M. (1998). Psychoanalytische Sozialpsychologie. Grundlagen und Probleme. Gießen.

Durkheim, E. (1898). Individuelle und kollektive Vorstellungen. In: ders., Soziologie und Philosophie, S. 45–83. Frankfurt/M.

Elias, N. (1937). Über den Prozeß der Zivilisation. Soziogenetische und psychogenetische Untersuchungen. 2 Bde. (6. Aufl.). Frankfurt/M.

Glass, J. M. (1994). Shattered Selfs. Multiple Personality in a Postmodern World. Ithaca/London.

Goffman, E. (1973). Asyle. Über die soziale Situation psychiatrischer Patienten und anderer Insassen. Frankfurt/M.

Güttler, P. O. (1996). Sozialpsychologie. Soziale Einstellungen, Vorurteile, Einstellungsänderungen. München.

Homans, G. C. (1972). Elementarformen sozialen Verhaltens. Opladen.

Horkheimer, M. (Hg.) (1931). Die gegenwärtige Lage der Sozialphilosophie und die Aufgaben eines Instituts für Sozialforschung. In: ders. (Hg.), Sozialphilosophische Studien, S. 33 ff. Frankfurt/M.

Horkheimer, M. (1932). Geschichte und Psychologie. Zeitschrift für Sozialforschung 1, S. 125 ff.

Horkheimer, M. & Flowerman, S. (Hg.) (1949/50). Studies in Prejudice. 5 Bde. New York.
IfS (1936): Studien über Autorität und Familie. Forschungsberichte des Instituts für Sozialforschung. Hg. v. E. Fromm, M. Horkheimer, H. Mayer u. a. Paris.
Keupp, H. (1976). Abweichung und Alltagsroutine. Die Labelling-Perspektive in Theorie und Praxis. Hamburg.
Keupp, H. u. a. (1999). Identitätskonstruktionen. Das Patchwork der Identitäten in der Spätmoderne. Reinbek.
Moser, H. (Hg.) (1979). Politische Psychologie. Politik im Spiegel der Sozialwissenschaften. Weinheim.
Opp, K. D. (1997). Methodologie der Sozialwissenschaften. Wiesbaden.
Rappaport, J. & Seidman, E. (Hg.) (1994). Handbook of community psychology. New York.
Rexilius, G. (Hg.) (1988). Psychologie als Gesellschaftswissenschaft. Opladen.
Weber, M. (1913). Über einige Kategorien der verstehenden Soziologie. In: J. Winkelmann (Hg.), Max Weber – Soziologie, weltgeschichtliche Analysen, Politik, S. 97–150. Stuttgart 1968.
Weber, M. (1921). Wirtschaft und Gesellschaft. 5. Aufl. Tübingen.

Wolfgang Bialas

4.3 Geschichtswissenschaft

1 Das Problem

Menschen haben eine Geschichte, die sie normalerweise im Zusammenhang eines Lebens hält, für dessen Verlauf sie selbst verantwortlich sind, auch wenn ihnen die von ihnen selbst nicht gesetzten Bestimmungen, unter denen dieses Leben steht, nur bedingt verfügbar sind. Diese ihre Lebensgeschichte deckt sich nicht mit der Geschichte der großen Ereignisse und strukturellen Zäsuren, durch die sie dennoch nachhaltig geprägt ist.

Erst im Nachhinein können wir wissen, was uns historisch widerfahren ist. Die Bedeutung historischer Ereignisse stellt sich erst im konstruierten Zusammenhang historischer Brüche und Kontinuitäten ein. Es ist uns nur bedingt möglich, bereits im Bewusstsein der möglichen Konsequenzen unseres Handelns zu agieren. Auch wenn die gewünschten Resultate als strukturierte Erwartungen unser Handeln bestimmen, treten sie doch in anderer Weise ein als von uns erwartet. Wohl wissen wir um die Unwiederbringlichkeit des gelebten Augenblicks und um die Unumkehrbarkeit historischer Verläufe. Weder lässt sich der Augenblick festhalten, noch lassen sich Ereignisse ungeschehen machen. Dennoch bestehen wir darauf, wenigstens atmosphärisch festzuhalten und in der Erinnerung aufzubewahren, was dem zeitlichen Fluss der Veränderung unterworfen ist. Mit dem, was sich nicht ändern lässt, können wir uns nicht einfach abfinden. Wir wollen auf das zurückkommen, was uns umtreibt, noch lange nachdem alles entschieden scheint. Die Einsicht ist uns unerträglich, uns sei historisch mitgespielt worden, wo wir doch glaubten, kompetente und wirkungsmächtige Mitspieler zu sein. Nicht *Statisten* des historischen Prozesses und anonyme Erfüllungsgehilfen sich auch ohne uns realisierender Entwicklungen und Bedeutungen wollen wir sein, sondern selbstbewusste *Akteure*, historische *Subjekte*, die ihr Selbstbewusstsein genau daraus beziehen, dass erkennbar eintritt, was sie mit ihrem Handeln im Sinn hatten. Ebendas ist ersichtlich nicht der Fall. Was jeder in seinem Handeln verfolgt, wird von jedem anderen durchkreuzt, und was schließlich als gemeinsame Resultante dieser gegenläufigen Intentionen und wechselseitigen Relativierungen herauskommt, ist etwas, das so, wie es eintritt, keiner gewollt hat (Marx).

Ist die Betrachtung auf das gewünschte *Resultat* menschlichen Handelns fixiert, so scheint damit die strukturelle Aussichtslosigkeit des Strebens nach einer adäquaten Erfüllung der eigenen Intentionen angemessen beschrieben. Was auch immer wir uns vornehmen, wird aus Gründen, über die wir nicht verfügen, so nicht eintreten. Weder können wir die Bedingungen, auf die unser Handeln trifft, hinreichend manipulieren, noch sind wir uns der eigenen inneren Beweggründe unseres Handelns bis ins Letzte bewusst. Unsere Erwartungen werden dann, wenn wir ihre Einlösung zum Maßstab eines gelingenden Handelns oder im weiteren Sinn eines erfüllten Lebens nehmen, durch unsere mindestens partiell gegenteiligen Erfahrungen frustriert. Das Leben steht dann unter dem Trauma des Scheiterns individueller Glücksansprüche und Lebensentwürfe. Allerdings ist eine solche Fixierung auf das tatsächliche Eintreten der erwarteten und durch das eigene Handeln beförderten Resultate, die das unwägbare Spiel der Dezisionismen und Determinismen zum disziplinierten Einklang stillzustellen sucht, auch nicht zwingend. Wird das Leben selbst als ebendieses Spiel genommen, in dem sich, vorab unkalkulierbar, erst einspielen muss, was sich in einem geradlinigen Telos der Erfüllung nicht vorwegnehmen lässt, so ist es gerade das Ausbleiben des von Menschen unmittelbar in ihrem Handeln Erstrebten, das eine Erfüllung ihrer Intentionen überhaupt erst möglich erscheinen lässt. Ihre echte Erfüllung ist dann wesentlich das, was auch ausbleiben kann. Die nach einer solchen Umakzentuierung in den Blick genommene *psychische* Logik der Erfüllung koppelt das eigenwillige Geflecht menschlicher Selbstverhältnisse ab von den faktischen Bestätigungen oder Widerlegungen dessen, worum Menschen ihr Leben in Einklang mit sich selbst und der Welt zu organisieren suchen. Das, was ihnen wichtig ist und sie selbst in einer Weise prägt, die sie nur bedingt durchschauen, ihre Emotionen, Wünsche, Ängste und Hoffnungen, die sie mit ihrem Leben verbinden, wird nicht nur nach seinem Realitätsgehalt beurteilt, um dann entweder als legitim, da realitätshaltig zugelassen oder als irreal oder irrational abgewiesen zu werden, sondern als eigene innere Realität in ihrem Eigensinn ins Zentrum gestellt. Eben dadurch steht, was unmittelbar nicht in Einklang zu bringen ist, im Zusammenhang von Vermittlungen, die Menschsein als komplexes und vielfältig differenziertes Ensemble von Selbst- *und* Weltverhältnissen zu konzeptualisieren erlauben.

Die Ablenkung ihrer Intentionen an der Eigengesetzlichkeit der Materie zwingt Menschen in den historischen Kompromiss der Brechung dieser Intentionen im Verzicht auf ihre unmittelbare Durchsetzung. «Ihr ursprüngliches Ziel wird nie erreicht. Durch ihre Realisierung kommt der Mensch dann wesensmäßig zu Resultaten, die er nicht gewollt hat» (Plessner 1975, S. 334). Aber auch dann, wenn der Widerstand einer eigenwilligen Realität ausbleibt und der Mensch machen kann, was er will, und das, was er will, auch tatsächlich so eintritt, wie er es will, bleibt die *Erfüllung* seiner Intentionen aus. Ohne den «Abstand des Zielpunktes der Intention vom Endpunkt der Realisierung der Intention», der sich erst in «der Ablenkung und Brechung der Intention im Medium der Wirklichkeit» (ebd., S. 337) herstellt, wird der Modus der Erfüllung intentionalen Strebens verfehlt. Der Zielpunkt des Bestrebens kann mit seinem Endpunkt nie zusammenfallen. Der «Mensch kommt in einem gewissen Sinne nie dahin, wohin er will» (ebd., S. 337), und ebendeshalb ist eine Kontinuität zwischen Intention und Erfüllung als während der Realisierung durchgehaltenes Ziel des Bestrebens möglich. Das «gelungene Ergebnis ist (...) dort, wo es nicht sein sollte, das was es nicht sein sollte» (ebd., S. 338). In der Differenz von Erreichtem und Erstrebtem findet der Mensch die Erfüllung seiner Intentionen, die ihn nach immer anderer Verwirklichung drängen und in eine offene Geschichte seiner Expressivität stellen. Auf der Suche nach dem ihm von Natur verwehrten Gleichgewicht, in der konstitutiven Unruhe vermittelter Unmittelbarkeit, die das Verlorene mit neuen Mitteln wiederzuerlangen sucht, ergibt sich Geschichte. Erst durch sie erfahren die Menschen, was sie eigentlich tun (ebd., S. 339 ff.).

Weil das so ist, schlägt nach den historischen Ereignissen die Stunde der Psychologie. An ihr ist es, das gekränkte Selbstbewusstsein wieder aufzurichten, das dezentrierte Selbst in der Kontinuität einer verantwortbaren Biographie zu halten, die auch dann noch, wenn überwältigende historische Umbrüche und Zäsuren identitätsstiftende Lebensplanungen und tradierte Selbstverhältnisse durcheinander geraten lassen, die psychische Rezentrierung der Subjekte leistet, um sie, die in solchen Zeiten in ihrem Selbstverständnis aus allen Ordnungen herauszufallen drohen, dennoch in der Ordnung eines sinnlich erfahrbaren Sinns ihres Lebens zu halten. Da «wir nun einmal die Resultate früherer Geschlechter sind, sind wir auch die Resultate ihrer Verirrungen, Leidenschaften, Irrtümer, ja Verbrechen; es ist nicht möglich, sich ganz von dieser Kette zu lösen» (Nietzsche 1980, S. 229 f.). Im Aufbegehren gegen die strukturellen Ordnungen, die unser Leben in einer Weise vorentscheiden, die das Streben nach Selbstbestimmung bereits im Ansatz ad absurdum zu führen scheint, erfahren wir erst deren innere Bindungskraft. Aus dem, was wir aus guten Gründen verurteilen, stammen wir zugleich her. Von ihm, von dem wir uns zu distanzieren suchen, sind wir noch in diesem Bestreben nach Abstandnahme geprägt. Dem Widerstreit zwischen unserer inneren Natur und unseren Versuchen, uns in der Konstituierung einer zweiten Natur von dieser ersten zu emanzipieren, entgehen wir nicht. Der Versuch, sich gleichsam a posteriori «eine Vergangenheit zu geben, aus der man stammen möchte, im Gegensatz zu der, aus der man stammt» (ebd., S. 239), setzt als Wunschprojektion die psychischen Prägungen unserer tatsächlichen Vergangenheit nicht außer Kraft. Noch im Modus der Distanzierung setzen sich diese Prägungen auf paradoxe Weise fort.

Erinnern, wiederholen, durcharbeiten, was geschehen ist, nicht um es ungeschehen zu machen oder sich selbst wenigstens im Nachhinein ins rechte Licht des souveränen Subjekts der Ereignisse zu setzen, sondern um aus der Distanz der Gegenwart zum Vergangenen den historischen Ereignissen ihre originäre affektive Besetzung zuzugestehen, die uns noch in der Verdrängung und Verleugnung unserer affektiven Bindungen an sie verfolgt und nicht zur Ruhe kommen lässt, obwohl alles längst entschieden ist. Das, dem wir die affektive Besetzung entzogen haben, bringt sich als unsere eigene, durch den Ausgang historischer Ereignisse und ihre wissenschaftlich festgestellte objektive Bedeutung nicht substituierbare Geschichte nachdrücklich in Erinnerung. Die enttäuschten Hoffnungen und frustrierten Erwartungen, von denen wir jetzt nichts mehr wissen wollen; die persönlichen Kränkungen und Enttäuschungen, die wir lieber vergessen würden; all die investierte Zeit und Energie, die intellektuellen Anstrengungen und emotionalen Verstrickungen, die durch den gegenteiligen historischen Gang der Dinge als Fehlinvestitionen erscheinen, bleiben auch ‹nach ihrer Zeit› gegenwärtig. Dem, was uns, und sei es auf fatale Weise, geprägt hat, müssen wir uns stellen. Zwar können wir uns auch neu erfinden, können wir kontrafaktische Gegengeschichten imaginieren, in denen wir auf der Höhe der zeitgeschichtlichen Bedeutungen der Ereignisse im Einklang mit ihrem Verlauf agieren, um unsere ‹kleine Biographie› mit der ‹großen Geschichte› zur Deckung zu bringen. Und doch ändert das alles nichts daran, dass wir am Ende doch wieder uns selbst und unseren interessierten Selbsttäuschungen gegenüberstehen, um zu realisieren, dass sich die Psyche auf Dauer nicht überlisten lässt, am wenigsten aber von uns selbst.

2 Die alte Stadt und die Seele

An der «Annahme des Überlebens des Ursprünglichen neben dem Späteren, das aus ihm geworden ist» (Freud 2000, S. 35), hat Sigmund Freud die Eigenart des Psychischen gegenüber anderen, ebenfalls geschichtlicher Entwicklung unterworfenen Gegenständen verdeutlicht. Um diese Eigentümlichkeit des Psychischen so nachdrücklich wie nur möglich zu kontrastieren, wählt er Rom als das exemplarische Beispiel einer historischen Stadt, in der das Vergangene auf Schritt und Tritt präsent ist. Lässt sich, was in der historischen Entwicklung der Stadt durch das Neue überholt und architektonisch überformt ist, zur virtuellen Existenz des Vergangenen materialisieren? Oder muss sich die Spurensuche (vgl. Ginzburg 1988) in diesem Fall mit der immer fragmentarischen Rekonstruktion dessen begnügen, was in sinnlich-anschaulicher Fülle nicht wieder zum Leben zu erwecken ist, sondern in seiner Funktionalität für die Entwicklung der Stadt aufgeht? Machen wir also mit Freud «die phantastische Annahme, Rom sei nicht eine menschliche Wohnstätte, sondern ein psychisches Wesen von ähnlich langer und reichhaltiger Vergangenheit, in dem also nichts, was einmal zustande gekommen war, untergegangen ist, in dem neben der letzten Entwicklungsphase auch alle früheren noch fortbestehen» (Freud 2000, S. 37). Und in dem «es vielleicht nur eine Änderung der Blickrichtung oder des Standpunktes von seiten des Beobachters (brauchte), um den einen oder den anderen Anblick hervorzurufen» (ebd., S. 37). Genau das nämlich zeichnet das Psychische aus, dass nichts, was sich einmal gebildet hat, verloren geht, sondern alles auch dann noch erhalten bleibt und also unter günstigen Bedingungen wieder zum Vorschein kommen kann, was mit dem Vergessen scheinbar für immer aus dem Gedächtnis gelöscht ist. Wohin also würde uns dieses Gedankenexperiment führen? Nach Freud in die Absurdität des Unvorstellbaren, die die Aussichtslosigkeit des Versuchs unterstreichen würde, das historische Nacheinander anders denn als Nebeneinander räumlich darstellen zu wollen. Für ihn belegt das sinnliche Scheitern dieses gedanklichen Experiments den historischen Ausnahmestatus der Psyche als historischer Gedächtnisort, in dem das lebensgeschichtliche Nacheinander als unbewusstes In- und Nebeneinander präsent bleibt. Mit Ausnahme des seelischen Lebens sind diese «früheren Phasen der Entwicklung (…) in keinem Sinn mehr erhalten, sie sind in den späteren, zu denen sie den Stoff geliefert haben, aufgegangen» (ebd., S. 38). Die Gleichzeitigkeit des Ungleichzeitigen, die Vereinbarkeit des Gegensätzlichen, das In- und Durcheinandersein dessen, was unentscheidbar miteinander im Widerstreit liegt, all das, was metaphorisch die Dynamik des Geschichtlichen zu fassen sucht, materialisiert sich in der Psyche zur Normalität einer lebensgeschichtlich auf Dauer gestellten konstitutiven Unruhe des menschlichen Lebens.

Die historische Relevanz des von Freud entwickelten individualpsychologischen Modells entscheidet sich am Ausgang des Versuchs, die Psychoanalyse auf die kulturelle Gemeinschaft zu übertragen. Bei aller gebotenen Vorsicht gegenüber einem solchen Versuch, Begriffe und Konzepte «aus der Sphäre zu reißen, in der sie entstanden und entwickelt worden sind» (ebd., S. 106 f.), hält Freud selbst doch die Annahme eines kulturellen Über-Ich bzw. einer «Pathologie kultureller Gemeinschaften» für aussichtsreich. Nicht zuletzt das Konzept historischer Erinnerung bzw. eines kulturellen Gedächtnisses operiert zumindest im methodischen Ausgangspunkt mit der möglichen Analogie von Psychologie und Geschichte bzw. von Lebensgeschichte und kultureller Geschichte. Wie also kann im kulturellen Gedächtnis die Erinnerung an Ereignisse gehalten werden, ohne darin lediglich emotional unbeteiligt die Faktizität des Geschehens aus der Distanz fiktionaler Zeitgenossenschaft zu rekonstruieren?

In der Geschichtswissenschaft ist dieses Problem einer methodischen Verknüpfung von Psychologie und Geschichte insbesondere von Karl Lamprecht diskutiert worden. Wird, wie von ihm in Anspruch genommen, Geschichte von vornherein als «seelisches Einzel- und Massenleben» (1974, S. 587) begriffen, so gelten für dieses Leben selbstverständlich auch die Gesetze der Individual- und Sozialpsychologie. Dann ist die Geschichte der originäre Ort des Wirkens ganzheitlicher Individuen. Das, was sich im Ergebnis dieses Wirkens als weltgeschichtlicher Zusammenhang herstellt, beruht unter dieser konzeptionellen Voraussetzung auf der psychisierenden Verwandlung der tragenden sinnlichen Hüllen des Geschichtlichen in ebendas seelische Medium des weltgeschichtlichen Zusammenhangs (ebd., S. 593). Die universalgeschichtliche Periodisierung nationaler Entwicklungen zeichnet dann die inneren Wandlungen der nationalen Psyche nach (ebd., S. 594). Der gemeinsame Nenner geistiger und materieller Kultur, das also, was sie erst innerlich vergleichbar macht, ist hier als ein psychischer definiert.

3 Geschichte als psychisches Handicap

Für den, der nicht vergessen kann, wird die Vergangenheit zum Fluch des Sich-erinnern-Müssens. Unfähig, den Augenblick zu genießen, im Selbstwiderspruch ununterbrochenen Gewesenseins sich selbst bis zur Selbstaufgabe verneinend, droht dem Menschen am Ende der Verlust seines eigenen Selbstseins. Vermag er sich nicht auf der Schwelle des Augenblicks niederzulassen und während seiner Dauer unhistorisch zu empfinden, wird ihm das Glück, fraglos mit sich und der Welt identisch zu sein, nicht vergönnt sein. In ewig gebrochener, alles Gewordene in Frage stellender Existenz dazu verurteilt, in allem nur ein ununterbrochenes Werden zu sehen, glaubt er nicht mehr an sich und sein eigenes Sein, sieht er alles in bewegte Punkte auseinanderfließen, in denen als einem Strom des Werdens er sich verliert (Nietzsche 1980, S. 212 f.). Nietzsche, der hier die Geschichte zum Trauma psychischer Identität erklärt, plädiert damit jedoch nicht für ihre Verabschiedung, sondern für das rechte Maß des Historischen, in dem die Vergewisserung seiner Herkunft den Menschen nicht schon auf eine Zukunft festlegt, die das Vergangene nur endlos fortschreibt, ohne die Kraft der Konzentration zur historischen Vergegenwärtigung der eigenen Situation aufzubringen. Gehandicapt durch ein Übermaß an Historie, die sein Leben unter dem Diktat der Erinnerung im unaufhörlichen Fluss des Gegenwärtigen verkümmern lässt, wird der Mensch unfähig zur historischen Einbildungskraft, die in der psychischen Synthese ganz unterschiedlicher Einflüsse und Bestimmungen erst zum

Material der Selbstwerdung fügt, was ohne eine solche symbiotische Fügung den Menschen zu einem Leben in der Fremde des von allen selbstverständlichen Bindungen frагloser Zugehörigkeit freigesetzten Seins verurteilen würde. Es ist diese «plastische Kraft eines Menschen, eines Volkes, einer Kultur (...), aus sich heraus eigenartig zu wachsen, Vergangenes und Fremdes umzubilden und einzuverleiben, Wunden auszuheilen, Verlorenes zu ersetzen, zerbrochene Formen aus sich nachzuformen» (ebd., S. 213), die Menschen im Einklang mit ihrer inneren Natur in der Ordnung des von ihnen imaginierten historischen Sinns ihres Lebens hält. In dieser Ordnung des Seins und des Sinns werden Geschichte und Psychologie zu komplementären Gestalten des einen ganzheitlichen Lebens, das sich erst in einer Vielfalt nicht aufeinander reduzierbarer Facetten und Perspektiven zur je originären Gestalt formt.

Dem historisch ausgehöhlten Bildungsmenschen dagegen droht die Persönlichkeit zu ewiger Subjektlosigkeit ausgeblasen zu werden (ebd., S. 242). Gegen die Mythologie der objektiven Entbindung vom persönlichen Interesse, die die Historie zur neutralen Instanz der nüchternen, interesselosen Bilanzierung des Gewesenen erniedrigt, setzt Nietzsche auf die kompositorische Kraft des Historikers, der, ohne zum egoistischen Parteigänger willkürlich herausgehobener historischer Kräfte und Tendenzen zu werden, ihnen allen aus eigener Urteilskraft gerecht zu werden sucht (ebd., S. 244 ff.). Vor allem aber hütet er sich, «die Vergangenheit der zeitgemäßen Trivialität anzupassen» (ebd., S. 246) und einem vermeintlich aufgeklärten Publikum das zu sagen, was es hören will: Angekommen auf dem möglichen Gipfelpunkt historischer Entwicklung, gelte es, sich auf Dauer einzurichten in der besten aller Welten, die das Vergangene allein durch ihre fortgeschrittene Gegenwart zur historisch aufgehobenen Bedingung der eigenen Überlegenheit erklärt.

4 Geschichte und Psychologie: Konturen eines problematischen (Un-)Verhältnisses

In der Tradition kritischer Theorie ist die Konzeptualisierung des Verhältnisses von Psychologie und Geschichte als der prozeduralen Schnittstelle von Individuum und Gesellschaft von herausragender Bedeutung. Hier entscheidet sich die individuelle Disposition für Herrschaftsverhältnisse in der Spannbreite von Zustimmung und Attraktion bis zu Resistenz und Widerstand. Von konzeptionell vorentscheidender Bedeutung ist dabei zunächst die Wesensbestimmung des Menschen. Die Annahme eines historisch veränderlichen Wesens des Menschen schreibt der Psychologie die sozialisatorische Schlüsselrolle der je individuellen Vermittlung eines gesellschaftlichen Dispositivs zu. Als Anlage trifft dieses dann auf unterschiedliche innere und äußere Bedingungen, mit denen es sich auseinander setzen muss, um zur sozialpsychischen Kenntlichkeit individueller Bedürfnisse, Fähigkeiten und Eigenschaften zu werden. Erich Fromm spricht in diesem Zusammenhang von einem Gesellschafts-Charakter als dem Kern einer kulturell spezifischen Charakterstruktur (1993, S. 222). Dabei geht er aus von der Annahme der menschlichen Natur eingeborener Bedürfnisse wie dem Streben nach Glück, Harmonie, Liebe und Freiheit als zugleich dynamischen Faktoren im Geschichtsprozess, die dann, wenn ihnen die Befriedigung versagt wird, psychische Reaktionen hervorrufen (ebd., S. 224). Im Ergebnis dieses Paradigmenwechsels von der Individual- zur Sozialpsychologie wird der Mensch aus einem monadologischen Universum isolierter Selbstbezüglichkeit zu einer in mannigfachen Bezügen stehenden pluralen Einheit differenzierter Welt- und Selbstverhältnisse. Zu dem, was er immer schon ist, muss sich der Mensch in der Konstituierung dieser Welt- und Selbstbezüge jedoch auch immer erst machen. Die historische Bewährung des mit sich in der Veränderung identischen Selbst kann ihm keiner abnehmen.

Max Horkheimer hat 1932 «die Kennzeichnung der Rolle, die der Psychologie im Rahmen einer dem Stand der Sozialwissenschaften angemessenen Geschichtstheorie zukommt» (S. 125), methodisch in den Mittelpunkt des Verhältnisses von Geschichte und Psychologie gestellt. Nach einem polemischen Durchgang durch das zeitgenössische Unverhältnis der Geschichte zur Psychologie und dem Nachweis, dass der Hegel'sche immanente Telos der Geschichte verhindert habe, dass dessen Einsicht in die Bedeutung menschlicher Triebe und Leidenschaften als unmittelbarer Motor der Geschichte theoretisch folgenreich für eine Neukonzeptualisierung des Verhältnisses von Geschichte und Psychologie werden konnte, arbeitet er das psychologische Wesen der Geschichtsauffassung des Liberalismus heraus, der «die Geschichte aus dem Zusammenspiel der als isoliert gedachten Individuen und ihren im wesentlichen konstanten psychischen Kräften, ihren Interessen» (ebd., S. 133) erklärt habe. Bei Marx schließlich habe Psychologie als Sozialpsychologie die psychischen Vermittlungen von gesellschaftlichem und individuellem Lebensprozess zum Gegenstand: Die in den Individuen entfalteten seelischen Kräfte, die ihren manuellen und geistigen Leistungen zugrunde liegen, unterscheiden sie von den durch die jeweilige gesellschaftliche Gesamtstruktur determinierten psychischen Individual- und Sozialcharakteren (ebd.).

Die sozialpraktische Bedeutung einer «Psychologie des Unbewussten» sieht Horkheimer darin, das Funktionieren gesellschaftlicher Organisationsformen psychodynamisch abzusichern. Unter Bedingungen gesellschaftlicher Herrschaftsverhältnisse sind es vorrangig irrationale, zwangsmäßig die Menschen bestimmende Mächte, die es in ihrer Funktionalität für den historischen Prozess psychologisch aufzudecken gilt. Je mehr dagegen «das geschichtliche Handeln von Menschen und Menschengruppen durch Erkenntnis motiviert ist, um so weniger braucht der Historiker auf psychologische Erklärungen zurückzugreifen» (ebd., S. 135). Der gesellschaftlich notwendige Rückgriff auf die Psychologie indiziert Regression und Erkenntnisverweigerung.

Lediglich das Handeln von Menschen, die unbewussten Motiven folgen, bedarf psychologischer Erklärung. Die psychischen Mechanismen, die eine Latenz der Konflikte und Spannungen zwischen den gesellschaftlichen Klassen ermöglichen, die psychischen Gründe also für «das Vertrauen der gesellschaftlichen Gruppen in die Stabilität und Notwendigkeit der gegebenen Hierarchie und der herrschenden gesellschaftlichen Mächte» (ebd., S. 136), stehen im Mittelpunkt der Frage, unter welchen Bedingungen, mit welchen Fragestellungen und unter welchen theoretischen Schwerpunktsetzungen eine Psychologie für die Geschichte fruchtbar sein könnte. In dieser Konstellation geht Horkheimer von einer Pluralität historisch relevanter und wirkungsmächtiger psychischer Dispositionen und Bedürfnisse aus, die sich keineswegs auf das psychische Selbsterhaltungsstreben oder den unmittelbaren Geschlechtstrieb reduzieren ließen. Auch menschliche Bedürfnisse nach Betätigung aggressiver Kräfte, nach Anerkennung und Bestätigung der eigenen Person, nach Geborgenheit in einem Kollektiv und Identifikation mit einer überindividuellen Einheit gehörten neben anderen Triebregungen in dieses differenzierte, nicht auf einen Nenner zu bringende Ensemble des Psychischen (ebd., S. 139 f.).

Von einem *Un*verhältnis zwischen Psychologie (zumeist fokussiert auf die Psychoanalyse) und Geschichte kann heute sicher nicht mehr die Rede sein, von der Selbstverständlichkeit einer interdisziplinären Forschungspraxis jedoch ebenfalls nicht (vgl. Straub 1998). Der insbesondere in den USA unternommene Versuch, eine Psychohistorie als «Wissenschaft von historischer Motivierung» (de Mause 1989, S. 15) zu entwickeln, mutet im deutschsprachigen Raum eher exotisch an. Dabei würde auch hier der methodisch kontrollierte Versuch zu zeigen, «auf welche Weise persönliche Phantasien auf der öffentlichen Bühne ausagiert werden» (ebd., S. 19 f.), kaum an einem Mangel an Material scheitern.

Literatur

Freud, S. (2000). Das Unbehagen in der Kultur. Frankfurt/M.

Fromm, E. (1993). Über psychoanalytische Charakterkunde und ihre Anwendung zum Verständnis der Kultur. In: ders.: Die Gesellschaft als Gegenstand der Psychoanalyse (hg. von Rainer Funk), S. 219–229. Frankfurt/M.

Ginzburg, C. (1988). Spurensicherungen. Über verborgene Geschichte, Kunst und soziales Gedächtnis, S. 78–126. München.

Horkheimer, M. (1932). Geschichte und Psychologie. In: Zeitschrift für Sozialforschung 1, S. 125.

Lamprecht, K. (1974). Über den Begriff der Geschichte und über historische und psychologische Gesetze. In: ders.: Ausgewählte Schriften, S. 573–596. Aalen.

De Mause, L. (1989). Grundlagen der Psychohistorie. Frankfurt/M.

Nietzsche, F. (1980). Vom Nutzen und Nachteil der Historie für unser Leben. In: ders., Werke in 6 Bden (hg. v. Karl Schlechta), S. 209–285. München, Wien.

Plessner, H. (1975). Die Stufen des Organischen und der Mensch. Berlin/New York.

Straub, J. (1998). Psychoanalyse, Geschichte und Geschichtswissenschaft. In: J. Rüsen, J. Straub (Hg.), Die dunkle Spur der Vergangenheit. Psychoanalytische Zugänge zum Geschichtsbewußtsein, S. 12–31. Frankfurt/M.

Volker Schurig

4.4 Biologie

1 Das System der Biowissenschaften

Die Lebenslehre Biologie (*bios:* Leben, *logos:* Lehre) ist eine komplexe Naturwissenschaft, die die Entwicklung und Funktion lebender Systeme analysiert. Im Unterschied zur Physik und Chemie ist die Biologie eine methodologisch *historisch* orientierte Naturwissenschaft, die im 18. Jahrhundert zunächst *deskriptiv* als Naturgeschichte mit der Sammlung und Klassifizierung verschiedener Arten betrieben wurde. Während Linné 1758 in dem «System naturae» ca. 6000 Tierarten klassifizierte, kannte der

Zoologe Agassiz 1855 bereits 55 000 Arten und schätzte die Zahl insgesamt auf 250 000, während gegenwärtig ca. 1,7 Millionen Tierarten und 250 000 Pflanzenarten bekannt sind (vgl. Wilson 1992).

Mit Darwins 1858 publiziertem Buch «Die Entstehung der Arten» erhielt die Evolution des Lebens, durch die Selektionswirkung der Umwelt («Kampf ums Dasein») richtungslos gesteuert, eine phylogenetische, Jahrmillionen dauernde Zeitdimension, die das moderne Biologieverständnis prägt. Das Verhältnis von Individualentwicklung («Ontogenese») und Stammesentwicklung («Phylogenese») verallgemeinerte Haeckel 1866 als «biogenetische Grundregel», die auch für die menschliche Entwicklung gilt. So sind z. B. überzählige Brustwarzen Rückbildungen phylogenetischer Ahnenmerkmale («Atavismen»). Auch die Individualentwicklung selbst unterliegt ständig Änderungen (z. B. macht ein menschlicher Säugling nach der Geburt 40 bis 80 Atemzüge pro Minute, Ende des ersten Lebensjahres 20 bis 40, ein Erwachsener dagegen nur noch 10 bis 18).

Die Darwin'sche Evolutionstheorie geht von einer *irreversiblen* Anpassung in der Phylogenese aus («Dollo'sche Regel»), die zu einer immer größeren Umweltunabhängigkeit lebender Systeme führt. Die über das Wechselspiel von Mutation und Selektion in der Evolution sich durchsetzende *Höherentwicklung* der verschiedenen Funktionsleistungen (z. B. als Zentralisierung, Autonomie, zunehmende Komplexität) wurde von Rensch 1947 als «Anagenese» bezeichnet. Umstritten bleibt das Verhältnis von *Mikroevolution* (z. B. einzelner Merkmale) und *Makroevolution* (z. B. von Organisationstypen) sowie Kontinuität und Diskontinuität von Evolutionsprozessen. Biologische Gesetzmäßigkeiten besitzen im Unterschied zu den Kausalerklärungen der Physik eine *teleonome* Erklärungsstruktur mit der Begründung von funktionaler Zweckmäßigkeit und Zielstrebigkeit als Eigenschaft von *Selbstorganisationsprozessen* (vgl. Jahn 1990; Mayr 1991).

Wissenschaftslogisch ist die Biologie keine Einzelwissenschaft, sondern wie die Psychologie ein komplexes Wissenschaftssystem, das nach verschiedenen Gesichtspunkten untergliedert werden kann:

1. nach dem Abstraktionsgrad in eine *spezielle* und eine *allgemeine* Biologie,
2. methodologisch als *deskriptive, vergleichende* und *experimentelle* Biologie oder
3. nach verschiedenen Organismenreichen *(Mikrobiologie, Botanik, Zoologie, Anthropologie).*

Es gibt also nicht «die» Biologie, sondern ein System verschiedener Klassifikationsmöglichkeiten. Historisch lässt sich die *aristotelische* Biologie mit einem teleologischen Lebensverständnis von der *darwinistischen* Biologie mit einer durch Zufall und Notwendigkeit geprägten Entwicklungsauffassung unterscheiden. Für die Psychologie ist vor allem die Einteilung in verschiedene Disziplinen von Bedeutung.

2 Die Hauptdisziplinen: Genetik, Morphologie, Physiologie, Ethologie und Ökologie

Die Vererbungslehre *Genetik* ist die biologische Disziplin von den Gesetzmäßigkeiten des Vererbungsgeschehens und der genetischen Variabilität der biologischen Arten. Die Heredität (Erblichkeit) wird durch Variationsanalysen und Kreuzungsversuche sowie Erbanalysen ermittelt. Die Genetik gilt als die modernste biologische Disziplin, für die nach 1950 die meisten Nobelpreise in den Biowissenschaften verliehen wurden.

Grundsätzlich unterliegt das Vererbungsgeschehen des Menschen den gleichen biologischen Gesetzmäßigkeiten wie bei Pflanzen und Tieren (z. B. den Mendel'schen Gesetzen). Für humangenetische Aussagen gelten allerdings häufig besondere Bedingungen, da z. B. die Zahl der Individuen gleicher Abstammung in der Familienforschung beschränkt bleibt und durch die lange Generationsdauer auch die Untersuchung der Nachkommen der Merkmalsträger begrenzt ist (vgl. Knußmann 1996). Das kausale Verständnis von genetisch bedingten Krankheitsursachen ist für Therapie und Diagnose z. B. in der Familien- und Sexualberatung wichtig. Die Anlage-Umwelt-Problematik (Nature-Nuture-Problem) der klassischen Psychologie wird durch Molekularbiologie, Zytogenetik, Humangenetik und das Human-Genom-Projekt zunehmend präzisiert, damit aber der verantwortungsvolle Umgang mit diesem genetischen Wissen über menschliche Erbanlagen in verschiedenen Beratungen auch selbst wieder zu einem psychologischen Problem (vgl. Böhme 1992). Genetische Kenntnisse über angeborene Dispositionen in Körperbau und Verhalten sind vor allem für die Entwicklungspsychologie und pädagogische Psychologie wichtig.

Die *Morphologie* als biologische Wissenschaft von der äußeren Körpergestalt ist für die Arbeitspsychologie, Persönlichkeitspsychologie und Ausdruckspsychologie eine basale naturwissenschaftliche Grundlage. Die auffälligsten morphologischen Merkmale des Menschen, durch die er sich vom Tier unterscheidet, sind die *bipede Lokomotion*, damit aber auch das *Freiwerden der Vorderextremitäten (Hände)* und die *Vergrößerung des Gehirns*. Die morphologischen Körperanpassungen an verschiedene geographische Lebensräume (z. B. durch Pigmentierung der Haut, Nasenindex,

Haarform) werden in der Alltagswahrnehmung häufig zum Ausgangspunkt von Fremdenfeindlichkeit. Fehlende biologische Grundkenntnisse über die geographische und genetische Variabilität menschlicher Teilpopulationen («Rassen» bzw. Unterarten, «Rassenkreise») und ihre evolutive Bedeutung sind eine Ursache der rassistischen Abwertungen der «Anderen». Zahlreiche morphologische Merkmale (Körperhöhe, Konstitution, Schädelform) gelten als *umweltstabil*, andere (z. B. Blutdruck, Pulsfrequenz, psycho-motorische Fertigkeiten, Körpergewicht) als *umweltlabil* und können in Abhängigkeit von den Umweltbedingungen individuell stark variieren (vgl. Knußmann 1996). Umweltstabile Erbgänge des Menschen sind z. B. die PTC-Schmeckfähigkeit und die Existenz verschiedener Blutgruppen.

Die biologische Funktionslehre *Physiologie* wird in Form der *physiologischen Psychologie* häufig als einzige biologische Disziplin systematischer im Psychologiestudium vermittelt. Für die Psychologie wichtige physiologische Teilgebiete sind die Sinnesphysiologie und Neurophysiologie. Für das Verständnis der richtigen Ernährung, Sexualität und die Kleinkindentwicklung sind Stoffwechselphysiologie, Sexualphysiologie und Entwicklungsphysiologie von Bedeutung.

Eine Sonderstellung unter den verschiedenen physiologischen Fragestellungen nimmt das *psycho-physische Problem* ein, das 1872 von dem Physiologen Du Bois Reymond als unlösbar («Ignorabimus») charakterisiert wurde und vielleicht deshalb gern der Psychologie überlassen wird. Das Verhältnis von Physischem bzw. Physiologischem und Psychischem, traditionell auch als *Leib-Seele-Problem* bezeichnet, hat viele Facetten und kann im Alltag z. B. im Übergang von Schlafen, Träumen, der wechselnden Konzentration und Vigilanzstufen des Bewusstseins im eigenen Verhalten beobachtet werden.

Historisch konkurrieren seit der Begründung der physiologischen Psychologie durch Wundt Ende des 19. Jahrhunderts fünf bis zehn verschiedene Untersuchungs- und Erklärungsansätze, darunter der psycho-physische Parallelismus und Wechselwirkungskonzepte. Die von Pawlow 1923 begründete *Theorie der höheren Nerventätigkeit* war ein umfassender, aber gescheiterter Versuch, auf der Grundlage der Entstehung unbedingter und bedingter Reflexe die Trennung von Physiologie und Psychologie in einer allgemeinen Verhaltenstheorie zu überwinden. Die *Naturgeschichte des Psychischen* (vgl. Schurig 1976; Klix 1985; Müller 1987) erklärt die Entstehung psychischer Verhaltenseigenschaften (Sensibilität, Habituation, Gedächtnis, Lern- und Abstraktionsfähigkeit) als evolutive Anpassung des Zentralnervensystems an immer komplexere Umweltsituationen. Die *evo-*

lutionäre Erkenntnistheorie (vgl. Riedl & Wuketits 1987) postuliert auch die Existenz phylogenetisch entstandener Erkenntnisgrenzen, wenn diese arterhaltenden Wert besitzen.

Wie in verschiedenen Tierexperimenten nachgewiesen werden konnte, besitzen ab einem bestimmten psycho-physischen Niveau auch Säugetiergruppen (z. B. Primaten, Raubtiere, Delphine, aber auch einige Vogelarten) die Fähigkeit der Selbstreflexion, elementare Formen des Ich-Bewusstseins und komplexe Kommunikationssysteme. Die *Drei-Welten-Theorie* (vgl. Popper & Eccles 1982) variiert das psycho-physische Problem insofern, indem als «dritte Welt» die vom menschlichen Bewusstsein geschaffenen Gegenstände als materialisierte Bewusstseinsfunktionen eingeschlossen werden. Das Verhältnis von Physischem und Psychischem bzw. von Physiologie und Psychologie enthält insofern immer auch eine «metaphysische» Komponente, da es als einzelwissenschaftliche Formulierung des Verhältnisses von *Materiellem* (Biologischem, Physiologischem) und *Ideellem* (Psychologischem) verstanden werden kann.

Die *Ethologie* steht als *tierische* Verhaltensforschung empirisch und methodologisch von allen biologischen Disziplinen der Psychologie am nächsten und findet wissenschaftssystematisch ihr direktes Pendant in der Tierpsychologie (vgl. Wuketits 1995). Die Ethologie untersucht Reiz- und Orientierungsbewegungen (Taxien, Tropismen), Reflexe, Instinktverhalten, tierisches Lernverhalten (z. B. Trial-and-Error-Lernen, Prägungslernen, Lernen durch Einsicht) und Handlungsbereitschaften (Motivationen) sowie Biokommunikation und tierisches Sozialverhalten. Wichtige untersuchte Funktionskreise des Tierverhaltens sind Brutpflege, Balzverhalten, Aggressionsverhalten, Sozial- und Territorialverhalten (vgl. McFarland 1998). Die vergleichende Verhaltensforschung bemüht sich dabei vor allem um den Nachweis stammesgeschichtlicher Verwandtschaften im Verhalten («Homologien»). Mehrere ethologische Teildisziplinen (Soziobiologie, Humanethologie, «Kulturethologie») überschreiten immer wieder unkritisch den Tier-Mensch-Unterschied und formulieren biologistische Annahmen über menschliches Verhalten (vgl. Eibl-Eibesfeldt 1995). Als Naturwissenschaft macht die zoologische Verhaltensforschung seit von Uexkülls Verdikt («Der Biologe kennt keine Tierpsychologie») offiziell zwar keine Aussagen über psychische Verhaltenseigenschaften, implizit enthalten jedoch zahllose ethologische Termini («Imponiergehabe», «Beschwichtigungsgebärde», «Drohbewegung») psychologische und anthropomorphe Annahmen.

Die Umweltlehre *Ökologie*, von Haeckel 1866 als Wissenschaft von Wechselbeziehungen zwischen einzelnen Organismen (Autoökologie) bzw. Lebensgemeinschaften (Synökologie) mit ihrer Umwelt definiert, ist die biologische Grundlage von Natur- und Umweltschutz (vgl. Plachter 1991).

Die wachsende theoretische und praktische Bedeutung der wissenschaftlichen Erklärung von Lebensprozessen in den angeführten fünf Hauptdisziplinen der Biologie hat dazu geführt, dass gegenwärtig das System der Biowissenschaften mit Attributen wie «Leitwissenschaft» oder «Jahrhundertwissenschaft» geschmückt wird. Unabhängig von derartigen Bewertungen erhalten gegenwärtig vor allem *angewandte* biologische Einzelwissenschaften wie die Gentechnologie und Natur- bzw. Umweltschutz immer größere *praktische* Bedeutung, sodass die Wertfreiheit als erkenntnistheoretisches Kriterium der Objektivität biologischer Aussagen zunehmend durch eine *Bioethik* mit explizit formulierten Wertsystemen ergänzt wird (vgl. Birnbacher 1991). Grundwert ist dabei Albert Schweitzers Satz: «Leben will leben inmitten von Leben, das leben will.»

3 Allgemeine Lebenseigenschaften

Der naturwissenschaftliche Begriff «Leben», wie er von den biologischen Einzelwissenschaften in seinen verschiedenen Facetten experimentell untersucht wird, bezeichnet allgemein – im Unterschied zur alltagssprachlichen und psychologischen Begriffsbedeutung – eine komplexe Funktionsleistung spezieller materieller («organischer») Systeme, die erst in der Gesamtheit ihrer speziellen Eigenschaften *unbelebte* von *belebten* Systemen unterscheiden, sodass es bei einigen Lebensformen auch Übergänge gibt. Viren sind z. B. isoliert «tote» DNA-Strukturen, die aber beim Eindringen in lebende Systeme wesentliche Lebenseigenschaften (z. B. Stoffwechsel, Reproduktion) annehmen (vgl. Eigen 1987; Mayr 1991). Die Existenz terrestrischer Lebensformen ist bisher eine kosmische Singularität, die Entstehung von Lebensfunktionen nur auf Kohlenstoffbasis aber nicht zwingend, sondern auch andere Substanzen (z. B. Silizium) sind als stoffliche Grundlage von Lebensprozessen zumindest denkbar.

Lebende Systeme existieren als *Prokaryoten* (z. B. Bakterien, Blaualgen ohne eine Trennung von Zell- und Kernplasma), *zellulär* («Eukaryoten» mit differenzierten Zellen) und als *mehrzellige* Systeme (Pilze, Pflanzen, Tiere), den höheren «Organismen» im engeren Sinn. Biologische Arten sind ihrerseits Elemente komplexer *Ökosysteme*, die in ihrer Gesamtheit die *Biosphäre* bilden. «Leben» ist intern («organismisch») und extern («ökologisch») *hierarchisch* über mehrere Systemstufen organisiert, wobei mit wachsender Komplexität die Fähigkeit der *Selbstorganisation* zunimmt. Weitere Systemeigenschaften sind die evolutionäre Spezialisierung auf verschiedene Lebensfunktionen (z. B. autotrophe, heterotrophe, aerobe, anaerobe, parasitische, frei lebende und symbiontische Formen) sowie die unterschiedlichen Anpassungen an wechselnde Umweltbedingungen. Evolutionsbiologisch werden zwei allgemeine Anpassungsstrategien unterschieden. Die *r-Strategen* (r = Reproduktion), z. B. viele Insektenarten, Amphibien und die Mehrzahl der Fische, produzieren einen Überschuss an Individuen, von denen nur wenige Überlebenschancen haben. Es handelt sich um Pionierarten mit dem Vorteil einer raschen Besiedlung neuer ökologischer Nischen als Folge einer veränderten Umwelt. Von den Hunderten Kaulquappen oder Tausenden Fischeiern überleben durchschnittlich nur ein oder zwei Individuen, was zur Arterhaltung jedoch ausreicht. *K-Strategen* (K = Kapazität) produzieren dagegen wenige Nachkommen, diese werden aber maximal durch Brutpflege versorgt und aufwendig geschützt, sodass von den wenigen Nachkommen viele überleben. K-Strategen (z. B. tierische Primaten, Raubtiere) sind durch die intensive Nutzung vieler Ressourcen optimal an eine ganz bestimmte Umwelt angepasst.

Die wichtigsten Merkmale der Systemeigenschaft «Leben» sind die Fähigkeiten einer identischen genetischen *Reproduktion*, der *Mutation* als sprunghafte, ungerichtete Veränderung des Erbmaterials, und des *Stoffwechsels* als die Fähigkeit, aus der Umwelt Substanzen und Energie aufzunehmen und systemintern so umzubauen, dass das System erhalten bleibt. Die stoffliche Grundlage aller Lebensfunktionen bilden *Desoxyribonukleinsäuren* und *Eiweiße* (vgl. Eigen 1987). Wichtige Lebenseigenschaften speziell tierischer Organismen sind die *Reizbarkeit, interne Informationsverarbeitung* sowie *Verhalten*, deren morphologische und physiologische Grundlage Sinnesrezeptoren, Neuronennetze, Strickleiternervensysteme und zentralisierte Nervensysteme sind.

Einige wichtige, seit Jahrzehnten experimentell analysierte biologische Grundprobleme sind

1. die Entstehung primitiver Lebensformen aus anorganischen Substanzen vor ca. drei Milliarden Jahren;

2. die stufenweise evolutive Herausbildung von Zellen und zellulären Verbänden als elementarer Struktur- und Funktionseinheit aller Lebensvorgänge;

3. der polyphyletische phylogenetische Übergang zur Mehrzelligkeit, der zu verschiedenen Organismentypen (Pilze, Pflanzen, Tiere) führt;

4. die Entstehung der Fotosynthese als energetische Grundlage alles heutigen Lebens und

5. die Entwicklung der Sexualität als physiologischer und genetischer Fortpflanzungsmodus.

Die *Differenzierung* von speziellen Lebensfunktionen (z. B. Hell-Dunkel-Sehen, Farbensehen, Bewegungssehen optischer Rezeptoren), *Zentralisierung* (z. B. der verschiedenen Nervensysteme) und *Spezialisierung* (z. B. die Erschließung verschiedener ökologischer Nischen als Lebensformtypen) sind systemtheoretische Merkmale einer phylogenetischen *Höherentwicklung*, deren Kriterium eine wachsende Umweltabhängigkeit durch Ausbildung von Subsystemen mit *multi-* und *ultrastabilen* Systemeigenschaften ist. In der Evolution der terrestrischen Wirbeltiere sind die Entstehung der Warmblütigkeit, eines Haarkleides als Wärmeschutz sowie die besondere Brutpflege bei Säugetieren die wichtigsten stoffwechselphysiologischen Neuerungen, die eine Besiedlung neuer Lebensräume ermöglichten. Eine weitere hoch entwickelte spezielle Systemeigenschaft *tierischer* Organismen, die anderen biologischen Systemen wie Einzellern, Pilzen und Pflanzen fehlt, ist die Fähigkeit einer *psychischen* Informationsverarbeitung der Umweltreize (vgl. Schurig 1976). Tiere sind mit wenigen Ausnahmen (z. B. Schwämme, Hydrozoa) frei beweglich und können sich damit *aktiv* gegenüber ihrer Umwelt verhalten. Mehrere hoch entwickelte Tiergruppen (Mollusken, Insekten, Wirbeltiere) besitzen besonders spezialisierte Sinnesorgane (z. B. für Ultraschallortung, elektromagnetische Orientierung) und Nervensysteme mit komplexen Informationseigenschaften wie Gedächtnisfunktionen, Motivationszentren, Lernen und Abstraktionsfähigkeit (vgl. Klix 1985).

Energetisch beruhen alle Lebensprozesse auf einer wachsenden *Negentropie* der lebenden Systeme, das heißt, der Umwelt wird ständig Energie entzogen und zur Selbsterhaltung eingesetzt (vgl. Valsangiacomo 1998, S. 307). Die Reaktionen auf besondere Umweltreize dienen bei einfachen Lebensformen zunächst vor allem der Sicherung von Nahrung und der Energieversorgung. Je höher der Substanz- und Energieverbrauch ist, desto komplexere Verhaltensstrategien werden zur Selbst- und Arterhaltung notwendig: Aus elementaren *Gebrauchshandlungen* (Nahrungserwerb, Ausscheidungs- und Schlafverhalten, Körperpflege) entstehen komplexe *Signalhandlungen* als ritualisierte Verhaltensweisen, artspezifische Kommunikationsprozesse und gelegentlich (z. B. bei Bienen) «Tiersprachen». Organismen können sich dem thermodynamischen Energiegefälle im Verhältnis von Organismus – Umwelt in der Evolution nur dadurch entziehen, dass sie als Individuen nach einer bestimmten Zeitspanne absterben, d. h. dem Entropiegrad der Umwelt wieder angepasst werden, zuvor aber neue Individuen zeugen, die sich wieder für eine bestimmte Zeitspanne dem zweiten Hauptsatz der Thermodynamik («Entropiesatz») entziehen können. Die besonderen Schwierigkeiten, die Funktion lebender Systeme physikalisch zu erklären, haben in der «aristotelischen» Biologie zunächst dazu geführt, eine besondere Lebenskraft («Entelechie») als Wirkungsfaktor einzuführen. Der kausalanalytischen und reduktionistischen «Maschinentheorie des Lebens» standen deshalb vor der thermodynamischen Erklärung von Lebensprozessen vitalistische Konzepte gegenüber (vgl. Jahn 1990).

«Leben» ist aber nicht nur durch Systemeigenschaften wie Komplexität, Spezialisierung, Negentropie und Höherentwicklung definiert, sondern auch durch eine *Vielfalt* der in der Evolution entstandenen marinen und terrestrischen Lebensformen. Die geschätzte Zahl der gegenwärtig existierenden biologischen Arten schwankt zwischen 30 und 100 Millionen. Gegenwärtig sterben *stündlich* zwei bis drei Arten aus, sodass Systematiker davon ausgehen, dass im Jahre 2010 bereits ca. ein Drittel aller gegenwärtig existierenden Arten vernichtet ist und damit ganze Biozönosen und Ökosysteme verschwinden (vgl. Wilson 1992). Damit wird nicht nur eine der wichtigsten Naturressourcen vernichtet, sondern das globale Ökosystem Biosphäre auch insgesamt immer instabiler. Ursache des Artensterbens ist der menschliche Energieverbrauch, durch den wichtige atmosphärische Umweltparameter (Kohlenstoffdioxid, Ozonschicht, Temperatur) in so kurzer Zeit verschoben werden, dass für viele Arten keine evolutionäre Anpassung mehr möglich ist.

4 Evolutionstheorie

Die theoretische Grundlage aller biologischen Begriffe, Probleme und Disziplinen ist die Evolutionstheorie. Es handelt sich um ein komplexes *Hypothesensystem*, das seit Darwin 1858 ständig umgeschrieben und weiterentwickelt wird, in seinen Grundannahmen jedoch unumstritten ist (vgl. Gould 1984; Jahn 1990; Wuketits 1995). In der Psychologie besonders beliebt und immer noch weit verbreitet sind *psycholamarckistische* Entwicklungsvorstellungen als «Vererbung erworbener Eigenschaften». Evolutionsbiologisch gesehen handelt es sich lediglich um *Modifikationen*, die nach wenigen Generationen wieder verschwinden. Die von Weismann um 1900 formulierte neodarwinistische *Mutations-Selektionstheorie* geht davon aus, dass nur durch sprunghafte Änderungen des Erbmaterials («Mutationen») die Allele und Genkombinationen ständig neu gemischt und durch die Umwelt ausgelesen werden. Die Vielzahl der möglichen

Genkombinationen wächst mit der Komplexität der Organismen und bedingt die Plastizität stammesgeschichtlicher Anpassungen (vgl. Knußmann 1996). Die 23 Chromosomen des Menschen sind z. B. Träger von ca. 100 000 verschiedenen Erbanlagen. Rückmutationen oder eine Rückentwicklung des Gesamtsystems sind nicht möglich, sodass die Evolution jeder Art ein *irreversibler* Anpassungsprozess mit ungewissem Ausgang ist. 99 Prozent aller seit der Entstehung des Lebens entstandenen Lebensformen sind bisher durch die ständige Umweltänderung wieder ausgestorben. Unabhängig von der Selektion durch Umweltfaktoren können einzelne Allele aber auch durch Zufallswirkung aus Populationen verschwinden oder zunehmen, sodass auch die *ungerichteten* Größenschwankungen einer Population ebenfalls Evolutionswirkung ausüben. Ein weiterer Selektionsfaktor ist die *reproduktive Isolation* mit der Einschränkung des Genaustauschs zwischen den Individuen einer Population, wie er besonders bei der Neubesiedlung von Inseln auftritt, sodass die dortigen Teilpopulationen schnell neue Arten bilden. Zu den umstrittenen Neuerungen des biologischen Evolutionsverständnisses gehören die spekulativen Annahmen eines «egoistischen» Gens (vgl. Dawkins 1977; Kotrschal 1995) als elementarer Evolutionseinheit. In der Soziobiologie können damit zahlreiche besondere Verhaltensphänomene wie Altruismus, Partnerwahl, Brutpflege und innerartliche Konkurrenz besser erklärt werden (vgl. McFarland 1998).

Die Anwendung der Evolutionstheorie ist auch auf psychologisch wichtige Fragestellungen wie die Entstehung psychischer Prozesse einschließlich der Entstehung des Bewusstseins sinnvoll und produktiv (vgl. Schurig 1976; Klix 1985).

In der Evolution der Hominiden erfolgte vor fünf bis drei Millionen Jahren im *Tier-Mensch-Übergangsfeld* die Entstehung prototypischer *humaner* Merkmale im Körperbau wie die Bipedie. Zoologisch-systematisch werden acht bis zwölf verschiedene Menschenarten unterschieden, das heißt, es gibt nicht «den» Menschen, sondern der Prozess der Artbildung und des Aussterbens durch Nichtanpassung gilt auch für die Hominidenevolution (vgl. Knußmann 1996). Die Australopithecinen gelten als erste «humane» Hominiden. Entscheidend für die Existenz elementarer Bewusstseinsformen ist der Nachweis des Gebrauchs von Werkzeugen (z. B. «pepple tools» als grob behauene Geräte), die als *Vergegenständlichung* von Bewusstseinprozessen am Beginn einer spezifisch *menschlichen Kultur* stehen, deren Weiterentwicklung nicht mehr biologischen, sondern gesellschaftlich-sozialen Gesetzmäßigkeiten unterliegt (vgl. Popper & Eccles 1982; Klix 1985). Für die Homo-erectus-Gruppe sind erstmals komplexe organisatorische und soziale Leistungen wie der Unterhalt des Feuers nachgewiesen. Für die wichtigste kognitive Neuerung und komplexeste Bewusstseinsleistung, die *sprachliche Kommunikation*, gibt es nur spekulative und indirekte Hinweise durch die Vergrößerung des menschlichen Neokortex (vgl. Müller 1987). Die jetzige Art Homo sapiens ist erstmals vor ca. 100 000 Jahren nachweisbar. Nach der Besiedlung Europas hat er sich erfolgreich gegen den ökologisch besser angepassten Konkurrenten Homo neanderthalensis durchgesetzt, der vor ca. 40 000 Jahren ausstarb («paläolithische Revolution»). Das Verschwinden des Neandertal-Menschen, der in Mitteleuropa mit dem Homo sapiens längere Zeit auch räumlich eng zusammenlebte, aber sich nicht vermischte, ist insofern rätselhaft, da der Neandertaler nicht nur Werkzeuge benutzte, körperlich besser an das Eiszeitklima angepasst war und eine eigene Kultur besaß, sondern auch seine Gehirnkapazität größer war als die des Jetztmenschen (vgl. Knußmann 1996). Die «neolithische Revolution» vor ca. 10 000 Jahren führte dann mit der *Sesshaftigkeit* und *Domestikation* von Wildtieren zu dem entscheidenden Innovationsschub mit der Entstehung neuzeitlicher Kultur- und Bewusstseinsformen. Die Entstehung des Bewusstseins als zentraler Gegenstand der Psychologie ist damit ein Evolutionsprodukt, dem es auf der Grundlage der Evolutionstheorie gelingt, die eigene Entstehung theoretisch zu reflektieren.

Literatur

Bezzel, E. (1992). Liebes böses Tier. Die falsch verstandene Kreatur. München/Zürich.

Birnbacher, D. (1991). Ökologie und Ethik. Stuttgart.

Böhme, G. (1992). Natürliche Natur. Über Natur im Zeitalter ihrer technischen Reproduzierbarkeit. Frankfurt/M.

Dawkins, R. (1977). The selfish gene. New York.

Eibl-Eibesfeldt, I. (1995). Die Biologie des menschlichen Verhaltens. Grundriß der Humanethologie. München.

Eigen, M. (1987). Stufen zum Leben. München.

Gould, S. J. (1984). Darwin nach Darwin. Frankfurt/M.

Jahn, I. (1990). Grundzüge der Biologiegeschichte. Jena.

Klix, F. (1985). Erwachendes Denken. Eine Entwicklungsgeschichte der menschlichen Intelligenz. Berlin.

Knußmann, R. (1996). Vergleichende Biologie des Menschen. Lehrbuch der Anthropologie und Humangenetik. Stuttgart.

Kotrschal, K. (1995). Im Egoismus vereint? Tiere und Menschentiere – das neue Weltbild der Verhaltensforschung. München/Zürich.

Mayr, E. (1991). Eine neue Philosophie der Biologie. München.
McFarland, D. (1998). Biologie des Verhaltens. Evolution, Physiologie, Psychobiologie. Weinheim.
Müller, H. M. (1987). Evolution, Kognition und Sprache. Berlin/Hamburg.
Plachter, H. (1991). Naturschutz. Stuttgart.
Popper, K. & Eccles, J. C. (1982). Das Ich und das Gehirn. München.
Riedl, R. & Wuketits, F. M. (1987). Die Evolutionäre Erkenntnistheorie. Berlin/Hamburg.
Schama, S. (1995). Der Traum von der Wildnis. München.
Schurig, V. (1976). Naturgeschichte des Psychischen. Frankfurt/M.
Valsangiacomo, A. (1998). Die Natur der Ökologie. Zürich.
Wilson, E. O. (1992). Ende der biologischen Vielfalt? Heidelberg/Berlin/New York.
Wuketits, F. M. (1995). Die Entdeckung des Verhaltens. Eine Geschichte der Verhaltensforschung. Darmstadt.

Ernst Schraube

4.5 Wissenschafts- und Technikforschung

Wissenschafts- und Technikforschung ist ein derzeit wachsendes Feld interdisziplinärer Zugänge, in dem mit sozial- und humanwissenschaftlichen Theorien und Methoden der Zusammenhang von Wissenschaft, Technik und Gesellschaft untersucht wird. Da dabei die Veränderungen menschlicher Erfahrung und Handlungsfähigkeit in einer wissenschaftlich-technischen Welt zum Thema gemacht werden, wird auch an psychologische Konzepte und Denktraditionen angeknüpft. Bislang aber findet das Gespräch zwischen Psychologie und Wissenschafts- und Technikforschung eher vereinzelt und fragmentarisch statt. Daher soll im Folgenden nach den Gründen dieser Zurückhaltung gefragt und die Chancen eines intensiveren Austauschs zwischen den beiden Bereichen skizziert werden.

1 Das eindimensionale Wissenschaftsverständnis traditioneller Psychologie

In der Psychologie wird seit über drei Jahrzehnten immer wieder eine umfassende Auseinandersetzung mit Wissenschaft und Technik gefordert, und wie überzeugend diese Forderung auch sein mag, bislang konnte sie – die Ausnahmen bestätigen die Regel – nicht wirklich umgesetzt werden. So gehen die aktuellen gesellschaftlichen Diskussionen über die neuen Computertechnologien, über elektronische Vernetzung oder über die Bio- und Gentechnologien – Entwicklungen, die offensichtlich zu heftigen Veränderungen der menschlichen Lebensverhältnisse und der psychischen Konstitution des Menschen führen – weitgehend spurlos an der Psychologie vorbei, obwohl auch innerhalb des Fachs selbst, etwa in der Ingenieurpsychologie, mit psychologischen Erkenntnissen an der Entwicklung und Gestaltung technischer Produkte unmittelbar mitgewirkt wird. «Der Einfluß technischer Revolutionen auf die körperliche, psychosoziale und geistige Verfaßtheit ganzer Generationen blieb unbedacht», schreibt Regina Becker-Schmidt (1989, S. 50) und betont, dass hier «wissenschaftliches Neuland betreten» (S. 49) werden müsse. Warum aber fällt der Psychologie, trotz der verbreiteten Einsicht, die Auseinandersetzung mit Wissenschaft und Technik so schwer?

Die Gründe dafür sind ironischerweise in der traditionellen Nähe der herkömmlichen Psychologie zum wissenschaftlich-technischen Fortschritt und zu mechanistischen Denkweisen zu suchen und vor allem in ihrem wissenschaftlichen Selbstverständnis. Seit ihrer Herauslösung aus der Philosophie Mitte des 19. Jahrhunderts und ihrer Institutionalisierung als einzelwissenschaftliche Disziplin begrenzt sich die Psychologie in ihren Hauptströmungen auf eine von den Natur- bzw. Computerwissenschaften entliehene Theoriesprache und Methodik (mit Begriffen wie «Input», «Output», «Speicher» usw.). Mit einer derartigen, wie man sagen könnte, technikwissenschaftlichen Wissenschaftssprache und dem verbreiteten experimentell-statistischen Verfahren der Erkenntnisgewinnung werden psychologische Phänomene auf einfache Ursache-Wirkungszusammenhänge reduziert, und menschliche Lebenszusammenhänge werden sehr abstrakt, als in Variablenform operationalisierte, höchst begrenzte Weltausschnitte aufgefasst. Dieses methodische Vorgehen bildet den Kern des wissenschaftlichen Selbstverständnisses herkömmlicher Psychologie. Dabei zeigt sich, wie sehr die Psychologie selbst zur Technik wird und wie sie gerade dadurch strukturell die Fähigkeit verliert, die Vielfalt und Komplexität menschlicher Erfahrung im Zusammenhang von Wissenschaft und Technik zur Sprache zu bringen (vgl. Schraube 2001).

Aufgrund ihres positivistischen Wissenschaftsverständnisses und der Unfähigkeit, den Mensch-Wissenschaft-Technikzusammenhang über ein eindimensional deterministisches Kausaldenken hinaus angemessen zu repräsentieren, kann daher die traditionelle Psychologie kein Gespräch mit der Wissenschafts- und Technikforschung finden. Deutlich werden hier auch die methodischen Erkenntnisbehinderungen herkömmlicher Psychologie – und wie dringend eine fundamentale wissenschaftliche Neuorientierung erforderlich wäre.

2 Science and Technology Studies (STS)

Seit Beginn der industriellen Revolution wurde in den meisten Gesellschafts- und Kulturtheorien über Wissenschaft und Technik und deren Auswirkungen auf das menschliche Leben nachgedacht (z. B. Marx, Weber, Simmel, Freud, Heidegger, Mumford, Frankfurter Schule), und seit Mitte des 20. Jahrhunderts wurde auch in den Sozial- und Humanwissenschaften die *zentrale* Bedeutung von Wissenschaft und Technik für fast alle gesellschaftlichen und kulturellen Bereiche erkannt. Dies führte zu einer entsprechenden Institutionalisierung sozialwissenschaftlicher Wissenschafts- und Technikforschung und seit den 1970er Jahren vor allem an nordamerikanischen Universitäten zur Gründung von Departments of Science and Technology Studies (STS); etwa am Massachusetts Institute of Technology, am Rensselaer Polytechnic Institute, an der Cornell University u. v. a.; in Deutschland an der Universität Bielefeld. Seitdem konnte sich STS zu einem interdisziplinären akademischen Programm entwickeln, in dem vor allem philosophische, soziologische, geschichtswissenschaftliche, politikwissenschaftliche, literaturwissenschaftliche, anthropologische und psychologische Denktraditionen zusammentreffen und sich daraus eine eigenständige Denk- und Forschungstradition herausgebildet hat, in der das Verhältnis von Wissenschaft, Technik und Gesellschaft systematisch reflektiert und diskutiert wird.

So jung, heterogen und vielfältig sich das Feld von STS auch präsentiert, es vereint ein post-positivistisches Wissenschaftsverständnis und die Vorstellung von Wissenschaft und Technik als sozialer Konstruktion. Ganz im Gegensatz zur herkömmlichen Psychologie wird hier – wohlgemerkt ein Bereich, der Wissenschaft zum zentralen Thema hat – ein Wissenschaftsverständnis vertreten, in dem Wissenschaft und Technik als ein sozialer

Prozess aufgefasst wird, der allein aus seiner materiellen, kulturellen und gesellschaftlichen Verwobenheit heraus angemessen verstanden werden kann. In der empirischen Forschung wird dabei vor allem mit interpretativen Methoden gearbeitet, etwa der Diskursanalyse, Handlungsforschung u. Ä., wobei die Ethnographie eine zentrale Stellung einnimmt.

Ein inhaltlicher Schwerpunkt der Arbeiten in STS bildet die Wissenschaftsforschung. Hier werden einerseits bestimmte Aspekte der Wissenschaftsentwicklung aus ihren sozialen und kulturellen Zusammenhängen heraus historisch analysiert. Andrerseits werden die Labors, Geräte und Praktiken vor allem der Naturwissenschaften zum Forschungsfeld gewählt und mit teilnehmender Beobachtung die konkrete Praxis wissenschaftlicher Erkenntnisentwicklung analysiert (vgl. Knorr-Cetina 1984; Latour & Woolgar 1986). Diese empirischen Studien beschreiben präzise die soziale und kulturelle Vermitteltheit der Produktion wissenschaftlicher Erkenntnis und fundieren damit auch die Annahme eines sozial-konstruktivistischen Wissenschaftsverständnisses.

Ein weiterer Schwerpunkt, der sich innerhalb von STS herausgebildet hat, geht zwar auch von einer sozialen Bestimmtheit von Wissenschaft und Technik aus, aber hier werden weniger soziale Prozesse der Entstehung und Entwicklung von Wissenschaft und Technik rekonstruiert, vielmehr wird gefragt, wie Wissenschaft und Technik auf soziale Prozesse und menschliche Lebensverhältnisse zurückwirkt. In diesem Bereich der «Critical STS» (Hess 1997, S. 157) wird davon ausgegangen, dass Wissenschaft und Technik keineswegs nur zur Verbesserung des menschlichen Wohlbefindens und der Lebensqualität beitragen, sondern auch zu einer schwerwiegenden Krise und Desorientierung im modernen Leben geführt haben und daher eine radikale Kritik und die Entwicklung alternativer Entwürfe dringend erforderlich wäre.

> «A collection of concerns in STS attracts philosophers and social theorists», erklärt Langdon Winner in einer Beschreibung unterschiedlicher Strömungen innerhalb STS, «here the focus turns to what many thinkers have argued is a profound crisis in the underlying conditions of modern life and thought. The development of modernity has gone badly wrong, not only at the level of specific, vexing social problems but in its fundamental core of ideas and institutions, especially those that involve science and technology. While attempts to fathom the nature of the crisis vary from writer to writer (…) the point of inquiry is to locate philosophical, historical, and cultural origins of phenomena closer to hand. In its very nature, research of this kind is both radical and critical; it seeks to ‹look deeper›, to probe what may be highly general sources of contemporary disorientation and to suggest change of the most fundamental kind» (1996, S. 104).

Projekte in diesem Bereich versuchen die politische und ideologische Bedeutung technologischer Strukturen zur Sprache zu bringen, sie analysieren Macht- und Ausgrenzungsverhältnisse, sie zeigen, wie Wissenschaft und Technik patriarchales und kolonialistisches Denken fortführen, und sie thematisieren, wie die ökologischen Lebensgrundlagen systematisch aus dem Gleichgewicht gebracht werden. «Rather than ask how class, gender, race, and so on serve as variables that shape science and technology», betont David Hess, «this tradition would ask what science and technology mean to different groups of people as marked by culturally significant categories of gender, class, race, and so on» (1997, S. 159).

Forscherinnen und Forscher dieser Tradition verstehen STS als Teil der sozialen Bewegungen. Zu ihrem wissenschaftlichen Selbstverständnis gehört daher der Versuch, ihre Einsichten und Erkenntnisse in politische Einflussnahme und Intervention umzusetzen und zur Gestaltung einer sozial gerechten und ökologisch nachhaltigen Welt beizutragen.

Arbeiten in diesem Bereich artikulieren die Problematik des Wechselverhältnisses menschlicher Erzeugungen und deren Rückwirkungen auf die menschliche Befindlichkeit und Handlungsfähigkeit, und sie bewegen sich damit in der Tradition des Nachdenkens über menschliche Subjektivität. Da bislang aber innerhalb STS menschliche Subjektivität kaum explizit thematisiert wurde, könnte sich hier eine Verbindung zu den alternativen Strömungen der Psychologie als fruchtbar erweisen.

3 Subjektivität und Science and Technology Studies

Neben der universalistisch technikwissenschaftlichen Tradition ist die Geschichte der Psychologie von Bemühungen um ein Wissenschaftsverständnis durchzogen, mit dem die Besonderheit und Vielfalt menschlicher Subjektivität angemessen zur Sprache kommen und wissenschaftlich untersucht werden kann. Von Freuds Psychoanalyse bis hin zu Sterns kritischem Personalismus, von der Phänomenologie über den Sozialen Konstruktionismus bis hin zu den kritischen Psychologien haben sich Ansätze herausgebildet, die psychologische Phänomene in ihrem wirklichen Zusammenhang von Natur, Kultur und Gesellschaft zu verstehen versuchen. In diesem Bereich (in dem einige Parallelentwicklungen zu STS zu finden wären) entstanden Ansätze umfassender menschlicher Selbstreflexion, in denen auch die Psychologie selbst in ihrem historischen und gesellschaftlichen Zusammenhang zum Thema gemacht wird (vgl. Danziger 1997; Jaeger & Staeuble 1978; Rose 1985). Vor allem durchzieht diesen Bereich das Bemühen, Menschen nicht als kausal determiniertes Objekt, sondern als sozial situiertes, handelndes Subjekt begrifflich und methodisch aufzufassen, und so konnten hier wesentliche Einsichten über menschliche Subjektivität – über das Unbewusste, über Verdrängung, über Identität, Sinn, Handlungsfähigkeit usw. – entwickelt werden. Aber auch spezifisch subjektpsychologische Methoden empirischen Forschens wurden begründet, mit denen nicht Menschen zum Problem gemacht, sondern die Probleme der Menschen aufgegriffen und durchschaubar gemacht werden können. Gespräche zwischen dieser Tradition der Psychologien menschlicher Subjektivität und der kulturanthropologischen Traditionen, der First-Person-Accounts, der Standpoint-Theories usw. in STS könnten die Denk- und Forschungsperspektiven beider Seiten fundieren und zur Perspektive einer problembezogenen, einsichtsreichen und aufregenden Wissenschaft vom Menschen beitragen.

4 Selbstverständigung einer technisierten Menschheit

Zu Beginn des 21. Jahrhunderts erscheint die Kluft zwischen dem wissenschaftlich-technischen Fortschritt und einer sozialen Selbstverständigung, wie wir Menschen uns damit als Individuen und als Gemeinschaft verändern, breiter denn je. Gespräche zwischen Psychologie und STS könnten zur Überwindung dieses Missverhältnisses beitragen. Damit würde sich am Horizont die Entstehung einer wissenschaftlichen Kultur abzeichnen, die sich einerseits mit den Konsequenzen ihrer eigenen Hervorbringungen befasst, die uns andrerseits hilft, die Ambivalenzen und Widersprüche, mit denen wir in der heutigen wissenschaftlich-technischen Welt konfrontiert sind, zu begreifen und zu durchschauen, damit sich die Möglichkeiten des Einflusses und der Wahl verdeutlichen.

Literatur

Becker-Schmidt, R. (1989). Technik und Sozialisation. Sozialpsychologische und kulturanthropologische Notizen zur Technikentwicklung. In: D. Becker, R. Becker-Schmidt, G.-A. Knapp & A. Wacker (Hg.), Zeitbilder der Technik. Essays zur Geschichte von Arbeit und Technologie, S. 17–74. Bonn.

Danziger, K. (1997). Naming the Mind. How Psychology Found its Language. London.

Hess, D. J. (1997). If you're Thinking of Living in STS. A Guide for the Perplexed. In: G. L. Downey & J. Dumit (Eds.), Cyborgs & Citadels. Anthropological Interventions in Emerging Sciences and Technologies. Santa Fe.

Jaeger, S. & Staeuble, I. (1978). Die gesellschaftliche Genese der Psychologie. Frankfurt/M.
Knorr-Cetina, K. (1984). Die Fabrikation von Erkenntnis. Zur Anthropologie der Naturwissenschaften. Frankfurt/M.
Latour, B. & Woolgar, S. (1986). Laboratory Life: The Social Construction of Scientific Facts. Princeton.
Rose, N. (1985). The Psychological Complex. London.
Schraube, E. (2001). Aufbruch zu einem unbekannten Kontinent. Für eine experimentierende psychologische Technikforschung. Journal für Psychologie 9 (1), S. 13–28.
Winner, L. (1996). The Gloves Come Off: Shattered Alliances in Science and Technology Studies. In: A. Ross (Ed.), Science Wars, S. 102–113. Durham, N. C.

Weiterführende Literatur

Anders, G. (1987). Die Antiquiertheit des Menschen. Bd 2. Über die Zerstörung des Lebens im Zeitalter der dritten industriellen Revolution. München.
Breyman, S. (1998). Deep Ecological Science. Bulletin of Science, Technology & Society 18 (5), S. 325–332.
Feenberg, A. (1999). Questioning Technology. New York.
Felt, U., Nowotny, H. & Taschwer, K. (1995). Wissenschaftsforschung. Eine Einführung. Frankfurt/M.
Gergen, K. (1996). Das übersättigte Selbst. Identitätsprobleme im heutigen Leben. Heidelberg.
Haraway, D. (1995). Die Neuerfindung der Natur. Primaten, Cyborgs und Frauen. Frankfurt/M.
Hess, D. J. (1995). Science & Technology in a Multicultural World. The Cultural Politics of Facts & Artifacts. New York.
Holzkamp, K. (1983). Grundlegung der Psychologie. Frankfurt/M.
Jasanoff, S., Markle, G. E., Petersen, J. C. & Pinch, T. (Eds.). Handbook of Science and Technology Studies. Thousand Oaks.
Marcus, G. E. & Fischer, M. J. (1986). Anthropology as Cultural Critique. An Experimental Moment in the Human Sciences. Chicago.
Mitcham, C. (1999). Why Science, Technology, and Society Studies? Bulletin of Science, Technology & Society 19 (2), S.128–134.
Mumford, L. (1977). Mythos der Maschine. Kultur, Technik und Macht. Frankfurt/M.
Restivo, S. (1988). Modern Science as a Social Problem. Social Problems 35 (3), S. 206–225.
Sachs, W. (1999). Planet Dialectics. Explorations in Environment and Development. London.
Scarry, E. (1992). Der Körper im Schmerz. Die Chiffren der Verletzlichkeit und die Erfindung der Kultur. Frankfurt/M.
Schachtner, C. (Hg.) (1997). Technik und Subjektivität. Frankfurt/M.
Schraube, E. (1998). Auf den Spuren der Dinge. Psychologie in einer Welt der Technik. Berlin.

Turkle, S. (1998). Leben im Netz. Identität in Zeiten des Internet. Reinbek.
Winner, L. (1989). The Whale and the Reactor. A Search for Limits in an Age of High Technology. Chicago.

Gerhard Scherhorn

4.6 Ökonomie

Die Ökonomie hat eine große Tradition selbst verfertigter psychologischer Annahmen. Die waren nötig, solange es die Psychologie noch nicht gab – die Anfänge der Wirtschaftswissenschaft liegen schließlich gut hundert Jahre vor Wundt. Aber sie hat damit nicht aufgehört, als die Psychologie zur Verfügung stand. Die Annahmen der Ökonomen über das Verhalten der Menschen sind bis heute hausgemacht. Das hat zum Teil seinen Grund in dem Bestreben, im eigenen Revier autonom zu sein. Der Wunsch ist verständlich, bringt aber eine Gefahr mit sich, der auch andere Disziplinen nicht immer entgehen, nämlich die eigenen Vorurteile zu verallgemeinern.

1 Zur Unersättlichkeit verurteilt?

Die Ökonomie hat sich in dem gemeinsamen Erkenntnisobjekt der Sozialwissenschaften, dem individuellen und kollektiven Verhalten der Menschen, einen eigenen Claim abgesteckt, der seine klassische Formulierung bei Robbins (1932) gefunden hat: «Economics is the science which studies human behaviour as a relationship between ends and scarce means which have alternative uses.» Der Satz unterstellt, dass die Ziele größer sind als die Mittel, denn die Mittel werden als knapp bezeichnet. Er klingt wie eine allgemein gültige Beschreibung der Realität; in Wahrheit aber beschreibt er das Modell einer verengten Realität und deklariert es als allgemein gültig, um andere Auffassungen der Realität als nicht ökonomisch relevant abzuweisen.

Das Modell sieht folgendermaßen aus: Die Ziele, das sind die wirtschaftlichen Güter, die zu produzierenden Waren und Dienstleistungen. Diese sind knapp, denn die Produktionsfaktoren können jeweils nur eine begrenzte Menge an Gütern herstellen. Nun wird ihr Produktionspotenzial aber vom technischen Fortschritt stetig vergrößert. Die Güterknappheit könnte also abnehmen, das Wachstum der Produktion könnte weniger wichtig werden. Die in der Definition festgeschriebene Knappheit der Güter hat aber die stillschweigende Funktion, das Wirtschaftswachstum als dauerndes Ziel zu rechtfertigen. Sie kann nur erhalten bleiben, wenn man annimmt, dass die Erfüllung eines Güterwunsches *immer* schon den nächsten vorbereitet und dass die Menschen mit den jeweils verfügbaren Gütern *nie* lange zufrieden sind. Etwa seit dem Anfang des 20. Jahrhunderts hat sich denn auch in der Ökonomie das inzwischen für allgemein gültig gehaltene Theorem eingenistet, die Güterwünsche seien unersättlich, und folglich blieben die Güter insgesamt knapp, auch wenn immer mehr von ihnen bereits im Überfluss vorhanden sind.

In einer Gesellschaft, die dieses Modell befolgt, muss die Wirtschaft unaufhörlich weiter wachsen; doch das hat seine Kehrseite. Die Steigerung der Güterproduktion macht zwar die Knappheit der produzierten Güter erträglicher, aber sie erhöht die Knappheit der naturgegebenen Produktionsmittel Boden, Wasser, Luft nach und nach ins Unerträgliche. Die Lebensbedingungen auf der Erde verschlechtern sich in solchem Maß, dass sich inzwischen selbst manche Ökonomen die Frage stellen, ob dies wirklich die beste aller Ökonomien ist oder ob es nicht vielleicht doch andere Modelle geben kann, in denen die Güterwünsche nicht unersättlich sind und die Güterknappheit ein Ende findet.

Tatsächlich ist das Vorauseilen der Wünsche eine gesellschaftliche Norm, die als solche erst in der Neuzeit aufgetreten ist (vgl. Xenos 1989). In früheren Jahrtausenden hat es eher ein Gleichgewicht zwischen Mitteln und Wünschen gegeben, und in prähistorischen Sammler- und Jäger-Kulturen gab es höchstwahrscheinlich sogar ein Überwiegen der Mittel über die Wünsche, also «ursprüngliche Überflußgesellschaften» (vgl. Sahlins 1972).

Also sind Unersättlichkeit der Wünsche und Knappheit der Güter keine unentrinnbaren Gesetze der menschlichen Natur, sondern gesellschaftlich produziert. Sie sind anthropogen wie der Klimawandel und die Verseuchung der Weltmeere. Die Expansion der Güterwünsche wird dadurch hervorgebracht, dass wir seit der industriellen Revolution, die zugleich eine Konsumrevolution war, den materiellen privaten Wohlstand überbewerten (Scherhorn 1997, S. 172 ff.) und seine externen Kosten – den Verlust an immateriellen und Gemeinschaftsgütern – unterbewerten (vgl. Scherhorn 1994a). So nehmen wir diese in Kauf, um jenen immer weiter zu steigern. Im antiken Mythos wird dieses Verhaltensmuster dem Erysichtheus zugeschrieben; er wurde dafür von Demeter zur Unersättlichkeit verurteilt (vgl. Binswanger 1998, S. 11 ff.). In der modernen Ökonomie hat man das Unersättlichkeitstheorem eingeführt, weil man sich das Wirtschaftswachstum als endlos vorstellen wollte; mit der Zeit wird man sich wohl an die antike Erkenntnis erinnern, dass Unersättlichkeit eine Strafe ist.

2 Die Grenzen bejahen!

Wenn die Güterknappheit anthropogen ist, dann ist sie auch überwindbar. Bis zum Beginn des 20. Jahrhunderts war an den technischen Fortschritt die Hoffnung geknüpft, die Menschen würden die Güter, die sie brauchen, mit immer weniger Arbeit produzieren und schließlich genug Zeit für ein menschenwürdiges Leben haben (vgl. Cross 1993). Man hat sich wohl vorgestellt, sie würden sich mit den Gütern zufrieden geben, die sie für ihre Grundbedürfnisse brauchen. Die gesellschaftliche Produktion der Güterwünsche hat bewirkt, dass diese Zufriedenheit selten geworden ist. Immerhin kann sie sich auch unter heutigen Bedingungen einstellen.

Wie sie zustande kommt, ist eines der Themen, an denen meine Arbeitsgruppe «Neue Wohlstandsmodelle» im Wuppertal Institut arbeitet. Wir analysieren z. B. die Einstellungen und Entscheidungen von Menschen, deren heutige Lebensführung sich dem Prinzip der Nachhaltigkeit annähert. Ihnen scheint eine bestimmte Einstellung gemeinsam zu sein: Statt die wirtschaftlichen Aktivitäten als Mittel zur Maximierung des Einkommens und der Gütermenge zu betrachten, behandeln die Akteure sie wie eigene Ziele, etwa so wie Beppo Straßenkehrer in Michael Endes Roman «Momo» als Ziel nicht die fertig gefegte Straße vor Augen hat, sondern den nächsten Strich mit dem Besen. So wird ihm gleichsam der Weg zum Ziel, Beppo lebt in der Gegenwart und kann sie genießen.

Das beobachten wir beispielsweise bei den Menschen, deren Konsumverhalten auf das Verlangen nach Gerechtigkeit gegenüber der natürlichen und sozialen Mitwelt gegründet ist (vgl. Valer 1999), oder auf die Liebe zum einfachen Leben (vgl. Schenk 1997), oder auf das Bedürfnis nach einem gesunden Leben (vgl. Brooks 1986, 1990), oder auf die Erkenntnis, dass für das eigene Wohlergehen weniger mehr ist (vgl. St. James 1996).

Diese Menschen setzen sich «nicht immer neue Ziele, sondern ihre Ziele sind unmittelbar gebunden an ihre Mittel. Und da ihre Mittel begrenzt sind, können ihre Ziele nicht grenzenlos sein» (Esteva 1993, S. 114).

Begrenzt sind die Mittel in einer endlichen Welt nun einmal. Begrenzt ist der Raum als Ressource für die Güterproduktion und als Senke für die Abfälle, begrenzt ist die Zeit für immer mehr materielle Güter. Das Akzeptieren dieser Grenzen schafft eine neue Freiheit (vgl. Sachs 1999): Aus ihm erwächst eine Entscheidung, den Sinn der materiellen Güter in den immateriellen Gütern (wie Umweltschonung, Gerechtigkeit, Zeit für Kinder, Freundschaft, Wissen, Kunst) zu sehen, die er mit ihrer Hilfe selbst hervorbringt. Diese Priorität der immateriellen Güter bindet die Ziele an die begrenzten Mittel. Denn immaterielle Güter werden durch Handlungen verwirklicht, die auch für sich genommen als sinnvoll erscheinen, also selbst Zielcharakter haben. Die Verfügbarkeit der Handlungen als Mittel ist dadurch begrenzt, denn da sie zugleich Ziele sind, beanspruchen sie angemessene Zeit und angemessenen Raum.

3 Ein behavioristisches Denkverbot

So zu leben, gelingt freilich unter den in einer Industriegesellschaft gegebenen Bedingungen nur wenigen. Denn die Verhältnisse, sie sind nicht so. Man muss sich immer wieder klar machen, dass wir es in den Sozialwissenschaften mit Verhalten unter historisch entstandenen gesellschaftlichen Bedingungen zu tun haben. Gewiss gibt es im menschlichen Verhalten allgemeine Gesetzmäßigkeiten. Mein Beispiel zeigt aber, dass wir sehr misstrauisch sein müssen, wenn versucht wird, just das Verhalten zu generalisieren, das den jeweils geltenden äußeren Bedingungen entspringt. Das ist immer nur eine der menschlichen Möglichkeiten. Sie zu verallgemeinern und andere zu vernachlässigen, führt leicht zu einem Denkverbot; in der Wissenschaft versteckt es sich gern hinter der Methode. Wer einer Priorität der materiellen privaten Güter – also externer Stimuli – zuneigt, wird nicht am Nachdenken darüber interessiert sein, dass diese mit einer Betonung extrinsischer Motivation verbunden sein könnte. Vermutlich wird er es überhaupt ablehnen, in der Unterscheidung zwischen ex- und intrinsischer Motivation irgendeinen Sinn zu sehen.

Die Priorität immaterieller Güter dagegen setzt intrinsische Motivation voraus. Intrinsisch motiviert handeln heißt, sich für eine Sache oder Aufgabe – wie Umwelt, Gerechtigkeit, kindgemäße Entwicklung – aus innerem Engagement einzusetzen: Man ist von ihr überzeugt, fühlt sich ihr verpflichtet, hat Freude daran. Vielleicht wird man dafür bezahlt, vielleicht auch nicht, jedenfalls setzt man sich nicht wegen der Bezahlung dafür ein. Für die Analyse dieser Motivation habe ich – das ist Jahre her – auch bei Psychologen wenig Unterstützung gefunden; sie genügte ihren methodischen Kriterien nicht. Nur die humanistische Psychologie hatte sich der Fragestellung angenommen. Zwei Zitate (eigene Übersetzung):

> «Intrinsische Motivation beruht auf den angeborenen Bedürfnissen nach Kompetenz und Selbstbestimmtheit (...) Diese motivieren einen fortlaufenden Prozeß, in dem optimale Herausforderungen gesucht und erprobt werden. Wenn Menschen nicht von triebhaften Bedürfnissen dominiert werden [wenn sie gesättigt und behaust sind, geliebt und beachtet werden und keine inneren Defizite kompensieren müssen, G. S.], suchen sie Situationen, die ihr Interesse ansprechen und ihre kreativen Fähigkeiten herausfordern.» Sie suchen eine «optimale Inkongruenz» zwischen den internen Strukturen (Bewusstsein, körperliche Kondition) und der Außenwelt, um sie zu reduzieren und die gewonnene Erfahrung in die bestehenden Strukturen zu inkorporieren (Deci & Ryan 1985, S. 32 f.).
> «Intrinsisch motiviertes Verhalten wird mit Emotionen der Freude und Erregung belohnt, die das Erleben von Kompetenz und Selbstbestimmtheit begleiten. Diese Belohnungen sind genaugenommen keine Verstärker, weil sie weder ein organisches Ungleichgewicht reduzieren (vgl. Hull 1943) noch von der Aktivität selbst operational zu trennen sind (vgl. Skinner 1953). Wenn Menschen intrinsisch motiviert sind, (...) erfahren sie, daß die Ursache ihres Handelns in ihnen selbst liegt. (...) Das Gegenteil (...) ist Druck und Spannung. Insoweit Menschen sich zu etwas zwingen, von Angst beherrscht sind oder unter Druck arbeiten, können wir sicher sein, daß extrinsische Motivation zumindest beteiligt ist – vielleicht weil ihr Selbstwertgefühl auf dem Spiel steht oder sie einen Termin einhalten müssen oder auf einen materiellen Vorteil bedacht sind» (Deci & Ryan 1985, S. 34).

Abgelehnt wurde dieses Verhaltenskonzept, weil es, wie man leicht erkennt, behavioristischen Vorstellungen inhaltlicher und methodischer Art nicht genügte. Auch in ökonomischen Modellen gilt allein das beobachtete Verhalten. Aus der Tatsache, dass jemand ein Gut kauft, zieht man den Schluss, dass es seinen Bedürfnissen entspricht. Das ist nicht falsch, denn irgendwie muss er ja wohl zum Kauf motiviert sein. Mehr will man gar nicht wissen. Gekauft ist gekauft. Und wie's drinnen aussieht, geht niemand was an.

4 Das Problem der Authentizität

Warum eigentlich nicht? Vielleicht würde das Unersättlichkeitstheorem in Frage gestellt, wenn man Verhalten unter dem Blickwinkel der intrinsischen oder extrinsischen Motivation betrachtete. Vielleicht sind die Wünsche nach materiellen Gütern deshalb unersättlich, weil Grundbedürfnisse unbefriedigt bleiben, namentlich die auf immaterielle Güter wie Geborgenheit, Bestätigung, Partizipation, Freiheit, Zeit, Zukunft, Feier, Spiel, Kunst gerichteten Grundbedürfnisse (vgl. Eppler 2000). «Verwöhnte Kinder bekommen alles, nur nicht das, was sie wirklich brauchen», ist eine Erfahrung von Pädagogen. Mit materiellen Gütern können diese Bedürfnisse nur kompensiert, aber nicht befriedigt werden; also treten sie nicht zurück, um anderen Platz zu machen, sondern bleiben virulent. Das kann eine Erklärung dafür sein, dass immer neue Güter gekauft werden. Aber wem kann der Gedanke gefallen, die Unersättlichkeit der Güterwünsche entspringe einer gesellschaftlichen Struktur, die die Befriedigung von Ersatzbedürfnissen (vgl. Scherhorn 1994b; 1995) fördert? Lieber erklärt man die Fragestellung für methodisch unzulässig.

Nun gibt es in der Tat einen Fall, in dem sie als unwissenschaftlich verurteilt werden muss – nämlich wenn sie auf Bevormundung hinausläuft. Anders als die medizinische oder pädagogische Beurteilung des einzelnen Menschen in persönlicher Kommunikation dürfen erfahrungswissenschaftliche Befunde nicht dazu gebraucht werden, anderen Menschen ungefragt und verallgemeinernd mitzuteilen, ihre Gefühle und Beweggründe seien nicht die «wahren» oder authentischen, sondern Kompensation für diese und daher selbstschädigend oder gar sozial bedenklich.

Wohl aber darf man erfahrungswissenschaftliche Methoden entwickeln und lehren, mit deren Hilfe Menschen selbst für sich herausfinden, ob ein von ihnen gefühltes Bedürfnis authentisch oder kompensatorisch ist. Vielleicht ist das nicht unbedingt die Aufgabe von Ökonomen, weil sie die dafür geeigneten Methoden nicht beherrschen. Aber wenn sie gleich die ganze Fragestellung verneinen, setzen sie sich über kurz oder lang dem Ideologieverdacht aus. Denn die Beschränkung auf das manifeste Verhalten erhält dann die Vorstellung aufrecht, dass die Menschen sich gemäß einer Abwägung von Kosten und Nutzen so verhalten, wie es ihrem privaten Vorteil am besten entspricht. Das ist wieder nicht falsch, aber so eng und einseitig, dass dadurch einerseits das im ökonomischen Denken maßgebende Modell, andererseits die in der Realität vorherrschenden strukturellen Bedingungen, die die Höhe der Kosten und der Nutzen bestimmen, vor Veränderung geschützt werden. Und wenn ein Denkverbot diese Wirkung hat, dann hat es meist auch diese Funktion.

5 Die Macht der Verhältnisse

Um auf die strukturellen Bedingungen einzugehen, schauen wir uns wieder ein Beispiel an. Die Relation der Preise für Natur und Arbeit wird in politischen Entscheidungen festgelegt. Seit Jahrhunderten – und in den Zeiten des billigen Erdöls erst recht – sind diese Entscheidungen so ausgegangen, dass Unternehmen für Naturverbrauch weniger zahlen müssen als für Arbeitskräfte, also ist es wirtschaftlich, die Arbeitsproduktivität auf Kosten der Ressourcenproduktivität zu steigern. Das verhindert, dass die naturgegebenen Ressourcen effizient und schonend behandelt werden; deshalb wird Umwelt zerstört. Die Arbeitsproduktivität wird durch verschwenderischen Einsatz fossiler Energien, nun auch noch kombiniert mit digitalen Informations- und Kommunikationstechnologien, so rasant gesteigert, dass die Gesamtnachfrage nicht Schritt halten kann; deshalb gehen Arbeitsplätze verloren.

Wer das durchschaut hat, kann es nicht für unabänderlich halten. Wer es ändern will, muss dazu beitragen, die Bedingungen so zu justieren, dass sich das Verhalten anders orientieren kann. Denn im Alleingang bei unveränderten Strukturen ist für jeden Einzelnen ein beträchtlicher Aufwand an finanziellen Mitteln und innerer Kraft nötig, um sich konsequent umweltschonend zu verhalten. Die bestehenden Relationen wirken sich ja darin aus, dass dieses Verhalten erschwert und verteuert, das entgegengesetzte aber, die Schädigung der Umwelt, mit administrativen Erleichterungen, mit Subventionen und geringeren Preisen begünstigt ist.

So setzen die meisten Menschen ihr Umweltbewusstsein nur dort in die Tat um, wo relativ geringe Aufwendungen und psychische Energie dafür ausreichen. Mehr zu tun, erlauben teils ihre Mittel nicht, vor allem ist ihre intrinsische Motivation nicht stark genug, sich gegen das Gefühl durchzusetzen, dass sie sich für ein Gemeininteresse einsetzen, das von der Allgemeinheit vielleicht theoretisch gebilligt, manifest aber, wie die herrschenden Strukturen signalisieren, eher abgelehnt wird. Wer sich trotzdem für die Gesellschaft einsetzt, fühlt sich durch sie ungerecht behandelt; darüber setzen sich nur Hochmotivierte hinweg.

Oft geht es bei diesem Einsatz vordergründig um den Kauf oder die Verwendung privater Güter, des eigenen Autos zum Beispiel. Doch zugleich tragen die individuellen Entscheidungen zur Produktion eines Gemeinguts bei, einer kollektiven Aktion bei – hier also zur Schonung oder Schädigung der Umwelt. Mit dem Konzept des Marktverhaltens allein ist das nicht zu erfassen. Man erkennt das am besten, wenn man sich vor Augen führt, wie im Marktbereich Strukturänderungen in Richtung Umweltschonung zustande kommen. Kleine Gruppen von Personen innerhalb oder außerhalb der Administration, die zum Einsatz im Allgemeininteresse intrinsisch motiviert sind, veranlassen in kooperativen Aktionen Regierungen und Behörden zur Änderung von rechtlichen Regelungen, bewegen Anbieter zur Änderung von Angebotsbedingungen und/oder Nachfrager zur Änderung ihrer Präferenzen. Wenn das gelingt, ist ein verändertes Marktverhalten angebahnt, das die Wirkung einer umfassenden kollektiven Aktion hat; denn nun liegt es zugleich im gemeinsamen und im individuellen Interesse, sich umweltgerecht zu verhalten.

So ungefähr kann man den Satz des Moralphilosophen Adam Smith heute verstehen, eine unsichtbare Hand bewirke, dass das individuelle Vorteilsstreben zugleich das Gemeinwohl herbeiführt. Das ist nicht automatisch der Fall, sondern nur, wenn das Handeln der vielen Einzelnen vom Marktprozess koordiniert und dieser von am Gemeinwohl orientierten kooperativen Aktionen kontrolliert wird.

6 Die Verhältnisse der Macht

Also kann man sich nicht blind auf die Weisheit des Markts verlassen, sondern muss kritisch und im Detail untersuchen, wie sich die jeweiligen Machtverhältnisse auf sein Ergebnis auswirken, die Machtrelationen zwischen Kapital und Arbeit, Männern und Frauen, Höher- und Geringerverdienenden, um nur einige zu nennen.

Machtblind nenne ich zum Beispiel die Vorstellung, man könne das Verhältnis von Arbeit und Kapital allein unter dem Aspekt betrachten, dass beide Produktionsfaktoren sind, die im Interesse der Güterproduktion rational kombiniert werden müssen, ohne zugleich dafür zu sorgen, dass beide in stabiler Machtbalance stehen. Arbeitslosigkeit wird bei solcher Kurzsichtigkeit mit dem zu hohen Preis der Arbeit, insbesondere der minderqualifizierten, erklärt; das führt allen Ernstes zu der Erwartung, sie könne nur durch Lohnsenkung bis hin zu den viel diskutierten Niedriglöhnen behoben werden.

Die Folgen für die Betroffenen sind zu besichtigen: Mehrfachjobs, Überarbeitung, Deklassierung und, im Zusammenhang damit, hohe Morbidität und Mortalität. In medizinsoziologischen Untersuchungen ist nachgewiesen, dass Krankheit und Sterblichkeit in den Schichten mit stark belastenden Arbeits- und Lebensbedingungen am höchsten sind (vgl. Williams et al. 1992). Auf die Dauer müssen solche Forschungsergebnisse auch das ökonomische Denken daran erinnern, dass Arbeit nicht nur Produktionsfaktor ist, also Ware, sondern auch menschliche Tätigkeit, an die humane Anforderungen zu stellen sind. Menschengemäße Arbeit «gibt dem Menschen die Chance, seine Fähigkeiten auszuüben und zu entfalten. Sie vereinigt ihn mit anderen Menschen zu einer gemeinsamen Aufgabe. Und sie verschafft ihm die Mittel für ein menschenwürdiges Dasein» (Schumacher 1965, eig. Übers.). Die Definition wäre für *alle* arbeitenden Menschen zu verwirklichen, wenn die Bedingungen für gleiche Bildungschancen, kürzere Arbeitszeiten und geringere Einkommensunterschiede – alles Beiträge zu besserer Machtbalance – geschaffen würden.

Machtblind ist auch die Vorstellung, der Zweck der Arbeit sei allein der Gelderwerb. Sie blendet die informelle Arbeit in Haushalt und Familie, in Eigenproduktion und Realtausch, in Nachbarschaftshilfe und bürgerschaftlichem Engagement aus, obwohl diese für den Gesamtwohlstand umso wichtiger wird, je höher die Produktivität und je geringer das Arbeitsvolumen in der formellen Arbeit sind, und deshalb dringend in das sichtbare und gesellschaftlich gewürdigte Sozialprodukt einbezogen werden muss. Sie verhindert die gleichrangige Beteiligung der Männer an der Haus- und Familienarbeit, obwohl das die einzige Möglichkeit ist, die Familie funktionsfähig zu erhalten. Und sie kriminalisiert die «Schwarzarbeit», obwohl deren Zunahme, wie weltweit in den Metropolen zu beobachten ist, weitgehend durch die wachsenden Einkommensunterschiede hervorgerufen wird (vgl. Sassen 2000) und ihre Beseitigung bei gleich bleibenden Ursachen nur zu weiterer Verarmung der unteren Schichten führen würde.

Genug der Beispiele. Sie mögen zeigen, dass die Ökonomie eine große Herausforderung für kreatives Denken und Forschen bereithält, die sie nur in Zusammenarbeit mit den anderen Sozialwissenschaften bewältigen kann, so auch der Psychologie.

Literatur

Binswanger, H. C. (1998). Die Glaubensgemeinschaft der Ökonomen. München.

Brooks, S. (1986, Neubearb. 1990). The art of good living. Boston. Dt. (1991): Von der Kunst, gut zu leben. München.

Cross, G. (1993). Time and money. The making of consumer culture. London/New York.

Deci, E. L. & Ryan, R. M. (1985). Intrinsic motivation and self-determination in human behavior. New York.

Eppler, E. (2000). Was der Mensch braucht. Frankfurt/M.

Esteva, G. (1993). Entwicklung. In: W. Sachs (Hg.), Wie im Westen so auf Erden, S. 89–121. Reinbek.

Hull, C. L. (1943). Principles of behavior: An introduction into behavior theory. New York.

Robbins, L. (1932). An Essay on the Nature and Significance of Economic Science. London.

Sachs, W. (1999). The power of limits. In: ders., Planet Dialectics, S. 197–212. London.

Sahlins, M. D. (1972). Stone age economies. Chicago.

Sassen, S. (2000). Die informelle Wirtschaft. In: dies., Machtbeben. Wohin führt die Globalisierung? S. 39–76. Stuttgart.

Schenk, H. (1997). Auf der Suche nach dem einfachen Leben. In: H. Schenk (Hg.), Vom einfachen Leben, S. 9–58. München.

Scherhorn, G. (1994a). Die Unersättlichkeit der Bedürfnisse und der kalte Stern der Knappheit. In: B. Biervert & M. Held (Hg.). Das Naturverständnis der Ökonomie, S. 224–240. Frankfurt/M.

Scherhorn, G. (1994b). Konsum als Kompensation. In: K.-J. Reinbold (Hg.), Konsumrausch. Der heimliche Lehrplan des Passivismus. Schriftenreihe der Arbeitsgemeinschaft für Gefährdetenhilfe, Band 18, S. 7–41. Freiburg.

Scherhorn, G. (1995). Das Vordringen der Ersatzbedürfnisse – Zur Relativierung des positivistischen Denkens in der Ökonomie. Sozialwissenschaftliche Informationen 24 (4), S. 258–264.

Scherhorn, G. (1997). Das Ganze der Güter. In: K. M. Meyer-Abich (Hg.), Vom Baum der Erkenntnis zum Baum des Lebens, S. 162–251. München.

Schumacher, E. F. (1965). Buddhist Economics. In: G. Wint (Ed.). Asia. A Handbook, S. 695–701. London. Dt. (1977): Die Rückkehr zum menschlichen Maß, S. 48–56. Reinbek.

Skinner, B. F. (1953). Science and human behavior. New York.

St. James, E. (1996). Living the simple life. New York. Dt.: In Einfachheit leben. München.

Valer, A. (1999). Bilanci di giustizia. Bologna.

Williams, R. B., Barefoot, J. C., Califf, R. M. & Haney, T. L. (1992). Prognostic importance of social and economic recourses among medically treated patients with angiographically documented coronary artery desease. Journal of the American Medical Association 267, S. 520–524.

Xenos, Nicholas (1989). Scarcity and modernity. London.

Thomas Anz

4.7 Literaturwissenschaft

1 Voraussetzungen und Verhinderungen des Gesprächs

Ein intensiver Dialog zwischen akademisch institutionalisierter Psychologie und Literaturwissenschaft wurde bislang nur in Ansätzen geführt. Kontinuierlich organisiert wurde er in den vergangenen Jahrzehnten nur von einer Freiburger Forschergruppe (vgl. Cremerius et al. 1981). Günstige Bedingungen für das Gespräch lagen da vor, wo Psychologie sich hermeneutischen oder semiotischen Interessen, Verfahrensweisen und Problemen des Sinnverstehens bzw. der Decodierung von Zeichen und dabei vor allem auch der Psychoanalyse gegenüber offen zeigte und wo Literaturwissenschaft sich nicht ausschließlich mit literarischen Texten, sondern auch mit jenen Menschen befasste, die mit diesen Texten oder über sie kommunizieren, also mit Autoren und mit Lesern.

Beide Voraussetzungen waren in der Geschichte der Beziehung zwischen Psychologie und Literaturwissenschaft nur in stark eingeschränktem Ausmaß gegeben. Die sich gegen Ende des 19. Jahrhunderts etablierende und noch heute bestehende Kluft zwischen zwei Wissenschaftskulturen stand dem Dialog zwischen einer an Standards der Naturwissenschaften orientierten Psychologie und der an Standards der Geisteswissenschaften angelehnten Literaturwissenschaft entgegen. Literaturwissenschaftliche Hermeneutik zeigte sich darüber hinaus lange Zeit auch gegenüber psychoanalytischer Tiefenhermeneutik in ähnlichem Maße feindlich oder ignorant wie die akademische Psychologie (vgl. Marx & Wild 1984; Urban 1973). Das ist insofern erstaunlich, als die Psychoanalyse von Beginn an ein ausgeprägtes Interesse an Literatur zeigte und dieses sogar in einer «Zeitschrift für Anwendung der Psychoanalyse auf die Geisteswissenschaften» («Imago») seit 1912 öffentlich demonstrierte (vgl. Fischer 1980). Ähnlich starkes Interesse zeigte umgekehrt die moderne Literatur an der Psychoanalyse (auch an Psychiatrie und Psychologie), seit es sie gab (vgl. Worbs 1988). An dem Dialog zwischen Psychoanalyse und Literatur, der intensiv, wenn auch keineswegs konfliktfrei war (vgl. Anz 1999), nahm die akademische Literaturwissenschaft in der ersten Hälfte des 20. Jahrhunderts jedoch so wenig teil wie die akademische Psychologie.

Trotz solcher Verhinderungen des Gesprächs zwischen Psychologie und Literaturwissenschaft verzeichnet eine einschlägige Bibliographie zur «Literaturpsychologie 1945–1987» (Pfeiffer 1989) immerhin etwa 2500 Beiträge. Die Zahl dürfte seither auf weit über das Doppelte gewachsen sein. Heute existiert eine zumindest schwach institutionalisierte, vereinzelt von ausgebildeten Psychologen, in der Mehrzahl von psychologisch interessierten Literaturwissenschaftlern betriebene Literaturpsychologie. In ihrem Rahmen hat die Psychoanalytische Literaturwissenschaft eine auffällige Dominanz.

2 Beziehungen zwischen Literatur und Psychologie

Literatur ist in gewissem Sinn selbst Psychologie – nicht nur, aber auch. Was wir lesen, ist immer auch literarische Psychologie, Literaturpsychologie (vgl. Groeben 1972, S. 13 ff.). Autoren haben in ihre literarischen Texte Vorstellungen darüber eingeschrieben, nach welchen psychischen Gesetzmäßigkeiten Personen sich in der Regel verhalten. In der Zeit der Aufklärung, aus der entscheidende Impulse zur späteren Etablierung der akademischen Psychologie (auch der Psychoanalyse) kamen, war das psychologische Interesse der Autoren zuweilen so stark, dass beispielsweise Karl Philipp Moritz seinem Roman «Anton Reiser» (1785–1789 in vier Teilen) den Untertitel «Ein psychologischer Roman» gab. Teile des Romans erschienen vorab in dem von Moritz herausgegebenen «Magazin zur Erfahrungsseelenkunde» (1783–1793), der ersten deutschen Zeitschrift für Psychologie. In ihr plädierte Moritz sogar für ein Psychologie-Studium von Autoren. Die Grenzen zwischen Psychologie, Medizin, Psychiatrie (die sich damals zu konstituieren begann), Pädagogik, theoretischer oder praktischer Philosophie und Literatur waren in dieser Zeit noch fließend. Literatur galt im späten 18. und frühen 19. Jahrhundert als Erkenntnisquelle der Psychologie und nahm, wie u. a. an den zahlreichen Krankengeschichten in den Werken Goethes, Schillers, später E. T. A. Hoffmanns oder Georg Büchners nachgewiesen wurde, ihrerseits psychologisches Wissen, das andere Disziplinen vermittelten, in sich auf.

Dieser Dialog zwischen Literatur und Psychologie, der von Literatur- und Wissenschaftshistorikern mittlerweile gut rekonstruiert worden ist (vgl. u. a. Dörner 1995; Ellenberger 1973; Reuchlein 1986), brach im Lauf des 19. Jahrhunderts mit der Verwissenschaftlichung der Psychiatrie und Psychologie weitgehend ab und wurde erst um 1900 vor allem durch die Psychoanalyse partiell reaktiviert. Freud illustrierte seine Theorien gerne mit literarischen Beispielen und lehnte sich bei einigen seiner prominent gewordenen Begriffskreationen an literarische Stoffe (Ödipus, Narziss) an. Seine ausführliche Interpretation der «Gradiva», einer Novelle seines Zeitgenossen Wilhelm Jensen, geriet zur kleinen Einführung in den damaligen Stand der Psychoanalyse. Hier nannte der Analytiker die Dichter «wertvolle Bundesgenossen» bei dem gemeinsamen Projekt einer Erkundung des Seelenlebens. Sie seien «Vorläufer der Wissenschaft und so auch der wissenschaftlichen Psychologie» (Freud 1969, S. 14 und 43). Die Psychologie der Literatur (der Genitiv ist hier ein Genitivus subiectivus) dient der wissenschaftlichen Psychologie in diesem Sinn vielfach «als Heuristik, d. h. zur Aufstellung von Hypothesen» (Groeben 1972, S. 15), deren Geltungsprüfung wissenschaftliche Aufgabe kontrollierter Beobachtung und begrifflich-theoretischer Präzisierung bleibt. Als Anregung zu oder Illustration und Bestätigung von psychologischen Theoriebildungen fungierte Literatur in der literaturpsychologischen Praxis noch weit über Freuds Interpretationen hinaus, so in Jacques Lacans viel beachteter und imitierter Analyse von Poes Erzählung «Der entwendete Brief».

Freud unterstellte allerdings sogar einem medizinisch und psychologisch vorgebildeten Autor wie Arthur Schnitzler, er habe sein psychoanalyseähnliches Wissen vor allem dichterischer Intuition zu verdanken. So wie Freud ignorierten viele literaturpsychologische Textinterpreten, dass Autoren wie etwa E. T. A. Hoffmann, Kafka, Thomas Mann, Musil oder Broch sich (als hätten sie auf den Ratschlag von K. P. Moritz gehört) intensiv mit der wissenschaftlichen Psychologie ihrer Zeit befasst und dieses Wissen bewusst in ihre Texte eingearbeitet haben. Literaturwissenschaftler oder Psychologen, die dem Rechnung tragen, greifen auf psychologiegeschichtliches Wissen zurück und vergleichen die Interdependenzen zwischen literarischen und psychologischen Diskursen in kulturhistorischer Perspektive (vgl. u. a. Worbs 1988; Thomé 1993). Literaturpsychologie ist hingegen eher an anderen Fragestellungen orientiert.

3 Objekte und Fragestellungen der Literaturpsychologie

An literaturpsychologischer Theorie und Praxis beteiligen sich Psychologen und Literaturwissenschaftler in mehr oder weniger intensiven und gelingenden Versuchen, sich spezifische Kompetenzen der jeweils anderen

Disziplin anzueignen und diese anzuwenden. Über die gemeinsamen Fragestellungen und Forschungsbereiche besteht dabei größere Einigkeit als über die Angemessenheit bestimmter Methoden und Theorien. In nahezu allen Einführungen und Überblicken zur Literaturpsychologie findet sich die zunächst plausible, doch bei genauerer Prüfung problematische Unterscheidung von autor-, werk- und leserorientierter Literaturpsychologie.

Autoren

Untersuchungsgegenstand der Literaturpsychologie war lange Zeit vorrangig die Psyche der Autoren. Als erklärungsbedürftig erschien und erscheint vor allem der Aspekt der künstlerischen Produktion und Kreativität. Wurde zunächst, gelegentlich unter Berufung auf Platons «Ion»-Dialog, ein – freilich problematischer – Zusammenhang von «Genie und Irrsinn» behauptet (v. a. von Cesare Lombroso 1864), so beschrieb die Psychoanalyse den Künstler als nahen Verwandten des Neurotikers. «Psychopathographische» Literaturpsychologie (vgl. die umfangreiche Sammlung entsprechender Studien in Lange-Eichbaum et al. 1986) bedeutet dementsprechend, Künstlerbiographien als Krankengeschichten und Kunstwerke als symptomatische Tagträume, Ersatz- oder Abwehrhandlungen zu beschreiben (z. B. Marie Bonaparte in ihrer «Edgar Allan Poe»-Studie 1933). Tendenziell weniger denunziatorisch-reduktionistisch sind «Psychobiographien», die, wie etwa K. R. Eisslers monumentale «Goethe»-Monographie (1963), die psychische Entwicklung eines Künstlers nachzeichnen, dabei biographische Fakten zum Verständnis des Werks benutzen und dieses wiederum als Quelle zur Erforschung der Autorpsyche verwenden.

Bei Untersuchungen zu den Bedingungen künstlerischer Kreativität und zur Genese von Kunstwerken stimmen trieb-, ich- und selbstpsychologische Theorien der Psychoanalyse darin überein, dass ein seelischer Konflikt der Ursprung für das Phantasieren ist. Die von Freud als Fortsetzung kindlichen Spielens beschriebene Phantasietätigkeit bzw. Tagträumerei gilt als Quelle der literarischen Produktion. Phantasien werden dabei als kompensierende Korrekturen der unbefriedigenden Realität begriffen, als Antworten auf aktuelle, verdrängte kindliche Erfahrungen wiederholende Krisen. Relativ unumstritten ist in der Literaturpsychologie die wichtige Bedeutung unkontrollierter, unbewusst ablaufender Denkvorgänge («Primärprozess») für die Kreativität.

Zum Paradigma für die autororientierte Textinterpretation wurde schon früh die von Freud entwickelte Methode der Traumdeutung. In der von der Psychoanalyse behaupteten Analogie zwischen Dichtung und (Tag-)Traum entsprechen dem manifesten Trauminhalt, also dem im Wachzustand erinnerten Traum, Handlung und Oberflächenstruktur des literarischen Werks. Sie gelten als Produkte der entstellenden Zensur ursprünglicher Inhalte mit verbotenen Wünschen, als Kompromissbildungen zwischen diesen anstößigen Wünschen und deren Abwehr durch ein sich von ihnen bedroht fühlendes Bewusstsein. Der Traum- bzw. Textdeuter kennt die Mechanismen der Entstellung (Symbolisierung, Verdichtung, Verschiebung usw.) und kann mit dieser Kenntnis den Entstellungsprozess bis zur Aufdeckung der ursprünglichen Wunschphantasien zurückverfolgen. Ziel der Traum- wie der Textdeutung ist also die Dechiffrierung des manifesten Traum- bzw. Textgedankens und die Aufdeckung seines «psychodramatischen Substrats» (vgl. v. Matt 2001, S. 66 ff.). Wie der in der psychoanalytischen Kur erzählte und mit freien Assoziationen angereicherte Traum eines Analysanden Aufschluss über seine psychischen Konflikte und Belastungen gibt, soll die dem «Therapiemodell» (vgl. Rutschky 1981, S. 9 ff.) folgende Textdeutung, bei der (meist längst verstorbene) Autoren vom Literaturpsychologen gleichsam auf die Couch gelegt werden, die Rekonstruktion des die literarische Produktion auslösenden und bestimmenden psychischen Konflikts ermöglichen.

Die Rückführung von Literatur auf psychische oder gar psychopathologische Konflikte des Autors folgte oft einer Suchlogik, die unter der Oberfläche literarischer Texte immer wieder die gleichen ödipalen Konstellationen (eine Figur im Status des Sohns begehrt, im Konflikt mit einer vaterähnlichen Figur, eine mutterähnliche Figur) oder, verstärkt seit den 1970er Jahren, präödipale Trennungstraumata, verbunden mit narzisstischen Größen- oder Verschmelzungsphantasien, aufspürte. Ebenso führten Interpreten im Gefolge der analytischen Psychologie C. G. Jungs die Bedeutung literarischer Werke auf ein mythisches Grundmuster der Individuation (Trennung und Wiederkehr) oder auf einige «Archetypen» eines kollektiven Unbewussten zurück. Der Schematismus vieler Deutungen nach solchen Mustern war mitverantwortlich für die sowohl bei Autoren als auch bei Literaturwissenschaftlern verbreitete Aversion gegen die Literaturpsychologie.

Werke

Es gibt in der Literaturwissenschaft gewichtige Argumente, Informationen über die oder Fragen nach der Person und der Psyche des Autors als für die Textanalyse irrelevant zu erklären. Literarische Werke können eine andere Bedeutung, Struktur oder Wirkung haben als die vom Autor beabsichtigte, sie führen als dauerhaft im Medium der Schrift gespeicherte Texte eine Art Eigenleben, das von seinen biographischen und historischen Entstehungsbedingungen losgelöst ist. Oft ist der Autor der zu interpretierenden Texte längst tot, ist (wie bei Märchen, Sagen oder auch Witzen) gar nicht bekannt, oder die Texte sind das Produkt kollektiver Phantasien und Diskurse. Grundsätzlicher noch ist das (allerdings die erkenntnistheoretischen Grundlagen der Psychologie generell betreffende) Argument, dass sich überprüfbare Aussagen über das Bewusstsein oder das Unbewusste eines Autors gar nicht machen lassen, weil man es jenseits seiner materialen Manifestation in Texten nicht wahrnehmen kann.

Das gelegentlich «endopoetisch» (im Gegensatz zu «exopoetisch») genannte Verfahren, bei dem Literaturpsychologie sich auf die Werkanalyse konzentriert, führt in der Praxis meist zu der ebenfalls problematischen Konsequenz, dass die mit Texten künstlich konstruierten Figuren mit psychologischen Kategorien so beschrieben werden, als ob sie lebendige Menschen seien, oder dass (in einer meist unreflektierten metonymischen Redeweise) statt den Autoren nun ihren Texten ein «Bewusstsein», ein «Unbewusstes», eine «Intention» oder (vornehmlich in der an Jacques Lacan orientierten Literaturanalyse) ein «Begehren» zugeschrieben wird. Dieses können jedoch im wörtlichen Sinn nur reale Personen, also Autoren oder Leser, haben, nicht die Texte oder die fiktiven Personen in ihnen selbst.

Sowohl die empirische als auch die tiefenhermeneutische Literaturpsychologie hat sich aus den hier angedeuteten theoretischen und methodischen Schwierigkeiten durch eine zunehmende Konzentration auf die Leser zu befreien versucht.

Leser

Die Wahrnehmung von Kunstwerken, auch sprachlichen, wurde schon im 18. Jahrhundert zum Untersuchungsgegenstand einer neu etablierten Disziplin: der Ästhetik. Diese war von Beginn an durch psychologische Fragestellungen geprägt, vor allem durch die Frage nach den Arten und Bedingungen der «Lust», des «Wohlgefallens» oder des «Vergnügens» am Schönen oder auch am Schrecklichen oder Hässlichen, an komischen oder auch an tragischen Gegenständen (vgl. Anz 1999). An der Ausarbeitung einer psychologischen Ästhetik blieben im 19. und 20. Jahrhundert auch an naturwissenschaftlichen Methoden orientierte Psychologen kontinuierlich beteiligt (vgl. den umfassenden Überblick von Allesch 1987). Die erste experimentalpsychologische Ästhetik legte in den siebziger Jahren des 19. Jahrhunderts Gustav Theodor Fechner vor. Auf sie rekurrierten später nicht nur etliche Schriften Freuds, sondern auch noch in den letzten Jahrzehnten kognitionspsychologische Forschungen zur Wahrnehmung von Kunst.

Psychoanalytische Theorien und Untersuchungen zur Rezeption von Literatur (vgl. den instruktiven Überblick in Schönau 1991, S. 37–80 und S. 101–102) haben in jüngerer Zeit ein differenziertes Instrumentarium dafür entwickelt, in der introspektiven Analyse eigener Leseerfahrungen oder in der analytischen Auseinandersetzung mit Lektüreerfahrungen anderer die zum Teil unbewussten Prozesse der Identifikation oder Projektion bewusst zu machen. Sie haben dabei auch formale, stilistische oder gattungspoetologische Aspekte einbezogen. Die empirische Leserpsychologie untersucht vornehmlich Motivationen zum Lesen, Wirkungen von Texten auf Einstellung und Handlungsweisen in ihren Abhängigkeiten von Alter, Bildung oder auch Geschlecht und Persönlichkeitstyp. Die literaturwissenschaftliche Suche nach der manifesten und die psychoanalytische nach der latenten Bedeutung eines Werks verschiebt sie tendenziell zur kontrollierbaren Untersuchung der unterschiedlichen Bedeutungen, die einem Text von Lesern zugeschrieben wurden. An die Stelle der Textinterpretation tritt die psychologische Beschreibung und Interpretation von kognitiven und affektiven Reaktionen auf Texte mit qualitativen oder quantitativ-experimentellen Methoden der Sozialwissenschaften.

Literarische Kommunikation

Isolierte Untersuchungen zur Psyche des Autors, zu psychologisch relevanten Inhalten und Formen literarischer Werke oder zur Psyche des Lesers erscheinen heute zunehmend problematisch. Autoren, Texte, Leser und Literaturpsychologen sind wechselseitig voneinander abhängige Bestandteile eines kommunikativen Prozesses, der eine zum Teil bewusste, zum Teil unbewusste Dynamik aufweist und in seiner Komplexität literaturpsychologische Untersuchungen zu entsprechend komplexen Untersuchungen herausfordert. Ansätze dazu finden sich in psychoanalytischen «Übertragungs- und Gegenübertragungsanalysen» (vgl. Schönau 1991, S. 52–56; Pietzcker 1992). In Analogie zum mittlerweile etablierten «Setting» der Interaktion zwischen Patient und Therapeut in der psychoanalytischen Praxis reflektieren Literaturpsychologen hier kontrolliert darauf, welche Rolle und Reaktion ein Autor (den man dabei nicht unbedingt kennen muss) mit dem Text einem Leser (auch dem psychoanalytisch geschulten Interpreten selbst) nahe legt und wie der Leser auf solche Rollen- und Reaktionszuweisungen kognitiv und emotional reagiert.

Literatur

Allesch, C. G. (1987). Geschichte der psychologischen Ästhetik. Göttingen.
Anz, T. (1998). Literatur und Lust. Glück und Unglück beim Lesen. München.
Anz, T. in Zusammenarbeit mit Kanz, C. (Hg.) (1999). Psychoanalyse in der modernen Literatur: Kooperation und Konkurrenz. Würzburg.
Cremerius, J. et al. (Hg.) (1981). Freiburger literaturpsychologische Gespräche. Bd. 1 ff. Frankfurt/M. 1981–1984. Danach Würzburg 1985 ff.
Dörner, K. (1995). Bürger und Irre. Zur Sozialgeschichte und Wissenschaftssoziologie der Psychiatrie. 3. Aufl., erg. Neuaufl. Frankfurt am Main [zuerst 1969].
Ellenberger, H. F. (1973). Die Entdeckung des Unbewußten. 2 Bde. Bern.
Fischer, J. M. (Hg.) (1980). Psychoanalytische Literaturinterpretation. Imago. Zeitschrift für Anwendung der Psychoanalyse auf die Geisteswissenschaften (1912–1937). Tübingen.
Freud, S. (1969). Studienausgabe. Bd. 10. Bildende Kunst und Literatur. Frankfurt/M.
Groeben, N. (1972). Literaturpsychologie. Literaturwissenschaft zwischen Hermeneutik und Empirie. Stuttgart.
Lange-Eichbaum, W. et al. (1986). Genie, Irrsinn und Ruhm. 12 Bde. 7. Aufl. [zuerst 1928].
Marx, R. & Wild, R. (1984). Psychoanalyse und Literaturwissenschaft. Skizze einer komplizierten Beziehungsgeschichte. Zeitschrift für Literaturwissenschaft und Linguistik 14 (53/54), S. 166–193.
Matt, P. v. (2001). Literaturwissenschaft und Psychoanalyse. Stuttgart [zuerst 1972].
Pfeiffer, J. (1989). Literaturpsychologie 1945–1987. Eine systematische und annotierte Bibliographie. Würzburg.
Pietzcker, C. (1992). Lesend interpretieren. Zur psychoanalytischen Deutung literarischer Texte. Würzburg.
Reuchlein, G. (1986). Bürgerliche Gesellschaft, Psychiatrie und Literatur. Zur Entwicklung der Wahnsinnsthematik in der deutschen Literatur des späten 18. und frühen 19. Jahrhunderts. München.
Rutschky, M. (1981). Lektüre der Seele. Eine historische Studie über die Psychoanalyse der Literatur. Frankfurt/M.
Schönau, W. (1991). Einführung in die psychoanalytische Literaturwissenschaft. Stuttgart.
Thomé, H. (1993). Autonomes Ich und ‹Inneres Ausland›. Studien über Realismus, Tiefenpsychologie und Psychiatrie in deutschen Erzähltexten (1848–1914). Tübingen.

Urban, B. (Hg.) (1973). Psychoanalyse und Literaturwissenschaft. Texte zur Geschichte ihrer Beziehungen. Tübingen.
Worbs, M. (1988). Nervenkunst. Literatur und Psychoanalyse im Wien der Jahrhundertwende. Frankfurt/M.

Gabi Löschper

4.8 Rechtswissenschaften

1 Notwendiger Dialog zwischen Psychologie und Recht

Die Psychologie ist eine wichtige Gesprächspartnerin für die Rechtswissenschaft, denn sowohl in Gesetzestexten als auch im Alltag des Rechts, wie es in Gerichtssälen und Anwaltskanzleien praktiziert oder in juristischen Fakultäten gelehrt wird, sind zahllose Konzepte und Annahmen über *Erleben* und *Verhalten* enthalten. So werden Ansprüche an die Tätigkeit des Rechtspersonals (Richter, Anwältinnen, Verteidiger, Polizistinnen, Gefängnisbedienstete usw.) formuliert, wie sie geschriebenes Recht praktisch auszuüben haben (z. B. richterliche Unabhängigkeit, freie Beweiswürdigung, Ermessensspielräume usw.). Es finden sich Annahmen über und Erwartungen an Empfinden und Handeln der Bürger und Bürgerinnen allgemein (etwa Gerechtigkeitserleben oder Rechtstreue) sowie der an Verfahren konkret Beteiligten (z. B. Aussagenzuverlässigkeit, Tatmotiv, Kindeswohl, Altersgrenzen etc.). Daher verblüfft nicht, dass die Psychologie schon seit langem Gesprächsbeziehungen zum Recht und zu den Wissenschaften führt, die mit dem Recht zu tun haben. So traten beispielsweise schon um die Wende zum 20. Jahrhundert Psychologen als Sachverständige in Prozessen auf. Und früher noch wurde nach psychologischen Erklärungen für das Auftreten von Verbrechen gesucht.

2 Arten des Gesprächs zwischen Psychologie und Recht

Die *Forensische Psychologie* und die *Kriminalpsychologie* als traditionelle Bezugsdisziplinen des Rechts werden zunehmend unter dem – weitere Thematiken umfassenden – Oberbegriff *Rechtspsychologie* zusammengefasst. Diese hat sich als neues Anwendungsfach neben den klassischen (Klinische, Arbeits- und Organisations-, Pädagogische Psychologie) entwickelt. An der Universität Bremen ist Rechtspsychologie im Rahmen eines Modellversuchs als viertes Anwendungsfach in der Diplomprüfung wählbar. Laut einer Umfrage von Kury (1998, S. 430) werden in Deutschland an 18 psychologischen Instituten Veranstaltungen in Rechtspsychologie angeboten und auch mit starkem studentischem Interesse besucht. Circa zwei Drittel der westeuropäischen Psychologie-Berufsverbände verfügen über eine Sektion Rechtspsychologie (ebd., S. 434). Dass die Rechtspsychologie inzwischen ein eigenes Gebiet ist, sieht man auch an den in deutschen und (noch früher in) angloamerikanischen Wissenschaftsvereinigungen bestehenden Fachgruppen Rechtspsychologie und den zahlreichen rechtspsychologischen Fachzeitschriften. Was bedeuten die zunehmende Etablierung und Professionalisierung der Rechtspsychologie, und in welchem Kontext finden sie statt?

Die Rechtspsychologie nur als immer wichtiger werdendes *Anwendungsfach* einzuschätzen, wäre zu simpel. Dabei würde übersehen, dass die Entwicklung von Theorien und Analysen zu einem Phänomen nicht nur Wissen «über» dieses produziert, sondern den Forschungsgegenstand selbst mit erschafft. Indem sich neue psychologische Experten herausbilden, die – gerade in Abgrenzung zu oder im Ideenwettbewerb bzw. in direkter Konkurrenz mit anderen Fachleuten (z. B. aus der Medizin) um den Arbeitsmarkt Recht – eigene Konzepte formulieren und anwenden bezüglich dessen, was das untersuchte Phänomen *eigentlich* ist oder wie es angemessen zu bestimmen ist, gewinnt die betreffende Erscheinung ihre Konturen und wird geprägt. Was z. B. Schuldfähigkeit ist, kann ohne die von der Psychologie (oder auch Psychiatrie) produzierten Theorien, Definitionen, Messmethoden und Gutachten nicht beantwortet werden – «Schuldfähigkeit» gibt es nicht ohne die sie definierenden wissenschaftlichen Konzepte. So hat beispielsweise die Entwicklung der Intelligenzforschung durch Psychologen Anfang des 20. Jahrhunderts das Konkurrenzverhältnis zur Psychiatrie zeitweise zugunsten der Kriminalpsychologie verschoben; die damals entwickelte Idee der Intelligenz und ihre Verknüpfung mit der Vorstellung vom «geborenen Verbrecher» führte aber gleichzeitig dazu, dass in Abweichungsstudien Intelligenztests mit Tätern selbstverständlich wurden und heute «Kriminalität» oft automatisch mit mangelnder Geistesfähigkeit von Verbrechern verbunden wird (vgl. Rafter 1997).

Wissenschaft schafft Wissen, und alle entwickelten Theorien und Methoden konkurrieren auf dem Markt um Abnehmer. Die Psychologie neigt traditionell dazu, nur auf das *Verhalten* des Individuums statt auf gesellschaftliche *Verhältnisse* zu blicken. Deshalb ist gerade bei der Beschäftigung mit oder innerhalb der *gesellschaftlichen* Einrichtung «Recht» zu prüfen, in welchem sozio-historischen Kontext Analysekonzepte entstanden sind bzw. ob und wie sie rechtliche Phänomene individualistisch verengen. Im Dialog mit Recht und Rechtswissenschaft sollte die Psychologie sich weder ihre Fragen von der Praxis vorgeben lassen noch bloße Lieferantin von Nutzwissen sein, sondern das Recht selbst unter die Lupe nehmen und seine immanenten (oder inhärenten) *Selbstverständlichkeiten* hinterfragen. Dies ist deshalb wichtig, weil für das Recht viele Grundannahmen kennzeichnend sind (z. B. Individuum, Motiv, Persönlichkeit etc.), die von der Psychologie mit produziert werden. Es genügt nicht, als Ziel eine Optimierung der Rechtsanwendung im Sinne von z. B. mehr Gerechtigkeit oder stärkerer Humanisierung durch den Einsatz von psychologischem «Know-how» zu haben. Gut gemeinte Absichten verkehren sich bei gesellschaftlichen Problemlösungen häufig ins Gegenteil. So ist beispielsweise zu diskutieren, ob die Zunahme scheinbar weicher therapeutischer, präventiver und konfliktschlichtender Interventionen im Vergleich zu traditionellen Sanktionen und Maßnahmen das Netz sozialer Kontrolle erweitert um den Zugriff auf das «Innere» des Menschen. Oft ist zu beobachten, dass gerade diejenigen Ansätze und Disziplinen erfolgreich und in der Praxis akzeptiert sind, die Selbstverständliches nicht problematisieren und sich dem juristischen Feld als reine Hilfswissenschaften anbieten. In diesen Status wächst zunehmend die Rechtspsychologie hinein. So ist es bemerkenswert, dass im interdisziplinären Dialog mit der Rechtswissenschaft in Deutschland sozialwissenschaftliche Ansätze (Rechtssoziologie, Kriminologie etc.) an Bedeutung verlieren, z. B. ihre Anteile mehr und mehr aus juristischen Curricula verschwinden, während sich die Rechtspsychologie in Forschung und Praxis in einem Aufwärtstrend befindet.

3 Psychologie im Gespräch mit Strafrecht

Rechtspsychologische Arbeiten liegen zu allen Phasen einer juristischen Abwicklung vor, soweit aus einem Vorfall ein von den Strafrechtsinstitutionen (Polizei, Staatsanwaltschaft, Gericht, Strafvollzug) oder anderen Kontrollinstanzen (z. B. Jugendamt) traktierter Fall wird: vom Konflikterleben der Täter und Opfer, vom Anzeigeverhalten über die polizeilichen Ermittlungs- und Vernehmungsmethoden, vom Prozess über Schuldfähigkeitsgutachten bis hin zum Strafvollzug bzw. zu Behandlungsmöglichkeiten oder zur Mediation. Weitere Fragen betreffen z. B. Kriminalität und Medien, Kriminalitätsfurcht, Opferhilfe, Stressbewältigung in der Polizei etc.

Zentrale, hier exemplarisch vorgestellte Themen sind *Kriminalität* und *strafrichterliches Urteilen*. Persönlichkeitsorientierte kriminalpsychologische *Ursachenerklärungen* von Delinquenz (z. B. negatives Selbstbild, geringe Frustrationstoleranz), die den «Mythos eines kriminellen Typs» (vgl. Sarbin 1979) nähren, werden aktuell durch Untersuchungen zur Widerstandsfähigkeit gegen Problemmilieus ergänzt (vgl. Bender et al. 1996) und durch Studien zu Informationsverarbeitungsprozessen und Kosten-Nutzen-Abwägungen potenzieller Täter relativiert. Letztere können den Blick, auch im Hinblick auf präventive Maßnahmen, vom Täterindividuum auf die Tatsituation und auf die «Normalität» von Kriminalität lenken (vgl. Löschper 2001). Insgesamt scheint die Kriminalpsychologie jedoch nicht auf das Konzept der Täterpersönlichkeit verzichten zu wollen oder zu können; dafür spricht die zunehmende kriminalpsychologische (eigentlich kriminalistische) Arbeit an Täterprofilen und die Tatsache, dass in der Praxis *Kriminalprognosen* (z. B. bei Vollzugslockerungen) auf individuelle Täter bezogen zu liefern sind.

Die genannten Informationsverarbeitungs- und Entscheidungsansätze werden außer für das Verhalten der Delinquenten auch für das des Strafrechtspersonals als Untersuchungsmodelle verwendet. Als Herzstück *strafrichterlichen Urteilens* wird betrachtet, wie Richter die zu einem Fall vorhandenen Informationen kognitiv verarbeiten und zu einer Beurteilung integrieren (z. B. über Attributions-, Informationsverarbeitungs- und Entscheidungsprozesse). Für Urteilsunterschiede werden vor allem so genannte außerrechtliche, den Richterspruch verzerrende Faktoren (z. B. Attitüden der Richter, Geschlecht der Angeklagten) verantwortlich gemacht. Diese Ansätze setzen strafrichterliches Urteilen mit individuellen Kognitionsleistungen im Kopf des Richters gleich und blenden den gesellschaftlichen Bezug des Strafverfahrens aus. Strafrechtliche Urteilsregeln werden als Norm unhinterfragt übernommen und lediglich auf ihre faktische Einhaltung, nicht aber ihren sozialen Gehalt geprüft. Problematisch an der rechtspsychologischen Analyse von Kriminalität und Strafverfahren ist, dass das Handeln der Strafrechtsrepräsentanten als *Reaktion* auf normangemessenes oder abweichendes Verhalten der Beschuldigten erscheint. Aber das Merkmal «abweichend» haftet einem Verhalten nicht ein für alle Mal an; ein und dasselbe Handeln (z. B. ein K.-o.-Schlag) bedeutet in verschiedenen Situationen ganz Verschiedenes, es kann einmal abweichend und einmal normkonform (z. B. Kneipenschlägerei vs. Boxkampf im Ring) sein. Erst über kontextspezifische *Beurteilungsprozesse* verschiedener Beteiligter in der unmittelbaren Interaktionssituation wie später in institutionellen Definitionsprozessen – die u. a. durch psychologische Schuldfähigkeitsgutachten vorgenommen werden – wird ein Vorfall zu einem kriminellen *gemacht* (vgl. Keupp 1983).

Die Rechtspsychologie hätte daher als Kern strafrichterlichen Urteilens zu untersuchen, wie im Strafprozess ein Kasus mittels sprachlichen Austausches hergestellt und interaktiv ausgehandelt wird, was «der Fall war», und nicht bloß, wie Richter auf scheinbar objektiv vorhandene Informationen kognitiv reagieren. Sie bilden nicht neutral die Wirklichkeit eines Vorfalls ab, sondern nehmen zielgerichtete Realitätskonstruktionen vor. In den *Konstruktionsprozessen* wird das fragliche Geschehen im Muster einer Geschichte umgesetzt und verhandelt. Die Güte der Darstellung macht sich nicht an der Übereinstimmung mit der (ohnehin nur über diskursive Mittel zugänglichen) Wirklichkeit, sondern an kulturspezifischen Traditionen des Erzählens fest; zudem bestimmen die Diskursregeln im Strafprozess mit darüber, welche Version deutungsmächtig wird (vgl. Scheppele 1994). Für psychologische (z. B. Schuldfähigkeits-)Gutachten wären daher, neben ethischen Aspekten, die Muster zu reflektieren, mit denen Zuschreibungen und Konstruktionen (z. B. der Steuerungsfähigkeit des Täters) vorgenommen werden, die im Gerichtssaal als plausibel akzeptiert werden, und welche besonders autorisierte Diskursposition die Sachverständigen einnehmen.

Dies gilt auch für Gutachten zur *Glaubwürdigkeit* in der forensischen Praxis. Es wird hier (und in der Grundlagenforschung) geprüft, inwieweit eine Zeugenaussage mit den in der Wahrnehmungssituation aufgenommenen Informationen korrespondiert, welche Anzeichen im Aussageverhalten (Art des Sprechens, nonverbales Benehmen, psychophysiologische Vorgänge) oder Merkmale der Aussageninhalte für eine Täuschung vs. die Glaubhaftigkeit der Aussage sprechen. Zu dieser Thematik gehört auch, wie zuverlässig Zeugen Personen in einer Gegenüberstellung oder anhand von Fotos wiedererkennen können. Die Rechtspsychologie konzipiert Aussagenglaubwürdigkeit als Leistung der Aussagenden, sucht nach Belegen dafür, dass Aussagen auf Erlebtem beruhen, und betrachtet soziale Interaktionen nur in ihrem (störenden, z. B. suggestiven) Einfluss auf Erinnerung oder Wiedergabe. Die Aussage wird (beim Thema strafrichterliches Urteilen) wiederum als Einwirkfaktor auf die richterliche Überzeugung betrachtet (vgl. Oswald 1997). Demgegenüber zeigen Wolff und Müller (1998), dass Glaubwürdigkeit weder als Element der Aussage noch als Einschätzung «im Kopf des Richters» anzusiedeln ist. Vielmehr wird sie im Strafverfahren in zahllosen Interaktionen zwischen den Prozessbeteiligten herauspräpariert und ausgehandelt.

4 Psychologie im Gespräch mit Zivilrecht

Rechtspsychologische Forschung im Zivilrecht behandelt vielfältige Themen wie Normgenese, Gerechtigkeitserleben bei verschiedenen Prozessarten, zivilrichterliches Urteilen oder Mediation. Insgesamt stellen sich in diesem Bereich, der von der Rechtspsychologie weniger als der strafrechtliche bearbeitet wird, noch viele Fragen, etwa zur Rechtskultur, zum Asylverfahren, zur Implementation verwaltungsrechtlicher Regelungen und zu dem Zivilrecht impliziten psychologischen Konzepten. Einen wichtigen psychologischen Tätigkeitsbereich stellt auch die Evaluation von Gesetzesreformen dar. Für das neue Betreuungsgesetz ist beispielsweise bei Volljährigen zu erforschen, unter welchen Bedingungen sich in der Praxis ein veränderter, die Betreuten nicht mehr infantilisierender oder entmündigender Umgang durchsetzen kann (vgl. Kestermann & Greuel 1999). In der Gerichtspraxis sind Psychologen mit *Gutachten* in Scheidungsprozessen (z. B. Klärung des Sorgerechts), Arbeitsgerichtsverfahren (z. B. Berufsunfähigkeit) und neuerdings auch im Rahmen des Betreuungsgesetzes (z. B. Betreuungsbedürftigkeit) beschäftigt.

Für die Einschätzung zivilrechtlicher Forschung gilt wie beim Strafrecht, welches *Bild vom Recht* die Psychologie letztlich verwendet bzw. zeichnet: Geht es ihr um einen bloßen Vergleich der Ansprüche des Rechts, etwa auf Gleichbehandlung aller Bürger und Bürgerinnen, mit der Rechtsumsetzung, oder stellt sie diese Ansprüche als solche in Frage? Begreift sie das Recht als durch und durch soziale Einrichtung, die in Programm und Praxis von gesellschaftlichen Verhältnissen (z. B. Sozialstruktur, Patriarchat) geprägt ist und diese reproduziert, oder übernimmt sie unhinterfragt die Vorstellung, das Recht stehe außerhalb der Gesellschaft, es sei eigentlich neutral, werde aber aufgrund außerrechtlicher sozialer Einflüsse zuweilen fehlerhaft angewendet? Sieht die Psychologie Recht als eine Art Dienstleistungseinrichtung zur Regulation des sozialen Alltags und seiner Konflikte an oder als die Gesellschaft gestaltende und strukturierende Institution? Vor dem Hintergrund derartiger, für die Rechtspsychologie insgesamt geltender Überlegungen dürfte leicht nachvollziehbar sein, dass rechtspsychologische Forschung und Praxis zu reflektieren haben, welches Wissen sie vom Recht *schaffen,* tagtäglich reproduzieren und welche gesellschaftliche Funktion dieses hat. Warum gerade im Recht individualistische Konzepte bevorzugt werden und was dies für die Gesellschaft bedeutet, wäre ein wichtiges Thema für die Psychologie.

Literatur

Bender, D., Bliesener, T. & Lösel, F. (1996). Deviance or Resilience? A Longitudinal Study of Adolescents in Residential Care. In: G. Davies, S. Lloyd-Bostock, M. Mc Murran & C. Wilson (Eds.), Psychology, Law, and Criminal Justice, S. 409–423. Berlin/New York.

Kestermann, C. & Greuel, L. (1999). Psychosocial Agents in the Context of German Guardianship. Poster Presented at the EAPL/APLS Conference, Dublin (Ireland). July 1999.

Keupp, H. (1983). Kriminalität als soziale Konstruktion – Zum interpretativen Potential der Labeling-Perspektive. In: F. Lösel (Hg.), Kriminalpsychologie, S. 106–117. Basel/Weinheim.

Kury, H. (1998). Legal Psychology in Europe: Results of a Survey. In: J. Boros, I. Münnich & M. Szegedi (Eds.), Psychology and Criminal Justice. International Review of Theory and Practice, S. 428–435. Berlin/New York.

Löschper, G. (2001). Experten in Sachen Kriminalität. Rechtspsychologische Tätermodelle. In: M. Althoff, H. Cremer-Schäfer, G. Löschper, H. Reinke & G. Smaus (Hg.), Integration und Ausschließung. Kriminalpolitik und Kriminalität in Zeiten gesellschaftlicher Transformation, S. 255–277. Baden-Baden.

Oswald, M. (1997). Richterliche Urteilsbildung. In: M. Steller & R. Volbert (Hg.), Psychologie im Strafverfahren. Ein Handbuch, S. 248–269. Bern/Göttingen/Toronto/Seattle.

Rafter, N. H. (1997). Creating Born Criminals. Urbana/Chicago.

Sarbin, T. R. (1979). The Myth of the Criminal Type. In: T. R. Sarbin (Eds.), Challenges to the Criminal Justice System, S. 1–27. New York.

Scheppele, K. L. (1994). Practices of Truth-Finding in a Court of Law: The Case of Revised Stories. In: T. R. Sarbin & J. I. Kitsuse (Hg.), Constructing the Social, S. 84–100. London.

Wolff, S. & Müller, H. (1998). Kompetente Skepsis. Wiesbaden.

Weiterführende Literatur

Bierbrauer, G., Gottwald, D. & Birnbreier-Stahlberger, B. (Hg.) (1995). Verfahrensgerechtigkeit: rechtspsychologische Forschungsbeiträge für die Justizpraxis. Köln.

Bruner, J. B. (1992). A Psychologist and the Law. New York Law School Review 37, S. 173–183.
Greuel, L., Fabian, T. & Stadler, M. (1997). Psychologie der Zeugenaussage. Ergebnisse rechtspsychologischer Forschung. Weinheim.
Löschper, G. (1999). Bausteine für eine psychologische Theorie richterlichen Urteilens. Baden-Baden.
Wolff, S. (1995). Text und Schuld: Die Rhetorik psychiatrischer Gerichtsgutachten. Berlin/New York.

Hans Thiersch

4.9 Sozialpädagogik/Sozialarbeit

Sozialpädagogik/Sozialarbeit – im Weiteren, dem neueren Sprachgebrauch folgend, als Soziale Arbeit bezeichnet – ist, als interdisziplinäres Projekt, immer schon mit der Psychologie aufs vielfältigste verbunden. Man könnte wesentliche Aspekte einer Geschichte der Sozialen Arbeit rekonstruieren als Geschichte des Verhältnisses von Sozialer Arbeit und Psychologie. Da es aber *die* Soziale Arbeit ebenso wenig gibt wie *die* Psychologie, wäre dies eine Geschichte von Parallelen, Übernahmen, Distanzierungen und Abgrenzungen z. B. zur Psychoanalyse, dynamischen Psychologie, psychologischen Diagnostik, humanistischen Psychologie, Lernpsychologie oder Gemeindepsychologie.

Ich beschränke mich im Folgenden darauf, das Selbstverständnis der heutigen Sozialen Arbeit zu skizzieren – sie gleichsam als Partner im Dialog vorzustellen, um nur abschließend einige Konsequenzen für diesen Dialog zu markieren.

1 Das Profil der Sozialen Arbeit

Soziale Arbeit wird in vielfältigen Arbeitsfeldern praktiziert: in Kindertagesstätten, in Einrichtungen der Beratung, in der Jugendarbeit, in der Arbeit mit Problemgruppen (Suchtabhängigen, Nichtsesshaften, psychisch belasteten Menschen), in der Altenarbeit und nicht zuletzt in Projekten der Gemeinwesenarbeit. Diese Vielfältigkeit lässt sich in unterschiedlichen Dimensionen strukturieren. Soziale Arbeit erstreckt sich – zum einen – auf Altersgruppen im Lebenslauf, ist also in ihren Aufgaben an seiner Struktur orientiert. Soziale Arbeit erstreckt sich – in einer anderen Dimension gesehen – von Angeboten einer offenen Beratung bis zu Arrangements neuer, alternativer Lebensräume (z. B. im Erziehungsheim oder in Wohngemeinschaften für Wohnungslose oder psychisch belastete Menschen). Sie erstreckt sich ebenso – noch einmal anders dimensioniert – von der Arbeit mit Einzelnen über die mit Gruppen hin zur Gestaltung einer tragfähigen sozialen Infrastruktur, eines belastbaren Sozialraums, sie agiert darin als Erziehung, Bildung, Beratung, Ressourcenorganisation, aber auch als Planung im Verbund mit anderen (sozial-)politischen Planungen.

Das Selbstverständnis der Sozialen Arbeit wird in unterschiedlichen Theorien repräsentiert, z. B. in bildungstheoretisch (vgl. Hirschauer et al. 1998; Winkler 1988) oder systemtheoretisch (vgl. Merten 1997; Staub-Bernasconi 1995) orientierten Konzepten, in der Dienstleistungs- (vgl. Neunter Jugendbericht 1994; Olk & Otto 1985) oder Lebensweltorientierung (vgl. Achter Jugendbericht 1990; Thiersch 1995, 2000). Solche allgemeinen Theorien, die die Fragen der historischen und gesellschaftlichen Verortung der Sozialen Arbeit, der Definition und Eigenart der Adressaten, der Institutionen und der Handlungsformen bestimmen, gehen einher mit Teiltheorien, z. B. dem Konzept der stellvertretenden Deutung, der biographischen Fallanalyse, Konzepten zur Heimerziehung oder Straßensozialarbeit.

Die Aufgaben der Sozialen Arbeit müssen im Kontext der Strukturen der modernen Gesellschaft und ihrer Sozialpolitik bestimmt werden.

Sozialpolitik ist eine Antwort auf die gesellschaftlichen Brüche und Verwerfungen der modernen Industriegesellschaft mit ihren Arbeitsteilungen, ihrem Gegensatz von Sozial- und Systemintegration, ihren neu sich ausbildenden Formen von Entfremdung, Verarmung, Verelendung und Ausgrenzung. Ihre Funktion, trotz und in diesen Verwerfungen Ressourcen und Hilfen zur Integration zu ermöglichen, realisiert sie in widersprüchlichen Intentionen. Sie dient der Durchsetzung herrschender Normalitätsstandards, also der Eingliederung, Disziplinierung und Normalisierung; sie muss aber ebenso gesehen werden im Kontext des kühnen Projekts der Neuzeit, Gerechtigkeit als soziale Gerechtigkeit, also im Hinblick auf Gleichheit zu realisieren und dieses Prinzip einzulösen – auch in Bezug auf Krisen, Belastungen und Hilflosigkeiten in der Arbeits- und Lebensgestaltung, also in der Dimension konkreter Lebensverhältnisse (nachdem das Prinzip soziale Gerechtigkeit für die formalen Gleichheiten vor dem Gesetz und in der Politik in Stufen schon seit dem 17. und 18. Jahrhundert durchgesetzt worden war). Dieses Prinzip muss im Widerstreit gesellschaftlicher Interessen, im «Kampf der Weltanschauungen» (Max Weber), als Konzession durchgesetzt werden, die der Kapitalismus – seiner internen Struktur zuwider – an die sozialen Bewegungen machen musste (vgl. Heimann 1980). Es muss aber auch – gleichsam intern – in Leistungen, Institutionen und Interventionsformen behauptet werden; Sozialpolitik ist strukturell bestimmt durch den Widerspruch von Kontrolle und Hilfe.

In der Sozialpolitik fallen der Sozialen Arbeit spezifische Aufgaben zu. Sie zielt auf Hilfe zur Selbsthilfe, also – auf der Basis materieller Unterstützungen – auf Kompetenzen der Kommunikation und Interaktion, realisiert in Unterstützungen und Lernhilfen und im Arrangement belastbarer Lebensverhältnisse. Mit Nohl (1949) verallgemeinernd formuliert: Soziale Arbeit ist primär engagiert in den Problemen, die Menschen mit sich selbst haben, also in ihren Lern-, Entwicklungs- und Bewältigungsstrategien und von da aus nur sekundär in den Problemen, die die Gesellschaft mit ihnen hat. In der Vermittlung zwischen Subjekt und Gesellschaft gilt der Primat des Subjekts.

2 Lebensweltorientierte Soziale Arbeit: die Programmatik

Diese allgemeinen Funktionen und Aufgaben der Sozialen Arbeit werden z. B. im Konzept Lebensweltorientierter Sozialer Arbeit konkretisiert, also in einer spezifischen Rekonstruktion heutiger Lebensverhältnisse und den daraus sich ergebenden Konsequenzen für die Soziale Arbeit. Ich beziehe mich im Folgenden auf dieses Konzept, um daran beispielhaft allgemeine Strukturprobleme der Sozialen Arbeit zu verdeutlichen.

Das Konzept Lebensweltorientierte Soziale Arbeit knüpft an Traditionen der Sozialarbeit und Sozialpädagogik an und verbindet so Konzepte der Unterstützung und Hilfe mit dem Ansatz der Aufklärung (z. B. Pestalozzi), nach dem Armut, Elend und Ausgrenzung immer auch Aufgaben für Lernen und Bildung sind. Diese Ansätze werden, vor allem seit den 1960er Jahren, sozialwissenschaftlich reformuliert und erweitert; im Bezug auf das Konzept Lebensweltorientierte Soziale Arbeit v. a. in Konzepten eines phänomenologischen und interaktionistischen Alltags- und Lebensweltkonzeptes.

Das Konzept Lebensweltorientierung geht davon aus, dass Menschen sich in der Selbstverständlichkeit ihrer in der Erfahrung zugänglichen Welt arrangieren; die subjektiven Deutungs- und Handlungsmuster sind bestimmt durch Pragmatismus, Routinen und Typisierungen, die oft gerade da und deshalb funktionieren, wo sie nicht bewusst sind und hinterfragt werden. Diese analysierende Sicht verbindet sich mit normativen Orientierungen. Lebenswelt wird zum einen gesehen als Ort unzulänglicher Ressourcen, vorenthaltener Partizipationschancen, Randständigkeit und Ausgrenzung, aber auch bornierter Enge, Langeweile oder kurzköpfig-pragmatischer Wuselei, als Ort von Selbstinszenierungen und Kämpfen um Macht und Unterdrückung, also von Unvermögen und Blockierungen, Anpassungen, Leid und Ausweichstrategien z. B. in Krankheit, Sucht und Anomie; Lebenswelt wird aber zugleich auch gesehen als Ort von Entlastung, Sicherung und Verlässlichkeit, von pragmatisch unverkrampfter Offenheit und Gelassenheit, von unterdrückten Träumen und verwegenen Hoffnungen, in dem auch Ansätze und Möglichkeiten einer freien, selbst gestalteten, auf Gerechtigkeit und Anerkennung zielenden Erfahrung eines «gelingenderen Alltags» angelegt sind. Lebenswelt ist – mit Kosik (1971) gesprochen – ein Ort des Dämmerlichts von Täuschung und Wahrheit, des Pseudokonkreten und der Praxis.

Lebenswelt ist historisch und gesellschaftlich geprägt. Menschen agieren in ihrer Lebenswelt gemäß den Vorgaben, die die Gesellschaft bestimmt; sie agieren – im Bild geredet – auf einer Stegreifbühne, auf der ihnen Ausstattung, Rollen und Stück in ihren Grundmustern vorgegeben sind zu einem in seinen Regeln bestimmten und trotzdem freien Spiel. Lebenswelt ist die Schnittstelle des Subjektiven und Objektiven, der Ort, an dem Menschen die ihnen objektiv gegebenen gesellschaftlichen Strukturen in den ihnen je zugänglichen Erfahrungsräumen in subjektiven Deutungs- und Handlungsmustern bewältigen. Heutige Lebenswelt ist bestimmt durch Ungleichheiten, wie sie durch unterschiedliche materielle Ressourcen, Milieuzugehörigkeit, Lebensalter, Geschlechterverhältnis und ethnische Zugehörigkeit geprägt sind, ebenso aber durch die unter den Titeln von neuer Unübersichtlichkeit, von Pluralisierung/Individualisierung (vgl. Rauschenbach 1999) oder neuer Anomie (vgl. Böhnisch 1995) benannten Erosionen von Arbeits- und Lebensmustern und sozialen Räumen. Die heutige Rede von Lebenswelt ist Indiz einer Krise der Lebenswelt, Indiz also ebenso für besondere Schwierigkeiten wie für gegebene herausfordernde, neue Entwicklungschancen. Die gesellschaftlichen Strukturen machen die Selbstverständlichkeiten von Pragmatik, Routinen und Erfahrungsräumen problematisch. Menschen erfahren sich als zuständig für ihren Lebensentwurf, sie erfahren sich – gerade auch in den Unzulänglichkeiten von Ressourcen und Optionen – in der Zumutung, sich vor sich und anderen in der Wahl ihrer Lebensplanung und der Inszenierung ihrer Lebensräume ausweisen zu müssen, sie erfahren sich in der Arbeit an einer schwierigen Identität. Diese Selbstbestimmung – in der Vermittlung von Strukturen und eigenen Optionen – erschwert sich noch einmal dadurch, dass auch die normative Orientierung brüchig und offen ist; die Legitimation von Lebensräumen und Lebensentwürfen ist nur im Medium von Verhandlung möglich – Verhandlung als Aushandeln unter den Beteiligten im Horizont von sozialer Gerechtigkeit und Anerkennung.

Vor diesem Hintergrund profilieren sich die Aufgaben einer lebensweltorientierten Sozialen Arbeit, in der Kritik disziplinierender und den heutigen lebensweltlichen Gegebenheiten entsprechender Institutionen und Handlungsmustern und im Gegenentwurf einer in den heutigen lebensweltlichen Erfahrungen agierenden Sozialen Arbeit.

In der Brüchigkeit und Offenheit heutiger Lebensverhältnisse erweitern sich die angestammten traditionellen Aufgaben der Sozialen Arbeit in unterprivilegierten, armen und randständigen Verhältnissen zu neuen Aufgaben der Hilfe und Unterstützung in schwierigen Problemen der Selbstbehauptung in heutiger, schwieriger Normalität. Soziale Arbeit rückt aus ihrer traditionellen Randständigkeit in die Mitte der Gesellschaft, sie wird selbstverständlicher, integraler Bestandteil heutiger sozialer Infrastruktur.

In der Sozialen Arbeit werden Menschen verstanden in ihrer Lebenswelt, also im Spiel von Ressourcen und Problemen, von Stärken und Schwächen. Schwierigkeiten, mit denen Soziale Arbeit konfrontiert wird, müssen immer auch verstanden werden als Ausdruck einer Anstrengung um Lebensbewältigung. Soziale Arbeit – so könnte man abgekürzt formulieren – klärt nicht Probleme, sondern versucht in der Verhandlung von unterschiedlichen Problemlösungen gelingendere zu entwickeln.

Soziale Arbeit agiert in Strukturmaximen, wie denen der Prävention, der Regionalisierung, der Dezentralisierung, der Alltagsnähe, der Integration, der Partizipation und Vernetzung. Im institutionellen Gefüge verschiebt sich das Gewicht hin zu präventiven, ambulanten und offenen Angeboten, die Hilfen in der Lebenswelt und ihren Ressourcen praktizieren. Im Gefüge der Angebote ergeben sich niedrigschwellige, auf die Lebenswelt der Adressaten bezogene Arrangements, z. B. ins Gemeinwesen hinein geöffnete Arbeitsstrukturen in Beratungseinrichtungen, in der Jugendarbeit, in der Heimerziehung; auf heutige schwierige Arbeitsverhältnisse bezogene Ausbildungs- und Beschäftigungsprogramme. Vor allem entstehen neue Arbeitsformen, wie Familienhilfe, intensive Einzelbetreuung oder Straßensozialarbeit und Formen flexibler, im Sozialraum verorteter Hilfen, in denen ebenso Bestandteile unterschiedlicher Hilfsmuster neu kombiniert werden wie über das verfügbare Repertoire hinausführende Hilfspläne für situative und individuelle Problemlagen entworfen werden (z. B. auch im Konzept der Alltagsbegleitung); solche Hilfspläne liegen quer zu gewachsenen Zuständigkeiten der Sozialen Arbeit, aber auch des Schulwesens, der Berufsbildung, der polizeilich-justiziellen Zugriffe und der medizinisch-psychiatrischen Versorgung.

Soziale Arbeit muss schließlich Adressaten als Bürger sehen, ihnen also gegenüber der eigenen so massiven Tradition der paternalistischen Bevormundung und fürsorglichen Belagerung Teilhabe und Beschwerderechte institutionalisiert sichern. Soziale Arbeit betont – damit einhergehend – ebenso Kooperation und Koordination zu jenen ehrenamtlichen und bürgerschaftlichen Aktivitäten, in denen aus der eigenen Betroffenheit ebenso wie aus anwaltschaftlicher Verantwortung heraus soziale Probleme in nicht- oder paraprofessioneller Zuständigkeit angegangen werden. Lebensweltorientierte Soziale Arbeit muss sich verstehen als ein Moment in der Kultur des Sozialen.

3 Umsetzungsprobleme lebensweltorientierter Sozialer Arbeit

Soziale Arbeit so verstanden ist weithin noch Programm. Seine Realisierung ist auch gefährdet durch interne Schwierigkeiten. Ganzheitlichkeit ist als Orientierung und Horizont von Hilfe unverzichtbar, muss sie jedoch, um sich nicht in profilloser Allzuständigkeit und Inkompetenz zu verlieren, verbinden mit spezifischen methodischen Zugängen; es braucht eine Kultur transparenter und abgesprochener Koordination zwischen unterschiedlichen methodischen und institutionellen Zuständigkeiten. Intervention in der Lebenswelt bedeutet immer auch fachliche Präsenz in ihr – jenseits der institutionellen und formalisierten Distanz und Sicherheit. Das Verhältnis von Nähe und Distanz, Eingehen und Verfremden, Offenheit und Struktur bleibt jedoch prekär. Indem Soziale Arbeit begleitend, einmischend, stützend und korrigierend in der Lebenswelt agiert, intensiviert und dramatisiert sich die Gefahr ihrer Kolonialisierung. Diesen im Konzept Lebensweltorientierung gleichsam strukturell angelegten

Risiken kann nur ein Selbstverständnis von Sozialer Arbeit als reflexiver Arbeit begegnen; die Institutionalisierung von Takt, Selbstkontrolle, Fremdkontrolle, Selbstevaluation und Außenevaluation sind konstitutiv.

4 Soziale Arbeit und Psychologie

In der Realisierung dieses Projekts sieht sich lebensweltorientierte Soziale Arbeit in vielfältigen Parallelen zu Konzepten, wie sie innerhalb der Psychologie entwickelt werden; sie sieht sich ebenso in vielfältiger Weise auf psychologische Konzepte verwiesen, z. B. in Bezug auf Entwicklungsverläufe, auf Interaktionen in Familie, Gruppe und Gemeinde und vor allem in pädagogischen, helfenden Arrangements, in Bezug auf die Entwicklung von Lernen, Handlungsfähigkeit und Identität. Dies soll hier nicht weiter verfolgt werden. Es sollen lediglich Hinweise gegeben werden, dass und wie von einer so verstandenen Sozialen Arbeit sich Kriterien für den Umgang mit psychologischen Konzepten ergeben.

In der Diagnose sieht Soziale Arbeit sich gegenüber Diagnoseinstrumenten, die Symptome, individualisierte Verhaltensmuster und pathologische Zuschreibungen stützen, auf Zugänge verwiesen, die spezifische Zuschreibungen in einen weiteren Kontext einbetten oder Hilfen zur Feldanalyse und zur Rekonstruktion des Zusammenspiels von individuellen, sozialen und gesellschaftlichen Ressourcen unterstützen. In Konzepten zu alternativen Lebensarrangements – z. B. zu Erziehungsheimen, zu Wohngemeinschaften, aber auch zur Familienhilfe, die innerhalb einer Familie neue Lebensformen möglich machen will – muss Soziale Arbeit etwa gegen stringent psychoanalytisch oder (lern)psychologisch orientierte Arrangements die Offenheit und Pragmatik der lebensweltbestimmten Lern- und Unterstützungsstrategien betonen; auch wo deren Notwendigkeit gesehen wird, geraten sie dem Anspruch dieser Konzepte gegenüber in Rechtfertigungsnöte, sie werden als nachrangige Aufgaben gehandelt, die den «eigentlichen» Zusammenhängen gegenüber oberflächlich bleiben. Supervisionen müssen an spezifisch sozialarbeiterischen Aufgaben orientiert sein und dürfen sich nicht auf die Rekonstruktion und Bearbeitung von Beziehungsproblemen und psychischen Rekonstruktionen konzentrieren.

Das in diesen Problembeschreibungen schon anklingende Verhältnis von Sozialer Arbeit und Therapie wird seit langem breit und allgemein diskutiert (vgl. Neumann-Mehring et al. 1978), zurzeit aber unentschieden zwischen den Behauptungen, beides sei prinzipiell unterschiedlich oder beides sei identisch. Mir scheint es solcher Dichotomisierung gegenüber sinnvoll, davon auszugehen, dass es eine Skala unterschiedlicher Interventionen gibt, auf deren einem Pol Therapie – als spezifischer Zugang zu spezifischen Problemen – angesiedelt ist, auf deren anderem offene Unterstützungen und Klärungen in den Ressourcen des Lebensfelds praktiziert werden. Neben spezifisch therapeutischen Zugängen – in Bezug auf spezifisch psychosomatische und psychische Krankheitsbilder – müssen die gemeinsamen Aufgaben und vor allem die Eigensinnigkeit einer sozialen Beratung, die auf offene Lebenszusammenhänge, Ressourcen und Bewältigungsstrategien abhebt, ein eigener, gleichgewichtiger und für die Lebensbewältigung der Adressaten oft entscheidender Zugang sein (vgl. Sickendiek et al. 1999). Die Zugänge dürfen nicht hierarchisiert werden; es ist nicht vorweg entscheidbar, was z. B. gravierender ist: die Unfähigkeit eines Wohnungslosen, mit Schwierigkeiten in Bezug auf Lebensraum und Zeit, mit finanziellen Belastungen und sozialen Spannungen umzugehen, oder eine Magersucht oder eine Potenzstörung.

Dieser Aspekt einer notwendigen Unterscheidung und Abgrenzung verbindet sich mit allgemeinen gesellschaftlichen und berufspolitischen Momenten. Therapieprogramme, methodisch überschaubare Interventionen sind gegenüber situationsbezogenen, lebensweltlich strukturierten Handlungsmustern attraktiv. Sie entsprechen auch weit verbreiteten allgemeinen Erwartungen an Standards für professionelles Handeln. Sie verführen dazu, für sich einen hierarchisch vorgeordneten Zugang zu beanspruchen, der sich bisweilen auch zusätzlich moralisch legitimiert, indem Psychologie sich als wissenschaftlich unbefangen und im Medium von Freiwilligkeit der Klienten agierend von einer Sozialarbeit unterscheidet, die sie – wiederum im Klischee – ganz den Aufgaben der staatlichen Kontrolle zuschlägt. Eine solche Hierarchisierung kann von der Sozialen Arbeit aus gestützt werden, wenn diese sich aus ihrer eigenen, als untergeordnet eingeschätzten Position heraus um einen eher angesehenen Status bemüht, wie es an dem nach wie vor anhaltenden Therapie-Boom, besonders in Weiterbildungsangeboten, deutlich wird. Diese Hierarchie-Probleme können schließlich gestützt werden, wenn dem unterschiedlichen Status unterschiedliche Finanzierungen entsprechen. Das neue Therapeuten-Gesetz fördert mit seiner dichotomisierenden Unterscheidung von Therapie und Beratung eine solche Hierarchisierung; die Psychologie hat sich hier aus der oft so ergiebigen Kooperation mit der Sozialen Arbeit im Kontext einer sozialen Therapie auf die Seite der medizinischen Standards geschlagen.

Diese Spannungen nicht zu benennen wäre fahrlässig. Es ist nötig, sie offensiv anzugehen, damit die Gemeinsamkeit in Kooperationsprojekten und in je eigenen, aber in Zielen und Zugängen parallelen Projekten gesehen, genutzt und angegangen werden. Solche Gemeinsamkeit ist notwendig, um in der gegebenen, durch Effektivitäts- und Konkurrenzmechanismen bestimmten Gesellschaft die Achtung vor den Problemen des Subjekts in seinem Lebensraum und die Notwendigkeiten und Chancen einer Kultur des Sozialen zu behaupten.

Literatur

Böhnisch, L. (1995). Gespaltene Normalität: Lebensbewältigung und Sozialpädagogik an den Grenzen der Wohlfahrtsgesellschaft. Weinheim.

Bundesministerium für Familie, Senioren, Frauen und Jugend (Hg.) (1994). Neunter Jugendbericht. Bericht über die Situation der Kinder und Jugendlichen und die Entwicklung der Jugendhilfe in den neuen Bundesländern. Bonn.

Bundesministerium für Jugend, Familie, Frauen und Gesundheit (Hg.) (1990). Achter Jugendbericht. Bericht über Bestrebungen und Leistungen der Jugendhilfe. Bonn.

Heimann, E. (1980). Soziale Theorie des Kapitalismus. Theorie der Sozialpolitik. Frankfurt/M.

Hirschauer, P., Otto, H.-U. & Thiersch, H. (Hg.) (1998). «Wie Menschen auf den Weg ihrer Bildung gelangen». Klaus Mollenhauer als Sozialpädagoge. Neue Praxis 28 (5).

Kosik, K. (1971). Die Dialektik des Konkreten. Eine Studie zur Problematik der Menschen und der Welt. Frankfurt/M.

Merten, R. (1997). Autonomie der Sozialen Arbeit. Zur Funktionsbestimmung als Disziplin und Profession. Weinheim.

Neumann-Mehring, S. et al. (Hg.) (1978). Sozialarbeit und Therapie. Sonderheft Neue Praxis 8.

Nohl, H. (1949). Pädagogik aus dreißig Jahren. Frankfurt/M.

Olk, Th. & Otto, H.-U. (1985). Der Wohlfahrtsstaat in der Wende: Umrisse einer zukünftigen Sozialarbeit. Weinheim.

Rauschenbach, Th. (1999). Das sozialpädagogische Jahrhundert. Analysen zur Entwicklung sozialer Arbeit in der Moderne. Weinheim.

Sickendiek, U., Engel, F. & Nestmann, F. (1999). Beratung. Eine Einführung in sozialpädagogische und psychosoziale Beratungsansätze. Weinheim.

Staub-Bernasconi, S. (1995). Systemtheorie, soziale Probleme und Soziale Arbeit: lokal, national, international oder: vom Ende der Bescheidenheit. Bern.

Thiersch, H. (1995). Lebenswelt und Moral. Beiträge zur moralischen Orientierung Sozialer Arbeit. Weinheim.

Thiersch, H. (2000). Lebensweltorientierte Soziale Arbeit. Aufgaben der Praxis im sozialen Wandel. 4. Auflage. Weinheim.

Winkler, M. (1988). Eine Theorie der Sozialpädagogik: Über Erziehung als Rekonstruktion der Subjektivität. Stuttgart.

Ulrich Kobbé

4.10 Psychiatrie

Das Arbeitsfeld «Psychiatrie» stellt für alle Berufsgruppen eine vielseitige Herausforderung dar und fordert von jedem dort Tätigen eine aktive Auseinandersetzung mit eigenen und fremden Einstellungen zu psychischen Störungen, dem eigenen beruflichem Selbstverständnis, professionellen Standards, zu Kooperationsbereitschaft und Teamfähigkeit. Es geht um die Zusammenarbeit unterschiedlichster Berufsgruppen, gekoppelt mit den Besonderheiten einer – u. U. sehr großen – Institution. Unter diesen Gesichtspunkten sollen Aspekte psychologischer Arbeit in der Psychiatrie zu einzelnen Stichwörtern dargestellt und diskutiert werden.

1 Gesundheit – Störung – Krankheit

In der Begegnung mit Patienten der Psychiatrie geraten wir mit unseren vermeintlich sicheren Ansichten über «normal» versus «nicht-normal» oder «gesund» versus «krank» mitunter erheblich in Zweifel: Manche depressive Reaktion erscheint uns als nicht nur gut einfühlbar, sondern darüber hinaus als angemessener und wichtiger Trauervorgang. Sind suizidale Gedanken und Absichten zwangsläufig Symptom einer Störung, bzw. wann ist die Selbsttötung Ausdruck einer freien Entscheidung, wann Begleiterscheinung psychischer Krankheit? Vielfach sind «verrückt» anmutende Gedanken bei intensiverer Beschäftigung mit der aktuellen Lebenskrise des Betroffenen, mit seiner Lebensgeschichte und seinen Beziehungen keineswegs mehr «nicht einfühlbar» und unverständlich, da wir den subjektiven Sinn, die persönliche Bedeutung dieser wahnhaften Erlebnisverarbeitung nachvollziehen und die emotionale Konfliktsituation, das innere Drama des Patienten verstehen können (vgl. Dörner & Plog 1996; Finzen 2000).

Vor diesem Hintergrund bedarf es einer Klärung der eigenen psychischen Situation des «Helfers», sprich, einer Klärung der persönlichen Motivation zur Arbeit in diesem psychosozialen Feld, der Wünsche und Ängste im Kontakt mit Menschen oder Situationen, der Interessen und Abneigungen gegenüber bestimmten Personen. Selbsterfahrung, d. h. das Wissen um die eigenen Stärken und Schwächen, Verführbarkeiten und Distanzierungen, wird damit zu einem der Grundbausteine von Tätigkeiten in der Psychiatrie. Zugleich bedeutet sie eine Bereicherung durch einerseits Selbst(er)kenntnis, andererseits lebendigen Kontakt mit sehr unterschiedlichen Menschen.

2 Diagnose

Neben diesen persönlichen Voraussetzungen eines Engagements im psychiatrischen Arbeitsfeld gibt es ein fachliches Know-how, das eine weitere Voraussetzung für diese Tätigkeit ist. Am augenfälligsten sind die Diagnosen der Psychiatrie, denn eine Reihe von ihnen sind bereits in den Alltagswortschatz integriert. Was aber verbirgt sich hinter Begriffen wie «Schizophrenie», «Neurose», «Psychose», «Psychopathie» usw.? Das Studium einschlägiger Lehrbücher der Psychiatrie (vgl. Dörner & Plog 1996; Tölle 1999) und Klinischen Psychologie (vgl. Zimbardo & Gerrig 1999; Davison & Neale 1998) verschafft hier fraglos Orientierung, ermöglicht nicht nur wichtige Unterscheidungen, sondern führt auch zum Erwerb eines gedanklichen Kategoriensystems. An einem bestimmten Punkt aber wird dem Insider zunehmend deutlich, dass Diagnostizieren in der Praxis häufig genug nichts anderes ist als die Anwendung von Klassifikationsschemata, wie sie im Internationalen Diagnosenschlüssel der Weltgesundheitsorganisation ICD-10 knapp, prägnant und scheinbar objektiv zur Verfügung gestellt bzw. verlangt werden. Die Sicherheit der Diagnose, die Voraussetzung jeder Behandlung ist, erweist sich bei genauerem Hinsehen jedoch als eine Art Scheinobjektivität (Pseudowissenschaft), als Zeichen unkritisch-technologischer Wissenschaftsgläubigkeit (vgl. Dörner 1975). Darüber hinaus haben Diagnosen einen stigmatisierenden Charakter: Sie beinhalten soziale Werturteile über den Betreffenden, schreiben die Krankheit fest und erweisen sich damit als Hindernis für psychische Stabilisierung oder Gesundung und soziale Reintegration (vgl. Goffman 1975).

3 Psychiatriepolitik

Die aktuellen Praxen der Psychiatrie sind nur verstehbar, wenn man sich die (jüngere) Geschichte der Psychiatrie, das Verhältnis von «Bürgern und Irren» (vgl. Dörner 1995), vergegenwärtigt. Nach dem Zweiten Weltkrieg war die Anstaltspraxis durch eine verwahrende, kaum therapeutisch zu nennende Psychiatrie geprägt, die im Allgemeinen als «kustodial» bezeichnet wird. Erst in den 1970er Jahren setzte eine Reformentwicklung ein, die stichwortartig als «Bändigen – Pflegen – Therapieren» (vgl. Konrad 1985) skizziert werden kann. Zunächst geht die Reform der kustodialen Psychiatrie auf fachinterne Diskussionen zurück, die im Zusammenhang mit der beginnenden Studentenrevolte 1967/68, der dabei thematisierten Randgruppenproblematik und speziell der antipsychiatrischen Bewegung aufkamen (vgl. Bopp 1980) und in eine grundlegende Kritik klassisch-psychiatrischer Anstaltspraxis mündeten (vgl. Goffman 1975; Jervis 1978; Wulff 1977). Zuvor bestanden nur vereinzelt erste nicht-stationäre («komplementäre») Einrichtungen; ab Mitte der 1960er Jahre wurden sozialpsychiatrische Arbeitsweisen in Modellregionen entwickelt sowie kritische Analysen des Zustands der psychiatrischen Versorgung publiziert. Nachdem 1970 Ärzteverbände intensiver psychiatriepolitische Fragen diskutierten, ebenfalls 1970 die Deutsche Gesellschaft für Soziale Psychiatrie (DGSP) als multiprofessionelle Reformbewegung begründet und 1971 die Aktion Psychisch Kranke als gemeinsame Initiative von psychiatrischen Fachleuten und Politikern konstituiert wurden, war der Übergang auf die gesundheits- und psychiatriepolitische Ebene geschafft: Mit dem Einbringen eines Antrags über die Situation der Psychiatrie ins Parlament wurde erstmals nach dem Zweiten Weltkrieg die Lage der psychisch Kranken und der Psychiatrie in das öffentliche Bewusstsein gerückt. Wurzeln des öffentlichen Interesses waren

1. die unerträgliche Spannung zwischen dem allgemeingesellschaftlichen Wohlstand und dem Elend, der Vernachlässigung und den menschenunwürdigen Verhältnissen in den Anstalten;
2. die Forderung nach rechtlicher und sozialer Gleichstellung der psychisch Kranken mit somatisch Erkrankten, was die Aufhebung ihrer Ausschließung und die Rückkehr der langzeituntergebrachten Patienten in ihre Heimatgemeinden implizierte;
3. die zum Teil radikale Modernisierung der Methodenrepertoires der klassischen Psychiatrie, die die Überwindung der kustodialen Psychiatrie zugunsten einer therapeutisch und rehabilitativ orientierten Psychiatrie der Gegenwart und Zukunft ermöglichte (vgl. Finzen 1998).

4 Psychiatriereform

Dokumentiert sind diese sehr unterschiedlichen Reformbedingungen durch die Zwischen- und Abschlussberichte der Sachverständigenkommission über die Lage der Psychiatrie in der Bundesrepublik Deutschland (vgl. Bundestagsdrucksachen 7/1124; 7/4200). Hieraus wurden zunächst Sofortmaßnahmen zur Befriedigung humaner Grundbedürfnisse abgeleitet, die insbesondere eine bauliche Modernisierung bzw. den Abriss und Neubau psychiatrischer Krankenhäuser nach sich zog. Zugleich impliziert der Weg von der verwahrenden zur therapeutischen Psychiatrie als entscheidende Voraussetzung die Veränderung der Grundhaltung der Therapeuten sowie der öffentlichen Einstellung zu Fragen der Behandlungsziele: Waren für die alte Psychiatrie «Bewahrung – Verwahrung – Schutz – Pflege – Erziehung» vorrangig, so engagierte sich die Reformpsychiatrie für Therapie und Rehabilitation. Als Bausteine der gemeindepsychiatrischen Versorgung finden sich seitdem eine Reihe sich ergänzender («komplementärer») Institutionen, die aktuell die Vielfalt und Vielseitigkeit der Arbeitsfelder im psychiatrischen Feld ausmachen:

- stationäre Einrichtungen, d.h. psychiatrische Krankenhäuser und psychiatrische Abteilungen an Allgemeinkrankenhäusern mit Aufnahmepflicht;
- Tages- und Nachtkliniken, die als Teil eines interdependenten Versorgungssystems vom Ausbau der sonstigen psychiatrischen Infrastruktur der Gemeinde (Werkstätten und Selbsthilfefirmen für psychisch Kranke) abhängig sind;
- betreutes Wohnen als außerstationäres («extramurales»), dezentralisiertes und individuell anpassungsfähiges Betreuungsangebot;
- Arbeit und berufliche Rehabilitation als ebenso rückfallvorbeugende («prophylaktische»), therapiesichernde wie behindertengerechte Lebensperspektiven (beruflich-rehabilitativ in Berufsbildungs-/Berufsförderungswerken und als beschützter, behindertengerechter Arbeitsplatz in Werkstätten für Behinderte und Selbsthilfefirmen);
- Tagesstätten und Kontaktstellen mit sehr heterogener Struktur als außerstationäre Versorgungsangebote in der Bedarfslücke zwischen ambulanter Behandlung/Betreuung und gewöhnlichen Arbeitsplätzen mit relativ starrem Arbeitsrhythmus;
- niedergelassene Nervenärzte mit klassischer Komm-Struktur;
- Sozialpsychiatrische Dienste als niedrigschwelliger – auch aktiv-aufsuchender – ambulanter Dienst, der vor- und nachgehende sowie krisenintervenierende Aufgaben wahrnimmt;

- Institutsambulanzen als weiterer, psychiatrischen Krankenhäusern angegliederter, ambulanter Dienst.

Für diese psychiatrische Reformentwicklung lassen sich Phasen der Befreiung, der Technokratie und der Entwicklung einer neuen therapeutischen Kultur beschreiben, die im institutionellen Alltag ineinander greifen bzw. parallel verlaufen.

5 Sozialpsychiatrie

Der Ursprung der Reform ist ein Paradigmenwandel von der kustodialen zur therapeutischen Psychiatrie, d. h. eine Einstellungsänderung der Mitarbeiter, der Fachöffentlichkeit und der Bevölkerung. Dieser Wechsel wird zumeist unter dem Stichwort «Sozialpsychiatrie» zusammengefasst und verleitet oftmals dazu, diese Fachrichtung als eigene psychiatrische Disziplin und gänzlich neues Paradigma zu verkennen. Mit zunehmender Einsicht in die komplexe Bedingtheit psychischer Krankheit und Störungen entstand aus einer zunehmenden Kooperation zwischen Wissenschaftszweigen und der Psychiatrie, der Soziologie, der Sozial- und Entwicklungspsychologie eine neue Disziplin, die sich mit der wissenschaftlichen Erforschung der Bedeutung von Sozialfaktoren, von Vorurteilen und Einstellungen für seelische Gesundheit und Krankheit sowohl des Einzelnen als auch ganzer Gruppen befasste. Kritisch betrachtet muss man das sozialpsychiatrische Paradigma aber als eine spezifische Sichtweise der Psychiatrie, als ein differenziert-komplexes Paradigma mit einer gewissen Theoriearmut beschreiben. Andererseits geht sie über die frühere Negation althergebrachter Anstaltspraxis und über rein idealistisch-ideengeschichtliche Bewegungen hinaus. So lässt sich angeben, dass «Sozialpsychiatrie» u. a. einen Perspektivenwechsel vornimmt und neben klassisch medizinischen Fragestellungen nach der/n Ursache/n von psychischer Krankheit oder Störung auch systemische Fragen nach deren Wirkung auf das Bezugssystem des Subjekts gestellt und gemeindepsychiatrische Sichtweisen entwickelt werden (vgl. Keller 1988). Kritisch bleibt allerdings anzumerken, dass die Psychiatrie damit gewissermaßen in die Gemeinde «metastasiert» und ein subtiles Hilfenetz etabliert (vgl. Hellerich 1985; Winter et al. 1979).

Institutionskritisch ist in der Psychiatrie daher im Sinne einer Selbstreflexion zu beachten, dass

- einzelne Verhaltensweisen für sich allein kein Ausdruck von Krankheit sind, sondern immer im Kontext der Lebensgeschichte, der Beziehungserfahrungen und der aktuellen Situation betrachtet werden müssen (vgl. Herzog & Tergeist 1996);

- ein nicht ohne weiteres verständliches Verhalten nicht selten als «gefährlich» interpretiert und fälschlich zur Rechtfertigung einer Einweisung, sprich, eines gesellschaftlichen Ausschlusses, herangezogen wird;
- Krankheitsentstehung und -verlauf von sozialen Faktoren mit bedingt werden, die damit auch die soziale Prognose bestimmen;
- psychiatrische Krankheit als sozialer Prozess innerhalb eines komplexen sozialen Systems Psychiatrie mit ebenso therapeutischer wie auch antitherapeutischer oder gewalttätiger Eigendynamik begriffen werden muss (vgl. Eink 1997);
- psychische Krankheit oder Störung immer unterschiedliche, komplementäre Zugänge zum Subjekt erfordert (psychologisch, pharmakologisch, psychotherapeutisch, sozialarbeiterisch, sozio- und milieutherapeutisch, arbeitstherapeutisch usw.), dass also Behandlungsansätze nie einfach, sondern immer komplex sind;
- beim forcierten Rehabilitationsversuch die Gefahr der Anwendung einer entmündigenden «sozialen Zwangsjacke» als Gegenstück zur medikamentösen Überdosierung als «chemischer Zwangsjacke» groß ist.

6 Subjekt-Objekt-Verhältnisse

Will man die Entwicklung in der Psychiatrie idealtypisch zusammenfassen und die aktuelle Praxis insbesondere auch hinsichtlich des Menschenbildes und der Haltung professioneller Mitarbeiter skizzieren, so lässt sich dies anhand folgender Aspekte veranschaulichen:

- von der individualisierenden Subjektebene zur soziokulturellen Kontextebene,
- von einer Behandlungspraxis der – erzwungenen – Normalisierung über eine rehabilitative Praxis der Kompensation zur Emanzipation,
- vom Patienten als passivem Objekt der Behandlung zum handelnden Subjekt,
- von einem medizinischen Defizit- und Devianzmodell zu einer ressourcenorientierten Betrachtungsweise,
- von der medizinischen Deutungsmacht zum sich einfühlenden («empathischen») Verstehen,
- von der oktroyierten Behandlung über eine partnerschaftliche Hilfe zur Selbsthilfe hin zur eigenständigen Selbstorganisation («Empowerment»),

- von der therapeutischen Bevormundung über eine unterstützende Anwaltschaft hin zur möglichst gleichberechtigten Partnerschaft,
- vom therapeutischen Veränderungsanspruch über das anwaltschaftliche Vertreten eines Rechts auf Differenz hin zur Anerkennung von Differenz,
- von der Praxis konkurrierender, reduktionistischer Einzeldisziplinen (insbesondere der Medizin) hin zur komplementären Kooperation unterschiedlicher Wissenschaften oder Professionen,
- vom rechthaberischen Wissensmonopol zur Notwendigkeit eines integrierenden, interdisziplinären Diskurses.

In den letzten Jahren lässt sich jedoch verzeichnen, dass die sozialpsychiatrischen Überzeugungen gerade im Bereich der medizinischen Behandlung zunehmend infrage gestellt bzw. zugunsten einer biologisch-psychiatrischen Auffassung von Krankheit aufgegeben werden (vgl. Finzen 1998). Gerade unter diesem Gesichtspunkt ist das Engagement nicht-ärztlicher Berufsgruppen in den psychiatrischen Arbeitsfeldern ein wesentliches Element zur Verhinderung einer restaurativen Entwicklung.

7 Teamarbeit

Wie bereits deutlich wurde, sind in den unterschiedlichen Arbeitsfeldern Angehörige sehr verschiedener Berufsgruppen tätig: Ärzte, Psychologen, Krankenschwestern und -pfleger, Sozialarbeiter, Pädagogen, Ergotherapeuten (Arbeits- und Beschäftigungstherapeuten), Erzieher, Lehrer, Krankengymnasten usw. Die Arbeit im psychiatrischen Team macht zweifelsohne einen Reiz dieser Tätigkeit aus: Der Austausch mit Erklärungs- und Handlungsmodellen anderer Disziplinen bereichert die eigenen Sichtweisen und Praxen, beinhaltet aber auch eine so genannte Schnittstellenproblematik, da Kommunikation und Koordination in einem mehr oder weniger hierarchischen System versucht werden müssen und dies zwangsläufig zu Reibung und – nicht immer konstruktiver – Auseinandersetzung führt (vgl. Wollschläger 1996; Kobbé 1999).

8 Forensische Psychiatrie

Ein Spezialgebiet der Psychiatrie ist die Behandlung psychisch kranker oder gestörter Rechtsbrecher, die in der Psychiatrie untergebracht werden, da sie

- zum Tatzeitpunkt krankheits- oder störungsbedingt schuldunfähig bzw. erheblich vermindert schuldfähig waren und
- von ihnen wegen dieser Krankheit/Störung weitere erhebliche Straftaten zu erwarten sind.

Wenngleich die Anzahl dieser Patienten bundesweit lediglich ca. 3500 Personen umfasst, kommt dieser Forensischen Psychiatrie (sog. «Maßregelvollzug») als Teilgebiet der Psychiatrie viel Aufmerksamkeit zu. Die öffentlichkeitswirksame publizistische Vermarktung einiger Sexualstraftaten der letzten Jahre hat nicht nur zur – zum Teil massiven – Überschätzung der Gefährlichkeit dieser Täter geführt, sondern auch Gesetzesverschärfungen und zusätzliche Sicherungsmaßnahmen nach sich gezogen (vgl. Kobbé & Pollähne 1999). Gerade diese jüngere Entwicklung beinhaltet das Risiko, dass die analog zur Allgemeinpsychiatrie erreichten Reformen der Forensischen Psychiatrie dadurch infrage gestellt werden, dass nunmehr die Sicherung und soziale Ausgrenzung des Subjekts einseitig gegen die Behandlung und gesellschaftliche Reintegration ausgespielt wird. Damit finden sich in der Forensischen Psychiatrie gegenläufige Entwicklungen, die beispielhaft

- einerseits als Initiativen zur Stärkung der Selbstbehandlungskompetenz von Tätern (vgl. Vanhoeck & van Daele 2000) beschreibbar sind,
- andererseits eine Renaissance biologisch-psychiatrisch fundierter Psychopathiekonzepte (vgl. Kobbé 2000/01), psychiatriepolitisch neue Stigmatisierungen («nicht-behandelbar», «therapieresistent») und freiheitsentziehende Dauerunterbringungen in so genannten «Longstay-Abteilungen» aufweisen.

Als Arbeitsfeld stellt die Forensische Psychiatrie einen interessanten, anspruchsvollen, aber auch belastenderen und ethisch konflikthaften Arbeitsplatz dar. Von den beruflichen Kenntnissen und professionellen Fähigkeiten her werden noch mehr als in der Allgemeinpsychiatrie Fragen aufgeworfen, die

- entwicklungs-, persönlichkeits-, sozial- und klinisch-psychologische wie psychodynamische Kenntnisse erfordern,
- differenzialdiagnostische und krankheits-, behandlungs- wie gefährlichkeitsprognostische Kompetenzen voraussetzen,
- epidemiologisches und kriminologisches Wissen einbeziehen und
- ebenso flexible wie reflektierte Anwendungen eines vielseitig-fundierten therapeutischen Know-hows bedingen.

Literatur

Bopp, J. (1980). Antipsychiatrie – Theorien, Therapien, Politik. Frankfurt/M.
Davison, G. C. & Neale, J. M. (1998). Klinische Psychologie. Weinheim.
Dörner, K. (1975). Diagnosen der Psychiatrie. Über die Vermeidungen der Psychiatrie und Medizin. Frankfurt/M.
Dörner, K. (1995). Bürger und Irre. Hamburg.
Dörner, K. & Plog, U. (1996). Irren ist menschlich. Lehrbuch der Psychiatrie/Psychotherapie. Bonn.
Eink, M. (Hg.) (1997). Gewalttätige Psychiatrie. Ein Streitbuch. Bonn.
Finzen, A. (1998). Das Pinelsche Pendel. Die Dimension des Sozialen im Zeitalter der biologischen Psychiatrie. Bonn.
Finzen, A. (2000). Schizophrenie. Bonn.
Goffman, E. (1973). Asyle. Über die soziale Situation psychiatrischer Patienten und anderer Insassen. Frankfurt/M.
Goffman, E. (1975). Stigma. Über Techniken der Bewältigung beschädigter Identität. Frankfurt/M.
Hellerich, G. (1985). homo therapeuticus. Der Mensch im Netz der Helfer. Bonn.
Herzog, G. & Tergeist, G. (Hg.) (1996). Störfall Sexualität. Intimitäten in der Psychiatrie. Bonn.
Jervis, G. (1978). Kritisches Handbuch der Psychiatrie. Frankfurt/M.
Keller, T. (1988). Sozialpsychiatrie und systemisches Denken. Bonn.
Kobbé, U. (1999). Grenzsicherungen: Gesellschaftliche Erwartungen an Psychologie, Rollenkonflikte und Spielräume im Berufsalltag. In: I. Rietz, T. Kliche & S. Wahl (Hg.), Das Image der Psychologie, S. 192–216. Lengerich.
Kobbé, U. (2000/01). Alles bio ... alles psycho ... Neue Einseitigkeit oder Update der forensischen Psychotherapie? (Teil I & II). In: Forensische Psychiatrie und Psychotherapie 7 (2), S. 135–178, und 8 (2) [im Druck].
Kobbé, U. & Pollähne, H. (1999). RechtsSicherheit oder Die Neuordnung des Sozialen. Gesellschaftspolitische Aspekte des Sexualstrafrechts. In: H. Moser (Hg.), Sozialisation und Identitäten – Politische Kultur im Umbruch?, S. 237–256. Bonn.
Konrad, M. (1985). Bändigen, pflegen, therapieren. Die psychiatrische Krankenpflege seit 1945 anhand berufsbiographischer Interviews. Frankfurt/M.
Tölle, R. (1999). Psychiatrie einschließlich Psychotherapie. Berlin.
Vanhoeck, K. & Daele, E. van (2000). Arbeitsbuch Täterhilfe – Therapie bei sexuellem Missbrauch. Lengerich.
Winter, M., Vogel, A., Ochmann, N., Kardorff, E. von & Knetsch, H. (1979). Venusfliegenfalle. Sozialarbeit – Geometrisierung der Nächstenliebe. Frankfurt/M.
Wollschläger, M. (1996). Das Berufsbild der Psychologen in der psychiatrischen Klinik. Tübingen.
Wulff, E. (1977). Psychiatrie und Klassengesellschaft. Zur Begriffs- und Sozialkritik der Psychiatrie und Medizin. Frankfurt/M.
Zimbardo, P. G. & Gerrig, R. J. (1999). Psychologie. Berlin.

5 Berufsfelder der Psychologie

Ernst von Kardorff

5.1 Der Klient in der Psychologie

1 Wer ist «Klient/-in»?

Traditionell werden Menschen, die psychologische und psychosoziale Dienstleistungen wie Beratung oder Therapie in Anspruch nehmen, in Abgrenzung zum Patienten in der Medizin als «Klienten» bezeichnet, abgeleitet von lat. cliens = der Schutzbefohlene, Kunde; der, der Anlehnung gefunden hat. Klienten sind Menschen, die auf fachliche Fremdhilfe in Form einer besonderen Vertrauensbeziehung angewiesen sind. Als Nutzer haben sie meist hohe, zuweilen diffuse, unrealistische oder am «medizinischen Modell» orientierte Erwartungen an Fachkräfte sowie an Qualität und Wirksamkeit der Hilfen.

Im Unterschied zum «Patienten» steht beim Klienten nicht das organische Leiden, seine Krankheit, im Mittelpunkt. Vielmehr geht es um abweichendes und auffälliges Erleben und Verhalten im lebensgeschichtlichen Kontext individueller Persönlichkeitsentwicklung sowie um deren Fremdwahrnehmung im sozialen Umfeld. Im Unterschied zum «Kunden» auf dem Waren- und Dienstleistungsmarkt lässt sich beim Klienten nicht vom souveränen «Käufer» sprechen, da seine durch die Störung und den Leidensdruck zeitweise eingeschränkten Entscheidungs- und Handlungsmöglichkeiten im Vordergrund stehen. «Klienten» bleiben aber trotz ihres Hilfebedarfs aktiv handelnde Subjekte, die Umfang und Form der Hilfen sowie deren Ziele mit den Fachkräften aushandeln wollen und können oder dazu befähigt werden müssen. Berater und Therapeuten sollen Klienten bei der Entwicklung ihrer Selbständigkeit fördern, ihre Würde und ihr Recht auf Selbstbestimmung wahren, ihnen zur Freiheit von psychischen Zwängen und Symptomen verhelfen und sie bei der Bewältigung alltäglicher und biographischer Aufgaben unterstützen sowie ihre soziale Integration fördern.

Versorgungsbedarf und Behandlungsbedürftigkeit: «Klienten» bilden eine äußerst heterogene Gruppe von Menschen mit unterschiedlichsten Problemen und Störungen und ganz individuellem Hilfebedarf. Epidemiologische Schätzungen der Inzidenz- und Prävalenz behandlungsbedürftiger Störungen liefern Anhaltspunkte für den Versorgungsbedarf. Während für psychiatrisch relevante Störungen Daten vorliegen, ist dies für psychotherapeutischen Behandlungsbedarf aufgrund methodischer Erfassungsprobleme nur für einzelne Indikationsbereiche (z. B. Alkoholabhängigkeit) der Fall. Die Frage, ob psychische Störungen in der Bevölkerung zugenommen haben, kann ebenfalls nicht eindeutig beantwortet werden, obwohl begründete Vermutungen in diese Richtung weisen. Einen indirekten Zugang hierzu liefern Daten über verändertes *Inanspruchnahmeverhalten.*

Neben den quantitativen Veränderungen sind hier besonders Verschiebungen in den Problembereichen interessant, derentwegen psychologische Hilfen aufgesucht werden: z. B. die berichtete Zunahme psychosomatischer Störungen, Probleme der Identitätsentwicklung, der Lebensstilsuche, der Sinnfindung und daraus folgender Anpassungsprobleme (vgl. Hermer 2000). Theoretische Erklärungsversuche verweisen auf säkulare Entwicklungen einer sich immer weiter wert- und lebensstilbezogen pluralisierenden, enttraditionalisierenden und globalisierenden Gesellschaft mit ihrer Auflösung von Standard-(Berufs-)Biographien und veränderten Geschlechtsrollen, auf verstärkten Leistungsdruck, auf zunehmende soziale Unsicherheit bei gleichzeitiger Individualisierung von Verantwortlichkeiten, auf eine Vervielfältigung von Lebensentwürfen sowie auf insgesamt gestiegene unübersichtliche Wahlmöglichkeiten mit «riskanten Chancen» (Keupp 1987; Keupp u. a. 1999). Fragen der Lebensführung und Identitätsbildung schaffen, zusätzlich zu den bekannten Störungsbildern, neue Anlässe für die Suche nach Beratung und Therapie.

2 Von der unauffälligen Person zum Klienten: sozialstrukturelle und individuelle Determinanten

In der folgenden Abbildung sind Bedingungskonstellationen und Einflussfaktoren dargestellt, die aus Expertensicht mögliche Wege und Verzweigungen aufzeigen, die aus einer gut integrierten, sozial unauffälligen Person einen «Klienten» machen können.

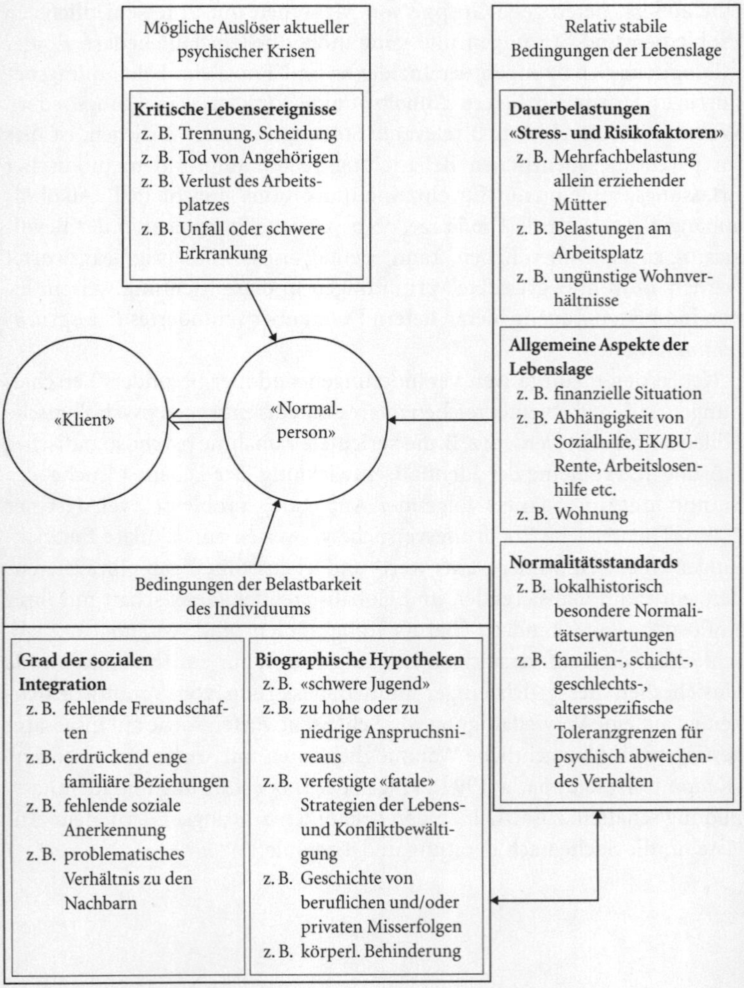

Aus *subjektiver Sicht* der Betroffenen gibt es für die Inanspruchnahme psychologischer Dienstleistungen vielfältigste individuelle Motive, Gründe und Anlässe, weil Mann/Frau

- keinen Ausweg aus einer verfahrenen lebensgeschichtlichen Situation mehr sieht oder ein «kritisches Lebensereignis» (z. B. Scheidung, Arbeitsplatzverlust, Unfall) nicht allein bewältigen kann;
- mit dem eigenen Erleben und Verhalten und den Reaktionen anderer nicht mehr fertig wird;
- die in Schule und Beruf geforderte Leistung z. B. aufgrund einer Neurose, einer Behinderung, des Mobbings durch Kollegen, der Belastungen am Arbeitsplatz usw. nicht mehr erbringen kann;
- von Suchtmitteln abhängig ist, unter Spiel-, Arbeits- oder Kaufsucht leidet;
- sich unterlegen fühlt, unter Depressionen und/oder psychosomatischen Beschwerden leidet, Ängste entwickelt oder Zwänge ausbildet, die die alltägliche Lebensführung beeinträchtigen;
- vereinsamt ist, kein soziales Unterstützungsnetzwerk (mehr) hat oder nicht in der Lage ist oder war, eigene Netze aufzubauen;
- von traumatischen Erlebnissen bedrückt ist, Erfahrungen mangelnder Geborgenheit und Anerkennung in Familie oder im Beruf erleidet, von Erziehungsdefiziten belastet ist;
- keine klare Identität ausbilden kann, Schwierigkeiten hat, die eigene Geschlechtsrolle zu finden, oder ganz allgemein nach Sinn und Orientierung im Leben sucht;
- vom Ehe-/Lebenspartner oder von Freunden zur Therapie gedrängt, vom Arzt verwiesen oder als Kind/Schüler von Eltern, Lehrern oder Sozialarbeitern in Diagnostik, Therapie- und Fördermaßnahmen gebracht wurde, vom Gericht eine Therapie zur Auflage erhalten hat (z. B. bei Drogenabhängigkeit) oder aufgrund der jeweiligen länderspezifischen Psychisch-Kranken-Hilfe-Gesetze oder nach dem Maßregelvollzug in die Psychiatrie zwangseingewiesen wurde.

3 Die Inanspruchnahme professioneller Hilfe

Einer Entscheidung zur Inanspruchnahme psychosozialer Dienstleistungen gehen Prozesse der Selbstwahrnehmung des Erlebens, Fühlens, Denkens und Handelns als irritierend und den eigenen wie fremden Erwartungen und Normen widersprechend voraus. Häufig bildet der äußere Druck aus dem Umfeld (Nachbarn, Verwandte, Kollegen) oder von Institutionen (Kindergarten, Schule, Betrieb) den Anlass zu einer bedingt freiwilligen Inanspruchnahme psychosozialer Dienste.

Der wichtigste Ort für die Entscheidung zur Inanspruchnahme ist dabei nach wie vor die Familie/Partnerschaft. Als bedeutsamste Randbedingung wirken die Traditionen des jeweiligen soziokulturellen Milieus, die einflussreichsten Variablen sind Bildungsgrad und Geschlecht.

Bei der Zuordnung, ob das in Frage stehende Verhalten als *psychologisch* behandlungsbedürftig anzusehen ist, helfen Alltagstheorien und über Medien verbreitete Populärsynthesen über abnorme Seelenzustände, abweichendes Verhalten und deviante Lebensstile sowie Informationen über Behandlungsmöglichkeiten und Modelle erfolgreicher Problem- und Krisenbewältigung. Zwischen der Wahrnehmung einer Störung und der Inanspruchnahme psychologischer Hilfen besteht jedoch kein linearer Zusammenhang. Vielmehr lassen sich Phänomene der *Unter-* und der *Überinanspruchnahme* identifizieren. Die Gründe hierfür reichen von der Akzeptanz der Störung als psychologisch behandlungsbedürftig durch die Betroffenen über schicht-, milieu- und geschlechtsspezifische Bedingungen bis zu institutionellen Gegebenheiten wie Dichte der einschlägigen regionalen Versorgungsangebote, Zugänglichkeit, Öffnungszeiten, Kosten der Selbstbeteiligung, vermutete Reaktionen der Umwelt u. a.

4 Zur Entwicklung von Klientenkarrieren

Psychisch abweichendes Verhalten zeigt sich in Auffälligkeiten, Störungen und Belastungen der alltäglichen Kommunikation und Interaktion, kurz: in einer Störung der alltäglichen sozialen Ordnung. Diese «primäre Abweichung» führt zu einer zunächst informellen *Stigmatisierung* der abweichenden Person (vgl. Goffman 1967). Scheitern die Bemühungen der Person und ihres Umfeldes zur Re-Normalisierung, dann setzen soziale Zuschreibungsprozesse ein, die zu einer abweichenden «Karriere» führen (vgl. Goffman 1972). Die Labeling-Theorie (vgl. Becker 1973; Scheff 1973; Keupp 1986) hat diesen Vorgang als schrittweisen sozialen Ausschluss rekonstruiert. Idealtypisch lässt sich dieser Vorgang auf vier Ebenen darstellen, die sich wechselseitig beeinflussen:

1. als *Selbstetikettierung*, so in der Form einer Selbsterkenntnis (z. B. «ich bin Alkoholiker»), der Übernahme einer fachlichen oder institutionellen Zuschreibung (z. B. «Psychotiker»), als gegeninstitutionelle Selbstbeschreibung (z. B. «Psychiatrieerfahrener») oder als Verleugnung (z. B. «ich bin doch nicht verrückt»);

2. als *Etikettierung durch das unmittelbare soziale Umfeld* (Familie, Freunde, Kollegen) mit Begriffen wie «Verrückter», «schwieriger Mensch», «Abweichler», «Trinker» etc.

3. als *fachliche Etikettierung* auf der Basis disziplinspezifischer diagnostischer Verfahren im Rahmen der jeweiligen psychologischen Schulrichtung wie «Persönlichkeitsstörung», «Schizophrenie», «Borderline» etc.

4. als *institutionelle Etikettierung* in Gutachten, in denen die abweichenden Aspekte im Erleben und Verhalten einer Person administrativ festgeschrieben werden. Dies schränkt die Chance zur Selbstdefinition des Klienten ein, erschwert den Rückweg in die von den meisten Klienten gewünschte Normalität und legt zugleich weitere Behandlungswege – die *institutionelle Karriere* – fest. Für viele Klienten hat dies sozialen Abstieg (finanzielle Verluste), soziale Isolation (Rückzug von Verwandten, Freunden und Bekannten) bis zum gesellschaftlichen Ausschluss (etwa vom Arbeitsmarkt oder von Freizeitaktivitäten) oder zum institutionellen «Einschluss» in psychiatrische Kliniken, Heime oder betreute «ambulante Ghettos» zur Folge.

5 Die Klientenrolle

Die Vorstellungen, die sich mit der Klientenrolle für die Klienten selbst, ihre Umwelt und die Fachkräfte verbinden, lassen sich als Ergebnis einer historischen Entwicklung beschreiben, die bis in die Anfänge psychologischer Behandlung Ende des 19. Jahrhunderts zurückreicht. Auch wenn sich die Klientenrolle historisch gewandelt hat, werden die mit ihr verbundenen Erwartungen und Verpflichtungen von allen Beteiligten als intuitives Alltagswissen geteilt. Sie stellen die nicht-kontraktuelle Voraussetzung für das Zustandekommen der Klient-Therapeuten-Interaktion dar.

Idealtypisch läst sich die Patientenrolle (vgl. Parsons 1970) wie folgt beschreiben: Im Fall einer Krankheit oder irritierenden subjektiven Erlebens delegieren Patienten (oder Angehörige, Lehrer, Vorgesetzte) die Störung/Abweichung an den ärztlichen oder psychotherapeutischen Experten, von dessen Kompetenz, Autorität und Vertrauenswürdigkeit sie Heilung, Problemlösung und Hinweise zur Bewältigung von Krisen und zum Umgang mit schwierigen Situationen erwarten. Für die Zeit der Krise/Krankheit werden Patienten/Klienten von ihren alltäglichen Rollenverpflichtungen partiell entbunden, müssen nun aber ihrerseits den Erwartungen des therapeutischen Personals und der behandelnden Institutionen entsprechen, z. B. Anordnungen befolgen, sich diagnostischen Prozeduren unterziehen und vor allem aktiv an ihrer Genesung mitarbeiten. In der Praxis überlagern jedoch unausgesprochene Erwartungen und Alltagstheorien über Gesundheit und Krankheit, unbewusste Übertragungen (z. B. «der Therapeut soll die Probleme für mich lösen») sowie aus beruflicher Routine stammende Annahmen der Fachkräfte über die Patienten/Klienten dieses rationale, expertenlastige und statische Strukturmodell. Um das aktive Handeln von Klienten und Therapeuten innerhalb des sozial vorgegebenen Rollenschemas zu konkretisieren, muss dieses Strukturmodell um eine *dynamische* Vorstellung ergänzt und differenziert werden.

6 Die Interaktion zwischen Klienten und Therapeuten

Die Beziehung zwischen Klient und Therapeut spielt sich – immer unter der durch die Hilfebedürftigkeit des Klienten und die Expertenmacht des Therapeuten vorgegebenen Asymmetrie der Hilfebeziehung – auf verschiedenen prozessual zu verstehenden Interaktionsebenen ab:

Auf der Ebene der *therapeutischen Begegnung* geht es um den Aufbau eines von Vertrauen und wechselseitigem Respekt gekennzeichneten «Arbeitsbündnisses» zwischen Klient und Therapeut/Berater. Dies erfordert vom Berater/Therapeuten angesichts bewusster und unbewusster Erwartungen, (Gegen-)Übertragungen und Projektionen ein hohes Maß an Selbstreflexion und -klärung sowie die Bereitschaft zu begleitender Fallsupervision (vgl. Thoman & Schulz v. Thun 1992). Hinzu kommen die Einhaltung des Datenschutzes und die Befolgung berufsethischer Standards wie die Sicherung der Würde des Klienten, Respektierung seines Selbstbestimmungsrechts und seiner körperlichen Unversehrtheit sowie die Vermeidung psychischer Abhängigkeiten des Klienten vom Therapeuten.

Auf der Ebene der *inneren Handlungsrationalität* der jeweiligen Beratungs-/Therapieform (Psychoanalyse, Verhaltenstherapie usw.) ergeben sich vom Klienten zu befolgende Aspekte, die in einem mehr oder weniger formalisierten Therapievertrag (Contract-Management) festgehalten werden, der die einzelnen Behandlungsschritte, zum Teil in stark standardisierter, «manualisierter» Form definiert oder den Verlauf des Hilfeprozesses als «Case-Management» (vgl. Wendt 1996) organisiert.

Die Ebene des Vertrags regelt die Vergütung der therapeutischen Dienstleistung. Jede Beratung/Therapie lässt sich als *Ko-Produktion* verstehen, an der Therapeut und Klient in unterschiedlicher Weise beteiligt sind. Auf der sichtbaren Oberfläche werden Therapieziele und Verfahren ausgehandelt, während der «heimliche Lehrplan» der therapeutischen Interaktion

Verhalten und Deutungsschemata von Klienten der jeweiligen Therapiekonzeption anpasst – den Hilfesuchenden also erst zum professionell behandelbaren Fall «macht» (vgl. Bittner 1981). Misslingt dies, wird dafür oft die mangelnde «compliance» des Klienten verantwortlich gemacht. Diese Reduktion seiner Mitarbeit auf das «Befolgen» therapeutischer Regeln und Maßnahmen begreift die fachliche Kompetenz des Helfers als Monolog über den Klienten und sichert zugleich seine Dominanz. Subjektive Sichtweisen («Laientheorien»), Eigenkompetenzen, Ressourcen und Wünsche der Klienten geraten damit in den Hintergrund.

7 Neuere Entwicklungen

Gesundheitsbewegung und Selbsthilfe

Die im Gefolge der Studentenbewegung entstandenen bzw. von ihr angeregten Entwicklungen der Frauen- und Gesundheitsbewegung haben unter den Bedingungen des gesellschaftlichen Reformklimas der 1970er Jahre zur Emanzipation von Patienten beigetragen und zu neuen Sichtweisen und Praxisansätzen bei den Fachkräften geführt.

Ausgangspunkt vieler Reformansätze und Initiativen bildete eine Kritik an folgenden Phänomenen:

- am medizinischen «Blick» (vgl. Foucault 1975) und seinen Paradigmen, etwa des organzentrierten «medizinischen Modells» (vgl. v. Kardorff 1978), der professionellen Enteignung des Körpers und der Seele, der «Verkrankung» seelischer Störungen, der anpassenden sozialen Kontrolle (vgl. Wambach 1983), am Männlichkeitsmodell orientierten Persönlichkeitstheorien sowie an der Expertendominanz (vgl. Illich et al. 1979);
- an der Verletzung von Würde und Menschenrechten der in Psychiatrie, Heimen und Gefängnissen asylierten Menschen sowie
- an der ungleichen medizinischen und psychotherapeutischen Versorgung.

Oft auf Anregung oder auch in Kooperation mit medizin- und psychologiekritischen Fachkräften entstanden auf der Grundlage dieser kritischen Perspektiven vielfältige Initiativen Betroffener innerhalb und neben den medizinischen, psychiatrischen und psychosozialen Versorgungssystemen, teilweise auch grundsätzlich «gegen» die mit staatlicher Repression und männlicher Expertendominanz assoziierte Versorgungspraxis (vgl. Kickbusch & Trojan 1981).

Die wichtigsten Ergebnisse dieser Entwicklungen sind (vgl. v. Kardorff 1996):

- die Entwicklung von *Selbsthilfe* (vgl. Trojan 1986) und ihre Etablierung als *kulturelles Muster.* Professionell unterstützte Selbsthilfezentren bilden Anlaufstellen für eine Vielzahl von Selbsthilfezusammenschlüssen, -initiativen und -projekten. Für die meisten Gruppen stehen Erfahrungsaustausch, gegenseitige Unterstützung und Interessenvertretung bei der Bewältigung von Krankheiten und seelischen Notlagen im Mittelpunkt, gefolgt von lebensstilbezogenen Themen und Fragen der Sinnsuche;
- Stärkung der *Nutzerkontrolle*, vor allem bezogen auf Information (-srechte), Qualitätskontrolle, Ziele und Formen der Hilfeleistung (vgl. v. Kardorff 1998);
- Stärkung *bürgerrechtlicher Ansprüche*, z. B. bei Kunstfehlern und Machtmissbrauch, *Skandalisierung* von Versorgungsdefiziten und *rechtliche Unterstützung* bei Freiheitsentzug und Zwangsbehandlung.

Vom Klienten zum Nutzer und zum Kunden

Seit Mitte der 1980er Jahre wird die Bezeichnung «Nutzer» auch für Patienten/Klienten verwendet (vgl. v. Kardorff 1998). Klienten begreifen sich nicht länger als passive Abnehmer staatlicher Leistungen oder professioneller Empfehlungen; sie wollen als selbstbewusste Nutzer mit berechtigten Anliegen anerkannt und gehört werden. Zu Beginn der 1990er Jahre kommt zunehmend der Begriff des *Kunden* in Mode:

Als Reaktion auf die steigende und politisch nur schwer kontrollierbare Kostenentwicklung im Gesundheitswesen gewinnen wirtschaftsliberale Überlegungen an Einfluss, die sich vor allem um drei Zielvorstellungen gruppieren, in deren Folge Patienten/Klienten zu «Kunden» werden: Erstens geht es um die Entwicklung von operationalisierbaren Dienstleistungs- (bzw. Behandlungs-)Einheiten in allen medizinischen und psychologischen Bereichen, die wissenschaftlich «evidenz-basierten» Wirksamkeitsnachweisen genügen und normierten Qualitätsstandards entsprechen sollen. Diesen Leistungen sollen zweitens Preise zugeordnet werden können, deren Überwachung innerhalb eines von den beteiligten Akteuren gebildeten und staatlich moderierten Systems von «Managed-Care» geschehen soll und vonseiten der potenziellen Patienten/Klienten drittens mehr Eigenverantwortung im Sinne zunehmender privater Vorsorge- und Absicherungsformen abfordert, ihnen aber zugleich mehr Wahlfreiheit und Konsumentensouveränität sowie größere Kontrollmöglichkeiten zugestehen will.

Die Auffassung von Klienten als Kunden hat auf den ersten Blick den Vorzug, individuelle Selbstbestimmung, den Dienstleistungsaspekt, die Konsumentensouveränität, das Recht auf Information, Kostentransparenz und Qualitätskontrolle in den Vordergrund zu stellen. Beim Auftreten kritischer Lebensereignisse, von Krankheit und psychisch bedingten Einschränkungen sind rationale Wahlentscheidungen und umfassende Informationssuche jedoch nur begrenzt möglich. Informiertheit ist zudem nach wie vor an gesellschaftlich ungleich verteilte Bildungsvoraussetzungen und ungleichen Zugang zu Informationen gebunden. Behandlungsangebote sind begrenzt, und ihre Nutzung hängt von der materiellen Lage der hilfebedürftigen Menschen ab. Vor diesem Hintergrund erweist sich das Kundenmodell als unangemessen und ideologisch.

Damit Klienten die von ihnen selbst geforderte aktive Rolle auch tatsächlich wahrnehmen können, sind professionelle Hilfestellungen zum «Empowerment» der Klienten (vgl. Stark 1996) erforderlich: z. B. durch Hilfe bei der Auswahl und Bewertung von Informationen aus dem Internet und anderen Quellen, Beratung angesichts der schwer überschaubaren psychosozialen Angebote. Sozialpolitisch geht es um die Sicherstellung infrastruktureller Angebote wie Selbsthilfezentren, Informations-, Anlaufs- und Vermittlungsstellen sowie um gleiche Zugangschancen zu den psychosozialen Versorgungsangeboten.

Klienten als Experten

Selbsthilfe- und Angehörigenbewegung haben die Fähigkeit der Klienten/Nutzer zur Interessendurchsetzung und Selbstartikulation in Öffentlichkeit und Politik belegt. Auf der Ebene der konkreten Interaktion mit Klienten werden die bislang Fachkräften verborgen gebliebenen und von ihnen – oft aus Angst vor Verlust der eigenen Autorität – übersehenen oder verdrängten Eigenkompetenzen der Klienten bei der Bewältigung kritischer Lebenssituationen sowie von Krankheit und Behinderung wahrgenommen, wissenschaftlich untersucht und in der Praxis zunehmend berücksichtigt. Die Sichtweisen, Handlungsstrategien und Kompetenzen von Klienten werden verstärkt als Ressource für Beratung und Therapie anerkannt. Sie werden daher nicht länger einseitig über ihre Störungen und Defizite wahrgenommen und klassifiziert werden (können). Mit Blick auf die Therapeut/Berater-Klienten-Interaktion erfordert dies, dass die Sichtweisen der Klienten größeres Gewicht erhalten. Kurz: Interventionen lassen sich nicht ohne, nicht «am» und nicht gegen den Klienten erbringen, sondern sie sind *mit ihm* auszuhandeln.

Vom Monolog der Experten über den Dialog mit den Klienten zum «Trialog»

Neben Bemühungen um eine lebensweltliche Patientenzentrierung in der Medizin stellen die in der Sozialpsychiatrie entwickelten *Psychoseseminare* eine neue Entwicklung dar, die einen *Trialog* zwischen Betroffenen, ihren Angehörigen und den Fachkräften initiieren. Sie sollen zu einem gemeinsamen Verständnis von Psychosen beitragen und damit auch der Entstigmatisierung dienen (vgl. Bock et al. 1995). In diesen Seminaren geht es um eine Klärung der verschiedenen Sichtweisen und Emotionen aller Beteiligten, ohne dabei die jeweils andere Seite zu einer bestimmten Sicht- oder Handlungsweise zu drängen. Dieses Modell eines gleichberechtigten und ergebnisoffenen Austauschs könnte auch zum Vorbild für andere Bereiche der psychosozialen Versorgung und Rehabilitation werden.

Der selbstbewusste und gut informierte Nutzer steht jedoch häufig nicht am Beginn von Beratung und Therapie, sondern entwickelt diese Kompetenzen meist erst in deren Verlauf. Diesen Prozess zu fördern stellt eine fachliche und menschliche Herausforderung für Psychologen dar, zu der der Erwerb einer spezifischen *Arbeitshaltung* erforderlich ist; wertvolle Anregungen hierzu aus sozialpsychiatrischer Sicht finden sich bei Dörner und Plog (1984).

Literatur

Becker, H. S. (1973). Außenseiter. Frankfurt/M.

Bittner (1981). Ein Klient wird «gemacht». In: E. v. Kardorff & E. Koenen (Hg.), Psyche in schlechter Gesellschaft, S. 103–137. München.

Bock, T., Buck, D. & Esterer, I. (1995). Das Hamburger Psychoseseminar. In: T. Bock et al. (Hg.), Abschied von Babylon, S. 282–285. Bonn.

Dörner, K. & Plog, U. (1984). Irren ist menschlich. Bonn.

Foucault, M. (1975). Die Geburt der Klinik. Frankfurt/M.

Goffman, E. (1967). Stigma. Frankfurt/M.

Goffman, E. (1972). Asyle. Frankfurt/M.

Hermer, M. (Hg.) (2000). Psychotherapeutische Perspektiven am Beginn des 21. Jahrhunderts. Tübingen.

Illich, I. et al. (1979). Entmündigung durch Experten. Reinbek.

Kardorff, E. v. (1978). Modellvorstellungen über psychische Störungen. In: H. Keupp & M. Zaumseil (Hg.), Die gesellschaftliche Organisierung psychischen Leidens, S. 539–589. Frankfurt/M.

Kardorff, E. v. (1996). Die Gesundheitsbewegung – eine Utopie im Rückspiegel. In: Gesundheitsakademie (Hg.), Macht – Vernetzung – Gesund, S. 15–43. Bremen.

Kardorff, E. v. (1998). Nutzerkontrolle. In: S. Grubitzsch & K. Weber (Hg.), Psychologische Grundbegriffe. Ein Handbuch, S. 388 f. Reinbek.

Keupp, H. (1986). Normalität und Abweichung. In: G. Rexilius & S. Grubitzsch (Hg.), Psychologie. Ein Grundkurs, S. 424–452. Reinbek.

Keupp, H. (1987). Riskante Chancen. Bonn.

Keupp, H. u. a. (1999). Identitätskonstruktionen. Reinbek.

Kickbusch, I. & Trojan, A. (Hg.) (1981). Gemeinsam sind wir stärker. Selbsthilfegruppen und Gesundheit. Frankfurt/M.

Parsons, T. (1970). Social Structure and Personality. New York.

Scheff, T. (1973). Das Etikett Geisteskrankheit. Frankfurt/M.

Stark, W. (1996). Empowerment. Freiburg.

Thoman, C. & Schulz v. Thun, F. (1992). Klärungshilfe. Reinbek.

Trojan, A. (Hg.) (1986). Wissen ist Macht. Eigenständig durch Selbsthilfe in Gruppen. Frankfurt/M.

Wambach, M. M. (Hg.) (1983). Der Mensch als Risiko. Frankfurt/M.

Wendt, W.-R. (1996). Helfen fallweise. Freiburg.

Rosa Geislinger

5.2 Selbsthilfe

Bereits über zehn Jahre arbeite ich beim Selbsthilfezentrum (SHZ) in München. Dort besuchen uns häufig Gruppen, die sich für unsere Arbeit interessieren: Studentinnen, Schülerinnen oder auch Kursteilnehmerinnen von Bildungswerken. Diese Gruppen führen wir dann durch unser großes Haus, zeigen die Gruppenräume, die Kontaktstelle, den Veranstaltungsraum, das Gruppenbüro und das Café (nicht bewirtschaftet). Im Laufe dieser Führungen sprechen wir über unsere Arbeit, erzählen, welche und wie viele Gruppen es gibt und welche Inhalte, Schwerpunkte und Ziele wir in unserer Arbeit verfolgen. Das Arbeitsfeld kann man – sehr weit gefasst – mit Unterstützung von Selbsthilfe, Selbstorganisation und bürgerschaftlichem Engagement umschreiben, und den theoretischen Hintergrund finden wir im Konzept des *Empowerments* (Stark 1996) – locker übersetzt: Wiedergewinnung der Kontrolle über die eigenen Lebensumstände.

So berichten wir bei diesen Führungen mit Überzeugung von den Fähigkeiten der Menschen, die die Selbsthilfegruppen besuchen und die die überwiegenden Nutzerinnen unserer Dienstleistungen sind: wie couragiert sie sind, wie effektiv sie in den Gruppen lernen, Coping-Strategien anzuwenden, wie viel Lebensfreude und Energie sie trotz chronischer Krankheit oder sozialer Notlage entwickeln. Wir stellen dar, wie sehr sie sich für sich selbst, für ihre Gruppenmitglieder und damit auch für das Gemeinwohl engagieren – und wie professionell sie letztendlich bezüglich ihrer Krankheit oder ihres Themas sind.

Kürzlich, bei einer «Schlossführung» für Schülerinnen einer Fachoberschule, passierte es wieder: Nach meinem ausführlichen Vortrag über unsere Arbeit fragt mich ein Junge, welche Aufgabe ich denn als Psychologin hier überhaupt hätte, wenn sich die Leute doch so gut selbst helfen könnten.

Zweite Szene: Im Sitzungssaal des Bezirks Oberbayern trifft sich eine Gruppe von psychiatrieerfahrenen Menschen, alles Mitglieder von Selbsthilfegruppen aus Oberbayern. Ich bin neben dem Psychiatrie-Koordinator die Einzige ohne Psychiatriekarriere (aber nicht die Einzige aus einem sozialen Beruf). Da ich den Arbeitsbereich «Psychiatrie und Selbsthilfe» für außerordentlich wichtig halte und das Selbsthilfezentrum vor Aufgaben überquillt, versuche ich zurzeit, für diesen Bereich eine eigene Finanzierung durch den Bezirk Oberbayern zu erreichen. Ein ausführlicher Antrag liegt dort vor; um aber dieses Konzept mit Leben zu füllen, soll (und muss es auch) mit denjenigen diskutiert werden, die die Nutznießer dieser möglichen neuen Stelle sein sollen – im Sinne von *Betroffenenbeteiligung* ist dies einer der wichtigsten Schritte beim Aufbau des neuen Arbeitsfeldes. Wir diskutieren lange hin und her, einiger Widerstand macht sich bemerkbar – die meisten Betroffenen kennen Psychologinnen eher aus stationären Kontexten und haben nicht immer gute Erfahrungen mit ihnen gemacht. Doch der Disput löst sich recht konstruktiv auf; bei der nächsten Sitzung wird das Konzept weiter besprochen und später dann darüber abgestimmt. Als ich die Sitzung verlasse, schließt sich mir eine Teilnehmerin an und fragt freundlich: «Bist du auch schizophren?»

Zwei Szenen, zwei Beispiele, eine Rollendiffusion: Selbsthilfe als psychologisches Handlungs- und Arbeitsfeld. Dennoch möchte ich in keinem anderen Bereich arbeiten.

Die Selbsthilfe ist ihrer Natur nach kein originäres Arbeitsfeld für Psychologinnen. Es gibt zwar einige Kolleginnen in den über die ganze Republik verstreuten Selbsthilfe-Kontaktstellen, dort arbeiten aber auch Sozialpädagoginnen und andere soziale Professionen. In den neuen Bundesländern sind die Mitarbeiterinnen häufig Quereinsteiger aus ganz anderen Berufen. Die Selbsthilfe-Kontaktstellen sind ebenfalls sehr unterschiedlich konstruiert: Es gibt die verschiedensten Träger (eigene kleine Vereine, aber auch Landratsamt, Gesundheitsamt, AOK, Wohlfahrtsverbände etc.), und es sind völlig verschiedene Einrichtungen, vor allem bezüglich der Personalausstattung. Mitunter wird die Arbeit als Teilbereich einer Stelle in einer Verwaltung erledigt. Die personelle Ausstattung schwankt also von einer 630-DM-Stelle über halbe und geteilte Stellen bis hin zu den fünf Stellen, wie wir sie in München besetzen können (gegenwärtig zwei Psychologinnen und drei Sozialpädagoginnen, davon zwei Teilzeit).

1 Selbsthilfeunterstützung im engeren Sinn

Wenn sich jemand einer Selbsthilfegruppe anschließen möchte, kann man in der Regel davon ausgehen, dass diese Person mit einem schwerwiegenden Problem konfrontiert ist, z. B. einer Suchterkrankung. Die Urzelle aller Selbsthilfe sind die Gruppen der *Anonymen Alkoholiker*, die sich schon in den 1930er Jahren in den USA zusammengefunden haben und die ein ausdifferenziertes Unterstützungsnetz auf der ganzen Welt anbieten. Auch die Anonymen Gruppen haben sich der Veränderung der Gesellschaft und damit der Suchtformen angepasst: Mittlerweile gibt es für (fast) jede Suchtform eine Anonyme Gruppe (z. B. für Internet-Sucht). Diese Gruppen sind aber sehr autonom; unsere Verbindung zu ihnen besteht in erster Linie in der *Vermittlung von Interessentinnen*, bezüglich Tagungen und Fortbildungen gibt es mitunter Kooperationen.

Diese Vermittlung in (passende) Gruppen ist ein Schwerpunkt unserer Arbeit. Im einfachsten Fall melden sich die Personen zu unseren Telefonzeiten (sechsmal drei Stunden pro Woche mit jeweils doppelter Besetzung) und bekommen eine Adresse übermittelt. Das Telefonteam besteht aus acht Mitarbeiterinnen, die Organisation und Leitung der Kontaktstelle und die inhaltliche Fortbildung der Mitarbeiterinnen gehören zu meinem Aufgabenbereich. Über diese telefonischen Kontakte erreichen uns auch viele diffuse Hilferufe, die einer eingehenden (telefonischen oder persönlichen) Beratung bedürfen. In diesen *Beratungsgesprächen* versuchen wir, mit den Betroffenen zusammen herauszufinden, welche Hilfsmöglichkeiten im Augenblick sinnvoll sind und wie sie wieder mehr Kontrolle über ihr Leben gewinnen können. Das kann, muss aber nicht der

Anschluss an eine Selbsthilfegruppe sein. Vor allem in krisenhaft zugespitzten Situationen kann die Empfehlung auch in Richtung einer Beratungsstelle, einer Therapie, aber auch einer Klinik gehen. Dieser Vorgang wird mit *Clearing* umschrieben; die genaue Kenntnis der vorhandenen Hilfsangebote vor Ort ist die Voraussetzung für ein gelungenes Clearing. Ebenso wichtig ist es aber, die Anfragenden im Sinne von Empowerment nicht nur unter dem Gesichtspunkt ihrer Defizite und Probleme zu sehen, sondern vor allem auch, welche Stärken und Fähigkeiten vorhanden sind, um *gemeinsam* zu überlegen, wie sie diese für sich selbst (und andere) einsetzen können.

Findet sich keine Gruppe für eine Anfrage, ist das Thema aber klar definiert und besteht die Chance, genug Gleichbetroffene zu finden, versuchen wir die Interessentinnen *zur Gründung einer eigenen Gruppe zu animieren*, unterstützen mit Know-how und gezielter Öffentlichkeitsarbeit. Falls sich die Gruppe zusammenfindet, begleiten wir maximal die ersten drei Sitzungen – aber nur, wenn dies ausdrücklich gewünscht wird. Zur Unterstützung wird den Mitgliedern der Gruppe ein kleiner Regelkatalog ausgehändigt, dessen Bestandteile vom Konzept der *Themenzentrierten Interaktion nach Ruth Cohn* abgeleitet sind. Diese Regeln sind sehr eingängig und gut für Selbsthilfegruppen anwendbar. Bei den Anfangsbegleitungen ist es sinnvoll, psychologisches Wissen über Gruppendynamik einzusetzen, um die Teilnehmerinnen auf mögliche Konfliktpotenziale aufmerksam zu machen.

Des Weiteren bieten wir den Gruppen an, bei Problemen und Schwierigkeiten innerhalb der Gruppe *Konfliktbegleitung* zu machen. Dies erstreckt sich ebenfalls auf maximal drei Sitzungen: Wie bei der Erstbegleitung besteht die Aufgabe darin, die Dynamik transparent zu machen und gemeinsam Lösungsmöglichkeiten zu erarbeiten. Das können organisatorische Veränderungen oder Veränderungen des Kommunikationsstils sein. Es kann aber auch geschehen, dass für ein einzelnes Gruppenmitglied eine andere Hilfeform gefunden werden muss. Die Entscheidung, ob die ausgemachten Veränderungspotenziale dann auch genutzt und umgesetzt werden, fällt aber die Gruppe selbständig. Wir bieten Vorschläge oder Lösungsansätze an, kontrollieren die Gruppen jedoch nicht. In der Regel können die Konflikte (mit oder ohne unsere Hilfe) gelöst werden, und gerade die «überwundenen Hürden» stellen sich wiederum als Punkt heraus, der für einen Kompetenzzuwachs der Gruppenmitglieder sorgt. So kann es geschehen, dass Hilfebedürftige zu (Selbst-)Helfern werden, und zwar in erster Linie dadurch, dass sie sich mit anderen zusammenschließen.

Im Sinne des Empowerments kann die (Wieder-)Aneignung der Kontrolle über die eigenen Lebensumstände erst dann gelingen, wenn *Bündnispartnerinnen und Mitbetroffene* gefunden werden, die die gleichen Probleme und Ziele haben. Und die größte Chance, diese Menschen zu treffen, bietet sich durch den Besuch von Selbsthilfegruppen. Viele Betroffene beschreiben diese Erfahrung, mit ihren Schwierigkeiten plötzlich nicht mehr allein zu sein, als ausgesprochen erleichternd. Sie finden Rat und Hilfe bei anderen Betroffenen – und das in der Regel vor dem Hintergrund einer Kompetenz, die sich die anderen Gruppenmitglieder durch jahrelangen Umgang mit dem eigenen Problem und den Problemen der anderen angeeignet haben – und irgendwann werden die «Neuzugänge» dann auch «Expertinnen in eigener Sache». Denn wer wüsste besser über die jeweiligen Versorgungsfelder und Unterstützungsformen Bescheid als diejenigen, die sie nutzen? Einige Mitglieder nehmen bald eine aktivere Rolle in der Gruppe ein und bezeichnen sich dann mitunter als «Berufsbetroffene». Das ist keineswegs zynisch gemeint, sondern bedeutet, dass sich bereits ein professioneller Umgang mit dem Problem oder der Krankheit eingestellt hat. «Berufsbetroffene» sind hochkompetente Ansprechpartner, wenn jemand z. B. mit einer frischen Diagnose konfrontiert wird.

Falls sich nun die Selbsthilfearbeit zur «Berufsbetroffenheit» entwickelt, bieten wir eine spezielle Dienstleistung an: Selbsthelfer sind zwar in ihrem Feld vollkommen zu Hause, bedürfen aber mitunter einer Unterstützung, wie sie auch die Professionellen brauchen. So haben wir *regelmäßige Supervisionsgruppen* für Menschen eingerichtet, die in ihrer Selbsthilfegruppe eine leitende Funktion haben und häufig von anderen Betroffenen wegen Beratung angefragt werden. Sie sind ähnlichen Problemen ausgesetzt wie professionelle Beraterinnen und kämpfen häufig mit den gleichen Schwierigkeiten: Vorrangig sind dies Abgrenzung, Überlastung, diffuse Anfragen. Hinzu kommen seelische Probleme bei einer körperlichen Erkrankung, Schwierigkeiten mit anderen Gruppenmitgliedern, Konkurrenzgerangel u. v. a. m.

Diese Supervisionsgruppen sind eine Maßnahme, die die Qualität der Arbeit in den Selbsthilfegruppen sichern hilft. Dabei erschließen sich mehrere Quellen, die genutzt werden können, um Probleme zu bearbeiten: das Wissen der anderen Gruppenleiter/-innen, die eine ähnliche Rolle in ihrer Gruppe und damit ähnliche Schwierigkeiten haben, deren Fachwissen vor dem Hintergrund der jeweiligen Probleme (z. B. Krebserkrankungen, Depressionen, Essstörungen, Endometriose, Mobbing etc.), und nicht zuletzt steht das Fach- und Erfahrungswissen zur Verfügung, welches wir als Supervisorinnen in die Gruppe einbringen. Wichtig ist vor allem, dass wir die Kompetenz anerkennen, die die Teilnehmerinnen mitbringen, und sie als «Expertinnen in eigener Sache» akzeptieren – so fügen sich unterschiedliche Fähigkeiten gut zusammen und ergeben ein neues Ganzes, einen Ort der Unterstützung und Weiterentwicklung. Auf dem letztjährigen Auswertungstag haben wir unsere Teilnehmerinnen gefragt, *was* denn nun das Hilfreiche an der Supervision sei. Die Punkte «Persönlichkeitsentfaltung» und «Entwicklung meiner Kompetenzen» standen ganz oben auf der Liste.

Eine weitere Komponente der Arbeit im Selbsthilfebereich könnte unter dem Stichpunkt «Lobbyarbeit» gesehen werden: Als Professionelle und Nichtbetroffene habe ich mitunter eher die Chance, den Standpunkt der Selbsthilfegruppen-Mitglieder zu vertreten, als die Betroffenen selbst. Diese Rolle bekommt besonderes Gewicht, wenn es sich um Psychiatrie-Selbsthilfegruppen handelt. Hier geht es allerdings meist nicht um fachliche Inhalte, sondern eher um Probleme, die mit Norm und Abweichung und Akzeptanz von «Anderssein» zu tun haben. Da die existierenden Psychiatrie-Gruppen, die selbst ihre Lobby aufbauen wollen, nicht (immer) von den Kolleginnen als Verhandlungspartner akzeptiert werden, ergibt sich hier ein reiches Betätigungsfeld. Hier zeigt sich aber auch, dass die psychologischen Kolleginnen in den jeweiligen Einrichtungen am ehesten bereit sind, neue und nutzerorientierte Aspekte in ihre Arbeit einzubeziehen; dies führt dann mitunter zu sinnvollen Kooperationen.

2 Kooperation mit Fachkolleginnen

Da meine Angebote nicht nur den Betroffenen in den Gruppen und den Selbsthilfe-Interessierten gelten, wende ich mich immer wieder an Fachkolleginnen. Diese Rolle kann man vielleicht am besten mit dem Bild der *Brückenfunktion* beschreiben – als den Versuch, eine Brücke zu bauen zwischen den Betroffenen und dem professionellen System, von dem ich ja selbst ein Teil bin. Ich versuche, die beiden Seiten sinnvoll zu verbinden, die Professionellen mit den Leistungen der Selbsthilfe vertraut zu machen und mitunter ihre Ängste zu beschwichtigen. Leider gibt es noch häufig, wie schon erwähnt, große Vorbehalte gegenüber der Selbsthilfe. Etwa Befürchtungen, sich um die eigenen Klientinnen zu bringen; aber auch, geballtem kritischem Potenzial ausgesetzt zu sein. Es werden gute, aber vor allem schlechte Erfahrungen mit Einrichtungen in den Gruppen weitergegeben: Hier erfolgt ein Stück Kontrolle und Korrektur der Angebote. Nun ist es aber mein Anliegen, die Mitarbeiterinnen der Einrichtungen zu animieren, ebenfalls Selbsthilfegruppen zu unterstützen und ihre «Kundschaft» ein Stück weit einzubinden. Es zeigt sich auch langsam, dass immer mehr Einrichtungen beginnen, sich für den Selbsthilfegedanken zu erwärmen, vor allem wenn ihnen die Nutzerorientierung am Herzen liegt. Dann finden sie es meist auch anregend und spannend, mit ihren Klientinnen einmal unter anderen Aspekten zu kommunizieren.

So brauche ich natürlich gute Argumente, um die Kolleginnen von der Sinnhaftigkeit der Selbsthilfe zu überzeugen, und auch davon, dass die Leistungen der Selbsthilfe eine optimale Ergänzung zu dem darstellen, was sie selbst an professionellen Angeboten zur Verfügung stellen. Dabei ist es ausgesprochen hilfreich, auf eine Untersuchung zu verweisen, die von 1994 bis 1996 in enger Kooperation mit dem Selbsthilfezentrum entstanden ist.

Das qualitativ orientierte Forschungsprojekt «Gesundheitsmanagement in Selbsthilfeinitiativen – Merkmale selbsthilfespezifischer Beratung und Dienstleistung» hat eine Reihe von Gesundheitsinitiativen, auch aus dem Bereich der seelischen Gesundheit, untersucht und Ergebnisse gewonnen, die nochmals eindrücklich die Potenziale, die in den Selbsthilfegruppen vorhanden sind, belegen. (Der Forschungsbericht von A. Bachl, Dr. B. Büchner und Dr. W. Stark ist unter o. g. Titel beim Selbsthilfezentrum, Bayerstraße 77a Rgb., 80335 München erhältlich.) Nebenbei sei erwähnt, dass auch die Forschung im Bereich der Selbsthilfe ein spannendes psychologisches Arbeitsfeld darstellt.

So fanden sich in der Untersuchung *kollektiv zugängliche Ressourcen der Krankheitsbewältigung*, wie sie nur in der Selbsthilfe zur Verfügung gestellt werden. Diese Ressourcen werden auf jeweils gruppenspezifische Art angeboten und wirken wiederum auf persönliche Ressourcen zur Bewältigung einer Krankheit ein (und werden in Coping-Strategien umgesetzt). Dies geschieht allerdings nicht in linearer Form, sondern durch wechselseitig interagierende Komponenten. Bestandteile dieser Unterstützungs- und Bewältigungsstrategien sind:

- emotionale Zuwendung,
- Vertrauen,
- Einfühlungsvermögen,
- instrumentelle Hilfen durch praktische Unterstützung,
- kognitive Hilfen durch Rat und Information,
- Bestätigung durch Anerkennung,
- Feedback und persönliche Wertschätzung,
- soziale Integration durch die Zugehörigkeit zu einer Gruppe, deren Ziele und Werte geteilt werden.

Das bislang gültige Modell der Krankheitsversorgung hat *keine Konzepte zur Bewältigung chronischer Krankheiten*, sondern geht in der Regel vom Prozess der Heilung aus und übergeht meist Menschen, deren Erkrankung einen chronischen Verlauf annimmt. Die Betroffenen und ihre Familien sind mehrfachen Belastungen ausgesetzt, und nicht zuletzt erleiden sie erhebliche finanzielle und soziale Einbußen.

Dagegen kosten die *Ressourcen*, die in der Selbsthilfe abgerufen werden können, die Betroffenen nichts oder nur sehr wenig, bedürfen allerdings bestimmter Rahmenbedingungen. Darüber hinaus bietet die Gruppe die Möglichkeit der Identifikation und ein Gefühl der Zusammengehörigkeit. Innerhalb der Gruppe gelten Werte wie Selbstverantwortung und Autonomie, und in Krisenfällen steht potenziell immer jemand zur Verfügung, bei dem man/frau sich aussprechen kann. Die Beratung durch Gleichbetroffene hat *bekennenden Charakter* (die Beraterin ist ebenfalls von der Krankheit betroffen) und schließt Machtgefälle in der Regel aus. Besonders für Gruppen aus dem psychosozialen Bereich gilt, dass Abweichungen von der Norm toleriert werden.

Lassen sich nun die professionellen Kolleginnen von diesen Argumenten überzeugen, ist der Schritt zur Überlegung, ob und wie Selbsthilfe in das bestehende Angebot integriert werden kann, nicht mehr so weit.

3 Weitere Arbeitsfelder der Selbsthilfeunterstützung

Über die Selbsthilfeunterstützung im engeren Sinn und die Kooperationsansätze hinaus beinhaltet das Arbeitsfeld eine ganze Reihe weiterer Aufgaben. Neben dem, was für die Nutzerinnen des Hauses und die Mitglieder der Gruppen angeboten wird, wird auf vielfältige Weise versucht, dem *Prinzip der Selbsthilfe und Selbstorganisation* Anerkennung zu verschaffen. Dies gilt für den medizinischen und psychosozialen Bereich ebenso wie für sozial-politische Zusammenhänge. Dazu bedarf es einer ausgeprägten Öffentlichkeitsarbeit – mit eigener Zeitung, die einmal im Quartal erscheint, mit Veröffentlichungen in der Fachpresse und -literatur (so wie mit diesem Artikel), mit Vorträgen und Seminaren auf Kongressen und Tagungen und auch in der Zusammenarbeit mit Hörfunk- und Fernsehredaktionen. Der *Begriff Selbsthilfe* wird in Abstimmung mit der Planungsabteilung des Sozialreferats sehr weit gefasst und vor allem im Gesamtzusammenhang mit *bürgerschaftlichem Engagement* gesehen. Die Unterstützung des bürgerschaftlichen Engagements (die Einbindung von Bürgerinnen und Bürgern in gesellschaftliche Aufgaben) ist ebenfalls im

Selbsthilfezentrum angesiedelt. Vor allem aber bedeutet Selbsthilfe *Nutzerorientierung und Betroffenenbeteiligung*, den Einbezug der Nutzerinnen und Nutzer von Dienstleistungen in die Planung und Gestaltung der Angebote bzw. dass die Betroffenen selbst entscheiden können, wenn es um sie betreffende Dienstleistungen geht.

Unter diesem Aspekt stellt sich uns die Aufgabe, Selbsthilfe, Selbstorganisation und bürgerschaftliches Engagement auf *allen* Ebenen zu fördern, zu unterstützen oder als Thema/Arbeitsfeld erst einmal einzubringen. Für dieses Ziel hat es sich als sehr förderlich erwiesen, dass das Potenzial, welches in den Selbsthilfegruppen in geballter Form vorzufinden ist, wieder stärker in den Blickpunkt rückt, vor allem seit sich die medizinische und psychosoziale Versorgung durch die allgemeine Entwicklung gezwungen sieht, im Sinne eines *Qualitätsmanagements* auch ihre «Kundschaft» als solche zu betrachten. Qualitätsmanagement in diesem Bereich drückt sich vor allem dadurch aus, dass die angebotenen Dienstleistungen transparent, effizient und leicht zugänglich sind.

Diesem Ziel dient ebenfalls der Ansatz der *Dezentralisierung*, der seit geraumer Zeit von uns verfolgt wird. Im Hinblick auf die übergeordnete Aufgabenstellung bedeutet dies den Versuch, *stadtteilbezogen* Einrichtungen zu finden und zu motivieren, ebenfalls Selbsthilfe, Selbstorganisation und bürgerschaftliches Engagement zu unterstützen. Falls notwendig und sinnvoll, bieten wir dazu Fortbildungen an.

Wieder auf die Ebene unserer direkten Nutzerinnen gebracht, beinhaltet das übergeordnete Prinzip der Unterstützung auch, die Selbsthilfegruppen, die bereits existieren, hinsichtlich der Fördermöglichkeiten zu beraten, die für Selbsthilfearbeit zur Verfügung stehen. Hierzulande fördert die Kommune, die Krankenkassen, der Bezirk Oberbayern und das Bayerische Staatsministerium für Arbeit und Sozialordnung die Aktivitäten, vor allem aber die Infrastruktur, die Selbsthilfegruppen brauchen, um effektiv und sinnvoll zu agieren. Die Förderung seitens der Krankenkassen in München wird gebündelt über das Selbsthilfezentrum abgewickelt. Ebenso können sich die Gruppen (oder auch Selbsthilfe-Projekte) hinsichtlich Organisations- oder Projektentwicklung beraten lassen. Zu Themen, die inhaltlich für Selbsthilfegruppen interessant sind, z. B. Rechtsfragen oder strukturelle Probleme, bieten wir zusätzliche Fortbildungen an. Und nicht zuletzt steht den Gruppen natürlich unser oben beschriebenes Haus zu Verfügung, welches verwaltet und versorgt werden muss.

4 Fazit

Selbsthilfe ist ein Arbeitsfeld für Psychologinnen, innerhalb dessen es allerdings wenig festgefügte Arbeitsanweisungen oder gar Manuale zur Umsetzung gibt. Es gilt immer wieder, in den einzelnen Fällen und Kontexten zu überlegen, was von dem, was wir als Mitarbeiterinnen an Kompetenzen mitbringen, sinnvoll einzusetzen ist. Ein Teil des Wissens, das wir aus dem Studium mitbringen, war hilfreich, vieles musste aber erst gelernt werden. So musste ich die eingangs beschriebene Rollendiffusion als Bestandteil meines beruflichen Kontextes akzeptieren lernen; nun ist sie aber alltäglicher Bestandteil der Arbeit geworden. Insgesamt ist die Verknüpfung eines weit gefassten Konzepts von Empowerment, des Selbsthilfe- und Selbstorganisationsgedankens und der neueren Ansätze des bürgerschaftlichen Engagements, der Qualitätssicherung und der Nutzerorientierung eine anregende Herausforderung, die keine Langeweile und keine Routine aufkommen lässt.

Ich erlebe es immer wieder positiv, mit Betroffenen in den Gruppen und mit Kolleginnen darüber zu diskutieren, welche Angebote notwendig und angebracht sind, um Selbsthilfe und Selbstorganisation gedeihen zu lassen.

Literatur

Stark, W. (1996). Empowerment – Neue Handlungskompetenzen in der psychosozialen Praxis. Freiburg.

Weiterführende Literatur

Geislinger, R. (1998) (Hg.). Experten in eigener Sache – Psychiatrie, Selbsthilfe und Modelle der Teilhabe. München.

Geislinger, R. (1998). Expertenschaft in eigener Sache. Selbsthilfe und Partizipation bei Psychiatrie- und Psychoseerfahrung. In: H. Helmchen & H.-J. Möller (Hg.), Psychiatrie für die Praxis 27, S. 130. München.

Geislinger, R. (2000). Zukünftige Kooperationsformen zwischen Psychotherapie und Selbsthilfe. In: M. Hermer (Hg.), Psychotherapeutische Perspektiven am Beginn des 21. Jahrhunderts. Tübingen.

Geislinger, R. (2000). Eine komplizierte Beziehung: Psychiatrie-Selbsthilfe und professionelle Unterstützung. In: A. Knuf & U. Seibert (Hg.), Empowerment in der Psychiatrie. Bonn.

Geislinger, R. (2001) (Hg.). Es gibt immer einen Ausweg – Praxishandbuch zur Sucht. München.

Martin Stengel

5.3 Arbeit und Organisation

1 Begriffsabgrenzung

Nach dem Zweiten Weltkrieg hat sich in der Bundesrepublik ein neuer Schwerpunkt innerhalb der Psychologie herausgebildet: die *Arbeits-, Betriebs- und Organisationspsychologie* (von Eingeweihten als *ABO-Psychologie* abgekürzt). Im Wesentlichen geht es innerhalb dieses Schwerpunkts um menschliches Erleben und Verhalten im Rahmen (betrieblich) organisierter (Erwerbs-)Arbeit. Andere Formen von Arbeit, andere Formen ihrer Organisation wurden in der Regel ausgeklammert: Hausarbeit, Eigenarbeit etc.

Dabei legt die *Arbeitpsychologie* den Schwerpunkt auf die arbeitsplatzbezogene Analyse jeweils konkreter Tätigkeiten unter weitgehender Abstraktion von organisationalen Charakteristika. Das Hauptgewicht liegt auf der Untersuchung der Mensch-Maschine-Interaktion bzw. nach der so genannten mikroelektronischen Revolution auf der Interaktion Mensch-Computer, wobei unter Computer alle EDV-gestützte Technik verstanden wird.

Die *Organisationspsychologie* auf der anderen Seite sieht ab von der konkreten Arbeitstätigkeit und untersucht die Zusammenhänge von organisationalen bzw. betrieblichen Strukturen und dem Erleben und Verhalten der in diesen Strukturen beschäftigten Menschen.

Das folgende Schaubild soll diese Schwerpunktsetzung verdeutlichen:

Technik <——————> Mensch <——————> Organisation

Arbeitspsychologie Organisationspsychologie

Die Grenzen sind fließend, die Bezeichnungen variieren.

Im Mittelpunkt der Betrachtungen stand in der Regel der Produktionssektor: Der primäre Sektor wurde ebenso vernachlässigt wie der immer bedeutsamer werdende tertiäre Sektor, die Dienstleistungsarbeit.

2 Historische Entwicklung

Die Wurzeln dieser Disziplinen reichen weit zurück: Thomas Hobbes sah menschliche Arbeit als Ware wie jede andere und damit als beliebig tauschbar (allerdings noch nicht gegen Lohn). Adam Smith unterwarf menschliche Arbeit ökonomischem Kalkül und führte die Arbeitszeit als eine messbare Größe ein (immer wurden bei ökonomisch ausgerichteten Denkweisen allerdings auch soziale Aspekte berücksichtigt). Hier kann man auch das Denkmuster ausmachen, das heute zu den «symbolischen Feldern», den stillschweigend akzeptierten Hintergundannahmen zu zählen ist: wissenschaftliche Erkenntnisse für wirtschaftliche Ziele bzw. deren Optimierung zu nutzen.

In den 1960er Jahren wurden weitere amerikanische Vorbilder in der Bundesrepublik aufgegriffen: Die «Organisationspsychologie» (häufig synonym mit «Betriebspsychologie») befasste sich mit Themen wie *Arbeitszufriedenheit, Arbeitsmotivation* und vor allem deren Zusammenhang mit *Leistung*, um den Arbeitskräftemangel in der Wiederaufbauphase durch Fluktuation und Absentismus nicht zu verschärfen.

Fragt man nach den Zielen dieser Bemühungen, lässt sich unschwer ein Oberziel ausmachen: «Erhöhung der Arbeitsproduktivität», auch als «Bestgestaltung der Arbeit», «Optimierung des Betriebs- oder Organisationsklimas» etc. umschrieben. Der Psychologe solle (so hat das Moede in den 1950er Jahren formuliert) die Gesamtperson und ihre Einsatzfelder im Arbeitsvollzug studieren, um diese theoretischen Analysen praktisch-betrieblich auszuwerten für Normen der Bestgestaltung unter Eingliederung in die Betriebsgesetze. Dies solle durch «objektive Betrachtung» des Wirtschaftsprozesses erreicht werden (das hatte Hugo Münsterberg bereits 1912 gefordert). Durch die Erfolge des Taylorismus ermutigt, nahm man stillschweigend an, der Mensch lasse sich als «triviale Maschine» auffassen. Die so genannten Psychotechniken (der Begriff war von William Stern bereits 1904 eingeführt worden) hat Herbert Giese (1925) unterteilt in

- die «*Subjekt-Psychotechnik*» («Personalwirtschaft», etwa Eignungsdiagnostik: Selektion bzw. Anpassung von Menschen an die Arbeitsbedingungen) und

- die *«Objekt-Psychotechnik»* (Arbeitsgestaltung, Arbeitsorganisation: Anpassung der Arbeitsbedingungen an menschliche Fähigkeitspotenziale).

Unbestreitbare Erfolge der Letzteren liegen in den Bemühungen um Arbeitssicherheit, Reduktion von Schädigungspotenzialen, Festlegung von Normen etc. Allerdings sind diese Felder nicht allein von Psychologen besetzt: Ingenieure und Betriebswirte konkurrieren um Definitionsmacht und um Stellen.

Ideen der Mitbestimmung, der Humanisierung des Arbeitslebens (die im Zusammenhang mit den Hawthorne-Studien auf die Human Relations-Bewegung in den USA zurückgriffen) erweiterten das Spektrum, dem man sich in der Bundesrepublik ab den 1970er Jahren auch in der Forschung zuwandte.

3 Schwerpunkte der Arbeitspsychologie

Im Rahmen der für diese Richtung zentralen *Arbeitsanalysen* wurden durch die staatlich geförderten Humanisierungsprogramme vor allem die Analyse von Belastungen durch ungünstige Arbeitsbedingungen, der Arbeits- und Gesundheitsschutz und die Arbeitssicherheit vorangetrieben: Ihre Ergebnisse schlugen sich u. a. in (gesetzlichen) Normen nieder, die betriebliche Arbeit gefahrloser und damit sicherer machten. Gelegentlich spricht man auch von «Sicherheitskultur», die in Betrieben verankert werden soll.

Arbeits-, Gesundheits- und Umweltschutz wurde traditionell im verarbeitenden (sekundären) Wirtschaftssektor etabliert. Allerdings wird auch im primären Sektor und immer öfter im tertiären Sektor, d. h. im Dienstleistungssektor, mit psychologischen Ansätzen gearbeitet. So werden zunehmend Präventionsstrategien eingesetzt, die auf der Beteiligung der (potenziell) Betroffenen basieren: Ihr Wissen bzw. ihre Erfahrungen werden aktiviert.

Im tertiären Sektor rücken Krankenhäuser als Horte gesundheitsgefährdender Stoffe in den Mittelpunkt des Interesses: Desinfektionsstoffe, Narkosegase, Chemotherapeutika, Strahlungsquellen bedeuten für die Mitarbeiter erhöhte Gefahrenquellen.

Die Analyse der *Mensch-Maschine-Interaktion*, die Schnittstellenproblematik, hat sich ab den 1980er Jahren schwerpunktmäßig um den Computer als für das ausgehende Jahrhundert charakteristische Maschine zentriert. In diesen Rahmen fällt auch die *Fehleranalyse* als die Nicht-Passung von erwartetem und tatsächlich gezeigtem Ergebnis. Besonders wichtig ist die Analyse von Software-Fehlern als die für die heutige Arbeitswelt bedeutsamste Fehlerquelle.

Auf der Seite des Individuums führte die wissenschaftliche Beschäftigung mit Belastungen zur *Belastungsanalyse*. Besser bekannt wurde der Belastungsbegriff unter dem Anglizismus «Stress», der allerdings missverständlich ist, weil er die Umgebungsbedingungen meint und gerade nicht das Erleben. In neuerer Zeit wurde die Stressdiskussion um die *Burn-out*-Diskussion erweitert, die den Schwerpunkt eher auf soziale Belastungsfaktoren legt. Durch diese Fokussierung wird das Burn-out-Konzept, die psychische Erschöpfung durch längeres hohes Engagement für andere Menschen, zu einem idealen Kandidaten für die Analyse des Dienstleistungssektors.

In diesen Zusammenhang gehört auch die Diskussion um vermehrte Probleme der Zunahme von *Emotionsarbeit*, der Anpassung dargestellter und erlebter Gefühle an von außen vorgegebene Regeln und Normen im Dienstleistungssektor.

Der Dienstleistungssektor mit personenbezogenen Dienstleistungen weitet sich insbesondere in den Bereichen Freizeit, Gastronomie, Tourismus, in sozialen Einrichtungen wie Krankenhäusern, Pflege- oder Erziehungseinrichtungen und dem Handel aus.

So leisten Animateure in Urlaubsclubs oder Flugbegleiter ebenso wie Kredit- oder Anlagenberater im Bankgeschäft, Krankenschwestern und Altenpfleger, aber auch Lehrer oder Versicherungsvertreter Emotionsarbeit und müssen Gefühle zeigen, die nicht immer mit dem «eigenen» Fühlen in Einklang zu bringen sind.

Bestehen die Diskrepanzen zwischen von außen vorgegebenen bzw. erwarteten «Gefühlen» und den innerpsychischen emotionalen Zuständen über längere Zeit hinweg oder übersteigen sie einen kritischen Schwellenwert, kommt es zum Burn-out-Syndrom.

Das Feld, in dem geeignet ausgebildete Psychologen tätig werden können, hat sich also wesentlich erweitert. Der Übergang zur klinischen Psychologie ist fließend.

Viele der im Folgenden unter Organisationspsychologie subsumierten Themen können auch als arbeitspsychologische Schwerpunkte gesehen werden, je nachdem, ob man eher die organisationalen Rahmenbedingungen im Auge hat oder die Perspektive auf die Regelungs- und Bewältigungsprozesse im Individuum richtet.

4 Schwerpunkte der Organisationspsychologie

Die klassischen Themen der Organisationspsychologie konzentrierten sich um die Zusammenhänge von *Leistung* innerhalb einer Organisation mit deren charakteristischen Merkmalen: hierarchische Struktur bzw. Art der Führung, Gruppen- bzw. Team- oder Projektarbeit versus Einzelarbeit. Als Begleitphänomen der Leistung wurde stets auch die *Motivation* berücksichtigt, ging man doch in der Regel von einem (stark vereinfachten) Kausalzusammenhang zwischen Motivation und Leistung aus. Ab den 1970er Jahren wurden *Arbeitszufriedenheit* sowie *Betriebs- und Organisationsklima* als bedeutsame Einflussgrößen auf die Leistung wahrgenommen.

Ein Feld, in dem sich die Analyse des Betriebsklimas mit der bereits beschriebenen Emotionsarbeit berührt, ist das Krankenhaus. Ursprünglich wurde das Betriebsklima in Produktionsbetrieben oder in Organisationen der Verwaltung untersucht. Seit Anfang 2000 sind Krankenhäuser zur Durchführung eines «Qualitätsmanagements» gesetzlich verpflichtet. In diesem Zusammenhang werden Psychologen wichtig, die etwa mit Hilfe standardisierter Verfahren den Ist-Zustand des Betriebsklimas oder der Patientenzufriedenheit erheben, um auf dieser Basis geeignete Vorschläge zu machen, die natürlich auf ihre ökonomische Machbarkeit bzw. Sinnhaftigkeit überprüft werden müssen.

Vom Verfahren ist die nach außen, auf den «Kunden» gerichtete Analyse der Kunden- bzw. Patientenzufriedenheit mit der nach innen, auf den Mitarbeiter bezogenen Analyse der Arbeitszufriedenheit strukturgleich.

Doch nicht nur leistungsfördernde, sondern auch (vermeintlich) leistungshemmende Phänomene werden untersucht: (Soziale) *Konflikte* stehen an erster Stelle. Eng verknüpft mit Konflikten sind *Kooperation* und *Kommunikation* in Unternehmen.

Ein altes Phänomen in neuem sprachlichem Gewand verdrängt aus Skandinavien kommend bei uns den «Stress» von seinem Platz: «Mobbing». Mobbing wird als eine Art «grausames Gesellschaftsspiel» dargestellt, bei dem soziale Konflikte künstlich induziert werden, um Mitarbeitern «übel mitzuspielen» (so der Titel eines Buches). In Organisationen der Kranken- und Altenpflege etwa entsteht durch Mobbing der verschiedenen Gruppen (Pflegekräfte, Ärzte, Verwaltung, Patienten) ein hochkomplexes Konfliktfeld, dessen Spannungen das Befinden einzelner Beteiligter sehr negativ beeinflussen können und damit zu Stress- oder Burn-out-Syndromen führen. In der Regel erzählt bei der Untersuchung solcher Phänomene jeder der Beteiligten eine andere Geschichte: Je nach Perspektive werden «Opfer» zu «Tätern» und umgekehrt.

Besonderes Gewicht erhält seit einiger Zeit der *Wandel in Organisationen*. Man beschäftigt sich auf mehreren Ebenen damit:

- Personalentwicklung stellt den einzelnen Mitarbeiter in den Mittelpunkt,
- Teamentwicklung bezieht sich auf Gruppen und
- Organisationsentwicklung schließlich auf die gesamte Organisation.

Psychologen werden vermehrt im Rahmen von Personal- und Teamentwicklungsprojekten eingesetzt. Organisationsentwicklung war eine Domäne der 1970er Jahre und wird heute durch rasch wechselnde Zusammenschlüsse bzw. Fusionen ohne jede (sozial-)psychologische Begleitung verdrängt.

Darüber hinaus wird dem *Wertewandel* Aufmerksamkeit geschenkt: Über die mehr oder weniger große Diskrepanz zwischen den Werten des Einzelnen und den Zielen der Unternehmen lassen sich Aussagen treffen über die Stärke der Bindung (des Commitment) an das Unternehmen, was zu Phänomenen wie Fluktuation und Absentismus, aber auch Engagement führt.

Ein ganz neues Feld könnte sich für Psychologen auftun, wenn sie transnationale Fusionen von Unternehmen bzw. deren Scheitern unter die Lupe nähmen. Hier geht es nicht um die *diachrone* Veränderung von Werten, sondern um die *synchrone* Koexistenz von inkompatiblen Wertsystemen. Schließlich geht es darum, Verständnis für die Werte des jeweiligen Partners zu erzeugen. Auch hier genügen ökonomische Analysen oder Berechnungen allein nicht bzw. sind irreführend.

Selbstverständlich muss man nicht erst auf transnationale Fusionen warten, um auf inkompatible Wertsysteme zu stoßen: Die alltäglichen Probleme, die ausländische Mitarbeiter in Organisationen mit vorwiegend deutschen Mitarbeitern haben, lassen sich ebenfalls hierunter subsumieren.

Viele der Untersuchungen zur Organisations- oder Unternehmenskultur lassen sich hier einordnen. In neuerer Zeit wird speziell von einer «Dienstleistungskultur» gesprochen, etwa wenn eine Dienstleistungsorganisation sich kundenfreundlicher präsentieren will. Inwieweit allerdings lediglich Marketingaspekte im Vordergrund stehen, ist von Fall zu Fall zu entscheiden.

Alle Themen innerhalb einer Organisation werden gerahmt von zwei zueinander spiegelbildlichen Phasen: *Einstieg* in und (freiwilliger oder erzwungener) *Ausstieg* aus Organisationen. Auch *Sozialisation* durch Arbeit bzw. die beschäftigende Organisation, Organisationswechsel, Situation von Frauen und von älteren Mitarbeitern, demographische Entwicklung, Organisation der Arbeitszeit lassen sich damit in Verbindung bringen.

Zwei zueinander spiegelbildliche Phänomene lassen psychologisch fundierte Analysen der Passung von Arbeitszeitwünschen mit dem organisational Machbaren bedeutsam werden: Auf der einen Seite steht eine große Zahl von Menschen ohne Arbeit, auf der anderen Seite wächst die Nachfrage aus den Organisationen nach bestimmten Fachkräften. Beide Problemlagen lassen sich entschärfen durch flexibleres Eingehen auf die Wünsche der (potenziellen) Arbeitnehmer. In fremden und eigenen Analysen stellten sich immer wieder veränderte Ansprüche gerade von gut qualifizierten jungen Menschen an die organisationalen Rahmenbedingungen heraus, und dazu gehört die chronometrische und chronologische Lage der Arbeitszeit, betrifft sie doch die knappste menschliche Ressource, die Lebenszeit.

Von besonderer Brisanz ist die Situation älterer Arbeitnehmer in Zeiten beschleunigten technischen Umbruchs. Ihre Qualifikationen decken sich sehr rasch nicht mehr mit den veränderten Anforderungen, und Weiterbildungsmaßnahmen sind häufig nicht verfügbar bzw. werden nicht in Anspruch genommen. Hier liegt für psychologische Bemühungen ein gewaltiges Potenzial, wird doch auf der anderen Seite die Erfahrung dieser älteren Mitarbeiter geschätzt und in Krisenzeiten gebraucht.

Die Reflexion über verantwortungsvolles Handeln bzw. ethische Leitlinien war bislang Domäne von Philosophen. Dies hat sich geändert: *Ethik in Organisationen* wird von Ökonomen und eben auch von Psychologen untersucht. Darunter kann man ferner den bislang in der Arbeits- und Organisationspsychologie tabuisierten Umgang mit menschlicher Sexualität subsumieren, ob man darunter nun die Benachteiligung von Frauen in Organisationen oder die Diskriminierung von Beschäftigten wegen ihrer sexuellen Orientierung versteht.

So tut sich seit Jahresbeginn ein neues Untersuchungs- bzw. Interventionsfeld auf: Die Bundeswehr nimmt erstmals Frauen auch außerhalb des Sanitäts- und Küchenbereichs auf. Die angesprochenen Probleme werden hier vermutlich verschärft auftreten.

5 Arbeit und Organisation im Spannungsfeld von Ökologie und Virtualisierung

In letzter Zeit wird zunehmend gefordert, Arbeit müsse nicht nur sozial, sondern auch *ökologisch* verträglich sein, das heißt, sie dürfe die biophysikalische Umwelt so wenig wie möglich belasten. Auf die *sozialen Kosten* der Marktwirtschaft, die durch Ressourcennutzung, Verschmutzung von

Luft und Wasser, Überkapazitäten, ruinösen Wettbewerb, Überkonzentration in Ballungsräumen und nicht zuletzt die Beeinträchtigung des «menschlichen Produktionsfaktors» entstehen, hatten die Ökonomen selbst schon in den 1950er Jahren hingewiesen.

Arbeit als Transformation von Natur ist *auch* ein ökologisches Problem. Der Zustand der Natur stellt die unerlässliche Grundvoraussetzung für jegliches Wirtschaften bzw. Arbeiten dar. In kaum einer Definition von Arbeit ist der elementare Tatbestand enthalten, dass ein beträchtlicher Teil des Outputs, der im Verlauf des Arbeitsprozesses erzeugt wird, «Abfall» ist. Je mehr gearbeitet wird, desto mehr Abfall wird produziert. Mit diesem Phänomen hat sich die Arbeits- und Organisationspsychologie bisher noch nicht beschäftigt: Eher hat die Betriebswirtschaft Ansätze entwickelt, wie man etwa im Rahmen der Optimierung von Kommunikationsprozessen in Unternehmen den Stofffluss transparenter gestalten und damit den Abfall erheblich vermindern kann. Dies wäre ein Feld, in dem eigentlich psychologisches Fachwissen gefragt wäre. Allerdings zeigt sich gerade an solchen Beispielen, wie wenig von den «Schlüsselfächern» des Wirtschaftslebens Fachwissen eingefordert wird.

Arbeit im Rahmen von Organisationen der Wirtschaft kann zu einer täglichen Konfliktquelle werden: Das Wirtschaftssystem fordert steigenden oder zumindest nicht abnehmenden Konsum. Die Natur fordert eine «Ethik der Sparsamkeit». Zu den diskrepanten Zielen, zwischen denen sich menschliche Arbeit bewegt, gehört auch die vertiefte Kluft zwischen privater und sozialer Zeitperspektive: Die *gegenwärtige* Nutzungsrate wird erhöht. Das Ziel muss aber sein, vernünftige Sorge für das Wohl *zukünftiger* Generationen zu tragen. Das ist die Schnittstelle, an der sich ökologische Ziele in soziale Ziele transformieren lassen; das gelingt aber nur dann, wenn man die Fristigkeiten von Zielen einbezieht.

Hält man soziale gegen ökologische Ziele, scheinen sich unüberbrückbare Widersprüche aufzutun, und zwar nicht nur für jene Menschen, die ihre Existenz gefährdet sehen, weil sie ohne (bezahlte) Arbeit sind. Auch innerhalb der Arbeits- und Organisationspsychologie ist eine Dominanz der sozialen vor der ökologischen Frage festzustellen; die ökologische Problematik wird noch weitgehend ignoriert.

Die wissenschaftliche Analyse muss sich damit auf fortlaufende Korrekturen einstellen; die wichtigste Korrektur ist das Hereinnehmen der ökologischen Problematik, die Erweiterung des Blickwinkels um diese Sichtweise, aber ganz gewiss nicht um den Preis der Eliminierung sozialer Fragen.

Fasst man die Aspekte zusammen, unter denen menschliche Arbeit und deren Organisation optimiert werden soll, so kann man Rahmenbedingungen angeben, die vor jeder arbeitspsychologischen Analyse zu beachten wären. Menschliche Arbeit und ihre Organisation muss

- kognitiv und emotional anregend,
- psychisch und somatisch minimal belastend,
- sozial verträglich,
- ökonomisch vertretbar,
- technisch kompatibel und
- ökologisch minimal belastend sein.

Neben der ökologischen Problematik wird in Zukunft eine zweite Entwicklung die Analyse von Arbeit und Organisation grundlegend verändern: die zunehmende *Virtualisierung* menschlicher Handlungen und Weltbezüge.

Definierte sich bisher der Homo faber in erster Linie durch sein Tätigsein in der Welt, d. h. durch sein körperliches direktes Auseinandersetzen mit seiner biophysikalischen und soziokulturellen Umwelt, so hat sich bereits heute dieser Weltbezug grundlegend verändert: Nicht mehr der menschliche Körper insgesamt setzt sich mit der vorgefundenen (primären) Realität auseinander und konstituiert so das Subjekt; der Mensch interagiert nur noch über Augen und Fingerspitzen mit einer bereits (von Programmierern) vorkonstruierten «sekundären Realität». Damit wird für die Zukunft ein grundlegend verändertes Subjekt zu erwarten sein, das einerseits über verfeinerte motorische Fingerfertigkeiten verfügt, andererseits zur (medien-)unvermittelten «Realitätsprüfung» nicht mehr ohne weiteres fähig sein wird.

Dies trifft insbesondere für organisierte Arbeit zu: Der Begriff der Arbeit wird seine Bedeutung drastisch verändern (dies hat er allerdings immer schon getan, insbesondere seit den 1950er Jahren).

Auch die Organisation von Arbeit wird transformiert: Immer mehr wird die räumliche Abgrenzung des Arbeitsorts aufgelöst. (Computergestützte) «*Telearbeit*» wird seit den 1980er Jahren immer wieder als die Arbeitsform der Zukunft gepriesen. Allerdings waren alle Prognosen in Deutschland bisher zu optimistisch: Immer blieb die Zahl der tatsächlichen Telearbeiter/-innen hinter der vorausberechneten zurück.

Selbstverständlich ist den Problemen, die durch Telearbeit bei den Betroffenen erzeugt werden, mit psychologischen Mitteln allein nicht beizukommen: Zu vielfältig sind etwa die rechtlichen Rahmenbedingungen, unter denen Telearbeit stattfindet. Sie findet auch nicht nur im nationalen Rahmen statt.

Am Beispiel der «Call-Center» lässt sich das Phänomen am besten verdeutlichen: Das Call-Center kann alle möglichen Organisationsformen annehmen; die «Ware Information» ist trägheitslos über nationale Grenzen transportierbar, unterliegt damit auch keinen nationalen Arbeitsschutzregelungen. Ihre Einrichtung folgt in aller Regel einem fallenden «Arbeitsschutzgradienten»: Sind in Dublin die Regelungen am freizügigsten, wird das Call-Center eben dort eingerichtet. Erste Erfahrungsberichte von Betroffenen lassen auf ein gehöriges Belastungspotenzial durch eine solche rein ökonomisch motivierte «Globalisierung» schließen.

Mit den sprunghaften Verbesserungen der zugrunde liegenden Techniken, insbesondere den stark vervielfachten Übertragungsgeschwindigkeiten von Daten, könnte sich diese Diskrepanz zwischen Prognose und Realisierung verkleinern.

Auch die *virtuelle Organisation* kann damit möglich werden: Darunter versteht man einen nicht mehr traditionell räumlich abgrenzbaren und physisch realisierten Betrieb, sondern eine über digitale Netze verbundene zielorientierte Struktur, an deren Knoten natürlich immer noch reale Menschen sitzen, die allerdings nicht mehr in unvermittelte Interaktion bzw. Kommunikation miteinander treten müssen, z. B. die Call-Centers.

In diesen Zusammenhang lässt sich auch die erwartete Virtualisierung der beruflichen Weiterbildung einordnen.

Diese neuen Entwicklungen sind insbesondere unter psychologischem Blickwinkel von hohem Interesse: Viele der den Wandel und die Virtualisierung begleitenden (lediglich antizipierten, aber kaum empirisch untersuchten) negativen Begleiterscheinungen lassen sich als psychosoziale Phänomene beschreiben. Hier eröffnet sich für arbeits- und organisationspsychologische Forschung ein weites Feld, besonders deshalb, weil die bislang vorwiegend technisch-ökonomische Analyse offensichtlich zu kurz greift und wesentliche Probleme außer Acht lässt, und zwar nicht nur das der Akzeptanz (neuer Technik), sondern vor allem das zentrale Problem der alten Subjektpsychotechnik: Wie weit kann vom Einzelnen autoplastische Anpassung an den (wirtschaftlichen) Wandel erwartet oder verlangt werden, ohne dass dadurch soziale Netze und Strukturen zerstört werden? Arbeit und Organisation lassen sich letzten Endes allein als Instrumente zur ökonomischen Überlebenssicherung definieren, nicht aber als Endziele menschlichen Lebens. Diese instrumentelle Funktion droht sich zu verselbständigen unter Außer-Acht-Lassen der ökologischen, sozialen und psychischen Grenzen, die jedem Wirtschaften gesetzt sind.

Literatur

Nerdinger, F. W. (1995). Motivation und Handeln in Organisationen. Eine Einführung. Stuttgart.

Rosenstiel, L. v. (2000). Grundlagen der Organisationspsychologie. Stuttgart.

Schmale, H. (1983). Psychologie der Arbeit. Stuttgart.

Spieß, E. & Winterstein, H. (1999). Verhalten in Organisationen. Eine Einführung. Stuttgart.

Stengel, M. (1997). Psychologie der Arbeit. Weinheim.

Ulich, E. (1992). Arbeitspsychologie. Stuttgart.

Friedemann W. Nerdinger

5.4 Markt und Werbung

1 Markt und Werbung – Ökonomie und Moral

In Markt und Werbung entfaltet psychologisches Wissen seine größte ökonomische Bedeutung, gleichzeitig dürfte es kaum ein berufliches Feld geben, in dem vergleichsweise weniger akademisch ausgebildete Psychologen arbeiten. Allein in der deutschen Werbewirtschaft sind über 360 000 Menschen beschäftigt, das Werbevolumen – Honorare, Werbemittelproduktion und Medien – erreichte im Jahr 1999 rund 62 Milliarden Mark (ZAW 2000). Diese enormen Ausgaben dienen – direkt oder indirekt – einem Ziel: der Beeinflussung menschlichen Erlebens und Verhaltens. Um dieses Ziel zu erreichen, basieren alle Werbemaßnahmen und im weiteren Sinn alle Aktivitäten des Marketing auf Annahmen über bzw. psychologische Gesetzmäßigkeiten der menschlichen Informationsaufnahme und -verarbeitung, der Entwicklung von Einstellungen gegenüber Objekten (Produkten, Unternehmen) und der Wirkung von Gefühlen und Motiven auf menschliches (Kauf-)Verhalten.

Nicht alles Wissen über die damit beschriebenen psychologischen Tatbestände geht auf Erkenntnisse der akademischen Psychologie zurück, die

Praktiker des Marketing und der Werbung arbeiten häufig auf der Grundlage von Erfahrungswissen – Faustregeln und subjektiven Überzeugungen, die sich im Laufe ihrer Tätigkeit bewährt haben. Im Rahmen der Betriebswirtschaftslehre hat sich darüber hinaus ein Spezialgebiet entwickelt, in dem systematisch psychologische Theorien, Methoden und empirische Ergebnisse auf Fragestellungen von Markt und Werbung angewandt werden: die Konsumentenforschung (Kroeber-Riel & Weinberg 1996; Trommsdorff 1998). Obwohl diese ganze Forschungsrichtung auf psychologischen Erkenntnissen beruht, stellt sie eine Domäne der Betriebswirtschaft dar. An deutschen Universitäten finden sich nur vereinzelt Psychologen, die angewandte Fragen des Konsumentenverhaltens untersuchen (z. B. Felser 1997; Mayer & Illmann 2000; Moser 1990; Nerdinger 1990; v. Rosenstiel & Kirsch 1996).

Diesem relativ geringen Engagement in der Forschung entspricht ein ebenso geringes, häufig sogar mit aggressiver Ablehnung verbundenes Interesse vonseiten der Studenten und Studentinnen der Psychologie. Entsprechend arbeiten sehr wenige Diplom-Psychologen – genaue Zahlen sind schwer zu erhalten – im Bereich Markt und Werbung. Dahinter stehen wohl nicht zuletzt moralische Bedenken, die vor allem Werbung mit Reizbegriffen wie «Konsumzwang» und «Manipulation» assoziieren. Da Psychologen in ihrem Selbstverständnis gewöhnlich durch ein humanistisches Engagement gekennzeichnet sind, erscheinen solche Anschuldigungen an psychologisch motiviertes Handeln besonders verwerflich. Allerdings sollten gerade Diplom-Psychologen über die tatsächlich gegebenen Möglichkeiten und wissenschaftlich nachgewiesenen Wirkungen psychologisch fundierter Interventionen im Bereich Markt und Werbung Bescheid wissen, nicht zuletzt, um den Wahrheitsgehalt solcher Anschuldigungen kompetent beurteilen zu können.

2 Das Feld der Markt- und Werbepsychologie

Marktpsychologie erforscht menschliches Erleben und Verhalten aller Teilnehmer an Märkten, d. h. der Anbieter und Nachfrager (v. Rosenstiel & Neumann 1991) – zumindest ist das ihr Programm. In der Realität finden sich allerdings kaum Untersuchungen über die Anbieter, vielmehr dominiert hier eindeutig die Erforschung der Nachfrager, speziell der Konsumenten. Am Erleben und Verhalten der Konsumenten interessieren wiederum besonders die Wirkungen der absatzpolitischen Instrumente, die auch als Marketing-Mix bezeichnet werden: Im Sinne des allgemeinen

Marketinggedankens sollen Produktgestaltung, Preispolitik, Wahl der Absatzwege und die Kommunikation über das Produkt oder die Dienstleistung an die Bedürfnisse und Wünsche der Konsumenten angepasst werden. Insofern handelt es sich bei der Marktpsychologie eigentlich um eine Marketingpsychologie. Diese Verengung des Blickwinkels verdeutlicht zugleich, dass ein Großteil der Forschung im Dienste der Anbieter, speziell im Interesse von Unternehmen der Wirtschaft betrieben wird. Nur vereinzelt finden sich zaghafte Versuche, psychologische Arbeit auch für den Verbraucherschutz zu betreiben und z. B. anhand marktpsychologischer Erkenntnisse Informationen zu gestalten, die im Interesse des Nachfragers stehen und seine Souveränität als Konsument erhöhen können (Kuhlmann 1990).

Innerhalb der Markt- bzw. Marketingpsychologie wird wiederum ein Feld besonders intensiv erforscht: die Werbung. Der Grund dafür liegt in den enormen finanziellen Ausgaben für Werbung bei gleichzeitig immer noch großer Unsicherheit über ihre Wirkung und ihren (ökonomischen) Wert. Werbung kann definiert werden als geplante, öffentliche Übermittlung von Nachrichten, die darauf zielt, das Urteil und das Handeln bestimmter Gruppen zu beeinflussen (v. Rosenstiel & Neumann 1991). Ohne weiteren Zusatz ist damit gewöhnlich die Absatzwerbung für Konsum- oder Investitionsgüter gemeint. Die Konsumenten sollen also durch Werbung dazu gebracht werden, die angebotenen Güter oder Dienstleistungen zu kaufen (Kroeber-Riel 1993). Die psychologisch orientierte Beschreibung, Erklärung, Prognose und Kontrolle dieses Einflussprozesses bildet den Gegenstand der Werbepsychologie. Diese Forschungsrichtung, die sich bis auf den Begründer der angewandten Psychologie, Hugo Münsterberg (1912), zurückführen lässt, steht sowohl im Zentrum der Hoffnungen derer, die über Werbung ihren Absatz ankurbeln wollen, als auch der Befürchtungen der Kritiker des Marketing. Die folgenden Ausführungen beschränken sich auf einige Grundlagen der Werbepsychologie.

3 Grundlagen der Werbepsychologie

Ziele der Werbung

Das oberste Ziel der Absatzwerbung ist es, Umsätze bzw. Gewinne der Unternehmen zu steigern. Voraussetzung dafür ist die erfolgreiche Beeinflussung des Kaufverhaltens der Konsumenten. Allerdings ist es äußerst schwierig, einen Zusammenhang zwischen Werbung und Kaufverhalten eindeutig nachzuweisen (Six 1983). Viele Forscher glauben sogar, Werbung sei gar nicht in der Lage, direkt zu verkaufen, sie könne lediglich die psychologischen Voraussetzungen für den Kauf schaffen (Nerdinger 1990). Daher werden gewöhnlich auch außerökonomische Ziele der Werbung gesetzt, deren Realisierung anhand psychologischer Indikatoren wie der Wahrnehmungs- oder Gedächtniswirkung, Einstellungsänderungen gegenüber dem beworbenen Produkt etc. überprüft werden. Zwei dieser außerökonomischen Ziele haben besondere Bedeutung: Bei der Neueinführung oder der Expansion von bereits eingeführten Produkten ist es Ziel, das Produkt bekannt zu machen bzw. die Bekanntheit zu steigern, um neue Kunden zu gewinnen; bei der Durchsetzung eines Produkts gegenüber der Konkurrenz soll ein eigenständiges, positives Bild des Produkts – ein positives Image (Lilli 1983) – vermittelt werden. Diesen Zielen dienen die Aktualisierung und Emotionalisierung des Produkts sowie die Information über Produkteigenschaften: Die Konsumenten sollen das Angebot kennen, positive Gefühle mit dem Angebot verbinden und über seine qualitativen Eigenschaften informiert werden (Kroeber-Riel 1993). Auf gesättigten Märkten, auf denen die Eigenschaften von Produkten und Dienstleistungen allgemein bekannt sind und verschiedene, als qualitativ ähnlich hochwertig eingestufte Angebote verfügbar sind, versucht Werbung auch, Bedürfnisse zu wecken. Statt Informationen zu bieten, werden in diesem Fall Produkte mit emotionalen Konsumerlebnissen verknüpft.

Strategien und Techniken

Langfristig angelegte Werbung verfolgt die Strategie der Positionierung: Die Werbung soll das Produkt attraktiv machen und gegenüber der Konkurrenz eindeutig abgrenzen, damit es den konkurrierenden Angeboten vorgezogen wird. Positionierung setzt also die Kenntnis der wahrgenommenen sachlichen und emotionalen Eigenschaften von Konkurrenzprodukten voraus und versucht, dem beworbenen Produkt ein möglichst eigenständiges, von der Konkurrenz klar unterschiedenes Image zu vermitteln. Ein einfaches Positionierungsmodell, in dem Autos lediglich nach zwei Eigenschaften positioniert werden, zeigt die Abbildung.

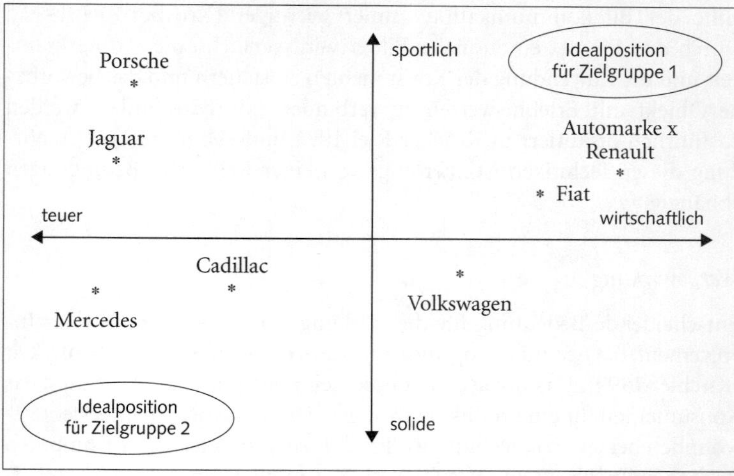

Automarken und ideale Positionen von Autos für zwei Zielgruppen in einem zweidimensionalen Einstellungsraum (in Anlehnung an Kirchler 1999, S. 228)

Zur Konstruktion eines solchen Modells müssen zunächst die grundlegenden Dimensionen, die den Einstellungsraum für eine Produktklasse bestimmen, empirisch erhoben werden. Im nächsten Schritt wird die Wahrnehmung der eigenen Marke, die der Konkurrenten sowie die idealer Marken bei einer oder mehreren Zielgruppen erhoben und in das Modell eingetragen. Je näher die wahrgenommene Position der eigenen Marke bei den Idealvorstellungen der Konsumenten liegt und dabei gleichzeitig möglichst weit von der Position der Konkurrenten entfernt ist, desto besser sind die psychologischen Voraussetzungen für den Kauf. Um dieses Ziel zu erreichen, kann die Werbung an sachliche und funktionale Eigenschaften des Produkts anknüpfen oder aber versuchen, das Produkt im Erleben der Konsumenten mit bestimmten Gefühlen zu verknüpfen. Dem dienen eine Reihe von Techniken der Werbung.

Mit Werbetechniken werden Werbemittel gestaltet, um die absatz- oder unternehmenspolitischen Ziele zu erreichen. In der Praxis werden viele Techniken rein intuitiv angewendet, wurden sie dagegen aufgrund sozial- oder werbepsychologischer Erkenntnisse entwickelt, spricht man auch von Sozialtechniken (Kroeber-Riel & Weinberg 1996). Auf den heute dominierenden, gesättigten Märkten verlieren die informativen Techniken an Bedeutung, stattdessen wird die emotionale Beeinflussung mit

Hilfe der Bildkommunikation immer wichtiger (Kroeber-Riel 1993). Durch den Einsatz emotionaler Bilder wird versucht, die Aufmerksamkeit und die Zuwendung der Konsumenten zu steuern und das beworbene Objekt mit Erlebniswerten zu verbinden (Werbetechniken werden ausführlich diskutiert in Kroeber-Riel 1993 und Felser 1997). Die Wirkung dieser Techniken ist allerdings von einer Reihe von Bedingungen abhängig.

Werbewirkung

Entscheidende Bedeutung für die Wirkung der Werbung haben das Involvement, die Beeinflussungsmodalität und die Wiederholungshäufigkeit (Kirchler 1999). Das Involvement beschreibt den Grad des Interesses, das Konsumenten für ein Produkt aufbringen. Hohes Involvement besteht gewöhnlich bei teueren, technischen Produkten, z. B. Autos oder Computer. Bei hohem Involvement setzen sich die Konsumenten mit den Eigenschaften des Produkts auseinander, daher muss die Werbung Sachinformationen so vermitteln, dass sie optimal aufgenommen und verarbeitet werden. Der Großteil der Werbung hat allerdings Produkte mit geringem Involvement zum Gegenstand, die entsprechend überwiegend mit emotionalen Techniken beworben werden.

Werbeinhalte können durch die Beeinflussungsmodalitäten «Sprache» oder «Bilder» übertragen werden. Sachinformationen lassen sich besser durch Sprache übermitteln, zur Auslösung von Gefühlen sind Bilder geeigneter. Bilder haben darüber hinaus weitere Eigenschaften, die für die Werbung besonders wichtig sind: Wenn in einem Werbemittel Text und Bild vereint sind, fällt der Blick zuerst auf das Bild; Bilder aktivieren stärker als Texte; sie werden ganzheitlich wahrgenommen und analog verarbeitet, Texte dagegen werden sequenziell wahrgenommen und digital verarbeitet (Kroeber-Riel 1993a). Unter den aktuellen Bedingungen der Reizüberflutung lassen sich daher Werbebotschaften durch Bilder besser übermitteln. Da Bilder außerdem unmittelbar Erlebnisse auslösen können, stellen sie mittlerweile die dominante Beeinflussungsmodalität dar (Kirchler 1999).

Schließlich hängt die Wirkung der Werbung auch von der Wiederholungshäufigkeit ab – Lerneffekte können erst durch Wiederholungen erzielt werden. Wie oft eine Wiederholung stattfinden muss, ist allerdings weitgehend unklar, da die Wirkung u. a. von der Art der Werbung und den Kommunikationsbedingungen abhängt. Außerdem entfaltet sich hier ein Dilemma: Zwar steigt die Bekanntheit des beworbenen Objekts mit der

Zahl der Wiederholungen, gleichzeitig nehmen aber auch die negativen Reaktionen auf die Werbung zu, die positiven Reaktionen nehmen ab (Mayer & Illmann 2000).

4 Psychologischer und ökonomischer Erfolg der Werbung

Seit Vance Packard (1957) den Begriff von den «geheimen Verführern» geprägt hat, hält sich hartnäckig der Glaube, dass Werbefachleute und Marketingspezialisten über subtile Techniken der Manipulation verfügen, denen die Konsumenten hilflos ausgeliefert sind. Interessanterweise sind an der Aufrechterhaltung dieses Glaubens sowohl die Kritiker als auch die Verfechter der Werbung beteiligt. Fachleute des Marketing können mit diesem Mythos bei ihren Kunden die Hoffnung schüren, sie seien in der Lage, deren Umsätze gezielt zu erhöhen – und von dieser Hoffnung leben sie nicht schlecht. Den Kritikern dient das Bild von den Manipulateuren dazu, ihre Anklagen gegen das kapitalistische Wirtschaftssystem anschaulich zu untermauern. Die in diesem Bild angelegte Vorstellung von der beliebigen Steuerbarkeit menschlichen Verhaltens entspricht allerdings nicht den tatsächlichen Möglichkeiten der Markt- und Werbepsychologie.

Trotz des immensen Aufwands, der in der Konsumenten- und Marktforschung betrieben wird, kann der Erfolg einer Werbekampagne oder einer anderen Marketingmaßnahme auch heute noch nicht zuverlässig prognostiziert werden. Aufgrund der stetig wachsenden Informationsüberlastung werden ca. 98 Prozent der Werbung überhaupt nicht wahrgenommen, rund 85 Prozent aller Produktneueinführungen scheitern, obwohl sie von professionellen Marketingmaßnahmen begleitet sind (Kroeber-Riel 1993). Zwar kann man heute mit ziemlicher Sicherheit sagen, dass *ohne* Marketing ein Erfolg auf den modernen Märkten undenkbar ist, ob allerdings *mit einer bestimmten* Marketingstrategie ein Erfolg eintritt, lässt sich nicht vorhersagen! Durch die vielfältigen marktpsychologischen Tests können die psychologischen Wirkungen der Werbung relativ genau überprüft werden, die Steuerung des Kaufverhaltens und damit die Realisierung der ökonomischen Ziele ist dadurch aber nicht gesichert.

Damit ist allerdings nichts über die Absicht ausgesagt, mit der psychologisches Wissen im Dienste der Anbieter eingesetzt wird. Ein Blick in die Fachliteratur zeigt, dass die Frage der Ethik markt- und werbepsychologischen Handelns nicht gerade intensiv diskutiert wird. Möglicherweise dokumentiert sich darin eine Folge der großen Zurückhaltung, die ausgebildete Psychologen gegenüber dem Feld «Markt und Werbung» üben.

Diejenigen, die über das wissenschaftlich fundierte Wissen vom menschlichen Erleben und Verhalten verfügen, sollten sich auch in der Frage der ethischen Verantwortung bei der Anwendung dieses Wissens aktiv engagieren – für die ethischen Standards im Bereich Markt und Werbung wäre das sicherlich ein Gewinn.

Literatur

Felser, G. (1997). Werbe- und Konsumentenpsychologie. Stuttgart.

Kirchler, E. M. (1999). Wirtschaftspsychologie. Grundlagen und Anwendungsfelder der Ökonomischen Psychologie. Göttingen.

Kroeber-Riel, W. (1993). Strategie und Technik der Werbung. 3. Aufl. Stuttgart.

Kroeber-Riel, W. (1993a). Bildkommunikation. Imagerystrategien für die Werbung. München.

Kroeber-Riel, W. & Weinberg, P. (1996). Konsumentenverhalten. 6. Aufl. München.

Kuhlmann, E. (1990). Verbraucherpolitik – Grundzüge ihrer Theorie und Praxis. München.

Lilli, W. (1983). Perzeption, Kognition: Image. In: M. Irle (Hg.), Marktpsychologie als Sozialwissenschaft. Enzyklopädie der Psychologie, D III 4, S. 402–471. Göttingen.

Mayer, H. & Illmann, T. (2000). Markt- und Werbepsychologie. 3. Aufl. Stuttgart.

Moser, K. (1990). Werbepsychologie. Eine Einführung. München.

Münsterberg, H. (1912). Psychologie und Wirtschaftsleben. Leipzig (Neuauflage 1997).

Nerdinger, F. W. (1990). Lebenswelt «Werbung». Frankfurt/M.

Packard, V. (1957). The hidden persuaders. New York (deutsch: Die geheimen Verführer. Der Griff nach dem Unbewußten in jedermann. Frankfurt/M. 1974).

Rosenstiel, L. v. & Kirsch, A. (1996). Psychologie der Werbung. Rosenheim.

Rosenstiel, L. v. & Neumann, P. (1991). Einführung in die Markt- und Werbepsychologie. Darmstadt.

Six, B. (1983). Effektivität der Werbung. In: M. Irle (Hg.), Methoden und Anwendungen der Marktpsychologie. Enzyklopädie der Psychologie, D III 5, S. 341–395. Göttingen.

Trommsdorff, V. (1998). Konsumentenverhalten. 3. Aufl. Stuttgart.

Zentralverband der deutschen Werbung «ZAW» (2000). Werbung in Deutschland 1999. Bonn.

Petra Kolip

5.5 Gesundheitsförderung und Prävention

1 Definition und Modelle von Gesundheit
2 Der Gesundheitsförderungsansatz der WHO
3 Gesundheitsförderung und Prävention: Gemeinsamkeiten und Unterschiede in den Konzepten
4 Ansatzpunkte für Gesundheitsförderung und Prävention am Beispiel Schule
5 Ausblick

Gesundheitsförderung und Prävention haben in den vergangenen 15 Jahren einen starken Aufschwung erlebt. Hintergrund dieser Entwicklung sind die langjährigen Bemühungen des europäischen Regionalbüros der Weltgesundheitsorganisation (WHO), die Stärkung von Gesundheitspotenzialen in allen europäischen Ländern innerhalb der politischen Tagesordnung zu verankern. In diesem Zusammenhang hat auch die Psychologie die Gesundheitsförderung als Berufsfeld entdeckt (Amann & Wipplinger 1998; Rieländer & Brücher-Albers 1999; Röhrle & Sommer 1999). Im folgenden Beitrag werden zunächst der Gesundheitsbegriff und Modelle von Gesundheit und Krankheit erläutert, soweit sie Bezugspunkte in der Gesundheitsförderungsdiskussion sind. Anschließend wird der Gesundheitsförderungsansatz der WHO vorgestellt, und Gesundheitsförderung und Prävention werden voneinander abgegrenzt. Schließlich werden am Beispiel des Handlungsfelds Schule Ansatzpunkte für Gesundheitsförderung und Prävention dargestellt.

1 Definitionen und Modelle von Gesundheit

Anknüpfungspunkt für Gesundheitsförderung ist die Definition von Gesundheit, wie sie 1948 in der Präambel der WHO-Verfassung formuliert wurde: «Gesundheit ist der Zustand völligen körperlichen, psychischen und sozialen Wohlbefindens und nicht nur das bloße Freisein von Krankheit und Gebrechen.»

Diese Definition ist in der Folge vielfach kritisiert worden, vor allem wegen ihres statischen und utopischen Charakters. Auch der Gebrauch des Begriffs «Wohlbefinden» (well-being) hat Kritik hervorgerufen, weil damit die Definitionsmacht der Professionellen, besonders der Ärztinnen und Ärzte, in Frage gestellt wurde. Trotz dieser Kritik ist die Formulierung vielfach aufgegriffen worden, nicht zuletzt deshalb, weil sie drei Komponenten betont und damit deutlich macht, dass sich Gesundheit nicht auf die körperliche Ebene beschränkt, sondern auch psychische, mentale und soziale Aspekte umfasst.

Neue Definitionen und Modelle von Gesundheit heben den dynamischen Charakter hervor und machen deutlich, dass Gesundheit kein passiver Zustand ist, sondern in einem aktiven Prozess in der Auseinandersetzung mit alltäglichen Risiken und Belastungen hergestellt wird (s. z. B. Hurrelmann 1991). Der Medizinsoziologe Aaron Antonovsky formulierte den Gedanken, dass die entscheidende Frage nicht diejenige ist, welche Faktoren dazu beitragen, dass Menschen krank werden, sondern was dazu führt, dass Individuen trotz zahlreicher und zum Teil gravierender Belastungen und Risiken gesund bleiben (1979, 1987). Er prägte den Begriff «Salutogenese» als Gegensatz zur Pathogenese, um den Blick explizit auf die personalen und sozialen Ressourcen zu lenken, die zur gesunden Entwicklung beitragen.

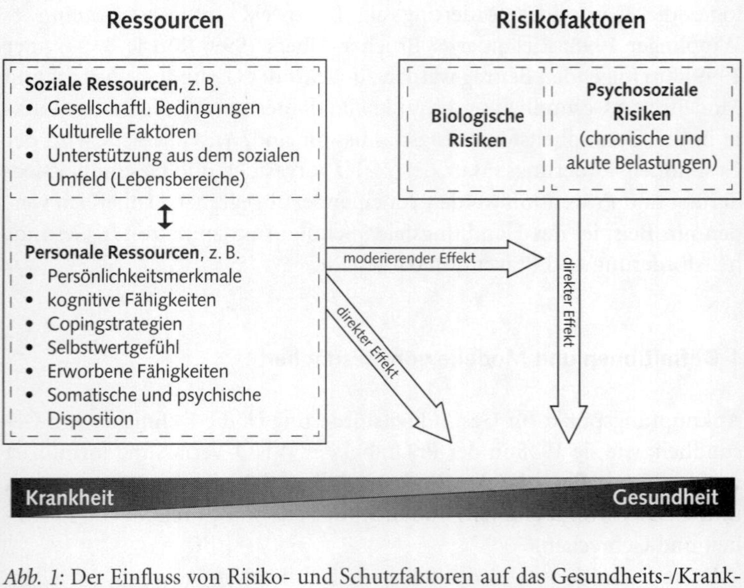

Abb. 1: Der Einfluss von Risiko- und Schutzfaktoren auf das Gesundheits-/Krankheitskontinuum

Abbildung 1 illustriert den salutogenetischen Ansatz. Gesundheit und Krankheit sind keine klar abgegrenzten Zustände, sondern bilden die Pole eines Kontinuums, auf denen Individuen im Laufe ihres Lebens ständig die Position wechseln. Ob jemand eher in Richtung Gesundheit oder eher in Richtung Krankheit geht, hängt zum einen von den biologischen und psychosozialen Risiken, zum anderen von den zur Verfügung stehenden personalen und sozialen Ressourcen ab. *Personale Ressourcen* sind z.B. Problemlösungsstrategien, kognitive und kommunikative Fähigkeiten, ein hohes Selbstwertgefühl und Selbstwirksamkeitserwartungen sowie das von Antonovsky formulierte Kohärenzgefühl (für einen Überblick zu personalen Ressourcen siehe Beutel 1989). *Soziale Ressourcen* sind vor allem die sozialen Netzwerke und die Unterstützung aus den zentralen Lebensbereichen (Familie, Freundeskreis, Arbeit). Auch die gesellschaftlichen Rahmenbedingungen, z.B. die gesellschaftlichen Bestrebungen zum Abbau sozialer Ungleichheit, sowie der Zugang zu materiellen Gütern und Bildung sind eine wichtige soziale Ressource. Die Ressourcen mildern zum einen die Wirkung der Risikofaktoren ab («moderierender Effekt»), wie sie auch einen direkten Einfluss auf die Gesundheit haben. So kann soziale Unterstützung und das daraus folgende Gefühl, geliebt und geachtet zu werden, direkt zu einem höheren Wohlbefinden beitragen.

Das Salutogenese-Konzept hat die gesundheitswissenschaftliche Diskussion stark geprägt und gilt als theoretische Fundierung der programmatischen Gesundheitsförderungskonzepte der WHO.

2 Der Gesundheitsförderungsansatz der WHO

In den 1980er Jahren hat das Regionalbüro für Europa der WHO unter der Federführung von Ilona Kickbusch begonnen, konkrete Umsetzungsstrategien zur Förderung der Gesundheit zu entwickeln. Auf der 1. Internationalen Konferenz im kanadischen Ottawa wurde daraufhin 1986 ein Grundsatzpapier zur Gesundheitsförderung verabschiedet, das auch heute noch richtungsweisend ist («Ottawa Charta»; http://www.who.dk/policy/ottawa.htm; zur Entwicklungsgeschichte s. Sacher 1998). In diesem wird Gesundheitsförderung definiert als «(...) Prozeß, allen Menschen ein höheres Maß an Selbstbestimmung über ihre Gesundheit zu ermöglichen und sie damit zur Stärkung ihrer Gesundheit zu befähigen.» Individuen und Gruppen sollen ihre Bedürfnisse wahrnehmen und ihre Lebensumstände verändern können, um mehr Gesundheit zu erlangen. «Empowerment» hat sich für diesen Ansatz als Schlüsselbegriff etabliert

(Keupp 1993). Die Gesundheitsförderungsstrategie der WHO konzentriert sich aber nicht ausschließlich auf das Individuum, sondern verankert die Strategie im politischen Kontext, denn sie betont, dass die Politik gesundheitsförderliche Rahmenbedingungen schaffen muss. Dabei wird Gesundheit als Querschnittsaufgabe betrachtet, die nicht nur die Gesundheitspolitik, sondern alle Bereiche der Politik betrifft, z. B. Umwelt-, Verkehrs-, Arbeitsmarkt-, Sozial- und Familienpolitik. Die WHO formuliert fünf, sich wechselseitig beeinflussende Handlungsfelder, um das Konzept zu präzisieren:

1. *Entwicklung einer gesundheitsförderlichen Gesamtpolitik:* Gesundheit soll, wie oben skizziert, ein Entscheidungskriterium in allen Politikfeldern werden.
2. *Schaffung gesundheitsförderlicher Lebenswelten:* Gesundheit wird im Zusammenhang mit den sozialen und ökologischen Umweltbedingungen gesehen. So betont die WHO, dass Frieden, angemessene Wohnbedingungen, ein stabiles Ökosystem und soziale Gerechtigkeit unabdingbare Voraussetzungen für Gesundheit sind.
3. *Unterstützung gesundheitsbezogener Gemeinschaftsaktionen:* Angestrebt wird eine aktive Beteiligung der Bürgerinnen und Bürger.
4. *Neuorientierung der Gesundheitsdienste:* Die Gesundheitsdienste sollen stärker intersektoral zusammenarbeiten, Krankenhäuser werden zu Gesundheitszentren umstrukturiert.
5. *Förderung der Entwicklung persönlicher Kompetenzen:* Menschen sollen befähigt werden, mehr Einfluss auf ihre eigene Gesundheit und ihre Lebenswelten auszuüben.

Das Gesundheitsförderungskonzept der WHO ist ein politisches, denn es stützt sich auf Chancengleichheit und Solidarität (Krech 1999); es versteht sich zudem als emanzipatorisch, denn die Befähigung und Ermächtigung («Empowerment») von Bürgerinnen und Bürgern sowie die Unterstützung von Anliegen, gesundheitsförderliche Lebenswelten zu schaffen und die Lebensumwelt zu verändern, sind zentrale Elemente in dieser Konzeption.

3 Gesundheitsförderung und Prävention: Gemeinsamkeiten und Unterschiede in den Konzepten

Die Begriffe Gesundheitsförderung und (primäre) Prävention werden oftmals synonym gebraucht, obwohl die dahinter liegenden Konzepte und Prinzipien unterschiedlich sind (Laaser & Hurrelmann 1998). Prävention ist fokussiert auf spezifische Krankheiten und Störungen. Sie orientiert sich am Risikofaktorenmodell und versucht, die Faktoren zu identifizieren, die die Wahrscheinlichkeit für einzelne Krankheiten oder gesundheitliches Risikoverhalten erhöhen. Typische Beispiele hierfür sind Impfprogramme, das Einführen der Anschnallpflicht im Auto oder Suchtpräventionsprogramme, die die Widerstandskraft gegenüber Drogen erhöhen wollen.

Gesundheitsförderung hingegen setzt bei den Ressourcen und dem Wohlbefinden an, ohne auf spezifische Krankheiten zu blicken. Zielgruppe sind nicht – wie bei der Prävention – Risikogruppen, sondern die gesamte Bevölkerung, also Gesunde und Kranke. Ziel ist es, die personalen und sozialen Schutzfaktoren zu stärken. Beispiele hierfür sind gemeindepsychologische Ansätze zur Stärkung von Netzwerken oder Programme zur Steigerung des Selbstwertgefühls und der Lebenskompetenz im Jugendalter.

Während Präventionsprogramme auf spezifische Krankheiten Einfluss nehmen, wirken Gesundheitsförderungsprogramme unspezifisch, denn sie setzen an den Ressourcen an. Gesundheitsförderungsprogramme können dabei ganz unterschiedliche Auswirkungen auf Gesundheit und Krankheit haben. So kann ein erhöhtes Selbstwertgefühl von Jugendlichen zur Gewaltprävention beitragen, Essstörungen reduzieren helfen oder suchtpräventiv wirken (s. z. B. Aßhauer & Hanewinkel 1999). Entscheidend für die Unterscheidung zwischen Prävention und Gesundheitsförderung ist die Blickrichtung: Während Prävention ihren Ausgangspunkt bei spezifischen Krankheiten nimmt und auf die Risiken blickt, interessiert sich die Gesundheitsförderung für die Ressourcen und versucht, diese unabhängig von einer krankheits- oder störungsspezifischen Wirkung zu stärken.

In der Praxis wird diese Unterscheidung zwischen den beiden Interventionsansätzen nicht immer getroffen. Dies liegt zum einen daran, dass viele Projekte mit dem Etikett «Gesundheitsförderung» potenziellen Geldgebern besser verkauft werden können. Zum anderen hängt die mangelnde Differenzierung sicherlich auch damit zusammen, dass in vielen Angeboten Gesundheitsförderungs- und Präventionselemente anregend miteinander verbunden werden. So beinhalten moderne schulische Suchtpräventionsprogramme Einheiten, die sich besonders auf den Konsum von Drogen beziehen, etwa wenn Übungen zur Drogenresistenz entwickelt werden (z. B. Nein-Sagen lernen; vgl. Evans 1988), zum anderen enthalten sie Elemente, die auf eine allgemeine Stärkung der Lebenskompetenz abzielen, also der Gesundheitsförderung zuzurechnen wären. Bislang ist allerdings ungeklärt, welcher Ansatz in welcher Zielgruppe erfolgreich ist und welche Elemente unter welchen Bedingungen welche Wirkungen entfalten.

Quer zu der Unterscheidung zwischen Prävention und Gesundheitsförderung liegt die Differenzierung hinsichtlich der Interventionsebene. Sowohl Prävention als auch Gesundheitsförderung können an den sozialen und Umweltbedingungen («Verhältnissen») oder am Individuum («Verhalten») ansetzen. Der Gesundheitsförderungsansatz der WHO nimmt schwerpunktmäßig die Verhältnisse in den Blick, indem gesundheitsförderliche Lebenswelten geschaffen werden sollen. Verhaltensorientierte Programme verfolgen demgegenüber das Ziel, gesundheitsrelevantes Verhalten zu modifizieren. Grundlage hierfür sind in der Regel gesundheitspsychologische Theorien wie das Health Belief Model oder die Theories of Reasonned Action und Planned Behavior (vgl. Glanz, Lewis & Rimer 1997).

Im Folgenden einige Beispiele für die unterschiedlichen Ansätze:

	Gesundheitsförderung	Prävention
Ansatzpunkt: Verhalten	• Steigerung des Selbstwertgefühls • Erweiterung der sozialen Kompetenz	• Individuelle Tabakprävention (z. B. Widerstand gegen Gruppendruck)
Ansatzpunkt: Verhältnisse	• Schaffung anregender Schulumwelten • Partizipation (z. B. Kinder- und Jugendparlamente)	• Werbeverbot für Tabakprodukte • Verbot von Raucherecken auf Schulhöfen

Abb. 2: Systematisierung von Interventionsansätzen

4 Ansatzpunkte für Gesundheitsförderung und Prävention am Beispiel Schule

In der Umsetzung ihrer Gesundheitsförderungsstrategie geht die WHO davon aus, dass Gesundheit kein abstraktes Lebensziel, sondern Bestandteil des Alltags ist. Sie hat deshalb ihr Konzept im so genannten Settingansatz präzisiert, der Gesundheitsförderung auf spezifische soziale Räume wie Schulen, Krankenhäuser oder Betriebe konzentriert. Am Beispiel Schule soll abschließend kurz skizziert werden, welche Ansatzpunkte von Prävention und Gesundheitsförderung in diesen Settings gewählt werden.

Kinder und Jugendliche gelten als bevorzugte Zielgruppe für gesundheitsbezogene Interventionen, weil in dieser Lebensphase gesundheitsrelevante Einstellungen und Verhaltensmuster geprägt werden. Zentrales Thema für Präventionsprogramme in der Schule ist der Konsum von legalen und illegalen Drogen, das bereits in den 1950er Jahren als Thema der Gesundheitserziehung aufgegriffen wurde. Ziel der Suchtprävention ist es, den Substanzkonsum zu verhindern bzw. zeitlich hinauszuschieben.

Während bis in die 1980er Jahre Informationsvermittlung und Abschreckung als didaktische Elemente vorherrschten, findet sich nun in den zahlreichen Programmen eine Mischung aus klassischen Präventionselementen und Gesundheitsförderungsansätzen (Leppin, Kolip & Hurrelmann 1996). In diesen Programmen wird z. B. einerseits über die Wirkung von Drogen informiert, andererseits wird versucht, Problemlösefähigkeiten und soziale Kompetenz zu stärken und das Selbstwertgefühl und die Selbstwirksamkeitserwartung zu steigern – «Lebenskompetenzprogramme» (vgl. Botvin 1995). Selbsterfahrung, Rollenspiele und die Reflexion der eigenen Wünsche und Bedürfnisse sowie der eigenen Kompetenzen und Stärken nehmen deshalb einen breiten Raum ein. Mittlerweile liegen auch für den deutschsprachigen Raum ausformulierte und evaluierte Programme vor, die zunehmend Verbreitung finden (Landesinstitut für Schule und Weiterbildung 1988; Mittag & Jerusalem 1999; Walden, Kutza & Kröger 1995). Die Angebote kommen dem Empowerment-Ansatz der WHO recht nahe, auch wenn die Schule oftmals Rahmenbedingungen setzt, die einem emanzipatorischen Ansatz entgegenstehen (siehe z. B. Leppin 1999).

Gerade diese Rahmenbedingungen werden im Settingansatz der WHO reflektiert und – falls möglich – gezielt bearbeitet, um die Schule in Richtung gesundheitsförderliche Lebensumwelt umzugestalten. Im «European Network Health Promoting Schools» haben sich Schulen zusammengeschlossen, die nicht nur Einzelaktionen und Projektwochen durchführen, sondern die Schule und ihr Umfeld auf verschiedenen Ebenen zu einem gesundheitsförderlichen Lebensbereich umgestalten wollen. In Deutschland hat sich das Netzwerk im Rahmen von BLK-Modellversuchen in allen Bundesländern außer Bayern etablieren können (vgl. Paulus 1999). Die Ziele der gesundheitsfördernden Schule sind u. a. die räumliche und organisatorische Umgestaltung der Schule zur Schaffung einer gesundheitsfördernden Arbeits- und Lernumwelt, die Förderung der gesundheitlichen Verantwortung und die Vernetzung innerhalb der Schule wie auch zwischen Schule und Gemeinde (WHO 1997). Die einzelnen Schulen bestimmen dabei selbst – unter Einbezug aller Beteiligten –, welche Schwerpunkte sie setzen wollen, und betten idealerweise die Gesundheitsförderung in einen Schulentwicklungsprozess ein. Klassische Präventionsangebote können dabei ein Baustein sein, aber die gesundheitsfördernde Schule geht weit über diese Angebote hinaus.

5 Ausblick

Gesundheitsförderung und Prävention haben sich auch für Psychologinnen und Psychologen zu einem «boomenden» Berufsfeld entwickelt. Allerdings beschränkt sich das psychologische Engagement bislang vor allem auf die Entwicklung und Evaluation verhaltensorientierter Programme. So wichtig diese Entwicklungsarbeit ist, so wenig darf aber aus dem Blick geraten, dass Gesundheitsförderung weit über Verhaltensmodifikationen hinausgeht. Es wäre zu wünschen, dass Psychologinnen und Psychologen lernen, nicht nur belastungssenkend, sondern auch ressourcenstärkend zu denken, und sich zukünftig in den Feldern der Gesundheitsförderung engagieren, die eine Veränderung von Verhältnissen zum Ziel haben.

Literatur

Amann, G. & Wipplinger, R. (Hg.) (1998). Gesundheitsförderung. Ein multidimensionales Tätigkeitsfeld. Tübingen.

Antonovsky, A. (1979). Health, stress, and coping. San Francisco.

Antonovsky, A. (1987). Unraveling the mystery of health. How people manage stress and stay well. San Francisco.

Aßhauer, M. & Hanewinkel, R. (1999). Lebenskompetenzförderung und Suchtprophylaxe in der Grundschule: Entwicklung, Implementation und Evaluation primärpräventiver Unterrichtseinheiten. Zeitschrift für Gesundheitspsychologie 7, S. 158–171.

Beutel, M. (1989). Was schützt Gesundheit? Zum Forschungsstand und der Bedeutung von personalen Ressourcen in der Bewältigung von Alltagsbelastungen und Lebensereignissen. Psychotherapie, Psychosomatik, Medizinische Psychologie 39, S. 452–462.

Botvin, G. J. (1995). Principles of prevention. In: R. H. Coombs & D. Zidons (Eds.),

Handbook of drug abuse prevention: A comprehensive strategy to prevent the abuse of alcohol and other drugs, S. 19–44. Boston.

Evans, R. I. (1988). Prevention of smoking in adolescence: Conceptualization and intervention strategies of a prototypical research program. In: S. Maes, C. D. Spielberger, P. B. Defares & I. G. Sarason (Eds.), Topics in Health Psychology, S. 107–125. Chichester.

Glanz, K., Lewis, F. M. & Rimer, B. K. (1997). Health behaviour and health education: Theory, research and practice. San Francisco.

Hurrelmann, K. (1991). Sozialisation und Gesundheit. Somatische, psychische und soziale Risikofaktoren im Lebenslauf. Weinheim/München.

Keupp, H. (1993). Die (Wieder-)Gewinnung von Handlungskompetenz: Empowerment in der psychosozialen Praxis. Verhaltenstherapie und psychosoziale Praxis 25, S. 365–381.

Krech, R. (1999). Is it healthy? Die europäische Gesundheitspolitik «Gesundheit 21». In: M. Rieländer & C. Brücher-Albers (Hg.), Gesundheit für alle im 21. Jahrhundert. Neue Ziele der Weltgesundheitsorganisation mit psychologischen Perspektiven erreichen, S. 18–22. Bonn.

Laaser, U. & Hurrelmann, K. (1998). Gesundheitsförderung und Krankheitsprävention. In K. Hurrelmann & U. Laaser (Hg.), Handbuch Gesundheitswissenschaften, Neuausgabe, S. 395–424. Weinheim/München.

Landesinstitut für Schule und Weiterbildung (1988). Sucht- und Drogenvorbeugung in der Schule. Materialien und Medien. Soest.

Leppin, A. (1999). Die Bedeutung der Lernumwelt für die schulische Gesundheitsförderung. Zeitschrift für Gesundheitspsychologie 7, S. 172–182.

Leppin, A., Kolip, P. & Hurrelmann, K. (1996). Gesundheitsförderung in der Schule. Prävention. Zeitschrift für Gesundheitsförderung 19 (2), S. 52–53.

Mittag, W. & Jerusalem, M. (1999). Gesundheitsförderung bei Kindern und Jugendlichen. In: B. Röhrle & G. Sommer (Hg.), Prävention und Gesundheitsförderung, S. 161–180. Tübingen.

Paulus, P. (1999). Die Gesundheitsfördernde Schule als pädagogischer Schulentwicklungsansatz. In: B. Röhrle & G. Sommer (Hg.), Prävention und Gesundheitsförderung, S. 117–134. Tübingen.

Rieländer, M. & Brücher-Albers, C. (Hg.) (1999). Gesundheit für alle im 21. Jahrhundert. Neue Ziele der Weltgesundheitsorganisation mit psychologischen Perspektiven erreichen. Bonn.

Röhrle, B. & Sommer, G. (Hg.) (1999). Prävention und Gesundheitsförderung. Tübingen.

Sacher, A. (1998). Gesundheitsförderung zwischen Utopie und Wirklichkeiten – Zur Entwicklung der WHO-Programmatik. In: G. Amann & R. Wipplinger (Hg.), Gesundheitsförderung. Ein multidimensionales Tätigkeitsfeld, S. 53–71. Tübingen.

Walden, K., Kutza, R. & Kröger, C. (1995). ALF – Allgemeine Lebenskompetenzen und Fertigkeiten für 5. Klassen. München.

WHO (1997). European Network Health Promoting Schools. Kopenhagen.

Dieter Henkel

5.6 Sucht und Suchthilfe

1 Historische Aspekte

Ursprünglich hatte das Wort Sucht die Bedeutung von Krankheit (Siechtum, Seuche). Den Sinngehalt von unmäßiger, d.h. unbeherrschter Gier nach etwas erfährt der Suchtbegriff erst im 18. Jahrhundert (z.B. Trunksucht, Habsucht). Sucht in diesem Sinn galt als unvernünftig-unmoralisches Verhalten, vor allem als Verstoß gegen die Norm der Selbstbeherrschung, die mit der Herausbildung des bürgerlich-rationalen, innengesteuert-selbstkontrollierten Lebensstils zur ersten Bürgerpflicht avancierte (vgl. Spode 1993). Die Ursachen der Sucht, so auch der Trunksucht, sah man zunächst in moralischen Defekten (Willensschwäche, Lasterhaftigkeit). Erst um 1800, als die Kirchen den Alkohol noch als satanisches Gift geißelten, entwickelten sich Erklärungsansätze in der Medizin, die die Trunksucht als eine durch die chemische Wirkung des Alkohols auf den Körper verursachte Krankheit begriffen. Dominant jedoch waren während des gesamten 19. Jahrhunderts medizinisch-moralische Mischkonzepte (z.B. Trunksucht als «Krankheit des Willens»). Um 1900, später dann vor allem in der Weimarer Republik, fand eine Denkhaltung zunehmend Resonanz, die im Kontext der sozialdarwinistischen und Rassenideologien entstanden war. Danach galten Alkoholiker als erbbiologisch minderwertige und sozial parasitäre, im Interesse der Höherentwicklung der «deutschen Rasse» durch Eheverbot, Sterilisation u.a.m. auszumerzendes Menschenmaterial. Dieser antihumane Utilitarismus, die Kalkulation des «Menschenwerts und Lebensrechts» am Maßstab der Nützlichkeit des Einzelnen für Volk und Rasse war ein ideologisches Fundament des deutschen Faschismus und die «Ausmerzung der Minderwertigen und Unbrauchbaren» ein integraler Bestandteil der Gesundheits-, Sozial- und Wirtschaftspolitik des NS-Staats. Der faschistischen Barbarei fielen von

1933 bis 1945 etwa 400 000 Menschen zum Opfer, die zwangssterilisiert wurden, darunter 20 000 bis 40 000 Alkoholiker. Ihre Zahl unter den mindestens 120 000 in psychiatrischen Anstalten getöteten psychisch Kranken ist unbekannt (vgl. Henkel 1998). Die Zerstörung der Humanität und wissenschaftlichen Rationalität durch den Faschismus war nachhaltig. Auch nach 1945 blieb das psychiatrische Bild des Süchtigen noch lange Zeit mit dem Etikett «antisozial und therapieresistent» behaftet, und die Sucht behielt ihre Aura der Asozialität, Erblichkeit und Selbstverschuldung. Das änderte sich erst durch die im Jahr 1968 erfolgte sozialrechtliche Anerkennung des Alkoholismus als (nicht selbst verschuldete) Krankheit, die die Sozialversicherungsträger (z. B. Krankenkassen) verpflichtete, die Kosten der Suchtbehandlung zu bezahlen.

2 Biologischer Reduktionismus

Die Suchtwissenschaft übernahm das aus den USA stammende «Krankheitskonzept des Alkoholismus» (Jellinek 1960) und definierte die Alkoholsucht fortan als eine sich eigendynamisch, d. h. ohne eigenes Verschulden, entwickelnde und schließlich irreversible, also unheilbare, nur durch Abstinenz zum Stillstand zu bringende körperliche Krankheit, deren Hauptsymptom der «Kontrollverlust» über den Alkohol sei. Das begründete den moralischen Freispruch der Alkoholsüchtigen, allerdings um den Preis einer geschichts- und subjektlosen Betrachtung des Alkoholismus. Das Krankheitskonzept erhob das Dogma der Abstinenz als Therapieziel, das in Wirklichkeit der Lebensphilosophie der Antialkoholverbände des 19. Jahrhunderts entstammt, zum Naturgesetz, machte aus der historisch erst in der bürgerlichen Gesellschaft zum Suchtkennzeichen gewordenen «fehlenden Selbstbeherrschung» (Kontrollverlust) ein biologisches Phänomen und verdinglichte die Alkoholsucht zu einer Krankheit ohne Subjekt, Biographie und persönlichen Sinn.

Dieser biologische Reduktionismus erfährt seit Mitte der 1980er eine erneute starke Renaissance. Unter dem Einfluss der allgemein enorm expandierenden humanbiologischen Forschung (z. B. Biochemie des ZNS, Genforschung) und der daraus entstandenen hybriden Illusion, den Menschen restlos aus der Biologie erklären zu können, definiert die Weltgesundheitsorganisation (1991), basierend auf den Auffassungen des Mainstreams der medizinisch-psychiatrischen Forschung (vgl. Gastpaar et al. 1999), die Sucht als «psychische und Verhaltensstörung durch psychotrope Substanzen» (Alkohol, Nikotin, Heroin usw.), von manchen inzwischen terminologisch zur «substanzinduzierten Störung» verkürzt. Das mit diesem Substanzparadigma verbundene Ätiologiemodell begreift die Sucht als Folge und Ausdruck drogeninduzierter Veränderungen zentralnervöser Stoffwechselprozesse. Damit wird die Sucht auf ein biochemisch hergestelltes Verhaltensmuster reduziert, die Droge auf eine Substanz mit lediglich pharmakologischen Eigenschaften und der Süchtige erneut auf eine subjektlose, von der «Sucht befallene» Person.

Anders, als das Substanzparadigma unterstellt, hängen Menschen nicht bloß wegen der biochemischen Wirkung am Tropf der Droge. Entscheidend sind stets die je konkreten subjektiv bedeutsamen Selbst-, Körper- und Welterfahrungen, die Drogen vermitteln. So gewinnen Drogen z. B. für Jugendliche subjektive Relevanz und Attraktivität nicht allein aufgrund ihrer psychopharmakologischen Effekte, sondern ganz wesentlich dadurch, dass sie spezifische Funktionen in der Bewältigung gesellschaftlich vorgegebener jugendtypischer Entwicklungsaufgaben erfüllen. Drogen dienen dazu, sich demonstrativ aus der Kindheitsrolle und von den Eltern abzulösen, neue Selbst- und Körpererfahrungen auszuprobieren, der sich entwickelnden Persönlichkeit eine eigene Identität zu verleihen, die soziale Position in der Gruppe zu festigen u. a. m. (vgl. Freitag & Hurrelmann 1999).

Das Substanzparadigma verdeckt, dass Drogen auch durch ihre «zweite Natur» wirken, d. h. ihre gesellschaftlich zugeschriebenen, in Bildern, Ritualen und sozialen Milieus (z. B. Männerbünden, Drogenszenen) tradierten symbolischen Bedeutungen, z. B. Rauchen als Zeichen für Erwachsensein unter Jugendlichen. Daran beteiligt ist nicht zuletzt auch die Alkohol- und Tabakwerbung, indem sie z. B. das Rauchen mit Selbstbestimmtheit und Abenteuer gleichsetzt und diese Bilder hocheffektiv in Szene setzt, in Deutschland derzeit mit einem jährlichen Etat von 1,3 Milliarden DM (vgl. DHS 1999).

Schließlich haben Drogen eine dritte Existenzform. Sie sind auch Waren mit Produktionsstätten, Märkten, Verteilersystemen und Preisen. Im Hinblick darauf verdecken die in der Suchtliteratur vorherrschenden individualisierenden und biologisierenden Betrachtungen der Suchtursachen vielfältige Aspekte. Nicht nur, dass der Preis die Nachfrage steuert und damit z. B. die alkohol- und tabakbedingte Morbidität und Mortalität beeinflusst, sondern auch, dass es im Hinblick auf Sucht, Krankheit und Sterblichkeit eine Verantwortung der Produzenten gibt, die die Tabakindustrie in den USA, anders als in Deutschland, bereits durch eine Serie von Schadensersatzklagen massiv zu spüren bekam. Analoges gilt für die Pharmakonzerne, Ärzteschaft und Apotheken, die ihre Verantwortung bei der Herstellung, Verschreibung und Verteilung psychoaktiver Medikamente, vor allem von Beruhigungs- und Schlafmitteln mit Abhängigkeitspotenzial, nur defizitär wahrnehmen (vgl. Glaeske 2000).

3 Drogen- und Suchtmythen

Nicht nur im Substanzparadigma, auch im öffentlichen Bewusstsein fest verankert ist der Glaube an die (früher satanische, heute biochemische) «Macht der Drogen». Doch keine Droge ist so potent, dass sie aus sich heraus süchtig macht. Das gilt auch für die Opiate (Heroin, Morphin u. a. m.) und Kokain, wenngleich deren Abhängigkeitspotenzial das von Alkohol und Cannabis weit übersteigt, wenn man dazu die jeweilige empirische Relation zwischen Konsumenten und Abhängigen zugrunde legt. Jedoch sind diese Relationen keineswegs allein pharmakologisch bestimmt, sondern ebenso durch vielfältige soziokulturelle, lebenslagen- und konsumkontextspezifische Bedingungen. So ist z. B. das Abhängigkeitspotenzial der Opiate als Analgetika in der medizinischen Schmerzbehandlung weitaus geringer als für Jugendliche, die wohnungslos auf der Straße leben und Heroin als psychoaktive Substanz gebrauchen.

Auch die «Suchtpersönlichkeit», in der sich angeblich allein die Risiken gründen, hat sich als Phantom erwiesen. Doch die jahrzehntelange Forschung danach hat ein nachhaltiges Negativ- bzw. Defizitbild des Drogenkonsumenten als passive, ich-schwache und affektlabile Person hinterlassen. Nur langsam setzt sich die Erkenntnis durch: Der Gebrauch von Drogen ist kein anormales oder krankhaftes Phänomen, sondern eine durch die je konkreten soziokulturellen Verhältnisse vermittelte, aktive und stets subjektiv sinnhafte, gleichwohl prekäre Form der Auseinandersetzung des Individuums mit sich und seiner sozialen Lebenswelt.

Sucht ist nicht das Resultat eines sich linear aus dem Drogenkonsum entwickelnden Prozesses. Abhängigkeitsrisiken, so der durchgängige sozialwissenschaftliche Forschungsbefund, können sich erst dann herausbilden, wenn der Gebrauch von Drogen instrumentellen Charakter annimmt, d. h. der Bewältigung, Erleichterung, Verdrängung von Problemen, Konflikten und Krisen dient, und sich dieses Handlungsmuster habitualisiert, weil alternative Selbstregulations- oder soziale Unterstützungsressourcen fehlen. Daher kommt den im Sozialisationsprozess jeweils angeeigneten und in der aktuellen sozialen Lebenslage verfügbaren Strategien, Mitteln und Kompetenzen zur Alltagsbewältigung eine wesentliche Bedeutung zu. Dem entspricht die überproportional hohe Prävalenz abhängigkeitsriskanter Drogenkonsummuster in Bevölkerungsgruppen mit relativ starkem Belastungsdruck und eingeschränkten Bewältigungsressourcen, so z. B. unter Jugendlichen und Erwachsenen, die in Arbeitslosigkeit oder Armut leben. Für sie können Drogen die Funktion haben, die erfahrene soziale Benachteiligung zu kompensieren, Selbstwertverletzungen zu verdrängen oder Statusunsicherheiten zu überspielen (vgl. Henkel 2000).

Zum Linearitätsmythos gehört die Vorstellung, «Suchtkarrieren» verliefen stets geradlinig und schließlich irreversibel. Doch die Forschung zeigt: Nicht nur bei den legalen, auch bei den illegalen Drogen besteht grundsätzlich die Möglichkeit eines selbst kontrollierten Gebrauchs, ohne abhängig zu werden und die soziale Existenz zu gefährden. Ebenso gibt es bei allen Substanzabhängigkeiten, so auch unter den Opiat-, Kokain- und Amphetaminabhängigen «Selbstheiler», also Personen, die ohne professionelle Hilfe den Ausstieg aus der Sucht schaffen (vgl. Böllinger et al. 1995). Gleichwohl hält sich das Bild vom Drogenkonsum als Sackgasse, die stets beim psychisch-physischen Verfall endet, hartnäckig. Unter den zahlreichen Mythen, Klischees und Legenden in der Suchtliteratur hat dieses Bild die mit Abstand längste Tradition. Es entstand im 19. Jahrhundert, als sich der «Elendsalkoholismus» ausbreiten konnte, weil sozialstaatliche Sicherungen, psychosoziale und materielle Unterstützungen, Beratungs- und Therapieangebote fehlten (vgl. Spode 1993; Henkel 1998), und es blühte in der Gegenwart wieder auf durch die in den offenen Drogenszenen der Städte sichtbare Verelendung der Opiatabhängigen, die im Wesentlichen der Tatsache geschuldet war, dass der Staat ihnen adäquate Hilfen verweigerte, sie vielmehr wie Kriminelle behandelte (vgl. Barsch 1998).

4 Epidemiologie der Süchte

Die historisch tradierte und politisch gesetzte Unterteilung in legale und illegale Drogen suggeriert eine entsprechende Dichotomie der Drogengefährlichkeit, die jedoch in Wirklichkeit so nicht existiert. In der Mortalitätsbilanz nehmen die legalen Drogen die mit Abstand vordersten Rangplätze ein. Jährlich sterben in Deutschland schätzungsweise 110 000 Menschen an den Folgen des Tabakrauchens. In rund 40 000 Fällen ist der Alkohol die primäre Todesursache. Die Zahl der registrierten Todesfälle im Zusammenhang mit illegalisiertem Drogen-, zumeist Heroin- und Mischkonsum, liegt derzeit deutlich unter 2000 (DHS 1999). Während die Gesundheits- und Mortalitätsrisiken bei Alkohol und Tabak unmittelbar auf die Pharmakologie dieser Substanzen zurückgehen, resultieren sie bei den illegalen Drogen zu einem Großteil aus den mittelbaren Folgen der Prohibitionspolitik selbst, vor allem aus schwarzmarktbedingten unkalkulierbaren Konzentrationen und Beimischungen (vgl. Böllinger et al. 1995). Repräsentative epidemiologische Erhebungen ermittelten für Deutschland rund 1,7 Millionen Alkohol-, 1,4 Millionen Medikamenten- und mindestens sieben Millionen Nikotinabhängige (vgl. DHS 1997–1999). Dabei war die Drogenabhängigkeit anhand bestimmter Kriterien definiert, zu denen u. a. gehörten: das subjektiv als unwiderstehlich empfundene Substanzverlangen, der fortgesetzte Drogengebrauch trotz eindeutig schädlicher Folgen und das Auftreten von körperlichen Entzugssymptomen bei Reduktion oder Absetzen der Droge. Wiederum daran gemessen gehen die meisten Schätzungen zur Zahl der von illegalen Substanzen Abhängigen von 150 000 aus, wobei sich diese Zahl im Wesentlichen auf Opiate (vor allem Heroin) und Kokain bezieht (ebd.). Unter 250 000 regelmäßigen Konsumenten und Konsumentinnen von Haschisch und Marihuana beträgt die Quote der psychisch Abhängigen (Cannabis führt zu keiner körperlichen Abhängigkeit mit Entzugssymptomatik) etwa zwei Prozent (vgl. Freitag & Hurrelmann 1999). In der Gruppe der 18- bis 24-Jährigen wiesen epidemiologische Studien bei rund 2,5 Prozent eine Abhängigkeit nach, bezogen auf alle illegalen Drogen. In den höheren Altersgruppen sinkt die Quote rasch gegen null (vgl. DHS 1997–1999).

Unter Männern ist die Abhängigkeit von Alkohol, Tabak und illegalen Drogen weitaus stärker verbreitet, während der Gebrauch psychoaktiver Arzneimittel (Antidepressiva, Beruhigungs- und Schlafmittel) wesentlich häufiger bei Frauen vorkommt (vgl. Vogt 2000). Ebenso lässt sich eine deutlich höhere Prävalenz gesundheits- und abhängigkeitsriskanter Konsummuster bei Alkohol, Tabak und Medikamenten in den unteren Einkommens- und Bildungsschichten nachweisen (vgl. Knopf & Melchert 2000; Henkel 2000). In diesen Ungleichheitsstrukturen kommen vielfältige Bedingungen zum Ausdruck, die zwischen den Geschlechtern und Sozialschichten erheblich variieren, vor allem unterschiedliche psychosoziale und psychosomatische Belastungsprofile, Problembewältigungsmuster, Drogentraditionen, Körperbilder und Gesundheitskonzepte.

Die Fixierung der Drogen- und Suchtpolitik auf die psychoaktiven Substanzen drängt andere Süchte in den Hintergrund, vor allem die Glückspielsucht und die Essstörungen mit Suchtcharakter: Magersucht (Anorexie) und Ess-/Brechsucht (Bulimie). In der Glückspielsucht kommt das allgemeine kapitalismusimmanente Verhaltensmuster, sich durch Geldgewinn Lust und Macht, Überlegenheit und Selbstbestätigung zu verschaffen, in zugespitzter und letztlich selbstzerstörerischer Form zum Ausdruck. Bezogen auf alle Glücksspielformen (Geldautomaten, Roulette, Lotterien u. a. m.) geht man von rund 100 000 beratungs- bzw. behandlungsbedürftigen Spielern und Spielerinnen aus, wobei die Männer weit überwiegen (vgl. DHS 1999). In den Essstörungen spiegeln sich im Wesentlichen zwanghafte, immer wieder scheiternde Versuche der individuellen Reproduktion gesellschaftlich vorherrschender Leistungs-, Fitness-, Körper- und Schönheitsideale wider (vgl. Vogt 2000). Davon betroffen sind nicht nur, aber allergrößtenteils Mädchen und junge Frauen im Alter von 15 bis 30 Jahren. Die Häufigkeitsrate der Anorexie und Bulimie in dieser Altersspanne geben verschiedene Untersuchungen mit ein bis vier Prozent an (vgl. DHS 1996).

5 Suchthilfe bei legalen Drogen

In Deutschland existiert ein institutionell differenziertes Beratungs- und Behandlungssystem: Suchtberatungsstellen, Fachkliniken, Psychiatrische Kliniken, Selbsthilfegruppen u. a. m. (vgl. DHS 1998). Es gibt 1400 Suchtberatungsstellen, die jährlich von rund 275 000 Personen mit Sucht-, hauptsächlich mit Alkoholproblemen aufgesucht werden. Etwa 50 000 Alkoholabhängige absolvieren derzeit pro Jahr eine im Mittel vier Monate dauernde stationäre Suchtbehandlung, die aus sozio-, beschäftigungs- und psychotherapeutischen Elementen besteht. Mindestens 120 000 Menschen mit Suchtproblemen nehmen an über 8000 Selbsthilfegruppen teil. Auch für Essgestörte und Spielsüchtige sind solche Gruppen vorhanden, doch der Schwerpunkt liegt auch hier eindeutig bei der Alkoholabhängigkeit. Für Alkoholabhängige ist die Behandlungseffektivität inzwischen gut dokumentiert. So weisen Evaluationsstudien noch vier Jahre nach Therapieabschluss eine Abstinentenquote von 40 Prozent nach (vgl. DHS 1997). Rückfälle, die man früher als «Katastrophe» skandalisierte, werden heute als Teil des schwierigen und oft Jahre dauernden Prozesses der Suchtüberwindung begriffen und therapeutisch bearbeitet.

Allerdings gibt es auch bedeutsame Probleme. Die jahrzehntelang unangefochtene medizinisch-psychiatrische Konzeption der Alkoholsucht als «Krankheitseinheit» mit uniformem Verlauf und Erscheinungsbild hatte die notwendige Individualisierung der Behandlung lange Zeit blockiert. Auch heute noch ist besonders im stationären Bereich die Abstimmung der Therapie auf die je konkreten Probleme, Ressourcen, Bedürfnisse und Ziele der Abhängigen rückständig. Das erfordert nicht nur eine adäquate Individualdiagnostik, sondern auch die Einbeziehung der Abhängigen in die Planung und Gestaltung der Behandlung. Notwendig ist damit auch eine entsprechende Demokratisierung der Institution-Klient-Beziehung. Die Renaissance des Substanzparadigmas in der Suchtmedizin erschwert diesen Prozess wahrscheinlich erneut.

Gravierende Lücken zeigen sich unter dem Gesichtspunkt der bedarfsadäquaten Ausrichtung der institutionellen Strukturen und Angebote. Das gesamte System ist auf Kuration, nicht auf Prävention orientiert. Die seit einigen Jahren in der Wissenschaft entwickelten Modelle zur Suchtprävention im Bereich legaler Drogen sind in der Praxis bislang kaum verwirklicht (vgl. Schmidt & Hurrelmann 2000). Höchst problematisch ist zudem, dass das System der Suchtkrankenversorgung extrem stark auf die Alkoholsucht fokussiert ist und dem tatsächlichen epidemiologischen Bedarf insbesondere im Bereich der Medikamenten- und Tabakabhängigkeit nicht entspricht. Vor allem im Hinblick auf das Rauchen ist dies ein gesundheitspolitisch inakzeptabler Zustand. Ebenso mangelt es an institutionellen Vernetzungen mit anderen psychosozialen Hilfesystemen, sodass sozial benachteiligte Gruppen (z. B. allein erziehende Frauen in Armut, Langzeitarbeitslose, Obdachlose), deren oft komplexe Lebensprobleme entsprechend komplexe Hilfeansätze erfordern, vergleichsweise wenig von den bestehenden Angeboten profitieren (vgl. Henkel 2000). Dieses Problem hat sich in den letzten Jahren deutlich verschärft. Als Reaktion auf die chronische Finanzkrise der Sozialversicherungen und öffentlichen Haushalte hat die Politik auch der Suchtkrankenversorgung die Mittel erheblich gekürzt mit der Folge, dass gerade komplexe, über die Normalstandards hinausgehende Gesundheits-, soziale Unterstützungs- und berufliche Förderleistungen immer schwerer realisierbar wurden (ebd.).

6 Suchthilfe bei illegalen Drogen

Im Kontext der Studenten- und Jugendprotestbewegung entstand die so genannte Drogenwelle der 1960er Jahre. Auf das Ausscheren eines Teils der Jugend aus der herrschenden, d. h. alkoholdominierten Drogenkultur reagierten die Medien, die Öffentlichkeit und die Politik mit einem überdimensionierten Bedrohungsszenario (z. B. «Haschisch als Killer der Jugend»), teilweise auch noch mit faschistoiden Begriffen wie «Durchseuchung der deutschen Kultur» und «Zersetzung der Volksgesundheit». Der Staat, damals noch massiv unterstützt durch die Alkoholfachverbände, setzte von Beginn an auf das Prinzip der Prävention durch Repression,

d. h. durch polizeiliche und strafrechtliche Verfolgung der Herstellung, des Verkaufs und Konsums der durch das Betäubungsmittelgesetz von 1972 (und späterer Gesetzesnovellen) illegalisierten Drogen Cannabis, Halluzinogene, Opiate, Kokain, Amphetamine, Ecstasy u. a. m. Diese Politik der «strafrechtlichen Prävention», die bis heute ein Kernelement der staatlichen Drogenpolitik darstellt, hat ihre Ziele nicht erreicht (vgl. Böllinger et al. 1995). Im Gegenteil: Trotz gigantischer Geld-, Sach- und Personalmittel, die in das repressive Drogenkontrollsystem (Polizei, Justiz, Zoll, Geheimdienste) investiert wurden, folgte der «Drogenwelle» kein Tal. Sie stabilisierte sich vielmehr auf noch höherem Niveau. Dieser Trend ist bis heute ungebrochen.

In der kritischen Suchtwissenschaft hat sich längst ein alternativer Präventionsdiskurs entwickelt mit den zentralen Leitlinien: rationale Aufklärung über die Drogenrisiken, umfassende und früh einsetzende psychosoziale Prävention, die auch die Förderung von Kompetenzen zu einem selbstbestimmten, eigenverantwortlichen, risikoarmen Umgang mit psychoaktiven Substanzen und die Veränderung sozialer Risikostrukturen einschließt, und Aufbau von subjektbezogenen, d. h. bedürfnisgerechten und lebensweltorientierten Hilfen für Drogengefährdete und Drogenabhängige (vgl. Freitag & Hurrelmann 1999).

Bislang jedoch erfolgte ein wesentlicher Wandel in der Drogenpolitik nur im Bereich der Suchthilfe für Abhängige, vor allem für Opiatabhängige. Zunächst aufgrund der Erkenntnis, dass die seit 1970 praktizierten abstinenzorientierten therapeutischen Ansätze weitgehend erfolglos blieben: hohe Zugangsschwellen, extrem hohe Abbruch- und Rückfallquoten. Entscheidend jedoch waren vier Entwicklungen, die auch die Öffentlichkeit als besorgniserregend empfand: der Anstieg der Beschaffungskriminalität, die zunehmende Verelendung der Drogenabhängigen, der seit Mitte der 1980er Jahre rasante Anstieg der Drogentoten, der 1991 mit 2125 Toten seinen Höhepunkt erreichte, und vor allem die zeitgleich einsetzende AIDS-Epidemie, die sich unter den Drogenabhängigen durch gemeinsam benutzte Injektionsnadeln und die Beschaffungsprostitution rasch ausbreitete (vgl. Schmid & Vogt 1998; Barsch 1998). Vor diesem Hintergrund vollzog letztendlich auch die Politik einen Paradigmenwechsel: Akzeptanz statt Repression der Drogenabhängigen und Aufgabe der Abstinenzphilosophie zugunsten von niedrigschwelligen, möglichst von allen erreichbaren risiko- bzw. schadensreduzierenden, somit auch überlebenssichernden Unterstützungs- und Behandlungsangeboten.

Zu den inzwischen aufgebauten Strukturen gehören Kontaktläden, Notschlafstellen, die Gesundheits- bzw. «Druckräume», die hygienische Konsumsettings, sterile Injektionsspritzen, Notfallhilfen usw. bieten, und die Substitutionsbehandlungen vor allem mit Methadon, die beim überwiegenden Teil der Abhängigen zu einer deutlichen Verbesserung ihres gesundheitlichen, psychischen und sozialen Zustands, bei vielen zu einer Distanzierung von der Drogenszene und zu einem drastischen Rückgang der Beschaffungskriminalität geführt haben. Nimmt man alle Angebote zusammen (ambulante und stationäre Unterstützung, Beratung und Behandlung, Substitutionstherapie), so haben inzwischen etwa 75 Prozent aller Opiatabhängigen Kontakt zum Suchthilfesystem (vgl. Schmid & Vogt 1998). Die Hauptprobleme liegen in der noch nicht ausreichenden Umsetzung der notwendigen institutionell vernetzten, einzelfallbezogenen und langfristig angelegten Hilfeplanung und in den für Abhängige restriktiven Bedingungen des Ausbildungs-, Arbeits- und Wohnungsmarkts, die den Aufbau einer selbständigen Existenz, damit auch den Ausstieg aus der Sucht, für viele erschweren.

Literatur

Barsch, G. (1998). Armut und illegalisierter Drogenkonsum: Wahrheiten und Mythen zu einem komplexen sozialen Phänomen. In: D. Henkel (Hg.), Sucht und Armut. Alkohol, Tabak, illegale Drogen, S. 167–190. Opladen.

Böllinger, L., Stöver, H. & Fietzek, L. (1995). Drogenpraxis, Drogenrecht, Drogenpolitik. 4. Aufl. Frankfurt/M.

DHS – Deutsche Hauptstelle gegen die Suchtgefahren (Hg.) (1996–1999). Jahrbuch Sucht 1997, 1998, 1999 und 2000. Geesthacht.

Freitag, M. & Hurrelmann, K. (Hg.) (1999). Illegale Alltagsdrogen. Cannabis, Ecstasy, Speed und LSD im Jugendalter. Weinheim.

Gastpaar, M., Mann, K. & Rommelsbacher, H. (Hg.) (1999). Lehrbuch der Suchterkrankungen. Stuttgart.

Glaeske, G. (2000). Pharmakologische Versorgung und präventive Drogenpolitik: Arzneimittel – legale Alltagsdrogen vom Dealer in weiß? In: B. Schmidt & K. Hurrelmann (Hg.), Präventive Sucht- und Drogenpolitik. Ein Handbuch, S. 111–128. Opladen.

Henkel, D. (1998). «Die Trunksucht ist die Mutter der Armut». Zum immer wieder fehlgedeuteten Zusammenhang von Alkohol und Armut in Deutschland vom Beginn des 19. Jahrhunderts bis zur Gegenwart. In: D. Henkel (Hg.), Sucht und Armut. Alkohol, Tabak, illegale Drogen (S. 13–80). Opladen.

Henkel, D. (2000). Alkohol- und Tabakprävention für Arbeitslose, Arme und Obdachlose. In: B. Schmidt & K. Hurrelmann (Hg.), Präventive Sucht- und Drogenpolitik. Ein Handbuch, S. 163–192. Opladen.

Jellinek, E. M. (1960). The disease concept of alcoholism. New Haven.

Knopf, H. & Melchert, H. U. (2000). Subjektive Angaben zur täglichen Anwendung ausgewählter Arzneimittelgruppen. Erste Ergebnisse des Bundes-Gesundheitssurveys 1998. Das Gesundheitswesen 61 (12), S. 151–157.
Schmid, M. & Vogt, I. (1998). Die Entwicklung des Drogenhilfesystems in Deutschland 1970–1995. Wiener Zeitschrift für Suchtforschung 21(2/3), S. 39–52.
Schmidt, B. & Hurrelmann, K. (Hg.) (2000). Präventive Sucht- und Drogenpolitik. Ein Handbuch. Opladen.
Spode, H. (1993). Die Macht der Trunkenheit. Kultur- und Sozialgeschichte des Alkohols in Deutschland. Opladen.
Vogt, I. (2000). Präventive Drogenpolitik unter geschlechtsbezogener Perspektive. In: B. Schmidt & K. Hurrelmann (Hg.), Präventive Sucht- und Drogenpolitik. Ein Handbuch, S. 243–266. Opladen.
Weltgesundheitsorganisation (1991). Internationale Klassifikation psychischer Störungen. ICD-10, Kapitel V (F). Klinisch-diagnostische Leitlinien. Bern.

Thomas Bock

5.7 Psychiatrische Praxis

1 Alles eine Frage des Menschenbildes?

Die Psychologie gehört zu den jüngeren Berufen in der Psychiatrie, sie leistet bestenfalls Hilfsdienste. Die Psychiatrie ist fest in medizinischer Hand, daran wird auch das Psychotherapeutengesetz nichts ändern. So die Sicht derer, die Psychiatrie aktuell und unhistorisch von oben aus der Position der Macht betrachten.

Andererseits ist die Psychiatrie selbst ein junges Fach und in der Medizin längst nicht so fest verortet, wie manche Ordinarien das gerne möchten. Und ihr Buhlen um Anerkennung, ihr Bemühen, päpstlicher zu sein als der Papst, birgt das Risiko, die Zeichen der Zeit zu verkennen und sich aus einem umfassenden, die ganze Medizin betreffenden Diskurs zu verabschieden, statt ihn aktiv zu gestalten. Dieser Diskurs ist nicht neu und nie zu Ende, aber er ist zurzeit hochaktuell und könnte gerade in der Psychiatrie in gutem Sinn praxisrelevant werden. Gemeint ist der fachübergreifende Diskurs um ein angemessenes Bild des Menschen einschließlich der angemessenen Berücksichtigung seines Selbstverständnisses, um den Zusammenhang von Verständnis und Behandlung, um die inzwischen hochkomplexe Wechselwirkung von somatischen, psychischen und sozialen Aspekten und die besondere Bedeutung der subjektiven Perspektive in diesem Zusammenhang.

Hier liegt eine besondere Aufgabe der Psychologie. Ein entsprechender Auftrag soll möglichst dezidiert formuliert werden, abnutzen wird er sich in den berufspolitischen und hierarchischen Auseinandersetzungen in der Institution (Hochschul-)Psychiatrie schon von selbst.

Die Psychologie sollte sich sorgen um:

- das Primat des Verstehens vor der Behandlung,
- eine dialogische Gestaltung von Behandlungsstrukturen und -beziehungen,
- eine bessere Berücksichtigung der subjektiven Wahrnehmungen,
- die Reflexion der Nebenwirkungen jeder Therapie,
- die Beachtung der Verhältnismäßigkeit der Mittel,
- die Integration somatischer Methoden in ein psychotherapeutisches Konzept.

Dieser Auftrag lässt sich auch und gerade aus der Perspektive der Patienten/Psychiatrieerfahrenen und Angehörigen heraus begründen. Das macht ihn dringlich und stark. Die genannten «Nutzer» der Psychiatrie richten dabei viel Hoffnung auf die Psychologie. Zu Recht oder zu Unrecht, das ist die Frage dieses Beitrags. Was kann und will die Psychologie auf die genannten Ziele hin leisten? Und lassen sich dabei falsche bzw. unnötige Polarisierungen überprüfen und neue Frontstellungen vermeiden? Und was bedeuten in diesem Zusammenhang die aktuellen Wandlungsprozesse in Psychiatrie und Psychologie?

2 Auf dem Weg zu einer dialogischen Psychiatrie?

Für eine Beschreibung der historischen Entwicklung ist hier nicht der geeignete Platz (vgl. Dörner 1975). Die folgende kurze Analyse muss sich auf die jüngere Vergangenheit beschränken. Psychologie und Psychiatrie befinden sich als Fach bzw. Institution im Umbruch – mit vielschichtigen

Auswirkungen auf ihr Verhältnis zueinander. Chancen und Risiken sind kaum voneinander zu trennen.

Im Zusammenhang mit der Psychiatrieenquête sind einige wesentliche Missstände der Psychiatrie wie Dauerhospitalisierung und Bettensäle beseitigt worden. Einige große Anstalten wurden wesentlich verkleinert. Mehrere erfolgreiche Modelle (Bremen/Blankenburg, Gütersloh, Merzig u. a.) haben bewiesen, dass auch lange hospitalisierte Patienten in eigene Lebensbereiche zurückkehren können, wenn entsprechende Hilfen lebensnah organisiert werden. Für Träger und Kostenträger bequemere Lösungen führen hingegen zu erneuter Hospitalisierung in Heimen.

Die Akutpsychiatrie ist gemeindenahe Aufgabe psychiatrischer Abteilungen an allgemeinen Krankenhäusern. Nur so lassen sich Behandlungskontinuität und Einbeziehung des sozialen Umfelds gewährleisten und Zwangseinweisungsraten deutlich senken. Doch kämpfen zentrale Anstalten mit dem Argument notwendiger Spezialisierungen ums politische Überleben.

Die so genannte «komplementäre Versorgung» ist wesentlich komplexer geworden. Sie soll zunehmend im Verbund organisiert und in Zukunft mehr auf individuelle als auf institutionelle Bedürfnisse hin ausgerichtet sein. Doch drohen in diesem Zusammenhang neue bürokratische Hemmnisse. Außerdem krankt die Finanzierung dieses Bereichs nach wie vor daran, dass sich vorrangige Kostenträger (Kranken- und Rentenversicherung) hinsichtlich Lebenshilfen und Grundsicherung doppelt aus der Verantwortung stehlen.

Die medizinische Forschung hat zwar einige neue Erkenntnisse im Detail hervorgebracht, ein einheitliches Erklärungs- und Behandlungsmodell ist jedoch im Kernbereich der Psychiatrie, z. B. bei den schizophrenen Psychosen, nicht in Sicht und eher unwahrscheinlich geworden. Kritische Stimmen fordern seit langem eine stärkere Beachtung der individuellen Situation und der subjektiven Perspektive. Ohne dies seien weder wissenschaftliche noch praktische Fortschritte zu erwarten.

Die Selbstorganisation der Angehörigen (etwa seit 1980) und der Patienten (etwa seit 1990) zwingt die Psychiatrie, Abschied zu nehmen vom Bild des unmündigen Patienten und seines störenden Angehörigen. An die Stelle von allgemein gültiger *Behandlung* wird das *Verhandeln* individueller Lösungsstrategien treten müssen, an die Stelle von pauschalen Erklärungsmodellen das Ringen um Verständnis im biographischen und sozialen Zusammenhang. Auf den nun auf allen Ebenen notwendigen Dialog zwischen Experten aus eigener Erfahrung und solchen durch Ausbildung und Beruf ist die Psychiatrie schlecht vorbereitet. So genannte Psychoseseminare versuchen, auf eine gemeinsame Sprache, auf gegenseitigen Respekt und gleichberechtigten Umgang vorzubereiten.

3 Aus dem Schattendasein heraus?

Welche Entwicklung hat gleichzeitig die Psychologie gemacht?

In der klinischen Psychiatrie führte sie hierarchisch betrachtet lange Zeit eher ein randständiges Dasein. Der Schwerpunkt lag bei Diagnostik, Testung und Forschungsmethodik. Nur vereinzelt ging es um Psychotherapie, meist beschränkt auf Spezialstationen. Die Möglichkeit, dass Psychologen auch Einfluss auf regelhafte Versorgungsstrukturen nehmen konnten, war je nach Region und Institution sehr unterschiedlich ausgeprägt.

Laut Psychiatrie-Personalverordnung (PsychPV) gab es 1991 im Bereich der psychiatrischen einschließlich der komplementären Versorgung etwa 700 Klinische Psychologen, höchstens die Hälfte des für notwendig gehaltenen Anteils (Kunze & Kaltenbach 1994, S. 181). Der Qualitätsmaßstab der PsychPV sieht als Anteil für psychologische Leistungen zwölf Minuten pro Woche für einen Akutpatienten, 110 Minuten für einen Rehapatienten oder allgemeiner 29 Minuten für einen stationären und 83 Minuten für einen teilstationären Patienten vor. Für eine ganze Station oder Tagesklinik ergeben sich daraus im Schnitt 525 bzw. 1485 Psychologen-Minuten (ebd., S. 38). Diese Minuten-Rechnerei mag befremden; doch immerhin wurden dadurch nicht-medizinische Berufsgruppen, darunter auch die Psychologen, aufgewertet und ein komplexer Versorgungsstandard definiert. Der Anteil der Psychologen am Personal einer psychiatrischen Klinik sollte auf etwa vier Prozent insgesamt bzw. etwa zwölf Prozent ohne Pflegepersonal steigen (ebd., S. 177); das entspricht in etwa drei Vollzeitstellen auf 100 Patienten (ebd., S. 176). Die von Psychologen zu erbringenden Leistungen schlüsseln sich laut PsychPV so auf (ebd., S. 53):

30 %	klinisch-psychologische Grundversorgung (inkl. Anamnese, Dagnostik, Therapieplanung, Dokumentation)
30 %	Einzelfallbezogene Behandlung (Psychotherapie, Beratung, Krisenintervention, familienbezogene Leistungen)
10 %	Gruppentherapie (inkl. Stationsgruppen, Angehörigengruppen)
20 %	mittelbare Tätigkeiten (Therapiekonferenzen, Konzeptbesprechungen, Fortbildung, Außenkontakte)
10 %	Sonstiges (z. B. Evaluation)

Diese Verordnung wird zwar inzwischen wieder vielfach unterlaufen; vom Denkansatz der Verordnung übrig geblieben ist jedoch der Anspruch, dass ein psychiatrischer Patient Anspruch auf vielfältige, eben auch nicht-medizinische Dienstleistungen hat. Psychotherapeutische Aufgaben gehören nun mehr zur Regelaufgabe einer psychiatrischen Station oder Tagesklinik. Angehörige und Familien einzubeziehen gehört zur selbstverständlichen Aufgabe insbesondere von Psychologen. Und wenn diese Norm der PsychPV nicht erfüllt wird, ist das eindeutig als ein Manko anzusehen.

4 Wandel durch Annäherung?

Die berufliche Anerkennung des psychologischen Psychotherapeuten als Heilberuf, das so genannte Psychotherapeutengesetz, hat das Selbstbewusstsein der Psychologen zwar weiter gestärkt. Doch bleibt das bezogen auf die hierarchischen Strukturen der Krankenhauspsychiatrie bisher noch ziemlich folgenlos. Und in der ambulanten Versorgung geschah die Etablierung um den Preis der weitgehenden Übernahme medizinischer Abrechnungsmechanismen, Behandlungsstrukturen und Konzepte. Insbesondere die Einengung der Strukturen auf die Organisationsform der Einzelpraxis und die inhaltliche Einengung der Methodenvielfalt auf Verhaltenstherapie und Psychoanalyse wird sich in vieler Hinsicht noch als Bumerang erweisen. Beides zusammen könnte die Psychologie viel von ihrer Attraktivität kosten: *Eine Psychologie, die sich – in Haltung und Organisation – der Psychiatrie weitgehend anpasst, also zu sehr medizinisch agiert, wird für sich selbst zum Problem.* Sie droht ihre Identität zu verlieren, ihre Verortung in der Philosophie und ihren Bezug zur gesamten Aussagekraft des Faches einschließlich Entwicklungs-, Sozial-, Gemeinde-, Arbeits- und eben nicht nur Klinische Psychologie.

Umgekehrt verweist die Psychiatrie im neu entbrannten Konkurrenzkampf auf neu entdeckte somatische Parameter z. B. bei Angst und Suchterkrankungen und auf die atypischen Neuroleptika und Antidepressiva zur Behandlung bei schizophrenen und affektiven Psychosen. Dabei läuft sie gleichzeitig Gefahr, die Wechselwirkung der Parameter, den psychologischen Zusammenhang und die Bedeutung der subjektiven Erklärungsmodelle aus dem Blick zu verlieren. Dabei zeigen Analysen zur Compliance bzw. Noncompliance, dass Patienten nicht nur wegen somatischer Nebenwirkungen die Behandlung abbrechen, sondern weil sie sich nicht verstanden fühlen und/oder sich in der therapeutischen Beziehung nicht akzeptiert und wohl fühlen. *Eine Psychiatrie, die zu wenig psychologisch ist, wird für sich selbst zum Problem.* Sie wird ihrem Behandlungsauftrag nicht gerecht, wenn sie die subjektive Perspektive von Patienten und Angehörigen nicht stärker achtet und wenn sie soziokulturelle Prägung und biographische Gewordenheit in der klinischen Praxis zunehmend gering schätzt.

Wie könnte ein Ausweg aus diesem Dilemma aussehen? Wie könnten Psychologie und Psychiatrie zu einer gleichberechtigten Partnerschaft finden? Wie grundlegend anders würden Versorgungsstrukturen für psychisch erkrankte Menschen dann aussehen, und wie würden sich die konkreten therapeutischen Beziehungen ändern? Und wie wirken die sich langsam vollziehenden Wandlungen in Richtung Vorrang ambulanter und lebensnaher Hilfen auf die Balance von Psychologie und Psychiatrie zurück?

5 Widersprüche der Ökonomie

Die Entwicklung von Psychiatrie und Psychologie vollzieht sich nicht im luftleeren Raum, sondern im Kontext einer immer sparsameren Gesundheitspolitik. Die Sparpolitik betrifft die Psychiatrie in vielfacher Hinsicht. Sie spitzt den Konkurrenzkampf der Berufsgruppen einerseits deutlich zu, fordert mitunter aber auch zu strukturellen Wandlungen heraus, die die strengen medizinischen Krankenhaushierarchien perspektivisch infrage stellen könnten.

Von der Brisanz der Verteilungskämpfe zeugen die Auseinandersetzungen der Fachärzte sowie der psychologischen und ärztlichen Psychotherapeuten um die Töpfe der kassenärztlichen Vereinigungen, aber auch die Diskussionen in den immer noch ärztlich dominierten Klinikleitungen, welche Berufsgruppe beim Unterbieten der Personalbedarfsverordnung zuerst geopfert werden soll und wo die «ureigentlichen» Aufgaben anfangen.

Die andere Seite der Sparpolitik ist schwerer zu beschreiben. Doch zeichnet sich deutlich ab, dass auch sinnvolle strukturelle Wandlungen durch die Sparpolitik befördert werden und wichtige Ziele der schon mehrfach totgesagten Sozialpsychiatrie Unterstützung finden könnten. In diesem Zusammenhang könnte sich auch das Verhältnis der Berufsgruppen mehr in Richtung Teamarbeit und die Balance zwischen medizinischen und psychologischen Berufen mehr in Richtung Gleichberechtigung verschieben.

Die klinische Psychiatrie wird zunehmend komplementär. Ihr bleibt die Aufgabe der Krisenintervention.

Die Liegezeiten werden immer kürzer. Alternativ wird es akute Hilfsangebote zu Hause geben müssen unter Einbeziehung der Familie. Die knapper werdenden Mittel verlangen eine bessere Verknüpfung von privaten und öffentlichen Ressourcen.

Programme für Ersterkrankte werden diese Entwicklung fördern.

Für Patienten, die immer wieder erkranken, wird Behandlungskontinuität nur noch strukturübergreifend zu organisieren sein. An die Stelle spezialisierter stationärer Therapieprogramme werden strukturübergreifende Angebote treten müssen, die unabhängig vom Behandlungsstatus zur Verfügung stehen.

Psychiatrische Abteilungen werden zunehmend den Charakter von Behandlungszentren bekommen, deren pauschales Budget ambulante, teilstationäre und stationäre Angebote abdeckt. Um die Höhe der Budgets wird heftig zu ringen sein. Doch wenn nicht mehr die Belegung von Betten prämiert wird, ergeben sich wesentliche neue Freiheitsgrade in der Behandlung.

Selbstverständlich wird diese hoffnungsvolle Entwicklung nicht im Selbstlauf durch die Sparkommissare in den Klinikleitungen geschehen, sondern im Wettstreit guter und schlechter Ideen. Es fällt nicht schwer, ein Horrorszenarium dagegenzusetzen, wonach psychiatrische (Universitäts-) Kliniken gerade durch Sparmaßnahmen immer mehr auf ihre klassischen Funktionen Medikation, Selektion und Ordnung zurückgedrängt werden und dann bald eher als Versuchslabore der Pharmaindustrie erscheinen. Doch wäre eine solche Entwicklung kontraproduktiv für alle Seiten. In der öffentlichen Wahrnehmung und Meinung spielt die Psychologie eine wichtige Rolle bei Verständnis und Behandlung psychischer Störungen. Und auch die Wissenschaft belegt die wesentliche Bedeutung des subjektiven Faktors. Und nicht zuletzt hängen Erfolg und Nutzen der Pharmakotherapie wesentlich von subjektiven und Beziehungsfaktoren ab.

Das Erstarken der Betroffenen- und Angehörigenbewegung in den letzten zehn Jahren bedeutet in diesem Zusammenhang nicht nur eine begrüßenswerte fachliche Herausforderung, sondern auch eine wichtige politische Unterstützung in Richtung weiterer struktureller Reformen.

6 Alte und neue Kontroversen

Welche Rolle kann die Psychologie auf diesem Weg spielen? Versteht sie sich als eines von vielen technischen Hilfsmitteln der Psychiatrie oder als «parteiliche Unterstützung von psychisch Erkrankten und ihren Familien» in Richtung Empowerment? Bleibt sie in lähmenden alten Kontroversen mit der Medizin gefangen, oder kann sie konstruktive neue Diskurse eröffnen?

Der alte Streit um die Ausschließlichkeit psychischer *oder* somatischer Ursachen oder um psychologische *oder* somatische Behandlungsverfahren kann als überholt gelten. Ob seelisches Leid ausschließlich psychisch/sozial *oder* organisch bedingt ist und entsprechend psycho- *oder* pharmakotherapeutisch zu behandeln ist, hat sich als unnützer Gegensatz erwiesen. Zum einen sind fast immer mehrere Faktoren beteiligt und bestehen zwischen diesen Faktoren hochkomplexe Wechselwirkungen. Zum anderen ist die Wirksamkeit der verschiedenen Therapieformen gar nicht an ein ausschließliches oder auch nur primäres Ursachenmodell geknüpft. Medikamente wirken auch über die Psyche (Placebo-Effekt!), Psychotherapien beeinflussen auch Transmitter. Depression kann psychisch bedingt sein und dennoch eine biologische Eigendynamik entfalten (Aldenhoff). Das Hören von Stimmen kann mit einer Blockade in einer bestimmten Hirnregion einhergehen und gerade deshalb eine psychotherapeutische Bearbeitung des Gehörten notwendig machen, weil dem Gehirn die Zuordnung zu biographischen Erfahrungen alleine nicht (mehr) gelingt (vgl. Mc Guire).

Insofern sollte die Chance bestehen, dass Psychologie und Psychiatrie zu einer neuen Partnerschaft finden. Doch zuvor gilt es neue Kontroversen auszutragen und die folgenden Fragen zu klären:

- Wird ein Patient wie ein Objekt behandelt *oder* als Subjekt ernst genommen?
- Ist die therapeutische Beziehung hierarchisch/patriarchalisch angelegt mit dem Risiko, dass die spätestens in der Phase der Genesung gerade für Psychose-Erfahrene wichtigen und notwendigen Autonomieprozesse Widerspruch und «Trotz» mobilisieren? Oder kommt es zu einer partnerschaftlichen Beziehung, die von vornherein mögliche erreichbare Ziele im Dialog bestimmt und in jeder Hinsicht auf möglichst weitgehende Eigenverantwortung ausgerichtet ist?
- Wird die Psychose ausschließlich unter pathologischen Aspekten betrachtet oder auch als ein zutiefst menschliches Phänomen, das den Menschen in seiner besonderen Verletzlichkeit und Widersprüchlichkeit kennzeichnet?

- Diese eher anthropologische Sichtweise entscheidet dann mit darüber, ob Verwandtschaft oder Fremdheit, Nähe oder Distanz die therapeutische Beziehung prägen, ob ein innerer Selbstbezug wachsen kann oder die innere Leere verstärkt wird, ob also die Spaltung des eigenen Erlebens vertieft oder ihr entgegengewirkt wird.
- Dabei spielt auch eine Rolle, ob Symptomen ein wie auch immer gearteter biographischer, funktionaler, tiefer oder krankheitsdynamischer Sinn zugesprochen oder ob auf der Unsinnigkeit des konkreten Symptoms und Erlebens bestanden wird. In dem Zusammenhang sei daran erinnert, dass schon die Unterscheidung in Symptome erster und zweiter Ordnung in der klassischen Psychopathologie eine innere Dynamik der Symptome unterstellt hat. Es wäre fatal, wenn die differenzierteren, aber theoriearmen Manuale dazu führen würden, jede Form dieser Dynamik und Sinnhaftigkeit zu leugnen und so die ausschließliche perfekte Symptombehandlung bar jedes Verstehens zum Maß aller Dinge machen würde.
- Entscheidend und dabei zunächst unabhängig von therapeutischer Ausrichtung und Zielsetzung ist dann, ob ich als Therapeut die Psychose als Ganzes und das einzelne Symptom als ausschließlich be-«dingt» – wie multifaktoriell auch immer – betrachte *oder* ob ich dem psychosenahen bzw. -kranken Menschen auch in der akuten Situation ein – wie auch immer reduziertes, eingeschränktes oder existenzielles – Ringen um Eigenbalance und damit ein zutiefst menschliches aktives Handeln zubillige. Diese Frage soll nicht zur falschen Kontroverse Allmacht oder Gleichgültigkeit/Laissez-faire führen, vielmehr einen verstehenden Zugang auf das einzelne Symptom erhalten/öffnen und eine partnerschaftliche Beziehung ermöglichen.

7 Resümee

- Die Psychologie muss die Wiederentdeckung der subjektiven Perspektive mittragen und unterstützen. Entsprechend geht es bei der Reform psychiatrischer Strukturen um mehr Raum für Eigenheit und nicht nur um Effektivität bei der Beseitigung von Symptomen.
- Das Erstarken von Angehörigen und Psychiatrie-Erfahrenen braucht die Anerkennung und die Unterstützung der Psychologie. Die Empowermentprozesse, die Entwicklung einer gemeinsamen Sprache und die Pflege partnerschaftlicher Beziehung im Psychiatriealltag, in Psychoseseminaren und in der Psychiatriepolitik müssen und werden zu einer anderen Psychiatrie führen.

- Bei der Diskussion von Krankheitskonzepten geht es nicht mehr um die überholte Kontroverse soziale versus biologische Verursachung und soziale versus biologische Behandlung, sondern um die Verhinderung einer ausschließlich pathologischen Sicht und die stärkere Betonung anthropologischer Aspekte. Hier könnte die Psychologie gerade auch über ihre Verknüpfung von psychophysiologischen und philosophischen Kompetenzen eine wichtige Mittlerstellung einnehmen.
- Die biologische Psychiatrie hat scheinbar Oberwasser, hat dabei aber ein reduktionistisches Krankheitskonzept entwickelt, das in dieser Form scheitern muss. Zu bestreiten ist nicht in erster Linie die Wirksamkeit dieses oder jenes Medikaments, zu bestreiten ist deren «Verpackung»: Damit sind das implizit verabreichte Menschenbild («Schizophrenie als Transmittermangel-Erscheinung») und die überholten partiarchalischen Strukturen gemeint. Beides fördert Non-Compliance. Die Psychologie könnte helfen, aber sie sollte es selbstbewusst tun – mit dem Ziel der Einordnung aller Behandlungsmethodik in eine tragende (psychotherapeutische) Beziehung.
- Die ökonomische Situation erfordert von der Psychologie (wieder) mehr konzeptionelles und langfristigeres politisches Denken. Die Sparpolitik wird den radikalen Umbau der Psychiatrie noch mehr als bisher vorantreiben. Dabei geht es u. a. um den Vorrang ambulanter Versorgung, den Abbau von Betten und Liegezeiten usw., den Umbau der komplementären Versorgung. Wichtig ist, die Entwicklung nicht defensiv und kleinkariert abzuwehren, sondern offensiv voranzutreiben. Psychologen haben Aufgaben bei der Gestaltung des Strukturwandels zu übernehmen. Auf dem Weg dorthin muss die Evaluationsforschung, also die Gesamtsicht auf die (Un-)Effektivität von Behandlungsstrukturen, wieder einen höheren Stellenwert bekommen.

Literatur*

Dörner, K. (1975). Bürger und Irre. Zur Sozialgeschichte und Wissenschaftssoziologie der Psychiatrie. Frankfurt/M.

Kunze, H. & Kaltenbach, L. (Hg.) (1994). Psychiatrie-Personalverordnung – Textausgabe mit Materialien und Erläuterungen für die Praxis. Stuttgart.

* Weiterführende Literatur ist in der Gesamtbibliographie zu finden (S. 683 ff.)

Franziska Lamott

5.8 Justiz und Strafvollzug

1 Historische Entwicklung psychologischer Arbeitsfelder

Der Einzug der Psychologie in die Justiz und den Strafvollzug datiert um die Mitte des 19. Jahrhunderts. Technische Errungenschaften des industriellen Zeitalters haben nicht nur einen Rausch der Begeisterung erzeugt, sondern ebenso bislang ungekannte Ängste vor Kontrollverlust und Unfällen. Das *Trauma* wird zum Schlüsselkonzept der Medizin und der sich etablierenden Psychologie und Psychoanalyse. Das *Opfer* rückt ins Zentrum der Wissenschaft und staatlicher Fürsorge, die Renten- und Sozialversicherung (Bismarck'sche Sozialreform durch Gesetz vom 22. 6. 1889) entsteht. Damit ist ein Grundstein für die sich später herausbildende psychologische Diagnostik im Rahmen der Rechtspflege und Justiz gelegt.

Psychologen werden tätig in *Sozial-, Versicherungs- und Familienrecht* und werden hinzugezogen zu

- gutachterlichen Tätigkeiten im Rahmen der *Sozialgerichtsbarkeit und Versicherungsmedizin*, wie im Falle einer Minderung der Erwerbs- oder Berufsunfähigkeit;
- zur Mediation und Beratung in Rahmen des *Familienrechts*, wie bei Sorgerechtsproblemen im Scheidungsverfahren sowie im Handlungsbereich der *Viktimologie*;
- zur psychologischen *Begutachtung von Opfern* sowie zur Psychotherapie durch Gewalttaten Traumatisierter.

Erst der Perspektivenwechsel *von der Tat zum Täter* – dessen Tatmotive nunmehr eine zentrale Rolle spielen sollten – erlaubt der Psychologie den Einzug in die Strafjustiz des 19. Jahrhunderts. Mit dem «L'uomo delinquente» (1876) eröffnet Cesare Lombroso einen breiten Forschungsstrom, dem sich Hans Gross mit seiner «Kriminalpsychologie» (1897) anschließt. Neben den psychologischen Lehren, die der Kriminalist im polizeilichen *Ermittlungsverfahren* benötigt, wie Erkenntnisse aus dem Bereich der *Aussagepsychologie, Techniken der Vernehmung* bei der Tatbestandsermittlung,

Psychophysiologische Täterschaftsbeurteilung (wie Lügendetektion, Polygraphie) sowie *psychologische und kriminaltaktische Spurensuche* (die dem heutigen Polizeipsychologen unter den Stichwörtern Rasterfahndung oder Profiling bekannt sind), wird der Delinquent zum Gegenstand wissenschaftlicher Beobachtungen und Vermessungen (Täterpsychologie). Man sucht nach Persönlichkeitseigenschaften, amoralischen Triebhaftigkeiten, genetischen Dispositionen, inneren und äußeren Merkmalen, nach Stigmata, die geeignet erscheinen, gefährliche Individuen zu identifizieren. Der «Verbrechermensch» wird kriminalwissenschaftlich erzeugt (vgl. Strasser 1984). Zentrale Figur der kriminologischen Literatur des 19. Jahrhunderts ist neben dem Gewohnheitstäter der geisteskranke Verbrecher. Die Pathologisierung der Kriminalität wird durch ein juristisches Regelwerk zur Überprüfung der Zurechnungsfähigkeit formalisiert. Parallel dazu vollzieht sich eine Diversifizierung strafrechtlicher Sanktionen (vgl. Foucault 1976). Diese sollen fortan der Persönlichkeitsveränderung des «Verbrechers» dienen und ihn zukünftig vor weiteren Straftaten bewahren. Voraussetzung für die sich neu etablierenden Strafzwecke ist die Differenzierung der Straftäter nach dem Grad ihrer Störung. Neben «Abschreckung» und «Unschädlichmachung» soll Resozialisierung all jenen zugute kommen, die als «besserungsfähig» und «besserungsbedürftig» gelten. Die Psychologie übernimmt später forensische Aufgaben im *Strafverfahren.* Dabei bezieht sich die gutachterliche Tätigkeit auf die folgenden Bereiche:

- *Schuldfähigkeitsbeurteilung:* Die vom psychologischen Sachverständigen zu prüfenden Konstrukte sind «Unrechtseinsichtsfähigkeit» und «Steuerungsfähigkeit», die über die De- bzw. Exkulpation entscheiden. Wird Schuldunfähigkeit des Täters angenommen, so tritt anstelle der Strafe die Maßregel der Besserung und Sicherung in Kraft (vgl. Greuel 1997).
- *Glaubwürdigkeitsbeurteilung von Zeugen:* Besonders sensible Bereiche sind jene, die sich mit dem Realitätsgehalt kindlicher Aussagen über sexuellen Missbrauch oder mit der Begutachtung erwachsener Zeuginnen in Fällen fraglicher Vergewaltigung beschäftigen. Bei der psychologischen Glaubwürdigkeitsbeurteilung wird neben einer Persönlichkeitsanalyse eine Untersuchung möglicher Motive für Falschbezichtigungen sowie eine inhaltliche Analyse der Zeugenaussagen erwartet (vgl. Steller & Volbert 1997).
- *Kriminalprognose im Straf- und Maßregelvollzug:* Psychologische Verhaltensprognosen haben im Strafrecht eine erhebliche Bedeutung im Hinblick auf das Strafmaß, auf die Art der Sanktion, auf die Ausgestaltung

des Vollzugs und nicht zuletzt auf den Zeitpunkt der Beendigung der jeweiligen Maßnahme (vgl. Dölling 1995; Nowara 1995).

Neben ihrer Tätigkeit als Gutachterin im Strafverfahren kommt der Psychologie im *Straf- und Maßregelvollzug* eine (sozial-)*therapeutische* (vgl. Reinke 1997; Steller, Dahle & Basqué 1994; Wagner & Werdenich 1998) sowie eine *supervisorische Funktion* (vgl. Eisenbach-Stangl & Ertl 1997) zu. Letztere ist in besonderem Maß dort angezeigt, wo die Widersprüche «totaler Institutionen» (vgl. Goffman 1973) das therapeutische Handeln zu zerstören drohen. Daher ist die Analyse der strukturellen Vorgaben unabdingbar.

2 Psychologie und Psychotherapie im Strafvollzug

Psychotherapie im Strafvollzug ist wie keine andere intramurale therapeutische Maßnahme mit einem vergleichbaren *strukturellen Dilemma* verbunden. «Die Gefangenen sollen gebessert und bestraft werden, die Öffentlichkeit soll beruhigt und in ihrem Rechtsgefühl bestärkt werden, potentielle Straftäter sollen abgeschreckt werden und schließlich sollen die Anstalten bei ihren disziplinierenden und isolierenden Praktiken ruhig und sicher bleiben» (Gratz & Stangl 1997, S. 196). Der Strafvollzug hat ein in sich widersprüchliches, doppeltes Mandat zu erfüllen, dessen Unvereinbarkeiten nicht selten Störpotenziale produzieren, die von den Beteiligten meist undurchschaut bewältigt werden müssen, damit die Institution reibungslos funktionieren kann. Die berufsspezifische Aufspaltung der Rollen in den allgemeinen Vollzugsdienst (Sicherheit und Ordnung) und in Mitarbeiter betreuender Fachdienste (Resozialisierung, Psychotherapie) ist dabei von großer Bedeutung. Idealtypisch gesehen, repräsentieren die Juristen und die Strafvollzugsbeamten das gesetzgebende, strafende, also primär das begrenzende und versagende Element, während die Sozialpädagogen und Psychologen eher die versorgende und gewährende Seite verkörpern. Diese Aufspaltung erlaubt beiden Berufsgruppen, rolleninadäquate Aspekte an die jeweils andere Gruppe zu delegieren. Das gilt ganz besonders für Situationen, in denen der Rückzug auf das eigene professionelle Selbstverständnis als Schutz vor widersprüchlichen Anforderungen nützlich wird. Die sich so erneut verfestigenden Unvereinbarkeiten zwischen den Professionen führen zu Spannungen, die berufsspezifische Ängste und Abwehrkonstellationen mit sich bringen.

Mentzos hat in einer Arbeit über «interpersonale und institutionalisierte Abwehr» betont, dass sich Institutionen nicht nur auf zweckrationale

Strukturen stützen, sondern ebenso auf gemeinsame Werte, Einstellungen und «gefühlsmäßige, oft nicht klar erkennbare und definierbare Motivationen» (1988, S. 80). Das heißt, dass neben dem Zweckrationalen auch undurchschaute, jedoch umso wirksamere Gefühlspotenziale virulent sind, denen die Mitarbeiter ausgesetzt sind und die sie gleichzeitig mitproduzieren. Diese Emotionen sind in ähnlicher Weise ambivalent wie die rationalen Strukturen des Strafvollzugs. Gratz und Stangl haben in einer Untersuchung «Über den Umgang mit Ängsten im Strafvollzug» (1997) betont, dass die Widersprüchlichkeiten der Gefühle und die Antagonismen des Strafvollzugs Konfusion und Angst erzeugen. Diese Angst wird meist als Ausdruck individuellen Versagens und einer persönlichen Schwäche erlebt, die zu zeigen bedeuten würde, dass man verletzbar wird und Gefahr läuft, sich der Lächerlichkeit und Demütigung seitens der Kollegen preiszugeben. Das gilt in besonderem Maß für die Mitarbeiter des Allgemeinen Vollzugsdienstes, dessen Aufgabe es ist, Sicherheit und Ordnung zu garantieren. In einer Institution, deren historisch gewachsenes, quasi militärisches Organisationsprinzip (vgl. Goffman 1973) Männlichkeitswerte hervorbringt, die Stärke mit hartem Durchgreifen und Unbeugsamkeit gleichsetzen, bedeutet Verletzbarkeit zu zeigen, sich als schwach, als Versager und Feigling zu präsentieren. Welchem Gruppendruck sich der Einzelne in einer Institution ausgesetzt fühlen muss, die Härte als überlegene Eigenschaft legitimiert, ist nicht schwer zu erahnen.

Daher muss die Angst tabuisiert werden, denn das Gefängnis ist *der* Ort gesellschaftlicher Angstabwehr (vgl. Mentzos 1988), dem die Aufgabe zukommt, öffentliche Ängste zu binden und zu neutralisieren, um auf diese Weise gesellschaftlich stabilisierend zu wirken. Die Mitarbeiter können sich also nicht als desillusionierte oder ängstliche Berufsgruppe präsentieren, sie müssen glaubwürdig die Rolle der erfolgreichen «Troubleshooter» spielen (vgl. Gratz & Stangl 1997). Innerinstitutionell hat das ein Klima zur Folge, in dem sich die Konflikte zwischen den Berufsgruppen eher verschärfen als entspannen, in dem über Schwächen und Ängste – auch aufseiten der Gefangenen – nicht offen gesprochen werden kann und in dem sich kaum konstruktive psychosoziale Lösungen finden lassen. Besonders in kriminalpolitisch krisenhaft verlaufenden und medial zugespitzten Situationen liegt die Gefahr der Aufspaltung der sich widersprechenden Funktionen zwischen den Berufsgruppen nahe. Die der Angstabwehr dienende Spaltung muss jedoch überwunden werden, soll intramurale Therapie nicht zwischen den Antagonismen der Institution aufgerieben und damit kontraproduktiv werden.

Die strukturellen Rahmenbedingungen des Strafvollzugs bestimmen das psychotherapeutische Setting, dessen wichtigste Funktion die Herstellung und Sicherung eines geschützten Raums ist. Damit steht der Therapeut vor der paradoxen Situation, in einer von Misstrauen und Vorsicht geprägten Organisation einen Ort zu schaffen, an dem ein von Vertrauen getragenes Arbeitsbündnis mit dem Gefangenen entstehen kann (vgl. Lamott 1984).

Das Setting sollte idealiter eine haltende, empathische, fördernde, den Gefangenen anerkennende Umwelt zur Verfügung stellen, in dem ein verständnisbereites Team Sicherheit vermittelt und ihn anregt, innere wie äußere Konflikte konstruktiv zu lösen (vgl. Pfäfflin 1997), nicht zuletzt um ihm die Möglichkeit einer «korrigierenden emotionalen Erfahrung» (vgl. Aichhorn 1971) zu verschaffen. Therapeutische Prozesse und persönliche Veränderungen sind immer an Beziehung gebunden, deshalb ist der Raum, in dem diese sich entfalten kann, von großer Bedeutung. Dass die Therapie jedoch in einen institutionellen Rahmen eingebettet ist, der ihr auch Grenzen setzt, ist nicht nur von Nachteil, da dieser auch Halt geben und den Gefangenen wie den Therapeuten in krisenhaften Situationen schützen kann. Doch die therapeutische Beziehung erfährt auch Einschränkungen durch die strukturellen Vorgaben des Strafvollzugs, die sich in der Modifikation therapeutischer Grundprinzipien zeigen. So kann auf Verschwiegenheit, Verzicht auf Agieren seitens des Therapeuten, Beschränkung auf das Symbolische und Neutralität nicht grundsätzlich beharrt werden. In der Diskussion über Therapie im Strafvollzug sind daher die umstrittensten Punkte die dem therapeutischen Selbstverständnis immanente Verschwiegenheit und Neutralität. Das Dilemma zwischen Datenschutz und Offenbarungspflicht ist gesetzlich angelegt, da dem Anstaltsleiter bzw. der Vollzugsplanungskonferenz ein Zugriff auf Inhalte der Psychotherapie möglich ist (vgl. Adt 1998). Diese Regelung führt dazu, dass die Schweigepflicht für psychotherapeutisch tätige Psychologen innerhalb der Behörde eingeschränkt bzw. aufgehoben ist. Befürworter der Modifikation klassischer therapeutischer Grundprinzipien für die therapeutische Arbeit mit Straftätern gehen davon aus, dass der intramural betreuende Psychotherapeut den Probanden am besten kennt und daher auch adäquate Empfehlungen bei Lockerung, Entlassung oder im Falle eines Prognosegutachtens geben kann. Die gegenteilige Position fürchtet, dass Therapie unter Aufgabe der Grundprinzipien entweder zum Strategiespiel für Lockerungen wird, oder der Therapeut in die Gefahr gerät, zum Bündnispartner des Probanden im Kampf gegen die Institution zu werden.

Daher halten Vertreter dieser Position an der Verschwiegenheit als wichtigstem Bestandteil therapeutischer Identität fest. Darüber hinaus könnte das Aufgeben der Schweigepflicht einen Verzicht auf Neutralität mit sich bringen, in dem nunmehr «beweisfähiges Material für die Vollstreckungsbehörden» (Adt 1998, S. 77) gesammelt würde, was eine radikale Veränderung des therapeutischen Selbstverständnisses nach sich ziehen würde. Im Sinne des Psychotherapeutengesetzes würde damit ein zentraler Bestandteil des therapeutischen Heilberufes aufgegeben.

Das Gefängnis als Arbeitsfeld verlangt von den dort Tätigen eine *interdisziplinäre Erweiterung des psychologischen Blicks*, um nicht in die Falle reduktionistischer Psychologisierung von gesellschaftlichen, institutionellen oder organisationsstrukturellen Problemen zu geraten. Eine solche Reduktion auf die psychischen Probleme Einzelner würde auch die Gefahr mit sich bringen, strukturelle Schwierigkeiten als Probleme einzelner Mitarbeiter mitzuverstehen. Daher ist regelmäßige, um Fragen der Organisation erweiterte *(Team-)Supervision* in besonderem Maß wichtig. Institutionelle und personale Abwehrmechanismen sind alltäglich und unvermeidlich. Es kommt darauf an, sie zu verstehen, um sie als Erkenntnis- und Veränderungspotenzial nutzen zu können. Das kann dann gelingen, wenn Klarheit über die Ziele der Organisation und über Autoritätsstrukturen besteht, wenn es Gelegenheiten gibt, durch Mitsprache die Institution zu gestalten, und wenn Strukturen eine klare, offene Kommunikation aller Beteiligten ermöglichen. Dazu braucht es «arbeitsbezogene Unterstützungssysteme» (Gratz & Stangl 1997, S. 213), Orte, an denen offen über Probleme gesprochen werden kann, und Vorgesetzte, die bereit sind, Therapie als gemeinsames Projekt des Strafvollzugs zu schützen. Auch wenn dies ein Fernziel ist, die Überwindung der institutionellen Spaltung ist von großer Wichtigkeit.

Integration der Gegensätzlichkeiten heißt aber nicht, dass Differenzen aufgelöst und Unterschiede nivelliert werden, sondern dass Gemeinsamkeiten in der Verschiedenheit erarbeitet werden und dass beide Berufsgruppen auf ihre je spezifische Weise sowohl Hilfestellungen geben als auch Kontrolle ausüben müssen. In diesem Sinn bestünde die Herausforderung in der Integration widersprüchlich erscheinender Funktionen, und die ist ironischerweise durchaus vergleichbar mit der Herausforderung, die für den Gefangenen in der Therapie bestünde, nämlich ambivalente Gefühle nicht mehr aufzuspalten und zu externalisieren, sondern in sich als widersprüchliche zu integrieren. So gesehen könnte ein gelungenes institutionelles Angebot ein Modell für den Gefangenen, für die Integration seiner ungeliebten Persönlichkeitsanteile sein.

Literatur

Adt, M. (1998). Schweigepflicht und die Entbindung von der Schweigepflicht. Recht und Psychiatrie 16, S. 72–79.

Aichhorn, A. (1971). Verwahrloste Jugend. Bern.

Dölling, D. (Hg.) (1995). Die Täter-Individualprognose. Beiträge zu Stand, Problemen und Perspektiven der kriminologischen Prognoseforschung. Heidelberg.

Eisenbach-Stangl, I. & Ertl, M. (Hg.) (1997). Unbewußtes in Organisationen. Zur Psychoanalyse von sozialen Systemen. Wien.

Foucault, M. (1976). Überwachen und Strafen. Die Geburt des Gefängnisses. Frankfurt.

Goffman, E. (1973). Asyle. Über die soziale Situation psychiatrischer Patienten und anderer Insassen. Frankfurt/M.

Gratz, W. & Stangl, W. (1997). Über den Umgang mit Ängsten im Strafvollzug. In: I. Eisenbach-Stangl & M. Ertl (Hg.), Unbewußtes in Organisationen. Zur Psychoanalyse von sozialen Systemen, S. 191–216. Wien.

Greuel, L. (1997). Schuldfähigkeitsbegutachtung. In: M. Steller & R. Volbert (Hg.), Psychologie im Strafverfahren. Ein Handbuch, S. 105–119. Bern, Göttingen, Toronto.

Lamott, F. (1984). Die erzwungene Beichte. Zur Kritik des therapeutischen Strafvollzugs. München.

Mentzos, S. (1988). Interpersonale und institutionalisierte Abwehr. Frankfurt.

Nowara, S. (1995). Gefährlichkeitsprognosen bei psychisch kranken Straftätern. München.

Pfäfflin, F. (1997). Günstige und ungünstige Rahmenbedingungen für Psychotherapie im Maßregelvollzug. Forensische Psychiatrie und Psychotherapie 4, S. 143–156.

Reinke, E. (1997). Psychotherapie und Soziotherapie mit Straftätern. Klinik und Forschung. Frankfurt/M.

Steller, M., Dahle, K.-P. & Basqué, M. (Hg.) (1994). Straftäterbehandlung. Argumente für eine Revitalisierung in Forschung und Praxis. Pfaffenweiler.

Steller, M. & Volbert, R. (1997). Psychologie im Strafverfahren. Ein Handbuch. Bern, Göttingen, Toronto.

Strasser, P. (1984). Verbrechermenschen. Zur kriminalwissenschaftlichen Erzeugung des Bösen. Frankfurt/New York.

Wagner, E. & Werdenich, W. (Hg.) (1998). Forensische Psychotherapie. Psychotherapie im Zwangskontext von Justiz, Medizin und sozialer Kontrolle. Wien.

Hans Hermsen

5.9 Schule

«Die Kritiker nennen das gedachte Konzept Integration,
nämlich von Leben und Schule. Auch das ist falsch,
weil nicht wir das Leben in die Schule holen, sondern
weil es schon in ihr ist – nur verstümmelt, verballhornt,
verdrängt oder in Ausbrüchen von Gewalt und Gemeinheit
manifest. Ich will ihm in der Schule Würde,
Gestalt, Sinn und eine pädagogische Funktion geben.»
(Hentig 1993, S. 250)

1 Die gesellschaftlichen Rahmenbedingungen der Schule und die Aufgaben der Psychologie

Wozu noch lernen?

«Wozu noch lernen?», fragt sich Oskar Negt (1997) angesichts einer gesellschaftlichen Entwicklung, die er als «kulturelle Erosionskrise» bezeichnet. Daraus leitet er die Forderung ab, Erziehen und Lernen neu zu definieren. Dabei ist es nicht leicht, die neuen Aufgaben von Schulen neu zu bestimmen, da sie je nach Interessenstandpunkt unterschiedlich bewertet werden.

Die sozialwissenschaftlichen Analysen und Prognosen, denen sich die Schulpsychologie stellen muss, gehen von so widersprüchlichen Befunden aus wie «postindustrielle Gesellschaft», «Risikogesellschaft», «Informationsgesellschaft» oder «Wissensgesellschaft».

Drei Aspekte scheinen mir aus der Fülle an Analysen der heutigen individuellen wie gesellschaftlichen Entwicklungen besonders wichtig zu sein, den Stellenwert von Schule und daraus erwachsende Aufgaben der Psychologie neu zu definieren:

1. die wachsende Bedeutung wissenschaftlichen Wissens,

2. die Entwicklung zu einer «multikulturellen Gesellschaft» und die Internationalisierung der Kommunikations- und Kooperationsbeziehungen und

3. die Erosion der Arbeit, d. h. die Krise der Arbeitsgesellschaft.

Die Wissensgesellschaft

Die Erfahrung zeigt, dass Wissen an Bedeutung zunimmt und sich ständig erneuert. Probleme werden wissenschaftlich definiert, Lösungswege und Zukunftsoptionen zwingen verschiedene Wissenschaften zur interdisziplinären Zusammenarbeit. Die Informations- und Kommunikationstechnologien machen das Wissen weltweit verfügbar. Die Zukunft der Gesellschaft mitzugestalten bedeutet, wissenschaftliche Erkenntnisse zu verstehen und sich Verfahren und Sprachen anzueignen, um politisch, wirtschaftlich, sozial und kulturell informiert zu sein. Zugespitzt heißt das, Schule muss den Umgang mit wissenschaftlichem Wissen und den Zugang zu allgemeiner Bildung als Voraussetzung für politische Teilnahme in der Gesellschaft ermöglichen. Entwicklungs- und Gestaltungschancen der Menschen können dabei behindert oder gefördert werden. Wissen darf dabei nicht auf Daten und Informationen reduziert werden, sondern muss vielmehr kritisch beurteilt und reflektiert werden können; aus Texten soll ein Sinn, aus Symbolen soll Bedeutung möglichst für alle Menschen erschlossen werden können. Die Schule hat daher folgende Aufgaben zu klären:

Welches Wissen brauchen wir? Über welches Wissen müssen wir gemeinsam verfügen? Welches Wissen ist für spezialisierte Aufgaben und Tätigkeiten erforderlich? Welches Wissen hilft, wirkliches Wissen zu erschließen? Wie kann wissenschaftliches Wissen mit anderen Formen des Wissens – lebensweltliches Wissen, praktisches Wissen, Wissen, mit Schwächen und Unzulänglichkeiten umzugehen, Wissen über Formen des ästhetischen Erkennens und Gestaltens – verbunden werden?

Die Psychologie muss sich hier den Anforderungen stellen, Theorien, Verfahren und Methoden für selbständiges Lernen in Gleichheit und Differenz zur Verfügung zu stellen, Vermittlungsprozesse im Unterrichtsgeschehen von der Subjektentwicklung der Beteiligten her zu reflektieren und für die Entwicklung von grundlegenden Fähigkeiten, z. B. Medienkompetenz, ihr Wissen zur Verfügung zu stellen. Nicht zuletzt ist die Diagnose von hemmenden und benachteiligenden Faktoren und Strukturen schulischen Lernens, sowie das Eintreten für günstige Lern- und Lehrbedingungen auch und gerade gegenüber gesellschaftlichen Institutionen unumgänglich.

Kulturelle Heterogenität und Internationalisierung

«Die deutsche Schule wird auf Dauer multikulturell zusammengesetzt sein und bleiben», heißt es in den Leitvorstellungen zur «Internationalisierung der Bildung» in der NRW-Denkschrift (Bildungskommission NRW, 1995, S. 121). Damit wird der Tatsache Rechnung getragen, dass sich die Bevölkerung zunehmend multiethnisch zusammensetzt und die Folgen der weltweiten Migrationsbewegungen an den schulischen Verhältnissen der BRD nicht vorbeigehen. Schon jetzt spüren wir die Probleme der vernetzten Märkte und Kommunikationssysteme. Die Verschärfungen und Auseinandersetzungen um die Asylfrage und Einwanderungsgesetze zeigen dabei die Widersprüchlichkeit der Bewertung von Menschen: Einerseits seien sie nützlich im ökonomischen Sinn, andererseits scheinen sie nicht erwünscht zu sein. Für die Schule bedeutet diese Problematik eine bildungspolitische Herausforderung, auch wegen der kulturellen Heterogenität in den Klassen. Dort können sowohl Fragen der Förderung vielfältiger und unterschiedlicher Voraussetzungen und Qualifikationen angesprochen werden als auch der Wunsch, kulturelle und ethnische Besonderheiten nicht zu nivellieren oder auszugrenzen, sondern produktiv aufzugreifen und als Chance zur Weiterentwicklung von Schule und deren Beteiligten zu begreifen.

Veränderung der Arbeitswelt

Viele Probleme der Schule liegen darin, dass Erwerbsarbeit und Beruf ihre integrierende, sozial und psychisch stabilisierende Kraft verloren haben. Da Erwerbsarbeit weder räumlich noch zeitlich für jeden erreichbar ist, wird einerseits der mehrfache Berufswechsel im Leben normal, andererseits garantieren Qualifizierung und Fachkenntnisse bzw. Schulabschlüsse noch keinen Arbeitsplatz. Ein lebenslanger Lernprozess wird notwendig, mit allen damit verbundenen sozialen, kulturellen und psychischen Konsequenzen.

2 Psychologie und Schule

In den 1980er Jahren wurde die «Öffnung von Schulen» (Landesinstitut für Schule und Weiterbildung 1996) propagiert, in den 1990er Jahren wurden in der schulpolitischen Diskussion zusätzlich neue Aufgaben in Schulreform und Schulentwicklungsplänen gefordert (vgl. Hentig 1993; Struck 1997; Bertelsmannstiftung 1996).

Wie notwendig es ist, aufgrund der aktuellen schulischen Veränderungen auch schulpolitische Fragen neu aufzuwerfen, zeigen die Erlebnisberichte, Analysen und Tagebücher von Schülern und Lehrern. Dabei deuten die gesellschaftlich erzeugten als auch die immanent geschaffenen Strukturen in ihrer Wechselwirkung und Eigendynamik im Lehr- und Lernprozess auf einen erheblichen Leidensdruck hin. Tagebücher belegten die Schulschwierigkeiten im Schulalltag (vgl. Schnurr 1987; Bönsch 1987; Mausbach 1987; Meschlinsky 1987), die von den Medien begierig aufgegriffen wurden (vgl. Unterrichtsstörungen. Jahresheft des Friedrich Verlags 1987; Winkel 1988).

Die Problemfelder sind heute vielfältig, Aggressionen und Gewalt unter (männlichen) Jugendlichen in der Schule stehen aber neben der Drogenproblematik und -prävention im Vordergrund: Das Gewaltproblem existiert in den verschiedensten Schattierungen und Nuancen von der Gewalt gegen Ausländer über die Gewalt Rechtsradikaler bis hin zu Treibjagden auf dem Schulhof und Mobbing zwischen Schülern untereinander und mit Lehrern (vgl. Gebauer 1999; Olweus 1996; Schubarth 1996; Kuhlmann 1998; Hurrelmann 1999; Martin 1999).

In letzter Konsequenz ist das Praxisfeld der Schule aus der Sicht der Psychologie der Unterricht. Hier geht es um Lehr- und Lernziele sowie ihre Problematiken, um die individualisierte Betrachtung von Konzentrationsstörungen, Disziplinschwierigkeiten, Unzulänglichkeiten von Lernenden, um die Geschlechterdifferenz, um Lehrerpersönlichkeiten, Sozialformen, Wirkungen von Unterrichtsmethoden, neuen Medien und Leistungskontrollen (vgl. Heidemann 1999). Allerdings erschwert die stark individualistische Zuschreibung von Fehlern, Unzulänglichkeiten und Problemen (vgl. Bromme 1997) den Blick auf kontextabhängige Bedingungen.

Einen Überblick über die Entwicklung der Lehr- und Lernforschung gibt Bromme (1997), der ausführt, dass in den 1950er und 1960er Jahren Merkmale positiver Lehrerpersönlichkeiten gesucht wurden, die Unterschiede in der erzieherischen Wirkung zeitigen. Als Endpunkt dieser Fokussierung des Forschungsinteresses bezeichnet Bromme die Untersuchungen zu autokratischen Lehrstilen Anfang der 1970er Jahre. Damals wurde die lerntheoretisch begründete Wirkung einzelner Lehrfertigkeiten (skills) auf eng umschriebene Schülerleistungen im Klassenzimmer gemessen (z. B. die Klarheit der Lehrersprache und die Strukturierung des Unterrichtsgesprächs). In späteren Expertenparadigmen ging es vornehmlich um die Person des Lehrenden, aber nun mit dem besonderen Fokus auf den Lehrer als Experten: Er trägt die Verantwortung für die Gestaltung von Lerngelegenheiten. In zunehmendem Maß gerät heute die subjektive Wahrnehmung, das Erleben der eigenen unterrichtsbezogenen Kompetenzen der Lehrenden ins Blickfeld der Forschung. Handlungsbegleitende Gedanken und der Umgang mit Emotionen werden bedeutsam.

Auch wenn eine Umorientierung der Forschungslage von person- zu umweltzentrierten ökologischen Erklärungsansätzen und von phänomenologischen zu interaktionistischen Modellen stattfand und der Zusammenhang zwischen personalen, familiären und schulischen Bedingungsfaktoren berücksichtigt wurde (vgl. Hermsen 1993), so reicht das nicht, die Probleme der Schule aus Sicht der Psychologie verantwortlich anzugehen. Wenn die Psychologie qualifizierte Ausbildung für alle fordert, muss sie sich von lieb gewonnenen Einsichten lösen.

Aufgaben der Pädagogischen Psychologie

Die Pädagogische Psychologie ist eine Disziplin der Psychologie, die sich im Rahmen der Ausbildung mit Schule und den schulspychologisch relevanten Fragen beschäftigt. Dabei ist ihre Gegenstandsbestimmung widersprüchlich und das Theorie-Praxis-Problem von beachtlicher Bedeutung. Ihre Befunde haben bisher wenig für die Übertragung und Anwendung pädagogisch-psychologischer Ergebnisse in der Praxis gebracht (vgl. Berg 1985). Die Psychologie brachte ihre individualpsychologischen Ursachenerklärungen und ihre methodologischen und wissenschaftstheoretischen Unzulänglichkeiten in die Erziehungswirklichkeit ein. So beantwortete die entwicklungspsychologische «Tradition» die Frage nach dem zeitlichen Ablauf von Erziehungsprozessen und Unterricht mit einer unreflektierten Normsetzung von Entwicklungsprozessen (vgl. Meschnig 1993). Die lernpsychologische «Tradition» verwies auf den Erwerb von Kenntnissen und Fertigkeiten, aber auch auf erfahrungsbedingte Veränderungen von Motiven und Einstellungen, wobei diese «Tradition» selbstkritisch die geringste Praxisrelevanz aufzuweisen hat (vgl. Holzkamp 1993). Die sozialpsychologische «Tradition» verwies auf Lernen in Gruppen, auf die Rolle des Lehrers, die Bedeutung institutioneller Rahmenbedingungen, auf die Einflüsse der Familie, der sozialen Schicht und der Freundesgruppen sowie auf (schulische) Erfolge und Misserfolge in der Persönlichkeitsentwicklung. Studien zum pädagogischen Führungsstil fanden von hier ausgehend eine wichtige Ergänzung und Schwerpunktsetzung in der Pädagogischen Psychologie (Lewin et al. 1939). Sie lösten komplexe Untersuchungsdesigns aus, die aber wenig für die pädagogische Praxis erbrachten. Hatte die testpsychologische «Tradition», ausgehend von den Binet'schen Intelligenztests im Rahmen der Psychodiagnostik, schon eine Eigendynamik entwickelt, so entstanden durch die Tätigkeit pädagogischer Psychologen vielfältige Reife-, Schulleistungs- und Eignungstests. Diese hatten einerseits die bedenkliche Funktion, jungen Menschen Schultypen unwiderruflich zuzuweisen, andererseits gaben sie Hinweise zur Beratung und Betreuung von Kindern und Jugendlichen, was sich im Rahmen der klinischen «Tradition» zu einem besonderen Arbeitsgebiet der Lern- und Erziehungsschwierigkeiten entwickelte und zahlreiche Förderungsmaßnahmen einleitete. Diese blieben aber oftmals im Zusammenhang mit individualpsychologischen Zuschreibungen der Ursachen für Lern- und Erziehungsprobleme im Rahmen der Schulpsychologie auf ihren begrenzten Erklärungswert beschränkt. Die unterrichtspsychologische «Tradition» stellte demgegenüber systematisch die optimale Organisation von Lernprozessen im Hinblick auf bestimmte Lernziele für umschriebene Gruppen von Lernenden und unter Berücksichtigung von institutionellen und damit auch hemmenden «Systemfaktoren» der Schule heraus. Mittlerweile ist die Zielsetzung akzeptiert, die individuellen, sozialen und materiellen Voraussetzungen von Erziehungsprozessen, die Erziehungsprozesse selbst und die Rückwirkungen von Erziehungsprozessen auf Erziehende als Gegenstand der Pädagogischen Psychologie zu verstehen.

Aufgaben der Schulpsychologie

In den 1970er Jahren tat sich die Schulpsychologie noch schwer, von der eindimensionalen Etikettierung durch die Einzelfallhilfe zu einer systemischen Betrachtungsweise von Schule, Lern- und Verhaltensschwierigkeiten zu gelangen. Zu den traditionellen und keineswegs gelösten Aufgaben und Problemfeldern zählten damals «Beratung in der Schule», «Lehrer-Schüler-Interaktionen», «Beratung bei partieller Minderleistung wie Lese-Rechtschreibschwäche», «Schwankungen in der Konzentrationsfähigkeit», Sozialkonflikte oder Schulstress sowie «Bildungslaufbahnberatung» (vgl. Deutscher Bildungsrat 1970, S. 35; Hensel 1993). Inzwischen kamen neue Aufgaben hinzu: Schulbegleitforschung (vgl. Eberwein & Mand 1995), Methoden zur Bereitstellung von Schul- und Organisationsentwicklung (vgl. Dalin et al. 1996), Supervisionsaufgaben für Lehrer (vgl. Ehinger & Hennig 1997), Gewaltprävention (vgl. Büttner & Meyer 1991), neue Wege der Leistungsbeurteilung und des Lernens (vgl. Arnold 1996), Computerisierung des Unterrichts durch Lernsoftware und Entwicklung von Medienkompetenz und Hochbegabtenförderung. Daneben wurden die alten Aufgabenbereiche differenzierter wahrgenommen. Die Literaturanalyse zeigt, dass heute immer noch stark individualisierte Formen von Beratung in der Schulpsychologie vorherrschen. Schulstress, Konfliktverhalten, spezielle Probleme wie Überaktivität (vgl. Becker 1997; Preuschoff 1997) werden noch ungenügend in ihrem komplexen Gefüge analysiert. Entsprechend herrschen vielfältige Angebote zum Stressabbau und zur Psychohygiene vor (vgl. Strittmatter 1997; Winkler 1998; Hänsel & Schwager 1999; Bründel 1999).

Die gesellschaftliche Funktion der Schulpsychologie schwankt daher immer noch zwischen der Selektion von Schülern als Optimierung schulischer Zuweisungsprozesse für höhere Schultypen, Sonderschulen und Leistungsgruppen und den Angeboten zur Förderung von Chancengleichheit sozial benachteiligter Gruppen. Ferner bietet sie sich an, in Notfällen Konflikte zu reduzieren und den schulischen Ablauf reibungsloser zu gestalten. Es gibt aber auch Tendenzen, Lernwiderstände fruchtbar zu machen, die Schüler zu stärken und der Entsubjektivierung von Individuen in der Schule entgegenzuwirken (vgl. Mietz 1997).

Es ist nicht verwunderlich, dass staatliche Stellen die Schulpsychologie auf die traditionellen Aufgabenfelder zur Effektivierung der Steuerung des Schulablaufs reduzieren wollen, in der schulpsychologischen Praxis aber sind Grenzüberschreitungen nicht nur erwünscht, sondern bereits durchgeführt (vgl. Hermsen 1998).

Passagen aus dem Buch von Lea Fleischmann (1998, S. 86 ff.) mögen demonstrieren, wie wichtig es ist, Schule in ihrer gesellschaftlichen Strukturierung zu sehen und die individuellen Voraussetzungen für Fehlentwicklungen mitzuklären.

> «In der Schule sehe ich den Menschen nicht. Es sind zu viele Gesichter, zu viele Namen. Sie verschwimmen und ihr Eindruck ist nebelhaft. Es gibt in jeder Klasse einige, die auffallen, weil sie öfter reden, weil sie lauter sind, weil sie sich bemerkbar machen, aber was ist mit den anderen, den Unscheinbaren, den Schweigenden? Die kleine Blonde, die immer wegguckt, wenn ich sie ansehe, warum tut sie das? Fürchtet sie mich? Schämt sie sich? Es ist ihr nicht angenehm, wenn ich meinen Blick auf sie richte. Ich kann sie nicht fragen, warum sie sich so verhält. Sie würde sich vor der Klasse scheuen, etwas von sich zu erzählen, und ich brauchte viel Zeit, um ihre Hemmungen zu lösen und ihre Angst abzustreifen. Aber ich habe nur zwei Stunden Unterricht in der Klasse, und eine Pause brauche ich, um ein paar Minuten abzuschalten. Kleine blonde Monika oder Birgit oder Hanne-

lore, du bleibst ein Name in meinem Notizblock, schreibst zwei Arbeiten, keine mündliche Mitarbeit, schwache Note. Und am Ende des Jahres trage ich auf einem vorgedruckten Bogen den Namen und die Endnote ein, und danach vergesse ich Namen und Noten.»

3 Perspektiven für die Psychologie in der Schule

Holzkamp (1982, 1987, 1991) weist darauf hin, dass in der Geschichte der Pädagogischen Psychologie die Erziehungsförmigkeit niemals in Frage gestellt wurde. Es wird unbedenklich «gelenkt», «geleitet», «geführt», «erzogen» und «gebildet». Dabei sind es häufig aber gerade jene von den Erwachsenen vorgegebenen und durchgesetzten «Erziehungsziele», die eine Entwicklung der Kinder in Richtung auf die Realisierung solcher Ziele behindern oder unmöglich machen. Eine so gefasste Erziehung wäre demnach zu weiten Teilen eine «systematische Entwicklungsbehinderung». Die prinzipielle Fremdgesetztheit von Erziehungs- und Bildungszielen kann dann nur gegen den Widerstand der Schüler durchgesetzt werden. Eine Subjektorientierung der Pädagogischen Psychologie wird sich also um diese Frage kümmern müssen, weil ihr sonst verborgen bleibt, warum der Erziehungsprozess und der Unterricht nicht ein planbares und jederzeit kalkulierbares Geschehen sein kann. Solange dies nicht geschieht und der Erzieher lediglich aus pädagogisch-psychologischen und didaktischen Intentionen handelt, wird es Erziehungs- und Unterrichts- bzw. schulische Probleme geben. Gleichwohl kann Subjektorientierung, die sich auch in der pädagogisch-psychologischen Bildungs- und Erziehungspraxis zunehmend zeigt (vgl. Zimmer 1987; Arnold 1996), eine Wende einleiten, in der über die Schüler und Lehrer nicht mehr nur verfügt wird, sondern diese über sich selbst bestimmen können.

Literatur

Arnold, R. (1996). Lebendiges Lernen. Hohengehren.

Beaver, D. (1996). Locker lernen. NL Pädagogik für Lehrerinnen und Lehrer. Paderborn.

Becker, G. E. (1997). Lehrer lösen Konflikte. Ein Studien- und Übungsbuch. Weinheim.

Bertelsmannstiftung (1996). Schule neu gestalten. Gütersloh.

Bildungskommission NRW (1995). Zukunft der Bildung, Schule der Zukunft. Neuwied.

Bönsch, M. (1987). Schüler machen «Unsinn». Ein Fall und seine Folgen. In: Unterrichtsstörungen 5, S. 33–36.
Bromme, R. (1997). Kompetenzen und unterrichtliches Handeln des Lehrers. In: F. E. Weinert (Hg.), Psychologie des Unterrichts in der Schule. Göttingen.
Bründel, H. (1999). Schlichter-Schulung in der Schule. Eine Praxisanleitung für den Unterricht. Dortmund.
Bründel, H. & Hurrelmann, K. (1997). Gewalt macht Schule. Wie gehen wir mit aggressiven Kindern um? München.
Büttner, Ch. & Meyer, E. W. (Hg.) (1991). Rambo im Klassenzimmer. Weinheim.
Dalin, P., Rolff, H.-G. & Buchen, H. (1996). Institutioneller Schulentwicklungsprozeß. Bönen.
Deutscher Bildungsrat (1970). Strukturplan für das Bildungswesen. Stuttgart.
Eberwein, H. & Mand, I. (Hg.) (1995). Forschen für die Schulpraxis. Was Lehrer über Erkenntnisse qualitativer Sozialforschung wissen sollten. Weinheim.
Ehinger, W. & Hennig, C. (1997). Praxis der Lehrersupervision. Leitfaden für Lehrergruppen mit und ohne Supervisor. Weinheim.
Fleischmann, L. (1998). Dies ist nicht mein Land. Eine Jüdin verläßt die Bundesrepublik. München.
Gagne, R. M. (1969). Die Bedingungen des menschlichen Lernens. Hannover.
Gebauer, K. (1999). Ich hab sie ja nur leicht gewürgt. Mit Schulkindern über Gewalt reden. Stuttgart.
Gürge, F., Held, P. & Wollny, M. (1978). Lehrertagebücher. Bensheim.
Hänsel, D. & Schwager, H. J. (1999). Hilfesysteme bei gesundheitlichen Belastungen von Schülern. Weinheim.
Heidemann, R. (1999). Körpersprache im Unterricht. Wiebelsheim.
Hensel, H. (1993). Die Neuen Kinder und die Erosion der alten Schule. Eine Pädagogische Streitschrift. Bönen.
Hentig, H. v. (1993). Die Schule neu denken. München/Wien.
Hermsen, H. (1993). Unterrichtsstörungen. In: H. Zygowski (Hg.), Kritik der Mainstream-Psychologie. Münster.
Hermsen, H. (1998). Schulpsychologie. In: S. Grubitzsch & K. Weber (Hg.), Psychologische Grundbegriffe, S. 535–537. Reinbek.
Hermsen, H. (1998). Pädagogische Psychologie. In: S. Grubitzsch & K. Weber (Hg.), Psychologische Grundbegriffe, S. 400–405. Reinbek.
Holzkamp, K. (1982). «We don´t need no education ...» In: Forum Kritische Psychologie 11, S. 113–125.
Holzkamp, K. (1987). Lernen und Lernwiderstand. Forum Kritische Psychologie 20, S. 5–36.
Holzkamp, K. (1991). Lehren als Lernbehinderung? Forum Kritische Psychologie 27, S. 5–22.
Holzkamp, K. (1993). Lernen. Subjektwissenschaftliche Grundlegung. Frankfurt/M.
Honneth, A. (1992). Kampf um Anerkennung. Zur moralischen Grammatik sozialer Konflikte. Frankfurt/M.

Hurrelmann, K. (1999). Gewalt in der Schule. Weinheim.
Koch, K. & Castner, T. (1996). Lernen ohne Angst und Stress. Einführung der Suggestopädie in den Schulunterricht. Darmstadt.
Krowatschek, D. (1998). Überaktive Kinder im Unterricht. Dortmund.
Kuhlmann, A. (1998). Faustrecht. Gewalt in Schule und Freizeit. Köln.
Landesinstitut für Schule und Weiterbildung (1996). Öffnung der Schulen. Soest.
Lewin, K., Lippitt, R. & White, R. K. (1939). Patterns of aggressive behavior in experimentally created «social climates». Journal of Social Psychology 10, S. 271–299.
Martin, L. R. (1999). Gewalt in Schule und Erziehung. Grundformen der Prävention und Intervention. Bad Heilbrunn.
Mausbach, B. (1987). Ich kann nicht mehr. «Brief an mein Kollegium». Unterrichtsstörungen 5, S. 40–41.
Meschlinsky, D. (1987). Unterrichtsstörungen in der Hauptschule. Unterrichtsstörungen 5, S. 46–49.
Meschnig, A. (1993). Die Seele: Gefängnis des Körpers. Pfaffenweiler.
Mietz, J. (1997). Schulentwicklung light? Schulpsychologische Beiträge zur Schulentwicklung. Neue Deutsche Schule 49, S. 14–15.
Mürmann, M. & Wissinger, J. (1986). Person-Umwelt-Interaktion: Eine theoretisch noch einzulösende Programmatik der neueren Sozialisationsforschung und Entwicklungspsychologie. In: M. Beck & G. Mannhaupt (Hg.), Prävention und Intervention bei Schulschwierigkeiten, S. 6–16. Tübingen.
Negt, O. (1997). Kindheit und Schule in einer Welt der Umbrüche. Göttingen.
Olweus, D. (1996). Gewalt in der Schule. Was Lehrer und Eltern wissen sollten – und tun können. Göttingen.
Petermann, F. & Petermann, U. (1987). Training mit Jugendlichen. München.
Petermann, H. et al. (1997). Erwachsen werden ohne Drogen. Ergebnisse schulischer Drogenprävention. Weinheim.
Preuschoff, G. (1997). Schulprobleme. Was Eltern und Lehrer tun können. Köln.
Schlung, E. (1987). Schulphobie. Weinheim.
Schnurr, I. (1987). Ein fast realistischer Schulmorgen. Unterrichtsstörungen 5, S. 29–32.
Schubarth, W., Kolbe, F.-U. & Willems, H. (1996). Gewalt an Schulen. Ausmaß, Bedingungen und Prävention. Opladen.
Schüler, U. (1994). Lehrer lieben lernen. Hamburg.
Strittmatter, P. (1997). Schulangstreduktion. Abbau von Angst in schulischen Leistungssituationen. Nürnberg.
Struck, P. (1997). Erziehung von gestern – Schüler von heute – Schule von morgen. München/Wien.
Teml, H. (1998). Entspannt lernen. Streßabbau, Lernförderung und ganzheitliche Erziehung. Linz.
Tennstädt, K. (1988). Das Konstanzer Trainingsmodell (KTM) – ein Selbsthilfeprogramm zur Verbesserung des Umgangs mit Unterrichtstörungen für LehrerInnen. Die Deutsche Schule, S. 313–322.

Unterrichtsstörungen. Jahresheft im Friedrich Verlag (1987). Velber Seelze.
Winkel, R. (1988). Der gestörte Unterricht. Bochum.
Winkler, U. (1998). Entspannungssequenzen im Unterricht. Psychohygiene in der Schule. Bad Heilbrunn.
Zimmer, G. (1987). Selbstorganisation des Lernens. Kritik der modernen Arbeitserziehung. Frankfurt/M.

Andreas H. Abel

5.10 Erziehungsberatung

Unter dem Begriff Erziehungsberatung wird meist die Institution Erziehungsberatungsstelle verstanden, eine Einrichtung der Jugendhilfe, die in erster Linie Hilfen in Erziehungsfragen für Kinder, Jugendliche und ihre Eltern gibt. Es handelt sich also um professionelle Beratung zur Erziehung. Die Berater und Beraterinnen sind ausgebildete Fachkräfte, die ihre Beratungsangebote im Auftrag kommunaler Behörden (Jugendamt, Allgemeiner Sozialer Dienst) oder im Auftrag von freien Wohlfahrtsverbänden anbieten. Abhängig vom Interesse des jeweiligen Trägers und der konzeptionellen Orientierung differiert die Arbeitsweise und die Ausrichtung der Erziehungsberatungsstellen. Auch die Zusammensetzung der Teams sowie der Ausbildungsstand der Mitarbeiter und Mitarbeiterinnen sorgt für ein unterschiedliches Erscheinungsbild der Beratungsstellen und führt mitunter zu speziellen Schwerpunktsetzungen in der Beratungsarbeit.

Ein multiprofessionelles Team, die Freiwilligkeit und die Kostenlosigkeit der Inanspruchnahme wie auch der Schutz der Privatsphäre durch Datenschutzbestimmungen können als übergreifende allgemeine Merkmale der Erziehungsberatung gelten.

Rechtsgrundlage der institutionellen Erziehungsberatung ist – wie für alle Leistungen der Jugendhilfe – das Kinder- und Jugendhilfegesetz (KJHG). Eingebunden in den Abschnitt «Hilfen zur Erziehung» sind in

§ 28 wichtige Bedingungen der Erziehungsberatung geregelt. Sofern eine dem Wohl des Kindes entsprechende Erziehung nicht gewährleistet und Erziehungsberatung als Hilfe geeignet und notwendig ist, wird durch das KJHG ein Rechtsanspruch auf Erziehungsberatung festgelegt.

Im Folgenden soll neben der Darstellung der fachlichen Rahmenbedingungen psychologischen Arbeitens in der Erziehungsberatung auch auf die gesellschaftlichen bzw. sozialstaatlichen Zwecke der Erziehungsberatung eingegangen werden. Insbesondere soll auf die kritische Reflexion der Berufsrolle als Psychologin oder Psychologe in der Erziehungsberatung abgehoben werden.

1 Aufgaben und Auftrag der Erziehungsberatung

Die Aufgaben der Erziehungsberatung sind in erster Linie die Anamnese, Diagnostik, Kategorisierung und Behandlung (Therapie und Prävention) auffälligen bzw. abweichenden Verhaltens von Kindern und Jugendlichen. Verhaltensauffälligkeiten, Entwicklungsstörungen und Schwierigkeiten bei der Erziehung sollen erkannt und ihre ursächlichen Bedingungen unter Berücksichtigung sowohl psychischer und physischer als auch sozialer Faktoren analysiert werden. Die Erziehungsberatung entwickelt Lösungen für die Erziehungsprobleme und Maßnahmen und versucht, mit geeigneten Maßnahmen Auffälligkeiten und Störungen entgegenzutreten. Dazu berät und therapiert sie Kinder, Jugendliche und ihre Eltern, führt Familienberatungen durch und bezieht bei Bedarf auch das soziale Umfeld der Klientel in den Beratungsprozess ein. Auch andere Fachleute (Lehrer und Lehrerinnen, Erzieher und Erzieherinnen) können beraten werden (Fachberatung, Supervision, Fortbildung). Alle Maßnahmen, Beratungen und Behandlungen werden schriftlich dokumentiert. Darüber hinaus ist jede Erziehungsberatungsstelle verpflichtet, Daten über ihre Arbeit und ihre Klientel dem statistischen Bundesamt zu melden. Diese Daten gehen regelmäßig in die Bundesjugendhilfe-Statistik ein.

Damit erfüllt die Erziehungsberatung in Kooperation mit anderen sozial kontrollierenden Instanzen wie Schule und Jugendamt ihren psychosozialen Versorgungsauftrag. Als Instanz sozialer Kontrolle hat die Erziehungsberatung den gesellschaftlich legitimierten Auftrag, auf jeweils bestimmte Formen abweichenden Verhaltens mit dem Ziel der Modifikation zu reagieren. Als solche besitzt sie die Definitionsmacht über die psychosozialen Probleme der Ratsuchenden, die die Beratung sowohl freiwillig als auch auf Drängen anderer Institutionen (oft Schule) aufsuchen. In den Widersprüchen, Nöten und Fragen ihrer Klientel entdeckt die Erziehungsberatung:

- «seelische Probleme
- Verhaltensauffälligkeiten
- Störungen im sozialen Bereich
- Leistungsprobleme
- körperliche Auffälligkeiten
- familiale Krisen
- Probleme infolge von Trennung und Scheidung» (BkfE 2000, S. 3).

Nach Angaben des Statistischen Bundesamtes wurden im Jahr 1998 über 250 000 Kinder, Jugendliche und junge Erwachsene unter 27 Jahren beraten – eine zweiprozentige Steigerung zu den Zahlen des Vorjahrs. In nahezu der Hälfte aller Fälle (47 %) dauerte die Beratung weniger als drei Monate. Mit einem Anteil von 57 Prozent der Beratenen überwiegen Jungen und junge Männer. Altersspezifisch sind es die 6- bis 15-Jährigen, die mit einem Anteil von 59 Prozent einen Schwerpunkt bilden. In 63 Prozent der Fälle sind es die Mütter, die die Erziehungsberatung aufsuchen (Väter 8 Prozent, beide 7 %). Anlässe der Beratung sind vorwiegend – und zwar zu 39 Prozent – Beziehungsprobleme, gefolgt von Entwicklungsauffälligkeiten (29 %), Schul- bzw. Ausbildungsproblemen (26 %) und Folgen der Trennung oder Scheidung der Eltern (21 %).

2 Erziehungsberatung als psychologisches Berufsfeld

Die heute übliche *multidisziplinäre Arbeitsweise* in Erziehungsberatungsstellen verbindet unterschiedliche Berufsgruppen (Sozialarbeiter/-innen, Sozialpädagogen/-innen, Diplom-Pädagogen/-innen, Diplom-Psychologen/-innen, Ärzte/-innen und auch Laienhelfer/-innen) in einem so genannten multiprofessionellen Team.

Wesentliche Faktoren, die im Team eine Rolle spielen, seien hier kurz genannt: Jede Beratungsstelle hat einen Leiter oder eine Leiterin, der oder die die Verantwortung für die zu leistende Arbeit trägt und den vorgesetzten Stellen Rechenschaft schuldig ist (oft sind es Psychologen); die diversen Berufsgruppen werden unterschiedlich bezahlt (Psychologen und Psychologinnen meist besser), obwohl sie mitunter die gleiche Arbeit tun; die Arbeitsweise der Team-Mitarbeiter und -Mitarbeiterinnen unterscheidet sich in der Art des Problemzugangs voneinander, je nach therapeutischer Ausbildung und Orientierung.

Berufsgruppen	Kompetenzbereiche
Diplom-Psychologen u. Diplom-Psychologinnen, Psychotherapeuten und Psychotherapeutinnen, analytische Kinder- und Jugendlichentherapeuten und -therapeutinnen	Erklärungskompetenz zur Analyse menschlichen Verhaltens, psychischer Auffälligkeiten und Störungen, psychodiagnostische und psychotherapeutische Kompetenz, Evaluation der Arbeit und Sicherung fachlichen Standards
Staatlich anerkannte Sozialarbeiter und Sozialarbeiterinnen, Sozialpädagogen und Sozialpädagoginnen	Fallbezogene Analyse psychosozialer und gesellschaftlicher Bedingungen, Planung und Durchführung unterstützender Hilfen und Maßnahmen
Heilpädagogen und Heilpädagoginnen, Musikpädagogen und Musikpädagoginnen, Rehabilitationspädagogen und Rehabilitationspädagoginnen	Spezifische beratende und therapeutische Kompetenz
Ärzte und Ärztinnen	Medizinische Kompetenz

(nach BkfE 1994)

Erziehungsberatungsstellen, ursprünglich (um 1900) eine Erfindung von Medizinern, haben sich nach dem Zweiten Weltkrieg zu einer Domäne des Berufsstandes der Psychologen und Psychologinnen entwickelt (vgl. Abel 1998a). Historisch gesehen hat sich der Anteil dieser Berufsgruppe von den Anfängen der institutionalisierten Erziehungsberatung bis heute stetig gesteigert. Machte ihr Anteil zu Beginn noch 22,7 Prozent (Ärzte 23,3 %; Fürsorger/Sozialarbeiter 27 %) aus, waren es 1965 schon 41 Prozent, die hauptamtlich in Erziehungsberatungsstellen arbeiteten (vgl. Tuchelt-Gallwitz 1970, S. 44). 1978 wurden 45,1 Prozent ermittelt (Buj, Specht & Zuschlag 1984, S. 28). Jüngere Erhebungen geben den Anteil von Diplom-Psychologen und Diplom-Psychologinnen als Fachmitarbeiter und -mitarbeiterinnen in Erziehungsberatungsstellen mit 49,4 Prozent (Ärzte 1,2 %; Sozialarbeiter/Sozialpädagogen 31,1 %) für die alten Bundesländer und 38,5 Prozent (Lehrer 20,3 %; Sozialarbeiter/Sozialpädagogen 18,8 %) in den neuen Bundesländern an (vgl. Menne 1992, S. 315;

Menne 1993, S. 35). Bezieht man mit ein, dass die Leitungsstellen in den meisten Erziehungsberatungsstellen Psychologen und Psychologinnen innehaben, lässt sich die Dominanz der Psychologenschaft in diesem Arbeitsfeld mit einem Personalanteil von gut 80 Prozent angeben (vgl. Hundsalz 1995, S. 135).

Voraussetzung für eine psychologische Tätigkeit in einer Erziehungsberatungsstelle ist zunächst das Diplom als Ausweis einer akademischen fachlichen Ausbildung (siehe hierzu auch die Grundsätze für die einheitliche Gestaltung der Richtlinien der Länder für die Förderung der Erziehungsberatungsstellen von 1973). Diplom-Psychologen und -Psychologinnen bieten durch ihr Studium die Grundkompetenz, psychologische Sachverhalte und Erkenntnisse bewerten zu können. Auf der Basis eines empirischen Wissenschaftsverständnisses, das wiederum auf wissenschaftlich kontrollierten Experimenten, Untersuchungen und Erhebungen beruht, planen sie flexibel und problembezogen ihre Arbeit (vgl. BkfE 1999). Weitere Voraussetzungen sind eingehende Kenntnisse und Fertigkeiten aus folgenden psychologischen Teildisziplinen:

- Klinische Psychologie (Kenntnisse über Diagnostik, Beratung und Therapie);
- Entwicklungspsychologie und pädagogische Psychologie (Kenntnisse über Lernprozesse, Persönlichkeitsentwicklung und geeignete Förderungsmöglichkeiten);
- Sozialpsychologie (Kenntnisse über Individuum, Gruppe und System/ Umwelt);
- Neuropsychologie (Kenntnisse über organische Ursachen und Bedingungen von Entwicklungsstörungen).

Ferner wird die psychotherapeutische Kompetenz als wichtiges Element der erziehungsberaterischen Arbeit angesehen (vgl. BkfE 2000).

Psychotherapeutische Zusatzausbildungen werden als notwendig und als Bereicherung der Arbeit angesehen. Daraus soll jedoch nicht folgen, dass die Approbation, also die berufsrechtliche Anerkennung als Psychologische Psychotherapeuten und -therapeutinnen, zur Einstellungsvoraussetzung für die Arbeit in der Erziehungsberatung erhoben wird. Ebenso wird betont, dass die Mitarbeit in einer Erziehungsberatungsstelle aufgrund der Vielfalt therapeutischer Methoden und der multidisziplinären Arbeitsweise in der Erziehungsberatung nach aktueller Rechtsprechung nicht zur Approbation als Psychologischer Psychotherapeut bzw. zum Kinder- und Jugendlichentherapeuten führt (ebd.).

Die Übermacht der Psychologie hat der Erziehungsberatung in der Vergangenheit viel Kritik eingebracht. Man sah den vielfach konzeptionell formulierten und praktisch eingeforderten Anspruch auf Multidisziplinarität durch die Dominanz einer Profession nicht erfüllt. Wenn auch aus der Erziehungsberatungsszene erwidert wurde, die multidisziplinäre Zusammensetzung der Beratungsteams sei durch eine Vielzahl unterschiedlicher Zusatzqualifikationen und Spezialisierungen innerhalb der Psychologie gewährleistet, ist festzustellen, dass sich die Arbeit in den Erziehungsberatungsstellen zur Erklärung psychischer Auffälligkeiten und Störungen theoretisch an den Grundsätzen der empirischen Psychologie orientiert und sich zur Bearbeitung resultierender psychosozialer Probleme auch praktisch vorwiegend nach psychologischer Methodik in Form von individuumsbezogener Diagnostik und Intervention (nach psychotherapeutischen Modellen) ausgestaltet. Die dem psychologischen Blick eigene «Individualitätssystematik» (vgl. Hompesch-Cornetz & Hompesch 1987) überwiegt in der Erziehungsberatung derart, dass auch die anderen Berufsgruppen sich weitgehend diesem Paradigma unterworfen haben. Die meisten Mitarbeiter und Mitarbeiterinnen, auch Sozialarbeiter und Sozialpädagogen, in Erziehungsberatungsstellen verfügen über psychotherapeutische Zusatzausbildungen. Multidisziplinarität erscheint hier oft weniger in Form von unterscheidbaren fachlichen Kompetenzen und Arbeitsweisen verschieden ausgebildeter Fachkräfte, sondern bestenfalls als sich ergänzende unterschiedliche Sicht- und Zugehensweisen diverser psychotherapeutischer Richtungen. Des provokant formulierten Vorwurfs, eine psychotherapeutische Gemeinschaftspraxis staatlich bezahlter Psychotherapeuten zu sein, hat sich die Erziehungsberatung bis heute nicht hinreichend erwehren können. Versuche, die vorherrschende Individualitätssystematik konzeptionell durch eine gesellschaftliche Problemperspektive zu ersetzen bzw. zu ergänzen, sind im Ansatz stecken geblieben (vgl. Abel 1996, 1998b). Nach systemischem Modell ließ sich der Blick auf das Individuum auf das System Familie erweitern und auch die Lebensbedingungen der Klientel wurden unter Stichworten wie «Lebensweltorientierung» und «Gemeinwesensarbeit» einbezogen; diese bedeuteten allerdings keinen grundlegenden Paradigmenwechsel in der Erziehungsberatungsarbeit. Auch die Entwicklung einer eigenständigen Beratungskonzeption für die Erziehungsberatung in Abgrenzung zur Therapie lässt trotz einiger Ansätze weiter auf sich warten.

3 Zur Beruflichkeit psychologischen Arbeitens in der Erziehungsberatung

Bestimmendes Moment der Situation von Beratern und Beraterinnen ist ihre *Berufstätigkeit.* Sowohl die *Form* des Angestelltenverhältnisses als auch die *Funktion* und der Auftrag ihrer Profession, staatliche und quasistaatliche Agenten sozialer Kontrolle («bezahlte Ohren»; Foucault 1967) zu sein, lassen spezifische Arbeitsbedingungen entstehen, die sich auf die Beziehung von Beratenden und Beratenen als ein Machtverhältnis auswirken. Die hierarchische Beziehung findet ihren Ausdruck schon in der fachjargonmäßigen Aufrüstung der Sprache. Die Unfähigkeit, normal zu sprechen, wie die Klienten und Klientinnen zuweilen feststellen mögen, ist Ausweis von Fachlichkeit und Professionalität, demonstriert Definitionsmacht und rhetorische Überlegenheit.

Berufstätigkeit im Dienste des Staates und der freien Wohlfahrtsverbände ist eine «verantwortungsvolle» Aufgabe (Leitung, Aufsicht, Planung, Verwaltung), zu deren Erfüllung die Identifikation mit den Bedingungen und Interessen des Dienstherrn oder des Unternehmers notwendig wird. Der Erfolg einer personenbezogenen Dienstleistung ist abhängig von Geschick, Leistungsfähigkeit und Leistungswillen des Anbieters. Daher entscheidet der Staat, welche Berufe für diese Aufgaben qualifiziert sind. Nur Ausbildungen mit einer entsprechenden staatlichen Anerkennung berechtigen zur Ausübung dieser Dienstleistungsberufe. In dem Maß, wie die berufliche Stellung selbstbestimmteres Arbeiten ermöglicht, nimmt auch der Zwang zu, sich durch ständige Selbstbeobachtung zu kontrollieren und sich den wechselnden Gegebenheiten anzupassen (vgl. Zygowski 1987, S. 29 ff.).

Die staatliche Organisation eines Kompensations- und Kontrollsystems sozialer Probleme erfordert die Professionalisierung von helfender und heilender Tätigkeit. Der Staat tritt als Arbeitgeber einer Berufsgruppe auf, die Dienstleistungen im staatlichen Sinn anzubieten hat. Mittelbare Funktionen der Arbeitgeberschaft übernehmen die Kommunen als öffentliche Träger wie auch die Wohlfahrtsverbände (freie Träger). Sie sind eingebunden in die staatliche Organisation sozialer Versorgung. Freie Träger sind in diesem Zusammenhang keineswegs als unabhängige Arbeitgeber zu bezeichnen; ihre Sonderinteressen (z. B. bei konfessioneller Trägerschaft) addieren sich zu denen des Staates.

Die Resultate der Dienstleistung Erziehungsberatung sind von so genanntem allgemeinen Interesse; sie werden nicht auf dem Arbeits- oder Kapitalmarkt nachgefragt und nicht gekauft oder verkauft, sondern über Steuern finanziert. Dennoch hat Beratung auch in der Form sozialer Institutionen Warenform («Die Ware Nächstenliebe»; vgl. Schmidbauer 1983) und steht bei der Verteilung öffentlicher Mittel in Konkurrenz mit anderen Institutionen.

Jenseits von Hilfe- und Fachlichkeitsidealen lässt sich auch für die Erziehungsberatung feststellen: Die Beziehung zwischen Berater/-in und Klient/-in wird «zum zweckrationalen Berufskontakt instrumentalisiert» (Zygowski 1992, S. 423), und die Klienteninteressen werden der Erwerbsorientierung (reibungsloser Ablauf des Berufsalltages, Schonung eigener Ressourcen, Existenzsicherung der Einrichtung etc.) untergeordnet.

Der Beratungsalltag in der Erziehungsberatung und ihre Wahrnehmung in der Gesellschaft wird entscheidend von der Überrepräsentation der Psychologen und Psychologinnen und der Therapie bzw. dem therapeutischen Gespräch als häufiger Behandlungsmethode geprägt. In der Erziehungsberatung sind die Ratsuchenden «Objekte professioneller Beratung» und werden «Klienten» genannt. Grabska (1986) beschreibt den Kontakt zwischen Klient und Psychologe: «Im alltäglichen Bewußtsein erscheint der Psychologe zunehmend als selbstloser Helfer. Merkwürdig kontrastierend hierzu reagieren die meisten Menschen mit Verunsicherung und Zurückhaltung, sobald man sich ihnen gegenüber als Psychologe zu erkennen gibt. Indem sie selbst die Perspektive des Psychologen einnehmen, legt sich ein prüfender Blick auf ihre gewöhnlichen Gesten, Äußerungen und Verhaltensweisen. Sie mögen in sich innere Regungen entdecken, die sie sonst nicht wahrgenommen hätten; aber sie spüren sie auf, um sie desto besser kontrollieren und in sozial anerkannter Weise äußern zu können. Allein das Auftreten des Psychologen auf der Bildfläche des zwischenmenschlichen Verkehrs kann daher bei anderen deren Selbstkontrolle verstärken und ihre soziale Anpassung fördern, ohne daß der Psychologe dies beabsichtigt hätte» (S. 100).

Die Art der Problemerhebung, -erkennung und -bearbeitung, von der Diagnostik über die Behandlung bis zum Gutachten entscheidet über das Ausmaß der Normabweichung. Das Verhältnis zwischen der Institution Erziehungsberatung bzw. der dort tätigen Fachleute und den Klienten und Klientinnen ist geprägt von diesem Machtverhältnis. Dass auch die Klientel ihren Beitrag zu diesem Prozess zu leisten hat, wird oft vernachlässigt. Die Fähigkeit zur Selbstkontrolle, die «klinische Selbstinterpretation» (Geib 1979, S. 182), hat sich diesem Machtverhältnis unterzuordnen und ist gleichzeitig ihr Produkt. Die Definitionsmacht der Institution muss antizipiert und akzeptiert werden. Das «Beratungssetting» ist daher so zu organisieren, dass die Klienten freiwillig mitarbeiten und zur Mitarbeit befähigt werden, das heißt, es ist «Motivationsarbeit» zu leisten, eine vertrauensvolle Atmosphäre muss hergestellt werden, und ein freundlicher und offener Umgang soll gepflegt werden. Dies erfordert neben anderen Arbeitstechniken vor allem die professionelle (auch berufsethische) Heranbildung der beratenden Persönlichkeit. So genannte therapeutische «Haltungen», wie sie die unterschiedlichsten Therapieschulen bei der Ausbildung ihrer Therapeuten und Therapeutinnen vermitteln (z. B. «Empathie», «Kongruenz», «unbedingte Wertschätzung» etc. in der klientenzentrierten Gesprächspsychotherapie), zielen, angesichts der Funktion von Beziehungsarbeit in der Therapie, nicht nur auf die Interessen ihrer Klientel ab, sondern dienen auch der Verwirklichung ebendieser Funktion. Sie dienen also auch den beruflichen Zwecken der Berater und Beraterinnen.

Erziehungsberatung ist also die Aufgabe staatlicher Sozial-Agenten, die personenbezogene, immaterielle Dienstleistungen in Form von Beziehungsarbeit erbringen. Die Beziehungsarbeit ist Voraussetzung und zugleich Mittel des Beratungsprozesses. Sie ist gesellschaftlich doppelt bestimmt: als Voraussetzung und Mittel der sozialkontrollierenden und anpassenden Funktionen von psychosozialer Versorgung und als Voraussetzung und Mittel zur Unterhaltssicherung des Beraters und der Beraterin. Sowohl der Gewalt- bzw. Machtcharakter dieser Beziehung (insofern sie ein Akt sozialstaatlichen Handelns ist) als auch ihre ökonomische Bedeutung bleiben nicht zuletzt durch die (fachgerechte) Ausgestaltung des Verhältnisses zwischen Berater und Klient verborgen. Der Macht des professionellen Helfers stehen die, denen geholfen werden soll, machtlos gegenüber. Auch wenn ihnen zunehmend Einfluss auf die Organisation und Gestaltung des Beratungsprozesses gewährt wird, unterliegen sie doch der Definitionsmacht der Beratenden. Die strukturelle Eingebundenheit in das Kontroll- und Anpassungsnetz und die berufliche Formbestimmtheit der Beratung bleiben der Klientel weitgehend erhalten.

Zusammenfassend lässt sich der Berufsalltag von Psychologen und Psychologinnen in der Erziehungsberatung auf drei Ebenen beschreiben: Fachkräfte in Erziehungsberatungsstellen sind: *subalterne Beamte* gegenüber dem Leistungsträger, *Konkurrenten und Konkurrentinnen* untereinander, *Profis* gegenüber den Klienten und Klientinnen.

Nun ließe sich fragen, wie eine von ökonomischen Zwecken und Formbestimmtheiten und Zwängen bestimmte Beratungspraxis und die ihnen geschuldete Beziehung zwischen Beratern und Beraterinnen und ihrer Klientel überhaupt eine «Hilfe» für die Betroffenen darstellen kann, besonders dann, wenn der Grund für die Beratung so genannte Beziehungsprobleme sind. Wer schützt Ratsuchende vor einer «nur instrumentell-strategischen Zwischenmenschlichkeit» (Zygowski 1992, S. 428), vor einer «therapeutischen Täuschung» (Bochumer AG Psychologie-Kritik 1981), vor einer «professionalisierten Humanität» (Gildemeister 1983, S. VIII)? Von den Beratenden selbst ist dieser Schutz nur bedingt zu erwarten, für sie wäre dies ja kontraproduktiv, wie Schmidbauer feststellt: «In den angesprochenen ‹intimen› Helfer-Berufen ist es geradezu ein Ausdruck von Qualifikation, dass die technischen Seiten der Berufsarbeit verschwinden» (1983, S. 36). Ebenso haben Klienten und Klientinnen den ökonomischen Charakter der Beratung zu übersehen, wenn sie sich nicht dem Vorwurf der neurotischen Abwehr oder des Widerstandes (mangelnde Bereitschaft zur Mitarbeit also) ausgesetzt sehen wollen. Auf den kontrollierenden, die Gerechtigkeit in diesem Verhältnis durchsetzenden Einfluss der Jugendhilfe als Vertreterin des Gesetzes oder der Wohlfahrtsverbände zu hoffen hieße wohl, den Bock zum Gärtner zu machen.

Es kann nicht darum gehen, die Ökonomisierung sozialer Dienstleistungen aufheben zu wollen oder diese als unmenschliche Heuchelei zu brandmarken. Einzelne gesellschaftliche Realitäten lassen sich aufgrund ihrer Verflochtenheit mit neben- und übergeordneten Zusammenhängen nicht in reformatorischer Absicht abschaffen. Die Beruflichkeit der Beratungspraxis ist eine gesellschaftliche Notwendigkeit, sowohl in Bezug zur Organisation sozialer Dienste als auch in Bezug zur Erwerbstätigkeit der Beratenden. Die Transparenz dieser Realität würde die Entidealisierung «helfender» Berufe bewirken – ein Ergebnis, das dem Beratungsprozess zugute kommen kann, indem sich Beratende und Beratene nichts vormachen müssen und indem mehr Raum gegeben ist für eine sachliche Auseinandersetzung mit dem zu klärenden Problem. Hier ließe sich auch ein Auftrag für psychologische Fachkräfte in der Erziehungsberatung ableiten, ihre Ansätze und Methoden im obigen Sinn zu reflektieren.

Literatur

Abel, A. H. (1996). Beratung in der Jugendhilfe. Verhaltenstherapie & psychosoziale Praxis 28 (1), S. 49–69.

Abel, A. H. (1998a). Geschichte der deutschen Erziehungsberatung: Bedingungen, Zwecke, Kontinuitäten. In: W. Körner & G. Hörmann (Hg.), Handbuch der Erziehungsberatung, Bd. 1, S. 19–51, Göttingen.

Abel, A. H. (1998b). Rahmenbedingungen der Erziehungsberatung. In: W. Körner & G. Hörmann (Hg.), Handbuch der Erziehungsberatung, Bd. 1, S. 87–111, Göttingen.

Bundeskonferenz für Erziehungsberatung (BkfE) (1994). Grundberufe des multidisziplinären Fachteams in Erziehungsberatungsstellen. In: Informationen für Erziehungsberatungsstellen 1 & 2, S. 8–9.

BkfE (1999). Stellungnahme zu Aufgaben und Arbeitsweise von DiplompsychologInnen in der institutionellen Erziehungsberatung. Informationen für Erziehungsberatungsstellen 3, S. 3–5.

BkfE (2000). Approbation als Einstellungsvoraussetzung für Fachkräfte in der Erziehungsberatung. In: Informationen für Erziehungsberatungsstellen 1, S. 3–4.

Bochumer AG Psychologie-Kritik (1981). Zehn Thesen zur Berufspraxis von Psychologen. Psychologie Heute 5 (81), S. 72–75.

Buj, V., Specht, F. & Zuschlag, B. (1984). Erziehungs- und Familienberatung in der Bundesrepublik Deutschland. In: H.-D. Spittler & F. Specht (Hg.), Basistexte und Materialien zur Erziehungs- und Familienberatung. Göttingen.

Foucault (1967). Sexualität und Wahrheit. Bd. 1: Der Wille zum Wissen. Frankfurt/M.

Geib, N. W. H. (1979). Rezension zu I. Flügges Buch «Erziehungsberatung. Zur Theorie und Methodik». Psychologische LiteraturUmschau 1 (93), S. 43–45.

Gildemeister, R. (1983). Als Helfer überleben. Beruf und Identität in Sozialarbeit/ Sozialpädagogik. Neuwied.

Grabska, K. (1986). Gesellschaftliche Kontrolle. In: G. Rexilius & S. Grubitzsch (Hg.). Psychologie. Theorien – Methoden – Arbeitsfelder. Ein Grundkurs, S. 100–121, Reinbek.

Hompesch-Cornetz, J. & Hompesch, R. (1987). Sozialpädagogik und Therapie. In H. Eyferth, H. U. Otto & H. Thiersch (Hg.). Handbuch zur Sozialarbeit/Sozialpädagogik, S. 1028–1044, Neuwied/Darmstadt.

Hundsalz, A. (1995): Die Erziehungsberatung. Grundlagen, Organisation, Konzepte und Methoden. Weinheim/München.

Menne, K. (1992). Neuere Daten zur Erziehungs- und Familienberatung – Anmerkungen zum 8. Jugendbericht. Zentralblatt für das Jugendrecht 6, S. 311–323.

Menne, K. (1993). Erziehungsberatung in den neuen Ländern. Ergebnisse einer ersten Erhebung. Informationen für Erziehungsberatungsstellen 2 & 3, S. 32–36.

Schmidbauer, W. (1983). Helfen als Beruf. Die Ware Nächstenliebe. Reinbek.

Tuchelt-Gallwitz, A. (1970). Organisation und Arbeitsweise der Erziehungsberatungsstellen in der BRD. Beiträge zur Erziehungsberatung, Bd. 5. Weinheim/Berlin/ Basel.

Zygowski, H. (1987). Psychotherapie und Gesellschaft. In: ders. (Hg.), Psychotherapie und Gesellschaft. Therapeutische Schulen in der Kritik, S. 9–46. Reinbek.

Zygowski, H. (1992). Kritik der Beruflichkeit von Psychotherapie. Verhaltenstherapie und psychosoziale Praxis 4 (92), S. 423–432.

Weiterführende Literatur

Körner, W. & Hörmann, G. (Hg.) (1998). Handbuch der Erziehungsberatung. Bd. 1. Göttingen.

Körner, W. & Hörmann, G. (Hg.) (2000). Handbuch der Erziehungsberatung. Bd. 2. Göttingen.

Brigitte Mittelsten Scheid

5.11 Supervision

Supervision als unverzichtbarer Bestandteil professioneller Tätigkeit im psychosozialen Bereich und als eine begehrte Spezialisierung psychosozialer Berufe hat in den letzten Jahren eine geradezu boomartige Verbreitung erfahren – die Reihe der Veröffentlichungen ist beinahe unüberschaubar, die Zahl der Ausbildungsinstitutionen für Supervisor(inn)en steigt stetig, und die «Deutsche Gesellschaft für Supervision» ist einer der mitgliederstärksten Berufsverbände in diesem Bereich.

Dennoch ist die Definition von Supervision uneinheitlich und widersprüchlich, Supervision verfügt auch nicht über eine zusammenhängende theoretische Grundlage oder eine eigenständige Methodik. Es erscheint daher sinnvoll, bei der ersten Frage, was Supervision ist, zunächst einen Blick auf ihre Geschichte zu werfen, um danach den Versuch einer Definition zu unternehmen und Supervision von anderen beruflichen Beratungsformen abzugrenzen. Im zweiten Kapitel sollen die verschiedenen theoretischen Fundierungen supervisorischer Arbeit dargestellt werden, Thema des dritten Kapitels sind die Formen und Anwendungsbereiche von Supervision, und zum Abschluss wird kurz die Ausbildung zum Supervisor und zur Supervisorin beschrieben.

1 Was ist Supervision?

Der Begriff «Supervision» stammt aus dem Angloamerikanischen und beschreibt dort eine beaufsichtigende, kontrollierende und beurteilende Tätigkeit in der Industrie. Die erste Verwendung des Begriffs im sozialen Bereich steht im Zusammenhang mit der Entwicklung der Wohlfahrtspflege und lehnt sich an diese Bedeutung an. Der Begriff beschreibt die administrative Anleitung für ehrenamtliche Fürsorgerinnen, die über die materielle Unterstützung für Arme zu entscheiden hatten. In den USA wird in den 1940er Jahren mit diesem Wort – stärker im Sinne einer unterstützenden Funktion – die Praxisanleitung der dort an den Universitäten ausgebildeten Sozialarbeiter(innen) benannt, die wegen der weniger theoretischen als vielmehr praktischen Orientierung der Ausbildung nötig erschien. Supervision kam auf diesem Weg zurück in die deutsche Sozialarbeit, als in den 1960er Jahren diese Ausbildung Anschluss an den Hochschulbereich fand. Supervision bedeutet in diesem Zusammenhang, dass ein erfahrener Praktiker den Anfänger in die «richtigen» Vorgehensweisen der Sozialarbeit einweist.

Denselben Aspekt beinhaltet die zweite Wurzel der Supervision: Seit den 1920er Jahren verbindet in der praktischen Ausbildung zum Psychoanalytiker die damals so genannte Kontrollanalyse ebenfalls die zu lernende Methode mit der Kontrolle ihrer ersten Ausübung. Auch hier ist das Verhältnis dem im Handwerk traditionellen Meister-Lehrling-Verhältnis nachgebildet, allerdings ohne dass das Werkstück «Patient» vom Meister – dem Supervisor – jemals gesehen werden kann, was die Frage einer falschen bzw. richtigen Behandlungstechnik natürlich heikel macht.

Beide Formen stellen mehr eine Ausbildungsanleitung ohne eine eigene Supervisionsmethode dar, sie vermitteln vielmehr ihr Wissen in der professionellen Methode, für die sie ausbilden. Erst die nach ihrem Erfinder, dem ungarischen, nach Großbritannien emigrierten Arzt M. Balint, benannte «Balintgruppe» entwickelte eine eigenständige Methode zur beruflichen Weiterqualifizierung einer bereits ausgebildeten Personengruppe, zunächst vorwiegend bestehend aus niedergelassenen Ärzten. In diesen Gruppen, die eine Weiterentwicklung der ärztlichen Fallkonferenz sind, stellt ein Teilnehmer «einen schwierigen Patienten» vor. Thema wird aber nicht die Symptomatik des Patienten, sondern die Arzt-Patienten-Beziehung. In den Assoziationen der zuhörenden Gruppenmitglieder spiegelt sich das unbewusste Geschehen dieser Beziehung wider und wird dadurch verständlich. Arzt und Patient werden zu gleichwertigen Interaktionspartnern. Ziel ist eine begrenzte Veränderung der Persönlichkeit des Arztes, um ihn zu einer ganzheitlichen Sicht- und Erlebnisweise des Krankheitsgeschehens zu befähigen.

Zu diesen verschiedenen Aspekten von Supervision, die nach wie vor Bestandteil supervisorischer Diskussion und Arbeit sind, kommen infolge der 1968er-Bewegung die Auswirkungen institutioneller Strukturen als ein relevanter Einflussfaktor in den Blick. Ergänzt durch eine gewisse Ernüchterung über die positiven Folgen gruppendynamischer Trainings, treten Organisationssoziologie und vor allem systemtheoretische Ansätze in den Vordergrund des Interesses. Der Gedanke der Offenheit «lebender Systeme», die aus miteinander verknüpften Teil- und Subsystemen bestehen, und einer Umwelt, die auf das System einwirkt, finden ihren Niederschlag in den Konzepten der Organisationsentwicklung, der systemischen Familientherapie und auch in der Supervision.

Es kann also kaum noch verwundern, wenn sich Supervision gegenwärtig nicht als ein einheitliches theoretisches und methodisches Gebilde darstellt. Dennoch gibt es bei aller Unterschiedlichkeit einige Übereinstimmungen in grundsätzlichen Aspekten, die hier festgehalten werden sollen:

Ziel von Supervision ist eine Veränderung von professionellen Beziehungen: zwischen Professionellen und Klienten, innerhalb professioneller Teams und im Kontakt der Teams zu den sie tragenden Institutionen. Ob Institutionsanalyse selbst noch zur Supervision oder bereits zur Organisationsentwicklung gehört, wird unterschiedlich eingeschätzt.

Anlass für supervisorisches Handeln ist immer eine Anfrage von professioneller Seite; ihr geht die Wahrnehmung eines Problems voraus, dessen Lösung die eigenen Kapazitäten überfordert. Denkbar ist auch, dass die Anfrage auf einem Wunsch beruht, die eigenen beruflichen Handlungsmöglichkeiten zu erweitern.

Supervision kann also als eine Form berufsbezogener Intervention zur Erweiterung professioneller Kompetenz definiert werden. In welchem Verhältnis Selbstreflexion, Institutionsanalyse, Praxisanleitung und Kontrolle stehen, hängt stark von den jeweiligen Gegebenheiten ab, unter denen Supervision stattfindet. Auf welchem methodischen Ansatz dieser Prozess aufbaut und welcher Schwerpunkt gewählt wird, wird von den Personen bestimmt, die an ihm beteiligt sind, und welche Vereinbarung zwischen ihnen über die gemeinsame Arbeit geschlossen wird.

Die Graphik auf der folgenden Seite (Brandau 1991, S. 29, mit Erweiterungen durch die Autorin) soll den Kontext, in dem Supervision stattfindet, noch einmal veranschaulichen und sie damit auch von anderen Beratungsformen abgrenzen.

2 Theoretische Konzepte und methodische Ansätze in der Supervision

Supervision gewinnt im psychosozialen Bereich eine immer größer werdende Bedeutung für die dort Tätigen, um Schwierigkeiten in Kooperation mit anderen Berufsgruppen, widersprüchlichen Anforderungen eines institutionellen Auftrags, krisenhafte Zuspitzungen oder dauerhaft

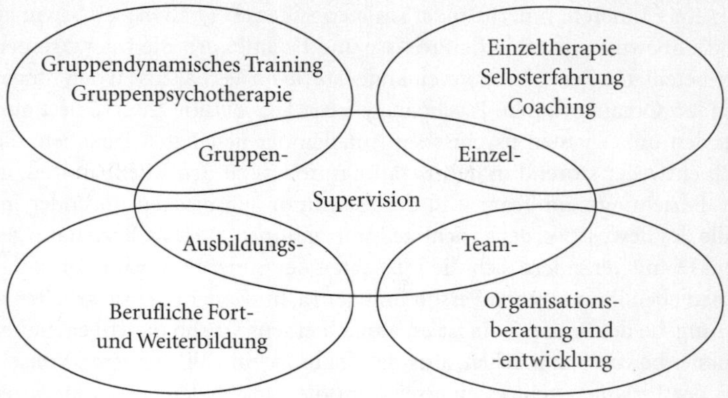

schwierige Betreuungen von Klienten bewältigen zu können, ohne selbst dabei körperlich oder psychisch beschädigt zu werden. Supervision ist eine Antwort auf diese hohen beruflichen Anforderungen an professionelle Helfer(innen), eine Aussage über ihre Wirksamkeit steht allerdings noch aus, Berichte über ihre Ergebnisse haben bisher mehr die Form persönlicher Erfahrungsberichte.

Die konkrete supervisorische Arbeit basiert auf therapeutischen und pädagogischen Theorien und Konzepten, auf Erkenntnissen der Organisationssoziologie und auf den Methoden und Technologien aus diesen Wissenschaftsbereichen. Die Folge davon ist, dass sich die unterschiedlichen therapeutischen Schulen und ihre Auseinandersetzungen, wenn auch in veränderter Form, im Bereich der Supervision wiederfinden. Die Kenntnis der möglichen theoretischen und methodischen Orientierungen ist daher wichtig für jeden, der Supervision nachfragt oder sich entscheidet, selbst Supervisor und Supervisorin zu werden. Die beiden wichtigsten Verfahren sollen hier ausführlicher dargestellt, auf die anderen kann nur kurz hingewiesen werden.

Psychoanalytische Supervision

Psychoanalyse kann als eine Theorie psychischer Prozesse und der Entwicklung einer inneren Realität einer Person verstanden werden und als eine Methode, ihre unbewussten Aspekte bewusst zu machen. Eine notwendige Ergänzung für eine psychoanalytische Supervision ist – ausgehend von selbständigen politischen, wirtschaftlichen und sozialen Prozessen – eine Konzeptualisierung für die Verknüpfung dieser äußeren Realität mit einer inneren: Innerhalb der sozialen Systeme entfalten sich bewusste und unbewusste psychische Prozesse und beeinflussen die Interaktionen der beteiligten Personen untereinander sowie ihr Verhältnis zu den umgebenden Organisationen. Psychoanalytische Supervision interveniert also bei den unbewussten psychischen Anteilen der beteiligten Personen, die sich entweder störend in den Beratungsprozess zu den Klient(inn)en, in die Beziehung zum Team und der Institution einmischen und/oder im Falle des Bewusstwerdens wichtige Informationen über die Beziehung geben. Damit verändern sich die Einsichten der Supervisand(inn)en in das Innenleben ihrer eigenen Person und der Institution, in der sie arbeiten.

Aufgabe des Supervisors ist es, ähnlich einem Psychoanalytiker, Unbewusstes bewusst zu machen, aber der Fokus ist ein völlig anderer: Vonseiten der Personen geht es einerseits um die verschiedenen Aspekte ihrer Arbeit, um Arbeitsstellen, Ausbildungen, Konkurrenzen, Bezahlung, um Berufsrollen, Arbeitsstörungen, den Auf- und Abstieg in der Hierarchie. Andererseits geht es um die persönlichen Beziehungen und alle Gefühle, die sie in der Gegenwart mobilisieren: Gefühle von Scham und Peinlichkeit, von Unterlegenheit und Ohnmacht, Ängste, aber auch kindliche, unerfüllbare Wünsche. Vonseiten der Organisation geht es um Ziele und Aufgaben, die Form ihrer Institutionalisierung, Machtstrukturen, finanzielle Ressourcen, Umgang mit Leistung, gleiche oder ungleiche Bezahlungen und vieles andere mehr. Und es geht um psychosoziale Arrangements: Delegationen und geheime Aufträge auf der Basis von Ideologien, die Erwartung der Übernahme unausgesprochener Rollen durch ihre Mitglieder, um emotionale Belohnungen und Bestrafungen.

Diese aktuellen Ereignisse der äußeren und inneren Realität werden zu einem undurchschaubaren Gemisch gegenseitiger unbewusster Übertragung und bewusster Interaktion, das Handlungsspielräume einengt – häufig zulasten der Klient(inn)en und ihrer Helfer(innen).

Interventionsziel ist es daher, für die Betroffenen die Aspekte des inneren und äußeren Geschehens voneinander zu trennen und damit ihre Entscheidungsfähigkeit und ihren Handlungsspielraum zurückzugewinnen und zu erweitern: Die Angst vor der Strafe des Vaters ist nicht dasselbe wie die Angst vor dem Verlust eines Arbeitsplatzes; wird sie aber verknüpft mit der Angst vor dem Vorgesetzten, kann sie die Einschätzung der äußeren Bedrohung unrealistisch erhöhen und durch den Vorgesetzten zur Vermeidung von Konflikten verwendet werden. Die Vereinbarung für eine psychoanalytische Supervision beinhaltet daher immer die Erlaubnis für den/die Supervisor(in), tabuisierte und unbewusste Aspekte des beobachteten Geschehens ansprechen zu dürfen.

Systemische Supervision

Basis der systemischen Supervision ist die Idee der Ganzheit aus der Systemtheorie: Jedes Element eines Systems ist nach ihrer Vorstellung so mit anderen Elementen verbunden, dass jede Änderung des einen auch Änderungen für andere zur Folge hat. Unter System kann jede beliebige Organisationsform wie Paar, Familie, Verband, Institution und natürlich größere Organisationseinheiten verstanden werden, da jedes System aus Teilen besteht, gleichzeitig auch Umwelt anderer Systeme ist. Jedes Element, auch jedes Individuum einer Organisation beeinflusst also mit seinen Handlungen das System, ist Teil eines gemeinsamen Prozesses. Die Annahme der Systemtheoretiker ist, dass diese Interaktionen nach bestimmten Regeln ablaufen, von den Beteiligten ein bestimmtes Spiel gespielt wird, das entweder flexibel auf die ständige Veränderungsanforderung durch die Umwelt reagiert oder durch seine Starrheit zu Störungen im und Bedrohungen des Systems führt.

Da dieses Interaktionssystem das Verhalten von Personen in Organisationen erklärt und verändert, besteht an dieser Stelle die Möglichkeit einer Unterbrechung dysfunktionaler Spiele von außen, wenn die Beteiligten es wollen. Supervision wird angefragt, wenn ein Klient (Person, Team, Organisation) eine Störung wahrnimmt, die Aufgabe eines systemischen Supervisors ist es, als Außenstehender diese Regeln, den Ablauf des Systems genau zu beobachten. Ziel ist zunächst eine Diagnose, insgesamt die Aufhebung der Störung. Der systemische Supervisionsprozess lässt sich theoretisch in folgende Phasen einteilen (vgl. dazu Fatzer 1990):

- Kontrakt und Vertrag, bei dem festgelegt wird, was man voneinander erwartet;
- Diagnose auf der Basis von Daten, die der Supervisor gesammelt und analysiert hat;
- Intervention, damit ist die Phase des konkreten Austausches gemeint, in der der Supervisor den Klienten mit seinen Eindrücken, Fragen, Perspektiven und Impulsen konfrontiert;
- Auswertung der Interventionen des Supervisors und ihre Institutionalisierung in das System.

Die Rolle des systemischen Supervisors ist also die des forschenden Außenseiters, der einen problematischen Kreisprozess stört und durch eine Erweiterung des Kontextes neue Handlungsstrategien und Spielräume eröffnet.

Neben diesen beiden grundsätzlichen Orientierungen in der Supervision, die wohl die konsistenteste theoretische Fundierung aufweisen, gibt es eine Vielzahl anderer Methoden, die auf den verschiedenen therapeutischen Ansätzen basieren, z. B.: psychodramatische, verhaltenstherapeutische, klientenzentrierte, gestalttherapeutische Supervision. Eine Erörterung dieser verschiedenen Ansätze sprengt den Rahmen dieses Beitrags, die Frage bleibt daher offen, ob es sich in der Mehrzahl nicht eher um Beratungstechniken als um Theorien für den Gegenstandsbereich Supervision handelt.

3 Anwendungsbereiche und Formen von Supervision

Wie schon eingangs dargestellt, gibt es zwei grundsätzlich voneinander unterschiedene Anwendungsbereiche für Supervision: Ausbildungssupervision und berufsbegleitende Supervision. Beide finden in unterschiedlichen Settings statt, je nach Ausbildung in Form von Einzel- und Gruppensupervision, die berufsbegleitende Supervision als Einzel-, Gruppen- und Teamsupervision, je nach Anschauung auch als Institutionsanalyse.

Supervision in Ausbildungen

Das Konzept der Kontrollanalyse in der psychoanalytischen Ausbildung, die inzwischen Supervision genannt wird, hat sich nicht grundsätzlich geändert: Ein Bestandteil der psychoanalytischen Ausbildung ist es nach wie vor, dass ein Ausbildungskandidat in Zusammenarbeit mit einer erfahrenen Psychoanalytikerin (es kann natürlich auch eine Ausbildungskandidatin und ein Lehranalytiker sein) die behandlungstechnischen Fähigkeiten zur Durchführung einer psychoanalytischen Psychotherapie erwirbt. Diese Form der praktischen Ausbildung ist im Gesetz über den psychologischen Psychotherapeuten inzwischen festgeschrieben, sie war allerdings bei den meisten der therapeutischen Weiterbildungen ebenso wie in der sozialpädagogischen Ausbildung bereits seit langer Zeit üblich (siehe dazu auch Pühl 1990).

Diese Form der Supervision hat sich von Kontrolle stärker in Richtung Unterstützung verändert, dennoch bleibt das Problem der Macht des und die Abhängigkeit vom Supervisor bestehen. Einige Ausbildungsinstitute haben sie zu entschärfen versucht, indem die Supervisorin frei gewählt werden kann und ohne nachteilige Folgen gewechselt werden darf. Die Spannung zwischen dem Anliegen, dem Patienten eine angemessene Behandlung zu sichern, und dem möglichen Machtmissbrauch durch den Supervisor ist jedoch schwer lösbar, es gilt daher, offen mit ihr umzugehen.

Berufsbegleitende Supervision

Berufsbegleitende Supervision ist der Bereich der Supervision, der in den letzten Jahren eine zunehmende Bedeutung gewonnen hat, sie findet vor allem in Form von Gruppen- und Teamsupervision statt. Eine Form der Gruppensupervision ist immer noch die Balintgruppe oder ihre Weiterentwicklung: Die Teilnehmer(innen) haben sich verändert, über die Berufsgruppe der Ärzte hinaus nehmen alle anderen Berufsgruppen der psychosozialen Versorgung an ihr teil. Auch das methodische Vorgehen ist vielfältiger geworden. Die Erfahrungen der Gruppendynamik haben deutlich gemacht, dass das Unbewusste der Patienten sich nicht unter allen Umständen in der Gruppe widerspiegelt – es kann auch sein, dass die Gruppe einen eigenen Konflikt oder auch einen institutionellen Konflikt in Szene setzt. Aufgabe des(r) Supervisor(in) ist es dann sicherzustellen, dass die Gruppe sich zunächst selbst zum Thema macht, um diese «Störung» der Fallarbeit aufzuheben. Bei dieser erweiterten Vorgehensweise ist es eigentlich sinnvoller, von einer Gruppensupervision zu sprechen, da es die traditionelle Balintarbeit nach wie vor gibt.

Man kann zwar ein Team auch als eine Art Gruppe beschreiben, spielen doch unbewusste und gruppendynamische Prozesse in Teams eine große Rolle. Dennoch unterscheidet sich Teamsupervision von Gruppensupervision erheblich, da die Beziehungen ihrer Mitglieder in den institutionellen Zusammenhängen begründet sind.

Um einen solchen Prozess zu veranschaulichen, möchte ich ein Beispiel aus meiner Praxis darstellen. Es handelt sich um eine psychoanalytische Supervision, Beispiele für andere Methoden sind in der angegebenen Literatur nachzulesen.

Beispiel: Es ist ein Team einer Beratungsstelle, das ich seit gut einem Jahr mit einer 14-tägigen Supervision begleite. Der Leiter, der üblicherweise an der Supervision teilnimmt, ist wegen Urlaub nicht anwesend – anwesend oder abwesend, die Person des Leiters und seine Art der Leitung war ein häufig thematisierter Konflikt. Es war nach vielen Sitzungen eine Formel für die Machtbalance zwischen Team und Leiter gefunden worden: Teambeschlüsse sollen die letzte Instanz vor den Verhandlungen mit dem Träger sein, die der Leiter dort dann vertreten sollte – in Ausnahmefällen, bei ganz grundsätzlichen Bedenken von seiner Seite sollten diese von ihm mitgeteilt werden, um einen Kompromiss zwischen ihm und dem Team zu finden. «Wundersamerweise» setzte sich seine Position nach Verhandlungen mit dem Träger oder aufgrund finanzieller Fakten häufig auch dann durch, wenn er den Teambeschlüssen zugestimmt hatte.
Für mich zunächst unverständlich, reagierte das Team in solchen Fällen mit Resi-

gnation statt mit der von mir erwarteten Wut, so auch in dieser Sitzung, als deutlich wird, wie der Leiter seine Urlaubsvertretung geregelt hat: Er möchte bei allen wichtigen Verhandlungen mit dem Träger trotz Urlaub anwesend sein. Die Termine sollen ihm vom Team mitgeteilt werden. Die Entscheidungsmöglichkeit wird schnell deutlich: Wird das Team ihm diese mitteilen und sich damit selbst entmachten oder den Konflikt zuspitzen und den stellvertretenden Leiter zu den Verhandlungen schicken, der offiziell die Urlaubsvertretung innehat? Damit hätte das Team dem Träger auch deutlich gemacht, dass es in der bevorstehenden Neubesetzung der Leitungsposition einen Machtfaktor darstellt.

Die Resignation des Teams entspricht nicht der realen äußeren Situation, der Leiter hatte sich nicht an die Vereinbarungen gehalten, und das Team ist eigentlich in einer mächtigen Position. Dennoch entwickelt das Team keine Aktivität und verharrt in der oft beklagten Ohnmacht. Im Lauf der Sitzung, in der mit supervisorischer Unterstützung eine gemeinsame Suche nach den Ursachen stattfindet, werden die unterschiedlichen bewussten und unbewussten Motive für diese Hemmung deutlich: Ein weibliches Teammitglied findet den Leiter so verletzlich, dass sie ihn schonen muss, um sich nicht schuldig zu fühlen, eine andere hat Angst vor seiner Rache und ihrer Abwertung durch ihn, wenn sie und das Team beginnen würden, ihn wirklich zu entmachten. Der stellvertretende Leiter hatte seit einiger Zeit den Kampf um die Nachfolge aufgegeben, nachdem der Trägerverband ihm zu verstehen gegeben hatte, seine Qualifikation sei die falsche, gemeint war seine Konzeption der Beratungsstelle. Er hatte sich seine kritische Aktivität mit einer halben Freistellung «abkaufen» lassen, um sich tatsächlich weiterzuqualifizieren und sich an anderer Stelle besser bewerben zu können. Er kann aber aus materiellen Gründen seine Stelle nicht kündigen und blockiert damit seine Kompetenzen und eine Stelle, beides braucht das Team für seine Aktivitäten dringend. Der zweite Mann im Team, nur halbtags angestellt, will die halbe Stelle nicht übernehmen, für ihn ist die Anstellung in der Beratungsstelle bewusste Absicherung seiner Selbständigkeit. Die einzige – weibliche – Person, die offen die Auseinandersetzung fordert und sich auch für die Leitungsposition bewerben will, wird von den beiden Männern nicht für fähig genug empfunden, um später unter ihrer Leitung weiterarbeiten zu können. Die vierte Frau, die Verwaltungskraft, reagiert mit Wut auf alle: Sie findet das Team so «egoistisch», dass sie niemandem die Leitung zutraut und deshalb den Leiter nicht bekämpfen will.

Das Team hatte sich also durch seine verschiedenen bewussten, aber bis dahin geheim gehaltenen Interessen und unbewussten Ängste komplett lahm gelegt. Der Leiter konnte im Zusammenspiel mit dem Träger seine Absichten durchsetzen und seine Ängste vermeiden! Das in der Sitzung entstandene Wissen um diese divergierenden Interessen innerhalb des Teams eröffnete wieder Handlungsspielräume, und wenn dem Team auch schwierige Entscheidungen bevorstanden, so waren sie doch ein Weg aus der Resignation für den Einzelnen und das gesamte Team.

4 Ausbildung zum Supervisor und zur Supervisorin

Es gibt keine gesetzliche Regelung für die Weiterbildung zum/(zur) Supervisor(in), also ist auch der Titel nicht geschützt. Es gibt allerdings seit 1989 den schon erwähnten Verband «Deutsche Gesellschaft für Supervision, DGSv», die für die von ihr anerkannten Ausbildungsinstitute Ausbildungsstandards gesetzt hat, und nur die Absolvent(inn)en dieser Institute können Mitglied in der DGSv werden. Diese Mitgliedschaft ist für viele Verbände Voraussetzung für die Zusammenarbeit mit Supervisor(inn)en, da dadurch eine bestimmte Qualität der Ausbildung sichergestellt ist.

Die Ausbildung nach den Richtlinien der DGSv setzt einen Fach- bzw. Hochschulabschluss, fünfjährige Berufserfahrung, eigene Supervision und eine sozialpsychologische Fortbildung voraus. Die Ausbildung hat einen Theorieteil im Umfang von ca. 500 Stunden, die in Blockseminaren stattfinden, und einen praktischen Teil, in dem unter Lehrsupervision eigene Einzel-, Gruppen- und Teamsupervisionen absolviert werden müssen. Den Abschluss bilden eine Zulassungsarbeit und ein Kolloquium.

Nähere Auskünfte bei einzelnen Instituten oder der Deutschen Gesellschaft für Supervision, Flandrische Straße 2, 50674 Köln.

5 Schlussbemerkung

Supervision kann die Gesellschaft nicht verändern. Sie kann keine Machtverhältnisse aufheben, skandalöse Missstände in Pflegeheimen nicht beseitigen und schlechte und unterschiedliche Bezahlung nicht korrigieren.

Supervision ist aber eine wichtige Begleitung einer Berufstätigkeit, die Helfen zum Inhalt hat. Supervision kann dazu beitragen, lustlose Routine zu vermeiden und die Freude am Beruf zu erhalten, indem sie durch eine genauere Kenntnis innerer und äußerer Ursachen Professionelle handlungsfähiger macht und Entscheidungsspielräume erweitert – und das hat nicht nur Folgen für das berufliche Umfeld.

Literatur

Becker, H. (Hg.) (1995). Psychoanalytische Teamsupervision. Göttingen.
Brandau, H. (1991). Supervision als Koevolution oder Sokrates als Supervisor. In: ders. (Hg.), Supervision, S. 11–43. Salzburg.
Fatzer, G. (1990). Phasendynamik und Zielsetzung der Supervision und Organisationsberatung. In: G. Fatzer & C. D. Eck (Hg.), Supervision und Beratung, S. 53–84. Köln.
Pühl, H. (1990). Handbuch der Supervision. Berlin.
Supervision, Zeitschrift für berufsbezogene Beratung, Fachhochschulverlag.

Sabine Pankofer

5.12 Jugendhilfe

1 Diagnostik
2 Therapie
3 Beratung und Fortbildung
4 Leitung/Führung

Psychologinnen und Psychologen in Heimen oder heilpädagogischen Wohngruppen der Jugendhilfe – ein mittlerweile übliches Bild und ein interessanter Arbeitsplatz für viele: Bereits 1991 arbeiteten ca. fünf Prozent aller Psychologinnen in Deutschland fest angestellt in einem Heim bzw. einer Jugendhilfeeinrichtung (vgl. Schorr 1991), wobei anzunehmen ist, dass diese Zahl trotz Sparmaßnahmen (vgl. Broil et al. 1996) seither weiter gestiegen ist. Dazu kommt noch eine deutlich größere Gruppe, die freiberuflich als Therapeuten und Gutachterinnen im Kontext der Jugendhilfe wirken, allerdings zahlenmäßig schwer erfassbar sind und meist dem breiten Feld der Klinischen Psychologie zugeordnet werden.

Dass Psychologinnen im Bereich der Jugendhilfe tätig sind, war nicht immer so: Die Berufsgruppe der Psychologinnen ist dort erst relativ kurz vertreten. Theorie und Praxis der Psychologie haben – entsprechend der professionstypischen Entwicklung der Psychologie als Wissenschaft – erst in den ersten zwei Jahrzehnten des 20. Jahrhunderts Einzug in die bis dahin von der medizinisch-psychiatrischen Perspektive dominierte Jugendhilfe (bzw. damals Fürsorgeerziehung) gehalten. Erst zu dieser Zeit wurde der Entwicklung von Kindern und Jugendlichen im medizinischen, psychologischen und psychiatrischen Bereich zunehmend Interesse entgegengebracht. Im Zuge dessen entwickelte sich vor allem in den psychologischen Modellen der Psychoanalyse und der Entwicklungspsychologie, aber auch der Lerntheorie/Verhaltenstherapie ein jeweils spezifischer klinischer Blick auf die Klientel der Jugendhilfe bzw. Fürsorgeerziehung. Die bis dahin geltenden Kategorien ‹Betreuung› und ‹Erziehung› wurden durch die psychologischen Kategorien ‹Behandlung› und ‹Therapie› ergänzt. Ausschlaggebend dafür war die Anwendung medizinisch-psychiatrisch-psychologischer Nosologie auf die Klientel der Fürsorgeerziehung. Der bisher übliche Verwahrlosungsbegriff wurde durch den Begriff der neurotischen und psychischen Erkrankung erweitert, was zur ‹Notwendigkeit› von Differenzialdiagnosen – erstellt durch spezielles, psychologisch-psychiatrisch ausgebildetes Fachpersonal – führte. Für Büttner, der die Rolle von Psychologen im Heim bzw. Jugendhilfe empirisch untersucht und diese kritisch diskutiert hat, besteht genau darin die Nahtstelle, «die den potentiellen Einsatz psychiatrisch-psycholgischer Spezialisten im Bereich der Anstaltserziehung (bzw. Fürsorgeerziehung, S. P.) erst ins Blickfeld kommen läßt: insofern das Verhalten der auffälligen Klientel in medizinisch-psychologische Kategorien eingefangen wird, wird der Einsatz von Psychiatern und Psychologen erst relevant und beginnt massiv die Binnenstruktur der Anstaltserziehung zu bestimmen» (Büttner 1982, S. 21). Das heißt: Erst durch diesen Prozess gab es quasi einen Platz für Psychologen im Kontext der Fürsorgeerziehung/Jugendhilfe, der zwar gesichert, aber nicht unumstritten war – und ist.

In den 1960er und 1970er Jahren wurden im bundesdeutschen Jugendhilfesystem händeringend neue Handlungsansätze im Umgang mit Kindern, Jugendlichen und Familien gesucht, nicht zuletzt als Abgrenzung zur ‹schwarzen Pädagogik›. Dabei wurden Problemzusammenhänge von Kindern und Jugendlichen verstärkt psychologisch verstanden und gedeutet, weshalb sich Psychologinnen im Zuge der Professionalisierung der Jugendhilfe (v. a. im Bereich der Heimerziehung) und im Kontext der Jugendhilfe (vgl. Broil et al. 1996) etablieren konnten und durch ihre (therapeutischen) Fachdienste die Angebotsstrukturen erweiterten. Mittlerweile bietet die Jugendhilfe, die sich nicht zuletzt seit Inkrafttreten des Kinder- und Jugendhilfegesetzes (1990) weiter ausdifferenziert hat, ein äußerst breites Spektrum an ambulanten und stationären Organisationen und Institutionen mit komplexen Strukturen und unterschiedlichsten Angeboten an Maßnahmen an (vgl. Jordan & Sengling 1994). Aufgrund dieser Komplexität weisen auch die Tätigkeiten und Funktionen von Psychologinnen im Kontext Jugendhilfe zwischen einzelnen Institutionen große

Varianzen bezüglich der jeweiligen psychologischen Aufgabengebiete auf. Dennoch lassen sich Tätigkeiten und Zuständigkeiten von Psychologen im Berufsfeld Jugendhilfe folgendermaßen systematisiert zusammenfassen:

1 Diagnostik

Diagnosestellungen und Klassifikationen des Verhaltens von Kindern und Jugendlichen im Vorfeld von oder im Anschluss an bereits laufende Jugendhilfemaßnahmen sind zentrale Aufgaben von Psychologen im Kontext der Jugendhilfe (vgl. Harnach-Beck 1997). Dabei sind grundsätzlich drei Zeitpunkte von Diagnosenstellungen möglich: Diagnosen vor, während und nach Jugendhilfemaßnahmen haben unterschiedliche Aufträge und Konsequenzen.

Vor der Auswahl einer spezifischen Jugendhilfemaßnahme soll eine differenzierte Diagnose der möglichst genauen Indikation für die nach Möglichkeit am besten geeignete Maßnahme für die einzelnen Kinder bzw. Jugendlichen dienen. Heimpsychologinnen erleben jedoch häufig, dass sie aufgrund von Zeitabläufen selbst keine eigene Diagnostik vor den Maßnahmen durchführen können, sondern sich auf bereits vorliegendes diagnostisches Material beziehen müssen. Darüber hinaus fehlt häufig die Zeit, ausführliche Anamnesen (und damit auch eine Überprüfung, ob die anvisierte Maßnahme tatsächliche die ‹richtige› ist) durchzuführen. Eine Kooperation mit anderen (ambulanten) Stellen ist daher eine Conditio sine qua non der eigenen Diagnostik. Nichtsdestotrotz zeigt sich, dass auf bereits vorliegendes Material nicht immer Verlass ist: Diagnosestellungen werden jeweils nach Notwendigkeiten (z. B. je nach Belegungsdruck der angefragten Institutionen) unterschiedlich ‹gelesen› bzw. interpretiert und können sich zu einem Stigma für die Kinder und Jugendlichen entwickeln.

Diagnostik *während* einer Jugendhilfemaßnahme dient der Überprüfung der Validität und Aktualität der Diagnostik vor der Heimeinweisung und ist die Grundlage für die Evaluation des Erziehungs- und Behandlungssprozesses (vgl. Büttner 1982). Sie hat damit eine Kontrollfunktion für die Hilfeplanung im Sinne der Klientinnen und des gesetzlichen Auftrags (vgl. Harnach-Beck 1997).

Diagnostik *nach* einer Jugendhilfemaßnahme soll die Anfangsdiagnosen und Prognosen, Lern- und Entwicklungsprozesse sowie vermeintliche Ergebnisse und Entlassungsprognostik mit der jeweils aktuellen Situation in Beziehung setzen. Katamnestische Diagnostik gilt als Basis für eine Erfolgskontrolle von Einrichtungen bzw. von pädagogischen und therapeutischen Maßnahmen, wird jedoch in der Praxis nicht häufig durchgeführt.

Für alle Diagnosestellungen und Klassifikationen gilt: In ihrer diagnostischen Funktion haben Psychologen große Definitionsmacht mit direkten Folgen für das Leben von Kindern und Jugendlichen. Es sollte daher für Psychologinnen unabdingbar sein, sich dieser professionellen Verantwortung zu stellen und sich mit der grundsätzlichen Problematik von Diagnosestellungen und Klassifikationen und den Auswirkungen auf Klientenbiographien auseinander zu setzen, um Prozesse der Klientifizierung – so weit wie möglich – zu verhindern oder zumindest einzuschränken.

2 Therapie

Seit Ende der 1970er Jahre tritt die therapeutische Funktion von Psychologen in der Jugendhilfe verstärkt in den Vordergrund. Entsprechend der jeweiligen psychologisch-therapeutischen Ausrichtung – bei deutlicher Dominanz von Verhaltenstherapie, Psychoanalyse und Gesprächstherapie – wurden Beratungsstellen aufgebaut und in der Heimerziehung – dem damals wichtigsten Bereich der Jugendhilfe – psychologische und therapeutische Fach- und Sonderdienste als Ergänzung zur Gruppenpädagogik installiert. Daraus ergab sich eine bis heute andauernde Kontroverse über das Problem der Beziehung von Alltagspädagogik und spezifizierter Therapie. Je nach theoretischem Ansatz wird das Verhältnis von Pädagogik und Therapie in verschiedenen Jugendhilfeeinrichtungen unterschiedlich strukturell gestaltet. Grundsätzlich lassen sich zwei Modelle erkennen (vgl. Büttner 1982):

1. Das Trennungsmodell begreift Pädagogik und Psychologie als personell und räumlich getrennte Funktionsbereiche, die therapeutische Strategien unmittelbar auf das einzelne Kind, den Jugendlichen oder eine Gruppe anwenden. Psychologinnen sind mit ihren therapeutischen Angeboten nur organisatorisch in den Alltag integriert. Seit den 1950er Jahren wurden explizit therapeutische Heime mit differenzierten therapeutischen Angeboten eingerichtet.

2. Der integrative Ansatz, der z. B. im Konzept des ‹therapeutischen Milieus› sichtbar wird, versucht diese Problematik zu überwinden, indem eine von der Alltagspädagogik abgehobene Therapie abgelehnt wird. Quasi als Gegenbewegung konstituierten sich heilpädagogische Heime, die das Primat der Pädagogik betonten und die Therapie in den pädagogischen Alltag zu integrieren versuchten (vgl. Büttner 1982). Festzustellen ist je-

doch in beiden Modellen – nicht zuletzt wegen des Absolutheitsanspruchs medizinisch-psychiatrischer und psychologischer Theorien – eine latente bis offene Rivalität zwischen pädagogischen und psychologischen Bereichen. Seit den 1950er Jahren bis heute bestimmen Diskussionen über Fragen der Zuständigkeiten und Macht von Psychologinnen und Pädagoginnen die Auseinandersetzungen in den Heimen. Im Zuge der weiteren Professionalisierung der Heimerziehung (z. B. durch verbesserte fachliche Ausbildung der Erzieherinnen, Reduzierung der Gruppengrößen etc.) und durch die Reformbewegung in den späten 1960er Jahren forciert (Stichwort Heimkampagne), wurden vor allem Fragen bezüglich der Professionalisierung der Heimerziehung und der Integration von Therapie und Pädagogik diskutiert – Fragen, die für das Selbstverständnis von Psychologie und die Tätigkeiten von Psychologen in der Jugendhilfe große Bedeutung haben. In der Reformphase wurden verstärkt Psychologinnen eingestellt – als Reaktion auf einen sich verstärkenden Professionalisierungs- und Qualifizierungsprozess mit der Konsequenz, dass sich die Rivalität zwischen Pädagogik und Psychologie verstärkte, denn «nur zu oft wurden Güte und Legitimationen der Einrichtungen an der Anzahl der Psychologen sowie der therapeutischen Orientierung festgemacht» (Büttner 1982, S. 22). Festzustellen ist auch ein Anpassungs- und Alibicharakter von Therapie, der nach Büttner häufig nur dazu dient, die Reputation des Trägers zu erhöhen (ebd., S. 39).

Die ‹Psychologisierung der Heimerziehung bzw. Jugendhilfe› hat weitreichende Folgen für die Organisationen und ihre Klientinnen. Büttner stellt dazu kritisch fest:

> «Die Konstituierung eines spezialisierten Raumes – gekennzeichnet durch die Anwesenheit eines Spezialisten – impliziert die Konturierung einer ebenso ‹spezialisierten› Klientel: Die in den Einrichtungen lebenden Kinder und Jugendlichen werden zunehmend zu ‹Fällen›, deren operationalisierbare Störungen durch ‹spezielle› Behandlung, Strategien, Therapien und Erziehungspläne beseitigt werden sollen. Es wird deutlich: Je konturierter, spezialisierter der ausgegrenzte Raum der Einrichtungen – desto ausgeprägter die Klientel, desto ausgeprägter die Versachlichung der Behandlungsstrategien und die Verobjektung der ‹Patienten›» (ebd., S. 24).

Ausgangspunkt davon sind die psychologischen Expertinnen, die eine von den Pädagogen abgehobene Position zugeschrieben bekommen und sie auch – nicht zuletzt aufgrund der akademischen Ausbildung und entsprechenden Vergütung – einnehmen. Dass auch die als Reform verstandene

Psychologisierung trotz hoher Erwartungen nicht immer dazu führte, mittels welcher auch immer gearteten Therapie positive Effekte zu erreichen, führt bis heute zu der häufig festgestellten Enttäuschung der Pädagoginnen von den psychologischen Experten und dazu, dass eine positionelle Unsicherheit bestehen bleibt bezüglich Zuständigkeit, Kompetenzzuschreibung, Weisungsbefugnis etc.

3 Beratung und Fortbildung

Neben Therapie und Diagnostik ist Beratung und Fortbildung eine zentrale Aufgabe von Psychologinnen (und auch Psychiaterinnen). Orte der Beratung sind Fallbesprechungen, Einzelbesprechungen, Erzieherinnenkonferenzen und Schulungen von Mitarbeitern in hausinternen Fortbildungsveranstaltungen.

Beratung erfolgt nach Büttner auf drei Ebenen (1982, S. 44 f.):

1. Mitarbeiterspezifische Beratung: Objekt der in Abgrenzung zur Supervision meist informellen Beratung ist der einzelne Pädagoge, und der Gegenstand der Beratung sind die Beziehungen zu den Kindern sowie zu den anderen Mitarbeiterinnen. Die Bandbreite bewegt sich von Konfliktmanagement, konkreten Handlungsanweisungen, punktuellen Verhaltensanalysen und Orientierungshilfen bis hin zu fachspezifischen Diskussionen.

2. Kindspezifische Beratung: Inhalt sind vor allem kontinuierliche pädagogische Entscheidungsproblematiken mit einzelnen Kindern oder Jugendlichen. Gefragt ist hierbei das Einbringen von spezifischen psychologischen Ressourcen, die sich unmittelbar auf Erziehungsplanung und konkrete Handlungsanweisungen beziehen. Darüber hinaus soll die Psychologin Kompetenzen bezüglich der Systematik bei Beurteilungen, Strukturierung des pädagogischen Diskurses, Problemaufbereitung und Konzeptualisierung von Lösungsstrategien mit- und einbringen.

3. Organisationsspezifische Beratung: Psychologen sollen als Berater der Gesamtorganisation im Sinne einer Konzeptualisierung einer ökonomischen und funktionellen Organisationsstruktur wirken. Auch Evaluation und interne Forschung sind Aufgaben von Psychologen.

Fortbildung, verstanden als längerfristig angesetzte Beratung, hat verschiedene Ziele: Zum einen wird die spezifische Fachkompetenz von Psychologinnen vor allem darin gesehen, Störungsbilder von Kindern und Jugendlichen quasi zu übersetzen und psychologisch zu begründen. Zum anderen sollen – entsprechend der Grundannahme therapeutischer Kompetenzen von Psychologinnen – durch z. B. Rollenspiele, Planspiele, Selbsterfahrungsangebote – effektive Angebote gemacht werden.

Vor allem diese Funktionen bzw. Tätigkeiten führen zu Positionserhöhungen von Psychologen im Miteinander verschiedener Berufsgruppen in der Jugendhilfe, was zu gruppendynamischen Prozessen der Rivalität und zu einem grundsätzlichen Dilemma bezüglich der Rollenerwartungen an Psychologinnen (Beratung – Kontrolle) führen kann und daher immer wieder metakommuniziert werden sollte (z. B. durch Supervision).

4 Leitung/Führung

In der Hierarchie von Jugendhilfeeinrichtungen haben Psychologinnen eine wie auch immer geartete (nicht zuletzt durch ihre meist deutlich geringere Anzahl an Planstellen) herausgehobene Position und Rolle gegenüber Pädagogen und Erziehern, die im Gruppendienst tätig sind. Als Therapeutinnen im Fach-/Spezialdienst mit festgelegten Therapiezeiten sind sie meist nur wenig in den Gruppenalltag integriert, und auch in Einrichtungen, die mit dem Konzept des therapeutischen Milieus arbeiten, können sich ihre Dienstzeiten von Mitarbeiterinnen im Gruppendienst unterscheiden. In einigen Einrichtungen sind Psychologen als Leiter von organisatorischen Einheiten darüber hinaus auch Vorgesetze derer, die sie beraten und fortbilden. Diese diffuse, wenngleich meist machtvolle Position führt immer wieder zu Konflikten aufgrund von Sozialneid (z. B. wegen geregelter Arbeitszeiten, kein Schichtdienst, höherer Eingruppierung und damit höherer Verdienst, mehr Entscheidungskompetenzen bei geringerer psychischer Belastung durch weniger Alltagskonflikte und akute pädagogische Probleme, geregeltem Tagesablauf wegen festgelegter Therapietermine etc.). Die Problematik, Spezialistinnen in Einrichtungen der Jugendhilfe zu integrieren, die darüber hinaus mit inhärenten Problemen zu kämpfen haben – z. B. Problematik zwischen ambulanten und stationären Hilfen, interne (Organisationsstrukturen) und externe Faktoren (Finanzierung), Fragen des Qualitätsmanagements etc. –, ist komplex. Gerade in Zeiten des knappen Geldbeutels gibt es häufig Diskussionen zum Thema ‹Entspezialisierung›, über die Notwendigkeit von Psychologen in der Jugendhilfe, wobei zumindest von manchen Psychologinnen die Frage, wie die Jugendhilfe kommende Probleme bewältigen kann, im Sinne der eigenen Profession beantwortet wird: Psychologinnen verstehen sich als unverzichtbar (vgl. Broil et al. 1996), und Forderungen nach Interdisziplinarität sind ihre professionelle Antwort auf drängende Fragen. Nichtsdestotrotz muss sich die Psychologie als Wissenschaft die Frage gefallen lassen, welche theoretischen und praktischen Konzepte sie für eine Professionalisierung der Jugendhilfe beitragen kann. Die Integration von z. B. kritischen oder feministischen bzw. geschlechterdifferenzierenden Ansätzen in die Mainstreampsychologie steht bis heute weitgehend aus. Denn nur mit modernen psychologischen Ansätzen kann den komplexen Fragen und Anforderungen, mit denen pädagogische wie psychologische Mitarbeiterinnen der Jugendhilfe konfrontiert sind, Genüge getan werden.

Literatur

Broil, J., Hennes, I., Malmen, M. & Sonneborn, U. (1996). Über die (Un-)Verzichtbarkeit von Psychologen im Heim. Report Psychologie 21, S. 218–221.

Büttner, P. (1982). Der Psychologe in der Heimerziehung. Frankfurt/New York.

Harnach-Beck, V. (1997). Psychosoziale Diagnostik in der Jugendhilfe. Grundlagen und Methoden für Hilfeplan, Bericht und Stellungnahme. Weinheim/München.

Jordan, E. & Sengling, D. (1994). Jugendhilfe. Weinheim/München.

Schorr A. (1991). Psychologen im Beruf: Qualifikationsmerkmale, Tätigkeitsfelder, Perspektiven – unter besonderer Berücksichtigung der Berufssituation angestellter/beamteter Psychologen. Bonn.

Kristin Teuber

5.13 Berufliche Fort- und Weiterbildung

1 Definition

Unter Fort- und Weiterbildung sind alle Maßnahmen zu verstehen, die zur Qualifizierung durch Wissens- und Kompetenzerweiterung führen und damit die Handlungsfähigkeit in der beruflichen Praxis erweitern. Im Unternehmensbereich fungieren Fortbildungen oder Schulungen als Training für Fertigkeiten (z. B. zur Einführung einer neuen Computer-Software) oder Fähigkeiten (z. B. zu Führungsverhalten). Im psychosozialen Bereich beziehen sich Fortbildungen auf eingegrenzte Themenstellungen oder konkrete Handlungs- und Erklärungsansätze zu bestimmten Problemlagen, Störungsbildern oder Arbeitsfeldern (z. B. zur Psychodynamik des sexuellen Missbrauchs in der Familie) oder auf bestimmte Aufgaben (z. B. zum Erstgespräch in der Beratungsarbeit). Weiterbildung versteht sich umfassender als eine Fortsetzung organisierten Lernens nach Beendigung einer Berufsausbildung (vgl. Arnold 1996, S. 44). Sie wird in der Regel als berufsbegleitende Zusatzausbildung angeboten, die mehrere Veranstaltungen über einen längeren, zum Teil mehrjährigen Zeitraum hinweg umfasst, als Curriculum konzipiert ist und häufig eine Abschlussprüfung beinhaltet (z. B. Therapieausbildung).

2 Bereiche von Fort- und Weiterbildung

Der Fort- und Weiterbildungsbereich ist ein vielfältiges Tätigkeitsfeld für Psychologinnen innerhalb von Organisationen und Unternehmen, bei privaten, trägergebundenen, kirchlichen oder staatlichen Instituten, Wohlfahrts- oder Fachverbänden und Gewerkschaften, in denen diese angestellt oder selbständig arbeiten. Für viele ist die Tätigkeit in der Fort- oder Weiterbildung ein zweites Standbein neben der eigentlichen Arbeit etwa in psychotherapeutischer Praxis.

Personalentwicklung in Unternehmen oder Organisationen ist ein typisches Arbeitsfeld von Arbeits- und Organisationspsychologinnen, zu dem die Qualifizierung der Mitarbeiterinnen gehört. Das jeweilige Konzept zur Personalentwicklung leitet sich aus den übergeordneten Zielen eines Unternehmens ab, die in Wirtschaftsunternehmen anders aussehen als etwa in sozialen Organisationen. Je nachdem, wie das Unternehmen seine Schwerpunkte setzt, werden Fort- und Weiterbildungsmaßnahmen an den Bedürfnissen der Mitarbeiterinnen anknüpfen und sich auf das Aufgabenprofil des Arbeitsplatzes beziehen.

In profitorientierten Konzepten werden die tätigen Menschen hingegen als Humankapital, als Quelle ökonomischen Wachstums gesehen; Qualifizierungsmaßnahmen stehen folglich im Dienste der Gewinnmaximierung. Der Arbeitgeber kann seine Mitarbeiterinnen dazu verpflichten, an Fortbildungsveranstaltungen teilzunehmen.

Im psychosozialen Bereich gelten häufig trägerspezifische Fortbildungsregelungen, mit denen die Teilnahme von Mitarbeiterinnen an Fortbildungen finanziell und durch Arbeitsbefreiung unterstützt wird. Diese Regelungen sind in den jeweiligen Dienstverträgen festgeschrieben. Sie werden aber im Zuge zurückgehender Etats und kurzfristigen Effizienzdenkens sukzessive zurückgenommen.

Es gibt wohl kaum eine Berufsgruppe, für die keine Fort- oder Weiterbildungsangebote existieren. Entsprechend variieren die Zielgruppen solcher Veranstaltungen. In Unternehmen nehmen Arbeitnehmerinnen aus verschiedenen Berufszweigen an Qualifizierungsmaßnahmen teil. Im psychosozialen Sektor kommen Fachkräfte aller Professionen als Teilnehmerinnen in Frage: Psychologinnen, Pädagoginnen, Sozialpädagoginnen, Erzieherinnen, Ärztinnen und Pflegekräfte, also Praktikerinnen mit und ohne akademische Ausbildung, Hauptamtliche und Ehrenamtliche.

Fort- und Weiterbildungen umfassen verschiedene Phasen von der Bedarfserhebung und der konzeptionellen Planung von Inhalt, Didaktik und Methoden für Einzelveranstaltungen oder Curricula über die Durchführung der Qualifizierungsmaßnahmen bis hin zu ihrer Evaluation, also der nachträglichen Wirksamkeitseinschätzung der Fort- oder Weiterbildung und zur Weiterentwicklung des Konzepts. In Unternehmen und Organisationen kann noch die Aufgabe der Erfolgskontrolle hinzukommen (vgl. Arnold & Krämer-Stürzel 1997).

3 Lernen und Wissen

Nach heutigem Verständnis geht es bei der Qualifizierung nicht mehr nur um die einseitige Vermittlung von Wissen. Berufliche Fort- und Weiterbildung hat die Aufgabe, Lernfelder anzubieten, also Wissensaneignung zu ermöglichen und selbständiges und selbstgesteuertes Lernen anzuregen, zu moderieren und zu begleiten. Lernen wird als lebendiger Vorgang in der vielschichtigen Auseinandersetzung mit einem Thema begriffen. «Lernen ist zugleich Handeln. Lernen ist eine vielseitige Tätigkeit, an der unser ganzer Körper beteiligt ist» (Siebert 1997, S. 157). In einem umfassenden Lernprozess müssen verschiedene Wahrnehmungsebenen und die kognitive Aneignung berücksichtigt werden. Entsprechend ist im Lernprozess Methodenvielfalt vonnöten: Kommunikations-, inhalts- und informationsorientierte Methoden, spielerische, auf Körperempfindungen und Bewegungen hin orientierte Methoden, reflexive Methoden, die an Erfahrungen ansetzen, und gestaltende, visualisierende Methoden sind Teil jeder Fortbildungsmaßnahme. Fortbildungs- und Lernziele sollen klar benannt, für die Teilnehmerinnen einsichtig und prinzipiell zu erreichen sein.

Die entsprechenden Lernprozesse müssen logisch strukturiert werden. Fort- und Weiterbildung sollte am Erfahrungswissen der Teilnehmerinnen ansetzen, das heißt, die Praxiserfahrungen der Teilnehmerinnen haben für die Veranstaltung zentrale Bedeutung und strukturieren ihren Ablauf (vgl. Arnold 1996, S. 41). Weiterhin stellt sie theoretisches Erklärungswissen und Forschungsergebnisse zur Verfügung und macht diese so nutzbar, dass die Teilnehmerinnen sich damit kritisch auseinander setzen und ihr praktisches Handeln zuordnen und weiterentwickeln können. Dabei muss der unmittelbare und mittelbare Nutzen von Theoriewissen für die eigene Handlungsfähigkeit in der Praxis zu erkennen sein. Angestrebt wird eine Art von Theorie-Praxis-Vermittlung, die sich durchgängig um eine verständliche Sprache bemüht. Ist dies nicht der Fall, so verstärkt sich die Kluft: «Was dem Praktiker zu gestelzt und abgehoben erscheint, ist für den Theoretiker komplexitätsangemessene Darstellung von Zusammenhängen, und was für den Praktiker relevant und einleuchtend erscheint, stellt sich so manchem Theoretiker als banale oder gar gefährliche Trivialisierung dar» (Arnold 1996, S. 45).

Fort- und Weiterbildung will also Menschen dazu anregen, in der Gruppe ihr Erfahrungswissen zu reflektieren, sich mit (neuem) Erklärungswissen auseinander zu setzen und dieses in konkretes Handlungswissen umzusetzen. Dazu bedarf es sowohl sozialer wie persönlicher als auch institutioneller und instrumenteller Kompetenzen der Teilnehmerinnen.

4 Fort- und Weiterbildung nach subjektwissenschaftlichen Kriterien

Fort- und Weiterbildungen werden heute als Maßnahmen zur Qualitätssicherung verstanden. Sie dienen der Auffrischung oder Erweiterung vorhandenen Wissens, das in der Ausbildung erworben wurde. Darüber hinaus wird Innovationswissen zur Verfügung gestellt, und Handlungskompetenzen werden entwickelt. Fort- und Weiterbildung trägt dazu bei, komplexe Situationen psychosozialer Arbeit zu begreifen und handhabbar zu machen. Wenn dies gelingt, arbeitet sie an der Weiterentwicklung von Arbeitsfeldern mit.

Subjektorientierte Fort- und Weiterbildung kann ihre Funktion nur erfüllen, wenn sie sich an den Bedürfnissen der Teilnehmerinnen ausrichtet. «Teilnehmerorientierung bedeutet, daß der Teilnehmer als der ‹eigentliche Souverän der Erwachsenenbildung› (Pöggeler) mit seiner Biographie, seinen Krisenerlebnissen, seinen Problemen, seinen alltäglichen Erfahrungen und seiner Lernfähigkeit in den Mittelpunkt des didaktischen Interesses tritt» (Arnold 1996, S. 44). Sie steht in engem Bezug zum Praxisfeld und Aufgabenprofil und knüpft am Erfahrungswissen der Praktikerinnen an. Menschen verarbeiten ihre gesamten Erfahrungen immer auf ihre eigene Art und Weise, also nach Kriterien, die an ihre Persönlichkeit gebunden sind. Fort- und Weiterbildung aber stellt den Raum für eine *systematische* Verarbeitung von Erfahrungen aus der beruflichen Praxis zur Verfügung. Sie ist der Ort, an dem psychosoziale Praxis reflektiert und erforscht werden kann. Praktikerinnen nehmen an Fortbildungen teil, weil sie in der Praxis feststellen, mit ihrem Handeln nicht weiterzukommen, weil sie für sich Entwicklungs- und Veränderungsbedarf sehen oder weil sie konkrete Probleme mit Klientinnen, Kolleginnen oder Arbeitgebern haben. Gleichzeitig sind sie die Expertinnen ihrer praktischen Tätigkeit. Systematische Verarbeitung von Erfahrungen heißt, die Bedeutung jedes beruflichen Handelns aus dem konkreten Handlungszusammenhang heraus abzuleiten, also die Bedingungen zu analysieren, unter denen es stattfindet.

Dies betrifft zwei Ebenen: die Bedingungen des praktischen Handelns selbst, also die Funktionen von psychosozialen Professionen als Reparaturagenturen, die damit zusammenhängenden widersprüchlichen Arbeitsbedingungen, unangemessene Vergütungen etc. Zugleich müssen die Praktikerinnen die Bedingungen konkreter Lebensverhältnisse ihrer Klientinnen mit ihren belastenden und unvereinbaren Anforderungen und alltäglichen Zumutungen erfassen. Fort- und Weiterbildung sollte somit sowohl zur Analyse der Subjektivität der Klientinnen als auch zur Analyse der Praktikerinnen als handelnde Subjekte in ihrer Praxis anhalten.

Psychosoziale Praxis ist nicht nur auf die Anwendung von einschlägigen Theorien und daraus ableitbaren Techniken und einfachen Routinen zu reduzieren; folglich können Fort- und Weiterbildungsveranstaltungen keine Patentrezepte liefern. Sie müssen Praktikerinnen vielmehr dazu befähigen, Praxiskonzepte als Mittel zu verstehen, ihre Handlungsmöglichkeiten in der Tätigkeit vor Ort auszuloten (vgl. Dreier 1989, S. 64). Rein an Verfahren orientierte Veranstaltungen verkennen, dass neben den Professionellen auch die Klientinnen Handelnde in der psychosozialen Arbeit sind, auf deren Bedürfnisse in ihrer jeweiligen Lebenssituation es ankommt. Verfahrensorientierte Fort- und Weiterbildungen unterstellen außerdem, dass die Anwendung desselben Verfahrens an jeder Stelle die gleiche Wirkung erzielen würde, und geben damit vor, subjektive Prozesse in der psychosozialen Praxis objektivieren zu können. Damit wird man jedoch der Komplexität und der Subjektivität von Menschen in Problemlagen nicht gerecht.

Wenn Fort- und Weiterbildung zum Dialog zwischen Theorie und Praxis anregen und tatsächlich zur Weiterentwicklung von psychosozialen Arbeitsfeldern beitragen möchte, kann sie nur als wechselseitiger Prozess der Auseinandersetzung verlaufen (vgl. Dreier 1989, S. 65). In diesem Sinn wäre sie als kooperative forschende Verarbeitung von Praxiserfahrungen zu verstehen, in die Fortbilderinnen und Praktikerinnen gleichberechtigte Positionen einbringen. Die systematische Verarbeitung ist dann gemeinsame Aufgabe von allen Beteiligten, beide Seiten haben ihren speziellen Anteil daran und sind für das Gelingen ebenso unentbehrlich wie verantwortlich. Jenseits von lehrerhaftem Doziergehabe oder von Konsumhaltung auf Teilnehmerseite geht es darum, psychosoziale Praxis in kooperativer Form, also im Sinne eines gemeinsamen Projekts weiterzuentwickeln.

5 Psychologinnen in der Fort- und Weiterbildung

Psychologinnen können in allen Phasen von Fort- und Weiterbildung tätig sein. Je nachdem, wo sie arbeiten und für welche Aufgaben sie zuständig sind, werden sie von Anfang bis Ende alle Maßnahmen selbst vorbereiten und durchführen bzw. ein Fortbildungsprogramm oder Weiterbildungscurriculum zusammenstellen und andere mit der Umsetzung beauftragen.

Der Aufgabenbereich von Fortbilderinnen ist umfangreich und erfordert spezifische Kompetenzen: Über ihre Grundausbildung hinaus benötigen sie ein breites Wissen in den Fächern Psychologie und Pädagogik und müssen die Rechtsgrundlagen der Arbeitsbereiche kennen, für die sie Fort- und Weiterbildungen anbieten. Einschlägige Praxiserfahrungen in den Arbeitsbereichen der Teilnehmerinnen sind vorteilhaft, in jedem Fall aber ist die Kenntnis ihrer Arbeitsfelder, der Arbeitsabläufe und Zuständigkeiten vonnöten. Sie sollten als Moderatorinnen von Veranstaltungen Gruppenprozesse einzuschätzen und zu steuern wissen. Neben einem breiten Methodenrepertoire müssen sie über ausgeprägte didaktische Kompetenzen verfügen, die sie idealerweise flexibel und situationsangemessen einsetzen. Weiterhin sind eine hohe soziale Kompetenz, Flexibilität, Konfliktfähigkeit, Kommunikationsfähigkeit, rhetorische Kompetenzen und Kooperations- und Teamfähigkeit erforderlich. Fort- und Weiterbildung gilt in allen psychosozialen Professionen als ausgesprochen attraktiver Arbeitsbereich, den viele anstreben. Leider zeigt sich häufig, dass Fortbilderinnen Veranstaltungen anbieten, ohne dafür ausreichend qualifiziert zu sein. Wie oft ist von Teilnehmerinnen zu hören, dass sie von einem Fortbildungsangebot nicht profitieren konnten. Um dem entgegenzuwirken, sind an dieser Stelle die Qualifikationen für Fortbilderinnen als hohe Anforderungen beschrieben. Berufsanfängerinnen finden sich außer im Bereich der Arbeits- und Organisationspsychologie eher selten im Fort- und Weiterbildungssektor.

6 Kritische Aspekte von Fort- und Weiterbildung

An kritischen Aspekten seien hier der Kürze wegen nur zwei herausgegriffen: der Transfer des Gelernten und das Verhältnis von akademischer Ausbildung und Fort- und Weiterbildung. Es gibt wenig Erkenntnisse darüber, wie der Lerntransfer von der Fortbildung in die Praxis erfolgreich vonstatten gehen kann. Kritikerinnen gehen davon aus, dass der Transfer in aller Regel nicht gelingt (vgl. dazu ausführlich Dreier 1989, S. 52 f.). Zu diesem Thema stehen entsprechende Forschungsarbeiten aus. Dem Lerntransfer von neu angeeignetem Wissen in den Praxisalltag wird in den allermeisten Fällen bei der Planung und Durchführung von Fortbildungen zu wenig Aufmerksamkeit geschenkt. Im Fortbildungsverlauf wird dafür kaum Zeit veranschlagt; Teilnehmerinnen fordern aber auch Überlegungen dazu kaum ein, möglicherweise aus dem Grund, weil ihnen noch während des Seminars erlernte Handlungsansätze ganz einleuchtend erscheinen. So bleibt letztlich die Verantwortung dafür, ob und in welchem Umfang Gelerntes in die Praxis umgesetzt wird, den Teilnehmerinnen selbst überlassen. Schwierig wird es erst, wenn das Erlernte mit der Realität des Arbeitsplatzes, mit seinen institutionellen und strukturellen Bedingungen konfrontiert wird. Wenn die Umsetzung des Wissens nicht mit Blick auf diese Bedingungen systematisch und ausführlich in der Fortbildung zum Thema gemacht wird, dürfte der Transfer regelmäßig misslingen. Für Einzelpersonen ist es ausgesprochen schwierig und überfordernd, die eigenen Arbeitszusammenhänge auf fördernde und hemmende Faktoren hin zu reflektieren. Aber auch kaum ein Arbeitgeber, zumindest nicht im psychosozialen Bereich, fragt danach, ob Fortbildungswissen in die Praxis Eingang findet.

Um den Transfer zu fördern, sollten grundsätzlich in Fort- und Weiterbildungsmaßnahmen die Handlungszusammenhänge der Praxis kritisch überprüft werden. Aufeinander aufbauende Veranstaltungen einer Weiterbildungsreihe bieten dafür besonders gute Möglichkeiten, zu Beginn jedes Teils kann darüber nachgedacht werden, wie die zuletzt gelernten Inhalte im Arbeitsalltag umgesetzt werden konnten. Aber auch in einmaligen Fortbildungen ist dieser Reflexionsprozess möglich und anzustreben.

Das Verhältnis von akademischer Ausbildung, insbesondere des Psychologiestudiums, und Weiterbildung ist ein spezielles. Die akademische Psychologie erhebt nicht den Anspruch, zu kompetentem Handeln in der Praxis zu befähigen (davon ausgenommen sind eigens konzipierte Studienschwerpunkte mit Praxisbezug). So bereitet der Studiengang in der Regel nicht darauf vor, Menschen mit psychosozialen Problemlagen zu begegnen. Stattdessen wird psychologisches Theoriewissen vermittelt, das meist nicht auf seine Relevanz und seinen Nutzen für die Praxis hin überprüft wird. Der einzige Praxiskontakt während des Studiums besteht für viele Studierende in kurzen Praktika. Dies steht im Missverhältnis dazu, dass der überwiegende Teil der Studienabgängerinnen in praktischen Arbeitsfeldern tätig wird. So notwendig die Auseinandersetzung mit theoretischem Wissen ist, so wirkungslos bleibt sie, wenn nicht gelernt wird, wie es mit praktischem Handeln verknüpft werden kann. Theorie- und Handlungswissen gehören in der Praxis wie zwei Seiten einer Medaille zusammen. Ohne beides konstruktiv miteinander verknüpfen zu können, dürften Berufsanfängerinnen oft kaum dazu in der Lage sein, die Dynamik in beruflichen Alltagssituationen differenziert zu erfassen und sich bewusst dazu zu verhalten. Damit ist die Gefahr von Überlastung und Burn-out für sie besonders hoch.

Das Missverhältnis von Theoriearbeit und Praxisbezug im Studium machen sich diejenigen zunutze, die Fort- und Weiterbildungen in dem Bereich anbieten, auch wenn sie nicht für die Studienordnungen an den Universitäten verantwortlich sind. Der psychosoziale Fort- und Weiterbildungsmarkt kann seit Jahren unter anderem deshalb boomen, weil Menschen mit abgeschlossener Ausbildung allein den Anforderungen der Praxis nicht gewachsen sind. Die psychologische Ausbildung wird damit implizit entwertet (vgl. Dreier 1989). Mit hohem zeitlichen, ideellen und finanziellen Einsatz erarbeiten sich ausgebildete Erwachsene in Fort- und Weiterbildungen die Kompetenzen, die sie für die Praxis handlungsfähig machen (sollen). Tun sie dies nicht, sind ihre Aussichten auf eine Stelle gering. Wer keine Teilnahme an Fort- oder Weiterbildungen nachweisen kann, hat bei der prekären Arbeitsmarktlage besonders für Psychologinnen – zusätzlich verschärft durch das neue Psychotherapeutengesetz – wenig Chancen.

7 Politische Verantwortung von Fort- und Weiterbildung

Spezialisierte Fort- und Weiterbildungsangebote sprechen oftmals sehr eingegrenzte Zielgruppen an. Was auf der einen Seite nachvollziehbar und sinnvoll ist – alle verstehen etwas von ein und derselben Sache –, führt auf der anderen Seite zu Nachteilen. Solche Angebote fördern eingeengte Wahrnehmungsperspektiven und lassen das Potenzial interdisziplinären Arbeitens ungenutzt. Vor allem tragen sie aber zur Entwicklung von Spezialisierungen und Expertentum unter Praktikerinnen bei. Daraus kann zum einen die Überzeugung folgen, Professionelle in der psychosozialen Arbeit wüssten am besten, was ihre Klientinnen brauchen. Damit wird nicht gesehen, dass Klientinnen selbst die Expertinnen in ihrer Sache sind. Zum anderen laufen übermäßige Spezialisierungstendenzen sich verändernden Erwerbsbiographien zuwider. Aufgrund von persönlichen Entwicklungsperspektiven, häufig befristeten Anstellungsverhältnissen sowie Teilzeitstellen und knappem Stellenangebot insgesamt geht niemand mehr selbstverständlich davon aus, immer im gleichen Arbeitsfeld oder gar an einer Stelle tätig zu sein. Ohne gleich einen Universalanspruch verfolgen zu wollen, sollten Fort- und Weiterbildungen so angelegt sein, dass die erworbenen Kompetenzen zumindest potenziell in verschiedenen psychosozialen Arbeitsbereichen hilfreich und einsetzbar sind. So wäre der Einsatz für die eigene Qualifizierung auch bei mehreren Stellenwechseln im Laufe des Berufslebens noch gerechtfertigt.

Fort- und Weiterbildung ist wie jeder Ausbildungsbereich auch von gesellschaftlichen Entwicklungen und Umbrüchen abhängig. Sie sollte diese in den Blick nehmen und auf verschiedenen Ebenen reflektieren. Wie beschrieben gehört es dazu, die Widersprüche in den Praxisbedingungen der Teilnehmerinnen zum Thema zu machen. Vor allem muss sie Praktikerinnen aus dem psychosozialen Bereich dazu befähigen, widersprüchliche Lebensverhältnisse der Klientinnen wahrzunehmen und sie dabei zu unterstützen, selbst in diesen handlungsfähig(er) zu werden. Um das zu erreichen, reicht die Vermittlung von Spezialwissen oder Handwerkszeug allein nicht aus, sondern Fort- und Weiterbildung hat auch die politische Verantwortung psychosozialer Arbeit einzufordern. «Sie muß in Zukunft mehr und entschiedener die politischen Rahmenbedingungen professionellen Handelns in der Praxis thematisieren und Überlegungen anstellen, methodisches Handeln selber zu politisieren, sich also die Frage stellen, wie – mehr denn je – Betroffene an der Regelung ihrer eigenen Angelegenheiten zu beteiligen sind, nicht nur individuell, sondern auch in kollektiven Formen. Weiterbildung muß – mehr denn je – die politischen Vorstellungen in den Köpfen der Professionellen zum Gegenstand der Reflexion in weiterbildenden Settings machen. (...) Weiterbildung in der Sozialen Arbeit ist immer auch politische Bildung. Das ist nur weitgehend vergessen worden» (Peter 1999, S. 318–319).

Fort- und Weiterbildung agiert dann politisch verantwortlich, wenn sie gesellschaftliche Querschnittsthemen berücksichtigt: Dazu gehören vorrangig die geschlechtsspezifische, die interkulturelle und die ökonomische Perspektive. Das heißt, sie soll Lebensbedingungen immer auch mit Blick auf mögliche Ausgrenzung und beschränkte gesellschaftliche Teilhabemöglichkeiten betrachten. Ein solcher gesellschaftskritischer Ansatz erfordert ein emanzipatorisches Konzept von Fort- und Weiterbildung. Die verschiedenen Perspektiven sind dabei auf zwei Ebenen zu bedenken: Fort- und Weiterbildungsveranstaltungen müssen so konzipiert sein, dass sie selbst keine strukturellen Ausgrenzungsmechanismen bedienen und allen potenziellen Teilnehmerinnen den Zugang ermöglichen. Die Inhalte sind so zu vermitteln, dass keine gesellschaftlichen Gruppen diskriminiert werden und dass geschlechtsspezifische Zusammenhänge reflektiert werden können. Dann können sich Praktikerinnen damit auseinander setzen, ob ihre psychosozialen Unterstützungsangebote den Bedürfnissen der Menschen gerecht werden, die sie in Anspruch nehmen, und ob sie für alle potenziellen Interessentinnen offen und zugänglich sind. Fort- und Weiterbildung kann zur Demokratisierung von psychosozialer Praxis beitragen. Voraussetzung dafür ist, dass sie in ihrem Verlauf selbst auf demokratische Prozesse und partizipative Elemente aufbaut.

Literatur

Arnold, R. (1996). Weiterbildung. München.

Arnold, R. & Krämer-Stürzel, A. (1997). Erfolgskontrolle – Thema professioneller betrieblicher Weiterbildung? In: R. Arnold (Hg.), Qualitätssicherung in der Erwachsenenbildung. Opladen.

Dreier, O. (1989). Fortbildung im Bereich psychosozialer Berufe als Einheit von Forschung und Praxis. Forum Kritische Psychologie 24, S. 48–85.
Peter, H. (1999). Weiterbildung und Profession. Anmerkungen zur schleichenden Entpolitisierung der Weiterbildung in der Sozialen Arbeit. Neue Praxis 3 (99), S. 318–319.
Siebert, H. (1997). Didaktisches Handeln in der Erwachsenenbildung. 2. Aufl. Neuwied.

Weiterführende Literatur

Feuchthofen, J. E. & Severing, E. (1995). Grundlagen der Weiterbildung. Qualitätsmanagement und Qualitätssicherung in der Weiterbildung. Neuwied.
Frey, S. & Kalpaka, A. (1999). Weiterbildung in der Einwanderungsgesellschaft. Potentiale und Hindernisse auf dem Weg zu einer Interkulturalisierung von Weiterbildungen am Beispiel «Weiterbildungsstudiengänge Supervision». Verhaltenstherapie und psychosoziale Praxis 4, S. 589–614.
Goltz, J., Schwarz, A. & Stauber, B. (1999). Wider die Kategorisierung von Weiterbildung von Frauen! Oder: Welche Voraussetzungen brauchen Frauen, um sich sinnvoll weiterbilden zu können? Neue Praxis 3, S. 291–306.
Jechle, T., Kolb, M. & Winter, A. (1994). Bedarfsermittlung in der Weiterbildung. Unterrichtswissenschaft – Zeitschrift für Lernforschung, S. 3–22.

Raúl Claro Huneeus

5.14 Erwachsenenbildung

«Das Konzept der Bildung (als *regulative* Idee) entwarf einen Prozess der Selbstentwicklung des Menschen und der Menschheit zugleich. Es wollte das Hineingeborensein in Stände und die Erziehung durch Fremdbestimmung ablösen. Insofern enthält die Idee der Bildung die Utopie, Sozialisation könne offen werden für das Bewusstsein, verborgene gesellschaftliche Bestimmungsgründe und Motive könnten ins Licht gehoben, dem Diskurs zugänglich werden. Beim Eintritt in die Wirklichkeit muss das Konzept *notwendig entstellt* werden, weil es immer schon voraussetzt, was zu entwickeln es erst auffordert: den «mündigen Menschen und die solidarische Gesellschaft» (Schlutz 1983, S. 16–17).

In diesem Beitrag ist von der Erwachsenenbildung *im engeren Sinn* die Rede, da das Berufsfeld der (beruflichen) Fort- und Weiterbildung in einem anderen Beitrag behandelt wird. Somit interessieren hier Institutionen, die Veranstaltungen für Erwachsene im Rahmen der so genannten *vierten Säule des Bildungswesens* (Deutscher Bildungsrat) organisieren, und zwar solche, die nicht der beruflichen Qualifizierung oder Umschulung dienen. Bezug soll im Wesentlichen auf das öffentliche System der Volkshochschulen genommen werden; die dazu gemachten Beschreibungen und Überlegungen gelten teilweise auch für andere Träger (Kirchen, Gewerkschaften etc.). Nicht berücksichtigt sind die Tätigkeiten von Psychologinnen und Psychologen in der privat organisierten Erwachsenenbildung bzw. deren eigene Angebote als Selbständige.

1 Erwachsenenbildung

Manche entscheidenden Eigenschaften der Erwachsenenbildung lassen sich aus dem Merkmal ableiten, das sie von den anderen Teilen des Bildungswesens (Vorschule, Schule, Berufsausbildung und Hochschule) unterscheidet: die Freiwilligkeit der Teilnahme.

Die Teilnehmer der Erwachsenenbildung müssen für den Kurs erst gewonnen und bei der Stange gehalten werden. Sie befindet sich in einer sonst im Bildungswesen kaum vorhandenen Abhängigkeit von den eigenen Adressaten. Sie muss in für die Teilnehmer wahrnehmbarer Weise deren Interessen dienen. Deshalb gilt als besonderes didaktisches Prinzip die «Teilnehmerorientierung». Dies bedeutet ferner, dass die Erwachsenenbildung flexibel den Bewegungen des gesellschaftlichen Geisteslebens folgen muss, denn die Teilnehmerinteressen werden sich meistens erst innerhalb dieses Rahmens entwickeln und zum Motiv für den Kursbesuch werden.

Die Organisation in öffentlicher Trägerschaft wirkt sich hierbei teilweise verstärkend, teilweise einschränkend aus. *Verstärkend*, weil der öffentliche Auftrag den Anspruch enthält, für alle Schichten und Gruppierungen der Gesellschaft da zu sein. Die Feststellung, dass manche gesellschaftliche Gruppe wenig Gebrauch vom Angebot macht, wird zum Anlass genommen, die Interessenlage dieser zu erkunden, den Versuch zu unternehmen, Barrieren abzubauen und besondere Bildungsangebote für sie zu planen.

Aber die öffentliche Trägerschaft *schränkt* das Feld möglicher Lernbedürfnisse auch *ein*, für deren Befriedigung bzw. Weckung sich die Erwachsenenbildung zuständig fühlt. Die Verpflichtung zu Kriterien der Rationalität und zu demokratischen Werten lässt Themen und Veranstaltungen, die sich nicht innerhalb dieses Rahmens bewegen (z. B. aus der New-Age-Bewegung bzw. des Psychomarkts), nicht zu. Allgemein kann der Feststellung von Tietgens zugestimmt werden, dass in den Volkshochschulen die Grenzen des öffentlichen Auftrags nicht überschritten werden (vgl. MVHS 1996; Tietgens 1994).

In diesem Sinn kann die Erwachsenenbildung als Teil des demokratischen Instrumentariums gesehen werden, das das Wissen als entscheidende Ressource in der Gesellschaft breiter verteilen soll – zum Teil mit dem Ziel, die in anderen Zweigen des Bildungswesens entstandenen Defizite zu korrigieren. Dem Anspruch nach haben alle Bürger und Bürgerinnen die Möglichkeit, sich die Lernunterstützung zu holen, die sie brauchen bzw. zur Förderung ihrer Interessen wünschen. Durch ihren Kursbesuch üben sie zudem indirekt Einfluss auf das Angebot aus.

Die Erwachsenenbildung ist «für alle» da. Das heißt «Weiterbildung für jede(n) Einzelne(n)» (Bielser 1994, S. 144). Die didaktische Strategie in der Kursplanung darf nicht bei einer abstrakten Vermittlung bleiben, sondern muss einen *Lebensbezug für die Einzelnen* einschließen. Teilnehmer und Teilnehmerinnen sollen Werkzeuge zur Lebensbewältigung erhalten, die sie dauerhaft befähigen. Die so verstandene Teilnehmerorientierung führt dazu, besondere Programme zu entwickeln, die geeignet sind, ein Angebot für Gruppen attraktiv zu machen, die der Erwachsenenbildung bisher ferngeblieben sind. Die Erwachsenenbildung versteht ihre Aufgabe nicht nur als «bedürfnisdeckend», sondern auch als «bedürfnisweckend». Hier besteht eine Verwandschaft mit dem Anspruch des «Empowerment-Ansatzes» (vgl. Stark 1996), der im Rahmen von *Zielgruppenarbeit* die Ressource Bildung auch denjenigen zur Verfügung stellt, die aufgrund wirtschaftlicher, sprachlicher oder sonst sozialer Barrieren den Zugang dazu nicht finden (Arbeitslose, Senioren, Obdachlose, Ausländer, Menschen mit Behinderung etc.). Dabei wird versucht, das Maß an Beteiligung und Selbstbestimmung der Adressaten zu erhöhen.

2 Bedingungen in Deutschland

Einige Jahre nach dem Krieg wurden Öffentlichkeit und Politik auf einen bundesrepublikanischen Bildungsrückstand aufmerksam, den Georg

Picht 1964 als «die deutsche Bildungskatastrophe» bezeichnete. Von staatlicher Seite wurde mit mehr Geld und verstärkter Planung reagiert.

In den 1970er Jahren erreichte der Stellenwert von Bildung einen Höhepunkt. Manche Zweige des Bildungswesens wurden ausgebaut: Vorschulerziehung, Sekundarstufe II, (Fach)Hochschulen und Erwachsenenbildung entstanden als Lernorte. Die Mittel für alle Bildungsbereiche verdreifachten sich zwischen 1970 und 1980 (vgl. Mäding 1984). Bürgerinnen und Bürger setzten ebenfalls in die Bildung große Hoffnungen, sodass sich die Zahl der Studienanfänger von 1970 bis 1990 fast verdoppelte (vgl. Böttcher & Klemm 1995). Parallel dazu entwickelten sich aus der 68er Studentenbewegung Bildungsimpulse und wirkten mit neuen Themen z. B. im Rahmen der Frauen- und Ökologiebewegung und im Bereich zwischenmenschlicher Beziehungen (Gruppendynamik, Sexualität etc.) weiter.

Zwischen 1970 und 1975 wurden in acht Bundesländern Erwachsenenbildungsgesetze verabschiedet. Die Statistiken des Deutschen Volkshochschulverbandes zeigen für die Volkshochschulen eine Verdreifachung der Kursbelegungen zwischen 1965 und 1980 und immerhin einen Anstieg um 40 Prozent in den folgenden 15 Jahren (ab 1991 mit den neuen Ländern, vgl. DIE 1999). Inhaltlich reagieren die Institutionen mit verschiedenen Akzenten auf die jeweiligen Zeitströmungen (idealistische, emanzipatorische, realistische, reflexive Phase; vgl. PAS 1962–1994; Tietgens 1995).

Heute zeigt sich ein verändertes Bild. Obwohl die Bedeutung, die Wissen und Information in der Gesellschaft haben, ständig wächst, scheinen viele auf Bildung gesetzte Hoffnungen nicht mehr zu bestehen. Der praktische Wert der Bildungsanstrengungen wird in Zweifel gezogen. Denn weder lassen sich ein Arbeitsplatz oder sozialer Aufstieg dadurch sicher erreichen, noch haben die persönlichen Gewinne den gleichen Stellenwert wie früher (vgl. Geißler & Orthey 2000). Für die *Arbeit an sich selbst*, wesentliches Motivationsmoment für den Besuch von Bildungsveranstaltungen, gibt es Konkurrenzangebote auf dem (Psycho-)Markt. Zudem können Informationen durch die Nutzung neuer Medien oft schneller und besser gewonnen werden. Das Anwachsen der Teilnehmerzahl ist folglich in den 90er Jahren einer zahlenmäßigen Stabilisierung der Kursbelegungen gewichen, und die durchschnittliche Dauer der Kurse sinkt langsam, wodurch diese für die Teilnehmer billiger und weniger anspruchsvoll werden (vgl. DIE 1999).

3 Psychologische Kurse in der Erwachsenenbildung

In den 1970er Jahren wurden Hoffnungen in die Gruppendynamik, in die Selbsterfahrung und in eine breite Anwendung psychoanalytischer Begriffe auf verschiedene gesellschaftliche Bereiche (z. B. Kindererziehung, zwischenmenschliche Beziehungen, sexuelle Normen, Arbeit in Gruppen etc.) gesetzt. Neue psychologisch-therapeutische Schulen aus den Vereinigten Staaten und ihre Theorien verbreiten sich rasch. Eine Demokratisierung des Rechts des Menschen auf individuelle Entwicklung – auch im üblicherweise vernachlässigten affektiven Bereich – bzw. des Rechts, sich mit seiner Situation zu beschäftigen, setzte sich durch. All dies fand u. a. in den psychologischen Kursen der Erwachsenenbildung seinen Niederschlag (vgl. Tietgens 1994; PAS 1962–1994). Die Gründung des Gesundheitsparks 1973 in München mit seinen psychologischen und erlebnisorientierten Angeboten konkretisiert beispielsweise ein Konzept einer ganzheitlichen Gesundheitsvorsorge und -förderung, das medizinische, psychologische und kreative Komponenten verbindet.

Der zeitliche Verlauf zeigt zwischen 1970 und 1977 bei Psychologieangeboten einen starken absoluten (500 %), aber auch einen relativen Anstieg im Vergleich zu den übrigen Programmbereichen. Die nächsten zehn Jahre bringen eine Verdoppelung, bis 1990 wächst dieser Bereich weiterhin überproportional. Heute besteht das Angebot im Bundesgebiet aus rund 8500 Kursen im Jahr (vgl. Pehl 1989; Tietgens 1994; DIE 1999).

4 Psychologinnen und Psychologen in der Erwachsenenbildung

Trotz des wachsenden Interesses an psychologischen Themen bleibt die Nachfrage nach Kursen psychologischer Thematik vergleichsweise gering. Daher sind hauptamtliche Stellen für Psychologen als Programmleiter selten.

Bei einer Erhebung im Bereich der Volkshochschulen Ende der 1970er Jahre zeigte sich, dass unter den Beschäftigten der Anteil der Hochschulabsolventen mit Psychologiediplom bei ca 6,5 % (60 von 991) lag. Bis Anfang der 1990er Jahre hat sich das hauptamtlich pädagogische Personal insgesamt verdreifacht und erreichte 1998 die Zahl von 3 629. Der Anteil von Diplompsychologen daran bleibt vermutlich in der damaligen Größenordnung von fünf bis zehn Prozent. Anstellungsmöglichkeiten für Psychologinnen und Psychologen sind also quantitativ gering. Besser sind die Chancen, als Leiterinnen oder Leiter von Kursen psychologischer Thematik zu fungieren.

Die Mehrheit der Kurse ist praktisch ausgerichtet, sodass für die Leitung von Psychologiekursen in der Regel eine Qualifikation und Erfahrung in der Arbeit mit Gruppen verlangt wird. Trotz der notwendigen Abgrenzung gegenüber therapeutischen Angeboten sind die psychologischen Kurse auf den Einsatz vieler Methoden angewiesen, die zu therapeutischen Zwecken entwickelt wurden. Die Folge ist, dass die meisten Psychologiedozenten eine psychotherapeutische Zusatzausbildung in Gestalttherapie, Familientherapie, Gesprächspsychotherapie (Focusing), Bioenergetik, Psychoanalyse, Transaktionsanalyse, NLP etc. aufweisen und zusätzlich psychotherapeutisch tätig sind. Psychologen befinden sich hier in Konkurrenz mit Soziologen, Sozialpädagogen, Ärzten und Heilpraktikern, die ebenfalls Zusatzqualifikationen in den o. g. therapeutischen Verfahren besitzen. Auf der anderen Seite haben Psychologen mit zusätzlichen Qualifikationen in einem anderen Bereich, z. B. als bildende Künstler, Schauspieler, Sportler, im Tanz oder im Schreiben, wiederum besondere Chancen. So findet man Kurse mit Themen wie «Aquarell als Selbsterfahrung», «Tanz und Kommunikation», «Einführung in die Mediation bei Trennung und Scheidung» und «Selbsterfahrung durch Rollenspiel». Viele dieser Kurse sind nicht in einem besonders ausgewiesenen «Psychologieprogramm» zu finden, sondern unter Gesundheitsbildung, beruflicher Bildung, Frauenbildung etc. Inhaltsorientierte Kurse sind weniger gefragt. Sie machen höchstens zehn Prozent des Psychologie-Angebots aus. Bei ihnen verläuft der Unterricht eher in der traditionellen Form des Vortrags. Hier finden sich als Dozentinnen und Dozenten oft Studierende der Psychologie, die näher an der aktuellen Wissenschaftsentwicklung sind als praktizierende Psychologen.

Es gehört zur konkreten Entwicklung der Erwachsenenbildung, dass diese Kurse vorwiegend von Frauen besucht (75 %) und mehr von Dozentinnen als von Dozenten geleitet werden (in München dreimal so viel).

5 Tätigkeit als Dozenten

Was suchen die Teilnehmer?

Die überwiegende Mehrheit der Kurse sind adressatenorientierte Veranstaltungen (vgl. Tietgens 1994), bieten also praktische Lebensbewältigungshilfen. Hier einige Beispiele begehrter Kurse des Jahres 1999 an der Münchner Volkshochschule:

- Eine Geste sagt mehr als 100 Worte. Die Sprache des Körpers

- Sie und Er haben es schwer. Warum Männer und Frauen so oft aneinander vorbeireden
- Kontakte neu erleben, gestalten, genießen
- Mit der Aggression positiv leben
- Schwierige Gespräche sicher führen
- Die Freiheit zur lebendigen Begegnung. Ein Flirtkurs und mehr
- Mut zum Glück
- Intuition. Das eigene intuitive Talent entdecken und entwickeln
- Essprobleme lösen durch die Aussöhnung mit dem inneren Kind
- Ich und mein Körper. Körpererfahrung mit Focusing und Hakomi

Dozententätigkeit

Um welche Art von Lebensbewältigungshilfe handelt es sich hier? Wo setzt sie an und wodurch hilft sie? Folgende Merkmale charakterisieren sie:

1. Es geht darum, sich besser im Bereich der Erlebnisse und Gefühle auszukennen – sowohl bei sich selbst als auch beim Gegenüber.

2. Diese Kenntnisse sollten das subjektive Leben reichhaltiger und zufriedenstellender machen.

3. Es geht um die Entfaltung und den wirkungsvolleren Einsatz der eigenen Fähigkeiten, um den Herausforderungen des Alltags erfolgreicher begegnen zu können. Hauptthemen sind dabei: die Kommunikation mit anderen Menschen, die beruflichen Anforderungen und die Erreichung individueller Ziele.

4. Zu diesem Zweck werden Einsichten vermittelt und Methoden eingesetzt, die verschiedene moderne Therapierichtungen entwickelt haben. Die Kurssituation ist aber von einer therapeutischen zu unterscheiden – sowohl seitens der Dozenten wie der Teilnehmer.

Auf diesen Unterschied zwischen Kurs und Therapie soll näher eingegangen werden. Bereits der äußere Rahmen des Kurses ist anders. So sind die Gruppen in der Erwachsenenbildung in der Regel größer (zehn bis 17 Teilnehmer) als bei einer Therapie. Die Dauer ist typischerweise ein Wochenende, und der Trend geht in Richtung auf eine weitere Verkürzung. Der Lehr-Lern-Vertrag verspricht zudem keine Heilung oder Persönlichkeitsänderung. Ein Kurs geht prinzipiell abstrakter und allgemeiner vor als eine Therapie, bei der der Einzelne im Mittelpunkt steht. Er vermittelt allgemein gültige Erkenntnisse (psychologische Theorien) und zielt – als Ergebnis der Reflexion – auf die *Aneignung allgemein gültiger Begriffe und Zusammenhänge* ab. Die Teilnehmer im Kurs beabsichtigen zwar, diese Erkenntnisse auf einen konkreten Fall anzuwenden, die Einsichten gehen aber über das Individuelle hinaus und sind insofern den Kategorien von Lernen und Bildung zuzurechnen.

In einem beachtenswerten Aufsatz charakterisiert Wolfgang Mader die Situation des Therapiebedürftigen dadurch, dass Lernen nicht mehr greift. Der Betroffene ist in eine Sackgasse geraten, da seine bisher erfolgreichen Wege, mit Problemen fertig zu werden, «nicht nur versagen, sondern eine Verschlimmerung bewirken. … Erfolgreiches Problemlöseverhalten greift hier nicht, so daß diesem Menschen diese Symptomatik als eine ihm anhaftende und doch fremde Symptomatik Angst einjagt» (1983, S. 188). Die Freiheit ist eingeschränkt, der Leidende kann nichts anderes als «seine Sackgasse in jedem Fall ‹mitteilen› – gewissermaßen diffus oder gerichtet und meistens auf dem Kanal der Symptome in den Äther ausstrahlen» (S. 191). Beim Lernen und Lehren behalten dagegen Lernende und Lehrende ihre Freiheit, «selbständig und allein Richtungen zu wählen, abzuwählen und auch gehen zu können» (S. 197). Wenn auch klar ist, dass (von Betroffenen ausgehende) Therapieangebote in einem Kurs nicht angenommen werden dürfen, sieht Mader ein Problem darin, dass manche psychologisch orientierten Kurse missbraucht werden, um emotionale Erschütterungen zu produzieren, deren Sinn es ist, Regressionen um ihrer selbst willen zu genießen. Dahinter stünde ein Mangel in der Lebenssituation vieler Menschen, dem sie durch die Ausnahmesituation in der Erwachsenenbildung entgegenwirken. Diese erscheint ihnen als die «bessere oder vorbildhaftere [Lebenssituation], in der man aufeinanderhört, miteinander spricht, in der die Verheißungen von Wärme und Nähe gerade dadurch herrschen, weil sie nicht alltäglich auf die Probe gestellt werden. So werden Erwachsenenbildungssituationen zu Situationen eines Ersatzlebens mit den implizierten und geradezu angestrebten Bedingungen, dass zwar (Ersatz-)Leben erfahren, aber nicht bearbeitet wird» (S. 195). So könne man verstehen, dass Teilnehmerinnen und Teilnehmer solche psychologischen Angebote während eines längeren Zeitraums immer wieder mit großem Eifer besuchen.

Dies scheint aber nicht von vornherein bedenklich, zumal diese «Psychologie-Phase» nach einigen Semestern abklingt. Denn damit verbunden ist – als Gewinn – die durch die psychologischen Kurse ermöglichte breite Aneignung von Ergebnissen psychologischer bzw. psychotherapeutischer Forschung und Praxis sowie ihre erweiterte Anwendung auf eine allgemeine persönliche Entwicklung. Diese ist von der Behandlung und Heilung einer Krankheit prinzipiell zu unterscheiden. Es ist zu erwarten – unsystematische Erhebungen und Beobachtungen belegen dies –, dass Einsichten und Verhaltensweisen ins bleibende Repertoire der Teilnehmer aufgenommen werden und nicht auf die Kurssituation beschränkt bleiben. Dadurch auf einen Mangel des Alltagslebens in der heutigen westlichen Gesellschaft zu reagieren ist möglicherweise unzureichend, aber zunächst sinnvoll.

Wirkung der Kurse

Allgemein kann man folgende Wirkungen der Kurse aufführen:

1. Förderung einer genaueren Selbst- und Fremdwahrnehmung. Die Wahrnehmung innerer Zustände und Regungen wird erweitert, differenziert und präzisiert. Eine neue Aufmerksamkeit gegenüber Körperwahrnehmungen gehört dazu.
2. Genauere Begriffsbildung und Benennung von Erlebnissen und psychischen Phänomenen.
3. Kenntnisse und Klärung von Zusammenhängen der Erlebnismomente unter sich und mit anderen Faktoren der äußeren Welt.
4. Neue Bewertungen in Hinblick auf eigene (und fremde) Erlebnisse und Erfahrungen. Damit einher geht eine erhöhte Akzeptanz und Freiheit gegenüber gesellschaftlichen Vorurteilen.
5. Beachtung neuer Handlungsmöglichkeiten zur Beeinflussung interner und externer Vorgänge.

Zusammenfassend kann man also sagen: Der Prozess tendiert zur Bildung einer reflexiven Instanz, eines besonderen reflexiven Selbstbewusstseins, das die internen psychischen Prozesse beobachten und in gewissem Umfang zu lenken vermag. Die uns allen eigene Fähigkeit zur Reflexion und Selbstbeobachtung wird in den Kursen ausgebaut und mit neuen Möglichkeiten ausgestattet (vgl. Claro 1999).

Was machen Psychologen als Dozenten in der Erwachsenenbildung?

Was motiviert Psychologinnen, die Leitung von Kursen in der Erwachsenenbildung zu übernehmen?

Die Tätigkeit in den Kursen macht manchen Dozentinnen und Dozenten «viel Spaß». Für sie fällt die organisatorische Arbeit weg, die sonst bei privat organisierten Gruppen nicht unerheblich ist. Die Teilnehmer/-innen sind in der Regel hoch motiviert und meistens weniger leidend als die Klienten in einer Therapie. Die große, oft sehr vielfältige Gruppe ist für die Dozenten sehr anregend, da sie ein hohes Potenzial an lebendigen Interaktionen enthält. Die Atmosphäre wird als sehr angenehm beschrieben, als dynamisch und offen, aber weniger intim denn im therapeutischen Kontext.

Für einige Dozenten bieten die Kurse auch die Möglichkeit, Fähigkeiten (z. B. als Vortragende) einzusetzen, die in ihrer sonstigen Tätigkeit nicht zum Zuge kommen, und Gelegenheit, ihre Kompetenzen bei besonderen Themen und Fragen zu nutzen, die sonst rein private Angelegenheit bleiben würden. Auch wenn das Honorar bescheiden ist, ist für manche Psychologen, die nur eine Teilzeitstelle haben bzw. als noch nicht voll etablierte Psychotherapeuten arbeiten, ein Nebenverdienst willkommen. Außerdem gibt die Übernahme von Kursen die Gelegenheit, sich in der Stadt oder der Nachbarschaft bekannt zu machen und auf diese Weise Aufträge oder Therapieklienten zu bekommen. Schließlich sehen viele einen Grund in dem Auftrag der Erwachsenenbildung: einen Beitrag zur psychosozialen Vorsorge der Bürgerinnen und Bürger zu leisten. In der beruflichen Tätigkeit Werte zu verwirklichen ist für viele bedeutsam.

Literatur

Bielser, M. (1994). Psycho-soziale Aufgaben – oder Weiterbildung zwischen Psychotherapie und Sozialpolitik. In: VHS-Landesverband Nordrhein-Westfalen (Hg.), Handbuch der Weiterbildung, S. 145–155.

Böttcher, W. & Klemm, K. (Hg.) (1995). Bildung in Zahlen, Statistisches Handbuch zu Daten und Trends im Bildungsbereich. Weinheim/München.

Claro Huneeus, R. (1999). Strukturen der Innenwelt. Hypothesen zur Wirkung von Psychologiekursen an der Volkshochschule (siehe: http://www.die-frankfurt.de/esprid/documente/doc-2001/claro01_01.pdf)). München.

Deutscher Bildungsrat (1970). Strukturplan für das Bildungswesen. Stuttgart.

DIE (Deutsches Institut für Erwachsenenbildung) (1999). Volkshochschulstatistik. Arbeitsjahr 1998. Frankfurt/M.

Geißler, K.-H. & Orthey, M. (2000). Lebenslanges Lernen – die große Illusion. Psychologie Heute 3 (2000), S. 36–41.

Lenzen, D. (Hg.) (1983–1986). Enzyklopädie Erziehungswissenschaft. Handbuch und Lexikon der Erziehung. 12 Bde. Stuttgart.

Mader, W. (1983). Lernen oder Heilen? Zur Problematik offener und verdeckter Therapieangebote in der Erwachsenenbildung. In: E. Schlutz (Hg.), Erwachsenenbildung zwischen Schule und sozialer Arbeit, S. 184–198. Bad Heilbrunn.

Mäding, H. (1984). Finanzierung der Bildungsplanung. In: D. Lenzen (Hg.) (1983 bis 1986), Enzyklopädie Erziehungswissenschaft. Handbuch und Lexikon der Erziehung, Bd. 5, S. 259–279. Stuttgart.

MVHS (Münchner Volkshochschule) (Hg.) (1996). Regeln für die weltanschaulich relevante Bildung. In: ders., Regeln für die pädagogische Arbeit und Auszug aus dem Gesellschaftsvertrag, 2. Aufl., S. 10–14. München.

Nolda, S., Pehl, K. & Tietgens, H. (1998). Programmanalysen. Programme der Erwachsenenbildung als Forschungsobjekte. Frankfurt/M.

Nuissl, E. & Tietgens, H. (Hg.) (1995). Mit demokratischem Auftrag. Deutsche Erwachsenenbildung seit der Kaiserzeit. Bad Heilbrunn.

PAS (Pädagogische Arbeitsstelle des Deutschen Volkshochschulverbandes) (Hg.) (Loseblattsammlung, 1962–1994). Die Volkshochschule. Handbuch für die Praxis der VHS-Leiter und -Mitarbeiter, Bl. 80.702–80.704. Bonn.

Pehl, K. (1989). Statistisches Material zur VHS-Arbeit 1962–1987, DVV-Arbeitspapier Nr. 113-6.89. Frankfurt/M.

Pehl, K. (1993), Quantitative Betrachtungen zum Personal an Volkshochschulen., Arbeitspapier des DVV. Frankfurt/M.

Picht, G. (1964). Die deutsche Bildungskatastrophe. Freiburg.

Schlutz, E. (1983). Zu Funktion und Bedeutung der Erwachsenenbildung – Eine Einleitung. In: ders. (Hg.), Erwachsenenbildung zwischen Schule und sozialer Arbeit, S. 7–26. Bad Heilbrunn.

Schmitz, E. (1983). Zur Struktur therapeutischen, beratenden und erwachsenenpädagogischen Handelns. In: E. Schlutz (Hg.), Erwachsenenbildung zwischen Schule und sozialer Arbeit, S. 100–108. Bad Heilbrunn.

Stark, W. (1996). Empowerment. Neue Handlungskompetenzen in der psychosozialen Praxis. Freiburg.

Tietgens, H. (1994). Psychologisches im Angebot der Volkshochschulen. Frankfurt/M.

Tietgens, H. (1995). 75 Jahre Volkshochschule. In: E. Nuissl & H. Tietgens (Hg.) (1995). Mit demokratischem Auftrag. Deutsche Erwachsenenbildung seit der Kaiserzeit, S. 60–105. Bad Heilbrunn.

Tietgens, H. (1998). Zur Auswertung von Arbeitsplänen der Volkshochschulen. In: S. Nolda, K. Pehl & H. Tietgens (1998). Programmanalysen. Programme der Erwachsenenbildung als Forschungsobjekte, S. 60–138. Frankfurt/M.

Anja Weiß

5.15 Migrationsgesellschaft

Auf den ersten Blick scheint es, als sei das Berufsfeld «Migrationsgesellschaft» ein sehr spezielles: Bestimmte soziale Einrichtungen sprechen vor allem Migranten an, und man kann vermuten, dass es für diese Zielgruppe besondere Kompetenzen braucht. Ein solcher erster Eindruck ist jedoch trügerisch. Denn wie in den meisten Gesellschaften leben auch in Deutschland seit langem kulturelle Minderheiten neben Mehrheiten, Neu-Einwanderern und Flüchtlingen. Wer die Anliegen der Mehrheit als Norm voraussetzt und die Anliegen der diversen Minderheiten in ein spezielles Berufsfeld verbannt, akzeptiert, dass sich etwa ein Zehntel der Bevölkerung weder im Selbstverständnis dieser Gesellschaft noch in den sozialen Regeldiensten wiederfinden kann. Psychologie in der Migrationsgesellschaft steht damit vor einer doppelten Herausforderung: Einerseits wirft Migration Fragen auf, bzw. verleiht Problemen Gewicht, die spezifische Kompetenzen erfordern. Diese werden in den ersten Abschnitten des Artikels unter den Überschriften «Transkulturalität» und «Macht» behandelt. Andererseits sollten sich diese Kompetenzen nicht länger auf Spezialistinnen beschränken. Notwendig ist die Öffnung psychosozialer Dienste gegenüber allen potenziellen Nutzern. Wie das erreicht werden kann, wird im letzten Abschnitt untersucht.

1 Transkulturalität

Was ist das Besondere an Psychologie in der Migrationsgesellschaft? Zum einen wird durch Migration sichtbar, dass jegliches (professionelles) Handeln von spezifischen kulturellen Vorannahmen geprägt ist. Indem sich Migrantinnen in verschiedenen kulturellen Bezügen bewegen, konfrontieren sie auch die zu Hause Gebliebenen damit, dass die Selbstverständlichkeiten, in denen diese leben, nicht für alle Menschen selbstverständlich sind. Und für die Migranten selbst bedeutet das, dass sie nicht (mehr) ungebrochen in Welten passen, die sich immer noch überwiegend als kulturell homogen verstehen.

Dieser Sachverhalt wird im psychologischen Mainstream aus zwei Richtungen betrachtet: Geht es um ökonomisch benachteiligte Einwanderer, so konzentrieren sich große Teile der transkulturellen Psychologie auf das Pathologisieren: Migration bringe einen anhaltenden «Kulturkonflikt» (vgl. Leyer 1991) mit sich, der auch für die Kinder von Migranten die Identitätsbildung erschwere. Demgegenüber firmieren Studien über deutsche Mittelschichtsangehörige, die ins Ausland gehen, unter der Überschrift «Interkulturelle Kommunikation» (vgl. Thomas 1996). Hier gilt der «Kulturschock» als vorübergehend oder ungewöhnlich. Stattdessen werden Kompetenzen wie z. B. die Ambiguitätstoleranz beschrieben, die durch Auslandsaufenthalte und andere gelingende Kulturkontakte gefördert würden. Überzeugender wäre es, Migrationsentscheidungen und -erfahrungen jenseits von Pauschalisierung und Idealisierung in ihrer Komplexität nachzuvollziehen: Menschen befreien sich, wenn sie auswandern. Und sie weichen aus, sie flüchten. Oder sie werden vertrieben. Sie verlieren etwas, gewinnen etwas anderes, und nicht immer ist das Verhältnis ausgewogen. Oft finden und erfinden sie Welten, von denen vorher niemand wusste.

Migrationserfahrungen sind so heterogen wie die Menschen, die wandern. Festhalten kann man jedoch, dass Migration in der Regel kulturelle Selbstverständlichkeiten in Frage stellt. Und das ist ein Thema, das die Psychologie nicht nur im Zusammenhang mit Migration beschäftigt. Eine Streetworkerin, die mit Obdachlosen arbeitet, braucht interkulturelle Handlungskompetenz ebenso wie ein türkisch-deutscher Psychologe, der einer katholischen Bäuerin gegenübersitzt. In jeder Beratung geht es u. a. darum, zwischenmenschliche Verstehensbarrieren zu überbrücken. Und wenn Klientin und Berater in sehr verschiedenen Milieus leben, entstehen Missverständnisse nicht nur durch persönliche Differenzen, sondern auch dadurch, dass sich kollektiv geteilte Selbstverständlichkeiten unterscheiden. Es gilt also, Gewohnheiten zu reflektieren und gegebenenfalls zu verändern. Diese Kompetenz ist in vielen Handlungssettings hilfreich, die auf den ersten Blick als kulturell homogen erscheinen.

D'Ardenne und Mahtani (1989, S. 5 f.) nennen neben der Sensibilität für kulturelle Variationen und der Reflexion der eigenen kulturellen Voraussetzungen weitere Themen, die in jeder Beratung wichtig sind und die zugleich in der transkulturellen Therapie eine besondere Bedeutung gewinnen: Wie kann Transparenz hergestellt werden? Wodurch wird Empathie als Voraussetzung von (Gegen-)Übertragung möglich, und wie wird sie durch negative Vorerfahrungen, kulturelle Stereotype und Ressentiments belastet? Schließlich braucht es die Fähigkeit, mit komplexen, uneindeutigen Situationen umzugehen.

Transkulturelle psychologische Arbeit erfordert aber auch spezielle Kenntnisse (vgl. Heise 1998). Allzu oft wird vorausgesetzt, dass sich Minderheitenklientinnen an die dominante Kultur im Aufnahmeland anpassen. Gerade in klinischen Settings sollten die Professionellen jedoch den entscheidenden Schritt auf ihre Klienten zugehen und in der Lage sein, deren Lebenswelt zu verstehen. Dabei geht es weniger um kognitives als um gelebtes und praktiziertes Wissen. Lehrbuchhafte Darstellungen «traditionaler Kulturen» sind in etwa so aufschlussreich wie die Plakate tanzender Bayern, die in amerikanischen Reisebüros hängen. Da sich Kulturen wandeln und sich die meisten Migrantinnen längst in Zwischenwelten bewegen, geht es eher darum, dass ein Klient merkt, dass sein Gegenüber auch außerhalb des klinischen Settings ein gewisses Interesse für sein Herkunftsland, seine Herkunftsreligion, -geschichte etc. und für interkulturelle Lebenswelten im Aufenthaltsland aufgebracht hat und weiter aufbringt.

2 Macht

Dass durch Migration die kulturellen Voraussetzungen des Alltagshandelns sichtbar werden, stellt für die Psychologie also kaum eine Schwierigkeit dar. Tatsächlich entstehen viele der Probleme, die mit kulturellen Unterschieden und Migration assoziiert werden, in erster Linie durch das Machtungleichgewicht zwischen Einheimischen und Migranten. Beispielsweise bringt die Erkenntnis, dass scheinbar Selbstverständliches nicht selbstverständlich ist, Konflikte darüber hervor, wer seine Gewohnheiten als «normal» und «gut» voraussetzen kann und wer nicht. In vielen Gesellschaften kommen wichtige Institutionen wie das Schulsystem ausschließlich den Interessen der kulturellen Mehrheit entgegen. Minderheiten sind ökonomisch, juristisch, politisch und sozial benachteiligt, und die meisten Mehrheitsangehörigen halten ihre Privilegien für gerecht und angemessen. In einer solchen Situation werden kulturelle Unterschiede von Konflikten um die Deutungsmacht und die Privilegienverteilung in einer Gesellschaft überformt. Zum Beispiel spiegeln die Definitionen des «Fremden» dann nicht das Ausmaß kultureller Unterschiede, sondern die Erwünschtheit einer bestimmten Einwanderungsgruppe wider. Und Missverständnisse werden vor allem dadurch zum Problem, dass es am Willen zum Verstehen mangelt oder die Voraussetzungen für eine Beziehungsaufnahme durch Gewalt zerstört wurden.

Psychologie in der Migrationsgesellschaft kann den politischen Kontext ihrer Arbeit nicht vernachlässigen (vgl. Attia et al. 1995; Castro Varela et al. 1998). So leiden viele Flüchtlinge nicht nur aufgrund der Verfolgung im Herkunftsland unter posttraumatischen Belastungsstörungen, sondern die Bedrohung setzt sich im Land des Exils fort (vgl. Becker 1992). Nicht nur Asylbewerber, sondern alle als «fremd» Stigmatisierbaren sind in Deutschland seit Jahren von rechtsextremen Terrorangriffen bedroht. Die Atmosphäre im öffentlichen Raum ist subtil oder offen feindselig, der Rechtsstatus vieler Neueinwanderer unsicher und von Willkür geprägt.

Flüchtlingen wird nur eine medizinische Grundversorgung zugestanden. Und mangels legaler Einwanderungsmöglichkeiten lebt eine beachtliche Zahl von Einwanderern ohne legalen Aufenthaltsstatus. Für sie ist auch bei schwersten Krankheiten die Suche nach Hilfe objektiv existenzbedrohend. Meistens verbinden sich juristische und materielle Nachteile mit einer Atmosphäre der Bedrohung, des Misstrauens und der Unsicherheit.

Andere Minderheiten verfügen zwar über einen gesicherten Rechtsstatus, leben aber ebenfalls mit der Sorge, dass dieser je nach politischer Lage uminterpretiert werden kann. Zum Beispiel ist es möglich, dass ihre Kinder abgeschoben werden, wenn sie drogenabhängig werden. Für Assimilierte kann gerade ihre «Nicht-Erkennbarkeit» zur Belastung werden: Sie erleben alltäglich, wie «die Mehrheit» «wirklich» denkt, wenn sie «unter sich» ist. Ähnliches gilt für Deutsche mit mehrheitsdeutscher Sozialisation, die unter Verweis auf «nicht-deutsches Aussehen» oder einen fremden Namen für fremd erklärt werden.

Psychologie in der Migrationsgesellschaft ist also nicht nur durch die Auseinandersetzung mit kulturellen Unterschieden gekennzeichnet. Mindestens ebenso bedeutsam sind die extrem ungleichen Machtverhältnisse, die Beziehungen zwischen Mehrheits- und Minderheitsangehörigen materiell und psychosozial belasten. Für das Berufsfeld «Psychologie» bedeutet das einerseits, dass der Erfolg der psychosozialen Arbeit immer wieder durch die unsichere Lebenslage der Zielgruppe in Frage gestellt wird. Kann man bei einem afrikanischen Asylbewerber Paranoia diagnostizieren, wenn er sich andauernd bedroht fühlt? Und wie kann man ihm helfen, wenn er mit gutem Grund unter Gefühlen leidet, die der Paranoia gleichen? Unter solchen Umständen sind Psychologinnen, vor allem wenn sie der Mehrheit angehören, dazu gezwungen, ihr professionelles Handeln um eine politische Dimension und häufig auch Positionierung zu ergänzen. Ein Psychologe, der sich für politische Ausgrenzung nicht zuständig fühlt oder angesichts von Unrecht schweigt, kann Klientinnen, die aus Erfahrung misstrauisch sind, leicht als bedrohlich, mindestens aber als nicht vertrauenerweckend erscheinen (vgl. Ridley 1995).

Zum anderen sind besonders die Regeldienste zunehmend mit Klienten konfrontiert, die der Hilfe bedürfen, jedoch finanziell oder rechtlich von dieser ausgeschlossen sind. Manchmal kann psychosoziale Unterstützung erst beginnen, wenn den materiellen Grundbedürfnissen der Klientin Rechnung getragen wurde. Man braucht Grundkenntnisse des Ausländerrechts und wird mit Juristinnen zusammenarbeiten. Das verletzt die Konventionen vieler Institutionen und Kunstlehren, die parteiisches Engagement als unprofessionell stigmatisieren. Psychologen, die sich diesen

Herausforderungen stellen, werden von ihrer Profession und der Politik in die Ehrenamtlichkeit gedrängt und als «Mitwisser» tendenziell auch kriminalisiert.

Diese Situation ist für alle Beteiligten schwer zu verkraften. Für psychosoziale Arbeit bringt sie brisante Themen mit sich: In der Identifikation mit den Opfern spielen Hilflosigkeit, existenzielle Verletzbarkeit und ein im Kern angegriffenes Vertrauen eine Rolle. Und obwohl sich niemand gern mit den Tätern identifiziert, werden vor allem Mehrheitsangehörige auf ihre eigenen Anteile an rassistischer Gewalt und rassistischen Strukturen gestoßen. Zum einen stehen den meisten Psychologinnen (potenzielle) Täter sozial näher als potenzielle Opfer. Etliche werden einen Jugendlichen kennen, der «in der Pubertät» faschistische Symbole liebt. Oder eine Lehrerin, die findet, dass hier zu viele Ausländer leben. Zum anderen ist für Deutsche die symbolische Nähe zu rassistischer Täterschaft groß. Die nationalsozialistischen Völkermorde wurden nicht nur von Deutschen, sondern auch im Namen Deutschlands vollzogen. Viele Alteingesessene müssen rassistische (Mit-)Täter unter ihren Verwandten vermuten. Aber auch die, die das sicher ausschließen können, werden mit einer symbolischen Zuschreibung konfrontiert, gemäß deren die Täterinnen in Deutschland und bei den Deutschen zu suchen sind. Psychologen, die in einer Dominanzgesellschaft (vgl. Rommelspacher 1995) leben und arbeiten, sollten zwischen ihrem individuellen Handeln, ihrer kollektiven Zugehörigkeit und den Bildern, die ihnen auf der symbolischen Ebene zugeschrieben werden, unterscheiden können (vgl. Weiß in Castro Varela et al. 1998). Es geht nicht an, sich persönlich beleidigt zurückzuziehen, wenn man von einer verärgerten Klientin als Ausländerfeind beschimpft wird. Zugleich reicht es nicht aus, sich individuell gut zu fühlen, obwohl man politisch und sozial schweigt, oder gar rassistischen Tätern Rückhalt bietet.

Schließlich finden in einer rassistischen Gesellschaft auch offene Rassisten den Weg in den psychologischen Beruf (vgl. Terkessidis 1998; Mecheril & Teo 1997) und zu psychosozialen Angeboten. Auf der Beziehungsebene kann man rassistisches Handeln ganz konventionell als Verbrechen oder Provokation verstehen und ähnlich wie bei anderen Formen der Devianz verfahren. Da rassistische Behauptungen jedoch zugleich darauf abzielen, ein Kollektiv der «Gleichen» gegenüber den Minderwertigen zu konstituieren, stehen psychosozial tätige Mehrheitsangehörige vor der Schwierigkeit, sich einerseits nicht für solche Phantasien vereinnahmen zu lassen, ohne sich andererseits als unnahbare moralische Instanz zu konstituieren. Außerdem können sie nicht zulassen, dass andere Klientinnen unterschwellig ausgegrenzt werden.

Ähnlich wie beim Überbrücken kultureller Unterschiede ist also auch im Umgang mit Machtungleichheit die Kompetenz gefragt, Widersprüche und Konflikte auszuhalten und sich in eine suchende Haltung zu begeben. Psychosozial Tätige müssen sich einerseits klar zu politischen Auseinandersetzungen positionieren, andererseits ihre unausgesprochenen Loyalitäten und Zugehörigkeiten reflektieren. Bisher mangelt es an gesichertem Wissen über den psychologischen Umgang mit Differenz und Macht, sodass man seinen Weg finden und Neues erproben sollte. Oft ist schon das Bemühen um Veränderung ein symbolisch wichtiger Schritt, der eine Beziehung deutlich verändert.

3 Institutionelle Öffnung der Regeldienste

Das wird besonders augenfällig, wenn es um die institutionellen Voraussetzungen psychosozialer Arbeit geht. Eine relativ simple Maßnahme wie das Erstellen von mehrsprachigem Informationsmaterial schlägt zum Beispiel drei Fliegen mit einer Klappe: Zum einen kann ein mehrsprachiges Faltblatt auch von Menschen verstanden werden, die die Mehrheitssprache nicht oder nicht gut sprechen. Gerade für Neuankömmlinge ist die Information über Angebote wichtig, da man nicht voraussetzen kann, dass sie das komplizierte Netzwerk psychosozialer Einrichtungen kennen. Schließlich signalisiert die Mehrsprachigkeit auch gegenüber alteingesessenen Minderheiten, dass die Einrichtung für plurale Gruppen offen ist, dass sie sich also nicht seltsam vorkommen müssen, wenn sie einen Schritt über die Schwelle tun.

Alle in diesem Beispiel angesprochenen Themen – Sprache, Information und einladende Außendarstellung – sind für die Öffnung von Regeldiensten zentral. Aber natürlich ist es nicht ausreichend, sie nur nach außen in einem Faltblatt zu dokumentieren. Sprachliche Barrieren können in der Praxis durch Dolmetscherdienste, durch die Beschäftigung von oder Überweisung an muttersprachliche Kollegen oder durch die Weiterbildung des Personals überbrückt werden. Da nicht jede Sprache in jeder Einrichtung gesprochen wird, liegt es in der Verantwortung lokaler Trägerorganisationen, das vorhandene Angebot zu erfassen und Versorgungslücken durch Dolmetscherinnen und durch die beschleunigte Ausbildung und Anwerbung sprachkompetenter Kollegen zu schließen.

Neben die Information und optimale Nutzung vorhandener Angebote muss also die strukturelle Veränderung treten (vgl. Empfehlungen zur interkulturellen Öffnung sozialer Dienste). Diese ist nicht nur für Nutzerinnen wichtig, die Minderheiten angehören. Auch Psychologen sind entlastet, wenn sie nicht länger hilflos vor einem fremdsprachigen Klienten stehen müssen, weil die Krankenkasse keinen Dolmetscher bezahlt. Es liegt also im Interesse der Berufsverbände, den veränderten Bedarf an die Politik und die Krankenkassen heranzutragen. Dass dies noch zu selten der Fall ist, zeigt das Psychotherapeutengesetz, das am 1. 1. 1999 in Kraft getreten ist. Es schränkt Kolleginnen ohne deutschen Pass zusätzlich zur Ausländergesetzgebung in ihrer Berufsausübung ein und bewirkt so eine Verschlechterung einer ohnehin nicht idealen Versorgungslage.

Schließlich wird ein Wandel der Institutionen vor allem dann erfolgreich sein, wenn er mit inhaltlicher Weiterentwicklung Hand in Hand geht. Hinz-Rommel berichtet von einer psychosozialen Beratungsstelle, die nach der Einstellung zweier migrierter Psychologinnen «plötzlich» von zahlreichen migrierten Klienten mit dringendem Beratungsbedarf aufgesucht wird. Der Aufbau eines multikulturellen Teams war also Anstoß für eine erste positive Veränderung. Trotz multikulturellem Konzept kam es jedoch zunächst zu einer Zuordnung der Klienten nach Nationalität. «Erst als die deutschen KollegInnen sich über die vielen MigrantInnen in Wartezimmer und Flur beschweren und eine räumliche Trennung anregen, kommt die überfällige Diskussion in Gang» (Hinz-Rommel 1998, S. 38). Die einheimischen Kollegen reagieren also anfangs überfordert. Sie konnten bisher nicht mit Klienten arbeiten, die einer anderen Nationalität angehören, und da die strukturelle Veränderung nicht automatisch eine Weiterqualifikation mit sich brachte, fühlen sie sich auch weiterhin nicht zuständig, und es kommt zum Eklat. Erst durch diese Irritation wird das Angebot der Beratungsstelle auch inhaltlich verändert. Mittelfristig sollen alle Berater ihre Kompetenzen so entwickeln, dass sie zumindest mit den wesentlichen Nutzergruppen arbeiten können. Für die interkulturelle Öffnung der Regeldienste werden also auch einschlägig qualifizierte Psychologinnen in der Aus- und Weiterbildung, Organisationsentwicklung und Supervision gebraucht (vgl. Frey & Kalpaka 1999).

Zugleich wird an dem Beispiel eine grundsätzliche Schwierigkeit deutlich, die die interkulturelle Öffnung psychosozialer Dienste begleitet. Allzu oft wird die Verantwortung für notwendige Veränderungen denen zugeschrieben, an denen Versorgungslücken sichtbar werden oder die eine Veränderung einfordern. So geschieht es nicht selten, dass mehrheitsdeutsche Psychologinnen die Gelegenheit schätzen, von ihren Klienten mehr über das exotische Land zu lernen, das sie schon immer so toll fanden. Oder dass der eine afrodeutsche Psychologe in der Ausbildungsgruppe zum unbezahlten Co-Leiter avanciert, weil die bezahlten Ausbilder Antirassismus zwar gut finden, sie dessen praktische Umsetzung mit all den sie begleitenden Konflikten aber gern an den delegieren, der sich damit «natürlich» besser auskennt (vgl. Castro Varela in: Castro Varela et al. 1998).

Wenn segregierte Einrichtungen sich öffnen oder öffnen müssen, sind erste Kontakte über eingefahrene Grenzen hinweg oft der Anstoß für Veränderung. Und diejenigen, die sich in beiden Welten bewegen, verfügen über besondere Kompetenzen, die monokulturell Sozialisierten häufig fehlen. Auf Dauer tut eine solche Arbeitsteilung aber allen Beteiligten unrecht. Wie oben erwähnt, macht Migration in erster Linie Themen sichtbar, die auch in scheinbar monokulturellen Settings eine Rolle spielen. Mit entsprechender Weiterqualifikation entwickeln auch Einheimische transkulturelle Kompetenzen. Und nicht jede Frau, die vor 20 Jahren aus der Türkei eingewandert ist, will zu dem Verhaltenstherapeuten XY, der für seine Großeltern mütterlicherseits Türkisch gelernt hat. Es kann gut sein, dass sie sich von einer mehrheitsdeutschen Gestalttherapeutin viel besser verstanden fühlt. Und vielleicht wird ein Mehrheitsdeutscher mit Flugangst mehr von der Arbeit des erwähnten Verhaltenstherapeuten profitieren. Man kann die Auseinandersetzung mit Differenz und Macht nicht auf Situationen beschränken, in denen Minderheitenangehörige als Kolleginnen oder Klienten sichtbar werden. Vielmehr sind der professionelle Umgang mit diesen Themen und die Herstellung offener und sicherer Räume schon lange selbstverständliche Aspekte psychologischer Kompetenz, die alle Psychologinnen angehen und sie alle in unterschiedlicher Weise herausfordern.

Transformationsprozesse wie die Pluralisierung der Regeldienste eröffnen Psychologen ein breites Berufsfeld. Sie sind einerseits diejenigen, die entsprechende Konzepte umsetzen, Erfahrungen mit ihnen sammeln und weitergeben. Häufig gestalten sie andererseits den Wandel auch an maßgeblicher Stelle mit: als Leiterin von Einrichtungen, in der Vernetzungs- und Gremienarbeit, als Spezialist in der Trägerorganisation, beim Qualitätsmanagement, in der Supervision, Aus- und Weiterbildung. Neben vielem anderem macht Migration auch die Vielfalt des psychologischen Berufs selbst sichtbar.

Literatur

d'Ardenne, P. & Mahtani, A. (1989). Transcultural counselling in action. London/Thousand Oaks/New Delhi.

Attia, I., Basque, M., Kornfeld, U., Lwanga, G. M., Rommelspacher, B., Teimoori, P., Vogelmann, S. & Wachendorfer, U. (1995). Multikulturelle Gesellschaft – monokul-

turelle Psychologie? Antisemitismus und Rassismus in der psychosozialen Arbeit. Tübingen.
Becker, D. (1992). Ohne Haß keine Versöhnung. Das Trauma der Verfolgten. Freiburg.
Castro Varela, M., Schulze, S., Vogelmann, S. & Weiß, A. (1998). Suchbewegungen. Interkulturelle Beratung und Therapie. Tübingen.
Empfehlungen zur interkulturellen Öffnung sozialer Dienste (1994). Mitteilungen der Beauftragten der Bundesregierung für die Belange der Ausländer 5.
Frey, S. & Kalpaka, A. (1999). Weiterbildung in der Einwanderungsgesellschaft. Potenziale und Hindernisse auf dem Weg zu einer Interkulturalisierung von Weiterbildungen am Beispiel «Weiterbildungsstudiengänge Supervision». Verhaltenstherapie & psychosoziale Praxis 31, S. 589–614.
Heise, T. (Hg.) (1998). Transkulturelle Psychotherapie. Hilfen im ärztlichen und therapeutischen Umgang mit ausländischen Mitbürgern. Berlin.
Hinz-Rommel, W. (1998). Interkulturelle Öffnung sozialer Dienste und Einrichtungen. iza – Zeitschrift für Migration und soziale Arbeit, S. 36–41.
Leyer, E. M. (1991). Migration, Kulturkonflikt und Krankheit. Opladen.
Mecheril, P. & Teo, T. (Hg.) (1997). Psychologie und Rassismus. Reinbek.
Ridley, C. R. (1995). Overcoming unintentional racism in counseling and therapy: A practitioner's guide to intentional intervention. London/Thousand Oaks/New Delhi.
Rommelspacher, B. (1995). Dominanzkultur. Texte zu Fremdheit und Macht. Berlin.
Terkessidis, M. (1998). Psychologie des Rassismus. Opladen.
Thomas, A. (Hg.) (1996). Psychologie interkulturellen Handelns. Göttingen.

Antje Henckmann

5.16 Alter

Die große Anzahl alt werdender Menschen ist neu in der Geschichte, sie hängt eng mit der Industrialisierung und dem damit einhergehenden technischen und wissenschaftlichen Fortschritt sowie mit dem gesellschaftlichen Wandel zusammen. Diese Entwicklungen ließen zum einen die Lebenserwartung ansteigen und gehen zum anderen mit einer geringeren Kinderzahl einher. Die Tendenz des zunehmenden Altwerdens zeichnet sich auch in Entwicklungsländern ab, die sich auf der Schwelle zur Industrienation befinden. Man kann also in etwa 30 Jahren vom Phänomen «einer» weltweit alternden Gesellschaft ausgehen. Im Jahre 2030 wird erwartet, dass 37 Prozent der Bevölkerung in Deutschland über 60 Jahre alt sein wird (Lehr 2000).

Gleichzeitig ist die Altersphase, soweit sie durch eine bestimmte Altersgrenze festgelegt wird, Produkt der Modernisierung. Früher war alt, wer gebrechlich war. Heute sind Alter und Gebrechlichkeit weitgehend entkoppelt. «Alten» Menschen steht nun ein breites Spektrum an Lebensmöglichkeiten zur Verfügung, und sie werden zunehmend als Konsumgruppe interessant.

Psychologische Forschung, die sich mit dem Thema Alter auseinander setzt, steht so vor dem Problem, wann Alter eigentlich beginnt. Allgemein geht sie von der durch das Arbeitsleben festgelegten Grenze der 60- bis 65-Jährigen aus. Damit umfassen solche Untersuchungseinheiten Menschen mit einem Altersunterschied von bis zu 40 Jahren, nämlich die 60-Jährigen bis zu den Hundertjährigen. So breit das Altersspektrum ist, so breit sind die interindividuellen Unterschiede. Gleichzeitig lassen sich kaum spezifisch alterstypische Merkmale finden. Es gibt jedenfalls kein Merkmal, anhand dessen man Alter festlegen kann, das also bestimmt, wann jemand als alt gelten kann.

1 Theorien des Alterns

Weder im biologischen noch im psychologisch-sozialwissenschaftlichen Bereich gibt es eine einheitliche Theorie des Alterns. Verschiedene, manchmal widersprüchliche Modelle und Denkansätze wurden entwickelt und für die Forschung nutzbar gemacht.

Das *Defizitmodell* gilt als die erste Theorie des Alterns. Es besagt, dass nach einem Leistungshöhepunkt um die 30 Jahre die geistigen, körperlichen und emotionalen Fähigkeiten mit zunehmendem Alter nachlassen (vgl. Prahl & Schroeter 1996). Diese Theorie wurde aus Reihenuntersuchungen Anfang des 20. Jahrhunderts entwickelt, in denen Probanden verschiedenen Alters vor allem auf ihre Intelligenz, ihre Lernfähigkeit und ihr Reaktionsvermögen hin getestet wurden. Dieses Modell hat zahlreiche Untersuchungen initiiert und gilt inzwischen in seinem globalen Anspruch als widerlegt, führte aber zu einer Reihe von wichtigen Erkenntnissen. Zum einen stellte sich heraus, dass das Alter wesentlich plastischer ist als angenommen. Das heißt, dass sich verschiedene Fähigkeiten bis ins hohe Alter trainieren lassen und sich damit dem Standard der Jüngeren anpassen. Der Vergleich des Abschneidens Jüngerer und Älterer im Intelligenztest zeigte unterschiedliche Dimensionen von Intelligenz. Kristalline Intelligenz umfasst Allgemeinwissen, Erfahrungswissen, Wortschatz und Sprachverständnis und ist altersstabil. Fluide Intelligenz, die Wendigkeit, Kombinationfähigkeit und Orientierung in neuen Situationen, also die so genannte bildungsunabhängige Komponente der Intelligenz, nimmt ab dem Alter von 20 Jahren ab (vgl. Horn & Cattell 1966). Darüber hinaus wurde deutlich, dass ein Vergleich von Altersgruppen, also eine Querschnittstudie per se, problematisch ist. In neueren Längsschnittstudien wie die Bonner Gerontologische Längsschnittstudie BOLSA wurde eine Verschlechterung der Intelligenzleistung erst nach dem Eintritt ins neunte Lebensjahrzehnt festgestellt. Die Intelligenzleistung wie auch andere psychische Vorgänge sind im Alter abhängig von Gesundheitszustand, Bildung, sozialem Status und anderem (vgl. Lehr 2000; Thomae 1993). Andere Autoren machen Abfall und Grenzen geistiger Leistungen, vor allem bei Gedächtnisleistungen, deutlich (vgl. Baltes 1990). Psychomotorische Veränderungen lassen sich eindeutiger feststellen, wobei sich die Zeit der Informationsaufnahme, also die Zeit von der Reizdarbietung bis zum Beginn der Bewegung, nicht die motorische Reaktion selber verlängert.

Veränderungen in der Persönlichkeit sind ein Schwerpunkt der Alterspsychologie. Gleich zu Anfang steht das Problem, wie Persönlichkeit aufgefasst werden soll. Zum einen gibt es die so genannten Trait-Modelle. Persönlichkeit wird durch verschiedene Eigenschaften, die zu fünf übergeordneten Persönlichkeitsdimensionen gebündelt werden können, umschrieben. Andere Autoren wollen dagegen Persönlichkeit weiter definieren, indem sie affektive, emotionale und soziale Prozesse mit einschließen, kurz «alles, was von der Person bleibt, wenn man Intellekt, Gedächtnis und psychomotorische Anpassung abgehandelt hat» (Lehr 2000, S. 130). Oder Persönlichkeit wird bereits als Prozess, der sich im Lebenslauf verändert, begriffen (vgl. Olbrich 1994). Veränderungen können explizit als positiv aufgefasst werden, im Sinne von Weisheit im Alter, oder implizit als negativ, wenn Hypothesen einer zunehmenden Introversion, Rigidität, Ängstlichkeit oder Depressivität überprüft werden sollen. Trait-orientierte Forschungsergebnisse beschreiben die Persönlichkeit auch im Alter als überwiegend stabil. Für ein zunehmendes Wachstum oder Weisheit stehen Modelle von Maslow, Erikson oder C. G. Jung zur Diskussion.

Andere Theorien stellen das Verhalten und Erleben des alternden Individuums in den Mittelpunkt. Die «klassischen» Konzepte der *Aktivitätstheorie* und der *Disengagement-Theorie* sind hier zu nennen. Die Aktivitätstheorie besagt, dass älter werdende Menschen zufriedener mit ihrem Leben sind, wenn sie sich in möglichst verschiedenen sozialen Rollen engagieren. Ideal ist das expansive Rollengeflecht der mittleren Erwachsenenjahre. Dieses Geflecht nimmt automatisch ab, wenn die Erwerbsarbeit aufhört. Das Individuum muss nun die verloren gegangenen Kontakte durch neue ersetzen, um so die Aktivität und damit die Lebenszufriedenheit beizubehalten. Der Disengagement-Ansatz von Cumming und Henry (1961) stellt einen Gegenentwurf zu der Aktivitätstheorie dar. Ältere Menschen ziehen sich eher aus den sozialen Kontakten zurück oder verändern sie. Ein solches Verhalten entspricht eher dem nahen Lebensende und trägt deshalb zur Zufriedenheit der Älteren bei. Beide Ansätze sind in ihrer einseitigen Formulierung nicht mehr haltbar. So stellen Lehr et al. fest, dass ältere Menschen mit geringem IQ, gesundheitlichen Belastungen, geringer Anregbarkeit, eingeschränkter Zukunftsperspektive in Bezug auf Eltern-, Großeltern- und Verwandtenrolle im Sinne der Aktivitätstheorie reagierten, weniger aber in der Nachbarschafts- und Freundesrolle. Ältere mit einem höheren IQ, einer größeren Interessenvielfalt, besserem Gesundheitszustand, weitreichenderem Zukunftsbezug und einer stärkeren generellen Aktivität und Anregbarkeit reagierten in den familiären Rollen eher im Sinne der Disengagement-Theorie und in den Freundesrollen eher nach der Aktivitäts-Theorie. Was also zur Zufriedenheit der Älteren beiträgt, hängt von der rollen-, situations- und persönlichkeitsspezifischen Reaktionsweise ab (vgl. Lehr 2000).

Als eine Synthese zwischen Aktivitäts- und Disengagement-Theorie gilt die *Kontinuitätstheorie* von Atchley (1989). In diesem Ansatz wird angenommen, dass ältere Menschen am zufriedensten sind, wenn der bisherige Lebensstil beibehalten werden kann. Das bedeutet, für Menschen, die bisher aktiv gelebt haben, ist es positiv, aktiv zu bleiben, für eher zurückgezogene Menschen ist weniger Aktivität angenehmer. Damit wird die lebenslange Sozialisation älterer Menschen individuell berücksichtigt. Atchley unterscheidet externe Kontinuität, das Beibehalten der kognitiven Struktur, und interne Kontinuität, das Beibehalten der Umweltstruktur. Diskontinuität bedeutet, dass schwerwiegende Änderungen eintreten, z. B. erhebliche Einbußen in der Gesundheit, Aufgabe des Berufs oder Verlust von Sozialkontakten (vgl. Backes & Clement 1998).

Aktivitäts-, Disengagement- und Kontinuitäts-Theorie kann man auch unter dem Aspekt «erfolgreich altern» zusammenfassen (vgl. Lehr 2000). Diesen Ansätzen wie auch dem folgenden sind gemeinsam, dass die subjektive Zufriedenheit als Kriterium dafür gilt, dass Altern als Entwicklungsaufgabe erfolgreich gemeistert wurde. Die Theorie der Entwicklungsaufgabe geht auf Havighurst (1953) zurück. Demnach wird Entwicklung auch im Alter als Ergebnis der Auseinandersetzung mit «typischen» Entwicklungsaufgaben konzeptualisiert (vgl. Backes & Clement 1998). Die zeitgerechte Lösung dieser Aufgaben trägt zum Wohlbefinden des Individuums, zur Anerkennung durch die Gesellschaft und in jüngeren Jahren zur Bewältigung späterer Entwicklungsaufgaben bei.

Die explizite Theorie des «erfolgreichen Alterns» von Baltes und Baltes (1989) unterscheidet drei Formen des Alterns: das normale Altern, das kranke Altern und das optimale Altern. Da die Autoren nicht nur ein Modell der Beschreibung vorlegen möchten, sondern auch eines, das Richtlinien zur Verbesserung gibt, entwerfen sie mit dem optimalen Altern eine Utopie. Sie gehen davon aus, dass es eine große Variabilität des Alterns und eine beträchtliche Plastizität und Kapazitätsreserve gibt, die aber altersbedingte Grenzen hat, und formulieren für das erfolgreiche Altern das Prinzip der selektiven Optimierung mit Kompensation. Selektion bedeutet dabei, dass man sich auf bestimmte Lebensbereiche von hoher Priorität konzentriert und dort die vorhandenen Ressourcen und Kompetenzen auf einem hohen Niveau hält oder noch weiter maximiert. Kompensation setzt dann ein, wenn Einschränkungen und Ausfälle bestimmter Funktionen erfahren werden. Das heißt, dass Einbußen in manchen Lebensbereichen durch eine Optimierung in anderen Lebensbereichen ausgeglichen werden und so die Aktivität und Anregung hoch bleiben, wenn auch auf bestimmte Bereiche eingeschränkt.

Weitere Theorien betonen die Wichtigkeit der Kognition beim Altern. Entscheidend ist weniger die Situation an sich, sondern wie sie durch das Individuum wahrgenommen wird. Sie bestimmt das Ausmaß und die Art der Reaktion (vgl. Lehr 2000). Offensichtlich wird das Vorhandensein von intervenierenden Variablen bei dem Thema Wohnen im Alter. Immer wieder stößt man hier auf die Diskrepanz zwischen den oft schlechten Umweltgegebenheiten und der Zufriedenheit der Bewohner (vgl. Saup 1993).

Inzwischen geht die Forschung sowohl im Hinblick auf psychisch-physisches Wohlbefinden als auch auf Langlebigkeit als Kriterium von einem interaktionistischen Modell aus. Das heißt, die verschiedenen Faktoren beeinflussen sich gegenseitig. So wirken sich genetische Faktoren z. B. direkt auf die Langlebigkeit aus, aber auch indirekt, indem sie die Persönlichkeit mitbestimmen, die wiederum körperliche und geistige Aktivität und Beruf bzw. sozialen Status beeinflusst. Diese Faktoren haben, wie die

Persönlichkeitsfaktoren selbst, Einfluss auf die Langlebigkeit. Auf diese Weise wird versucht, die verschiedenen Einzelergebnisse zusammenzubringen, allerdings lassen sich daraus noch keine Theorien und Gesetzmäßigkeiten ablesen.

Der theoretische und gesellschaftliche Diskurs über Alter bewegt sich zwischen den Leitbildern der defizitären, gebrechlichen, extrem hilfebedürftigen Alten bis zu den kompetenten, jugendlichen Alten, die durch ihre Lebensführung allen Alterssymptomen trotzen und sich jugendlicher als die Jugend verhalten (vgl. Schachtner 1994).

2 Alter und Gesellschaft

Die Lebensphase Alter lässt sich nicht gesellschaftlich isolieren, auch wenn sie marginalisiert wird. Gesamtgesellschaftliche Veränderungsprozesse haben auch für das Altwerden eine Bedeutung. Mit der Theorie des institutionalisierten Lebenslaufs von Kohli (1985) und dem Individualisierungsansatz von Beck (1986) lässt sich die Lebenssituation älterer Menschen, wie sie z. B. in Phänomenen der Pluralisierung der Lebensstile und der «neuen» Alten zum Ausdruck kommt, besser fassen.

Welche Auswirkungen haben nun Institutionalisierung des Lebenslaufs und Individualisierung auf das Altern in unserer Gesellschaft? Zuerst einmal stehen älteren Menschen die gleichen Chancen und die gleichen Risiken der Individualisierung zu wie anderen Erwachsenen. Auch bei ihnen findet sich die Pluralität der Lebensstile wieder, auch für sie gibt es kaum mehr Vorgaben, wie sie ihr Leben zu gestalten haben. Befreit von der Erwerbsarbeit können sie ihr Leben sogar freier gestalten, sofern es die finanziellen Ressourcen zulassen. Auf der anderen Seite erleben sie die Vergesellschaftung mehr als andere: Sie sind abhängiger von sozialstaatlichen Mitteln wie Renten oder Sozialhilfe bzw. von anderen Formen institutioneller Hilfe, wenn sie ihr Leben nicht mehr allein bewältigen können. Sozialstaatliche Mittel und institutionelle Hilfen aber sind mit normativen und standardisierten Vorgaben verknüpft, die der Autonomie älterer Menschen Grenzen setzen. Die Zuteilung der Rente etwa orientiert sich an der Erfüllung eines standardisierten Lebenslaufs und quittiert Abweichungen davon mit finanziellen Einbußen. So sind ältere Menschen in vielerlei Hinsicht mit den Folgen früherer Entscheidungen konfrontiert. Ähnliches gilt für Partnerschaft und Kinder, vor allem Frauen haben im Alter wenig Chancen, einen neuen Mann zu finden. Kade spricht von einem paradoxen Weg in die Moderne (1994a), den ältere Menschen heute beschreiten müssen. «Individualisierung des Älterwerdens impliziert das Versprechen, daß die einzelnen über die Art ihres Älterwerdens selbst entscheiden können, und die Verpflichtung, daß sie über ihren Lebensweg auch im Alter selber entscheiden müssen» (ebd., S. 17).

Der Zwang zur «Biographisierung» (vgl. Kohli & Künemund 2000) hört nicht auf. Das heißt, auch das Alter muss durch eigenes Handeln gestaltet werden. Mit der Moderne und der Individualisierung, in der Kontroll- und Regelmechanismen direkt auf den Einzelnen greifen, wird der Ablauf des Lebens zum zentralen Strukturprinzip. Dieses Strukturprinzip existiert auf zwei Ebenen: zum einen auf der strukturell geordneten Ebene der Positionssequenzen, die von außen dem Individuum auferlegt werden oder offen stehen, zum anderen auf der Ebene der biographischen Orientierungsschemata. Das heißt, der Einzelne ordnet sein Leben als sinnvolles Ganzes in einem chronologischem Ablauf, eigenes Handeln und strukturelle chronologische Vorgaben werden abgestimmt. So werden zum einen Biographien *gemacht*, zum anderen biographisch wichtige Ereignisse selbstreferenziell thematisiert. Der Biographie kommt ein identitätsstiftender Zusammenhalt zu (vgl. Schweppe 1998). Diese Biographien enthalten Deutungsmuster und Handlungsorientierungen und dienen der Sinngebung. Im Alter muss nun weiterhin ein Weg gefunden werden durch zahlreiche Optionen und neue Zwänge und alte Problemlagen wie zunehmende körperliche Einschränkungen, Pflegebedürftigkeit und gehäufter Verlust nahe stehender Personen. Altwerden ist damit zur Aufgabe geworden, der sich die Älteren stellen müssen (vgl. Kade 1994a). Es wächst die Bedeutung biographisch erworbener Handlungsressourcen.

Den Ausgangspunkt der veränderten Situation älterer Menschen sieht Kade in der Krise der Familie. Berufstätigkeit der Frauen, Scheidungen und Kinderlosigkeit führen zu einem verminderten Pflegepotenzial von Frauen, die bisher die Hauptlast – 93 Prozent – der Versorgung und Pflege Älterer geleistet haben. Durch die Berufstätigkeit und die veränderten Biographien von Frauen erreichen zunehmend Frauen die Altersphase, die von der Individualisierung, die vorher hauptsächlich Männer betraf, nun auch geprägt ist. Sie müssen auch auf die durch die Individualisierung erworbenen Kompetenzen verstärkt zurückgreifen, da sie mit den Hauptproblemen des Alters in der Moderne konfrontiert sind: mit Singularisierung und Feminisierung des Alters sowie mit der Armut.

3 Praxisfeld Psychologie am Beispiel des Wohnens im Alter

Praktische Alterspsychologie beschäftigt sich zum einen mit der Berufstätigkeit älterer Menschen. Themenschwerpunkte sind hier altersbedingte Veränderungen und Anforderungen des Berufs sowie der Übergang in den Ruhestand. Familiäre und außerfamiliäre Beziehungen älterer Menschen bilden weitere Schwerpunkte der Forschung. Aber auch die Auseinandersetzung älterer Menschen mit dem eigenen Altern findet immer mehr Interesse bei praxisorientierten Forschern (vgl. z. B. Schachtner 1988; Jaeggi 1998). Ein weiterer wichtiger Themenschwerpunkt ist Alter und Umwelt.

Alter und Umwelt

Die Bewältigung des Alltags ist im Alter eines der wichtigsten Themen; wird dieser nicht mehr allein bewältigt, muss Hilfe geleistet werden. Zu 93 Prozent kommt sie von der Familie, insbesondere von weiblichen Familienangehörigen. Darüber hinaus bieten wohlfahrtliche, staatliche und private Anbieter Dienstleistungen an. Durch die Veränderungen im familiären Bereich und den Kostenanstieg bei öffentlichen und privaten Anbietern gewinnt die Forschung zur Bewältigung des Alltags im Alter großes politisches Interesse, schließlich dient sie als Ausgangsbarometer für politisches Handeln. Die Einteilung der Pflegestufen sei hier als ein Beispiel genannt. Die Bewältigung des Alltags ist neben der körperlichen und geistigen Gesundheit abhängig von der Umwelt. M. Powell Lawtons Umwelt-Kompetenz-Modell (1982) geht von einer optimalen Passung zwischen Umwelt und Fähigkeiten aus. Wenn die Person genauso viel Kompetenz hat, wie sie zur Bewältigung ihres Alltags in ihrer Umwelt braucht, erlebt sie ihren Alltag routiniert und ist emotional ausgeglichen. Der Anforderungscharakter der Umwelt wird ihr gar nicht bewusst. In einem bestimmten Ausmaß werden Abweichungen von dieser optimalen Passung gut toleriert. Größere Unterforderung wird als unangenehm empfunden, und über längere Zeit kann sie dazu führen, dass sich die Person in ihrer Kompetenz anpasst, also Kompetenz verliert. In einem Altenheim z. B. kann die Vollversorgung solche Auswirkungen haben, besonders da dort selbständiges Verhalten der Bewohner vom Personal nicht unterstützt wird (vgl. Baltes 1995). Geringe Überforderung dagegen kann die Kompetenz einer Person steigern. Bei zu großer Überforderung kann der Alltag nur begrenzt bewältigt werden, die Situation wird als unangenehm empfunden. Dennoch lässt sich in Umfragen häufig eine Diskrepanz zwischen Zufriedenheit mit der Wohnung und objektiven Mängeln der Wohnung feststellen. Zum einen kann man das als kognitive Anpassungsleistung verstehen (siehe oben), zum anderen zeigt sich, dass in differenzierteren Befragungen Mängel der Wohnung und der Umgebung geäußert werden, die in allgemeinen Zufriedenheitsratings nicht zum Tragen kommen.

Die eigene Wohnung als Hauptumfeld älterer Menschen

83 Prozent ihrer Wachzeit verbringen ältere Menschen in ihrer Wohnung (vgl. Saup 1993), diese wird zum konkreten und symbolischen Ort für eine Vielzahl von Lebensvollzügen und Handlungen (vgl. Stüder 1999). An die Wohnform koppelt sich die Versorgung und damit auch die soziale Altenhilfe. Das erklärt das große öffentliche und politische Interesse an diesem Thema – der zweite Altenbericht der Bundesregierung (1998) beschäftigt sich ausschließlich damit. Und immer mehr ältere Menschen fangen an, ihr Wohnen im Alter zu planen. Sie wissen, dass sie sich auf traditionelle Bezüge nicht verlassen können und wollen (vgl. Henckmann 1999). In der eigenen Wohnung so lange es geht zu verbleiben, ist der Wunsch der meisten älteren Menschen. 93 Prozent der über 65-Jährigen leben in Privathaushalten (vgl. Bundesministerium für Familie, Senioren, Frauen und Jugend 1998). Für Frauen über 70 ist dies meist ein Singlehaushalt. Wohnen in traditionellen Sonderwohnformen wie Alten- oder Pflegeheime wirkt für individualisierte Menschen in ihrer Vollversorgung entmündigend. Sie sind ein Produkt einer subsumtionslogischen Auffassung von alten Menschen und Hilfeleistungen (vgl. Schweppe 1998). «Betreutes Wohnen» glaubt eine moderne Antwort auf das Dilemma zwischen beibehaltener Individualität und zunehmender Abhängigkeit gefunden zu haben, indem die Räumlichkeiten z. B. barrierefrei gestaltet sind und Dienstleistungen individuell eingekauft werden können. Aber auch diese Einrichtungen haben mit dem Problem zu kämpfen, dass sich meist erst hochaltrige Menschen für einen Einzug interessieren, das Dienstleistungsangebot aber für deren Bedürfnisse nicht groß genug ist. Es wird meist keine Pflege angeboten.

Mehr und mehr Menschen beginnen, eigene Alternativen zum Leben im Alter zu entwerfen. Ob Wohngemeinschaft, Hausgemeinschaft oder Genossenschaft, interessanterweise orientieren sich alle diese Projekte an traditionellen Versorgungsbezügen wie Familie, Nachbarschaft oder Dorfgemeinschaft, die jetzt aber bewusst initiiert werden. Aushandlungsprozesse des gemeinsamen Lebens vor allem zwischen Bedürftigkeit und Grenzziehungen müssen nun explizit geführt werden.

Gerade in diesem Bereich der selbstinitiierten Wohnprojekte hat sich gezeigt, dass professionelle Begleitung hilfreich ist (vgl. Henckmann 1999). Diese sollte allerdings den Empowerment-Prozess (vgl. Stark 1996) der Betroffenen unterstützen, ohne zu viel Lösungsvorgaben zu machen (vgl. Henckmann 2000). Aber auch institutionell initiierte Wohnprojekte, die verschiedene «Problemgruppen» wie ältere Menschen, Ausländer, Alleinerziehende und Behinderte integrieren wollen, greifen auf psychologische und sozialpädagogische Unterstützung zurück (vgl. Arbeitsgruppe für Altersforschung München 1990).

An der Lebenswelt ansetzen

Ob beim Wohnen im Alter oder in anderen Lebensbereichen, Hilfs- und Beratungsangebote gehen oft an den Bedürfnissen der älteren Menschen vorbei. Die Beratung zur Wohnungsanpassung etwa wird eher von Behinderten als von älteren Menschen genutzt. Ältere Menschen, die sich ohne spezielle Bedürfnisse im Vorfeld informieren wollen und zudem ästhetische Ansprüche an alten- und behindertengerechte Einrichtungshilfen haben, stoßen auf Ablehnung vonseiten der Berater. Das Auftreten dieser «neuen» Alten wird als anmaßend empfunden (Wild 1994). Grund dafür ist ein nach wie vor verbreitetes Vorurteil, wie hilfsbedürftige alte Menschen auszusehen haben, und eine dementsprechende Altenhilfe. Ältere Menschen, die sich entsprechend ihren Individualisationsprozessen im Laufe ihres Lebens Entscheidungs- und Handlungskompetenz erworben haben, aber nicht genügend finanzielle Mittel, stoßen bei ihren Vorstellungen über Alternativen immer wieder auf institutionelle Grenzen.

Theoretisch wird deshalb immer mehr eine «andere» Art der Altenbildung und -hilfe propagiert. Kernpunkt dabei ist es, auf die individuellen Erlebensweisen und Deutungsmuster älterer Menschen, wie sie in Biographien sichtbar werden, einzugehen und die biographisch erworbenen Handlungsressourcen aufzudecken. Eine so verstandene Altenbildung und -hilfe setzt an den Lebenswelten der älteren Menschen an und versucht, spezifische, individuelle Lösungen zu finden (Kade 1994b). Der Rückgriff auf qualitative Verfahren der Sozialforschung eröffnet die Möglichkeit, wissenschaftlich kontrolliertes Fremdverstehen in der Altenbildung bzw. -hilfe nutzbar zu machen (vgl. Schweppe 1998). Dieser Ansatz geht deutlich über ein einfaches Sicheinfühlen hinaus.

Aber auch die Seite öffentlicher Geldgeber versucht, auf veränderte Bedürfnisse älterer Menschen einzugehen, indem sie verschiedene Modellprojekte alternativen Wohnens unterstützt. Begleitende Forschung kann Stärken und Probleme einzelner Modelle aufdecken und so zu einer bedürfnisgerechteren Altenhilfe beitragen. Denn obwohl immer neue Wohnmodelle erprobt werden und vor allem Projekte des betreuten Wohnens wie Pilze aus dem Boden schießen, ist deren langfristige Tauglichkeit noch nicht erwiesen. Für die psychologische Forschung und die darauf fundierende Beratung eröffnet sich hier ein weites und wichtiges Feld.

Literatur

Arbeitsgruppe für Altersforschung München (1990). Wissenschaftliche Begleitung des Modellprojektes Betreute Altenwohnungen im Integrierten Wohnen (IWO II). Endbericht. In: Sozialreferat der Landeshauptstadt München (Hg.), Modellprojekt «Betreute Altenwohnungen» im Integrierten Wohnen. München.

Atchley, R. C. (1989). Continuity theory of normal aging. The Gerontologist 29, S. 183–190.

Backes, G. M. (2000). Vergesellschaftung des Alter(n)s. In: S. Becker, L. Veelken & K. P. Wallraven (Hg.), Handbuch Altenbildung. Theorien und Konzepte für Gegenwart und Zukunft. Opladen.

Backes, G. M. & Clement, W. (1998). Lebensphase Alter. Eine Einführung in die sozialwissenschaftliche Alternsforschung. Weinheim/München.

Baltes, M. M. (1995). Verlust der Selbständigkeit im Alter. Theoretische Überlegungen und empirische Befunde. Psychologische Rundschau 46, S. 159–170.

Baltes, P. (1990). Entwicklungspsychologie der Lebensspanne. In: Psychologische Rundschau 41, S. 1–24.

Baltes, P. B. & Baltes, M. (1989). Optimierung durch Selektion und Kompensation – ein psychologisches Modell für erfolgreiches Altern. Zeitschrift für Pädagogik 35, S. 85–105.

Beck, U. (1986). Risikogesellschaft. Auf dem Weg in eine andere Moderne. Frankfurt/M.

Bundesministerium für Familie, Senioren, Frauen und Jugend (BMFSFJ) (1998). Zweiter Altenbericht. Wohnen im Alter. Bonn.

Cumming, E. & Henry, W. E. (1961). Growing old – the process of disengagement. New York.

Havighurst, R. J. (1953). Development task and education, 3. Aufl. New York.

Henckmann, A. (1999). Aufbruch in ein gemeinsames Altern. Neue Wohnformen im Alter. Opladen.

Henckmann, A. (2000). Wohnen als Thema und Aufgabe der Altenbildung. In: S. Becker, L. Veelken & K. P. Wallraven (Hg.), Handbuch Altenbildung. Theorien und Konzepte für Gegenwart und Zukunft. Opladen.

Horn, J. L. & Cattell, R. B. (1966). Age differences in primary mental ability factors. Journal of Gerontology 21, S. 210–220.

Jaeggi, E. (1998). Viel zu jung, um alt zu sein. Reinbek.

Kade, S. (1994a). Individualisierung und Älterwerden – der paradoxe Weg in die

Moderne. In: S. Kade (Hg.), Individualisierung und Älterwerden, S. 17–44. Bad Heilbrunn.
Kade, S. (1994b). Altersbildung, DIE, Deutsches Institut für Erwachsenenbildung. Frankfurt/M.
Kohli, M. (1985). Die Institutionalisierung des Lebenslaufs: Historische Befunde und theoretische Argumente. Kölner Zeitschrift für Soziologie und Sozialpsychologie 1 (137), S. 1–29.
Kohli, M. & Künemund, H. (2000). Alter und gesellschaftliche Partizipation als Thema der Soziologie. In: S. Becker, L. Veelken & K. P. Wallraven (Hg.), Handbuch Altenbildung. Theorien und Konzepte für Gegenwart und Zukunft. Opladen.
Lawton, M. P. (1982). Competence, Environmental Press, and the Adaption of Older People, In: M. P. Lawton, P. G. Windley & T. O. Byerts (Eds.), Aging and the Environment. Theoretical Approaches, S. 33–59. New York.
Lehr, U. (2000). Psychologie des Alterns. Wiebelsheim.
Olbrich, E. (1994). Konstanz und Veränderung der Persönlichkeit im Alter? Zeitschrift für Gerontologie 27, S. 83–95.
Prahl, H.-W. & Schroeter, K. R. (1996). Soziologie des Alterns. Paderborn/München/Wien/Zürich.
Saup, W. (1986). Probleme des Alterswohnens und ihre Bewältigung. Augsburg.
Saup, W. (1993). Alter und Umwelt. Stuttgart.
Schachtner, C. (1988). Störfall Alter. Ein Recht auf Eigensinn. Frankfurt/M.
Schachtner, C. (1994). Vom Verschwinden des Alters. In: S. Kade (Hg.), Individualisierung und Älterwerden, S. 85–94. Bad Heilbrunn.
Schweppe, C. (1998). Biographisierung der Alternsphase und Biographieorientierung in der Sozialen Arbeit. Zeitschrift für Gerontologie und Geriatrie 31, S. 325–330.
Schweppe, C. (2000). Biographie und Alter auf dem Lande. Opladen.
Stark, W. (1996). Empowerment: Neue Handlungskompetenzen in der psychosozialen Praxis. Freiburg.
Stüder, I. (1999). Altsein in Deutschland. Opladen.
Thomae, H. (1993). Die Bonner Gerontologische Längsschnittstudie (BOLSA). Zeitschrift für Gerontologie 26, S.142–150.
Wild, C. (1994). Wohnraumanpassung – Erfahrung von Beratungsinstitutionen in Österreich und Deutschland. Zeitschrift für Gerontologie 27, S. 381–389.

Weiterführende Literatur

Baltes, P. B. & Mittelstrass, J. (Hg.) (1992). Zukunft des Alterns und gesellschaftliche Entwicklung. Berlin/New York.
Becker, S., Veelken, L. & Wallraven, K. P. (Hg.) (2000). Handbuch Altenbildung. Theorien und Konzepte für Gegenwart und Zukunft. Opladen.
Kade, S. (Hg.) (1994). Individualisierung und Älterwerden. Bad Heilbrunn.
Oswald, W. D., Herrmann, W. M., Kanowski, S., Lehr, U. & Thomae, H. (Hg.) (1991). Gerontologie. 2. überarb. Aufl. Stuttgart/Berlin/Köln.

Franz Dick

5.17 Neuropsychologische Rehabilitation

Um die neurologische Rehabilitation als Tätigkeitsfeld von Psychologen zu charakterisieren, wird im Folgenden von einem Patienten nach einem unfallbedingten schweren Koma ausgegangen: Dessen Situation, seine Entwicklungsaufgaben und die sich daraus ergebenden Aufgaben psychologischer Betreuung werden dargestellt. Was von der besonders extremen Koma- und Postkoma-Situation gesagt wird, kann weitgehend – in abgewandelter Form – auf andere Krankheitsgruppen übertragen werden. Es folgt die kurze Darstellung der wichtigsten institutionellen und berufsrelevanten Rahmenbedingungen und der Ausbildungssituation.

1 Situation des Unfallpatienten nach einem tiefen Koma

J. erlitt einen schweren Ski-Unfall: sechswöchiges Koma, Rehabilitationszeit über ein Jahr. Schließlich kann sie nach großer Anstrengung ihr Pädagogik-Studium wieder aufnehmen und zum Abschluss bringen. – In der Restitutionszeit nach dem Koma spricht sie noch nicht; niemand denkt, dass sie ihre Umgebung schon wahrnimmt. Auftretende allgemeine Unruhe zeigt, dass etwas in ihr vorgeht. – Schließlich geben Angehörige ihr ein großes Blatt Papier und einen Filzstift, und J. schreibt groß und nur schwer lesbar: «Tee».

Häufigste Ursache eines Komas ist eine schwere Hirn-Traumatisierung (Contusio Cerebri). Andere Ursachen sind: Gehirnblutungen, entzündliche Erkrankungen, Sauerstoffmangel oder Vergiftungen. Gemeinsam ist, dass für die Dauer des Komas der «Strom des Bewusstseins» – der Wahrnehmung, des Denkens, der fortlaufenden Gedächtnisspeicherung – unterbrochen ist. Das ist in anderer Weise als beim tiefen Schlaf der Fall. – Im

Folgenden wird von einem tiefen apallischen Koma als unmittelbarer Unfall-Folge (*Apallisches Syndrom:* «Wachkoma»; ein besonders tiefes Koma, bei welchem bei Wachheit innerhalb des Schlafwachrhythmus Bewusstsein/Bewusstheit nicht gegeben sind) ausgegangen, von einer Woche bis zu mehreren Monaten Gesamtdauer. Das «Erwachen» ist hier ein lang andauernder Prozess. Es kann verschiedene Phasen durchlaufen, es kann sich über Tage und Wochen erstrecken (vgl. Todorow 1978). In welcher Situation befindet sich ein Patient, der «in die Welt», «ins Leben zurückkehrt»? Welche psychologischen Aufgaben stehen ihm bevor? Er muss sich «seiner innewerden» (vgl. Scharfetter 1996, S. 59): Er muss wieder wissen, wer er ist; sein Alter kennen; über das Hier und Jetzt Bescheid wissen; er muss erfahren, in welcher Situation er ist *(personale, örtliche, zeitliche und situative Orientiertheit)*. Bestimmt hat er an das, was sich in dem Koma-Zeitraum ereignet hat, keine Erinnerung *(kongrade Amnesie)*. Es kann eine große Lücke der Erinnerung bestehen für den Zeitraum vor Eintritt des Komas *(retrograde Amnesie)*. Sofern das Koma nach einem Trauma schlagartig eintrat, wird er die unmittelbare Vorgeschichte der Verletzung nie wieder erinnern (irreversibler Anteil der retrograden Amnesie), da der Prozess der Gedächtnisspeicherung durch das Trauma unterbrochen wurde. Ein Teil der Erinnerung wird zurückkehren – die Erinnerung an die Erlebnisse in größerem Abstand zur Traumatisierung (reversibler Anteil). Albtraumhafte Falscherinnerungen *(phantastische Konfabulationen)* und falsche Wahrnehmungen der aktuellen Situation können den Aufbau der alten Erinnerungen behindern.

Belastende Fragen treten auf: Wie komme ich in diese Situation? Habe ich einen Unfall gehabt? Wie kam es dazu? Habe ich schuldhaften Anteil? Wer wurde verletzt? Vorher oder gleichzeitig mit diesen Fragen sind elementare psychologische Aufgaben zu lösen: mit dem eigenen Körper vertraut werden; die Grenzen seines Körpers erfahren, indem die Umwelt insbesondere taktil-kinästhetisch wahrgenommen wird. Das gilt für den intakten Köper, das gilt mehr noch für die funktionsveränderten Gliedmaßen. Der Körper kann in der ersten Phase nach dem Koma feindlich sein: als Ort von Schmerzen (sofern die Schmerzen nicht durch künstlich verlängertes Koma unterdrückt werden). Der Patient kann die Erfahrung machen, dass einzelne Gliedmaßen nicht gehorchen: *Paresen* (neurologisch bedingte Kraftminderung und Bewegungseinschränkungen) und *Ataxien* (gestörte Zielbewegung von Gliedmaßen) treten auf. Damit ist die *Einheitlichkeit der Körpererfahrung* zerstört, das Bewusstsein des Individuums, Herr über den Körper zu sein.

Keineswegs ist es leicht und selbstverständlich, Bewegungsstörungen wahrzunehmen: Das Gehirn, Ort und Subjekt der Wahrnehmung, muss die Verletzungen als Teil von sich selbst erkennen. Kognitive Probleme sind begleitet von einer bewussten oder unbewussten emotionalen Färbung dieses Erkenntnisprozesses. Für die Erfahrung des teilweise funktionsunfähigen Körpers (Lähmungen, Sinnesbehinderungen) gibt es – auf unbewusste, elementare Art und Weise – immer zwei Möglichkeiten, die sich miteinander vermischen können: Werden die gelähmten Gliedmaßen als funktionsunfähig wahrgenommen? Oder werden ihre Funktionsminderung oder gar sie selbst ignoriert, als fremd wahrgenommen und aus dem Körperschema ausgeschlossen *(Neglect-Phänomene; Anosognosie)*. Beide Wege werden unterschiedliche emotionale Konsequenzen haben. Was für Bewegungsstörungen gilt, gilt ebenfalls für sensorische Störungen (beim Sehen, Hören, Gleichgewicht). Ihre Veränderungen wahrzunehmen ist noch schwerer, als die Störung der Bewegungsfunktion wahrzunehmen.

Die Voraussetzungen, «in die Welt zurückzukehren», sind in vieler Hinsicht schlecht: zunächst durch die eingeengte (Situations- und Selbst-) Wahrnehmung. Auf viele Arten kann ferner die soziale Kommunikationsfähigkeit eingeschränkt sein: von mangelndem Sprechantrieb über eingeschränkte linguistische Expression und Rezeption *(Aphasien)* bis zu gestörter Sprechmotorik *(Dysarthrien)* und Stimmstörungen. In der Zeit nach dem Erwachen ist die Funktionsfähigkeit des (Neu-)Gedächtnisses beeinträchtigt: Die Aufnahme, die Speicherung und der Abruf neuer Information fallen schwer *(«dysmnestische Durchgangs-Phase»)*; die Funktionsfähigkeit des Gedächtnisses kann auf lange Sicht beeinträchtigt sein *(«dysmnestisches Psychosyndrom»)*. Die Kontinuität des Erlebens und Neulernens wird erst in der Folgezeit mit der verbesserten Gedächtnisfunktion aufgebaut.

Die genannten «psychologischen Aufgaben» beziehen sich nicht auf zeitlich unterscheidbare Phasen, sie sind miteinander verschränkt. So wie motorische und sensorische Funktionen, kognitive und kommunikative Fähigkeiten verändert sein können, so sind in der Regel *Antrieb* und *Emotion* verändert: Außenstehende wundern sich, dass die Veränderungen sich nicht in «adäquaten» (der Belastung entsprechenden) Emotionen niederschlagen, sondern von undifferenziert-euphorischer Stimmung *(Anosodiaphorie)* oder von Indolenz begleitet sind. Die Reaktion von Patienten in dieser Phase ist häufig «nicht nachvollziehbar», sie entspricht nicht dem unbewussten Bezugssystem psychisch gesunder Menschen, den Erwartungen darüber, wie sich Belastungen in Emotionen niederschlagen.

2 Längerfristige Entwicklung und Rehabilitationsziele

In der Frühphase nach einem Koma geht es um die Erhaltung des Lebens (Vitalfunktionen) und um den Aufbau elementarer psychischer Funktionen. In den späteren Phasen werden mit den Altererinnerungen vorbestehende psychische und soziale Konflikte ins Bewusstsein zurückkehren. Steht für den Patienten zunächst die Wahrnehmung der Gegenwart und der Wiederaufbau der Vergangenheit im Vordergrund, so wird er sich bald der Zukunft bewusst werden: vor allem aus Sorge, «wie es weitergeht», später als Planung und eigene Zielsetzung. Wird es möglich sein, die alte berufliche Arbeit wieder aufzunehmen? Wie werden sich die Behinderungen auf die Sozialbeziehungen auswirken?

Im günstigsten Fall kann die Erfahrung starker Belastung Partner enger zusammenführen. Im ungünstigsten Fall wird die Beziehung durch die mit der Behinderung verbundenen Belastungen gefährdet. Häufig führen die Folgen eines Traumas zu einem *Rollenwechsel* in der Familie, in der Partnerschaft und in anderen Sozialbeziehungen: So müssen Angehörige in der Frühphase die Pflege und Rehabilitation unterstützen; diese vorübergehende «Pflegerolle» kann längerfristig die Partnerschaft belasten.

Arbeitet der Patient zunächst vor allem daran, dass die beeinträchtigten Funktionen sich *restituieren*, so muss er später lernen, bestehende Defizite durch Einsatz von psychologischen Hilfstechniken und technischen Hilfsmitteln zu *kompensieren*. Das setzt voraus, dass bestehende Defizite erkannt und angenommen werden. Diese Krankheitsverarbeitung verschränkt sich mit dem Bestreben, die Behinderungen zu überwinden. Es ist bekanntlich eine Eigenart des Gehirns, dass die Funktionsrestitution immer nur relativ ist (wegen der Irreversibilität struktureller Hirnverletzungen), dass also Behinderungen zurückbleiben werden. Das allgemeine Ziel von psychologischer Rehabilitation besteht darin, dass der Patient praktisch eine neue (unter Umständen relative, verringerte) Selbständigkeit erlangt. Psychologisch besteht es im Erreichen «einer neuen Balance in seinem beruflichen, sozialen und familiären Umfeld» (Dick et al. 1996). Dazu gehört, dass die Funktionsveränderungen (Behinderungen) als Bestandteil in die Persönlichkeit integriert werden. Dass also weder die Selbstwahrnehmung ausschließlich durch die Behinderungen bestimmt ist, noch die Behinderungen aus der Persönlichkeit ausgeklammert (geleugnet, abgewehrt) werden.

3 Die Aufgaben psychologischer Unterstützung

Mit dieser Darstellung der «Aufgaben des Patienten beim Rückkehr in die Welt» sind die Aufgaben der psychologischen Unterstützung in ihren wesentlichen Zügen skizziert. Diese durchdringen die Pflege sowie die ärztliche und therapeutische Betreuung. Sie betreffen die verschiedenen Berufsgruppen, die mit einem Patienten zu tun haben. Sie bilden das Zentrum innerhalb der professionellen Tätigkeit von Psychologen.

Damit ist die Vielfalt der professionellen Unterstützung angedeutet. Neuropsychologische Therapie beginnt mit der Förderung des Dialogs zwischen dem Patienten und vertrauten Angehörigen in der Koma- oder der Postkoma-Phase (vgl. Zieger 1991). Es folgt die allgemeine intellektuelle Aktivierung in der Restitutionsphase und die Überwindung der (reversiblen) Erinnerungslücken. Sie umfasst Übungen innerhalb der psychischen Bereiche, welche durch die Gehirnschädigung beeinträchtigt sind. Sie geht über zum Einsatz von Ressourcen mit dem Ziel, die verbleibenden Funktionsdefizite zu kompensieren. Der Patient lernt, sich durch neue Verhaltensgewohnheiten auf die neue Situation einzustellen und bestehende Behinderungen in sein Selbstbild zu integrieren. Dazu gehört die Beratung der Bezugspersonen und eventuell die Einflussnahme auf den Arbeitsplatz. Der Beratung kommt größere Bedeutung zu in dem Ausmaß, in dem die soziale Selbständigkeit eingeschränkt ist (allgemeine Darstellung: Cramon & Zihl 1988).

4 Neuropsychologische Diagnostik und Therapie

Die psychologische Tätigkeit umfasst psychologische Diagnostik, diese ist mehr als nur Testdiagnostik nach psychometrischen Kriterien. Standardisierte Durchführung und Interpretation von Tests sind nur ausnahmsweise möglich. Die Voraussetzungen für die schematische Testdurchführung (im Sinne der Standardisierung) und -interpretation sind kaum je vollständig gegeben: Sehstörungen lassen Tests mit visuellem Material nicht zu; Bewegungsstörungen lassen die üblichen Papier-Bleistift-Tests nur eingeschränkt zu (vgl. Dick 1989). Die verringerte psychische und körperliche Belastbarkeit sind zu berücksichtigen. Psychologische Diagnostik ist hier *heuristisch* in dem Sinn, dass sie hypothesengeleitet überprüft, welche Voraussetzungen gegeben sind, und ihnen die Methodik anpasst (experimentelle Diagnostik).

Die neuropsychologische Diagnostik und Prognostik setzen die Kenntnis der Art und Lokalisation der Gehirnläsionen (neurologische Diagnosen; die Ergebnisse bildgebender Untersuchungen, Computertomographie usw.) und also Kenntnisse der Gehirnanatomie voraus. Grundkenntnisse in Neurologie (ausgezeichnete Darstellung: vgl. Wallesch & Herrmann 2000) und in Neuropharmakologie werden benötigt. Entsprechend bedingt die therapeutische Unterstützung als kommunikativer Prozess, dass der Psychologe erstens die psychischen Veränderungen und Ressourcen des Patienten kennen und deren Signale deuten lernt; und dass er zweitens auch die Sichtweise des Patienten, seine Wahrnehmung und Deutung der Situation, erfasst, also sich «in ihn einfühlt».

Neuropsychologische Therapie greift – je nach individueller Vorbildung und Erfahrung – auf die verschiedenen psychotherapeutischen Methoden zurück, auf verhaltens-, gesprächstherapeutische u. a. Techniken. Sie ist keine neue «therapeutische Schule» zusätzlich zu den traditionellen Schulen. Sie integriert bewährte Methoden in der Anwendung bei einer Patientengruppe unter Berücksichtigung ihrer Besonderheiten.

Einzelne diagnostische Aufgaben (außer Forschung): Ressourcen und Störungen in verschiedenen postkomatösen Phasen; Verlaufsdiagnostik; Fähigkeit zur Wiederaufnahme der beruflichen Arbeit; kognitive Ressourcen für eine Umschulung; Fahrtauglichkeit nach Hirnschädigung:

- Gibt es psychologische Hinweise auf neurologische Erkrankungen, die in der ärztlich-klinischen Untersuchung und durch physiologische und bildgebende Untersuchungen festgestellt werden können?
- Besteht Anspruchsberechtigung bei unfallbedingten Behinderungen, insbesondere bei fremdverschuldetem Unfall oder bei Arbeits- und Wege-Unfall?
- Besteht die Notwendigkeit der juristischen Sozialbetreuung in den unterschiedlichen Kategorien?
- Wirken Medikamente, insbesondere von Psychopharmaka?
- Sind neurochirurgische Eingriffe indiziert, welche möglichen Auswirkungen sind zu erwarten?

5 Andere neurologische Krankheitsgruppen

Die Entwicklungsaufgaben eines Patienten und parallel dazu die psychologischen Unterstützungsaufgaben wurden am Beispiel eines Koma-Patienten dargestellt. Ein unfallbedingtes Koma ist ein besonders tiefer Einschnitt in die individuelle Lebenssituation. In dieser Hinsicht vergleichbar sind die Lebenseinschnitte, die volkstümlich «Schlaganfall» genannt werden: ischämische und hämorrhagische Insulte (Gehirninfarkte bzw. Blu-

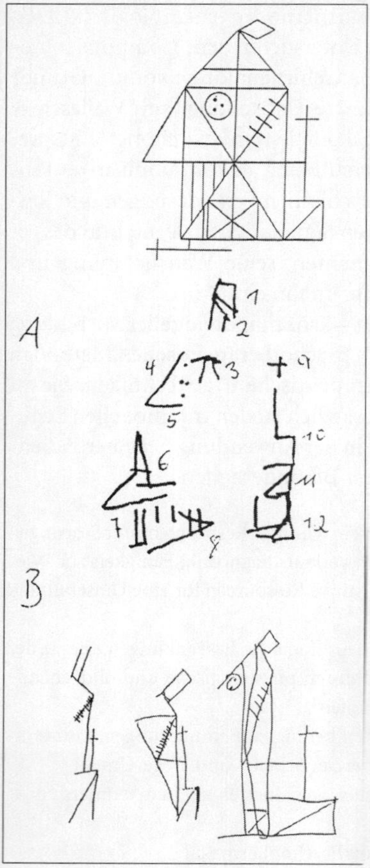

Rey-Osterieth-Figur und Kopien bei vertikaler Vorgabe. Pt. A., Jahre nach jahrelangem Alkoholabusus und Anfallsleiden. Die Zahlen kennzeichnen die Folge im Zeichnen: inkohärent, im Ergebnis nicht geschlossen. – Gestaltzerfall ist eine schlüssige Metapher für kognitive Entdifferenzierung. Pt. B.: Etwa 1, 2 und 3 Monate nach dem rechtshemisphärischen Schlaganfall wendet sich der Patient wieder mehr der linken Seite zu (Neglect-Phänomene).

tungen), entzündliche Erkrankungen (z. B. Enzephalitis), Intoxikationen und innere Erkrankungen mit neurologischen Folgen (z. B. Herzinfarkt, Hypoxie). Hinzu kommen neurochirurgische Eingriffe z. B. bei Gehirntumoren. Alle diese Krankheitsgruppen haben im Großen und Ganzen charakteristische psychische Veränderungen zur Folge, welche von der Lokalisation der Läsion abhängen (vgl. Goldenberg 1997). Die Aufgaben sind hier im Prinzip ähnlich wie bei einem Unfallpatienten. Natürlich ist die psychologische Tätigkeit immer auch bestimmt durch den Lebensabschnitt, in dem der Patient sich befindet, und verbunden mit Aufgaben, die auf diesen Lebensabschnitt bezogen sind (Kindheit, Alter).

Bei chronischen und chronisch-degenerativen Erkrankungen (vor allem demenzielle Entwicklungen – am bekanntesten Morbus Alzheimer) kommt der Umgang mit dem negativen Verlauf und dem bedrohlichen Charakter der Erkrankung, die höchstens abgemildert wird, hinzu. Die Beratung und Schulung sozialer Bezugspersonen kann besonders wichtig werden.

6 Institutionelle Rahmenbedingungen

Ansätze zu neurologischer Rehabilitation – ohne diesen Terminus – gab es nach dem Ersten Weltkrieg (vgl. Kreft 1998). Der Ausbau der neurologischen Rehabilitation seit den 1970er Jahren (vgl. Preilowski 2000, S. 18 ff.) spiegelt einige Sachverhalte der gesellschaftlichen Entwicklung wider:

1. die steigende Lebenserwartung und die Veränderung der Alterspyramide, da ein Großteil der Erkrankungen vorwiegend im Alter auftritt;
2. die immer noch große Häufigkeit von Verkehrs- und Arbeitsunfällen;
3. die Verbesserung der Intensiv- und Unfallmedizin, der es gelingt, Leben zu erhalten, wo dies früher nicht möglich war – allerdings häufig mit körperlichen und psychischen Behinderungen verbunden.

Einige Zahlen zu den Tätigkeitsfeldern von Neuropsychologen: In den etwa 100 stationären Rehabilitationseinrichtungen, die bis 1990 aufgebaut wurden, dürften psychologische oder neuropsychologische Abteilungen vorhanden sein (vgl. Preilowski 2000). Hinzu kommen neurologische, psychiatrische und internistische Kliniken ohne «Rehabilitation» im Namen, in denen aber ein Großteil der Arbeit als Rehabilitation verstanden wird. In dem Begriff *Frührehabilitation* drückt sich aus, dass der Rehabilitationsgedanke schon in der Akutbehandlung bestimmenden Einfluss ausübt (vgl. Diehl et al. 1999). Hinzu kommen Abteilungen in den Universitäten und Forschungsinstituten, von denen manche mit Kliniken zusammenarbeiten.

Nicht nur aus Kostengründen, sondern wegen des Vorzugs der «Nähe zum Alltag» und zur beruflichen Reintegration wurden in den letzten Jahren teilstationäre Einrichtungen aufgebaut. Die genaue Anzahl von Psychologen, die gegenwärtig den Großteil ihrer Arbeit als ambulante neuropsychologische Therapie verstehen, ist nicht bekannt. Es gibt Schätzungen des Bedarfs an poststationärer Betreuung (vgl. Kasten et al. 1997).

Das Psychologengesetz von 1998 hat Auswirkungen auf die (berufs- und sozial-)rechtlichen Rahmenbedingungen, die gegenwärtig noch nicht im Einzelnen feststehen. Die Gesellschaft für Neuropsychologie (GNP), in der sich die meisten Neuropsychologen 1986 zusammengeschlossen haben (zurzeit über 1000 Mitglieder), tritt dafür ein, dass Neuropsychologische Therapie als Richtlinienverfahren (vergleichbar Verhaltenstherapie) anerkannt wird.

7 Ausbildungssituation

In den deutschsprachigen Universitäten sind die Fächer *Neuropsychologie* und *Klinische Neuropsychologie* unterschiedlich stark, aber in der Tendenz zunehmend vertreten. Von der GNP wurde 1994 ein Curriculum zur postgradualen praktischen und theoretischen Ausbildung verabschiedet, welches – unter Einbeziehung von Nachbardisziplinen wie Neurolinguistik und Psychiatrie – zu einer Zertifizierung als *Klinischer Neuropsychologe/ Klinische Neuropsychologin* hinführt (Gesellschaft für Neuropsychologie 1994). Es wird angestrebt, dass Ausbildung und Zertifizierung in Zusammenarbeit mit anderen Fachgesellschaften weiterentwickelt und gemeinsam getragen werden.

Literatur

Arbeitskreis Gesundheit e. V. (1997 VII). Rehabilitationskliniken stellen sich vor. Bonn.

Cramon, D. Y. v. & Zihl, J. (Hg.) (1988). Neuropsychologische Rehabilitation. Grundlagen, Diagnostik, Behandlungsverfahren. Berlin.

Dick, F. (1989). Als Psychologe in der Neurologischen Rehabilitation. In: Psychologie und Gesellschaft – Sonderheft.

Dick, F., Gauggel, S., Hättig, H. & Wittlieb-Verpoort, E. (1996). Neuropsychologie. Gegenstand, Grundlagen, Aufgaben. Bonn.

Diehl, R. R., Wittlieb-Verpoort, E., Ringendahl, H., Calabrese, P. & Wilhelm, H. (1999). «Der Neuropsychologe in der Akutklinik – Beschreibung eines Berufsbildes.» Zeitschrift für Neuropsychologie 10 (1), S. 3–12.

Gesellschaft für Neuropsychologie (1994). Postgraduierte Weiterbildung in Klinischer Neuropsychologie. Zeitschrift für Neuropsychologie 6, S. 47–53.

Goldenberg, G. (1997). Neuropsychologie – Grundlagen, Klinik, Rehabilitation. Stuttgart.

Herrmann, M., Hermstein, B. & Ausschuss «Organisation und Weiterbildung, Curriculum, Akkreditierung» der GNP (1997). Zeitschrift für Neuropsychologie 8 (1), S. 32–43.

Kasten, E., Eder, R., Robra, P. & Sabel, B. A. (1997). Der Bedarf an ambulanter neuropsychologischer Behandlung. Zeitschrift für Neuropsychologie 8 (1), S. 44–61.

Kasten, E., Poggel, D. A., Gothe, J., Müller-Oehring, E. M. & Sabel, B. A. (1999). Ambulante neuropsychologische Therapie von Patienten mit Hirnschäden. Report Psychologie 3.
Kreft, G. (1998). «… weil man es in Deutschland einfach verschwiegen hat …» – Kurt Goldstein (1878–1965) – Begründer der Neuropsychologie in Frankfurt am Main. Forschung Frankfurt 4.
Preilowski, B. (2000). Zur Geschichte der Neuropsychologie. In: W. Sturm, M. Herrmann & C. W. Wallesch (2000). Lehrbuch der Klinischen Neuropsychologie. Grundlagen, Methoden, Diagnostik, Therapie. Lisse, NL.
Scharfetter, C. (1996). Allgemeine Psychopathologie. Stuttgart/New York.
Sturm, W., Hermann, M. & Wallesch, C. W. (2000). Lehrbuch der Klinischen Neuropsychologie. Grundlagen, Methoden, Diagnostik, Therapie. Lisse, NL.
Todorow, S. (1978). Hirntrauma und Erleben. Bern/Stuttgart/Wien.
Wallesch, C. W. & Herrmann, M. (2000). Klinische Neurologie. In: W. Sturm, M. Herrmann & C. W. Wallesch, Lehrbuch der Klinischen Neuropsychologie. Grundlagen, Methoden, Diagnostik, Therapie. Lisse, NL.
Zieger, A. (1991). Systemtheoretische Perspektiven der (Früh)Rehabilitation Hirnverletzter aus klinisch-neuropädagogischer Sicht. In: V. Mauritz & K. H. Hömberg (Hg.), Neurologische Rehabilitation 1. Bern.

Christina Schachtner

5.18 Neue Medien

Ob am Arbeitsplatz, beim Einkaufen, zu Hause am Schreibtisch, in der Bibliothek, bei der Buchung einer Reise, beim Besuch einer Kunstausstellung oder eines Internetcafés – die Neuen Medien begleiten uns auf Schritt und Tritt.

1 Zum Begriff und zur Verbreitung Neuer Medien

Was ist unter Neuen Medien zu verstehen? Medien fungieren als Bedeutungsträger, die Subjekt und Welt miteinander verbinden. Sie sind als materielle und/oder immaterielle Formen vorzustellen, in denen sich dem Subjekt Inhalte vermitteln. Der Begriff Neue Medien bezeichnet computergestützte Bedeutungsträger, die sich als universale Medien erweisen. Sie eignen sich zum Kommunizieren, zur Suche nach Informationen, zum Schreiben, zum Spielen, zum Lernen, zum Anknüpfen von Beziehungen. Die Neuen Medien initiieren und unterstützen Prozesse, die ins Zentrum der Psychologie reichen. Sie ermöglichen Handlungen und provozieren Gefühle, die uns vertraut scheinen, aber im computergestützten Kontext neue Fragen aufwerfen. Die Brisanz, die diese Fragen für die Psychologie haben, begründet sich nicht nur in deren Neuartigkeit, sondern auch in der zunehmenden Verbreitung Neuer Medien.

Eine im Jahre 1995 durchgeführte Studie (http://www.w3b.de) über Nutzer des deutschsprachigen World Wide Web ergab noch, dass 93 Prozent der Nutzer Männer waren, 94,5 Prozent ein Abitur hatten und 48,2 Prozent studierten; das Durchschnittsalter betrug 29 Jahre. Die Neuen Medien waren primär ein Medium für junge, akademisch gebildete Männer aus der gehobenen Mittelschicht. Die Zusammensetzung der Nutzer/-innen hat sich in den folgenden Jahren verändert. Der Altersdurchschnitt erhöhte sich bis 1998 auf 35,3 Jahre, der Anteil der Angestellten an den WWW-Nutzern lag zu diesem Zeitpunkt mit 43,6 Prozent deutlich über dem der Studierenden mit 17,1 Prozent, und der Anteil weiblicher Nutzer stieg im Jahre 2000 auf 26,1 Prozent (vgl. ebd.). Dennoch existieren weiterhin soziale Ungleichheiten in Bezug auf den Zugang zu den Neuen Medien, insbesondere in Abhängigkeit von Schicht und Geschlecht. Dies belegt für die Gruppe der Jugendlichen auch die 13. Shell-Studie. Ihr zufolge erklären Jugendliche, deren Elternhaus der gehobenen Bildungsschicht angehört, häufiger (45 %) das Internet zu nutzen als Jugendliche, deren Eltern der mittleren (25 %) oder unteren Bildungsschicht (16 %) angehören (vgl. Fischer et al. 2000). Außerdem wird das Internet öfter von Jungen als von Mädchen (30 % zu 20 %) genutzt. Nichtsdestotrotz eröffnet sich für immer mehr Menschen der Zugang zu den Neuen Medien (NM) im Zuge einer Entwicklung, die noch nicht abgeschlossen ist. Deutschland stellt einen der größten europäischen Online-Märkte dar. In Deutschland nutzten im April 2001 fast 25 Mio. Personen ab 14 (= 39,1%) das Internet (Quelle: © facts Media Gruppe Digital/forsa).

Der Begriff Neue Medien umfasst eine Vielzahl unterschiedlicher elektronischer Systeme und Anwendungen. Ich beschränke mich in diesem Beitrag auf die Diskussion medienpsychologischer Fragen, die sich im Zusammenhang mit dem Personalcomputer sowie mit folgenden Anwendungen computergestützter Kommunikation stellen:

- *E-Mail:* Per E-Mail werden elektronische Nachrichten zwischen einzelnen Teilnehmern ausgetauscht.
- *Mailinglists:* elektronische zeitversetzte Diskussionsforen zu bestimmten Themen; die einzelnen Beiträge werden per E-Mail an die angemeldeten Teilnehmer geschickt.
- *News:* Die News sind ebenfalls schematisch gegliederte zeitversetzte Diskussionsforen; die einzelnen Beiträge sind aber öffentlich zugänglich.
- *Chat:* internationales elektronisches Plauderprogramm, das eine zeitgleiche Unterhaltung ermöglicht.
- *MUD:* textbasiertes Spiel, in dem die Spieler Rollen von Figuren aus Fantasywelten übernehmen.
- *Palace:* eine geographische Welt, in der die Spieler in eine sinnlich wahrnehmbare bewegliche Gestalt schlüpfen, die verbal und nonverbal mit ihren Mitspielern interagiert.

2 Zur bisherigen Thematisierung Neuer Medien in der Psychologie

Der amerikanische Mathematiker Joseph Weizenbaum hat in den 1970er Jahren mit seinem Buch «Die Macht der Computer und die Ohnmacht der Vernunft» (1977) die Psychologie der Computertechnik in der deutschen Öffentlichkeit einflussreich thematisiert. Die weltweite Ausbreitung der Computertechnologie verstärkt nach Weizenbaum den Imperialismus der instrumentellen Vernunft, die sich in der Computertechnik materialisiert. Mitte der 1980er Jahre folgte aus dem deutschsprachigen Raum eine weitere Analyse der Mensch-Maschine-Beziehung, die im Schnittfeld von Pädagogik, Soziologie und Psychologie angesiedelt war (vgl. Bammé et al. 1983). Der Titel «Maschinen-Menschen, Mensch-Maschinen» signalisiert die These der Analyse, der zufolge Mensch und Maschine keine prinzipiell voneinander getrennten Einheiten darstellen. Der Computer verkörpere vielmehr ebenso wie die klassische Maschine ein spezifisches menschliches Denkmuster, die formale Logik, die durch den universalen Charakter der NM eine bislang ungekannte Verbreitungschance erhält. «Inwieweit gibt aber die Analyse der Maschine (als Abspaltungsprodukt des Menschen) Auskunft über die Identität des Menschen selbst?», fragte ein

Teil der Autoren in einem späteren Text (vgl. Bammé & Kempin 1987, S. 142). Der Arbeitspsychologe Walter Volpert warnt in seinem Buch «Zauberlehrlinge. Die gefährliche Liebe zum Computer» davor, dass das Maschinenhafte in uns selbst, unterstützt durch eine unhinterfragte Technikfaszination, zum dominierenden Element einer technikzentrierten Kultur wird. Er appelliert an die Fähigkeit der Menschen, technische Entwicklung zu gestalten, anstatt sich ihr auszuliefern, und empfiehlt: «Der Aufbau sozialer Netze muß den absoluten Vorrang vor der rein technischen Vernetzung erhalten!» (Volpert 1985, S. 187).

Diese provokativen und hypothetisch orientierten ersten Analysen gaben den Anstoß zu empirischen Studien in den 1990er Jahren. Für die folgende Diskussion sollen diejenigen Studien ausgewählt werden, die die Vielfalt möglicher psychologischer Perspektiven vor Augen führen, die zentrale psychologische Fragen untersuchen und/oder produktive Ansätze im Kontext einer Innovationstechnik verfolgen.

Die ersten Untersuchungen sind arbeits- und organisationspsychologisch orientiert, was sich dadurch erklärt, dass die Computerisierung im Erwerbsbereich einsetzte. Gemeinsam ist ihnen der Blick auf die Konstitution von Subjektivität unter dem Einfluss computergestützter Systeme. Daneben gab es eher pädagogisch ausgerichtete Studien, die sich mit Computerspielen beschäftigten, auf die an dieser Stelle nicht eingegangen wird.

Auf subjektive Bedeutungen, Bewertungen, Phantasien, Konflikte, die das Verhältnis zwischen Mensch und PC prägen, richtete sich das Erkenntnisinteresse in einer Studie, die von einer Bremer Forschergruppe 1990 bis 1993 durchgeführt wurde (vgl. Leithäuser, Löchel, Scherer & Tietel 1995). Forschungsfeld war der bremische öffentliche Dienst; untersucht wurden mit Hilfe der Methode der themenzentrierten Gruppendiskussion, des problemorientierten Interviews, des Expertengesprächs und der teilnehmenden Beobachtung Sachbearbeiter, an deren Arbeitsplatz die Computertechnik neu eingeführt worden war. Der theoretische Zugang erfolgte über das Schlüsselkonzept Evokation, dem zufolge technische Artefakte Erlebnismuster initiieren, die sich unter dem Einfluss sozialer Strukturen und individueller Dispositionen unterschiedlich gestalten. Es wurde herausgefunden, dass die durch die PC-Einführung ausgelöste Verunsicherung von Routinen die Sachbearbeiter in ihrer Selbstgewissheit in Frage stellt und Bewältigungsstrategien herausfordert, die sich als «Konfliktumarbeitungsstrategien» (ebd., S. 273) darstellen. Als solche wurden identifiziert: Umarbeitung von Ohnmacht in subjektives Machterleben, Wiederherstellungsversuche des verunsicherten Selbstwertgefühls, Personifizierung des Computers sowie der Rekurs auf geschlechtsspezifische Stereotypen. Die durch die Computertechnik möglich gewordene Modernisierung von Kopfarbeit führt, so betonen die Forscher, zu einer tiefen Verunsicherung und zu der Frage, was sich als spezifisches menschliches Arbeitsvermögen einer Substitution widersetzt. Der Computer wird als Spiegel wesentlicher, früher dem Menschen vorbehaltener Fähigkeiten erlebt. Die festgestellte Intensität des Beherrschen-Wollens dieser Technik gründet in der Sorge um den eigenen Wert.

Die subjektive Perspektive stand auch im Mittelpunkt einer Anfang der 1990er Jahre im Bereich der Softwareentwicklung durchgeführten Untersuchung (vgl. Schachtner 1993). Den Erkenntnisgegenstand bildeten das computerbezogene Denken, Wahrnehmen und Fühlen von Softwareentwicklern und Künstliche-Intelligenz-Forschern. Mit diesen Berufsgruppen rückten die materiellen und immateriellen Bestandteile (Hardware und Software) der Computertechnik ins Blickfeld der Analyse, die sich eines verstehend-interpretativen methodischen Ansatzes bediente. Dieser umfasste thematisch strukturierte Interviews sowie von den Untersuchungsbeteiligten angefertigte ‹Körperbilder›, die eine Antwort auf die Frage gaben: Was von mir ist beteiligt, wenn ich programmiere? Der theoretische Zugang erfolgte mittels interaktionistischer und konstruktivistischer Perspektiven in Verbindung mit der psychoanalytischen Perspektive von D. W. Winnicott.

Ein zentrales Ergebnis war die Identifikation des Computers als Grenzobjekt, d. h. als ein Objekt, das die Entwickler abwechselnd als zur eigenen Person gehörig, als ein anderes Ich oder als Ding erleben. Das Grenzobjekt Computer konstituiert einen intermediären Raum, der nicht nur der Entwicklung von Computerprogrammen, sondern auch der Persönlichkeitsentwicklung dient (vgl. Grüter 1999). Wichtig sind in diesem Zusammenhang die Einbindung der Entwickler in die rationalistische Tradition, die Anerkennung verspricht, Spiel und Kreativität, thrill und skill beim Programmieren sowie die Entwicklung von Ordnungsmustern, die die Sicherheitsbedürfnisse der Entwickler befriedigen. Dagegen steht die erfahrene Fragmentierung von Subjektivität, ausgelöst durch die Dominanz des Geistes auf Kosten leiblicher Erfahrung und der damit einhergehende Welt- und Ichverlust. Dieser Widerspruchserfahrung begegnen die Subjekte mit kognitiven und emotionalen Ambivalenzen, die ebenso wie bei den Nutzern der Computertechnik Bewältigungsstrategien herausfordern wie Anpassung, Kompensation, die in der Freizeit gesucht werden, und Distanzierung z. B. in Form von Ausstiegsphantasien und Traumwelten, die beim Programmieren wie ein zweiter Film mitlaufen. Auch diese Untersuchung bestätigt eine Wechselbeziehung zwischen Mensch und Computer; Ersterer erfährt sich als Subjekt und Objekt, als Akteur und Adressat, als mächtig und ohnmächtig (vgl. Schachtner 1997).

Dass der Umgang mit computergestützten Systemen nicht nur Entwickler und Nutzer dieser Systeme betrifft, hat Christel Kumbruck mit ihrer Studie über das Datenverarbeitungssystem CoArb (1990) herausgefunden, das eine überregionale Arbeitsvermittlung in den Arbeitsämtern unterstützt. Kumbruck arbeitete mit leitfadengestützten Interviews und teilnehmender Beobachtung. Ihre empirischen Befunde besagen, dass die mit Hilfe von CoArb durchgeführte Arbeitsvermittlung die Interaktion zwischen Arbeitsvermittler und Arbeitssuchenden einschneidend verändert. Da alle Fälle unter das quantitative Raster subsumiert werden müssen, gestaltet sich die Arbeitsvermittlung zulasten emotionaler Beteiligung als rein intellektuell zu lösendes Problem. Sowenig wie das Fingerspitzengefühl der Vermittler gefragt ist, so wenig gehen die Besonderheiten des Einzelfalls in den Prozess der Arbeitsvermittlung ein. Das Verhältnis zwischen Mensch und computergestütztem System beschreibt sie als ein hierarchisches, da es wenig Gestaltungsspielraum für die Subjekte enthält.

Neben dem Forschungsgegenstand *Arbeit* wurde mit zunehmendem Einsatz der Informations- und Kommunikationstechnologie in der Aus- und Weiterbildung das *Lernen* ab Mitte der 1990er Jahre zum Gegenstand psychologischer Forschung. Es interessierte, ob sich durch die Nutzung dieser Technologie Lernprozesse effizienter gestalten, ob sich neue Lernformen eröffnen und ob sich Lernerfolge steigern lassen. Einbezogen in die Forschung wurden nun auch elektronische Datennetze wie das Internet, die wachsende Bedeutung gewannen. Erwähnt sei eine Studie von Heinz Mandl und Gabi Reinmann-Rothmeier (1997), die sich mit selbstgesteuertem Lernen in Multimedia-Systemen (Multimedia bezeichnet die Integration mehrerer Symbolsysteme wie Text, Bild, Graphik, Sound) und mit kooperativem Lernen in netzbasierten Lernumgebungen befasst. Unter selbstgesteuertem Lernen verstehen die Autoren, dass der/die Lernende die Informationen aus Texten und Bildern selbst (vgl. Schachtner 1997) auswählt und diese eigenständig in mentale Modelle integriert. Kooperatives Lernen mit Neuen Medien meint die netzbasierte Kommunikation und Kooperation in Gruppen; es ist von örtlichen und zeitlichen Grenzen befreit. Die Autoren beurteilen das Lernen mit Neuen Medien skeptisch. Sie führen einerseits an, dass die Neuen Medien ein großes Potenzial für selbstgesteuertes und kooperatives Lernen bergen, andererseits verzeichnen sie eine Reihe von Lernhindernissen. Selbstgesteuertes Lernen führe aufgrund der vielen Entscheidungen, die Lernende treffen müssen, häufig zu einer kognitiven Überforderung. Der Koordinationsaufwand sei in der netzbasierten Kooperation ungleich höher als in der Face-to-Face-Kooperation; die erforderlichen Kapazitäten würden den aufgabenbezogenen Prozessen entzogen. Nach der Devise «Aufpassen! Es ist nicht alles Gold, was sich anklicken lässt!» (ebd., S. 16) relativieren Mandl/Reinmann-Rothmeier überzogene Hoffnungen und plädieren dafür, das computergestützte Lernen in eine neue problemorientierte Lernkultur einzubinden, die ein Lernen mit authentischen Problemstellungen sowie professionelle Unterstützung vorsieht.

Mit dem Einsetzen des Internet-Booms Mitte der 1990er Jahre verschob sich das Forschungsinteresse vom PC zu den neu eröffneten computergestützten Kommunikationsräumen. Wichtige Impulse setzte die Studie von Sherry Turkle «Life on a Screen», die 1995 erschienen war. Rezipiert wurden vor allem die von Turkle untersuchten Identitätsexperimente in den MUDs. Die MUD-Spieler schlüpfen in Rollen, so hatte Turkle ermittelt, die ihnen erlauben, verschüttete Seiten von sich selbst zu entdecken und auszuleben. MUDs sind für Turkle Labore zum Experimentieren mit sich selbst. Eine beliebte Form des Identity-Switch sei der Wechsel der Geschlechtsrolle. Das Tragen einer Maske fördert nach Turkle das tiefere Verständnis für das jeweils andere Geschlecht. Der netzbasierte Identitätswechsel realisiert ein Denken über das Selbst als ein mehrfaches, dezentriertes Selbst, das das Kernstück postmoderner Identitätstheorien bildet.

Nicola Döring (1999) dehnte die Untersuchung der netzbasierten Möglichkeiten zur Selbstdarstellung insofern aus, als sie das Spektrum der untersuchten Kommunikationsräume erweiterte. Ihren Forschungsschwerpunkt legte sie auf die gebräuchlichsten Anwendungen wie E-Mail, Mailinglisten, News, Chats. Döring relativiert die Bedeutung des Identitätswechsels für die Selbstdarstellung der User, was sicherlich auch mit den von ihr bevorzugt analysierten Kommunikationsformen zusammenhängt, die eher berufsbezogen genutzt werden im Unterschied zu MUDs, die neue Spielarenen darstellen. Als selbstdarstellerisch relevant ermittelte Döring das Antwortverhalten beim Mailen, intensives und kompetentes Posten, das Anerkennung und sogar Berühmtheit *(net fame)* sichert, aber auch die offensive Darstellung von Schwächen und Handicaps. Über Fragen der Identitätsbildung hinaus untersuchte Döring die Möglichkeiten der Beziehungsherstellung und Gruppenbildung im Netz. 42 Prozent von 332 Befragungspersonen, die sie im Rahmen ihrer Untersuchung angeworben hatte, pflegten mindestens eine subjektiv bedeutungsvolle reine

Netzbeziehung (ebd., S. 342). Ähnlich wie Turkle sieht auch Döring in der computergestützten Kommunikation Chancen für die Persönlichkeitsentwicklung: «Die vielfältigen Kommunikations- und Interaktionsszenarien bieten den Netzaktiven soziale Erfahrungsbereiche, Gruppenzugehörigkeiten und Rollen an, die ihnen bislang nicht zugänglich waren.» (ebd., S. 388). Dennoch seien keine dramatischen Effekte zu erwarten, weder im positiven noch im pessimistischen Sinn.

In einer eigenen Analyse habe ich elektronische Datennetze als spezifischen Entstehungskontext von Gefühlen untersucht (Schachtner 1999a, 1999b). Für das Gefühlsleben entstehen im Netz, so das Ergebnis der Analyse, neuartige Herausforderungen. Solche resultieren z. B. aus dem Zeitunterschied in der netzgestützten Kommunikation, aus der fehlenden leiblichen Präsenz, aus der Möglichkeit, Beziehungen rasch zu knüpfen und rasch wieder zu beenden, aus dem Risiko emotionaler Missverständnisse z. B. in interkulturellen Begegnungen. Die emotionalen Herausforderungen in der computergestützten Kommunikation beschreiben, so meine These, eine Dekonstruktion tradierter Strukturen von Subjektivität, die die Notwendigkeit einer veränderten Binnenausstattung der Subjekte markieren.

Identität, Kommunikation, Beziehung im Netz oder im Umgang mit dem PC sind die Themen, die sich wie ein roter Faden durch die bisherige psychologische Forschung über Neue Medien ziehen. Diese rühren an grundlegende Fragen menschlichen Seins, Sollens und Wollens. Es sind dies zugleich Fragen, die im Zuge des gegenwärtigen gesellschaftlichen Wandels neue Bedeutung und besondere Brisanz gewonnen haben.

3 Konturen eines lebensweltlich-interaktionistischen Ansatzes für medienpsychologische Forschung und Praxis

Auf der Basis der vorliegenden empirischen Erkenntnisse über das Verhältnis zwischen medialen und psychosozialen Strukturen sollen abschließend die Konturen eines psychologischen Ansatzes skizziert werden, der sich dazu eignet, dieses Verhältnis auch im Hinblick auf die zukünftige mediale Entwicklung adäquat zu erfassen und zu bewerten. In Abgrenzung von einer mediendeterministischen Sicht sprechen gerade die medienpsychologischen Analysen der letzten Jahre dafür, dass das angesprochene Verhältnis als ein Wechselverhältnis vorzustellen ist. Es ist situiert in einem soziokulturellen Kontext, der sich den Subjekten als Lebenswelt präsentiert. Unter Lebenswelt verstehe ich mit Schütz und Luckmann

(1975) die mit anderen geteilte, intersubjektive Welt in Gestalt von Werten, Leitbildern, Sinnzusammenhängen. Lebenswelt ist die Welt, die immer schon da ist, in die man/frau hineingeboren wird und die als Bezugsschema dient für die Aneignung neuer Erfahrungen. Doch unter den Bedingungen der Moderne sind die dem Subjekt Sicherheit verleihenden lebensweltlichen Strukturen brüchig geworden. Traditionelle Handlungsmuster und Lebensentwürfe verlieren an Gültigkeit (vgl. Giddens 1996). Dies produziert auf der Subjektseite Selbstverunsicherung, Selbstbefragung, Selbstzweifel, Krisen, aber es eröffnet auch Entwicklungspfade. Das Leben in der Moderne ist zu einem Experiment geworden.

Ein lebensweltlich-interaktionistischer Ansatz berücksichtigt die gesellschaftlichen Umbrüche als Deutungs- und Handlungsrahmen, innerhalb dessen sich sowohl die Neuen Medien, ihre Anwendungen und Angebote als auch der Modus entwickeln, in dem sich die Subjekte auf das mediale Angebot beziehen. Dieser Bezug gestaltet sich als interaktiver, der sich in der Fähigkeit der Subjekte begründet, alltägliche Erfahrungen für den Umgang mit Neuen Medien und die Deutung medialer Inhalte zu nutzen und damit an der Konstruktion von Lebenswelt mitzuwirken. Das interagierende Subjekt ist einerseits autonom, da es mit seinen Fragen, Wünschen, Ängsten und Interessen in die mediale Interaktion eintritt, andererseits heteronom, da die Neuen Medien als Artefakte mit einer eigenen logischen Struktur die Art und Weise subjektiver Anfragen und Deutungen limitieren. Eine lebensweltlich-interaktionstheoretisch orientierte Psychologie fragt nach dem Stellenwert der Neuen Medien im Hinblick auf den an das Subjekt gestellten Anspruch, das Experiment der Moderne zu bestehen.

Neben den elektronischen Datennetzen markieren neueste technische Kreationen wie Cyborgs, in denen sich die Grenzen zwischen Mensch und Maschine mehr als bisher verflüssigen, gegenwärtigen Forschungsbedarf (vgl. Schachtner 2000). Identität, Kommunikation und Beziehung könnten im Hinblick auf beide Forschungsfelder vor dem Hintergrund der gesellschaftlichen Veränderungen und deren Konsequenzen für das Subjekt weiterhin als erkenntnisleitende Kategorien dienen.

In Bezug auf elektronische Datennetze könnte gefragt werden:

- Fördert der Umgang und die Nutzung der elektronischen Informations- und Kommunikationsmedien Phantasie und Kreativität, den Mut zur Neugestaltung von Lebensverhältnissen?
- Erlaubt die Teilhabe an computergestützten Kommunikationsforen das Experiment mit verschiedenen Identitäten in einer Weise, die in einer pluralen und widersprüchlichen Welt handlungsfähig macht?

- Bilden sich entlang der elektronischen Kommunikationskanäle neue Gemeinschaftsformen, die die brüchig gewordenen alten ersetzen?
- Erfahren die Subjekte in der computergestützten Kommunikation Anerkennung und Autonomie als Gegengewicht zu erlebter Ohnmacht in der Welt jenseits des Bildschirms?
- Welche Konsequenzen hat das Agieren in virtuellen Realitäten für das Leben jenseits virtueller Begegnungen?

Ein einschlägiges Forschungsprojekt ist das Palace-Projekt von Angela Thomas (2000). Thomas hat unter Beteiligung von Kindern zwischen acht und 16 Jahren aus Amerika, Australien und Europa einen virtuellen Palast geschaffen. Jedes Kind hat in der bunten Phantasie- und Traumwelt seinen eigenen, von ihm selbst eingerichteten Raum. Die Kinder bewegen Spielfiguren in diesen Räumen, manchmal mehrere, die miteinander plaudern, technische Probleme lösen und Partys feiern, die sie gemeinsam planen. Thomas hat in ihrer Begleituntersuchung festgestellt, dass die Kids personale und soziale Identitäten kreieren. Ihre Suche nach personaler Identität zeigt sich für sie am eindrucksvollsten darin, wie sie ihre Spielfiguren kleiden; sie sind bemüht, verschiedenste Kleidungsstücke miteinander zu kombinieren und die Kombinationen immer wieder zu verändern. Die Kids bilden außerdem Lerngruppen, in denen technische Probleme gelöst werden. Thomas bemerkt: «Children are becoming a generation of teachers!» Darüber hinaus entwickeln sie virtuelle Gemeinschaften, die sich durch bestimmte Insignien, einen bestimmten Slang und wechselseitige Solidarität auszeichnen. Die entstehenden sozialen Netzwerke erstrecken sich über mehrere Kontinente hinweg. Die sozialen Aktivitäten der Kids betrachtet Thomas als Versuche, eine zukunftsweisende Identität zu entwerfen, die sie in Anlehnung an Bernstein als «prospective identity» (Thomas 2000, S. 1) bezeichnet.

Fragen nach der Gemeinsamkeit und den Differenzen zwischen Mensch und Maschine stellen sich im Zusammenhang mit technischen Errungenschaften wie Cyborgs z. B. in Form von transformativem Spielzeug und Artificial-Life-Produkten. Unter transformativem Spielzeug versteht man hybride Konstruktionen aus Mensch/Maschine/Tier. Eine bestimmte Sorte transformativen Spielzeugs kann abwechselnd die Gestalt von Panzern, Robotern und Menschen annehmen, sodass ein Roboterarm aus einem menschlichen Körper oder ein menschliches Bein aus einem Panzer ragt (vgl. Turkle 1998, S. 275). Ein Kind nahm Anstoß, wie Turkle berichtet, an der Uneindeutigkeit dieser Wesen: «Ihr solltet entweder ganze Maschinen oder ganze Menschen daraus machen.» Ein anderes antwortete: «Es ist nichts dabei, wenn es halb das eine und halb das andere ist.»

Ein Produkt der Artificial-Life-Forschung ist das Programm Simlife, das die User auffordert, in einem virtuellen dynamischen Ökosystem evolvierende Kreaturen zu schaffen. Artificial Life ist die Wissenschaft des Entwerfens von evolvierenden Organismen, deren Entwicklung von niederen zu höheren Seinsstufen verläuft. Für den zehnjährigen Robbie sind Artificial-Life-Organismen ein «bisschen lebendig», solange der Computer angeschaltet ist. Aber er zieht auch in Betracht, dass die Artificial-Life-Geschöpfe herausfinden könnten, wie man Teile des Programms umgeht, «dann könnten sie bei eingeschaltetem Modem den Computer verlassen und zu America online gehen» (zit. n. Turkle 1998, S. 272). Technische Entwicklungen dieser Art provozieren Fragen wie:

- Wie werden die Mensch-Maschine-Kreationen von Kindern und Jugendlichen wahrgenommen?
- Welche Beziehungsformen entwickeln sie zu diesen Wesen?
- Welche kognitiven, emotionalen und sozialen Fähigkeiten werden gefördert und welche nicht?
- Welche Konsequenzen haben erfahrene Grenzüberschreitungen für die Identitätsbildung?
- Wie wirken sich Begegnungen mit hybriden Geschöpfen online auf Beziehungen jenseits der Medienwelt aus?

Die zunehmende Medialisierung unserer Gesellschaft markiert neben Forschungs- auch Handlungsbedarf; sie betrifft die psychologische Praxis im Bereich von Erziehung, Beratung, Training, Therapie. Ein bedürfnisgerechter, subjektiver und reflexiver Umgang mit den medialen Angeboten bezeichnet schon heute eine Bedingung alltäglichen Sichzurechtfindens. Die Förderung von Medienkompetenz beschreibt eine Aufgabe für Psychologen, die das Subjekt darin unterstützen wollen. Im Hinblick auf diese Aufgabe sollen vier Dimensionen von Medienkompetenz (vgl. Schachtner i. E.) unterschieden werden:

1. *Instrumentell-qualifikatorische Dimension:* technische Fertigkeiten, die einen effizienten bedürfnisangepassten Gebrauch der Neuen Medien ermöglichen;

2. *Aneignungs- und Gestaltungsdimension:* Fähigkeit zur kreativen Nutzung Neuer Medien als Wissensquelle und als Ressource der Persönlichkeitsentwicklung mit dem Ziel, gesellschaftliche Teilhabe zu sichern und ästhetische und emotionale Bedürfnisse des Individuums zu befriedigen;

3. *Reflexiv-kritische Dimension:* Einsicht in die Risiken des Umgangs mit Neuen Medien und die Fähigkeit, diese zu minimieren oder abzuwenden;

4. *Medienkontrastierende Dimension:* Fähigkeit und Bereitschaft, den Mediengebrauch so in den Alltag zu integrieren, dass andere Erfahrungs-

bezüge z. B. zur Natur, zur sozialen Umwelt nicht ausgegrenzt werden, sondern vielmehr genutzt werden können, um mediale Erfahrungen zu kontrastieren.

Literatur

Bammé, A. & Kempin, P. (1987). Aspekte der Maschinisierung des Menschen. In: A. Bammé, P. Baumgartner, W. Berger & E. Kotzmann (Hg.), Technologische Zivilisation, S. 133–146. München.

Bammé, A., Feuerstein, G., Genth, R., Holling, E., Kahle, R. & Kempin, P. (1983). Maschinen-Menschen. Mensch-Maschinen. Grundrisse einer sozialen Beziehung. Reinbek.

Döring, N. (1999). Sozialpsychologie des Internet. Göttingen.

Fischer, A., Fritzsche, Y., Fuchs-Heinritz, W. & Münchmeier, R. (2000). Jugend 2000. 13. Shell-Jugendstudie. Opladen.

Giddens, A. (1996). Leben in einer posttraditionalen Gesellschaft. In: U. Beck, A. Giddens & S. Lash (Hg.), Reflexive Modernisierung, S. 113–194. Frankfurt/M.

Grüter, B. (1993). Der Sinn des Rechners. Über die *andere* Seite des formalen Denkens. In: Ch. Schachtner (Hg.), Technik und Subjektivität. Das Wechselverhältnis zwischen Mensch und Computer aus interdisziplinärer Sicht, S. 106–127. Frankfurt/M.

http./www.w3b.de

Kumbruck, Ch. (1990). Die binäre Herr-Schaft. Intuition und logisches Prinzip. München.

Leithäuser, Th., Löchel, E., Scherer, B. & Tietel, E. (1995). Der alltägliche Zauber einer digitalen Technik. Wirklichkeitserfahrung im Umgang mit dem Computer. Berlin.

Mandl, H. & Reinmann-Rothmeier, G. (1997). Wenn neue Medien neue Fragen aufwerfen: Ernüchterung und Ermutigung aus der Multi-Media-Forschung. Forschungsbericht Nr. 85. München.

Schachtner, Ch. (1993). Geistmaschine. Faszination und Provokation am Computer. Frankfurt/M.

Schachtner, Ch. (Hg.) (1997). Technik und Subjektivität. Das Wechselverhältnis zwischen Mensch und Computer aus interdisziplinärer Sicht. Frankfurt/M.

Schachtner, Ch. (1999a). Netfeelings. Das Emotionale in der computergestützten Kommunikation. Journal für Psychologie 4, S. 46–54.

Schachtner, Ch. (1999b). Gefühle online – Zur Inszenierung des Emotionalen am Computer. In: Ch. Klotter (Hg.), Liebesvorstellungen im 20. Jahrhundert, S. 313–330. Gießen.

Schachtner, Ch. (2000). Zwischendinge und Mischexistenzen. Erfahrungen des Uneindeutigen am Computer. In: H. A. Hartmann & R. Haubl (Hg.), Von Dingen und Menschen, S. 151–166. Wiesbaden.

Schachtner, Ch. (i. E.). Medienkompetenz in a Changing Society. Medien praktisch.
Schütz, A. & Luckmann, Th. (1975). Strukturen der Lebenswelt. Darmstadt.
Thomas, A. (2000). The Cyber Child. Unveröffentl. Manuskript. Sydney.
Turkle, Sh. (1995). Life on a Screen. Identity in the Age of the Internet. London.
Turkle, Sh. (1998). Leben im Netz. Identitäten in Zeiten des Internet. Reinbek.
Volpert, W. (1985). Zauberlehrlinge. Die gefährliche Liebe zum Computer. Weinheim.
Weizenbaum, I. (1977). Die Macht der Computer und die Ohnmacht der Vernunft. Frankfurt/M.

Heiner Keupp und *Klaus Weber*

Zur Zukunft der Psychologie als Wissenschaft und Handlungsfeld

1 Psychologie: von der überhitzten Konjunktur in die Krise

Wie geht es eigentlich der Psychologie als Disziplin und als Handlungsfeld? In den 60er und 70er Jahren des 20. Jahrhunderts gehörte die Psychologie zu den expansiven Fächern. Ihre universitären Bastionen wurden ständig erweitert, die Zahl der diplomierten Psychologen wuchs ebenfalls ständig. Auch die renommierte Max-Planck-Gesellschaft, in der sich die Mandarine der Spitzenforschung versammeln, hat dem Zeitgeist Tribut gezollt und ein Max-Planck-Institut für Psychologische Forschung gegründet. Eine Vielzahl von Praxisfeldern hat sich entwickelt, in denen die Psychologie die Leitwissenschaft wurde. Der Zulauf zum Fach war so groß, dass die Zulassungszahlen begrenzt werden mussten, und Abiturienten hatten ein ausgesprochen gutes Abiturzeugnis vorzulegen, wollten sie einen Studienplatz erhalten.

Die Psychologie hatte das Image einer Modernisierungswissenschaft. Sie gehörte zu jenen Disziplinen, aus denen Instrumente des «Hinterfragens» bezogen wurden. Hinterfragt wurden traditionale Charaktermasken und ihre pathogenetischen Grundzüge. Vor allem die klinisch orientierte Psychologie reklamierte durchaus den Status einer Aufklärungswissenschaft. Die Mehrheit der Studierenden kam aus (klein-)bürgerlichen Elternhäusern, und sie knüpften an die Psychologie die Hoffnung einer Überwindung entfremdeter Lebens- und Arbeitsbedingungen. Sie erlebten die Unzufriedenheit ihrer Väter und Mütter, die zwar als Ernährer in einer boomenden Nachkriegswirtschaft zunehmend erfolgreich waren, aber sich in ihren Berufen oft unglücklich fühlten. In gewisser Weise steht die Psychologie für einen «Wertewandel» hin zu «postmaterialistischen Werten» (vgl. Inglehart 1997). Aber die Psychologie gewann nicht zufällig in jener historischen Etappe an Gewicht, da in Politik, Verwaltungen und Wirtschaft ein Reformschub eingeklagt wurde. Die ersten Vorläufer des sich globalisierenden Kapitalismus räumten mit traditionellen Sozialcharakteren auf, und die Psychologie hatte die nicht unwichtige Rolle, autoritäre Innenwelten und starre Verhaltensstandards zu überwinden. Der «flexible Mensch», wie ihn Sennett (1998) beschrieben hat, ist auch ein psychologisch gefilterter Mensch. Die «Dialektik der Aufklärung» gilt auch für die Psychologie.

Im Gefolge des wachsenden Interesses an der Psychologie drängten Absolventen der Diplomstudiengänge in so großer Zahl in den klinisch-therapeutischen Bereich, dass eine gesetzliche Regelung für den psychologischen Psychotherapeuten schon 1978 versucht wurde (es hat allerdings bis 1999 gedauert, bis diese zustande kam). Die Psychologie bedurfte auch deshalb einer heilkundlichen Regelung, weil der Titel des Psychologen nicht geschützt war und viele Scharlatane, Sektengründer und Vertreter selbstgestrickter Psychologien den Psychomarkt bevölkerten. Da tat sich also ein großes Tätigkeitsfeld auf, und es wurde von gesellschaftskritischer (vgl. Sennett 1985) und konservativer Seite vor der Entstehung einer «psychologischen Gesellschaft» gewarnt, in der die alltägliche Deutungshoheit der Psychologie in den Medien und in den Alltagsdiskursen bestehen würde. Obwohl diese Warnung unverändert im Raum steht, hat sich die weitere Psychologisierung der Deutungsmuster nicht unbedingt in einem weiteren Ausbau psychologischer Handlungsfelder ausgewirkt.

Und wo steht die Psychologie jetzt als Wissenschaft und Handlungs- und Praxisfeld? Wenn man aktuelle Studienabgänger der Psychologischen Institute der Bundesrepublik Deutschland befragen würde, wären die Antworten vermutlich nicht sehr optimistisch. Der klinisch-psychotherapeutische Bereich ist so gut wie «gedeckelt». Um kassenfinanzierte Psychotherapien zu ermöglichen, haben sich Mediziner und Psychologen auf einen «historischen Kompromiss» eingelassen, der zwar einigen Psychologen den Zugang zu diesen Finanzierungswegen eröffnet hat, aber inzwischen herrscht ein fast flächendeckender Niederlassungsstopp. Die «claims» sind verteilt, und bei einigen psychotherapeutischen Weiterbildungsinstitutionen gibt es kaum mehr Anmeldungen für die teuren Zusatzausbildungen. So bleibt vielen nur noch der «freie Markt» und die Hoffnung, dass durch eine Verlagerung des Interesses vom klinisch-therapeutischen Feld auf die Bereiche Wirtschaft und Organisationen noch psychologische Arbeitsmarktchancen gegeben sein könnten. Kann man nun davon sprechen, dass die Konjunktur psychologischer Denk- und Handlungsmodelle vorbei ist? Ist der psychologische Komet am Verglühen? Wird er abgelöst von jenen Kometen, die die Neurowissenschaften und die Genforschung längst hochsteigen lassen? Ist es nicht an der Zeit, von einer «Krise der Psychologie» zu sprechen?

Die «Krise der Psychologie» ist als Titel längst verbraucht. Karl Bühler hat seiner Disziplin schon 1927 diese Diagnose gestellt. Die Notwendigkeit ihrer «Erneuerung» ist in Wellenbewegungen immer wieder betont worden. Die letzte dieser Bewegungen hat zur Gründung der «Neuen Gesellschaft für Psychologie» geführt, an deren nicht gerade blühender Entwicklung man ablesen kann, dass die Krisendebatte schnell auch zu gewissen Ermüdungseffekten führt. Sind nicht alle denkbaren Argumente schon mehrfach formuliert worden? Ist es befriedigend, sie noch einmal zusammenzutragen? Nein! Aber es macht Sinn, die fachliche Identitätsentwicklung der Psychologie zu rekonstruieren. Als Disziplin ist sie trotz ihrer 200 Jahre noch sehr jung. Sie hat wahrscheinlich noch nicht einmal einen paradigmatischen Kern, den nach Thomas Kuhn jede reife Wissenschaft entwickeln muss. Sie zeigt adoleszente Züge, in denen sich Größenphantasien mit übernommenen Identitätspartikeln mischen. Auch der Wunsch nach einer «purifizierten Identität» drückt halbwüchsige Ganzheitsphantasmen aus und die Sehnsucht nach Eindeutigkeit.

Die Psychologie liefert in verschiedenen ihrer Szenen Belege für diese Sehnsucht: Da machen sich Psychologen und Psychologinnen auf die Suche nach dem «wahren» und «authentischen Selbst» bzw. bieten sich als wissende Begleiter auf dieser Suche an. Auch wenn sich das nomothetische Lager in der Psychologie von einer solchen eschatologischen Sprache klar unterscheidet, hat sie durchaus auch ein implizites oder explizites Verständnis von dem «einen Weg», den eine wissenschaftliche Psychologie zu gehen hätte und der allein wahre Erkenntnis über das psychische Geschehen verbürgen würde. Um diese «Glaubensgewissheit» im wissenschaftlich-rationalistischen Gewand schart sich eine «Gemeinde» (die sog. scientific community), die sich darin wechselseitig bestätigt, dass das der richtige Weg sei. Das ist durchaus auch ein Identitätsgehäuse, das Heimat und Geborgenheit verspricht. Es ist ein fachliches Identitätsgehäuse, ein disziplinärer Rahmen, in dem allein sich alle psychologischen Subeinheiten des Fachs einzurichten hätten, wenn sie denn dem Anspruch gerecht werden wollten, wissenschaftliche Psychologie zu betreiben. Gerade der Stellenbesetzungsschub, der sich nach dem Zusammenbruch der DDR in den neuen Bundesländern vollzog, belegt diese Einschätzung: Die Identifikation mit psychologischen Richtungen, die sich den Zwängen dieses Identitätsgehäuses kritisch entziehen, ist gleichbedeutend mit dem Verlust der Chance, auf eine der zu besetzenden Hochschullehrerstellen berufen zu werden. Diese zentralistische Fach- bzw. Machtpolitik steht in einem befremdlichen Verhältnis zu einem dezentrierten oder gar fragmentierten Erscheinungsbild der Psy-Professionen und auch der wissenschaftlichen Psychologie.

2 Das «psychologische Jahrhundert» – aber die Psychologie findet keine eigenständige Identität

Das «psychologische Jahrhundert» (vgl. Koch & Leary 1985) ist ein paradoxes Phänomen: Je mehr sich psychologische Sichtweisen soziokulturell ausbreiten, desto zweifelhafter ist es um die Identität der Psychologie bestellt. Es wird zunehmend klar: In dieser singularisierten Form gibt es weder «eine Psychologie» und entsprechend auch keine einheitliche Identität. Sie ist objektiv in einem Zustand der Pluralität und postmodernen Beliebigkeit. Alle Versuche, der Psychologie ein einheitliches Identitätskorsett anzudienen oder aufzuherrschen (nennen wir es die «Corporate Identity der Mainstreampsychologie»), werden diesen Zustand nicht entscheidend verändern können. Diese These soll im Weiteren entfaltet werden. Es stellt sich im Anschluss daran die Frage, ob damit das Ende einer Disziplin und Profession eingeläutet ist, der schon Kant keine rechte Chance gab, oder ob diese Einsicht Möglichkeiten für eine fachliche Neuorientierung enthält.

Es soll aufgezeigt werden, dass die Psychologie einen «Identitätsstatus» überwinden muss, den man in Anlehnung an die Identitätsforschung als «übernommene Identität» oder «Imitationsidentität» bezeichnen könnte, und dass sie als Disziplin eine «erarbeitete Identität» braucht (im Sinne von Marcia 1980), die an ihren gesellschaftsgeschichtlichen Ursprung zurückführt: Die Psychologie ist von ihrem Ursprung her eine Disziplin, die an den Chancen und Notwendigkeiten eines sich selbst reflektierenden Subjekts ansetzt. Sie hat sich in ihrem Verwissenschaftlichungsprozess dem geistigen Grundriss der Moderne unterworfen, die Rationalitätskriterien der Naturwissenschaften übernommen und sich damit als «Imitationswissenschaft» etabliert (Koch 1973, S. 220). Ihr ist damit der reflexive Bezug auf die sozialhistorischen Bedingungen ihrer eigenen Möglichkeit abhanden gekommen. Ihr steht die reflexive Durchdringung der eigenen Konstrukte noch bevor.

Das Interesse an psychologischen Fragen steht in einem krassen Missverhältnis zu den Antworten der Disziplin, wie sie sich in ihrem Hauptstrom versteht. Sie hat zu den anstehenden psychosozialen Problemkomplexen entweder keine oder höchst abstrakt-allgemeine Aussagen anzubieten. Weil dies häufig so ist, entstehen eine Fülle von «selbstgestrickten Psychologien» oder Antworten auf dem Niveau psychologischer Stammtischdiskurse. Was hat etwa die akademische Sozialpsychologie mit ihrem kognitivistischen Zuschnitt zur Erklärung der tiefreichenden Identitätsbrüche beizutragen, die mit dem Ende der DDR verbunden waren oder zum Verständnis des gewaltigen Ausländerhasses und den aus ihm folgenden Gewaltausbrüchen? Dass gleichwohl Fragen nach den psychologisch-gesellschaftlichen Hintergründen solcher Phänomene auftauchten, lag nahe. Dass über einen längeren Zeitraum der Hallenser Psychotherapeut Hans-Joachim Maaz mit seinen psychologisierend-pathologisierenden Deutungen (vor allem mit den beiden Büchern «Gefühlsstau» [1990] und «Das gestürzte Volk» [1991] sowie unzähligen Medienauftritten) den öffentlichen Diskurs fast alleine bestimmte, ist klar, solange aus dem Bereich der akademischen Psychologie keine Alternativen angeboten werden. Es dürfte kaum einen Vertreter der akademischen Psychologie geben, der sich nicht kritisch von den übergeneralisierenden interpretatorischen Schnellschüssen von Maaz absetzen würde, aber gleichzeitig gibt es nur vereinzelte öffentlich hörbare Stimmen, die zu aktuellen Phänomenen aus dem Krisenlaboratorium des «deutsch-deutschen Großversuchs» fachpsychologisch Stellung nehmen oder Erklärungsangebote machen. Dieses aktuelle Beispiel steht exemplarisch für das strukturelle Defizit der Psychologie in Bezug auf die Entwicklung zeitdiagnostischer und problemlösender Kompetenzen. Wie ist eine solche Diskrepanz zwischen dem gesellschaftlichen «Hunger nach Psychologie» und der Abstinenz des Fachs zu erklären?

Ende der 1960er Jahre hatte George A. Miller (1969) in seiner Präsidialrede vor dem Kongress der American Psychological Association (APA) eine Antwort auf diese Frage zu geben versucht. Für ihn ist die «wissenschaftliche Psychologie potentiell eine der revolutionärsten intellektuellen Unternehmungen, die sich der menschliche Geist jemals ausgedacht hat» (S. 1065). Das Problem sei jedoch, dass er in den hermetisch abgeschlossenen disziplinären Bezirken des Fachs wie in einer Geheimloge verborgen ist. Miller forderte deshalb seine Kollegen auf, darüber nachzudenken, «how best to give psychology away» (S. 1074). Ähnlich argumentierten zu dieser Zeit verschiedene maoistische Politsekten, die eine «Wissenschaft für das Volk» forderten. Wissenschaftliches Wissen als eine privilegierte Quelle der Weltbewältigung sollte möglichst allen Menschen segensreich zugute kommen. Edward E. Sampson (1991, S. 278) nennt diese Position «eine Demokratisierung der Ergebnisse» der wissenschaftlichen Psychologie. Diese Position unterstellt ein psychologisches Wissensreservoir, zu dem die Zugänge gebahnt werden müssten. Entsprechend dieser Empfehlung wird auf psychologischen Fachkongressen großer Wert auf die Pressearbeit gelegt. Die Journalisten werden als Disseminationsagenten verstanden: «Geht hinaus und verkündet allen Völkern (...)!» Aber gibt es da überhaupt eine «Botschaft», die verkündet werden kann? Hat die Profession z. B. Erklärungen für die Konsequenzen der zugespitzten ökologischen Krisen und ihre Auswirkungen auf die Entwicklung des Lebensgefühls und die Identität von Kindern und Jugendlichen? Kann sie verständlich machen, mit welcher Urgewalt sich Hass und Barbarei in einer hochzivilisierten mitteleuropäischen Gesellschaft Ausdruck verschaffen? Kann sie plausibel machen, wie sich in einer Überflussgesellschaft Suchtphänomene ausbreiten können? Eine Antwort auf Fragen dieser Art lässt sich auch in den öffentlich unzugänglichen Geheimtresors der Psychologie nicht entdecken. Da ist jedenfalls nicht sehr viel, das einer «Demokratisierung des Wissens» bedarf. Millers Kritik am «elitären Zentrismus», dem Konsens unter den «Eingeweihten», dessen Schwäche einzig und allein darin liege, dass er nicht für alle potenziellen Nutznießer zugänglich sei, suggeriert einen Wissensschatz, der allen Menschen zugänglich gemacht werden sollte. Der präsidiale Appell von Miller überschätzt in grotesker Weise, was da wirklich zu holen ist.

Einige Jahre später fällt sein Blick auf das Fach schon deutlich skeptischer aus. Offensichtlich enthält das disziplinäre Selbstverständnis des vorherrschenden psychologischen Blicks einen Typus der Problemreduktion, die es fraglich erscheinen lässt, ob hier noch ein produktiver Wissenskern der demokratischen Verbreitung harrt. Miller kommt zu der Einschätzung, «daß Experimentalpsychologen zu einer beruflichen Aversion gegenüber umfassenden Sichtweisen auf das psychische Leben tendieren. Liegt ein interessantes Phänomen vor, geht ihr Reflex nicht dahin, danach zu fragen, wie es sich in ein größeres System einfügt; ihr erster Impuls geht dahin, es auf etwas Uninteressantes zu reduzieren» (1986, S. 281).

Der Hauptstrom in der akademischen Psychologie hat sich offensichtlich ein Flussbett im gesellschaftlichen Niemandsland gegraben. Zwar wird in den öffentlichen Professionsdeklarationen der Beitrag des Fachs zur Förderung der allgemeinen Wohlfahrt oder die Orientierung am öffentlichen Interesse betont, aber das gehört zur Rhetorik, auf die kein Fach verzichten kann. Man sollte sich hüten, solche Deklamationen wörtlich zu nehmen.

W. Bevan, ein späterer Präsident der nordamerikanischen Psychologen, sieht in der Psychologie einen fragwürdigen Prozess der arbeitsteiligen Spezialisierung, die eine Tendenz der «Eigenlimitierung» des Blicks und der Fragestellungen befördert (1982, S. 1312). In einer späteren Publikation (1986) geht er genauer auf diesen Prozess ein. Er ordnet ihn ein in eine allgemeine Strömung der Diversifizierung von Wissen und von wissenschaftlichen Zugängen in allen akademischen Disziplinen. Er unterscheidet die Differenzierung von Wissen, die sich normalerweise vollzieht, wenn sich ein intellektuelles Projekt entfaltet, von der Spezialisierung, einer Strategie des Umgangs mit der Differenzierung und der Fragmentierung des intellektuellen Projekts. Die Fragmentierung sei der gegenwärtige Normalzustand und sei im Wesentlichen auf die Strukturen der Universitäten und der Forschungsfinanzierung zurückzuführen. Resultat sei «der Kult eines ungezügelten Individualismus, der weithin unsere Gesellschaft beherrscht, aber der in seiner extremsten Form in unseren Colleges und Universitäten besteht» (ebd., S. 379). Bevan beklagt einen «Forschungsstil», der Problemdetails zu Tode reitet, ohne sich Gedanken über ihre Bedeutung zu machen (S. 385). Er macht diese Haltung für einen psychologischen Reduktionismus mit verantwortlich, der alle menschlichen Probleme in psychologischen Begriffen zu erfassen versucht und so zu einer «Übervereinfachung» führt (1982, S. 1305 f.).

Das Relevanzdefizit der akademischen Psychologie ist am heftigsten immer wieder von Praktikern kritisiert worden. Für sie verliert eine Disziplin, die sich in Richtung einer Spezialisierung auf Minidetails hin entwickelt, zunehmend ihre Funktion der wissenschaftlichen Fundierung des beruflichen Handelns. Der Professionalisierungsschub, der seit den 1970er Jahren die Psychologie prägt, beruht entscheidend auf einer zunehmenden gesellschaftlichen Verwertung psychologischer Handlungskompetenz. Alle Psychologen müssen jedoch durch eine universitäre Sozialisation laufen, die von den oben charakterisierten Merkmalen der akademischen Psychologie bestimmt ist. Alle Studien zur Rekonstruktion der beruflichen Sozialisation von Psychologen zeigen eine hohe Unzufriedenheit mit dem Kompetenzprofil, das die universitäre Ausbildung vermittelt (vgl. zusammenfassend Hoshmand & Polkinghorne 1992). Eine große Mehrheit bezieht ihr Handlungswissen aus privatwirtschaftlich organisierten Fort- und Weiterbildungsveranstaltungen. Das gilt insbesondere für den klinisch-therapeutischen Bereich, in dem die diversen Therapieschulen ihre spezifische Form von professioneller Nachsozialisation vollziehen, wie auch für andere Bereiche angewandter Psychologie. Die berufliche Identität wird deshalb in einem sehr viel höherem Maß von den Angeboten der Fort- und Weiterbildungsinstitutionen bestimmt als von der disziplinären Primärsozialisation im Rahmen der Universität. Nicht selten vollzieht sich auch eine enttäuschte Abkehr von der «wissenschaftlichen Psychologie» schlechthin und eine identifikatorische Hinwendung zu guruhaften Leitfiguren und zu pseudoreligiösen esoterischen Systemen.

Diese tiefen Spannungen zwischen einer elitären und praxisabstinenten akademischen Psychologie, die sich der Grundlagenforschung verschrieben hat, und einer praktisch ausgerichteten Psychologie haben längst das Bild einer einheitlichen Disziplin und Profession dementiert. In der Amerikanischen Gesellschaft für Psychologie zeichnet sich eine endgültige Spaltung bereits ab. Teile der grundlagenwissenschaftlich orientierten Psychologie, vor allem solche mit kognitivistischer und neuropsychologischer Ausrichtung, beginnen sich abzusetzen und sich neue Departments zu schaffen. Andere verhalten sich abwartend und sind zunächst einmal noch nicht aus dem Hoheitsbereich der Psychologie desertiert, wie es Janet Spence (1987) befürchtete. Sie drohen eher damit, um im psychologischen Revier weiterhin die Mandarinrolle einnehmen zu können. Die ehemalige Präsidentin der Amerikanischen Gesellschaft für Psychologie hatte 1987 folgende mögliche Entwicklung der Psychologie beschrieben: «In meinen schlimmsten Alpträumen sehe ich eine Dezimierung der institutionellen Psychologie voraus, wie wir sie heute kennen. Experimentalpsychologen desertieren zur (...) Kognitionswissenschaft; physiologische Psychologen gehen (...) an Departments der Biologie und Neurowissenschaft; Industrie-/Organisationspsychologen werden von Berufsakademien weggeschnappt; und Psychopathologen finden ihre Heimat in Medizinakademien. Kliniker, Schulpsychologen und andere Praktiker in der Gesundheitsversorgung sind schon lange gegangen und haben ihre eigenen Ausbildungsstätten. Nur Persönlichkeits- und Sozialpsychologen und spezifische Entwicklungspsychologen haben keinen anderen Platz, wohin sie gehen könnten» (S. 1053). Stanley Schneider (1990, S. 522) fasst diese Entwicklung so zusammen: «Die Psychologie hat sich selbst an andere Wissenschaften fortgegeben» und fragt dann im Anschluss daran, ob sie sich «in diesem Prozeß selbst verloren hätte».

Dieser Prozess muss nicht zwangsläufig einen Identitätsverlust mit sich bringen. Er führt erst einmal zu einer zentripetalen Entwicklung, zu einer Dezentrierung des Fachs, zu einem Machtverlust von akademischen Mandarinen. Heute ist es unvorstellbar, dass in der US-amerikanischen Psychologie dominierende Paradigmen-Personifikationen wie Skinner oder Carl Rogers entstehen oder dass in der deutschsprachigen Psychologie noch einmal zentrierende Leitfiguren wie Philipp Lersch oder Peter Hofstätter eine Chance hätten. In seiner Autobiographie «The making of an American psychologist» stellt Seymour B. Sarason in seinem abschließenden Kapitel die Frage: «Hat die amerikanische Psychologie einen Kern?» und kommt zu dem Ergebnis: «Da gibt es kein Zentrum (…) mehr» (1988, S. 408).

Sigmund Koch hat das «psychologische Jahrhundert» immer wieder zu evaluieren versucht und die Psychologie an ihren eigenen Ansprüchen gemessen, eine Wissenschaft mit einem einheitlichen Konzept und einem anerkannten Methodenkanon zu sein. Seine Einschätzungen fielen mit jedem Anlauf skeptischer aus. Eindeutig ist sein Urteil in Bezug auf eine weder vorhandene noch mögliche Kohärenz oder Einheitlichkeit der Psychologie als Wissenschaft. Für ihn ist die Vorstellung, «daß die Psychologie eine integrale Disziplin sein *kann*, der Mythos des 19. Jahrhunderts» (1981, S. 268). Vielmehr sei die Psychologie «keine einzelne oder kohärente Disziplin, sondern (…) eine Gesamtheit von Studien unterschiedlichen Zuschnitts» (ebd.). Dass das so werden musste, ist kein Ausdruck der Unreife, sondern ist der Charakteristik «psychologischer Ereignisse» geschuldet. Denn diese seien «vielfältig bestimmt, mehrdeutig in ihrem menschlichen Sinn, polymorph, kontextuell umgeben oder eingebettet von oder in komplexer und vage verbundener Weise und äußerst flüchtig und labil» (ebd.). Eine solche Sichtweise des Gegenstandsfeldes der Psychologie ist nicht vereinbar mit der Kanonisierung eines überlegenen Wegs der psychologischen Erkenntnisgewinnung. Genau hier hat Koch schon in seiner früheren Einschätzung (1973, S. 209) der Psychologie ihren Geburtsfehler gesehen: Sie hatte sich bereits auf Methoden eingeschworen, ehe sie ihren Gegenstand zur Kenntnis genommen hatte und seine Probleme kannte. Diese Methoden hätte sie den Naturwissenschaften nachgeahmt – deshalb nennt Koch die Psychologie eine «Imitationswissenschaft» (ebd., S. 220) –, und ihre Geschichte sei «weitgehend eine Geschichte wechselnder Ansichten, Lehrmeinungen und Vorstellungen darüber, was in den Naturwissenschaften und vor allem der Physik nachzuahmen sei» (S. 210). Hier sind wir wieder an dem Punkt einer «übernommenen Identität», die sich die Erarbeitung des eigenen Gegenstandes erspart und deshalb kein reflexives Verhältnis zu diesem entwickelt hat. Mit guten Gründen lässt sich auch fragen, ob sich die nomothetische Psychologie mit ihrem Vorbild überhaupt mitentwickelt hat, in dessen Bezirken ja aufregende Theorieentwicklungen stattgefunden haben und stattfinden. Die nomothetische Psychologie hat sich in ihrem methodologischen Selbstverständnis auf einem Niveau der physikalischen Theoriebildung eingegraben, das von Newton etabliert wurde, aber längst in das Museum der Physik gewandert ist.

Wer noch mit Hubert Rohrachers «Einführung in die Psychologie» in sein Fach hineinsozialisiert wurde, für den gab es nur «einen Weg» in die wissenschaftliche Psychologie. Was dem nicht entsprach (wie etwa die Psychoanalyse, die phänomenologische oder die Kulturpsychologie), wurde als Überbleibsel einer historisch überwundenen Stufe der Fachentwicklung oder als unwissenschaftlich abgetan. Dieser arrogante Gestus der herrschaftlichen Besetzung der fachlichen «claims» und der Definition von Regeln des normgerechten Verhaltens innerhalb dieser Bezirke ist nicht ausgestorben. Er hat sich allerdings eine liberalere Façon zugelegt. Dafür soll ein exemplarisches Beispiel aufgegriffen werden.

3 Zwei Kulturen der Psychologie – aber ohne Dominanzansprüche

Der Anschluss der akademischen Psychologie an kulturelle und philosophische Entwicklungen erfolgt meist mit einem gehörigen Timelag. In den Kultur- und Sozialwissenschaften wird seit etwa 30 Jahren von den «zwei Kulturen» gesprochen (vgl. Snow 1964). Die eine Kultur entwickelt sich im Grenzbereich der klassischen Naturwissenschaften, die andere in jenem der Geisteswissenschaften. 20 Jahre nachdem Snow das Konzept von den «zwei Kulturen» geprägt hat, taucht es auch in der Psychologie auf (vgl. Kimble 1984). Und noch einmal ein paar Jahre später wird er auch in der deutschen akademischen Psychologie aufgegriffen, um auf eine Bewegung im Fach zu reagieren, die sich für eine «Erneuerung der Psychologie» einsetzt.

Die Anerkennung von zwei Kulturen in der Psychologie, die jeweils ihre eigenständigen Erkenntnisinteressen, theoretischen Traditionen und legitimen Methoden haben, scheint ein wichtiger Schritt in Richtung der Überwindung hegemonialer Ansprüche zu sein. Wie werden die beiden Kulturen charakterisiert? Dazu Prinz (1992, S. 3): Sie

> «unterscheiden sich vor allem in den allgemeinen *Leitwerten* und den damit verbundenen theoretischen und methodischen *Prinzipien*, die sie für sich als verbindlich ansehen. Die eine Kultur betreibt die Kultivierung von *Universalität* und *Eindeutigkeit.* Sie strebt möglichst allgemeine und möglichst eindeutige Aussagen über psychische Prozesse und Strukturen an, die sie losgelöst von ihren Inhalten

> betrachtet. Ihr Gegenstand sind ahistorisch gedachte und nomothetisch untersuchte psychische Funktionen, d. h. Mechanismen, die in selektiver Abstraktion untersucht werden. Die andere Kultur betreibt demgegenüber die Kultivierung von *Singularität* und *Komplexität*. Sie strebt nach Aussagen über singuläre psychische Inhalte, die sie jeweils im Kontext ihrer konkreten inhaltlichen Antezedentien betrachtet. Ihr Gegenstand sind historisch verstandene und idiographisch untersuchte Subjekte, und Ziel der Untersuchung ist es, sowohl der Totalität der Subjekte als auch der Komplexität der Historie gerecht zu werden.»

Prinz beschreibt nüchtern, dass das Verhältnis der beiden Kulturen von einer wechselseitigen Stereotype- und Ressentimentbildung geprägt ist. Seine Einschätzung der beiden Kulturen scheint im Eingangsteil seines Aufsatzes von der Überzeugung getragen, dass jede Kultur für sich ein legitimes Existenzrecht besitzen würde, und das klingt nach einem Votum der Toleranz für diese beiden Kulturen. Doch dies stellt sich schnell als «konditionale Toleranz» heraus: «(...) die beiden Lager (sind) aufeinander angewiesen – wenn auch asymmetrisch: Das idiographische Lager ist stärker auf das nomothetische Lager angewiesen als umgekehrt» (S. 5). Toleranz für eine sozial- und kulturwissenschaftliche Psychologie besteht dann und nur dann, wenn sie die «nomologischen Netze» der nomothetischen Psychologie übernimmt und akzeptiert: «Idiographische Interpretation bedeutet immer: den einzelnen konkreten Sachverhalt auf allgemeine, abstrakte Strukturen, die breit und verbindlich empirisch verankert sind» (ebd.), zu beziehen. Dieses «Toleranzedikt» ist schon deshalb inakzeptabel, weil es der sozial- und kulturwissenschaftlichen Psychologie eine ihrer zentralen Erkenntnisgrundlagen entzieht: Unsere alltagspsychologischen und genauso unsere fachlich psychologischen Konzepte können keinen Anspruch auf Universalität haben, weil sie kulturgebundene Konstrukte sind. Auch diese Einsicht hat Janet Spence in ihrer Präsidialrede vor der APA unmissverständlich ausgedrückt: «Wissenschaftler sind Produkte ihrer Gesellschaft und ihrer Zeitepoche, und ihre Konstruktion von sozialer Wirklichkeit wird von der Weltanschauung und den Werten der Kultur geformt, in der sie großgezogen wurden. Dieses Überzeugungssystem kann alle Phasen der Forschung beeinflussen, in der sich Wissenschaftler engagieren, von der Auswahl des Problems bis zur Interpretation der Ergebnisse» (1985, S. 1285). Solche Aussagen müssten doch eigentlich eine Position erschüttern, die von der Möglichkeit universell gültiger Kategorien für psychisches Geschehen ausgeht. Die Fragwürdigkeit dieser Annahme wird deutlich, wenn man etwa einen Aufsatz aus dem angesehenen Mainstreamjournal «Psychological Review» liest, in dem eine anerkannte Selbstkonzeptforscherin zusammen mit einem japanischen Kollegen die Forschungsliteratur zum Thema Kultur und Selbst referiert und diskutiert (vgl. Markus & Kitayama 1991). Sie zeigen auf, dass die Hauptströmungen gegenwärtiger Kognitions-, Emotions- und Motivationsforschung von einem impliziten Selbstkonzept ausgehen, das das westliche Subjektmodell eines unabhängigen, autonomen und in sich geschlossenen Individuums als universelle Folie psychologischer Konzeptbildung und Interpretation annimmt.

Gerade die kulturvergleichende Psychologie und Ethnopsychoanalyse liefern empirische Belege in reichem Maß, die die kategoriale Messlatte, die für Prinz die Dominanz von Kultur eins über Kultur zwei rechtfertige, als fragwürdige Universalie dekonstruiert. Sein scheintoleranter Rückgriff auf die Snow'schen Zwei-Kultur-Konzeptionen erweist sich deshalb auch letztlich als ein Beispiel «repressiver Toleranz». Das Repressionsmoment verrät sich schon in den gewählten Formulierungen. Er will die beiden Kulturen «zwingen», sich im «Projekt der modernen Psychologie» produktiv zu arrangieren (1992, S. 4), und die den beiden Kulturen «innewohnenden zentrifugalen Tendenzen» seien «weiterhin in einem gemeinsamen disziplinären Rahmen eingesperrt zu halten» (ebd., S. 5 f.). Prinz spricht die immer wieder aufflammenden «Sezessionsversuche» der beiden Kulturen in der Psychologie an, die ja in einigen Psychologiedepartments der USA und in der APA bereits begonnen hätten, und dass er früher selbst für eine Aufspaltung der Psychologie eingetreten sei. Er plädiere jetzt für die gegenteilige Option. Wenn aber bei der vorgesehenen «Zwangsehe» der kategoriale Ton und Takt ohnehin von Kultur eins vorgegeben werden soll und diese auch die entscheidenden Impulse für die «expansive Entwicklung, die die Psychologie in den letzten Jahren erfahren hat» (ebd., S. 6), gegeben hätte, fragt sich der erstaunte Leser, warum er sich mit der ohnehin schwächlichen Kultur zwei überhaupt belasten mag. Die Antwort bildet das leicht gequälte Eingeständnis, dass Kultur eins mit ihrer Orientierung an Universalien «nur begrenzt praxisfähig» sei und «die konkreten historischen Singularitäten, auf die man ‹im Leben› trifft», vernachlässige (ebd.). Unter straffer kategorialer Führung von Kultur eins darf sich Kultur zwei auf eine einzelfall- und praxisbezogene Deduktion einlassen. Genau damit wäre die Substanz einer sozial- und kulturwissenschaftlichen Psychologie verloren, und die in den vergangenen Jahren differenziert vorgetragenen Forderungen nach einer neuen Beziehung von Wissenschaft und Praxis, die von wechselseitiger Anerkennung bestimmt ist (vgl. Schneider 1990; Dokecki 1992; Hoshmand & Polkinghorne 1992), wären ignoriert.

Ehe die Kultur eins nicht bereit ist, ihre eigenen geistigen Grundlagen kritisch zu reflektieren, und die historische Produziertheit ihres Fundamentalismus erkennt, wird sie auf ihren Dominanzgestus nicht verzichten können. Sie erweist sich zunehmend als ein «Kind der Moderne», das ihren Aufklärungsanspruch in einem Prozess der Selbstdogmatisierung zunehmend verspielt. Die ernst zu nehmende postmoderne Kritik an dieser «halbierten Moderne» versucht das kritisch-reflexive Potenzial der Aufklärung wieder freizulegen, und sie beginnt sich auch in der Psychologie ein wichtiges Aufgabenfeld zu erschließen (vgl. Kvale 1992).

Die Richtmarkierungen der nomothetischen Psychologie sind – so hat es uns Prinz auf neuestem Stand vermittelt – Universalität und Eindeutigkeit, und sie teilt sicherlich auch das weitere Ziel moderner Naturwissenschaft: Sicherheit des Wissens, also Gewissheit. Sigmund Koch, der große kritische Bilanzierer der wissenschaftlichen Psychologie und Kenner der Philosophie, hat die nomothetische Psychologie als ein Unternehmen beschrieben, das mit seinem Streben nach und Versprechen von kognitiver Sicherheit auf die existenziellen Verunsicherungen der Menschen reagiert. Sie reduziert die beunruhigenden polymorphen, widersprüchlichen und selbst-verborgenen Seiten der *conditio humana* und bietet die Möglichkeit, «in behagliche konzeptuelle Container zu kriechen – jede Box, solange sie das Versprechen gibt, die Schmerzen kognitiver Unsicherheit zu lindern oder von problematischen Spannungen zu befreien. Dieses quälende menschliche Bedürfnis – um jeden Preis – nach einem Rahmen, einem Abakus, einem System, einer Karte oder Regeln, die uns einen Hoffnungsstrohhalm anbieten können, Unsicherheit aufzulösen, macht uns alle – mehr oder weniger – anfällig für die Behauptungen vereinfachter, reduktiver, hyperallgemeiner oder in anderer Weise ontologisch-verzerrender Ordnungen, solange sie den Schein von ‹Systematizität› erzeugen» (1981, S. 264).

Um diese allgemeinen Bemerkungen von Koch mit Leben zu erfüllen, brauchen wir nur ein paar Jahre zurückzudenken. Da konnte doch Skinners Lerntheorie mit ihrer äußerst sparsamen Erklärungskraft und in ihrer Behauptung, eine allgemeine Theorie des Verhaltens zu sein, Psychologen faszinieren und zu gläubigen Anhängern machen. Da Skinner mit seinem utopischen Roman «Walden two» auch noch dem Wunsch nach einer humaneren Welt Rechnung trug, gewann er auch im Lager der gesellschaftskritischen Intelligenz Anhängerschaft.

Die Psychologie ist, von ihren disziplinären Anfängen her, ein Unternehmen der reflexiven Selbstverständigung der Subjekte bezogen auf epochale Veränderungen, bezogen auf den krisenhaften Verlust bislang leitender Sinnkonstrukte jeweils möglicher oder geforderter Lebensführung.

Warum sollte sie sich gerade dieser Aufgabe in einer Zeit verweigern, in der die existenzielle oder ontologische Bodenlosigkeit geradezu nach einem reflexiven Modus der Selbstvergewisserung dieser unaufhebbaren Bodenlosigkeit verlangt? Sich nur angeekelt von den verkitschten oder sektenförmigen Seelentröstungen der Gegenwart abzuwenden, sie womöglich neben einem «hard science»-Habitus in seiner fachlich-beruflichen Welt in der privaten Sonderprovinz selbst zu konsumieren, kann nicht die Antwort, allenfalls das Problem sein.

Gerade in einem soziokulturellen Kontext, in dem die Subjekte die Erfahrung machen, dass ihre Lebenskonzepte immer weniger aus scheinbar bewährten Traditionsbeständen bezogen werden können, dass alles disponibel und die Lebensführung unhintergehbar reflexiv geworden ist, muss die Psychologie selbst einen disziplinären Rahmen entwickeln, in dem diese Prozesse wissenschaftliche Resonanz finden können. Die Psychologie ist ein Kind der Moderne. Sie wäre gar nicht möglich gewesen, wenn sich nicht das «bürgerliche Subjekt» aus den feudalen Abhängigkeiten und Weltbildern befreit hätte. Das war ein ungeheurer Reflexionsschub, aber zugleich hat die Psychologie den Reflexionsprozess in einer Selbstdogmatisierung als Projekt abgebrochen.

Dieser Dogmatismus hat noch nicht einmal richtig mitbekommen, dass ihre großen naturwissenschaftlichen Leitbilder sich längst von den Standards wegbewegt haben, die die Gralshüter einer «wissenschaftlichen Psychologie» so unfroh und doch unerbittlich hochhalten. Aber genau in diesem verknöcherten Habitus treiben sie die große Mehrheit von Praktikern/Praktikerinnen in die Arme außeruniversitärer Stifterfiguren und «Psychokirchen». Hier gibt es also eine unbewusste Komplizenschaft.

4 Theorie und Praxis in der Psychologie

Sowohl die psychologische Grundlagenforschung als auch die an den Universitäten gelehrte akademische Psychologie gliedern die psychologische Praxis – ob in Therapie, Beratung oder in anderen gesellschaftlichen Feldern (private Produktions- und öffentliche Dienstleistungsbetriebe, Institutionen des Gesundheitswesens etc.) – aus dem theoretischen Kanon des Gelehrten aus und bezeichnen sie als *angewandte Psychologie*. Dieser Widerspruch wird zwar von den Vertretern einer so genannten angewandten Psychologie festgestellt, nicht aber erklärt. So schreibt Angela Schorr im Vorwort des «Handwörterbuchs der Angewandten Psychologie»: «Tatsächlich präsentieren sich psychologische Forschung und wissenschaftlich angeleitete, psychologische Praxis heute mehr denn je als *zwei Bereiche mit völlig eigenständiger, nicht immer miteinander harmonierender Dynamik*» (1993, S. VII). Dabei sind sowohl der Anwendungsbegriff als auch die Vorstellung, Praktiker würden von der Wissenschaft Psychologie «angeleitet», ein beredtes Beispiel dafür, dass der vorhandene Widerspruch zwischen einer theoretisch fundierten *Grundlagenwissenschaft* Psychologie und der *Praxis* von Psychologen weder geklärt noch aufgelöst wird. Vielmehr wird dieser Widerspruch durch solche Überlegungen noch verstärkt. Die Anwendung eines gelehrten und von Psychologiestudierenden gelernten Wissens setzt voraus, dass sich dieses Wissen auf praktisches Handeln von Menschen beziehen lässt. Aus zwei Gründen ist aber eine *Anwendung* der theoretischen Grundlagen auf menschliches Handeln widersinnig:

1. Die Ergebnisse, die in der akademischen Psychologie gewonnen bzw. erforscht werden und die etwas über einen verallgemeinerten Menschen aussagen sollen, beziehen sich nie auf die *realen, alltäglichen Lebensverhältnisse* von Menschen: Die experimentalpsychologische Forschung zu menschlichem Verhalten sowie die Einstellungsforschung zu menschlichen Denkweisen über soziale Zusammenhänge erkunden lediglich von ihr selbst vorgegebene präformierte Mensch-Umwelt-Verhältnisse, die in den Forschungsergebnissen als Wenn-dann-Zusammenhänge abgebildet werden. Diese lineare und kausale Darstellungsweise schuldet die akademische Psychologie ihrer selbstbetriebenen Verortung in den Naturwissenschaften; damit ist sie aber nicht mehr in der Lage, die Spezifik menschlichen Handelns als nicht kausales und lineares Handeln zu erklären. Aus der Sicht beispielsweise eines Psychotherapeuten wird diese Problematik folgendermaßen formuliert: «So stellt sich insbesondere für die aus empirischen – oftmals kontrollierten – Studien gewonnenen Befunde das Problem der Übertrag- bzw. Anwendbarkeit in den klinischen Alltag» (Schneider 2000, S. 527). Das Alltägliche aber gerade ist es, das das Leben der Menschen auszeichnet: «Zum Leben aber gehört vor Allem Essen und Trinken, Wohnung, Kleidung und noch einiges Andere» (1983, S. 28), stellen Marx und Engels fest, um fortzufahren, dass die «Produktion des materiellen Lebens selbst (die) Grundbedingung aller Geschichte» ist. Diese je eigene und gemeinsame Geschichte des gesellschaftlichen Menschen kann jedoch nur in einer Psychologie erforscht und repräsentiert werden, die zuerst diesen Alltag in seiner Vielfalt und seiner geschichtlichen Gewordenheit wahrnehmen und die aktive Positionierung der Subjekte darin als Erkenntnisaufgabe anerkennen würde. Alltagsforschung braucht keine Psychologie, die die «Erfahrungen von Menschen zwar mitformt und reguliert, nicht aber wirklich von ihnen ausgeht» (Haug 1994, S. 161).

Im Gegenteil: Benötigt wird eine Psychologie, die mit phänographischen und subjektbezogenen Methoden den Menschen in den Mittelpunkt seines Lebens stellen würde, mit ihm durch die Erforschung der unmittelbar gegebenen Welt deren Begrenzungen und Hindernisse verstehen und menschliches Leid zu überwinden trachten würde.

2. Eine weitere Problematik des Theorie-Praxis-Verhältnisses in der Psychologie liegt darin, dass die akademische Psychologie ein Menschenbild entwickelt hat, das den Menschen lediglich als objektiven Bestandteil einer statischen Umwelt betrachtet. Dass eine Theorie über menschliches Denken, Fühlen und Handeln gerade das historisch gewordene, zu Reflexion und (Selbst-)Veränderung fähige Subjekt aus ihrer Theorie eliminiert, dass sie – um mit Holzkamp zu sprechen – sich als eine Psychologie ohne Psychisches versteht, bleibt der grundsätzliche und andauernde Skandal der bundesdeutschen Psychologie (vgl. Markard 1991). Wenn die verschiedenen Wirklichkeiten der subjektiven Lebenswelten und die zugrunde liegenden gesellschaftlichen Verhältnisse jemals in einer Psychologie zur Sprache komme sollen, dann muss deren Subjektbegriff «die historische Gewordenheit des Menschen implizieren, ohne die Spannung zwischen Determination und Freiheit einseitig aufzulösen» (Weber 1996, S. 15). Das bedeutet gleichzeitig, die objektive Gegebenheit von gesellschaftlichen Verhältnissen, Strukturen und Institutionen nicht als unveränderbare *Bedingung* menschlicher Lebensführung zu denken, sondern als eine von Menschen geschaffene und zu verändernde Bedingung. Die unter den gesellschaftlichen Bedingungen handelnden Subjekte wären aber ebenfalls als aktiv und passiv gleichzeitig zu denken: Handelnd verändern sie die Verhältnisse und damit sich selbst, und gleichzeitig erleiden sie diese. Es gilt demnach den Widerspruch auszuhalten, «die gesellschaftlichen Verhältnisse als von Menschen produzierte und die realen Menschen darin als Ensemble dieser Verhältnisse zu denken» (Weber 1999, S. 347). Aus dieser theoretischen Anordnung wird deutlich, dass menschliche Praxis und die Theoretisierung dieser Praxis keinesfalls – wie in der akademischen Psychologie vorausgesetzt – auseinander fallen müssen. Eine Alternative dazu ist allerdings erst denk- und entwickelbar, wenn sich Psychologen als Wissenschaftler verstehen würden, die zur Selbstaufklärung der Menschen im Sinne ihrer Befreiung beitragen und nicht als Agenten einer Einordnungs- und Normalisierungsstrategie.

5 Alternativen zur Theorie-Praxis-Trennung

Der scheinbare Widerspruch zwischen einer Theorie, die sich als Grundlagenwissenschaft versteht, und einer Praxis, die sich in angewandte Einzeldisziplinen unterteilt, «verdeckt die Tatsache, daß es psychologische Praxis ohne Theorie nicht geben kann und Theoretisieren eine Praxis wissenschaftlicher Arbeit ist» (Weber 1998, S. 641). Damit stellen sich zwei Fragen: *Wie* ist die psychosoziale Praxis (Therapie, Beratung, Selbsthilfe etc.) theoretisch abzusichern und zu reflektieren, damit Praktiker wie Theoretiker an einem sinnvollen Projekt arbeiten, das beiden die Möglichkeit gegenseitigen Lernens ermöglicht; und *wie* muss sich psychologische Theorie auf sowohl alltägliche Lebenspraxis der Klienten als auch auf professionelle Praxis von Psychologen beziehen, damit beide fruchtbar miteinander verbunden werden können? Um diese Fragen produktiv zu beantworten, sollte man sich klar machen, dass es in Wirklichkeit nicht darum geht, Praxis und Theorie zu «versöhnen», sondern zwei verschiedene Theorien psychologischen Handelns als gegeben vorauszusetzen. Denn neben der offiziellen und expliziten Theorie der psychologischen Grundwissenschaft existiert eine «implizite, privatisierte und personalisierte Theorie der Praxis» (Holzkamp 1997, S. 382), die vor allem durch die Praktiker selbst betrieben wird. «Nur durch die gegenseitige Anerkennung als Theorien über menschlich-gesellschaftliche Praxis können sich Praxistheorie und Grundwissenschaft Psychologie zu ihrem Gegenstand adäquat verhalten» (Weber 1998, S. 641). Diese gegenseitige Akzeptanz würde jedoch nicht ausreichen, um dem Gegenstand der Psychologie und ihrer Praxis, den gesellschaftlichen Subjekten, gerecht zu werden. Gleichzeitig müsste Psychologie nicht nur den Menschen als gesellschaftlich-historisches, handelndes und reflektierendes Wesen anerkennen, sondern ebenso die eigene Tätigkeit als Wissenschaft und Praxis im geschichtlichen und gesellschaftlichen Kontext reflektieren. Dass dies weder den Fachkollegen noch den Praktikern in ausreichendem Maß gelungen ist, zeigen allein die Lücken in der Bearbeitung der Vergangenheit im faschistischen Deutschland (vgl. Geuter 1984; Weber 2001). Doch auch die gegenwärtigen gesellschaftlichen Verhältnisse sollten von einer reflexiven Psychologie in den Blick genommen werden. Erst über das gemeinsame Nachdenken und Verändern der eigenen Tätigkeit kann klar werden, welche Position psychologische Theorie und Praxis einnehmen will. Sie kann ebenso dazu verhelfen, dass Menschen in einer ungerechten und sozial gespaltenen Welt gegen Unrecht und Spaltung widerständig werden; sie kann aber auch zur Befriedung und der damit einhergehenden individuellen Akzeptanz der vorgegebenen Verhältnisse beitragen und damit Unrecht und Leiden der Einzelnen bestätigen und verlängern. Da psychologische Praxis durch verschiedene gesellschaftliche und staatliche Institutionen und Regelungsinstanzen mitbestimmt wird, kann auch eine psychologische Praxistheorie nicht ohne einen kritischen und selbstreflexiven Blick darauf auskommen. «Ein Therapeut etwa, der sich nicht klar macht, welchen institutionellen Zwängen er in einer privaten, auf Kassenfinanzierung angewiesenen Privat-Praxis unterliegt und welche Folgen das für seine Klientinnen und Klienten hat, ist – rein analytisch gesehen – auf dem Mond» (Markard 2000, S. 19). Dass Praktiker nicht per se aufseiten der Subjekte stehen, zu deren Hilfe sie ihre Arbeit machen, zeigt sich u. a. darin, dass strukturelle und institutionelle Vorgaben akzeptiert – wenn nicht gar erwünscht – werden, die dazu beitragen, dass Menschen ungleich und ungerecht behandelt werden. So wurde von keinem Berufsverband der Psychologie der § 6 des Psychotherapeutengesetzes fachlich kritisiert oder gar bekämpft, weil dieser nur «Deutsche» als Psychotherapeuten zuzulassen gedenkt, obwohl unzählige Forschungsergebnisse darauf verweisen, dass die psychologische Tätigkeit von Migranten eine sinnvolle und notwendige Aufgabe der psychosozialen und gesundheitlichen Versorgung der bundesrepublikanischen Bevölkerung (zu der eben auch Migranten gehören) darstellt.

Sosehr die Praktiker einer selbstreflexiven Haltung und Theorie bedürfen, um die Verwobenheit in die gesellschaftlichen Machtstrukturen zu erkennen, so notwendig wäre diese Haltung auch im psychologischen Wissenschaftsapparat. Dieser entwickelt sich seit Jahren jedoch in die gegenteilige Richtung: An den Hochschulen wird über Studien- und Prüfungsordnungen festgeschrieben, dass die naturwissenschaftliche, auf experimenteller Forschung beruhende Psychologie die einzig richtige sei, und alle anderen Ansätze werden durch die Vertreter der «Deutschen Gesellschaft für Psychologie» aus dem Kanon der «Wissenschaft Psychologie» aktiv ausgeschlossen. Durch ein Gerichtsurteil des Bundesgerichtshofs zu einem Fall sexuellen Missbrauchs kann sich die nomothetische Psychologie bestätigt fühlen. Erstmals in der deutschen Psychologiegeschichte ist durch ein höchstes Gericht festgestellt worden, dass der «aktuelle wissenschaftliche Kenntnisstand» in der Psychologie projektive und andere deutende Diagnoseverfahren ausschließt und lediglich experimentell abgesicherte Testdiagnostiken bei einer Begutachtung zum Zuge kommen dürfen (vgl. BGH 1999). Allerdings wird durch dieses Urteil und die ihm zugrunde liegenden Fachgutachten von Akademikern der Mainstreampsychologie ebenfalls sichtbar, wie wenig diese Art von Psychologie daran interessiert ist, die Verhältnisse, in denen Missbrauch von Kindern möglich wird, in Frage zu stellen, und stattdessen unzählige Untersuchungen für die Frage verwendet, welche Aussagen von missbrauchten Kindern und Jugendlichen als «glaubhaft» zu diagnostizieren sind und welche nicht.

6 Hochschule als Ort des Lernens

Die Hochschule und ihre psychologischen Institute könnten ein Ort sein, an dem exemplarisches Lernen über das Handeln, Denken und Fühlen von Menschen möglich wäre. Exemplarisches Lernen setzt voraus, den Zugang zu zukünftigen Praxisfeldern zu kennen und deren Abläufe und das darin enthaltene psychologische Handeln einüben zu können. Entwickelt werden könnte in solchen Lernanordnungen eine allgemeine Kompetenz, menschenmögliche Situationen und ihre psychische Repräsentation theoretisch zu durchdringen und zu lernen, auf welche Art und Weise den zukünftigen Klienten bei der komplizierten und nicht selten unmöglich erscheinenden Fähigkeit, sich in der Welt zurechtzufinden, geholfen werden könnte. Dazu benötigte es allerdings eine Hochschule als Institution, in der gesellschaftliche Erwartungen an Studierende von diesen nicht bedingungslos erfüllt und umgesetzt werden müssten. Vielmehr sollten sie in die Lage versetzt werden, die Bedingungen und Verhältnisse subjektiven Handelns (bzw. Leidens) in dieser Welt, zu der auch die Universität gehört, kritisch zu hinterfragen. Bei dieser Art von *Praxislernen* versteht eine kritisch-reflexive Psychologie die Studierenden nicht als Forschende, die «ein Gespür dafür kriegen sollen, was Auftraggeber wollen und erwarten, und wonach sie lernen sollen, dazu geistig und praktisch Jawoll zu sagen» (Markard 2000, S. 15), sondern als Forschende ihres eigenen Lern- und Lebenszusammenhangs.

Angesichts der aktuellen Entwicklungen der Hochschulpsychologie ist jedoch nicht davon auszugehen, dass Studierende und Lehrende, die sich der sinnvollen Idee einer subjektbezogenen und kritischen Psychologie verpflichtet fühlen, von den führenden Fachvertretern auch nur beachtet würden. Ihnen liegt mehr als je zuvor daran, Psychologie marktgängig zu machen und die eigenen Stellen über ein Old-Boys-Network abzusichern sowie den akademischen Nachwuchs durch gezielte Förderung experimentell arbeitender Jungpsychologen zu fördern. Auf der fachlichen Ebene werden dazu alle geisteswissenschaftlich orientierten Anteile psychologischer Lehre und Forschung zugunsten der Orientierung an Biotechnologie, Neurophysiologie und verhaltenssteuernder Technologien aufgegeben. Die Herstellung gesellschaftlich erwünschter menschlicher Verhaltensweisen und die Verringerung menschlichen Leidens durch pharmakologisch-biophysiologisch-psychologisch wirkende Instrumente mag heute noch ein Horrorszenario darstellen. An der Schnittstelle von menschlichem Verhalten und biophysiologischer Veränderung desselben wird jedoch fieberhaft gearbeitet. Akademische Psychologie mit der ihr inhärenten Objektivierung alles Menschlichen weiß um ihre Wichtigkeit im Rahmen der Herstellung eines «neuen Menschen», dessen für ein reibungsloses Funktionieren notwendige biologische und soziale Eigenschaften ebenso bestimmbar sein sollen wie seine genetische Grundlage.

«Wo es, in diesem Jahrhundert, um den Menschen ging, war an die Gesellschaft kaum gerührt, und wo man die Gesellschaft verändern wollte, wurde nach dem Menschen nicht lange gefragt» (2000, S. 26), stellt der Dichter Volker Braun fest. Diese Warnung ernst nehmend muss jede Psychologie, die den Menschen als Subjekt seines Lebens sieht und diesem zu einem würdigen Mensch-Sein verhelfen will, sich auf harte und intensive Auseinandersetzungen mit dem Mainstream psychologischer Wissenschaft einstellen. Sie wird darauf beharren müssen, dass Subjektivität und Individualität immer wieder neu zu erstreitende Qualitäten sind, ohne die weder Gesellschaften menschlich noch die Menschen gesellig existieren können.

Literatur

Bevan, W. (1982). A sermon of sorts in three plus parts. American Psychologist 37, S. 1303–1322.

Bevan, W. (1986). The journey is everything: General-experimental psychology in the United States after a hundred years. In: S. H. Hulse & B. F. Green, Jr. (Eds.): One hundred years of psychological research in America, S. 365–397. Baltimore.

Braun, V. (2000). Die Verhältnisse zerbrechen. Rede zur Verleihung des Georg-Büchner-Preises 2000. Frankfurt/M.

Bühler, K. (1927). Die Krise der Psychologie. Jena.

Dokecki, P. R. (1992). On knowing the community of caring persons: A methodological basis for the reflective-generative practice of community psychology. Journal of Community Psychology 20, S. 26–35.

Geuter, U. (1984). Die Professionalisierung der deutschen Psychologie im Nationalsozialismus. Frankfurt/M.

Haug, F. (1994). Alltagsforschung. In: W. F. Haug (Hg.), Historisch-Kritisches Wörterbuch des Marxismus Bd. 1, S. 150–162. Hamburg/Berlin.

Holzkamp, K. (1997). Schriften 1. Normierung. Ausgrenzung. Widerstand. Hamburg/Berlin.
Hoshmand, L. T. & Polkinghorne, D. E. (1992). Redefining the science-practice relationship and professional training. American Psychologist 47, S. 55–66.
Inglehart, R. (1997). Modernization and postmodernization. Cultural, economic, and political change in 43 societies. Princeton.
Kimble, G. A. (1984). Psychology's two cultures. American Psychologist 39, S. 833–839.
Kimble, G. A. (1989). Psychology from the standpoint of a generalist. American Psychologist 44, S. 491–499.
Koch, S. & Leary, D. E. (1985). A century of psychology as science. New York.
Koch, S. (1973). Psychologie und Geisteswissenschaften. In: H. G. Gadamer & P. Vogler (Hg.), Neue Anthropologie, Bd. 5., S. 200–236. Stuttgart.
Koch, S. (1981). The nature and limits of psychological knowledge. Lessons of a century qua «science». American Psychologist 36, S. 257–269.
Kvale, S. (Hg.) (1992). Psychology and postmodernism. London.
Maaz, H.-J. (1990). Der Gefühlsstau. Ein Psychogramm der DDR. Berlin.
Maaz, H.-J. (1991). Das gestürzte Volk. Die verunglückte Einheit. Berlin.
Marcia, J. E. (1980). Identity in adolescence. In: J. Adelson (Ed.), Handbook of adolescent psychology, S. 159–187. New York.
Markard, M. (1991). Methodik subjektwissenschaftlicher Forschung. Jenseits des Streits um quantitative und qualitative Methoden. Hamburg.
Markard, M. (2000). Praxisausbildung im Hauptstudium oder die Frage nach den Umständen, unter denen man aus Erfahrung klug werden kann. In: ders. & ASB (Hg.), Kritische Psychologie und studentische Praxisforschung. Wider Mainstream und Psychoboom, S. 9–27. Hamburg/Berlin.
Markus, H. R. & Kitayama, S. (1991). Culture and self: Implications for cognition, emotion, and motivation. Psychological Review 98, S. 224–253.
Marx, K. & Engels, F. (1983). Die deutsche Ideologie. In: Marx-Engels-Werke Bd. 3. Berlin.
Miller, G. A. (1969). Psychology as a means of promoting human welfare. American Psychologist 24, S. 1063–1075.
Miller, G. A. (1986). Dismembering cognition. In: S. H. Hulse & B. F. Green, Jr. (Eds.), One hundred years of psychological research in America, S. 277–297. Baltimore.
Prilleltensky, I. (1989). Psychology and the status quo. American Psychologist 44, S. 795–802.
Prinz, W. (1992). Fünf Thesen zur sogenannten Erneuerung der sogenannten Psychologie. Preprint. München.
Sampson, E. E. (1991). The democraticization of psychology. Theory & Psychology 1, S. 275–298.
Sarason, S. B. (1988). The making of an American psychologist. An autobiography. San Francisco.

Schneider, S. F. (1990). Psychology at a crossroads. American Psychologist 45, S. 521–529.

Schneider, W. (2000). Welche Auswirkungen hat das Psychotherapeutengesetz auf die zukünftigen psychotherapeutischen Konzepte und Behandlungsansätze? In: B. Strauß & M. Geyer (Hg.), Psychotherapie in Zeiten der Veränderung. Historische, kulturelle und gesellschaftliche Hintergründe einer Profession, S. 524–533.

Schorr, A. (1993). Handwörterbuch der Angewandten Psychologie. Die Angewandte Psychologie in Schlüsselbegriffen. Bonn.

Sennett, R. (1985). Autorität. Frankfurt/M.

Sennett, R. (1998). Der flexible Mensch. Die Kultur des neuen Kapitalismus. Berlin.

Snow, C. P. (1964). The two cultures and a second look. Cambridge.

Spence, J. T. (1985). Achievement American style. American Psychologist 40, S. 1285–1295.

Spence, J. T. (1987). Centrifugal and centripetal tendencies in psychology: Will the center hold? American Psychologist 42, S. 1052–1054.

Weber, K. (1996). Die Veränderung der Welt hat kein Subjekt. Im Gedenken an Klaus Holzkamp. In: Psychologie & Gesellschaftskritik 80 (Subjektkonstruktionen), S. 5–20.

Weber, K. (1998). Theorie und Praxis in der Psychologie. In: S. Grubitzsch & K. Weber (Hg.), Psychologische Grundbegriffe. Ein Handbuch, S. 637–641. Reinbek.

Weber, K. (1999). Die Welt kann nicht bleiben, wie sie ist – Psychologie im Zeitalter des neoliberalen Kapitalismus. In: Zeitschrift für Politische Psychologie SH 99, S. 345–356.

Weber, K. (2001). Faschismus und Faschisierung. Über die Abgründe der deutschen Psychologie – Eine Studie zu Hildegard Hetzer. In: Ch. K. Alsop (Hg.), Grenzgängerin. Bridges between Disciplines. Eine Festschrift für Irmingard Staeuble. Heidelberg.

Gerichtsurteil: BGH 1999 = BGH-Urteil vom 30. Juli 1999 – 1 StR 618/98 LG Ansbach (Wissenschaftliche Anforderungen an aussagepsychologische Begutachtungen)

Anhang

1 Auswahlbibliographie

Die nachfolgende Literatur enthält Angaben zu den wichtigsten Teilgebieten der Psychologie. Die Auswahl erfolgte nach Kriterien, die sowohl die Grundlagenwerke der Mainstreampsychologie als auch die kritischen und alternativen Veröffentlichungen dazu berücksichtigen. Die Gliederung entspricht teilweise den bundesweit üblichen Prüfungs- und Studiengebieten der Psychologie. Zudem sind Veröffentlichungen aus den theoretisch angrenzenden Bereichen sowie den psychosozialen Praxisfeldern der angewandten Psychologie aufgenommen.

1.1 Bücher

Allgemeine Psychologie/Einführungen/Systematiken

Dörner, D. & Selg, H. (Hg.) (1995). Psychologie. Eine Einführung in ihre Grundlagen und Anwendungsgebiete. Stuttgart.

Fellner, M. (1997). Einführung in das Studium der Psychologie. München.

Fuchs, R. (1995). Psychologie als Handlungswissenschaft. Handlungsstruktur, Handlungskompetenz und Persönlichkeitsentwicklung. Göttingen.

Grubitzsch, S. & Weber, K. (1998). Psychologische Grundbegriffe. Ein Handbuch. Reinbek.

Hoefert, H.-W. & Klotter, C. (Hg.) (1994). Neue Wege der Psychologie. Eine Wissenschaft in der Veränderung. Heidelberg.

Holzkamp, K. (1973). Sinnliche Erkenntnis. Historischer Ursprung und gesellschaftliche Funktion der Wahrnehmung. Frankfurt/M.

Holzkamp, K. (1983). Grundlegung der Psychologie. Frankfurt/New York.

Holzkamp, K. (1993). Lernen. Eine subjektwissenschaftliche Grundlegung. Frankfurt/New York.

Holzkamp, K. (1997). Schriften I. Normierung. Ausgrenzung. Widerstand. Hamburg/Berlin.

Holzkamp-Osterkamp, U. (1981/82). Grundlagen der psychologischen Motivationsforschung. 2 Bde. Frankfurt/New York.

Kruse, L. et al. (Hg.) (1996). Ökologische Psychologie. Ein Handbuch in Schlüsselbegriffen. Weinheim.

Maiers, W. & Markard, M. (Hg.) (1987). Kritische Psychologie als Subjektwissenschaft. Frankfurt/New York.

Rexilius, G. (Hg.) (1988). Psychologie als Gesellschaftswissenschaft. Geschichte, Theorie und Praxis kritischer Psychologie. Opladen.

Schönpflug, W. & Schönpflug, U. (1995). Allgemeine Psychologie und ihre Verzweigungen in die Entwicklungs-, Persönlichkeits- und Sozialpsychologie. Ein Lehrbuch für das Grundstudium. München.

Schönpflug, W. (2000). Geschichte und Systematik der Psychologie. Ein Lehrbuch für das Grundstudium. Weinheim.

Schorr, A. (Hg.) (1993). Handbuch der Angewandten Psychologie. Die Angewandte Psychologie in Schlüsselbegriffen. Bonn.

Städler, T. (1997). Lexikon der Psychologie. Stuttgart.

Straub J., Kempf, W. & Werbik, H. (Hg.) (1997). Psychologie. Eine Einführung. München.

Klinische Psychologie/Tiefenpsychologie/Psychotherapie

Amann, G. & Wipplinger, R. (Hg.) 1998). Gesundheitsförderung. Ein multidimensionales Tätigkeitsfeld. Tübingen.

Baumann, U. & Perez, M. (Hg.) (1998). Klinische Psychologie – Psychotherapie. Bern.

Beck, M. & Meyer, B. (Hg.) (1994). Krisenintervention. Konzepte und Realität. Tübingen.

Bell, K. & Höhfeld, K. (Hg.) (1995). Psychoanalyse im Wandel. Gießen.

Benesch, H. (1995). Enzyklopädisches Wörterbuch klinische Psychologie und Psychotherapie. Weinheim.

Bock, T. & Weigand, H. (Hg.) (1991). Handwerksbuch Psychiatrie. Bonn.

Bock, T. (1997). Lichtjahre. Psychosen ohne Psychiatrie. Selbstverständnis und Lebensentwürfe von Menschen mit unbehandelten Psychosen. Bonn.

Bock, T., Deranders, J. E. & Esterer, I. (2000). Stimmenreich. Mitteilungen über den Wahnsinn. Bonn.

Bock, T., Buck, D. & Esterer, I. (2000). Psychoseseminare. Hilfen zum Dialog, Arbeitshilfe 10. Bonn.

Caspar, F. (Hg.) (1996). Psychotherapeutische Problemanalyse. Tübingen.
Comer, R. J. (2001). Klinische Psychologie. Heidelberg.
Cremerius, J. (1995). Die Zukunft der Psychoanalyse. Frankfurt/M.
Davison, G. C. & Neale, J. M. (1998). Klinische Psychologie. Weinheim.
Dörner, K. & Plog, U. (1996). Irren ist menschlich. Lehrbuch der Psychiatrie/Psychotherapie. Bonn.
Erdheim, M. (1984). Die gesellschaftliche Produktion von Unbewußtheit. Eine Einführung in den ethnopsychoanalytischen Prozeß. Frankfurt/M.
Foucault, M. (1968). Psychologie und Geisteskrankheit. Frankfurt/M.
Foucault, M. (1976). Die Geburt der Klinik. Eine Archäologie des ärztlichen Blicks. Frankfurt/M.
Giernalczyk, T. (1995). Lebensmüde. Hilfe bei Selbstmordgefährdung. München.
Heinze, M. & Priebe, S. (Hg.) (1996). Störenfried Subjektivität. Subjektivität und Objektivität als Begriffe psychiatrischen Denkens. Würzburg.
Hellerich, G. (1985). Hilfe und Herrschaft. Eine Analyse des Wandels der psychosozialen Versorgung. Frankfurt/M.
Hörmann, G. & Körner, W. (Hg.) (1998). Klinische Psychologie. Ein kritisches Handbuch. Bielefeld.
Jaeggi, E., Rohner, R. & Wiedemann, P. M. (1999). Klinische Psychologie – Was ist das? Eine Einführung aus sozialwissenschaftlicher Sicht. Weyarn.
Jervis, G. (1978). Kritisches Handbuch der Psychiatrie. Frankfurt/M.
Kaiser, E. (Hg.) (1995). Psychoanalytisches Wissen. Beiträge zur Forschungsmethodik. Opladen.
Kauder, V. & Kruckenberg, P. (1999). Personenzentrierte Hilfen in der psychiatrischen Versorgung. Arbeitshilfe 11. Bonn.
König, O. (Hg.) (1995). Gruppendynamik. Geschichte, Theorien, Methoden, Anwendung, Ausbildung. München.
Kovel, J. (1988). Kritischer Leitfaden der Psychotherapie. Frankfurt/New York.
Kühn, H. (1993). Healthismus. Eine Analyse der Präventionspolitik und Gesundheitsförderung in den USA. Berlin.
Kurtz, J. (1995). Grundlagen der klinischen Psychotherapie. Stuttgart.
Lairaiter, A.-R. & Vogel, H. (Hg.) (1998). Qualitätssicherung in der Psychotherapie und psychosozialen Versorgung. Tübingen.
Laplanche, J. & J.-B. Pontalis (1986). Das Vokabular der Psychoanalyse. Frankfurt/M.
Lorenzer, A. (1994). Die Wahrheit der psychoanalytischen Erkenntnis. Ein historisch-materialistischer Entwurf. Frankfurt/M.
Mentzos, S. (1984). Neurotische Konfliktverarbeitung. Frankfurt/M.
Mertens, W. (1996). Psychoanalyse. Stuttgart.
Nestmann, F. (Hg.) (1997). Beratung. Bausteine für eine interdisziplinäre Wissenschaft und Praxis. Tübingen.
Pfeiffer-Schaupp, H.-U. (1995). Jenseits der Familientherapie. Systemische Konzepte in der Sozialen Arbeit. Freiburg.

Pühl, H. (Hg.) (1994). Handbuch der Supervision. Berlin.
Rattner, J. (1995). Klassiker der Psychoanalyse. Weinheim.
Reichmayr, J. (1995). Einführung in die Ethnopsychoanalyse. Geschichte, Theorien und Methoden. Frankfurt/M.
Reinecker, H. (Hg.) (1998). Lehrbuch der Klinischen Psychologie. Modelle psychischer Störungen. Göttingen.
Schlippe, A. v. & Schweitzer, J. (1997). Lehrbuch der Systemischen Therapie und Beratung. Göttingen.
Schulte, D. (1995). Therapieplanung. Göttingen.
Selg, H. & Ulich, D. (1994). Klinische Psychologie. Stuttgart.
Stratenwerth, I. & Bock, T. (1998). Stimmenhören. Neue Untersuchungen zu einem alten Phänomen. München.
Strauß, B. & Geyer, M. (Hg.) (2000). Psychotherapie in Zeiten der Veränderung. Historische, kulturelle und gesellschaftliche Hintergründe einer Profession. Wiesbaden.
Thom, A. & Wulff, E. (Hg.) (1990). Psychiatrie im Wandel. Erfahrungen und Perspektiven in Ost und West. Bonn.
Tress, W. & Sies, C. (Hg.) (1995). Subjektivität in der Psychoanalyse. Göttingen.
Wulff, E. (1996). Wahnsinnslogik. Von der Verstehbarkeit schizophrener Erfahrung. Bonn.

Arbeits-, Betriebs- und Organisationspsychologie

Bahnmüller, R. & Salms, R. (Hg.) (1997). Intelligenter, nicht härter arbeiten? Hamburg.
Bamberg, E., Ducki, A. & Metz, A.-M. (1998). Betriebliche Gesundheitsförderung. Handbuch arbeits- und organisationspsychologischer Grundlagen und Methoden. Göttingen.
Brosius, G. & Haug, F. (Hg.) (1987). Frauen. Männer. Computer. Hamburg/Berlin.
Dunckel, H. (Hg.) (1999). Handbuch psychologischer Arbeitsanalyseverfahren. Stuttgart.
Freimuth, J. & Kiefer, B.-U. (Hg.) (1995). Geschäftsberichte von unten. Konzepte für Mitarbeiterbefragungen. Göttingen.
Hacker, W. (1998). Allgemeine Arbeitspsychologie. Psychische Regulation von Arbeitstätigkeiten. Bern.
Haraway, D. (1995). Die Neuerfindung der Natur. Primaten, Cyborgs und Frauen. Frankfurt/M.
Harych, H. & Harych, P. (1997). Arbeitslosigkeit und gesundheitliche Folgen in Ostdeutschland. Hamburg/Berlin.
Haug, W. F. (1980). Warenästhetik und kapitalistische Massenkultur. «Werbung» und «Konsum». Systematische Einführung in die Warenästhetik. Berlin.
Ingenkamp, K. (1996). Werbung und Gesellschaft. Hintergründe und Kritik der kulturwissenschaftlichen Reflexion von Werbung. Frankfurt/M.
Kern, H. & Schumann, M. (1984). Das Ende der Arbeitsteilung? Rationalisierung in der industriellen Produktion. München.

Kirchler, E. (1995). Wirtschaftspsychologie. Grundlagen und Anwendungsfelder der ökonomischen Psychologie. Göttingen.

Leithäuser, T. et al. (1995). Der alltägliche Zauber einer digitalen Technik. Wirklichkeitserfahrung im Umgang mit dem Computer. Berlin.

Leymann, H. (Hg.) (1995). Der neue Mobbing-Bericht. Erfahrungen und Initiativen, Auswege und Hilfsangebote. Reinbek.

Meyer, H. W. (1982). Arbeitszufriedenheit. Ein interessiertes Mißverständnis. Opladen.

Nerdinger, F. (1994). Zur Psychologie der Dienstleistung. Theoretische und empirische Studien zu einem wirtschaftspsychologischen Forschungsgebiet. Stuttgart.

Nerdinger, F. (1995). Motivation und Handeln in Organisationen. Eine Einführung. Stuttgart.

Pelz, J. (1995). Gruppenarbeit via Computer. Sozialpsychologische Aspekte eines Vergleichs zwischen direkter Kommunikation und Computerkonferenz. Frankfurt/M.

Projekt Automation und Qualifikation (1983). Zerreißproben. Automation im Arbeiterleben. Empirische Untersuchungen. Berlin.

Projekt Automation und Qualifikation (1987). Widersprüche der Automationsarbeit. Ein Handbuch. Berlin.

Rosenstiel, L. v. (2000). Grundlagen der Organisationspsychologie. Stuttgart.

Rosenstiel, L. v., Molt, W. & Rütinger, B. (1995). Organisationspsychologie. Stuttgart.

Schenk, H.-O. (1995). Handelspsychologie. Eine Einführung. Göttingen.

Schuler, H. (1996). Psychologische Personalauswahl. Einführung in die Berufseignungsdiagnostik. Göttingen.

Spieß, E. & Winterstein, H. (1999). Verhalten in Organisationen. Eine Einführung. Stuttgart.

Stengel, M. (1997). Psychologie der Arbeit. Weinheim.

Ulich, E. (1994). Arbeitspsychologie. Stuttgart.

Verein für Automations- und Arbeitskulturforschung (1992). Arbeit soll auch Selbstverwirklichung sein. Mikroelektronik und Lebensweisen. Hamburg/Berlin.

Vieth, P. (1995). Kontrollierte Autonomie. Neue Herausforderungen für die Arbeitspsychologie. Heidelberg.

Volpert, W. (1994). Wider die Maschinenmodelle des Handelns. Aufsätze zur Handlungsregulationstheorie. Lengerich.

Wiswede, G. (1995). Einführung in die Wirtschaftspsychologie. München.

Wottawa, H. & Gluminski, I. (1995). Psychologische Theorien für Unternehmen. Göttingen.

Pädagogische Psychologie/Entwicklungspsychologie

Ariès, P. (1995). Geschichte der Kindheit. Frankfurt/M.

Baltes, M. & Montada, L. (Hg.) (1996). Produktives Leben im Alter. Frankfurt/M.

Berliner, D. C. & Calfee, R. C. (Hg.) (1996). Handbook of educational psychology. New York.

Bowlby, J. (1995). Elternbindung und Persönlichkeitsentwicklung. Therapeutische Aspekte der Bindungstheorie. Heidelberg.

Braun, K.-H. & Wetzel, K. (Hg.) (1992). Lernwidersprüche und pädagogisches Handeln. Marburg.

Cohen, P. (1994). Verbotene Spiele. Theorie und Praxis antirassistischer Erziehung. Hamburg/Berlin.

Dietrich, G. (1984). Pädagogische Psychologie. Eine Einführung auf handlungstheoretischer Grundlage. Bad Heilbrunn.

Eberding, A. (1994). Kommunikationsbarrieren bei der Erziehungsberatung von Migrantenfamilien aus der Türkei. Frankfurt/M.

Enders-Dragässer, U. & Fuchs, C. (Hg.) (1990). Frauensache Schule. Frankfurt/M.

Gage, N. L. & Berliner, D. C. (1996). Pädagogische Psychologie. Weinheim.

Graf, E. (1994). Lese-Rechtschreib-Schwäche. Ein prozeßanalytischer Ansatz. Bern.

Greuer-Werner, M. (Hg.) (1995). Psychologie – ein Beitrag zur Schulkultur. Berichte aus der Schulpsychologie. Bonn.

Hafeneger, B. (1995). Jugendbilder. Zwischen Hoffnung, Kontrolle, Erziehung und Dialog. Opladen.

Held, J. (1994). Praxisorientierte Jugendforschung. Theoretische Grundlagen, methodische Ansätze, exemplarische Projekte. Hamburg.

Hofmann, K. & Ommerborn, R. (1998). Das Auge der Pädagogik. Zum Selbstverständnis der Pädagogischen Psychologie als Wissenschaft. Pfaffenweiler.

Hofmeister, A. (1998). Zur Kritik des Bildungsbegriffs aus subjektwissenschaftlicher Perspektive. Diskursanalytische Untersuchungen. Hamburg/Berlin.

Holzkamp, K. (1993). Lernen. Eine subjektwissenschaftliche Grundlegung. Frankfurt/New York.

Hurrelmann, K. & Ulich, D. (Hg.) (1991). Neues Handbuch der Sozialisationsforschung. Weinheim/Basel.

Keller, G. (1994). Pädagogische Psychologie griffbereit. Ein schulpraktisches Handbuch. Donauwörth.

Kurz-Adam, M. & Post, I. (Hg.) (1995). Erziehungsberatung und Wandel der Familie. Probleme, Neuansätze und Entwicklungslinien. Opladen.

Lenzen, D. (Hg.) (1994). Erziehungswissenschaft. Ein Grundkurs. Reinbek.

Mayring, Ph. (2000). Einführung in die Pädagogische Psychologie. Theoretische Grundlagen und fallanalytisches Arbeitsbuch. Stuttgart.

Mietzel, G. (1998). Pädagogische Psychologie des Lernens und Lehrens. Göttingen.

Müller, J. G. (1994). «... und raus bist du». Soziale Kompetenzen deutscher und türkischer Kinder in der Hauptschule. Frankfurt/M.

Negt, O. (1997). Kindheit und Schule in einer Welt der Umbrüche. Göttingen.

Nemitz, R. (1996). Kinder und Erwachsene. Zur Kritik der pädagogischen Differenz. Hamburg/Berlin.

Oerter, R. & Montada, L. (1999). Entwicklungspsychologie. Ein Lehrbuch. Weinheim.

Oerter, R., Hagen, C. v., Röper, G. & Noam, G. (Hg.) (1999). Klinische Entwicklungspsychologie. Weinheim.

Pankofer, S. (1997). Freiheit hinter Mauern. Mädchen im geschlossenen Heim. Weinheim/München.

Perleth, Ch. & Ziegler, A. (Hg.) (1999). Pädagogische Psychologie. Grundlagen und Anwendungsfelder. Bern.

Rost, D. H. (Hg.) (1998). Handwörterbuch Pädagogische Psychologie. Weinheim.

Trautner, H. (1995). Allgemeine Entwicklungspsychologie. Stuttgart.

Trommsdorff, G. (Hg.) (1995). Kindheit und Jugend in verschiedenen Kulturen. Weinheim.

Tully, C. J. (1994). Lernen in der Informationsgesellschaft. Informelle Bildung durch Computer und Medien. Opladen.

Weidenmann, B. & Krapp, A. (1997). Pädagogische Psychologie. Ein Lehrbuch. Weinheim.

Willis, P. (1991). Jugend-Stile. Zur Ästhetik der gemeinsamen Kultur. Hamburg/Berlin.

Angewandte Sozialpsychologie/Kulturpsychologie/ Politische Psychologie

Autrata, O. (1990). Krieg ist es nicht, Frieden ist es nicht. Subjektbezogene Friedensforschung. Frankfurt/M.

Belschner, W. et al. (Hg.) (1995). Wem gehört die Heimat? Beiträge der politischen Psychologie zu einem umstrittenen Phänomen. Opladen.

Bourdieu, P. et al. (1997). Das Elend der Welt. Zeugnisse und Diagnosen alltäglichen Leidens an der Gesellschaft. Konstanz.

Brockhaus, G. (1997). «Schauder und Idylle». Faschismus als Erlebnisangebot. Köln.

Brückner, P. (1979). Über die Gewalt. Sechs Aufsätze zur Rolle der Gewalt in der Entstehung und Zerstörung sozialer Systeme. Berlin.

Büchner, B. R. (1995). Rechte Frauen, Frauenrechte und Klischees der Normalität. Gespräche mit «Republikanerinnen». Pfaffenweiler.

Castro Varela, M. et al. (Hg.) (1998). Suchbewegungen. Interkulturelle Beratung und Therapie. Tübingen.

Dahmer, H. (Hg.) (1980). Analytische Sozialpsychologie. 2 Bde. Frankfurt/M.

Döring, N. (1999). Sozialpsychologie des Internet. Göttingen.

Frindte, W. & Kohler, T. (1999). Kommunikation im Internet. Frankfurt/M.

Gergen, K. J. (1996). Das übersättigte Selbst. Identitätsprobleme im heutigen Leben. Heidelberg.

Gergen, K. J. (1999). An Invitation to Social Construction. London.

Glaser, B. G. & Strauss, A. (1998). Grounded Theory. Strategien qualitativer Forschung. Göttingen.

Hall, S. (1989). Ausgewählte Schriften. Ideologie, Kultur, Medien, Neue Rechte, Rassismus. Hamburg/Berlin.

Hall, S. (1994). Rassismus und kulturelle Identität. Hamburg/Berlin.

Hall, S. (2000). Cultural Studies. Ein politisches Theorieprojekt. Ausgewählte Schriften 3. Berlin/Hamburg.

Hartmann, H. A. & Haubl, R. (Hg.) (2000). Von Dingen und Menschen. Funktion und Bedeutung materieller Kultur. Wiesbaden.

Haug, F. (1999). Vorlesungen zur Einführung in die Erinnerungsarbeit. Hamburg/Berlin.

Jäger, S. (1993). Kritische Diskursanalyse. Eine Einführung. Duisburg.

Jahoda, M. (1994). Sozialpsychologie der Politik und Kultur. Ausgewählte Schriften. Graz.

Kappeler, S. (1994). Der Wille zur Gewalt. Politik des persönlichen Verhaltens. München.

Keupp, H. (Hg.) (1994). Zugänge zum Subjekt. Perspektiven einer reflexiven Sozialpsychologie. Frankfurt/M.

Keupp, H. (Hg.) (1995). Lust an der Erkenntnis. Der Mensch als soziales Wesen. Sozialpsychologisches Denken im 20. Jahrhundert. München.

Keupp, H. & Bilden, H. (Hg.) (1989). Verunsicherungen. Das Subjekt im gesellschaftlichen Wandel. Göttingen.

Keupp, H. & Höfer, R. (Hg.) (1997). Identitätsarbeit heute. Klassische und aktuelle Perspektiven der Identitätsforschung. Frankfurt/M.

Keupp, H. u. a. (1999). Identitätskonstruktionen. Das Patchwork der Identitäten in der Spätmoderne. Reinbek.

Markard, M. & ASB (Hg.) (2000). Kritische Psychologie und studentische Praxisforschung. Wider Mainstream und Psychoboom. Hamburg/Berlin.

Müller-Hohagen, J. (1994). Geschichte in uns. Psychogramme aus dem Alltag. München.

Ottomeyer, K. (1992). Prinzip Neugier. Einführung in eine andere Sozialpsychologie. Heidelberg.

Ottomeyer, K. (2000). Die Haider-Show. Zur Psychopolitik der FPÖ. Klagenfurt.

Rommelspacher, B. (1995). Dominanzkultur. Texte zu Fremdheit. Berlin.

Sennett, R. (1998). Der flexible Mensch. Die Kultur des neuen Kapitalismus. Berlin.

Terkessidis, M. (1998). Psychologie des Rassismus. Opladen.

Thomas, A. (Hg.) (1994). Psychologie und multikulturelle Gesellschaft. Problemanalysen und Problemlösungen. Göttingen.

Weber, K. (2001). Rechte Männer. Neofaschismus, Rassismus und Gewerkschaften. Hamburg.

Werner, H. (1989). Individualität, Bewußtsein, politische Kultur. Marburg.

Gemeindepsychologie

Böhm, I., Faltermaier, T., Flick, U. & Krause-Jacob, M. (Hg.) (1992). Gemeindepsychologisches Handeln: ein Werkstattbuch. Freiburg.

Duffy, K. G. & Wong, F. Y. (1999). Community Psychology. New York.

Keupp, H. & Zaumseil, M. F. (Hg.) (1994). Die gesellschaftliche Organisierung psychischen Leidens (S. 180–220). Frankfurt.

Mrazek, P. J. & Haggerty, R. J. (Hg.) (1994). Reducing risks for mental disorders. Frontiers for preventive intervention research. Washington, DC.

Orford, J. (1992). Community psychology. New York.

Rappaport, J. (1977). Community psychology: Values, research and action. New York.

Röhrle, B. (1994). Soziale Netzwerke und soziale Unterstützung. Weinheim.

Röhrle, B. & Sommer, G. (Hg.) (1999). Prävention und Gesundheitsförderung. Tübingen.

Röhrle, B., Sommer, G. & Nestmann, F. (Hg.) (1998). Netzwerkinterventionen. Tübingen.

Scileppi, J. A., Torres, D. R. & Teed, E. L. (1999). Community Psychology: Common Sense Approach to Mental Health. New York.

Sommer, G. & Ernst, H. (Hg.) (1977). Gemeindepsychologie. München.

Familienpsychologie

Boss, G. P., Doherty, W. J., LaRossa, R., Schumm, W. R. & Steinmetz, K. S. (Hg.) (1993). Sourcebook of family theories and methods. A contextual approach. New York.

Bronfenbrenner, U. (1981). Die Ökologie der menschlichen Entwicklung. Stuttgart.

Bundesministerium für Familie und Senioren (Hg.) (1994). Familien und Familienpolitik im geeinten Deutschland – Zukunft des Humanvermögens. Fünfter Familienbericht. Bonn.

Cierpka, M. (Hg.) (1996). Handbuch der Familiendiagnostik. Berlin.

Kaslow, F. W. (Hg.) (1996). Handbook of relational diagnosis and dysfunctional family patterns. New York.

Schiepek, G. (1999). Grundlagen der systemischen Therapie. Göttingen.

Schlippe, A. v. & Schweitzer, J. (1996). Lehrbuch der systemischen Familientherapie und Beratung. Göttingen.

Schneewind, K. A. (1999). Familienpsychologie. Stuttgart.

Schneewind, K. A. (2000) (Hg.). Familienpsychologie im Aufwind. Göttingen.

Sulz, S. K. D. (Hg.) (2000). Paartherapien. München.

Neuropsychologie/Psychosomatik/Medizinische Psychologie

Albrecht, H. (1995). Vom Sinn der Krankheit. München.

Brath, K. (1995). Lebensgeschichte und psychosomatische Symptomatik. Ätiologische und präventive Aspekte bei Jugendlichen. Frankfurt/M.

Breidbach, O. (1997). Die Materialisierung des Ichs. Zur Geschichte der Hirnforschung im 19. und 20. Jahrhundert. Frankfurt/M.

Condrau, G. & Gassmann, M. (1995). Das verletzte Herz. Zur Psychosomatik von Herz-Kreislauf-Erkrankungen. Frankfurt/M.

Cramon, D. Y. et al. (Hg.) (1995). Neuropsychologische Diagnostik. London.

Cvetkova, L. S. (1996). Neuropsychologie und Rehabilitation von Sprache und intellektueller Tätigkeit. Münster.

Danzer, G. et al. (Hg.) (1995). Psychosomatische Medizin. Konzepte und Modelle. Frankfurt/M.

Finzen, A. (1996). «Der Verwaltungsrat ist schizophren». Die Krankheit und das Stigma. Bonn.

Fries, W. & Wendel, C. (2001). Ambulante Komplex-Behandlung von hirnverletzten Patienten. München/Bern/Wien/New York.

Frischenschlager, O. et al. (Hg.) (1995). Lehrbuch der psychosozialen Medizin. Grundlagen der medizinischen Psychologie, Psychosomatik, Psychotherapie und medizinischen Soziologie. Wien.

Gauggel, S. & Kerkhoff, G. (1997). Fallbuch der klinischen Neuropsychologie. Praxis der Neurorehabilitation. Göttingen/Bern/Toronto/Seattle.

Haisch, J. (1996). Gesundheitsrisiken. Wege zur Bewältigung. Heidelberg.

Hernegger, R. (1995). Wahrnehmung und Bewußtsein. Ein Diskussionsbeitrag zu den Neurowissenschaften. Berlin.

Jantzen, W. & Lanwer-Koppelin, W. (Hg.) (1996). Diagnostik als Rehistorisierung. Methodologie und Praxis einer verstehenden Diagnostik am Beispiel schwer behinderter Menschen. Berlin.

Krischke, N. (1996). Lebensqualität und Krebs. München.

Lenz, A. & Meretz, S. (1995). Neuronale Netze und Subjektivität. Lernen, Bedeutung und die Grenzen der Neuro-Informatik. Braunschweig.

Loch, W. (1999). Die Krankheitslehre der Psychoanalyse. Stuttgart/Leipzig.

Michal, C. (1996). Neuropsychologisches Befundsystem für die Ergotherapie. Arbeitsmappe. Berlin.

Michels, H.-P. (Hg.) (1996). Chronisch kranke Kinder und Jugendliche. Psychologische und sozialpädagogische Betreuung und Rehabilitation. Tübingen.

Preuss, S. (1995). Ökopsychosomatik. Umweltbelastungen und psychovegetative Beschwerden. Heidelberg.

Redder, A. & Wiese, I. (Hg.) (1994). Medizinische Kommunikation. Diskurspraxis, Diskursethik, Diskursanalyse. Opladen.

Rufer, M. (1995). Glückspillen. Ecstasy, Protac und das Comeback der Psychopharmaka. München.

Wirsching, M. (1996). Psychosomatische Medizin. Konzepte, Krankheitsbilder, Therapien. München.

Zimprich, H. (1995). Kinderpsychosomatik. Stuttgart.

Politische Psychologie

Basaglia-Ongaro, F. & Basaglia, F. (1980). Befriedungsverbrechen. Frankfurt/M.

Brückner, P. (1981). Zur Sozialpsychologie des Kapitalismus. Reinbek.

Brückner, P. (1983). Zerstörung des Gehorsams. Aufsätze zur politischen Psychologie. Berlin.

Bruder, K.-J. (1993). Subjektivität und Postmoderne. Der Diskurs der Psychologie. Frankfurt/M.

Castel, F., Castel, R. & Lovell, A. (1982). Psychiatrisierung des Alltags. Produktion und Vermarktung der Psychowaren in den USA. Frankfurt/M.

Eagleton, T. (1993). Ideologie. Stuttgart.

Eagleton, T. (1997). Die Illusionen der Postmoderne. Stuttgart/Weimar.

Foucault, M. (1974). Die Ordnung der Dinge. Eine Archäologie der Humanwissenschaften. Frankfurt/M.

Foucault, M. (1981). Überwachen und Strafen. Frankfurt/M.

Fox Keller, E. (1986). Liebe, Macht und Erkenntnis. Männliche oder weibliche Wissenschaft? München/Wien.

Fried, B., Kaindl, Ch., Markard, M. & Wolf, G. (Hg.) (1997). Erkenntnis und Parteilichkeit. Kritische Psychologie als marxistische Subjektwissenschaft. Hamburg/Berlin.

Haraway, D. (1995). Die Neuerfindung der Natur. Primaten, Cyborgs und Frauen. Frankfurt/M.

Harding, S. (1990). Feministische Wissenschaftstheorie. Zum Verhältnis von Wissenschaft und sozialem Geschlecht. Hamburg/Berlin.

Honegger, C. (1991). Die Ordnung der Geschlechter. Die Wissenschaften vom Menschen und das Weib. Frankfurt/New York.

Hörmann, G. (Hg.) (1994). Zur Kritik systemischer Konzepte in den Sozialwissenschaften. Münster.

Jäger, M. (1985). Die Methode der wissenschaftlichen Revolution. Berlin.

Kuhn, T. S. (1967). Die Struktur wissenschaftlicher Revolutionen. Frankfurt/M.

Lichtman, R. (1990). Die Produktion des Unbewußten. Die Integration der Psychoanalyse in die marxistische Theorie. Hamburg/Berlin.

Sonntag, M. (1988). Die Seele als Politikum. Psychologie und die Produktion des Individuums. Berlin.

Zygowski, H. (Hg.) (1993). Kritik der Mainstream-Psychologie. Münster.

Umweltpsychologie

Baum, D. (1998). Umweltschutz in der Praxis. Heidelberg/Wien.

Birnbacher, D. (Hg.) (1997). Ökophilosophie. Stuttgart.

Gore, A. (1995). Wege zum Gleichgewicht. Ein Marshallplan für die Erde. Frankfurt/M.

Graumann, C. F. (1978). Ökologische Perspektiven in der Psychologie. Bern.

Holzer, A. & Elferding, W. (2000). Ist es hier schön. Landschaft nach der ökologischen Krise. Wien.

Kaminski, G. (1967). Umweltpsychologie. Stuttgart.

Kruse, L. u. a. (Hg.) (1990). Ökologische Psychologie. Ein Handbuch in Schlüsselbegriffen. Weinheim.

Miller, R. (1986). Einführung in die ökologische Psychologie. Opladen.

Remmert, H. (1992). Ökologie. Berlin/Heidelberg.

Schama, S. (1994). Der Traum von der Wildnis. Natur als Imagination. München.

Trepl, L. (1987). Geschichte der Ökologie. Vom 17. Jahrhundert bis zur Gegenwart. Frankfurt/M.

Trommer, G. (1992). Wildnis, die pädagogische Herausforderung. Weinheim.

Uexküll, J. von (1909). Umwelt und Innenwelt der Tiere. Berlin.

Valsangiacomo, A. (1998). Die Natur der Ökologie. Anspruch und Grenzen ökologischer Wissenschaften. Zürich.

Psychologiegeschichte/Historische Psychologie

Alsop, Ch. K. (Hg.) (2001). Grenzgängerin. Bridges beetween Disciplines. Eine Festschrift für Irmingard Staeuble. Heidelberg.

Ash, M. G. & Geuter, U. (Hg.) (1985). Geschichte der deutschen Psychologie im 20. Jahrhundert. Ein Überblick. Opladen.

Brückner, P. (1982). Psychologie und Geschichte. Vorlesungen im «Club Voltaire» 1980/81. Berlin.

Fallend, K., Handlbauer, B. & Kienreich, W. (Hg.) (1989). Der Einmarsch in die Psyche. Psychoanalyse, Psychologie und Psychiatrie im Nationalsozialismus und die Folgen. Wien.

Geuter, U. (1984). Die Professionalisierung der deutschen Psychologie im Nationalsozialismus. Frankfurt/M.

Graumann, C. F. (Hg.) (1985). Psychologie im Nationalsozialismus. Berlin.

Haug, W. F. (1986). Die Faschisierung des bürgerlichen Subjekts. Die Ideologie der gesunden Normalität und die Ausrottungspolitiken im deutschen Faschismus. Berlin.

Jaeger, S. (Hg.) (1995). Psychologie im soziokulturellen Wandel. Kontinuitäten und Diskontinuitäten. Frankfurt/M.

Jaeger, S. & Staeuble, I. (1978). Die gesellschaftliche Genese der Psychologie. Frankfurt/New York.

Jüttemann, G. (Hg.) (1988). Wegbereiter der Historischen Psychologie. München/Weinheim.

Lockot, R. (1985). Erinnern und Durcharbeiten. Zur Geschichte der Psychoanalyse und Psychotherapie im Nationalsozialismus. Frankfurt/M.

Loewenstein, B. (Hg.) (1992). Geschichte und Psychologie. Annäherungsversuche. Pfaffenweiler.

Lück, H. E. (1991). Geschichte der Psychologie. Strömungen, Schulen, Entwicklungen. Stuttgart/Berlin/Köln.

Lück, H. E., Grünwald, H., Geuter, U., Miller, R. & Rechtien, W. (Hg.) (1987). Sozialgeschichte der Psychologie. Eine Einführung. Opladen.

Lück, H. E. & Miller, R. (Hg.) (1991). Theorien und Methoden psychologiegeschichtlicher Forschung. Göttingen.

Lück, H. E. & Miller, R. (Hg.) (1993). Illustrierte Geschichte der Psychologie. München.

Lück, H. E., Miller, R. & Rechtien, W. (Hg.) (1984). Geschichte der Psychologie. Ein Handbuch in Schlüsselbegriffen. München/Wien/Baltimore.

Reuter, M. (Hg.) (1990). Black Box Psyche? Texte zur Historischen Psychologie I. Pfaffenweiler.

Schmidt, N. D. (1995). Philosophie und Psychologie. Trennungsgeschichte, Dogmen und Perspektiven. Reinbek.

Sonntag, M. (Hg.) (1990). Von der Machbarkeit des Psychischen. Texte zur Historischen Psychologie II. Pfaffenweiler.

Sonntag, M. (1999). «Das Verborgene des Herzens». Zur Geschichte der Individualität. Reinbek.

Weber, K. (1993). Vom Aufbau des Herrenmenschen. Philipp Lersch. Eine Karriere als Militärpsychologie und Charakterologe. Pfaffenweiler.

Weber, K. (Hg.) (1997). Unterstellte Subjekte. Der Beitrag der deutschen Psychologie zur Faschisierung des Subjekts. Hamburg/Berlin.

Berufspraxis/Angewandte Psychologie

Attia, I. et al. (Hg.) (1995). Multikulturelle Gesellschaft – monokulturelle Psychologie. Antisemitismus und Rassismus in der psychosozialen Praxis. Tübingen.

Auckenthaler, A. (1995). Supervision psychotherapeutischer Praxis. Organisation, Standards, Wirksamkeit. Stuttgart.

Barth, K.-H. (1995). Schulfähig? Beurteilungskriterien für die Erzieherin. Freiburg.

Beck, M. & Meyer, B. (Hg.) (1994). Krisenintervention. Konzepte und Realität. Tübingen.

Becker, H. (Hg.) (1995). Psychoanalytische Teamsupervision. Göttingen.

Bernler, G. & Johnsson, L. (1995). Das Praktikum in sozialen Berufen. Ein systemisches Modell zur Anleitung. Weinheim.

Brauner, E. (1994). Soziale Interaktion und mentale Modelle. Planungs- und Entscheidungsprozesse in Planspielgruppen. Münster.

Bundeskonferenz für Erziehungsberatung (Hg.) (1995). Scheidungs-Mediation. Möglichkeiten und Grenzen. Münster.

Cohen, P. (1994). Verbotene Spiele. Theorie und Praxis antirassistischer Erziehung. Hamburg/Berlin.

Egartner, E. & Holzbauer, S. (1994). «Ich hab's nur noch mit Gift geschafft ...» Frauen und illegale Drogen. Pfaffenweiler.

Glowitz, F. (1995). Umgang mit Sucht und Drogen im Ausbildungsalltag. Lübeck.

Halhuber-Ahlmann, M. (1987). Georg: Biographie eines kriminologischen Falles. Eine kritisch-psychologische Praxisanalyse. Köln.

Höfling, S. (Hg.) (1994). Angewandte Psychologie im Krankenhaus. Baltmannsweiler.

Kähler, H. D. (1997). Erstgespräche in der sozialen Einzelfallhilfe. Freiburg.

Katz, P. (1995). Der ganz alltägliche Ärger. Vom Umgang mit Alltagsproblemen. Münster.

Keupp, H. (1987). Psychosoziale Praxis im gesellschaftlichen Umbruch. Sieben Essays. Bonn.

Korte, J. (1994). Lernziel Friedfertigkeit. Vorschläge zur Gewaltreduktion in der Schule. Weinheim.

Kuhnt, B. & Müller, N. (1996). Moderationsfibel Zukunftswerkstätten. Verstehen, anleiten, einsetzen. Das Praxisbuch zur sozialen Problemlösungsmethode Zukunftswerkstatt. Münster.

Leffers, C. J. (Hg.) (1995). Interventionskonzepte. Frankfurt/M.
Osterkamp, U. (1996). Rassismus als Selbstentmächtigung. Texte aus dem Arbeitszusammenhang Rassismus/Diskriminierung. Hamburg/Berlin.
Plath, I. & Kowal, S. (Hg.) (1994). Beiträge zur psychologischen Wissensvermittlung in der Aus-, Fort- und Weiterbildung. Bonn.
Schmidbauer, W. (1977). Die hilflosen Helfer. Über die seelische Problematik der helfenden Berufe. Reinbek.
Schneider, W. (1995). Risiko Cannabis? Bedingungen und Auswirkungen eines kontrollierten, sozialintegrierten Gebrauchs von Haschisch und Marihuana. Berlin.
Teuber, K. (1998). «Ich blute, also bin ich». Selbstverletzung der Haut von Mädchen und jungen Frauen. Pfaffenweiler.
Vogt, I. & Winkler, K. (Hg.) (1996). Beratung süchtiger Frauen. Konzepte und Methoden. Freiburg.
Wagner, A. (1995). Rückfall und Emotion. Zur psychischen Beanspruchung von Suchttherapeuten. Frankfurt/M.
Weisbach, C.-R. (1994). Professionelle Gesprächsführung. Ein praxisnahes Lese- und Übungsbuch. München.
Weiß, A. (1996). Lieber biegen als brechen. Zwischen Anspruch und Anpassung im Beruf. Frankfurt/New York.

Psychologie des Geschlechterverhältnisses

Barrett, M. (1983). Das unterstellte Geschlecht. Hamburg.
BauSteineMänner (Hg.) (2000). Kritische Männerforschung. Neue Ansätze in der Geschlechtertheorie. Hamburg/Berlin.
Becker-Schmidt, R. & Axeli-Knapp, G. (Hg.) (1995). Das Geschlechterverhältnis als Gegenstand der Sozialwissenschaften. Frankfurt/M.
Benjamin, J. (1990). Die Fesseln der Liebe. Basel/Frankfurt.
Benjamin, J. (1993). Phantasie und Geschlecht. Studien über Idealisierung, Anerkennung und Differenz. Basel/Frankfurt.
Bittner, M. & Reisbeck, G. (Hg.) (1995). Aufbruch zu anderen Ufern. Lesbische und schwule Perspektiven in der Psychologie. München.
Butler, J. (1991). Das Unbehagen der Geschlechter. Frankfurt/M.
Butler, J. (1995). Körper von Gewicht. Die diskursiven Grenzen des Geschlechts. Berlin.
Chodorov, N. (1985). Das Erbe der Mütter. Psychoanalyse und Soziologie der Geschlechter. München.
Duden, B. (1991). Der Frauenleib als öffentlicher Ort. Vom Mißbrauch des Begriffs Leben. Hamburg/Zürich.
Egartner, E. & Holzbauer, S. (1994). «Ich hab's nur noch mit Gift geschafft ...» Frauen und illegale Drogen. Pfaffenweiler.
Gilligan, C. (1996). Die andere Stimme. Lebenskonflikte und Moral der Frau. München.
Großmaß, R. & Schmerl, C. (Hg.) (1996). Leitbilder, Vexierbilder und Bildstörun-

gen. Über die Orientierungsleistung von Bildern in der feministischen Geschlechterdebatte. Frankfurt/M.

Harding, S. (1990). Feministische Wissenschaftstheorie. Zum Verhältnis von Wissenschaft und sozialem Geschlecht. Hamburg/Berlin.

Haug, F. (Hg.) (1983). Frauenformen 2. Sexualisierung der Körper. Berlin.

Haug, F. (1990). Erinnerungsarbeit. Hamburg/Berlin.

Haug, F. (Hg.) (1991). Erziehung zur Weiblichkeit. Alltagsgeschichten und Entwurf einer Theorie weiblicher Sozialisation. Hamburg/Berlin.

Haug, F. & Hauser, K. (Hg.) (1985). Subjekt Frau. Kritische Psychologie der Frauen. Bd. 2. Berlin.

Haug, F. & Hauser, K. (Hg.) (1986). Der Widerspenstigen Lähmung. Kritische Psychologie der Frauen. Bd. 2. Berlin.

List, E. & Studer, H. (Hg.) (1989). Denkverhältnisse. Feminismus und Kritik. Frankfurt/M.

Smith, D. (1998). Der aktive Text. Soziologie für Frauen. Hamburg/Berlin.

Teuber, K. (1998). «Ich blute, also bin ich». Selbstverletzung der Haut von Mädchen und jungen Frauen. Pfaffenweiler.

1.2 Zeitschriften

Viele aktuelle psychologische Beiträge werden zunächst in Fachzeitschriften veröffentlicht. Einen Überblick über das breite Spektrum an psychologischen Theorien bieten die Zeitschriften der meisten Instituts-, Fakultäts- oder Universitätsbibliotheken, die viele Zeitschriften beziehen. Die Auswahl der unten angeführten Titel umfasst neben psychologischen Fachorganen auch sozialwissenschaftliche, interdisziplinär ausgerichtete Zeitschriften.

- *Das Argument – Zeitschrift für Philosophie und Sozialwissenschaften* (Argument Verlag). Reichenberger Str. 150, 10999 Berlin
- *Forum Kritische Psychologie* (Argument Verlag). Redaktion z. H. Morus Markard, Nymphenburger Str. 4, 10825 Berlin
- *Forum Psychoanalyse. Zeitschrift für klinische Theorie und Praxis.* Regine Karcher-Reiners, Klugstr. 39, 80638 München
- *Gemeindepsychologie Rundbrief.* Reinhard Rudeck, c/o Meyer, Gerhart-Hauptmann-Ring 26, 81737 München
- *handlung. kultur. interpretation. Bulletin für Psychologie und Nachbardiszplinen.* c/o Institut für Psychologie der Universität Erlangen–Nürnberg, Kochstr. 4, 91054 Erlangen
- *Journal für Psychologie* (Asanger Verlag). Bödldorf 3, 84178 Kröning
- *Psyche* (Klett-Cotta Verlag). Postfach 106016, 70049 Stuttgart
- *Psychologie & Gesellschaftskritik* (Psychosozial Verlag). Friedrichstr. 35, 35392 Gießen

- *Psychologische Revue. Rezensionszeitschrift für Psychologie und Sozialwissenschaften* (Fachhochschulverlag Frankfurt). Kleiststr. 31, 60318 Frankfurt
- *Psychosozial* (Psychosozial Verlag). Friedrichstr. 35, 35392 Gießen
- *Report Psychologie. Zeitschrift des Berufsverbandes Deutscher Psychologinnen und Psychologen e. V. (BDP).* Heilsbachstr. 22–24, 53123 Bonn
- *Soziale Psychiatrie* (Psychiatrie-Verlag). Thomas-Mann-Straße 49a, 53111 Bonn
- *Sozialpsychiatrische Informationen* (Psychiatrie-Verlag). Med. Hochschule Hannover, Sozialpsychiatrische Poliklinik, Frau Mooz, Walderseestr. 1, 30163 Hannover
- *Theory & Psychology* (Sage Publications). 6 Bonhill Street, London EC2A4PU, UK
- *Theory, Culture & Society* (Sage Publications). 6 Bonhill Street, London EC2A4PU, UK
- *Verhaltenstherapie und Psychosoziale Praxis* (dgvt-Verlag). Hechinger Str. 203, 72072 Tübingen
- *WERKBLATT – Zeitschrift für Psychoanalyse und Gesellschaftskritik.* Auerspergstr. 10/30, A-5020 Salzburg
- *Widersprüche – Zeitschrift für sozialistische Politik im Bildungs-, Gesundheits- und Sozialbereich* (Kleine Verlag). Postfach 101668, 33516 Bielefeld
- *Zeitschrift für Politische Psychologie* (AFP Verlag). Universität Hamburg, Psychologisches Institut 1, Von-Melle-Park 6, 20146 Hamburg

1.3 Datenbanken

Zentrum für Psychologische Information und Dokumentation (ZPID)
Universität Trier
54286 Trier
E-Mail: info@zpid.de
http://www.zpid.de/

Die ZPID ist die überregionale und zentrale Dokumentations- und Informationseinrichtung für das Fach Psychologie in der Bundesrepublik Deutschland. 1972 auf Anregung der Deutschen Gesellschaft für Psychologie gegründet, wurde sie 17 Jahre lang als Projekt an der Universität Trier geführt, bis sie 1988 als «Zentrale wissenschaftliche Einrichtung» der Universität Trier institutionalisiert wurde. Seitdem ist sie ein Institut der «Blauen Liste» der Gemeinschaftsaufgaben von Bund und Ländern, die sich 1995 als «Wissenschaftsgemeinschaft Blaue Liste» konstituiert hat und sich seit 1997 *Wissenschaftsgemeinschaft Gottfried Wilhelm Leibniz (WGL)* nennt.

Das derzeitige Leistungsspektrum der ZPID umfasst

- Dokumentation psychologisch relevanter Literatur aus den deutschsprachigen Ländern, audiovisueller Medien und Testverfahren,
- Entwicklung und Produktion von Datenbanken,

- Entwicklung und Produktion von Internet-Angeboten: Suchmaschine Psychologie, Linkkatalog, Verlage, Testotheken und Testbibliotheken, europäische Längsschnittstudien u. a.,
- Herausgabe von gedruckten Informationsdiensten,
- Informationsvermittlungsservice mit der Bearbeitung von Auftragsrecherchen,
- Informations- und Dokumentationsforschung.

PsycLit
American Psychological Association
750 First Street
NE, Washington DC
http://www.apa.org

PsycLIT, produziert von der American Psychological Association, verzeichnet internationale psychologische Literatur sowie psychologisch relevante Materialien aus verwandten Disziplinen wie Erziehungswissenschaften, Medizin, Wirtschaft, Soziologie und Psychiatrie.

PsycLIT besteht aus zwei Datenbanken:
- Die eine weist *Aufsätze* nach aus über 1300 Zeitschriften aus etwa 50 Ländern, meist mit Abstracts. 90 Prozent der Artikel sind englischsprachig.
- Die andere umfasst weltweit erschienene englischsprachige *Bücher*, meist mit Inhaltsangabe und komplettem Inhaltsverzeichnis; zusätzlich recherchierbar sind die einzelnen *Kapitel aus Sammelwerken*. Berichtszeitraum: *Aufsätze 1974 bis heute; Bücher 1987 bis heute.*

2 Internetadressen

In deutscher Sprache liegt inzwischen ein umfassender Katalog mit Internetadressen zu den Bereichen «Psychologie, Psychotherapie und Psychoanalyse» vor. Erstellt wurde er als Loseblattsammlung durch Parfen Laszig und Kathy Rieg von der Psychosomatischen Klinik der Universität Heidelberg. Darin sind über 500 Adressen verzeichnet, die den verschiedenen psychologischen Fachgebieten zugeordnet wurden:

P. Laszig & K. Rieg (2001)
Internet Guide Psychologie, Psychotherapie und Psychoanalyse
Stuttgart (Wissenschaftliche Verlagsgesellschaft)

3 Über die Autorinnen und Autoren

Abel, Andreas H., geb. 1965, Diplom-Psychologe, Psychologischer Psychotherapeut, wiss. Mitarbeiter in einem psychologischen Forschungsprojekt der Universität Bielefeld, freiberuflich tätig zu den Themen Jugendhilfe, Erzieheraus- und -fortbildung, Heimerziehung. *Veröffentlichungen:* Beratung in der Jugendhilfe (1996); Erziehungsberatung (1998, 1999); Jungenarbeit (1998); Jugendgewalt (2000). *Adresse:* Deckertstr. 73, 33617 Bielefeld. *E-Mail:* andreas.h.abel@uni-bielefeld.de

Anz, Thomas, geb. 1948, Prof. Dr. Universität Marburg. *Veröffentlichungen:* Gesund oder krank? Medizin, Moral und Ästhetik in der deutschen Gegenwartsliteratur (1988); Literatur und Lust (1998); Psychoanalyse in der modernen Literatur (1999). *Arbeitsgebiete:* Literatur des 20. Jahrhunderts, Literaturpsychologie, Literatur und Medizingeschichte, Literaturkritik. *Adresse:* Steinebacher Weg 7, 82229 Seefeld. *E-Mail:* anz@mailer.uni-marburg.de

Bamberg, Eva, geb. 1951, Prof. Dr. *Veröffentlichungen:* Betriebliche Gesundheitsförderung (1998, mit Ducki & Metz). *Arbeitsgebiete:* Arbeits- und Organisationspsychologie. *Adresse:* Universität Hamburg, FB Psychologie, Von-Melle-Park 11, 20146 Hamburg. *E-Mail:* Bamberg@uni-hamburg.de

Bialas, Wolfgang, geb. 1954, PD Dr., DAAD-Visiting Prof., School of Humanities der UC Irvine. *Veröffentlichungen:* Ostdeutsche Intellektuelle im gesellschaftlichen Umbruch (1996); Intellektuelle in der Weimarer Republik (1997, Mithg.); Intellektuelle im Nationalsozialismus (2000, Mithg.). *Arbeitsgebiete:* Intellektuellengeschichte, Geschichtsphilosophie. *Adresse:* Dpt. of German, 400 Murray Krieger Hall, Irvine, CA 92697-3150, USA. *E-Mail:* wbialas@uci.edu

Bock, Thomas, geb. 1954, PD Dr., Klinik für Psychiatrie und Psychotherapie, Universität Hamburg, Mitbegründer der Psychoseseminare. *Veröffentlichungen:* Handwerks-buch Psychiatrie (1991); Lichtjahre – Psychosen ohne Psychiatrie (1997); Stimmenhören (1999); StimmenReich (2000). *Arbeitsgebiete:* Psychosen, Psychotherapie bei bipolaren Störungen, Sozialpsychiatrie. *Adresse:* Universitätsklinik Eppendorf, Martinistr. 52, 20246 Hamburg. *E-Mail:* Bock@UUE.uni-hamburg.de

Bonß, Wolfgang, geb. 1952, Dr. sc. Pol., Prof. für Allgemeine Soziologie, Universität der Bundeswehr, München-Neubiberg. *Veröffentlichungen:* Die Einübung des Tatsachenblicks (1982); Vom Risiko. Unsicherheit und Ungewißheit in der Moderne (1995). *Arbeitsgebiete:* Modernisierungsforschung, Soziologie der Unsicherheit und Risikoforschung, Soziologie der Arbeit und Arbeitslosigkeit. *E-Mail:* wolfgang.bonss @unibw-muenchen.de

Claro Huneeus, Raúl, geb. 1936, Dr. theol. UC/Santiago, Chile, Diplompsychologe, Abteilungsleiter und Leiter des Fachgebiets Psychologie an der Münchner Volkshochschule. *Veröffentlichungen:* Artikel und Beiträge zur Erwachsenenbildung. *Arbeitsgebiete:* Erwachsenendidaktik, Entwicklungspolitik, nachhaltige Entwicklung. *Adresse:* Frauenlobstr. 20a, 80337 München. *E-Mail:* rclaro@freenet.de

Dick, Franz, geb. 1943, Dr., Klinischer Neuropsychologe, Psychologischer Psychotherapeut. *Veröffentlichungen:* Neuropsychologie. Grundlagen, Aufgaben, Perspektiven (1996, mit Gauggel, Hättig & Wittlieb-Verpoort). *Arbeitsgebiete:* Methodik, Neglect, Schmerz, Demenz. *Adresse:* Neurologische Klinik Bad Homburg, Tannenwaldallee 50, 61348 Bad Homburg v. d. H. *E-Mail:* franzdickdommers@aol.com

Geislinger, Rosa, geb. 1949, Dipl.-Psych., Selbsthilfezentrum München. *Veröffentlichungen:* Experten in eigener Sache – Psychiatrie, Selbsthilfe und Modelle der Teilhabe (1998); Es gibt immer einen Ausweg – Praxishandbuch zur Sucht (2001). *Arbeitsgebiete:* Selbsthilfe, Copingsstrategien in den Bereichen Gesundheit/Krankheit, Psychiatrie und Sucht. *Adresse:* Riffelwandstr. 1, 81825 München. *E-Mail:* rosa.geislinger@shz-muenchen.de

Geser, Willi, geb. 1957, Dr., Institut für Psychologie der Universität Innsbruck. *Arbeitsgebiete:* soziale Beziehungen, Angewandte Sozialpsychologie, Sozialpsychologie. *Adresse:* Innrain 52, A-6020 Innsbruck. *E-Mail:* willi.geser@uibk.ac.at

Großmaß, Ruth, geb. 1948, Dr., Zentrale Studienberatung der Universität Bielefeld. *Veröffentlichungen:* Psychische Krisen und sozialer Raum (2000); Weibliche Identität – ein Produkt der Moderne? (1999); Leitbilder, Vexierbilder und Bildstörungen (1996, mit Schmerl). *Arbeitsgebiete:* Beratung, Geschlechterforschung. *Adresse:* Ellerstraße 21, 33615 Bielefeld. *E-Mail:* ruth.grossmass@uni-bielefeld.de

Held, Josef, geb. 1942, PD Dr., Universität Tübingen, Institut für Erziehungswissenschaft, Abt. Päd. Psych. *Veröffentlichungen:* Jugend zwischen Ausgrenzung und Integration (1999). *Arbeitsgebiete:* Jugendforschung, Methoden qualitativer Psychologie, Medienpsychologie. *Adresse:* Aspenweg 13, 72127 Kusterdingen. *E-Mail:* josef.held@uni-tuebingen.de

Henckmann, Antje, geb. 1968, Diplompsychologin. *Veröffentlichungen:* Aufbruch in ein gemeinsames Altern (1999); Wohnen als Thema und Aufgabe der Altenbildung, in: Becker, Veelken & Wallraven, Handbuch der Altenbildung (2000). *Arbeitsgebiete:* Alter, Alterspsychologie, Altenbildung, Wohnen im Alter, Familienpsychologie. *Adresse:* Geroltstr. 39, 80339 München. *E-Mail:* ps@verlag.henrich.de

Henkel, Dieter, geb. 1944, Prof. Dr. phil., Fachhochschule Frankfurt, University of Applied Sciences. *Veröffentlichungen:* Psychiatrie im Faschismus (1996, mit Roer); Arbeitslosigkeit und Alkoholismus (1992); Sucht und Armut (1998). *Arbeitsgebiete:* Psychosoziale Folgen von Arbeitslosigkeit und Armut, Suchtforschung. *Adresse:* FH Frankfurt, Nibelungenplatz 1, 60318 Frankfurt. *E-Mail:* henk@fbs.fh-frankfurt.de

Hermsen, Hans, geb. 1946, Dr. phil., Oberstufen-Kolleg des Landes NRW an der Uni Bielefeld. *Arbeitsgebiete:* Curriculum-Forschung in Psychologie, Persönlichkeitsbildung und ästhetische Didaktik im Psychologieunterricht, Entwicklung eines humorwissenschaftlichen Studiengangs. *Adresse:* Universitätsstr. 23, 33615 Bielefeld. *E-Mail:* hhermsen@aol.com

Hohl, Joachim, geb. 1947, Dr. phil., Psychologisches Institut der Universität München. Psychoanalytiker und Supervisor. *Veröffentlichungen*: Mit und ohne Uhr – ein qualitatives Experiment zum Zeiterleben im Alltag (1998, mit von Thüngen); Unsicherheitserfahrungen und Sicherheitsfiktionen in der Reflexiven Moderne (2001, mit Bonß & Jakob). *Arbeitsgebiete*: historische Konstitution des Subjekts, Theorien reflexiver Sozialpsychologie. *Adresse:* Leopoldstr. 13, 80802 München.

Kardorff, Ernst von, geb. 1950, Prof. Dr. phil. habil., Humboldt-Universität zu Berlin. *Veröffentlichungen:* Qualitative Forschung (2000, Mithg.); zahlreiche Fachbeiträge in Handbüchern und Zeitschriften. *Arbeitsgebiete:* Bewältigung des Lebens mit Krankheit und Behinderung, Qualitative Forschung, Sozialpsychiatrie, Altenhilfe, soziale Unterstützung. *Adresse:* Stubenrauchstr. 59, 12161 Berlin. *E-Mail:* ernst.von.kardorff @rz.hu-berlin.de

Kempf, Wilhelm, geb. 1947, Prof. Dr. phil. habil., Fachbereich Psychologie an der Universität Konstanz. *Veröffentlichungen:* Krieg, Nationalismus, Rassismus und die Medien (1998, mit Regener); Konflikt und Gewalt (2000). *Arbeitsgebiete:* Psychologische Methodenlehre, Konflikt- und Friedensforschung. *Adresse:* Universität Konstanz, 78457 Konstanz. *E-Mail:* wilhelm.Kempf@uni-konstanz.de

Kliche, Thomas, geb. 1957, Dipl.-Pol., Universität Hamburg. *Veröffentlichungen:* Politische Psychologie der Fremdenfeindlichkeit (1999, mit R. Dollase, H. Moser); Das Image der Psychologie (1999, mit I. Rietz, S. Wahl). *Arbeitsgebiete:* Ausgrenzungsdiskurse, Bildanalyse, Belastung und Bewältigung im Zivildienst. *Adresse:* Uni Hamburg, Psych. Inst. I, VMP 6, 20146 Hamburg.

Kobbé, Ulrich, geb. 1951, Dr. phil., Dipl.-Psych., Universität Essen. *Veröffentlichungen:* zahlreiche Buch- und Handbuchbeiträge, Mitherausgeber der Zeitschrift «Forensische Psychiatrie und Psychotherapie». *Arbeitsgebiete:* Klinische und Forensische Psychologie, institutionelle Psychotherapie und Psychiatrie, französische Psychoanalyse und Philosophie. *Website:* http://www.kobbe.de *Adresse:* Am Brüningsberg 10, 59556 Lippstadt. *E-Mail:* kobbe@gmx.de

Kolip, Petra, geb. 1961, Prof. Dr. phil., Professorin für Sozialepidemiologie mit dem Schwerpunkt Frauen und Gesundheit an der Universität Bremen, Fachbereich 11 Human- und Gesundheitswissenschaften. *Veröffentlichungen:* Weiblichkeit ist keine Krankheit (2000); Salutogenese und Kohärenzgefühl (2000; mit Wydler & Abel). *Arbeitsgebiete:* Frauengesundheitsforschung, Public Health, Evaluationsforschung.

Adresse: Universität Bremen/FB 11, Grazer Str. 2a, 28334 Bremen. *E-Mail:* kolip@bips.uni-bremen.de

Kraus, Wolfgang, geb. 1950, Dr. phil., Wissenschaftlicher Angestellter, Universität München, Sonderforschungsbereich 536, Projekt B 2: «Individualisierung und posttraditionale Ligaturen». *Veröffentlichungen:* Das erzählte Selbst (2000). *Arbeitsgebiete:* Narrative Psychologie, Postmoderne, soziale Verortung. *Adresse:* Metzstr. 32, 81667 München. *E-Mail:* W.Kraus@lrz.uni-muenchen.de

Kühnlein, Irene, geb. 1954, Dr. phil., Münchner Projektgruppe für Sozialforschung, Psychotherapeutin in freier Praxis. *Veröffentlichungen:* Psychotherapie als Transformationsprozess (1996, mit Mutz); Gesundheit im Alltag (1998, mit Faltermaier & Burda-Viering); Psychotherapie in autobiographischer Perspektive (2001). *Arbeitsgebiete:* Psychotherapieforschung, Biographieforschung. *Adresse:* Hohenzollernstr. 112, 80796 München. *E-Mail:* kuehnlein@aol.com

Lamott, Franziska, geb. 1947, PD Dr. rer. soc., Gruppenanalytikerin, Universität Ulm, Sektion Forensische Psychotherapie. *Veröffentlichungen:* Traumatische Reinszenierungen. Über den Zusammenhang von Gewalterfahrung und Gewalttätigkeit von Frauen. Recht & Psychiatrie (2000); Die Liebe ist stark wie der Tod. Über einige Aspekte weiblicher Aggressivität. In: Cierpka & Buchheim, Psychodynamische Konzepte (2001); Die vermessene Frau. Hysterien um 1900 (2001). *Arbeitsgebiete:* Therapie- und Bindungsforschung, Kulturanalyse und Genderforschung. *Adresse:* Jagdstraße 7b, 80639 München.

Löschper, Gabriele, geb. 1954, PD, Dr., Institut für Kriminologische Sozialforschung, Aufbau- und Kontaktstudium Kriminologie, Fachbereich Sozialwissenschaften, Universität Hamburg. *Veröffentlichungen:* Bausteine für eine psychologische Theorie richterlichen Urteilens (1999), Integration und Ausschließung (2001, mit Althoff et al.). *Arbeitsgebiete:* Kriminologie, Rechtspsychologie, Narrationsanalyse. *Adresse:* Troplowitzstr. 7, 22529 Hamburg. *E-Mail:* loeschper@uni-hamburg.de

Mertens, Wolfgang, geb. 1946, seit 1982 Professor für Psychoanalyse an der Ludwig-Maximilians-Universität München. *Arbeitsgebiete:* Klinische Psychoanalyse, psychoanalytische Entwicklungspsychologie, methodologische Aspekte der Psychoanalyse, Traumforschung, Psychotherapieforschung. *Adresse:* Universität München, Institut für Psychologie, Leopoldstr. 13, 80802 München. *E-Mail:* W. Mertens@lrz.uni-muenchen.de

Mittelsten Scheid, Brigitte, M.A., geb. 1943, Diplom-Psychologin und Politologin, psychologische Psychotherapeutin, Psychoanalytikerin, Gruppenanalytikerin und Supervisorin in eigener Praxis. *Veröffentlichungen* zur Gruppenanalyse, psychoanalytische Behandlungstechnik, Supervision, geschlechtsspezifische Aspekte in Psychoanalyse und Supervision. *Adresse:* Viktoriastr. 28, 80803 München. *E-Mail:* Brigitte@Mittelsten-Scheid.de

Mohr, Gisela, geb. 1959, Prof. Dr. rer. nat. *Veröffentlichungen:* Erwerbslosigkeit, Arbeitsplatzunsicherheit und psychisches Befinden (1997). *Arbeitsgebiete:* Arbeits- und Organisationspsychologie, Stress am Arbeitsplatz, Erwerbslosigkeit, Führungsforschung. *Adresse:* Universität Leipzig, Institut für Angewandte Psychologie, Postfach 920, Augustusplatz, 04109 Leipzig. *E-Mail:* mohr@rz.uni-leipzig.de

Musfeld, Tamara, geb. 1957, Dr., Technische Universität Berlin, Institut für Erziehungswissenschaften. *Veröffentlichungen:* Im Schatten der Weiblichkeit. Über die Fesselung weiblicher Kraft und Potenz durch das Tabu der Aggression (1997). *Arbeitsgebiete:* Feministische Psychoanalyse, Gender-Forschung, Ethnopsychoanalyse, Macht und Ausgrenzung. *Adresse:* Winsstraße 22, 10405 Berlin. *E-Mail:* TMusfeld@aol.com

Nerdinger, Friedemann W., geb. 1950, Prof. Dr. phil. habil., Dipl. Psych., Universität Rostock. *Arbeitsgebiete:* Psychologie der Dienstleistung, Arbeitsmotivation und Arbeitszufriedenheit, Extra-Rollenverhalten in Organisationen, Markt- und Werbepsychologie. *Adresse:* Universität Rostock, Lehrstuhl für Wirtschafts- und Organisationspsychologie, Ulmenstraße 69, 18051 Rostock. *E-Mail:* nerding@wiwi.uni-rostock.de

Orozco, Teresa, geb. 1959, Dr., Wiss. Mitarbeiterin am Institut für Vergleichende Politikwissenschaft und Internationale Beziehungen an der Johann-Wolfgang-Goethe-Universität Frankfurt am Main. *Veröffentlichungen:* Platonische Gewalt. Gadamers Hermeneutik der NS-Zeit (1995). *Arbeitsgebiete:* Hermeneutik, politische Theorie und Philosophie. *Adresse:* Treuchtlinger Str. 1, 10779 Berlin. *E-Mail:* orozco@soz.uni-frankfurt.de

Pankofer, Sabine, geb. 1964, Prof. Dr., Katholische Stiftungsfachhochschule München. *Veröffentlichungen:* Mädchen in geschlossenen Heimen (1997); Empowerment konkret (2000). *Arbeitsgebiete:* Kinder- und Jugendkriminalität, geschlossene Unterbringung, geschlechtsspezifische Jugendhilfe, Mädchenforschung, Empowerment. *Adresse:* Auenstr. 50, 80469 München. *E-Mail:* pankofer@ksfh.de

Pieper, Michael, geb. 1942, Prof. Dr. rer. pol, Mediator (BAFM), Kath. Stiftungshochschule München. *Veröffentlichungen:* Von den Schwierigkeiten, Wissenschaft in der Praxis Sozialer Arbeit zu nutzen (1988); Praxisbezogenes Lehren (1992); Eltern-Jugendlichen-Mediation (2001, mit H. P. Bernhardt). *Arbeitsgebiete:* Soziologie und Geschichte der Sozialen Arbeit, benachteiligte Minderheiten, Mediation. *Adresse:* Preysingstr. 83, 81667 München. *E-Mail:* kl501hs@mail.lrz-muenchen.de

Plaum, Ernst, geb. 1940, Prof. Dr., Katholische Universität Eichstätt. *Veröffentlichungen:* Psychologische Einzelfallarbeit (1992); Einführung in die Psychodiagnostik (1996). *Arbeitsgebiete:* Grundprobleme der Psychologie; Geschichte der Psychologie; Psychologische Diagnostik. *Adresse:* Katholische Universität, Ostenstraße 25, 85071 Eichstätt. *E-Mail:* ilona.fay@ku-eichstaett.de

Reis, Claus, Dr. phil., Diplom-Soziologe, Professor an der Fachhochschule Frankfurt/Main, Fachbereich Sozialarbeit mit dem Schwerpunkt «Soziale Dienste im Bereich Armut, Wohnungslosigkeit und Arbeitslosigkeit». Leiter des Projekts «Integrierte Hilfe zur Arbeit» im Auftrag des Ministeriums für Arbeit, Soziales, Qualifikation und Technologie des Landes Nordrhein-Westfalen. *Veröffentlichungen:* Planung und Produktion sozialer Dienstleistungen. Die Herausforderung «neuer Steuerungsmodelle» (1998, Mithg.). *Adresse:* Fachhochschule Frankfurt, Nibelungenplatz 1, 60318 Frankfurt. *E-Mail:* csreis@fbs.fh-frankfurt.de

Röhrle, Bernd, geb. 1947, Prof. Dr., Philipps-Universität Marburg, Fachbereich Psychologie. *Arbeitsgebiete:* Diagnostik, soziale Netzwerke und Unterstützung, Gemeindepsychologie, Prävention. *Adresse:* Gutenbergstraße 18, 35032 Marburg. *E-Mail:* roehrle@mailer.uni-marburg.de

Röper, Gisela, geb. 1945, PhD, Dipl. Psych., Institut für Klinische Psychologie und Psychotherapie, LMU-München. *Veröffentlichungen:* Entwicklung und Risiko (2001). *Arbeitsgebiete:* Klinische Psychologie, Psychotherapie, Klinische Entwicklungspsychologie, Kognitive und Verhaltenstherapie. *Adresse:* Leopoldstr. 13, 80802 München. *E-Mail:* roper@psy.uni-muenchen.de

Rosenthal, Gabriele, geb. 1954, Prof. Dr., Vertretungsprofessur an der Georg-August-Universität Göttingen, Methodenzentrum Sozialwissenschaften. *Veröffentlichungen:* Erlebte und erzählte Lebensgeschichte (1995); Der Holocaust im Leben von drei Generationen (1997). *Arbeitsgebiete:* Interpretative Soziologie, Biographieforschung, Familiensoziologie. *Adresse:* Boddinstr. 10, 12053 Berlin. *E-Mail:* G.Rosenthal@gmx.de

Schachtner, Christina, geb. 1948, Prof. Dr., Institut für Erziehungswissenschaft der Philipps-Universität Marburg. *Veröffentlichungen:* Geistmaschine (1993); Technik und Subjektivität (1997); Netfeelings (2000); Mensch und Maschine – Befreiungspotentiale und Irritationen einer neuen/alten Verbindung (2001). *Arbeitsgebiete:* Neue Medien, Wissenskonstruktion, Globalisierung, Gender. *Adresse:* Institut für Erziehungswissenschaft der Philipps-Universität Marburg, Wilhelm-Röpke-Str. 6B, 35032 Marburg. *Homepage:* http://staff-www.uni-marburg.de/~schachtn/ *E-Mail:* schachtn@mailer.uni-marburg.de

Scherhorn, Gerhard, geb. 1930, Dr. rer. pol., em. Professor für Konsumtheorie und Verbraucherpolitik Universität Hohenheim. Direktor der Arbeitsgruppe Neue Wohlstandsmodelle im Wuppertal Institut für Klima Umwelt Energie. *Veröffentlichungen:* www.scherhorn.de *Arbeitsgebiete:* Nachhaltigkeit in Konsum, Arbeit, Markt, Gesellschaft. *Adresse:* Otto Beck Str. 50, 68165 Mannheim.

Schmidt, Martin, geb. 1949, Akademischer Oberrat, Diplompsychologe, Dr. phil., Psychologischer Psychotherapeut; Systemischer Lehrtherapeut (DGFS), Institut für Psychologie der LMU München. *Veröffentlichungen:* Systemische Beratung/Therapie (1998); Systemische Paartherapie (2000); Systemische Familienrekonstruktion (2001). *Arbeitsgebiete:* Familienpsychologie, Paar- und Familientherapie. *Adresse:* Unertlstr. 18, 80803 München. *E-Mail:* mschmidt@psy.uni-muenchen.de

Schraube, Ernst, Dr. phil., Freie Universität Berlin, Fachbereich Erziehungswissenschaft und Psychologie. *Veröffentlichungen:* Auf den Spuren der Dinge. Psychologie in einer Welt der Technik (1998); Challenges to Theoretical Psychology (1999, Mithg.). *Arbeitsgebiete:* Psychologische und sozialpolitische Implikationen moderner Technik, Geschichte und Theorie der Psychologie, Wissenschafts- und Technikforschung. *Adresse:* Gutzkowstr. 8, 10827 Berlin. *E-Mail:* schraube@zedat.fu-berlin.de

Schurig, Volker, geb. 1942, Prof. Dr. *Veröffentlichungen:* Die Entstehung des Bewußtseins (1976); Um-Welt – Ein Schlüsselbegriff der Postmoderne? Journal f. Psychologie (1994). *Arbeitsgebiete:* Wissenschaftstheorie, Naturschutzforschung. *Adresse:* Universität Hamburg, IZHD, Vogt-Kölln-Str. 30, Haus E, 22527 Hamburg.

Seidel, Reiner, geb. 1941, Prof. Dr., Freie Universität Berlin, Fachbereich Erziehungswissenschaft und Psychologie. *Veröffentlichungen:* Denken (1976). *Arbeitsgebiete:* Theorie und Geschichte der Psychologie, Kognition. *Adresse:* Freie Universität Berlin, Fachbereich Erziehungswissenschaft und Psychologie, Arbeitsbereich Subjektforschung und Kritische Psychologie, Habelschwerdter Allee 45, 14195 Berlin. *E-Mail:* rseidel@zedat.fu-berlin.de

Staeuble, Irmingard, geb. 1941, Professorin Freie Universität Berlin, Fachbereich Erziehungswissenschaften und Psychologie. *Veröffentlichungen:* Die gesellschaftliche Genese der Psychologie (1978, mit Jaeger); Theorizing cultural selves and human agency in a postcolonial world (1999). *Arbeitsgebiete:* Geschichte der Psychologie und Sozialwissenschaften. *Adresse:* Sodener Str. 34, 14197 Berlin. *E-Mail:* staeuble @zedat.fu-berlin.de

Stengel, Martin, geb. 1945, Prof. Dr., Universität Augsburg. *Veröffentlichungen:* Psychologie der Arbeit (1997); Ökologische Psychologie (1999). *Arbeitsgebiete:* Arbeits- und Organisationspsychologie, Umweltpsychologie, Psychologie der Virtualisierung. *Adresse:* Viktor-Scheffelstr. 15, 80803 München. *E-Mail:* martin.stengel@ muenchen.roses.de

Straus, Florian, geb. 1952, Dr. phil., Studium der Soziologie, Psychologie und Philosophie in München. Geschäftsführer des Instituts für Praxisforschung und Projektberatung (IPP) in München. *Arbeitsgebiete:* individuelle und kollektive Identitäten, Jugend, Migration, soziale Netzwerke, Organisationsberatung und Qualitätsmanagement. *Adresse:* Institut für Praxisforschung und Projektberatung (IPP), Ringseisstraße 8, 80337 München.

Tausch, Reinhard, geb. 1921, Prof. Dr., Psychologisches Institut III der Universität Hamburg. *Veröffentlichungen:* Gesprächspsychotherapie (1990); Erziehungspsychologie (1999); Hilfen bei Streß und Belastung (2000); Sanftes Sterben (2000); Wege zu uns und anderen (1999). *Adresse:* Im Asemwald 22/7, 70599 Stuttgart.

Teuber, Kristin, geb. 1963, Wissenschaftliche Mitarbeiterin am Sozialpädagogischen Institut im SOS-Kinderdorf e. V. *Veröffentlichungen:* «Ich blute, also bin ich». Selbstverletzung der Haut von Mädchen und jungen Frauen (1998). *Arbeitsgebiete:* Jugendhilfe, Selbstverletzung. *Adresse:* Brudermühlstr. 3, 81371 München. *E-Mail:* teuber.spi@sos-kinderdorf.de

Thiersch, Hans, geb. 1935, Professor Dr. Dres. h. c., Universität Tübingen, Institut für Erziehungswissenschaft, Abteilung Sozialpädagogik. *Veröffentlichungen:* Lebensweltorientierte Soziale Arbeit (2000); Lebenswelt und Moral (1995). *Arbeitsgebiete:* Theorie der Sozialen Arbeit, Beratung, Erziehungshilfen. *Adresse:* Beethovenweg 14, 72076 Tübingen. *E-Mail:* hans.thiersch@uni-tuebingen.de

Vierzigmann, Gabriele, geb. 1958, Diplompsychologin, Dr. phil., Wissenschaftliche Mitarbeiterin am Sozialpädagogischen Institut im SOS-Kinderdorf e. V. (SPI), verantwortlich für den Arbeitsbereich Fachpublikationen. *Veröffentlichungen:* Familiendynamik und Familiendiskurse in biographischen Erzählungen (1998); Zur Arbeit mit obdachlosen Jugendlichen (1999); Kinderdorffamilien aus der Sicht der Kinder (2000). *Adresse:* Unertlstr. 18, 80803 München. *E-Mail:* vierzigmann.spi.@ sos-kinderdorf.de

Weiß, Anja, geb. 1968, Dr., Sonderforschungsbereich «Reflexive Modernisierung». *Veröffentlichungen:* Rassismus wider Willen. Ein anderer Blick auf eine Struktur sozialer Ungleichheit (2001); Suchbewegungen. Interkulturelle Beratung und Therapie (1998). *Arbeitsgebiete:* Mobilität und Migration, Rassismus, Soziale Ungleichheit, Transkulturelle Kompetenz, Konflikt. *Adresse:* Universität der Bundeswehr, Sozialwissenschaftliche Fakultät, 85577 Neubiberg. *E-Mail:* anja.weiss@gmx.de

Wendel, Claudia, geb. 1970, Dipl. Psychologin, Praxis Prof. Fries und Katholische Universität Eichstätt. *Veröffentlichungen:* Ambulante Komplex-Behandlung von hirnverletzten Patienten (2000, Mithg.). *Arbeitsgebiete:* Neuropsychologie, Therapie, Outcomeforschung und Lehre, Identität und Narration, Feministische Theorie. *Adresse:* Fraunhoferstr. 35/5, 80469 München. *E-Mail:* claudia.wendel@t-online.de

4 Sachregister

rowohlts enzyklopädie

Uwe Flick (Hg.)
Psychologie des Sozialen
Repräsentationen in Wissen und Sprache (55536)

Uwe Flick / Ernst von Kardorff / Ines Steinke (Hg.)
Qualitative Forschung
Ein Handbuch (55628)

James George Frazer
Der Goldene Zweig
Das Geheimnis von Glauben und Sitten der Völker
(kulturen und ideen 55483)

Gunter Gebauer / Christoph Wulf
Mimesis
Kultur – Kunst – Gesellschaft (55497)
Spiel – Ritual – Geste
Mimetisches Handeln in der sozialen Welt (55591)

Hans-Jürgen Goertz (Hg.)
Geschichte
Ein Grundkurs (55576)

Siegfried Grubitzsch / Petra Muckel
Orientierung Psychologie
Was sie kann, was sie will (55610)

Siegfried Grubitzsch / Klaus Weber (Hg.)
Psychologische Grundbegriffe
Ein Handbuch (55588)

Johannes Huinink
Orientierung Soziologie
Was sie kann, was sie will (55617)

Johan Huizinga
Homo Ludens
Vom Ursprung der Kultur im Spiel (55435)

Andreas Huyssen / Klaus R. Scherpe (Hg.)
Postmoderne
Zeichen eines kulturellen Wandels (55427)

Heiner Keupp u.a.
Identitätskonstruktionen
Das Patchwork der Identitäten in der Postmoderne (55634)

Helmut König
Orientierung Politikwissenschaft
Was sie kann, was sie will (55611)

Rudolf Kreis
Antisemitismus und Kirche
In den Gedächtnislücken deutscher Geschichte mit Heine, Freud, Kafka und Goldhagen (55633)

Steffen-M. Kühnel / Dagmar Krebs
Statistik für die Sozialwissenschaften
Grundlagen, Methoden, Anwendungen (55639)

Arnold Künzli
Gotteskrise
Fragen zu Hiob – Lob des Agnostizismus (55596)
Menschenmarkt
Die Humangenetik zwischen Utopie, Kommerz und Wirklichkeit (55638)

Dieter Lenzen
Vaterschaft
Vom Patriarchat zur Alimentation (55551)
Orientierung Erziehungswissenschaft
Was sie kann, was sie will (55605)

Dieter Lenzen (Hg.)
Pädagogische Grundbegriffe
Band 1: Aggression bis Interdisziplinarität (55487)
Band 2: Jugend bis Zeugnis (55488)
Erziehungswissenschaft
Ein Grundkurs (55531)

Hans-K. und Susanne Lücke
Antike Mythologie
Ein Handbuch (55600)

Ekkehard Martens / Herbert Schnädelbach (Hg.)
Philosophie
Ein Grundkurs. 2 Bde. (55457)